Bernhard Häring

FREI IN CHRISTUS

Moraltheologie
für die Praxis des christlichen Lebens

II

Der Weg des Menschen
zur Wahrheit und Liebe

Herder

Freiburg · Basel · Wien

„Die Wahrheit macht euch frei“ (Joh 8,31)

SONDERAUSGABE

Herstellung: Freiburger Graphische Betriebe 1989
ISBN 3-451-21604-3

Vorwort

Der Freiburger Moraltheologe und spätere Erzbischof Wendelin Rauch sah die entscheidende Sicht der Moraltheologie im „Tun der Wahrheit". Man hat ihn einen Morallehrer „aus der Kraft der Wahrheit" genannt. Das Anliegen des zweiten Bandes meiner Moraltheologie erforscht die Wege zur Wahrheit in der Liebe, und zwar so, daß gemeinsames Suchen und Entbergen der Wahrheit, Freude am Schönen als dem Glanz des Wahren und Guten, ernstes Ringen um den Glauben, aber nicht zuletzt auch dankbare Glaubensfreude als Wege verstanden werden zum Tun der Wahrheit, die sich als Liebe, aus der Liebe und für die Liebe offenbart, so daß es zum freudigen und schöpferischen Tun der Liebe aus der Kraft der Wahrheit kommt. Ich glaube, daß dies auch ein fruchtbarer Ansatz für eine so notwendige Neubesinnung in der Sexualethik ist.

Ich freue mich, dem Leser des zweiten Bandes sagen zu dürfen, daß es mir unterdessen, trotz einer Reihe von Operationen wegen Kehlkopfkrebses, gelungen ist, die Arbeit am dritten Band zum Abschluß zu bringen.

Bernhard Häring C.Ss.R.

Vorwort zur Sonderausgabe

Zehn Jahre sind vergangen, seit ich den zweiten Band dieses Werkes verfaßte. Der Untertitel „Der Weg des Menschen zur Wahrheit und Liebe" ist wohl heute noch aktueller als vor zehn Jahren.

Hinter allen Ausführungen dieses Bandes steht das Bild einer Kirche, die sich als Pilgerin versteht, zu deren Wesen auch Zweifel, ja sogar die Gnade des Zweifeln-Könnens, und geduldiges Suchen nach mehr Licht gehört. Sie sieht in Selbstzufriedenheit und Selbstgerechtigkeit die heimtückischste Versuchung. Im Dank, daß wir auf dem Weg sind, mit Dem, der der Weg, die Wahrheit und das Leben ist, sagen wir auch ja zum Suchen-Müssen und Fragen-Dürfen. Das gehört mit zu unserer Berufung, zu einem mündigen Glauben, einer starken Hoffnung und zu unserer Sendung, „Salz der Erde zu sein" und Frucht zu bringen in Liebe.

Wir müssen uns besonders heute der Gefahr bewußt sein, am Leben vorbeizureden. Darum die beständige Betonung, daß wir in einer kritischen und von Atheismus in vielerlei Gestalt versuchten Welt leben, wobei uns vielleicht am meisten die Gott-losigkeit falscher Frömmigkeit und einer angsterregenden Gesetzesgläubigkeit aufrütteln müßte.

Doch die Zeichen der Zeit sind nicht durchwegs alarmierend. Es gibt viele ermutigende Zeichen der Zeit, wohl in erster Linie der ungebrochene ökumenische Aufbruch, auch wenn er immer noch oder wieder von einem Festhalten an einer Festungsmentalität und ungesunden Kirchenstrukturen bedroht ist. Im Exkurs zu dieser Sonderausgabe habe ich mich darum der gegenwärtigen Fragestellung über die Rolle der Moraltheologie in der ökumenischen Erneuerung und im ökumenischen Dialog zugewandt.

Bernhard Häring, C. Ss. R.

Inhalt

Einleitung 17

Erstes Kapitel
Die befreiende Wahrheit

I. Christus, die rettende Wahrheit 23
1. Jesus, die fleischgewordene Wahrheit 23
2. Christus, das Wort, das die Liebe haucht 25
3. Der Geist der Wahrheit 27
4. Geheiligt in der Wahrheit 29
5. Christus, der Offenbarer der Wahrheit vom Menschen 30

II. Der Mensch auf der Suche nach Wahrheit 32
1. Recht und Pflicht, gemeinsam nach der Wahrheit zu suchen 32
2. Das Team 34
3. Der Dialog 34
4. Das Kennen der Wahrheit von unten 35

III. Phänomenologie und Soziologie der Wahrheitserkenntnis 37
1. Schöpferische Freiheit und Treue in der Wahrheit und für die Wahrheit 37
a) Wahr sein 37
b) Wahr denken und die Wahrheit tun 39
2. Gewissen und Wahrheit 41
3. Die Stufen der Wahrheit 44
4. Spannung zwischen einer einseitig statischen und einer mehr dynamischen Annäherung an die Wahrheit 47
a) Die biblische Sicht und der griechische Wahrheitsbegriff 48
b) Der Beitrag der Wissenssoziologie 49
c) Einige Schlußfolgerungen für die praktische und spekulative Theologie 52
5. Objektivität und Subjektivität: Fragen der Epistemologie 54

IV. Wahrhaftigkeit und Diskretion im Mitteilen der Wahrheitserkenntnis 56
1. Nach dem Bild und Gleichnis Gottes 57
2. Wehe dem Lügner 59

3. Die Schwere der Sünden der Unwahrhaftigkeit 61
4. Ist jede Lüge innerlich und absolut sündhaft? 62
a) Schrift und Überlieferung 63
b) Überlegungen während der letzten Jahrhunderte 65
5. Das Geheimnis 67
a) Grundlage und Rechtfertigung des Geheimnisses 67
b) Die verschiedenen Arten des Geheimnisses 68
c) Hauptsächliche Verpflichtungen bezüglich des Geheimnisses . . . 69
d) Die verhüllende Rede 71

V. Wahrheit und Bundestreue 72

1. Der Gott der Treue 73
2. Menschliche Unbeständigkeit und Gottes Ruf zur Treue 75
a) Unbeständigkeit in einer Ära tiefgreifender Wandlungen 75
b) Das Wagnis der Treue im Blick auf uns selbst 77
c) Trugbilder der Treue 77
d) Ein Rest an Treue zur Wahrheit 79
e) Der Ruf zu echter Treue 79
3. Die Partner der Treue 80
a) Vertrauender Glaube an Gott als die Grundlage der Treue 80
b) Das Geheimnis der Treue in der Begegnung von Du, Wir und Ich 82
4. Die geschichtlichen Dimensionen der Treue 83
a) Ein treues Gedächtnis 83
b) Gegenwart 84
c) Das Ja zur Zukunft 85
5. Wie schöpferisch ist unsere Treue? 85
6. Strukturen der Treue 87
a) Soziale Kundgabe der Treueverpflichtung 87
b) Sakramentale Würde der Treuebindung 89
c) Treue und Disziplin 92
d) Treue und Toleranz 93

VI. Menschliche Ehre 94

1. Ehre im Licht von Wahrheit und Treue 95
2. Sittliche und theologische Bedeutsamkeit menschlicher Ehre 95
a) Ehre, die von Gott kommt und zu Gott führt 95
b) Menschliche Ehre im Licht des Ostergeheimnisses 97
c) „Euer Licht soll vor den Menschen leuchten“ 98
d) Selbstachtung und Achtung der andern 99
3. Soziale Bedeutsamkeit der Ehre 101
a) Ehre und soziale Verantwortung 101
b) Die Rolle des Ehrgeizes in der heutigen Gesellschaft 102
c) Den Ehrgeiz zähmen und integrieren 103
4. Sorge für die eigene Ehre 105
5. Sünden gegen die Ehre des Nächsten 106
a) Schmähung und Verweigerung des Ehrerweises 106
b) Verleumdung und Ehrabschneidung 107
c) Ohrenbläserei 109
d) Verantwortungslose Mitwirkung bei Ehrabschneidung 110

Zweites Kapitel
Eine Moral der Schönheit und Herrlichkeit

I. Schönheit als eine Dimension aller Werke Gottes 111
1. Das beschenkende und befreiende Geheimnis 111
2. Moralpsychologische Bedeutung des Schönen 116
3. Bewunderung und Anbetung 118
a) Freiheit in der Anbetung 118
b) Schönheit und Lobpreis Gottes in der Schöpfung 119
4. Eine Moral der Herrlichkeit 121

II. Die Kunst und der Künstler 124
1. Kunst und Moral 125
2. Menschliche Voraussetzungen 128
a) Motivierung 130
b) Probleme bezüglich der Themenwahl 131
3. Religiöse Kunst 131
4. Die Bedeutung der Symbole 134
5. Das Schöne und die Freiheit 136

III. Fest und Feier 137
1. Phänomenologie von Fest und Feier 137
2. Die kultische Dimension des Festes 139
3. Fest und menschliches Dasein als Eucharistie 140
4. Der christliche Sonntag 141
5. Fest und Freiheit in Treue 143

IV. Spiel und Tanz 144
1. Bedeutsamkeit des Spieles im menschlichen Leben 144
2. Entbergung der Wahrheit im Spiel 147
3. Die Kunst und Moral des Spieles 149
4. Spiel und Freiheit 150

V. Der Humor 151
1. Die Sinnbedeutung von Humor 151
2. Das Ethos des Humors 152
3. Versöhnung mit einer unvollkommenen Welt 153
4. Humor und befreiende Wahrheit 154

Drittes Kapitel
Ethik der Kommunikation

I. Theologie der Kommunikation 155
1. Christus, der Mitteiler 155
2. Die trinitarische Dimension der Kommunikation 156
3. Die Wahrheit der Mitteilung und die Mitteilung der Wahrheit . . . 157
4. Kommunikation und Mitmenschlichkeit 158

II. Die neue Situation 160
1. Planetarische Dimension 160
2. Neue Dimensionen des Pluralismus 161
3. Die Mächte entlarven 166
4. Die neuen Mittler 168

III. Die Massenmedien und ihr Einfluß auf das Sinnen und Denken der Menschen 169
1. Positiver und negativer Einfluß der Massenmedien 170
2. Die Wirkweise der Massenmedien 171
a) Die Presse 172
b) Der Film 173
c) Hörfunk und Fernsehen 176
3. Die Werbung 178
4. Die Massenmedien und Manipulation 180
5. Die Kirche und die Massenmedien 182
6. Wer kontrolliert die Kontrolleure? 185
7. Sorge um Unterscheidungsfähigkeit 187
8. Verantwortlicher Umgang mit den Massenmedien 188
a) Sorgfältige Auswahl 188
b) Kritische Aufnahme 188
c) Konsumaskese 189

IV. Massenmedien und öffentliche Meinung 190
1. Bedeutung und Funktion der öffentlichen Meinung 190
2. Freiheit und Wahrheit 191
3. Die öffentliche Meinung in der Kirche 192

V. Die Massenmedien im Dienste der Evangelisation 194

Viertes Kapitel
Heil und Freiheit im Glauben

I. Der konstitutive Dialog 197
1. Schöpfungsoffenbarung 197
2. Gottes Selbstoffenbarung in der Geschichte 199
3. Offenbarung und Glaube in Christus 201
4. Glaube als Treuebindung 204
a) Der ausdrückliche Glaube des Christen 204
b) Impliziter Glaube 207
5. Glaube und Kenntnis 208
6. Glaube als Geschichte schöpferischer Freiheit und Treue 211

II. Christlicher Glaube und Bundestreue 212
1. Christus, der Mittler des Bundes und des Glaubens 212
2. Glaube an die Kirche 213
a) Die Gemeinschaft der Heiligen 213
b) Charismatische Führer 214

c) Der Glaube der einfachen Leute und die Volksfrömmigkeit . . . 215
d) Treue gegenüber dem Lehramt 215
3. Der Glaube von Nichtchristen und der einschlußweise Glaube . . . 217

III. Die Sakramente des Glaubens 218

1. Die Kirche als Ursakrament des Glaubens 218
2. Die privilegierten Zeichen des Glaubens 219
3. Heil im Glauben und durch die Sakramente des Glaubens 220
4. Heil im Glauben und Kindertaufe 223

IV. Orthodoxie und Orthopraxis 225

1. Wahre Orthodoxie 225
2. Offene Heterodoxie 227
3. Heterodoxe Orthodoxie 228
4. Die Sünde der Apostasie 229

Fünftes Kapitel

Glaubenserziehung und Verkündigung in einem kritischen Zeitalter

I. Die Moral der Glaubensverkündigung 233

1. Glaubensverkündigung und Eucharistie 233
2. Christus ist der Herr 234
3. Unverzichtbare Priorität der Verkündigung der Frohbotschaft 234
4. Evangelische Armut und Heilsverkündigung 236
5. Die Neuheit des Evangeliums und des moralischen Lebens in Christus 237
6. Heilsverkündigung und Präevangelisation 239

II. Evangelisation und die Zeichen der Zeit 240

1. Wie entziffern wir die Zeichen der Zeit? 240
2. Die ermutigenden und die alarmierenden Zeichen der Zeit 242
a) Die ermutigenden Zeichen der Zeit 242
b) Die Herausforderung der alarmierenden Zeichen der Zeit 244

III. Gnade und Herausforderung eines kritischen Zeitalters 245

1. Die neue Situation 245
2. Glaubenserziehung im Blick auf die neue Situation 251
a) Bedeutung der Unterscheidungsgabe 251
b) Betonung absoluter Redlichkeit im Suchen nach der Wahrheit . . 253
c) Hierarchie der Wahrheiten in einer echten Synthese 254
d) Wachstum im Glauben 255
e) Schöpferischer Zweifel 255
f) Die Sünde des Nicht-zweifeln-Wollens 257
g) Der sündige Glaubenszweifel 257

IV. Glaubensverkündigung in einer dynamischen Ära 257

V. Evangelisation in einer Zeit des Exodus 259

VI. Die Rolle des Theologen 261
VII. Die Rolle des Lehramtes für die Verkündigung 263

Sechstes Kapitel
Glaube und Ökumenismus

I. Unser Glaube und unser Einsatz für die Wiedervereinigung der Christen 267
1. Wir glauben an den Heiligen Geist 267
2. Wir glauben an die eine, heilige, katholische und apostolische Kirche 269
3. Zur Geschichte des Ökumenismus 271
4. Die Sünden der Häresie und des Schismas neu gesehen 273
5. Außertheologische Ursachen der Trennung 275

II. Treue zur eigenen Kirche im Rahmen absoluter Treue zum Testament Christi, „daß alle eins seien" 276
1. Theologische und psychologische Gründe der Treue zur eigenen Kirche 276
2. Die entscheidende Frage an die eigene Kirche 278
3. „Eine doppelte Kirchenmitgliedschaft"? 279
4. Auf der Suche nach voller Apostolizität 280
a) Eine anspruchsvolle Sicht der Apostolizität 280
b) Apostolizität und Bischofsamt 281
c) Das petrinische Amt im Dienste der Einheit 282
d) Die päpstliche Unfehlbarkeit 286

III. Ökumenische Grundhaltungen 288
1. Bekehrung zu Christus, unserem Heiland und unserem Frieden . . . 289
2. Bekehrung zu Christus, dem Propheten und der rettenden Wahrheit 290
3. Bekehrung zu Christus, dem Führer des Dialogs 291
4. Bekehrung zu Christus, dem Bundesmittler: Einheit in Verschiedenheit 292

IV. Ökumenismus in Aktion 296
1. Geistlicher Ökumenismus 296
2. Gnade und Dynamik vorläufiger Lösungen 297
3. Ökumenismus und Mission 298
4. Ökumenismus und Diakonie 299
5. Routine oder prophetische Konkretion 301
6. Eine zentrale Frage: eucharistische Tischgemeinschaft 303

V. Ökumenismus im weiteren Sinn 305

VI. Dimensionen einer ökumenischen Moraltheologie 308
1. Reintegration von Dogmatik und Moraltheologie 308
2. Reintegration der östlichen und westlichen Tradition 309
3. Reintegration von evangelischer und römisch-katholischer Moraltheologie 310
4. Reintegration in der Sicht schöpferischer Treue und Freiheit 313

VII. Einige aktuelle ökumenische Probleme 314
1. Gemeinsamer Gottesdienst als Ausdruck des geistlichen Ökumenismus 314
2. Konversionen in einem ökumenischen Zeitalter 314
3. Mischehe 316

Siebtes Kapitel

Glaube in einem Zeitalter weitverbreiteten Unglaubens

I. Militanter und machtausübender Atheismus 322
1. Die neue Situation 322
2. Das Zweite Vatikanische Konzil über organisierten Atheismus . . . 323
3. Anti-Theismus als Gegenbild organisierter Religion 325
4. Ist das Bündnis des Marxismus mit dem Atheismus unauflöslich? . . 326
II. Phänomenologie des Atheismus 328
1. Atheismus in einem Zeitalter der Wissenschaftlichkeit 329
2. Mißverständnis der Autonomie 331
3. Die Freiheit des Menschen, Selbstzweck zu sein 332
4. Die Geburt eines neuen Humanismus 333
5. Interesselosigkeit gegenüber Gott 337
6. Protest gegen ein unwürdiges Gottesbild 338
7. Atheismus als Protest gegen die Übel in der Welt 339
8. Agnostizismus und Nihilismus 340
III. Herausforderung an den „verborgenen Atheisten“ 341
1. Herausforderung an die Religion als Institution 342
2. Herausforderung an die Moraltheologie 344
a) Ein radikales Ja zum Humanismus 344
b) Die Wende zum Subjekt 345
c) Eine neue Synthese zwischen Gottes- und Nächstenliebe 346
d) Konflikt zwischen dem Heiligen und dem Guten? 348
3. Der heimliche Atheist und der offen Ungläubige 349
IV. Vom Dialog zur Zusammenarbeit 351
1. Die Tugend des Dialogs 352
a) Unterscheidungsfähigkeit 352
b) Das uns Gemeinsame sehen 353
c) Wandlungsbereitschaft 354
d) Eigene Identität und teilweise Identifikation mit den andern . . . 355
2. Dialog im Blick auf gemeinsames Handeln 356
V. Moral ohne Glauben 357
1. Ethische Prinzipien und sittliches Verhalten im Atheismus 357
2. Die Frage nach einer letztgültigen Begründung atheistischer Ethik . . 359

Achtes Kapitel
Gläubige Hoffnung

I. Das Thema Hoffnung in der Bibel 363

1. Die Hoffnung des Gottesvolkes 363
2. Hoffender Glaube und gläubige Hoffnung als Geschichte 365
3. Vertrauensvolle und treue Antwort auf Gottes Verheißung 368
4. Der Exodus und das Reich Gottes 369
5. Hoffnung und ständige Bekehrung 371
6. Gedächtnis und Hoffnung 373

II. Kennzeichen christlicher Hoffnung 374

1. Begnadete Hoffnung und gnadenlose Hoffnung 378
2. Solidarische Hoffnung 378
3. Mutige Hoffnung: Hoffnung und Leiden 380
4. Frohe Hoffnung 383

III. Christliche Hoffnung und Verantwortung für die Welt 384

IV. Sakramentalität der Hoffnung und die Sakramente der Hoffnung 387

1. Eine umfassendere Sicht der Sakramente 387
2. Christus, das Sakrament der Hoffnung 388
3. Die Kirche, ein Sakrament der Hoffnung 388
4. Die sieben bevorzugten Zeichen der Hoffnung 390

V. Der menschliche Leib als Zeichen der Hoffnung 393

VI. Hoffnung für die „Hoffnungslosen“ 396

VII. Sünden gegen die Hoffnung 397

Neuntes Kapitel
Das Tun der Wahrheit in Liebe

I. Die Wahrheit der in Christus geoffenbarten Liebe 400

1. Göttliche und menschliche Liebe 400
2. Der Bund der Liebe 402
   a) In Vereinigung mit Christus, dem Bundesmittler 402
   b) In der Kraft des Heiligen Geistes 404
3. Einheit von Gottes- und Nächsten- und Selbstliebe 405
   a) Einheit und Unterscheidung zwischen Gottes- und Nächstenliebe 405
   b) Unterscheidung zwischen ontologischer und psychologischer Priorität 406
   c) Nächstenliebe als Grundentscheidung für Gott 407
   d) Selbstliebe und Nächstenliebe 408
   e) Gottesliebe und Selbstliebe 408
   f) Eine Aufgabe für Moraltheologie und -pädagogik 409
   g) Ganzheitssicht und Gebet 410
4. Kennzeichen der Liebe 410

II. Liebe ist mehr als Gebot 413

1. Die sakramentale Gestalt der Liebe 414
2. Die Sakramente der Einheit und Liebe 415
3. Der Sinn des Liebesgebotes als Gebot 418

III. Liebe in der Gemeinschaft der Heiligen und der Sünder 419

1. Freundschaftsliebe und allumfassende Liebe 419
2. Eros und Freundschaft 422
3. Eros und Agape 424
4. Feindesliebe 425

IV. Liebe als Heilsdienst 427

1. Eine Berufung für alle, die den Herrn lieben 427
2. Die Sakramente und das Apostolat 429
3. Grundlegende Formen der Heilssorge 432
   a) Apostolat des Gebetes und Leidens 432
   b) Apostolat des guten Beispiels 433
   c) Brüderliche Ermunterung und Aufrichtung 435
   d) Umweltheilssorge 437
4. Das offizielle Apostolat der Kirche 439
   a) Das Weihepriestertum 439
   b) Die Ordensleute und das apostolische Leben 443
   c) Teilnahme von Laien am amtlichen Apostolat 444

V. Liebe und Gerechtigkeit 446

1. Die Wir-Beziehungen und die gesellschaftlichen Verhältnisse 446
2. Gottesliebe und rettende Gerechtigkeit 447
3. Werke der Liebe und Gerechtigkeit 450

VI. Sünden gegen die Liebe 451

1. Sünden gegen die Gottesliebe 451
2. Direkte Sünden gegen die Nächstenliebe 452
3. Verführung 453
4. Ärgernis 454
   a) Christus, der Stein des Anstoßes 454
   b) Unterscheidung zwischen sündigem und heilsamem Ärgernis . . . 456
   c) Wiedergutmachung sündigen Ärgernisses 457
5. Sündhafte Mitwirkung 457
   a) Formale Mitwirkung 458
   b) Materiale Mitwirkung 458
   c) Grundsätze für die Bewertung materialer Mitwirkung 459
   d) Beispiele zulässiger und unzulässiger Mitwirkung 461

Zehntes Kapitel

Befreiende Wahrheit der sexuellen Sprache

I. Menschliche Sexualität als Sprache 465

1. Verleiblichte Sprache: Geist und Leib 466
2. Mann und Frau schuf er sie 469

3. Kultur und Ausprägung der Sexualität 474
4. Moral des Lernprozesses 476

II. Liebe ist die Antwort 478

1. Lebenswahre Liebe 478
2. Liebe als letztes Kriterium sexualethischer Normenbildung 481
3. Gibt es eine spezifisch christliche Sexualethik? 483
4. Liebe und Lust 485

III. Fruchtbarkeit als Ausdruck der sexuellen Sprache 488

1. Eine bleibende Bereitschaft ehelicher Liebe zur Fruchtbarkeit 488
2. Ein Blick auf die Geschichte und kulturelle Verschiedenheiten . . . 490
3. Verantwortete Elternschaft 492
   a) Bewußte Weitergabe des Lebens und die Würde des ehelichen Aktes 492
   b) Eine Frage gemeinsamen Überlegens und Entscheidens 494
   c) Die Frage der Methode im Blick auf ein harmonisches Eheleben . 495
   d) Welche Art der Offenheit muß jeden ehelichen Akt auszeichnen? 498
   e) Sind biologische annähernde Gesetzlichkeiten Sprachregeln der Liebe? 500

IV. Der Bund der Liebe: Ehe und Familie 502

1. Ehe als Institution 503
2. Ehe als Berufung 505
3. Die Sakramentalität der Ehe 506
4. Einehe 507
5. Treue und Unauflöslichkeit des Ehebundes 510
   a) Unauflöslich durch Gesetz oder durch Gnade? 510
   b) Bedeutung von Gesetz und Kasuistik 512
   c) Heilssorge für die Geschiedenen 513

V. Sexualität und Ehelosigkeit 515

   a) Ehelosigkeit aus ganz verschiedenen Gründen 516
   b) Ehelosigkeit und Wachstum der Liebesfähigkeit 517
   c) Wahre Freundschaft 519
   d) Begeisterung und asketische Haltung 519
   e) Ehelose Keuschheit und sexuelle Spannungen 520

VI. Sünden gegen die Keuschheit 521

1. Hygiene der Phantasie und des Begehrens 522
2. Unsittliches Sexualverhalten 524
3. Der voreheliche Verkehr 525
4. Selbstbefriedigung 529
5. Homosexualität und andere Formen sexueller Abweichungen 533

Exkurs zur Sonderausgabe 536

Personenregister 542

Sachregister 546

Einleitung

Der erste Band dieses Werkes versuchte in das Verständnis der Freiheit und Treue einzuführen, für die Christus uns befreit hat. In diesem Band geht es vor allem um Wahrheit und Treue als Weg zur Freiheit, die uns von Christus, der Wahrheit und der Treue in Person, angeboten ist. Es ist von grundlegender Bedeutung, die gegenseitige Bezogenheit und unauflösliche Einheit zwischen Wahrheit und Freiheit zu sehen. „Wo immer Freiheit sich von der Wahrheit trennte, erlitt sie den Verlust ihres Wesens und entartete in Anarchie und Chaos. Aber es ist ebenso zutreffend, daß Wahrheit sich nur in einem Klima innerer und äußerer Freiheit entfalten kann.“[1]

Wie Freiheit, so ist auch Wahrheit zugleich ein Geschenk Gottes und eine dem Menschen anvertraute Aufgabe. Christliche Moral kann verstanden werden als treue Liebe zur Wahrheit, die uns in Christus geschenkt ist, und liebendes Tun der Wahrheit, um ganz und gar zu Christus hinanzuwachsen (Eph 4,15). Unser Leitmotiv „frei und treu in Christus“ führt mit innerer Logik zu einer leidenschaftlichen Hingabe an die Wahrheit. Unsere Treue zu Christus, dem Befreier, läßt uns nie ruhen im Suchen nach einem besseren Kennen Christi, seiner Wahrheit und somit wahrer Freiheit. Wir können in Christus die Sinnerfüllung von Freiheit und Treue nur in dem Maß finden, als wir Leben haben in Christus, der der Weg, die Wahrheit und das Leben ist und uns den Geist der Wahrheit versprochen hat, der uns in alle Wahrheit einführt (Joh 14,6).

Der Hunger und Durst, Christus immer besser und liebender zu erkennen und die befreiende Wahrheit immer besser zu ergreifen (vgl. Joh 8,31), ist ein Akt dankbarer Liebe zu Christus und zu unserem Nächsten. Denn Christus gibt uns Anteil an seiner befreienden Wahrheit, auf daß wir in ihm und mit ihm Licht für die Welt, Salz für die Erde werden. (Dies wird das Thema des dritten und letzten Bandes sein, dessen Hauptteil die Sozialethik im weitesten Sinn bilden wird.)

Obwohl es in diesem zweiten Band um die entscheidenden Dimensionen der Existentialethik geht, um das existentielle Ergreifen der Wahrheit und das Tun der Wahrheit, soll der Leser hier nicht einfach eine Individualethik erwarten.

[1] *A. Dondeyne,* Liberté et vérité. Étude philosophique, in: *H. van Waegenbergh* (Hrsg.), Liberté et vérité (Louvain 1954) 41.

Die Wahrheit begegnet uns existentiell immer im Empfangen und Mitteilen, im gemeinsamen Suchen der Wahrheit und in solidarischer Verpflichtung auf sie. Die soziale Dimension tritt nicht zusätzlich hinzu, sondern ist der so verstandenen Moral von innen heraus wesentlich.

Unser Forschen nach den Bedingungen des existentiellen Ergreifens der Wahrheit geschieht immer im Blick auf Christus. Er, das menschgewordene Wort Gottes, hat uns gelehrt, daß wir von Gott erkannt sind und gerade so im Dasein gehalten werden. Fragen wir uns zuerst, wie wir ihn in seinen Worten und Taten, in seinem Bei-uns-Sein und Für-uns-Sein erkennen können. Wir suchen die Wahrheit so, daß uns Christus Anteil an seiner befreienden Treue geben kann. Über dem eminent existentiellen Charakter der Wahrheitserkenntnis vergessen wir nicht, welche Bedeutung die unterschiedlichen kulturellen Voraussetzungen für unsere Wahrheitssuche und unsere gegenseitige Begegnung in der Wahrheit haben. Wir werden vor allem sehen, daß Treue zu Christus und alle Formen der in ihm begründeten Treue Ausdruck der Wahrheit sind (1. Kap.).

Eine existentielle Phänomenologie der Wahrheit und Treue weist unseren Blick auf wichtige Zugänge zur Wahrheit: Auf das Schöne, die Kunst, das Fest, auf Spiel und Tanz und nicht zuletzt auf Humor. Das Umgreifende dabei ist die Schönheit als der Glanz des Wahren und Guten (2. Kap.).

Der dreieinige Gott feiert seine Seligkeit und Herrlichkeit im Fest des sich Mitteilens der drei göttlichen Personen. Im Menschen, dem Bild und Gleichnis Gottes, leuchten Schöpfung und Erlösung als Mitteilung beseligender Wahrheit und Liebe auf. Eine christliche Moral muß darum ganz besonders aufmerksam nach der Unterscheidung der Wahrheit im gemeinsamen Suchen und im Austausch der erkannten Wahrheit fragen. Es gehört zum Umfassenden unserer menschlichen und christlichen Berufung, uns der Wahrheit im Füreinander und Miteinander zuzuwenden. Wir versuchen, die modernen Kommunikationsmittel in diesem Lichte zu sehen (3. Kap.).

Bei all dem sind wir uns bewußt, daß Heil und letzte Freiheit uns im Glauben zukommen. Gemeinsames Suchen der Wahrheit, treuer und gemeinsamer Einsatz für das Tun der Wahrheit, die Erfahrung des Schönen als des Glanzes des Wahren und Guten erreichen ihren Gipfelpunkt im Glauben, der die höchste Erfahrung der Freiheit und der Sendung zu befreiender Tätigkeit ist. Im Glauben kommt auch das Füreinander der Gewissen zur tiefsten Verwirklichung. Mitmenschlichkeit, die vom Glauben bestimmt ist, zeichnet sich aus durch Wahrhaftigkeit und Ehrfurcht, die das Wahre und Gute zum Leuchten bringen. Hier stellt sich jedoch die Frage, wie die Glaubenden in einer sündhaften Welt und in der Komplexität des Lebens Treue und Wahrhaftigkeit durchhalten können (4. Kap.).

Der pluralistische Charakter der modernen Gesellschaft, ständiger Kontakt mit anderen Kulturen und Religionen, die Geburtswehen des Ökumenismus, ganz besonders aber die Auseinandersetzung mit dem modernen Atheismus in seinen verschiedenen Formen zwingen die Christen und christlichen Gemeinschaften, selbstkritischer zu sein, um Ideologien entlarven zu können. Nur entscheidungsfähige Christen können Salz der Erde sein. Die Zukunft der Christenheit hängt nicht von bloßen Taufscheinchristen, sondern von jenen Christen ab, deren Weg zum Glauben und deren Zeugnis für den Glauben von Freiheit und mutiger Ehrlichkeit gekennzeichnet sind. All das verlangt von der Moraltheologie, daß sie viele Probleme des Glaubens, der Verkündigung und Religionspädagogik neu überdenkt, im vollen Bewußtsein, daß wir den Glauben leben und bekennen in einem kritischen Zeitalter (5. Kap.).

Christus ist gekommen als der mächtige Ruf zur Einheit. Der Glaube an ihn reißt alle von Menschen errichteten Scheidewände zwischen Juden und Samaritern, Juden und Nichtjuden nieder. In einer von feindseligen Ideologien und von der Machtgier zerrissenen Welt können wir Christen unsere eigene Uneinigkeit, das Nebeneinander und Gegeneinander von Kirchen, nicht genug beklagen. Schuld an der Zerrissenheit der Christenheit ist nicht die Wahrheit, sondern mangelnder Mut und mangelnde Ehrlichkeit im gemeinsamen Suchen nach der Wahrheit. In seiner Güte hat Gott ein neues Sehnen nach Einheit der Christen und christlichen Kirchen erweckt. Moraltheologie wäre ihrer Sendung absolut untreu, würde sie nicht in allem den ökumenischen Anliegen besondere Aufmerksamkeit widmen. Das hier gebotene ausführliche Kapitel über den Ökumenismus bliebe ein Fremdkörper, wenn die ökumenische Sicht und Hellhörigkeit nicht überall gegenwärtig wäre (6. Kap.).

Vielleicht fordert von uns Christen nichts so sehr eine totale Bekehrung zur befreienden Wahrheit wie der moderne Unglaube in seinen verschiedenen Formen und Schattierungen. Gleichgültigkeit wäre hier gewiß fehl am Platz. Aber auch bloße Selbstverteidigung, Apologetik, ist ungenügend. Es bedarf vielmehr einer radikalen Wahrhaftigkeit gegenüber uns selbst, auch wenn dabei unsere eigenen Sünden gegen die Wahrheit entlarvt werden. Der Dialog mit den Ungläubigen und ihren Ideologien geht Hand in Hand mit dem ehrlichen Mut, dem verborgenen Atheisten in uns selbst, in einem Teil unserer Traditionen und Bräuche, ins Antlitz zu schauen. Muß sich die Christenheit nicht auch fragen lassen, wie weit sie an der Geburt des modernen Atheismus und dessen Intoleranz mitschuldig ist? Ein fruchtbarer Dialog mit den Atheisten ist nur denkbar, wenn die Christen im Denken, Reden und Tun um ihre eigene Identität wissen und keinen Zweifel darüber aufkommen lassen, daß sie treu zu der in Christus geoffenbarten Wahrheit stehen (7. Kap.).

Gott, der sich in Jesus Christus so wunderbar als die rettende Wahrheit geoffenbart hat, bleibt für uns dennoch der verborgene Gott. Wir preisen Gott, der seine Wahrheit entborgen hat, aber zugleich beten wir ihn in seiner Wahrheit an, die unendlich größer ist als wir und unser Verstehen. Da wir den Glauben in der Spannung zwischen dem „schon" und dem „noch nicht" leben, gilt es, der Hoffnungsstruktur christlichen Glaubens besondere Aufmerksamkeit zuzuwenden. „Glaube ist die Wirklichkeitsgrundlage für das, worauf man hofft, der Nachweis von Dingen, die man nicht sehen kann" (Hebr 11, 1). Wir erfahren die Kraft der Hoffnung, wenn wir den Glauben sich aussprechen lassen als Ruf zu ständiger Bekehrung, zu radikalerer Hinwendung zu ihm, der getreu ist in seinen Verheißungen und in all seinem Tun (8. Kap.).

Das Herzstück der in Christus uns zugesprochenen befreienden Wahrheit ist: Gott ist die Liebe. In der Phänomenologie der Wahrheit und der Erkenntnis kommen wir immer zum gleichen Schluß, daß die Offenbarung der Wahrheit ein Ereignis der Freiheit und der Liebe ist. Die Heilswahrheit enthüllt sich nur denen, die lieben und bereit sind, immer besser zu lernen, was wahrhaftiges Lieben ist. Weit entfernt, die Liebe sentimental zu verflachen, verstehen wir das berühmte Augustinuswort: „Liebe, und tu, was du willst", in seinem ursprünglichen Sinn: Sorge dich um wahre Liebe, und tu, was diese gebeut[2]. Die rettende Wahrheit enthüllt das wahre Antlitz der Liebe und lehrt uns so, liebend die Wahrheit zu tun (9. Kap.).

Die Phänomenologie der Wahrheit und Treue verstärkt unsere Einsicht, daß sich die befreiende Wahrheit nicht so sehr in abstrakten Begriffen als vielmehr in Bildern und Symbolen enthüllt. Christus ist das allumfassende Realsymbol der rettenden Wahrheit. Wir sind frei und treu in Christus in dem Maß, als wir selbst in unserem Sinnen, Trachten und Tun, ja sogar noch in unserem Schweigen, beredte Zeichen der anziehenden Liebe Gottes sind.

Der Leser, der zunächst das Inhaltsverzeichnis durchblättert, mag erstaunt sein, in diesem Band kein besonderes Kapitel über die Sakramente zu finden. Aber wenn er das Ganze durchgelesen hat, wird er sicher sehen, daß die sakramentale Schau allgegenwärtig ist: Die Sicht des ganzen christlichen Lebens im Lichte Christi, des Ursakramentes, und der Kirche, insofern sie Christus abbildet und auf ihn hinweist, der sieben Sakramente als bevorzugten Wirkzeichen des Glaubens, der Hoffnung und der Liebe sowie der Anbetung im Geiste und in der Wahrheit. In dieser Sicht ist es wohl logisch, nach Behandlung des in der Liebe wirksamen Glaubens, jenes Sakrament zu behandeln, das in besonderer Weise Zeichen treuer und freier Liebe ist: den Liebesbund zwischen Mann und Frau. Im gleichen Lichte verstehen wir dann auch frei gewählte oder in innerer Freiheit angenommene Ehelosigkeit um des Himmelreiches willen als ein Heilszeichen der mächtigen, den ganzen Menschen ergreifenden und sich auf den Dienst am Mitmenschen einlassenden Liebe.

Während eine frühere Richtung die sexualethischen Normen vor allem von der biologischen Zweckbestimmung ableiten wollte, mehren sich heute die Versuche, das Sinnziel und die entsprechenden Normen im Blick auf die Kommunikation echter Liebe zu verstehen. Ähnlich wie die gesprochene Sprache hat Sexualität ihre Mitteilungskraft. Jede Sprache hat ihre Eigenart, aber alle Spra-

---

[2] *Augustinus,* „Dilige et quod vis fac" (In epist. Joannis ad Parthos tr. VII, cap. IV, 8: PL 35, 2033). Der Ton liegt auf echter, erlöster Liebe, auf unterscheidungsfähiger Liebe. „Vide quia sola (dilectio) discernit" (ebd. tr. VII, cap. IV, 7: PL 35, 2033).

chen haben genug Gemeinsames, das eine gegenseitige Übersetzung und einen sinnvollen Dialog über die Wahrheit ermöglicht. Gerade angesichts der heutigen Begegnung der verschiedenen Kulturen gilt es, das gemeinsame Sinnziel der Sexualität und die Verschiedenheit der „Aussprache" zu beachten. Uns geht es um die Wahrhaftigkeit der „sexuellen Sprache", um das gegenseitige Sich-Kennen in wahrhaftiger Liebe und Ehrfurcht. Dabei darf der Dienst am Leben sich nicht loslösen von der Mitteilung der befreienden Wahrheit der Liebe (10. Kap.).

Erstes Kapitel

Die befreiende Wahrheit

I. Christus, die rettende Wahrheit

Auf die politische Frage des Pilatus: „Bist du ein König?", antwortet Jesus: „‚König', das ist dein Wort. Ich bin dazu geboren und in die Welt gekommen, um für die Wahrheit Zeugnis abzulegen. Jeder, der aus der Wahrheit stammt, hört auf meine Stimme." Der Dialog endet mit der Frage des Pilatus: „Was ist Wahrheit?" (Joh 18,36–38.) Die Fragen sind alle zweideutig; denn sie liegen auf der falschen Ebene. Und doch zwingt das Schweigen Jesu den Pilatus und seitdem viele zum Nachdenken über die rettende Wahrheit. Auf die Fragen seiner Jünger antwortet Jesus mit einer umgreifenden Antwort: „Ich bin der Weg, die Wahrheit und das Leben. Niemand kommt zum Vater außer durch mich" (Joh 14,16).

In Jesus spricht uns der Vater sein rettendes Wort zu. Und Jesus, das menschgewordene Wort Gottes, führt uns zum Vater, macht uns seine Wahrheit sichtbar, daß nämlich Gott die Liebe ist und uns seine Liebe zuspricht. In der gläubigen Begegnung mit Christus wird uns die Unvollkommenheit der eigenen Frage spürbar, wenn wir sagen: „Was ist die befreiende Wahrheit?" Im Zugehen auf ihn und im Eingehen auf sein Wort wird die Frage so lauten: „Wer ist der, in dem die befreiende Wahrheit verkörpert ist?"

1. *Jesus, die fleischgewordene Wahrheit*

In der Heilsgeschichte offenbart sich Gott als der, der *ist*. Die Wahrheit, die er uns zuspricht, ist sein Da-sein für uns als der Retter. Auf dem Gipfelpunkt von Gottes Selbstoffenbarung erfahren wir jedoch, daß einer von uns, der Menschensohn, Jesus von Nazaret, sich „die Wahrheit" nennen kann. Das Wort und die Worte, die er uns durch sein Dasein und Für-uns-Sein und sein Zeugnis zuspricht, sind sein nur als Geschenk des Vaters. „Die Worte, die du mir gegeben hast, habe ich ihnen gegeben; sie haben sie angenommen und in Wahrheit erkannt, daß ich von dir ausgegangen bin, und haben den Glauben gewonnen, daß du mich gesandt hast" (Joh 17,8).

Christus ist der einzigartige Bote; denn er ist zugleich auch die Botschaft. Er ist das Wort des Vaters, lebt von diesem Wort und tut es. Er ist die Verkörperung von Wahrhaftigkeit und Treue in der Erfüllung seiner Sendung. Anders ausgedrückt können wir sagen: Er ist das sakramentale Wort, das sichtbare

Wort des Vaters; in seiner ganzen menschlichen Wirklichkeit wird die Gottheit transparent. „Wer mich gesehen hat, hat den Vater gesehen" (Joh 14,9).

In all seinem Tun spricht Jesus von Nazaret sich als die Wahrheit und als den Getreuen aus. Die Wahrheit, die in allem durchleuchtet, ist anziehend, beseligend und befreiend, freilich auch letzte Forderung. Diese Wahrheit drängt sich nicht wie ein fremdes Gesetz auf. „Die Gnade und Wahrheit ist durch Jesus Christus gekommen" (Joh 1,17). Er ist die Wahrheit in sich und zugleich ganz und gar Gnade und Wahrheit für uns. Gegen gnostische Tendenzen betont der Erste Johannesbrief die Leibhaftigkeit der in Christus auf uns zukommenden Wahrheit. „Was von Anfang an gewesen ist, was wir gehört, was wir gesehen haben mit unseren eigenen Augen, was wir geschaut haben, und unsere Hände haben es berührt – die Botschaft von dem Lebenswort" (1 Joh 1,1). In Jesus leuchtet Gott als das Licht und Leben auf, so daß wir in seiner Wahrheit wandeln können (vgl. 1 Joh 1,5–7). Die Gläubigen beten in Christus das ewige Wort des Vaters an, durch das alle Dinge geschaffen sind, das menschgewordene Wort, den Gipfelpunkt der menschlichen Geschichte, den vollendeten Menschen, die Freude jedes Herzens und die Antwort auf alles Sehnen der Schöpfung[1].

Nichts ist falscher, als die Offenbarung in erster Linie als ein System wohldefinierter Wahrheiten zu sehen oder gar als ein Religionssystem, das dazu da ist, begriffliche Wahrheiten zu kontrollieren. Der Versuch begrifflichen Verstehens ist zwar dem Menschen nicht fremd. Doch es sind Symbole, die uns die Heilswahrheit näherbringen. Die christliche Religion „versteht Offenbarung im Blick auf Symbole, die sich das Volk aneignet und die es feiert. Sie helfen ihnen, ihr Leben zu verstehen und ihre Welt zu gestalten."[2]

Alle Symbole haben ihre Einheit und ihren letzten Sinn in Christus, der das Realsymbol der auf uns zukommenden göttlichen Wahrheit und Liebe ist. Er ist Symbol in der höchstsakramentalen Weise; denn in ihm hat die Wahrheit das Fleisch der Geschichte angenommen. Er ist das einheitsstiftende und wirksame Symbol. Alles, was Schöpfung und Geschichte uns zuraunen, erfüllt sich in ihm. Und jeder von uns kann in ihm die endgültige Wahrheit des Lebens finden.

Im Lichte Christi, des ewigen Wortes und der fleischgewordenen Wahrheit, haben wir einen neuen Zugang zum Kennen der Welt, die im voraus von ihm erkannt ist. „Sein Kennen ist schöpferisch und seine Ursächlichkeit ist urtümliches Kennen. Sein Kennen ruft die Dinge ins Dasein."[3] Christus kennt uns als

---

[1] Pastoralkonstitution des Zweiten Vatikanischen Konzils über die Kirche in der modernen Welt „Gaudium et Spes" (GS), Nr. 45.

[2] *G. Baum*, Religion and Alienation (New York 1975) 251f.; vgl. *A. Greeley*, The New Agenda (New York 1973). G. Baum betont zu Recht, daß der „Symbolist" die geschichtliche Wirklichkeit nicht gering einschätzt; vgl. dazu: *R. Bellah*, Beyond Belief (New York 1970) 220.

[3] *J. H. Wright* S. J., Divine Knowledge and Human Freedom, in: Theol. Studies 38 (1977) 450–477, Zitat 453.

das allmächtige Wort des Vaters und zugleich mit menschlicher Liebe, in mitmenschlicher Erfahrung. Indem er sich selbst für uns hingibt und uns so die letzte Wahrheit der Liebe zuspricht, macht er die Glaubenden zu einer Neuschöpfung. Antworten wir glaubend auf diese Weise, in der wir erkannt sind, so erfahren wir existentiell, daß diese geschenkte Wahrheit in unserem ganzen Leben und in unserer Umwelt Fleisch und Blut annehmen will.

Die schöpferische und rettende Gegenwart Christi, der die Wahrheit ist, macht sich immer und überall in der Schöpfung geltend. Aber nur durch den Glauben, in dem wir uns dieser einzigartigen Offenbarung in Christus öffnen und anvertrauen, kennen wir den Gott der Geschichte, der sich in absoluter Freiheit offenbart. Davon leitet Dietrich Bonhoeffer die spezifisch christliche Weise der Antwort ab: „Gottes Selbstoffenbarung geschieht in der Person Jesu Christi, und zwar in verständlicher Weise. Das Wort, Christus, ist wirklich Gott selbst in seiner ganzen Freiheit, zugleich aber gehüllt ins Kleid der Geschichte, der Menschlichkeit."[4] In Christus tritt Gott auf einmalige Weise in die Geschichte ein, und jeder Versuch, ihn jenseits dieser Geschichte, die in Christus ihren Punkt Omega erreicht hat, zu suchen, verfehlt die Wirklichkeit Gottes.

2. *Christus, das Wort, das die Liebe haucht*

Die in Schöpfung und Erlösung sich ereignende Wahrheit gründet im Geheimnis der Wahrheit Gottes selbst. „Am Anfang war das Wort, und das Wort war bei Gott, und das Wort war Gott" (Joh 1,1). Der ewige Vater spricht sein Herzensgeheimnis aus in seinem Wort, das sein wesensgleicher Sohn ist. Augustinus sagt dazu: „Indem er sich selbst ausspricht, zeugt der Vater das Wort, das ihm in allem gleich ist; denn er hätte sich nicht ganz und vollkommen ausgesprochen, wäre in dem Wort irgend etwas mehr oder weniger als in ihm selbst. Und in diesem Wort kann nimmer etwas Unwahres sein; denn es ist unveränderlich wie jener, von dem es ist."[5] Und da der Vater in diesem Wort das Geheimnis seines Herzens ausspricht, antwortet ihm dieses Wort in der gleichen Macht der schenkenden Liebe. Thomas von Aquin drückt dies markant aus: „Der Sohn ist das Wort, aber nicht irgendeine Art von Wort, sondern das Wort, das die Liebe haucht."[6]

So sagt uns das Geheimnis der heiligsten Dreifaltigkeit, die sich in Jesus Christus und durch die Ausgießung des Heiligen Geistes geoffenbart hat, die entscheidende Wahrheit über unser eigenes Sein und Bleiben „in der Wahrheit", als Abbild Gottes. Die Fruchtbarkeit der göttlichen Wahrheit ist absolut. Sie ist die Sprache der Liebe, die aus dem Herzen des Vaters kommt. Sie ist der Jubelruf der Liebe, ganz Liebe, die herrlich aufleuchtet in dem Wort, das die

---

[4] *D. Bonhoeffer,* Gesammelte Schriften V, 219.
[5] *Augustinus,* De trinitate 15, cap. 14: PL 42, 1976f.
[6] S. th. I q 43 a 3 ad 2.

Liebe haucht, den Heiligen Geist, das Schenken der Liebe zwischen dem Vater und dem Sohn.

Die göttliche Wahrheit ist Mitteilung, sich mitteilende Liebe. Sie ist ganz und gar die Wahrheit und Seligkeit der Liebe. Alle Wahrheit in der geschaffenen Welt ist ein Hauch der Heiligkeit eben dieser Wahrheit im innergöttlichen Leben, denn „alles ist durch ihn entstanden, und ohne ihn ist nichts entstanden von dem, was besteht" (Joh 1,3).

Infolgedessen ist die innerste Wirklichkeit der Geschichte nicht so sehr Konfrontation zwischen Kenntnis und Irrtum als solchen, sondern vielmehr die Konfrontation zwischen der Wahrheit, die aus der Liebe kommt und Liebe hervorruft, und auf der anderen Seite Dunkelheit und künstliche Systeme des Wissens und Handelns, die aus dem Mangel an Liebe kommen, die entscheidende Wahrheit von der Liebe verleugnen und darum Haß brüten.

In Jesus von Nazaret, dem Messias, hat das die Liebe hauchende Wort des Vaters Fleisch angenommen. In der Huld und Güte des anziehenden Mitteilens der Wahrheit durch Christus ist in einzigartiger Weise die Gegenwart des ewigen Wortes Gottes gegeben. „Denn aus seiner Fülle haben wir alle empfangen, Gnade um Gnade. Denn das Gesetz ist durch Mose gegeben worden; die Gnade und Wahrheit ist durch Jesus Christus gekommen. Gott hat keiner je gesehen. Der eingeborene Sohn, der im Schoße des Vaters zu Hause ist, er hat sein Geheimnis erschlossen" (Joh 1,16–18). Die Mitmenschlichkeit Christi, das Für-uns-Sein seiner liebenden Wahrheit weisen auf das Herz des Vaters hin.

Sagen wir, daß Christus selbst das Gesetz christlichen Lebens ist, so lassen wir die engen Begriffe normativer Ethik hinter uns, und zugleich eröffnet sich uns das wahre Kriterium und die letztgültige Norm für das gemeinsame Suchen und das gegenseitige Sich-Mitteilen der Wahrheit. Die Frage bezüglich unseres Heilswissens ist dann: Gründet es in der letzten Freiheit der Liebe, stärkt es die Bande der Liebe nach dem Bild und Gleichnis dessen, der die Wahrheit ist und die Liebe haucht? Wer eine klare Grundentscheidung für die Wahrheit in der Liebe und die Liebe in der Wahrheit getroffen hat, wird ihre befreiende Macht erfahren. Dies ist es, was Christus uns versprochen hat: „Ihr werdet die Wahrheit kennen, und die Wahrheit wird euch frei machen" (Joh 8,32). Im gleichen Kontext sagt uns Jesus: „Wenn euch also der Sohn frei macht, dann werdet ihr wirklich frei sein" (Joh 8,36). Die wahre Freiheit kommt vom Sohn des ewigen Vaters, von dem, der die Liebe haucht, in Jesus von Nazaret für uns Mensch geworden und vom Geist gesalbt und gesandt ist, uns sich selbst und so die befreiende Wahrheit mitzuteilen. Alles, was wir von ihm wissen, sagt denen, die ihn kennen, daß Wahrheiten, die von der Liebe getrennt sind, keine Freiheit bringen können und daß Liebe nicht echt ist, wo sie nicht die Fülle der Wahrheit sucht.

Der Böse und seine Helfershelfer ertöten das Eigentliche an der Wahrheit, die Liebe. Ihr Haß und ihre Lieblosigkeit verraten sie. „Er hat seinen Stand nicht in der Wahrheit; denn die Wahrheit ist nicht in ihm" (Joh 8,44). Ideologien bemächtigen sich vieler Halbwahrheiten und können sich auf viele einzelne Tatbestände berufen, aber sie dienen nur der Entzweiung; denn sie sind fern von jener Wahrheit, die die Liebe haucht. Ihre Wahrheiten machen weder sie noch sonst irgend jemanden frei.

3. Der Geist der Wahrheit

Jesus ist der vom Heiligen Geist Gesalbte, der Christus. Der Geist sendet ihn, die befreiende Wahrheit des Evangeliums zu verkünden und mit seinem Blut zu besiegeln. „Der Geist des Herrn ist auf mir, weil er mich gesalbt hat, um den Armen frohe Kunde zu bringen. Er hat mich gesandt, Gefangenen ihre Freiheit zu verkünden, und Blinden, daß sie sehen können, Mißhandelte in Freiheit zu entlassen" (Lk 4,18).

Bei der Taufe im Jordan gibt der Geist Zeugnis, daß Jesus der Bote der rettenden Wahrheit ist. Der Geist ermächtigt ihn zum letztgültigen Zeugnis in der wahren Taufe, der Taufe in seinem Blut. Johannes gibt Zeugnis von ihm: „Ich habe den Geist wie eine Taube vom Himmel herabkommen sehen, und er blieb auf ihm. Auch ich kannte ihn nicht. Aber der mich gesandt hat, mit Wasser zu taufen, der sagte zu mir: Auf wen du den Geist herabkommen und auf ihm bleiben siehst, der ist es, der mit dem Heiligen Geist tauft" (Joh 1,32f.; vgl. Mt 3,16f.).

Der Geist treibt Jesus in die Wüste (Mt 4,1), auf daß er dort den Exodus des Volkes neu lebe und zur Erfüllung bringe. Unter dem Einfluß des Heiligen Geistes lebt Jesus die befreiende Armut, die die günstigste Vorbedingung dafür ist, daß er in seiner Menschheit ganz und gar vom Worte lebt, das aus dem Mund des Vaters ist. „In der Kraft des Heiligen Geistes" (Lk 4,14) beginnt Jesus, die Heilsbotschaft zu verkünden und sich selbst dem Volke, vor allem den Armen, zu schenken.

Vor seinem Hingang zum letzten Zeugnis seiner sich selbst schenkenden Liebe verheißt Jesus den Jüngern „den Geist der Wahrheit". „Auf meine Bitte wird euch der Vater einen anderen zum Anwalt geben, der für immer bei euch bleiben soll: den Geist der Wahrheit" (Joh 14,16f.). Wenn sie sich vom Geiste leiten lassen, werden sie von Jesus lernen, einander zu lieben, und so werden sie die Wahrheit kennen. Wer meine Gebote besitzt und sie bewahrt, der ist es, der mich liebt; und wer mich liebt, wird auch von meinem Vater geliebt werden; und auch ich werde ihn lieben und mich ihm offenbaren" (Joh 14,21). Nur die vom Geist der Wahrheit Geleiteten, denen es um die wahre Liebe geht, werden Jesus tief innerlich erkennen und die Wahrheit der Liebe ergreifen, die er getan und gelehrt hat.

„Der Anwalt, der Heilige Geist, den mein Vater in meinem Namen euch senden wird, wird euch alles lehren und euch an alles erinnern, was ich euch gesagt habe" (Joh 14,26). „Der Geist der Wahrheit" verbirgt sich sozusagen; er, der die schenkende Liebe zwischen Vater und Sohn ist, verweist uns ganz und gar auf Christus, das Geschenk des Vaters an uns. Jene, die sich vom Heiligen Geist lehren und leiten lassen, werden Christus anhangen und seine Zeugen und so Zeugen der Liebe des Vaters sein. „Der Geist der Wahrheit, der vom Vater ausgeht, wird über mich Zeugnis ablegen; und auch ihr sollt meine Zeugen sein, weil ihr von Anbeginn bei mir seid" (Joh 15,26f.). Das Wirken des Geistes der Wahrheit ist unzertrennbar von Christus und seinem Zeugnis. Die Jünger Christi, denen es um die wahre Liebe geht, wird der Geist der Wahrheit mit Freude und Kraft erfüllen und so immer tiefer in die Wahrheit Christi und das Tun dieser Wahrheit einführen. „Er wird euch den Weg in alle Wahrheit führen. Denn er wird nicht von sich aus reden, sondern wird euch mitteilen, was er hört, und ankündigen, was kommen wird" (Joh 16,13).

Der Heilige Geist ist das Sich-Mitteilen zwischen dem Vater und dem Sohn. Durch die hypostatische Union mit dem wesensgleichen Wort des Vaters und durch die Salbung des Heiligen Geistes nimmt Jesus in einzigartiger Weise teil an dieser sich-mitteilenden Wahrheit und Liebe zwischen Vater und Sohn. Darum ist sein Wort und sein Tun Sprechen und Handeln des Vaters. „Alles, was der Vater hat, gehört auch mir; deswegen sage ich: Er wird von dem, was mein ist, nehmen und euch mitteilen" (Joh 16,15).

Jene, die Gott liebend kennen, können unterscheiden, „welches der Geist der Wahrheit und welches der Geist der Verführung ist" (1 Joh 4,6). Der Erste Johannesbrief spricht nicht nur vom „Geist der Wahrheit", sondern sagt ausdrücklich: „Der Geist ist die Wahrheit" (1 Joh 5,6). Und Paulus betont, daß wir die rettende Wahrheit nur in der Kraft des Heiligen Geistes, belehrt durch ihn, verkünden können. „Was kein Auge je gesehen und kein Ohr gehört hat und in keines Menschen Herz gedrungen ist, das hat Gott denen bereitet, die ihn lieben. Uns aber hat Gott es durch seinen Geist enthüllt. Der Geist nämlich erforscht alles, auch die Abgründe Gottes. Welcher Mensch könnte wissen, was das Wesen des Menschen ist, wenn es nicht in seinem Innern den menschlichen Geist gäbe? So hat auch niemand je erkannt, was Gottes Wesen ist, außer durch Gottes Geist. Wir haben nicht den Geist dieser Welt empfangen, sondern den Geist, der von Gott kommt. Durch ihn sollen wir erkennen, was uns von Gott geschenkt ist. Und davon reden wir nicht in einer Sprache, wie sie menschliche Weisheit lehrt, sondern in einer Sprache, wie sie der Geist lehrt" (1 Kor 2,9–13).

Der Heilige Geist, der vom Vater und vom Sohn (oder: vom Vater durch den Sohn) ausgeht, ist personhaftes Geschenk der Wahrheit in Liebe und der Liebe in Wahrheit. Die Gläubigen wissen, daß der Heilige Geist das Geschenk und das Schenken des Vaters und Sohnes ist und daß wir alle Heilsgeschenke aus dem Reichtum des göttlichen Lebens empfangen. Nur der Dankbare kann diese Geschenke erfahren. „Christliches Leben kann im Sinn der Gnade des Glaubens und der Liebe nur ein Leben aus der Fülle und darum ein Leben aus der Dankbarkeit sein: Eucharistia."[7]

---

[7] *H. U. v. Balthasar,* Verbum Caro. Skizzen zur Theologie (Einsiedeln 1960) I, 179.

Der Geist der Wahrheit, der uns von Christus, der fleischgewordenen Wahrheit, versprochen ist, erlaubt keinen lieblosen oder wirklichkeitsfremden „pneumatischen Enthusiasmus". Er erlaubt uns nicht, die gemeinsame Erfahrung und Reflexion zu vernachlässigen. Aber die Offenheit gegenüber dem Heiligen Geiste schützt unser Denken vor Anmaßung und Kälte. Denn „es bleibt jede vernünftige Tätigkeit an den Geist gebunden (1 Kor 12,8; Kol 1,9), wenn sie wirklich vernünftig und im Leben hilfreich sein will"[8]. Die Gelehrigkeit gegenüber dem Geist der Wahrheit macht uns fähig, unsere Erfahrungen sinnvoll auszutauschen und gemeinsam in Liebe die Wahrheit zu suchen.

4. *Geheiligt in der Wahrheit*

Nach der Verheißung des Geistes der Wahrheit betet Jesus für seine Jünger: „Heilige sie durch deine Wahrheit; dein Wort ist die Wahrheit. Wie du mich in die Welt gesandt hast, so habe ich sie in die Welt gesandt. Und ich heilige mich für sie, damit sie in der Wahrheit geheiligt sind" (Joh 17,17–19). Vom Heiligen Geist geweiht, Zeugnis für die Wahrheit abzulegen, hat Jesus die Macht, seine Jünger durch sein Wort zu reinigen und zu heiligen. Das Wort Christi anzunehmen heißt, sich ihm, der die lebenspendende Wahrheit ist, ganz zu öffnen und sich ihm als Zeugen der Wahrheit zu weihen.

Zur Wahrheit Christi gehört seine Weihe zur Selbsthingabe als das allumfassende Sakrament der Heilssolidarität. Darum weiht sein Wort in der Kraft des Heiligen Geistes seine Jünger und ruft sie zur Einheit. Durch den Geist der Wahrheit und Liebe macht Christus seine Jünger zu einem Heilszeichen der Einheit. Der Geist, der uns heiligt, vereinigt uns auch in Christus.

Sich ganz von der göttlichen Wahrheit ergreifen zu lassen und für sie Zeugnis abzulegen im Gesamt des Lebens ist eine Grundvoraussetzung für die wahre Anbetung Gottes. „Herr, wer darf Gast sein in deinem Zelte? Wer darf weilen auf deinem heiligen Berge? Der unsträflich wandelt und Gerechtigkeit übt und die Wahrheit redet von Herzen" (Ps 14,1 f.).

Die Worte Jesu sind „Geist und Leben" (Joh 6,63). Als der vom Geist Gesalbte schenkt er sich in allen seinen Worten und Taten selbst hin für die Menschen zur Ehre des Vaters, auf daß alle in ihm Leben haben. Der Geist, in dem Christus die Seinen tauft, ist es, der lebendig macht (Joh 6,63). Wenn wir uns vom Geist der Wahrheit ergreifen lassen und uns ganz dem Dienste des Nächsten weihen, dann können wir mit Christus Anbeter des Vaters „im Geiste und in der Wahrheit" werden (Joh 4,23). Dann ehren wir Gott nicht nur mit den Lippen, sondern im Tun der Wahrheit. Der Geist der Wahrheit schenkt und fordert letzte Wahrhaftigkeit unseres Lebens im Blick auf Christus, und so schafft er ein heiliges Volk. Wir finden diese Motivation schon im Hirten

---

[8] *A. Denecke*, Wahrheit. Eine evangelische Kasuistik (Göttingen 1972) 60f.

des Hermas, wenngleich mit anderen Worten: „Er sprach zu mir: ‚Liebe die Wahrheit und laß nur Wahrheit aus deinem Munde kommen, so daß der Geist, den der Herr deinem Fleische eingepflanzt hat, vor allem Volk als wahrhaftig erfunden werde; und daß der Herr, der in dir wohnt, verherrlicht werde; denn der Herr ist wahrhaftig in jedem Wort, und in ihm ist keine Falschheit.‘“[9]

5. *Christus, der Offenbarer der Wahrheit vom Menschen*

Christologie und Anthropologie lassen sich nicht trennen. Nur in Christus kennen wir die volle Wahrheit vom Menschen. Die in Jesus Christus geoffenbarte Wahrheit ist größer als der Mensch und seine Wahrheit; denn er ist die Wahrheit. Und was er über den Menschen und seine Berufung sagt, ist höher, als irgendein Mensch es ausdenken könnte[10]. In Christus findet die Wahrheit aller und jedes einzelnen ihren Platz und ihre Fülle. Darüber spricht das Zweite Vatikanische Konzil beredt: „Die Kirche glaubt: Christus, der für alle starb und auferstand, schenkt dem Menschen Licht und Kraft durch seinen Geist, damit er seiner höchsten Berufung nachkommen kann; es ist kein anderer Name unter dem Himmel den Menschen gegeben, in dem sie gerettet werden sollen. Sie glaubt ferner, daß in ihrem Herrn und Meister der Schlüssel, der Mittelpunkt und das Ziel der ganzen Menschheitsgeschichte gegeben ist. Die Kirche bekennt überdies, daß allen Wandlungen vieles Unwandelbare zugrunde liegt, was seinen letzten Grund in Christus hat, der derselbe ist gestern, heute und in Ewigkeit. Im Lichte Christi also, des Bildes des unsichtbaren Gottes, des Erstgeborenen vor aller Schöpfung, will das Konzil alle Menschen ansprechen, um das Geheimnis des Menschen zu erhellen.“[11]

Christus entlarvt nicht nur alle Falschheit der Menschheit und alle Irrtümer bezüglich des Sinnes des Menschseins. Er zeigt uns vor allem positiv, was der Mensch und die Personengemeinschaft wirklich sind und werden können. „Tatsächlich klärt sich nur im Geheimnis des fleischgewordenen Wortes das Geheimnis des Menschen wahrhaft auf. Denn Adam, der erste Mensch, war das Vorausbild des zukünftigen, nämlich Christi des Herrn. Christus, der neue Adam, macht eben in der Offenbarung des Geheimnisses des Vaters und seiner Liebe dem Menschen den Menschen selbst voll kund und erschließt ihm seine höchste Berufung… Der das Bild des unsichtbaren Gottes (Kol 1,15) ist, er ist zugleich der vollkommene Mensch, der den Söhnen Adams die Gottebenbildlichkeit wiedergab… Mit Menschenhänden hat er gearbeitet, mit menschlichem Geist gedacht, mit einem menschlichen Willen hat er gehandelt, mit einem menschlichen Herzen geliebt. Geboren von Maria, der Jungfrau, ist er in Wahrheit einer aus uns geworden, in allem uns gleich außer der Sünde.“[12]

---

[9] *Pastor Hermae,* Mandatum 3,1f.
[10] *Ph. Dessauer,* Wahrheit als Weg (München 1946) 60f.
[11] GS (s. Anm. 1) Nr. 10.
[12] GS 22.

Das Zweite Vatikanische Konzil führt zum Grundwert der Solidarität hin, der in Christus, dem Bundesmittler, der menschgewordenen Solidarität Gottes, seine Sinnmitte hat. „So wie Gott die Menschen nicht zu einem Leben in Vereinzelung, sondern zum Zusammenschluß in gesellschaftlicher Einheit erschuf, hat es ihm ebenso gefallen, die Menschen nicht einzeln, unabhängig von aller wechselseitigen Verbindung, zu heiligen und zu retten, sondern sie zu einem Volke zu machen, das ihn in Wahrheit anerkennen und ihm in Heiligkeit dienen soll ... Dieser Gemeinschaftscharakter wird im Werk Jesu Christi vollendet und erfüllt. Als fleischgewordenes Wort wollte er selbst in die menschliche Lebensgemeinschaft eingehen."[13]

Die Menschen lernen voneinander und miteinander, was sie sind und wozu sie berufen sind. Nur im Füreinander und Miteinander erkennen und verwirklichen sie sich als Bild und Gleichnis Gottes. „Kein Mensch kann in seinem Wissen und in seinem Sein mehr sein als ein Hinweis zu letzter Begegnung mit der Wahrheit."[14] In Christus aber begegnen wir der Wahrheit, auch unserer Wahrheit.

Das Kennen Christi aus Schrift, Tradition, Lehramt und der lebendigen Glaubensgemeinschaft löst nicht alle Rätsel des Menschen. Zudem ist unsere beginnende Kenntnis Christi oft sehr unvollkommen. Solange wir jedoch unser Vertrauen in Christus setzten, verlieren wir die Richtung nicht, auch wenn uns Zweifel über die menschliche Natur bleiben. Sogar in Augenblicken der Dunkelheit bleiben wir auf dem Weg der Wahrheit, solange wir aufrichtig sagen können: Ich glaube an dich, Jesus von Nazaret. Ich vertraue, daß in dir jenes Sinnziel offenbar geworden ist, das mir erlaubt, die Aufgabe meines Lebens geduldig und mutig auf mich zu nehmen[15].

Als Christen beginnen wir nicht mit Spekulationen über die Seinsordnung, obwohl uns philosophische Fragen auch nicht fremd sind. Aber wir finden unser Lebensprogramm vor allem durch den Glauben an Christus, wahren Gott und wahren Menschen. Wir sagen ja zu Christus in der Ehrlichkeit unseres Sinnens und Trachtens, in der Treue zu unserem Gewissen, mit einem tiefen Vertrauen, daß wir angenommen und geliebt sind, und in der Zuversicht, daß unser ganzes Leben einen tiefen Sinn hat[16].

---

[13] GS 32, vgl. 45.

[14] *E. McDonagh*, Morality and Spirituality, in: Studia Moralia 15 (1977) 121–137.

[15] Vgl. *J. Ratzinger*, Glaube und Zukunft (München 1970).

[16] Vgl. *H. Küng*, Christ sein (München 1974) 35ff.; *A. Schmied*, Wahrhaftigkeit und Glaube, in: Studia Moralia 15 (1977) 545f.

II. Der Mensch auf der Suche nach Wahrheit

Der moderne Mensch hat die Kunst entdeckt, planvoll Erfindungen zu machen. Die moderne Wissenschaft befindet sich in einem fortlaufenden Prozeß des Lernens mit immer neuen Denkmodellen und Theorien, die stets aufs neue empirisch erprobt werden. Der Mensch ist ein nach Wahrheit Suchender nicht nur auf dem Gebiet der empirischen Wissenschaften und der Geschichtsforschung. Ein Blick auf die Philosophie- und Religionsgeschichte genügt, um zu erkennen, daß sich der Mensch den letzten Fragen immer neu stellt, nie zufrieden mit dem erreichten Grad der Erkenntnis. Neue Generationen müssen erneut auf die Suche gehen, um sich die Weisheit früherer Generationen anzueignen und sie in zeitgerechter Sprache auszusagen.

Das Studium des Alten Testaments zeigt uns eine stufenweise Entfaltung der Erkenntnis der Heilswahrheit, die von Gott kommt und zugleich die Frucht menschlicher Offenheit und treuen Suchens nach einer volleren Kenntnis Gottes und des Menschen ist. Die Tatsache, daß uns in Christus die unüberbietbare Fülle der Offenbarung geschenkt ist, dispensiert seine Jünger, die gesamte Kirche im Laufe der Zeiten, nicht von gemeinsamem und ständigem Suchen nach einem besseren und lebensnahen Verständnis eben dieser Heilswahrheit. Sie kann in neuen Kulturen, neuen Sprachen und Lebenssituationen nicht ohne ernstes Bemühen ausgedrückt werden.

1. *Recht und Pflicht, gemeinsam nach der Wahrheit zu suchen*

Gott kennt den Menschen so, daß sein Kennen ihn ins Dasein ruft, seine Geschichte in Gang setzt und in Gang hält. Die Menschheit bleibt diesem Ursprung treu durch das ständige Bemühen, den Sinn des Lebens zu ergreifen. Das Suchen nach dem Sinn des Lebens und die bestmögliche Sinngebung ist die vornehmste Aufgabe des Menschen. Hört der Mensch auf, nach mehr Licht und besserer Erkenntnis der Wahrheit zu streben, so daß er seine begrenzte Erkenntnis mit *der* Wahrheit identifiziert, so wird er unduldsam und verschließt sich der göttlichen Wahrheit. Die eigene Kenntnis der Wahrheit als vollkommen und abgeschlossen anzusehen ist nichts weniger als Idolatrie. Alle unsere Kenntnis ist bruchstückartig. „Denn wir sehen jetzt nur wie mittels eines Spiegels in rätselhafter Gestalt, dann aber von Angesicht zu Angesicht. Jetzt ist mein Erkennen Stückwerk, dann aber werde ich völlig erkennen, wie ich auch völlig erkannt worden bin" (1 Kor 13,12). „Seine Wahrheit absolut zu setzen, als ob sie von persönlichen Interessen unbeeinflußt wäre, statt in ihr einfach die ehrlichste Annäherung an die Wahrheit zu sehen, führt zu gefährlichem Dogmatismus."[17]

---

[17] *R. May,* Man's Search for Himself (New York ^{7}1976) 252.

Verweigert sich menschliches Leben dem Wachstum, so ist es auf dem Weg des Zerfalls. Das gleiche gilt vom Ergreifen der Wahrheit, besonders der Grundwahrheiten des Lebenssinns, des Heiles. „Wir wandeln uns an und in der Erkenntnis, und die Erkenntnis wandelt sich mit den Wandlungen des Menschseins. Folglich ist beim selben Menschen die Erkenntnis auf den verschiedenen Lebensstufen eine andere. Im Laufe der Generationen wandelt sie sich ebenfalls, wobei gewisse Merkmale der Art des Erkennens bei jeder jungen Generation zurückkehren. Andererseits ist aber eine Generation immer positiv und negativ durch die vorausgegangene beeinflußt.“[18] Da sich das Suchen der Wahrheit im Mitteilen ereignet, hängt die Modalität, die Tiefe und Breite des Erkenntnisvorgangs jeder Person von der Art der menschlichen Beziehungen und im Wechselspiel mit den kulturellen Gegebenheiten und Prozessen und der Gesamtgeschichte der Menschheit ab. Dabei ist die Fruchtbarkeit unseres Suchens nach vollerer Wahrheit nicht zuletzt von unserer dankbaren Treue gegenüber dem Strom der Überlieferung bedingt.

Ein lebendiges Gewissen legt sich Rechenschaft davon ab, daß seine eigene Integrität davon abhängt, wie ehrlich man die Wahrheit sucht und welcher Art von Wahrheit man den Vorrang gibt[19]. Die römische Bischofssynode 1977 erklärte: „Niemand in der Welt hat das Recht, der menschlichen Person zu verwehren, frei nach der Wahrheit zu suchen, sie frei anzunehmen, nach vollerer Kenntnis zu streben und die Wahrheit frei mitzuteilen.“ Diese Freiheit im Suchen nach besserer Kenntnis der Wahrheit schließt das Recht zum ehrlichen Zweifel bezüglich der eigenen Meinungen und der von anderen vorgelegten Lehren ein. Das Zweifeln kann eine konstruktive Funktion und hohe Bedeutsamkeit haben, wenn es Ausdruck der Offenheit für die Wahrheit ist und Hand in Hand geht mit der Bereitschaft, sein Sinnen und Trachten und Handeln in Frage zu stellen und wenn nötig zu korrigieren.

Ihrem Ursprung und letzten Ziel nach gibt es nur eine Wahrheit. Wir sprechen hier von der Wahrheit für den Menschen. Doch besteht das große Problem der menschlichen Existenz darin, wie der Mensch sich der Wahrheit öffnet und sie sich lebendig aneignet. Dies ist eine Daueraufgabe. Das eifrige Suchen und das tiefe Verlangen nach der Kenntnis der Wahrheit ist im letzten Grund schon das Verlangen nach *der* Wahrheit. Der mit ganzem Einsatz Suchende ist schon auf dem Weg der Wahrheit, und jener, der die Wahrheit in Person ist, ist mit ihm auf dem Weg. Je mehr der Mensch die Schönheit und Würde der Wahrheit erfährt, um so mehr wird er nach letzter Wahrheit verlangen. Der dem Menschen innewohnende Hunger nach der je größeren Wahrheit ist Zeichen seiner Würde und Ausdruck der Absicht Gottes, dem Menschen Anteil an seiner beseligenden Wahrheit zu geben.

[18] *H. Schär,* Was ist Wahrheit? Eine theologisch-psychologische Untersuchung (Zürich 1970) 38f.
[19] *A. Schmied,* a. a. O. 535.

2. Das Team

Die Menschen aller Kulturen und aller Geschlechter sollten sich als ein großes Team im Tun der Wahrheit verstehen. Das Suchen der Wahrheit ist eine solidarische Aufgabe, und je entschiedener und ehrlicher das Füreinander der Menschen ist, desto näher kommen sie der Wahrheit. Kirche und Welt bedürfen musterhafter Gemeinschaften von Personen, die mit ganzem Eifer die Kunst des Dialogs, des Austauschs der Erfahrung und der Kunst gemeinsamen Handelns lernen[20].

Jede Person hat ein sie auszeichnendes Sehvermögen, das weithin von der Art der Erziehung, der Umwelt, der Kultur und nicht zuletzt des persönlichen Strebens bedingt ist. Die Schwierigkeiten im Austausch der Wahrheitserkenntnis und der gemeinsamen Reflexion sind ernster Natur, aber wo eine große Leidenschaft und Ehrlichkeit für die Wahrheit gegeben ist, da besteht auch die Möglichkeit zu schöpferischem Dialog. Je mehr wir uns der Begrenztheit unseres eigenen Verstehenshorizontes bewußt sind und je dankbarer wir die anderen in ihrer Verschiedenheit annehmen, desto größer ist die Chance, im Kennen und Tun der Wahrheit fortzuschreiten. Ein echtes Team von Wahrheitssuchern ist die ideale Verwirklichung des Füreinanders der Gewissen. Im echten Zueinander kann jede Person ihren Verstehenshorizont, ihre Erfahrung und Reflexion dem anderen zugänglich machen, wobei die Bereitschaft besteht, nicht nur auf die Worte und Sätze zu hören, sondern sich dem anderen in seiner unwiederholbaren Einzigartigkeit zuzuwenden. Das ganze Verhalten soll dem anderen zusprechen: „Du, der du anders bist als ich, bist für meine Wahrheit notwendig.“[21] In diesem dankbaren Zugehen auf den anderen als Geschenk für meine Wahrheit öffnet sich der Horizont der Transzendenz.

3. Der Dialog

Im echten Dialog sind die Partner ebenso darauf bedacht, zu empfangen wie zu geben, und alle hüten sich sorgsam, den anderen ihre Meinung oder ihren Gesichtspunkt aufzuzwingen. Ist diese Voraussetzung geschaffen, so wird man nicht an den Worten kleben, sondern auf die Person schauen, die ihrem Wort die Bedeutung gibt. Die gleichen Worte können für verschiedene Menschen in verschiedenen Umständen entgegengesetzte Bedeutung annehmen. Man kann der Wahrheit nicht begegnen, wenn man nicht dem anderen ehrfürchtig begegnet. Als Gläubige wissen wir, daß Gelehrigkeit gegenüber dem Heiligen Geiste undenkbar ist, ohne aufmerksam zu sein auf die anderen und nicht nur das, was sie sagen, sondern das, was sie sind, verstehen zu wollen.

---

[20] Vgl. *D. Donelly,* Team. Theory and Practice (New York 1977). Dies ist m. E. eines der nützlichsten Bücher über das gemeinsame Suchen nach Wahrheit.

[21] *R. Picker,* Pluriformes Christentum (Wien 1970) 62f.; vgl. *M. de Courteau,* Gibt es eine Sprache der Einheit?, in: Concilium 6 (1970), H. 1, 40.

Solange wir ehrlich gemeinsam nach Wahrheit und Einheit in der Wahrheit suchen, wirkt sich der verschiedene Verstehenshorizont und die pluriforme Ausdrucksweise der Überzeugungen und Lehren nicht zerstörerisch aus. Das echte Füreinander wird uns davor bewahren, Theorien und Lehren einzuhämmern, wenn sie hier und jetzt für niemand hilfreich sind. Denn was nützt uns die Gabe der Sprache, wenn wir den anderen nichts mitzuteilen vermögen, das der gemeinsamen Aufgabe des Suchens und Tuns der Wahrheit dient?

Haben wir lebendig erfahren, daß alle guten Dinge ihre Zeit brauchen und daß besonders eine so erhabene Wirklichkeit wie das Heilswissen der Zeit bedarf, dann verstehen wir auch, daß es eine Zeit gibt zu sprechen, aber auch eine Zeit zu schweigen. Im Glauben wissen wir, daß die höchste und allumfassende Wahrheit Liebe ist, und darum ist es uns auch klar, daß unsere Grundentscheidung für die Wahrheit zugleich eine Grundentscheidung für die Liebe ist. Die Weise, in der der Christ die Wahrheit sucht und für sie eintritt, muß die Weise der Liebe sein. „Immer müssen Wahrheit und Liebe zusammen gewahrt sein. Wie die Wahrheit in Liebe gelebt werden will, so kann wahre Liebe auch nur in der Wahrheit sein.“[22] Darum ist der Wahrheitssucher geduldig, nie aufgeblasen, nicht selbstverschlossen, er wird sich nie erbittern lassen (1 Kor 13,4f.).

4. *Das Kennen der Wahrheit von unten*

Die befreiende Wahrheit kommt von oben, von Gott, durch seine Offenbarung in der Schöpfung und im Wort. Und doch müssen wir die Wahrheit von unten her ergreifen. Wir haben keine „direkte Leitung“ zu Gott, und niemand hat ein Monopol auf Wahrheit, das ihn berechtigen könnte, anderen von oben her zu diktieren, was sie zu denken und zu glauben haben. Je mehr wir von unten her demütig unsere Erfahrungen und unser Nachsinnen mitteilen und empfangen, um so eher dürfen wir hoffen, das Geschenk der Wahrheit von oben zu erfahren.

In seiner ersten Enzyklika, Ecclesiam suam, betont Paul VI. die Bedeutung des Dialogs als des Grundverhältnisses in Kirche und Welt. Es ist ausgeschlossen, von Dialog zu reden, wenn eine Person oder eine Gruppe sich allein im Besitz der Wahrheit wähnt und daraus das Recht ableitet, den anderen zu diktieren. Dialog setzt auf beiden Seiten die Bereitschaft voraus, die Begrenztheit der eigenen Erfahrung und des eigenen Verstehenshorizonts anzuerkennen und darum gemeinsam zu suchen.

Vor dem Zweiten Vatikanischen Konzil bestand eine Tendenz, nicht nur zwischen der Funktion des Lehrens und Lernens in der Kirche zu unterscheiden, sondern die lehrende und die lernende Kirche auseinanderzuscheiden[23].

---

[22] *A. Hartmann* S. J., Toleranz und christlicher Glaube (Frankfurt 1955) 115f.

[23] *R. A. McCormick*, Conscience, Theologians and the Magisterium, in: The New Cath. World 220 (1977) 269.

Wir sind dabei, neu zu lernen, wie unersetzlich uns der Glaubenssinn und die Lebenserfahrung einfacher Leute sind. Besonders für das sittliche Leben kann die Rolle der Erfahrung und des Erfahrungsaustausches kaum überschätzt werden[24]. In bezug auf den Glauben spricht dies der Herr in seinem jubelnden Gebet aus: „Ich preise dich, Vater, Herr des Himmels und der Erde; denn was den Gelehrten und Weisen verborgen bleibt, das hast du den Einfachen geoffenbart. Ja, Vater, so hat es dir gefallen" (Lk 10,21).

Harvey Cox bietet eine Hermeneutik des Lernens aus der Religiosität des Volkes[25]: Wir studieren nicht nur den geschichtlichen und kulturellen Kontext, sondern schenken allen Einzelheiten liebende Aufmerksamkeit, in der Bereitschaft, unsere eigene Lebensgeschichte mit der der anderen zu konfrontieren. Die Begegnung ist nur dann sinnvoll, wenn wir bereit sind, unsere eigenen Meinungen und unseren Lebensstil zu modifizieren. „Wir ertragen es nicht, zu sehen, daß unsere Kultur und vielerorts unsere Religion immer noch den Armen auferlegt wird, und da sie an der Gestaltung unserer Kultur nicht teilgenommen haben, wird beides, unsere Kultur und unsere Religion, ein Mittel der Kontrolle."[26] Darum brauchen wir uns nicht zu wundern, daß Völker und Generationen, vor allem jene der Dritten Welt, so reagieren, wie ein Großteil der Arbeiterklasse im 19. und 20. Jahrhundert reagiert hat. Sie haben sowohl die ihnen auferlegte Kultur wie die Religion, die sie nur im Kleid der fremden Kultur kannten, verschmäht. Nicht nur um die Armen, die Menschen anderer Kulturen und die jungen Generationen zu belehren, werden wir auf sie achten, sondern weil wir selbst von ihnen lernen können und müssen.

Das Zweite Vatikanische Konzil gibt uns hierin eine deutliche Orientierung: „Die Gläubigen sollen in engster Verbindung mit den anderen Menschen ihrer Zeit leben und sich bemühen, ihre Denk- und Urteilsweisen, die in der Geisteskultur zur Erscheinung kommen, vollkommen zu verstehen. Das Wissen um die neuen Wissenschaften, Anschauungen und Erfindungen sollen sie verbinden mit christlicher Sittlichkeit und mit ihrer Bildung in der christlichen Lehre, damit religiöses Leben und Rechtschaffenheit mit der wissenschaftlichen Erkenntnis und dem täglich wachsenden technischen Fortschritt bei ihnen Schritt halten und sie so alles aus einer umfassenden christlichen Haltung zu beurteilen und zu deuten vermögen."[27]

---

[24] Vgl. *K. Weishaupt,* Die Zeitlichkeit der Wahrheit. Eine Untersuchung zum Wahrheitsbegriff Sören Kierkegaards (Freiburg – München 1973); *R. Egenter,* Erfahrung ist Leben. Über die Rolle der Erfahrung für das sittliche und religiöse Leben des Christen (München 1974); *P. Toinet,* Expérience morale chrétienne et morales philosophiques, in: Studia Moralia 12 (1974) 9–46; *J. Étienne,* Le rôle de l'expérience en morale chrétienne, in: ebd. 47–54.

[25] *H. Cox,* The Seduction of the Spirit. The Use and Misuse of Peoples' Religion (New York 1973) 144–168.

[26] Ebd. 170f.

[27] GS 62; vgl. Kommentar von *R. Tucci* S. J., in: Lexikon f. Theol. u. Kirche. Das Zweite Vat. Konzil III, 476–485, besonders über den im Konzil deutlich werdenden Konflikt zwischen zwei verschiedenen Denkweisen. Traditionalisten betrachteten „Wahrheit" einfach als den festen und

III. Phänomenologie und Soziologie der Wahrheitserkenntnis

„Alle erzieherische Bemühung muß die Leidenschaft der jungen Generation für Kreativität, für Gerechtigkeit, für Freiheit und Wahrheit, wie auch ganz besonders ihr Verlangen nach Mitverantwortung im Leben der Kirche und der Gesellschaft zu ihrem Ausgangspunkt nehmen.“[28] Diese Aspirationen gehören zum kostbarsten Ausdruck der menschlichen Natur. Das Verlangen nach schöpferischer Freiheit im Suchen und Tun der Wahrheit gehört zum Herzstück unserer Berufung.

Der große Moraltheologe und Bischof Johann Michael Sailer sieht diese Hingabe an die Wahrheit als Teilnahme am Leben Gottes und vornehmsten Ausdruck der Nachfolge Christi an. Der Mensch als Gottes-Bild muß gerade hierin sein Urbild in Gott suchen: „Gott ist jedem Gottesverehrer das Urwahre als Sein, das Urwahre in der Anschauung (als Erkennen), das Urwahre in der Offenbarung (als Darstellung des Wesens und des Erkennens).“[29] Daraus ergibt sich für den Menschen die vornehme Berufung: „1) *Wahr sein* als ein Gesetz alles Wollens – 2) *Wahr denken* als ein Gesetz alles Verstandes – 3) *Wahr handeln* als ein Gesetz alles äußeren Lebens – 4) *Wahr sprechen* als ein Gesetz aller Rede.“[30]

1. *Schöpferische Freiheit und Treue in der Wahrheit und für die Wahrheit*

a) Wahr sein

Wie wir unser Dasein ganz und gar aus Gottes schöpferischer Mitteilung empfangen, so ist auch unser Dasein und Freisein für die Wahrheit nur möglich als Teilhabe an Gottes Initiative. Gott handelt wahrhaftig und treu, wenn er uns ins Dasein ruft und zugleich für die Wahrheit freisetzt. Wir können ihn und seinen Plan für uns nur erkennen, weil er uns zuerst erkannt hat. Sein Kennen ist schöpferisch, und all seine Worte und Werke sind Aussprache seiner Wahrheit. Wir sind wahr und uns selbst treu, indem wir Gottes Initiative ehren, die unserem Leben Inhalt, Ziel und Kraft gibt[31].

Gott *ist die Liebe*. Der Vater spricht sich selbst so aus, daß sein Wort die

---

genau bestimmten Besitz der Wahrheit ohne Rücksicht auf die psychologischen, gesellschaftlichen und geschichtlichen Bedingtheiten jener, die Wahrheit „besitzen“ und lehren. Die moderne Kultur dagegen betont die Notwendigkeit des ständigen Suchens nach der Wahrheit und der existentiellen Bedingungen des Findens derselben. Die Konzilsdebatten zeigten ein leidenschaftliches Verlangen, die geoffenbarte Wahrheit besser zu verstehen und sie existentiell zu ergreifen.

[28] Vgl. Römische Bischofssynode 1977.

[29] *J. M. Sailer*, Handbuch der christlichen Moral (München 1817) II, 52.

[30] Ebd. II, 48.

[31] *Y. Congar*, Réflexion et propos sur l'originalité d'une éthique chrétienne, in: Studia Moralia 15 (1977) 35.

Liebe haucht. Wenn sein liebendes Kennen uns ins Dasein bringt, so setzt er uns frei für seine Liebe und so für seine Wahrheit. Wir können Gott in der Wahrheit der Liebe anbeten, ihn kennen und anerkennen; denn er hat uns zuerst erkannt und anerkannt (vgl. Gal 4,9). Gerade daraus folgt für Paulus das sich radikale Freihalten für Gott und Gottes Wahrheit von der Liebe. „Wenn aber jemand Gott liebt, der ist von ihm erkannt" (1 Kor 8,3). Obwohl unsere Kenntnis der Wahrheit jetzt bruchstückartig ist, empfangen wir doch von Gott her die Hoffnung, einmal ganz in sein Kennen einzugehen. „Dann werde ich völlig erkennen, wie ich auch völlig erkannt worden bin" (1 Kor 13,12).

Wenn unser Verhältnis zur Wahrheit und, darauf aufbauend, unsere ganze Moralität dankbares Eingehen auf Gottes Initiative ist, dann werden in allen Dingen Wahrheit und Freiheit aufleuchten; denn dann ist die Wahrheit Gottes unsere Heimat. Solange wir aber im Pilgerstand sind, werden wir niemals aufhören, uns zu sehnen nach größerer Wahrheit und Wahrhaftigkeit und gottebenbildlicher Freiheit. Die Wahrheit ergreift uns und befreit uns immer mehr, „wenn wir uns jenem ehrlichen Verlangen öffnen, das ein Echo der Berufung ist"[32]. Und da Jesus von Nazaret das uns zugesprochene machtvolle Wort der Wahrheit in Liebe ist, können wir nur frei sein, wenn wir uns von diesem Wort ergreifen und es in uns wohnen lassen. Dann erfahren wir die Botschaft Jesu: „Wenn ihr in meinem Worte bleibt, seid ihr in Wahrheit meine Jünger, und ihr werdet die Wahrheit erkennen, und die Wahrheit wird euch frei machen" (Joh 8,31f.).

Unser Wahr-Sein kann im irdischen Leben nicht anders gedacht werden denn als fortwährender Prozeß der Reinigung und einer geläuterten Hinkehr zu ihm, der die Wahrheit ist, und zu allen Menschen und Ereignissen, durch die er uns seine Absicht zuspricht. Denn in all dem wendet er uns sein Antlitz zu. Voll Dankbarkeit für das Geschenk des Glaubens frohlockt der Völkerapostel. Er ist bereit, alles hintanzusetzen, „um zu erkennen ihn und die Kraft seiner Auferstehung" (Phil 3,10). Doch je mehr er im Kennen Christi fortschreitet, um so leidenschaftlicher ist sein Verlangen, sich von ihm ganz ergreifen zu lassen (Phil 3,12).

Je mehr wir uns von Christus und seiner Wahrheit ergreifen lassen, um so mehr entdecken wir die Wahrheit unseres eigenen Seins und unserer vornehmsten Möglichkeiten. Unser Wahr-Sein ist Treue zur göttlichen Wahrheit und zu allen Wegen, auf denen Gott sich als die Wahrheit und als der Getreue offenbart. Treue zur Wahrheit Gottes, die Treue gegenüber unserem eigenen Sein mit einschließt, gibt uns die innere Freiheit, uns der Wirkgegenwart Gottes zu öffnen und in seiner schenkenden Liebe seinen Ruf zu ergreifen[33].

Vertrauen in Gottes schöpferische und treue Gegenwart in der Geschichte und Dankbarkeit für unsere Berufung zur Freiheit und Wahrheit geben uns den

---

[32] *F. X. Durrwell,* Vous avez été appelés, in: Studia Moralia 15 (1977) 354.

[33] *A. Dondeyne,* a. a. O. (s. Einleitung, Anm. 1) 55 57.

Mut, Raum zu schaffen für die Freiheit des Forschens und des Denkens sowie für die Freiheit demütiger und entschiedener Meinungsäußerung[34]. Wir sind um so mehr für die Freiheit der anderen besorgt, je wahrhaftiger wir uns zugestehen, daß unser eigenes Ergreifen der Wahrheit nie reines und volles Licht ist. „Die Welt der reinen Ideen wurde von Platon als eine Welt reinen Lichts aufgefaßt. Was reine Idee ist, ist reines Licht. Der Sinn, von dem die Phänomenologie spricht, ist nicht reines Licht. Der Sinn ist eine Mischung von Licht und Dunkelheit, von Unverborgenheit und Verborgenheit.“[35] Entbergung der Wahrheit ereignet sich nur, wenn wir ihr gestatten, uns zu beschenken und uns von ihr in Anspruch nehmen zu lassen. Jene, die Gott wahrhaftig anbeten, ihn als die Quelle aller unserer Wahrheit und alles Guten anerkennen und auch den Mitmenschen gestatten, sie selbst zu sein und sich mit ihren Gaben und Ansprüchen uns zu offenbaren, werden von der Wahrheit selbst immer mehr an sich gezogen.

b) Wahr denken und die Wahrheit tun

Unser Geborgensein in der Wahrheit entfaltet sich durch die Treue im Suchen der Wahrheit und im Handeln gemäß der erkannten Wahrheit. Gott offenbart seine Gedanken, seinen Liebesplan, durch sein Tun. Seine Taten sind Worte, und seine Worte sind Taten. Darauf verweisen uns die Sakramente, in denen wir Gottes Tatwort verehren. Wort und Zeichen sind unlöslich eins; sie bewirken, was sie bedeuten, und bedeuten, was sie bewirken wollen und bewirken. Je mehr sich der Gläubige diesem Tatwort öffnet, um so näher kommt er der Wahrheit.

Sogar unsere verborgensten Gedanken sind von ihrer grundsätzlichen Mitteilungsfähigkeit abhängig. Wenn sie freilich auch nicht durch einzelne Worte mitgeteilt werden, so wurzeln sie doch in der Sprachkultur, in all den Möglichkeiten, mit denen Menschen sich Wahres, Halbwahres und – leider – auch Unwahres mitteilen können. In all unserem Denken und gemeinsamen Suchen nach der Wahrheit ist das Vorverständnis wirksam, das in unserer Sprache und unseren gemeinsamen Erfahrungen vorgegeben ist[36].

Je offenherziger und schöpferischer wir einander begegnen, um so mehr entbirgt sich die Wahrheit für uns. Und wenn wir in unserem eigenen Denken und Betrachten die Sprache schöpferisch gebrauchen, finden wir die „Wellenlänge“ für den Austausch der Wahrheit in Worten und Taten. Unser Denken ist auf dem Weg zu vollerem Licht der Wahrheit, wenn wir völlig bereit sind, der erkannten Wahrheit entsprechend zu handeln und uns in Wort und Tat mit anderen zu vereinen und sie zu wahrheitsgemäßem Handeln einzuladen, zu einem Handeln, das die Wahrheit der Liebe und Gerechtigkeit Gestalt annehmen läßt.

---

[34] GS 62.

[35] Vgl. *W. A. M. Luijpen*, Existentielle Phänomenologie (München 1971) 102.

[36] Vgl. *A. Auer*, Das Vorverständnis des Sittlichen und seine Bedeutung für eine theologische Ethik, in: Studia Moralia 15 (1977) 219–244.

Die Komplexität und der Reichtum unserer Sprache verlangt einen schöpferischen Gebrauch. Der gebildete Erwachsene gebraucht täglich annähernd 2000 Worte, von denen ungefähr 500, die am meisten gebraucht werden, im Lexikon mehr als 14000 Bedeutungen aufweisen[37]. Dies trifft ebenso auf unser Denken wie auf unser Sprechen zu.

Das Denken läßt sich nicht von der denkenden Person loslösen, die Gedanken, Worten und Taten ihre existentielle Bedeutung gibt. Unser Denken ist wahr im vollen Sinn, wenn es sich im liebenden Füreinander ereignet und darauf zielt, die wahre Natur der Liebe und die gerechten Ansprüche der anderen besser zu verstehen und einander zuzusprechen. „Denn die Liebe besteht vor allem in der Mitteilung der Wahrheit.“[38]

Wahres Denken und Reden hängen von der gegenseitigen Ehrfurcht, aber auch von der Art der Kultur und Gesellschaft ab, die wahrhaftiges Mitteilen und, im Gefolge davon, auch wahrhaftiges Denken entweder fördern oder erschweren können. Doch die Freiheit im Denken der Wahrheit ist vor allem eine innere Wirklichkeit: Wahrhaftigkeit gegenüber sich selbst, der Mut, eigene Vorurteile zu entlarven, und jene Freiheit von Selbstsucht, die es erlaubt, auf jene Stimmen und Wahrheiten zu hören, die uns zur fortschreitenden Bekehrung auffordern[39].

Um wahrhaftig zu sein im Denken, muß man der Fülle der Wirklichkeit erlauben, sich schenkend und fordernd auszusprechen. Die Erkenntnis der Wahrheit beginnt mit Wahrnehmung, mit dem Empfangen und Annehmen der Wirklichkeit und all ihrer Weisen, sich auszusprechen und uns anzusprechen. Für die geschaffene Person ist Wahrheit die Treue zum Sein, zu dem, der ist, in seiner geheimnisvollen und uns ansprechenden Gegenwart. Die Empfangsbereitschaft hat jedoch nichts zu tun mit träger Passivität[40].

Man kann gegen die Wahrheit im Denken verstoßen durch willkürliches Sich-Beschränken auf Teilwahrheiten, z.B. auf die Welt der empirischen Wissenschaften, während man das Suchen nach Ganzheitsschau und letztem Sinn vernachlässigt. Das Denken ist parteiisch und unwahrhaftig, wenn jemand seine eigene Wahrheit so verabsolutiert, daß er sich der Wahrheit, d.h. dem Verstehenshorizont, der Erfahrung und Reflexion der anderen verschließt. Integrität im Denken erfordert Mut zur Selbstkritik, auch den Mut, auftauchende Zweifel als konstruktive Elemente im geduldigen Suchen nach der Wahrheit und nach größerer Offenheit für andere anzunehmen. Das Wagnis, zu zweifeln und zu irren, ist ein Teil jener Freiheit, ohne die wir nie auf die Fülle der Wahrheit hin ausschreiten können[41].

---

[37] *D. Donelly*, a.a.O. (s. Anm. 20) 76.
[38] *J. Nuttin*, Liberté et vérité psychologique, in Liberté et vérité (Louvain 1954) 103.
[39] *H. Schär*, Was ist Wahrheit (Zürich 1970) 322.
[40] *A. Dondeyne*, a.a.O. 53–55.
[41] Vgl. *J. Messner*, Kulturethik (Innsbruck ^{2}1959) 568ff.; *H. Schär*, a.a.O. 355ff.

Zahllose Informationen bieten sich dem Menschen ständig neu an, und Millionen sind in der Großhirnrinde gespeichert. Aber sowohl für neue Wahrnehmung wie auch für das Auftauchen aus dem Gedächtnis hat der Mensch einen Mechanismus des Auswählens, der mit dem Gesamt seiner Grundentscheidung und Motivation zusammenhängt. Die Art des Gedächtnisses und die Weise, in der es funktioniert, hängen von dem persönlichen Verhältnis zur Wahrheit ab. Der Mensch, dem es ganz natürlich und leicht ist, all das Gute, Schöne, Liebenswürdige aus dem Gedächtnis aufzufrischen und neu wahrzunehmen, hat nicht nur ein gesundes Gedächtnis, sondern ist wahr im Denken, und darum ist es ihm leicht, wahrhaftig zu sein im Wort und im Tun. Jeder muß sich die Wahrheit ganz persönlich aneignen. Und da Wahrheit höchstes soziales Gut ist, können wir in unserem eigenen Denken nicht wahrhaftig sein ohne eine hohe Bereitschaft, der Wahrheit zu dienen und sie anderen durch Wort und Tat mitzuteilen. Hierin gilt es sowohl die individuelle wie die soziale Dimension der Verantwortung zu sehen. Alle Institutionen, ganz besonders aber die Kirche, haben alles daranzusetzen, ein Klima zu schaffen, das dem treuen Suchen und der ehrlichen Mitteilung der Wahrheit dient[42].

2. *Gewissen und Wahrheit*

Daß wir für die Wahrheit geboren sind, ist Teil unserer Menschlichkeit. Das tiefinnerste Verlangen nach vollerer und umfassenderer Wahrheit und nach der Einheit der Menschen in der Wahrheit gehört wesentlich zu unserem Gewissen und zum Füreinander der Gewissen. Der Einzelne, der den Geist des Ganzen sucht und sich mit Integrität der Wahrheit öffnet, hängt dabei weithin von dem Niveau der Wahrhaftigkeit und der Leidenschaft für die Wahrheit in seiner Umwelt ab.

Die Worte Jesu über Heuchelei deuten an, daß er es mit einer Gruppe oder ganzen sozialen Klasse zu tun hatte, die dazu neigte, das angeborene Sehnen nach Wahrhaftigkeit zu unterdrücken. Die Heuchelei scheint sozusagen institutionalisiert zu sein. Friedrich Nietzsche setzt der Trägheit und dem Herdeninstinkt die Redlichkeit des mutigen Menschen entgegen. Für ihn hat es keinen Sinn, über Wahrheit und Kriterien des Guten zu reden, ohne eine radikale Hinwendung zur Redlichkeit[43].

Für Karl Jaspers ist Ehrlichkeit das gesunde Wahrheitsgewissen. Redlichkeit und Ehrlichkeit gegenüber sich selbst ist „die Grundlage der Wahrhaftigkeit"[44]. Das Wahrheitsgewissen treibt den Menschen vor allem an, nach der Wahrheit seines eigenen Selbst zu fragen, was er ist und was er werden soll. „Das Bewußtsein der Gebundenheit an die Objektivität seines Wesens verbietet dem Men-

[42] Vgl. *Ph. Dessauer,* a.a.O. (s. Anm. 10) 81.
[43] Vgl. *A. Denecke,* a.a.O. (s. Anm. 8) 16ff.
[44] *K. Jaspers,* Von der Wahrheit. Philosophische Logik (München 1947) 381ff.

schen, von seiner Existenz zu sagen, was ihm willkürlich einfällt oder was ein bestimmtes Regime oder eine bestimmte Tradition als ‚Wahrheit' erkannt sehen will. ... Nicht nur sprechend, sondern auch handelnd – und dies vielleicht an erster Stelle – kann der Mensch sein eigenes Wesen erkennen oder verkennen. Handelnd wird der Mensch begleitet von dem Bewußtsein der Gebundenheit an die Objektivität seines eigenen Wesens, und dieses Bewußtsein, dieser Begleiter ist er selbst."[45]

Viktor E. Frankl sieht im Wahrheitsethos die Vermählung von Logos und Liebe als die zwei Aspekte der einen Wirklichkeit des Selbstseins[46]. Der Mensch ergreift den Geist des Ganzen, seine innere Einheit nur in der Treue gegenüber seinem Wahrheitsgewissen, im Suchen nach dem letzten Sinn seines Lebens. Im existentiellen Wahrheitsethos weiß der Mensch zutiefst, daß er die Wahrheit seines Lebens in der Selbsttranszendenz der Liebe findet. Echte Begegnung von Personen ist Begegnung mit dem Logos, mit letzter Wahrheit. „Die echte Begegnung ist nicht nur auf den Logos hin orientiert, sondern verhilft dem Partner auch dazu, auf den Logos hin sich selbst zu transzendieren. Die Selbst-Transzendenz der menschlichen Personen geht entweder im Dienste einer Sache oder in der Liebe zu einer *Person* vor sich, also entweder durch den Logos an sich und als solchen oder auf einen ‚inkarnierten' Logos hin."[47]

In ähnlicher Weise ist die Forschung Abraham Maslows der dem Menschen innewohnenden Sehnsucht gewidmet, die Wahrheit seiner selbst zu erkennen, die Enge des Ich zu sprengen im Suchen nach der Wahrheit und im Dienste der anderen[48]. Dieses höchste innere Bedürfnis im Suchen nach letzter Sinngebung ist begleitet und bekräftigt vom Staunen, von der Bewunderung, von ergriffener Ehrfurcht, wo immer die Schönheit, der Glanz des Wahren und Guten, sich offenbart. Der uneigentliche Mensch geht in Dingen auf, in denen man aufgeht, und ist schließlich nicht mehr imstande, sich selbst anders zu interpretieren als ein Ding unter Dingen[49]. Das Man kann alles verantworten, denn für diesen uneigentlichen Menschen gibt es niemanden, vor dem man geradezustehen hat. Das Man schwimmt in der Masse mit, es hat des Menschen eigene Wahrheit verleugnet. Dagegen hat der Mensch als Person wesenhaft die Fähigkeit und das innere Bedürfnis, unermüdlich nachzudenken, was es bedeutet, Person unter Personen zu sein[50]. So tritt er aus der Gedankenlosigkeit, aus der oberflächlichen Selbstverständlichkeit des Seienden heraus und beginnt darüber zu staunen, daß er ist, und findet im Sein sein letztes Geheimnis. Er ist Sucher

---

[45] *W. A. M. Luijpen,* a. a. O. (s. Anm. 35) 149.
[46] *V. E. Frankl,* Der Wille zum Sinn (Bern–Stuttgart 1972) 85.
[47] Ebd. 219.
[48] Vgl. *A. Maslow,* The Need to Know and the Fear of Knowing, in: Journal of General Psychology 68 (1963) 111–122.
[49] Vgl. *M. Heidegger,* Sein und Zeit (Tübingen ^{6}1949) 130.
[50] Vgl. *W. A. M. Luijpen,* a. a. O. 126 175; *L. Landgrebe,* Der Weg der Phänomenologie (Gütersloh 1963) 77ff.

der Wahrheit. Indem er existentiell nach seiner Wahrheit sucht, spricht ihn die Wahrheit des Seienden überall an. Im Suchen nach der Wahrheit erfahren wir jedoch unser Begrenztsein. Wir entdecken unsere Irrtümer, aber auch unsere Fähigkeit, sie zu überwinden.

Unser Wahrheitsethos ist, wie Heidegger immer wieder zeigt, vielfach bedroht. Man kann sich vom Fluß der Ereignisse treiben lassen; man „denkt", wie die Masse denkt. Man befriedigt die oberflächlichen Bedürfnisse und wird so zum Teil der Konsumgesellschaft. Man verrät seine existentielle Wahrheit und die Fähigkeit nach letzter Wahrheit durch geistige Trägheit. Und so kommt es, daß der Status quo, Schlagwörter und oberflächliche Meinungen ungeprüft triumphieren[51]. Man kann so sehr ein Rädchen im Getriebe, ein Teil einer Gruppe, einer Partei, einer religiösen Sekte oder Institution werden, daß man seinen guten Glauben einem sogenannten „Glauben" opfert. Für den eigentlichen Menschen kann es das Dilemma zwischen „Glauben" und „gutem Gewissen" nicht geben. Wer seinen guten Glauben einem ihm auferlegten Glauben opfert, verrät sein Wahrheitsgewissen und sein Personsein. Daß nacktes Herrschaftswissen sogar auf dem Gebiet der Religion ein „solches Opfer" gefordert hat und so zu einem nackten Gehorsam wurde, der sich der Ehrlichkeit entkleidet hat, wurde für viele zum Anstoß[52]. Echter Glaube im religiösen Verständnis oder Hingabe an eine große Sache können weit über kaltes Denken hinausgehen, aber nie zum Verrat an der Vernunft und am Wahrheitsethos werden.

Menschenunwürdige Selbstsucht, verstärkt durch eine entordnete Umwelt oder durch Institutionen, die einseitig die Zwillingsmeister Schmerz und Lust einsetzen, sich nur auf der Ebene des Lohn- und Strafmotives bewegen, können zu einer „häretischen" Struktur des Gewissens führen. Ein so mißgebildetes Gewissen fragt zuerst nach dem zu erwartenden Lohn bzw. der zu befürchtenden Strafe und schielt nur von dort auf die Wahrheit. Bei einem solchen selektiven Denken wird man nur das an der Wahrheit sehen, was von den „Eintrichtern" Schmerz und Lust zugelassen wird[53].

Jaspers betont immer wieder, daß menschliche Begrenztheit als solche, vor allem wenn man sich ihrer nicht bewußt ist, eine ständige Quelle der Selbsttäuschung und Enttäuschung und des Verfehlens der Wahrheit ist. Aber das volle Bewußtsein der Begrenztheit kann zum stärksten Antrieb werden, sich dem Suchen der Wahrheit zu weihen, sich dem Umgreifenden zu öffnen[54]. Dieses Sich-Ausstrecken nach dem Umgreifenden ist nicht ein blinder Sprung, sondern Ausspruch des Wahrheitsgewissens und mutige Antwort auf das innerste

---

51 Vgl. *J. V. Morley,* On Compromise (London 1933) 22ff.

52 Vgl. *M. Merleau-Ponty,* Sens et non-sens (Paris [6]1966) 318.

53 Vgl. *B. Häring,* Ethik der Manipulation (Graz 1977) 29–62.

54 *K. Jaspers,* Der Philosophische Glaube angesichts der Offenbarung (München 1962) 530ff.; *ders.,* Von der Wahrheit (s. Anm. 44) 460.

Bedürfnis menschlichen Daseins. Der Mensch begibt sich selbst in das Umgreifende hinein. Es gibt keinen Weg bloßer Spekulation und Theorie, der den Horizont des Umgreifenden öffnet. Die Begegnung ereignet sich nur, wenn wir der Wahrheit erlauben, uns zu begeistern, zu ergreifen, zu reinigen und uns in Anspruch zu nehmen. Ein ausgezeichnetes Kriterium für die Echtheit unserer Begegnung mit der Wahrheit als dem Umgreifenden ist eine stets zunehmende Sehnsucht nach vollerer Erkenntnis der Wahrheit, jener Wahrheit, die Frucht bringt im Leben.

Fruchtbarkeit der Wahrheit ist etwas ganz anderes als bloße Nützlichkeit. Wo Nützlichkeit das Hauptmotiv und entscheidende Kennwort ist, hat sich der Mensch gegenüber der Region der höheren Wahrheiten abgeriegelt, und all sein Denken und Reden wird uneigentlich. Das Wahrheitskriterium, nämlich Fruchtbarkeit der Wahrheit, „fungiert immer nur innerhalb einer bestimmten Existenzregion. Doch es ist undenkbar, daß eine Wahrheit, die auf keinem einzigen Niveau des Menschen ‚Frucht' abwirft, noch eine nennenswerte Wahrheit wäre."[55]

Das Johannesevangelium gebraucht das Symbol des Fruchttragens eindringlich und wiederholt als Kennzeichen wahrer Liebe. Wer das Wort Christi dankbar aufnimmt und in ihm beheimatet ist, wird von ihm so ergriffen, daß er teilnimmt an jenem Wort, das die Liebe haucht, Freude ausstrahlt, Gerechtigkeit schafft. Die Jünger sind dazu bestimmt, bleibende Frucht zu tragen (Joh 15,16). Und wenn der Vater uns durch das Wort und die Heimsuchungen reinigt, dann ist das Ziel, daß wir gleich Reben eines guten Weinstocks noch mehr Frucht bringen (Joh 15,2). Im gleichen Sinn spricht der Völkerapostel im Galaterbrief von der Frucht des Geistes, die jene hervorbringen werden, die in der Kraft des Heiligen Geistes der Selbstsucht entsagt haben und gegen deren Einfleischungen kämpfen. Diese Frucht wird sein „Liebe, Freude, Friede, Langmut, Freundlichkeit, Güte, Treue, Sanftmut, Enthaltsamkeit" (Gal 5,22f.).

3. Die Stufen der Wahrheit

Der Glaube, daß alles im Worte Gottes geschaffen ist, und die Treue zum menschgewordenen Wort verpflichten den Gläubigen, alle Dimensionen und Stufen der Wahrheit zu ehren. Gott hat nicht nur auf vielfältige Weise durch die Propheten gesprochen, er spricht auch auf verschiedene Weise durch die geschaffene Wirklichkeit und durch die Ereignisse der Geschichte.

Unsere heutige Kultur ist gekennzeichnet von einem geschärften Bewußtsein der verschiedenen Wissensgebiete, jedes mit einer gewissen Autonomie und eigenen Gesetzen, die beobachtet werden müssen, um dieser Wahrheit nahezukommen. Theologie betrachtet sich nicht mehr wie im Mittelalter als jene

---

[55] *W. A. M. Luijpen*, a. a. O. 115.

Königin der Wissenschaften, die alle anderen kontrollieren und allen ihre Methode vorschreiben könnte. Aber es ist eine bleibende Aufgabe der Theologie, darüber nachzudenken, wie alle Wirklichkeiten und die verschiedenen Wege, sich der Wahrheit anzunähern, zusammen dem Menschen in seiner totalen Berufung dienen und zu einer umfassenderen Kenntnis Gottes führen können. Die Anerkennung der Autonomie der verschiedenen Wissensgebiete setzte sich nicht ohne Konflikt durch. Das Zweite Vatikanische Konzil sagt dazu: „Deshalb sind gewisse Geisteshaltungen, die einst auch unter Christen wegen eines unzulänglichen Verständnisses für die legitime Autonomie der Wissenschaft vorkamen, zu bedauern. Durch die dadurch entfachten Streitigkeiten und Auseinandersetzungen schufen sie in der Mentalität vieler die Überzeugung von einem Widerspruch zwischen Glauben und Wissenschaft."[56]

Während Theologen in einer Übergangszeit die Verschiedenheit der Methoden und Annäherungsweisen der empirischen Wissenschaften nicht begriffen, bereitet es heute nicht wenigen Wissenschaftlern Schwierigkeiten, über den Verstehenshorizont ihrer besonderen Wissenschaft hinauszuschauen. Es besteht die Gefahr des Reduktionismus bzw. der Verabsolutierung einer einzigen Sichtweise.

Die Methode der positiven Wissenschaften ist eindrucksvoll. Sie ist im doppelten Sinn empirisch: Nicht nur beruhen ihre Theorien auf Wahrnehmung von Tatsachen und Vorgängen; sie werden darüber hinaus stets neu empirisch überprüft. Seins- und Heilswissen nehmen ihren Ausgangspunkt auch von Wahrnehmung und Erfahrung, übersteigen diese jedoch wesenhaft, und zudem können sie nicht in gleicher Weise wie die Denkmodelle der empirischen Wissenschaft durch Erfahrung erhärtet werden. Es ist ein Denken auf einer anderen „Wellenlänge".

Das Wort Szientismus bezeichnet in modernen Sprachen vielfach eine Art „Fachidiotie", eine Blindheit, über den Kirchturm der eigenen Wissenschaftsmethode hinauszuschauen. Seit Descartes und Locke haben auch Philosophenschulen eine Neigung gezeigt, ihr Denkmodell in den Naturwissenschaften zu suchen. „Der Szientismus ist eine Philosophie der Erfahrung, die ihren eigenen Ursprung vergißt, und eine *science* ohne Philosophie weiß nicht, worüber sie spricht."[57]

Seit August Comtes kam die Erwartung auf, daß eines Tages das Gesamt der empirischen Wissenschaften die vollständige Darstellung der Wirklichkeit sein würde. Zugrunde lag der unglaubliche Optimismus, daß die verschiedenen rein empirischen Wissenschaften lückenlos zusammenpassen und so die ganze Wahrheit darstellen würden. Viel verbreiteter ist jedoch jener Reduktionismus, der die einzelne Wissenschaft, wie z.B. Psychologie und Psychiatrie, praktisch allein berücksichtigt und meint, damit ein getreues Bild der Wirklichkeit zu

[56] GS 36; vgl. *A. Dondeyne,* a.a.O. (s. Einleitung, Anm. 1) 52.
[57] *W. A. M. Luijpen,* a.a.O. 84, vgl. 82 123.

haben. „Indem sie sich möglichst nahe der naturwissenschaftlichen Arbeitsweise anschlossen, offenbarten die Psychologen und Psychiater der Vergangenheit ihre implizite metaphysische Überzeugung, daß der Mensch ‚auch als eine Art Naturding' aufgefaßt werden könnte."[58]

Wesen und Grenzen einer Wissenschaft sind durch die Art der Frage bestimmt, die sie sich stellen. Der technische Mensch ist daran interessiert, die Welt zu kontrollieren. Hat er vor der Weltanschauung des Szientismus kapituliert, dann ist für ihn der Mensch nicht mehr ein Subjekt, sondern ein zu kontrollierendes Objekt. Würde und Verantwortung des Menschen lassen sich nicht quantitativ darstellen. Darum ergreift jener Wissenschaftler, der sich dem Menschen nur im Blick auf Funktionen zuwendet, die berechenbar und meßbar sind, das Eigentliche am Menschen nicht. Der Szientismus ist nicht nur ein theoretischer Irrtum; er kann zu einer Geistesart werden, die die gesamten Beziehungen zur Wirklichkeit bestimmt. Menschen, denen es nur um die Ausnützung und Kontrolle der Welt geht, verlieren die Fähigkeit des Staunens und der Bewunderung. Je mehr sie sich die Welt durch Technologie aneignen, um so weniger werden sie fähig, sie in Dankbarkeit zu verstehen und zu empfangen[59].

Die letzten sinngebenden Wahrheiten haben den Charakter des Geschenkhaften; sie können nur in Dankbarkeit empfangen werden. Jene aber, die sich einer ganz und gar technologischen Denkart ausgeliefert haben, wollen die Welt nicht empfangen, sondern sie unterwerfen und gebrauchen. Die Schuld trägt jedoch nicht die empirische Wissenschaft oder die Technologie als solche. Diese Fehleinschätzung ist vielmehr die Folge der Verabsolutierung des Relativen, des Verlustes des Geistes des Ganzen zugunsten eines Teiles.

Selbst jene, die auf der theoretischen Ebene einen solchen Reduktionismus ablehnen, können so sehr durch das Herrschaftswissen besetzt sein, daß ihnen höhere Regionen des Wissens verschlossen bleiben. „Je höher eine Wahrheit in ihrem Rang steht, desto intensiver ist auch ihr Anspruch an den Menschen. Der Mensch muß selbst – nicht nur sein Verstand – sich dieser Wahrheit stellen, zu ihr in Beziehung treten oder diese Bezogenheit, in der er steht, bejahen. Hat er sie erkannt, so muß er bereit sein, zur rechten Stunde sie auszusagen; ist er bereit, sie auszusagen, dann muß er sie auch tun. Ehrlich handeln heißt nichts anderes, als das Wahre tun."[60] Das bedeutet, daß er das Reich des Nützlichen übersteigen muß.

Ein hervorragender Wirtschaftswissenschaftler, E. F. Schumacher, spricht die Überzeugung aus, daß eine gesunde Neuordnung der Wirtschaft nur möglich ist durch eine Bekehrung zur ganzen Wahrheit, die der Technologie ganz entschieden ihren Platz als bloßes Mittel im Dienste der Menschheit anweist, und daß Freiheit im Bereich der Wirtschaft nur durch eine umgreifende Sicht der

[58] Ebd. 126.
[59] *G. Marcel,* Homo viator (Paris 1944) 157.
[60] *Ph. Dessauer,* a. a. O. (s. Anm. 10) 27.

Menschlichkeit möglich ist. „Die Menschheit hat in der Tat eine gewisse Freiheit der Wahl; sie ist nicht notwendig dem Trend, der Logik der Produktion oder irgendeiner anderen bruchstückartigen Logik ausgeliefert. Aber sie ist von der Wahrheit herausgefordert. Volle Freiheit gibt es nur im Dienste der Wahrheit, und sogar jene, die uns heute einladen, ‚unsere Einbildungskraft von der Sklaverei des bestehenden Systems zu befreien', versagen, wenn es darum geht, den Weg zur Anerkennung der Wahrheit zu weisen."[61]

Die empirischen Wissenschaften und die Mathematik, so bedeutsam sie im Leben der Völker sind, können kraft ihres Wesens letztentscheidende Sinnfragen und eine Ganzheitsschau des Lebens nicht bieten. Aber geschichtliche Erfahrungen beweisen zur Genüge, daß sie ihre Dienstfunktion zum Wohl des Menschen nur erfüllen können, wenn sie im Sinnen und Trachten der Menschen genügend Raum lassen für das Suchen jener Wahrheiten, die dem Leben Sinn und Richtung geben. Schumacher zeigt mit großer Überzeugungskraft und Sachkenntnis auf, daß Reduktionismus jeder Art den Menschen unfrei macht, während Offenheit für die Wahrheit in all ihren Dimensionen im Gesamt des Lebens eine befreiende Wirkung hat. Ganzheitsschau und das Heilsein des Menschen gehören unzertrennlich zusammen.

4. Spannung zwischen einer einseitig statischen und einer mehr dynamischen Annäherung an die Wahrheit

Das Zweite Vatikanische Konzil anerkennt nachdrücklich, daß die verschiedenen Ebenen der Erkenntnis und Sphären der Wirklichkeit eine gewisse Autonomie besitzen. Dies ist der Ertrag einer ausdrücklich geschichtlichen Sicht der Glaubenserfahrung, des Dogmas und der gesamten geschaffenen Wirklichkeit. „Auch über die Zeit weitet der Geist des Menschen gewissermaßen seine Herrschaft aus; über die Vergangenheit mit Hilfe der Geschichtswissenschaft; über die Zukunft durch methodisch entwickelte Voraussicht und Planung... Der Gang der Geschichte selbst erfährt eine so rasche Beschleunigung, daß der Einzelne ihm schon kaum mehr zu folgen vermag. Das Schicksal der menschlichen Gemeinschaft wird eines und ist schon nicht mehr aufgespalten in verschiedene geschichtliche Abläufe. So vollzieht die Menschheit einen Übergang von einem mehr statischen Verständnis der Ordnung der Gesamtwirklichkeit zu einem mehr dynamischen und evolutiven Verständnis. Die Folge davon ist eine neue, denkbar große Komplexheit der Probleme, die wiederum nach neuen Analysen und Synthesen ruft."[62]

Eine Moraltheologie, die schöpferischer Freiheit und Treue besondere Aufmerksamkeit zuwendet, kann diesen Wandel nicht übersehen. Er stellt enorme Aufgaben an uns.

---

[61] *E. F. Schumacher*, Die Rückkehr zum menschlichen Maß. Alternativen für Wirtschaft und Technik. „Small is Beautiful" (Reinbek bei Hamburg [3]1978) 265.
[62] GS 5.

a) Die biblische Sicht und der griechische Wahrheitsbegriff

Für die hellenistische Weltauffassung war Geschichte ein sich stets wiederholender Zyklus. Das platonische Wahrheitsverständnis schaut nach dem Himmel unveränderlicher Ideen aus. Erst als die griechische Kultur in innigen Kontakt mit anderen Kulturen kam, erfuhr ihre statische Sicht der Wahrheit eine Erschütterung.

Die biblische Sicht ist davon grundlegend verschieden. Alttestamentliche Theologie ist narrativ. Israels Religion begreift sich als Geschichte Gottes mit dem Volk. Das Bleibende ist Gottes treue Gegenwart und sein treues Handeln. Das hebräische Wort *emet* kann sowohl mit Wahrheit wie mit Treue übersetzt werden. Die Geschichte der Offenbarung, der Entbergung der Heilswahrheit, ist Erfahrung von Gottes schöpferischer Treue, die eine Antwort von gleicher Qualität verlangt.

Geschichtliche Wahrheitserfahrung ist dynamisch. Das dankbare Gedächtnis bringt die Reichtümer vergangener Erfahrung und gemeinsamer Reflexion ein in den gegenwärtigen Augenblick. Und die Gegenwart nimmt teil an der stufenweisen Entfaltung der Erkenntnis. Die Wahrheit selbst in sich ist ewig, aber die Wahrheit, die dem Erdenpilger Weisung gibt, ist ein Ereignis hier und heute. In ihr trifft sich die Erfahrung der Kontinuität mit der der Entfaltung. „Geschichtliche Wahrheit trägt die Dimension der Zukunft in sich, sie ‚ist' nicht in ewiger Gegenwart, sondern ‚ereignet sich', sie geschieht. Im Geschehen steht sie noch aus ... Zukunft kommt nicht nur im Erkennen noetisch in den Blick, sondern auch ontisch im Werden des Seins selbst."[63] Die Geschichte der Wahrheit des Menschen hat mit dem Erscheinen des Menschen begonnen. Der Mensch kennt nur menschliche Wahrheit. Sie setzt den historischen Akt der Entschleierung durch den Menschen voraus. Dies gilt es zu betonen. „Denn in der gesamten Geschichte des abendländischen Denkens lebt die heimliche oder offene Anmaßung, sich beim Sprechen über die Wahrheit auf den ‚Standpunkt' Gottes zu stellen und so das menschliche Sprechen mit göttlicher Garantie zu beladen."[64] Daß die Wahrheit sich dem Menschen entbergen kann, kommt von Gottes schöpferischer Gegenwart, die dem Menschen als Mittäter der Entbergung schöpferische Freiheit und Treue ermöglicht.

Die geschichtliche Dimension der Erkenntnis als aktives Entbergen der Wahrheit durch den Menschen ist vielfältig. Es ist ein Ereignis mit Kontinuität und immer neuen Überraschungen, niemals vollendet. Jedes neue Geschehen der Entbergung bedeutsamer Wahrheiten baut auf der Geschichte des Erkennenden auf, die in Wechselbeziehung mit der gesamten Geschichte der Kultur bzw. der Menschheit in ihrem Suchen nach besserer Wahrheitserkenntnis steht. Unser schöpferisches Entbergen hat nicht nur eine Geschichte, sondern macht

[63] *A. Denecke,* a. a. O. (s. Anm. 8) 47.

[64] Vgl. *W. A. M. Luijpen,* a. a. O. 101; *A. Dondeyne,* Foi chrétienne et pensée contemporaine (Paris 1952) 35–42.

auch Geschichte. Die Zukunft macht mit die Wirklichkeit der Vergangenheit aus, und die Gegenwart baut an der Wahrheitsgeschichte, die fortschreitet. Es gibt kein schöpferisches Entbergen der Wahrheit, das nicht eine Zukunft hätte, denn jede neue Erkenntnis öffnet neue Durchbrüche[65].

Wer seine eigene Wahrheit im Sinn des Idealismus absolut setzt, hat aufgehört, an der Geschichte des Entbergens der Wahrheit teilzunehmen. Er hat sich der sich entbergenden Wahrheit und dem gemeinsamen Bemühen der Menschen verschlossen. Das Gleiche gilt für jene, die gemäß einem System des übertriebenen Realismus glauben, die Wahrheit selbst im Griff zu halten. „Die Historizität der Wahrheit bedeutet jedoch nicht, daß die Wahrheit von heute die Unwahrheit von morgen sein wird."[66] Es kann sich freilich morgen oder übermorgen herausstellen, daß ich bloßen Schein für Wahrheit angesehen habe. Die wirkliche Wahrheit von heute vernichtet die Wahrheit von gestern nicht, sondern vertieft und integriert sie. In diesem Sinn ist jede Wahrheit unveränderlich.

Wie technische Erfindungen ihre Zeit haben, so hat auch das Entbergen und Mitteilen bedeutsamer sittlicher und religiöser Wahrheiten seinen Kairos. Entdeckt ein großes Genie eine Wahrheit, für die seine Umwelt und Kultur noch nicht vorbereitet ist, so kann es zu gefährlichen Konflikten kommen. Bisweilen „wird es für einen genialen Seher keine andere Möglichkeit geben, als über seine Entdeckung vorläufig zu schweigen und erst an der Bildung seiner Zeitgenossen zu arbeiten"[67]. „Der Mensch geht darauf aus, Welt und Umwelt nicht nur kognitiv zu ‚wissen', sondern sie mit allen Sinnen, in der Entfaltung der Triebstruktur, der Emotionalität, der Fähigkeit zum Handeln und Gestalten zu erfassen. Nur so realisiert er sein Menschsein, gewinnt er sich als Person und Sozialwesen."[68] All das zeigt deutlich, wie bedeutsam es für unser Verhältnis zur Wahrheit ist, daß wir unser ganzes Leben lang bereit sind, zu lernen, umzulernen und uns immer mehr auf die Wahrheit hin zu bekehren im gemeinsamen Suchen und Tun der Wahrheit.

b) Der Beitrag der Wissenssoziologie

Moderne Wissenssoziologie studiert empirisch und typologisch die Wechselbeziehung zwischen der Gesamtverfassung einer Gesellschaft, einer Kultur, der wirtschaftlichen Beziehungen und Prozesse auf der einen Seite und auf der anderen den Typ der Erkenntnis, ihres Wachstums oder Verfalls, der Betonung gewisser Wahrheiten und Werte und der Blindheit gegenüber anderen usw.[69].

---

[65] *W. A. M. Luijpen,* a. a. O. 106ff.
[66] Ebd. 110.
[67] Ebd. 68.
[68] *V. Eid,* Sakramentales und christliches Ethos, in: Studia Moralia 15 (1977) 143; Vgl. *Schär,* a. a. O. (Anm. 39) 328.
[69] Vgl. *M. Scheler,* Die Wissensformen und die Gesellschaft (Leipzig 1966); *K. Mannheim,* Essays on the Sociology of Knowledge (London 1952); *J. Schaaf,* Grundprinzipien der Wissenssoziologie (Hamburg 1966); *G. Gurvitch,* Les cadres sociaux de la connaissance (Paris 1966); *ders.,* Traité de sociologie (Paris ³1968), bes. II, 103–136.

Vor allem Max Scheler hat Ethik und Theologie auf die Bedeutsamkeit der Wissenssoziologie hingewiesen. Es herrscht ein funktionales Wechselverhältnis zwischen den verschiedenen Wissensformen und dem Gesamt der sozialen Bezüge und Prozesse. Je nach der Struktur und den Entwicklungstendenzen begünstigt der vorgegebene Typ der Gesellschaft, der Zivilisation und der Gruppe eine bestimmte Art des Wissens und eine entsprechende Wertskala.

Scheler fordert darum, daß uns gerade die Leidenschaft im Suchen der Wahrheit und der echten Wertskala ein Beweggrund sein soll, diesem Wechselverhältnis sorgfältig nachzugehen, um die Chancen wahrzunehmen und den Gefahren zu begegnen. Die Moraltheologie bedarf des Dialogs mit den verschiedenen Wissenschaften, die diesem Wechselspiel nachgehen. Es geht jedoch nicht nur darum, zu sehen, wie das Gesamt der vorgegebenen Zivilisation das Wissen beeinflußt, sondern auch, wie Karl Mannheim betont, daß die Wissensformen die Gestalt der Gesellschaft und den Gang der Geschichte ändern können[70].

George Gurvitch gibt als Ertrag der wissenssoziologischen Forschungen die folgenden Wissensformen an[71]:

1. Das Wahrnehmen und die Erforschung der äußeren Welt
2. Das Kennen des „anderen" und des „wir" der Gruppe und der Gesellschaft
3. Erkenntnis aufgrund des gesunden Hausverstandes
4. Technologisches Wissen
5. Politisches Wissen
6. Die empirischen Wissenschaften
7. Philosophisches Wissen

Jede Art dieser Grundformen des Wissens kann eine verschiedene Harmonie oder Spannung der Erkenntnisweise aufweisen:

1. zwischen einem mehr mystischen und einem mehr rationalen Wissen;
2. zwischen einem mehr empirischen und einem mehr begrifflichen Wissen;
3. zwischen positivem und spekulativem Wissen;
4. zwischen intuitivem Kennen und reflexivem Nachdenken;
5. zwischen dem Vorherrschen des kollektiven und des individuellen Wissens.

Gurvitch versteht den Wechselbezug nicht als kausal im Sinne des Determinismus, sondern als funktional; so läßt er alle Fragen bezüglich der Epistemologie offen. Er nimmt ausdrücklich Stellung gegen die marxistische Wissenssoziologie, die alle Wissensformen als Überbau betrachtet, der eingleisig von der Wirtschaftsgeschichte bestimmt wäre. Nach Gurvitch liefert die empirische Forschung der Wissenssoziologie nicht den geringsten Beweis für eine solche Theorie.

Es ist für die Moraltheologie von besonderem Interesse, daß den einzelnen Wissensformen innerhalb der verschiedenen Typen von Gesellschaft und Zivili-

---

[70] G. *Gurvitch*, a. a. O. 112–116.
[71] Ebd. 122 126.

sation unterschiedliche hierarchische Stellungen zugewiesen werden. Jede Wissensform und der ihr zugeschriebene Wertrang muß als funktionaler Teil des Gesamtausdruckes einer Gesellschaft verstanden werden. Aus dem reichen Material der Wissenssoziologie greife ich nur jene Beispiele heraus, die für unseren Zweck, nämlich das Verständnis der befreienden Wahrheit, ertragreich sind.

Gurvitch vermerkt, daß die Gemeinschaftserfahrung, das Kennen des Du und Wir, in der Stadtkultur des Altertums einen relativ hohen Rang einnahm. Der Verstehenshorizont für das Kennen der anderen war jedoch durch den Typ der Gesellschaft eingeschränkt. Der Fremde, der Sklave und weithin auch die Frau gehörten nicht oder doch nur beiläufig zum Umkreis des Du und Wir. In der Gesamtstruktur der Tradition Indiens war der Begriff des anderen und des Wir durch das Kastensystem und dessen religiöse Verbrämung äußerst verengt. Religion selbst (das Heilswissen) war tief gekennzeichnet von dieser Verengung des Kennens des anderen und durch die gesamte gesellschaftliche Struktur. Die moderne demokratische Gesellschaft, die vielen Formen der internationalen Zusammenarbeit, der Einfluß der französischen Revolution und noch mehr der modernen Massenmedien sind weithin jenem Kennen des anderen und des Wir, das alle Menschen einschließt, günstig. Rassenwahn und fanatische Ideologien verengen jedoch nicht nur den Horizont, sondern auch die Qualität des Kennens des Wir. In den meisten der patriarchalen und matriarchalen Gesellschaften stand das Wissen aus gemeinsamer Erfahrung und Reflexion aufgrund des gesunden Hausverstandes sehr hoch, während es nach Gurvitch in der staatskapitalistischen Plangesellschaft den letzten Platz einnimmt. In der freien Marktwirtschaft kapitalistischer Art steht es nicht sehr viel höher im Rang, doch nimmt man öfter zu ihm seine Zuflucht.

In der privatwirtschaftlich organisierten Gesellschaft stehen die empirischen Wissenschaften zusammen mit der Technologie obenan, während in der von der sozialistischen Staatswirtschaft geprägten Gesellschaft Technologie und politische Wissenschaften den höchsten Rang einnehmen und weithin mythologisch verherrlicht werden.

Eine gesunde Wissenssoziologie versucht nicht den Platz der Epistemologie einzunehmen, d.h. der Wissenschaft oder der Theorie vom Wesen und der Ermöglichung der Wahrheitserkenntnis, ihrer Grenzen und ihrer Gültigkeit. Die Wissenssoziologie stellt jedoch unerbittliche Fragen an die Epistemologie und zwingt sie zum Realismus. Sie zwingt die Epistemologie, die soziale Dimension als Voraussetzung des Wissens zu berücksichtigen und nicht nur nach den individuellen, existentiellen Ermöglichungsgründen zu fragen. Sie stellt eine naive Dichotomie von Subjekt und Objekt in Frage. Sie zwingt die Epistemologie, dem Problem der Gültigkeit, der Rangordnung des Wissens nicht nur abstrakt, sondern auch geschichtlich nachzugehen. Selbstverständlich ist es Sache der Epistemologie, ein Urteil zu fällen, ob die je verschiedenen Perspektiven und Rangordnungen des Wissens in gleicher Weise gültig sind und wieweit die

Unterschiedlichkeit der Rangordnungen des Wissens in den verschiedenen Gesellschaftstypen unsere Frage nach Gültigkeit betrifft. Angesichts der Forschungen der Wissenssoziologie können wir auch der Frage nicht ausweichen, ob Kontinuität oder Verschiedenheit, oder aber Kontrast zwischen den verschiedenen Wissensformen der jeweiligen Rangordnung und Perspektiven vorherrschend sind[72].

c) Einige Schlußfolgerungen für die praktische und spekulative Theologie

Die Wissenssoziologie bekräftigt und veranschaulicht die These des heiligen Thomas von Aquin, daß unsere Glaubenszustimmung nicht so sehr einer Formel gilt als vielmehr dem Geheimnis, auf das die begrifflichen Formulierungen nur hinweisen können[73].

Das große Anliegen der Einheit aller Christen und das Anliegen der schöpferischen Treue zur Offenbarung verpflichten die theologische Reflexion, der Wissenssoziologie und der Soziologie der Moral Aufmerksamkeit zu schenken. Unsere Überzeugung von der Einheit der Wahrheit darf die Vielfalt der Ausdrucksformen, der Annäherungen und der kulturell bedingten Formen der Kommunikation nicht aus dem Auge verlieren. Das Zweite Vatikanische Konzil wiederholt nachdrücklich die Mahnung, die Johannes XXIII. in der Eröffnungsrede vom 22. Oktober 1962 gegeben hat: „Die neuen Forschungen und Ergebnisse der Naturwissenschaften, aber auch der Geschichtswissenschaft und Philosophie stellen neue Fragen, die sogar für das Leben Konsequenzen haben und auch von den Theologen neue Untersuchungen verlangen. Außerdem sehen sich die Theologen veranlaßt, immer unter Wahrung der der Theologie eigenen Methode und Erfordernisse, nach einer geeigneteren Weise zu suchen, die Lehre des Glaubens den Menschen ihrer Zeit zu vermitteln. Denn das Glaubensgut selbst, das heißt die Glaubenswahrheiten, darf nicht verwechselt werden mit seiner Aussageweise, auch wenn diese immer denselben Sinn und Inhalt meint. In der Heilssorge sollen nicht nur die theologischen Prinzipien, sondern auch die Ergebnisse der profanen Wissenschaften, vor allem der Psychologie und der Soziologie, wirklich beachtet und angewendet werden, so daß auch die Laien zu einem reineren und reiferen Glaubensleben kommen."[74]

Das Studium der Wissenssoziologie in ihrer ganzen historischen Breite macht deutlich, daß niemand, nicht einmal die römisch-katholische Kirche, ein Monopol auf Wahrheit hat[75]. Diese Aussage widerspricht nicht dem rechtver-

---

[72] Probleme der Wissenssoziologie und der Soziologie der Sitten und der Moral werden in Band III in den Kapiteln über Sozialethik und Kulturethik erneut zur Sprache kommen.

[73] S. Th. I II q 2 a 2: „Actus credentis non terminatur ad enuntiabile sed ad rem." Vgl. *A. Dondeyne*, Liberté et vérité (s. Einleitung, Anm. 1) 64.

[74] GS 62 und AAS 54 (1962) 792.

[75] Vgl. *B. Häring*, Die Kirche darf nicht einer Monopolgesellschaft gleichen, in: *ders.*, Die gegenwärtige Heilszeit (Freiburg i. Br. 1964) 98–112. Dieser Aufsatz geht von der Soziologie der Monopolgesellschaften und der Wissenssoziologie aus.

standenen Dogma der Unfehlbarkeit, das Gnade, aber auch hohe Anforderung bedeutet. Johannes XXIII., der die Denkart und den Glaubensausdruck der Orthodoxen mit Sympathie kennengelernt hatte, sagt uns: „Es bedarf eines gründlichen Bemühens, den Menschen zu helfen, die Bürde der Vergangenheit zu erkennen und anzunehmen, Denkart, Tendenzen und Vorurteile zu ändern; und es ist notwendig, zu untersuchen, was etwa durch Zeit, Tradition und Sitten die Glaubenswirklichkeit überlagert hat.“ [76] Das ist jedoch nicht in erster Linie an die Adresse der anderen gerichtet, sondern an uns.

Wissenssoziologie hilft uns besser zu verstehen, wie bedeutsam die Aussage des Zweiten Vatikanischen Konzils im Ökumenismusdekret über die Komplementarität der Sichtweisen und Aussagen der Lehren in den verschiedenen Teilen der Christenheit ist und wie sehr auf die Hierarchie der Wahrheiten zu achten ist [77]. Diese Aussage hat nichts zu tun mit Indifferenz gegenüber der Wahrheit, sondern weist den Weg gemeinsamer Bemühungen, historische Mißverständnisse auszuräumen. Die Wissenssoziologie kann uns Theologen warnen, uns nicht unkritisch dem Zeitgeist und den Tendenzen unserer Umwelt anzupassen. Sie hilft uns auch, die legitime Verschiedenheit theologischer Schulen, wie z. B. der von Alexandria und der von Antiochia im Altertum, besser zu verstehen und ihre Funktion nicht antagonistisch, sondern komplementär aufzufassen.

Allen Großinstitutionen, einschließlich der Kirche, kann die Wissenssoziologie etwas über die Gefahr sagen, daß das Herrschaftswissen, wenn es praktisch den ersten Rang unter den Wissensformen einnimmt, das Heilswissen und Seinswissen in seine eigene Entartung mit hineinzieht und die Anpassung an neue Erfordernisse erschwert [78]. Karl Rahner legt den Finger besonders auf die Gefahr unannehmbarer Argumentationsweisen in der Moraltheologie infolge der Trägheit der Theologen und der Unbeweglichkeit der Institutionen. „Es ist ein Teil der historischen Tragik der Kirche, daß sie in Praxis und Theorie infolge problematischer und geschichtlich bedingter Überzeugung und Vorurteile Moralnormen mit schlechten Argumenten verteidigte, anstatt sie selbst in eigener Initiative zu überwinden. Erst wenn andere geschichtliche Umstände sie ausgemerzt hatten, nahm die Kirche schließlich neue Überzeugungen auf und handelte, als ob die neue Sicht selbstverständlich wäre und die Kirche nie daran gezweifelt hätte.“ [79]

---

[76] Discorsi, messaggi, colloqui del Santo Padre Giovanni XXIII, III, 575.

[77] Dekret des Zweiten Vatikanischen Konzils über den Ökumenismus „Unitatis Redintegratio“ (UR), Nr. 11.

[78] Vgl. *J. Neumann,* Menschenrechte auch in der Kirche? (Zürich 1976) 134ff.

[79] *K. Rahner,* Über schlechte Argumentation in der Moraltheologie, in: Studia Moralia 15 (1977) 250.

5. *Objektivität und Subjektivität: Fragen der Epistemologie*

Es ist nicht mein Ziel, hier die Probleme der verschiedenen Schulen der Epistemologie zu behandeln, aber um des besseren Verständnisses von befreienden Beziehungen zur Wahrheit willen müssen wir uns einigen Fragen stellen.

Die Schule der existentiellen Phänomenologie, zu der ich mich bekenne, ist ebenso weit entfernt von Subjektivismus wie von Objektivismus. Betont sie die Subjektivität des Wahrheitssuchers, so immer mit höchster Aufmerksamkeit auf die Intersubjektivität. Sich der Wahrheitsfrage zu stellen bedeutet, existentiell in den Dialog einzutreten, an dem der Einzelne und die Gemeinschaft beteiligt sind. Es ist der Einzelne, der mit seiner ganzen Existenz beteiligt ist und sich sein eigenes Urteil bilden muß. Aber seine schöpferische Offenheit für die Wahrheit ereignet sich im Raum der Reziprozität, des Zueinanders und Füreinanders der Sichtweisen[80]. Die Entbergung der Wahrheit ereignet sich im Subjekt, im Wahrheitssucher und durch ihn. Er spielt eine aktive Rolle. Während wir als Glaubende nie vergessen, daß Gott, die Wahrheit selber, der Ursprung und Offenbarer der Wahrheit ist, so wissen wir zugleich, daß seine Transzendenz jene einzigartige Gegenwart ist, die die menschliche Intersubjektivität nicht beseitigt, sondern sie erfordert und erfüllt. Der gläubige Wahrheitssucher weiß, daß er sich und die Wahrheit ganz Gott verdankt, er weiß aber auch zugleich, wieviel sein Teilnehmen an der Wahrheit dem Suchen und der Unterscheidungsfähigkeit anderer verdankt.

Jeder Versuch, sich selbst von anderen Trägern und Suchern der Wahrheit loszulösen, um sich ganz der Objektivität der Wahrheit hinzugeben, ist Selbsttäuschung. Jeder muß seine Wahrheit, den letzten Sinn des Lebens suchen und finden. Aber dabei ist er verwiesen auf die anderen, die ihre und seine Wahrheit suchen. Undankbarkeit gegenüber denen, die uns ihre Wahrheit mitteilen, oder Interesselosigkeit für ihr Suchen bedeutet Austreibung aus dem Paradies der Wahrheit. Darum betrachte ich rein objektivistische Metaphysik als Widerspruch[81]. Das Sich-Entbergen der existentiellen Wahrheit betrifft die Person als ganze in ihrem Gewissen und in ihrer Zuordnung auf die Gewissen der anderen. Das bedeutet den radikalen Ausschluß von Willkür und Interesselosigkeit am Wahrheitssuchen aller.

Wer seine Wahrheit als ein genaues Spiegelbild der Wahrheit an sich oder der Wirklichkeit an sich betrachtet, übersieht die schöpferische Teilnahme des denkenden Subjekts und seine Dankesschuld an jene, ohne die er die Wahrheit nimmer fände. Nur in schöpferischem Geben und Schenken, in Offenheit für die anderen, ereignet sich die Offenheit für *den Anderen,* die absolute Wahrheit. Wer schöpferisch und dankbar empfangend am Entbergen der Wahrheit teilnimmt, weiß, daß er nicht der Herr des Seins, sondern nur dessen Hirte ist und

---

[80] *G. Gurvitch,* a.a.O. 133ff.

[81] Vgl. *W.A.M. Luijpen,* a.a.O. (s. Anm. 35) 130.

daß der Akt des Findens ein antwortender Akt in Mitverantwortung (in Intersubjektivität) ist.

Die Wahrheit muß gestiftet, schöpferisch gefunden werden. Sie ist eine Stiftung des Menschen. Dabei ist der Wahrheitssuchende an das Seiende selbst gebunden. Die Objektivität haftet an der schöpferischen Treue des Subjekts im Vorgang des Entbergens der Wahrheit. Der in Treue Suchende weiß, daß die Wahrheit nicht der Willkür des Subjekts ausgeliefert ist. „Daß alle Wahrheit subjektiv ist, kann also nichts anderes bedeuten, als daß sie objektiv *für-ein-Subjekt* ist. Die Objektivität für ein Subjekt ist natürlich viel ‚objektiver' als die objektivistisch interpretierte ‚Objektivität'."[82]

Die objektivistische Philosophie betont mehr als jede andere Epistemologie das Gebundensein des Menschen an die Wahrheit selbst. Dieser Aspekt kann so sehr übertrieben werden, daß die menschlichen Wahrheiten als die absolute Initiative der objektiven Wirklichkeit erscheinen. So betrachtet sich dann der Objektivist als den Besitzer der Wahrheit. „Das Subjekt zieht sich ‚demütig' als ‚vorurteilsloser Zuschauer' zurück in dem Sinn, daß es sich selbst von dem Geschehen der Wahrheit isolieren zu können glaubt. Dann ist das ‚Objektive' objektiv für niemanden... Der Objektivist spricht *doch!* Und das ‚demütige' Subjekt wird sich *doch* anmaßen, Objektivität auszusprechen. Aber dann schlägt die ‚Demut' in Absolutismus um, denn was das Subjekt dann sagt, wird der absoluten ‚Initiative' der ‚Objektivität' zugeschrieben."[83]

Der Objektivist vermeint, er könne jedes Risiko entfernen, das das schöpferische Entbergen der Wahrheit mit sich bringt. Aber es gibt keine größere Gefahr für die Wahrheit, als sein eigenes Denken mit der absoluten Objektivität zu identifizieren und sich von jedem soziologischen und psychologischen Einfluß frei zu wähnen. Der Mensch ist nicht ein Fotograf der Wahrheit, und Wahrheit schreibt sich dem Geiste und Willen eines Menschen, der sich nicht existentiell ihr geweiht hat und nicht demütig im Verein mit anderen nach ihr sucht, keineswegs ein.

Der Objektivist vergißt und vernachlässigt allzuleicht die existentiellen Voraussetzungen für das Entbergen der Wahrheit. Viktor E. Frankl schreibt: „Offenbar und unverborgen ist das Sein erst dann, wenn ich mich ihm zuwende und hingebe, und diese Hingabe hat mit Liebe zu tun: Nicht zufällig gibt es im Hebräischen für Erkenntnis und Begattung dasselbe Wort (im übrigen geht auch Scheler zufolge dem Erkenntnisakt ein Liebesakt voraus). Ich möchte sagen: Die Dinge harren bräutlich des Geistigseienden, dessen ganze Geistigkeit darin besteht, ‚bei' den Dingen sein zu können, – wobei dieses Bei-Sein, also die Erkenntnis insofern ebenfalls auf den Logos angewiesen ist, als nur letzterer dem geistig Seienden die Dinge überhaupt erst ‚beibringt'."[84]

---

[82] Ebd. 99f.
[83] Ebd. 104.
[84] *V. E. Frankl,* Der Wille zum Sinn (Bern–Stuttgart 1972) 85.

Karl Jaspers sieht in aller menschlichen Erkenntnis einen gefährlichen Riß zwischen Subjekt und Objekt, solange der Mensch sich noch nicht dem Umgreifenden, der alles in sich schließenden Wahrheit eröffnet. Das Umgreifende ist die absolute Wahrheit, mit der der Mensch nur durch einen schöpferischen Sprung in Kontakt kommt, im Hinter-sich-Lassen der Oberflächlichkeit und in der Hingabe an das Umgreifende. Das Umgreifende ist befreiend und schenkend, aber auch fordernd. „Die Wahrheit erschließt sich der Liebe; sie erwächst dem in der Liebe gewonnenen Entschluß." Nur im Umgreifenden findet der Mensch sich selbst. „Selbstsein und Liebe sind identisch."[85] Das Umgreifende und Einigende, dem sich der zur Liebe Entschlossene übergibt, ist nie ein bloßes Objekt; es heilt den Riß zwischen Objekt und Subjekt. Der Mensch muß, um zur Wahrheit zu kommen, seine Begrenztheit kennen. Nur wenn er das Umgreifende als Geschenk empfängt, hilft es ihm zum Selbstsein. „Nur die Liebe erschließt Sein und Wahrheit. Ohne Liebe versinkt beides... Wahrheit im Ganzen ist nur der ganzen Liebe zugänglich ... Wahrheit gibt die letzte Antwort durch Liebe."[86]

IV. Wahrhaftigkeit und Diskretion im Mitteilen der Wahrheitserkenntnis

Wie schon betont, ist das Sein in der Wahrheit, das Suchen und Tun der Wahrheit gemeinschaftsbezogen; es kann sich nicht ereignen ohne Mitteilung und ohne das Füreinander im Wahrheitsgewissen. Hier wenden wir uns der Kommunikation der Wahrheitserkenntnis zu, insofern als Spannungen zwischen Wahrhaftigkeit und Diskretion entstehen können. Die innere Wahrhaftigkeit und Liebe sprechen sich aus in Offenheit, Geradheit und Einfachheit; aber in einer entordneten Welt bedarf es eines hohen Grades an Klugheit und Diskretion. Darauf weist das Wort Jesu hin: „Siehe, ich sende euch wie Schafe mitten unter die Wölfe. Seid darum klug wie die Schlangen und ohne Falsch wie die Tauben" (Mt 10,16). Wie groß auch immer die Undurchsichtigkeit des Lebens sein mag, Freimut und schlichte Echtheit des Charakters offenbaren sich in Sprache und Verhalten. Aber auch Zweideutigkeit, Unehrlichkeit und Treulosigkeit verraten sich.

---

[85] *K. Jaspers,* Von der Wahrheit (s. Anm. 44) 987, vgl. 597 744.

[86] Ebd. 1004f.; vgl. *A. Ganoczy,* Wahrheitsfindung durch die Liebe, in: *H. Fischer* (Hrsg.), Prinzip Liebe. Perspektiven der Theologie (Freiburg i. Br. 1975) 59–75.

Unsere Gottebenbildlichkeit soll sich vor allem in der Wortgestalt unseres Sprechens, Schweigens und Tuns offenbaren. Es soll ein Widerschein des göttlichen Wortes sein. Sowohl das innere Wort des Erkennens wie auch das Mitteilen müssen in diesem Licht gesehen werden. Es soll ein Wort sein, das aus dem Reichtum der Liebe ersteht und die Liebe fördert.

Wohl kein anderer Kirchenvater hat die Theologie in diesem Punkt so sehr bereichert wie Augustinus. Er blickt auf das Wort, das ewig beim Vater ist und ihn in der Zeit offenbart; ähnlich soll unsere Wahrhaftigkeit im Mitteilen Ausfluß der inneren Wahrhaftigkeit sein. „Das Wort, das außen klingt, ist Zeichen des Wortes, das von innen her aufleuchtet: letzteres ist das grundlegendere Wort."[87] Wie das ewige Wort Fleisch wird, um sich mitzuteilen, so soll unser hörbares Wort und verstehbares Tun das Gestaltwerden des inneren geistigen Wortes sein: „Teilt sich im Wort das mit, was in der Erkenntnis ist, dann ist es ein wahrhaftiges Wort und hat jene Wahrheit, die man vom Menschen erwartet. So decken sich das innere und das äußere Wort. Das äußere Wort spricht nichts aus, was nicht im Erkennen ist. So erfüllt sich das ‚ja, ja; nein, nein' (Mt 5,37); und so nähert sich das geschaffene Abbild so weit als möglich dem geborenen Abbild an, dem Sohn Gottes, von dem gesagt wird, daß er in allen Dingen wesenshaft dem Vater gleich ist."[88]

Im menschgewordenen Wort des Vaters ist der ganze Reichtum der göttlichen Wahrheit anwesend, und doch können seine Worte diesen Reichtum nie ganz ausschöpfen. Analog kann unser äußeres Wort nicht unser ganzes Innenleben, den ganzen Reichtum der in uns anwesenden Wahrheit aussprechen; noch weniger kann unser Erkennen die Fülle der Wahrheit vollkommen ergreifen. Hierin besteht bei aller Ähnlichkeit eine größere Unähnlichkeit im Vergleich zum wesensgleichen Sohn des Vaters. Aber unsere Gottebenbildlichkeit muß wenigstens darin treu bewahrt werden, daß unser äußeres Wort nicht unserem Erkennen und unseren Absichten widerspricht. Der Blick auf das wesensgleiche Wort des Vaters gibt uns das anzustrebende Ziel, die Richtung der Wahrhaftigkeit an: „Gott der Vater, der Zeugende, hat in seinem wesensgleichen Wort alles ausgezeugt, was er ist, und Gott der Sohn, das Wort selbst, hat in seinem Wesen weder mehr noch weniger als jener, der dieses Wort nicht lügenhaft, sondern wahrhaftig gezeugt hat."[89]

Gott der Vater spricht sich nur in seinem wesensgleichen Wort ganz aus. In Schöpfung und Erlösung gibt er uns nur stufenweise und teilweise Anteil an dieser seiner Wahrheit. Die Stufenförmigkeit der Offenbarung widerspricht nicht der Wahrheit. Das Wort Gottes, das in der Schöpfung immer mehr aufleuchtet und in Jesus Mensch geworden ist, lügt nicht. „In diesem Wort gibt

[87] *Augustinus,* De trinitate 15,11: PL 42, 1071.
[88] Ebd. 15,11: PL 42, 1072.
[89] Ebd. 15,21: PL 42, 1088.

es nichts Falsches, denn es bleibt sich immer treu; es kommt ja von dem, ‚der ist', und der Sohn vermag nichts von sich aus zu tun, sondern tut nur, was er den Vater tun sieht (Joh 5,19)."[90]

Jesus, das menschgewordene Wort, bleibt sich absolut treu und ist der Wahrhaftige, auch wenn er sich jenen, die nicht ehrlich sind im Suchen der Wahrheit, nicht offenbart; denn er wirft seine „Perlen nicht vor die Säue" (Mt 7,6). Der allwahrhaftige Sohn preist den Vater, die Quelle aller sich entbergenden Wahrheit, daß er das, was den Kleinen und Demütigen aufscheint, vor den Siebengescheiten verborgen hat (Mt 11,25). Gemäß diesem Vorbild darf keines unserer Worte und kein sprechendes Tun der inneren Wahrheit widersprechen, aber wir brauchen nicht immer und überall unser ganzes Herz auszuschütten.

Um eine letzte Norm für wahrhaftiges Mitteilen zu finden, gehen wir über den bloß psychologischen Begriff des wahren Sprechens (Übereinstimmung zwischen dem inneren und äußeren Wort) hinaus und schauen auf die göttliche Quelle und das göttliche Urbild der Wahrhaftigkeit. Dabei wenden wir uns der Eigenart menschlichen Sprechens zu, um sie im Lichte des Sprechens, des sich Offenbarens Gottes zu sehen. Dabei ist die Zielnorm stets das Auferbauen der menschlichen Gemeinschaft in Wahrheit und Liebe. Moralische, geistige und geistliche Gemeinschaft gibt es nur in der Harmonie zwischen Wort und Liebe. Worte und sprechendes Tun, die nicht aus der Liebe geboren sind und nicht dem Wohl der Mitmenschen dienen, sind sinnwidrig, denn sie geben sich als Mitteilung, während sie dem Ziel der Mitteilung, der Gemeinschaft in Wahrheit und Liebe, widersprechen. Das göttliche Urbild lehrt uns nicht nur den Primat der inneren Wahrhaftigkeit, sondern auch die untrennbare Zusammengehörigkeit von innerer Wahrhaftigkeit und liebender Mitteilung. Ein liebloser Gebrauch von Tatsachen und Halbwahrheiten zerstört die innere Wahrhaftigkeit und das Füreinander der Menschen. Der absolut redliche und authentische Mensch kann nicht herzlos mit der Wahrheit umgehen, denn er ist mit Herz und Geist der Wahrheit geweiht.

Wir bedürfen der Gabe der Unterscheidung (Diskretion), um unser Wissen und unser tastendes Suchen nach Wahrheit so mitzuteilen, daß Wunden geheilt, sinnlose Zerrissenheit überwunden, die Heuchelei entlarvt, die Wahrheit von allen als Liebe erfahren wird. Als Christen sehen wir den Umgang mit der Wahrheit im Dienste des Auferbauens des mystischen Leibes Christi und unserer Sendung, eins zu werden in Wahrheit und Liebe. Nur dem Liebenden fällt die Tugend der Diskretion zu; denn er erfährt die Wahrheit, die aus der Liebe kommt und die Liebe haucht, und ist feinfühlig für alle Gefahren, einer falsch verstandenen Wahrheit die Liebe zu opfern.

Erste Grundvoraussetzung einer wahrheitsgemäßen, realistischen Moraltheologie ist der dankbare Blick auf das Tun Gottes in Schöpfung und Erlösung, auf die herrliche, uns von Gott geschenkte Berufung; aber dabei dürfen wir

[90] Ebd. 15,11: PL 42, 1073.

nie außer acht lassen, wie unähnlich wir Gott sind, wie sehr wir weiterer Reinigung bedürfen und wie sehr wir von einer teilweise entordneten Welt angefochten und bisweilen verwirrt sind.

Schlichte Wahrhaftigkeit offenbart jene, „die reinen Herzens sind". Aber nur jene schreiten auf dem Weg dieser Seligpreisung voran, die sich eingestehen, wie sehr sie noch an der Reinigung ihres Sinnens und Trachtens arbeiten müssen. Dabei dürfen wir unsere Schatten und Falten nicht vor jedermann ausbreiten. Während wir vor Gott im inneren Bekenntnis nichts verbergen, bedarf es sogar schon bei der sakramentalen Beichte einer Diskretion, noch mehr aber bezüglich der Selbstmitteilung in unklaren Situationen und gegenüber indiskreten Menschen. Rücksicht auf andere und auf unsere eigene soziale Verantwortung verlangen nicht selten Zurückhaltung. Darum müssen Aufrichtigkeit Hand in Hand gehen mit der Kunst des Schweigens, begründet in der zarten Rücksicht auf die anderen, ihre Empfindlichkeit, ihre voraussehbaren Mißverständnisse. Bei aller Kunst, in den anderen immer zuerst das Gute zu sehen, darf man doch nicht blind sein gegenüber der Tatsache, daß andere aus Gedankenlosigkeit oder Boshaftigkeit gewisse Informationen suchen, um sie zu mißbrauchen – gegen Gerechtigkeit, Friede und Liebe.

Die Kunst des Schweigens gehört unabdingbar zu wahrhaftiger Mitteilung. Nur wer schweigen kann, um den großen Wahrheiten zu erlauben, sich in ihm auszuzeugen, kann stufenweise ein Abbild Gottes im Mitteilen werden. Schweigen im tiefsten Sinn ist eine geheimnisvolle Kommunikation mit dem Urquell aller Wahrheiten und Ausdruck liebender Offenheit für andere. Im Schweigen kommen Wahrheitsliebe, die Kunst des Hinhörens auf den anderen und die Selbstmitteilung zur Blüte, während Geschwätzigkeit dem Wort seine Tiefe und sein Gewicht raubt, oft zu Oberflächlichkeit, Gedankenlosigkeit gegenüber der Wahrheit und zu gestörten Beziehungen führt.

2. *Wehe dem Lügner*

In der Heiligen Schrift steht der Wert der Wahrhaftigkeit mit an höchster Stelle. Sie zeigt uns die Geschichte als Auseinandersetzung zwischen der göttlichen Wahrheit und dem Verwirrer, dem Lügner (Satan), der die Verkörperung von Unwahrhaftigkeit und Treulosigkeit ist. Es geht dabei jedoch stets um den Menschen, der entweder in der Wahrheit lebt oder sich auf die Seite des Reichs der Lüge stellt. Das Gebot: „Du sollst nicht falsches Zeugnis geben wider deinen Nächsten" (Ex 20,16; Lev 19,11; Dtn 5,20), ist eine Grundregel für das Gottesvolk, das vor Treulosigkeit und Unwahrhaftigkeit geschützt wird. „Verworfen wird die Lüge im Alten Testament immer um dessen willen, daß sie der Jahwe wie dem Nächsten geschuldeten Gemeinschaftstreue widerspricht, sie zerstört."[91] Unwahrhaftigkeit ist ein Angriff auf den Bund, der das Volk

[91] *M. A. Klapfenstein,* Die Lüge im Alten Testament. Ihr Begriff, ihre Bedeutung und ihre Beurteilung (Zürich – Frankfurt 1964) 321f.

mit Gott und unter sich vereint und gerade so von allen Treue und Zuverlässigkeit verlangt[92]. Wahrhaftigkeit und Treue sind die dankbare Antwort auf das Geschenk des Bundes vor Gott und voreinander.

Das Neue Testament bezeugt Jesus als den Bundesmittler und den treuen Zeugen. Seine Jünger nehmen teil an seiner Berufung, die rettende Wahrheit und Wahrhaftigkeit treu zu bezeugen. Darum kann jener, der sich dem Lügenreich verschreibt, keinen Anteil an ihm haben. Die äußerst machtvollen Warnungen vor Lügenhaftigkeit, die vom Reich Gottes ausschließt (1 Tim 1,10; Offb 21,8; 21,27; 22,15), betreffen jedoch nicht das Problem von Notlügen, Scherzlügen und dergleichen, sondern jene Verlogenheit, kraft deren der Sünder mehr dem Vater der Lüge als Gott, dem Quell aller Wahrheit, gleicht. Es geht um jene Verlogenheit, die in direktem Widerspruch zu Glaube und Glaubwürdigkeit steht. Das Wehe gilt jenem Lügner, der sich schuldbar der Selbsttäuschung und der Täuschung anderer hingibt, und zwar so, daß er aus seinem Eigenen spricht, wenn er unwahrhaftig ist[93].

Das Streben nach absoluter Wahrhaftigkeit und Vertrauenswürdigkeit ist im Neuen Testament ein unbedingt verpflichtendes Zielgebot (vgl. Mt 5,37). Lügenhaftigkeit charakterisiert den alten Menschen, den in Selbsttäuschung und Unwahrhaftigkeit befangenen Sünder, der seinerseits Ursache von Verwirrung und Täuschung wird (vgl. Eph 4,25; Kol 3,9). Die Geschichte von der Bestrafung des Ananias und der Saphira will allen die Augen öffnen über das große Unrecht, wenn man bewußt in einer Grundhaltung von Heuchelei die Gemeinschaft betrügt.

Der Grundwert der Wahrhaftigkeit und Treue gehört so sehr zur Wesensart der von Gott Berufenen, daß „Lüge" *(pseudos)* schlechthin zur Bezeichnung der Sünde dient (vgl. Joh 8,44; Röm 1,25; 1 Joh 2,21; 2,27). Verwandte Bezeichnungen für Sünde, insofern sie den Menschen aus dem Paradies der Wahrheit verstößt sind *apate*, das ist Täuschung, Selbsttäuschung, betrügerisches Wesen (vgl. Mt 13,22; Eph 4,22; Kol 2,8; 2 Thess 2,12; Hebr 3,13), und *skotos* oder *skotia*, das heißt Finsternis, insofern jede Sünde, ganz besonders aber eine Grundhaltung der Verlogenheit, den Menschen der Sklaverei der Finsternis ausliefert (vgl. Joh 1,5; 3,19; 8,12; 12,35; 12,46; Apg 13,11; 2 Kor 6,14; Eph 5,8; 1 Joh 1,6). Diese biblischen Begriffe, die die Sünde schlechthin beschreiben, entlarven vor allem eine grundsätzliche Falschheit, Unechtheit. Sie treffen den Einzelakt des Lügens, der Selbsttäuschung oder Täuschung anderer nur, insofern er Ergebnis dieser Sklaverei ist oder zu ihr führt. Lüge als Schwachheitssünde wird nicht direkt davon betroffen.

---

[92] Ebd. 353.

[93] Vgl. *R. Bultmann*, Theologie des Neuen Testaments (Berlin [3]1959) 370.

3. *Die Schwere der Sünden der Unwahrhaftigkeit*

Die Wahrheitswidrigkeit, welche die Heilige Schrift als Lüge, Täuschung oder Finsternis bezeichnet, ist nichts anderes als die Grundentscheidung für Unwahrhaftigkeit im Sein, im Denken, Reden und Tun. Einzelne sündhafte Akte gegen die Wahrheit im Suchen oder im Mitteilen derselben können, müssen jedoch nicht, die verfehlte Grundentscheidung ausdrücken und so an ihrer Knechtschaft und Bosheit teilnehmen. Wo jedoch die Grundentscheidung zugunsten des Wahren und Guten gefallen ist, hängt die Sünde gegen die Wahrheit in ihrer Schwere davon ab, ob sie richtungsändernd auf das Sinnen und Trachten einwirkt. Schreibt sie sich in einen Prozeß des Niedergangs, in eine Richtung zunehmender Unwahrhaftigkeit ein, so mag sie eine schwere Wundsünde sein, die, wenn nicht geheilt, zu einer verkehrten Fundamentaloption führen kann. Anders fällt jedoch das Urteil aus, wenn sich die Person auch weiterhin in Richtung ständiger Bekehrung zu größerer Wahrhaftigkeit und Liebe bewegt.

Lügen aus Schwachheit, ohne die Absicht, anderen Schaden zuzufügen, haben die Vermutung für sich, daß es sich nur um Wundsünden handelt, solange die Gesamtrichtung der Person in Ordnung ist[94]. Es ist jedoch gefährlich, mit A. Kern zu sagen, daß die Lüge im allgemeinen nicht gegen die Ordnung der Liebe und darum nur läßlich sündhaft ist[95]. Dies ist ganz besonders irreführend in einer Ethik der Akte, die der Grundhaltung nicht genügend Aufmerksamkeit schenkt. Personen, die zur Ängstlichkeit neigen, müssen wir freilich deutlich sagen, daß sie nicht annehmen dürfen, ihre vereinzelten Fehler gegen die Wahrheit im Reden seien Todsünden, solange sie im ganzen nach größerer Wahrhaftigkeit und Liebe streben. Diese Aussage entspricht der großen Tradition, die z.B. von Augustinus und Thomas von Aquin vertreten wird. Die Tradition hat jedoch auch der Warnung des heiligen Augustinus Beachtung geschenkt, der die Frage offen lassen will, ob ein vollkommener Mensch, wenn er in voller Freiheit und Bewußtheit eine gewöhnliche Lüge sagen würde, nicht doch todsündlich sündigen könnte[96].

Gegenüber der Tendenz einiger Moralisten, Ehrlichkeit im Reden weniger ernst zu nehmen als den Schutz des Eigentums, müssen wir mit J. Mausbach zu bedenken geben: „Die Lüge ist wie Diebstahl, Ehrabschneidung und ähnliches ex genere schwere Sünde."[97] Unwahrhaftigkeit widerspricht genauso wie Unkeuschheit dem Willen Gottes, der die Wahrheit ist und uns in der Wahrheit heiligen will. Verlogenheit und Falschheit sind jedoch etwas ganz anderes als ein Versagen in Einzelfällen, z.B. durch Notlügen und Schutzlügen, die in keiner Weise Zeichen einer Grundentscheidung gegen Wahrhaftigkeit sind[98].

---

94 Vgl. *Augustinus,* En. in Ps. 5: PL 36, 86; *Thomas von Aquin,* S. th. II II q 110 a 4.

95 *A. Kern,* Die Lüge (Graz 1930) 117.

96 Vgl. *A. Landgraf,* Sündhaftigkeit der Lüge nach der Lehre der Frühscholastik, in: Zs. f. Kath. Theol. 63 (1939) 157–180.

97 *J. Mausbach,* Katholische Moraltheologie, 5. Aufl. III, 244 und 10., von *G. Ermecke* bearbeitete Aufl. III, 596; vgl. *H. Küng,* Wahrhaftigkeit (Freiburg i. Br. [10]1970).

98 *Augustinus,* De mendacio 17: PL 40, 510.

Einige Moralisten beurteilen die Scherzlüge als Wundsünde. Meines Erachtens handelt es sich gewöhnlich überhaupt nicht um eine Lüge im eigentlichen Sinn; denn für die Beurteilung des Sinnes müssen wir auf die Rede als ganze achten. Eine gelungene Scherzlüge ist nicht nur geeignet, andere zu erheitern, sondern kann Zeichen eines gelassenen Humors sein, der die menschliche Schwachheit annimmt, ohne alles ungeschoren hingehen zu lassen. Was anfänglich als Täuschung erscheinen mag, führt durch diese Art einer kurzen Komödie zu einem besseren Verstehen des wahren Sachverhalts. Sinn und Wert der Scherzlüge hängen jedoch von der Feinfühligkeit für andere ab. Unser Nächster darf nie durch Sarkasmus oder bittere Ironie gedemütigt werden.

Unzutreffende Aussagen und phantastische Geschichten von Kindern sollten gewöhnlich nicht als Lügen betrachtet werden, da Kleinkinder noch nicht unterscheiden können zwischen dem Spiel der Phantasie und der Wahrnehmung der Wirklichkeit. Zu gegebener Zeit wird jedoch der Erzieher dem Kinde helfen, die Kunst der Unterscheidung zu lernen. Sagen Kinder bewußt Lügen, so tun sie das gewöhnlich aus Angst, aufgrund schlechter Erfahrungen, die ihnen das Vertrauen schwermachen, oder einfach in Nachahmung der Sünden der Erwachsenen ihres Umkreises. Erziehung zur Wahrhaftigkeit geschieht vor allem durch das vorbildliche Beispiel der Wahrhaftigkeit der Erzieher, durch eine Atmosphäre des Vertrauens und durch Zurückhaltung im Strafen. Selbst wenn ein Verhalten des Kindes an sich Strafe rechtfertigen würde, sollte sie doch gewöhnlich ausgesetzt werden, wenn das Kind den Fehler vertrauensvoll eingesteht.

Ebenso ist gütiges Verständnis am Platz angesichts pathologischen Lügens. Selbstverständlich kann man nicht sagen, daß psychisch Kranke allgemein entschuldigt sind, wenn sie lügen, aber es gibt psychisch abnorme Persönlichkeiten, deren Lügen zwangshaften Charakter tragen. Bisweilen ist bei ihnen wie bei Kleinkindern die Grenze zwischen Wahrheit, Einbildung und Lüge verschwommen. Das Verhalten ihnen gegenüber muß heilend und darf nie richtend sein.

4. *Ist jede Lüge innerlich und absolut sündhaft?*

Die Gesinnung der Wahrhaftigkeit und infolgedessen das negative Urteil über Unwahrhaftigkeit sind absolut. Eine ganz andere Frage ist es jedoch, ob die wahrheitsliebende Person nicht in äußerst komplexen Situationen eine Aussage machen darf, die sie für nicht wahr oder genau hält, und ob dies im moralischen Sinne als Lüge bezeichnet werden muß. Übereinstimmung herrscht, daß in einer entordneten Welt die Pflicht bestehen kann, eine Wahrheit oder eine Tatsache gegenüber jenen zu verbergen, die sie nur für ihre Ungerechtigkeit mißbrauchen würden. Die Frage ist also genauer die, welche Sprechweise oder welches Verhalten die wahrheitsliebende Person wählen darf und soll, wenn sie verpflichtet ist, einen wahren Sachverhalt zu verbergen.

a) Schrift und Überlieferung

Das Alte Testament verurteilt Lügenhaftigkeit oft, vor allem wenn sich falsche Aussagen gegen das Wohl der Gemeinschaft richten; aber es erzählt nicht selten die Lügen von Patriarchen und anderen sonst vorbildlichen Personen, z.B. Lügen Abrahams (Gen 12,11–13; 21,15), Isaaks (Gen 26,7–11), Jakobs (Gen 27,8–27) und Jonatans, des treuen Freundes Davids (1 Sam 20,26–29). Es scheint, daß wenigstens einige dieser Lügen, wenn nicht als vorbildlich, so doch als Zugeständnis an menschliche Schwachheit gebilligt werden. Die Hebammen, die die Kinder der Hebräer durch Lügen retteten, werden als gottesfürchtige Frauen gepriesen (Ex 1,15–21). Ähnlich wird Judit gepriesen, weil sie durch schlaue Täuschung des Holophernes und seiner Soldaten das Volk rettete (Jdt 10).

Im Neuen Testament findet sich kein Text, bei dem eine Lüge ausdrücklich gebilligt wird. Die vielen strengen Urteile des Neuen Testamentes über Lügenhaftigkeit schließen nicht notwendig eine Verurteilung des Verhaltens der ägyptischen Hebammen ein. Wir dürfen jedoch wohl sagen, daß im vollen Licht der Offenbarung der Wahrheit in Christus die meisten Lügen der Patriarchen als nicht mehr annehmbar erscheinen. Im Fortschritt der Offenbarung und in ihrer Fülle in Christus ergibt sich ein geschärftes Bewußtsein bezüglich des Wertes der Wahrhaftigkeit.

Die Tradition bezüglich dieses Problems ist keineswegs einhellig[99]. Die ersten christlichen Jahrhunderte standen sowohl unter dem Einfluß des Alten Testamentes, das offenbar Lügen in Ausnahmssituationen hingehen ließ, und nicht weniger unter dem Einfluß griechischer Philosophie. Abgesehen von Aristoteles und Sophokles gibt es kaum einen nennenswerten Vertreter griechischer Gedankenwelt, der die Lüge bedingungslos verurteilt. So ist es zu erklären, daß hochangesehene Kirchenväter wie Origenes, Chrysostomos, Hilarius und Kassian die Notlüge unter gewissen Umständen rechtfertigten. Dann nämlich, wenn Selbstsucht ausgeschlossen ist und es zum Wohl des Mitmenschen geschieht.

Kein Kirchenvater hat diesem Problem mehr Aufmerksamkeit geschenkt und die weitere Tradition stärker beeinflußt als Augustinus. Schon in seinem frühen Werk „Soliloquia“[100] spricht er sich deutlich dafür aus, daß zur Definition der Lüge die Absicht des Täuschens gehöre. Im Jahre 395 schrieb er sein Buch „De mendacio“. Offenbar sieht er in der Scherzlüge keine Lüge im moralischen Sinn, d.h. keine Verfehlung gegen die Wahrhaftigkeit[101]. Aber wo es wirklich um eine Lüge im eigentlichen Sinn geht, läßt er keine Ausnahme zu. Wenn es freilich zu konkreten Fragen kommt, ist er nicht immer konsequent. Trotz seiner

[99] Die vollständigste geschichtliche Studie über das Problem der Lüge bei *G. Müller* O.S.B., Die Wahrhaftigkeitspflicht und die Problematik der Lüge (Freiburg i. Br. 1962) 27–229 (Bibliographie XVII–XXIV).
[100] Soliloquia II, 9, 16: PL 32, 892.
[101] De mendacio II, 2: PL 40, 487.

grundsätzlichen Behauptung, daß das Verbot der Lüge absolut ist, kann er schreiben: „Eine Lüge, die weder die Religion noch das gesunde Empfinden beleidigt und zum Schutz der Keuschheit des Leibes ausgesagt wird, ist zulässig.“[102]

In seinem Werk „Retractationes“[103] macht sich Augustinus Vorwürfe wegen mangelnder Klarheit in seinem Buch über die Lüge. Und 25 Jahre nach dem Buch „Über die Lüge“ schreibt er ein neues Buch „Gegen die Lüge“ (Contra mendacium). Hier ist er absolut klar und konsequent in der Behauptung, daß das Gebot, die Wahrheit zu sprechen und niemals eine Lüge zu sagen, keine Ausnahme zuläßt, nicht einmal zum Schutz des wahren Glaubens. Der wahrhaft Gläubige sieht auch im Häretiker und sogar im Ungläubigen seinen Nächsten und wird darum nie eine Lüge gegen sie aussagen. Augustinus betont, daß es viel auf das Motiv und den Zweck ankommt, behauptet jedoch eindeutig, daß auch der vornehmste Zweck nie eine Lüge objektiv rechtfertigen kann[104]. Er lehrt, daß kein Gut, das von einer sündhaften Handlung zu erwarten wäre, je das moralische Übel kompensieren könne[105].

Hieronymus, der in seinem Kommentar zum Brief an die Galater die Notlüge in schwierigen Situationen rechtfertigte, ließ sich offenbar in der heftigen Kontroverse zwischen den beiden großen Lehrern für die Auffassung des Augustinus gewinnen[106]. Der breite Strom der folgenden Überlieferung folgte dem Denken des Augustinus und verurteilte die bewußte Lüge unbedingt.

Trotz seiner großen Bewunderung für Augustinus setzte sich Luther in dieser Frage von der Augustinischen Tradition ab. In der Heftigkeit der Kontroverse ließ er sich zur Aussage hinreißen: „Eine gut starke Lüge um Besseres und um der christlichen Kirche willen, eine Notlüge, eine Nutzlüge, eine Hilflüge wäre nicht wider Gott.“[107] Es ist jedoch eine unannehmbare Übertreibung, wenn H. Grisar Luther beschuldigt, eine ganze „Theologie der Lüge“ geliefert zu haben[108]. Die meisten Lutheraner folgen der Auffassung Luthers, betonen jedoch mit großem Pathos die absolute Verpflichtung zu innerer Wahrhaftigkeit und betonen, daß eine bewußte Falschaussage nur in Ausnahmefällen und unter strikten Bedingungen angängig ist. Calvin und seine Anhänger folgen der Augustinischen Tradition vollständig und gestatten keine Ausnahme bezüglich der Lüge.

---

[102] Ebd. XX, 41: PL 40, 515.
[103] Retractationes I, 27: PL 32, 630.
[104] Contra mendacium VII, 17: PL 40, 527.
[105] Ebd. IX, 20: PL 40, 530.
[106] *Hieronymus*, Epist. 85, cap. III, 11: PL 33, 257.
[107] Zitiert bei A. Kern, a.a.O. 57 (Luthers Briefwechsel I, 269ff.).
[108] *H. Grisar*, Luther (Freiburg i. Br. 1911) 410.

b) Überlegungen während der letzten Jahrhunderte

Seit Hugo Grotius und Samuel Pufendorf hat die Unterscheidung zwischen Lüge im eigentlichen Sinn und Falschrede *(falsiloquium)* in protestantischen Kreisen weithin Anklang gefunden. Als Lüge im strengen Sinne wird dann verstanden die ungerechte Täuschung des Nächsten, dem man die Wahrheit, auf die er ein Recht hat, vorenthält, während Falschrede, die bewußt falsche Darstellung von Sachverhalten ist, die zu kennen der andere kein Recht hat. Die Falschrede wird dann als moralisch indifferent angesehen. Es ist Lüge nur im materiellen Sinn. Katholische Moraltheologen des 17. und 18. Jahrhunderts, die den rein inneren Vorbehalt *(reservatio stricte mentalis)* verteidigten, unterscheiden sich praktisch nicht von der Unterscheidung zwischen eigentlicher Lüge und Falschrede. Nur ist ihre Darstellungsweise sehr viel mehr gekünstelt als die von Grotius. Ihre Auffassung wurde durch das heilige Offizium im Jahre 1679 verurteilt[109]. Die Verurteilung erfolgte wahrscheinlich aufgrund des Laxismus, mit dem diese Autoren allzuleicht und mit seltsamen Ausreden die rein mentale Restriktion empfahlen; die von Protestanten erhobene Anschuldigung gegen diese Moralisten lautete auf Heuchelei. In neuester Zeit haben eine Reihe angesehener katholischer Theologen die von Grotius vorgetragene Lehre von der Falschrede aufgenommen[110]. Das Hauptargument ist stets, daß die Falschrede nur dann zulässig sei, wenn der andere kein Recht auf eindeutige Information habe und aufgrund der Umstände das Verbergen des wahren Sachverhalts eine Pflicht der Liebe und Gerechtigkeit sei. M. Laros schreibt bündig: „Es muß eine offenkundige Verletzung des Rechtes auf die Wahrheit durch den Fragenden in die Definition der Lüge aufgenommen werden.“[111]

Karlheinz Peschke widmet in einer beachtenswerten Studie über das Problem der absoluten Sündhaftigkeit der Lüge der Verwandtschaft zwischen Wahrhaftigkeit und Treue besondere Aufmerksamkeit[112]. Dieser fruchtbare theologische Ansatzpunkt wird durch Einbeziehung der Psychologie der Sprache vertieft[113]. Dadurch kann er einerseits sehr gewichtige Motive für die absolute Wahrhaftigkeit vorlegen, andererseits aber auch Gründe für die Erlaubtheit der Falschrede zugeben, dann nämlich, wenn die allgemeingültige Erwartung der

---

[109] *H. Denzinger – A. Schönmetzer,* Enchiridion Symbolorum (DS), Nr. 2126f.

[110] *A. Tankerey,* Synopsis theologiae moralis, 9. Aufl. III, Nr. 381–383; *A. Vermeersch,* De mendacio, in: Gregorianum 1 (1920) 11–40; 425–474; *J. Lindworski* S. J., Das Problem der Lüge bei katholischen Ethikern und Moralisten, in: *O. Lipmann* (Hrsg.), Die Lüge (Leipzig 1927) 69ff.; *M. Ledrus* S. J., De mendacio, in: Periodica de re morali 32 (1943) 5–58; 123–171; 33 (1944) 5–60; *M. Laros,* Seid klug wie die Schlangen und einfältig wie die Tauben (Frankfurt a. M. 1951); eine ganze Reihe anderer Vertreter dieser Auffassung sind angeführt bei *G. Müller,* a. a. O. 199–225.

[111] *M. Laros,* a. a. O. 82.

[112] *K.-H. Peschke,* Das Problem der absoluten Sündhaftigkeit der Lüge, in: Studia Moralia 15 (1977) 697–711.

[113] Vgl. *F. Hainz,* Psychologie der Sprache (Stuttgart 1954); *W. P. Robinson,* Language and Social Behaviour (Harmondsworth 1972).

Treue zum Versprochenen und der Wahrhaftigkeit als Ausdruck derselben vernünftigerweise nicht angenommen werden kann. Gegenseitige Treue verpflichtet uns nicht, ganz ungerechtfertigte Erwartungen zu erfüllen. Wie es möglich ist, daß sich jemand des ihm gegebenen Versprechens absolut unwürdig macht, so kann es auch Ausnahmssituationen geben, wo das allgemeine Versprechen der Wahrhaftigkeit, die der menschlichen Sprache und noch mehr den menschlichen Beziehungen innewohnt, nicht sinnvoll erfüllt werden kann.

Psychologie und Philosophie der Sprache und der Kommunikation müssen unbedingt berücksichtigt werden. Ein klassisch gewordenes Beispiel kann dies am besten illustrieren: Zur Zeit des Nationalsozialismus kamen dienstbeflissene Beamte Hitlers in katholische Hospitäler und Waisenhäuser mit der Frage an die Schwestern, wie viele Kinder mit Erbkrankheiten bestimmter Art sie in ihrem Hause hätten. Das Überreichen der verlangten Liste mit den Namen solcher Kinder hätte nichts anderes bedeutet als die Bereitschaft, sie für die Gaskammer auszuliefern. Die Schwestern, die diese Kinder verbargen und prompt antworteten, sie hätten keine Kinder dieser Art, logen nicht. Denn diesen Schergen ging es nicht um kranke Kinder, sondern um Objekte für die Gaskammer. Das war der eigentliche Sinn ihrer ungerechten Anfrage. Darauf konnte die einzige wahrheitsgemäße Antwort nur sein: „Wir haben keine solchen Objekte.“ Es handelt sich also nicht um eine Falschrede im eigentlichen Sinn, sondern um die pflichtgemäße Verweigerung der Kommunikation bzw. eine Antwort auf der Wellenlänge der Fragesteller. Worte haben ihren Sinn nur im Kontext, und was abstrakt gesehen eine Lüge oder Falschrede genannt werden könnte, kann in der gegebenen Situation die einzig sinnvolle Antwort sein.

Axel Denecke stellt sich der schwierigen Frage, ob es erlaubt sei, einen Kranken zu belügen, der in äußerst schwieriger Situation unfähig ist, eine wahrheitsgemäße Information zu ertragen[114]. Meines Erachtens braucht die Antwort nicht zu lauten: „Ja.“ Ich möchte hier vor allem auf die Ganzheit der Aussage und Handlungsweise des Arztes achten, was sowohl dem Sinn der Sprache wie dem der menschlichen Beziehungen entspricht. Ist der Arzt einfachhin zufrieden, den Patienten zu belügen, so sündigt er gegen die Wahrhaftigkeit und die Treue zum Versprochenen. Verbirgt er jedoch zeitweise die Wahrheit durch unvollständige Aussagen, mit der Absicht, dem Patienten jeweils so viel an Wahrheit zu sagen, als er aufnehmen kann, dann handelt es sich um eine liebevolle Kommunikation der Wahrheit[115]. Die Dynamik der stufenweisen Mitteilung wird sich auch auswirken in der Wahl der Worte, der Gesten, des Tones der Stimme. Kurzum, die ganze Rede und personhafte Mitteilung ist verschieden, wenn der Arzt den Prozeß wahrhafter Mitteilung stets treu im Auge behält.

---

[114] *A. Denecke,* a.a.O. (s. Anm. 8); vgl. *E. Ansohn,* Die Wahrheit am Krankenbett. Grundfragen der ärztlichen Ethik (München 1965) 115.
[115] Vgl. *B. Häring,* Der heilende Dienst (Mainz 1972) 166–170.

5. *Das Geheimnis*

a) Grundlage und Rechtfertigung des Geheimnisses

Die Stellungnahmen und Antworten der Theologie auf komplexe Fragen hängen zum großen Teil davon ab, wie der Theologe die Wirklichkeit der Sünde und der Erlösung in der Welt bewertet. In einer sündelosen Welt wäre die Mitteilung der Wahrheit einfach und schlicht. Man bräuchte nur auf das Gesetz des Wachstums zu achten. In der konkreten geschichtlichen Menschheit findet jedoch Gottes eigene Selbstoffenbarung Hindernisse in der Unreife und Sündhaftigkeit der Adressaten seiner Wahrheit. Sogar unter den Gläubigen und in der Kirche besteht nicht nur ein ständiges Wachstum, sondern macht sich oft genug die Macht der Sünde und Bosheit geltend. Jesus offenbart seinen vertrauten Jüngern vieles, was die anderen nicht fassen können. Aber am Ende seiner irdischen Lehrtätigkeit muß er seinen bevorzugten Freunden sagen: „Noch vieles hätte ich euch mitzuteilen, doch ihr könnt es jetzt noch nicht tragen" (Joh 16,12). Noch viel deutlicher ergeht die Warnung an die Verkünder der Frohbotschaft: „Gebt das Heilige nicht den Hunden und werft eure Perlen nicht vor die Säue, sonst zertreten sie sie mit ihren Klauen und wenden sich dann gegen euch, um euch zu zerreißen!" (Mt 7,6).

Wo Ehrlichkeit und Aufnahmebereitschaft fehlen, verbietet die Ehrfurcht vor der göttlichen Quelle der Wahrheit und die Verantwortlichkeit für uns selbst und andere den Versuch, Wahrheiten indiskret zu offenbaren. Das Sinnziel des Mitteilens der Wahrheit ist ja Annahme und Antwort. Manches delikate Problem kann mit reifen Leuten zum Gewinn der Beteiligten besprochen werden, während eine öffentliche Diskussion derselben Sache verhängnisvolle Folgen haben könnte. Die Ehrfurcht vor dem eigenen Intimbereich und dem der anderen verlangt oft Verschwiegenheit. Nicht selten ist es angebracht, unsere besten Gedanken, Wünsche und Taten nur mit Gott zu besprechen, „im Verborgenen" (Mt 6,6). Freilich gilt auch, daß unsere guten Taten die Menschen zum Lobpreis Gottes einladen sollen. Dies ist jedoch nur zu erhoffen, wenn wir sie nicht selbst an die große Glocke hängen und bereit sind, sowohl aus Mitverantwortung wie auch aus Sorge um unsere Motivation sie teilweise zu verbergen. Außerdem gibt es Regungen, Gedanken und Vorsätze, die noch der Prüfung und Bewährung bedürfen. „Der Mensch hat ein Recht auf die Maske äußerer Ruhe und Beherrschtheit. Niemals kommt ja die Seele, die den Blicken und Gesprächen aller bloßliegt, zu sich selbst."[116] Geheimnis und Verschwiegenheit sind notwendig nicht nur für den eigenen inneren Frieden, sondern auch zum Vermeiden von Mißtrauen, Verwunderung und von Widerstand gegenüber guten Plänen. Jeder hat mit seiner eigenen Schwachheit zu rechnen wie auch mit der Empfindlichkeit des Nächsten. Menschliche Beziehungen erreichen nie

---

[116] *R. Egenter,* Das Edle und der Christ (München 1935) 61.

den Punkt der Vollendung. Im Streben nach den bestmöglichen Beziehungen müssen wir unserem Nächsten erlauben, nur so viel seines inneren Lebens und seiner Familienangelegenheiten zu offenbaren, wie er für richtig hält. Solange das Geheimnis des anderen nicht gegen Rechte Dritter verstößt, ist es zu respektieren. Und wir selbst dürfen nie durch Indiskretionen den Feinden des Guten Waffen liefern. Besonders schlimm ist, wenn jemand die Geheimnisse anderer ausspioniert, um das so gestohlene Wissen gegen sie auszuspielen.

Auch in irdischen Unternehmen kann ein Mangel an Verschwiegenheit allen Beteiligten und ganzen Familien und Gemeinschaften schweren Schaden zufügen. Unsere sittlichen Normen über die Geheimhaltung sind zum großen Teil Notordnungen in einer sündhaften Welt. Es wäre jedoch der größere Fehler, wenn wir unsere menschlichen Beziehungen mehr auf Mißtrauen als auf Vertrauen gründeten. Die Sorge um die eigenen Geheimnisse und die der anderen muß immer vom liebenden Verstehen und dem gemeinsamen Bemühen um ein Klima gegenseitigen Vertrauens getragen sein. Wir sind angewiesen auf Mitmenschen, denen wir uns zu gegebener Stunde anvertrauen können. Wir bedürfen jedoch der Unterscheidungsgabe, um uns an jene zu wenden, die jeweils am meisten unser Vertrauen verdienen. Wo es um unsere Intimsphäre und um bedeutsame Angelegenheiten geht, können wir uns nur jenen anvertrauen, die sich durch Diskretion und Verschwiegenheit auszeichnen.

Aus dem Gesagten dürfte klar sein, daß der Sinn für diskrete Verschwiegenheit und die Wachsamkeit bezüglich anvertrauter Geheimnisse den Raum der Offenheit und der Begegnung in gegenseitigem Vertrauen brauchen. Verschwiegenheit darf nicht in Verschlossenheit ausarten.

b) Die verschiedenen Arten des Geheimnisses

1) Das *natürliche* Geheimnis umschließt alle verborgene Kenntnis, deren Offenbarung an sich Gerechtigkeit und Liebe verletzen würde.
2) Das *versprochene* Geheimnis umfaßt alles verborgene Wissen, das einem anvertraut ist unter dem gerechtfertigten Versprechen, es nicht zu offenbaren. Verschwiegenheit ist hier eine Sache der Treue zum Versprochenen. Wird jedoch ein solches Geheimnis absolut sinnlos oder steht es in Konflikt mit einem höheren Gut oder Rechten Dritter, dann hört die Verpflichtung zum Versprochenen automatisch auf.
3) Das *anvertraute* Geheimnis umschließt alles Wissen, das einem zugänglich wurde unter Bedingungen und Tätigkeiten, die ihrer Natur nach Verschwiegenheit erfordern. Hierzu gehören vor allem das Amtsgeheimnis des Arztes, der Hebamme, der Rechtsanwälte, Richter und dergleichen. Das strikteste und heiligste Amtsgeheimnis ist das des Beichtvaters. Auch Priester oder Laien, denen sich andere zur geistlichen Beratung anvertraut haben, sollten die Verschwiegenheit so ernst bewahren wie ein Beichtvater, selbst wenn ihr Wissen nicht aus einer Beichte stammt. Eine Verletzung des Geheimnisses in diesen Fragen würde nicht nur die betroffene Person tief verletzen, sondern auch das allge-

meine Vertrauen untergraben, das solche Tätigkeiten ihrer Natur nach verlangen.

c) Hauptsächliche Verpflichtungen bezüglich des Geheimnisses

Ehrfurcht und Liebe verbieten uns, die Intimsphäre unseres Nächsten auszuspionieren oder uns anvertraute Geheimnisse auszuplaudern. Die Schwere eines Verstoßes gegen diese Verpflichtung ergibt sich aus dem Verhältnis zum Mißbrauch des Vertrauens, zur Bosheit der Absicht und zur Verletzung von Gerechtigkeit und Liebe. Ist Neugier der einzige Beweggrund und besteht keine Absicht, das erlangte Wissen zu mißbrauchen, so besteht doch ein Verstoß gegenüber der dem anderen geschuldeten Ehrfurcht, außer es handelt sich um eine pathologische Neugier.

Das Ablauschen anderer ist eine grobe Ungehörigkeit. Das gleiche gilt für die verborgene Tonbandaufnahme vertraulicher Bemerkungen oder Gespräche ohne die Zustimmung des Sprechenden. Geschieht es jedoch nicht, um dem anderen eine Falle zu stellen, sondern nur, um sich selbst oder andere vor schwerem Schaden zu bewahren, so ist die sittliche Wertung verschieden. Um in die Geheimnisse anderer einzudringen, muß man proportionierte Gründe haben, wie z. B. den Schutz des Gemeinwohls; und selbst in diesem Fall dürfen keine unehrbaren Mittel gebraucht werden. An Mitglieder des staatlichen Geheimdienstes stellt dieser Grundsatz freilich fast unerfüllbare Anforderungen. Und doch müssen wir darauf bestehen. Wird durch solches Ausforschen ein Vertrauensverhältnis gestört oder gar zerstört, so muß man zuvor die Sicherheit haben, daß diese üble Folge durch das für das Gemeinwohl zu erreichende Gut aufgewogen wird. Das wird wohl selten der Fall sein.

Das Abfangen oder geheime Lesen von Briefen anderer ohne Erlaubnis ist eine ernste Verletzung der Gerechtigkeit und der Gefühle anderer. Der Staat muß das Briefgeheimnis wahren und schützen; Ausnahmen sind nur gerechtfertigt zur Abwendung großer Gefahr, wie z. B. in Kriegszeiten oder bei sich ausweitendem Terrorismus. Im Falle der Briefzensur müssen jedoch die staatlichen Autoritäten garantieren, daß die so erhaltenen Informationen nur dazu benützt werden, das Gemeinwohl zu schützen. Die mit der Briefzensur beschäftigten Beamten sind diesbezüglich streng an das Amtsgeheimnis gebunden.

Eltern und Erzieher haben das Recht, über die Korrespondenz Unmündiger zu wachen, wenn sie gute Gründe haben, daß die ihnen anvertrauten Personen sich oder anderen durch Mißbrauch schwer schaden könnten. In normalen Situationen ist die Atmosphäre des Vertrauens viel hilfreicher als Kontrollen.

Wieweit sich Gatten gegenseitig erlauben sollen, ihre private Korrespondenz einzusehen, darüber können keine allgemeinen Normen aufgestellt werden. Denn allzu viele Aspekte müssen in Erwägung gezogen werden. Ein Gatte darf die private Korrespondenz des anderen nicht gegen dessen Willen einsehen. Nur in äußersten Fällen eines wohlbegründeten Verdachtes oder einer großen Gefahr kann es angängig sein, einen Brief zu lesen, der die Sache klären oder den Verdacht verscheuchen kann. In den meisten Fällen wird das Abfangen des Briefes eines Gatten das Übel nur verschlimmern.

Die Tatsache, daß in den letzten Jahrzehnten die meisten Ordensgemeinschaften die Briefzensur durch die Oberen abgeschafft haben, ist ein Zeichen größeren gegenseitigen Vertrauens und eine zu begrüßende Akzentverschiebung von der Kontrolle auf Mitverantwortlichkeit hin.

Rechtmäßig erworbene Kenntnis in einer geheimen Angelegenheit darf benützt werden, wenn dies zum Wohl jener geschieht, die das Geheimnis betrifft, oder zum Schutz seiner selbst und anderer vor schwerer Ungerechtigkeit. Von einer zu Unrecht erworbenen Information darf man keinen Gebrauch machen, wenn dies unter den gegebenen Umständen praktisch eine Fortsetzung oder Ausnützung der begangenen Sünde des Ausforschens des Geheimnisses wäre.

Die Verbreitung eines natürlichen Geheimnisses oder eines Amtsgeheimnisses ist eine ernste Sünde gegen Gerechtigkeit, Friede, Vertrauen und Liebe und ein direkter Widerspruch zum befreienden Gebrauch der Wahrheit.

Die Pflicht zur Verschwiegenheit hört auf, a) wenn jener, den das Geheimnis betrifft, das Offenbaren desselben sinnvoll erlaubt oder wenn er verpflichtet wäre, es zu erlauben; b) wenn die Angelegenheit ohnehin nicht mehr geheim ist; c) wenn das Offenbaren für alle Betroffenen besser ist.

Das bloße Versprechen der Verschwiegenheit kann niemand verpflichten, durch Verschwiegenheit sich oder andere schwerem Schaden auszusetzen, falls das Offenbaren niemand schadet. Würde im konkreten Fall die Verschwiegenheit einem Unschuldigen oder der Gemeinschaft ernste Gefahr bringen, so darf man reden, soweit dies notwendig ist, selbst wenn die Verschwiegenheit unter Eid versprochen wurde. Denn jedes Versprechen hat seine natürlichen sittlichen Grenzen. Wir müssen jedoch beachten, daß das Amtsgeheimnis ein hohes Gut der Gemeinschaft ist, das viele Nachteile aufwiegt.

Eine geheime Angelegenheit mit einer absolut zuverlässigen Person zu besprechen, um in gewichtiger Sache Rat zu finden oder um sich selbst von großer Spannung zu befreien, ist gewöhnlich zulässig, solange dadurch keine Gefahr der Verletzung des Geheimnisses heraufbeschworen wird.

Die Bewahrung des Amtsgeheimnisses kann für Ärzte ernste Gewissensfragen stellen, wenn es um kriminelle Angelegenheiten, wie z. B. eine kriminelle Abtreibung oder Rauschgifthandel, geht. Erfahren sie durch ihre Amtstätigkeit und nicht durch einen Akt des Vertrauens eines Patienten von solchen Dingen, die eine fortdauernde Gefahr für Dritte oder die Gemeinschaft sind, so sind sie nicht durch das Amtsgeheimnis gebunden. Schwieriger ist das Problem, wenn der Arzt zur Kenntnis eines solchen Sachverhaltes nur durch das Vertrauensverhältnis zu seinem Patienten kommt. Meines Erachtens darf der Arzt das Vertrauen seines Patienten nicht durch eine Anzeige enttäuschen. Kann er jedoch seinen eigenen Patienten soweit als möglich vor Nachteil bewahren, so kann er von seiner Kenntnis so weit Gebrauch machen, als dies notwendig ist, um einem gemeingefährlichen Verbrecher das Handwerk zu legen. Der Arzt darf wohl auch einen maßvollen Druck auf seinen Patienten ausüben, auf daß dieser eine gerichtliche Verfolgung eines gemeingefährlichen Dritten erlaube. Auf keinen Fall darf sich jedoch der Arzt als Agent der Kriminalpolizei betätigen. Es darf ihm nie um die Strafe als solche gehen. Der ganze ärztliche Dienst und auch das Amtsgeheimnis stehen im Dienste des Lebens und der Gesundheit, im Dienste des Kranken. Andererseits darf man vom Arzt nicht erwarten, daß er ein anvertrautes Geheimnis hüte, das man ihm mitgeteilt hat, um ihn zum Komplizen zu machen.

d) Die verhüllende Rede

Die normale Weise, das Geheimnis zu schützen, ist Schweigen in Sprechen und Tun. Es sollte allgemeine Regel sein, dem indiskreten Frager keine Antwort zu geben. Oft liegt es nahe, ihn durch eine Gegenfrage abzulenken, wenn dies möglich ist. Wo jedoch bloßes Schweigen oder eine abweisende Geste das unbedingt zu wahrende Geheimnis nicht schützen kann, kann die einzige Zuflucht eine verhüllende Rede sein, die durchaus nicht unwahrhaftig zu sein braucht, aber hier nicht so sehr der Mitteilung als vielmehr dem Verbergen eines Sachverhaltes dient. Man kann nicht einwenden, daß dies dem Sinn der Sprache schlechthin widerspricht, obwohl es nicht das normale Sinnziel ist. Hier geht es ja gerade um Fälle, in denen Mitteilung sachwidrig wäre. Manche, die einer systematischen Gehirnwäsche und Ausfragerei ausgesetzt waren, konnten ihre geistige Gesundheit und die ihnen anvertrauten Geheimnisse durch geschickte Geschwätzigkeit schützen, die Sinn und Unsinn ineinander mischte.

Die verhüllende Rede kann eine Antwort sein, die einen tiefsinnigen Hintergrund hat. In der traditionellen Moraltheologie wurde sie „wahrnehmbarer innerer Vorbehalt" *(reservatio late mentalis)* genannt. Während jede Zweideutigkeit der Gesinnung und Absicht ausgeschlossen sein muß, kann ein doppelsinniges Reden oder Sich-Verhalten eine sinnvolle Verweigerung der Mitteilung sein, wenn es gilt, ein Geheimnis gegen Ungerechtigkeit und zweideutige Ausforschung zu schützen. In Rede und Betragen fließen Text und Kontext zu einem Sinnganzen zusammen. Der Zweck der verhüllenden Rede ist nicht Täuschung als solche, sondern pflichtgemäßes Verbergen der Wahrheit gegen einen Eindringling. Wird dadurch der indiskrete Fragesteller irregeführt, so ist das die Folge seines eigenen ungehörigen Verhältnisses zur Wahrheit.

Doppelsinnigkeit als Mittel der verhüllenden Rede muß immer eine Ausnahme bleiben, die man nur als harte Notwendigkeit in einer üblen Welt hinnehmen kann. Der Jünger Christi wird nie in kleinlichen Angelegenheiten oder aus selbstischen Beweggründen dazu seine Zuflucht nehmen. Bei weisem Gebrauch kann die verhüllende Rede eine Bekundung von Wahrheitsliebe sein, leichtfertig gebraucht kann sie jedoch zur Verlogenheit führen.

In kritischen Situationen, in denen ein Geheimnis unbedingt bewahrt werden muß, kann der Christ so verwirrt sein, daß er im Suchen nach einer verhüllenden Rede Worte, Zeichen und Handlungen setzt, die praktisch einer Falschrede gleichkommen. Aber die Situation selbst und das ernste Bemühen entschuldigen nicht nur die Unschicklichkeit, sondern können auch das Gesamt zu einer erträglichen Kommunikation bzw. sinnvollen Verweigerung der Kommunikation machen. Daraus kann man jedoch keinen objektiven „Casus" konstruieren; denn außerhalb des Kontexts der verwirrenden Situation und in reiner „Objektivität" betrachtet, müßte der Eindruck der Falschheit erweckt werden. Christliche Klugheit wird besonnenes Nachdenken und sinnvolle Kriterien nicht verschmähen, aber nie bewußt nach Lügen suchen, sondern auf die Führung des Heiligen Geistes vertrauen, um Wahrheit mitzuteilen oder zu verbergen, wie es Gerechtigkeit und Liebe verlangen (vgl. Mt 10,20).

Es gibt Situationen, in denen eine Zuflucht zu verhüllender Rede ein Verrat an der Sendung des Christen wäre, Zeuge mutiger und befreiender Wahrheit zu sein. Dies gilt vor allem dann, wenn es um das Bekenntnis des wahren Glaubens geht und im Einsatz für Gerechtigkeit und Liebe gegenüber den Notleidenden, um die Verteidigung der Unschuldigen gegen Unterdrücker und Ausbeuter, bei Abschluß von Verträgen und bei Aussagen vor Gericht in Beantwortung berechtigter Fragen.

Die Geschichte der Moraltheologie der letzten Jahrhunderte zeigt endlose Dispute über die Frage, ob es jemals erlaubt sein könne, eine verhüllende oder zweideutige Rede durch Eid zu bekräftigen. Viele Moralisten haben bejahend geantwortet, aber nur in Fällen, in denen ein zu wahrendes Geheimnis oder hohe Güter nicht auf andere Weise geschützt werden können. Es muß jedoch bedacht werden, daß diese Moralisten vor allem an autoritäre Regime dachten, deren Gerichtshöfe die Menschen unter ungerechten Druck setzten. In zivilisierten Staaten, in denen der Angeklagte und der befragte Zeuge in gerechtfertigten Fällen die Antwort verweigern können, entsteht dieses Problem nicht in gleicher Weise.

V. Wahrheit und Bundestreue

Wir haben schon gesehen, daß Wahrheit nur für jene, die sich ihr und Gott, dem Quell aller Wahrheit, weihen, eine befreiende Macht wird. Gott ist treu in seiner Selbstoffenbarung und in seinen Versprechen. Und diese Treue wird zum Segen für jene, die in Treue antworten. Eine Moraltheologie, die schöpferische Freiheit und Treue als Leitmotiv gewählt hat, muß dem Grundwert Treue mehr Beachtung schenken, als dies sonst in unserer Ära geschieht[117].

---

[117] Vgl. *G. Marcel*, Schöpferische Treue (München – Zürich 1963); *M. Nédoncelle*, De la fidelité (Paris 1953); *H. Bethge* (Hrsg.), Eid, Gewissen, Treupflicht (Frankfurt a. M. 1965); *A. Dumas* u. a., Engagement et fidelité (Paris 1970); *H. Kramer*, Sittliche Vorentscheidung (Würzburg 1970); *ders.*, Unwiderrufliche Entscheidungen im Leben des Christen (München – Paderborn 1974); *R. Pesch*,

1. *Der Gott der Treue*

Der Gott Israels, der Vater unseres Herrn Jesus Christus, offenbart sich in der Heilsgeschichte als der Getreue. Schöpfung und Erlösung sind ein Widerstrahl seiner Treue. Er, der in seiner absoluten Freiheit für Liebe die Welt geschaffen hat, bleibt sich und seinem Werke treu. Er wird es zur Vollendung bringen. Wir erinnern uns hier, daß *berît* (Bund) ein Grundbegriff, wenn nicht der Grundbegriff des Alten Testamentes ist. Die Liturgie Israels ist einmaliger Lobpreis auf die Treue Gottes, der sich im heiligen Bunde selbst verpflichtet hat und um seines eigenen Namens willen auch dann noch Treue walten läßt, wenn der Mensch es am wenigsten verdient hat. Kraft der Verheißungstreue können die Ureltern sicher sein, daß der getreue Gott das sündig gewordene Menschengeschlecht nicht verlassen wird. Immer wieder bietet Gott der Menschheit einen Bund an. Im Noach-Bund versichert er die Menschheit, daß er auf das Retten und nicht auf das Zerstören aus ist, und in einzigartiger Weise schenkt er Abraham und seinen Nachkommen die Heilszuversicht des Bundes. Israel braucht nicht, wie andere Nationen, unter der Furcht vor einem Willkürgott zu leiden. Es ist berufen, ein Zeichen für die Treue Gottes unter den Nationen zu sein. „Gottes Überfülle an Gnade, seine Treue und Zuverlässigkeit stehen in Israels Spiritualität so zentral, daß ‚Gnade und Treue' die grundlegenden liturgischen Gottesprädikate werden."[118] Gottes Huld und Vatersorge *(chesed)* ist die Treue und liebende Zuwendung zum Werk seiner Hände, zu dem nach seinem Bild und Gleichnis geschaffenen Menschen. Darauf antwortet das Volk mit Lobpreis und Dankbarkeit. Und so erfährt es sich als Gottes Familie.

Gott ist in seiner Offenbarung ebenso treu wie wahrhaftig. Das hebräische Wort *emet* bedeutet oft jene Dimension der Wahrheit, die Gott durch seine Treue zum ursprünglichen Plan kundtut. Doch der Bestand seiner Treue hat nichts zu tun mit ständiger Wiederholung der gleichen Worte und Taten. Er ist wahrhaftig und treu in einer sich entfaltenden Geschichte, in der inmitten stets neuer Ereignisse die Festigkeit seiner liebenden Sorge um die Menschheit immer deutlicher aufleuchtet[119]. „Das Programm des Gottes der Bibel betont nicht so sehr sein fortdauerndes Sein als vielmehr, daß er sich in Treue bindet. Er gewährt dem Menschen den Treueid seiner Liebe, obwohl dieser nicht behaupten kann, daß sich Gott auf ihn verlassen kann. Gott verpflichtet sich

---

Freie Treue. Die Christen und die Ehescheidung (Freiburg i. Br. 1971); *M. Joulin,* Vivre fidèle (Paris 1972); *P. Kemp,* Théorie de l'engagement I (Paris 1973); *J. C. Sagne,* Conflit, changement, conversion. Vers une éthique de conversion (Paris 1974); *K. Demmer,* Die Lebensentscheidung. Ihre moraltheologische Grundlage (München – Paderborn – Wien 1974); *V. Ayel,* Inventer la fidelité au temps des certitudes provisoires (Lyon 1976).

[118] *E. Schillebeeckx,* Christus und die Christen (Freiburg i. Br. 1977). Nachdem man die reichen Seiten des Autors über *chesed* und *'emet* im AT gelesen hat (a. a. O. 84–92), ist man überrascht, daß keine Darstellung der Treue im NT folgt. Eine Erklärung mag die Tatsache sein, daß darüber von Exegeten nicht viel veröffentlicht wurde, obwohl nicht geleugnet werden kann, daß Treue genauso ein Zentralbegriff des NT wie des AT ist.

[119] *A. Denecke,* a. a. O. 49.

gegenüber Israel als der, der sich für die Menschheit einsetzt. Er zeigt die Macht seiner Treue in der Schwachheit der Erwählten. Die Botschaft von der Treue Gottes hat nichts mit Unbeweglichkeit zu tun, sondern verkündet die unwiderrufliche Gnadenwahl."[120]

Als Mose angesichts der Untreue seines Volkes die Bundestafeln zerbrochen hatte, befahl ihm Gott, aufs neue zwei steinerne Tafeln zurechtzumachen, und als Mose den Namen des Herrn anrief, „ging der Herr vor seinem Angesicht vorüber und rief: der Herr, der Herr – ein barmherziger und gnädiger Gott, langmütig und reich an Huld und Treue, der Gnade bewahrt bis ins tausendste Geschlecht" (Ex 34,4–7).

Gerade im Blick auf Gottes Treue wird die Schwere der Sünden Israels deutlich (vgl. Dtn 32,3–7). Was immer geschehen mag, „das Wort unseres Gottes steht fest in Ewigkeit" (Jes 40,8). Das Volk ruft Gottes Erbarmen vertrauensvoll an, denn es kennt ihn als den, der sich in seiner Huld treu bleibt und sein Volk errettet, wenn es sich ihm zuwendet (Tob 14,4; Num 23,19). Israel, das sich infolge seiner Treulosigkeit in äußerster Not befindet, erfährt die wundervolle Botschaft: „Und ich verlobe dich mir auf ewig, ich verlobe dich mir in Recht und Gerechtigkeit, in Güte und in Erbarmen, ich verlobe dich mir in Treue, so daß du den Herrn erkennst" (Hos 2,19f.). Die Frommen Israels wissen, daß die rechte Antwort ein treues Gedächtnis der Wundertaten Gottes und ein ständiger Lobpreis auf seine Treue und rettende Wahrheit ist (vgl. Ps 36,6; 89,6; 89,25; 89,34–36). Dem Lobpreis auf Gottes Treue entspricht das demütige Gebet Israels, daß es doch selbst mit erneuter Treue antworte (1 Kön 8,56–61). Es ist die große Hoffnung der Frommen Israels, daß Gottes Treue schließlich durch demütige liebende Treue des Volkes geehrt werde. „Gnade und Treue begegnen einander, Gerechtigkeit und Friede küssen sich. Treue sproßt auf aus der Erde" (Ps 85,11f.). Gottes Verheißungen gipfeln in der Versicherung, daß er selbst einen treuen Knecht und Zeugen senden werde (Jes 42,1ff.; 49,3; 54,7–13).

Maria, die treueste Tochter Israels, erkennt in Jesus die Erfüllung dieser den Urvätern gegebenen Verheißung (Lk 1,54f.). Jesus ist die absolute Offenbarung der Treue Gottes und jener, der im Namen der Menschheit in Treue Gott antwortet. Sein Tod am Kreuz ist das Siegel seiner Treue: „Und er sprach: ‚Es ist vollbracht.' Und er neigte das Haupt und gab den Geist auf" (Joh 19,30). Im absoluten Vertrauen auf die Treue des Vaters vertraut er sterbend sein Leben dem Vater an. Die Frömmigkeit des Neuen Testamentes ist noch mehr als die des Alten Testamentes von der dankbaren Erinnerung an Gottes Treue und Handeln, vom Wissen um seine treue Gegenwart und vom Lobpreis auf diese Treue gekennzeichnet. Das Glaubensbekenntnis der Urkirche ist Lobpreis auf diese Treue Gottes: „Zuverlässig ist das Wort; denn wenn wir mitgestorben

---

[120] *A. Dumas,* Théologie biblique de la fidelité, in: *ders.* u.a., Engagement et fidelité (Paris 1970) 14.

sind, werden wir auch mitleben; wenn wir ausharren, werden wir auch mitherrschen; wenn wir ihn verleugnen, wird auch er uns verleugnen; wenn wir untreu werden, bleibt er treu; denn er kann sich selbst nicht verleugnen" (2 Tim 2,11–13).

Die wahren Jünger Christi werden einfachhin die Getreuen (fideles) genannt. Im Heilsglauben leben und treu sein bedeutet das gleiche. Durch seine Gnade erweckt Christus Glaube und Treue zugleich. Das apostolische Gebet ist Lobpreis auf die Gnade Gottes, die Treue schafft, Lobpreis auf die Treue Christi, „der euch auch Festigkeit geben wird bis ans Ende, derart, daß ihr untadelig seid am Tage unseres Herrn Jesus Christus. Getreu ist Gott, durch den ihr berufen seid zur Gemeinschaft mit seinem Sohne Jesus Christus, unserem Herrn" (1 Kor 1,8 f.). Wenn sie die Worte Christi treu im Herzen bewahren, wird ihr Leben Frucht bringen in treuer Liebe (vgl. Joh 15,7–16). In der Wahrheit und für die Wahrheit leben bedeutet Treue in Christus (vgl. 2 Joh 4–6). Die Jünger Christi verherrlichen Gottes Treue durch Lobpreis, durch Vertrauen und vertrauensvolles Gebet füreinander: „Getreu ist der Herr, der euch stärken und vor dem Bösen bewahren wird ... Der Herr aber lenke eure Herzen zur Liebe gegen Gott und zu standhaftem Harren auf Christus" (2 Thess 3,3–5). Der vertrauensvolle Glaube der Heiligen gibt Standhaftigkeit (Offb 13,10; Hebr 6,12; 1 Petr 1,7). Den höchsten Lobpreis durch Christus erhalten jene, die die Treue gegenüber den Verheißungen Gottes mit ihrem Blute besiegelt haben (Offb 22,3–7).

Gott erzeigt seine Huld und Treue den Armen, den Unterdrückten, denen, die in ihrer Not zu ihm schreien, sogar den Sündern. Daraus folgt, daß die Antwort auf Gottes Treue von der gleichen Art sein muß und neue zwischenmenschliche Beziehungen stiftet in Güte, Mitleid und heilendem Vergeben[121]. Wir sind treu gegenüber Gott, dem Schöpfer und Erlöser, indem wir uns im zwischenmenschlichen Verhältnis zu seiner Barmherzigkeit und rettenden Gerechtigkeit bekennen. Das ist ein wesentlicher Teil der Bundeswirklichkeit.

2. *Menschliche Unbeständigkeit und Gottes Ruf zur Treue*

a) Unbeständigkeit in einer Ära tiefgreifender Wandlungen

Treue und Stabilität decken sich nicht vollständig. In einer statischen Gesellschaft konnte man äußere Stabilität allzuleicht mit Treue verwechseln. Und doch gibt es eine Stabilität, die Untreue gegenüber dem Herrn der Geschichte und dem innersten Wesensgesetz des Wachstums bedeutet. Es gibt eine geschöpfliche Unbeständigkeit, die nicht notwendig einen Mangel an Treue besagt. Wir brauchen nur jenen Grad der Stabilität, der uns als Geschöpfen in der geschichtlichen Wirklichkeit zukommt. Erst wo Unbeständigkeit schuldhaft

---

[121] Vgl. *J. Guillet*, Thèmes bibliques (Paris 1950) 55 ff.

ist, beginnt die Sünde der Untreue gegenüber Gott und sich selbst. Wir dürfen von der sündhaften Menschheit nicht so sprechen, als ob der Mensch nichts anderes als ein Sünder wäre. Zwar bedürfen wir alle der Erlösung, aber wir sind nicht alle und zu jeder Zeit in gleicher Weise untreu. Jene, die auf dem Weg der Bekehrung sind, und besonders Christen und christliche Gemeinschaften, die dem Ruf zu ständiger Bekehrung folgen, sind auf dem Weg zu immer größerer Treue. Nur wer keine Treue kennt und dem Ruf zur Treue widersteht, ist schlechthin ein Sünder. Von ihm gilt: „Die Treulosigkeit ist nicht nur ein dem Charakter anhaftender Mangel, sondern sie ist Verlust des Charakters überhaupt, ist im strengen Sinn Charakterlosigkeit, was etwas unendlich viel Schwereres ist als ein fehlerhafter Charakter. Treulosigkeit ist der Verlust der menschlichen Substanz und Auflösung überhaupt."[122]

Eines der ernstesten Phänomene unserer Zeit ist das Zerbrechen so vieler Ehen und die große Zahl von Priestern und Ordensleuten, die sich von ihrer ursprünglichen Berufung abwenden. Aus diesen und vielen anderen Gründen haben viele junge Leute den Mut verloren, eine Treuebindung einzugehen. Sie möchten Ehe ohne Eheband ausprobieren oder weigern sich wenigstens, das Treuegelöbnis vor der Öffentlichkeit abzulegen. Es scheint, daß viele von ihnen infolge der Unbeständigkeit in der Umwelt und vielleicht auch aus eigener Schuld noch nicht das Niveau einer voll bekräftigten Identität und Grundentscheidung erreicht haben. Und viele, die glaubten, ihre Selbstverpflichtung – sei es in der Ehe oder sei es für das Ordensleben – mit dem nötigen Grad von Reife abgelegt zu haben, fragen sich später, ob der Gegenstand ihrer Selbstverpflichtung in ihrer gegenwärtigen Situation und Erkenntnis noch jenem der ursprünglichen Treuebindung entspricht. Sie weisen auf die tiefgreifenden kulturellen Wandlungen, auf eine neue Sicht von Ehe und Ehelosigkeit und schließlich auf das sich wandelnde Selbstverständnis der Kirche hin[123].

Vor dreißig Jahren war die Theologie gekennzeichnet durch den Ruf, zu den Quellen zurückzukehren. Sie entdeckte mit neuer Frische die Bedeutung des Gedächtnisses und damit unserer ganzen Geschichte, vor allem aber der Gnade der Anfänge. In unserer Umwelt vollzieht sich heute ein Umschwung von einer Gesellschaft, deren Grundmerkmal das Gedächtnis war, zu einer anderen, in der Einbildungskraft und einseitige Ausrichtung auf die Zukunft vorherrschen. Viele unserer Sicherheiten sind brüchig geworden. Wir leben sozusagen unter der Herrschaft des Vorläufigen[124].

Unter dem Einfluß eines erschütternden kulturellen Umbruchs und einer einseitig existentialistischen Philosophie, die den Sinn für das Durchhalten verloren hat, fragen sich viele junge Menschen, ob es überhaupt sinnvoll ist, sich auf eine noch verborgene Zukunft festzulegen. Zu den vielen Unsicherheiten

---

122 *O. F. Bollnow,* Wesen und Wandel der Tugenden (Frankfurt a. M. 1972) 171.
123 *P. de Locht,* Les risques de la fidelité (Paris 1972) 48–52.
124 *V. Ayel,* a. a. O. (s. Anm. 117) 39–44.

bezüglich unserer Umwelt, der uns verborgenen Zukunft gesellen sich die Ängste und Unsicherheiten hinsichtlich unserer eigenen Identität und Beharrlichkeit wie der unserer Partner[125]. All das kann jedoch zu einer wertvollen Herausforderung werden, die uns zwingt, die tieferen Dimensionen und den Reichtum echter Treue zu entdecken.

b) Das Wagnis der Treue im Blick auf uns selbst

Heutige Ethik ist gekennzeichnet von der geschichtlichen Erfahrung und der Soziologie der Entwicklung. Wir sind uns tief bewußt, daß nicht nur unsere Umwelt, sondern auch wir selbst dem Wandel unterworfen sind. Die Frage stellt sich darum: Wie ordnet sich Treuebindung und der traditionelle Begriff der Treue in diese Lebenserfahrung ein?

In heutiger Sprache bedeutet Verpflichtung vor allem, sich selbst einzusetzen und zu binden. „Ich binde mich selbst für die Zukunft."[126] Verbindet sich diese an sich richtige Sicht mit einer Philosophie und Psychologie der Selbstvervollkommnung, die alles andere diesem Leitmotiv unterordnet, so kann es leicht zu einer narzißtischen Verklemmung im eigenen Selbst kommen[127]. Wird der dialogische Charakter der Treue, nämlich die Treuebindung gegenüber dem anderen, verkannt, so wird man leicht Gründe für die Aufkündigung der Selbstverpflichtung im Namen der Treue zu sich selbst finden. Je mehr das Selbst sich in den Mittelpunkt stellt, um so weniger wird es fähig, sich in Treue zu binden. Es gibt wahre Standhaftigkeit und noch mehr wahre Treue nur, wenn die Treuebindung dem Anderen und den andern gilt[128]. Treue gegenüber Gott ist immer wahre Selbsttreue. Die Treue gegenüber den Mitmenschen ist es jedoch nur, wenn sie ihr Maß an der Treue gegenüber Gott nimmt. Im Blick auf Gott ist leicht einzusehen, daß „es keine wahre Selbsttreue gibt zum Schaden der Treue gegenüber dem Nächsten und umgekehrt"[129].

c) Trugbilder der Treue

Viele Menschen haben Angst vor Treuebindung, weil sie nur Nachäffungen der Treue kennen. Um die Bedeutung schöpferischer Treue besser zu kennen, müssen wir die Trugbilder entlarven.

In erster Linie gilt es der Trägheit abzuschwören, die sich allzuoft in die Maske von Stabilität und Treue hüllt. Es ist ein Hängen an oberflächlichen Formeln, an Versteinerungen der Vergangenheit, die den Menschen hindern, die gegenwärtigen Möglichkeiten zu ergreifen; es ist jene geistige Trägheit, die jedes tiefere Lernen, das ein Umlernen verlangt, unmöglich macht. Man kann gegen-

[125] Vgl. *M. Nédoncelle,* a.a.O. (s. Anm. 117).
[126] *P. Kemp,* a.a.O. I, 27.
[127] Diese Tendenz tritt sehr betont hervor in der sonst bedeutsamen Studie von *H. Kramer,* Sittliche Vorentscheidung (Würzburg 1970) 222ff.
[128] Vgl. *O. F. Bollnow,* a.a.O. (s. Anm. 122) 174.
[129] *K. Demmer,* a.a.O. (s. Anm. 117) 88.

über dem Herrn der Geschichte nur treu sein, wenn man bereit ist zum Wachstum und noch mehr zu einer ständigen Bekehrung. Trägheit mit dem Heiligenschein der Treue macht vor allem Institutionen unbeweglich[130].

Ein nicht weniger gefährlicher Feind der Treue ist blinde Unterwürfigkeit und geistloses Befolgen äußerer Gesetze ohne Besorgtheit um die Werthierarchie und das Geheimnis des Daseins, das sich nicht in statische Gesetze einfangen läßt. Wo die Besorgtheit um das eigene Selbst die Sorge um die Anliegen des Nächsten und die Interessen der Gruppe überdeckt, da gibt es keine echte Treue. Im Gegenteil besteht hier der höchste Grad der Verwundbarkeit gegenüber den manipulativen Tendenzen der Umwelt und gegenüber der Versuchung, andere zu manipulieren[131].

Es gibt Eltern, deren Verliebtheit in ihre Kinder dahin tendiert, diese zu besitzen, weshalb sie der Entfaltung ihrer Kinder zu ihrer eigenen Identität und Autonomie stets im Wege stehen. So sind sie weder gegenüber ihrer elterlichen Berufung noch gegenüber dem Kinde wahrhaft treu.

Man kann sich einer Sache oder einem Prinzip verschreiben aus bloßer Furcht vor jedem Wandel, aus Mangel an Mut, dem Unbekannten und dem Wagnis eigener Verantwortung ins Auge zu schauen. So kann z.B. jemand im Stande der Ehelosigkeit ausharren, nicht so sehr um der Treue gegenüber Gott willen, sondern aus Furcht vor den Schwierigkeiten einer eventuellen Ehe und vor den Aufgaben einer neuen Lebenssituation.

Jemand kann so sehr unter der Macht seines Über-Ichs stehen, daß sein Stehen zu eingegangenen Treueverpflichtungen ausschließlich davon abhängt, welchen Eindruck er auf andere machen will. Die zur Schau gestellte Loyalität und die Ehrbarkeit sind von Heuchelei vergiftet. So kann sich z.B. ein Gatte, dem nichts mehr an der inneren Treue zueinander liegt, bemühen, seine Ehe und den äußeren Anschein der Treue zu wahren, und zwar so, daß dies in keiner Weise Ausdruck der Mitverantwortung und Treue gegenüber dem Gatten ist, sondern nur ein Suchen äußerer Respektabilität.

Wer aus bloßem Ehrgeiz eine Laufbahn oder einen Zweck verfolgt, sollte das Wort Treue nicht in Anspruch nehmen, auch wenn es sich um eine vornehme Aufgabe handelt.

Ein falscher Ehrbegriff hindert nicht wenige Menschen, Treue und Verantwortung gegenüber ihren unehelichen Kindern zu übernehmen.

Eines der häßlichsten Trugbilder von Treue ist die Versklavung an einen andern, die so weit gehen kann, daß man sich mit ihm blind in Verbrechen und in Katastrophen stürzt, bisweilen bis zum gemeinsamen Selbstmord[132].

---

[130] Vgl. *M. Nédoncelle*, a.a.O. 137ff.
[131] Vgl. *B. Häring*, Ethik der Manipulation (s. Anm. 53) 143–169.
[132] Vgl. *M. Nédoncelle*, a.a.O. 143ff.

d) Ein Rest an Treue zur Wahrheit

Jede Sünde tendiert darauf hin, den Blick für Wahrheit und Treue zu trüben. Die Erfahrung zeigt, daß jene, die die Treue brechen, allzu leicht geneigt sind, jene anzuschwärzen und anzuschuldigen, denen sie untreu geworden sind. Auf der anderen Seite gibt es jedoch bisweilen jenen Rest an Treue zur Wahrheit, der zur früheren Treue zurückführen oder doch zur Wiedergutmachung geneigt machen kann. Ein Gatte, der die Ehe zerrüttet hat, aber immer noch all das Gute seines Partners anerkennt und darin einen erschwerenden Umstand für seine eigene Schuld erkennt, hat einen wichtigen Rest der Treue bewahrt. Der verlorene Sohn kann gerettet werden, denn in all seinem Elend, das seine Untreue gegenüber dem Vater verschuldet hat, bewahrt er ein gesundes Gedächtnis für die Güte seines Vaters.

e) Der Ruf zu echter Treue

Der explosive Zerfall vieler Trugbilder der Treue und das ungeheure Leiden, das viele wegen gebrochener Treue erdulden, ist ein Anruf an alle, sich mehr um die Qualität ihrer Entscheidungen, um die Tiefe ihrer Treuebindung und die ständige Erneuerung und Vertiefung ihrer ursprünglichen Wahl zu kümmern[133]. Um treu zu werden, müssen wir um unsere Würde und unsere höchsten Fähigkeiten, aber auch um die uns demütigenden Schatten und Schwächen wissen. Dann wird uns eine erneuerte Treue fähiger machen, uns der Wahrheit und Treue in all ihren Diemensionen zu öffnen[134].

Unsere Selbstverpflichtung muß wahrhaftig sein gegenüber dem Rang der Wahrheiten und Werte. „Ein Mensch erreicht seine volle Reife nur in Treueverpflichtungen, die im Range höher stehen als bloßes Leben."[135] Niemand kann sich in echter Treue binden, solange er nicht sicher ist, daß es sich um eine gerechte Sache handelt, und dabei nie vergißt, daß Personen mehr wert sind als alle Dinge. Echte Treue gründet in einer Selbstverpflichtung, die den andern miteinschließt. In Treue binden wir uns an Personen, und an Sachen nur im Blick auf Personen. Unsere Standfestigkeit wird zur echten Treue nur durch Unterscheidungsgabe, die die Trugbilder der Treue entlarvt und die wahren Treuebindungen ins volle Licht setzt.

Treue im vollen Sinn ist eine Bindung für unsere ganze Zukunft. Sie hat den Charakter einer bedingungslosen Hingabe, wobei wir freilich stets neu zu unterscheiden haben, wie diese bedingungslose Selbstverpflichtung unter den wandelnden Bedingungen des Lebens durchzuhalten ist. Diese Aufgabe ist ganz besonders schwierig dann, wenn die andere Person, der die Treue gilt, ihre Einstellung und ihr Verhalten völlig ändert. So kann es nicht selten zu einem Kon-

[133] *De Locht,* a.a.O. (s. Anm. 123) 63.
[134] *K. Demmer,* a.a.O. (s. Anm. 117) 88ff.
[135] *E. Mounier,* Le personalisme (Paris 1949) 68.

flikt zwischen innerer Wahrhaftigkeit und der äußeren Erfüllung des Treueversprechens kommen, und zwar nicht nur im Blick auf sich wandelnde Situationen, sondern auch infolge unseres eigenen Wachstums im Verständnis von Wahrheit und Treue[136].

3. Die Partner der Treue

a) Vertrauender Glaube an Gott als die Grundlage der Treue

Wie wir gesehen haben, gibt es viele Ursachen für die gegenwärtige Krisis der Treue, aber die wichtigste ist die Glaubenskrise. Fehlt der Glaube an jene letzte Wirklichkeit, die dem Menschen Zuversicht einflößt, dann gibt es keine Grundlage für eine feste Treuebindung unter Menschen. Wir können aber umgekehrt auch sagen: Solange es Treue unter Menschen gibt, steht der Weg zum Glauben offen; echte Treue ist immer schon Ausdruck eines wenigstens einschlußweisen Glaubens.

Dieses Thema des geheimnisvollen Zueinanders von Glauben und Treue ist ein Grundanliegen von Gabriel Marcel. „Sehr vereinfachend möchte ich einerseits sagen, daß sich mir der Glaube von dem Moment an erhellte, wo ich direkt die Treue im Sinn hatte; und andererseits, daß die Treue vom Du aus meine Augen erhellte, von der vom Du her verstandenen Präsenz.“[137] In philosophischer Sprache ausgedrückt, heißt das für ihn: „Sein ist der Ort der Treue.“[138] Das bedeutet, daß nur in der Erfahrung der Transzendenz, des letzten Seinsgrundes, menschliche Treue sinnvoll und fest gegründet erscheint. In der Treue öffnet sich der Horizont des Heiligen. „Von dort her offenbart die Treue ihre wahre Natur als Zeugnis, als Anerkennung. Von dort her ergibt sich auch, daß eine Ethik, der Treue ein Zentralanliegen ist, unwiderstehlich dazu führt, sie in dem zu begründen, was mehr als menschlich ist, in einem unbedingten Willen, der für uns das Kennzeichen des Absoluten ist.“[139] So stellt sich die Frage, „wie von dieser absoluten Treue aus, die wir ganz einfach als Glaube bezeichnen können, die andern Treueformen möglich werden, wieso sie in ihr und in ihr allein etwas finden, was sie garantiert“. Im Blick auf das treue Handeln Gottes kommt Marcel dann zum Schluß, daß die „Treue nur wirklich ist, wenn sie wahrhaft schöpferisch ist.“[140]

Marcel spricht von Glaube und Treue ganz existentiell, aber auch zugleich ontologisch. Für ihn ist Glaube nicht ein Haben. Der Glaube gehört vielmehr zum Sein selbst, „daß er mein Sein ist, daß er wahrhaft der Grund dessen ist, was ich bin“. Von dorther stellen sich neue Fragen. „Mein Glaube ist vielleicht

---

[136] Vgl. *O. F. Bollnow,* a.a.O. 160ff.
[137] *G. Marcel,* Schöpferische Treue (s. Anm. 117) 143.
[138] *Ders.,* Être et avoir (Paris 1935) 183.
[139] *Ders.,* Homo viator (s. Anm. 59) 185.
[140] *Ders.,* Schöpferische Treue 160.

der Grund meiner selbst; aber gibt es zwischen beiden eine totale Übereinstimmung? Bin ich mein offenbar gewordener Glaube? Ist mein Leben dieser deutlich gewordene Glaube?"[141] Die Wahrhaftigkeit unserer Existenz wird in Frage gestellt durch die Tatsache, daß allzuoft das „Ich-glaube" mit einem „Ich-glaube-doch-nicht-ganz-wirklich" vermischt ist. Aber solange wir wirklich menschlich und zur Treue fähig sind, kann das „Ich-glaube" durch die Tendenzen zum Unglauben nicht annuliert werden. Die Wahrhaftigkeit meines Glaubens hängt schließlich von der Wahrhaftigkeit meiner Treue ab, so wie meine Treue im Glauben gründet.

Weder Glaube noch Treue können in ihrem tiefsten Sinn verstanden werden ohne Gegenwart, ohne das Füreinander. Die Treue zu bloßen Ideen und Prinzipien kann eine Person niemals in Freiheit binden; denn die Person ist mehr als ein abstraktes Prinzip. Eine tiefe Erfahrung der Treue zur Wahrheit umschließt schon die Erfahrung des Glaubens an den, der die Wahrheit ist. Ohne den grundlegenden Glauben, daß das Dasein von der absoluten Treue getragen ist, können wir uns unmöglich in unwiderruflicher Treue unseren Mitmenschen weihen[142]. Und nichts vertieft unseren Glauben an den, der absolute Treue ist, mehr als die Treue als Kennzeichen unseres Zueinanders und Füreinanders. Durch den Glauben an Jesus Christus, der die menschgewordene Treue ist, ist es uns möglich, die treue Liebe Gottes zu unseren Mitmenschen mitzuvollziehen. Letzte Hingabe im Dienste des Nächsten ist Treue gegenüber Gott. In diesem Verstehenshorizont ist es klar, daß wir nur jene Formen der Treue pflegen, die im Angesicht Gottes Wert haben. In seiner Gegenwart erreichen unsere Treuebindungen zusammen eine Art Polyphonie; sie stärken und ergänzen sich gegenseitig[143]. Unser Treuewort ist so in der göttlichen Treue geborgen. „Gott steht treu zu seinem Ruf an euch, durch den ihr Jesus Christus, seinem Sohn und unserm Herrn, zugehört" (1 Kor 1,9; vgl. 10,13).

Die Grundentscheidung des Glaubens und der Treue entfaltet und konsolidiert sich in einem Reifeprozeß, der immer auch eine Vertiefung der Hinkehr zu Gott verlangt. Die Treue zur Glaubensentscheidung und zu den sich daraus ergebenden moralischen Entscheidungen ist immer auch Resultat einer fortlaufenden Bekehrung. Aus der ganzen Bekehrung erfließt jene Freiheit, die schöpferische Treue ermöglicht[144].

Gott selbst hat die Initiative ergriffen; indem er den Menschen für Freiheit schuf und ihm die Erde und das Auferbauen einer wahrhaft menschlichen Gemeinschaft anvertraute, traute er dem Menschen zu, an Gottes Treue teilzunehmen, solange er ihn in allem sucht und ehrt[145]. Gott, der Schöpfer und

[141] Ebd. 164.
[142] *M. Nédoncelle,* a.a.O. 156.
[143] Ebd. 113, vgl. 104ff.
[144] *K. Demmer,* a.a.O. 100.
[145] *V. Ayel,* a.a.O. 149.

Erlöser, hat sich in Treue an uns gebunden und erweist seine Treue in so überreichem Maß, daß wir in Dankbarkeit Vertrauen schöpfen und im menschlichen Füreinander die Bundestreue Gottes ehren können. Die Treuebindung des Christen empfängt ihren letzten Sinn als freie Antwort auf Gott zu, der sich in absoluter Treue ein für allemal für uns entschieden hat. „Treue flößt Zuversicht und Vertrauen ein, und umgekehrt ruft Vertrauen nach Treue.“[146]

b) Das Geheimnis der Treue in der Begegnung von Du, Wir und Ich

Die Propheten und die Frommen Israels verehrten Gottes bleibende und alles erneuernde Treue als Gnade und Ruf zu gegenseitiger Treue. Die Bundestreue, die die zwischenmenschlichen Beziehungen festigt, ist unerläßliche Bedingung für den Lobpreis der Treue Gottes. Und dieser Lobpreis ist eine stets neue Zuwendung zu gegenseitiger Treue. In Jesus Christus, der den Auftrag des Vaters in allumfassender Solidarität treu erfüllt, hat Jahwes Treue ihr vollendetes Sakrament, ihr wirksames und allen sichtbares Zeichen. Das Einssein Christi mit dem Vater offenbart sich in seinem Einssein mit seinen Brüdern und Schwestern. Und so betet er, daß seine Jünger das Einssein mit ihm und dem Vater in gegenseitiger Treue und Einheit sichtbar machen (Joh 17,11f.). Dieses treue Zueinander und Füreinander der Jünger Christi wie ihre Treue gegenüber den Armen in der Nachfolge von Gottes Treue ist eine Art Ursakrament in Jesus Christus, das große Heilszeichen, das die Welt zum Glauben an Gott und seinen Gesandten Jesus Christus führt.

Unsere Loyalität und Treue zur Kirche hat als ihr eigentliches Objekt nicht so sehr die Institution als vielmehr das Volk Gottes, jene, die zur Einheit in Christus zusammengerufen sind und sich dem Dienste und Zeugnis der Einheit weihen. So ist freilich auch die institutionelle Dimension eingeschlossen; denn sie soll der Einheit in Glaube und Liebe dienen. Jene, die sich versucht fühlen, die Kirche wegen institutioneller Unvollkommenheiten zu verlassen, müssen sich befragen lassen, ob ihre Treuebindung personal genug verstanden ist. Von Treue zu Gott sprechen ohne das Zeugnis der Treue zu seinen Söhnen und Töchtern auf Erden, verrät einen falschen Begriff der Transzendenz. Niemand kann den unsichtbaren Gott durch Treue ehren, wenn er ihn nicht durch Treue gegen seine Brüder und Schwestern ehren will.

Obwohl jedoch die Treue zu den Mitmenschen der Prüfstein unserer Treue gegenüber Gott ist, so sind diese beiden Arten der Treue doch nicht identisch. Wir müssen unsere Treue gegeneinander immer wieder am Glauben an die absolute Treue Gottes überprüfen[147]. Das erlaubt keine Selbstzufriedenheit. Das Leiden an der Unvollkommenheit unserer eigenen Treue und der der andern bewahrt uns vor Selbstvergötzung oder Vergötzung anderer. Immer wieder sind wir gezwungen, uns demütig und vertrauensvoll der heilenden Treue Gottes

[146] *V. Jankelevitch,* Le courage et la fidelité, in: Traité des vertus II (1970) 359–449, Zitat 415.
[147] *G. Marcel,* Schöpferische Treue 232.

zuzuwenden und uns ein besseres Verstehen schöpferischer Treue und die Kraft dazu zu erbeten.

Wenn unser Glaube an Gott, der absolute Treue ist, noch nicht unser ganzes Leben umgeformt hat, so kann gerade das Leiden an der Untreue geliebter Personen uns tief aufrütteln und uns antreiben, uns mit größerem Glauben und Vertrauen Gott zu übereignen. Gerade in Zeiten der Enttäuschung bedarf der Christ eines lebendigen dankbaren Bewußtseins, daß Gottes Treue uns auch in unserer teilweisen Untreue nachgeht. Und der Dank dafür wird zum Maßstab unserer Treue gegenüber dem Mitmenschen werden, gerade dann, wenn er versagt hat. Gott ist treu als Künstler und Pädagoge. Unablässig lädt er sein Volk zu größerer Treue und wenn nötig zur Rückkehr zur Bundestreue ein. Er erneuert und heilt. Darum schließt der Begriff christlicher Treue die Bereitschaft zum Verzeihen und Heilen ein. Dies ist nicht so sehr ein Akt unverdienter Hochherzigkeit gegenüber dem Beleidiger als vielmehr ein Gott geschuldeter Akt der Dankbarkeit, ein Lobpreis auf seine rettende Gerechtigkeit.

Eine Ehe, in der ein Partner oder beide von vorneherein die Selbstverpflichtung zu treuer Liebe verweigert haben, kann nicht ein Sakrament des treuen Bundes Gottes mit seinem Volk sein. Ist jedoch grundsätzliche Treuebindung beider gegeben, so wird der Jünger Christi seinen Gatten, der schwer gegen die Treue gesündigt hat, nicht verlassen, sondern nach dem Abbild Gottes alles tun, um ihn für Liebe und Treue zurückzugewinnen. Vergeben ist in ganz besonderer Weise Heilszeichen der Gegenwart des allgetreuen Gottes, der sich um seines eigenen Namens willen der Sünder annimmt. Je größer die Liebe und je bedingungsloser die Treueverpflichtung gegenüber dem andern war, um so tiefer wird der Schmerz angesichts seiner Untreue sein. Dieses Leiden kann zum Anteil am Erlöserleiden Christi werden und zu einem vertieften Verständnis der rettenden Treue Gottes uns gegenüber führen. Weigert sich jedoch jemand zu vergeben und zu heilen, dann kann der Schmerz über das zerbrochene Treueverhältnis selbstzerstörerisch werden und zur Katastrophe führen. Heilende Treue inmitten einer untreuen Umwelt ist ein besonderes Zeugnis des Glaubens an den allgetreuen Gott.

Für Menschen, die in der gegenseitigen Treue ihr Glück und ihre Würde gefunden haben, ist der Tod eine Grenzerfahrung eigener Art. Im Glauben an Gott und im Vertrauen auf ihn, der absolute Treue ist, wissen wir, daß menschliche Treue im Tod nicht ihr Ende, sondern ihre letzte Erfüllung erreicht.

4. Die geschichtlichen Dimensionen der Treue

a) Ein treues Gedächtnis

Treue umschließt nicht nur das Zueinander der Gewissen, sondern auch das Füreinander des Gedächtnisses. Gott, der uns nie vergißt, lädt uns ein zur Feier seiner Heilstaten und aller Zeichen seiner Treue. Die segensreiche Folge dieser Feier ist die Entfaltung eines dankbaren und treuen Gedächtnisses. Die Kraft unseres Gewissens in der Begegnung mit dem Gewissen des andern im Blick auf gegenseitige Treue hängt weithin von einem gesunden Gedächtnis ab, das all das Gute aus der Vergangenheit in die Gegenwart hebt. Das dankbare Gedächtnis garantiert nicht nur die Kontinuität des Lebens, sondern schafft auch die beste Vorbedingung für jene Treue, die die Mitmenschlichkeit bereichert und Gott die Ehre gibt.

Die wertvollsten Erfahrungen der Vergangenheit, die unserem Leben eine klare Richtung gegeben haben, bleiben nur durch das dankbare Gedächtnis fruchtbar. Vergessen wir sie, so sind wir untreu gegenüber jenen bevorzugten Augenblicken, in denen wir die Treue Gottes in besonderer Weise erfahren haben. Die Vergangenheit ist ein Geschenk und eine Verpflichtung für unser Gedächtnis, je mehr sie uns die beglückende Erfahrung geschenkt hat, daß wir unser wahres Selbst in Treue füreinander, in echter Mitmenschlichkeit finden[148]. Ein altes Sprichwort hat recht: „Ein dankbares Gedächtnis ist die Voraussetzung für ein treues Werk."[149] Je mehr wir dankbar erfahren, wie sehr wir Schulder der gesamten Geschichte von Wahrheit und Treue sind, ergreifen wir in Wahrhaftigkeit die geschichtliche Dimension unseres Daseins. Das Gedächtnis ermöglicht und gebietet uns, den Strom lebendiger Überlieferung, der uns mitträgt, bei jeder Gelegenheit zu bereichern und so die Geschichte der Treue zu bekräftigen. Unsere Entscheidungen und Treuebindungen werden uns um so mehr zum Segen, je mehr wir uns mit dem Besten vergangener Geschichte, mit unseren früheren Einsichten und Entschlüssen identifizieren, die uns den Weg der Wahrhaftigkeit und Treue gezeigt haben. Die Erinnerung an vergangenes Versagen, teilweise Unwahrhaftigkeit kann zu einem zusätzlichen Motiv werden, unser Leben auf dem soliden Fundament der Gerechtigkeit, Wahrheit und Treue zu bauen[150]. „Wer sich erinnert und lebendig präsent hat, was ihm in seiner Vergangenheit geschenkt worden ist und was er an Aufgabenstellungen gemeistert hat, gewinnt damit ein orientierunggebendes Element für sein Leben."[151]

b) Gegenwart

Das deutsche Wort Gegenwart drückt nicht nur das Offensein für das, was uns hier und jetzt erwartet, aus, sondern das Füreinander, das aufeinander Warten. Die geschichtliche Dimension der Gegenwart erreicht ihren vollen Reichtum nur im Füreinander der Menschen angesichts Gottes, der auf uns wartet und uns diesen Moment beschert. Durch die Treue zum Hier und Jetzt im Bereitsein für den andern übersteigen wir den bloßen Fluß der Dinge und den Druck des schicksalhaft Gegebenen und wachsen in schöpferischer Freiheit füreinander[152].

---

148 *M. Nédoncelle,* a.a.O. 52ff. 62ff.; *M. Joulin,* a.a.O. (s. Anm. 117) 29ff.
149 *V. Jankelevitch,* a.a.O. 359.
150 Vgl. *K. Demmer,* a.a.O. 83–87. 151 *H. Kramer,* a.a.O. (s. Anm. 127) 231.
152 *G. Marcel,* Schöpferische Treue 148.

Das dankbare Gedächtnis, das die individuelle und kollektive Erfahrung der Vergangenheit einbringt, macht uns hellsichtig für die gegenwärtigen Möglichkeiten. Die Treue ruft uns stets neu an, das Jetzt auszuschöpfen. Dankbare Menschen entdecken mit einem Adlerauge das Gute, das sie jetzt tun können, während jene, deren Vergangenheit in Oberflächlichkeit und Undankbarkeit untergegangen ist, die besten Gelegenheiten, sich und andern treu zu sein, übersehen. Dankbarkeit zusammen mit Wachsamkeit macht uns frei von der Verhaftung an den bloßen Fluß der Dinge und gibt uns Mut und Weisheit, Treue durch neue Initiativen zu bestätigen. Dabei haben auch kleine Dinge ihre Bedeutsamkeit für die Geschichte der Treue[153].

c) Das Ja zur Zukunft

Im mutigen Ausschöpfen des gegenwärtigen Augenblicks gehen wir schöpferisch auf die Zukunft zu.

Wir können nicht über die Zukunft verfügen, und doch können wir nicht nur unsere eigene Zukunft, sondern auch die unserer Mitmenschen und jener, die nach uns kommen, mitgestalten. Das Bewußtsein, daß wir nicht nur Geschichte erleiden, sondern auch Heilsgeschichte mitgestalten, stärkt unsere Hoffnung und weckt Verantwortungsbereitschaft für Gegenwart und Zukunft im Blick auf die Höhepunkte und die Erfüllung der Geschichte. „Meine Entscheidungen, die sich gemäß der zuversichtlichen Erwartung anderer dem Gesamt der Geschichte einschreiben können, sind im besten Sinn meine eigenen und freiesten Entscheidungen."[154] Gerade solche Entscheidungen machen deutlich, daß die Treue zur Vergangenheit etwas ganz anderes ist als bloße Wiederholung. Sie ist schöpferische Treue im Blick auf die Zukunft.

5. *Wie schöpferisch ist unsere Treue?*

Unser Leitmotiv „schöpferische Freiheit und schöpferische Treue" verlangt besondere Aufmerksamkeit für jene Eigenschaften und Dimensionen, die der Entfaltung dieser Grundhaltungen am besten dienen.

Treue ist nicht denkbar ohne den Mut zu konkreter Entscheidung. „Die Entscheidung des Menschen im Angesicht unendlicher Möglichkeiten bedeutet konkret immer auch den Mut zum ‚Abschied', zum ‚Opfer' und ‚Verzicht' auf jene Möglichkeiten, die eben außerhalb des Horizontes der konkreten Entscheidung bleiben müssen, will sich der Mensch nicht überhaupt in der Leere der vage schweifenden Unentschiedenheit verlieren."[155] In seiner absoluten Freiheit hat Gott diese unsere Welt aus einer Unzahl von Möglichkeiten gewählt. Er

---

153 *V. Jankelevitch,* a.a.O. 359.
154 *V. Ayel,* a.a.O. 92.
155 *J. B. Metz,* Entscheidung, in: *H. Fries* (Hrsg.), Handbuch theologischer Grundbegriffe (München 1962) I, 284.

hat sich für diese unsere menschliche Geschichte entschieden. In ihrem Verlauf bleibt er sich treu, wenn sich Altes und Neues verbinden. Die fortlaufende Schöpfung und Heilsgeschichte bringt stets neue Überraschungen, aber nie im Widerspruch zu den früheren Taten Gottes. Unsere Grundentscheidung und ihre Entfaltung sollen hiermit ein Widerschein der Treue Gottes sein. Sie muß konkret genug sein, um uns auf den Weg zu bringen, aber auch weit genug, daß sich schöpferische Freiheit und Treue entfalten und in unser Leben einschreiben können. Unsere Grundentscheidung muß ein ganzes Ja zum Plane Gottes sein, zum Bunde, den er uns anbietet und für den er uns befreit hat. Es ist ein ganzes Ja zu jener Freiheit, die sich in der Treue entfaltet, eine Treuebindung an jene Freiheit, die von Gott kommt und zu Gott führt. Das Füreinander der Gewissen im Angesichte Gottes ist eine Voraussetzung und ein Ausdruck jener Treue, die uns mit Gott und seiner schöpferischen Freiheit vereint[156].

Da das Geschenk des Bundes Ruf Gottes zur Einheit und Heilssolidarität ist, gibt es keinen Weg, in das Paradies wahrer Freiheit einzutreten, ohne die Treue zum Bundesgott, die sich in der Treue zum Bundesvolk bewährt. Nur in treuer Liebe zum Volke Gottes kann unsere Freiheit wachsen. Der Feind der Treue ist nicht ein hohes Maß an Freiheit, sondern deren Fehlen. Aber wir können es uns nie deutlich genug machen, daß wir von Freiheit für Treue sprechen, von Freiheit, die uns in der Treue immer neue Horizonte öffnet.

Wir können nur dann in der Freiheit wachsen, wenn wir den Zielgeboten des Evangeliums treu sind und die Erfüllungsgebote dynamisch erfüllen als solche, die immer auf dem Weg zum vollen Ziele sind. Christen, denen es vor allem um die Heilssolidarität, um die Treue zum Bunde geht, werden nie Sklaven des Gesetzes, sondern ergreifen den Sinn des Gesetzes in schöpferischer Treue[157].

Schöpferische Treue hat ihre Heimat im Gesetz der Gnade, im dankbaren Wissen, daß Gott uns seinen Willen durch seine Geschenke offenbart. Wer im Gesetz der Gnade beheimatet ist, empfängt auch den Nächsten, der auf unsere Liebe und Hilfe angewiesen ist, als ein Geschenk Gottes. Schöpferische Freiheit bedarf des Vertrauens, daß Gott von uns nichts Unmögliches verlangt, daß er uns gestattet, einen Schritt nach dem andern zu tun. Dabei werden wir nie träumen, daß unsere Treue und Freiheit schon vollendet seien. Der Völkerapostel, der um des liebenden Kennens Christi willen alles als Verlust abgeschrieben hat, was dem im Wege stehen könnte, ist sich voll bewußt, daß er noch nicht vollendet ist, doch sein ganzes Lebensprogramm ist: „Ich setze alles daran, es zu ergreifen, weil ich ja von Jesus Christus ergriffen bin“ (Phil 3,8–12).

Dieser Begriff der Treue ist verschieden von bloßer Beständigkeit. Man kann zuverlässig seine Versprechen und die Gebote halten und dabei selbstzufrieden

---

[156] *M. Nédoncelle,* a.a.O. 111.
[157] Vgl. *K. Demmer,* a.a.O. 100.

sein. Dies macht unschöpferisch. Sind wir als Ebenbild Gottes dem Gott des Bundes treu, dann wissen wir, daß uns Gottes Gnade stets neu überraschen und zu neuen Initiativen einladen kann. Im Vertrauen auf ihn und in der Treue zu seinem Volk wagen wir neue prophetische Verwirklichungen[158]. Treue kann ein Weg ins Gefängnis des Gruppenegoismus sein oder aber uns Türen in die Freiheit öffnen, je nach dem, wie wir die Treue verstehen. Wir suchen Treue zum Ganzen der Geschichte des Heils, Treue zum ganzen Volk Gottes, Treue vor allem für die Ärmsten. Treue ist zugleich Frucht der Werterkenntnis im Lichte der Gaben Gottes, der Nöte unserer Mitmenschen, aber auch Voraussetzung für ein lebendiges Ergreifen dieser Gaben und ein liebendes Erfassen der Nöte der andern[159].

Schöpferische Treue heftet den Blick auf das Ziel, hält jedoch die Augen stets offen für den nächsten Schritt, für die jeweils bestmögliche Verwirklichung. Ist Treue der Freiheit und Freiheit der Treue vermählt, dann hängt der Christ nicht am Buchstaben, sondern läßt sich vom Geiste leiten. Die christliche Grundentscheidung steht für erlöste und erlösende Liebe. Und diese Liebe wird immer neue Wirklichkeiten hervorbringen, das Band der Einheit stärken und das Reich der Wahrheit ausbreiten.

Schöpferische Freiheit und Treue schenken innere Integrität, den Geist des Ganzen und fördern überall die Einheit in der Verschiedenheit. Sie sind Anbetung Gottes, des Schöpfers aller guten Dinge und Stifters des Bundes, Anbetung im alltäglichen Leben und in den großen Entscheidungen[160]. Unsere Grundentscheidung für Freiheitsliebe ist die Vermählung meiner Freiheit mit der Freiheit aller, eine Feier der Dankbarkeit gegenüber all denen, die in Treue und Freiheit die Solidarität gefördert haben, Dankbarkeit für jene, die die Geschichte durch ihre Treue bereichert haben[161].

6. *Strukturen der Treue*

a) Soziale Kundgabe der Treueverpflichtung

Gott macht seine Treue in all seinen Werken und Worten sichtbar. Er hat uns berufen, Zeichen seiner Treue füreinander zu sein. Alle Verheißungen und Eide Gottes sind Offenbarungen dessen, was er ist. Bloße Selbsttreue wird nie direkt offenbar. Aber Treue gegenüber dem Nächsten, vor allem gegenüber der Gemeinschaft und in der Gemeinschaft, verlangt sichtbare Zeichen. Die soziale Natur des Menschen verlangt „Zeichen, die die Treue offenbaren und feiern“[162]. Menschliche Wahrheit und Treue verlangen nach Verleiblichung in

---

158 Vgl. *V. Ayel,* a.a.O. 107.
159 Ebd. 136.
160 Vgl. *G. Marcel,* Positions et approches (Paris 1933) 287–292.
161 Vgl. *V. Ayel,* a.a.O. 79.
162 Ebd. 87 133.

konkreten Handlungen und in der gesamten sozialen Wirklichkeit. Wer das Sichtbarmachen der Treue verweigert, verleugnet einen wesentlichen Aspekt der menschlichen Wahrheit.

Feierliche Versprechen, Gelübde, Eide und andere Formen der Weihe und Selbstverpflichtung bekräftigen die Treuegesinnung und zugleich das gegenseitige Vertrauen und die Zuverlässigkeit. Sie sind Ausgangspunkt und zugleich Zeichen des erreichten Bewußtseins der Treue. Die innere Treuegesinnung muß einen bestimmten Grad von Klarheit und Festigkeit erreicht haben, bevor sie sozial zugesichert wird. Und die Zusicherung ihrerseits ist Beginn eines Lebens, das das Verständnis und die Erfüllung weiterträgt. Als soziale Wesen sind Menschen, die sich öffentlich verpflichten, bereit, das Zeugnis der Treue und, wenn nötig, Rechenschaft abzulegen. Religiöse Gelübde, das Taufgelöbnis, das Ehegelöbnis und dergleichen nehmen teil an der großen Möglichkeit des Treuebundes zwischen Gott und der Menschheit. Es handelt sich nicht nur um Verpflichtungen des einzelnen gegenüber der Gemeinschaft oder einem Partner, sondern um das Füreinander in verpflichtender Treue und gegenseitigem Vertrauen.

Das feierliche Eingehen einer Selbstverpflichtung auf Lebenszeit verlangt eine sorgfältige Vorbereitung und Selbstprüfung. Die Sakramente der Initiation wurden von Anfang an sorgfältig vorbereitet durch ein Katechumenat, eine Zeit des Gebetes, der Besinnung auf die Gnade und die Entscheidung. Den Ordensgelübden geht eine Zeit des gegenseitigen Sich-Kennens voran. Wer in den Orden eintritt, will die Gemeinschaft, ihre Ideale und Ziele, ihren Geist und ihren Eifer kennen. Und die Gemeinschaft ihrerseits will sich ein abgewogenes Urteil bilden, ob das Gelübde wahrhaftiger Ausdruck einer inneren Berufung und Befähigung ist. Zeitliche Gelübde und das Versprechen bei der Verlobung sind nicht im strikten Sinn vorläufig, insofern sie von zuverlässigen und treuen Menschen ernsthaft abgelegt werden. Der Wille zur endgültigen Treuebindung muß wurzelhaft gegeben sein, ist jedoch an bestimmte psychologische und soziale Bedingungen geknüpft. Die Bedingungen sollten dabei bekannt sein. Die ersten Versprechen sollen auf endgültige Treuebindung hinzielen, falls nicht Hindernisse auftauchen, die nicht vom guten Willen allein abhängig sind. Unernste Versprechen und willkürliches Brechen von Versprechen sind schon Verrat an der Treuefähigkeit. Wie die Versprechen selbst ihrer Natur nach sozial sind, so muß sich eine Gesinnungsänderung auch sozial rechtfertigen lassen.

Dieser Sachverhalt läßt sich veranschaulichen am Unterschied zwischen dem traditionellen Begriff der Ehevorbereitung und der Entfaltung der Ehe hin zur Endgültigkeit in Ländern von Schwarzafrika einerseits und der „Probeehe" der westlichen Welt andererseits. Es war ein großes Mißverständnis, um nicht zu sagen eine Ungerechtigkeit, wenn aus westlicher Kultur kommende Missionare und Ethnologen die afrikanische Ehe als Probeehe bezeichneten; denn in guter afrikanischer Tradition gibt es kein willkürliches Ausprobieren des andern, wie es leider in der westlichen Welt vielfach verstanden und praktiziert wird. In

Afrika sind alle Schritte ganz deutlich ausgerichtet auf eine endgültige und unwiderrufliche Bindung. Dabei kannte jedermann die sozialen Bedingungen, nach denen die einzelnen Schritte erfolgen oder aber ein aussichtsloses Unterfangen abgebrochen werden konnte. Alles geschah unter den Augen der Öffentlichkeit und öffentlicher Rechenschaftsablage. Was Gabriel Marcel über den Infantilismus jener sagt, die die Ehe ausprobieren wollen, ohne verheiratet zu sein, kann auf die Afrikaner nicht im gleichen Sinn wie auf Europäer und Amerikaner angewandt werden[163]. Hier bestehen deutliche Unterschiede in der Gesinnungsart und in den Strukturen der Treue. Im traditionellen Afrika sind die Vorbereitung und der Zweck der Ehe ganz und gar gemeinschaftsbezogen und stehen unter der Verantwortung der Gemeinschaft, während in der westlichen Welt junge Leute, die vor der Ehe ausprobieren, was der Ehe zusteht, es ohne soziale Kontrollen, ohne soziale Verantwortung und weithin im Dienst individualistischer Selbstbefriedigung tun[164].

Es ist wichtig, den Unterschied zwischen einem bloßen Vertragsabschluß und einer unwiderruflichen Treuebindung klar zu sehen. Die Treuebindung zu einem Lebensbund liegt auf der Ebene des Seins, des Füreinanders, während Vertragsabschlüsse auf einer niedrigeren Ebene des Habens und Leistens liegen. Bei Verträgen geht es um genau bestimmte Leistungen und Gegenleistungen, die sich leicht kontrollieren lassen und gesetzlich eingefordert werden können. Treuebindung in einem Lebensbund ist von höherer sozialer Bedeutsamkeit als ein bloßer Vertrag; und doch kann der Lebensbund seiner Wesensnatur nach nicht in gleicher Weise gesetzlich kontrolliert und erzwungen werden. Er kann und soll aber durch das soziale Gewissen und günstige soziale Bedingungen gestärkt werden.

b) Sakramentale Würde der Treuebindung

Ein Sakrament ist ein sichtbares und wirksames Zeichen von Gottes Huld und Treue, von Gnade und Berufung, die von Gott kommen, und zugleich Zeichen der menschlichen Antwort. Die Herzmitte aller sakramentalen Wirklichkeit ist Gottes Bund, den er uns in Schöpfung und Erlösung sichtbar gemacht hat. Jede echte Treue unter Menschen nimmt irgendwie an der sakramentalen Würde des Gottesbundes teil, dessen höchste Verkörperung Christus ist.

Die sieben Sakramente der Kirche erschöpfen nicht die ganze sakramentale Wirklichkeit; sie sind die privilegierten, in sich wirksamen Zeichen der Gnade und des Rufes zur Treue. Sie offenbaren und bekräftigen den Treuebund zwischen Christus und den Christen in der Glaubensgemeinschaft. Sakramente sind schöpferische Worte und Handlungen Gottes, die seine Treue verbürgen und uns fähig machen, ihm in anbetender und treuer Liebe zu antworten, und zwar

[163] *G. Marcel,* Positions et approches 156.

[164] *H. Kramer,* a.a.O., betont nicht nur einseitig „Selbsttreue" gegenüber der Treuebindung an den andern, sondern auch einseitig „Selbsterfüllung", Selbstverwirklichung.

in Christus und in der Kirche. Wie das Wort und Zeichen im Sakrament ein Hauch der Treue Gottes sind, so darf auch die Antwort des Menschen nicht oberflächlich sein. Es darf nicht ein Wort sein, das man leicht vergißt, sondern es soll ein Wort sein, das Ausdruck schöpferischer Freiheit, dankbarer Liebe und Treue ist. Nur so kann der Gläubige am Ursakrament, am Treuebund zwischen Christus und dem Gottesvolk teilhaben.

Der Urtyp der Treuebindung ist für den Christen das *Tauf*gelöbnis bei der Erwachsenentaufe. Es drückt den Glauben an die Treue Christi und das Vertrauen auf die Gnade aus, die dem Getauften die Treue ermöglicht. Christus will seine Treue durch die sich verpflichtende Gemeinschaft deutlich machen. Es liegt darum in der Natur des Taufgelöbnisses, daß es eine freie, bindende Antwort von seiten der Glaubensgemeinschaft erhält, die sich verpflichtet, ein „göttliches Milieu“ gegenseitiger Treue und Gläubigkeit zu schaffen.

Bei Erwachsenen folgt auf die Taufe normalerweise unmittelbar die *Firmung*, die eine neue Dimension gegenseitiger Treue offenbar macht. Christus hat der ganzen Kirche den Heiligen Geist gesandt, daß sie den Glauben treu weitergebe und die Hoffnung zuversichtlich lebe; er gibt dem Getauften durch die Taufe im Heiligen Geist die innere Befähigung, sein ganzes Leben im Blick auf die Gnade in treuer und schöpferischer Verantwortlichkeit zu gestalten. Im Falle der Kindertaufe steht im Raum zunächst nur die Verheißung der göttlichen Treue, die im stellvertretenden Taufgelöbnis der Eltern, Paten und der ganzen Gemeinschaft sichtbar wird. Zunächst gilt es für die Mitwelt des Neugetauften, das Treueversprechen zu halten und im ganzen der Lebensgestaltung und Erziehung die Gabe und den Auftrag des Taufsakramentes sichtbar mitzuteilen. Dann sollte in einem Alter, in dem der Heranwachsende seine Identität gefunden hat oder zu finden fähig ist, die freie Entscheidung des Getauften und eine gründliche Firmvorbereitung die Voraussetzungen schaffen, daß das Firmgelöbnis die höchst eigene Bekräftigung des Taufgelöbnisses ist. Die *Eucharistie* ist Feier der Bundestreue, ständig neue Stärkung eines dankbaren Gedächtnisses, das eine unabdingbare Voraussetzung christlicher Treue ist[165]. Christus selbst, der sich in der Eucharistie schenkt, ist feierliche Zusage der künftigen Herrlichkeit und der notwendigen Gnade auf dem Weg dazu, vorausgesetzt, daß der Empfänger sich dieser Gnade treu öffnet[166]. Regelmäßige treue Teilnahme an der Eucharistiefeier und ein Leben gemäß der Gnade und des Auftrags dieses Sakramentes ist entscheidend für das Sich-Auszeugen der Bundestreue.

Durch die Bereitschaft zu ständiger Bekehrung und Reinigung und den dankbaren Empfang des Sakramentes der *heilenden Vergebung* erfährt der Gläubige immer tiefer die erneuernde Macht der göttlichen Treue. Damit dieses Sakrament fruchtbar wird, gehört zu seinem Empfang die Erneuerung des Lebensvorsatzes in solcher Lebendigkeit, daß sie das Niveau der Grundentscheidung er-

---

165 Vgl. *B. Häring*, The Eucharist and our Everyday Life (Slough 1978).
166 DS 1638 1649.

reicht und diese bekräftigt bzw. erneuert. Im Fortschreiten der Bekehrung nimmt das sittliche Leben immer deutlicher die Dimensionen der Bundestreue an.

Das Sakrament der *Krankensalbung* verkündet tröstend Gottes Treue, die sich im Leiden und Tod Christi geoffenbart hat und dem Kranken beisteht, so daß er durch sein Leiden und seine Krankheit seine Treue zu Christus bekräftigen und von Sünde und Schwachheit geheilt werden kann. Alle Sakramente haben ihren Ursprung im Opfertod Christi, in dem er seine Treue gegenüber dem Auftrag des Vaters erfüllt, und in der Auferstehung, in der der Vater Christi treue Liebe besiegelt. Sie weisen so alle auf den neuen Himmel und die neue Erde. So sind sie Grundlage und wirksame Zeichen der dem Menschen gnadenhaft ermöglichten Treue bis zum Tod. Vor allem im Empfang der Sterbesakramente beten alle mit der Kirche um die Gnade der endgültigen Beharrlichkeit im Dienste des Herrn.

Es ist verständlich, daß Protestanten bisweilen Schwierigkeiten hatten, die katholische Lehre über die Sakramentalität der Ehe anzunehmen, soweit diese mit dem Ehevertrag bezüglich der Leistung gewisser Akte gleichgesetzt wurde. Das Zweite Vatikanische Konzil sieht die *Ehe* ganz und gar als einen Treuebund, in dem die Liebe, Gnade und Treue Gottes sichtbar werden darf. Dieser Bund kommt zustande durch den personal freien Akt, in dem sich die Eheleute gegenseitig schenken und annehmen. „So gewähren sich Mann und Frau, die im Ehebund nicht mehr zwei sind, sondern ein Fleisch (Mt 19,6), in inniger Verbundenheit der Personen und ihres Tuns gegenseitige Hilfe und gegenseitigen Dienst und erfahren und vollziehen dadurch immer mehr und voller das eigentliche Wesen ihrer Einheit. Diese innige Vereinigung als gegenseitiges Sich-Schenken zweier Personen wie auch das Wohl der Kinder verlangen unbedingte Treue der Gatten und fordern ihre unauflösliche Einheit."[167] Die Sakramentalität der Ehe leuchtet als gnadenhafte Wirklichkeit auf nicht nur während des Austausches des Ehegelöbnisses vor Christus und der Kirche, sondern auch im täglichen Leben, wenn sie in jener treuen Liebe vereint sind, die von Christus kommt und auf ihn weist. Eheliche Untreue ist nicht nur Ungerechtigkeit, sondern eine bittere Verletzung der Loyalität zu Christus, der diesen Ehebund in seinen eigenen Liebesbund mit der Kirche hineingenommen hat (vgl. Eph 5,21ff.).

Das Amts*priestertum* umschließt einen besonderen Bund der Treue zwischen Christus und dem so Erwählten. Dieser Bund wird sakramental sichtbar durch die Kirche, die die Berufung beglaubigt und in der Weihe die Kraft des Heiligen Geistes herabfleht; Kirche und Priester bzw. Diakon stehen miteinander im Treuebund. Der Geweihte verspricht zu dienen und nicht sich bedienen zu lassen und so Christus, dem Gottesknecht und prophetischen Hohenpriester, den andern sichtbar zu machen. Die Gemeinschaft aber verspricht dem Priester Mit-

---

[167] GS 48.

wirkung, Gebet, gutes Beispiel, Ermunterung und wenn nötig brüderliche Zurechtweisung.

Ehelosigkeit um des Himmelreiches willen gehört nicht mit innerer Notwendigkeit zum Priestertum, verdeutlicht jedoch die Ganzhingabe des Priesters an den Dienst des Evangeliums, seine Ganzhingabe für die Gemeinschaft. Solange in der westlichen Kirche der Zölibat als Bedingung für die Priesterweihe verlangt wird, darf man sich nicht damit begnügen, ihn als gesetzliche Pflicht auf sich zu nehmen. Der Zölibat für das Reich Gottes ist im eigentlichen Sinn ein Charisma, das nur in bittendem und dankendem Gebet empfangen und bewahrt werden kann. Deshalb soll niemand den Zölibat versprechen, wenn er sich nicht dazu berufen fühlt und ihn nicht als Bestandteil seiner Ganzhingabe an Christus und die Kirche leben will. Eine solche Selbstverpflichtung ist nur sinnvoll in einem Leben, das ganz und gar von der Bundesmoral und der Bundestreue geprägt und Lobpreis der Treue Gottes ist.

Ordensgelübde, so hoch sie auch in der Kirche geschätzt sind, zählen nicht zu den sieben Sakramenten der Kirche. Wo jedoch Ordensgemeinschaften und die einzelnen Ordensleute hervorragende Zeichen der Bundestreue und Solidarität sind, ist die sakramentale Dimension des christlichen Lebens besonders offenbar. Sie sind Zeichen der Gegenwart Gottes, der durch seine Gnade alle zur Treue ruft.

Feiern und verstehen die Christen die Sakramente als Gestaltwerden des großen Gottesbundes in ihrem Leben, dann werden sie auch im Alltag und im profanen Bereich viele Zeichen der Treue Gottes und viele Gelegenheiten entdecken, inmitten der Ordnung der Welt Treue und Vertrauen in die mitmenschlichen Beziehungen zu setzen. So werden sie Salz der Erde und Licht für die Welt und schaffen ein Milieu der Gerechtigkeit, Barmherzigkeit und Treue nicht nur im kirchlichen Raum, sondern im Gesamt des Lebens.

c) Treue und Disziplin

Unsere Treue wird erst dann im vollen Sinn schöpferisch, wenn wir uns ganz und gar an Gott und seinen Dienst gebunden haben. Solange wir zugleich Heilige und Sünder sind und in einer gestörten Welt leben, bedürfen wir des Mutes, auf alles zu verzichten, was uns auf dem Weg zu Gott und in der Treue zu ihm hinderlich ist. Disziplin ist freilich nie Selbstzweck und darf nicht der Offenheit für neue Nöte im Wege stehen; aber eine gewisse Ordnung unseres täglichen Lebens fördert gegenseitige Zuverlässigkeit und Vertrauen. Dies kommt der Treue in den mitmenschlichen Beziehungen sehr zugute. Eine vernünftige Disziplin, kraft deren wir nicht stets neu über Kleinigkeiten zu entscheiden haben, setzt viele Energien für die großen schöpferischen Entscheidungen frei, deren wir angesichts neuer Heilsmöglichkeiten und neuer Nöte so sehr bedürfen. Disziplin bewahrt uns auch vor vielen versteckten Versuchungen in kleinen Dingen des Alltags, die unsere Treuebindungen allmählich untergraben könnten. Dies sei an der Wahl unserer Unterhaltung verdeutlicht.

Die Massenmedien, vor allem das Fernsehen, vermitteln uns eine enorme Menge von Eindrücken und Informationen, sehr viel mehr als das Lesen von Büchern und der Besuch von andern Orten. Wer die eheliche Treue voll und ganz leben will, darf seinen Sinn für das Schöne, Wahre und Gute, seine Schau von treuer sexueller Liebe nicht durch Bilder und Eindrücke abtöten, die der Welt der Treue widersprechen. Jene, die die Ehelosigkeit um des Himmelreiches willen gewählt haben, müssen ihre Programme sehr sorgfältig wählen und nicht die Zeit mit Unterhaltungen verschwenden, die zur Oberflächlichkeit führen.

d) Treue und Toleranz

Der Legalismus sieht die Garantie der Treue einseitig in rigorosen Kontrollen und Sanktionen. Die Reaktion auf den Legalismus darf uns nicht blind machen gegenüber der Tatsache, daß Unzuverlässigkeit und Untreue gegenüber den Versprechungen und feierlichen Bindungen das Gemeinschaftsleben und die Institutionen, einschließlich der Kirche, schwer betreffen. Staat, Gesellschaft und Kirche haben ein legitimes Interesse, die Erfüllung von Verträgen und qualifizierten Versprechen zu garantieren bzw. einzufordern.

Die Kirche hat ganz besondere Gründe, alles aufzubieten, um die Treue zu stärken, und zwar nicht nur als Institution, sondern noch mehr als Ursakrament der Bundestreue. Kontrollen und Sanktionen sind dabei jedoch zweitrangig und dienen der Sache nur, wenn die entscheidenderen Mittel nicht vernachlässigt werden. Das ganze Leben der Kirche, die Verkündigung der Frohbotschaft, die Feier der Sakramente, die Gestaltung der kirchlichen Gemeinschaft, all das kann und soll die Treue festigen. Wird dieser Dimension die notwendige Aufmerksamkeit geschenkt, dann erfüllt auch die kanonische Disziplin eine wohltätige Rolle. So sollten z.B. die kirchlichen Ehegerichte fachlich gut besetzt sein, Anträge auf Ehenichtigkeitserklärung sollten prompt erledigt werden. Setzt jedoch eine Diözese für Ehevorbereitungskurse, Brautleutetage, Eheberatung und alles, was Ehen heilen und festigen kann, nicht mehr Kräfte als für das Ehegericht ein, das erst zum Zuge kommt, wenn der Schaden geschehen ist, so ist der Sache der Treue nicht genügend gedient[168].

In vergangenen Jahrhunderten waren der Druck der öffentlichen Meinung und die strenge Behandlung jener, die in der Ehe scheiterten oder den priesterlichen Dienst oder das Ordensleben aufgaben, stabilisierende Faktoren. Aber es ist sehr fraglich, ob sie wirklich jene Treue gestärkt haben, die den Treuebund Christi mit uns ehrt. Jene, die solchen Druck ausübten und mit anderen die Kommunikation abbrachen, waren nicht treu dem Beispiel und Gebot Christi, der uns lehrt, nicht zu verurteilen und die Barmherzigkeit des himmlischen Vaters nachzuahmen.

Der stürmische kulturelle Umbruch und das erneuerte Selbstverständnis der

---

[168] Vgl. *B. Häring*, Theological Appraisal of Marriage Tribunals, in: *L. G. Wrenn* (Hrsg.), Divorce and Remarriage in the Catholic Church (New York 1973) 16–28.

Kirche, auf das viele nicht vorbereitet waren, führte zu einem Anwachsen der Ehescheidungen und vor allem der Austritte aus den religiösen Orden und dem priesterlichen Dienst. Dies scheint darauf hinzuweisen, daß die frühere Furcht vor den Sanktionen und der harten öffentlichen Meinung wegfielen, während offenbar die tieferen Motive für eine echte Treue nicht genügend verinnerlicht waren. Es gilt heute vor allem die inneren Kräfte und Motive zu mobilisieren. Dabei ist der Übergang alles andere als leicht. Es verlangt einen hohen Grad von Reife, die absolute Treue zum Gebot des Herrn, andere nicht lieblos zu richten, zu verbinden mit einer vertieften Entscheidung für freie Treue und mit all den dem Evangelium entsprechenden Bemühungen, die Treue in Kirche und Welt zu stärken. Solange wir nur durch strenge Beurteilung anderer und die Furcht, mit dem gleichen Maßstab gemessen zu werden, der „Treue“ Stützen geben, ist unsere Treue noch nicht echt.

Zweifellos mögen manche gute Gründe haben, um Dispens von den religiösen Gelübden oder vom priesterlichen Dienst zu bitten. Den Außenstehenden sind diese Gründe vielfach nicht zugänglich. Wer raten und helfen will, muß ein hohes Maß an Unterscheidungsgabe besitzen. Dies gilt ganz besonders auch gegenüber Geschiedenen, die sich wiederverheiratet haben. Unter ihnen gibt es solche, die schwer gegen die dem Gatten und der ganzen Kirche geschuldete Treue gesündigt haben. Aber es gibt andere, die heroisch ihre kanonisch gültige Ehe zu retten versuchten und nur in letzter Not, nach langem Kampf und Gebet, in die Scheidung eingewilligt haben. Auf der einen Seite gibt es jene Geschiedenen, die sich von ihrem Gatten herzlos trennten, nur weil sie einen jüngeren, anziehenderen oder reicheren Partner heiraten wollten. Auf der anderen Seite aber stehen jene, die ohne Schuld von ihrem Gatten verlassen wurden und die Entscheidung einer Wiederverheiratung hauptsächlich trafen, um ihren Kindern ein geordnetes Heim zu garantieren. Da sind schließlich jene, die sich wohl bewußt sind, wie schwer sie gegen ihr Ehegelöbnis oder andere Bindungen gesündigt haben, und demütig versuchen, das Unrecht so weit als möglich gutzumachen und als treue Büßer leben. Jeder von uns und die ganze Kirche ehren den Heiligen Geist und sind treu gegen seine Gnade, wenn sie in ihrem Denken, Reden und Tun sorgfältig unterscheiden und sich vor jedem voreiligen Urteil hüten.

VI. Menschliche Ehre

Im Verlauf der Geschichte war die Ehre eines der höchsten sozialen Güter. Sie ist nicht direkt eine moralische Qualität, aber von hoher moralischer Bedeutsamkeit für den einzelnen, für die Gruppe und die Gesellschaft insgesamt [169].

---

[169] Vgl. M. *Wundt*, Die Ehre als Quelle des sittlichen Lebens in Volk und Staat (Langensalza 1927); *O. H. Nebe*, Die Ehre als theologisches Problem (Berlin 1936); *F. Weidauer*, Die Wahrung der Ehre

Unter Ehre verstehen wir den guten Namen oder die öffentliche Hochschätzung. Die äußere Anerkennung ist Respekt, Achtung. Ein weiterer Grad der Ehre ist lobende Auszeichnung aufgrund besonderen menschlichen Wertes, großer Leistung, sozialen Ranges oder hoher sittlicher Qualität. Ehre verweist auf Achtung und Selbstachtung, auf Ehrfurcht, in der sich hohe Einschätzung wie Liebe, Bewunderung und Verehrung vereinen. Wir sprechen von Ehrenwertsein (honestas), vom hohen Wert eines Menschen, der aufgrund seiner sittlichen Integrität besondere Ehre verdient. Mit Aristoteles bestimmt Thomas von Aquin die Ehre als „Bezeugung von Ehrfurcht in Anerkennung der Tugend“ [170]. Nach Thomas wird die einer Person erwiesene Ehre zum Ruhm (gloria), wenn die soziale Anerkennung ihren Wert vielen kundmacht[171].

1. *Ehre im Licht von Wahrheit und Treue*

Das Suchen, Finden und Tun der Wahrheit ereignet sich im Füreinander der Gewissen, in dem wir uns treu an Wahrheit und Gemeinschaft binden. Diese Reziprozität der Gewissen verlangt gegenseitige Achtung, die Bereitschaft, einander zu ehren und die Ehre sinnvoll anzunehmen. Solche Beziehungen setzen Wahrhaftigkeit voraus. Ehre, Anerkennung, Ehrfurcht, wenn im Geist der Wahrheit angeboten und angenommen, sind sichtbare Zeichen echter Mitmenschlichkeit und von hoher Bedeutung für soziale Bindungen und innere Treue[172]. In einer Gemeinschaft, in der der Sinn der Ehre verstanden und auf gesunde Weise zum Ausdruck kommt, fällt es leichter, sich im Suchen und Tun der Wahrheit zusammenzufinden. Gegenseitiger Ehrerweis zwischen jenen, die sich zum Lobpreis Gottes vereinen, ist ein Ausdruck der Schönheit von Wahrhaftigkeit und Treue und eine nicht unbedeutende Hilfe auf dem Weg zu größerer Treue und Wahrhaftigkeit.

2. *Sittliche und theologische Bedeutsamkeit menschlicher Ehre*

a) Ehre, die von Gott kommt und zu Gott führt

Für Menschen, die ihre Identität und Integrität noch nicht gefunden haben, bleibt auch die Sorge um den guten Namen weithin von außen, vom Über-Ich,

---

als sittliche Tat (Leipzig 1936); *H. E. Hengstenberg,* Von der Ehre, sofern sie den Christen angeht (München 1937); *R. Egenter,* Von christlicher Ehrenhaftigkeit (München 1937); *Th. Steinbüchel,* Ehrfurcht (Stuttgart 1947); *H. Reiner,* Die Ehre. Kritische Sicht einer abendländischen Lebensform (Darmstadt 1956); *D. C. MacClelland,* Die Leistungsgesellschaft (Stuttgart 1966); *W. Korff,* Ehre, Prestige, Gewissen (Köln 1966); *O. F. Bollnow,* Ehre und guter Ruf, in: *ders.,* Einfache Sittlichkeit (Göttingen ^{4}1968) 47–60; *F. Haider,* Die Ehre als menschliches Problem. Versuch einer pädagogischen Orientierung (Paderborn 1973); *E. Schillebeeckx,* Ehre Gottes und das wahre, gute und glückliche Menschsein, in: *ders.,* Christus und die Christen (Freiburg i. Br. 1977) 627–818.

[170] Quaestiones quodlibeticae 10, 6, 12 ob. 3.

[171] S. th. II II q 103 a 1.

[172] *O. F. Bollnow,* Einfache Sittlichkeit 49.

geleitet. Steht jedoch das Ehrenwertsein im Vordergrund und äußert es sich in gegenseitiger Ehrfurcht, offenbaren sich hohe sittliche und religiöse Dimensionen der menschlichen Ehre.

Für Max Scheler ist Ehrfurcht im Bezeugen und Empfangen der Ehre eine hohe geistige Feinfühligkeit für das tiefe Geheimnis der Wirklichkeit[173]. Ohne diese Ehrfurcht erreicht soziale Ehre kein hohes Niveau und kann höchstens eine Mittelmäßigkeit im sittlichen Verhalten stützen.

Die unübersehbare Tatsache, daß Lobpreis und Ehre Gottes in der jüdisch-christlichen Tradition einen so hohen Rang einnehmen, läßt sich nicht erklären ohne eine entsprechende Hochschätzung von Ehre und Anerkennung in zwischenmenschlichen Beziehungen. Aber umgekehrt gilt ebenso, daß die hohe Qualität von Ehre, Selbstachtung und Ehrfurcht gegenüber andern ihre tiefsten Wurzeln in der religiösen Dimension der menschlichen Person und Gemeinschaft haben. Sie sind ein Widerschein der Ehre, die wir Gott erweisen, und unseres höchsten Wertes angesichts der Berufung und Gnade, die uns von Gott her zuteil werden.

Der Gott Israels, der sich in Jesus Christus geoffenbart hat, würdigt sich, von Menschen Lobpreis anzunehmen, und verlangt von den Seinen, daß sie ihn über alles ehren. „Gepriesen seist du, Herr, du Gott unseres Vaters Israel, von Ewigkeit zu Ewigkeit! Dein, Herr, ist die Größe und die Macht und die Herrlichkeit, der Glanz und die Majestät! Denn alles, was im Himmel und auf Erden ist, das ist dein" (1 Chron 29,10f.). Wer Gott alle Ehre gibt, weiß in einer tief innerlichen Weise, daß sein eigenes Ehrenwertsein von Gott kommt: „Reichtum und Ehre kommen von dir" (1 Chron 29,12). Das wird zu einem stets drängenden Motiv, Gott allezeit zu preisen. „Und nun, unser Gott, wir danken dir und preisen deinen herrlichen Namen. Denn wer bin ich und was ist mein Volk, daß wir vermöchten, solche Gaben zu spenden? Kommt doch alles von dir" (1 Chron 29,13f.). Der Lobpreis Gottes gehört zur Wahrheit und Wahrhaftigkeit des Geschaffenen. „Es preisen dich, Herr, alle deine Werke, und deine Frommen loben dich. Sie rühmen die Herrlichkeit deines Reiches und reden von deiner Macht" (Ps 145,10f.). Das letzte Buch der Heiligen Schrift ist eine einzigartige Anleitung zum Lobpreis Gottes, in dem sich die Gläubigen stets neu bewußt werden, daß sie Gott alles schulden, vor allem aber liebenden Dank. Menschliches Leben steigt zur vollen Wahrheit nur dann auf, wenn alles Lobpreis und Ehre Gottes ist. Vor allem das Erlösungsgeheimnis ist ein stetes Motiv lobpreisender Anbetung. „Ihm, der auf dem Throne sitzt, und dem Lamm gebührt das Lob und die Ehre und der Ruhm und die Macht in alle Ewigkeit" (Offb 5,13).

Die Heiligen, die wahren Anbeter Gottes, sind sich stets bewußt, daß es ohne Anbetung Gottes keine wahre Ehre für Menschen gibt. „Die Ältesten legen ihre Kronen vor dem Throne nieder und sprechen: Würdig bist du, unser Herr und

[173] *M. Scheler,* Gesammelte Werke 10, 62; vgl. 10, 65ff.

Gott, zu empfangen den Preis und die Ehre und die Macht" (Offb 4, 10f.). Der Völkerapostel zeigt mit Nachdruck, daß jene, die sich weigern, Gott als Gott zu ehren und ihm Dank zu sagen, alles Ehrenwertsein, alle Selbstachtung und Ehrfurcht vor den andern verlieren (vgl. Röm 1,21ff.). Die unerbittliche Folge ist der Zusammenbruch der Moral. „Und wie sie es verworfen haben, Gott anzuerkennen, so gab sie Gott in einen verworfenen Sinn dahin, zu tun, was sich nicht geziemt" (Röm 1,28).

Ganz offenbar besteht nach der Heiligen Schrift ein gegenseitiger Bezug: Es bedarf der gegenseitigen Hochschätzung, des Ehrerweises und der Ehrfurcht voreinander, um tiefer in das Geheimnis der Ehrenherrlichkeit Gottes einzudringen und ihn in Wahrheit anzubeten. Aber umgekehrt gilt noch mehr, daß die Erfahrung der Herrlichkeit Gottes und die Freude am Lobpreis Gottes der Selbstachtung und der sozialen Ehre festen Halt geben. Die wahren Anbeter Gottes schätzen ihr Ehrenwertsein zuerst im Angesichte Gottes und erst dann vor der menschlichen Gemeinschaft ein[174]. Die menschliche Ehre ist nach dem Maß ihrer Echtheit ein wichtiges Symbol für Gottes Ehre und Herrlichkeit, für den Glanz seiner sich offenbarenden und frei verschenkenden Liebe. Die biblischen Texte, die vor Selbstüberheblichkeit und eitlem Haschen nach menschlicher Ehre warnen, beruhen auf der Wahrheit, daß wir wahre Ehre nur vor Gott haben und suchen dürfen (vgl. Gal 6,3). In demütiger Dankbarkeit gegenüber Gott darf der Christ jedoch verdiente Ehre annehmen, und gern wird er andern Ehre erweisen. Aber ob unter Menschen geehrt oder geschmäht, er wird sich nur im Herrn rühmen (vgl. Röm 5,1–12). In diesem Licht ist auch die Verehrung der Heiligen zu sehen; sie ist Lobpreis Gottes, der sie verherrlicht hat, und Freude darüber, daß sie Gott geehrt haben und ihn ewig lobpreisen dürfen.

b) Menschliche Ehre im Licht des Ostergeheimnisses

Wo man Gott nicht ehrt, entartet der Ehrbegriff in Ehrgeiz, in Ehrsucht und Anmaßung. Diese wiederum verursachen Feindschaft und Krieg. Um den hochmütigen, in der Sünde sich selbst entehrenden Menschen zu erlösen, hat sich das menschgewordene Wort selbst entäußert und ist am Kreuz gestorben (Phil 2,7ff.). Aber das Ostergeheimnis, höchstes Zeichen rettender Demut, ist zugleich der höchste Akt der Verherrlichung des Vaters durch den Sohn und Quelle der Ehre und Herrlichkeit für den Menschen in Christus Jesus. Wir feiern niemals den am Kreuz entehrten Christus, ohne ihn und den Vater für die Liebe und Herrlichkeit zu preisen, die im Kreuz und in der Auferstehung aufleuchten. Selbstverleugnung und sogar geduldiges Ertragen von Schmähungen und Verleumdungen, das Christus von seinen Jüngern verlangt, ist ein Weg der Befreiung und Hinweis auf die ewige Teilnahme an der Herrlichkeit des Auferstandenen.

Der Jünger Christi kann sich nicht an einem Ehrerweis freuen, der nicht

---

[174] *R. Egenter,* a.a.O. (s. Anm. 169) 101 122f.

seinem Ehrenwertsein entspricht. Unsere Sorge darf nicht so sehr dem Suchen nach Ehre unter Menschen gelten als vielmehr dem inneren Wert des Guten, das Gott ehrt und das darum auch Ehre verdient. „Wenn der Ehren-wert gewissermaßen von der Ehre leben soll, so wird das nicht viel besser gehen, als wenn das Licht von seinem Widerschein strahlen soll.“ [175]

Das Erdulden von Demütigung und Schmähung durch Christus ehrt den Vater kraft der Liebe, die ihn dabei beseelt. So bedarf auch das Annehmen und Schenken von Ehre wie auch das Ertragen von Schmähung den gleichen Opfergeist der Liebe. Die Liebe muß entscheiden, ob wir auf die Ehre zeitweise verzichten oder aber sie verteidigen sollen. Für die Sache des Reiches Gottes werden die Jünger Christi bereit sein, wenn nötig Hohn und Schmach von Übelgesinnten zu erdulden und gelassen die auch unter wohlgesinnten Menschen bisweilen unvermeidlichen Mißverständnisse auf sich zu nehmen. Vor der Ehre, Jünger des gekreuzigten und auferstandenen Christus zu sein, der das Zeichen des Anstoßes und der Baustein ist, den ungläubige Bauleute verworfen haben, müssen Schmeichelei und Ehrsucht verstummen. Wer an ihn glaubt und ihm in allen Widrigkeiten folgt, dem ist Ehre zugedacht (1 Petr 2,7). Das Kennen des Gekreuzigten und das Wissen um die Tatsache, daß Gott die Kleinen und Armseligen erwählt, rufen uns stets neu ins Gedächtnis: „Wer sich rühmen will, der rühme sich des Herrn!“ (1 Kor 1,31).

Der christliche Ehrbegriff steht ganz und gar im Lichte der Ehre Christi, des Gottesknechtes (vgl. Joh 12,26; Lk 22,27; Mt 23,8 ff.). Die Verachtung der Welt für jene, die Christus, dem Gottesknecht, treu nachfolgen, ist eine unendlich größere Ehre als alles Lob der Welt. „Wenn ihr um des Namens Christi willen geschmäht werdet, selig seid ihr! Denn der Geist der Herrlichkeit und Kraft ruht auf euch“ (1 Petr 4,14).

Die Ehre, die dem Jünger Christi von Gott her zufällt, sollte ihm eine innere Freiheit gegenüber zwischenmenschlicher Ehre geben. Zugleich weckt der Dank dafür die Bereitschaft, andern im Ehrerweis zuvorzukommen und im Blick auf den Dienst am Reiche Gottes vernünftig auf die eigene Ehre bedacht zu sein, auf daß Gottes Gaben und sein Dienst unter den Menschen geachtet seien.

c) „Euer Licht soll vor den Menschen leuchten“

Die ganze Schöpfung und die Heilsgeschichte sind Widerschein der Herrlichkeit Gottes, und darum ist die Verherrlichung der wunderbaren Liebe und Macht Gottes das höchste Ziel der Menschheit. Die Tatsache, daß Gottes Herrlichkeit über uns erstrahlt und daß das Licht Christi uns erleuchtet, ist Frohbotschaft, aber auch und gerade so Berufung: „So soll euer Licht vor den Menschen leuchten, daß sie im Blick auf eure guten Werke euren Vater im Himmel preisen“ (Mt 5,16). Das ist nur möglich, wenn wir die Gaben Gottes und die Religion nie zum Anlaß nehmen, uns vor Menschen wichtig zu machen (Mt 6,1) und

---

[175] *M. Gierens*, Ehre, Mensur und Duell (Paderborn 1928) 48.

stets über die Reinheit unserer Motive wachen; denn nur jene, die reinen Herzens sind und gern das Gute auch im Verborgenen tun (Mt 6,6), verweisen die Mitmenschen auf Gott und seine Herrlichkeit.

Menschliche Ehre darf nie ein Zentralmotiv des Jüngers Christi werden. Aber in Unterordnung unter das Leitmotiv der Verherrlichung Gottes darf die im Schatten des Kreuzes und im Licht der Auferstehung Christi stehende menschliche Ehre ein Begleitmotiv werden. Es kann wertvoll sein, solang es sich dem Zentralmotiv der Liebe und des Eifers für das Reich Gottes absolut unterordnet und einordnet. Dann kann es nicht nur das Leitmotiv in Stunden der Schwachheit stützen, sondern ihm in etwa auch größere Schönheit verleihen.

Wohl kein Moraltheologe hat dem Wert menschlicher Ehre im Dienste des Reiches Gottes mehr Aufmerksamkeit geschenkt als Johann Baptist Hirscher. Er betont sowohl den Gemeinschaftsbezug wie den Ausblick auf die Ehre Gottes. „Alle Persönlichkeit bezieht, in dem sie sich selbst fühlt, sich und ihre Würde auf Gott, und fühlt und achtet sich selbst in Gott. So ist die durch alle dahin für und für anerkannte Würde zugleich ein durch alle dahingehendes ewiges Niederlegen dieser Würde als eines Eigentums Gottes vor Gott. Eine unermeßliche Zahl mithin von Würde, ewig gebeugt vor dem, durch den sie sind. Und weil ewig gebeugt vor dem, durch den sie sind, darum von ewig sich selbst ledig. Und weil ewig sich selbst entäußert, darum in den eigenen Augen doch nichts weiter, als Knechte. Das sind alle Hochwürdige; aber unter ihnen kein von Gott Abgewendeter und sich selbst Zugekehrter; das sind alle Hochwürdige, aber unter ihnen kein Vornehmer, sich über geringere erhebend. Das sind alle Erhabene, weil Gott ist, das sind alle die Diener aller, weil sich selbst vergessend, und weil mehr begabt von Gott nicht zum Selbst- sondern zum Gemeindienste. ...So ist alle Selbst- und Gemein-Achtung ewig auf den Schöpfer, Erlöser und Heiligmacher zurückgeführt, und ihm allein die Ehre gebend. – Das ist das Reich.“ [176]

d) Selbstachtung und Achtung der andern

Wahrheitsgemäßes Schenken und Empfangen von Ehre setzt Selbstachtung und Achtung des andern voraus. Gegenseitige Ehrfurcht ist Ausdruck gesunder Mitmenschlichkeit und infolgedessen des echten Ehrerweises.

Christliche Selbstachtung ist nicht Selbstbewunderung oder gar Selbstzufriedenheit, sondern demütig dankbare Antwort gegenüber dem Geber aller guten Gaben. Sie ist nicht monologisch, sondern antwortende Teilnahme an Gottes eigener Freiheit, seine Geschöpfe zu ehren. Als Partner im Bunde mit Gott hat der Mensch eine unerhörte Würde. Sich darüber nicht zu freuen wäre nichts weniger, als Gott die Ehre zu stehlen. So ist Selbstachtung in Verbindung mit Achtung der andern eine Weise, Gott die Ehre zurückzugeben, die er seinen

---

[176] *J. B. Hirscher,* Die christliche Moral als Lehre von der Verwirklichung des Gottesreiches in der Menschheit (Sulzbach [5]1851) III, 144f.

Söhnen und Töchtern verleiht. Wie christliche Demut nichts zu tun hat mit Selbstwegwerfung, so ist Selbstachtung himmelweit entfernt von Stolz. Der Austausch des Ehrerweises in gegenseitiger Ehrfurcht hilft uns, in uns und in andern die besten inneren Möglichkeiten zu entdecken und uns im Dienste des Gemeinwohls zu vereinigen.

Der Prüfstein der Selbstachtung ist die Hochachtung vor dem Nächsten. Fehlt diese, so ist das ein Beweis, daß man seine wahre Würde als Person vor Gott noch nicht erfaßt hat. Da für uns mehr Anlaß besteht, unsere eigenen Fehler zu kennen und anzuerkennen als die der andern, so kann die Achtung vor dem Nächsten in gewisser Weise fragloser sein als unsere Selbstachtung. „Seid einträchtig, nicht streitsüchtig und ehrgeizig, sondern so, daß ihr von euch selbst gering denkt und die andern über euch stellt“ (Phil 2,3). In einer Kultur der Überheblichkeit des Mannes über die Frau ermahnt Petrus die christlichen Männer: „Geht verständnisvoll mit euren Frauen um: sind sie ja doch die Schwächeren! Laßt ihnen die Ehre zukommen, die denen gebührt, die mit euch zusammen das Gnadengeschenk des Lebens erben sollen“ (1 Petr 3,7). Mißachtung des eigenen Wertes angesichts all der Gaben Gottes, Selbstverachtung und Verzagtheit in Gedanken, Worten und Werken sind ernste Sünden gegen die Selbstachtung und die von Gott geschenkte Würde. Wer andere wegen Verschiedenheit der Rasse, Armut und dergleichen verachtet, zeigt damit, daß seine Selbstachtung nicht auf dem wahren Fundament aufgebaut ist. Eitelkeit, dummer Stolz und Anmaßung, die auf Äußerlichkeiten beruhen, sind nicht nur eine Sünde gegen Demut, sondern zerstören die wahre Selbstachtung und verleugnen die wahre Menschenwürde.

Obwohl moralische Defekte der Selbstachtung und auch der Achtung des andern eine gewisse Grenze setzen, dürfen diese Fehler den Respekt nicht zerstören, da der Mensch, nach dem Bild und Gleichnis Gottes geschaffen, immer noch von Gottes Erbarmen zur Bekehrung und zu ewigem Leben gerufen ist.

Unbegründeter oder unproportionierter Verdacht und hartes Urteil über die moralische Integrität anderer, die die Achtung für sich vermindern oder gar zerstören, sind ernste Sünden. Wer andere hartherzig beurteilt und verachtet, macht sich der Ehre vor Gott unwürdig. „Richtet nicht, so werdet ihr nicht gerichtet werden“ (Lk 6,37). Dieser Fehler wird noch ernster, wenn der Verdacht oder das frevle Urteil andern mitgeteilt wird oder wenn man Personen, die sich sonst aller Achtung erfreuen, schändlicher Vergehen verdächtigt. Hält sich jedoch der Verdacht innerhalb der für sich sprechenden Gründe und vermeidet man jedes frevle Urteil und jede Verdächtigung vor andern, so liegt keine Sünde vor[177]. Eine Neigung zur Verdächtigung anderer ist ein großes Übel, ganz besonders wenn Mißtrauen ganz allgemein das Vertrauen untergräbt. Dies ist

[177] S. th. II II q 60 a 3.

ein sehr bedenklicher seelischer Defekt, der alle gesunde Mitmenschlichkeit unmöglich macht. In diesem Klima ersticken Freude und Begeisterung für das Gute und stirbt der Mut zu schöpferischen Initiativen.

3. *Soziale Bedeutsamkeit der Ehre*

a) Ehre und soziale Verantwortung

Indem Gott den Sünder mit sich versöhnt, verleiht er ihm den Adelstitel als Sohn oder Tochter Gottes, Mitgliedschaft in der Gemeinschaft der Heiligen. Das dankbare Bewußtsein dieser unverdienten Ehre kann ein wirksames Motiv werden, sich dieser Ehre würdig zu machen und die Mitmenschen auf jede Weise zu ehren.

Die Sorge für den eigenen guten Namen und den der andern ist Ausdruck unserer Anerkennung des moralischen Urteils der Gemeinschaft. Es ist Ausdruck der Verantwortungsbereitschaft für jenes moralische Niveau, das durch das kollektive Gewissen geschützt und bekräftigt wird. Obwohl dies nicht die höchste Form der Sittlichkeit ist, so darf sie doch nicht ignoriert oder gar durch unverantwortliche Sorglosigkeit um den guten Namen zerstört werden[178].

Wer über den guten Namen hinaus nach besonderer Ehre strebt, kann das auf ehrbare Weise nur tun, indem er sich über das allgemeine Maß hinaus für das Gute verdient macht. Die hochherzige Persönlichkeit bettelt nicht um Ehrerweise, aber verachtet die Ehre nicht, die ein Geschenk der Gemeinschaft ist. Die Freude über die Anerkennung des eigenen Wertes und der gemeinnützigen Leistungen durch die Gemeinschaft ist gesund[179].

Der gute Name und das Ehrenwertsein werden schon von Augustinus in ihrer sozialen Dimension hervorgehoben. „Wer ein untadelhaftes Leben führt, frei von Schuld und Untat, tut das für sich selbst. Wer aber darüber hinaus auf seine Ehre bedacht ist, leistet andern einen Dienst; denn wie unser gutes Leben für uns selbst notwendig ist, so ist unser guter Name notwendig für die andern.“[180]

Besondere soziale Gruppen, wie Ärzte, Richter, Rechtsanwälte, Offiziere, Politiker, die ein hohes Ethos der Ehre pflegen, leisten dadurch dem Gemeinwohl einen wertvollen Dienst, insofern sie ihre Ehre vor allem darin suchen, dem Gemeinwohl zu dienen und nicht als Interessengruppe nur an sich selbst denken.

Die Jünger Christi, vor allem jene, die sich dem Dienst des Evangeliums geweiht haben, werden nicht nur sorgsam auf den guten Namen jedes einzelnen oder der ganzen Gemeinschaft achten, sondern in Erfüllung ihrer Berufung jenes Ehrenwertsein hochhalten, ohne das sie nicht Licht der Welt sein können. So

---

[178] Vgl. *O. F. Bollnow,* Einfache Sittlichkeit 57.
[179] Vgl. *R. Egenter,* a.a.O. 73.
[180] *Augustinus,* De bono viduitatis XII: PL 40, 448.

kann das Ehrmotiv ein integrierender Teil ihres apostolischen Eifers sein. Je mehr das Ehrmotiv der Liebe zum Guten als solchem untergeordnet ist, um so anziehender wird es das Glaubenszeugnis machen. Die apostolische Gemeinschaft, die ein hervorragendes Beispiel der Glaubensfreude und Brüderlichkeit gab, wird so gerühmt: „Sie waren beliebt im ganzen Volk. Der Herr aber führte Tag für Tag Menschen, die zum Heil ausersehen waren, zur Gemeinde hinzu" (Apg 2,47; 4,34). Der Völkerapostel denkt nicht, daß das Motiv der Ehrenwertigkeit der Demut widerspricht. „Richtet euren Sinn nicht auf hohe Dinge, sondern lasset euch zu den geringen Dingen hinziehen; haltet euch nicht selbst für klug! Seid auf das Gute bedacht, das vor allen Menschen ehrenwert ist" (Röm 12,16f.; vgl. Phil 4,5; 1 Thess 4,12; 1 Petr 2,23; 3,16). Die Verehrung der Heiligen hebt das Ehrenwertsein der Heiligkeit ins Licht und kann ein zusätzlicher Ansporn sein, gemäß unserer Würde als Kinder Gottes im Dienste des Evangeliums und der Mitmenschen zu leben.

b) Die Rolle des Ehrgeizes in der heutigen Gesellschaft

Die Art der Sorge um den guten Namen, um Ehre und Ruhm wird vom wirtschaftlichen, sozialen und kulturellen Kontext mitbeeinflußt. Hans-Josef Buchkremer hat diesbezüglich eine interessante Studie vorgelegt[181]. Im Sturm des gesellschaftlichen Wandels fällt es vielen Menschen schwerer, ihre eigene Identität, ihren Selbstwert und Charakter zu formen. Die heranwachsende Generation ist nicht mehr wie früher in einer Großfamilie verwurzelt, die mehrere Generationen umfaßt. Die industrielle und bürokratische Welt neigt dazu, Menschen als statistisches Material zu bewerten, das nur nach der Funktion und den Leistungen gezählt wird. Der Bildungsgang ist ein Abbild der „Leistungsgesellschaft". Das Bild der Umwelt wandelt sich rasch, und die Massenmedien untergraben nicht selten jene gemeinsamen Überzeugungen, die früher in *einer* Tradition und *einer* Art der Moral das Volk vereinte[182]. „Im Zeitalter der Konfrontation der Moralordnungen, eines Bewußtseins der Koexistenz solcher Moralbereiche, scheint es angebracht, den Plural anzuführen und von Moralen und Sittlichkeiten zu sprechen."[183] So geschieht es, daß Leute, die unfähig sind, ihren eigenen moralischen Wert zu beurteilen, wie Süchtige nach Anerkennung durch andere verlangen.

In einer Leistungsgesellschaft ist die soziale Anerkennung weithin durch Erfolg und Leistung bedingt. Dann entsteht wie von selbst die Gefahr, daß man, anstatt Ehre durch Ehrenhaftigkeit im moralischen Sinn zu erwerben, von Ehrgeiz und Erfolgsstreben getrieben wird, die mit Charakterfestigkeit und Integrität nichts zu tun haben. „Aller Ehrgeiz ist im Grunde Leistungsehrgeiz, ein Streben, durch Leistung den Geltungswert des individuellen Selbst zu er-

[181] *H. Buchkremer*, Ehrgeiz (Stuttgart 1972).
[182] Ebd. 52–68.
[183] *A. Mitscherlich*, Die Unfähigkeit zu trauern (München 1962) 164.

höhen."[184] Der Ehrgeizige schaut vielfach auf Leistung nicht als einen Wert in sich selbst, sondern nur als ein Mittel, um in seiner Gruppe und in der Öffentlichkeit Anerkennung zu finden. Diese Haltung kann wirtschaftlichen Fortschritt und Produktion beschleunigen; sie kann Gleichgültigkeit und leichtsinnige Zerstörung verhindern, aber sie kann kaum die Menschenwürde erhöhen. In einem von diesem Ehrgeiz gekennzeichneten Lebensraum fühlt der erfolgreiche Schauspieler oder Geschäftsmann nicht mehr die Notwendigkeit, nach jener Art von gutem Namen und Ehre zu schauen, die auf Ehrenhaftigkeit und Charakterfestigkeit gründen.

Wir leben nicht mehr in einer Gesellschaft, die durch eine eindeutige und feste Tradition den Schwachen äußeren Halt bot und ihnen half, sich die äußeren Regeln innerlich anzueignen. Heute können nur Menschen, die aus innerer Werteinsicht sich an feste Verhaltensregeln halten und eine klare Schau des Lebens haben, der Versuchung dieser neuen Art des Ehrgeizes widerstehen. Eine Atmosphäre des gegenseitigen Mißtrauens kann die Lage noch erschweren. „Der habituell Ehrgeizige glaubt, nur durch den Ehrertrag seiner Leistung akzeptabel und respektabel zu sein. Ja, sein ehrgeiziger Leistungswille resultiert aus dem Mißtrauen gegenüber seiner eigenen Liebenswürdigkeit und einer vorurteilslosen Angenommenheit."[185]

Die hohe Wertschätzung der Ehre im alten Israel und in der altgermanischen Welt erklärt sich zum Teil durch die Situation des Exodus. Die wandernden germanischen Stämme, die kein Heim und keinen festen Boden unter den Füßen hatten, spürten, daß sie mit der Ehre alles verlieren würden. Die Ehre aber ruhte auf dem Ethos der Gefolgschaftstreue und der Gruppensolidarität. Die die Ehre begründende Gefolgschaftstreue aber mußte sich in der Tapferkeit bewähren. Noch mehr war bei den Israeliten, als sie alles hinter sich ließen, um die Freiheit und ihr eigenes Heimatland zu gewinnen, die Ehre an die Solidarität gebunden, an ein Leben gemäß dem Bunde mit Gott, der sich in der Gruppensolidarität zeigen mußte.

Ganz anders sind die soziologischen Voraussetzungen in einer Leistungsgesellschaft, wo weithin der Erfolg an die Stelle der Selbsttreue, der Treue zum andern und der Charakterfestigkeit tritt. „Ohne ein stärkendes Ideal des persönlichen Charakters werden wir zu schnell die Beute unseres sozialen Trieblebens, d.h. unserer Menschenfurcht, unseres Ehrgeizes, unserer sozialen Gefallsucht und anderer Herdengefühle."[186]

c) Den Ehrgeiz zähmen und integrieren

Der Ehrgeiz ist gut, wenn er zur rechten Zeit und am rechten Platz und für das rechte Ziel eingesetzt wird und sich einem umfassenderen Leitmotiv unter-

---

[184] *Ph. Lersch,* Aufbau der Person (München ⁸1962) 192.
[185] *H. Buchkremer,* a.a.O. 94; vgl. *D. Riesmann,* Die einsame Masse (Berlin 1956) 59.
[186] *E. W. Foerster,* Die Aufgaben der Erziehung (Freiburg i.Br. 1959) 3.

ordnet. Wo dagegen Ehrgeiz und soziale Ehre von der Wertskala geschieden sind, können wir leicht verstehen, warum die Jugend immer wieder gegen einen Lebensstil protestiert, in dem der Ehrgeiz zum Tyrannen wird. Die Jugendbewegung nach dem Ersten Weltkrieg und noch mehr die Protestbewegung der Jugend der 60er Jahre richtete sich gegen einen leerlaufenden Ehrgeiz und gegen die Idole bloßer Leistung. Aber der Protest selbst kann zum Leerlauf werden, wenn er keine höheren und klaren Ideale anbietet und nicht zu sozialer Verantwortlichkeit führt.

Der Ehrtrieb kann durch den Geist des Spieles veredelt werden. Echter Wettkampf im Sport ehrt den Mitbewerber und hält sich an Ehrenregeln. Wenn sich die Sphäre des Spieles glücklich entfaltet, wird die Angriffslust bezähmt. Der Mitbewerber wird nicht als Feind angesehen, sondern ist als Gefährte geachtet. Dieser Geist des Spieles sollte den Wettbewerb in Schule und Berufstätigkeit erfüllen[187].

Es hängt viel von der Weisheit und dem Verhalten der Eltern ab, ob die Energien des Ehrtriebs in rechte Bahnen gelenkt werden. Solange die Kinder der Liebe der Eltern gewiß sind und auch nicht zweifeln können, daß diese Liebe nicht von ihren Leistungen abhängt, kann der Appell an den Ehrtrieb ohne Gefahren gewagt werden. So bleibt der Ehrtrieb eine Motivkraft zweiten Ranges und führt nicht zu einem ehrgeizigen Charakter[188].

Der natürliche Ehrtrieb ist eine Quelle bedeutsamer Energien. Wird ihm nicht der rechte Platz zugewiesen oder wird er bloß verdächtigt, so werden diese wertvollen Energien fehlgeleitet[189]. Das Ziel der Erziehung und Selbsterziehung ist, diese Energien in die Kanäle gesunder Mitverantwortung, Treue und schöpferischen Schaffens zu leiten. Es ist wichtig zu sehen, welchen Stellenwert der Ehrtrieb für echte Mitmenschlichkeit und eine gesunde Ordnung des sozialen Lebens einnimmt.

Abgesehen von einer relativ geringen Minderheit von Menschen, die das Ideal gelassener Hingabe an das Gute erreichen, bedürfen alle zeitweise des Ehrtriebs, und nicht wenige bedürfen seiner stets. Das bedeutet keine Katastrophe, solange er den ihm gebührenden Platz im Gesamt der Wertantwort einnimmt. Wo es direkt um sittliche und religiöse Wertgebiete geht, muß ganz besondere Sorgfalt aufgewendet werden, daß der Ehrtrieb nicht zur bestimmenden Kraft wird; denn sonst könnte er leicht zu pharisäischer Selbstgerechtigkeit führen[190].

---

187 *H. Buchkremer,* a.a.O. 110; *A. Gehlen,* Urmensch und Spätkultur (Frankfurt a. M. ^{2}1964) 67.

188 *H. Buchkremer,* a.a.O. 84.

189 Vgl. O. *Willmann,* Didaktik (Freiburg i. Br. – Wien ^{6}1957) 309; *H. Buchkremer,* a.a.O. 114.

190 *H. Buchkremer,* a.a.O. 126. Der Verfasser macht sehr kritische, aber weithin zutreffende Bemerkungen über Ehrgeiz und Ehrgeiz fördernde Strukturen in religiösen Traditionen, vgl. a.a.O. 70ff. 95ff.

4. *Sorge für die eigene Ehre*

Sture Gleichgültigkeit bezüglich des eigenen guten Namens und der eigenen Ehre ist nicht besser als zügelloser Ehrgeiz. Dies gilt ganz besonders, wenn der Grund Verachtung des Denkens und Fühlens anderer und ein Mangel an sozialer Verantwortung ist.

Der Jünger Christi will nicht Ehrerweise annehmen, wenn er sich bewußt ist, sie nicht zu verdienen. Kann er sie nicht zurückweisen, so wird das ein Motiv mehr sein, sich ihrer würdig zu machen. Für einen reifen Menschen ist unverdiente Hochschätzung peinlich. Geht es jedoch nicht um einen besonders hohen Grad von Ehre und Hochschätzung, sondern einfachhin um den guten Namen, so muß dieser, auch wenn nicht einfachhin verdient, bewahrt werden, freilich nie zum Schaden anderer. Denn es geht um die Ermöglichung einer sinnvollen sozialen Einordnung. Damit jedoch die Sorge um den guten Namen nicht in Heuchelei entartet, muß der Abstand zwischen dem guten Ruf und der Wirklichkeit durch ein tiefes Gefühl der Unwürdigkeit vor Gott und den Menschen und durch ein ständiges Bemühen um das Ehrenwertsein und durch den Ehrerweis gegenüber andern überwunden werden.

Echtes Ehrgefühl widerspricht jeder Form von Selbstbeweihräucherung. Aber um einer höheren Sache willen ist es erlaubt, klug und maßvoll auf das Gute hinzuweisen, das man mit der Gnade Gottes zu tun fähig war, so wie der Völkerapostel es tat (vgl. 1 Kor 9,1–23; 2 Kor 3,1–16; Gal 1,10; 2,26).

Die Verpflichtung, die eigene Ehre hochzuhalten, betrifft vor allem jene, deren Dienst für das Gemeinwohl in hohem Maß vom guten Ruf abhängt. Das bedeutet selbstverständlich nicht Rechthaberei in kleinen Dingen. Der Christ wird unbedeutende Ehrverletzungen in einem Geist der Liebe und der Sorge für größere Dinge zu übersehen suchen. Er wird sogar Schmähungen schweigend hinnehmen, wenn dadurch seine soziale Ehre und Tätigkeit nicht Gefahr leidet. Auf jeden Fall ist es gegen den Geist Christi, Schmähung mit Schmähung zurückzuzahlen (vgl. Lk 6,28; 1 Kor 4,12; 1 Petr 2,23). Die Mahnung Christi, jenem, der uns ins Gesicht schlägt, die andere Wange hinzuhalten (Mt 5,39), verlangt zwar die Bereitschaft und Fähigkeit, stets die Ruhe zu bewahren, aber nicht eine buchstäbliche Erfüllung. Das wird deutlich durch das Verhalten des Herrn selbst, der Schmähungen der Pharisäer zurückweist (vgl. Joh 8,48ff.) und den Diener des Hohenpriesters, der ihm ins Gesicht schlug, mit würdiger Gelassenheit tadelt (Joh 18,22ff.).

In äußersten Fällen darf oder muß man sogar seine soziale Ehre gerichtlich schützen. Selbstverständlich müssen bei jeder Verteidigung der eigenen Rechte sittliche Bedingungen erfüllt sein: 1) Im Wissen, daß nur Gott absolute Ehre verdient, wird der Jünger Christi angesichts menschlicher Urteile und Meinungen nicht seinen inneren Frieden verlieren. 2) Es darf nur um die Ehre in ihrer sozialen Bedeutsamkeit gehen, nie aber um Rache. 3) Man muß jederzeit bereit sein zu voller Versöhnung. 4) Man muß um den guten Namen der anderen besorgt sein, sogar jener, gegen deren unrechte Aussagen man seinen eigenen Ruf verteidigt. Selbstverständlich müssen die Grenzen von Wahrhaftigkeit und Gerechtigkeit auch in der Selbstverteidigung eingehalten werden.

Der Begriff christlicher Ehre schließt selbstverständlich das Duell und ähnliche Maßnahmen zur Ehrverteidigung aus. Sie sind in sich völlig ungeeignet, die eigene Ehre wiederherzustellen.

5. Sünden gegen die Ehre des Nächsten

Niemand kann wahrhaft ehrenwert sein und seine eigene Menschenwürde achten, wenn er nicht die andern aufgrund ihrer wahren Würde ehrt. Wer zum Beispiel andere entehrt, nur weil sie anderer Hautfarbe sind, kann sich selbst nur wegen seiner Blässe oder Hautfarbe ehren, nicht aber als Person. Ein Frauenverächter kann sich selbst nur wegen seines nackten Mannseins ehren, nicht aber aufgrund seines Personseins. Das gilt von allen andern Formen der Verachtung oder Schmähung anderer aufgrund unwesentlicher Attribute. Wenn wir nun von den Sünden gegen die Ehre anderer reden, muß stets bedacht werden, daß der, der seine Mitmenschen entehrt, vor allem sich selbst entehrt.

a) Schmähung und Verweigerung des Ehrerweises

Die Sünden gegen die Ehre anderer sind so vielfältig, daß kein Sündenkatalog sie alle aufzählen kann. Und vielfach geschehen diese Sünden gedankenlos. Alle Sünden in Wort und Tun verraten die Unordnung in der Gesinnung, die Verachtung oder Mißachtung in Gedanken und Verlangen. Vielfältig sind diesbezüglich die Sünden der Unterlassung, das Versagen des Ehrerweises gegenüber dem Nächsten, zum Schaden der Bande der Gemeinschaft.

Nie können wir den andern zu sehr ehren, aber wir können ihm Ehre erweisen aus falschen Motiven und in falscher Weise. So darf zum Beispiel Anerkennung nie in unwürdige Schmeichelei ausarten. Wir sollen den andern ehren um seiner selbst willen und nicht, um eine Gunst zu erlangen.

In feierlicher Weise macht uns der Herr aufmerksam, welch große Sünde es ist, seinen Nächsten zu beschimpfen oder zu verhöhnen. „Wer zu seinem Bruder sagt: Du Schuft!, der soll dem Hohen Rat verfallen. Und wer sagt: Du Idiot! verdammt sich zur Feuerhölle" (Mt 5,22). Wir dürfen jedoch nicht vergessen, daß die konkrete Bedeutung und infolgedessen die Schwere der Beleidigung nicht von den Worten allein abhängt, sondern auch vom Ton und Kontext. Im 16. Jahrhundert beschimpften sich Katholiken und Reformatoren gegenseitig in einer so derben Sprache, daß es uns Heutigen kaum glaubwürdig erscheint. In manchen Subkulturen gelten harte Ausdrücke, die anderswo als schwere Beschimpfung empfunden würden, als angängige Methoden der Zurechtweisung. Natürlich müssen Christen in einem solchen Fall alles daran setzen, um einer höflichen Sprechweise zum Sieg zu verhelfen[191].

---

[191] Vgl. *Alphonsus de Liguori,* Theologia moralis, lib. III, n. 966.

Man kann das Ehrgefühl des Nächsten schwer verletzen nicht nur durch Worte, sondern auch durch Gesten und Handlungen. Die bewußte und verächtliche Verweigerung des Grußes oder eines anderen Ehrerweises, der unter den gegebenen Umständen erwartet werden dürfte, kann eine schwere Beleidigung sein.

Es genügt nicht, solche Sünden zu bereuen; sie müssen auch nach Kräften wiedergutgemacht werden. Das kann durch positive Zeichen der Hochschätzung getan werden. Eine schwere Verhöhnung verlangt ausdrückliche Abbitte, zumal wenn dies unter ehrenwerten Leuten Brauch ist. Öffentliche Beschimpfung verlangt öffentliche Wiedergutmachung. Dafür darf man freilich auf den geeigneten Augenblick warten, bis sich die Gemüter einigermaßen beruhigt haben. Eine ungeschickte Entschuldigung zur unrechten Zeit kann die Sache unter Umständen verschlimmern. Bei gegenseitiger Beschimpfung können wir nicht sagen, daß die Beleidigung des einen die des andern aufhebt. Obwohl in einer solchen Situation nicht behauptet werden kann, daß Wiedergutmachung aufgrund der Tauschgerechtigkeit bindend ist, so besteht doch eine ernste Verpflichtung der Liebe für beide Teile, sobald als möglich Versöhnung zu suchen und sich gegenseitig zu entschuldigen.

b) Verleumdung und Ehrabschneidung

Die Verleumdung ist eine lügenhafte Behauptung zum Schaden der Ehre eines andern. Ehrabschneidung ist jede unberechtigte Aussage, die den guten Namen des andern beeinträchtigt, auch wenn sie formell nicht gegen die Wahrhaftigkeit verstößt.

Verleumdung und Ehrabschneidung sind der Art nach schwere Sünden gegen Gerechtigkeit und Liebe. Da die Ehre ein geistiges Gut von hoher Bedeutung für den einzelnen und die Gemeinschaft darstellt, ist ein Angriff darauf an sich noch schwerer als Diebstahl. „Der gute Name bedeutet mehr als großer Reichtum“ (Spr 22,1). Die Schwere der Sünde der Ehrabschneidung ist zu beurteilen nach dem voraussichtlichen Ärgernis, dem Ehrenschaden, der Kränkung, der Beeinträchtigung des Berufswirkens, der Störung der Bande der Gemeinschaft und etwaigen zeitlichen Einbußen. Das Ausmaß des Schadens hängt nicht nur von der ehrenrührigen Aussage ab, sondern auch ganz wesentlich von den Umständen des Ehrabschneiders, seiner Zuhörer und des an der Ehre Angegriffenen.

Die Verleumdung ist sowohl objektiv wie ganz besonders subjektiv noch wesentlich strenger zu beurteilen als die einfache Ehrabschneidung, da sie nicht nur ein bedingtes, sondern ein absolutes Recht auf den guten Namen, und zwar in lügenhafter Weise, verletzt. Eine Ehrabschneidung bzw. Verleumdung kann auch begangen werden durch böswilliges Verschweigen, durch Mißdeutung und Verkleinerung des Guten, ja sogar durch eine Weise des Lobens, die in Wirklichkeit und der Absicht nach den andern herabsetzt.

Die Tatsache, daß jemand schon in zweifelhaftem Rufe steht, berechtigt nicht, einfachhin seine Fehler weiterzuerzählen. Dies ist kränkend und entmutigt ihn in seinem Bemühen, seinen guten Namen wiederherzustellen.

Andeutungen wie: „Wollte ich auch nur einen Bruchteil sagen...“, oder: „Ginge es mir nicht um seinen guten Namen, so könnte ich allerhand erzählen“, sind oft böswilliger und verheerender als ein sachliches Erzählen der Tatsachen. Zum Glück werden solche Redensarten von vernünftigen Menschen nicht allzu ernst genommen.

Es ist besonders schlimm, der Ehre ganzer Familien, Gemeinschaften und Volksgruppen zu schaden. Die Herabsetzung anderer Völker, vor allem durch ungerechte Verallgemeinerungen, widerspricht der allgemeinen Brüderlichkeit und schadet dem Frieden.

Auch die Toten haben ein Recht auf ihren guten Namen, wenngleich ihnen der Ehrverlust nicht mehr persönlich schaden kann. Aber ihre Angehörigen und Freunde werden dadurch verletzt. Unser Urteil über die Toten sollte immer zurückhaltend sein; denn sie haben vor dem Gericht des allheiligen Gottes gestanden, das wir noch zu bestehen haben.

Die Ehrabschneidung kann schwer sündhaft sein, auch wenn man den Fehltritt nur der einen oder andern Person „unter dem Siegel der Verschwiegenheit“ offenbart, falls dabei das Ziel lieblose Anschwärzung ist oder falls man mit Verschwiegenheit tatsächlich nicht rechnen kann. Spricht man sich jedoch nur aus zur Entlastung des Herzens oder um bei einem verschwiegenen reifen Menschen Rat zu suchen, so ist von Ehrabschneidung keine Rede.

Das Aufdecken fremder Fehler kann unter Umständen rechtmäßig und sogar pflichtgemäß sein, um andere, sich selbst oder die Gemeinschaft vor ungerechtem Schaden zu bewahren, um dem Übeltäter Einhalt zu gebieten oder zu seiner Besserung wirksam beizutragen. Wer unehrenhaft gehandelt hat, besitzt nur mehr ein bedingtes Recht auf seinen guten Namen, insoweit nämlich, als die Bewahrung seiner innerlich unverdienten Ehre für die Gemeinschaft, für ihn selbst und für andere sich aufs Ganze gesehen positiv auswirkt. Glaubt jemand, einen bislang geheimen Fehler eines andern offenbaren zu sollen, so muß er sich über seine Motive ernst prüfen und die allseits zu erwartenden Schäden wohl abwägen. Man darf zutreffende Tatsachen, die andern an der Ehre schaden, offenbaren, um sich selbst vor größerem, ungerechtem Schaden an Ehre oder materiellen Gütern zu schützen. Aber auf keinen Fall ist es erlaubt, fremde Sünden und Fehler, die weiter niemand schaden, aufzudecken, um aus dem Ehrverlust des andern Gewinn zu schlagen, zum Beispiel zur Ausschaltung einer sonst redlichen Konkurrenz.

Man darf und soll Betrüger entlarven, soweit dies notwendig ist, um sie unschädlich zu machen. Man darf Verlobte auf geheime schwere Vergehen oder Fehler des andern Teiles aufmerksam machen, wenn dies der einzige Weg ist, um sie vor einer unglücklichen Ehe zu bewahren. Man darf den Arbeitgeber auf einen gefährlichen Charakterfehler (z.B. Kleptomanie) eines Angestellten aufmerksam machen, um ihn vor schwerem Schaden zu bewahren, aber nur wenn dadurch dem Angestellten nicht eine verhältnismäßig größere materielle und sittliche Gefahr drohen würde.

Die Wähler haben ein Recht, diejenigen Fehler der Bewerber zu erfahren, die sie für das Amt untauglich oder unwürdig machen. Aber ihre private Ehre bezüglich geheimer Fehler und früherer Sünden, die mit dem angestrebten Amt nichts zu tun haben, darf ebensowenig angetastet werden wie bei bloßen Privatpersonen.

Wurde eine ehrenrührige Sache in entstellter und vergröberter Form in die Öffentlichkeit gebracht, so kann es eine Liebespflicht sein, den Schaden durch wahrheitsgetreue Darstellung des ganzen Sachverhaltes zu mildern. Das gilt besonders, wenn es um die Ehre von Amtspersonen geht.

Über öffentlich bekannte ehrenrührige Dinge darf man aus einem vernünftigen Grund reden. Unnützes und gehässiges Reden über solche Dinge ist jedoch nie am Platz.

Ehrenrührige Fehler der Angehörigen einer Familie oder geschlossenen Gemeinschaft dürfen nicht außerhalb dieses Kreises besprochen werden, wenn nicht triftige Gründe es notwendig machen.

Vor allem jene, die vor Gericht zu Gefängnisstrafen verurteilt wurden, haben ein Recht auf schonende Liebe. Juristisch gesehen gilt die Ehre des durch Richterspruch Verurteilten in dieser Hinsicht als öffentlich zerstört, sozusagen zur Sühnung für seine Tat. Aber das umfassende Gebot für den Christen ist die Liebe. Dem Vorbestraften, der an einem Ort oder zu einer Zeit, da sein Vergehen in Vergessenheit geraten ist, ein neues anständiges Leben anfangen will, darf dies nicht durch ein Auffrischen der Angelegenheit sozial unmöglich gemacht werden. Nur solange ein Verbrecher gemeingefährlich bleibt, darf er keine Schonung seiner verwirkten Ehre erwarten.

c) Ohrenbläserei

Eine besonders giftige Form der Ehrabschneidung ist die Zuträgerei, die darauf ausgeht, die gute Freundschaft zweier Menschen zu zerstören, eventuell um selber die Stelle des Angeschwärzten einzunehmen. Dem Ohrenbläser geht es nicht eigentlich um die Schädigung des guten Rufes, sondern um die Zerstörung des Vertrauensverhältnisses zwischen andern. Er sündigt gegen Liebe und Gerechtigkeit in häßlicher Weise. Das Urteil der Schrift über ihn ist sehr streng: „Fluch für den Ohrenbläser und den Doppelsinnigen; denn viele, die im Frieden lebten, haben sie zugrunde gerichtet... Wer ihnen Gehör schenkt, wird keine Ruhe und keinen Herzensfrieden finden“ (Sir 38,13–16; vgl. Röm 1,29).

Besonders verabscheuungswürdig sind anonyme Zuträger und Ehrabschneider. Unter ehrliebenden Menschen sollten anonyme Briefe keine Beachtung finden. Das Opfer der Ohrenbläserei hat das Recht, den Angreifer zur Rede zu stellen oder bloßzustellen.

Die Zerstörung sündhafter Freundschaften auch durch den Hinweis auf geheime Fehler, soweit dies dem guten Zweck dient, ist nicht Ohrenbläserei, sondern unter Umständen ein pflichtgemäßer Akt der Liebe.

d) Verantwortungslose Mitwirkung bei Ehrabschneidung

Wer durch sein Verhalten, und sei es auch nur durch sein Schweigen, einen andern wirksam zu einer Ehrabschneidung veranlaßt, sündigt genauso wie der Ehrabschneider. Dem Ehrabschneider sollte niemand zuhören; man sollte ihn zum Schweigen bringen, seinem Mißfallen Ausdruck geben oder doch das Gespräch baldmöglichst auf ein anderes Thema lenken. Man ist jedoch nicht zu offenem Widerspruch verpflichtet, wenn man fürchten muß, so den Ehrabschneider in seiner Haltung nur zu versteifen. Vorgesetzte haben eine besondere Pflicht der Gerechtigkeit und Liebe, die Ehrabschneidung unter ihren Untergebenen oder zum Schaden ihrer Untergebenen nach Kräften zu verhindern. Nicht selten haben sie die Pflicht, auf Wiedergutmachung zu drängen.

Der Schaden, der durch Verleumdung, Ehrabschneidung und Zubringerei angerichtet worden ist, kann oft nicht mehr gutgemacht werden. Eine ehrliche Bekehrung verlangt jedoch, das Mögliche zu tun, den Schaden einzudämmen. Alle, die sich an dieser ungerechten Schädigung der Ehre, an der Kränkung und dergleichen beteiligt haben, sind zu Widergutmachung gehalten, jeder nach dem Maß seiner Schuld. Auch jene, die aus bloßer Gedankenlosigkeit gehandelt haben, müssen, sobald sie das Unrecht sehen, die Schadenfolgen ihres Tuns nach Möglichkeit zu beheben suchen.

Zweites Kapitel

Eine Moral der Schönheit und Herrlichkeit

Im vorausgehenden Kapitel ging es um die unauflösliche Einheit zwischen Wahrheit und Treue. Der Hunger und Durst nach Wahrheit und die Notwendigkeit, gemeinsam die Wahrheit zu suchen und zu tun, bereiten den Weg zur Treue; und die Treue ihrerseits öffnet stets neue Horizonte der Wahrheit. Weiter sahen wir, daß Selbstachtung und Ehrerweis ihren Wert und ihre Schönheit von Wahrheit und Treue her haben. In diesem Kapitel wenden wir unsere Aufmerksamkeit dem Schönen als Widerstrahl der göttlichen Herrlichkeit zu. Wir betrachten das Schöne in all seinen Dimensionen als Glanz des Wahren und Guten. Es ist ein Zugang zur Fülle der Wahrheit und die anziehende Kraft des Wahren und Guten selbst, das den Menschen stets neu einlädt, nicht nur nach dem Wahren und Guten zu suchen, sondern sich ihnen zu weihen.

Die Dimensionen des Wahren und Guten, die wir hier erforschen, haben in einer Moral, die für Beichtväter und Verwalter geschrieben ist, kaum einen Platz. Aber in einer biblisch ausgerichteten Moral, die schöpferischer Freiheit und Treue besondere Aufmerksamkeit schenkt, können wir die Dimensionen des Schönen nicht vernachlässigen. Eine Moral unter dem Gesetz der Gnade ist ihrer Natur nach dem Schönen und der schöpferischen Gestaltung zugewandt. Wir betrachten Schönheit in der göttlichen Offenbarung als eine allgegenwärtige Qualität des Seins (I). Dann wenden wir uns dem Bezug des Christen zur Kunst und der Bedeutsamkeit des künstlerischen Schaffens für eine Moral schöpferischer Freiheit und Treue zu (II). Eine Moral der Seligpreisungen unter dem befreienden Gesetz der Gnade weiß um die Bedeutung von Fest und Feier (III), von Spiel und Tanz (IV) und schließlich um die Rolle des Humors (V).

I. Schönheit als eine Dimension aller Werke Gottes

1. Das beschenkende und befreiende Geheimnis

Schönheit als überflüssig zu betrachten, macht menschliches Leben armselig und unfruchtbar. Für den Christen, der die Herrlichkeit Gottes anbetet, ist Verachtung des Schönen ein Verrat am Geiste, denn das Schöne ist der Glanz des

Wahren und des Guten, ihr geschenkhafter Charakter[1]. Das Schöne spricht zum ganzen Menschen und offenbart ihm die anziehende Kraft alles dessen, was gut und wahr ist. Wer sich dem Wahren und Guten mit all seinen Kräften geweiht hat, wird immer mehr beglückt sein vom Schönen.

Schönheit öffnet sich nicht einem kalten Denken oder dem Berechnen des Nützlichen; sie ist der liebenden Betrachtung vorbehalten. Ihr Glanz erfüllt den Geist und die Sinne mit Entzücken. Der Gläubige betrachtet die Schönheit als einen Widerstrahl des Geistes, in dem Geist und Gemüt ihre Ruhe finden, ein seliges Daheimsein in der Wahrheit und im Guten jenseits allen Zweckdenkens.

Wir lassen uns auf keine Spekulationen ein, wie Engel das Schöne erfassen. Vom Menschen aber wissen wir, daß das Schöne ihn in seiner Ganzheit anspricht und erfaßt. Das Schöne, das geschaut, gehört, verkostet und sozusagen berührt wird, lädt zur Harmonie aller Seelenkräfte ein. Der göttliche Künstler spricht seine Botschaft dem Geiste zu, aber er spricht auch in Klang, Farbe und Gestalt. Er will, daß das Kennen des Wahren und Guten den Menschen entzückt und ihn so befreiend in Anspruch nehmen kann.

Das Schöne ist nicht eine äußere Zutat zum Wahren und Guten. Es reicht so weit als das Sein. „Das Wahre und das Gute – das Sein – ist schön, d. h. Freude und Seligkeit des Geistes."[2] Gerade durch ihren Glanz können das Wahre und das Gute Gemeinschaft stiften, Herz und Geist der Menschen vereinen. Der neue Himmel und die neue Erde, die wir erwarten, sind die Gemeinschaft im Wahren und Guten, in Liebe und Freude, die strahlen in Gottes Schönheit. Die menschliche Gemeinschaft, auf dem Weg zur seligen Gemeinschaft ewiger Liebe, kann auf das Schöne und seine sanfte Gewalt, Menschen in wahrer und liebender Gemeinschaft zu vereinen, nicht verzichten.

Der Gemeinschaft der Gläubigen bedeutet das Schöne mehr als denen, die nicht wissen, daß alles Offenbarung Gottes ist. Der Christ kennt den Namen der höchsten Schönheit. Wie Thomas von Aquin sagt: „Schönheit ist einer der göttlichen Namen."[3] Gott ist die Fülle und Quelle alles Schönen, unbefleckter Glanz und beseligendes Licht. „Gott ist Licht, und in ihm gibt es keine Finsternis" (1 Joh 1,5). Er ist „der Vater der Herrlichkeit" (Eph 1,17).

Alles Geschaffene ist schön; denn er, der sich in ihm offenbart, ist der Allschöne. In und jenseits von Schöpfung und Erlösung ist die göttliche Herrlichkeit der Widerstrahl des dreieinigen Lebens und Liebens Gottes. Von Ewigkeit gibt der Vater dem Sohn Anteil an seiner Herrlichkeit, und dieser ist „der Abglanz seiner Herrlichkeit und Ebenbild seines Wesens" (Hebr 1,3). Der Name Schönheit steht dem menschgewordenen Worte, dem sichtbaren Abbild des

---

[1] Vgl. *H. Charlier,* L'art dans la communauté, in: Problèmes de l'art sacré (Paris 1951) 138; vgl. *H. Hermann,* Glanz des Wahren. Von Wesen, Wirken und Lebensbedeutung der bildenden Kunst (Freiburg i. Br. [3]1952).

[2] *A. Marc,* Dialectique de l'affirmation (Paris 1952) 238.

[3] *Thomas von Aquin,* De divinis nominibus, cap. IV, lect. 5 u. 6; vgl. *K. Barth,* Kirchliche Dogmatik II/1 (Zürich 1946) 733ff.

Vaters aller Schönheit zu. Augustinus folgend, sagt Thomas vom ewigen Wort des Vaters: „Als das vollkommene Wort, dem nichts mangelt, ist es gewissermaßen das Kunstwerk des allmächtigen Gottes."[4] Der Eingeborene des Vaters ist „Licht vom Licht". So kann er von dem Reichtum des Wahren und Guten, das in ihm aufleuchtet, sprechen als „von der Herrlichkeit, die er von Ewigkeit beim Vater hat" (Joh 17,5). Alles, was im Worte Gottes geschaffen ist, und alles, was Jesus spricht, tut und vorlebt, die ganze Herrlichkeit der Heilsgeschichte, kommt vom Geheimnis des dreieinigen Gottes und wendet unsere Augen und unser Herz zu ihm.

Der Urquell aller Schönheit und aller Ehre im Himmel und auf Erden ist die ewige Liebesherrlichkeit, die Gott bei sich selber hat. Der Vater spricht all seine Herrlichkeit dem Sohne zu, und darum sieht er in ihm seine unendliche Schönheit widerstrahlen. Der Sohn aber schenkt sich ihm zurück mit gleicher Liebe, in der Glut des Heiligen Geistes. Der Heilige Geist, Gabe und Antwort der Liebe, ist „der Geist der Herrlichkeit". Seit aller Ewigkeit, noch bevor die Seraphim ihr Dreimal-Heilig sangen, feiert Gott in seinem dreieinigen Leben und Lieben das heilige Wort und die Antwort der Herrlichkeit. Der Vater ehrt den Sohn, den Widerschein seiner Herrlichkeit; der Sohn ehrt den Vater im Heiligen Geist. Vater und Sohn verherrlichen den Geist der Liebe.

Da der dreieinige Gott die Fülle des Seins und der Schönheit selbst ist, deshalb finden sich überall, wo Leben in gegenseitiger Liebe ist, gegenseitige Ehre, Schönheit, der Glanz der Wahrheit und der Liebe. In der Betrachtung der ewigen Schönheit Gottes ruft Augustinus außer sich vor Freude aus: „Wie schön ist alles, da du es gemacht hast, aber wie unaussprechlich mehr bist du schön, der Schöpfer von allem."[5]

Die unerschaffene Schönheit wird in einzigartiger Weise sichtbar in menschlicher Form durch das menschgewordene Wort. „Wir sahen seine Herrlichkeit, eine Herrlichkeit, wie sie im eingeborenen Sohn vom Vater widerstrahlt, voll von Gnade und Wahrheit" (Joh 1,14). Diese Offenbarung übertrifft bei weitem die Lichtwolke, die das alttestamentliche Volk über der Bundeslade sah. In Christus ist die ewige Schönheit Mensch geworden und strahlt auf einem Menschenantlitz. „Was von Anfang an gewesen ist, was wir gehört, was wir gesehen haben mit unsern eigenen Augen, was wir geschaut haben und was unsere Hände berührt haben, davon kündet die Botschaft von dem Lebenswort" (1 Joh 1,1).

Auch hier begegnen wir der Kontrastharmonie von Entbergung und Verborgenheit. Das Leben Jesu und besonders das Ostergeheimnis spricht von beidem. Nur jene, die die äußerste Demut, die Kenosis des Gottessohnes als Lebensregel annehmen, werden seine Herrlichkeit schauen und daran teilnehmen. „Euer Umgang miteinander entspreche dem Leben in Christus Jesus: Er, der im göttli-

---

[4] S.th. I q 39 a 8.

[5] *Augustinus*, Confessiones XIII, cap. XX, 28: PL 32, 856.

chen Dasein lebte, hat es nicht wie eine Beute angesehen, Gott gleich zu sein, sondern hat sich dessen entblößt, um in ein Sklavendasein einzutreten, so wie es die Menschen leben, ihnen gleich. Unter den Bedingungen menschlichen Lebens war er zu finden und hat sich selbst erniedrigt, gehorsam bis zum Tode, zum Tode am Kreuz. Darum hat Gott ihn zur höchsten Höhe erhoben" (Eph 2,5–9). Eine Moral der Schönheit und Herrlichkeit kann nicht an der Erfüllung der Voraussage vorbeigehen: „Er hatte weder Gestalt noch Schönheit, daß wir nach ihm geschaut, kein Ansehen, daß er uns gefallen hätte" (Jes 53,2). Er, dessen Name Schönheit ist, ließ sich von unserm Elend entstellen. Denn infolge der Sünde hatte der Mensch keinen Anteil an der Herrlichkeit Gottes. Er hatte die Schönheit und Ehre verwirkt, die Gott ihm von Anfang an zugedacht hatte. Er, der der Lichtglanz und Widerschein der Herrlichkeit des Vaters ist, nahm die Schmach des Kreuzes auf sich, um Gnade und Herrlichkeit für all jene wiederzugewinnen, die ihn als den Herrn bekennen, „Gott, dem Vater, zum Preis" (Phil 2,11).

Schönheit, Ehre und Herrlichkeit lassen sich nicht von ihrer Quelle, der Herrlichkeit Gottes, trennen. Nur wenn wir uns mit Christus in der Verherrlichung des Vaters vereinen, können wir in der Wahrheit leben und uns ihres Glanzes erfreuen. Das der Heilsgeschichte zentrale Geschehen der Verherrlichung Gottes ist das Werk des Heiligen Geistes, der sich selbst verschenkenden Liebe. Jesus, der vom Heiligen Geist Gesalbte, der alles vom Vater empfängt und sich in unbegrenzter Liebe zurückschenkt, wird für uns zur Quelle des lebendigen Wassers, des Heiligen Geistes. Der Geist der Wahrheit, den er jenen verleiht, die ihm auf dem Weg der Demut folgen, ist „der Geist der Herrlichkeit" (1 Petr 4,14).

Der göttliche Glanz, der von der Menschheit des verherrlichten Christus ausstrahlt, ist Voraussetzung und Quelle der Transfiguration, die den Heiligen Anteil an der Herrlichkeit Gottes verleiht. Was der Christ erhofft, ist nicht nur Seligkeit der Seele, sondern die Auferstehung des Leibes in Herrlichkeit, der in der Schönheit Christi erstrahlen wird. Deshalb ehrt er seinen Leib und den der andern als „Tempel des Heiligen Geistes" und erfüllt so das Gebot: „Verherrlicht Gott mit eurem Leibe!" (1 Kor 6,19f.)

Die Symbole und Namen, unter denen wir Christus verehren, weisen uns auf seine Schönheit: „Licht der Welt" (Joh 8,12), „das sichtbare Bild des unsichtbaren Gottes" (Kol 1,15), „leuchtender Morgenstern" (Offb 22,16). Indem wir in ihm, mit ihm und in der Kraft des Heiligen Geistes dem Vater alle Ehre geben, verstehen wir die Frohbotschaft, daß auch wir „ein Licht für die Welt" sein dürfen. Jene, die dem Herrn in Herzensreinheit dienen, verstehen ihre Berufung und Sendung in diesem Licht: „So soll euer Licht vor den Menschen leuchten: im Blick auf eure guten Werke sollen sie euren Vater im Himmel preisen" (Mt 5,16).

Wie unsere Sendung auf Erden, so ist auch unsere endzeitliche Hoffnung in Bildern von Schönheit und Herrlichkeit geoffenbart. Bis zu seinem Kommen in Herrlichkeit schenkt uns Christus den Geist der Wahrheit, den Geist der Liebe und Herrlichkeit, auf daß wir jetzt Gott verherrlichen und dereinst an seiner Schönheit und Herrlichkeit teilnehmen. Christus möchte „sich die Kirche in strahlender Herrlichkeit zuführen, ohne Flecken, Runzeln oder dergleichen, heilig und ohne Fehler" (Eph 5,27). Die Gemeinschaft derer, die in allem zuerst Gottes Ehre suchten, wird am Ende in Herrlichkeit erstrahlen „wie eine Braut, die für ihren Mann geschmückt ist" (Offb 21,2). Der Seher von Patmos drückt seine Freude über die Zukunftshoffnung in Bildern von Herrlichkeit und Schönheit aus. Er sieht die heilige Stadt, die Gottes Werk ist, „strahlend hell durch Gottes Herrlichkeit. Ihr Glanz gleicht dem eines kostbaren Edelsteines, wie funkelnder Jaspis" (Offb 21,11). Alles ist Lichtglanz und Pracht. „Die Stadt bedarf nicht, daß Sonne und Mond ihr scheinen; denn Gottes Herrlichkeit hat sie licht gemacht: ihr Leuchter ist das Lamm" (Offb 21,23).

Auch in den Evangelien kommt diese Dimension vielfach zur Geltung. „Die Gerechten werden hell aufstrahlen wie die Sonne im Reiche ihres Vaters" (Mt 13,43). Sie haben der Ehrsucht, Herrschsucht und Selbstvergötterung abgesagt durch die Vereinigung mit Christus, und aus der Kraft und Freude des Evangeliums das Kreuz getragen. Inmitten der Trübsal haben sie schon einen Vorgeschmack des ewigen Lobpreises: „Laßt uns jubeln und jauchzen und ihm die Ehre geben! Denn die Hochzeit des Lammes ist gekommen, und seine Braut hat sich bereit gemacht; und eine glänzend reine Leinwand ist ihr gegeben, mit der sie sich kleiden darf. Das sind die Rechttaten der Heiligen" (Offb 23,7–9). Eines der zentralen Symbole christlichen Glaubens und Lebens ist die Frau, „die die Sonne zu ihrem Kleide hat und unter ihren Füßen den Mond, auf ihrem Haupte eine Krone von zwölf Sternen" (Offb 12,1). Es ist Maria, die Mutter des Herrn, die schönste der Frauen, und es ist die Kirche, insoweit sie mit Maria dem Gottesknecht folgt.

Noch fragen sich manche: „Darf der Christ ein Liebhaber der Schönheit sein?" Aber wie wäre es möglich, die Schönheit nicht zu lieben! Sie ist das Heim und die Hoffnung des Christen; denn sein ganzes Leben wendet sich hin zu „der Herrlichkeit Gottes, die im Antlitze Christi erstrahlt" (2 Kor 4,6). Und diese Herrlichkeit ist für uns alle bestimmt. Für jene, die unablässig Gott im menschgewordenen Wort betrachten und die Herrlichkeit des Vaters zum Leitmotiv ihres Lebens machen, erfüllt sich stets neu das hohepriesterliche Gebet Jesu: „Ich habe ihnen die Herrlichkeit gegeben, die du mir gabst, damit sie eins seien, wie wir eins sind..., damit sie meine Herrlichkeit schauen, die du mir gegeben hast" (Joh 17,22–24). Gottes eigene Schönheit ist der Urquell unserer Freude, unserer Kraft, unserer Liebe und unserer Gemeinschaft mit allen Kindern Gottes[6]. Man kann sich als Christ das ewige Leben nicht vorstellen ohne den Lobpreis der Herrlichkeit Gottes, dessen Wahrheit und Liebe für uns in seiner Herrlichkeit erstrahlen.

---

[6] *Augustinus,* De civitate Dei XXI, 29–33: PL 41, 796–804.

2. Moralpsychologische Bedeutung des Schönen

Dankbare Freude am Schönen und Offenheit für seine Botschaft sind unerläßlich für eine sakramentale Sicht des christlichen Lebens. Ralph Waldo Emerson mahnt uns: „Verpasse keine Gelegenheit, etwas Schönes zu sehen; denn Schönheit ist die Handschrift Gottes, sozusagen ein Sakrament." Die neutestamentlichen Schriften haben das Wort *charis* gewählt, das den Charme des Schönen bezeichnet, um die Botschaft von der Gnade und Huld Gottes auszudrücken[7].

Die Erfahrung des Schönen öffnet in einzigartiger Weise den Zugang zu Werterfahrung insgesamt, zum Ergreifen des Guten als eines huldvollen Geschenkes, des Guten und Wahren in ihrem anziehenden Glanz. In der dankbaren Begegnung mit dem Schönen überschreiten wir den Raum von Gewinn und Nützlichkeit. Und nicht weniger lassen wir eine Moralität hinter uns, die nur das lieblose „du mußt" kennt. Jene, die das Schöne kennen, werden sich nicht einer trokkenen Moral verschreiben, die sich vom Glanz des Wertes getrennt hat. Wer von der Bewunderung des Schönen erfüllt ist, wird es nicht nur in Natur und Kunst bewundern, sondern mit besonderer Dankbarkeit und staunender Freude die Schönheit im Menschen erkennen, der sich ganz dem Guten und Wahren hingibt[8].

Wer sich nicht dem ganzen Reich des Schönen überlassen kann, durch das Gott seine Herrlichkeit offenbart, wird kaum den moralischen Wert in seiner inneren Würde und Schönheit erfassen. Jemand mag einwenden, daß die Erfahrung des Schönen als solche nichts mit Moral zu tun hat, da doch die Wertantwort auf das Schöne spontan im Innersten widerhallt, und daß eine zweckhafte oder imperative Annäherung an dasselbe den Menschen nicht auf der rechten Wellenlänge findet. Auf der andern Seite mag man betonen, daß die Moral mit dem majestätischen Ruf zur Selbstverpflichtung und Treue verbunden ist, während das Schöne nichts anderes ausspricht als Wonne. Auf diesen Einwand ist zu erwidern, daß dabei das Gute allzusehr von der nackten Pflicht her gesehen und die Sphäre des Schönen nicht genügend ernst genommen wird. Eine solche Moralauffassung beraubt das Gute seiner Anziehungskraft und seines geschenkhaften Charakters, wodurch es Dankbarkeit erzeugt, eine Hauptenergiequelle einer Moral unter dem Gesetz der Gnade. Während wir eine Person bewundern, die das Gute auch dann tut, wenn es schwerfällt, so können wir doch nicht eine Moral lieben, die das Gemüt verarmt. Christus verkündet eine frohe Moral der Gnade und Seligkeit und verspricht seinen Jüngern seinen Frieden und die Kunst, inmitten der Schwierigkeiten zu frohlocken.

Eine Moral der Schönheit und Herrlichkeit ist viel reicher als jene der bloßen Pflicht und Warnung. Im Raum des Schönen kann sich leichter ein liebendes

---

[7] *H. U. von Balthasar*, Herrlichkeit. Eine Theologie der Ästhetik. Bd. I: Schau und Gestalt (Einsiedeln 1961) 31.

[8] *H.-G. Gadamer*, Wahrheit und Methode. Grundzüge einer philosophischen Hermeneutik (Tübingen 1960) 36.

und dankbares Verhältnis zum Ganzen des Lebens entfalten. Das ganze Dasein wird als herrliche Gabe und als ein anziehender Ruf erfahren, der eine liebende Antwort hervorlockt. Wer dem Schönen in all seinen Dimensionen erlaubt, seine Botschaft auszusprechen, der weiß, daß das Leben sinnvoll, ein wundervolles Geschenk und eine große Chance ist. Wer kann sich zum Beispiel rückhaltslos der Schönheit der Werke von Mozart, Beethoven, Bach und andern öffnen, ohne den Geist des Ganzen zu erahnen und Vertrauen zu gewinnen, daß das Leben lebenswert ist? Kann uns nicht die Dankbarkeit für den Duft und die Schönheit einer Blume der Welt des Geschenkhaften öffnen?

Eine Moral, die sich ganz in der einen Frage erschöpft: „Was muß ich tun?", wird es kaum sinnvoll finden, sich mit der Wertantwort auf das Schöne zu befassen. Aber sobald das Grundanliegen der Moral lautet: „Welche Art von Persönlichkeit möchte ich werden?", öffnet sich ein neuer Verstehenshorizont. Dann können wir die Bedeutsamkeit des Schönen für das Reich des Wahren und Guten und für unser ganzes Leben nicht übersehen. Die Sorge für eine gesunde und schöne Umwelt und würdige Beziehungen zu andern ist dann eine wesentliche Dimension unserer Verantwortlichkeit.

Da das Schöne ganz und gar Geschenk ist, ist unser Verhältnis zu ihm zwanglos. Gerade die Dankbarkeit, die uns zur Freude fähig macht, wird uns bewegen, das Gute und Wahre in seiner ganzen Schönheit zu pflegen. Das Schöne braucht in der Ordnung unseres Lebens Raum und Zeit, aber nicht nur neben andern Bereichen, sondern als eine allgegenwärtige Dimension unseres Daseins.

Eine tiefe Erfahrung des Schönen betrifft den ganzen Menschen: Gemüt, Verstand und Willen, Herz und Geist. Die transzendentalen Eigenschaften des Seins – das Gute, das Wahre, das Schöne und das Einssein – lassen sich nicht auseinanderreißen. Die Vernachlässigung einer dieser Dimensionen hat verheerende Folgen für die andern[9]. Nimm dem Guten und Wahren seinen Glanz, und du hast sie zur Verborgenheit verurteilt. Trenne die Ästhetik vom Gutsein und der Wahrhaftigkeit des Lebens, und du hast sie sinnlos gemacht. Verschließe den Zugang zum Schönen, und viele Tore, die zum Guten und Wahren führen, werden zugeschlagen[10]. Nimm zum Beispiel die Freude am Schönen aus dem Leben des hl. Franz von Assisi, und du wirst ihn nicht mehr verstehen und nicht mehr mit ihm froh sein.

Sobald wir verstanden haben, daß das Schöne ebenso wie Einheit, Wahrheit und Gutsein eine transzendentale Dimension ist, werden wir es leichter in Gott und in all seinen Werken, in Schöpfung und Geschichte, in der Menschwerdung des Wortes Gottes und im Ostergeheimnis entdecken. Dann wird es leichter sein, den Riß zwischen der Sphäre der Liebe und des Kennens zu über-

---

[9] *H. U. von Balthasar,* a.a.O. I 9.
[10] Vgl. *H. E. Bahr,* Theologische Untersuchung der Kunst. Poiesis (München – Hamburg 1965) 26ff.

winden „durch die Betrachtung der göttlichen Schönheit, in der der Geist der Wahrheit, der leuchtende Glanz der göttlichen Schönheit ist“[11].

Wird im Gesamt der Erziehung und Theologie der Wert des Schönen vernachlässigt, so bleibt schließlich nichts mehr übrig als die Moral der Despoten oder Krämer, das zielbewußte Rechnen des *homo faber,* der, so erfolgreich er in seinem Streben sein mag, es verlernt hat, ein Künstler zu sein und auch im Schaffen und Gebrauchen der Dinge eine Quelle der Freude zu finden. Die Entfremdung vom Schönen unter Moralisten und Erziehern hat aus der biblischen Moral mit ihrer Dankbarkeit, Freude und Ganzheitssicht ein schmerzvolles Seufzen unter unverständlichen Imperativen, Gesetzen und Kontrollen gemacht, eine kalte Begegnung mit Pflichten oder ein kleinliches Aufrechnen von Verdiensten und Mißverdiensten für die andere Welt. Eine Moral, die keinen Sinn für Schönheit und Herrlichkeit hat, weiß nichts von der Seligkeit, die dem Guten und Wahren innewohnt und ein Widerhall der Herrlichkeit des allheiligen Gottes ist.

3. *Bewunderung und Anbetung*

a) Freiheit in der Anbetung

Für Augustinus ist Schönheit die Stimme der Schöpfung zum Lobpreis Gottes[12]. Nur in Lobpreis und Danksagung, sagt er, kann man „mit dem Auge des Herzens“ die Schönheit sehen, die Gottes Herrlichkeit ausstrahlt[13].

Um eine ähnliche Synthese zu finden, wie sie die patristische und mittelalterliche Theologie auszeichnet, wenden wir Christen von heute uns in besonderer Weise einer zentralen Wahrheit der Heiligen Schrift zu, der Herrlichkeit Gottes[14]. Diese Ganzheitssicht ist anbetende Zuwendung zu Gott in allem, „freilich, um dann von dorther zu verantwortlichen Hütern der Herrlichkeit auch in der Schöpfung zu werden“[15]. Gott ist herrlich in seinem inneren Leben, in seinem Wort und Werk, in seiner Frohbotschaft, in seiner Gnade und so auch in seinem Gesetz. Jene, die sich seiner Gnade öffnen, wissen, daß alles, ganz besonders aber die Annahme an Kindes statt, „zum Preis seiner herrlichen Gnade geschehen ist“ (Eph 1,6). Dies ist auch der entscheidende Inhalt des ersten Regelentwurfs des hl. Franz von Assisi. Mit der ganzen Schöpfung wollen er und seine Brüder den Lobpreis auf die Liebe Gottes, auf seine Güte und Schönheit singen[16]. Für ihn ist „Schwester Armut“ schön, denn sie erlaubt den Er-

---

[11] *P. Evdokimov,* La conoscenza di Dio secondo la tradizione Orientale (Rom 1969) 16.
[12] *Augustinus,* En. in Ps. 14: PL 37, 1964.
[13] *Augustinus,* En. in Ps. 96,10: PL 37, 1252.
[14] *H. U. von Balthasar,* Herrlichkeit III/1 (Einsiedeln 1965) 27.
[15] Ebd. 28.
[16] Vgl. ebd. 341–344.

lösten, den geschenkhaften Charakter und die Schönheit der ganzen Wirklichkeit zu erfahren.

b) Schönheit und Lobpreis Gottes in der Schöpfung

Da die Schöpfung wesentlich ein unverdientes Geschenk Gottes, ein Zeichen seiner Huld ist, können nur jene ihre wahre Schönheit erfahren, die Gott in allen seinen Werken preisen. Schönheit ist ein Wesenszug von Schöpfung und Erlösung, da alles aus dem Überfluß seiner machtvollen Liebe kommt[17]. Alles ist ein Echo seiner eigenen Seligkeit. Und diese teilt sich seinem Volke mit, je mehr sie im Lobpreis den geschenkhaften Charakter von allem erfahren. Das staunende Wissen, daß alles Ausfluß der unendlichen Liebe, Freiheit und Freigebigkeit Gottes ist, läßt uns überall Schönheit entdecken[18].

Der von Gott entfremdete Mensch steht den Naturkräften mit Schaudern gegenüber. Er fühlt sich verloren in der Weite des Universums und erdrückt von dessen Kräften. Oder er versucht sich selbst zu erhöhen durch ein unpersönliches pantheistisches Gefühl des Einsseins mit dieser zweideutigen Wirklichkeit. Er mag trotz bedrohlicher Erfahrungen der Majestät und Schönheit des Irdischen einen götzendienerischen Kult darbringen oder aber versuchen, sich in feindseligem Mißtrauen vom Glanz der materiellen Dinge abzuwenden, und in allem dunkle Mächte vermuten, die ihn an der Kontemplation der reinen Ideen hindern.

Wie ganz anders ist der Ausblick des Christen, der mit ehrfürchtigem Staunen auf die Schöpfung schaut! Er verehrt darin das Meisterwerk des Vaters, die Anwesenheit seines Wortes, in dem er liebend zu denen spricht, die er nach seinem Bild und Gleichnis geschaffen hat. Die ersten Seiten der Heiligen Schrift versichern uns, daß Gott alles, was er geschaffen hat, sehr schön und gut fand. Die Schöpfung ist ein Geschenk an die Menschheit, eine Botschaft, die alle mit Bewunderung erfüllen und zu Anbetern im Geist und in der Wahrheit machen kann.

Durch der Menschen Schuld „wurde das Geschaffene der Nichtigkeit unterworfen, nicht freiwillig, sondern um dessen willen, der es ihr unterwarf; doch auf die Hoffnung hin, daß auch das Geschaffene selbst befreit werden wird von der Knechtschaft des Verderbens zur Freiheit der Herrlichkeit der Kinder Gottes. Denn wir wissen, daß alles Geschaffene insgesamt seufzt und sich schmerzlich ängstigt“ (Röm 8,20–22).

Gottes Meisterwerk ist der Mensch, Mann und Frau. In ihnen soll seine Schönheit, seine Güte und Wahrheit widerstrahlen. Auch das geschändete Antlitz des Sünders kann zu neuer Schönheit wiederhergestellt werden. Das ist die Botschaft und Gnade der Erlösung. Preist der Mensch in erneuerter Dankbarkeit und Freiheit Gott für die Schönheit der Kinder Gottes, so wird sich das

---

[17] Vgl. *G. Nebel,* Das Ereignis des Schönen (Stuttgart 1953) 155ff.
[18] *R. M. Rilke,* Briefe aus den Jahren 1904–1907 (Berlin 1939) 210.

auch segensreich für seine Umwelt auswirken. Während der Ungläubige vor dem Schweigen der Schöpfung erschreckt, verstummt oder aber in eitle Geschwätzigkeit entflieht[19], erlebt der wahre Anbeter ständig neu die Einladung der Schöpfung zum Lobpreis Gottes. „Die Himmel erzählen die Ehre Gottes, und die Feste verkündigt das Werk seiner Hände. Ein Tag sagt es dem andern, und eine Nacht tut es der andern kund" (Ps 19,1–3).

Das Buch der Natur, von unerhörter Schönheit und unaussprechlicher Herrlichkeit, ist ein Ansporn, mit menschlichen Worten Gottes Weisheit zu preisen. Nur der Tor kann sich dieser Stimme verschließen (vgl. Ijob 38–42). Der Christ lernt von Jesus, der in der Schönheit alles Geschaffenen die liebende Gegenwart und Fürsorge des Vaters kennt. Die dankbare Bewunderung der geschaffenen Welt ist ein Teil der Bergpredigt. „Seht die Vögel des Himmels an: Sie säen nicht, sie ernten nicht, sie sammeln nichts in Scheunen, und doch ernährt sie euer himmlischer Vater. Wieviel mehr bedeutet ihr ihm als sie!... Gebt acht auf die Lilien auf dem Felde, wie sie aufwachsen: sie arbeiten nicht, sie spinnen nicht – doch ich sage euch, nicht einmal Salomon in all seiner Pracht war so herrlich gekleidet wie eine von ihnen!" (Mt 6,26–29.)

Die Schönheit der Schöpfung hat einen ehrenvollen Platz in der Liturgie. Wie könnte das anders sein, da wir durch die Offenbarung wissen, daß alles in dem allmächtigen Wort geschaffen ist, im Blick auf sein Kommen im Fleische. „Denn durch ihn ist alles geschaffen im Himmel und auf Erden, das Sichtbare und das Unsichtbare... alles ist durch ihn und auf ihn hin geschaffen" (Kol 1,16). So ist es selbstverständlich, daß alles Geschaffene in den Lobpreis einstimmt, den Christus in und durch die Kirche dem himmlischen Vater darbringt. Die Psalmen, die das Lob des Schöpfers singen, waren seit ältester Zeit ein Teil des kirchlichen Morgengebets. Sie klingen weiter in der Feier der Eucharistie, durch die die köstlichen Gaben, Brot und Wein, in die allerhöchste Gabe des Vaters an uns verwandelt werden. Kostbare irdische Gaben wie Wasser, Öl, Brot und Wein werden zum sakramentalen Zeichen von Gottes Gnade und unserer Befähigung zur Anbetung Gottes im Geiste und in der Wahrheit. Wer nicht ein Gefühl des Staunens hat über die Majestät des Gottesgeistes, der über der Schöpfung schwebt, und nicht aus Bewunderung der Werke Gottes in Lobpreis ausbricht, dem fehlt eine grundlegende Vorbereitung zur Feier der Eucharistie, die uns ihrerseits ein neues Lied zum Lobpreis des Schöpfers lehrt.

Es ist Gottes Wille, daß wir alles ausdrücklich in die Anbetung hineinnehmen, daß wir so die rechte Haltung erwerben und die Kriterien lernen, Gott im Gebrauch der irdischen Dinge und in unserem Verhältnis zur Umwelt und Mitwelt wahrhaft zu ehren.

Die Frömmigkeit der Bibel, ihre Dichtung, Feste und Feiern gelten vor allem der in der Heilsgeschichte offenbar werdenden Herrlichkeit, in der Gott seine Macht, seine Weisheit, Liebe und Geduld offenbart. Viele Psalmen, vor allem

[19] *B. Pascal,* Pensées, N. 206.

die großen Hallel-Psalmen, verherrlichen mit Staunen und Bewunderung die Wundertaten Gottes in der Heilsgeschichte. Diese Psalmen haben ihren liturgischen Platz vor allem im kirchlichen Abendgebet.

Die Heilsgeschichte hat ihre Mitte in Jesus Christus, dem Erlöser. Seine Epiphanie, das Aufleuchten seines Glanzes im Erlösungswerk, gibt christlicher Frömmigkeit die vollkommene Synthese von Lobpreis und heilender Liebe. Die Herrlichkeit des Auferstandenen, der die Wonne der Engel und Heiligen in der himmlischen Liturgie bildet, ist hier auf Erden nur den Augen des Glaubens zugänglich. Die Symbole und die Schönheit der Liturgie wollen dem Gläubigen einen Vorgeschmack der himmlischen Liturgie vermitteln. Zeichen und Worte zusammen weisen auf die höchsten Geheimnisse der Erlösung in Christus. So kann Leo der Große mit Recht sagen: „Was in unserem Erlöser sichtbar geworden ist, setzt sich in den Sakramenten fort.“[20] Die Schönheit der Liturgie in Zeichen, Worten und Handlungen will nicht nur den Verstand ansprechen, sondern ebenso das Gemüt. Sie will dem ganzen Menschen das dankbare Vertrauen einflößen, daß Gott in Treue das Werk des Heiles, das er begonnen hat, vollenden wird. In den sakramentalen Zeichen bleibt Gott der Verborgene, aber ist zugleich der Offenbarer seiner beseligenden Güte. Gerade die einfachen Leute werden von der Liturgie immer wieder tief berührt und kommen durch sie zu einer tiefen Erfahrung von Gottes Geheimnissen und vom Sinn des Daseins. Sie können in den Lobpreis Jesu einstimmen: „Ich preise dich, Vater, Herr des Himmels und der Erde; denn was dem Gelehrten und Weisen verborgen bleibt, das hast du den Einfachen geoffenbart. Ja, Vater, ich danke dir, daß dies dein Wohlgefallen ist“ (Lk 10,21).

Die Liturgie regt uns immer wieder zum Staunen an, und zugleich weckt sie in uns das Bewußtsein, daß der göttliche Künstler sein Werk vollenden wird und uns einlädt, seine Mitarbeiter, seine Mitkünstler zu sein.

4. *Eine Moral der Herrlichkeit*

Schon wiederholt habe ich Bezug genommen auf die vielbändige Theologie der Herrlichkeit von Hans Urs von Balthasar. Étienne Souriau bietet der Moraltheologie einen ähnlichen Versuch an, die Ethik in der Sicht des Schönen darzustellen[21]. Er zeigt überzeugend, wie schöpferisch eine Ethik sein kann, die die Schönheit in ihrer ganzen menschlichen Tiefe zum Leitmotiv wählt. Einen Ausgangspunkt bildet ihm dabei moralische Reife, Herzlichkeit, Großmut und Großzügigkeit, Grundhaltungen, die man nicht voll würdigen kann, ohne ihre anziehende Schönheit zu kennen.

Selbstverständlich läßt sich Moral nicht in den engen Grenzen einer Ästhetik verstehen. Sehen wir aber Schönheit in der theologischen Dimension der Herr-

[20] *Leo d. Gr.*, Serm. 72, 4: PL 54, 398.
[21] *É. Souriau*, La couronne d'herbes (Paris 1975).

lichkeit Gottes, dann ist selbstverständlich, daß vollendeter Sittlichkeit ein hoher Grad von Schönheit zukommt, die Gottes Herrlichkeit widerstrahlt und den Menschen einlädt, im Lichte des auferstandenen Herrn Gott im Ganzen des Lebens zu verherrlichen.

Eine Moral der Schönheit ehrt Gott als den höchsten Künstler und lädt zur Entfaltung der schöpferischen Fähigkeiten des Menschen ein. Gott, der uns nach seinem Bild und Gleichnis geschaffen hat, will, daß wir als Mitkünstler an diesem seinem Meisterwerk mitwirken. Der Gipfel unseres schöpferischen Tuns liegt nicht im Bereich der Umwandlung der sichtbaren Welt, sondern vor allem im gemeinsamen Bemühen, in uns und in andern das große Kunstwerk zu vollenden, vollendetes Menschsein, das Christus abbildet. Im Wissen um unsere Berufung zur Heiligkeit können wir im Blick auf das Leben Jesu und seiner treuesten Jünger, im Blick auf die Gaben Gottes und die Nöte unserer Mitmenschen das Idealbild unseres Lebens, wie es von Gott gewollt ist, ergreifen. Die Schönheit dieses Ideals und seine Beziehung auf Gottes Herrlichkeit ist ein mächtiger Ansporn zur Pflege schöpferischer Freiheit und Treue. Jürgen Moltmann gibt einen Aufriß von Moral und Religion im Lichte von Spiel und Fest. Wer in der Gegenwart Gottes feiern und spielen kann, dem wird es klar, daß unsere Beziehungen zu Gott nicht auf der Ebene von bloßer Befriedigung von Bedürfnissen liegen und daß eine Moral, die vor allem an Verdienste denkt, nicht die Schönheit hat, die der Widerschein der Herrlichkeit Gottes ist. Wer zuerst auf Nützlichkeit und Lohn bedacht ist, lebt immer noch in einem fremden Land, wo er nicht die Gesänge Zions singen kann. Ein Christ kann sein Leben als Spiel und Tanz nicht leben, ohne von tiefem Mitgefühl berührt zu sein für jene, die leiden, nicht, ohne sich über die Not der andern zu beugen.

Um stark zu sein in befreiender Treue, müssen wir uns zuerst von jener Art der Religion befreien, die Gott praktisch als Lückenbüßer behandelt, als nützlich nur für Disziplin und Ordnung. Wir müssen die Religion freihalten von aller Verzweckung und von jenen Schuldkomplexen, die notwendig aus einer Moral der nackten Pflicht entstehen. Moltmann berichtet, daß ihn einst einer seiner Studenten fragte, ob es denn in seiner Theologie der Hoffnung keinen Platz für das Spiel gebe. Seine Antwort lautete, daß ihm gerade auch das Nachdenken über die politische Praxis der christlichen Hoffnung dazu verhalf, als Gegenposition zu einer Religion der Tätigkeit „die Dimension der zweckfreien Freude, des selbstvergessenen Spieles und des Glückes in der Schönheit der Gnade“ zu betonen[22].

Es gibt eine Zeit zum Sich-Freuen, eine Zeit zum Trauern und eine Zeit zu zielbewußtem Handeln. Fehlt die zweckfreie Freude und die allgegenwärtige Dimension des Schönen, dann versiegt auch eine wirksame Energiequelle für unsere äußere Tätigkeit. Der protestantische Autor Gerhard Nebel sagt in

---

[22] *J. Moltmann,* Einführung zu *G. M. Martin,* Wir wollen alle auf Erden schon … Das Recht auf Glück (Stuttgart 1970).

seinem ausgezeichneten Werk „Das Ereignis des Schönen": „Wer das Schöne liebt, wird in der Scheune der Reformation frösteln wie Winckelmann oder nach Rom ziehen. Ich gestehe, daß dieser winckelmannsche Schmerz auch mich überkommen hat, daß ich dieses Buch schreibe, um mit ihm fertig zu werden."[23] Selbstverständlich können wir Katholiken einen ähnlichen Schmerz spüren angesichts der kalten Scheune einer legalistischen Moral, die wir zu überwinden versuchen. Es genügt nicht, sich der Schönheit der Liturgie hinzugeben, wenn man die Schönheit der sittlichen Botschaft und des moralischen Lebens vernachlässigt. Ist die Schönheit als Grundsymbol christlicher Sittlichkeit erfaßt im Lichte der göttlichen Herrlichkeit, dann können wir auch Einsichten wie die des Aristoteles über die goldene Mitte als einen wesentlichen Aspekt der Moral einbringen[24].

Die Dimension dankbarer Anbetung, die in diesem Werk immer wieder betont wurde, kann nicht wahrhaft menschlich und vital sein ohne Anbetung im Blick auf das Schöne. Aber noch mehr gilt, daß das Schöne allein zweideutig ist, wenn es nicht in der Dimension der Herrlichkeit Gottes und im Lobpreis dieser Herrlichkeit gesehen wird. Das Schöne ist jedoch nicht nur eine vitale Dimension der Moral im allgemeinen; es spielt auch eine Rolle auf Gebieten, an die man vielleicht zuerst nicht denken möchte. E. F. Schumacher hat ein grundlegendes Werk über das Wirtschaftsleben unter dem Titel „Small is beautiful" herausgegeben[25] und gibt eine eindrucksvolle Schau, wie Wirtschaft und Politik der Katastrophe zueilen, wenn sie sich nicht mit der Einfachheit als einem Weg, das Schöne zu entdecken, versöhnen. Er spricht vom Schönen in der Wirtschaft, die sich ganz und gar in den Dienst der menschlichen Würde stellt. Er erinnert uns an Franz von Assisi, den Liebhaber der Schwester Armut, dem es in seiner Zeit, fast unbewußt, gelungen ist, sich gegen den Aufstieg des Kapitalismus zu stemmen.

Um unsere Verantwortungsfähigkeit in Fragen des Umweltschutzes zu mehren, brauchen wir heute mehr denn je Menschen, die singen und sich am Schönen freuen können. Die ruchlose Zerstörung und Verschmutzung der Umwelt durch kapitalistische und staatskapitalistische Wirtschaftssysteme könnte wohl kaum erklärt werden ohne die allgemeine Achtlosigkeit für die Werte des Schönen. Schumacher betont die Ganzheitsschau und folgert daraus: „Die Menschheit ist weder modischen Richtungen noch der ‚Logik der Produktion' oder irgendeiner andern bruchstückhaften Logik verpflichtet. Verpflichtet aber ist sie der Wahrheit. Nur im Dienste der Wahrheit liegt vollkommene Freiheit, und selbst die, die uns heute auffordern, unsere ‚Vorstellungskraft von der Knechtschaft dem bestehenden System gegenüber zu befreien', zeigen nicht

---

[23] *G. Nebel*, a.a.O. 188.

[24] Vgl. *H.-G. Gadamer*, a.a.O. 37.

[25] *E. F. Schumacher*, Die Rückkehr zum menschlichen Maß. Alternativen für Wirtschaft und Technik. „Small is Beautiful" (Reinbek bei Hamburg [3]1978).

den Weg zum Erkennen der Wahrheit."[26] Der Nationalökonom und Humanist weist dabei nachdrücklich auf die Dimension des Schönen hin, die dem Guten wesenseigen ist.

II. Die Kunst und der Künstler

Gott hat uns nicht nur dazu geschaffen, die Größe seiner Werke zu bewundern; wir sollen sein Bild und Gleichnis sein als Mitschöpfer und Mitkünstler. Unsere Gottebenbildlichkeit kommt schon zum Ausdruck in der Tatsache, daß wir das Schöne und den Sinn des göttlichen Planes stufenweise ergründen können. Aber Gott hat uns seine Schöpfung anvertraut, daß wir ihr den Stempel der Menschlichkeit aufdrücken, sie schöpferisch umformen können, so daß das Wahre und Gute durch die Werke Gottes und die Werke unserer Hände zugleich zu Herz und Geist sprechen. In all unserem Tun sollen wir uns selbst als Meisterwerk Gottes vervollkommnen und zugleich alldem, das wir berühren, einen Glanz des Schönen mitteilen.

Jesus selbst wollte ein Handwerk ausüben, um so die menschliche Arbeit für immer zu heiligen. Obwohl dieses Handwerk bescheiden war, so können wir uns doch nicht vorstellen, daß er nicht auf die Schönheit des Werkes bedacht war. Wir dürfen den Kunstbegriff nicht so eng eingrenzen, daß wir künstlerisches Schaffen von allen andern Tätigkeiten absetzen. „Die Unterscheidung zwischen den schönen Künsten und dem Handwerk ist trotz ihrer Bedeutsamkeit in anderer Hinsicht nicht, was die Logik als eine wesentliche Unterscheidung bezeichnen würde. Sie hat vielmehr den Zweck zu zeigen, daß Kunst sowohl im Sinn der schönen Künste wie der nützlichen Kunst eine doppelte Rolle spielen kann, den der Schönheit und den des Dienstes. Das ist zum Beispiel besonders der Fall in der Architektur."[27] Die Heilige Schrift gibt uns auffällige Beispiele der Zusammenarbeit zwischen den schönen Künsten und dem Kunsthandwerk im Dienste der heiligen Stätten. Gott selbst stattete sowohl die Künstler wie die Handwerker mit Weisheit aus, so daß sie Herrliches zum Lobpreis seiner Herrlichkeit und zur Freude des Volkes schaffen konnten. Gott sprach zu Mose: „Sieh, ich habe Bezaleel, den Sohn Uris, mit Namen berufen und habe ihn mit göttlichem Geiste erfüllt, mit Weisheit, mit Verstand und mit Kenntnis in allerlei Arbeiten, um Erfindungen zu ersinnen und sie auszuführen in Gold, Silber und Erz und durch Bearbeitung von Edelsteinen zum Besetzen und durch Bearbeitung von Holz, um allerlei Werke herzustellen... Allen Kunstverständigen habe ich künstlerischen Sinn verliehen" (Ex 31,1–6; vgl. Ex 35,13ff.).

---

[26] Ebd. 265.
[27] *J. Maritain*, Art et scholastique (Paris 1927) 245.

Wie ist es zu erklären, daß geniale Männer wie Plato und Rousseau und religiöse Genies wie Martin Luther und Bernhard von Clairvaux – der glaubte, mehr unter Buchen als in Büchern gelernt zu haben – der Kunst gegenüber zurückhaltend oder scharf kritisch waren? Würden nicht manche rigoristische Moralisten mit André Gide übereinstimmen, der behauptet: „Jedes Kunstwerk setzt Mitwirkung mit dem Teufel voraus“[28]? Um die widersprüchlichen oder scheinbar widersprüchlichen Äußerungen so großer Männer zu verstehen, wagen wir uns zuerst an die Beziehung zwischen Kunst und Moral (1). Dann wenden wir uns der Situation des Künstlers zu, seinem Bezug zur Botschaft, seinen Grundhaltungen und denen des Publikums (2). Religiöse Kunst im Dienste der Kirche stellt zusätzliche Fragen (3). Besonders wichtig scheint mir die Kunst zu sein, die Heilsbotschaft durch geeignete Symbole auszudrücken (4). Schließlich fragen wir nach der Bedeutsamkeit der Kunst im Blick auf schöpferische Freiheit und Treue (5).

1. *Kunst und Moral*

Mit Jacques Maritain protestieren wir gegen die Auffassung von André Gide: „Es ist eine manichäische Gotteslästerung, mit André Gide zu behaupten, daß der Teufel in jedem Kunstwerk seine Spuren hinterlasse. So zu denken ist absurd; denn der Böse ist nicht schöpferisch.“[29] Solchen Verleumdern der Kunst hat Pius XII. eine klare Antwort gegeben: „Ein wesentlicher Charakterzug der Kunst ist eine gewisse innere Nähe zur Religion, die die Künstler gewissermaßen zu Dolmetschern der unendlichen Vollkommenheit Gottes, insbesondere seiner Schönheit und Harmonie macht. Die Funktion jeder Kunst ist letztlich, den engen und beängstigenden Kreis des Endlichen, in dem der Mensch auf Erden sich eingeschlossen hat, zu sprengen und sozusagen seinem Geist, der sich nach dem Unendlichen sehnt, ein Fenster zu öffnen. Die Seele, die der Kunst verwandt, von ihr gebildet und vorbereitet ist, hat leichter Zugang zu der religiösen Wirklichkeit und zur Aufnahme der Gnade Jesu Christi.“[30] Maritain geht noch einen Schritt weiter: „Die Kunst spielt im natürlichen Leben eine ähnliche Rolle wie die ‚fühlbaren Gnaden‘ im geistlichen Leben, und irgendwie, wenn auch auf sehr entfernte Weise, bereitet sie, ohne daran zu denken, das menschliche Geschlecht auf die Beschauung vor.“[31]

Große Theologen vergleichen das Charisma des Künstlers mit dem des Propheten. Karl Barth ist überzeugt, daß große Künstler wie Mozart mehr von der Schönheit und Wahrheit der Schöpfung in ihrer Ganzheit wußten als große

---

[28] Zitiert von *G. Jaquemet,* Art et morale, in: Catholicisme 969; vgl. *J. Maritain,* a.a.O. 122 129.
[29] *J. Maritain,* a.a.O. 315.
[30] *Pius XII.,* Ansprache an italienische Künstler vom 8.4.1952; Text in: *Utz-Groner,* Soziale Summe Pius' XII. Nr. 1942, 1945.
[31] *J. Maritain,* a.a.O. 130f.

Kirchenväter und Reformatoren, mehr als streng Rechtgläubige und liberale Theologen mit all ihrer natürlichen Theologie und ihren Zitaten aus der Heiligen Schrift. Er fühlt sich Mozart zu großem Dank dafür verpflichtet, daß er seine tiefe Einsicht und großartige Schau so vielen andern mitteilen konnte[32].

Die schöpferische Kraft der Künstlers hat ihre Wurzeln im Verlangen nach dem vollkommenen Dasein, das in der Wirklichkeit hier auf Erden nicht zu finden ist, an das er jedoch, trotz aller Illusionen, im tiefsten Herzen glaubt[33].

Immanuel Kant hat viel Schönes über die Kunst, einschließlich die Gartenkunst, gesagt[34]. Aber infolge seines einseitigen Interesses an der moralischen Pflicht gibt er dem Naturschönen im Vergleich zur menschlichen Kunst den Vorrang. Sein Hauptargument ist: „Das Naturschöne ist mit der Sittlichkeit verwandt." Auch wenn uns Kant diesbezüglich nicht überzeugt, so rückt er doch eine wichtige Wahrheit ins Licht: Wie das Naturschöne keinem andern Zweck außer seiner selbst dient, so und noch viel mehr ist die Person Selbstzweck und darf nie als Mittel für andere Zwecke benutzt werden[35]. In bezug auf Kunst erwartet Kant zu sehr, daß der Künstler ein Moralprediger und ein Mitteiler klarer Ideen sei. Demgegenüber betont Jürgen Moltmann den Wert der ästhetischen Freude gegen Absolutheitsansprüche der Ethik. Er fürchtet, daß das Schöne, wenn es einer Pflichtethik dient, seinen Glanz und damit die Kraft, Freude zu wecken, verliert[36].

Was ist von dem bekannten Schlagwort zu halten: „Kunst um der Kunst willen"? Angesichts des künstlerischen Schaffens kann die erste Frage nicht sein: „Welchen Gewinn bringt sie mir ein?" Kunst hat ihren Eigenwert, den Wert des Schönen als Glanz des Guten und Wahren. Dieser Wert ist unendlich höher als Nützlichkeit. Kunst will um ihrer selbst willen geliebt, bewundert werden. Wer auf Kunst nur im Blick auf andere Zwecke schaut, hat einen engen und falschen Begriff vom Schönen und von der Kunst, aber nicht nur das, sondern auch einen falschen Begriff vom Leben. Solche Engführung bringt sogar die religiöse Sphäre in Gefahr, letztlich zu einer Form pragmatischer Berechnung zu werden[37].

Wird Kunst ganzheitlich verstanden als Glanz des Wahren und Guten, so kann das genannte Schlagwort als richtig anerkannt werden. Will es jedoch eine Trennung der Wertsphären von den andern Sphären des Lebens aussagen, dann bedeutet es „Verlust der Mitte"[38].

---

[32] *K. Barth*, Wolfgang Amadeus Mozart 1756/1956 (Zollikon 1957) 44; vgl. *H. E. Bahr*, a. a. O. 87.

[33] Vgl. *R. Guardini*, Über das Wesen des Kunstwerkes (Tübingen ⁴1954) 50.

[34] *I. Kant*, Kritik der Urteilskraft § 49.

[35] Ebd. § 42; vgl. *H.-G. Gadamer*, a. a. O. 47f.

[36] *J. Moltmann*, Preface to Theology of Joy (London ²1976).

[37] *Y. de Montcheuil*, Problèmes de vie spirituelle (Paris ⁴1974) 131ff.

[38] Vgl. *H. Sedlmayr*, Verlust der Mitte (Salzburg ⁷1956); *ders.*, Der Tod des Lichtes. Übergangene Perspektiven moderner Kunst (Salzburg 1965).

All unsere Überlegungen führen zur Erkenntnis: Das Schöne hat Majestät, Würde, Liebenswürdigkeit in sich selbst, weil und insofern es ein Wesensausdruck des Seins, der Wahrheit, des Guten und vollendeter Einheit ist.

Der echte Künstler hat eine tiefe Erfahrung der Ganzheit, deshalb würde er seine Berufung und sein Kennen des Schönen verraten, würde er die Kunst pflegen zum Schaden der Grundwerte der Einheit, des Guten und des Wahren. Die Kunst zum Schaden der sittlichen Ordnung betreiben wäre nicht nur Anmaßung, sondern auch Entfremdung der Kunst selbst. Sittliche Entartung besitzt keine ästhetische Originalität. Aber gleicherweise ist ein frommes oder moralisches Motiv, die Absicht zu erbauen oder das Pflichtbewußtsein zu schärfen, kein Ersatz für künstlerische Inspiration und wahre Hingabe an das Schöne. „Ein Werk wird weder durch Erbaulichkeit noch durch Schamlosigkeit schön … Sowohl in Erbauungsliteratur wie in Pornographie findet sich mühselige Mittelmäßigkeit.“[39]

Der Künstler wird ein echtes Kunstwerk nur schaffen, wenn er im Reich des Schönen als solchem beheimatet ist. Und als Künstler begegnet er dem Wahren und Guten ganz besonders durch den Sinn für das Ganze und Umfassende[40]. Denken wir an einen Morallehrer, der vom Wahren und Guten bezaubert ist und andere begeistern kann, so ist er im besten Sinn ein Künstler. Der Künstler als solcher zeichnet sich aus durch tiefe Intuition. Oft entdeckt er die Zeichen der Zeit vor dem Theologen und kann die aktuelle Wahrheit besser kundtun als ein abstrakter Philosoph. Kunstsinn kann ein ursprünglicherer Weg zur Heiligkeit und sittlichen Vollendung sein als eine analytische Abhandlung über Ethik, so gut diese in ihrem Bereich sein mag. Beim Lesen der Werke des hl. Thomas von Aquin spüre ich ein tiefes Gefühl der Dankbarkeit, aber bisweilen überkommt mich Müdigkeit. Höre ich aber Meisterwerke von Bach oder Mozart, so fühle ich mich in größerer Liebe der Welt des Guten und Schönen nahe. Das Schöne selbst weitet den Horizont[41].

Um uns zu bereichern und uns die Dimensionen des Guten zu eröffnen, bedarf der christliche Künstler, der sowohl ein Genie wie auch ein wahrer Gläubiger ist, keineswegs moralistischer Intentionen noch der Absicht, uns über Religion zu belehren. Er schafft als ganzer Mensch, als Künstler, der sich mit der Heilswahrheit vermählt hat. Er ergreift sie durch das Schöne, das für ihn Träger der Botschaft des Heilseins und der anziehenden Wahrheit ist. Gerade weil das Schöne der echten Kunst im Reich des Wahren und Guten angesiedelt ist, hat die Kunst ihre eigene Autonomie und zugleich ihre eigene Weise schöpferischer Treue zum Geiste des Ganzen.

---

[39] *G. Jaquemet,* a.a.O. (s. Anm. 28) 872.

[40] Vgl. *D. Bonhoeffer,* Gesammelte Schriften V, 357; *A. Altenähr,* Dietrich Bonhoeffers Gedicht „Stationen auf dem Weg zur Freiheit“, in: Studia Moralia 15 (1977) 283.

[41] Vgl. *H. E. Bahr,* a.a.O. 98f.

2. *Menschliche Voraussetzungen*

Die Botschaft der Propheten Israels erreicht nicht selten eine bewundernswürdige Schönheit. Ihr Interesse gilt jedoch nicht der Kunst. Sie sind einfachhin vom Geheimnis Gottes und des Menschen ergriffen. Kunst ist sozusagen ein Nebenprodukt des religiösen Genies. Dagegen zielt die Intention des Kunstschaffenden direkt auf das Schöne. Aber nur wenn der Künstler vom Geheimnis des Guten, vom Geheimnis Gottes oder vom Geheimnis des Menschen ergriffen ist, wird er wahre Kunst schaffen. Die Philosophie erklärt das Schöne als transzendental wie das Sein, das Gute, das Wahre und das Einssein. Es ist der Glanz aller Transzendentalien in ihrer inneren Einheit[42].

Infolge der Unvollkommenheit des menschlichen Daseins schließt jedoch dieses Einssein der Transzendentalien nicht einen Konflikt zwischen dem Erfassen des Schönen und dem Kennen des Guten und Wahren aus. „Nur in Gott sind alle Vollkommenheiten im formellen Sinne eins. Er allein *ist* die Wahrheit, die Schönheit, die Güte und das Einssein. In den Dingen hier auf Erden aber sind Wahrheit, Schönheit und das Gutsein im formellen Sinn verschieden. Darum begründen Schönheit, Wahrheit, moralische Wahrhaftigkeit verschiedene Sphären menschlicher Tätigkeit. Jeder Versuch, unter dem Vorwand, daß es sich doch um Transzendentalien handelt, die unlösbar miteinander verbunden sind, von vorneherein die Möglichkeit eines Konfliktes im menschlichen Leben zu leugnen, ist zum Scheitern verurteilt."[43] Auch wenn ein Künstler in seinem Feld ein Genie ist, kann doch sein Bezug zum Wahren und Guten durch Leidenschaften oder aber durch Umweltbedingungen gestört sein.

Auf seinem Weg zur Selbstverwirklichung als Person und Künstler muß der Künstler bereit sein, zweitrangige Werte wenigstens zeitweilig zu opfern, wenn es ihm nicht gelingt, sie den höchsten und letzten Werten unterzuordnen. Er erreicht seine Freiheit, das Schöne als Glanz des Wahren, des Guten und des Einsseins zu erfassen, je mehr er sich jener Liebe geweiht hat, die von Gott kommt und zu Gott führt.

Künstler und Kunstbewunderer müssen stets die Hierarchie der Werte beachten und sich von der Wertranghöhe und der Wertdringlichkeit einfordern lassen. Das beeinträchtigt die wahre Freiheit des Künstlers in keiner Weise. Zum Vergleich können wir sagen: Der Künstler fühlt sich nicht eingeengt durch die Notwendigkeit, sich dem Stoff, in dem er das Schöne ausdrückt, anzupassen. Holz, Erz, Marmor verlangen eine jeweils andere Art der Bearbeitung. Auch ihre Ausdrucksmöglichkeiten sind verschieden. Der Künstler geht mit dem Marmor anders um als ein Steinbrucharbeiter. Er behandelt ihn als Künstler, aber er vergißt keinen Augenblick, daß er es mit Marmor zu tun hat. So geht

[42] *M. Landmann,* Pluralität und Antinomie. Die kulturelle Grundlage seelischer Konflikte (München – Basel 1963) 82.
[43] *J. Maritain,* a.a.O. 268.

er an die Kunstarbeit nicht als Moralverkündiger heran, aber er ist gerade als Künstler auf seine besondere Weise hellhörig und hellsichtig für die auf dem Spiel stehenden moralischen Werte.

Für den wahren Künstler und Kunstliebhaber wird „ein Kunstwerk in dem Maße, als es gegen moralische Werte verstößt, unästhetisch“[44]. Der Künstler vornehmen Charakters wird diese Verletzung viel schärfer und auf eine andere Weise wahrnehmen als ein Mensch, der dem Reich des Schönen und der Kunst entfremdet ist. Zu unmoralischen Mitteln in der Produktion oder beim Verkauf der Kunst zu greifen hieße für ihn, sein Werk beschmutzen[45]. Jeder Versuch, Kunst zu verzwecken im Dienste von Unwahrheit und Unsittlichkeit muß seinen Sinn für das Schöne beleidigen. Der echte Künstler, der durch seine innere Harmonie mit dem Guten und Wahren der Harmonie aller Werte geweiht ist, ist Gottes Meisterwerk.

„Ein Kunstwerk, das Gott beleidigt, beleidigt auch den Künstler. Und da er an ihm kein Gefallen und keine Freude mehr finden kann, verliert es für ihn die Qualität des Schönen.“[46] Aber der echte Künstler wird ebenso Schmerz empfinden angesichts eines nackten Moralismus, der das Gute seiner anziehenden Kraft beraubt. Ein kalter Legalismus ist wie ein Rauhreif auf die Saat des Christentums und macht es den Künstlern und allen Liebhabern des Schönen schwer, dahinter die Frohbotschaft zu entdecken. Die biblische Moral der Gnade dagegen, des inneren Reichtums geistlichen Lebens, die Moral der Seligpreisungen bereitet den Boden, auf dem christliche Kunst gedeihen kann. Selbstverständlich ist das Genie immer in besonderer Weise ein Geschenk Gottes. Eine wahrhaft christliche Kunst hat zur Voraussetzung sowohl eine „relative Gesundheit des Natürlichen, die Empfänglichkeit des Seins als auch die Kraft des Glaubensgeistes“[47].

Der Künstler vermittelt eine Botschaft über den Geist des Ganzen, der letztlich auf das Heil hinweist. Er erreicht die Herzen und den Geist vieler Menschen und sollte sich dessen dankbar und verantwortungsfroh bewußt sein[48]. Er wird seine Partner immer im Blick behalten und sich fragen, wie sie sein Werk verstehen. Darum wird er versuchen, ihre Erlebnisweise und ihren Verstehenshorizont zu kennen. Nur in einer tiefen Solidarität mit dem Volk kann er seine Schau vom Geheimnis des Menschen vermitteln. „Der künstlerische Mensch muß infolgedessen, um wahrhaftig zu bleiben, unablässig in der Situation des Fragenden und des Befragtwerdens bleiben.“[49] Kunst kann das Sehnen der Schöp-

[44] *A. D. Sertillanges,* L'art et la morale (Paris 1933) 33.
[45] *E. Souriau,* a.a.O. 87.
[46] *J. Maritain,* a.a.O. 123.
[47] *Th. Haecker,* Dialog über Christentum und Kunst (Hellerau 1930) 22; vgl. *ders.*, Christentum und Kultur (München 1927) 50.
[48] *Ph. Dessauer,* Wahrheit als Weg (München 1946) 73.
[49] *H. E. Bahr,* a.a.O. 101; vgl. *H.-G. Gadamer,* a.a.O. 181.

fung nach der ursprünglichen Unschuld vermitteln, aber der Künstler weiß um die Konflikte, die Spannungen und die Versuchungen der gefallenen Natur[50].

Die Moraltheologie hat vor allem auf die Motivierung und die Wahl des Themas zu achten, sowohl im Blick auf den Künstler wie das Publikum.

a) Motivierung

Die Kunst hat ihre eigene Weise, auf die Seligpreisung jener hinzuweisen, die reinen Herzens sind. „Denn sie werden Gott schauen" (Mt 5,8). Sind Gesinnung und Motivierung gestört, so wird sich das sowohl im Kunstschaffen wie auch in der Aufnahme der Kunst offenbaren. Das reine Herz hat dagegen den weitesten Verstehenshorizont und eine tiefe Schau. Darum gilt es nicht nur auf den unmittelbaren Beweggrund, sondern vor allem auf die Grundintention zu achten.

Ein Künstler, dem es hauptsächlich darum geht, sich selbst zu verherrlichen, oder der sich in den Dienst des Bösen stellt, kann immer noch ein Genie sein, aber er beraubt seine Kunst eines Teiles ihrer Schönheit oder macht aus dem Schönen einen verführerischen Glanz. „Aber schließlich bedeutet ‚unmoralische Kunst' die Verbindung von zwei Worten, die in schreiendem Gegensatz zueinander stehen."[51]

Auch das Publikum kann von schlechter Absicht geleitet sein. Mancher, der eine Kunstausstellung unter dem Vorwand der Kunstliebe besucht, ist vielleicht mehr oder weniger unbewußt von ungeordneter Neugier getrieben. Der Künstler kann dem selbstverständlich nicht einfachhin vorbeugen; denn eine verkehrte Absicht kann sogar das Lesen der Heiligen Schrift profanieren. Auch dem Kunstbeschauer gilt die Mahnung: Reinige dein Herz, um der Kunst in rechter Weise zu begegnen.

Geile Absicht und schlechter Geschmack des Publikums kann für Künstler zur großen Versuchung werden, zumal wenn sie um das tägliche Brot besorgt sein müssen. Was Pius XII. vor 30 Jahren sagte, gilt immer noch: „Es ist leider eine unleugbare Tatsache, daß eine bestimmte Menschenmasse den schamlosen Vorführungen zuströmt und immer noch schamlosere Darbietungen verlangt." Pius XII. war jedoch im Grunde optimistisch: „Wahre und gesunde Werke der Kunst gewinnen heute vielleicht mehr als in der Vergangenheit die Gunst nicht nur der Intellektuellen, sondern auch der einfachen Volksschichten."[52] Hans Urs von Balthasar ist weniger optimistisch. Er glaubt, daß die negative Einstellung einer großen Anzahl protestantischer Theologen zur Kunst ihren Grund hauptsächlich in der schweren Krise der modernen Kunst hat[53].

---

[50] Vgl. *P. Bono,* La morale dell'artista. Discorsi sui fondamenti di etica estetica (Milano 1969) 275–299.

[51] *Pius XII.,* Ansprache an den Internationalen Kongreß katholischer Künstler vom 3.9.1950, Text in: *Utz-Groner,* Soziale Summe Pius' XII., Nr. 1954.

[52] *Pius XII.,* Ansprache an Autoren und Künstler vom 26.8.1945: a.a.O. Nr. 1979.

[53] *H. U. von Balthasar,* Herrlichkeit III/1, 28.

All das weist auf ein doppeltes Apostolat auf dem Gebiet der Kunst: das eine, das sich dem Künstler und der Förderung echter künstlerischer Berufungen unter den Gläubigen zuwendet, und das andere, das das breite Publikum zum Kunstverständnis und zur Verantwortung auf diesem Gebiet zu erziehen sucht.

b) Probleme bezüglich der Themenwahl

Über die Notwendigkeit der rechten Absicht wird kein berufener Künstler mit den Moraltheologen streiten. Viel schwerer ist es jedoch, über die Wahl des Themas unter moralischem Gesichtspunkt zu reden. Der Künstler will, wenn er die Sünde zum Gegenstand seiner Kunst wählt, sie nicht verteidigen oder verherrlichen. Er will auf seine Art Gott nachahmen, der das Böse in der Geschichte zuläßt, um schließlich das Gute zum vollen Triumph zu führen. Entströmt das Schaffen einem reinen Herzen, so geht es dem Künstler bei jedem Thema um den Glanz des siegreichen Schönen und Guten. In der Nacktheit zum Beispiel will er die Schönheit des vergeistigten und die Häßlichkeit des ungeistigen Leibes darstellen. Aber die Frage an den Künstler ist, ob im konkreten Fall seine gute Absicht nicht seine Kräfte übersteigt. „Zur moralischen Entzauberung des Bösen bedarf es einer hohen Kunst. Nicht alle besitzen sie. Und selbst großen Künstlern gelingt es nicht immer von Grund auf.“[54] Das Wissen um die Grenzen der eigenen künstlerischen Kraft, Demut und Wirklichkeitssinn werden dem Künstler manches Thema verbieten. Von Michelangelo heißt es, daß er eine von der Mythologie angeregte Statue selbst zertrümmerte, nachdem es seinem künstlerischen Genie nicht gelungen war, die Darstellung erträglich zu machen.

Da jedoch moralistische Engherzigkeit in der Vergangenheit großen Schaden angerichtet hat, ist es wohl am Platz, vor voreiligem Urteil über delikate Themen und Darstellungsweisen zu warnen. Es bedarf einer gründlichen Kenntnis der psychologischen und soziologischen Gegebenheiten und ein tiefes Verständnis der Kunst, um einen Beitrag zur Gewissensbildung des Künstlers zu leisten. Was in der einen Kultur annehmbar sein mag, ist es nicht ohne weiteres in anderen Kulturen. Je konkreter die Kriterien sind, die wir anbieten, um so mehr müssen wir den kulturellen Kontext in Anschlag bringen.

3. Religiöse Kunst

Wir sind uns heute scharf bewußt, wie schwer es ist, zu unseren Zeitgenossen über Gott zu sprechen. Die Kunst kann eine privilegierte Weise sein, von Gott zu sprechen. Doch nicht jeder Künstler ist fähig, eine religiöse Botschaft auszudrücken. Das innerweltlich Schöne, wenn es echt ist, ist eine von Gottes Herrlichkeit zeugende Schönheit. Alles Schöne hat eine letzte Botschaft, die der

---

[54] *G. Jaquemet*, a.a.O. 873f.

Mensch jedoch nicht von seinem Urquell lösen darf, denn sonst kann es den Menschen bezaubern und irreführen[55].

Christlicher Glaube ist Hingabe an den persönlichen Gott, der seine Herrlichkeit in Jesus Christus sichtbar gemacht hat. Kein Gottesbild, keine religiöse Kunst darf der Art und Weise widersprechen, in der Gott sich selbst geoffenbart hat. Christliche religiöse Kunst entzündet sich an der Liebe zu Jesus Christus, dem Ursakrament der Herrlichkeit Gottes. In diesem Sinn verstehen wir das Verbot jeder Darstellung Gottes in der Kunst im Alten Testament. Dieses Gebot gilt im Neuen Testament in der Weise, daß wir Gottes eigener Weise, sich sichtbar zu machen, treu sein müssen.

Es besteht allgemeine Übereinstimmung, daß, geschichtlich betrachtet, die Kunst der Religion am meisten verdankt. Besonders die christlichen Kirchen haben die großen Künstler inspiriert. Das Zweite Vatikanische Konzil sagt dazu: „Zu den vornehmsten Betätigungen der schöpferischen Veranlagung des Menschen zählen mit gutem Recht die schönen Künste, insbesondere die religiöse Kunst und ihre höchste Form, die sakrale Kunst. Vom Wesen her sind sie ausgerichtet auf die unendliche Schönheit Gottes, die in menschlichen Werken irgendwie zum Ausdruck kommen soll, und sie sind um so mehr Gott, seinem Lob und seiner Herrlichkeit geweiht, als ihnen kein anderes Ziel gesetzt ist, als durch ihre Werke den Sinn der Menschen in heiliger Verehrung auf Gott zu lenken. Darum war die Kirche immer eine Freundin der schönen Künste."[56]

Die kirchliche Liturgie war nicht selten Zeuge und Quelle schöpferischer Ausdruckskraft. Da die sakrale Kunst Begegnung mit dem Leben der Kirche ist, hängt sie weithin von der schöpferischen Freiheit in Theologie und im gesamten Leben der Kirche ab. Theologie und religiöse Kunst können sich gegenseitig inspirieren. Die sakrale Kunst ist ein nicht geringzuschätzender Teil der Verkündigung der Heilsbotschaft und der Liturgie. Darum muß sie die gleichen Erfordernisse erfüllen wie das Kerygma und die Liturgie; aber sie muß sie auf ihre Weise, in der Weise des Schönen, erfüllen. Sie muß ehrfürchtig sein vor den erhabenen Geheimnissen und soll zugleich die Herablassung des Wortes Gottes zu den Kleinen und Demütigen nachahmen. So muß sie einerseits alles Unechte, Oberflächliche und Kitschige meiden[57]. Andererseits muß sie sich, soweit als möglich, dem Empfinden der Gläubigen anpassen. Dies stellt selbstverständlich hohe Anforderungen an den Künstler. Die Kunst muß, um lebendig zu sein, dem Zeitgeist konstruktiv begegnen, aber sie soll es auf kritische Weise tun. Immer wieder droht sich eine Kluft aufzutun zwischen den Künstlern auf der einen Seite, die mit Feinfühligkeit dem Transzendenten und zugleich den neuen Möglichkeiten des geschichtlichen Augenblicks zugewandt sind, und auf

---

[55] *H. U. von Balthasar,* a.a.O. 34f.

[56] Konstitution des Zweiten Vatikanischen Konzils über die heilige Liturgie „Sacrosanctum Concilium" (SC), Nr. 122.

[57] *H.E. Bahr,* a.a.O. 186f.; vgl. *R. Egenter,* Kitsch und Christenleben (Ettal ²1958).

der andern Seite einer Anzahl von Gläubigen und Priestern, die sich an die bisweilen sehr durchschnittliche, wenn nicht unterdurchschnittliche Kunst von vorgestern gewöhnt haben. Hervorragenden Künstlern muß ein Recht auf eine gewisse Kühnheit zugebilligt werden, die im einzelnen dann freilich einmal zuweit gehen mag, ohne die jedoch, aufs ganze gesehen, keine lebensvolle Mitteilung des Geheimnisses Gottes und des Menschen denkbar ist.

Der Künstler soll nach Kräften das „Ärgernis der Schwachen" vermeiden. Da jedoch seine Berufung prophetischer Natur ist, muß er auch den Mut haben, gegenüber dem Morschen und Pharisäischen ein heilsgemäßes Ärgernis zu geben. Die sakrale Kunst darf sich nicht mit Mittelmäßigkeit begnügen, wodurch hervorragende Geister der Religion so sehr entfremdet werden können. Das Zweite Vatikanische Konzil warnt: ... „von Gotteshäusern und anderen heiligen Orten [sollen] streng solche Werke von Künstlern ferngehalten werden, die dem Glauben, den guten Sitten und der christlichen Frömmigkeit widersprechen und die das echt religiöse Empfinden verletzen, sei es, weil die Formen verunstaltet sind oder weil die Werke künstlerisch ungenügend, allzu mittelmäßig oder kitschig sind."[58] Ist die Kirche vorsichtig gegenüber dem Ungewohnten, so muß sie noch mehr gegen den leider oft allzu gewohnten Kitsch kämpfen. Es gilt, den Sinn für Kontinuität mit dem Mut zum Fortschritt zu vereinen. Pius XI. sagt diesbezüglich: „Wir öffnen die Tore weit und begrüßen aufs herzlichste jene gute fortschrittliche Weiterbildung der guten und ehrwürdigen Überlieferungen, die in so vielen Jahrhunderten christlichen Lebens bei so großer Verschiedenheit der Umwelt, der sozialen und ethnischen Verhältnisse einen klaren Beweis für die unerschöpfliche Fähigkeit abgelegt haben, zu neuen und schönen Formen anzuregen, sooft sie unter dem doppelten Gesichtspunkt des Genies und des Glaubens befragt und gepflegt worden sind."[59]

Die notwendige Sorge, das schlechthin Ungewohnte und dem gläubigen Volk Unzugängliche zu meiden, entbindet die Künstler nicht von der Erfüllung ihrer pädagogischen Rolle. Sie werden dabei erfolgreicher sein, je mehr sie bereit sind, „den Gläubigen eine Strecke des Weges entgegenzukommen"[60]. Das Ideal ist ein gegenseitiges Sich-Befruchten, ein Geben und Empfangen zwischen den Künstlern und der christlichen Gemeinschaft.

Die sakrale Kunst ist die Krone aller schönen Künste, die sich in ihr zum Gebet, zum bewußten Gotteslob vollenden. Sie bringt uns stets neu zum Bewußtsein, daß die Schönheit Gottes vor allem im Menschen, dem Ebenbild Gottes, aufleuchtet, wenn dieser in seinem Bemühen, das zu werden, was er nach Gottes Absicht ist, stets der höchsten Schönheit zugewandt ist. Michelangelo sagt: „Weder Gemälde noch Statuen vermögen die Seelen zu bezaubern, die der Liebe Gottes zugewandt sind, die am Kreuz ihre Arme weit ausbreitet,

---

58 SC 124.

59 *Pius XI.*, Ansprache vom 27. 10. 1932: AAS 24 (1932) 356.

60 *R. Régamey*, Art sacré au XXe siècle (Paris 1952) 212f.

um sie zu empfangen."[61] Es ist die Freude des christlichen Künstlers, diese gleiche Botschaft von der Liebe Gottes durch seine Kunstwerke zu künden, dem Menschen zu helfen, selbst immer mehr das große Kunstwerk Gottes zu werden.

4. *Die Bedeutung der Symbole*

Symbol bedeutet „etwas, das aufgrund vorgegebener Beziehungen, Assoziation, Konvention oder zufälliger Ähnlichkeit etwas anderes vertritt oder auf es hinweist. Symbol ist vor allem ein sichtbares Zeichen einer unsichtbaren Wirklichkeit"[62].

Der Soziologe George Gurvitch ist überzeugt, daß eine Moral, die das sittliche Ideal durch anziehende Symbole darstellt, Zeichen einer vitalen und echten Kultur ist. Und nach einer Darstellung der verschiedenen Typen von Moral macht er die bedeutsame Bemerkung, daß in der heutigen Epoche Symbolbilder einen privilegierten Platz im sittlichen Leben haben[63].

Der protestantische Theologe Langdon Gilkey, der der gleichen Meinung ist, betont, daß eine lebendige Feier der Liturgie mit ansprechenden sakramentalen Symbolen hilfreich sein kann für die Deutung der Zeichen der Zeit und uns stets neu anleiten kann, die Gegenwart Gottes im Gesamt unseres Lebens wahrzunehmen[64]. Wir haben daher sorgfältig nach der Bedeutung der Symbole im Gesamt unseres sittlich-religiösen Lebens, auch in der Liturgie, zu fragen.

Die katholische Theologie verweist auf Christus, das menschgewordene Wort, als Realsymbol des Heiles. Er macht den Vater nicht nur sichtbar; er ist das wirksame Zeichen der Gegenwart des Vaters. Christus selbst, dem Beispiel der alttestamentlichen Propheten folgend, liebt symbolische Handlungen. All sein Tun und seine Worte, ganz besonders aber sein Tod und seine Auferstehung sind in der Sicht des allumfassenden Realsymbols zu sehen.

Die Kirche hat den Symbolen stets große Aufmerksamkeit geschenkt. Heute machen uns Soziologen und Psychologen auf den unersetzlichen Wert der Symbole für unser sittliches und religiöses Leben aufmerksam[65]. Philosophen, Liturgiker und systematische Theologen sprechen im gleichen Sinne[66]. Symbole

---

[61] Zitiert bei *J. Maritain,* a.a.O. 140.

[62] Webster's Seventh New Collegiate Dictionary (Chicago 1965) 892.

[63] *G. Gurvitch,* Traité de sociologie (Paris ³1963) 154.

[64] *L. Gilkey,* Catholicism Confronts Modernity (New York 1975) 22.

[65] Vgl. *C. G. Jung,* Der Mensch und seine Symbole (Olten – Freiburg 1968); Jung spricht vor allem von den Archetypen, von jenen Symbolen, die allen Kulturen gemeinsam zu sein scheinen, obwohl sie sich in verschiedenen Abarten zeigen.

[66] Vgl. *E. Cassirer,* Philosophie der symbolischen Formen, 4 Bde. (Berlin 1923–1931); *R. Guardini,* Von heiligen Zeichen (Mainz 1949); *M. Eliade,* Images et symboles (Paris 1952); *J. A. Jungmann,* Symbolik der katholischen Kirche (Stuttgart 1960); *P. Ricœur,* Finitude et culpabilité, Bd. II: La symbolique du mal (Paris 1960); *W. Heinen* (Hrsg.), Bild-Wort. Symbol in der Theologie (Würzburg 1968); *H. M. McCluhan,* From Cliché to Archetype (New York 1970).

sind ganz besonders bedeutsam im Blick auf den Geheimnischarakter des Religiösen und für wirksame Motivierung.

Das Geheimnis Gottes und das des Menschen sind immer unendlich tiefer, als abstrakte Begriffe ausdrücken können. Wir bedürfen der Symbole, symbolischer Bilder und Sprachbilder, um in die Richtung des Geheimnisses zu weisen und uns seine Gegenwart innewerden zu lassen. Wir verschmähen die Hilfe analytischen und begrifflichen Denkens keineswegs, aber wo es um die Schau des Ganzen geht, sind Symbole grundlegend. Sie sprechen die ganze Person, Geist und Herz, Verstand und Einbildungskraft an. Wiederholt sind wir auf die hohe Bedeutung des umfassenden Leitmotivs und ansprechender Einzelmotive für die Formung der moralischen Persönlichkeit gestoßen. Weder der Moralunterricht für das Volk noch die wissenschaftliche Moral können deshalb auf die Symbolsprache verzichten[67], die die Motive verlebendigt.

Der Mensch teilt sich nicht nur durch Worte mit, sondern ist selbst in dem, was er ist, eine Mitteilung. Und diese Mitteilung wird zu einem ansprechenden sittlichen Ruf, wenn sich Menschen gegenseitig als Symbol, als Abbild und Gleichnis Gottes und Mitkünstler im Dienste des göttlichen Künstlers verstehen. Ist dieses Grundsymbol lebendig erfaßt, so haben alle unsere Gesten, unser Verhalten, unsere Kleidung, unsere Wohnungen und vieles andere Symbolgehalt und bereichern die Kommunikation[68].

Von Balthasar ist überzeugt, daß es ein wichtiger Bestandteil der Erziehung ist, den Sinn für das Symbol zu erschließen, in einer „Erblickungslehre" den Sinn der Symbole im Gesamt unseres Lebens zu erfassen[69]. Diese Erblickungslehre kann der Vertiefung der Glaubenserfahrung und der inneren Freiheit dienen, die Zeichen des Wirkens Gottes in uns und in der Welt zu entdecken. Bischof Klaus Hemmerle gibt uns ein ausgezeichnetes Beispiel, wie Theologie schöpferisch ein Grundsymbol gebrauchen kann[70]. Er wählt als ein solches Symbol das Spiel. In einer Phänomenologie des Spieles zeigt er den reichen Symbolwert auf und weist darauf hin, wie wir grundlegende Glaubenswahrheiten in diesem Verstehenshorizont besser begreifen können.

Der Umgang mit Symbolen ist in sich selbst eine Kunst, die von großer Bedeutung ist für die Entfaltung der Persönlichkeit und für reiche zwischenmenschliche Beziehungen. Erziehung soll darum von Symbolen Gebrauch machen und darüber hinaus die Einbildungskraft, die Phantasie, schöpferisches Zeichnen, Poesie usw. pflegen. Aber die Menschheit bedarf des Genies der großen Künstler, die einen besonderen Zugang zur Welt der Symbole haben und so

---

[67] Vgl. *T. Goffi*, Linguaggio immaginoso per un'etica cristiana, in: Studia Moralia 15 (1977) 260–282.

[68] Vgl. *E. Souriau*, a.a.O. (s. Anm. 21) 243.

[69] *H. U. von Balthasar*, Herrlichkeit III/1, 25. Der Verfasser spricht oft von „Erblickungslehre", der Kunst einer tieferen Erfassung der Symbole.

[70] *K. Hemmerle*, Vorspiel zur Theologie. Einübungen (Freiburg i. Br. ²1979); vgl. *E. Fink*, Spiel als Weltsymbol (Stuttgart 1960).

den Menschen als ganzen ansprechen können. Das vollendete Kunstwerk weist auf die Fülle des Lebens hin, die wir alle suchen[71].

Der oberflächliche Künstler, der den Sinn und die Kraft der Symbole nicht versteht, kann sein Kunstwerk so mit Einzelheiten und verführerischem Glanz beladen, daß sich die Symbole nicht aussprechen können. Ähnlich wie Rationalismus und Moralismus den Tod der Religion bedeuten, so kann ein falscher Ästhetizismus das Licht der religiösen und ethischen Symbole auslöschen[72]. Meines Erachtens haben jedoch Moralphilosophen und -theologen der Fähigkeit des Menschen, Symbole zu ergreifen, mehr geschadet als Künstler. Man kann sich kaum einen echten Künstler vorstellen, der nicht einen tiefen Sinn für Symbole hat.

5. Das Schöne und die Freiheit

Der göttliche Künstler spricht in der Schönheit der Schöpfung seine überfließende Freiheit jenseits von Nützlichkeiten und Zwecken so aus, daß der menschliche Künstler, das Abbild Gottes, zu ähnlicher Freiheit eingeladen ist. Dem Leser ist sicher die Betonung des Geschenkhaften der Schönheit nicht entgangen. In einer Welt, in der so viele mit B. F. Skinner und seinen Anhängern menschliches Leben auf automatische Reaktion auf die Zwillingsmeister Schmerz und Lust reduzieren und folglich totale Manipulation als höchstes Ziel verkünden, können wir wohl besser verstehen, daß schöpferische Freiheit, und in der Tat jede echte Freiheit, nur überleben kann, wenn wir fähig sind, uns an der Schönheit der Schöpfung Gottes und menschlichen Schaffens einfachhin zu erfreuen, und selbst jenseits von Nützlichkeitserwägungen schöpferisch tätig sind.

Wir können Gottes Gnade nicht verherrlichen und unser Leben auf sie bauen, wenn wir nicht alle Gaben Gottes würdigen, vor allem aber das Schöne und den Eros des Menschen für das Reich des Schönen, wie Plato und andere große Denker ihn besungen haben. Der Eros ist der Anstieg zur Höhe vermittels der anziehenden Kraft des Schönen, in dem sich das Wahre und Gute aussprechen[73].

Ich kann Rudolf Bultmann nicht zustimmen, wenn er meint: „Die Idee des Schönen hat für den christlichen Glauben keine das Leben gestaltende Bedeutung, er sieht im Schönen die Versuchung einer falschen Weltverklärung, die den Blick vom ‚Jenseits' abzieht." Selbstverständlich hat Bultmann ein echtes Anliegen, wenn er weiterfährt: „Die Antwort auf die im Schicksal gestellte Frage kann nie im Kunstwerk objektiviert werden, sondern nur stets im Bestehen des Leidens selbst gefunden werden."[74] Aber wie könnten wir Menschen

---

[71] Vgl. *Gadamer*, a.a.O. (s. Anm. 8) 66ff.
[72] Vgl. *M. Landmann*, (s. Anm. 42) a.a.O. 83.
[73] Vgl. *H. U. von Balthasar*, a.a.O. III/1, 28.
[74] *R. Bultmann*, Glauben und Verstehen II (Tübingen [2]1958) 137.

das Leiden bestehen, wenn wir nichts wüßten vom Glanz des Schönen und der anziehenden Kraft des Wahren und Guten? Ich beziehe mich hier auf Bultmann, denn er ist wie ich interessiert an schöpferischer Freiheit und Treue. Aber meines Erachtens verändert die allgemein negative Haltung gegenüber dem Schönen und der Kunst unser Verständnis der schöpferischen Freiheit und Treue. Das Ursymbol, das allem Sinn gibt, ist die in Jesus und in der Herrlichkeit seiner Auferstehung offenbar gewordene Liebe Gottes zur Verherrlichung des Vaters. Wie wir die Liebe zu Gott nicht von der oft leidvoll erfahrenen Liebe unter Menschen trennen können, so dürfen wir auch unsere letzte Berufung, nämlich Gott zu verherrlichen, nicht vom Schönen trennen, das ihn preist.

III. Fest und Feier

Was wäre die Kunst ohne Fest und Feier, und was wäre das Fest ohne die Kunst, ohne Musik, Poesie, Tanz? Wir sprechen vom Fest und nicht nur von Freizeit, die in der heutigen Welt so oft ein Teil der geschäftlichen Vereinnahmung ist[75].

1. *Phänomenologie von Fest und Feier*

Fest und Feier haben Menschen immer wieder die Gelegenheit gegeben, Spiel, Phantasie, schöpferischen Ausdruck zu entdecken und zu entfalten und so Persönlichkeiten und Gemeinschaft zu formen, die durch schöpferische Freiheit und Treue ausgezeichnet sind[76]. Die Feste erlauben uns, Utopien für die Zukunft zu erträumen; sie stellen uns aber auch berechtigte Fragen über unsere Ideale und Hoffnungen für die Zukunft und unsere Treue zu ihnen[77].

Christliche Hoffnung blickt vorwärts auf das ewige Fest im neuen Himmel und auf der neuen Erde, wo wir alle Festgenossen, Brüder und Schwestern, sein werden. Die Feste schaffen neue Bande der Mitmenschlichkeit, durch die, wie Plato sagt, die Menschen erfahren, daß sie einander als Festgenossen geschenkt sind[78].

Ein Grund und eine Voraussetzung für das Feiern von Festen ist die Überzeugung, daß es gut ist zu leben und daß wir Grund haben, uns zu freuen. Ein

[75] Vgl. *J. Pieper,* Zustimmung zur Welt. Eine Theorie des Festes (München 1963); *H. Cox,* The Feast of the Fools. A Theological Essay on Festivity and Fantasy (Cambridge/Mass. 1969); *J. Moltmann,* Die ersten Freigelassenen der Schöpfung. Versuche über die Freude an der Freiheit und Wohlgefallen am Spiel (München ²1971); *Frère Roger (Schutz),* La Fête sans fin (Taizé 1971); *J. Mateos,* Cristianos en fiesta. Mas allà del cristianesimo convencional (Madrid ²1975); *E. Otto,* Fest und Freude (Stuttgart 1977); *J. J. Wunenberger,* La fête, le jeu et le sacré (Paris 1977).
[76] Vgl. *G. M. Martin,* Fest und Alltag. Bausteine zu einer Theorie des Festes (Stuttgart 1973) 9.
[77] *J. Mateos,* a.a.O. 262.
[78] Vgl. *J. Pieper,* a.a.O. 81.

besonderer Grund zur Festfeier ist die Dankbarkeit dafür, daß wir das empfangen haben, was wir lieben. Durch die gemeinsame Feier bekräftigen wir nicht nur das Gutsein des Daseins, sondern auch des Füreinanderseins. Und so entdecken wir neue Dimensionen des Wahren und des Guten[79].

Es ist nicht gleichgültig, wie man den Bezug zwischen Alltag und Fest versteht. Der Arbeitssklave, der nicht mehr sein will als das, sieht im Fest nur die notwendige Erholung für weitere Arbeit. Andere meinen, daß Fest und Feier nur sinnvoll ist, wenn man zuerst den Sinn der Arbeit entdeckt und verwirklicht hat. Demgegenüber behaupten wir: Das Fest trägt seine Sinnbedeutung und Botschaft in sich selbst und öffnet gerade so neue Horizonte. Die Feste erschließen uns den tieferen Sinn des alltäglichen Lebens und helfen uns, es mit größerer Freiheit zu gestalten. Das schließt freilich nicht aus, daß wir, von den Höhen der Feier herabsteigend, die Konflikte des Alltags um so schmerzlicher erfahren. Aber aus dem Fest können wir auch jene Erfahrung der Mitmenschlichkeit gewinnen, die uns erlaubt, die Last des Alltags miteinander zu tragen und uns gemeinsam zu bemühen, das Leben lebenswerter zu machen.

Festfeier und hingebende Pflege der Kultur sichern der Gott gegebenen Freiheit des Menschen einen Raum in einer Welt, die von Sünde und Mühsal beladen ist[80]. Fest und Feier erschließen ihren Sinn nicht ohne einen gewissen Grad von Kontemplation. Wie die Kunst, so sprechen sie die ganze Person an, Leib und Geist. Die Menschlichkeit des Festes erlaubt Gelächter, Witz, Humor und sogar ausgelassenen Ausdruck der Freude. Wir können, wie Harvey Cox bemerkt, sogar über menschliche Torheit in Gelächter ausbrechen[81]. Man mag freilich zweifeln, ob Feste wie das jährliche Oktoberfest von München, wo Essen und Trinken zur Hauptsache werden, echte Feste sind. Aber im Blick auf biblische Sprache und menschliche Tradition können wir nichts einwenden gegen das festliche Mahl mit der Freude an einem guten Trunk, wie bei der Hochzeit in Kana[82].

Wir müssen uns jedoch dem Problem stellen, wie wir in diesem Tal der Tränen, in dieser von Unrecht und Unheil gekennzeichneten Welt Feste feiern können[83]. Die Tradition Israels und der Kirche beweist, daß das Fest uns keineswegs verführt, das Übel zu vergessen. Es offenbart vielmehr die Zuversicht, daß das Gute schließlich seinen Sieg feiern wird. Die festliche Erwartung des Sieges bedeutet nicht Flucht vor der Härte des Lebens, sondern kann vielmehr zu einer Kraftquelle werden, die uns erlaubt, den Schwierigkeiten die Stirn zu bieten und dem Bösen zu widerstehen. „Das echte Zeugnis des Glaubens an Gott und der lebenswahre Ausdruck unseres Urvertrauens in den Sinn des Lebens, Freude und Herrlichkeit, finden sich unter jenen, die singen können

---

[79] Ebd. 42 50.
[80] *H.E. Bahr,* a.a.O. (s. Anm. 10) 79.
[81] *H. Cox,* a.a.O. Cox nimmt als Ausgangspunkt das mittelalterliche „Narrenfest".
[82] Vgl. *G.M. Martin,* a.a.O. 18–29.
[83] *J. Mateos,* a.a.O. 255.

auch in der Verbannung, frohlocken inmitten des Kampfes und in der Hoffnung, einen Widerschein der Herrlichkeit zu erfassen, gerade wenn alles in Frage gestellt zu sein scheint. Denn sie haben im Miteinander und Füreinander entdeckt, daß der unendliche Abstand Gottes das Maß der Macht seiner Gegenwart ist und daß das Leiden Gottes das Ausmaß der Macht seiner unbeirrten und unbesiegbaren Liebe ist."[84]

Doch nur jene, die inmitten des Leidens fähig sind zum Mitleiden mit andern, können miteinander Feste feiern. Als Christen feiern wir das Osterfest in Freude und Danksagung für unsere Erlösung und gerade so auch in tiefer Solidarität mit jenen, denen Schmerz und Krankheit, erfahrenes Unrecht und eigene Sünde noch Fesseln anlegen. Wir können in Ehrlichkeit das Fest der Befreiung feiern, wenn wir mit Zuversicht und vereinten Kräften für die Freiheit aller einstehen.

Selbstverständlich können auch Fest und Feier ihre Schlagseiten haben wie zum Beispiel Oberflächlichkeit in menschlichen Beziehungen, Gedankenlosigkeit und feige Flucht vor der Wirklichkeit. Feste können bisweilen lärmend und nervenzerrüttend sein. Lautes Gelächter bei Trinkgelagen ist keine Feier des endgültigen Sieges des Friedens und der Liebe, sondern eher eine Flucht und ein Versuch, die innere Verzweiflung zu verdecken. Die politischen Feste der Französischen Revolution, die großen Aufmärsche unter Hitler, die neuen Riten und Pseudofeste, die von den Mächtigen der Einheitspartei auferlegt sind, entwürdigen den wahren Sinn des Festes. Sie sind nicht besser als Kitsch auf dem Gebiet der Kunst[85].

2. *Die kultische Dimension des Festes*

Das Buch Genesis sieht den Sabbat als Geschenk Gottes an den Menschen an, das ihm erlaubt und ihn einlädt, vor Gott, seinem Schöpfer, auszuruhen und sich in ihm zu freuen. Der Sabbat ermöglicht es ihm, in der Gestaltung der Welt Gottes Bild und Gleichnis zu bleiben und immer mehr zu werden. Nur der Mensch, der sein Dasein vor Gott feiern kann, wird nicht zum Sklaven der Arbeit und seiner eigenen Werke.

Gott hat nicht nur wundervolle Zeichen gewirkt für die Befreiung Israels, sondern hat seinem Volk auch das befreiende Wort geschenkt, diese Ereignisse in Festen zu feiern und so dankbar und frei zu bleiben. In Israel und in der christlichen Ära ist das Fest die Erfahrung einer Einladung Gottes, an seiner Kraft und Freude teilzunehmen. So lernen wir, Gott sowohl in der Arbeit wie im Fest zu ehren. In allen Kulturen besteht das Bedürfnis nach dem Fest. Es gehört jedoch zur Frohbotschaft für die Christen, daß ihre Feste nicht von ihnen selbst erfunden sind, sondern daß Gott sie ihnen anbietet, der so ihr Gedächtnis

---

[84] *D. E. Jenkins,* Einleitung zu *J. Moltmann,* Theology of Joy (London [2]1976) 25.

[85] Vgl. *J. Pieper,* a.a.O. 93ff.

heil und dankbar erhält und ihnen seine Gegenwart in der Heilsgeschichte zusichert[86].

Wie wir schon vorher gesehen haben, setzt das Fest psychologisch ein Urvertrauen in den Sinn des Lebens und in den endgültigen Sieg des Guten voraus. Paul Tillich sieht in diesem Urvertrauen, dessen Garant Gott selber ist, den siegreichen Mut zum Dasein[87]. Das Fest ist nicht nur Dankesfeier für die vergangenen Heilstaten, sondern stets erneuter Ausdruck des Vertrauens auf die Bundestreue Gottes, der Vertrauen und Treue in uns wachhält.

3. *Fest und menschliches Dasein als Eucharistie*

Quelle und Mittelpunkt der christlichen Feier ist die Eucharistie. Der Christ weiß im Glauben, daß er immer und unter allen Umständen Grund zum Danken und zum Lobpreis Gottes hat. Wir feiern die Eucharistie, die große Dankesfeier, als Gedächtnis des Leidens, des Todes und der Auferstehung Christi in Vereinigung mit dem Auferstandenen. Darum ist es unmöglich, Feste wie die Eucharistie als Glaubensmitte zu feiern und dennoch unsere leidenden und unterdrückten Brüder und Schwestern zu vergessen. Unsere Dankesfeier ist echt, wenn sie unsere Bereitschaft stärkt, alle uns von Gott geschenkten Energien zusammenzufassen im Einsatz für Gerechtigkeit und Frieden. Nur so können wir die neue Schöpfung feiern und unser Vertrauen aussprechen, daß Gott alles neu machen wird. Sicher sind Enttäuschungen und Leiden in sich selbst kein Grund, Feste zu feiern und Dank zu sagen. Aber aus dem Wissen, daß wir in Christus erlöst sind, daß er, der Sieger, auf unserer Seite steht, können unsere Leiden als Anteil am Kreuze Christi einen neuen Grund bilden, Gott im Feste zu ehren und vor ihm zu spielen[88].

Empfangen wir die Eucharistie dankbar als Höhepunkt, Urgrund und Richtmaß unseres Lebens, dann werden nicht nur Fest und Feier, sondern auch das Gesamt unseres Lebens zur dankbaren Erfahrung werden, wie reich wir von der Vergangenheit beschenkt, wie herrlich die Verheißungen sind und wie einzigartig das Angebot der gegenwärtigen Heilsstunde ist[89]. So wird sich kein Graben auftun zwischen Gottesdienst und Leben, zwischen unseren Festen und unserem Alltag.

Legalistische Handbücher der Moraltheologie behandelten die Eucharistie im Blick auf Pflichten: die Pflicht, die Messe zu feiern oder ihr beizuwohnen, wobei sich zahllose Gelegenheiten ergaben, Todsünden gegen die gesetzliche Umfriedung zu begehen. Wie konnte es je geschehen, daß Theologen die Eucharistie hauptsächlich im Blick auf auferlegte Pflichten sahen? Selbstverständlich

---

[86] Vgl. Kard. *J. Ratzinger,* Ist der Glaube wirklich „frohe Botschaft"?, in: Studia Moralia 15 (1977) 531.

[87] Vgl. *G. M. Martin,* a.a.O. 30.

[88] *J. Moltmann,* Die ersten Freigelassenen der Schöpfung (s. Anm. 75) 36.

[89] Vgl. *B. Häring,* The Eucharist and Our Everyday Life (Slough 1978).

besteht eine Pflicht, regelmäßig an der Eucharistiefeier teilzunehmen, aber es ist nie eine nackte Pflicht. Sie kann nur von jenen verstanden werden, die die Frohbotschaft kennen, sich an ihr freuen und staunend danken für die Einladung des Herrn, mit ihm den Vater zu preisen, das Fest der Bundestreue zu feiern und sich in ihm zu freuen. Für den Christen, der weiß, was die Eucharistie bedeutet, muß es eine erschütternde Erfahrung sein, wenn er merkt, daß er aus bloßer Nachlässigkeit und Trägheit die regelmäßige Mitfeier vernachlässigt[90]. Und selbstverständlich handelt es sich für einen reifen Christen nicht nur darum, äußerlich beizuwohnen. Er wird mit Herz, Geist und Wille aktiv teilnehmen. Die entscheidende Fruchtbarkeit der Eucharistie und der andern Sakramente ist die Umformung der Christen, so daß ihr ganzes Leben zum Dank und Lobpreis in Vereinigung mit Christus wird und stets neu die Hingabe an ihn und sein Heilswerk bekräftigt.

4. *Der christliche Sonntag*

Die Propheten und großen Gesetzgeber gaben dem Rhythmus zwischen Werk und Ruhe, der sich auch in andern Kulturen findet, eine theologische Sinndeutung. Die Israeliten feierten den Siebten Tag, den Sabbat, als den Tag der Vollendung des Schöpfungswerkes, der Transzendenz Gottes und zugleich seines Daseins und der Freude an seinem Werk. „Und Gott sah alles, was er gemacht hatte; und es war sehr gut... Gott segnete den Siebten Tag und heiligte ihn" (Gen 1,30 – 2,3). Die kultische Bedeutung herrscht offenbar vor. Der Sabbat war jedoch auch der Tag, das Volk um die heiligen Bücher zu sammeln. In Deuteronomium, Kap. 5, Vers 1ff. finden wir die prophetisch-ethische Sinndeutung des Sabbats mit dem Verweis auf das befreiende Tun Gottes. Im Dank dafür erfährt das Volk die Pflicht, den Knecht und die Magd und vor allem den Fremdling nicht zu überbürden. „Der Fremdling, der innerhalb deiner Tore lebt, dein Sklave und deine Sklavin sollen ruhen wie du. Sei dessen eingedenk, daß du Sklave gewesen bist im Lande Ägypten und daß der Herr, dein Gott, dich von dort herausgeführt hat." So hat der Sabbat teil am Sinn und der Bedeutung der großen Feste Israels.

Während die regelmäßige Festfeier der mythischen Religionen den Zyklus der regelmäßigen Wiederkehr in Natur und Geschichte in Erinnerung bringt, feiert Israel das fortdauernde Fest der andauernden Heilsgeschichte[91]. Fest und Sabbat lassen Israel auf die messianische Zeit hoffen. Sie geben dem Volk die Zusicherung Gottes, daß er die Heilsgeschichte zur Vollendung bringen wird, wie er das Werk der Schöpfung vollendet hat.

Die erste Generation der Christen beobachtete weiter den Sabbat als

---

[90] Vgl. *G. Troxler,* Das Kirchengebot der Sonntagspflicht (Freiburg/Schw. 1971); *W. Thüsing,* Eucharistiefeier und Sonntagspflicht im NT, in: Gottesdienst 1971, 10–12.
[91] Vgl. *J. J. Wunenberger,* a.a.O. (s. Anm. 75) 144ff.

Ruhetag, als Einladung zur Kontemplation und zum Hören des Wortes Gottes in Vorbereitung auf die Eucharistiefeier, die regelmäßig am Sonntag stattfand (vgl. Apg 20,2; 1 Kor 16,2). Christus hat seine Jünger von einer ritualistischen Fehldeutung des Sabbats befreit. Für ihn waren das Heilen und andere Erweise der Liebe zum Nächsten bisweilen wichtiger und dringlicher als die formelle Beobachtung der Sabbatruhe. „Der Sabbat ist um des Menschen willen gemacht und nicht der Mensch für den Sabbat" (Mk 2,27).

Während der ersten christlichen Generationen wurde der Sonntag noch nicht als verpflichtender Ruhetag verstanden, wohl aber als Tag der regelmäßigen Feier des Gedächtnisses der Auferstehung Christi. Er sagte den Erlösten, daß das ganze Leben ein Fest ist[92]. Augustinus sagt: „Im Hause Gottes ist immer festliche Feier".[93] Von Anfang an wurde der Sonntag ausgezeichnet als der erste Wochentag, an dem der Herr auferstanden ist und seiner Kirche am Pfingsttag den Heiligen Geist gesandt hat.

Bis auf Konstantin war im Römerreich der Tag des Saturn (Samstag) der offizielle Ruhetag und Wochenbeginn, während der Tag des Sonnengottes (Sonntag) der zweite Tag der Woche war. Durch Dekret Konstantins wurde der Sonntag zum ersten Wochentag und zugleich zum Ruhetag und Tag der Feier für Christen erklärt. So wurde der Sonntag zum „Herrentag" (vgl. Offb 1,10). Vor Konstantin hatte die Kirche nie daran gedacht, den Sonntag als Ruhetag gesetzlich aufzuerlegen. Sie verlangte nur, daß man sich Zeit gönnte für die Feier der Eucharistie. Schon in apostolischer Zeit wurde der Herrentag auch als „der achte Tag" (vgl. Joh 20,26) bezeichnet, der Tag also, der hoffend die Enderfüllung vorausnimmt. So bedeutet seine Feier die stets erneuerte Selbstverpflichtung der Christen, an der Heilsgeschichte teilzunehmen bis zur Wiederkunft des Herrn.

Die Geschichte der Theologie des Sonntags ist irgendwie ein Spiegelbild der ganzen Kirchen- und Theologiegeschichte[94]. Eine blühende Christenheit kennt den Sonntag als Tag der Freude und des erneuerten Treueversprechens im Blick auf Bund und Geschichte. Der Ton liegt auf der Teilnahme am Tod und an der Auferstehung Christi. Von hierher erschließt sich eine drängende Verpflichtung zur Teilnahme an der sonntäglichen Eucharistiefeier. In Zeiten des Verfalls aber kehrten Theologie und kirchliche Praxis zu rabbinischer Kasuistik zurück. Man wollte genau bestimmen, wie lang und wieviel man am Sonntag arbeiten darf, was Sklavenarbeit und darum verbotene Arbeit ist und was nicht. So erfahren wir immer wieder die Spannung zwischen der prophetischen Geschichte und ritualistischer Entfremdung. Ich würde meiner Sicht der Theologie von Heilsgeschichte nicht treu bleiben, wollte ich hier auf alte Abgrenzungen eingehen.

---

[92] *Chrysostomus,* Über das Pfingstfest, Hom. I: PG 59, 454; *Hieronymus,* Epist. 121: PL 22, 1031.
[93] *Augustinus,* En. in Ps. 41, 9: PL 36, 470.
[94] Vgl. *H. Huber,* Geist und Buchstabe der Sonntagsruhe. Eine historisch-kritische Untersuchung (Salzburg 1958); *W. Rordorf,* Sunday. The History of the Day of Rest and Worship in the Earliest Centuries of the Christian Church (Philadelphia 1968).

Das Entscheidende ist, daß wir der Sonntagsruhe ihren rechten Sinn geben, Zeit für Betrachtung und Feier aufsparen, Zeit, den Gemeinschaftsgeist zu pflegen, sich gemeinsam zu freuen, die Kranken zu besuchen und die Trauernden zu trösten. Daß Sonntagsruhe durch Gesetz und Sitte geschützt ist, ist gut. Es macht die Tatsache sozial sichtbar, daß wir nicht Sklaven der Arbeit sind, daß wir der Muße bedürfen, aber noch mehr der Feier und der gemeinsamen Freude.

5. *Fest und Freiheit in Treue*

Die messianische Sicht von Sonn- und Festtag enthält die Einladung, Freiheit und Freude, die tiefste Sinndeutung des Festes, in unseren Alltag einzubringen. Die Freiheit, die wir in Fest und Feier erfahren, soll der Sauerteig der täglichen Freude sein und Leiden und Mühsal den rechten Sinn geben[95].

Unter der Herrschaft der Technik hat der Mensch sein wahres Selbst eingebüßt. Die Technokratie will aus der Person ein Werkzeug machen. Wenn aber der Mensch in einem entscheidenden Sektor seines Daseins sich mit der Rolle eines Werkzeugs abfindet, so kann er auch im übrigen nicht das Niveau erreichen, das der Person geziemt. Das zeigt sich u. a. darin, daß der von der Technokratie geprägte Mensch nicht mehr mit seiner Freizeit umzugehen weiß. Er nimmt es hin, daß sie von einem neuen Geschäftszweig, der Freizeitindustrie, ausgefüllt wird. Hat er sein wahres Selbst auf dem Altar der Arbeit und der Organisation geopfert, so wird er allzu leicht von Propaganda und Werbung manipuliert. Goebbels und andere Spezialisten der Hirnwäsche haben das wohl gewußt[96]. Wer sich von der Technokratie und vom Verlangen nach wirtschaftlichem Erfolg bezaubern läßt, ist nicht mehr der Meister, der sich die Erde untertan macht[97]. Darum ist es klar, daß wir unsere Feste nicht feiern können, ohne uns um Freiheit und Befreiung auf allen Ebenen zu sorgen, ganz besonders aber im Bereich der täglichen Aktivität und der Organisation der Arbeitswelt. Und gerade dazu bedürfen wir auch der Erfahrung der Festesfreude und Freiheit. „Ein freudiges Ergreifen der Gegenwart ist ein wesentliches Element der subjektiven Freiheit, obgleich menschliches Leben wesentlich auf Zukunft ausgerichtet ist. Gerade weil gemäß christlichem Glauben die Zukunft durch Gottes Verheißung verbürgt ist, sind wir frei für Feier in Freude im gegenwärtigen Augenblick.“[98]

Die Idee der Freiheit und das Ziel der Befreiung können nur dann Grund zur Festfeier sein, wenn wir die Freiheit als schon bereitliegende Gabe und die

---

[95] *G. M. Martin,* a.a.O. (s. Anm. 76) 49f.

[96] Vgl. *W. A. M. Luijpen,* Existentielle Phänomenologie (München 1971) 181; *G. Marcel,* Les hommes contre l'humain (Paris 1951) 43.

[97] *G. Marcel,* Positions et approches concrètes du mystère ontologique, in: Le monde cassé (Paris 1933) 284.

[98] *B. C. Hodgson,* New Birth of Freedom (Philadelphia 1976) 348.

Befreiung als Verheißung erfahren. Es ist der geschenkhafte Charakter der Freiheit und die Erhabenheit unserer Berufung, an der Befreiung aller mitzuwirken, die uns zu festlicher Feier vereinen können. Weil wir als Christen die Freiheit als Geschenk des einen Vaters aller erfahren, ist unsere Feier immer wieder Verpflichtung für die Sache der Freiheit aller[99]. Als Christen feiern wir die in Jesus und seinen Jüngern sichtbar gewordene Liebe: Diese Feier ist nur dann echt, wenn wir dankbar unsere Berufung annehmen, die Mitmenschen in Gott mitzulieben und für sie frei zu werden. Im festlichen Dank für Gottes Freiheit für uns werden wir frei füreinander. Gerade diese tiefe Erfahrung befähigt uns zu einem Leben in schöpferischer Freiheit und Treue.

Die messianische Bedeutung des Sonntags, des Festes und der Feier setzt ein gesundes Verhältnis zur Vergangenheit voraus, die wir dankbar feiern. Aber es ist immer Feier im Hier und Jetzt. Darum erfließt aus der Gedächtnisfeier notwendig die Bereitschaft im Hier und Jetzt. Die Treue zum vergangenen Erbe ist Treuebindung und Verantwortung für die Zukunft aller. Fest und Feier spielen eine bedeutsame Rolle in der Formung unserer Persönlichkeit. Sie geben uns innere Stärke, verlangen von uns Selbstprüfung und ein zielbewußtes Handeln[100].

IV. Spiel und Tanz

1. *Bedeutsamkeit des Spieles im menschlichen Leben*

Unsere Überlegungen über das Schöne, die Kunst, das Fest und die Feier auf unserer Suche nach der Wahrheit und für ein Leben in befreiender Wahrheit und Treue lenken unsere Aufmerksamkeit auch auf das Spiel[101]. Wer meinen Überlegungen bisher gefolgt ist, wird nicht so sehr verwundert sein über meine Überzeugung, daß auch das Spiel eine Bedeutung in der Formung der verantwortlichen Person haben muß. In Handbüchern für Beichtväter wurde das Spiel nur im Blick auf Gelegenheiten zur Sünde behandelt. Und wird es nur

---

[99] Vgl. *J. Pieper,* l.c. 44.

[100] Vgl. *Mateos,* l.c. 311ff.

[101] *H. Rahner,* Der spielende Mensch (Einsiedeln 1952); *F. G. Jünger,* Die Spiele. Ein Schlüssel zu ihrer Deutung (Frankfurt a.M. 1953); *J. Huizinga,* Homo ludens. Vom Ursprung der Kultur im Spiel (Hamburg 1956); *W. Sorell,* The Dance Through the Ages (New York 1967); *R. Kraus,* History of Dance (Prentice Hall 1969); *J. H. Henriot,* Le jeu (Paris 1969); *P. L. Berger,* Auf den Spuren der Engel. Die moderne Gesellschaft und Wiederentdeckung der Transzendenz (Frankfurt 1970); *H. Jürgens,* Pompa diaboli. Die lateinischen Kirchenväter und das antike Theater (Stuttgart 1970); *W. Weismann,* Kirche und Schauspiele. Die Schauspiele im Urteil der Kirchenväter unter besonderer Berücksichtigung von Augustin (Würzburg 1972); *R. Garaudy,* Danser sa vie (Paris 1972); *H. Kutzner,* Erfahrung und Begriff des Spiels. Eine religionswissenschaftliche und metapsychologische Untersuchung (Bonn 1975); *K. Hemmerle,* Vorspiel zur Theologie. Einübungen (Freiburg i.Br. ²1979); *R. Bleistein,* Der Christ und das Spiel, in: St. d. Zeit 196 (1978) 108–116.

in dieser Sicht dargeboten, dann mag das Spiel tatsächlich vor allem als Versuchung erfahren werden. Wir betrachten jedoch das Spiel als einen wesentlichen Teil menschlichen Lebens. „Der spielende Mensch ist nicht nur einer, der spielt, sondern vielmehr ein Mensch, der sein ganzes Dasein als spielendes Dasein erfaßt."[102]

Bevor wir versuchen, den Menschen als den, der spielt und spielend sein Dasein gestaltet, zu verstehen, fragen wir uns, welche Spiele die Menschen von heute vorziehen. Viele sind mehr Zuschauer von Spielen als Menschen, die vor Gott spielen, miteinander spielen und mit ihren Kindern liebevoll spielen. Die Zahl jener, die an der Eucharistiefeier teilnehmen, ist im Rückgang. Den ersten Platz nehmen Fernsehen, Film, Sportveranstaltungen wie Fußball, Boxen und Autorennen ein. Sie alle sind irgendwie ein Spiegelbild der Qualität des Lebens heute[103]. Autorennen, die Tausende von Zuschauern anziehen, sind gleichsam ein Symbol für das Verfallensein an eine Hast, die keine Zeit und Neigung zum Gebet, zur Kontemplation, zu tiefer Ergriffenheit übrigläßt. Wenn Menschen den gelassenen Rhythmus freundlichen Spielens und festlicher Freude lernen, dann werden sie immun gegen solcherart verheerende Spiele. Jene, die zusammen das Leben und ihre gemeinsamen Freuden feiern und sich an Gesellschaftspielen ebenso wie am Spiel der Kinder freuen, stehen der Aggression in vielen Filmen und Fernsehprogrammen nicht hilflos gegenüber[104].

Spiel und Tanz gehören geschichtlich zunächst und vorzüglich zur religiösen Sphäre, genauso wie das Fest. „Die wahre Heiterkeit eines spielenden Menschen, dem Ernst und Scherz Geschwister sind, ist ein religiöses Problem, kann nur gelebt werden von einem irdisch-himmlischen Menschen."[105] H. E. Bahr, ein protestantischer Autor, schreibt: „Das eigentlich Menschliche tritt erst dann zutage, wenn der Mensch weltgelöst und selbstvergessen zu spielen beginnt und wenn er es wagt, von sich aus das Leben selber mit seinen offensichtlich widersprüchlichen Teilen und quälenden Gegensätzen zu einer Einheit zu gestalten. Wo immer diese Gestaltung glückt, sprechen wir von Kultur."[106]

Wer recht zu spielen und zu tanzen versteht, nimmt die Dinge ernst. Er achtet auf das, was er tut, aber sein Ernst ist gepaart mit Gelassenheit, Freude und überfließender Freiheit. Im Spiel lernen wir jenen Ernst, der ganz menschlich ist und darum so ganz anders als der Ernst jener, die das Leben nur als Last und nicht als Gabe erfahren. Der spielende Mensch weiß, daß sein Spiel nur Spiel ist und daß er seine Aufgabe in der Welt ernst zu nehmen hat. Aber bei aller Ernsthaftigkeit, mit der er die ihm gestellten Aufgaben übernimmt, weiß er um den Geist der Freiheit, der den Söhnen und Töchtern Gottes verliehen ist[107].

---

102 *J. H. Henriot,* a.a.O. 101.
103 *R. Garaudy,* Danzare la vita (Assisi 1973) 102.
104 Ebd. 176f. 105 *H. Rahner,* a.a.O. 34f.
106 *H. E. Bahr,* a.a.O. (s. Anm. 10) 79. 107 *H.-G. Gadamer,* a.a.O. (s. Anm. 8) 97.

H. Kutzner sieht eine enge Beziehung zwischen dem Spiel und der Freude am Gartenbau[108]. Gartenbaukunst als Freude am Schönen stellt symbolisch die Dankbarkeit des Menschen dar, daß ihm die Natur anvertraut ist, sie zu lieben und sorgsam zu pflegen. Er setzt einen Teil der Natur frei einfach um der Schönheit willen. Es ist eine Art der Versöhnung zwischen Natur und Geschichte, die Entrichtung des Zehnten der Natur für Freude und Kunst.

Spiel kann ebenso zweideutig sein wie die gesamte menschliche Kultur. Aber wie entartete Liebe uns nicht erlaubt, die Liebe aus unserem Leben zu verbannen, so ist entartetes Spiel an die Gläubigen eine Herausforderung, zur Ehre Gottes zu spielen, und zwar so, daß der ganze Bereich des Spiels die Erlösung erfährt.

Romano Guardini vergleicht die Liturgie mit einem Spiel vor Gott in einer erhabenen Mischung von tiefem Ernst und göttlicher Heiterkeit[109]. Und G. van der Leeuw sieht im Spiel ein wertvolles Symbol, das zu einem tieferen Verständnis der Geschichte und zu einer besseren Beteiligung an ihr führen kann. „Das älteste Drama, das Drama, das die Welt beherrscht, ist die Begegnung zwischen Gott und den Menschen. Der große Akteur ist Gott. Wir sind nur seine Gegenspieler."[110] Der Autor fügt jedoch hinzu, daß der Versuch, gegen Gott zu spielen anstatt mit ihm mitzuspielen, das gefährlichste Spiel ist, wobei der Teufel mit im Spiel ist. Wenn uns die Liturgie nicht zu Anbetung und Opfer bringt, verschwindet das Dramatische in unserem Leben. Sie kann zu einer Tragödie werden oder aber in eine elende Komödie entarten.

Klaus Hemmerle sieht im Bereich des Spieles eine Art Vorspiel zur Theologie, ein echtes Symbol einer Theologie, die zugleich Spiel und hohe Kunst ist. Theologie kann zu einem Interpretationsspiel werden, das der Schöpfung und des Menschen schöpferischem Anteil in ihr ähnlich ist[111]. Im Spiel deuten wir uns selbst und kommen zu einem besseren Selbstverständnis. Wir haben viel gewonnen, wenn wir unsere Lebenserfahrung und unsere Umwelt als ein großartiges Drama ansehen, in dem von vorneherein nichts festgelegt ist außer den Spielregeln. Solange wir sie beobachten, können wir auf neue Situationen schöpferisch eingehen[112].

In seinem Buch „Die ersten Freigelassenen der Schöpfung" macht sich J. Moltmann selbst ernste Einwände gegen die Anwendung des Spielsymbols auf die Heilsgeheimnisse. Er erinnert uns daran, daß das Leben Jesu unter dem Zeichen der Krippe und des Kreuzes, der Heimatlosigkeit und des Mordes steht. Angesichts solchen Leidens versagen ästhetische Kategorien. Es ist schwer, den Aufschrei der Gottverlassenheit Christi und seine Todesqual als Liebesspiel

---

108 *H. Kutzner,* a.a.O. (s. Anm. 101) 141.
109 Vgl. *R. Guardini,* Vom Geist der Liturgie (Freiburg i.Br. 1957) 102.
110 *G. van der Leeuw,* Wegen en Grenzen. Een Studie over Verhouding van Religie en Kunst (Amsterdam ³1953) 122.
111 *K. Hemmerle,* a.a.O. 109ff., 125ff.
112 *M. Eigen–R. Winkler,* Das Spiel. Naturgesetze steuern den Zufall (München–Zürich 1975) 11.

Gottes mit den Menschen aufzufassen, wie Mystiker es gelegentlich getan haben. „Ich denke, man sollte wirklich das Kreuz aus dem Spiele lassen. Der Todesschrei Jesu paßt trotz Bach nicht in die Gesangskategorie. Schließlich war Golgatha nicht Oberammergau." „Ganz anders aber steht es mit Ostern. Hier beginnt in der Tat das Lachen der Erlösten." [113] Im Glauben an die Auferstehung können die Erlösten spielen und tanzen und sich einer Freiheit erfreuen, die auch schwierige Lebensbedingungen nicht zunichte machen kann. Die Erlösten können lachen und singen auch im Angesicht des Todes. „Der Tod ist verschlungen in Sieg. Tod, wo ist dein Sieg? Tod, wo ist dein Stachel?" (1 Kor 15,54f.)

2. *Entbergung der Wahrheit im Spiel*

Die Heilige Schrift selbst gebraucht das Spiel als Symbol der Entbergung der höchsten Wahrheiten. Die göttliche Weisheit bereitet uns nicht nur ein großes Fest (Spr 9,1–6), sie führt uns auch ein Wunder von Spiel vor. „Als er die Grundfeste der Erde legte, da war ich als Liebling ihm zur Seite, war lauter Entzücken Tag für Tag und spielte vor ihm allezeit, spielte auf seinem Erdenrund und hatte mein Ergötzen an den Menschenkindern" (Spr 8,29–31).

Das Beglückende ist vor allem das Zusammenspiel, gemeinsame Freude und Ausdruck der Partnerschaft. Gerade dies ist das Symbol der Werke Gottes. Schöpfung und Erlösung rufen die Menschen zum Zusammenspiel mit Gottes freier schöpferischer und erlösender Liebe. Unser ganzes Dasein ist beheimatet im Wissen, daß wir den Händen Gottes anvertraut sind und daß sein Spiel mit uns heilig und befreiend ist. Hier kommt tiefste Wahrheit des Spieles als Quelle der Herzlichkeit, des Ernstes und der Gelassenheit zur Geltung[114]. „Sicher ist jedenfalls, daß Ursprung und Erfüllung des Spieles uns an ein unverfügbares sakrales Geheimnis verweisen." [115] Dieses Geheimnis ist Teil unseres Lebens; von Gott selbst ergeht die Einladung an uns. Wenn wir ein Teil dieses Spieles sind und die Spielregeln beachten, indem wir vornehm, aufmerksam und hochgemut unsere Rolle spielen, wird uns darin eine Dimension der unverbrüchlichen Treue Gottes offenbar. Unser Spiel wird zu einem Symbol jenes Spieles, in dem Gott selbst gegenwärtig ist. „Das ganze große Spiel ist Gottes Spiel mit und um die Welt, mit und um die Menschen, das er selbst in Gang gebracht hat und für das er von vornherein nichts als die Spielregeln festgelegt hat: die Welt soll, ohne mit Gott ihr Spiel zu treiben, von ihm gehalten, ihr eigenes Spiel treiben dürfen, der Mensch nicht Gottes Spielzeug, sondern freier Spielpartner sein." [116] Hans Küng fügt dieser sinnvollen Erwägung die Warnung bei, die

[113] *J. Moltmann,* a.a.O. (s. Anm. 75) 49f.
[114] Vgl. *H. Rahner,* a.a.O. (s. Anm. 101) 21ff. 40.
[115] *H. E. Bahr,* a.a.O. 82.
[116] *H. Küng,* Existiert Gott? (München 1978) 713.

Dinge nicht allzusehr zu vereinfachen. Obwohl Spiel eine ästhetische Kategorie ist, so ist doch die Wirklichkeit, auf die dieses Symbol hinweist, von unerhörter Tragweite. Allzuoft wird der Mensch von seinen Mitmenschen nicht als Spielpartner ernst genommen, geschweige denn als Partner Gottes geehrt, sondern als Gegenstand eines schlechten, gegen ihn gerichteten Spiels behandelt.

Gottes Wege, den Menschen zum Mitspielen einzuladen und zugunsten der Menschen zu spielen, sind immer voller Überraschungen. Die größte Überraschung ist das Kommen seines eingeborenen Sohnes als unser Heiland und das Osterereignis nach dem Karfreitag. Wenn wir Gottes überraschende Initiativen ehren, entdecken wir neue Einsichten, neue Möglichkeiten und erfahren, was es heißt, Gottes freie Spielpartner zu sein. Geschieht unser Zusammenspiel mit dem Herrn für die Freiheit und Freude aller unserer Spielgefährten, dann werden wir ihnen immer wieder beglückende Überraschungen bereiten können. Spiel und Tanz offenbaren oft die Wahrheit durch das Bloßlegen gefährlicher Irrwege. Wer mit David die Schönheit des Tanzes vor dem Herrn des Bundes erlebt hat, ist besser gewappnet gegen die gefährliche manichäische Tendenz eines Dualismus, der den Körper verachtet[117]. Tanz und Spiel sind Poesie, in der sich unsere leibliche Wirklichkeit ausspricht. Sie bekräftigen die biblische Sicht, daß der Leib Ausdruck des ganzen Menschen ist, Ausdruck der Freude darüber, ein Werk Gottes, des großen Künstlers zu sein. In all seinen Bewegungen, vor allem in Spiel und Tanz, kann der Leib die Sprache eines Künstlers sprechen. Heiliges Spiel und heiliger Tanz können religiöse Erfahrung mitteilen. Wie das Spiel seinen Sinn in sich selbst trägt, so und unendlich mehr hat wahre Religion ihre Sinnfülle in sich selbst als Preis Gottes und bereichert das ganze Leben[118].

Die menschliche Sprache selbst ist Spiel oder besser Zusammenspiel. Im Gespräch miteinander, wobei wir schöpferisch die großen Möglichkeiten unserer Sprache entdecken, sind wir Spielgefährten und helfen einander im Finden wesentlicher Dimensionen der Wahrheit[119]. Daß Wortspiele Leerlauf sein können, ändert nichts an dieser Tatsache. Es offenbart sich darin nur der armselige Spieler, der die Spielregeln nicht kennt oder nicht einhalten will. Ein echtes Wortspiel ist eine Quelle der Freude, Erfahrung, daß meine Wahrheit schön ist, wenn sie deine Wahrheit wird und daß ich meine Wahrheit noch nicht gefunden habe, wenn ich nicht dankbar offen bin für deine Wahrheit.

Das Paradigma vom Spiel kann uns an das Geheimnis der Verherrlichung Gottes durch unser ganzes Leben heranführen. „Freude ist der Sinn des menschlichen Lebens, Freude im Dank und Dank als Freude ... Die Antwort auf die Frage, wozu denn einer da sei, liegt nicht in nachweislichen Zwecken, für die einer gebraucht wird, sondern liegt in der Annahme seines Daseins selbst und

---

[117] Vgl. *R. Garaudy*, a.a.O. (Anm. 103) 179.

[118] Vgl. *A.* u. *T. Schramm*, Heiterkeit und Spiel, in: *O. Betz* (Hrsg.), Tugenden für heute (München 1973) 143.

[119] Vgl. *J. Heidemann*, Der Begriff des Spiels (Berlin 1968) 319ff.

in dem, was der holländische Biologe und Philosoph Buytendijk den ‚demonstrativen Seinswert' nennt."[120] Moltmann beklagt mit Recht: „Der Gedanke, daß die Freude an Gott die Freude am eigenen Dasein einschließt, ist von der puritanischen Erziehung zur Selbstkontrolle überschattet worden."[121] Die Natur ist voller zweckfreier Freude, einfach eine Einladung, sich zu freuen, zu singen und zu spielen. Des Menschen Selbstdarstellung in Kunst, im Spiel und im Tanz ist das Echo auf Gottes Freude an seiner Schöpfung. „Dann liegt die Verherrlichung Gottes in der demonstrativen Freude am Dasein. Dann hat der Mensch in der unverkrampften Lust am endlichen Leben und im Ja zu dieser sterblichen Schönheit den innigsten Anteil an der unendlichen Lust des Schöpfers."[122]

3. Die Kunst und Moral des Spieles

Spiel kann wörtlich eine Re-Kreation sein, eine schöpferische Erneuerung, eine heilende Macht. Die Kunst, zu spielen und zu feiern, bereitet auf die größere Kunst, als guter und vornehmer Mensch zu leben, vor. Um dies besser zu verstehen, vergleichen wir das schöne mit dem unfairen Spiel. Eric Berne hat diesbezüglich ein interessantes Buch geschrieben: „Spiele der Erwachsenen"[123], worin er die Psychologie der menschlichen Beziehungen unter dem Paradigma des Spiels darstellt. Die harmonische, reife Persönlichkeit lebt ein anziehendes und bereicherndes Zusammenspiel mit den andern, während der frustrierte Mensch aus den dunklen Kammern des Unbewußten und Unterbewußten immer wieder zum Mittel des schlechten Spiels mit den andern greift. Bernes Einsichten zeigen sich auch als wertvoll für die Spieltherapie.

Die Kirchenväter, besonders die der lateinischen Kirche, waren in ihrem Urteil über Theater, Schauspiele und Wettspiele ihrer Zeit im allgemeinen sehr streng. Dieses Urteil war geschichtlich bedingt[124] und wahrscheinlich pastoral notwendig im Blick auf die verheerende Situation. Aber auf lange Sicht gesehen hat die Theologie der menschlichen Kultur und seelischen Gesundheit durch das Verteufeln des Spiels und Theaters einen schlechten Dienst erwiesen. Wir können die Welt nicht durch Rigorismus und Mangel an Unterscheidungsgabe erlösen. Nur durch eine positive Würdigung und ein tiefes Verstehen der Sinnbedeutung des guten Spiels fördern wir die Kultur. Wir sollten mehr jene Künstler, Kunstschaffenden und Unterhaltungskünstler ermutigen und unterstützen, die die Begabung und den guten Willen haben, wichtige Dimensionen der Erlösung in die Gebiete der Kunst, des Spieles und der Unterhaltung einzu-

---

120 *J. Moltmann,* a.a.O. 26.
121 Ebd. 26.
122 Ebd. 27f.
123 *E. Berne,* Spiele der Erwachsenen. Psychologie der menschlichen Beziehungen (Hamburg 1967).
124 Vgl. *W. Weismann,* a.a.O. (s. Anm. 101) 21ff.

bringen. Dann und nur dann können wir auch ein klares Wort gegen den Mißbrauch sprechen, zum Beispiel gegen die Grausamkeit des Boxens bis zum k.o., gegen einen hysterischen Starkult, gegen unwürdige Tänze und obszöne Spiele und dergleichen.

4. Spiel und Freiheit

Die Freude am Spiel und die Pflege und Bewunderung der Kunst verlangen zugleich eine liebende Nähe und die Freiheit, den nötigen Abstand zu wahren. In wem die Dimensionen von Schönheit, Fest und Spiel voll entfaltet sind, der wirft sich einer verwirrten Welt nicht an den Hals und kann sich aller Dinge, die der frohen Hingabe an das Reich des Guten und Wahren hilfreich sind, in innerer Freiheit bedienen. Er kann das „Herrschaftswissen" leichter dem Heilswissen unter- und einordnen.

F. G. Jünger versucht sich vorzustellen, was der totale Ausfall der Dimension des Spiels für den Menschen und die ganze Menschheit bedeuten würde. Wo jeder Augenblick einem konkreten Zweck zu dienen hat und alles zum Mittel für einen anderen Zweck gebraucht wird, da entsteht eine totale Abhängigkeit, die keinen Raum für schöpferische Freiheit offenläßt[125]. R. Garaudy lädt uns seinerseits ein, uns eine politische Welt vorzustellen, die vom Geist schöpferischer vornehmer Kunst, von Fest, Spiel und Tanz geprägt wäre. Da gäbe es weniger Versuchungen zu Gewalt, unfairem Wettbewerb und mehr Bereitschaft zu einem fairen Zusammenspiel in allen Fragen der Wirtschaft, Kultur und Politik[126]. Das Spielalter der Kinder ist von höchster Bedeutsamkeit für ihre gesamte Entfaltung. Es ungebührlich einzuschränken oder zu verkürzen, kann nicht wiedergutzumachenden Schaden anrichten. Wenn Eltern mit ihren Kindern froh und gelöst spielen können, so bedeutet das ebensoviel für sie selbst wie für ihre Kinder. Eine Denkart, die vom Schönen, vom Fest und Spiel geprägt ist, öffnet viele Tore für die Zukunft, die sonst verschlossen blieben. Sie fördert schöpferische Einbildungskraft und kann den Menschen helfen, auch harte Probleme und schwierige Aufgaben mit der dem spielenden Menschen eigenen Gelöstheit auf sich zu nehmen und in allem das Schöne und die Freude am Guten zu entdecken.

Das kennzeichnendste Phänomen des Spiels ist das Liebesspiel. Ohne es ist eheliche Liebe nicht zu denken, und es ist wohl auf je verschiedene Weise eine Dimension jeder Form der Liebe[127]. Eine der heillosesten Perversionen wäre ehelicher Verkehr ohne Liebe und Liebesspiel, einfach zum bloßen Zweck der Zeugung. Gottes Werke sind ein großartiges Spiel seiner Liebe. Sie entspringen dem Überfluß seiner Freiheit und Liebe und rufen nach der freien schöpferischen

---

125 *F. G. Jünger,* a.a.O. (s. Anm. 101) 226.
126 *R. Garaudy,* a.a.O. 180–182.
127 Vgl. *J. Heidemann,* a.a.O. 223.

und treuen Antwort des Menschen, die weder schön noch echt ist, wenn sie andern Zwecken dient als der dankbaren Antwort gegenüber Gott.

Christliche Sittlichkeit hat ihren schönsten Ausdruck in den Seligpreisungen. Sie ist die Feier der Liebe, eine Moral der Freiheit, die sich nicht vollenden kann ohne Fest und dankbare Feier.

Buytendijk sieht im Spiel einen Weg zu existentieller Selbsterfahrung und lebendiger Kenntnis[128]. Es eröffnet einen wesentlichen Verstehenshorizont, gekennzeichnet durch Nähe, Vornehmheit und anziehende Gelöstheit. Von dorther verstehen wir den in der Heilsbotschaft begründeten sittlichen Anruf besser als Geschenk der festlichen Huld und Freiheit Gottes, der Gnade des Heiligen Geistes. Der Anruf des Guten ist voller Majestät.

Das Gute stellt absolute Ansprüche, die uns aber wirksam in der Glaubensfreude treffen, der allein sich die innerste Schönheit und Anziehungskraft des Guten und Wahren eröffnet. In festlicher Freude, in dankbarer Anbetung des allheiligen und barmherzigen Gottes erfahren wir jene Freiheit, in der sich Ernst und Glückseligkeit vereinen. Wir verstehen unser Leben als eine Antwort auf das herrliche Spiel Gottes. Gehen wir ganz auf sein Liebesspiel ein, dann kann uns eine bloß technokratische Weltansicht, die allen Ernst für sich in Beschlag nehmen will, nicht bezaubern. Wir antworten Gottes wundervollen Initiativen in frohem Glauben und in jenem gelösten Ernst des Spiels, der sehr viel mehr als Spiel ist[129]. Für Harvey Cox ist echtes Beten das Spiel der freien Kinder Gottes vor Gott, und solches Gebet setzt all unsere Energien für das Zusammenspiel der Erlösten frei[130].

V. Der Humor

1. *Die Sinnbedeutung von Humor*

Humor ist vornehmer und tiefer gegründet als Witz und Scherz. Hier interessieren wir uns für den Humor als Zeichen des Freiseins für die Wahrheit und durch die Wahrheit.

Seit dem 19. Jahrhundert gilt in der englischsprechenden Welt der Humor als eine Kardinaltugend. Der Humor kennzeichnet das Beste des Lebensstils in England und Nordamerika. Diese Kulturen haben große Genies des Humors hervorgebracht wie Charles Dickens und Gilbert Keith Chesterton.

Edmund Bergler zählt 80 verschiedene Theorien über die Natur und den

---

[128] *F. J. J. Buytendijk,* Vom Wesen und Sinn des Spieles (Berlin 1933) 146.

[129] *G. Balley,* Vom Ursprung und den Grenzen der Freiheit. Eine Deutung des Spieles bei Tier und Mensch (Basel 1945) 104.

[130] *H. Cox,* a.a.O. (s. Anm. 75) 185–193; *K. Hemmerle,* a.a.O. (s. Anm. 101) 135–149.

Ursprung des Humors auf[131]. Nach Philipp Dessauer ist „Humor das Kennzeichen der inneren Freiheit, der Weite, eines gesunden, bejahenden Verhältnisses zur Wahrheit“[132]. Kardinal Ratzinger ist überzeugt, daß der Humor zu den grundlegenden Kriterien der Unterscheidung der Geister gehört. „Wo Freudlosigkeit ist, wo der Humor stirbt, da ist der Geist Jesu Christi gewiß nicht. Und umgekehrt: Freude ist ein Zeichen der Gnade.“[133] Theodor Haecker, der eine der geistreichsten Abhandlungen über den Humor geschrieben hat, sagt, daß der Humor „der letzte, weiteste und höchste geistige Raum des Humanen ist“[134].

Das Lachen des Humors ist herzlich und feinfühlig, immer Ausdruck einer edlen Menschlichkeit. Er ist kein Produkt eines primitiven Instinktes oder unbedachter Reaktionen, sondern entspringt vielmehr der wahren Abschätzung menschlichen Daseins. Der Humor erlaubt sich eine gewisse Narrheit, aber es ist immer das Lachen eines weisen Narren, eine gelungene Mischung von Selbstbehauptung und sympathischer Teilnahme[135].

Eine klassische Ausprägung des Humors finden wir in dem Buch „Preis der Torheit“ (Encomium Moriae) von Erasmus von Rotterdam. Er widmet dieses Buch seinem Freund Thomas Morus, in dem er keine Torheit findet, dessen Name (Morus) aber das Spiel mit der Torheit (moria) andeutet. Bei oberflächlichem Lesen mag man in diesem Buch eine Satire sehen. Denn Erasmus entlarvt Torheiten und Fehler seiner Zeit, besonders der damaligen römischen Kurie. Es unterscheidet sich aber von der Satire und vom Sarkasmus deutlich dadurch, daß der Verfasser sich stets bewußt ist, sich mit all den lieben Tierlein zusammen in der Arche Noachs zu befinden. Die Schärfe seines Humors vereinigt ein Höchstmaß von Teilnahme mit einem Minimum der Selbstbehauptung und ist darum nie zerstörerisch, sondern ein letzter Ausdruck des Vertrauens, daß wir alle zusammen keine hoffnungslosen Narren sind. Der Weise weiß nicht nur um das Kind im Mann, sondern auch um seinen Anteil an der allgemeinen Torheit, und darum kann er gütig und voll Verstehen über die Torheit anderer lachen. Er ist immer mit im Spiel. So können wir den Humor wohl in folgender Weise umschreiben: die Fähigkeit trotz allem lachen zu können[136].

2. *Das Ethos des Humors*

Der Sinn für echten Humor ist ein Charisma und ein Zeichen von Reife. Der reife Mensch kann zugleich sympathetisch teilnehmen, liebevoll Fehlhaltungen

[131] *E. Bergler*, Laughter and Sense of Humour (New York 1956) 2–41.
[132] *Ph. Dessauer*, a.a.O. (s. Anm. 48) 57.
[133] Kard. *J. Ratzinger*, a.a.O. (s. Anm. 86) 533.
[134] *Th. Haecker*, Dialog über Christentum und Kultur, mit einem Exkurs über Sprache, Humor und Satire (Hellerau 1930) 75.
[135] Vgl. *W. Lauer*, Humor als Ethos. Eine moraltheologische Untersuchung (Bern – Stuttgart 1974) 87 228.
[136] Ebd. 228.

aufdecken und in einer gewinnenden Weise sein wahres Selbst behaupten. Nur wer zu einer gesunden Selbstsicherheit gekommen ist, kann sich „die Weisheit des Toren" erlauben. Witz kann eine natürliche Gabe sein, Humor dagegen setzt den Geist des Ganzen voraus. Er ist eine reife Frucht wahrer Menschlichkeit und Mitmenschlichkeit.

Echter Humor verabscheut die Extreme. Wer Humor besitzt, weiß, wann er weinen und wann er lachen soll. Humor ist nie in verletzender Weise herablassend; er entartet nicht in Ironie und Sarkasmus, er ist nie gemein. Bei einem ausgesprochen humorvollen Menschen fühlt man sich zu Hause. Humor ist eine wahre Tugend und zugleich ein Feind jedes abstoßenden Moralismus[137].

Der Humor ist das Lächeln der Liebe. Er kann nicht die Liebe ersetzen, aber er ist nicht denkbar ohne ein liebendes Herz. „Wo Humor ist, trifft man immer auch auf Liebe. Wo aber die Liebe ist, kann Humor fehlen. Kalte Menschen sind humorlos. Menschen mit Humor sind sympathisch, weil sie liebenswürdig sind."[138] Wer als Zugabe zu echter Liebe Humor besitzt, kann eine wichtige Rolle als Friedensstifter in schwierigen Situationen spielen. Humor ist in entscheidenden Augenblicken ein Schutz der Gottes- und Nächstenliebe.

3. *Versöhnung mit einer unvollkommenen Welt*

Der Himmel ist lauter Seligkeit. Dort bedarf es nicht mehr jenes Humors, der das Erdenleben erleichtert. Ohne Menschen mit dieser Gabe wäre unsere Welt um vieles ärmer. Der Humor ist ein Zeichen der Erlösung. „Der Humor der Christen, der aus der erlösenden Gewißheit ihres letzten Angenommenseins kommt, sollte eigentlich die Weise sein, wie unvermerkt im Alltag, in der humorlosen Härte der technisierten Welt, die Freude des Evangeliums aufstrahlt."[139]

Das Ethos des Humors offenbart sich in der Kunst des Möglichen. Diese Kunst setzt eine Synthese von freudiger Annahme des Daseins und Verzicht, von Weisheit und einem Stückchen Torheit, von der Einfachheit des Kindes und der Reife des Erwachsenen voraus. Der Humor ist das konkrete Ethos des Vorläufigen, des sinnvollen Erlebens der Spannung zwischen dem „Schon" und dem „Noch nicht"[140]

Philipp Lersch betrachtet den Humor als eine reife Liebe zur Welt trotz ihrer Unvollkommenheit und zeitweisen Bosheit, „eine Dankbarkeit zu Gott, in dieser unvollkommenen Welt leben zu dürfen"[141]. Viele Autoren meinen, daß gelassener Humor eine religiöse Lebensauffassung, den Glauben an den letzten

---

[137] Ebd. 342.
[138] Ebd. 368.
[139] *J. Ratzinger,* a.a.O. 531.
[140] *W. Lauer,* a.a.O. 338.
[141] *Ph. Lersch,* Aufbau der Person (München [4]1964) 345.

Sieg des Guten und eine Versöhnung mit der Welt voraussetzt. Obwohl der wahrhaft humorvolle Mensch sich vielleicht als einen Ungläubigen betrachten mag, so hat er eben doch einen tiefen Glauben an den letzten Sinn des Lebens und an den Sinn des Guten. „Wäre das Leben nur eine Tragödie, gäbe es keinen Humor. Wäre es nur eine Komödie, ebenfalls nicht.“ [142]

Der Glaube und die Zuversicht des humorvollen Menschen mögen in vieler Weise geprüft werden, aber im tiefsten Herzen weiß er, daß Hoffen die Antwort ist. Er ist nicht einfachhin ein Optimist; er hat ein scharfes Auge für alles Falsche und jede Art des Bösen, aber er hat ein noch schärferes Auge für das Gute. Er weiß, daß Gott auch auf krummen Linien gerade schreiben kann. Das Lächeln des Humors ist nie eine Billigung des Schmutzigen und Gemeinen, auch wenn es sich als witzig gibt.

4. *Humor und befreiende Wahrheit*

Humor ist die Frucht innerer Freiheit und kann der Freiheit immer neu eine Bahn brechen. Der humorvolle Mensch beseitigt viele Hindernisse der Freiheit und Freude in einer gewinnenden Weise. Gerade in Situationen, in denen andere das Gleichgewicht verlieren, gewinnt er der Sache eine humorvolle Seite ab. Er mag zu manchem Kompromiß bereit sein, nie aber zu einem faulen, sondern stets zu einem Kompromiß in der Form eines Ja zum nächstmöglichen Schritt, der christlicher Freude und Hoffnung neuen Raum gewinnen kann. Der humorvolle Mensch findet den je möglichen Schritt mit einer gewissen Leichtigkeit. Er kann dem schöpferischen Dasein Wege eröffnen, weil er die Torheit der Weisheit angenommen hat. Durch dieses Charisma wird die Kunst des Möglichen ein Teil der Gesamterfahrung der Wahrheit, daß nämlich die Wahrheit uns frei macht (Joh 8,32).

---

142 *W. Lauer,* a.a.O. 167.

Drittes Kapitel

Ethik der Kommunikation

Wie es Gewissen nur im Füreinander und Zueinander der Gewissen gibt, so kann die Wahrheit nur in Kommunikation zu vollem Leben kommen und unsere Wahrheit werden. Unser gemeinsames Suchen nach dem Wahren und Guten, unsere Freude im Finden der Wahrheit, das gemeinsame Mühen um die Unterscheidung, all das gehört zu unserer Natur und zum Wesen der menschlichen Wahrheit. Im Blick auf die neue Situation in unserer Gesellschaft und die Massenmedien wird hier eine Zusammenfassung der Theologie und Ethik der Kommunikation versucht.

I. Theologie der Kommunikation

1. Christus der Mitteiler

Die päpstliche Instruktion über die Massenmedien vom 23. Mai 1971 verweist auf Christus, den Mitteiler der rettenden Botschaft und den Meister im Mitteilen[1]. Er, der das Wort des Vaters ist und in dem alle Dinge geschaffen sind, ist in der Fülle der Zeit das höchste Geschenk des Vaters und die Botschaft an den Menschen. In ihm teilt der Vater seinen Meisterplan, seine Weisheit und Liebe mit. Wenn wir von Christus als dem Mitteiler und der Botschaft sprechen, so vergessen wir nie, daß er das Wort ist, das von Anfang an beim Vater war; durch ihn trägt die ganze Schöpfung den Charakter der Mitteilung, die sich an den Menschen wendet, der nach dem Bild und Gleichnis Gottes geschaffen ist.

Alle Werke Gottes sind Mitteilung, Teilhabe an der lebenspendenden Wahrheit. Der menschgewordene Sohn Gottes bringt das Wort der Schöpfung zu vollendeter Mitteilung; er deutet es aus durch sein Wort, sein Leben und seinen Tod. Er ist Mitteiler des ewigen Dialogs mit dem Vater. „Alles ist mir von meinem Vater anvertraut; und niemand weiß, wer der Sohn ist, als allein der

[1] Pastoralinstruktion über die Mittel der sozialen Kommunikation „Communio et Progressio" (CP), Nr. 11.

Vater, und wer der Vater ist, als allein der Sohn, und wem der Sohn es enthüllen will" (Lk 10,22). Durch Jesus Christus tritt der Vater selbst in einen innigen Dialog mit den Menschen und zwischen den Menschen ein. Jesus enthüllt sich selbst und den Vater als Liebe; seine Mitteilung ist Zeichen seiner Freundschaft. „Ich nenne euch nicht mehr Knechte; denn der Knecht kennt die Absichten seines Meisters nicht. Ich habe euch Freunde genannt, denn ich habe euch alles mitgeteilt, was ich vom Vater gehört habe" (Joh 15,15).

Jesus Christus ist zugleich Wort und Bild.

Das menschgewordene Wort ist zugleich ein Hörender; er offenbart uns, was er gehört hat (Joh 15,15). Er zeigt uns auf, was er gesehen hat: „Niemand hat jemals Gott gesehen außer der eingeborene Sohn, der im Schoße des Vaters zu Hause ist; er hat sein Geheimnis erschlossen" (Joh 1,18). Jesus lebt nicht nur vom Wort, das aus dem Munde des Vaters kommt, er ist auch Aug und Ohr für jene, denen er die Botschaft bringt. Er erfüllt die große Vorhersage des Propheten über den Gottesknecht: „Gott der Herr hat mir eines Jüngers Zunge verliehen, daß ich den Müden durch das Wort zu erquicken wisse. Er weckt alle Morgen, weckt mir das Ohr, wie ein Jünger zu hören. Gott der Herr hat mir das Ohr aufgetan, ich aber habe nicht widerstrebt" (Jes 50,4–5).

Er, der das Wort und das sichtbare Bild des Vaters ist, spricht in menschlichen Worten, Bildern und Symbolen. Für ein theologisches Verständnis der audiovisuellen Kommunikation scheint es mir besonders wichtig, die Wahrheit zu beachten, daß Christus uns auch als das Bild Gottes vorgestellt wird. Paulus verkündet „das Evangelium von der Herrlichkeit Christi, der das Ebenbild Gottes ist" (2 Kor 4,4). Die apostolische Kirche singt: „Und er ist das Ebenbild des unsichtbaren Gottes" (Kol 1,15). Ebenso feierlich preist der Hebräerbrief den Vater im Blick auf Jesus, der „Abglanz seiner Herrlichkeit und Ebenbild seines Wesens ist" (Hebr 1,3). Darum kann Jesus selbst sagen: „Wer mich sieht, sieht den Vater" (Joh 14,9).

Jesus spricht gern in Parabeln und macht sein Wort sozusagen sichtbar durch Symbolhandlungen, nicht nur weil das der Art der Orientalen entsprach, sondern vor allem, weil Bilder und Symbole am besten geeignet sind, die alle Begriffe und Worte übersteigenden Geheimnisse zu offenbaren[2].

2. Die trinitarische Dimension der Kommunikation

Jesus, das menschgewordene Wort enthüllt das göttliche Leben als Mitteilung. Lobpreisend betet er: „All das Meine ist dein, und das Deine ist mein" (Joh 17,10). Seine Selbstmitteilung und die Mitteilung aller Wahrheit hat als ihren Urquell die totale Mitteilung zwischen Vater und Sohn im Heiligen Geist. Der Heilige Geist ist das Mitteilen, die personhafte Kommunikation. „Wenn jener

[2] Vgl. *V. Schurr*, Das Wort Gottes und seine Verkündigung. Zur Theologie der Massenmedien (Nürnberg – Eichstätt 1962) 12.

kommt, der Geist der Wahrheit, so wird er euch den Weg in alle Wahrheit führen. Denn er wird nicht von sich aus reden, sondern wird euch sagen, was er hört, und ankündigen, was kommen wird. Er wird mich verherrlichen, weil er von dem, was mein ist, nehmen und euch verkündigen wird. Alles, was der Vater hat, gehört auch mir; deswegen sagte ich: Er wird von dem, was mein ist, nehmen und euch mitteilen" (Joh 16,13–15).

3. Die Wahrheit der Mitteilung und die Mitteilung der Wahrheit

Der Wille zur Selbstmitteilung gehört zum innersten Geheimnis der Heiligsten Dreifaltigkeit und der Christen. „Nach christlicher Glaubensauffassung ist die Verbundenheit und die Gemeinschaft der Menschen – das oberste Ziel jeder Kommunikation – ursprünglich verwurzelt und gleichsam vorgebildet im höchsten Geheimnis der ewigen Gemeinschaft in Gott zwischen dem Vater, dem Sohn und dem Heiligen Geist, die ein einziges göttliches Leben haben."[3] Erlöst zu sein und in Christus zu leben bedeutet, befreit zu sein für wahrhaftige Kommunikation, für Selbstmitteilung in Wahrheit und Liebe in einer schöpferischen und befreienden Weise. Die Jünger Christi können nicht in der Wahrheit beheimatet sein und an der Macht der befreienden Wahrheit teilnehmen ohne dankbares Empfangen und Mitteilen eben dieser Wahrheit.

Jene, die nach dem Bild und Gleichnis Christi Mitteiler der Wahrheit sein wollen, müssen zuerst gute Hörer sein. Die lehrende Kirche ist vor allem eine lernende, horchende Kirche, und nur so ist sie auf der Wellenlänge der göttlichen Mitteilung. Dies trifft nicht nur für die innerkirchlichen Beziehungen zu, sondern auch für das Verhältnis der Kirche zur übrigen Welt. Die päpstliche Instruktion über die Kommunikationsmittel betont diese Dimension. „Das setzt partnerschaftlichen Kontakt der Kirche mit den verschiedenen Menschen und Gruppen voraus. Dann kann sich ein ständiger Austausch entfalten, in dem jeder gibt und empfängt."[4] Die Kirche kann eine prophetische Stimme innerhalb des großen Stromes der Kommunikation sein, wenn sie bereit ist, die in der Welt sich offenbarenden Zeichen der Zeit sorgfältig zu beachten und an den Freuden und Hoffnungen, den Ängsten und Befürchtungen aller Menschen teilzunehmen[5]. Kommunikation innerhalb der Kirche und durch die Kirche ist Dienst an der Gemeinschaft und an der Einheit der Menschheit. Aber Kommunikation sogar des Evangeliums baut nicht automatisch Gemeinschaft auf. Dazu bedarf es des Dialogs des Füreinander- und Miteinanderseins.

Die Gottesherrschaft, die sich in Jesus Christus offenbart, ist Geschenk an die ganze Welt. Die Christus verliehene Macht und Autorität verpflichtet seine

---

[3] Ebd. 8f.
[4] CP 175.
[5] Vgl. *B. Häring*, Theologie der Kommunikation und theologische Meinungsbildung, in: *F. J. Eilers* u.a. (Hrsg.), Kirche und Publizistik (München – Paderborn 1972) 38ff.

Jünger, überall sein Evangelium zu verkünden, Mitteiler zu sein bis an die Grenzen der Erde (Mt 28, 18). Der gleiche Geist, der Jesus gesalbt hat, um den Armen die Frohbotschaft zu verkünden, drängt auch seine Jünger, die ganze Kirche, alle Mittel zu gebrauchen, um diese Frohbotschaft überall zu verbreiten. Dies ist eines der Grundthemen der Apostelgeschichte. Das Gottesreich ist eine öffentliche Wirklichkeit. „Was ich euch im Dunkeln sage, das sagt im Licht! Und was ihr im Flüstern hört, das ruft von den Hausdächern herab“ (Mt 10, 27). Sind nicht die modernen Massenmedien die Hausdächer von heute?

4. *Kommunikation und Mitmenschlichkeit*

Im ganzen Universum finden sich Spuren der Ähnlichkeit mit der göttlichen Mitteilung. Alles Seiende spricht sich aus in Interaktion und Kommunikation. Das kleinste Atom ist ein wundervolles System von Wechselspiel. Mineralogie, Botanik und Zoologie haben gerade durch die Aufmerksamkeit auf diese Interaktion innerhalb der Mineralien und Organismen und der Wechselwirkung zwischen ihnen und der Umwelt große Fortschritte erzielt. Alles Daseiende findet seine Eigenart durch den Typus des Wechselspiels der Kommunikation.

All das weist auf ein Spezifikum des Menschseins und der Mitmenschlichkeit hin. Das Medium des sich Entfaltens und Aussprechens der Menschlichkeit sind die menschlichen Mitteilungen im weitesten Sinn[6]. Der Mensch ist so sehr von der Kommunikation gekennzeichnet, daß sogar sein Selbstbewußtsein davon abhängt. Der Mensch kann nicht ohne Lebensmitteilung leben, er kann nicht umhin, mitzuteilen. Selbst die Weigerung, die Botschaft mitzuteilen, ist eine Weise der Kommunikation[7].

Menschliche Tätigkeit ist Kommunikation, und alle Kommunikation ist Tätigkeit mit reichen Rückwirkungen auf den Mitteilenden und seine Umwelt[8]. Jede Kommunikation beeinflußt alle Teilnehmer. Der Mensch hat zu allen Zeiten Mittel der Kommunikation entwickelt: Wortlose Töne, gesprochene und geschriebene Worte, Mimik, Zeichen, Symbole, Monumente, Zeichnungen, Gemälde usw. „Mit dem Fortschritt zwischenmenschlicher Kommunikation wächst die Gelegenheit für die Menschen, menschlicher zu werden.“[9]

Wir unterscheiden zwischen der Kommunikation, die, wenn sie echt ist, immer segensreich ist, und den Kommunikationsmedien, die ebenso für das Gute wie für das Böse benützt werden können. Kommunikation erreicht ihren Höhepunkt, wenn sie Ausdruck und Förderung wahrer Gemeinschaft ist. Dazu bedarf es nicht nur der Sprache und der Symbole, sondern vor allem gegenseitigen Vertrauens wie auch des Vertrauens in die Sprache und Symbole. In jeder

---

[6] *P. Watzlawick - J. H. Beavin - D. D. Jackson,* Menschliche Kommunikation. Formen, Störungen, Paradoxien (Bern – Stuttgart – Wien ³1972) 22.
[7] Ebd. 50.
[8] Vgl. *R. Berger,* La téléfission. Alerte à la télévision (Tournai 1976) 176.
[9] *K. Haselden,* Morality and the Mass Media (Nashville ⁴1968) 52.

Kommunikation finden sich die Dimension des Inhalts und die Dimension der Beziehung. Je gesünder die Beziehungen sind, desto selbstverständlicher vollzieht sich die Mitteilung; sind diese jedoch gestört, so vollzieht sich die Mitteilung mit um so größerer Anstrengung und Mühe[10]. Der Akt der Mitteilung und der Mitteilende selbst sind irgendwie beeinflußt von der Erwartung der Antwort und noch mehr von der tatsächlichen Rückwirkung. Um uns selbst zu verstehen, müssen wir die anderen verstehen, und um von diesen verstanden zu werden, müssen wir sie selbst verstehen[11].

Gestörte Kommunikationen erklären sich aus dem gesamten menschlichen Kontext. Die Pathologien der Kommunikation sind nicht statisch, sondern wandeln sich mit der Gesamtsituation, die von allen Beteiligten abhängt. Viele Pathologien der Kommunikation erklären sich hauptsächlich als Antwort oder Reaktion auf gestörte Beziehungen[12]. Die „Sünde der Welt" wird sichtbar in gestörten und irreführenden Kommunikationen. „Der Verlust einer Sprache, die sich zum Mitteilen tiefer persönlicher Sinnbedeutung füreinander eignet, ging Hand in Hand mit dem Verlust unseres wahren Selbst."[13]

Pathologische Kommunikationen der Einzelnen sind zu sehen im Gesamtbild der Pathologien unseres Zeitalters. Obwohl unsere Kultur genaue Begriffe und Symbole für technische Fragen entwickelt hat, sind wir verlegen, wenn es darum geht, höchste Werte wie Freiheit, Treue, Liebe und Personwürde in einer gemeinsamen Sprache auszudrücken. Geschäftliche und technische Kommunikation kann so viel Raum und Aufmerksamkeit beanspruchen, daß die Selbstmitteilung in echter Mitmenschlichkeit darunter leidet.

Papst Paul VI. betonte, daß Kommunikation nur soweit Gemeinschaft auferbaut und stärkt, als sie von Liebe, Sympathie und Solidarität getragen ist. Nur so dient sie wahrhafter menschlicher Entwicklung und Zwischenmenschlichkeit[14]. Der Mensch spricht den anderen mehr zu durch das, was er ist, als durch das, was er sagt. Er spricht nicht nur mit Worten, die das Ohr der anderen erreichen; er spricht ebenso durch seine Augen, seine Gesten und sein ganzes Verhalten. Kunst, Fest, Gesang, Spiel und Tanz und die vielfältigen Symbole, die den Menschen in seiner Tiefe ansprechen, sind Höhepunkte der Kommunikation. Aber nur, wo all das zur Selbstmitteilung wird, vollendet sich Menschlichkeit in voller Mitmenschlichkeit und offenbart sich der Mensch als Bild und Gleichnis Gottes.

---

[10] *P. Watzlawick,* a.a.O. 53.

[11] *D. D. Jackson,* Family Interaction, Family Homeostasis and Some Implications for Conjoint Family Therapy, in: *J. Massermann* (Hrsg.), Individual and Family Dynamics (New York 1959) 237.

[12] Vgl. *P. Watzlawick,* a.a.O. 48.

[13] *R. May,* Man's Search for Himself (New York [7]1976) 64.

[14] *Paul VI.,* Populorum progressio, Nr. 20; vgl. *G. Deussen,* Ethik der Massenkommunikation bei Papst Paul VI. (München – Paderborn 1973) 216ff.

II. Die neue Situation

1. Planetarische Dimension

Die jüdischen Priester suchten ihre Adressaten nur unter dem jüdischen Volk. Jesus aber wendet sich sowohl an Samariter wie an Juden. In der Tat seiner Selbstmitteilung denkt er an alle Menschen. Sein Tun und seine Worte setzen das Römerreich in Bewegung und veranlassen es, ihn zu verurteilen. Seine Kommunikation ist so, daß sie alle Menschen ansprechen und zur Entscheidung zwingen will.

Das Publikum, in dem Informationen und Meinungen ausgetauscht werden, ist nicht etwas Statisches, von Anfang an genau Bestimmtes. Es ist die Summe der verschiedenen „Welten", mit denen wir unsere unmittelbare und uns wohlbekannte Umwelt vergleichen. Heute können wir unsere kleine Welt mit vielen anderen Kulturen und unsere Geschichte mit der der ganzen Menschheit vergleichen.

Das Zweite Vatikanische Konzil betrachtet das Bewußtsein von dieser sich wandelnden Welt als grundlegend für unser Selbstverständnis. „Auch über die Zeit weitet der Geist des Menschen gewissermaßen seine Herrschaft aus; über die Vergangenheit mit Hilfe der Geschichtswissenschaft; über die Zukunft durch methodisch entwickelte Voraussicht und Planung... Der Gang der Geschichte selbst erfährt eine so rasche Beschleunigung, daß der Einzelne ihm schon kaum mehr zu folgen vermag. Das Schicksal der menschlichen Gemeinschaft wird eines und ist schon nicht mehr aufgespalten in verschiedene geschichtliche Abläufe."[15]

Für jene, die an den einen Gott und Vater aller Menschen glauben, der sich in Jesus Christus, dem Erlöser der ganzen Welt, geoffenbart hat, ist diese Entwicklung ein bedeutsamer Fortschritt. Sie ist jedoch heute behindert durch tiefgreifende Spannungen, die nicht nur Folge eines schnellen Wandels sind, sondern die Sünde mit neuen Schrecken offenbaren und zur Bekehrung in neuen Dimensionen aufrufen. „Die Welt spürt lebhaft ihre Einheit und die wechselseitige Abhängigkeit aller von allen in einer notwendigen Solidarität und wird doch zugleich heftig von einander widerstreitenden Kräften auseinandergerissen. Denn harte politische, soziale, wirtschaftliche, rassische und ideologische Spannungen dauern an; selbst die Gefahr eines Krieges besteht weiter, der alles bis zum letzten zerstören würde. Zwar nimmt der Meinungsaustausch zu; und doch erhalten die gleichen Worte, in denen sich gewichtige Auffassungen ausdrücken, in den verschiedenen Ideologien einen sehr unterschiedlichen Sinn."[16]

Schon die Buchdruckerkunst hat sehr dazu beigetragen, die Einheit und Einzigkeit der menschlichen Geschichte ins Bewußtsein zu heben. Aber die mo-

---

[15] GS (s. 1. Kap., Anm. 1) 5.
[16] GS 4.

dernen Massenmedien haben den Gang der Geschichte noch mehr beschleunigt, während die Breite und Intensität der Teilnahme des Publikums ständig zunimmt. „Die neuen und immer mehr vervollkommneten sozialen Kommunikationsmittel tragen dazu bei, daß man über das Zeitgeschehen informiert wird und sich Ansichten und Einstellungen rasch und weit verbreiten mit all den damit verbundenen Kettenreaktionen."[17]

2. Neue Dimensionen des Pluralismus

In den sogenannten primitiven Kulturen waren die Gruppen unter sich vereint in der gleichen Weltauffassung. Sitten und Ideen verdankten sich den gleichen Mythen und Traditionen. Und all das verlief normalerweise ohne jeden Zwang. Die Menschen kannten kein anderes Modell von Weltanschauung und Gesellschaft. Für viele war der Übergang zum modernen Pluralismus eine erschütternde Erfahrung. Vieles, das sicher zu sein schien, ist es nicht mehr[18]. Gewiß, auch in primitiven Kulturen konnten einzelne in Konflikt mit Tradition und Gesellschaft geraten, aber sie waren sich dessen bewußt, daß sie selbst sich an den Rand gedrängt hatten und niemand auf sie achtete. Der neue Pluralismus bedeutet jedoch nicht nur, daß einzelne den Mut haben, selbst für sich zu denken, sondern daß auch die mannigfaltigen Gruppen ihre kulturellen, politischen und religiösen Ideen selbst wählen.

Das Phänomen des heutigen Pluralismus tritt besonders scharf hervor durch seine Koexistenz mit einer Vielfalt von politischen Systemen, vor allem aber angesichts des Marxismus, der versucht, allen eine Weltauffassung, eine Ideologie gegen alle anderen aufzuerlegen und dazu alle modernen Massenmedien und Künste der Manipulation gebraucht. Gelingt es kommunistischen Parteien in verschiedenen westlichen Ländern, ein Ja zum Pluralismus zu sagen, nicht nur insofern dieses nunmehr traditionelle System ihnen dienlich ist, um an die Macht zu kommen, sondern auch als bleibende Gestalt der Gesellschaft und Denkweise, so bedeutet das eine geschichtliche Entwicklung von ungeheurer Bedeutsamkeit[19].

Der weltanschauliche Pluralismus findet seinen modernen politischen Ausdruck im demokratischen Staatswesen, wo grundsätzlich die verschiedenen Gruppen die gleichen Chancen haben und wo Freiheit des Ausdrucks allen garantiert ist, soweit sie die Grundlagen der demokratischen Freiheit anerkennen. Der demokratische Pluralismus kann jedoch nur gesund funktionieren, wenn die anderen Formen des Pluralismus, ihre Sinnbedeutung und ihr Ziel respektiert werden.

---

17 GS 6.

18 Vgl. *J. Magli*, in: *D. Basili* (Hrsg.), Pluralismo (RAI, Roma 1976) 194–198.

19 Über das Problem des Eurokommunismus vgl. *L. Coletti*, in: *D. Basili*, a.a.O. 89ff. Entscheidend ist in dieser Frage, ob diese eurokommunistischen Parteien innerhalb ihres eigenen Parteibereichs einander jenen Grad an Freiheit zugestehen, der Voraussetzung eines gemeinsamen Suchens nach der Wahrheit und nach wahrheitsgemäßen Lösungen ist.

Uns interessiert hier vor allem der Pluralismus als eine Weise, miteinander und im Wissen um die Vielfalt des Denkens gemeinsam nach der Wahrheit zu suchen und die modernen Massenmedien dementsprechend zu gebrauchen.

Nach Sir Huge Greene, dem Programmdirektor der BBC, bedarf der Pluralismus, um Chancen des Überlebens zu haben, „der Fähigkeit, den tiefsten Skeptizismus mit einem unergründlichen Glauben und die Verpflichtung zur Toleranz mit dem Höchstmaß an Ausdrucksfreiheit zu vereinen“[20].

Mit seinem Grundsatz „ich weiß, daß ich nichts weiß“ bereitete Sokrates dem Pluralismus den Boden; denn dieser Grundsatz bedeutet ein dauerndes Suchen nach der Wahrheit im Gedankenaustausch mit den anderen. John Milton drückt die gleiche Idee aus: „Wo ein großes Verlangen besteht dazuzulernen, da wird es eine Vielfalt von Argumenten und Meinungen geben; denn die Meinung ist in guten Menschen nur jenes Wissen, das im Werden ist.“[21] Bei Sokrates handelte es sich um das persönliche Suchen nach Wahrheit. In der modernen pluralistischen Welt wird es mehr und mehr zu einem kollektiven Suchen nach dem Wahren und Angemessenen, und das bedeutet sowohl Freiheit wie auch Konflikt.

Der weltanschauliche Pluralismus ist gesund, wenn die Meinungen anderer und der verschiedenen Gruppen ernst genommen werden und wenn niemand versucht, seine Auffassungen anderen mit Gewalt oder Druck aufzuerlegen, und solange die grundlegende Freiheit und die Rechte aller respektiert werden. Der Pluralismus im besten Sinn setzt eine Kultur voraus, in der alle Gruppen bereit sind, zu lernen und umzulernen, wo alle darauf bedacht sind, sich gegenseitig besser zu kennen, zu größerer Selbstkenntnis zu gelangen und so in gemeinsamem Bemühen den Verstehenshorizont zu weiten und neue Einsichten zu gewinnen.

Pluralismus bedeutet keineswegs Anarchie der Ideen und eine gestaltlose Gesellschaft. Die Demokratie bedarf nicht nur der gegenseitigen Achtung, sondern auch der Übereinstimmung über Grundwerte und Grundrechte. Gegenseitige Achtung und Toleranz besagen jedoch nicht weltanschauliche Neutralität oder Indifferenz. Im Gegenteil, jede Gruppe will ihre Einsichten und Erfahrungen in die gemeinsame Reflexion aller einbringen, wobei von allen die Einhaltung der Spielregeln erwartet wird. Greene spricht das sehr deutlich aus: „Obwohl in den Tagesfragen des öffentlichen Lebens die BBC alles versucht, um den höchsten Standard der Unparteilichkeit zu erreichen, gibt es doch einiges, in welchem sie nicht neutral und unparteiisch ist, dort nämlich, wo es um den Zusammenstoß für oder gegen die sittlichen Grundwerte geht wie Wahrhaftigkeit, Gerechtigkeit, Freiheit, Mitgefühl, Toleranz. Ich glaube auch, daß wir nicht unparteiisch sein sollen in Fragen wie Rassenwahn und extreme politische Stellungnahmen. Als allzu gute ‚Demokraten‘ in diesen Dingen

[20] *Sir H. Greene*, The Conscience of the Programme Director (BBC, London 1965) 5.
[21] Zitiert bei *H. Greene*, a. a. O. 5.

tragen wir zur Zerstörung der Demokratie selbst bei. Ich meine, daß eine gesunde Demokratie den Entscheidungen, die es ihr erlauben zu überleben, nicht ausweichen darf."[22]

Ein echter Pluralismus setzt einen lebhaften Sinn für Solidarität und Achtung der Menschenwürde und des Gewissens aller voraus. Seine Gegenpole sind sowohl Individualismus wie totalitäre Tendenzen. In einer gesunden pluralistischen Gesellschaft sind Menschen, die ein Monopol auf Wahrheit anmelden wollen und mehr auf Selbstsicherung als auf das mutige und ehrliche Suchen der Wahrheit bedacht sind, in einer schwierigen Situation.

Die von Papst Johannes XXIII. und dem Zweiten Vatikanischen Konzil inaugurierte Erneuerung der katholischen Kirche und besonders die ökumenische Öffnung können nicht voll verstanden werden, ohne der Tatsache der neuen pluralistischen Gesellschaft Rechnung zu tragen.

Pluralismus in der katholischen Kirche selbst ist ein Dienst an Einheit und Wahrheit, wenn die verschiedenen Denkweisen und Versuche, die Wahrheit in die Praxis umzusetzen, nie die grundlegende Einheit bei aller Verschiedenheit vergessen und Verschiedenheit nur in Einheit suchen. Der Gedanke an das erste Pfingstfest, bei dem alle das Evangelium in ihrer Sprache verstanden, stärkt in uns die Zuversicht, daß ein legitimer Pluralismus nicht nur keine Bedrohung, sondern im Gegenteil eine unabdingbare Voraussetzung für volle Katholizität in der Wahrheit und Wahrheit in voller Katholizität ist[23]. Die Kirche ist sich immer mehr bewußt geworden, daß nicht nur die lateinische Sprache für die universale Liturgie, sondern auch eine westliche Philosophie und Theologie ein allzu enges Gewand für eine weltweite Kirche sind. Die großen Wahrheiten, vor allem aber die Heilsgeheimnisse, übersteigen jede einzelne Sprache, Philosophie oder Theologie. Die Vielfalt der konvergierenden Annäherungen weist wirksamer auf ihren Lebensgehalt hin als eine uniforme Formulierung.

Pluralismus in der Theologie verlangt ständige und umfassende gegenseitige Kommunikation. Das Zweite Vatikanische Konzil war eine große Erfahrung des Pluralismus; mehr als irgendeines der vorausgehenden Konzile waren dort die verschiedenartigen Kulturen und Theologien innerhalb des einen Glaubens versammelt. Dazu kam noch die Gegenwart fast aller anderen Kirchen; und man war bereit, aufeinander zu hören. Das Leben der Kirche, ihre Pastoral, ihre Lehrtätigkeit, nicht zuletzt auch ihr Sprechen von christlicher und allgemein menschlicher Sittlichkeit ist in dieser neuen Ära offenbar von einem tieferen Bewußtsein der Einheit in der Vielfalt der Ausdrucksformen gekennzeichnet.

Die römisch-katholische Kirche ist wahrhaft katholisch, indem sie mehr die allumfassende Einheit als die Romanität zur Geltung bringt und dieser nie gestattet, die Gleichheit anderer Kulturen in Frage zu stellen. „In allen Völkern

---

[22] Ebd. 12.

[23] Vgl. *L. Giusani*, in: *Basili*, a.a.O. 172; *B. Häring*, in: ebd. 177ff.; *B. Sorge*, in: ebd. 290–295; *K. Rahner*, Vorwort zu *K. Rahner* (Hrsg.), Befreiende Theologie. Der Beitrag Lateinamerikas zur Theologie der Gegenwart (Stuttgart 1977) 6.

der Erde wohnt also dieses eine Gottesvolk, da es aus ihnen allen seine Bürger nimmt, Bürger eines Reiches freilich nicht irdischer, sondern himmlischer Natur... Kraft dieser Katholizität bringen die einzelnen Teile ihre eigenen Gaben den übrigen Teilen und der ganzen Kirche hinzu, so daß das Ganze und die einzelnen Teile zunehmen aus allen, die Gemeinschaft miteinander halten und zur Fülle in Einheit zusammenwirken."[24] Pluralismus darf nicht als Ausfluß der Sündhaftigkeit der Welt angesehen werden. Er ist nicht eine Bedrohung für die Wahrheit und Einheit der Kirche, sondern ein Geschenk, das durch die Macht des Heiligen Geistes für die Einheit der Kirche und für ihr Bleiben in der Wahrheit fruchtbar wird. „Es ist also in Christus und in der Kirche keine Ungleichheit aufgrund von Rasse und Volkszugehörigkeit, sozialer Stellung oder Geschlecht; denn ‚es gilt nicht mehr Jude und Grieche, nicht Sklave und Freier, nicht Mann und Frau; denn alle seid ihr einer in Christus Jesus' (Gal 3,28)... So geben alle in der Verschiedenheit Zeugnis von der wunderbaren Einheit im Leibe Christi; denn gerade die Vielfalt der Gnadengaben, der Dienstleistungen und Tätigkeiten vereint die Kinder Gottes, weil ‚dies alles der eine und der gleiche Geist wirkt' (1 Kor 12,11)."[25]

Als eines der hervorragenden Zeichen der Zeit lädt der Pluralismus zu einem mutigen ökumenischen Geist ein. Das Konzilsdekret über den Ökumenismus sieht im respektvollen Dialog den Weg zur Einheit, in der Hoffnung, daß alle Teile der Christenheit so zu einer tieferen Kenntnis des gemeinsamen Glaubens kommen und daß die verschiedenen Charismen die Einheit und Katholizität bereichern. Die pluralistische Kultur, die Wissenssoziologie und Soziologie der Sitten haben uns sehr geholfen, die Verschiedenheiten innerhalb der getrennten christlichen Kirchen nicht so sehr als Widersprüche, sondern als eine bereichernde Komplementarität anzusehen. „Alle in der Kirche sollen unter Wahrung der Einheit im Notwendigen je nach der Aufgabe eines jeden in den verschiedenen Formen des geistlichen Lebens und der äußeren Lebensgestaltung, in der Verschiedenheit der liturgischen Riten sowie der theologischen Ausarbeitung der Offenbarungswahrheit, die gebührende Freiheit walten lassen, in allem aber die Liebe üben. Auf diese Weise werden sie die wahre Katholizität und Apostolizität der Kirche immer vollständiger zum Ausdruck bringen... Es ist billig und heilsam, die Reichtümer Christi und das Wirken der Geisteskräfte im Leben der anderen anzuerkennen."[26]

Je mehr die katholische Kirche in ihrem eigenen Leben ein Vorbild echten Pluralismus ist, um so eher kann die ökumenische Bewegung den Pluralismus mit dem Ziel der Einheit richtig verstehen und gebrauchen. Die Vorbildhaftigkeit der Kirche verbietet zum Beispiel jeden Druck von seiten der Amts-

[24] Dogmatische Konstitution des Zweiten Vatikanischen Konzils über die Kirche „Lumen Gentium" (LG), Nr. 13.
[25] LG 32.
[26] UR (s. 1. Kap., Anm. 77) 4.

kirche auf die Katholiken, sich zu einer politischen Partei zu formieren. Sowohl die Kirche wie die politische Gemeinschaft können durch den Geist der Freiheit im Bereich der Wirtschaft, Politik und Kultur nur gewinnen[27].

Ein Test für den Pluralismus ist die Art und Weise, wie die kirchlichen Amtsträger und die katholischen Moraltheologen Fragen des natürlichen Sittengesetzes behandeln. Je mehr die Erfahrungen und Überlegungen aller Kulturen zusammenströmen, je mehr die Christen der verschiedenen Traditionen zusammen mit allen Menschen ehrlich nach dem Wahren und Guten suchen, um so eher werden wir sinnvolle Lösungen finden für die Probleme, die stets neu im Leben der Einzelnen und im sozialen Kontext entstehen[28].

Die Ethik der sozialen Kommunikation achtet vor allem auf die Art und Weise, in der die pluralistische Gesellschaft das gemeinsame Suchen nach dem Wahren und Guten begünstigt. Wir denken deshalb an die Geschichte der Kirche, in der vor Erfindung der Buchdruckerkunst eine sehr begrenzte Zahl von Menschen ein autoritatives Monopol der öffentlichen Meinungsäußerung inne hatte. Die Umstellung ging nicht ohne große Spannungen vonstatten. Heute erkennen die kirchlichen Autoritäten das Recht und die Pflicht aller an, ihren Beitrag zu leisten zur Bildung einer gesunden öffentlichen Meinung und im Suchen nach vollerer Erkenntnis der Wahrheit[29].

Eine Zeit des Übergangs wie die unsere stellt hohe Ansprüche an die Geduld. Die Theologen haben einen neuen Stil, einen neuen Sinn für Mitverantwortung, Unterscheidung und Mut zu lernen, um ihren Dienst in einer pluralistischen Gesellschaft und Kirche fruchtbar zu erfüllen. Einerseits sind die kirchlichen Autoritäten zu Recht besorgt um jene Gläubigen, die äußerst verwundbar sind, wenn ihre bisherigen „Sicherheiten" in Frage gestellt werden. Andererseits müssen sehr viele, einschließlich Theologen, von jener falschen Sorge um Sicherheit befreit werden, die zum Schaden der Ehrlichkeit im Suchen der Wahrheit ausschlägt. Führende Persönlichkeiten auf dem Gebiet der Massenmedien sagen uns, daß sie es für ihre Pflicht halten, „Schranken niederzubrechen, so daß Menschen verschiedener Sichtweisen gegenseitig ihre Gesinnungen und Einstellungen besser kennen und verstehen lernen und daß dabei ein anfänglicher Schock und eine Herausforderung gesund und in der Tat notwendig sein können"[30]. In der neuen Situation muß die traditionelle Unterscheidung zwischen dem pharisäischen Ärgernis und dem Ärgernis der Schwachen neu überdacht werden. Gewiß muß Verständnis für die Schwachen walten. Aber ein einseitiges Hinnehmen ihrer Unreife kann nur zu einem allgemeinen Paternalismus führen, der wie ehedem immer mehr Leute in einem Zustand passiver Hinnahme oder heilloser Sicherheitskomplexe gefangenhält.

---

27 *B. Sorge,* in: *Basili,* a.a.O. 290–295.
28 GS 16; vgl. *K. W. Bühler,* Die Kirchen und die Massenmedien. Intentionen und Institutionen in Rundfunk, Fernsehen, Film und Presse (Hamburg 1968) 17.
29 *G. Deussen,* a.a.O. (s. Anm. 14) 22f.
30 *H. Greene,* a.a.O. (s. Anm. 20) 10.

Dieses Problem spüren jene Theologen, die auf die Fragen, die innerhalb der pluralistischen Gesellschaft gestellt werden, nicht mit dem traditionellen Wortschatz, sondern um echter Kommunikation willen in der Sprache der Fragesteller antworten. Jene, die allzuleicht gegen „unsichere Meinungen und Formulierungen" ankämpfen, sollten sich im Blick auf die Zeichen der Zeit auch fragen, wie wir heute „Licht der Welt" sein können. Wollten wir mit einem gleichbleibenden Wortschatz antworten, so wäre dies ein Zeichen des Rückzugs mit der Gefahr der Gettobildung. Der christliche Glaube, der in einer pluralistischen Gesellschaft Licht für alle sein will, verlangt ein Maximum an schöpferischer Freiheit, selbstverständlich auch ein Maximum an schöpferischer Treue.

3. Die Mächte entlarven

Im Blick auf all dies bedarf es großer Wachsamkeit bezüglich jener politischen, ideologischen und wirtschaftlichen Mächte, die unter dem Vorwand des Pluralismus ihre Interessen oder ihren engen Gesichtspunkt allen auferlegen wollen. Pluralismus dient dem gemeinsamen Suchen und der Kommunikation im Dienste der Gemeinschaft nur, wenn der Bereich der Freiheit für diese vornehmen Ziele garantiert ist. Eine Ethik der Kommunikation muß dieses „wenn" ernst nehmen und darum alle Versuche von Machtgruppen anprangern, die andere manipulieren wollen und denen es, wenn sie von Freiheit reden, nur um ihre geschäftlichen oder politischen Zwecke geht. Uns geht es um die Freiheit zu wahrhaftiger Kommunikation im Dienste des Wahren und Guten, des Wohles aller.

Die gefährlichsten Mächte sind jene Ideologien, die vielfach unkritisch und mit der den Empfängern der Massenmedien eigenen Trägheit hingenommen werden. Wir leben in einer Leistungs- und Konsumgesellschaft, die stets versucht ist, die Menschen nach ihrem Anteil an Produktion und Konsum von Gütern einzuschätzen, statt immer zuerst auf das zu schauen, was sie sind und welche Qualitäten ihre mitmenschlichen Beziehungen auszeichnen. In einer technokratischen Welt tendiert das Wachstum der technischen Macht dahin, sich selbst als Gesetz aufzuerlegen, anstatt sich dem Dienste am Wachstum der Personen und Gemeinschaften unterzuordnen. Wir haben alles daranzusetzen, um diese gefährliche Ideologie zu überwinden, die heute das gefährlichste „Opium des Volkes" ist[31].

In einer kapitalistischen Gesellschaft besteht ein tiefgehender, freilich vielfach verborgener Antagonismus zwischen der Freiheit der Meinungsäußerung durch die Massenmedien und einer einseitigen geschäftlichen Freiheit, sich der Massenmedien für Gruppeninteressen zu bedienen. Haben die Politiker kein klares Bild ihrer Verantwortung bezüglich der Massenmedien, so bedeutet das prak-

---

[31] *J. Habermas,* Technik als Ideologie (Frankfurt a.M. ^{2}1969) 49–183.

tisch, daß sie die Freiheit der Reichen und Mächtigen zum Schaden echter Meinungsfreiheit begünstigen[32].

Infolge der hohen Beschaffungs- und Unterhaltungskosten der modernen Nachrichtensysteme besteht in Ost und West ein Trend, der es den führenden Klassen, den Reichen und politisch Mächtigen erlaubt, einen ungebührlichen Einfluß auszuüben. Wird diese Situation von den Massen unkritisch hingenommen, so wird sie zu einer ungeheuren Gefahr für die Freiheit. In kommunistischen Ländern herrscht die bürokratische Parteimacht, und dem Volk wird ständig eingehämmert, daß sie die Wahrheit und die Lösung für alle Probleme besitzt. In den demokratisch-kapitalistischen Ländern setzt sich vor allem die finanzielle Macht, oft im Bund mit den politisch Mächtigen, durch[33].

Die Pastoralinstruktion „*Communio et progressio*" appelliert an die Besitzer und Verwalter der mächtigen Massenmedien, doch ja nie zu vergessen, daß diese keine bloßen Geschäftsunternehmen sind, sondern im Dienste wichtiger sozialer und kultureller Aufgaben stehen. Deshalb sollen sie vor allem die Unabhängigkeit der Kommunikatoren, der Mitarbeiter und der Rezipienten von sich aus in vollem Umfang wahren[34]. Doch ein bloßer Appell an das Gewissen der Reichen und Mächtigen genügt nicht. Ein Denken in den Kategorien der Individualethik vergißt oft die Macht der verfestigten Strukturen, die vom Gesetz geduldet oder begünstigt wird, während sie doch zum Besseren geändert werden könnte[35].

In den meisten westlichen Ländern gibt es Anti-Kartell-Gesetze, die eine Monopolstellung von Einzelpersonen, Gruppen oder Gesellschaften innerhalb der Massenmedien verhindern. Häufig jedoch werden diese Gesetze mißachtet, oder ihre Übertretung wird nicht geahndet. René Berger legt eine beachtenswerte Dokumentation über die tatsächliche Lage vor und warnt vor der „verschlingenden Liebe" multinationaler Wirtschaftsunternehmen zu den Massenmedien[36].

Kyle Haselden weist vor allem auf die vereinte Macht der Politiker und Besitzer der Massenmedien hin. Er verlangt – „und das ist ganz besonders wichtig für die Vereinigten Staaten von Amerika" –, daß die Inhaber politischer Verantwortlichkeit keinen Anteil am Besitz der Massenmedien haben dürfen[37]. Politiker sind bisweilen nicht nur Mitbesitzer der Massenmedien, sondern sind

---

[32] Vgl. *H. Holzer*, Politik in Massenmedien. Zum Antagonismus von Presse- und Gewerbe-Freiheit, in: *R. Zoll* (Hrsg.), Manipulation der Meinungsbildung (Opladen ³1974) 68–108; *E. Domay* (Hrsg.), Manipulation in der Kirche (Gütersloh 1977).

[33] *H. Pross*, Moral der Massenmedien. Prolegomena zu einer Theorie der Publizistik (Köln – Berlin 1967) 187–235.

[34] CP (s. Anm. 1) 80.

[35] Vgl. *G. Deussen*, a.a.O. 280. Deussen ist der Auffassung, daß die meisten kirchlichen Dokumente fast ausschließlich die Individualmoral ansprechen, während sie die kritischen Probleme der Strukturreform vernachlässigen.

[36] *R. Berger*, a.a.O. (s. Anm. 8) 90–98.

[37] *K. Haselden*, a.a.O. (s. Anm. 9) 183.

„im Besitz" der Geldmagnaten. Die Besitzer der Massenmedien können einen politischen Kandidaten fördern oder aber erledigen. Dies entgeht dem durchschnittlichen Leser oder Zuschauer der Massenmedien oft. Und doch besteht hier eine große Gefahr für die Freiheit in Politik und Gesetzgebung.

Wo die Massenmedien freie Wirtschaftsunternehmen sind, ist die Werbung vielfach eine gefährliche Macht[38]. Da in vielen Ländern Presse, Funk und Fernsehen hauptsächlich von Werbeeinnahmen abhängen, haben die Werbeauftrager einen ungebührlichen Einfluß auf die Massenmedien. Es sind mir persönlich Fälle bekannt, in denen Zeitschriften infolge eines einzigen Aufsatzes über soziale Fragen alle Werbeeinnahmen verloren. Die Werbeaufträger entscheiden praktisch über viele Programme. Zudem manipulieren sie nicht nur die Menschen, die ihnen angepriesene Ware wahllos zu kaufen, sondern was schlimmer ist, sie hämmern unkritischen Menschen ihre Ideologie ein, nach der Begehren, Kaufen und Konsumieren die höchsten Gebote sind[39]. Sir Greene hat recht, wenn er behauptet, daß „das System der Pflichtbeiträge durch die Zuschauer und Zuhörer am besten der finanziellen Unabhängigkeit nicht nur von der Regierung, sondern auch von wirtschaftlichem Druck dient"[40].

Soweit in der pluralistischen kapitalistischen Welt die Massenmedien den allgemeinen Marktregeln folgen, ist der Käufer, der Benützer, Majestät. Doch nur wenn er einen kritischen Geist hat und bereit ist, im Verein mit anderen seinen Einfluß auszuüben, kann er die gefährlichen Mächte entlarven.

4. Die neuen Mittler

Die Zeit, in der die Priester eine Art Monopol als Kommunikatoren innehatten, ist vorbei. Heute spielen die Journalisten die führende Rolle als Träger der Information und als Anreger zum Weiterdenken. Auf sie horchen heute sehr viel mehr Menschen als auf Priester. Infolgedessen ist dieser Beruf von einzigartiger Bedeutung. Es ist für den aktiven Gläubigen ein kühner, aber auch bedeutsamer Beruf. Da jedoch die Journalisten so gesehen heute ein ehemaliges Stück der Rolle der Priester auszufüllen haben, sind sie auch ebenso in Gefahr, eine soziale Klasse zu werden mit einem ähnlichen Nimbus, wie ihn die Priesterklassen vergangener Jahrtausende der Menschheitsgeschichte innehatten. Übt jedoch der Journalist seinen Beruf in schöpferischer Freiheit und Treue aus, so kann er sich von der großen Tradition des ethischen Prophetismus inspirieren lassen. Er kann nicht nur gegen das Böse protestieren und es entlarven, er kann ebenso und noch mehr den Menschen helfen, die Zeichen der Zeit, die großen positiven Möglichkeiten und die hauptsächlichen Gefahren zu sehen.

---

[38] *Vgl. E. Henning,* Die Abhängigkeit der Massenmedien von den Werbeeinnahmen und dem Anzeigenteil, in: *R. Zoll,* a.a.O. 27–67.
[39] Vgl. CP 59–62.
[40] *H. Greene,* a.a.O. 10ff.

Es fällt dem Journalisten oft nicht leicht, dem Versuch der Mächte zu widerstehen, die ihn in den Dienst ihrer Manipulation stellen wollen. Sein Beruf verlangt von ihm, seine Mitmenschen wahrheitsgemäß zu informieren, sie zum Nachdenken und zu kritischer Stellungnahme anzuregen. Journalisten sind nicht selten Mittler zwischen der Wissenschaft und dem breiten Publikum. Dies kann auch für die religiöse Gedankenwelt zutreffen. Nicht alle Bischöfe und beruflichen Theologen haben die Fähigkeit, die rechte Wellenlänge zum Publikum hin zu finden. Ist ein Journalist mit dem Besten der Theologie vertraut, so kann er viele bereichern, die nie päpstliche Enzykliken und Bücher lesen, die von Theologen geschrieben sind. Darum ist die Kirche ebenso wie die weltliche Gesellschaft an einer ausgezeichneten Berufsausbildung der Journalisten interessiert. Wir haben uns vor allem zu fragen, welche Spiritualität dieser so wichtigen Berufsgruppe hilfreich sein kann. In mehr als hundert Ansprachen und Betrachtungen für Journalisten hat Papst Paul VI. dem Ethos und der Ethik der Kommunikatoren seine Aufmerksamkeit geschenkt[41].

Das Ethos des Journalisten verlangt lauteren Dienst im Suchen und Mitteilen des Wahren und Guten, einen hohen Grad von Sorge um das allgemeine Wohl, an Weisheit und Unterscheidungsgabe, einen brennenden Eifer für Gerechtigkeit und wahren menschlichen Fortschritt. Er ist nicht nur den von der Gesellschaft niedergelegten Normen verpflichtet, sondern noch mehr seinem eigenen Gewissen. Er braucht Zeit zum Nachdenken und zur Gewissenserforschung. Einerseits bedarf er eines kritischen Abstandes von den Ereignissen und den Mächten, andererseits aber muß er seinem Publikum nahe sein und Feinfühligkeit für die besonderen Bedürfnisse der schweigenden Mehrheit zeigen. Ohne Zweifel kann er viel dazu beitragen, die Welt zum Bessern zu verändern, wenn er einen Blick für das Gute in den Menschen hat, das Ermutigende und bedeutsame Leistungen herausstellen kann und das Böse, Heuchelei und Feigheit im rechten Augenblick mit Namen nennt.

III. Die Massenmedien und ihr Einfluß auf das Sinnen und Denken der Menschen

Der Moraltheologie geht es vor allem um das Kennen Gottes und das Kennen des Menschen in seiner geschichtlichen Wirklichkeit. Um sinnvoll über den Umgang mit den modernen Massenmedien zu reden, müssen wir unter anderem beachten, wie sehr die modernen Massenmedien den Verstehenshorizont der neuen Generation geformt hat. Nur so können wir dann die Frage untersuchen, wie ethische Überlegungen ihn erreichen können.

[41] Vgl. *G. Deussen,* a.a.O. 141–194.

1. *Positiver und negativer Einfluß der Massenmedien*

Aufgrund zahlreicher empirischer Forschungen nimmt Kyle Haselden an, daß „Radio, Fernsehen, Film und Lesen ungefähr 35 Wochenstunden des durchschnittlichen Amerikaners in Anspruch nehmen und daß dabei das Fernsehen den Löwenanteil hat“[42]. Das gleiche gilt wohl für die meisten westlichen Länder und wohl sehr bald auch für die sogenannte Dritte Welt. Bei Abschluß der höheren Schule hat der junge Erwachsene in den westlichen Ländern mehr Stunden vor dem Fernsehapparat als im Schulraum und im Kontakt mit seinen Lehrern verbracht. Viele Kinder sind schon sehr früh dem Einfluß des Fernsehens ausgesetzt. Es wird sozusagen ein Elternteil. Wir könnten hier an die Jungen der Graugans denken, die ihr ganzes Leben lang dem Objekt oder der Person, mit der sie in den ersten Tagen in innere Berührung kamen, verhaftet bleiben.

Die Massenmedien bringen eine wirkliche psychologische und kulturelle Revolution der Welt zustande. Man diskutiert viel, ob sie sich auf lange Sicht wohltätig oder schädlich auswirken wird. Zweifellos geben die Massenmedien der Menschheit eine großartige Chance. Wenn sie recht gebraucht werden, können sie die Welt zu größerer Einheit und die Völker zu einem höheren Maß gegenseitigen Verstehens führen[43]. Der rechte Gebrauch der Massenmedien macht die Menschen mehr auf ihre Einheit, auf gemeinsame Probleme, Möglichkeiten und Gefahren aufmerksam. Der geistige Horizont weitet sich. Kulturen und Nationen kommen sich näher. Wir werden wirklich zu Zeitgenossen aller Menschen, erfahren von ihren Vorzügen und von ihren Notsituationen, die uns um Hilfe anrufen. Im Blick auf die große Verschiedenheit der Kulturen können wir lernen, die bleibende Wahrheit von geschichtlich bedingten Ausdrucksformen sorgfältiger zu unterscheiden.

Sinnvoller Gebrauch der Medien kann die großen Massen des Volkes aus dem Gefängnis der Unwissenheit, der Isolierung und der Vorurteile befreien. Sektiererischer Geist kann einer größeren Weite und gegenseitiger Ergänzung Platz machen. Die Medien können unterdrückten und unterentwickelten Völkern zum Bewußtsein bringen, daß sie sich nicht hilflos einem Fatalismus überlassen dürfen. Sie erfahren Tag für Tag sichtbar, daß ihre Situation anders sein könnte und sich wirklich ändern läßt. Der Einsatz der Medien kann ein bedeutsamer Faktor in der Entwicklung der Länder der Dritten Welt werden[44]. Millionen von Enterbten können so am kulturellen Fortschritt teilnehmen.

Während Marshall McLuhan den Chor optimistischer Stimmen anführt, fehlt es nicht an apokalytischem Pessimismus. Zweifellos bestehen Gefahren; aber nur wenn wir die positiven Möglichkeiten nützen, können wir sie überwinden oder auf ein erträgliches Mindestmaß zurückführen. Es gilt jedoch, diesen Gefahren ins Auge zu schauen.

---

[42] *K. Haselden,* a.a.O. 59.
[43] Vgl. ebd. 66–70.
[44] CP 92–95.

Viele sind ständig einem Übermaß von Informationen ausgesetzt und lassen den Strom von Neuigkeiten und Ansichten unkritisch über sich ergehen. Die Folgen sind Verwirrung und ein Zustand der Passivität[45]. Wir müssen uns die Frage stellen, ob unsere Identität durch das Übermaß an Eindrücken und Informationen nicht gefährdet ist, vor allem wenn wir keine Möglichkeit zu aktiver Teilnahme am Prozeß der Kommunikation finden. Durch die Medien können wir in kurzer Abfolge den Eindrücken ganz verschiedener Welten ausgesetzt sein und an den Erfahrungen vieler teilnehmen, mit der Folge, daß unsere persönlichen Erfahrungen und unsere Verantwortung für die unmittelbare Umwelt irgendwie untergehen.

Wer sich stundenlang dem raschen Ablauf von Bilderwelten aussetzt, kann die Fähigkeit zur Besinnlichkeit oder zur aktiven Veränderung seiner Umwelt verlieren. Nur wenn wir lernen, diese Einflüsse kritisch zu prüfen, und uns ein sinnvolles Maßhalten auferlegen, können sie uns im Suchen des Wahren und in der Entfaltung schöpferischer Freiheit und Treue dienen.

2. *Die Wirkweise der Massenmedien*

Das Schlagwort Marshall McLuhans, „das Medium ist die Botschaft", ist auf viel Kritik gestoßen. „Er geht von einer teilweise richtigen Voraussetzung aus, nämlich vom beachtlichen Einfluß der Eigenart des Mediums auf den Inhalt der Botschaft, zieht aber dann völlig falsche Schlußfolgerungen, nämlich, daß wir unsere ganze Aufmerksamkeit und unsere Bemühungen ausschließlich auf die Medien als solche konzentrieren sollen und nicht auf ihren Inhalt."[46] Aber die Tatsache von Übertreibungen dispensiert uns nicht von der Aufmerksamkeit auf den Mechanismus der Medien. Eine Ethik der Massenmedien muß die relative Autonomie dieses Bereiches in Anschlag bringen. Die Art und Weise, in der die verschiedenen Medien auf den Einzelnen und auf Gruppen wirken, muß von einem technologischen, soziologischen und vor allem psychologischen Standpunkt aus erforscht werden.

Ob wir es nun mit der kapitalistischen Gesellschaft des Westens oder mit dem Staatskapitalismus kommunistischer Länder zu tun haben, es bleibt die schon erwähnte Tatsache, daß die Massenmedien durch ihren eigenen Mechanismus zur großen Versuchung für die Mächtigen werden. Handeln wir jedoch in Mitverantwortung, so können wir die verschiedenen Mechanismen und Determinismen in Griff bekommen und sie in den Dienst des Guten stellen. Das Ziel ist, auf den Umgang mit den Massenmedien das Wort des Herrn anzuwenden: „Der Sabbat ist für den Menschen gemacht und nicht der Mensch für den Sabbat." Ihre Wirkweise hindert uns nicht, sie bewußt und zielstrebig in den Dienst des Menschen und der Gemeinschaft zu stellen. Gerade die Mas-

---

[45] Vgl. *R. Berger*, a.a.O. 33.
[46] *K. Haselden*, a.a.O. 63.

senmedien fordern uns heraus, das ethische Prinzip absoluter Achtung für die Würde jedes Menschen zur Geltung zu bringen[47].

Die Probleme der Massenmedien überschreiten den Bereich einer bloßen Individualethik. Selbstverständlich hat sich auch hier jeder Einzelne persönlich zu prüfen über seinen Umgang mit den Massenmedien, inwieweit er die Unterscheidungsgabe gepflegt hat usw. Im Blick auf den ungeheuren Einfluß, den die Medien auf die gesamte Gesellschaft und jeden Einzelnen ausüben, müssen wir an unsere gemeinsame Verantwortung denken, um geeignete Strukturen zu finden, die Erziehung im Blick auf dieses weite Feld zu pflegen, so daß alle ihre individuellen und sozialen Verantwortlichkeiten wahrnehmen können.

Manche Mechanismen und Tendenzen der neuen Medien sind – richtig verstanden – ein positiver sittlicher Appell. McLuhan vermerkt, „die neue elektronische Interdependenz schafft eine neue Welt im Blick auf eine globale Welt"[48]. Ziehen sich Menschen angesichts solcher Möglichkeiten auf eine Ethik der Selbstvervollkommung zurück, so werden die Massenmedien immer noch sich in der Richtung einer globalen Welt auswirken, aber einer Welt, die von Kollektivegoismus elend gepeinigt und die Frucht des Egoismus vieler sein wird. Unsere moralische Aufgabe muß sich an der Chance messen, diese neue globale Welt zu vermenschlichen.

a) Die Presse

Obwohl der Ausdruck des menschlichen Gedankens in Zeichen und Worten zu den wesentlichen Eigenschaften des Menschen gehört, lassen sich die ersten geschriebenen Berichte nicht weiter zurückdatieren als ungefähr auf das Jahr 5000 v. Chr. Die alphabetische Schrift kam zwischen dem Jahr 1200 und 1000 vor Christus auf, d. h. nach der Zeit der Patriarchen Israels. Die alphabetische Schrift hat zweifellos eine große Rolle gespielt für das Festhalten der großen Ereignisse der Heilsgeschichte, und zwar in einer Weise, die durch alle Zeiten das Gedächtnis aller Menschen wachhalten kann. Aber erst die Erfindung der Buchdruckerkunst durch Gutenberg machte die Heilige Schrift weiten Kreisen zugänglich. Der Psalter wurde zum ersten Mal 1447 und die Bibel 1455 gedruckt. Das gedruckte Wort spielte in der Zeit der Reformation eine große Rolle.

Von Anfang an diente die Druckerkunst der religiösen Kultur, aber sie brach zugleich auch das Monopol der Kirche als Mittlerin des Gedankengutes. Die Entwicklung des Pluralismus in der öffentlichen Meinung hängt weithin mit der Druckerkunst zusammen. Die erste Tageszeitung wurde in Leipzig 1660 gedruckt. 1751 wurde der erste Band der berühmten französischen Enzyklopädie gedruckt: ein Signal und machtvolles Instrument der Aufklärung. Die

[47] Vgl. CP 14.
[48] *M. McLuhan*, The Gutenberg Galaxy. The Making of a Typographic Man (Toronto 1962) 31.

große Verbreitung der Tageszeitung begann erst in der zweiten Hälfte des letzten Jahrhunderts. Ohne sie wäre die heutige Kultur, die lebendige Beteiligung an der öffentlichen Meinung, die internationale Information, wie sie sich im Laufe des Jahrhunderts entwickelt hat, nicht denkbar. Zur Zeit werden jährlich etwa 200 000 Bücher gedruckt, die der Verbreitung und dem Fortschritt der Wissenschaft, der Einbildungskraft und der Unterhaltung und nicht zuletzt der Verbreitung des Evangeliums dienen.

Das gedruckte Wort lädt den Leser zu kritischem Nachdenken ein. Die Kombination von gedrucktem Wort, Zeichnung und Bild erleichtert das Verständnis und gibt dem Wort größeren Nachhall. Die illustrierte Zeitschrift übt großen Einfluß aus. Die Nachrichtenagenturen, darunter auch christliche, fördern den gesellschaftlichen Dialog und können eine Großmacht sowohl für das Gute wie für das Böse werden. Die katholische Presse hat eine besondere Bedeutung für die Pflege der öffentlichen Meinung in der Kirche[49]. Aber der gebildete Katholik beschränkt sich heute gewöhnlich nicht auf das Lesen einer typisch katholischen Presse.

Die Christen haben ein Recht darauf, durch eine Presse vertreten zu sein, die die Ereignisse im Lichte des Glaubens zu sehen versucht und in diesem Licht zum Nachdenken über die Möglichkeiten des Guten und die Gefahren anregt. In einer pluralistischen Gesellschaft darf jedoch die katholische Presse nicht für eine ausschließlich katholische Leserschaft bestimmt sein, wenn anders wir nicht einer Gettomentalität verfallen wollen. Katholische Journalisten erfüllen ihren Beruf innerhalb der weltlichen ebenso wie innerhalb der katholischen Presse, und wenn sie sich durch Kompetenz auszeichnen, werden sie eine Leserschaft weit über die Kirche hinaus erreichen.

b) Der Film

Nach fünf Jahrzehnten des Experimentierens erreichte der Film als eines der einflußreichsten Medien seinen Höhepunkt mit jährlich etwa zwölf Milliarden Filmbesuchern, davon zweieinhalb Milliarden in den Vereinigten Staaten allein und eineinviertel Milliarde in England[50]. Deutschland stand nicht weit zurück.

Trotz der ungeheuren Konkurrenz durch das Fernsehen, besonders durch Filme im Fernsehen, übt die Filmindustrie immer noch eine große Attraktion und einen beachtlichen Einfluß auf Millionen von Zuschauern aus. Der Film ist Bewegung in Bild und Wort. Die enge Verbindung zwischen Wort und bewegtem Bild bricht durch die Sinne, regt Gemüt und Leidenschaft der Zuschauer an und läßt nicht selten einen tiefen Eindruck zurück. Er reicht tief in die Schichten des Unbewußten hinein. Der Film als solcher ist eine neue Welt-

---

[49] CP 136–141.

[50] Vgl. Encyclopedia Britannica XII, 497–571: Art and Motion Picture (mit reichlicher Bibliographie).

sprache geworden. Es ist relativ leicht, den Filmablauf in verschiedenen Sprachen zu synchronisieren.

Der Film wird allgemein als die jüngste der „feinen Künste" anerkannt. Die Mitwirkung von Künstlern verschiedener Branchen gibt dem gemeinsamen Produkt neue künstlerische Dimensionen. Durch die lebendig auf den Zuschauer zuschreitenden beweglichen Bilder erreicht der Film eine große Nähe und suggestive Kraft, die über den Einfluß der anderen Künste hinausgeht. Der Film erfüllt sehr verschiedene Erwartungen: Er bietet alle Arten von Musik an, von Drama, Dokumentation, Nachrichten usw. In all dem kann er nachdrücklich von menschlichen Werten und Konflikten sprechen, den Horizont ausweiten und die Schau vertiefen, mehr als das traditionelle Theater. Am meisten aber dient der Film der Unterhaltung.

Das Filmtheater ist ein Wirtschaftsunternehmen, das weithin den Gesetzen des Marktes untersteht und infolgedessen ernste Probleme stellt. Sicher können die großen Künstler infolge ihrer Kompetenz und der Weite ihrer Sicht ein beachtliches Publikum erobern. Der Erfolg (einschließlich des wirtschaftlichen Erfolges) hängt vom Zusammenwirken des Autors, der Geschichte, der berühmten Filmstars, des Studios und der nationalen Filmindustrie ab. Entscheidend ist jedoch die schöpferische Initiative des Regisseurs.

Durch den Film übten die Kultur und Unkultur der Vereinigten Staaten einen weltweiten Einfluß aus. Auf seinem Höhepunkt produzierte das Hollywood-Studio jährlich über 500 Filme für etwa 75 Millionen wöchentlicher Zuschauer. Es war zugleich der Besitzer der meisten Filmtheater, wenigstens im eigenen Land. Die finanziellen Interessen machten es zu einer Unterhaltungsfabrik[51]. Die örtlichen Filmtheater, die im Besitz des Studios waren, verloren praktisch ihre Wahlfreiheit infolge des Systems des „Block-booking", d.h. die Abnahme der ganzen Produktion unter einem Vertrag. Als dieses System in den Vereinigten Staaten verboten wurde, praktizierten es die amerikanischen Gesellschaften weiterhin außerhalb des eigenen Landes.

Heute ist das Fernsehen der hauptsächliche Konkurrent des Filmtheaters, zugleich aber ein wirtschaftlicher Verbündeter der Filmproduzenten, die ganze Programmserien für das Fernsehen herstellen. Dadurch verlieren sie freilich weithin ihre Identität; denn der Film für das Fernsehen ist sehr verschieden vom ursprünglichen Film. Infolge der wirtschaftlichen Interessen ist der vorherrschende Film heute vielfach „roher Sex ohne Liebe und krasse Gewalt: Sex ohne Liebe und Gewalt ohne befreienden Zweck"[52]. Auf diese Weise hat die Filmindustrie herausgefunden oder vielmehr selbstherrlich beschlossen, was das Publikum will.

In einer freien demokratischen Welt betreiben die großen Konzerne zweifellos allerhand Manipulation. Aber politische Gewalt kann noch gefährlicher

---

[51] Ebd. XII, 529.

[52] *K. Haselden*, a.a.O. 157.

werden. Hitler, Mussolini und die kommunistischen Regime gebrauchten die Filme zur politischen Einpaukung. Aber noch bevor die Diktaturen zur Macht kamen, beeinflußte der Film die politische Entwicklung. In den Jahren vor 1933 herrschte bei einem hohen Prozentsatz der deutschen Filme Pessimismus, Entmutigung, zynische Verachtung und Verzweiflung vor. Dies war freilich einerseits die Folge der Gesamtsituation, aber der Film verhärtete sie noch mehr. Eine neue Wissenschaft, die Soziologie der Medien, erforscht neuerdings die verschiedenen Wechselwirkungen und kann wohl viel zu einem besseren Verständnis der Mechanismen des Filmmarktes und der anderen Mächte beitragen. Eine bessere Kenntnis gibt die Möglichkeit, den Raum der Freiheit zu weiten[53].

Fast überall in der Welt bedeutet der Starkult ein neues Problem. Filmschauspieler sind vielfach mehr bekannt und besser honoriert als die höchsten politischen Vertreter großer Nationen. Und es scheint, daß die Vorliebe für gewisse Schauspieler für den Besuch eines Filmes entscheidender ist als irgendein anderes Motiv. Nicht wenige Zuschauer identifizieren sich selbst im Traum und sogar in ihren Gebärden mit ihrem bevorzugten Filmstar, so daß sie eine wirkliche Identitätskrise durchmachen.

Filmstars betonen gewöhnlich trotz der Verschiedenheit der Rollen vor allem ihre eigene, wohlbekannte Individualität; denn so erwarten es die Zuschauer. Das bedeutet, daß sie ganz anders spielen als im traditionellen Theater, in dem der Schauspieler sich ganz in die Rolle hineinlebt. Filmschauspieler oder -schauspielerin zu sein stellt sehr hohe berufliche und sittliche Anforderungen. Dennoch ist es kaum zu verzeihen, daß Moralhandbücher diesen Beruf nur unter der Überschrift „Anlaß zur Sünde" behandelten. Die Pastoralinstruktion über die Massenmedien von 1971 ist diesbezüglich sehr viel positiver. „Weil diejenigen, die im Filmwesen beruflich tätig sind, mit vielfachen Problemen und Schwierigkeiten zu kämpfen haben, werden die Katholiken, insbesondere kirchliche Filmorganisationen, mit ihnen in einem verständnisvollen Gespräch bleiben. Solche Kontakte werden deutlich zeigen, daß das Filmschaffen als schöner und hoher Beruf anzusehen ist."[54]

Der Film ist eine wirksamere Mitteilung als bloßes Belehren; denn er reißt mit. Er spricht zahllose Menschen ohne Schulbildung an, und da er zu einer Art internationaler Sprache geworden ist, kann er eine Brücke zwischen den verschiedenen Kulturen bilden. Doch darf man wohl sagen, daß die mehr als 80jährige Geschichte des Films der Menschheit weit besser hätte dienen können, wenn alle Beteiligten mehr Mitverantwortung geübt hätten. Auch die Kirchen hätten sehr viel mehr tun können sowohl zugunsten der Zuschauer wie auch aller in der Filmindustrie Mitbeteiligten.

Die letzten Päpste haben eine sehr konstruktive Haltung zum Film eingenommen. Klassische Beispiele sind die zwei Ansprachen von Pius XII. über den

[53] Vgl. A. *Silbermann*, Mediensoziologie, Bd. I (Düsseldorf 1973).
[54] CP 147.

idealen Film (vom 21. Juni und 28. Oktober 1955). Der Ausgangspunkt aller Überlegungen ist die Annahme, daß der Film dem Zuschauer dienen soll. Grundvoraussetzung ist darum die Achtung vor dem Menschen, die sympathische Zuwendung zu ihm und das Bemühen, seine berechtigten Erwartungen soweit als möglich nicht zu enttäuschen.

Der ideale Film hilft dem Zuschauer zu einer tieferen Erfahrung der Wirklichkeit. Er hat eine befreiende und erhebende Wirkung, insofern er sowohl die Gesetze der Kunst wie die Wirklichkeit des Lebens ernst nimmt. Die Kirche erwartet nicht frömmelnde und moralistische Filme. Ähnlich wie für die übrigen Künste ist es auch für den Film zulässig, das Böse, das Ärgerniserregende als Thema zu wählen. Selbstverständlich im rechten Verhältnis zu dem Bestreben, das Schöne, das Gute und die freudigen Aspekte des Lebens bevorzugt darzustellen. Pius XII. sagt dazu: „Sicherlich könnte man das Leben nicht verstehen, wenigstens nicht in den großen, schweren Konflikten, wollte man die Augen verschließen vor der Schuld, die diese Konflikte oft verursacht... Auch die heiligen Bücher des Alten und Neuen Testamentes, die treuen Spiegel des wirklichen Lebens, enthalten Erzählungen des Bösen und Beschreibungen seiner Wirkung und seines Einflusses auf das Leben von Einzelnen, Geschlechtern und Völkern... Lassen wir also den idealen Film auch das Böse darstellen, auch Schuld und Fall. Aber er tue dies mit ernsten Absichten und in entsprechenden Formen, so daß er dazu beiträgt, die Kenntnis des Lebens und der Menschen zu vertiefen und den Geist zu bessern und zu erheben.“[55]

Das Zweite Vatikanische Konzil spricht sich in ähnlicher Weise aus: „Die Schilderung, Beschreibung oder Darstellung des sittlich Bösen kann gewiß auch mit den sozialen Kommunikationsmitteln zur besseren Erkenntnis und Ergründung des Menschen beitragen. Sie kann die Erhabenheit des Wahren und Guten offenbaren und besonders wirksame dramatische Effekte erzielen. Doch auch sie muß sich den ethischen Forderungen unterordnen, wenn sie nicht eher Schaden als Nutzen stiften will, vor allem bei Themen, deren Behandlung eine gewisse Zurückhaltung gebietet oder die im erbsündlich belasteten Menschen leicht niedrige Instinkte wecken.“[56]

c) Hörfunk und Fernsehen

Im gleichen Jahr, 1895, in dem Louis Lumière seinen ersten Filmstreifen in Paris vorführte, erfand der Italiener Marconi die drahtlose Übermittlung von Botschaften. Auf der Grundlage der Forschungen von Hertz und Braul entwickelte er ein System, das es erlaubte, die erste drahtlose Botschaft über den Kanal nach England zu senden. Hieraus entwickelte sich sehr bald der Hörfunk und

---

[55] *Pius XII.*, Ansprache vom 21. 6. 1955, in: Dokumente katholischer Filmarbeit (Düsseldorf 1956) 22f.

[56] Dekret des Zweiten Vatikanischen Konzils über die sozialen Kommunikationsmittel „Inter Mirifica“ (IM), Nr. 7.

erreichte einen hohen Grad von Vollkommenheit. Noch erstaunlicher ist der Fortschritt des Fernsehens, das alle anderen Medien in den Schatten stellt.

Die Pastoralinstruktion von 1971 beschreibt die Aufgabe von Hörfunk und Fernsehen in folgender Weise: „Hörfunk und Fernsehen haben der menschlichen Gesellschaft neue Möglichkeiten der Kommunikation gegeben und ihre Lebensweise verändert. Die Sendungen erreichen täglich mehr die ganze Welt. In einem einzigen Augenblick überschreiten sie alle bisherigen politischen und kulturellen Grenzen. Ihre Mitteilungen dringen in jedes Haus. Die Mitarbeiter in den Funkhäusern fesseln Gemüt und Geist unzähliger Menschen zur gleichen Zeit. Der rasche technische Fortschritt vor allem bei Ausstrahlungen über künstliche Satelliten sowie die Möglichkeit der Speicherung und der beliebigen Wiederholung früherer Sendungen hat diese Instrumente von den Grenzen des Raumes und der Zeit befreit. Es steht zu erwarten, daß ihre Bedeutung und ihr Einfluß in Zukunft noch zunehmen. Hörfunk und Fernsehen bieten in Fülle Sendungen zur Unterhaltung, zur kulturellen Bildung und zur Information über das Zeitgeschehen in der ganzen Welt. Besonders das Fernsehen stellt Menschen, Ereignisse und Sachverhalte vielen Zuschauern so vor Augen, daß sie selbst dem Geschehen beizuwohnen scheinen.“[57]

Film, Hörfunk, Fernsehen und Schallplatte formen eine neue Kultur, in der nicht mehr das gedruckte Wort oder abstrakte Symbol, sondern direkte Rede und weithin das lebendige Bild entscheidend sind. Der Mensch entfaltet seine Talente vor allem durch die Verbindung von Hören und Sehen. Wir haben gesehen, daß das Neue Testament Christus vor allem als das Wort und das Bild versteht. Darum haben wir als Christen besonderen Grund, die audiovisuelle Entfaltung zu begrüßen.

Hörfunk und Television übertreffen die Presse weithin in ihrem dreifachen Dienst als Information, Erziehung und Unterhaltung. Was die Unterhaltung betrifft, so sind sie eine spürbare Konkurrenz für den Film. Sie fördern jedoch eher einen „enzyklopädischen Geist“ als ein gesundes Urteil[58]. Im Vergleich zum Filmtheater hat das Fernsehen den besonderen Vorteil, daß es die Familie im Heim zusammenhält. Hörfunk und Fernsehen sind Familiengäste und sollten sich ständig dessen bewußt sein. Tatsächlich verursachen sie nicht wenige ernst zu nehmende Probleme. Gäste passen sich gewöhnlich der Familie an, die sie besuchen. Im Fernsehen ist jedoch vielfach das Gegenteil der Fall. Die Familien sind Gäste im Fernsehraum und passen sich den Gewalten hinter dem Fernsehschirm an. Der Familie stellt sich so eine nicht geringe Aufgabe, sich selbst und ihren Idealen treu zu sein und die Medien in ihren Dienst zu stellen.

In seinem wohldokumentierten und interessanten Buch mit dem bezeichnenden Titel Tele-fission (Fission: Spaltung) interessiert sich René Berger vor allem für die Frage, ob und wie das Fernsehen die schöpferischen Kräfte fördert.

---

[57] CP 148.

[58] Vgl. *R. Berger,* a.a.O. 193.

Zu diesem Zweck unterscheidet er die Makro-television (das Massenfernsehen, d.i. in Europa das nationale Fernsehen und in den Vereinigten Staaten das merkantile oder sogenannte „freie“ Fernsehen), die Meso-television (das Kabelfernsehen örtlicher Stationen für ein begrenztes Gebiet und die Mikro-television, die sich hauptsächlich des Videorecorders bedient. Berger schreibt der Makro-television keinen hohen Grad in der Förderung der schöpferischen Eigenschaften zu, da sie gewöhnlich nicht zum Dialog und zu schöpferischer Teilnahme des Zuschauers einlädt. Wenn empirische Untersuchungen die Reaktion des Publikums erforschen, werden die Gründe und Hintergründe kaum erfaßt. Mit mehreren anderen Autoren glaubt er jedoch, daß die regionalen Stationen und besonders die Mikro-television aktive schöpferische Teilnahme, Dialog und demokratischen Ausdruck fördern[59]. In vielen Ländern verteidigt das Massenfernsehen sein Monopol hartnäckig und versucht das regionale Fernsehen auszuschalten oder möglichst zu begrenzen. Meines Erachtens sollten wir uns einem solchen Monopol widersetzen.

3. *Die Werbung*

Zu allen Zeiten gab es die Werbung als ein Mittel, den Austausch der Güter zu erleichtern. Denn wozu würden die aufgestapelten Erzeugnisse dienen, wenn jene, die ihrer bedürfen, keine Information erhielten, wo und unter welchen Bedingungen sie das Notwendige oder Nützliche erwerben können! „Der Einfluß der Werbung auf den Menschen in der heutigen Zeit wächst von Tag zu Tag, und niemand kann sich ihrer Wirkung entziehen. Sie bringt der Gesellschaft vielfachen Nutzen. Der Käufer wird durch sie informiert über Sachgüter, die er benötigt, und über Dienstleistungen, die zur Verfügung stehen. So wird durch Werbung eine breite Verteilung der Produktionsgüter ermöglicht. Das wiederum verhilft der Industrie zu weiteren Fortschritten zum Besten der ganzen Gesellschaft.“[60]

Doch der Umfang und die Methoden der Werbung durch die Massenmedien können deren Unabhängigkeit schwer bedrohen. „Die großen Geldsummen, welche die Medien aus der Werbung ziehen, bedrohen ihre eigenen Grundlagen. Stil und Art der Werbung können den gefährlichen Eindruck hervorrufen, als trage beinahe das ganze Kommunikationswesen Werbe- und Propagandacharakter. Obendrein kann die den Instrumenten der sozialen Kommunikation wesentliche Freiheit durch den Druck wirtschaftlicher Macht in schwere Bedrängnis geraten. Weil die Medien eine gesunde wirtschaftliche Basis brauchen, können nur jene überleben, bei denen die Werbung größere Gewinne abwirft. Das begünstigt Monopole, gefährdet das Informationsrecht und erschwert den Gedankenaustausch der Gesellschaft.“[61] Diese Gefahr besteht ganz

---

[59] Ebd. 191–205.

[60] CP 59. [61] CP 62.

besonders in Ländern, in denen das Fernsehen ausschließlich ein freies Wirtschaftsunternehmen ist. Die großen Wirtschaftsunternehmen entscheiden mit über die Programme, deren Kosten sie durch die Bezahlung von Werbeeinschaltungen tragen. So werden auch kulturelle Programme, Unterhaltung und politische Information Mittel zu wirtschaftlichen Zwecken. Aber das ist noch lange nicht das ganze Bild.

Die Werbung ist das privilegierte Feld für die „geheimen Verführer"[62]. Die Massenpsychologie bietet sich zur Heranbildung berufsmäßiger Manipulatoren auf diesem Felde an. Die Medien verführen viele nicht nur zum Kauf unnötiger oder nutzloser Dinge, sondern – was schwerer wiegt – sie verfestigen auch eine Konsumhaltung, schaffen immer mehr künstliche Bedürfnisse und verkehren die Wertskala. Die heutige Werbung mit ihren manipulativen Methoden legt nahe, daß sich der Wert der Person an dem mißt, was sie kauft. Menschen, die sich drei und noch mehr Stunden täglich der Werbeberieselung aussetzen, fangen an, alles – einschließlich ihres eigenen Wertes – ähnlich wie die Konsumgüter quantitativ zu bemessen.

Moderne Werbung bezieht ihre Macht nicht nur von den Massenmedien, sondern zuerst und ebenso von der Kultur der Konsumgesellschaft, die sie ihrerseits verfestigt. Und so reicht die Macht der Werbung weit über das Gebiet von Produktion und Konsum hinaus.

Haselden schreibt: „Eines der ernstesten Probleme unserer Gesellschaft ist das Eindringen in das Privatleben, aber noch größer ist die Gefahr des elektronischen Eindringens in das Unterbewußtsein des Menschen. Es wäre ein großer Irrtum, nicht sehen zu wollen, was Werbung unserer Freiheit, unserem Geschmack, unseren Gemütsstimmungen, unserem Verhalten und unserer Moralität antut. Besonders gefährlich ist die Dauerwerbung für Psychopharmaka. Die Folge ist nicht nur, daß viele unnötig Medikamente einnehmen, sondern die Werbung verstärkt den Trend zur Süchtigkeit. Die absichtliche Manipulation durch die pharmazeutische Industrie im Dienste des Profits hat soziale Folgen, die wir erst jetzt voll zu verstehen beginnen."[63]

Die ständige Berieselung der Kinder durch Fernsehwerbung wirkt sich negativ auf ihre ganze Erziehung aus. Viele Kinder „identifizieren sich mehr mit Wirtschaftssymbolen als mit biblischen Bildern. Die Werte, die durch die Massenwerbung verherrlicht werden, sind Jugendlichkeit, sexuelle Anziehung, Romantik, Prestige, Reichtum und Macht."[64] Bevor die Kinder die zehn Gebote Gottes kennen, besetzen die drei Gebote der Werber ihr bewußtes und unbewußtes Leben: „Du sollst begehren; Du sollst kaufen; Du sollst verbrauchen[65]."

---

[62] Vgl. *V. Packard*, The Hidden Persuadors (New York 1957); dt.: Die geheimen Verführer. Der Griff nach dem unbewußten (Düsseldorf 1958).

[63] *K. Haselden*, a.a.O. 144.

[64] *J. Pekkanen*, The American Connection. Profiteering and Politicking in the 'Ethical Drug Industry' (Chicago 1973) 14; Vgl. *B. Häring*, Ethik der Manipulation (Graz 1977) 42–44.

[65] *K. Haselden*, a.a.O. 151.

Das Großunternehmen der Werbung verbreitet den Mythos, den unsere Gesellschaft braucht, um als Konsumgesellschaft funktionieren zu können[66].

Nicht weniger ernst zu nehmen ist der Schaden, der den Entwicklungsländern zugefügt werden kann, wenn die Werbung nicht maßvoll ist und manipulative Methoden gebraucht, um die Überzeugung einzuhämmern, „Fortschritt zu suchen durch Befriedigung von künstlich erzeugten Bedürfnissen. Das Ergebnis wäre, daß diese Völker ihre Mittel verschleudern, ihre wirklichen Bedürfnisse vernachlässigen und ihre genuine Entwicklung verfehlen."[67]

Der häufige Gebrauch sexueller Bilder, um das Interesse der Zuschauer für die Reklame wachzuhalten, suggeriert, daß sexuelle Anziehungskraft der höchste menschliche Wert ist und nicht nur das entscheidende Kriterium für das Kaufen, sondern überhaupt für das Leben. Haselden schlägt vor, die Käufer sollten sich vereinigen und der Werbeindustrie klarmachen, daß „Reklamen, die den sexuellen Bereich ausbeuten und ungeziemend verherrlichen, ihre Produkte nicht an den Mann bringen werden"[68]. Der gleiche Autor ist noch viel energischer gegen den Gebrauch von Symbolen der Gewalt und Grausamkeit in der Werbeindustrie. „Grausamkeit ist Konsum von Leiden. Brutalität ist geistiger Kannibalismus, durch den man sich am Leiden anderer berauscht."[69]

4. Die Massenmedien und Manipulation

Das oberste Gesetz für die Massenmedien ist die Achtung der Freiheit der Partner der Kommunikation. Alles was ungerecht und mehr oder weniger absichtlich ihre Freiheit beschränkt, kann Manipulation genannt werden. Ein aufmerksamer Blick auf den Sprachgebrauch kann sie oft leicht entlarven. Gebraucht man einen autoritären Ton? Werden negative Urteile und entehrende Namen ausgeteilt für jene, die anders denken als der Kommunikator? Viel schwerer als offene Fälschung entdeckt man Methoden einseitiger Information, der Überbetonung eines Aspektes, um andere, vielleicht wichtigere, im Schatten zu lassen, die Verzerrung der Proportionen. Sehr oft ist sich der Manipulator nicht bewußt, daß er selbst manipuliert ist und von anderen als Werkzeug gebraucht wird.

Da Unterhaltung im heutigen Leben immer mehr Zeit einnimmt und zu einem großen Teil von den Massenmedien „verwaltet" wird, muß man sehr darauf achten, welche Weltanschauung und Wertskala hinter den einzelnen Programmen steht, welchen Lebensstil und welche Ideale sie empfehlen. Form und Inhalt der Unterhaltungsprogramme können ebenso verführerisch sein wie Werbung.

---

[66] Vgl. *R. Berger,* a.a.O. 74; *K. Horn,* Zur individuellen Bedeutung und gesellschaftlichen Funktion der Werbeinhalte, in: *R. Zoll,* a.a.O. (s. Anm. 32) 201–241.
[67] CP 61.
[68] *K. Haselden,* a.a.O. 110.
[69] Ebd. 116.

Eine der ernstesten Gefährdungen menschlicher Integrität ist das sich ständige Berieseln-Lassen von Szenen häßlicher Grausamkeit. Dieser Mißbrauch der Medien, die damit nahelegen, daß Gewalt und sogar Grausamkeit der normale Weg sei, menschliche Konflikte zu lösen, wird von Haselden „die monströseste Scheußlichkeit unserer Zeit" genannt. Besonders gefährlich für die ganze Menschheit ist die vielfältige Verherrlichung von Krieg und „der Lobpreis der militärischen Tradition"[70]. In den Vereinigten Staaten untersuchte eine nationale Kommission das Problem von Gewalttätigkeit und Grausamkeit im Fernsehen. Die Schlußfolgerung, die am 23. September 1969 veröffentlicht wurde, lautet, daß solche Programme der Jugend sehr schaden und mit daran schuld sein können, daß so viele allzuleicht Gewalttätigkeit anwenden. Die hauptsächlichen Vorschläge waren: 1. daß Eltern alles tun sollten, um ihre Kinder von solchen Programmen fernzuhalten und sie positiv im Geiste der Verantwortung und Gewaltlosigkeit zu erziehen, und 2. daß die Zuschauer die Fernsehstationen immer wieder wissen lassen, daß sie diese Programme mißbilligen[71].

Nicht nur können die Massen durch die Medien manipuliert werden; die Medien selbst sind der Gefahr der Manipulation in vielfältiger Weise ausgesetzt. Journalisten sind allzuoft in ihrer Freiheit begrenzt und manipuliert durch die politischen und wirtschaftlichen Mächte. Ideologien suchen sich überall einzufiltrieren, und alle Partner der Kommunikation sind ihnen ausgesetzt. Eine besondere Gefahr liegt darin, daß eine relativ kleine Gruppe einen unverhältnismäßig großen Einfluß auf die Medien ausübt: die Werbeindustrie, Politiker, die nicht nur politische, sondern vielfach noch mehr wirtschaftliche Interessen verfolgen, die lautstarken Gruppen politischer und religiöser Extremisten. Wer sich geschickt und hartnäckig zu Wort meldet, kann Einfluß ausüben im guten oder üblen Sinn. In den Vereinigten Staaten und in verschiedenen westlichen Ländern erforschen Agenturen den Grad der Beliebtheit der Schauspieler, Sprecher usw. „Die Meinungsforschungsinstitute sind die Götter des amerikanischen Fernsehens. Sie bringen die Fernsehstars hoch und erledigen sie; sie sind die Autorität, vor der die Werbung im Staub liegt."[72]

Die Manipulatoren profitieren von der Passivität der Zuschauer, Hörer und Leser, die es einfach hinnehmen, daß ihnen andere sagen, was wahr ist und was man tun soll[73]. Allzu viele denken so hoch von denen, die sie auf dem Fernsehschirm sehen, daß sie fast alles unkritisch hinnehmen. Andererseits wäre es jedoch falsch zu meinen, daß die Massenmedien eine absolute Macht über das Denken und Sinnen der Menschen hätten. Die Soziologie der Medien hat den Mythos von einer konturlosen Masse zerstört. Der Einfluß der Medien ist ver-

---

[70] Ebd. 117.

[71] Vgl. *G. Guardia,* La televisione come violenza (Bologna 1970) 194–211.

[72] *K. Haselden,* a.a.O. 131; vgl. 129.

[73] *H. Pross,* a.a.O. (s. Anm. 33) 235.

schieden je nach der Herkunft, der sozialen Klasse, der religiösen Zugehörigkeit und dem Grad der Erziehung der Empfänger. Glücklicherweise ist ein Großteil unserer Bevölkerung den Massenmedien nicht einfach ausgeliefert. In vielem haben sich die Leute ihre Weise, zu denken und zu reagieren, bewahrt. Es mag genügen, darauf hinzuweisen, daß in den Vereinigten Staaten Roosevelt ein drittes Mal gewählt wurde, obwohl drei Viertel der Medien gegen seine Wiederwahl waren[74].

5. Die Kirche und die Massenmedien

Wir fragen uns hier, ob die amtliche Kirche und die Christen im allgemeinen eine schöpferische, befreiende und treue Beziehung zu den Massenmedien haben.

Blicken wir kurz zurück auf den Beginn der Ausbreitung des Zeitungswesens im letzten Jahrhundert. Infolge des Bündnisses zwischen Thron und Altar, der Verteidigungshaltung des Kirchenstaates und der Amtskirche selber und einer statischen, auf Grenzziehung abzielenden Moraltheologie war die Haltung der amtlichen Kirche und vieler kirchentreuer Christen zu der aufkommenden modernen Presse zunächst nicht gerade konstruktiv. Der Ton lag auf der „guten Presse", und damit meinte man jene katholische Presse, die genau und unkritisch die amtlichen Äußerungen der Kirche weitergab.

Schon 1766 hatte Clemens XIII. die Enzyklika „Christianae Reipublicae Salus" veröffentlicht, in der er lediglich die schlechte Presse verurteilte und an „Priestertum und Staat" appellierte, „diese Elemente des Verderbens auszurotten". Nicht weniger defensiv war die Enzyklika „Diu Satis" von Papst Pius VII. (vom 15. Mai 1800). Die erste Enzyklika von Papst Gregor dem XVI. „Mirari Vos" (vom 15. August 1832) verurteilt wiederum scharf die „modernen Freiheiten" mit energischen Warnungen an die Adresse der „katholischen Liberalen". In seiner ersten Enzyklika „Qui Pluribus" (vom 9. November 1846) verurteilt Pius IX. „die zügellose Freiheit, alles zu denken, zu sagen und zu drucken". Der Syllabus von 1864 schließt mit der Verurteilung jener, die behaupten, „daß der römische Papst sich mit Fortschritt, Liberalismus und der modernen Kultur versöhnen kann und muß".

Leo XIII. spricht in vierzig Dokumenten über die Presse. Die Tatsache, daß die Kirche inzwischen den Kirchenstaat und ihre politische Macht verloren hatte, war es wohl, die ihr nunmehr eine größere Offenheit erlaubte. Der Appell an die Regierungen, die Presse unter scharfer Kontrolle zu halten, wird abgeschwächt. In seiner Enzyklika „Libertas" (vom 28. Juni 1888) korrigiert Leo XIII. irgendwie frühere Verurteilungen der „modernen Freiheit" und hebt positiv das Wesen der „wahren Freiheit" hervor. Die sehr viel konstruktivere

[74] Vgl. *G. Deussen,* a.a.O. 148, 273ff.; *H. Zöller* (Hrsg.), Massenmedien, die geheimen Verführer (Augsburg 1965) 27.

Einstellung Pius' XII. zu den modernen Medien war damit schon von seinen unmittelbaren Vorgängern vorbereitet. In seiner bedeutsamen Ansprache vom 18. Februar 1950 über die Rolle der katholischen Presse und der öffentlichen Meinung betonte er sehr deutlich und realistisch die Bedeutung der öffentlichen Meinung in Kirche und Gesellschaft und die notwendige Freiheit in der aktiven Teilnahme an der Formung der öffentlichen Meinung. Johannes XXIII. gewann wie kaum ein Papst vor ihm die Herzen der Journalisten. Er war ein Meister der konstruktiven Präsenz in der heutigen Welt, vor allem durch seinen Optimismus und seine Fähigkeit, überall zuerst das Wahre, Gute und Schöne zu sehen. Papst Paul VI., der in seiner ersten Enzyklika, „Ecclesiam Suam", den Dialog auf allen Ebenen als sein Programm entfaltete, erkannte ausdrücklich den gesunden Wandel der katholischen Kirche bezüglich der Meinungs- und Pressefreiheit an und empfahl stets eine konstruktive Anteilnahme der Christen in der Gestaltung der Medien[75].

Der Wandel betrifft vor allem das Verständnis des Bezugs zwischen Wahrheit und Freiheit. Für die Päpste Gregor XVI. und Pius IX. und zum Teil noch für seine unmittelbaren Nachfolger scheint die Kirche ein Monopol auf die Wahrheit zu haben, und dieses Monopol liegt strikt innerhalb des Kreises der Hierarchie. Die anderen hätten demnach, um frei zu sein, unkritisch, passiv die Allianz zwischen Kirche und Staat anzunehmen, wobei der Staat die Rolle des Kontrolleurs übernimmt und alles verbietet, was nicht mit der von der Hierarchie übermittelten Wahrheit übereinstimmt. Leo XIII. war sich demgegenüber deutlicher bewußt, daß es ein breites Feld des Wahrheitssuchens gibt, das nicht durch die Dogmen der Kirche bestimmt ist, und daß darum die Journalisten ebenso wie alle anderen das Recht haben, hier in Freiheit nach der Wahrheit zu suchen.

Pius XII. brachte den großen Durchbruch durch seine klare Betonung der Notwendigkeit der Mitverantwortung aller und der Bildung einer gesunden öffentlichen Meinung in Kirche und Staat. Das bedeutet einen weiten Raum der Freiheit. Die Erklärung des Zweiten Vatikanischen Konzils über die religiöse Freiheit führt zu einem ausgeglichenen Verständnis des Verhältnisses zwischen Wahrheit und Freiheit. Ein Raum der Freiheit für das Suchen und Mitteilen der Wahrheit ist Bedingung für einen echten Dialog und für das Offensein für die befreiende Wahrheit. Leo XIII. hatte die künftige Entwicklung schon irgendwie vorausgenommen: „In Fragen, in denen Gott oder die Kirche nicht ein endgültiges Wort gesprochen haben, in Fragen, die Gott dem freien Ausdruck überlassen hat, mag jeder denken, wie er will; und was er für richtig hält, das mag er aussprechen, dies ist nicht gegen ein Naturgebot. Diese Freiheit wird den Menschen nicht verführen, die Wahrheit zu unterdrücken, sondern wird uns vielmehr in vielen Fällen helfen, die Wahrheit zu finden und sie ans volle Licht

---

[75] *G. Deussen,* a.a.O. 83; vgl. *C. J. Pinto de Oliveira,* Information et propagande. Responsabilités chrétiennes (Paris 1968) 315–325, 399–411.

zu bringen."[76] In vielen kirchlichen Dokumenten war jedoch bis zum Zweiten Vatikanischen Konzil der Dialog als Einbahnstraße verstanden. Auf der einen Seite waren die Sprechenden, Lehrenden und auf der anderen Seite die Hörenden, Gehorsamen. Immer wieder wurden Journalisten gemahnt, in allem genauso zu denken, zu reden und zu schreiben, wie es ihnen die amtliche Kirche sagt.

Die Pastoralkonstitution des Zweiten Vatikanischen Konzils über die Kirche in der Welt von heute faßt die Denkart der katholischen Kirche kurz so zusammen: „In Anerkennung der berechtigten Freiheit bejaht die Kirche die rechtmäßige Eigengesetzlichkeit der Kultur und vor allem der Wissenschaften. Damit ist auch gefordert, daß der Mensch unter Wahrung der sittlichen Ordnung und des Gemeinnutzes frei nach der Wahrheit forschen, seine Meinung äußern und verbreiten und die Kunst nach seiner Wahl pflegen kann; schließlich, daß er wahrheitsgemäß über öffentliche Vorgänge unterrichtet werde."[77] Die Pastoralinstruktion über die Massenmedien von 1971 folgt dem Geist des Zweiten Vatikanischen Konzils. Sie betont sowohl die Mitverantwortung aller, die am Prozeß der Kommunikation beteiligt sind, wie auch die Aufgaben der Autorität. Der Ton liegt jedoch auf der Mitverantwortung und auf der größtmöglichen Freiheit für schöpferische Beteiligung, wobei selbstverständlich die Freiheit und die Grundrechte aller zu wahren sind[78].

Eine sorgfältige Untersuchung über Denkart und Verhalten der katholischen und protestantischen Kirchen in Deutschland zeigt, daß man nicht nur daran denkt, die Einzelnen zur verantwortlichen und kritischen Teilnahme zu erziehen, sondern auch an die Schaffung gesunder Strukturen, die die Mitverantwortung und Freiheit fördern[79].

Gemäß ihrer besten Tradition ermutigt die Kirche besonders die Künstler, die Medien für schöpferische Kunst zu gebrauchen. „Die künstlerischen Werke zeigen oft den Charakter eines Volkes, sein Wünschen, Denken und Fühlen besser als reine Beschreibung. Auch dann, wenn die Kunst sich über diese reale und konkrete Welt erhebt und Gestalten der Fantasie entwirft, ermöglicht sie einen wertvollen Blick in das Wesen und die Eigenart des Menschen."[80] „Wenn es euch Künstlern gelingt, auch in der einsamsten und traurigsten menschlichen Situation einen Funken des Guten aufleuchten zu lassen, dann steht über eurem Werk ein Glanz der Schönheit. Wir bitten euch nur: Habt Vertrauen in eure wunderbare Fähigkeit, die herrlichen Regionen des Lichtes zu öffnen, die das Geheimnis des menschlichen Lebens umfangen."[81]

[76] Vgl. *G. Deussen,* a.a.O. 44–47 (über Leo XIII.).
[77] GS 59; IM 5.
[78] Vgl. CP 78, 108ff.
[79] *K. W. Bühler,* a.a.O. (s. Anm. 28) 64.
[80] CP 56.
[81] *Paul VI.,* Ansprache an Künstler und Journalisten vom 5.6.1967: AAS 59 (1967) 509.

6. *Wer kontrolliert die Kontrolleure?*

In autoritären Gesellschaften kontrollieren die wenigen, die die Macht in der Hand haben, alle anderen, ohne selbst Kontrollen zu unterliegen. In einer pluralistischen demokratischen Gesellschaft ist jedoch nicht Kontrolle die Hauptkraft, sondern man vertraut mehr auf Mitverantwortlichkeit, geduldigen Dialog, Anhören und Vorbringen guter Gründe und verantwortlichen Gebrauch der Freiheit. Dies schließt jedoch nicht ein sinnvolles Maß an Kontrolle aus. Diese kann jedoch sehr verschiedene Formen annehmen und sollte auf Gegenseitigkeit beruhen. Die Autoritätsträger unterstehen der Kontrolle durch freie Wahlen und durch die Mächte der öffentlichen Meinung. Es muß immer neu gefragt werden, wer tatsächlich die Kontrolle über die Massenmedien ausübt. Wer bestimmt die Programme, die Sprecher, die Künstler? Wird die Wahl verantwortlich ausgeübt im Blick auf das Allgemeinwohl? Oder sind Sonderinteressen ausschlaggebend?

Der evangelische Kirchenmann Haselden bringt im Blick auf die Art und Weise, in der die verschiedenen Kirchen Kontrollen ausgeübt haben, folgende Kritik an: „Die Kirchen waren fast ohne Ausnahme in der Ausübung von Zensur und Kontrolle auf dem Holzweg. Sie haben sich nicht nur in der Begrenzung menschlicher Freiheit, sondern auch in ihrer Beurteilung des für die Menschen gültigen, nützlichen und wohltätigen Wissens geirrt. Jahrelang beharrten die Kirchen mit nur gelegentlichen Ausnahmen auf irrigen Stellungnahmen bezüglich der neuen Theorien über die Welt, über den andauernden Prozeß der Schöpfung, über den gerechten Krieg und die Einrichtung der Sklaverei, über die Irrtumslosigkeit der Bibel. Sie haben nicht nur versucht, die Menschen zu hindern, die Wahrheit für sich selbst zu entdecken, sondern verlangten auch, daß die Menschen Behauptungen annehmen und bekennen sollen, die sich schließlich als irrig erwiesen haben."[82]

Was die katholische Kirche betrifft, so weist der katholische Autor Giselbert Deussen auf einen weiteren Punkt hin. Er meint, man habe weithin der Tendenz nachgegeben, „einer dem Informator nochmals übergeordneten Kontrolle... eine bedenkliche Unfehlbarkeit" zuzuschreiben, „die leicht versucht sein könnte, ihrerseits ein Moralsystem der Massenkommunikation zu oktroyieren, das Recht, Wahrheit und Freiheit der Information auslöscht"[83].

Eine sinnvolle Kontrolle durch die staatlichen Autoritäten, die sich ihrerseits freiwillig demokratischen Spielregeln unterwerfen, ist gewöhnlich weniger gefährlich als Kontrollen durch wirtschaftliche Mächte oder eine Gruppe von Spezialisten. Ein demokratischer Staat wird vor allem die Selbstkontrolle durch die Berufsverbände und ihre Partner schätzen und nur dann eingreifen, wenn eine ganz besondere Notwendigkeit dazu besteht. Staatliche Kontrolle sollte

[82] *K. Haselden,* a.a.O. 85.
[83] Vgl. G. *Deussen,* a.a.O. 137.

sich an die folgende Regel halten: „Die Freiheit, Ideen auszutauschen, sollte sich nicht rechtfertigen müssen, wohl aber die Zensur.“[84] Bezüglich der Verantwortlichkeit des Gesetzgebers stehen wir vor zwei Richtungen. Die eine betont: „Die Moral läßt sich nicht gesetzlich bestimmen und auferlegen.“ Die andere Richtung will für alles eine gesetzliche Regelung. Unsere Antwort ist: „Das Ziel der Gesetzgebung ist nicht, den Menschen gut zu machen, nicht einmal ihn gerecht zu machen, sondern ihn vor Unrecht zu schützen.“[85]

Die Modalität der Kontrolle hängt von den verschiedenen Modellen für die Organisation der Massenmedien ab. Das amerikanische Modell überläßt Hörfunk und Fernsehen den Wirtschaftsunternehmen. Der Empfänger entrichtet seinen Beitrag indirekt durch Zahlung an die Werbeindustrie, die ihrerseits die Massenmedien finanziert und so einen unverhältnismäßig großen Einfluß ausübt. Im britischen Modell, das weithin auch sonst in den demokratisch regierten Staaten Europas vorherrscht, sind die Rundfunk- und Fernsehanstalten Körperschaften des Öffentlichen Rechts. Der Empfänger zahlt direkt an sie seinen Beitrag, und das System steht unter öffentlicher Kontrolle. Es sind Institutionen mit Selbstverwaltung aufgrund von Prinzipien und Regeln, die entweder durch den Gesetzgeber selbst oder aber als Ertrag von Erfahrung und geduldigen Diskussionen in Vereinbarungen festgelegt sind.

In vielen Ländern besteht kein Staatsmonopol. Rundfunk- und Fernsehstationen auf wirtschaftlicher Grundlage und Fernsehsysteme, die durch direkte Beiträge unterhalten werden, stehen nebeneinander. Was immer jedoch das System sein mag, die staatliche Autorität muß grundlegende Rechte schützen. Es steht ihr zu, 1. von Kindern in den entscheidenden Jahren ihrer Entwicklung Programme fernzuhalten, die ihnen großen Schaden zufügen könnten; 2. Eigentümer oder Leiter der Massenmedien zu verpflichten, Programme von hoher Qualität nicht zu verhindern; 3. den Empfänger vor Überschwemmung mit Reklamen zu bewahren, die die erwünschten Programme schwer stören; 4. sich schützend vor die Rechte der Minderheiten zu stellen; 5. Personen und Organisationen vor Verleumdung zu schützen[86]. Kontrollen durch Sanktionen und bis ins einzelne gehende Regelungen sollten nur in Notfällen angewandt werden. Sehr viel mehr ist durch die Darlegung guter Gründe und anregender Ideen zu erreichen. Und schließlich muß dafür Sorge getragen werden, daß schöpferische Talente nicht unterdrückt werden[87].

---

[84] *K. Haselden*, a.a.O. 93; vgl. *P. Casillo*, La morale della notizia (Roma 1974) 122ff.
[85] *K. Haselden*, a.a.O. 174.
[86] Ebd. 180–182.
[87] *H. Greene*, a.a.O. (s. Anm. 20) 8.; vgl. *B. Häring*, a.a.O. (s. Anm. 64) 108–110.

1963 erklärte der Weltrat der Kirchen: „Die ganze Öffentlichkeit ist verantwortlich für das gute Funktionieren der Massenmedien, und der einzelne Christ soll als Bürger den ihm möglichen Einfluß ausüben, auf daß Fernsehen und Hörfunk dem Gemeinwohl dienen.“[88] Um dies zu erreichen, müssen die Kirche und alle erzieherischen Kräfte der Gesellschaft ihr Bestes tun, um unterscheidungsfähige und verantwortungsbereite Personen und Gemeinschaften zu formen.

Die päpstliche Pastoralinstruktion von 1971 sagt dazu: „Man kann nicht früh genug damit beginnen, bei der Jugend kritisches Kunstverständnis, guten Geschmack und persönliche sittliche Verantwortung bei der Auswahl von Büchern, Filmen, Hörfunk- und Fernsehsendungen zu bilden und zu schärfen ... Eltern und Erzieher sollen ihre Kinder anleiten, aus dem Angebot der Kommunikationsmittel nach eigenem Urteil eine Auswahl zu treffen. Dennoch ist es manchmal geboten, daß sich die Erzieher bei dieser Auswahl das letzte Wort vorbehalten. Wenn sie sich gelegentlich gezwungen sehen, anderer Meinung zu sein als ihre Kinder und deren Umgang mit den Kommunikationsmitteln zu mißbilligen, sollten sie sich alle Mühe geben, den Kindern ihre gegenteilige Auffassung einleuchtend zu begründen; denn in der Erziehung führen Argumente weiter als Verbote.“[89] Ein wirksamer Weg, aufmerksam und zugleich kritisch die Programme zu verfolgen und seine Urteilskraft zu schärfen, ist die regelmäßige Diskussion über das Gehörte oder Gesehene in den Familien oder Gruppen. Das Ergebnis der Gruppendiskussion sollte die Kommunikatoren erreichen, und zwar nicht nur durch negative Kritik, sondern auch durch gerechte Würdigung des Guten.

Der Hauptbeitrag der Kirche zielt auf Formung der persönlichen und sozialen Verantwortungsbereitschaft[90]. Gerade auf diesem Gebiet ist fortdauernde Erwachsenenbildung dringlich notwendig. Kennt der Christ die Freiheit, für die Christus ihn erlöst hat, und die Kraft der freimachenden Wahrheit, so kann er auch auf diesem Gebiet den Raum der Freiheit ausweiten und die Chancen nützen[91].

Meines Erachtens können wir uns vor der Gefahr, manipulierte Manipulatoren zu werden, nur schützen, wenn wir die kontemplative Dimension unseres Daseins pflegen. Es geht um jene Kontemplation und jenes Gebet, die den Gewinn der Mitte zum Ziel haben. Für Christen bestimmt die Menschwerdung des Wortes Gottes die Sinnrichtung der Kontemplation. Der audiovisuelle Charakter der heutigen Medien und die dementsprechende geistige Einstellung

---

[88] Zitiert bei *K. Haselden*, a.a.O. 135.
[89] CP 67; vgl. 81–83.
[90] CP 102.
[91] Vgl. Bd. I von Frei in Christus, Kap. IV.

helfen uns besser verstehen, was es heißt, daß Christus sowohl das Wort wie auch das Bild ist. Wer sich jedoch täglich stundenlang dem schnell ablaufenden Strom der Bilder und Worte aussetzt und einer unersättlichen Neugier nach allen möglichen Informationen nachgibt, schadet seiner kontemplativen Fähigkeit[92]. Und schließlich sagt uns christliche Kontemplation, daß wir nicht bloße Zuschauer sind, sondern auch Mitschöpfer in einer Welt, die unserer Verantwortlichkeit anvertraut ist.

8. Verantwortlicher Umgang mit den Massenmedien

Die moderne Welt bietet dem Menschen, wenn er in seinen materiellen Ansprüchen maßzuhalten versteht, mehr Zeit zur Muße. Die Mittel der sozialen Kommunikation erleichtern es ihm, die vermehrte Freizeit sowohl zur Unterhaltung wie auch zur Weiterbildung sinnvoll auszunutzen. Will er sich jedoch in schöpferischer Freiheit betätigen, so muß er folgende Gebote der Individualmoral ernst nehmen: a) sorgfältig auswählen, b) mit Unterscheidungsgabe aufnehmen, c) den Gebrauch in christlicher Freiheit begrenzen.

a) Sorgfältige Auswahl

Es besteht zweifellos eine ernste Pflicht, in der Aufnahme der geistigen Kost nach Kräften das der sittlichen und religiösen Entfaltung Förderliche zu bevorzugen und alles, was Glaube und Sitte gefährdet, nach Kräften fernzuhalten. Gerade hierin können die kirchlichen Weisungen sehr behilflich sein.

Die Tatsache, daß die Kirche den Index verbotener Bücher abgeschafft hat und auf ähnliche Kontrollen der modernen Medien verzichtet, verpflichtet zu größerer persönlicher Verantwortung, wobei Beratung durch Zuständige ein Gebot der Klugheit sein kann. Die kirchlichen Filmstellen und ähnliche Kommissionen geben wichtige Anhaltspunkte für die Auswahl, die man nicht unberücksichtigt lassen soll. Jedem vernünftigen Menschen ist es klar, daß die Auswahl der geistigen Kost noch größere Aufmerksamkeit verlangt als eine gesunde Diät für unseren Körper. Dabei kann man sich nicht an bloße allgemeine Regeln halten. Jeder muß sich selbst persönlich Rechenschaft ablegen über das, was ihm förderlich oder schädlich ist.

b) Kritische Aufnahme

Es genügt nicht, von Fall zu Fall eine sorgfältige Auswahl aus dem Angebot der Medien zu treffen. Ebenso grundlegend ist die Pflicht, sich mit dem Aufgenommenen kritisch auseinanderzusetzen. Und wer genügend Unterscheidungsgabe besitzt, sollte in wichtigen Dingen die Medien wissen lassen, was er über die Programme denkt. Gäbe es Millionen von Leuten mit einem gesunden Urteil

---

[92] Vgl. *J. Pieper,* Kann der Zeitgenosse ein kontemplativer Mensch sein?, in: Herder-Korr. 31 (1977) 400–405.

und der Kunst des Dialogs, so würde das die Qualität der Massenmedien sehr schnell verbessern. Gerade auf diesem Gebiet gilt die Mahnung des Apostels: „Prüft alles und behaltet das Rechte. Von jedem Anschein des Bösen haltet euch fern!" (1 Thess 5,20f.)

c) Konsumaskese

Bewahrung oder Rückgewinnung der sittlichen Selbständigkeit der Person verlangen eine entschlossene Konsumaskese, die neben sinnvoller Auswahl aus dem Programmangebot auch das rechte Maßhalten in sich schließt. Wir müssen uns dessen bewußt sein, daß nicht nur die Werbeindustrie, sondern ein Großteil der Medien überhaupt uns hauptsächlich als Konsumenten ihrer Produkte ansieht. Und wir stehen vor einem Überangebot solcher Produkte.

Die Flut der Eindrücke, das Hämmern der Maschinen, das Arbeitstempo und das Wettrennen der Autos auf unseren überbevölkerten Straßen, all das macht es dem Menschen von heute schwer, zur inneren Ruhe zu kommen. Wem die innere und äußere Freiheit viel gilt, wird sich in allen Dingen eine sinnvolle Konsumaskese auferlegen. Der Mensch braucht Zeit zum Beten und für Besinnlichkeit. Gerade auch angesichts guter Programme werden wir die Weisung des Apostels befolgen: „Alles ist mir erlaubt – aber ich werde mich doch nicht von irgend etwas beherrschen lassen!" (1 Kor 6,12.) Die um teuren Preis erkaufte Freiheit der Kinder Gottes verlangt stets aufs neue den Preis freiwilligen Verzichtes. Es gilt vor allem, frei zu bleiben für die wahren Bedürfnisse des Nächsten. So wird sich z.B. der Familienvater, wenn er von der Arbeit heimkommt und seine Frau und die Kinder seine Gesellschaft suchen, nicht hinter den Seiten der Sportnachrichten verbergen. Stört ein Programm des Hörfunks oder des Fernsehens andere, so wird man es mit Selbstverständlichkeit abschalten. Man wird das Gerät so einstellen, daß es nicht die Nachbarn stört.

Gatten, die wissen, was wahre eheliche Liebe ist, werden nicht den Medien gestatten, ihr Heim mit Programmen zu überfluten, die ihren Idealen widersprechen. Priester und Ordensleute und all jene, die sich in Freiheit zur Ehelosigkeit um des Himmelreiches willen verpflichtet haben, werden sich nicht jenen Botschaften und Bildern aussetzen, die sie allmählich unfähig machen würden, ihrem Ideal mit innerer Freiheit und Freude nachzuleben. Jeder Christ wird alles sorgfältig überprüfen, ob es seiner Freiheit für Christus und die Mitmenschen und seiner Fähigkeit, treu zu sein, dient oder nicht.

IV. Massenmedien und öffentliche Meinung

Soziale Kommunikation ist vor allem ein Austausch von Informationen, Meinungen, Überzeugungen und Weltanschauungen im Dienste gegenseitiger Information, um sich gegenseitig besser zu verstehen und im Dialog den Sinn der Ereignisse zu deuten. Dieser Austausch dient einer gesunden öffentlichen Meinung, wenn sich dabei das Füreinander und Miteinander der Gewissen im ehrlichen Suchen nach dem Wahren, Guten und Schönen geltend macht.

1. Bedeutung und Funktion der öffentlichen Meinung

Der Einzelne und erst recht die menschliche Gemeinschaft sind nie im vollen und unangefochtenen Besitz der ganzen Wahrheit. Nur im gemeinsamen Bemühen kommen sie in der sozialen Kommunikation der Wahrheit näher. Die planetarische Meinungsbildung ereignet sich in der heutigen Welt vor allem durch die Massenmedien. Die Pastoralinstruktion von 1971 spricht sich darüber in folgender Weise aus: „Dadurch, daß jeder bemüht ist, seine eigenen Auffassungen, Meinungen, Empfindungen und sittlichen Überzeugungen anderen mitzuteilen, damit sie gemeinsamer Besitz vieler werden, entsteht ‚öffentliche Meinung'. Sie ist wesentlicher Ausdruck der gesellschaftlichen Natur des Menschen. Bereits früher hat Pius XII. die öffentliche Meinung zutreffend umschrieben als ‚ein natürliches Echo, einen gemeinhin mehr oder weniger spontanen Wiederhall von Ereignissen und aktuellen Situationen im menschlichen Geist und Urteil'. Die Freiheit der Meinungsäußerung des Einzelnen ist ein Wesensbestandteil bei der Bildung von öffentlicher Meinung."[93]

Die pilgernde Kirche darf keine Furcht haben vor einer öffentlichen Auseinandersetzung über wichtige Fragen in Kirche und Gesellschaft. Nicht Kenntnis als solche und nicht die breiteste Anteilnahme am Suchen nach der Wahrheit, sondern das vermeintliche Wissen jener, die sich im elfenbeinernen Turm eingeschlossen haben und von dort allen sagen wollen, was wahr ist, ist gefährlich. Die beruflichen Kommunikatoren spielen heute eine wesentliche Rolle in der Formung öffentlicher Meinungen. Sie sollten nie versuchen, anderen ihre Meinung aufzuzwingen, sondern sachliche Informationen geben, „die Meinungen frei und sachentsprechend miteinander konfrontieren"[94].

Die öffentliche Meinungsbildung darf jedoch nicht irgendeiner Berufsgruppe überlassen werden. Kein Mensch sollte hier passiv auf der Seite stehen. Möglichst viele sollten mit den Kommunikatoren in Beziehung treten. Und selbst jene, die die Kommunikatoren nicht direkt erreichen, können im vertrauten Gespräch mit anderen ihre eigenen Überzeugungen und vorläufigen Meinungen in den großen Dialog einbringen. Der Kommunikator sollte seine eigenen Über-

[93] CP 24–25.
[94] CP 27.

zeugungen nicht verbergen, doch wie jedermann, so sollte auch er sorgfältig unterscheiden zwischen wohlbegründeten Überzeugungen und überprüfungsbedürftigen Meinungen. Vor allem muß er darauf bedacht sein, niemand zu täuschen und das Gewissen aller zu achten; denn was nicht aus ehrlicher Überzeugung kommt, verstärkt die kollektiven Irrwege.

Der freie Fluß von Kommunikation und die verantwortungsbereite Teilnahme am Prozeß der öffentlichen Meinungsbildung ist eine Lebensfrage für das Überleben der freien demokratischen Gesellschaft. Der große Vorteil der Demokratie liegt nicht zuletzt in der Schaffung von Bedingungen, die es allen erlauben, die öffentliche Meinungsbildung zu bereichern. Aus dem demokratischen Lebensstil kann jedoch eine ernste Versuchung erwachsen, nämlich die Tendenz, sich einfach der Meinung der Mehrheit anzuschließen. Der kritische Mensch wird bisweilen die Mehrheitsentscheidung zugunsten gemeinsamer Handlungsfähigkeit akzeptieren, aber er wird nicht ruhen, Meinungen, die er für irrig und gefährlich hält, durch seinen Beitrag zu korrigieren.

2. *Freiheit und Wahrheit*

Zwischen der Freiheit und Wahrheit kann es, wenn beide recht verstanden werden, keinen Konflikt geben. In seiner absoluten Freiheit, uns zu lieben, gibt uns Gott Anteil an seinem Leben und seiner Wahrheit. Er beruft uns, die Wahrheit in Freiheit als Geschenk und Aufgabe zu empfangen, er will, daß wir in innerer und äußerer Freiheit nach Wahrheit suchen und uns darin mit unseren Mitmenschen vereinen.

Im letzten Jahrhundert wurde das Herrenwort, „die Wahrheit macht euch frei", oft gegen Libertinismus, bisweilen aber auch gegen das berechtigte Verlangen nach größerer Freiheit im Suchen der Wahrheit und im Aussprechen der Überzeugungen verwendet. Es schien, als ob die Wahrheit einseitig dem Gehorsam anvertraut sei. In der heutigen Lehre der Kirche wird die Zusammengehörigkeit von Wahrheit und Treue auf neue Weise betont. Die Kirche belehrt ihre Gläubigen und durch sie die Welt über den Grundwert und das Grundrecht der Freiheit im Lichte des Evangeliums und weiß, daß kein anderer Weg zum Finden und Tun der Wahrheit führt als der der Freiheit. „Die Freiheit des Einzelnen, seine Empfindungen und Gedanken vortragen zu können, ist unbedingt erforderlich, damit es zu rechter und angemessener Bildung von öffentlicher Meinung kommt ... Die Zusammenarbeit aller im Dienst des gesellschaftlichen Fortschritts bedarf der ungehinderten Gegenüberstellung der als wichtig erachteten Meinungen, damit im Spiel des Gebens und Nehmens, der Ablehnung und Ergänzung auf dem Weg der Einigung und des Kompromisses die am besten begründeten und gesicherten Ansichten zum gemeinsamen Handeln zusammenführen können."[95]

---

[95] CP 26.

Wie wir im ersten Kapitel dieses Bandes gesehen haben, kann man die Wahrheit im Dienste selbstischer Interessen oder durch einen lieblosen Umgang mit ihr verderben. Wahre Freiheit ist frei sein für die anderen, Freiheit für wahre Liebe, die unterscheidet, was der Gemeinschaft dient und was ihr schadet. Die Freiheit muß die Intimsphäre und die soziale Ehre der anderen achten, ohne die keiner seine volle Rolle in der Gesellschaft und im Suchen der Wahrheit spielen kann.

Nicht alle Nachrichten sind für die zivilisierte Welt nützlich. So gibt z.B. eine unverhältnismäßig breite Berichterstattung über Akte des Terrorismus den Anstiftern eine Beachtung in der Öffentlichkeit, die sie nicht verdienen. Selbstverständlich können und müssen ihre Angriffe berichtet werden, aber dies sollte sowenig als möglich sensationell sein, es sei denn die „Sensation" des vorbildlichen Verhaltens der Bevölkerung und der Ordnungskräfte.

Echte Freiheit, die so notwendig ist für eine gesunde öffentliche Meinung, verlangt den Mut, seine Auffassungen oder weitergegebene Information prompt zu korrigieren[96]. Einen Irrtum zuzugeben ist keine Schande für den Kommunikator. Wir alle sind Lernende, und keiner von uns hat immer recht. Unsere Freiheit für die Wahrheit ist in vielen Dingen Freiheit für *die* Wahrheit, die sich finden lassen will. Zudem erlaubt die berufliche Aufgabe des Kommunikators heute vielfach nicht jenes Ausmaß an Nachforschen und Nachdenken, das als ideal zu bezeichnen wäre.

3. Die öffentliche Meinung in der Kirche

Die von Jesus Christus gegründete Kirche ist mehr als ein Forum für öffentliche Meinung. Sie hat mehr anzubieten als bloße Meinungen, und seien es auch solche mit hoher Wahrscheinlichkeit. Dem Worte Jesu treu und geleitet vom Geist der Wahrheit, verkündet sie die in Jesus Christus geoffenbarte Wahrheit und das Geistgesetz des Lebens in Jesus Christus. Das Glaubensgut, das der Kirche zu treuer Übermittlung anvertraut ist, ist jedoch nicht ein totes Kapital. Nur in der Hingabe an die Heilsverkündigung und im Bemühen aller um ein besseres Verstehen der Heilswahrheit und der Bereitschaft, sie treu in die Tat umzusetzen, bleibt die Kirche „in der Wahrheit".

Das Zweite Vatikanische Konzil hat uns von der falschen Vorstellung einer bloß vertikalen Kommunikation von oben nach unten befreit. Die Kommunikatoren sind nicht nur Kanäle, um das Wort der Obrigkeit weiterzugeben. Die kirchlichen Lehrer können nicht über den Glaubenssinn des Volkes hinwegsehen. Die Pastoralinstruktion über die Massenmedien betont den Öffentlichkeitscharakter nicht nur des gemeinsamen Suchens nach einem besseren Glaubensverständnis, sondern vor allem des Bemühens in Dingen, die nicht unmittelbar zu dem der Kirche anvertrauten Glaubensgut gehören. Alle haben gemäß

[96] CP 41.

ihrem Charisma und ihrer besonderen Kompetenz einen Beitrag zu leisten. Dies ist hochbedeutsam für eine wirksame Ausübung der Autorität. „Wenn die Kirche lebendig sein und ihre Aufgaben wirksam erfüllen will, muß es zwischen kirchlichen Autoritäten auf jeder Ebene, katholischen Einrichtungen und allen Gläubigen einen ständigen, wechselseitigen und weltweiten Fluß von Informationen und Meinungen geben."[97] Es geht um den Geist echten Dialogs und gemeinsamen Einsatzes im Suchen der Wahrheit mit dem Blick auf solidarisches Handeln im Zeugnis für das Evangelium und in der Treue gegenüber den Zeichen der Zeit. Diese ganze Sicht der Beteiligung aller an der öffentlichen Meinung verlangt ein Umdenken bezüglich der Geheimhaltung, wie sie in einem monarchischen Zeitalter geübt wurde. „Wenn bei der Behandlung irgendwelcher Fragen in der Kirche Geheimhaltung geboten ist, gelten die gleichen Grundsätze wie im staatlichen Bereich. Die geistigen Werte, die in der Kirche zum Ausdruck kommen, erfordern es allerdings, daß die Information über ihre Absichten und über die Fülle ihrer Tätigkeit mit einem Höchstmaß an Vollständigkeit, Wahrhaftigkeit und Offenheit gegeben werden ... Geheimhaltung muß daher unbedingt auf solche Fälle begrenzt bleiben, bei denen es um den Ruf und das Ansehen eines Menschen geht oder andere Rechte Einzelner bzw. von Gruppen verletzt würden."[98] Wir sehen den wechselseitigen Fluß der Informationen im Lichte des Füreinander und Miteinander der Gewissen. Es geht um Information der Gewissen und um Gewissenhaftigkeit in der Information, mit dem Ziel, zu klaren und reifen Gewissensurteilen zu kommen[99].

Die Kirche von heute pflegt nicht nur den ökumenischen Dialog als ein Herzensanliegen, sondern auch einen Dialog mit der ganzen Menschheit. Darum sollten wir uns bezüglich unserer Beteiligung an der Formung einer gesunden öffentlichen Meinung mit der ganzen Kirche als Diener der Welt ansehen[100]. Es ist nicht zu vermeiden, daß in einem solchen offenen Dialog bisweilen sehr unvollkommene Begriffe und Formulierungen auch in Glaubensfragen ans Licht kommen. Diese sind nicht das Ergebnis der Anteilnahme, sondern vielmehr einer früheren Passivität. Aktive Teilnahme in einem Geist der Freiheit und gegenseitigen Vertrauens, das aus dem Vertrauen auf den „Geist der Wahrheit" erwächst, wird zu einem reiferen Glaubenswissen und zu einer wirksameren Deutung der Zeichen der Zeit führen.

Wer immer von dieser Aufgabe überzeugt ist, wird sich klar sein über die Mitverantwortung aller für das Funktionieren der Massenmedien. Es gilt, die uns zur Verfügung stehenden Möglichkeiten, darauf Einfluß zu nehmen, in schöpferischer Freiheit und Treue auszunützen. Die Kommunikatoren sollten es nicht für unter ihrer Würde halten, auch auf die Stimme der kleinen Leute

---

[97] CP 120.

[98] CP 121; vgl. *F. P. Schaller*, Zum Informationsrecht im kirchlichen Raum (Freiburg/Schw. 1970).

[99] Vgl. Bd. I, Kap. VI.

[100] *Paul VI.* bekräftigt in einer Ansprache an Journalisten die Betonung des Dialogs und der aktiven Teilnahme in CP: Osservatore Romano vom 25.1.1973.

zu hören. Das wird dem rechten Hören auf die hierarchische Kirche und auf die Stimmen der großen Propheten des jeweiligen Zeitalters nur zugute kommen. Papst Paul VI. lud die Journalisten ein, sich zur „Stimme des Volkes“ zu machen, zu einer Stimme, die, falls sie vom Volke kommt, auch das Herz des Volkes erreichen kann[101].

V. Die Massenmedien im Dienste der Evangelisation

Das Konzilsdokument über die soziale Kommunikation „Inter Mirifica“ beschränkt sich hauptsächlich auf den Gebrauch der modernen Massenmedien zu dem Ziel, in einer neuen und wirksameren Weise „die Frohbotschaft von den Hausdächern auszurufen“. Die Pastoralkonstitution „Gaudium et Spes“ und die Pastoralinstruktion von 1971 weiten jedoch den Blick. Die Kirche versucht zuerst zu verstehen, wie die Massenmedien funktionieren, wie sie die Menschen beeinflussen und das Gesicht der Welt verändern können, zum Guten oder Bösen. Diese Sorge der Kirche gehört zu ihrer Treue gegenüber dem Evangelium. Die Kirche will die Massenmedien benützen zu einem Dialog, in dem sie nicht nur auf die anderen hört, sondern ihnen auch dienen will.

Die Massenmedien erlauben der Kirche ganz neue Dimensionen des ökumenischen Dialogs, nicht nur mit den Leitern anderer Kirchen, sondern mit allen Christgläubigen und Anhängern aller Religionen und Weltanschauungen. Befreit dieser Dialog von Vorurteilen und führt er zu einem besseren gegenseitigen Verständnis, so öffnet sich nicht nur der Weg zu einer wirksameren Glaubensverkündigung, sondern auch zu einem gemeinsamen Einsatz für Gerechtigkeit und Friede in gemeinsamem Suchen nach allem, was recht, wahr und gut ist.

Die Kirche wäre nicht treu gegenüber ihrer eigenen Identität und Berufung, wollte sie auch nur für einen Augenblick ihre Sendung vergessen, die Frohbotschaft allen Völkern zu verkünden. „Man kann sich nur schwer vorstellen, wie jemand das Gebot Christi treu erfüllen will, wenn er die Vorteile und Chancen dieser Medien, einer außerordentlich großen Zahl von Menschen die Lehren und Gebote des Evangeliums zu bringen, ungenützt läßt.“[102] Die Kirche ist sich heute bewußt, wie wichtig es zu diesem Behuf ist, die Art der Medien und die Mentalität der Menschen stets besser kennenzulernen. „Die Art der Darstellung muß immer mediengerecht sein. Die Sprache der Massenmedien ist eine andere als die der Kanzel. Man kann nicht nachdrücklich genug darauf hinweisen, daß die Qualität religiöser Beiträge in den Medien unbedingt auf der Höhe der

[101] *Paul VI.*, Ansprache an die Wochenzeitschrift „La voce del popolo“, zitiert bei *G. Deussen*, a.a.O. 193.
[102] CP 126.

nichtreligiösen Produktionen stehen muß."[103] Glücklicherweise zwingen uns die Massenmedien, den Pluralismus der Kulturen und Sitten anzuerkennen. Die Fachleute der Massenmedien verstehen immer besser, wie wichtig es ist, von den Überzeugungen anderer mit Ehrfurcht zu sprechen.

Die Glieder der Kirche sollen ihre Tätigkeit nicht auf die von der Kirche selbst betriebenen Massenmedien und auf von der Kirche veranstaltete Programme beschränken[104]. Der Gebrauch der Massenmedien kann der Heilsverkündigung besonders dann wirksam zugute kommen, wenn Christen, ohne Vertreter der Amtskirche zu sein, in ihren Programmen oder Äußerungen treu und zuversichtlich von der Lebensbewältigung sprechen, die dem Glauben entspringt. Dies entspricht der Wahrheit von der Menschwerdung des Wortes Gottes.

In der Erziehung aller, ganz besonders aber in der Ausbildung von Erziehern, Priestern und Kommunikatoren sollte auf vielfältige Weise deutlich gemacht werden, wie die Massenmedien in den Dienst von Gerechtigkeit und Friede und der Verkündigung der Heilsbotschaft gestellt werden können[105].

Harvey Cox macht interessante Vorschläge für die Verkündigung der Frohbotschaft durch die Medien: 1. Die Kirche soll sich Beschränkungen auferlegen in bezug auf jene Medien, die nicht leicht den Dialog erlauben; 2. sie soll die Medien für die Frohbotschaft so gebrauchen, daß jedermann sich eingeladen fühlt, aktiv teilzunehmen und sich zu äußern; 3. die Christen sollten zusammen mit allen Menschen guten Willens ihr Möglichstes tun, alle Monopole bezüglich der Medien zu brechen; 4. die ganze Erziehung soll der Unterscheidungsgabe und der konstruktiven Kritik dienen; 5. die Kirchen sollten insgesamt einen Stil und eine Atmosphäre des Dialogs schaffen, die die Bereitschaft und Fähigkeit zu zuversichtlicher Teilnahme ermutigen; 6. sie sollten sich die Entwicklung jener Medien angelegen sein lassen, die der Gemeinschaft am meisten zugänglich sind; schließlich sollte 7. die Kirche die Medien so gebrauchen, daß sie ihre Stimme jenen leiht, die in der heutigen Gesellschaft keine Stimme zu haben scheinen[106].

Diesen Anregungen darf wohl hinzugefügt werden, daß die Kirche in ihren Programmen nicht einseitig die Institution mit ihren Amtsträgern und deren Titel in den Vordergrund stellen sollten; denn das gäbe ein unvollständiges Bild von der Kirche und ihrer Aufgabe in der Welt. Die Kirche soll Christus, den Propheten, und ihre eigene prophetische Sendung sichtbar machen, der Gerechtigkeit und dem Frieden dienen; denn das Herzstück der Heilswahrheit ist die Botschaft des Friedens.

---

[103] CP 128.

[104] Vor die Wahl gestellt, zog ich es gewöhnlich vor, in allgemeinen kulturellen Programmen statt im Kirchenfunk oder kirchlichen Fernsehprogrammen zu sprechen, da wir auf diese Weise viele Menschen erreichen können, die wir nie unter unseren Kanzeln sehen.

[105] CP 134.

[106] *H. Cox,* The Seduction of the Spirit (London 1973) 285–359.

Viertes Kapitel

Heil und Freiheit im Glauben

Das Suchen, Finden und Mitteilen der Wahrheit und vor allem das Leben in der Wahrheit hat seine Mitte und seinen Höhepunkt im Glauben. In ihm empfangen wir Christus und öffnen und übergeben uns ihm, der die befreiende Wahrheit ist. Christus *ist* die Wahrheit. In ihm offenbart sich der dreieinige Gott als Liebe. Wer ihn sieht, sieht den Vater, und wer in ihm bleibt, der bleibt in der Wahrheit und wird in ihm und mit ihm zum treuen Zeugen der Liebe des Vaters.

Wir sprechen hier vom Glauben in der biblischen Sicht, vor allem wie Johannes und Paulus sie uns darbieten. Wir denken nicht nur an den im Glaubensbekenntnis formulierten Glauben, sondern meinen den Glauben als Geschenk und Haltung, als totale Antwort und Selbstverpflichtung auf den sich selbst offenbarenden und uns Anteil an seinem Leben verleihenden Gott. Wir sprechen vom Glauben als vom frohen, dankbaren Empfang dessen, der die Wahrheit und die Liebe ist und dem wir uns ganz anvertrauen. Das ist der Glaube, der Frucht bringt in der Liebe und in allen guten Werken.

Schon sehr früh faßt der heilige Paulus das christliche Leben, verstanden als ein Leben in Christus, zusammen in den drei göttlichen Tugenden. „Unablässig haben wir im Gedächtnis, wie sich euer Glaube im Werk, euere Liebe im Einsatz und euere Hoffnung auf unseren Herrn Jesus Christus in der Geduld vor Gott, unserem Vater, erwiesen hat“ (1 Thess 1,3; vgl. 1 Thess 5,8; 2 Thess 1,3). Bisweilen stellt Paulus die Fülle des Lebens einfach als Audruck des Glaubens dar, der jene, die sich ganz Christus übergeben, gerecht macht. Für Paulus ist Glaube immer gefüllt mit Hoffnung und Vertrauen, offen für das Wirken des Heiligen Geistes, der im Gläubigen die Früchte der Liebe, des Friedens, der Freude hervorbringt. Aber Paulus hält es ebenso für richtig, das ganze christliche Leben und insbesondere die drei göttlichen Tugenden in der Dimension der Liebe zusammenzufassen. Die Liebe „glaubt alles, hofft alles, erduldet alles“ (1 Kor 13,7). „Was bereits jetzt bleibenden Bestand hat, sind Glaube, Hoffnung und Liebe, diese drei: die Liebe aber ist die größte unter ihnen“ (1 Kor 13,13).

Glaube ohne Hoffnung und Liebe ist praktisch tot, nicht besser als der Körper eines eben Verstorbenen, in dem sich kein Leben mehr regt. Doch wissen wir, daß der Mensch, wenn er nach einer Todsünde am Glauben festhält, wiedererweckt werden und aufs neue in Hoffnung und Liebe Frucht bringen kann. Wir sprechen hier vom Glauben des Pilgervolkes, des Menschen, der immer noch auf dem Wege ist zu größerer Fülle, vom Glauben, der uns stets neue Horizonte des Heiles und der Freiheit eröffnet.

I. Der konstitutive Dialog

1. *Schöpfungsoffenbarung*

Innerhalb der Theologie finden wir verschiedene Weisen, über die Schöpfung zu sprechen. Apologetik und weithin auch die heutige Fundamentaltheologie sprechen von der Schöpfung, insofern der Mensch selbst im Austausch mit anderen ihren Sinn zu ergründen sucht. Hier in Moraltheologie spreche ich jedoch von der Schöpfung im vollen Licht der Offenbarung[1]. Wir sehen sie selbst als einen Teil der göttlichen Offenbarung an, durch die uns Gott Wesentliches über unser sittliches Leben sagt, besonders wenn wir alles von Christus her betrachten.

Lapidar sagt der Prolog zum Johannesevangelium: „Im Anfang war das Wort, und das Wort war bei Gott, und Gott war das Wort. Dieses war im Anfang bei Gott. Alles ist durch ihn entstanden, und ohne ihn besteht nichts von dem, was ist" (Joh 1, 1–3). Darum hat für uns die ganze Schöpfung Wortgestalt, durch sie spricht Gott zum Menschen, den er nach seinem Bild und Gleichnis geschaffen hat und dem er als ausgezeichnete Mitgift die Gabe verliehen hat, die Botschaft der Schöpfung zu entziffern und dieser Schöpfung in der Antwort an Gott sein eigenes Wort zu leihen. Die ganze Schöpfung ist eine Botschaft, ein Wort, eine Gabe, ein besonders kostbares Geschenk für jenes privilegierte Geschöpf, das in Christus die Fülle des Lebens, der Gnade und der Wahrheit erfährt und mit Gott auf du und du sprechen darf[2].

Gott, der Schöpfer, ruft jeden mit einem einmaligen, unaustauschbaren Namen, und zugleich ruft er alle zusammen in seinem Wort, auf daß sie zusammen auf ihn hören und ihn verherrlichen. Im Licht des Glaubens sehen wir die Schöpfung als eine der großen Heilstaten Gottes an. Gott tut alles, um im Blick auf seine Freiheit den Menschen Anteil an seinem Leben, seiner Wahrheit und seiner Liebe zu schenken. Unser Bezug zu Gott ist nicht etwas, das unserem Dasein nachträglich beigefügt wird. Er ist ganz und gar das konstitutive Wort. Und darum tauchen wir zur vollen Wahrheit unseres Lebens nur auf, wenn wir dieses Wort dankbar empfangen, bewahren und unser ganzes Dasein zur

---

[1] Vgl. *E. Jüngel*, Gott als Geheimnis der Welt (Tübingen 1977). Jüngel trifft die wohlüberlegte Wahl, von der Schöpfung im vollen Lichte des Glaubens zu sprechen.

[2] Vgl. *R. Guardini*, Welt und Person (Würzburg ^{2}1950) 113; *W. Kern*, Zur theologischen Auslegung des Schöpfungsglaubens, in: Mysterium Salutis II (Einsiedeln 1967) 464–545.

Antwort machen. Wir sind in der Wahrheit, in unserer höchst eigenen Wahrheit, wenn wir dankbar die Ehre ergreifen, in der ganzen Schöpfung auf Gott hören zu dürfen und alles in unsere Antwort an Gott hineinzunehmen.

Der oberflächliche Mensch, der noch nicht zur Erfahrung gekommen ist, daß er von Gott kommt und auf Gott hin geschaffen ist, ignoriert nicht nur eine Grundwahrheit in sich, sondern verfehlt seine eigene Wahrheit. Der Sünder, der durch Wort und Tat Gott verleugnet, enterbt sich selbst und schließt sich aus dem Paradies der Wahrheit aus. Der Sünder, der in seinem Sinnen, Trachten und Tun Gott die dankbare Antwort verweigert, entscheidet sich für den radikalen Widerspruch zu dem konstitutiven Wort, von dem er das Dasein hat. Er macht sich zum Selbstwiderspruch. Es gehört zum Geheimnis der Sünde, daß er trotz allem noch leben kann. In Wirklichkeit lebt er nicht auf der Ebene jener Menschlichkeit, für die Gott ihn geschaffen hat. Zwischen jenen, die Gott im Geiste und in der Wahrheit anbeten, und jenen, die ihm die Anbetung verweigern, besteht ein grundlegender Unterschied. Die letzteren gehören zwar zur menschlichen Gemeinschaft, aber nur in der Form des Widerspruchs. Und in der Tat stehen sie im Widerspruch zu der ganzen Schöpfung.

In unseren bisherigen Erwägungen über die existentielle Wahrheit haben wir oft vom Menschen als dem Sucher der Wahrheit gesprochen. Es ist jedoch entscheidend zu beachten, daß das Suchen und Fragen nicht zuerst vom Menschen ausgeht. Alles kommt von Gottes Initiative, der durch sein schöpferisches Wort den Menschen von seiner Wahrheit abhängig macht, und zwar so, daß sich sein Schicksal und sein Wahrsein daran entscheidet, wie er das konstitutive Wort ergreift und beantwortet.

Eine transzendentale Theologie, die die Wesensverfassung des Menschen im Blick auf Gottes schöpferisches Wort betont, vergißt nicht die psychologische Konstitution, die der Ertrag der Kommunikation mit den Mitmenschen ist. Unser Füreinander und Miteinander ist die psychologische und geschichtswahre Anerkennung unseres Daseins als vom Wort Gottes kommend. Die zwischenmenschliche Kommunikation ist der Verstehenshorizont, der es uns ermöglicht, das Gerufensein durch das Wort und den Sinn der Lebensantwort zu ergreifen[3].

Mit Thomas von Aquin glaube ich, daß „das Kennen der drei göttlichen Personen notwendig ist für unser wahres Denken über die Schöpfungswirklichkeit"[4]. In allem, was der dreieinige Gott schafft, hinterläßt er Spuren seines göttlichen Lebens, Spuren des Vaters, der sich selbst im Worte ausspricht, und des Geistes, der das Sich-Schenken zwischen Vater und Sohn ist. Die innergöttliche Selbstmitteilung führt aus der absoluten Freiheit Gottes zur Selbstoffenbarung in der Schöpfung[5].

---

[3] *J. B. Metz*, Glaube in Geschichte und Gesellschaft (Mainz 1977) 61ff; vgl. *W. Kern*, a. a. O. 473ff.
[4] S. th. I q 32 a 1 ad 3.
[5] S. th. I q 45 a 6.

Die Heilige Schrift lehrt uns, die Schöpfung in christologischer Perspektive zu betrachten. Die ganze Schöpfung, Evolution und Geschichte, ist nicht nur getragen von dem schöpferischen Wort Gottes, sondern hat ihre Finalität im Kommen des Wortes Gottes in Menschengestalt, das nicht nur den letzten Sinn der Geschichte aufhellt, sondern sie zur Vollendung bereitet. Das Wort, in dem alles geschaffen ist, nahm unser Menschsein an; er, der Logos, wurde einer aus uns. „Und das Wort ward Fleisch und nahm Wohnung unter uns; und wir sahen seine Herrlichkeit, eine Herrlichkeit, wie sie im einziggeborenen Sohn vom Vater widerstrahlt, voll von Gnade und Wahrheit" (Joh 1,14).

Die christologische Sicht von Schöpfung und Geschichte ist ganz besonders deutlich bei Paulus. „So gibt es für uns jedenfalls nur den einen einzigen Gott: den Vater, von dem her alles ist und auf den hin wir leben; und den einzigen Herrn: Jesus Christus, durch den alles ist und durch den auch wir selbst leben" (1 Kor 8,6). In einer einzigen, großartigen Vision weist Paulus auf das ewige Wort und das in der Zeit menschgewordene Wort hin: „Durch ihn ist alles geschaffen im Himmel und auf Erden, das Sichtbare und Unsichtbare ... Alles ist durch ihn und auf ihn hin geschaffen" (Kol 1,16). Schöpfung und Geschichte haben in Christus ihre Einheit und Identität. „Ihn hat er zum Erben des Weltalls eingesetzt, durch ihn hat er auch die Welten erschaffen. Er ist es, durch den Gottes Herrlichkeit ihren Glanz erstrahlen läßt und in dem sein Wesen sich eingeprägt hat. Er trägt das Weltall durch sein allmächtiges Wort" (Hebr 1,2f.).

Folglich ist unser Verhältnis zur Welt durch unseren Glauben an Christus bestimmt. Und unsere Hingabe an Christus bedeutet gemeinsame Verantwortung für Welt und Geschichte.

2. *Gottes Selbstoffenbarung in der Geschichte*

Der Gläubige von heute, der Schöpfung sagt, denkt zugleich an Evolution und Geschichte. Schöpfung ist nicht ein statischer Begriff. Alles in Evolution und Geschichte spricht von der dynamischen, aktiven, schöpferischen und sorgenden Gegenwart Gottes. Und so verstehen wir Schöpfung und Geschichte als göttlichen Anruf an den Menschen, ihm als Mitschöpfer zu antworten.

In allem, was Gott tut, offenbart er seine Herrlichkeit, seine Heiligkeit und seinen wunderbaren Namen. All das ist für den Menschen Geschenk. Von sich aus darf er, vor allem als Sünder, nicht einmal nach dem Namen Gottes fragen. Als Jakob fragte: „Was ist dein Name?", antwortete Gott: „Wie kannst du mich nach meinem Namen fragen?" (Gen 32,30; Ri 13,17ff.)

In einem feierlichen geschichtlichen Moment, als Gott beschloß, sich seinem erwählten Volke als Retter und Befreier zu offenbaren, gab er Mose seinen Namen kund. „Er ist Jahwe, d.h. ich bin der ich bin" (Ex 3,14). Er, die Fülle des Daseins, will in seiner absoluten Freiheit seinem Volk nahe sein, mit ihm sein. Und das Volk kann voll Vertrauen in seinen Nöten seinen Namen anrufen, denn er ist der Bundesgott. Der Monotheismus Israels ist gläubiges Vertrauen auf den Gott, der retten kann und will (vgl. Jes 43, 10ff.). In der Erfahrung des Heils und der Befreiung begreift Israel, daß es nur einen Gott gibt und daß dieser Gott, der ihm die Huld des Bundes schenkt, so handelt im Blick auf alle Nationen und alle Zeiten.

In der Offenbarung des Namens, der Herrlichkeit und der Heiligkeit Gottes erfährt das gläubige Volk sowohl seine absolute Transzendenz wie auch sein liebendes Für-uns-Sein. „Und Gott sprach weiter zu Mose: So sollst du zu den Israeliten sagen: Jahwe, der Gott euerer Väter, der Gott Abrahams, der Gott Isaaks und der Gott Jakobs, hat mich zu euch gesandt. Das ist mein Name ewiglich, und so will ich angerufen sein von Geschlecht zu Geschlecht" (Ex 3, 15).

Die Offenbarung der Herrlichkeit Gottes erfüllt mit heiligem Schauer und beseligender Freude. Der Herr der Herrlichkeit wohnt in der Mitte seines Volkes. Der machtvolle Glanz seiner Herrlichkeit beschützt das Volk und gibt ihm Führung. Der Gott der Herrlichkeit hört auf die Bitten seines Volkes. Er ist der Befreier und gibt so dem Volk die Hoffnung, daß sie schließlich die Fülle seiner Herrlichkeit schauen werden (vgl. Jes 66, 11ff.). Der Sünder aber erschrickt vor seiner Herrlichkeit. Einerseits lehrt Gott sein Volk, daß sie als wahre Anbeter das Heil finden, andererseits aber scheint es in der Glaubenserfahrung Israels, als ob Gott, der Allmächtige, sich gerade als der Retter seines Volkes verherrlicht. Doch während er sich als die absolute Freiheit der Liebe offenbart, erfahren jene, die sich dieser Liebe verschließen, die erschreckende Seite eben dieser Herrlichkeit. Die Offenbarung der herrlichen Liebe Gottes ist zugleich Offenbarung des Geheimnisses des Menschen, der allein vor Gott und in der Treue gegen ihn seine wahre Würde erfährt.

Im Lichte der unfaßbaren Einheit von Gottes Selbstoffenbarung und der Offenbarung seines Heilswillens für den Menschen kann es nur eine wahrhafte Antwort geben: Preis und Danksagung, die sich in der Treue gegenüber dem Heilsplan Gottes in gegenseitiger Liebe und Mitverantwortung als wahr erweisen müssen.

So finden sich Religion und Moral in einer einzigartigen Synthese zwischen der Liebe Gottes aus ganzem Herzen und der Liebe zum Nächsten. „So wird es offenbar, daß die Liebe zu Gott das eine Notwendige ist. Man kann an nichts anderes denken noch von etwas anderem sprechen. Dies ist des Menschen lebenslange Aufgabe: die Liebe, zu der der Glaube, die Anbetung Gottes und das ganze moralische Leben gehören."[6] Der Glaube an den einen Gott, den Schöpfer und Herrn der Geschichte aller Menschen, ist nur lebenswahr, wenn er die Nächstenliebe, die Gerechtigkeit und Solidarität als Frucht hervorbringt.

Israel verschloß sich immer wieder der Liebe Gottes. Es beantwortete die Liebe Gottes nicht immer mit vollem Glauben und Vertrauen. Und so erreichte

[6] C. *Spicq*, Prolégomènes à une étude néo-testamentaire (Paris 1955) 94.

Israel als ganzes nicht jene Gerechtigkeit, die ihre Mitte und Fülle in Christus hat. „Israel, das dem Gesetz der Gerechtigkeit nachgerannt ist, hat doch nicht erlangt, was das Gesetz eben sollte. Weshalb? Weil sie nicht aufgrund von Glauben, sondern aufgrund von Werken gerecht zu sein streben" (Röm 9,31f.). Für Paulus ist klar, daß Gottes Offenbarung schon im Alten Testament ganz und gar durch den Glauben zu beantworten ist und daß die endgültige Selbstoffenbarung Gottes in Christus, dem Immanuel, es endgültig unmöglich gemacht hat, das Heil in irgend etwas anderem zu suchen als im Glauben an ihn.

3. *Offenbarung und Glaube in Christus*

Gottes Selbstoffenbarung und seine selbstschenkende Liebe erreichen ihre Fülle in Christus. „Am Ende dieser Zeiten redete er zu uns durch den Sohn" (Hebr 1,2). In und durch Christus wendet uns der Vater sein Antlitz zu mit all der Herrlichkeit seiner Liebe. Dies ist die rettende Wahrheit für uns: In und durch Christus und vereint mit Christus kann die Menschheit ihrerseits Gott ehren in einer Weise, die seiner Erhabenheit und der Freiheit seiner Liebe entspricht. In Christus sind wir erlöst, und durch den Glauben nehmen wir teil an seinem Leben. „Wer den Sohn hat, hat das Leben. Wer den Sohn Gottes nicht hat, hat das Leben nicht" (1 Joh 5,12).

Jesus Christus ist das endgültige Wort der Liebe Gottes an uns. Er ist aber auch zugleich die würdige Antwort an den Vater im Namen der ganzen Menschheit. Er lebt die Wahrheit vom Menschen und für den Menschen; er liebt sie, wie der Vater ihn geliebt hat, und gibt dem Vater auch in seiner Menschheit die Antwort grenzenloser Liebe. Im Glauben hören wir auf ihn, der die Wahrheit und die Liebe ist, und übereignen uns ihm. Dieses Hinhören im Glauben ist ganzheitlich, innig und solidarisch, totale Aufnahme seiner Botschaft und ebenso ganzheitliche Vereinigung mit seiner Antwort gegenüber dem Vater. Es ist eine Antwort, die man nur durch das ganze Leben geben kann.

„Gott hat in seiner Güte und Weisheit beschlossen, sich selbst zu offenbaren und das Geheimnis seines Willens kundzutun (vgl. Eph 1,9): daß die Menschen durch Christus, das fleischgewordene Wort, im Heiligen Geist Zugang zum Vater haben und teilhaftig werden der göttlichen Natur (vgl. Eph 2,18; 2 Petr 1,4). In dieser Offenbarung redet der unsichtbare Gott (vgl. Kol 1,15; 1 Tim 1,17) aus überströmender Liebe die Menschen an wie Freunde (vgl. Ex 33,11; Joh 15,14–15) und verkehrt mit ihnen (vgl. Bar 3,38), um sie in seine Gemeinschaft einzuladen und aufzunehmen. Das Offenbarungsgeschehen ereignet sich in Tat und Wort, die innerlich miteinander verknüpft sind: die Werke nämlich, die Gott im Verlauf der Heilsgeschichte wirkt, offenbaren und bekräftigen die Worte und die durch die Worte bezeichneten Wirklichkeiten; die Worte verkündigen die Werke und lassen das Geheimnis, das sie enthalten, ans Licht treten. Die Tiefe der durch diese Offenbarung über Gott und über das Heil des Menschen erschlossenen Wahrheit leuchtet uns auf in Christus, der zugleich der Mittler und die Fülle der ganzen Offenbarung ist."[7]

Der Höhepunkt der Selbstoffenbarung Gottes ist der Tod und die Auferstehung Jesu und die Ausgießung des Geistes der Wahrheit[8]. Jesus frohlockt im Blick auf die Erfüllung seiner Sendung. „Ich habe deinen Namen den Menschen, die du mir aus der Welt gegeben hast, kundgetan. Dein waren sie, und mir hast du sie gegeben; und sie haben dein Wort bewahrt" (Joh 17,6). Der Vater aber beglaubigt Wort und Tat, Leben und Tod Christi durch seine Auferwekkung. „Er hat ihm einen Namen über alle Namen gegeben" (Phil 2,9). In diesem Namen erfüllen die Apostel freudig ihre Sendung und sind bereit, dafür zu leiden (Apg 5,41).

Sind wir durch den Glauben und die Liebe mit Jesus vereinigt, so können wir in seinem Namen beten, und unser Gebet erreicht das Herz des Vaters. Unser Leben aus dem Glauben ehrt Gott. „Alles, was ihr tut mit Worten und Taten, das tut im Namen des Herrn Jesus, und dankt Gott, dem Vater, durch ihn!" (Kol 3,17.) All das ist Gnadengeschenk im Heiligen Geist, der uns eine tiefinnerliche Glaubenserfahrung schenkt, die Erfahrung, daß wir versöhnt sind und darum Gott in Vertrauen begegnen können. „Ihr seid geheiligt, ihr seid gerecht geworden durch den Namen unseres Herrn Jesus Christus und den Geist unseres Gottes" (1 Kor 6,11). Der Geist, den Jesus uns vom Vater gesandt hat, ruft vertrauensvoll in unseren Herzen: „Abba, Vater" (Röm 8,15). Durch den Glauben ist also unser Leben vereint mit Jesus und so hineingenommen in das Geheimnis des dreieinigen Gottes. Die Taufe im Namen des Vaters, des Sohnes und des Heiligen Geistes versichert uns dieser herrlichen Berufung und zeigt an, was ein Leben aus dem Glauben ist.

Diese zentrale Wirklichkeit weist uns stets neu auf die Mitte der Geschichte. Die Offenbarung des Vaters in Jesus, durch seinen Tod und seine Auferstehung, ist eine geschichtliche Wirklichkeit, und nur so kann sie eine unser Leben bestimmende Wirklichkeit werden. Obwohl diese Offenbarung weit über unser Verstehen hinausgeht, sagen wir im Glauben an Christus ja zu allem, was er uns lehrt. „Herr, zu wem sollen wir gehen! Du hast Worte ewigen Lebens. Wir haben geglaubt und wissen, daß du der Heilige Gottes bist" (Joh 6,68–70).

Das sündige Selbst des Menschen ist zutiefst erschüttert, wenn er mit der Macht und Heiligkeit Gottes konfrontiert ist. Aber im Glauben vertrauen wir uns Christus an, der unser Mittler ist, und in ihm allein ist „der Sinn für das Göttliche, der menschliches Leben nimmer verliert, kristallisiert in die Offenbarung der göttlichen Huld und des Gerichtes"[9]. Für den Gläubigen ist sogar das

[7] Dogmatische Konstitution des Zweiten Vatikanischen Konzils über die Offenbarung „Dei Verbum" (DV), Nr. 2.

[8] DV 2.

[9] *R. Niebuhr*, The Nature and Destiny of Man II (New York 1941) 109.

Bekenntnis seiner Sünden ein entscheidender Akt des Glaubens. Vertrauend glauben wir an ihn, der uns versöhnt. Und so können wir unserer Schwachheit und teilweisen Verderbtheit ins Auge schauen.

Versöhnung ist ein Zentralthema unseres Glaubens. Wenn immer wir Christus bekennen und als den Frieden und die Versöhnung verkünden, so sagen wir ja im Glauben an unsere Aufgabe, in und durch Christus Diener des Friedens und der Versöhnung zu sein. Das dankbar gläubige Ja zur Gabe der Versöhnung und die Annahme unserer Sendung gehören so unzertrennbar zusammen wie die Selbstoffenbarung Gottes und die Offenbarung des Heiles für den Menschen.

Das Ostergeheimnis und das Pfingstereignis zeigen den Weg zu Versöhnung und Einheit des Menschengeschlechtes, wie es der Schöpfer von Anfang an beabsichtigt hat. Im Glauben leben die Versöhnten ganz und gar von der barmherzigen Liebe, die vom Vater kommend in Jesus Christus ausströmt. Und sie bringen – durch ihre Treueverpflichtung auf Einheit, Versöhnung, Solidarität und Gerechtigkeit, d.h. im Mitvollzug der Erlöserliebe Gottes – die empfangene Gabe Gott als Antwort dar. In der Eucharistie feiern wir das Geheimnis des Glaubens und der Versöhnung im Blick auf das Osterereignis und die Geistsendung und nehmen so teil an der Verherrlichung des Vaters durch Christus und werden so immer mehr befähigt zum Mitvollzug der Liebe Gottes und Jesu für all unsere Brüder und Schwestern. Die anbetende Liebe und der Lobpreis des Vaters macht uns opferbereit, wird zur versöhnenden Liebe für alle im Blick auf die Opferliebe Jesu: „Niemand hat eine größere Liebe, als wer sein Leben hingibt für seine Freunde" (Joh 15,13). Durch die Kraft des Glaubens kann für die Versöhnten sogar das Leiden, und in der Tat das Leiden in besonderer Weise, an der anbetenden Glaubensantwort teilnehmen und wird zugleich zum Ausdruck der Heilssolidarität als Frucht des Glaubens. „Ich freue mich, wenn ich gegenwärtig für euch leide: So fülle ich das Maß der Christusleiden auf, indem ich mit meinem eigenen Leibe leide für seinen Leib, das ist die Kirche" (Kol 1,24).

In Christus mit dem Vater versöhnt, sind wir zugleich unter uns selbst versöhnt. Wir werden zu einem Leibe, Glieder untereinander (Eph 4,25). Durch den Glauben kann die Liebe Christi in uns über Haß und Feindschaft siegen. Diese Befreiung ist die Frucht des Glaubens und das Zeichen seiner Echtheit. „Wenn deinen Feind hungert, so gib ihm zu essen; wenn ihn dürstet, gib ihm zu trinken. Wenn du so handelst, wirst du glühende Kohlen auf sein Haupt sammeln. Laß dich nicht vom Bösen besiegen, sondern besiege du das Böse durch das Gute!" (Röm 12,20–21.)

Durch die Gnade des Geistes der Wahrheit ist unser Glaube sowohl Lobpreis der Selbstoffenbarung Gottes, des Allheiligen, als auch ein dankbares, lebenswahres Ja zur Offenbarung des Geheimnisses der erlösten Menschheit. So wird Glaube zum Gewinn der Mitte und zum Weg brüderlicher Gemeinschaft in Liebe und Gerechtigkeit. Die Stärke dieser Synthese von Glauben und Leben kommt aus dem dankbaren Bewußtsein, daß der Heilsglaube ganz und gar unverdientes Geschenk Gottes ist und daß dieses Geschenk verlorengeht, wenn es am aktiven Ausdruck der Dankbarkeit fehlt. Nur der Glaube, der tätig ist in Gerechtigkeit und Liebe, ist ein würdiger Lobpreis Gottes, der uns aus reiner Gnade berufen hat. Das ständige Bewußtsein von Gottes Initiative in seiner Selbstoffenbarung und im Wirken unseres Heils ist Zeichen der Echtheit des Glaubens und schafft die günstige Voraussetzung für ein wahrhaft christliches Leben.

4. *Glaube als Treuebindung*

a) Der ausdrückliche Glaube des Christen

Hier wenden wir uns dem Glauben als Grundentscheidung zu. Obwohl wir den Glaubensinhalt nie als zweitrangig ansehen, wissen wir doch, daß nur durch die Grundentscheidung des Glaubens, in der wir uns ganz Gott und seiner Gnade öffnen, der Weg zu einem tiefen und heilsgemäßen Erfassen des Glaubensinhaltes gewahrt wird.

Das Ja des Glaubens im vollen Sinne verstanden, ist der gewichtigste Gewissensentscheid, die radikalste Grundentscheidung, eine totale Selbstverpflichtung und Übergabe an Christus, den Offenbarer der Wahrheit. Er, der sich in freier Liebe ganz für uns entschieden hat, kann sich nicht mit einem Glaubensakt zufrieden geben, der weniger ist als eine totale Übergabe an ihn und durch ihn an den Vater und an den Dienst der Mitmenschen.

Was im ersten Band dieses Werkes über die Grundentscheidung gesagt ist, kommt erst im Verständnis der Glaubensentscheidung voll zum Leuchten. Andererseits kann ein besseres Verständnis der Grundentscheidung als solcher ein bedeutsames Licht auf die Glaubensentscheidung und Glaubenshaltung werfen. „Glaube an Christus ist Selbstannahme im Wissen, daß Gott uns im Opfer Christi schon angenommen hat.“ [10] Im Glauben haben wir ein getröstetes Gewissen; denn wir wissen uns bei all unserer Schwachheit von Gott angenommen; aber so, daß wir uns zur Heiligkeit gerufen wissen. So umgreift die Glaubensentscheidung unser ganzes Leben in all seinen Bezügen.

Die Glaubensgnade gibt uns die größte Chance für ein tiefes Selbstverständnis gemäß der Tiefe der Freiheit, in der wir uns in Beantwortung der Gnade Gottes selbst aussprechen. Eine bloße intellektuelle Zustimmung zum Inhalt des Glaubens und zur Glaubwürdigkeit Gottes ohne radikale Selbstverpflichtung erreicht nicht jene Tiefe, in der sich eine Grundentscheidung zum Guten konsolidiert. Glaubenszustimmung ohne Treuebildung ist eine völlig unzureichende Antwort und steht im Widerspruch zum Inhalt des Glaubens. Schon im Alten Testament wurde der Glaube als Ja zum Bunde verstanden, und die Propheten taten alles, um die volle Tragweite dieser Verpflichtung auf den Bund auszu-

[10] *Ch. R. Stinnette Jr.*, Anxiety and Faith (Greenwich/Conn. 1955) 12.

deuten. Niemand kann Bundespartner sein ohne eine Treueentscheidung sowohl für den Herrn des Bundes wie für das Bundesvolk. Ist doch der Glaube das Ja zu dem Bunde, der mit Blut besiegelt ist.

Diese Dimension tritt im Glauben des Christen noch deutlicher hervor. Denn unsere Glaubensentscheidung fällt angesichts des Ostergeheimnisses, in dem Christus den neuen und ewigen Bund mit seinem Opferblut besiegelt und der Vater alles durch die Auferweckung Christi bekräftigt hat. Wer glaubt, daß Gott sich selbst so an sein Volk gebunden hat und dennoch eine totale Selbstverpflichtung verweigert, kann nicht im heilsgemäßen Sinne eine Glaubenszustimmung geben.

Christlicher Glaube ist das Ja zum Bunde, der in Christus Jesus selbst Gestalt gewonnen hat, ein restloses Ja zu seiner „Basileia", totale Hingabe an sein Reich. Damit ist auch eine Grundentscheidung für uns selbst gefallen, nämlich ein Ja zu dem, was wir durch göttliche Berufung sind und werden sollen. Im Glauben verstehen wir uns ganz und gar als ein freies Geschenk der Liebe Gottes. Ein solches Selbstverständnis und eine solche Entscheidung ist nur möglich durch die Gnade Gottes[11]. Im Glauben wissen wir, daß wir unser wahres Selbst und unser Leben gewinnen, indem wir uns dem Geber aller guten Gaben und der Sache seines Reiches ganz hingeben.

Die Sache der christlichen Einheit und der gemeinschaftliche Dienst an der Menschheit würden ungeheuer viel gewinnen, wenn sich alle Christen klar bewußt wären, daß Glaube unendlich viel mehr ist als eine bloße Zustimmung zum Inhalt des Credo. Wir finden unser wahres Selbst, wenn wir als Jünger Christi im Treuebund zusammenkommen. Die im Glauben gegebene Grundentscheidung schließt notwendig die Dimension der Treue zum Bund im Dienste aller ein[12].

Gemäß der Bibel ist Glaube ein Akt und eine Grundrichtung des Herzens, eine Entscheidung aus der innersten Mitte des Menschen. In ihm treffen sich Selbsterkenntnis und Freisein für die Liebe in einzigartiger Einheit aller geistigen Fähigkeiten, des Intellektes, des Willens, des Gedächtnisses und des Gemütes[13]. Ohne Selbstverpflichtung können wir nicht jene tiefe Selbsterkenntnis erreichen, die dem Heilsglauben wesentlich ist.

Im Glauben erwarten und empfangen wir alles von Gott und sind darum bereit, alles ihm, der die Tiefe und Höhe seiner Liebe geoffenbart hat, zurückzugeben. Das ist Glaube als dankbarer, froher Empfang dessen, der die rettende Wahrheit, die absolute Liebe ist und der uns einlädt, das Fest seiner Freiheit und Treue mitzufeiern.

---

[11] Vgl. *P. Tillich*, Biblical Religion and Search for Ultimate Reality (Chicago 1955) 67.

[12] Vgl. Beschluß der Gemeinsamen Synode der Bistümer in der Bundesrepublik Deutschland, Pastorale Zusammenarbeit der Kirchen im Dienste der christlichen Einheit, 3.25.

[13] Vgl. *P. Evdokimov*, La conoscenza di Dio secondo la tradizione Orientale (Rom 1969) 16; *H. Bars*, Die göttlichen Tugenden. Glaube, Hoffnung, Liebe (Aschaffenburg 1963) 29.

Für die johanneischen Schriften ist es allzuwenig zu sagen, daß der Glaube heilsnotwendig ist. Für Johannes gibt es überhaupt kein wahres Leben ohne den Glauben, und der Glaube ist Beginn des ewigen Lebens. Er gibt uns das Recht, Kinder Gottes zu heißen (vgl. Joh 1,12; 3,5.7.16; 6,47; 11,25; 1 Joh 2,24).

Paulus versteht Glauben als Glaubensgehorsam, das ist ein rückhaltloses Ja zum Evangelium und zu der in Jesus Christus uns geschenkten Heilsordnung (vgl. Röm 1,5; 10,16; 2 Kor 9,13). Im Glauben verzichtet der Christ auf Selbstverherrlichung und weiht sich der Ehre Gottes mit einem stets wachsenden Verlangen, Gott besser kennenzulernen, um ihn mehr zu lieben und ihn besser zu ehren.

Eine konsolidierte Grundentscheidung kommt aus der Tiefe des Gewissens und verlebendigt dieses. Dies trifft ganz besonders zu auf den Glauben im biblischen Verständnis. Auf allen Stufen der Entfaltung des Glaubens weiß sich das Gewissen angesprochen. Sobald die göttliche Botschaft den Menschen erreicht, fühlt er sich im Gewissen gedrängt, ernst nach der Wahrheit zu suchen. Das Gewissen verbietet ihm jedoch auch, eine feste Zustimmung zu dieser Botschaft zu geben, solange im Geist des ehrlich Suchenden noch ein ernster Zweifel besteht. Dem Akt des Glaubens geht ein festes Gewissensurteil voraus, das ihm gebietet zu glauben[14]. Ob jemand zum vollen Glauben kommt und treu in ihm beharrt, hat alles zu tun mit der Treue gegen das eigene Gewissen. „Schiffbruch im Glauben" ist Folge der Untreue gegenüber dem eigenen Gewissen. In einem ehrlichen und treuen Gewissen ist das Geheimnis des Glaubens wohl bewahrt (1 Tim 3,9). Für den Gläubigen, der sich radikal für das Reich Gottes entschieden hat, ist der Glaube eine stets gegenwärtige Wirklichkeit in all seinen Gewissensentscheidungen. Das Gewissen ist aber ganz besonders aufgerufen, wenn es um den Glauben selber geht.

Der Glaube ist ein Anruf zur Bekehrung. Wir können aber auch sagen, daß der Glaube selbst die radikalste Bekehrung ist, eine ganze Hinwendung zu Gott und seinem Reich. Das ist wahrscheinlich der Sinn von Mk 1,15: „Bekehrt euch und glaubt an das Evangelium!" Die gläubige Hinwendung zu Gott in totaler Selbstverpflichtung ist sowohl in religiöser wie moralischer Hinsicht der entscheidendste Akt der Bekehrung. Das schließt nicht aus, daß der im Glauben Gerechtfertigte noch Versuchungen und teilweise Sündhaftigkeit verspürt. Ist er jedoch ein wahrhaft Gläubiger und im letzten Grunde treu gegenüber seiner Glaubensentscheidung, so wird er auch inmitten der Schwachheit und Sünde die Ansprüche des Glaubens und seinen Schuldspruch gegen alles, was dem Evangelium widerspricht, demütig anerkennen. Gerade so weiß er um die Notwendigkeit weiterer Bekehrung.

Wir unterscheiden zwischen anfänglichem Glauben, der für die weitere und totale Bekehrung grundsätzlich bereit ist, obwohl die Selbstverpflichtung noch

---

[14] Vgl. *H. Denzinger – A. Schönmetzer,* Enchiridion Symbolorum (DS), Nr. 2121 2253.

nicht völlig konsolidiert ist, und auf der anderen Seite einem „toten Glauben“, der die Dynamik zur Bekehrung, das ehrliche Verlangen, Frucht zu bringen in Liebe und Gerechtigkeit, verloren hat. Die Kirche lehrt, daß der Verlust der Freundschaft Gottes durch Todsünde nicht notwendig den Verlust des Glaubens als Zustimmung zur Wahrheit mit sich bringt[15]. Man kann zugleich Sünder und Glaubender sein. Ein solcherweise unvollkommener Glaube ist jedoch nur dann eine Brücke zur Bekehrung und zum Heil, wenn der Sünder an seiner Sünde leidet, sich selbst vor Gott anklagt und um die Gnade der Bekehrung betet. Eine Zustimmung zum Glaubensinhalt, der die Grundentscheidung für Gott und jede Dynamik zur Bekehrung fehlt, ist des vornehmen Namens „Glaube“ nicht würdig. Sie ist einfachhin „toter Glaube“. Fehlt das Sich-Ausstrecken nach Gott und dem Guten, so fehlt einer Glaubenszustimmung die Qualität der Erfahrung und der Hingabe. Dies wird durch ein Wort Heideggers gut beleuchtet: „Mit etwas, sei es ein Ding, ein Mensch, ein Gott, eine Erfahrung machen heißt, daß es uns widerfährt, daß es uns trifft, über uns kommt, uns umwirft und verwandelt.“[16]

b) Impliziter Glaube

Einerseits ist zu betonen, daß das Heil nicht von guten Werken, sondern aus dem Glauben kommt. Andererseits halten wir daran fest, daß Gott das Heil aller Menschen will und daß niemand von Gott verworfen wird, der nicht selbst zuerst Gott verworfen hat. Der Ausgangspunkt unserer Überlegungen sind also nicht die guten Werke als solche, sondern Gottes Gnade und ein ehrliches, treues Gewissen. Wir dürfen vertrauen, daß jene, die ehrlich nach der Wahrheit suchen, um sie in die Tat umzusetzen, von Gott als seine Kinder anerkannt sind, zwar nicht auf Grund von Werken, wohl aber auf der Grundlage ihrer Selbsthingabe an das Wahre und Gute, die einschlußweise Hingabe an ihn, der die Quelle aller Wahrheit und alles Guten ist.

Wer sich ehrlich der sich schenkenden und den Menschen verpflichtenden Wahrheit und dem Guten hingibt, nach mehr Wahrheit und vollkommener Gleichgestaltung mit dem Guten Hunger und Durst hat, ist auf dem Weg des Heiles. Dieses Heil kommt von Gott. Die Selbstverpflichtung dem Wahren und Guten gegenüber, in der der Mensch sich selbst transzendiert, ist nur möglich kraft der Gnade des Heiligen Geistes. Jene, die so zum endgültigen Heile gelangen, werden ewig dankbar erkennen, daß die Gnade des Heiligen Geistes ihnen im Blick auf den Tod und die Auferstehung Christi auch geschenkt wurde[17].

---

[15] DS 1578 3010 3035.
[16] *M. Heidegger*, Unterwegs zur Sprache (Pfullingen 1959) 159.
[17] *K. Rahner*, Grundkurs des Glaubens. Einführung in den Begriff des Christentums (Freiburg i. Br. [11]1979) 308.

Eine Selbsthingabe an das Wahre und Gute ist ein Gewissenserlebnis in Analogie zum ausdrücklichen Glauben. Es ist ganzheitlich, ergreift den Menschen in all seinen Fähigkeiten und will Frucht tragen in Liebe und Gerechtigkeit. Wenn Christus viele auf Grund ihrer entschiedenen Nächstenliebe in sein ewiges Reich einführen wird, so geschieht das zum Lobpreis seiner Gnade.

5. *Glaube und Kenntnis*

Die Grundentscheidung des Glaubens spricht eine tiefe Liebe aus gemäß dem beginnenden Kennen dessen, der sich als unser Heil, unseren Vater offenbart. Die Grundentscheidung führt jedoch zu dem vertieften Verlangen, den, der uns so wundervoll ruft, besser zu kennen und alles zu verstehen, was er uns geoffenbart hat. Je echter der subjektive Glaube ist, um so größer wird die dankbare Bereitschaft sein, den Glaubensinhalt zu kennen. Aber im Grunde ist es das Verlangen, den Offenbarer selbst zu kennen.

Der Glaube, der nach dem Verstehen verlangt, ist nicht eine bloße Angelegenheit gelehrter Theologen, sondern die Haltung jedes Gläubigen, auch der allereinfachsten Leute. Dies besagt jedoch nicht ein vorherrschendes Bemühen um begriffliches Kennen. Das Johannesevangelium meint ein existentielles, liebendes Ergreifen (vgl. Joh 17,2). Der Glaube des Lieblingsjüngers kommt nicht vom Studium der Philosophie, sondern er wächst in der liebenden Begegnung mit Christus, der ihn zur Freundschaft einlädt. Sein Glaube ist schließlich in seiner Vollendung ein Geschenk des Auferstandenen, der liebend auf seinen Jünger zukommt.

Die Apostel lassen keinen Zweifel daran, daß die Glaubensentscheidung das Ja zu einem Glaubensinhalt ist: Glaube an Christus, den Sohn Gottes, der für uns gestorben und auferstanden ist und uns den Heiligen Geist sendet. Sie glauben an ihn als den Heiland der Welt. Schon in den ersten Briefen des hl. Paulus finden wir klare Glaubensformeln (1 Thess 1,10; 4,14; 1 Kor 12,3; Röm 1,4; 10,9; Phil 2,5–11).

In den Sakramenten der Initiation leitet die Kirche nicht nur zu einer gläubigen, vertrauensvollen Hingabe an Christus an, sondern vermittelt auch die grundlegende Kenntnis der Heilsbotschaft. Nicht nur Verstand und Gemüt, sondern auch Intellekt und Gedächtnis des Gläubigen öffnen sich ganz dem Offenbarer und seiner Offenbarung.

Noch einmal sei es betont, daß unsere besondere Aufmerksamkeit auf die persönliche Glaubensentscheidung (fides qua) in der Glaubenserziehung auch der echten Zuwendung zum Glaubensinhalt (fides quae) zugute kommt. Dieser Sachverhalt tritt durch ein besseres Verständnis der Grundentscheidung deutlicher ins Licht: Die tiefste Aussprache der Freiheit in der Selbstverpflichtung des Glaubens und existentielles Kennen treffen sich in der Tiefe der menschlichen Person und vereinen sich in der lebendigen Glaubensgemeinschaft. Das liebende Kennen, das vom Grad der Grundentscheidung abhängt, bringt den

Gläubigen auf die rechte Wellenlänge mit der Botschaft des Glaubens. Es geht nicht um ein bloß intellektuelles Bemühen nach größerem Wissen, sondern um das ganzheitliche Sehnen des Glaubenden nach innigerer Vereinigung und besserem Kennen dessen, der uns Leben und Seligkeit schenkt.

Die Glaubenskenntnis entfaltet sich in drei Kreisen: 1. in jener tiefen Schicht des Kennens, die Hand in Hand geht mit der Grundentscheidung; 2. in Symbolen und Begriffen, in denen sich das Kennen der Tiefenschicht und die Glaubenserfahrung ausdrücken; 3. zugleich erlernt man, was der Glaube für die verschiedenen Lebensbereiche besagt[18].

Es wäre irreführend, die Glaubenskenntnis hauptsächlich als eine Ansammlung einzelner Glaubenssätze und Begriffsbestimmungen anzusehen. Die Glaubenskenntnis ist um so echter und fruchtbarer, je mehr sie dem Geist des Ganzen entspricht. Das Kennen einzelner Wahrheiten hat seinen Wert nur als Teil des Ganzen.

Der katholische Christ empfängt seine Glaubenskenntnis vor allem durch Teilnahme am Kult und Leben der Kirche, die Gemeinschaft des Glaubens in Christus ist. Karl Rahner betont, daß dies nicht bedeutet, daß der einzelne Katholik verpflichtet wäre, alle Glaubensdefinitionen in ihren objektiven Unterscheidungen und geschichtlichen Entfaltungen kennenzulernen. Er meint, daß das Bemühen um all die Einzelheiten zum Schaden der Ganzheitsschau ausschlagen könnte, so daß das Einzelwissen nicht nur unfruchtbar, sondern sogar dem Wachstum hinderlich wäre. „Es gibt für den einzelnen, auch katholischen Christen, der die Autorität der Kirche absolut annimmt, ein legitimes Ausweichen in die fides implicita der Kirche. Nicht jeder Christ muß sich für alles in gleicher Weise existentiell glaubend interessieren.“[19] Auf jeden Fall muß das Hauptbemühen immer sein, Christus besser zu kennen, um in ihm und mit ihm den Vater zu kennen, sich immer mehr dem Heiligen Geist zu öffnen, um zu einer lebendigen Synthese zwischen Gottes- und Nächstenliebe zu kommen. So ist der Christ auf dem Weg zur Anbetung Gottes im Geiste und in der Wahrheit und zu voller Integrierung von Glauben und Leben.

Ein unzeitiges Betonen von Lehren, die nicht geoffenbart sind, oder ein Bestehen auf zeitbedingten Formulierungen, die nicht mehr in Kontakt sind mit der Kultur und der existentiellen Erfahrung, können nicht nur der Glaubensfreude, sondern auch dem echten Kennen des Glaubens schaden. Ein lebensnaher Ausdruck des Glaubens in Begriffen und Symbolen ist nur jenen möglich, die intensiv mit dem Herrn der Geschichte in der Pilgerkirche leben. Glaubenskenntnis ist ein integrierender Teil der gesamten Glaubenserfahrung und kann darum nie losgelöst von der geschichtlichen Erfahrung mitgeteilt werden. Eine Glaubenskenntnis, die durch die Glaubenspraxis in der Glaubensgemein-

---

[18] Vgl. *O. Händler*, Angst und Glaube (Berlin 1953); *H. Schär*, Was ist Wahrheit? (Zürich 1970) 217ff.

[19] *K. Rahner*, a.a.O. 370.

schaft herangereift ist, wird stets aufs neue die Wissensformen jener hinterfragen, die vermeinen, sich selbst, die Geschichte und das Universum losgelöst vom Glauben zu kennen.

Das Evangelium ist ein helles Licht, das die Selbstzufriedenheit von Philosophien und Naturwissenschaften erschüttert. Aber zugleich gibt der Glaube eine tiefe Offenheit für alle Dimensionen menschlichen Wissens und bringt sie ein in eine existentielle Synthese. Das Evangelium ist vergleichbar einem Sauerteig alles menschlichen Suchens nach der Wahrheit. Der Glaube bedarf deshalb einer ständig neuen Begegnung und eines Dialogs mit allen Formen menschlichen Wissens[20].

Glaubenskenntnis ist dringender als jede andere Art des Wissens. Sie vernachlässigen ist ein Zeichen einer erschreckenden Undankbarkeit. Im modernen Berufsleben besteht kein Zweifel über die Bedeutung der andauernden Weiterbildung. Es sollte jedem Gläubigen klar sein, daß die Weiterbildung im Glauben noch viel wichtiger ist. In einer Welt, in der es so viel Gelehrsamkeit gibt und so viele Einwände gegen den Glauben erhoben werden, kann die Erwachsenenbildung im Glauben nicht hoch genug veranschlagt werden. Regelmäßige Teilnahme am Gottesdienst ist weniger als das notwendige Mindestmaß. Alle müssen sich Zeit nehmen und einzeln und zusammen alles tun, um in der Glaubenskenntnis zuzunehmen.

Die Vertiefung des Glaubenswissens setzt eine große Achtsamkeit auf Wahrhaftigkeit in allen Dimensionen des Lebens voraus. Es ist ein schweres Mißverständnis, zu vermuten, daß christliche Gläubigkeit absoluter Ehrlichkeit im Wege steht. Merleau-Ponty erliegt diesem Mißverständnis, das gerade dann zur Anklage wird, wenn er Christen sozusagen entschuldigen möchte. „Glaube an unsichtbare Dinge ist eine Treue, die über die Garantien hinausgeht. Darum schließt er Ehrlichkeit jederzeit aus. Der Christ wird Gott und die Kirche nicht verleugnen, auch wenn er ihre Dekrete nicht versteht. Er wird nicht an den Sakramenten zweifeln, auch wenn sie ihn nicht glücklicher machen.“[21] Unsere Antwort ist: Wir sagen im Glauben ja zur Wahrheit, die aufgrund der Autorität Gottes absolutes Vertrauen verdient. Selbstverständlich wissen wir, daß das Geheimnis Gottes und des Menschen unendlich größer ist als unser begrenztes Verstehen. Aber ebenso wissen wir, daß eine tiefe Hingabe an Wahrhaftigkeit die Voraussetzung für das Wachstum im Glauben und im Glaubenswissen ist. Darum werden wir auch nicht zögern, unauthentische Lehre und Praxis ehrlich und mutig in Frage zu stellen.

---

[20] Vgl. *E. Schlink*, Die drei Grundbeziehungen zwischen Glauben und Erkennen, in: Kerygma und Dogma 23 (1977) 172–187.

[21] *M. Merleau-Ponty*, Sens et non-sens (Paris ^{6}1966) 312.

6. *Glaube als Geschichte schöpferischer Freiheit und Treue*

Im Glauben und durch den Glauben vollzieht sich eine großartige Geschichte schöpferischer und erlösender Freiheit und aufbauender Treue. Im Glauben empfangen und beantworten wir Gottes schöpferisches und erlösendes Tun. Im Glauben werden wir Mithandelnde in der Heilsgeschichte. Im Glauben kommt die Neuschöpfung in uns und um uns zur Geltung und strebt auf Vollendung hin. Die Geschichte des Glaubens ist eine Geschichte der Bundestreue, die nie bloße Wiederholung ist, sondern immer neue Horizonte auf dem Weg zum himmlischen Jerusalem eröffnet. Die Geschichte der Hoffnung, der Wachsamkeit, der Unterscheidungsfähigkeit hat ihr Fundament im Glauben, in einem Glauben, der sich in Liebe, Gerechtigkeit und Frieden auswirkt. Der Glaube erfüllt unser Gedächtnis mit den großen Heilstaten Gottes in Christus. Und der Glaube bringt unsere eigene Lebensgeschichte zusammen mit der ganzen Geschichte der Vergangenheit, einschließlich der der Toten, in die gegenwärtige Geschichte unseres Lebens mit Gott ein.

Je mehr der Glaube als unverdientes Geschenk Gottes und als unsere freie Antwort erlebt und gelebt wird, um so besser wird es um Religionsfreiheit, Gewissensfreiheit und Freiheit aller Menschen auf allen Ebenen stehen[22]. Im Glauben erlangt die Grundentscheidung für das Gute das Höchstmaß an Bewußtsein, Freiheit und Stärke. Es gibt kein intensiveres Füreinander und Miteinander der Gewissen als eine echte Glaubensgemeinschaft. Die höchste Form von Verantwortung und Mitverantwortung erfließt aus echtem Glaubensgehorsam.

Der Glaube hilft uns, den wahren Sinn und die Sinnrichtung der Geschichte zu erfassen und unsere Identitätskrisis zu überwinden. Im Glauben sagen wir unser freiestes Ja zu der Geschichte, die Gott in der Schöpfung in Gang gebracht hat und die ihre Mitte gefunden hat in der Menschwerdung, im Tod und in der Auferstehung Christi. Der Glaube läßt keine Geschichtsdeutung zu, die meint, es komme nicht auf die Wirklichkeit der heilsgeschichtlichen Ereignisse und Tatsachen an. Im Glauben halten wir unbedingt daran fest, daß der Sohn Gottes wirklich Mensch geworden ist, für uns gelitten hat und auferstanden ist und seiner Kirche den Heiligen Geist gesandt hat. Im Glauben ergreifen wir die göttlichen Verheißungen, die unserer Lebensgeschichte als einem Teil der menschlichen Gesamtgeschichte eine klare Richtung geben[23].

Durch seine Offenbarung, durch den Erweis seiner Treue zu seinem eigenen Namen und seinen Verheißungen, durch seine schöpferische Gegenwart und die Teilnahme am Leiden des Menschen macht Gott die freie und treue Antwort

---

22 Erklärung des Zweiten Vatikanischen Konzils über die Religionsfreiheit „Dignitatis Humanae" (DH), Nr. 10.

23 *M. D. Meeks*, Origins of the Theology of Hope (Philadelphia 1974), 66ff.: Der Autor gibt hier eine gute Darstellung der Kritik W. Pannenbergs und J. Moltmanns am rein existentialistischen Geschichtlichkeitsbegriff R. Bultmanns.

des Menschen als Mithandelnder in der Heilsgeschichte möglich. Glaube bringt die persönliche und gemeinschaftliche Erfahrung als fruchtbaren Teil in die erlösende Gegenwart Gottes ein[24]. Ob Kirchenführer, Theologen und Gläubige es verstehen oder nicht, das Glaubensverständnis und die entsprechende Praxis üben einen tiefen Einfluß auf Geschichte und Gesellschaft aus. Es muß darum unsere gemeinsame Sorge sein, daß dieser Einfluß echter Ausdruck schöpferischer und solidarischer Glaubenshaltung und Glaubenskenntnis ist[25].

II. Christlicher Glaube und Bundestreue

1. *Christus, der Mittler des Bundes und des Glaubens*

Christlicher Glaube ist Glaube an Christus, der das lebendige Evangelium und das sichtbare Abbild des Vaters ist und unseren Glauben auf den Vater lenkt, der uns durch seinen eingeborenen Sohn und die Gabe des Geistes zu seinen Kindern, zu einer Familie macht.

Christus offenbart den Monotheismus in einer unerhört neuen Weise. Er, der Sohn Gottes, wird zum Bruder aller, auf daß alle den einen Gott als Vater erfahren. Er reißt die Trennungsmauern zwischen den Kulturen und Nationen nieder. In ihm kommt das Bundesverhältnis Gottes zu unüberholbarer Vollendung. In Christus erfüllt sich die Verheißung: „Ich, der Herr, habe dich in Treuen berufen und bei der Hand gefaßt, ich habe dich gebildet und zum Bundesmittler für das Menschengeschlecht, zum Lichte der Völker gemacht“ (Jes 42,6). Im Gottmenschen Jesus Christus ist der unauflösbare Bund zwischen der Gottheit und der menschlichen Natur gestiftet. Jesus ist eins mit dem Vater. In diesem einzigartigen Vorrecht ergreift Jesus seine Sendung als Bundesmittler, als Diener aller Völker, um sie heimzubringen in die Einheit und Anbetung des einen Gottes und Vaters. Das ist das Herzstück des Evangeliums nach Johannes und den Briefen des Paulus.

Der Ruf zum Glauben ist zugleich Berufung zu einer tiefen Einheit mit Christus, in der seine Jünger auch untereinander geeint sind. Seine Sendung mündet in das große Gebet und Testament: „Heiliger Vater, bewahre sie, die du mir gegeben hast, kraft deines Namens, damit sie eins seien wie wir... damit sie eins seien, wie wir eins sind: Ich in ihnen und du in mir – damit sie in die vollkommene Einheit gelangen“ (Joh 17,11–23). Das Evangelium vom Bunde Gottes mit der Menschheit, den er in Christus geschlossen hat, kann nur glaubwürdig verkündet werden in der Solidarität aller Gläubigen. Die Bundestreue ist nicht ein zusätzliches Element des Glaubens, sondern ein Wesensbestandteil.

---

[24] Vgl. *R. Egenter*, Erfahrung ist Leben (München 1974).
[25] Vgl. *J.B. Metz*, a.a.O. (s. Anm. 3) 50ff.

Alle Glaubenswahrheiten weisen auf den Bund und die Bundesmoral. „Setzt euch dafür ein, euere Einheit, die das Geschenk des Geistes ist, durch das Band des Friedens zu bewahren: ein Leib und ein Geist, wie es ja auch eine Hoffnung ist, die euch durch euere Berufung zuteil geworden ist; ein Herr, ein Glaube, eine Taufe; ein Gott als der Vater aller, der über alle, durch alle und in allen seine Herrschaft zur Wirkung bringt" (Eph 4,3–6). Die Bundesdimension des Glaubens wird vor allem durch die „eine Taufe", die das Sakrament des Glaubens ist, ins Licht gesetzt. Als Getaufte nehmen wir alle an Christi eigener Taufe teil. Bei seiner Taufe im Jordan legte er die öffentliche Selbstverpflichtung ab, als Knecht Gottes die Last aller zu tragen. Er ist in der Fülle des Heiligen Geistes getauft, als der Bund des Volkes, als menschgewordene Heilssolidarität. Und in der gleichen Kraft des Heiligen Geistes übernimmt er die Taufe in seinem Blut, im Blut des neuen und ewigen Bundes. Darum ist die Taufe der Gläubigen wesenhaft ein gläubiges Ja zum Bunde.

2. *Glaube an die Kirche*

Den Glauben als Glieder der Kirche leben ist ein wesentlicher Ausdruck der Bundesdimension unseres Glaubens. „Wir glauben an die eine, heilige, katholische und apostolische Kirche." Das Wort „glauben an" hat hier nicht genau die gleiche Bedeutung, als wenn wir sagen „wir glauben an Christus". Wir setzen all unser gläubiges Vertrauen auf Christus, der der einzige Mittler ist. Aber er ist es, der die Kirche gestiftet hat und sie durch seinen Geist leitet und erhält. Auf sein Wort hin und unter dem Einfluß seiner Gnade glauben wir an die Kirche. Sie vermittelt uns als Glaubensgemeinschaft nicht nur die rechtgläubige Lehre, sondern verkündet die Frohbotschaft durch Wort und Zeugnis.

a) Die Gemeinschaft der Heiligen

„Wir glauben an die Gemeinschaft der Heiligen." Das bedeutet zunächst einmal, glauben an Gottes Heilsabsicht, der alle Menschen zur Heilssolidarität, zur Einheit im Glauben und zur Heiligkeit ruft. Aber es bedeutet auch, daß die Heiligen durch ihren Glauben und das Zeugnis ihrer Bundestreue Lehrer und Vorbilder unseres Glaubens an Christus sind. Das ist ein Trost und eine Weisung auch für die Amtsträger der Kirche.

Die Geschichte zeigt leider, daß die geweihten Amtsträger nicht immer die besten Vorbilder des Glaubens sind, noch sind sie notwendig und immer die besten Theologen oder die größten Heiligen. Maria, die Königin der Apostel und Propheten, ist auf eine höhere und authentischere Weise sogar als die Apostel Vorbild und Lehrerin unseres Glaubens. Dankbar stimmen wir darum auf den Lobpreis der Elisabet ein: „Selig die, die geglaubt hat, daß in Erfüllung gehen wird, was ihr vom Herrn gesagt worden ist" (Lk 1,45). Mit ihrem ganzen Leben singt sie das Preislied des Magnifikat als Zeugnis ihres Glaubens und erschließt uns die großen Horizonte der Heilsgeschichte.

Die Heiligen sprechen zu uns das Zeugniswort des Glaubens, der Frucht trägt in Liebe, Gerechtigkeit, Friede und Solidarität. Jene, die durch ihr ganzes Leben den Heilsglauben aussprechen, sind wichtige Glaubenslehrer auch für die Amtsträger, die sie nicht nur verehren, sondern auf die sie auch hören müssen. Maria Magdalena kam nicht nur vor den Aposteln und Jüngern Christi zum vollen Glauben an die Auferstehung, sie wurde vom Herrn auch gesandt als Glaubensbotin, als Zeugin ihres lebendigen Glaubens.

Selbstverständlich sollten Bischöfe, Priester, Diakone aus dem Kreis jener ausgewählt werden, die sich auszeichnen im Glauben, im Glaubenswissen und der Heiligkeit, der Bereitschaft und Fähigkeit, den Glauben durch ihr ganzes Leben zu bezeugen. Sie sollten mit dem Völkerapostel sagen können: „Nehmt mich zum Vorbild! Darum habe ich Timotheus zu euch entsandt, meinen geliebten und getreuen Sohn im Herrn, er soll euch daran erinnern, welche Wege ich euch in Christus Jesus gewiesen habe, so wie ich sie überall in jeder Gemeinde lehre" (1 Kor 4,16f.). Nur das Glaubenszeugnis jener, die wie Paulus uns ganz und gar auf Christus verweisen, hat Geltung. „Folgt meinem Beispiel, wie ich Christus nachfolge" (1 Kor 11,1). Der Brief an die Hebräer verweist die Gemeinden auf die Beispiele lebendigen Glaubens und beschwört die Gläubigen: „Werdet nicht nachlässig, sondern folgt dem Beispiel jener, die durch Glaube und Geduld Erben der Verheißungen sind" (Hebr 6,12). Der gleiche Brief verweist auch auf die Leiter der Gemeinschaft und ihr Vorbild im Glauben (Hebr 13,7). Paulus ist glücklich, auf die Gläubigkeit vorbildlicher Gemeinschaften verweisen zu können (1 Thess 2,14). Vor allem durch vorbildliche Glaubensgemeinschaften ist die Kirche wirksame Lehrerin des Glaubens.

b) Charismatische Führer

Das Alte Testament ist ein Lobpreis auf Gott, der sich immer wieder seines Volkes erbarmt hat und durch Propheten und andere charismatische Führer den Glauben neu erweckt oder stärkt. Sie sind es, die die Zeichen der Zeit deuten und dem Volke helfen, Gottes Gegenwart in den Ereignissen, in ihren Hoffnungen und Ängsten zu entdecken. Das Bundesvolk fühlt sich verlassen, wenn Gott keine Propheten schickt oder wenn man nicht auf ihre Stimme hört und dem Beispiel ihres Glaubens nicht folgt.

Ähnlich weist auch die Geschichte des christlichen Glaubens auf große charismatische Führer, religiöse Genies, Propheten, die durch die Kraft ihres Glaubens und die Hellsichtigkeit für die gegenwärtigen Möglichkeiten und Nöte Jüngerkreise formen. Wir denken zum Beispiel an die großen Ordensstifter wie Basilius, Benedikt, Franz von Assisi, Dominikus, Ignatius von Loyola, Theresia von Ávila, Alphonsus von Liguori und viele andere. Wir denken aber auch an prophetische Stimmen wie die hl. Katharina von Siena und in unserer Zeit Martin Luther King, Helder Camâra, Mutter Teresa von Kalkutta und andere. Wir denken ebenso an Priester und Bischöfe, die der Mittelmäßigkeit im Glaubensleben den Kampf ansagten. Wir denken hier an Papst Johannes XXIII., der

der Christenheit geholfen hat, die Zeichen der Zeit zu deuten, und mutig nach neuen Wegen zur Wiederherstellung der Einheit der Christenheit suchte. Wir denken an große Theologen wie Origenes, Augustinus, Thomas von Aquin, Rosmini, Kardinal Newman und so viele andere, die die Glaubensbotschaft mutig in ihre jeweilige Zeit und Kultur eingestalten und theologische Gelehrsamkeit mit Heiligkeit des Lebens und Wachsamkeit für die Zeichen der Zeit verbinden.

c) Der Glaube der einfachen Leute und die Volksfrömmigkeit

Christus preist den Glauben schlichter Menschen. „Ich preise dich, Vater, Herr des Himmels und der Erde; denn was den Gelehrten und Weisen verborgen bleibt, das offenbarst du den Einfältigen. Ja, Vater, so gefällt es dir" (Lk 10,21).

Die Lehrer der Kirche, Bischöfe, Priester und auch die Theologen, haben gewöhnlich den Glauben von ihren Eltern und vermittels des Gesamtausdruckes der Volksfrömmigkeit empfangen, die nie vollkommen ist, aber oft eine vorbildliche Integration von Glauben und Leben darstellt. Wehe den Theologen, die nur von Büchern und nicht auch von den schlichten, einfachen Gläubigen lernen. „Muß der Theologe nicht immer auch die Leute selbst zur Sprache bringen? Muß er nicht dafür einstehen, daß die Leute ‚dabei sein', ‚mitmachen' können, daß sie selbst zur Sprache finden? ‚Fides ex auditu' ist immer auch ein Hören auf die Sprache der Kleinen, derer, ‚denen es gegeben ist'. Also nicht nur bedarf das Volk der Theologen; mehr noch bedarf die Theologie der Selbstaussage des Volkes. Die Symbole und Erzählungen des Volkes können durch nichts ersetzt werden."[26]

d) Treue gegenüber dem Lehramt

Nur einer ist unser Meister: Christus. In ihm, und nie ohne ihn, ist uns das Lehramt in der Kirche geschenkt. Es ist von größter Bedeutung, dieses in seiner Ganzheit zu sehen. Wir schauen auf das Lehramt des Papstes, seiner Ratgeber und des Bischofskollegiums nie außerhalb des Gesamtlehramtes, das den Glaubenssinn der Kirche als ganzer mit den Heiligen, den Propheten und dem schlichten Volk einschließt. Die Nachfolger des heiligen Petrus und der übrigen Apostel als die herausragenden Glaubenslehrer haben sich auch auszuzeichnen durch Hinhören und Lernen. Und selbstverständlich sind sie nur dann ganz in Übereinstimmung mit dem Evangelium, wenn sie auch bereit und bemüht sind, es in die Tat umzusetzen.

Die vielbesprochenen Gewissenskonflikte von Theologen und Laien und der viel schockierendere Konflikt zwischen Paulus und Petrus in Antiocheia (Gal 2,11–14), die harten Maßnahmen hoher kirchlicher Autoritäten gegen Thomas von Aquin und andere große Theologen vergangener Jahrhunderte wie auch unserer Zeit gehören zur Last der Pilgerkirche. Wir dürfen uns jedoch nicht

---

[26] Ebd. 130ff.

verleiten lassen, den Blick einseitig auf diese Konflikte zu richten und darüber die normalen beglückenden Beziehungen zu übersehen. Die alles umfangende Wirklichkeit ist, daß wir alle, Theologen und Laien, ständige Hilfe erfahren von den Vertretern des Lehramtes, vom Glauben schlichter Menschen und vom Ertrag harter Arbeit und Hingabe schöpferischer Theologen.

Das Lehramt der Kirche ehrt das aufrichtige Gewissen der Gläubigen auch dann, wenn diese Schwierigkeit haben, die amtliche Lehre zu erfassen, oder die Gültigkeit nicht unfehlbarer Lehren in Frage ziehen. Die Aufgabe des Magisteriums besteht darin, das Gewissen zu erleuchten und zugleich seine Aufrichtigkeit zu schützen. „Dem Lehramt ist nicht die Macht übertragen, die Gewissen zu nötigen oder die Gewissenszuständigkeit auch nur vorübergehend aufzuheben. Das Gewissen seinerseits ist dem Lehramt zugeordnet, weil es um seiner Zuständigkeit willen offen sein muß für das Wort der Wahrheit. Es kann den Anspruch auf Einsicht erheben, weil es das Recht hat, nach seiner Einsicht zu entscheiden… die Gewissenszuständigkeit ist innigst mit Belehrbarkeit verbunden.“[27]

Der Nachfolger Petri wie auch der einfache Gläubige weiß, daß, wie Kardinal Newman es ausdrückt, „das Gewissen der ursprüngliche Stellvertreter Christi ist.“[28] Die Ausübung des Lehramtes und die Belehrbarkeit müssen deshalb im Lichte des Füreinanders der Gewissen verstanden werden. Authentisches Lehren ist ganz und gar pastoral und wird darum stets bemüht sein, die geeignetsten Mittel zu suchen, um den Glauben und das Gewissen des Volkes zu erreichen. „Es muß auch den Gläubigen konkret deutlich werden können beim konkreten Vorgehen des Lehramtes, daß das Lehramt sich als Organ und Funktion der Kirche als ganzer empfindet, daß es dem Menschen nicht nur eine Doktrin bieten, sondern ihn mit der Heilswirklichkeit selbst und ihrer Heil schaffenden Kraft in Beziehung bringen will.“[29]

Einerseits müssen wir uns dessen bewußt sein, daß die Kirche als Pilgerin ständig nach einem besseren Kennen und lebensvollerem Ausdruck der Heilswahrheit streben muß und zudem ständig der Notwendigkeit unterliegt, sich radikaler zur Heilsbotschaft zu bekehren. Andererseits haben wir das Glaubensvertrauen, daß Christus die Kirche so beschützen wird, daß sie niemals ganz aus der Glaubenswahrheit herausfallen kann. Durch den Beistand des Heiligen Geistes garantiert Christus seiner Kirche die grundsätzliche Unversehrtheit, ihre Unfehlbarkeit nicht nur in entscheidenden feierlichen Augenblicken, sondern auch im Gesamt ihres Glaubens. Auch die evangelische Christenheit glaubt, daß die Kirche Jesu Christi letztlich nicht aus der Wahrheit herausfallen

[27] *H. Diederich*, Kompetenz des Gewissens (Freiburg i. Br. 1969) 334.
[28] *J. H. Newman*, A Letter Adressed to His Grace the Duke of Norfolk on Occasion of Mr Gladstone's Recent Expostulation in ‚Certain Difficulties Felt by Anglicans in Catholic Teaching‘ (Christian Classics, vol. II, Westminster/Md. 1969) 248; vgl. *B. Häring*, Coscienza e Magistero, in: *T. Goffi – D. Mongillo*, Magistero e morale (Bologna 1970) 319–345.
[29] *K. Rahner*, a. a. O. 191.

kann. Für den katholischen Christen gibt es nicht das schreckliche Dilemma der Wahl „zwischen einem Herausfallen aus der Wahrheit Christi oder einem solchen radikalen Ungehorsam gegenüber der Autorität in der Kirche, daß die konkrete Autorität der Kirche geleugnet und verworfen würde.“[30]

Nur jene, die in ihrem Denken das Lehramt des Papstes und der Bischöfe vom Gesamtlehramt der Kirche als der Gemeinschaft der Heiligen, der Propheten und des schlichten Volkes trennen, können versucht sein, von der Kirche abzufallen angesichts eines Ärgernisses von seiten von Amtsträgern oder im Blick auf Unzulänglichkeiten in der Ausdeutung der Lehre. Dankbare Gelehrigkeit gegenüber dem Lehramt der Nachfolger des Petrus und der anderen Apostel verbunden mit einem hochentwickelten Sinn für Unterscheidung und Mitverantwortung können bisweilen zu einem Konflikt führen. Dieser wird jedoch weder das Gewissen untergraben noch auch den Bund des Glaubens erschüttern, solange alle Betroffenen ganz Christus, seinem Evangelium und dem Dienste seines Volkes geweiht sind. Der sinnvoll ausgetragene Konflikt hat eine echte Rolle und kann im solidarischen Suchen nach einem besseren Verständnis der Heilswahrheit segensreich sein.

3. Der Glaube von Nichtchristen und der einschlußweise Glaube

Sowohl der Glaube wie das Heil sind Dimensionen der Bundeswirklichkeit. Wer immer an den einen Gott, den Schöpfer und Herrn aller glaubt, weiß unfehlbar, daß kein Mensch einen anderen ausbeuten, daß keine Gruppe eine andere unterdrücken darf. Erreicht der Glaube oder die Rede vom eigenen Gewissen nicht diese Sicht und Entscheidung, so muß Zweifel bestehen, ob Glaube als Grundentscheidung für Gott und das Gute gegeben ist. Ist jedoch das Gewissen ganz und gar von dieser existentiellen Wahrheit geprägt, so ist wenigstens einschlußweise der Heilsglaube gegenwärtig.

Die Dimensionen der Heilssolidarität unterliegen jedoch geschichtlichem Wachstum. Es gab eine Zeit, in der Höhlenbewohner nur ein Zusammengehörigkeitsgefühl mit den Einwohnern der umliegenden Höhlen erfuhren. Auch später noch war das Solidaritätsbewußtsein vielfach auf den eigenen Stamm oder die eigene Nation eingeschränkt. Jederzeit können Menschen so selbstgerecht und anmaßend auf andere herabschauen, als ob sie nicht an der gleichen Würde und den gleichen Rechten des Menschseins teilhätten. Infolge geschichtlicher Horizontsverengung ist es denkbar, daß der Einzelne, obwohl er eine Grundentscheidung für das Gute getroffen hat und an den einen Gott und Herrn glaubt, die durchaus angenommene Goldene Regel praktisch nicht auf alle Glieder der Menschheitsfamilie anwendet. An sich widerspricht das einer im Glauben gefällten Grundentscheidung für das Gute und für den einen Gott und Herrn aller. Erreichen jedoch ehrliche Christen nicht diese Universalität, diese

[30] Ebd. 368.

wesentliche Bundesdimension des Glaubens und der Grundentscheidung, so ist das ein erschütterndes Zeichen der Schwäche der Glaubensgemeinschaft und eines Mangels an prophetischem Geist, der die Gewissen aller Gläubigen diesbezüglich aufwecken müßte.

Wo der christliche Glaube stark und tief verwurzelt ist, da findet sich eine lebendige Kirche. Und wo außerhalb der christlichen Gemeinschaft der Eingottglaube eine radikale Grundentscheidung der Einzelnen und der Gemeinschaft ist, da wird man auch den Einsatz für die allumfassende Heilssolidarität finden. Je mehr der Glaube und die sittliche Entschlossenheit außerhalb der Kirche eine unbegrenzte Solidarität mit dem ganzen Menschengeschlecht bezeugen, um so näher kommen sie dem christlichen Bundesglauben[31].

Allumfassende Solidarität und volle Anerkennung der Würde jedes Einzelnen schaffen das göttliche Milieu, in dem die Einzelnen und Gruppen Träger und Mithandelnde der einzigen unteilbaren menschlichen Geschichte werden[32]. In einer weltlichen Welt wie der unseren kann der Sinn für das Heilige nur so weit mitgeteilt werden, als er zur Erfahrung der Unverletzlichkeit der Personwürde aller innerhalb der einen unteilbaren menschlichen Familie führt. Dies ist eine Grundfrage für den Christen von heute, für die christliche Gemeinschaft und für die weltliche Gesellschaft. Jene, die vermeinen, Personen und Subjekte der einen menschlichen Geschichte zu sein, während sie Gott durch die Weigerung, die Würde aller anzuerkennen, und durch die Vernachlässigung menschlicher Solidarität praktisch verleugnen, können nur entlarvt und überführt werden durch jene, die durch ihr Leben eine echte Grundentscheidung für allumfassende Mitmenschlichkeit und für die Achtung der Würde jedes Einzelnen bezeugen.

III. Die Sakramente des Glaubens

1. *Die Kirche als Ursakrament des Glaubens*

Durch die Vereinigung mit Christus und das treue Ja zu ihrer Sendung ist die Kirche Sakrament des Glaubens und soll es immer mehr werden. Alles, was sie ist, hat und tut, alle ihre Dimensionen und Strukturen sollen vor der Welt Zeugnis ablegen von ihrem Glauben an Christus und in allen den Glauben erwecken und stärken. Sie ist Glaubenssakrament vor allem, wenn sie im Gesamt ihres Lebens ein sichtbares und wirksames Zeichen der Vereinigung mit Gott und zugleich der Einheit der Menschheit ist[33]. Christus, der *das* Sakrament des

---

[31] Vgl. *E. Klinger* (Hrsg.), Christentum innerhalb und außerhalb der Kirche (Freiburg i. Br. 1976) (über K. Rahners Begriff des ‚anonymen Christentums‘).
[32] *J. B. Metz*, a. a. O. 58.
[33] LG (s. 3. Kap., Anm. 24) 1.

Heiles ist, gibt der Kirche Anteil an seiner Sakramentalität, indem er sie sendet, wie der Vater ihn gesandt hat, nämlich die allumfassende Liebe Gottes und das Evangelium von der Heilsgemeinschaft aller in Christus überall sichtbar zu machen.

Das beste Modell des Selbstverständnisses der Kirche ist wohl das sakramentale[34]. Es umschließt und beseelt alle anderen Modelle, wie das des Einsseins mit dem Gottesknecht, der Pilgerkirche, der im Heiligen Geist versammelten Gemeinschaft. Es gibt auch der institutionellen Dimension der Kirche die wahre Sinndeutung und verlangt die ständige Selbstüberprüfung, ob alles in der Kirche auf Christus und sein Evangelium hinweist, ob es der Einheit in Christus und seinem Frieden dient. Es ist die Gesamtsendung der Kirche, jedem Gläubigen und jeder Gliedgemeinschaft zu helfen, immer mehr Bild und Gleichnis Gottes, ein lebendiges Evangelium und ein Zeichen des Glaubens an den einen Gott und Vater, an den einen Herrn Jesus Christus und den einen Heiligen Geist zu werden, der durch die Vielfalt seiner Gaben zur Einheit ruft.

2. *Die privilegierten Zeichen des Glaubens*

Die sieben Sakramente der Kirche erschöpfen die Sakramentalität nicht. Sie haben vielmehr das Ziel, die Augen aller Gläubigen für alle Zeichen der Heilsgegenwart Gottes zu öffnen. Die Sakramente sind jedoch privilegierte Zeichen, die von Gott selbst als wirksame Zeichen der Gnade und des Glaubens eingesetzt sind[35]. Sie sind Zeichen des Bundes, der mit dem Blut des Erlösers besiegelt ist. Als Zeichen des Glaubens führen sie uns immer mehr in die Bundeswirklichkeit der einen ungeteilten Glaubensgemeinschaft ein. In den Sakramenten spricht Gott in der Glaubensgemeinschaft mit Worten, Zeichen und den gnädigen Geschenken des Bundes zu uns. Wir empfangen die Zeichen des Bundes Christi mit der Kirche so, daß wir im Glauben an ihm teilhaben.

Die biblische Wahrheit vom Bund und die lebendige, ständige Erfahrung, die uns die Liturgie schenkt, unterweisen die Gläubigen über die wahre Natur christlichen Lebens. Sie sagen uns, daß christliches Leben ein lebensschenkender Dialog mit Christus ist, ganz persönlich und zugleich ganz und gar auf die Gemeinschaft verweisend und von ihr getragen. Die Sakramente als gnadenvermittelnde Zeichen des Bundes vereinen uns in der Gemeinschaft der Kirche, so daß wir durch Glaube und Gnade selbst zu Zeichen der Einheit aller vor Gott werden. Die Liturgie als Ganzes und in all ihren Ausprägungen lehrt uns, wie sehr der heilssoziale gemeinschaftliche und der personale Aspekt des Glaubens zusammengehören. Wir werden vor Gott und im Bunde ganz wir selber durch die Fähigkeit, Christus und die Kirche zu hören und darauf zu antworten.

Der vom Bund geprägte Dialog drückt die Einmaligkeit jeder Person aus.

---

34 Vgl. *A. Dulles*, Models of the Church (Garden City/N. J. 1974).

35 Vgl. *B. Häring*, The Sacraments in a Secular Age (Slough 1976) 93–179.

Sie spricht ja ihren Glauben und ihre anbetende Liebe darin aus. Die Tiefe des Glaubens und der Identität jeder Person hängen dabei vom Füreinander der Gewissen im Glauben, in der Hoffnung und in der Liebe ab. Dieser Dialog des Glaubens, der in der Liturgie sich ausspricht und vertieft, hat die Dimension des wir-du-ich. Wir sind einmalige Personen vor Gott in der Gemeinschaft, durch sie und im Blick auf sie.

Die Liturgie ist eine privilegierte Schule dieser Heilswahrheit. Vernachlässigen wir sie schuldbar, so besteht geringe Hoffnung, die Grundbezüge christlichen Lebens zu lernen; denn in der Heilsabsicht Christi ist die Eucharistie zusammen mit den anderen Sakramenten bevorzugte Quelle des Wachstums im Glauben und in der unteilbaren Liebe, in der Gerechtigkeit und im Frieden, die Früchte echten Glaubens sind.

Der heilige Augustinus spricht die beste Tradition bezüglich der Bundesdimension des Glaubens aus, wie wir sie in den Sakramenten des Glaubens erfahren: „‚Das Brot, das ich euch geben werde, ist mein Fleisch für das Leben der Welt.‘ Die Gläubigen erkennen den Leib Christi, wenn sie sich nicht weigern, Leib Christi zu sein. Sie werden Leib Christi, wenn sie bereit sind, im Geiste Christi zu leben. Der Leib Christi hat sein Leben von seinem Geiste. Mein Leib hat sein Leben von meinem Geist. Wünschest du Leben zu haben vom Geist Christi? Sei der Leib Christi! Darum sagt der Apostel Paulus im Blick auf dieses Brot: ‚Denn wir alle sind des einen Brotes teilhaftig‘ (1 Kor 10,17). O Sakrament des Familiengeistes, o Zeichen der Einheit, o Band der Liebe! Wer Leben verlangt, hat hier die Quelle des Lebens. So komm herzu, glaube, trenne dich nicht von irgendeinem Glied, sei nicht ein ansteckendes Glied, das der Amputation bedarf; sei kein mißformtes oder schädliches Glied, sondern ein passendes, ein wohlgeformtes und gesundes Glied; löse dich nicht los vom Leib!“[36]

3. *Heil im Glauben und durch die Sakramente des Glaubens*

In der Vergangenheit haben die reformierten Kirchen oft der katholischen Kirche einen dem Vorrang des Glaubens abträglichen Sakramentalismus vorgeworfen. Das Zweite Vatikanische Konzil, das die beste katholische Tradition verlebendigt, schließt in seinen Aussagen und liturgischen Reformen jeden Ritualismus aus, der der Lebendigkeit und Verlebendigung des Glaubens im Wege steht. Genauso wie die reformierten Kirchen bekennen wir, daß wir unser Heil im Glauben und nur im Glauben finden. Der Glaube aber verweist uns ganz und gar auf Christus, das sichtbare Zeichen, das Ursakrament der Versöhnung. Wir finden unser Heil nicht als zerstreute Individuen, sondern in der Gemeinschaft des Glaubens. Wir können in gleicher Weise sagen, daß wir unser Heil im Glauben finden und durch die Sakramente des Glaubens. Soweit die

[36] *Augustinus*, In Jo. Ev. XXVI, 13: PL 35, 1612ff.

einzelnen Sakramente in Frage kommen, sagen wir, daß wir Heil erfahren im Glauben und durch die Sakramente des Glaubens, aber mehr im Glauben. Der heilige Thomas lehrt: „Wir finden das Heil durch den Glauben an Christus, der für uns geboren ist und gelitten hat. Die Sakramente aber sind Zeichen, die uns auf den Glauben hin ansprechen, durch den den Menschen Rechtfertigung zuteil wird."[37]

Die Sakramente wollen ganz und gar in der Sicht des Glaubens gesehen werden. „Den Glauben setzen sie nicht nur voraus, sondern durch Wort und Ding nähren sie ihn auch, stärken ihn und zeigen ihn an; deshalb heißen sie Sakramente des Glaubens."[38] Die Feier der Sakramente verweist uns ganz und gar auf das menschgewordene Wort Gottes. Sakramente sind Zeichen und Worte Christi; er selbst spricht uns an, wenn wir in der Kirche die Schrift lesen und uns den Zeichen und Worten der Sakramente öffnen[39].

Der Glaube selbst ist eine sakramentale Wirklichkeit. Er ist unendlich mehr als intellektuelle Zustimmung zu einem Katalog von Glaubensaussagen. Seine Heilskraft kommt von Christus allein, der *das* Sakrament ist. Durch Wort und Zeichen versichert uns Jesus in den Sakramenten, daß er für uns Mensch geworden ist, gelitten hat und auferstanden ist und uns den Geist sendet, auf daß er uns heilige. Durch die Sakramente in der Gemeinschaft des Glaubens und durch die Macht seiner Gnade gibt er Herz und Geist, Verstand und Willen die Erfahrung, daß die Geheimnisse des Glaubens unser Heil sind und uns in seiner Liebe vereinen, wenn wir uns ihnen im Glauben öffnen. Durch den gleichen Glauben macht er uns zu Zeichen seiner rettenden Gegenwart für die Welt.

Die Sakramente können nur denen Heil bringen, die glauben und nach Wachstum im Glauben verlangen. Für jene, die nicht glauben und sich nicht einmal nach der Gnade des Glaubens sehnen, sind die Sakramente sinnlose, leere Riten. Unterziehen sie sich dennoch diesen Riten, so strafen sie sich selbst Lügen. Sie verschließen sich ja den Zeichen, durch die Gott uns mächtig auf den Glauben hin anspricht. Jene aber, die zwar den Glauben nicht verschmähen, aber eben diesem Glauben durch ihre Grundentscheidung widersprechen und nicht willens sind, sich zu bekehren und entsprechend dem Glauben zu leben, empfangen die Sakramente fruchtlos.

Jene, die die Sakramente im Geist des Glaubens und mit einem tiefen Sehnen nach Wachstum im Glauben empfangen und dementsprechend sich sehnen, Frucht zu bringen in Liebe und Gerechtigkeit, erfahren Rechtfertigung und Heiligung durch jenen Glauben, den Gott selbst in ihnen erweckt hat und den er durch eben diese heiligen Zeichen und Symbole zu vollerem Leben bringt. Durch die Sakramente des Glaubens wird ihre Verbindung mit der Glaubensgemein-

---

[37] S. th. III q 62 a 1.
[38] SC (s. 2. Kap., Anm. 56) 29.
[39] SC 7 21 33.

schaft vertieft. Ohne Ausnahmen ausschließen zu wollen, können wir sagen: Je gläubiger und eifriger die kirchliche Gemeinschaft die Sakramente feiert, um so mehr werden sie den Glauben der Teilnehmenden entfachen und stärken. Dieses Wachstum ist jedoch nicht denkbar ohne das Sehnen nach Verlebendigung der Heilssolidarität, die uns mit dem Glauben der ganzen Kirche vereint.

Die Fruchtbarkeit der Sakramente steht im Verhältnis zur Dankbarkeit. Sie machen in ganz besonderer Weise sichtbar, daß das Heil uns im Glauben als unverdientes Geschenk Gottes zugute kommt. Es ist ein dankbares und freudiges Ja zu Gottes liebender Selbstoffenbarung und Heilsmacht.

Obwohl jeder selbst glauben muß, um gerettet zu werden, so ist dieser Glaube immer schon Anteilnahme am Glauben der Kirche. Die universale Kirche begegnet dem Glaubenden in der Ortskirche, die den Glauben der Einzelnen weckt und stärkt. Obwohl hier die Gnade Gottes nicht von ihr abhängt und Gott sie austeilt, wo und wann er will, so tragen die allgemeine Kirche und die einzelne kirchliche Gemeinschaft nach dem Maß ihrer Lebendigkeit im Glauben zur Empfangsbereitschaft der Einzelnen bei. Vieles hängt von der Beschaffenheit des Glaubens der feiernden Gemeinschaft und des Priesters ab, die ja sichtbarer Ausdruck des Glaubens und der Liebe sein sollen. Sich an der sakramentalen Feier in einer Weise zu beteiligen, die Lauheit, Formalismus und erschreckenden Mangel an lebendigem Glauben und Liebe kundtun, kann zur Ursache des Abfalls werden, auch wenn alle Vorschriften und Bedingungen für die „Gültigkeit“ skrupelhaft genau erfüllt werden.

Das Neue Testament betont sowohl die Heilsmacht des Glaubens wie auch die der Sakramente. Es heißt: „Wahrlich, ich sage dir: Wenn jemand nicht aus Wasser und Geist geboren ist, kann er nicht in das Reich Gottes eingehen“ (Joh 3,5); und: „Wer mein Fleisch ißt und mein Blut trinkt, der bleibt in mir und ich in ihm“ (Joh 6,56).

Hier ist offenbar von den Sakramenten die Rede. Aber die Macht, uns das Heil zu schenken, wird deutlich dem Glauben zugeschrieben: „Jenen aber, die ihn aufnehmen und an seinen Namen glauben, gab er Anrecht darauf, Kinder Gottes zu werden“ (Joh 1,12). Der Glaube aber, der das Heil bringt, blickt auf Jesus, der *das* Sakrament des Heiles ist: „Der Menschensohn muß erhöht werden, damit jeder, der glaubt, in ihm ewiges Leben habe“ (Joh 3,14f.).

Diese zwei Aspekte der einen Glaubenswirklichkeit – Glaube in seiner inneren Heilsmacht und das Glaubensgeschenk, das in den Sakramenten sichtbar wird – dürfen nie voneinander getrennt werden. „Das Problem ist leicht zu lösen, wenn die zwei Hauptlinien der johanneischen Theologie klar unterschieden werden, nämlich das Geschenk des Glaubens und seine Aufnahme. Die Perspektive des Geschenkhaften umgreift alle Verfügungen der Vorsehung, die der Heilige Geist der Welt schenkt, und weist auf die Geheimnisse der Menschwerdung und Erlösung hin. Das Sakrament der Taufe schreibt sich in ihre Verlängerung ein. Aber angesichts des Geschenkes ist der Einzelne frei in seinen Entscheidungen. Um das Geschenk anzunehmen, bedarf es des Glaubens an den

Schenkenden kraft der inneren Gnade, die ihrerseits ganz und gar Geschenk ist, ein beginnendes Geschenk, das schon auf das größere hingeordnet ist."[40]

Wir haben besonderen Grund, Gott dafür zu preisen, daß er uns sichtbare, spürbare Zeichen seiner schenkenden Liebe anbietet, die der menschlichen Natur und dem fleischgewordenen Wort entsprechen. „Wenn das Wort in der Form des sakramentalen Ereignisses die Gnade verkündet, so ist der Glaubensgehorsam die Annahme des gnädigen Geschenkes, das in den Sakramenten sichtbar wird."[41]

Eine echt sakramentale Moral öffnet unseren Verstehenshorizont für die sakramentale Sicht aller Werke Gottes, der Zeichen der Zeit und der konkreten Heilsmöglichkeiten des Hier und Heute. Eine sakramentale Spiritualität pflegt ein dankbares Gedächtnis und eine vertrauensvolle Offenheit für die Gaben Gottes in edelmütiger Entsprechung zu den Nöten der Mitmenschen.

4. *Heil im Glauben und Kindertaufe*

Israel feierte die Beschneidung der Kinder als Danksagung für die Gabe des Bundes. Dieses Zeichen sollte in Dankbarkeit das Gedächtnis an die Befreiung und den Bund wachhalten zum Lobpreis der Güte Gottes. Gott sprach zu Abraham: „Ich richte einen Bund auf zwischen mir und dir und deinen Nachkommen von Geschlecht zu Geschlecht als einen ewigen Bund, daß ich dein und deiner Nachkommen Gott sei... Alles, was männlich ist unter euch, das soll beschnitten werden. Das soll ein Zeichen sein des Bundes zwischen mir und euch" (Gen 17,7–11).

Ebenso und noch mehr ist die Kindertaufe im Raume lebendigen Glaubens eine Feier der Danksagung für den Bund, ein Zeichen des gläubigen Vertrauens des Bundesvolkes und ein feierliches Versprechen, den Glauben den Nachkommen zu übermitteln.

Heutzutage hat ein personalistisches Verständnis des Glaubens und der Sakramente des Glaubens und das Bewußtsein, daß das Neue Testament, wenn von Bekehrung und Taufe die Rede ist, vorzüglich, wenn nicht ausschließlich die Erwachsenen meint, Anlaß zu neuen theologischen Überlegungen gegeben. Vor allem Karl Barth hat dazu Anstoß gegeben. Für ihn ist die „Unsitte" der Kindertaufe in einem entchristlichten Milieu ein Ärgernis, weil die Taufe nicht mehr auf den persönlichen Akt des Glaubens und den Ruf zur Bekehrung hinweist[42]. Die langen Diskussionen haben durch den angesehenen evangelischen Theologen Edmund Schlinck eine ausgeglichene Antwort erhalten[43]. Im Blick

[40] *F. M. Braun*, La vie d'en haut, in: Revue des sciences phil. et théol. 40 (1956) 19.
[41] S. th. III q 48 a 1. [42] *K. Barth*, Kirchliche Dogmatik IV/3, 595; vgl. 1000.
[43] *E. Schlink*, Die Lehre von der Taufe (Kassel 1969). Über die Diskussionen innerhalb der katholischen Kirche vgl. *A. Winklhofer*, Kirche in den Sakramenten (Frankfurt a.M. 1969) 302–308. Für die amtliche Darstellung der Frage der Kindertaufe vgl. „Die Feier der Kindertaufe in den katholischen Bistümern des deutschen Sprachgebietes" (1971).

auf die Heilige Schrift und die Tradition erklärt er sich zugunsten der Kindertaufe, aber nicht ohne wichtige Unterscheidungen. Wir haben auf folgende Gegenargumente zu antworten:

a) Während die Kindertaufe sinnvoll ist als Danksagung für die unverdiente Gnade Gottes, so ist doch nicht leicht zu sehen, wie sie den Glauben und die Selbstverpflichtung des Empfangenden ausdrückt. Wir leben nicht mehr in der Ära eines geschlossenen Christentums. Wir stehen vielmehr an der Schwelle einer Christenheit aufgrund ganz persönlicher Entscheidung. Allzuoft wird die Kindertaufe gespendet, ohne auf die Pflicht einer Erziehung im Glauben einzugehen und bei geringen Aussichten auf eine solche Erziehung. Allzuoft folgt nach der Kindertaufe kein Katechumenat, kein persönliches Ja des Glaubens.

b) Nicht selten wurde in der Vergangenheit die Kindertaufe hauptsächlich im Blick auf die Theorie des Limbus verlangt, die die Milliarden von unschuldigen Kindern, die ohne jede eigene Schuld vor der Taufe starben, von den Früchten der Erlösung auszuschließen scheint. Diese Theorie läßt sich kaum vereinbaren mit dem Dogma des allgemeinen Heilswillens Gottes, der sich in der Tatsache offenbart, daß Christus für alle gestorben ist. Eine solche Theorie scheint auszusagen, daß die erste Sünde der ersten Menschen weitreichendere Folgen hatte als die Erlösung in Christus. Und so widerspricht sie der Lehre des Völkerapostels: „Wo jedoch die Sünde sich mehrte, da erwies sich die Gnade noch überschwenglicher, damit, wie die Sünde herrschte in dem Tode, so auch die Gnade herrsche durch die Gerechtigkeit zum ewigen Leben durch Jesus Christus unsern Herrn" (Röm 5,20f.). Es ist allerdings zu sagen, daß die Kindertaufe als solche nicht abhängt von der Theorie des Limbus, wonach der Großteil der unschuldigen Kinder zu ewiger Unterentwicklung verdammt wäre.

Es gibt gute theologische und pädagogische Gründe für die Beibehaltung der Kindertaufe, freilich unter der Voraussetzung, daß ihr Sinn richtig gedeutet und dieser Deutung auch in der Praxis entsprochen wird:

a) Der Ort der Kindertaufe ist normalerweise die Glaubensgemeinschaft, die erweiterte Familie und die Pfarrei. Es ist eine Feier der Danksagung für das Geschenk des Lebens des Kindes und noch mehr für das Geschenk des verheißenen ewigen Lebens. Es ist eine Feier der Zugehörigkeit zum Bunde, Lobpreis des allumfassenden Heilswillens Gottes und ganz besonders der Dank dafür, daß dieses Kind in eine Glaubensgemeinschaft hineingeboren ist. Dabei muß erwartet werden, daß die Kindertaufe von seiten der mitfeiernden Gemeinde eine feierliche Selbstverpflichtung darstellt, die Glaubensbotschaft und Glaubensfreude dem Kinde stufenweise mitzuteilen.

b) Die Kindertaufe darf nicht als isolierter Augenblick verstanden werden, sondern vielmehr als bevorzugte Stunde in der Glaubensgeschichte des Kindes.

Die ganze Erziehung sollte sich vollziehen im Lichte der Taufe als Sakrament des Glaubens, das nach Bewußtwerden und Wachstum im Glauben ruft. Dieses der Taufe nachfolgende Katechumenat sollte besonders intensiviert werden in Vorbereitung auf die Sakramente der Eucharistie, der Firmung, der Versöhnung und der Ehe. Zum Ausgleich für die Kindertaufe sollte womöglich das Firmsakrament nur jenen gespendet werden, die jenen Grad der Reife und Bereitschaft haben, der zu einer Grundentscheidung notwendig ist.

c) Abgesehen von Todesgefahr, wo keine Zeit zu verlieren ist, sollte die Kindertaufe nur jenen Kindern gespendet werden, die irgendwie der Glaubensgemeinschaft eingegliedert werden. Die Gesetzgebung der Kirche verbietet die Kindertaufe für die Fälle, in denen keine berechtigte Hoffnung auf Glaubenserziehung nach der Taufe besteht. Meines Erachtens sollte jedoch in rechter Auslegung dieses Gesetzes die Taufe nicht verweigert werden, wenn durch die Spendung die Chance des Kindes, mit der Kirche in Kontakt zu bleiben und eine Glaubenserziehung zu empfangen, vergrößert wird. Der Glaube und die Bereitschaft der Eltern und der gesamten Familie ist ein wichtiges Kriterium, aber nicht das einzige. Selbst wenn die Eltern als Vermittler des Glaubens unzuverlässig sind, kann eine sehr lebendige Glaubensgemeinschaft, der das Kind mit Zustimmung der Eltern durch die Taufe eingegliedert wird, viel für die Glaubenserziehung tun. Je schwächer jedoch die Heilssolidarität in der öffentlichen Kirche ist, je weniger lebendig die Liturgie und der sonstige Ausdruck des Glaubens und des Lobpreises Gottes ist, um so weniger läßt sich die Kindertaufe rechtfertigen in Fällen, in denen die Eltern entweder nicht bereit oder nicht fähig sind, die Glaubenserziehung zu garantieren.

IV. Orthodoxie und Orthopraxis

1. *Wahre Orthodoxie*

Christlicher Glaube ist nicht zu verwechseln mit der Zustimmung zu einer Philosophie oder einem Gedankensystem. Gott offenbart sich nicht durch bloße Worte. Und er offenbart unendlich mehr als Begriffe. Sein Wort ist Tat. Er offenbart sich selbst, um Anteil an seinem Leben zu geben, und ruft so zu einer Ganzhingabe an ihn. Offenbarung ist Heilsgeschehen, in dem das gnädige Tun Gottes einsichtig wird.

Was Gott ist und was er durch sein allmächtiges Wort tut, das Zeugnis, das Christus durch sein Leben und seinen Tod gibt, all das ist grundlegend für den christlichen Glauben. Darum kann man zu Recht vom Primat des Tuns (der Praxis) reden. Aber wir müssen betonen, daß es eine vernünftige und einsichtige Praxis ist, die die Wahrheit offenbart, und eine Hingabe an diese Wahrheit, an die Wahrheit, die die Liebe haucht. „Glaube ist die umfassende Antwort des Menschen auf Gott, die sich im gesamten Lebensvollzug auslegt. Hoffnung, Liebe und christliche Praxis sind nicht bloß Folge, sondern innere Momente des Glaubens.“[44]

---

[44] *A. Schmied*, Wahrhaftigkeit und Glaube, in: Studia moralia 15 (1977) 554.

Heilsglaube ist unendlich viel mehr als eine intellektuelle Zustimmung. Auf das unverdiente Geschenk des Glaubens und das allmächtige Heilstun Gottes kann man nicht mit bloßen Worten oder Ideen antworten. „Jeder, der diese meine Worte hört und sie tut, ist einem klugen Manne zu vergleichen, der sein Haus auf den Felsen baute" (Mt 7,24). Ins ewige Reich der Liebe werden am Ende nur jene zugelassen, die entsprechend der entscheidenden Botschaft gehandelt haben, nämlich daß Gott die Liebe ist und uns zum Mitvollzug seiner Liebe einlädt. Da seine Liebe stets ein unverdientes Geschenk ist, sind nur jene in Tat und Wahrheit orthodoxe Menschen, die auch jene lieben, die es nicht verdienen und die Liebe nicht belohnen können (vgl. Mt 25,31–46). „Wer nicht liebt, hat Gott nicht erkannt; denn Gott ist die Liebe" (1 Joh 4,8). Wer dem Geschenk der göttlichen Liebe nicht entspricht, kann unmöglich Orthodoxie im vollen Sinne besitzen und lehren. Die Heilsbotschaft, die Christus durch Wort, Leben, Tod und Auferstehung gebracht hat, muß den Sünder, der in Selbstgerechtigkeit oder Oberflächlichkeit lebt, tief erschüttern und herausfordern. Die Möglichkeit und Notwendigkeit der Bekehrung gehört zur Mitte der Verkündigung des Gottesreiches. Christlicher Glaube ist eine Geschichte des Exodus. Christliche Theologie ist narrativ, erzählend, aber nicht in einem oberflächlichen Sinn. Es ist die Geschichte, die uns betrifft und die wir nur dann wahrhaftig erzählen können, wenn sie sich mit dem Heilstun Gottes, mit der Geschichte Christi vereinigt. „Die Praxis der Nachfolge Christi gehört konstitutiv in die Christologie. Für jede Christologie gilt, daß Christus immer so gedacht werden muß, daß er nie *nur* gedacht ist."[45]

Der Heilsglaube, der sich der Geschichte des Leidens Christi und seines Sieges der Liebe erinnert, ist ganz und gar hineingenommen in die Gesamtgeschichte des Leidens, der erlösenden Liebe und des Kampfes für Gerechtigkeit und Frieden. Glaube ist nicht Theorie über Leiden, sondern Sinngebung und sinnvoller Mitvollzug der Leidensgeschichte, die dem Heil dient. Wer im Glauben sich an der von Christus geschenkten Freiheit erfreut, wird sich stets erinnern an den Preis, den Christus zahlte; und kein Preis für eine echte Orthodoxie wird ihm zu hoch erscheinen. Das alles bedeutet, daß echte Orthodoxie ohne Orthopraxis nicht vollziehbar ist.

Diese Aussagen bedeuten in keiner Weise Leugnung einer immergültigen Wahrheit. Der Glaube hat einen Glaubensinhalt, eine allgemeingültige Botschaft. Aber diese ist nur einem liebenden Kennen zugänglich, dem Kennen jener, die sich in die Nachfolge Christi begeben haben. Die Feier der Geheimnisse des Glaubens ist nur echt, wenn sie zum Zeugnis der Gedächtnisfeier durch das eigene Leben führt. Der Glaube der Christen ist eine befreiende Praxis, ein Leben schöpferischer Freiheit und Treue in Geschichte und Gesellschaft, eine

[45] *J.B. Metz*, a.a.O. 48. In den folgenden Überlegungen folge ich weithin *Metz*, a.a.O. 70ff. 128 147.

solidarische Hoffnung, die alle Lebenden und Toten umschließt, vor allem jene, die eine selbstgerechte Welt vergessen möchte.

Alle Grundwirklichkeiten und Grundbegriffe des christlichen Glaubens, wie Glaube selbst, Gerechtigkeit (dikaiosyne), erlöste und erlösende Liebe (agape), Friede (schalom), Versöhnung (katallage), sind nur zu ergreifen als unverdiente Gaben des einen Gottes und Vaters, deren Empfang gar nicht denkbar ist ohne ihren solidarischen Charakter, da sie Gaben des einen Vaters sind im Blick auf die Nöte aller.

Die Glaubenskrise von heute ist nicht so sehr eine intellektuelle Krisis als vielmehr die Folge eines Intellektualismus, der sich mit einer Sammlung von Doktrinen unter dem Namen Orthodoxie befaßte und dabei vergaß, daß man vom Glauben nicht recht sprechen und ihn nicht bezeugen kann ohne ein ständiges Bemühen, ihn im täglichen Leben in die Tat umzusetzen und ihn den institutionellen und persönlichen Verhaltensweisen in Gesellschaft und Kirche einzugestalten.

2. *Offene Heterodoxie*

Heterodoxie oder Häresie ist ein willkürliches Auswählen innerhalb der von Gott geoffenbarten Wahrheit. Demzufolge ist sie ein Mangel an Wahrhaftigkeit. Heterodoxie ist ein Festhalten oder Lehren von Doktrinen, die dem Glaubensgut widersprechen. Die klassische Sünde der Häresie ist intellektuelle Anmaßung zufolge einer Grundhaltung der Anmaßung. Der Häretiker verläßt sich mehr auf seine eigene Einsicht als auf die Vertrauenswürdigkeit der Offenbarung Gottes und der Glaubensgemeinschaft. Intellektuelle Schwierigkeiten führen nicht zur Sünde der Häresie, solange sich der Glaubende grundsätzlich der Autorität Gottes unterordnet und vor Gott anerkennt, daß seine Geheimnisse immer unendlich größer sind als all unser intellektuelles Verstehen und all unsere Gedanken.

Häresie ist häufig eine betrübliche Form der Flucht vor der Glaubenshingabe, einer Flucht in Streitigkeiten über bloße Worte und Begriffe. Der erste Brief an Timotheus beschreibt diese Art der Häresie. Der Häretiker ist „aufgeblasen und versteht nichts, sondern hat eine krankhafte Sucht nach Streitfragen und Wortgezänk, woraus Neid entsteht, Hader, Lästerungen, böse Verdächtigungen, fortwährende Zänkereien von Menschen, die in ihrem Verstand zerrüttet und der Wahrheit beraubt sind, indem sie meinen, die Frömmigkeit sei ein Mittel zum Erwerb" (1 Tim 6,3–5). Der zweite Brief an Timotheus ist noch deutlicher in der Entlarvung der Häresie als einer oberflächlichen Sicht von Orthodoxie. „Dies bringe in Erinnerung und bezeuge feierlich vor Gott, man solle nicht Wortgezänk treiben, was zu nichts nütze ist und nur zur Verstörung der Zuhörer führt" (2 Tim 2,14).

Die Sünde der Häresie beschränkt sich nie auf bloße intellektuelle Irrtümer. Sie hat ihre Wurzel in einer häretischen Grundhaltung: Gott wird nicht gesucht als das höchste, allumfassende Gut, und man sucht ihn nicht mit ganzem Herzen. Etwas anderes besetzt den ersten Platz. Man denke zum Beispiel an jemand, der eine erfolgreiche Laufbahn im kirchlichen Dienst oder in anderen einflußreichen Stellungen sucht und zu diesem Behufe seine strikte Orthodoxie zur Schau stellt. Aber solange in seinem Sinnen und Trachten seine Laufbahn, Ehren und Macht den ersten Platz einnehmen, wird er in religiösen Fragen nur jene Aspekte sehen, die seinen selbstischen Interessen dienen. Er hat sich nicht dem Gott der Wahrheit um seiner selbst willen geweiht. Und darum ist er unvermeidlich wählerisch, und zwar in einer existentiell gefährlichen Weise. Selbstverständlich wird er bemüht sein, diese seine Tendenz seinem oberflächlichen Gewissen zu verbergen. Indem er sich nicht offen zugesteht, was sein Hauptmotiv ist, bringt er sein Tiefengewissen in chaotische Unordnung.

Gewisse traditionalistische Tendenzen und Bewegungen entspringen einem politischen Interesse, dem Sich-Klammern an den Status quo, an Privilegien und Besitzverhältnisse. In milderen Fällen geht es um eine nicht eingestandene geistige Trägheit. Daraus ergibt sich das Unvermögen, auch die sinnvollsten Änderungen in der Liturgie und den Methoden der Verkündigung zu verstehen. Man hängt sich an bloße Worte. Intellektuelle Auseinandersetzungen, so notwendig sie sein mögen, führen nicht zum Ziel, solange die tiefer liegende existentielle Verirrung nicht erkannt ist. Fanatisches und skrupelhaftes Festhalten an überkommenen Formeln mag an der Oberfläche als Eifer für Orthodoxie erscheinen, ist aber in Wirklichkeit Ausdruck einer reinen Heterodoxie, solange all die Beteuerungen des Gehorsams und die Streitgespräche im Dienste eines Idols, eines fremden Gottes stehen. Eine solche Grundhaltung reiner Heterodoxie kann die Form der intolerantesten Orthodoxie annehmen, die zu Inquisition, Verfolgung und Folterung all jener führt, die anders denken, besonders jener, die durch die Echtheit ihres Glaubenszeugnisses dem Tiefengewissen dieser Menschen ein Dorn im Auge sind. Aus mangelnder Bereitschaft, fällige kirchliche und soziale Reformen anzunehmen und sich dem Herzensanliegen der christlichen Einheit zu öffnen, verfolgt man Heilige und Propheten, indem man bei ihnen unorthodoxe Formulierungen sucht. Der nicht zugegebene Grund ist die negative Reaktion auf den Ruf nach Bekehrung und Erneuerung.

3. Heterodoxe Orthodoxie

Solange die an sich richtige Grundentscheidung sich noch nicht durch Umsetzung in die entsprechenden Grundhaltungen konsolidiert hat, kann es allerhand Arten von zweideutigen Mischungen zwischen echtem Eifer für den rechten Glauben und gefährlichen wählerischen Neigungen geben. Handelt es sich von vornherein um eine schiefliegende Grundentscheidung, die so nicht lebensfähig ist, so wird sie sich mit allen Schattierungen der Heterodoxie verbinden können. Die Gefahr wird um so größer, je mehr die Bereitschaft zu Bekehrung und solidarischem Handeln fehlt.

Hinsichtlich jener orthodox sein wollenden Lehrer, die mehr oder weniger unbewußt die soziale und gemeinschaftliche Dimension ihrer Formulierungen vernachlässigen, spricht Johann Baptist Metz von einer trügerischen Unschuld[46]. Theologen und Amtsträger können dazu neigen, von der „Wahrheit in sich“ zu reden, während es ihren Lehrformulierungen und ihren Einstellungen zu kirchlichen Strukturen irgendwie darum geht, „Gott und dem Mammon zugleich zu dienen“.

Wir sprechen hier nicht von voller oder gar bewußter Heuchelei oder einem totalen Widerstand gegen die Bekehrung, sondern vielmehr von einem Mangel an Echtheit des Glaubens, weil neben einer noch nicht konsolidierten Grundentscheidung für Gott noch bösen Neigungen Raum gegeben wird, die daran sind, die Glaubensentscheidung zu untergraben. Ein Sich-Bescheiden mit Mittelmäßigkeit in Dingen der Religion und der Moral führt zu einer seltsamen Mischung echter Orthodoxie mit mehr oder weniger verborgenen Tendenzen, die, wenn nicht bekämpft, zu voller Heterodoxie führen können[47].

Eine gewisse Art der Apologetik einer rein negativen Verteidigung des Glaubens, die die Herausforderung des Gewissens der anderen verschmäht, kann zu einer fanatischen Mischung von Heterodoxie und Orthodoxie führen, zu einem nutzlosen Exerzierfeld von „Beweisen“, wobei der echte Glaubenssinn abgeht, eben weil es an der Liebe und dem liebenden Hinhören auf den anderen wie auch an echtem Interesse für Gottes Reich fehlt. Es gibt ein rationalistisches Vorgehen in Gottesbeweisen, das aller geschichtlichen und gesellschaftlichen Erfahrungen bar ist[48]. Gerade dieses Gemisch kann zum allmählichen Abfall der Massen von der Kirche oder von anderen Religionsgesellschaften führen, weil das Gefühl besteht, daß all das nichts zu tun hat mit dem wirklichen Leben. Wem helfen rationalistische Lehren, die in keiner Weise der Integration von Glaube und Leben dienen?

4. *Die Sünde der Apostasie*

Der Kodex des Kirchenrechtes (can. 1325, § 2) definiert Apostasie in folgender Weise: „Fällt jemand, der getauft ist, ganz vom christlichen Glauben ab, so ist er ein Apostat.“ Angesichts der Tatsache, daß heute sehr viele, die getauft sind, nie die Botschaft des Heiles und das Zeugnis des Glaubens erfahren und nie zum Glauben gekommen sind, sollten wir uns vorsichtiger ausdrücken. Die Sünde der Apostasie begehen nur jene, die durch Taufe und Heilsverkündigung die wirkliche Möglichkeit hatten, zum Glauben zu kommen, und nach anfängli-

[46] Ebd. 49.

[47] Vgl. *H. Schär,* Was ist Wahrheit? (Zürich 1970) 231 ff.; *K. Rahner,* Was ist Häresie? Häresien der Zeit (Freiburg i. Br. 1961).

[48] Vgl. *J. Ratzinger*, Kommentar zu Gaudium et Spes 19: LThK, Das Zweite Vatikanische Konzil III, 345.

chem Glauben sich aus eigener Schuld von ihm abwenden. Ist einer getauft und hat die Heilsbotschaft empfangen und kommt durch eigene Schuld nicht zur Grundentscheidung des Glaubens, dann sprechen wir nicht von Apostasie, sondern von der Sünde der Untreue.

Das Erste Vatikanische Konzil lehrt, daß Gott seine helfende Gnade denen gibt, die im Irrtum sind, „daß sie zur Erkenntnis der Wahrheit kommen können (1 Tim 2,4), und er bekräftigt durch seine Gnade jene, die aus der Finsternis in sein herrliches Licht gekommen sind (1 Petr 2,9), damit sie in seinem Lichte verharren, und er verläßt nie jemand, der ihn nicht zuerst verlassen hat". Betonte Schlußfolgerung ist: „Sollte jemand behaupten, daß die Situation von Gläubigen und von jenen, die noch nicht zum einzig wahren Glauben gekommen sind, die gleiche sei, so daß Katholiken einen berechtigten Grund haben könnten, an dem Glauben zu zweifeln, den sie unter dem Lehramt der Kirche angenommen haben, und ihre Zustimmung suspendieren könnten, bis sie zu einem vollständigen wissenschaftlichen Beweis der Glaubwürdigkeit und der Wahrheit des Glaubens gekommen sind: der sei ausgeschlossen."[49]

Dieser Text betrifft sowohl Häresie wie Apostasie. Die Theologen sind sich nicht einig, ob das Konzil nur sagen will, daß nie jemand *objektiv* hinreichende Gründe haben kann, den katholischen Glauben zu verlassen, oder auch, daß *subjektiv* immer eine schwere persönliche Sünde vorliegt, wenn jemand sich von der Glaubensgemeinschaft abwendet. Die unmittelbare Absicht des Konzils ist deutlich: Jemand, der das Glück hatte, in der katholischen Kirche den Glauben zu empfangen, und eine gründliche Glaubenserziehung erhalten hat, befindet sich in einer ganz anderen Situation als jene, deren Herz, Geist und Wille nie vom Glauben berührt wurden oder die wenigstens außerhalb der Kirche standen. Wir wissen jedoch nie, ob jemand nach gründlicher Belehrung einen echten Glaubensentscheid im Sinne der Grundentscheidung getroffen hat. Und selbst wenn eine schwere Sünde begangen wurde, so können wir nicht sagen, ob es eine Sünde direkt gegen den Glauben sei. Bevor jemand die Kirche verläßt oder im Glauben schwankt, kann er durch andere Sünden sein Gewissen geschwächt und die Sicht der Wahrheit verdunkelt haben. Selbstverständlich wäre er dadurch nicht entschuldigt.

Jene, die die Kirche verlassen haben, werden gewöhnlich von dem, was die Kirche über den Glaubensabfall lehrt, wenig gerührt sein. Für viele eifrige Katholiken ist es jedoch eine beängstigende Frage, ob ihre Freunde oder Verwandten, die sich vom Glauben abgewandt haben, gerettet werden können. Und die Art und Weise, wie sie sich diesem Problem stellen, kann unter Umständen ihre Beziehungen mitbestimmen. Zunächst müssen wir uns eines sagen: Wir kennen nie den Grad persönlicher Verschuldung. Die menschliche Psychologie ist unerhört komplex. Karl Rahner ist sicher nicht allein, wenn er behauptet: „Der Fall ist nicht undenkbar, daß jemand in der Tiefe seines Gewis-

[49] Sessio III, cap. 3 und can. 6, DS 3014 3036.

sens Abstand gewinnt von der früheren Schuld und (falls er den Glauben als solchen wirklich verloren hatte) die eigentliche Glaubenshaltung wiedergewinnt, und dennoch den Berg seiner früher angehäuften Vorurteile gegen das kirchliche Christentum nicht mehr überwinden kann, ihm als solchem gegenüber in der Art eines Menschen, der nie Christ war, in einem unüberwindlichen Irrtum ohne (neue) Schuld verharrt."[50]

Das schockierende Problem unserer Zeit sind nicht einzelne Fälle des Glaubensabfalls, sondern eine weit um sich greifende kollektive Apostasie. Sie zeigt sich auf örtlicher Ebene vielleicht als Folge eines abstoßenden Formalismus und Ritualismus und einer völlig unangepaßten Pastoral. Weit ernster ist die Tatsache, daß der Auszug aus der Kirche in manchen Ländern ganze Gruppen und soziale Schichten betrifft. Es erklärt sich nicht alles durch Versagen von seiten der christlichen Gemeinschaft, sondern es handelt sich wenigstens teilweise um einen „soziologischen Mechanismus"[51]. Die Ursachen sind vielfältig.

Eine individualistische Denkweise in Sachen des Glaubens und insbesondere der Morallehre waren blind gegenüber dem Wechselbezug zwischen dem Gesamt der kulturellen, gesellschaftlichen und wirtschaftlichen Strukturen einerseits und den verschiedenen Ausdrucksformen der Religion andererseits. Die moderne Soziologie, darunter die empirische Religionssoziologie, weist auf die Tatsache hin, daß entscheidende Strukturen des gesellschaftlichen Lebens und vor allem die öffentliche Meinung nicht vom Glauben her geformt sind, sondern das Ergebnis einer unchristlichen Lebensphilosophie sind. Das bedeutet freilich auch, daß die Christen und christlichen Kirchen nicht im hinreichenden Maße der „Sauerteig in der Masse", das „Salz der Erde" waren[52]. Der große Skandal, daß die Kirche einen beachtlichen Teil der Arbeiterklasse verloren hat, erlaubt uns nicht auf jene Steine zu werfen, die wir verloren haben. Wir sollten dies vielmehr als eine Herausforderung annehmen, unseren Glauben, vor allem die Dimension der Heilssolidarität, treuer und konsequenter zu leben, uns mehr der Verkündigung des Glaubens widmen und uns die Synthese zwischen Glauben und Leben angelegen sein lassen.

---

[50] *K. Rahner*, Der Christ und seine ungläubigen Verwandten, in: *ders.*, Schriften zur Theologie III, 419–439, Zitat 435.

[51] Vgl. *P. Schmid-Eglin*, Le mécanisme de la déchristianisation (Paris 1952).

[52] Vgl. *B. Häring*, Macht und Ohnmacht der Religion (Salzburg ²1956); *V. Schurr*, Seelsorge in einer neuen Welt (Salzburg ³1959). Weiteres im 7. Kap. dieses Bandes.

Fünftes Kapitel

Glaubenserziehung und Verkündigung in einem kritischen Zeitalter

Christus hat die Kirche in seiner Wahrheit geheiligt (vgl. Joh 17,17). Er gibt seinen Jüngern Anteil am ewigen Leben, indem er sich ihnen offenbart als das lebendige Evangelium, als den, der die Liebe des Vaters voll sichtbar macht (vgl. Joh 17,3). Der Herr vertraut seiner Kirche das Evangelium an und führt sie durch die Kraft des Heiligen Geistes in alle Wahrheit ein. Die Heilswahrheit und die Gnade des Glaubens sind unverdiente Geschenke des einen Vaters. Sie werden nur jenen bleibend zuteil, die dankbar sind, und in der Dankbarkeit erkennen sie immer deutlicher, daß es ein Geschenk ist, das für alle bestimmt ist. Wir können nicht die Heilswahrheit ergreifen und uns in ihr erfreuen, wenn wir uns nicht bemühen, allen diese Freude zuteil werden zu lassen.

Die Verkündigung der Heilsbotschaft an alle Völker und die fortdauernde hingebende Glaubenserziehung aller ihrer Glieder gehören zum Wesen der Kirche. Die Glaubensgemeinschaft muß nicht nur darauf bedacht sein, daß alle ihre Glieder eins seien im Glauben, sie muß auch alles daransetzen, auf daß alle Völker zum Glauben kommen und so in der Einheit des Glaubens, der Hoffnung und der Liebe die allumfassende Herrschaft Gottes sichtbar machen und den einen Vater ehren.

Wir sprechen hier von Evangelisation, so daß auch die fortdauernde Glaubenserziehung mitgemeint ist. „Der Grund dieser missionarischen Tätigkeit ergibt sich aus dem Plan Gottes, der ‚will, daß alle Menschen heil werden und zur Erkenntnis der Wahrheit gelangen. Denn es ist nur ein Gott und nur ein Mittler zwischen Gott und den Menschen, der Mensch Jesus Christus, der sich selbst als Lösegeld für alle hingegeben hat‘ (1 Tim 2,4–6), ‚und in keinem anderen ist Heil‘ (Apg 4,12).“[1]

Der traditionelle Traktat über die Pflicht des Christen, seinen Glauben zu bekennen, muß neu erarbeitet werden im Lichte der allgemeinen Sendung der Kirche und jedes einzelnen Gläubigen, Zeugnis für das Evangelium abzulegen und so alle Menschen zur Einheit in der Heilswahrheit zu rufen. Jeder, der in lebendigem Glauben die befreiende Macht des Evangeliums erfährt (vgl. Joh 8,32), weiß, daß er sich am Evangelium und an dieser Freiheit nicht echt freuen kann ohne ein wirksames Verlangen, allen zu helfen, daran Anteil zu nehmen.

---

[1] Dekret des Zweiten Vatikanischen Konzils über die Missionstätigkeit der Kirche „Ad Gentes“ (AG), Nr. 7.

I. Die Moral der Glaubensverkündigung

Der Völkerapostel, der den Glauben und seine rettende Macht als absolut unverdientes Geschenk erfuhr, war sich bewußt, daß er undankbar wäre, würde er nicht alles tun, um die Frohbotschaft möglichst vielen zu verkündigen. „Wehe mir, wenn ich das Evangelium nicht predige!" (1 Kor 9,16.) Zwar haben nicht alle die einzigartige Sendung, ihr ganzes Leben der Verkündigung der Frohbotschaft zu weihen; aber als Glied der Glaubensgemeinschaft nimmt jeder Christ an der wesentlichen Sendung der Kirche teil. Das gleiche Verlangen, das den Apostel Paulus erfüllte, muß den Gatten beseelen, dem Partner zum Glauben bzw. zu ständiger Vertiefung des Glaubens zu helfen. Das gleiche gilt für die Eltern gegenüber den Kindern. Alle, die für den Glauben dankbar sind, werden das Glaubenswissen vertiefen und sich immer mehr der Glaubensfreude öffnen, auch im Blick auf ihre Sendung, den Mitmenschen auf den Weg des Glaubens zu helfen.

1. *Glaubensverkündigung und Eucharistie*

Die Jünger Christi feiern das Geheimnis des Glaubens, das Evangelium der Versöhnung und der befreienden Wahrheit in der Eucharistie. Sie ist der Höhepunkt des Ausdrucks des Glaubens und der Glaubenserziehung, der dankbare Empfang des größten Geschenkes, das gerade durch seinen geschenkhaften Charakter das Verlangen weckt, diese Freude mit allen zu teilen. In der Eucharistie verkündet Christus stets aufs neue die frohe Botschaft, daß er für uns gelebt, gelitten und den Tod erduldet hat und daß er, der Auferstandene, in uns leben will. So weckt er in uns jene Freude und Dankbarkeit, die im Glaubenszeugnis und in der Glaubensverkündigung zum Ausdruck kommen.

Jesus von Nazaret lebt dankbar im Wort und vom Wort, das vom Vater kommt. Die hypostatische Union seiner menschlichen Natur mit dem ewigen Wort ist des Vaters großes Geschenk an Jesus im Blick auf die ganze Menschheit. Deshalb nimmt Jesus die Sendung an, sich ganz der Verkündigung der Frohbotschaft und dem Werke des Heils zu weihen. Als seine Jünger zum ersten Mal an dieser seiner Sendung teilnehmen und das Reich des Vaters verkünden, frohlockt er im Heiligen Geist: „Ich preise dich, Vater, Herr des Himmels und der Erde; denn was den Gelehrten und Weisen verborgen bleibt, das hast du den Schlichten geoffenbart. Ja, Vater, so war es dein Wohlgefallen" (Lk 10,21). In der Eucharistie und in den anderen Sakramenten gibt uns Jesus Anteil nicht nur an seinem Leben, sondern auch an seiner Sendung, das lebendige Evangelium zu sein.

Die Aussage von Marcel Légaut, daß die Zukunft der Christenheit und nicht zuletzt der Heilsverkündigung grundlegend von der Fähigkeit der Jünger Christi, die Eucharistie zu feiern, abhängt, ist wohlbegründet[2]. Die Kirche, die

[2] *M. Légaut,* Introduction à l'intelligence du passé et l'avenir du Christianisme (Paris 1970) 290–370 (dt. Ausg.: Meine Erfahrung mit dem Glauben [Freiburg i. Br. [10]1979]).

ihre Mitte und den Höhepunkt ihres Lebens und ihrer Sendung in der Eucharistie erlebt, wird nicht versucht sein, den institutionellen Aspekt und die Selbstbewahrung einseitig zu betonen, sondern wird als Dienerin der Frohbotschaft die Menschen Christus zuführen. In Dankbarkeit wird sie die endzeitliche Hoffnung und die Anrufung „Komm, Herr Jesus!“ allen Völkern mitteilen.

2. *Christus ist der Herr*

Jesus von Nazaret weihte sich ganz und gar als Gottesknecht und als freiester Diener der Menschen und verkündete so glaubwürdig und machtvoll die Herrschaft des Vaters. Er ist *der* Prophet, der alle gottfeindlichen Mächte entlarvt. Er verkündet die Herrschaft der rettenden Gottesgerechtigkeit und die barmherzige Liebe des Vaters „bis zum Tod am Kreuz. Daher hat ihn auch Gott über die Maßen erhöht und ihm den Namen geschenkt, der über jeden Namen ist, damit in dem Namen Jesu sich beuge jedes Knie derer, die im Himmel und auf Erden und unter der Erde sind, und jede Zunge bekenne, daß Jesus Christus der Herr ist, zur Ehre Gottes, des Vaters“ (Phil 2,9–11).

Bekennen wir in der Macht des Heiligen Geistes, daß Jesus der Herr ist (vgl. Röm 1,4; 10,9; 1 Kor 8,6; 12,3), dann erleben wir ein brennendes Verlangen, ihn von allen Menschen und in allen Lebensbedingungen als den Herrn anerkannt und geehrt zu sehen. So ist Heilsverkündigung und Glaubenserziehung ein wesentlicher Bestandteil unseres Bekenntnisses, „Jesus ist der Herr“. Evangelisation und insbesondere die Verkündigung der sittlichen Botschaft vom Reiche Gottes ist eine Auslegung des Bezuges zwischen dem, was Gott in Jesus Christus schon vollendet hat, und den komplexen Bedingungen menschlichen Lebens[3]. Es ist undenkbar, wahrhaftig das Reich Gottes anzunehmen und die Herrschaft Jesu zu bezeugen, ohne einen brennenden Eifer für die Durchsetzung dieser rettenden Herrschaft im Gesamt unseres Lebens und im Leben aller, auf daß Gott, dem Vater, in Jesus Christus alle Ehre erwiesen werde.

3. *Unverzichtbare Priorität der Verkündigung der Frohbotschaft*

Moraltheologie muß sich besonders vor der großen Versuchung bewahren, das Christentum auf bloße Moral zu reduzieren, was verheerende Folgen hätte sowohl für die Moral selbst wie für die Glaubensverkündigung und Glaubenserziehung. Christus ist gekommen, um uns im Glauben und durch die Gnade zu retten. Indem er die Frohbotschaft verkündet, befähigt und verpflichtet er uns vor allem anderen, uns zur rettenden Herrschaft Gottes zu bekehren und Gott als Gott zu ehren. Der Mensch entfremdet sich Gott, sich selbst und dem Heil, wenn er nicht Gott als den einzigen Herrn anbetet. Er entfremdet sich von sich selbst und von Gottes Herrschaft, wenn er Gott nur in den Dienst seines eigenen

---

[3] Vgl. *L. Newbegin,* La Chiesa missionaria di oggi (Rom 1968) 39.

Heils stellen will. Wer nicht vor allem darauf bedacht ist, Gott zu verherrlichen, macht sich ein Gottesbild und ein Bild des Menschen nach seinen eigenen irrigen Ideen zurecht und verliert sich in seiner Selbstsucht und im kollektiven Egoismus.

Immanuel Kant hat sich mit Recht energisch gegen jede Ethik gewandt, in der der Mensch seine eigene Selbstvervollkommnung zum letzten Ziel macht, wobei er nicht die innere Majestät des Guten und Wahren als solche anerkennt. Aber seine tiefgründigen Überlegungen führten nicht zu letzter Lösung des Problems, da sein ganzes Denken über Religion einseitig vom Bezug zur Moral bestimmt war [4].

Das Christentum kann nicht zum Sauerteig der menschlichen Kultur und zum Licht für soziale und internationale Gerechtigkeit werden, wenn man es horizontalistisch verflacht zu einem bloßen Kulturchristentum oder sozialen Evangelium [5]. Solche Tendenzen führen zur radikalen Verleugnung der grundlegenden Glaubenswahrheit, daß das Heil nicht auf Werken gründet, sondern uns im Glauben erreicht. Die Bekehrung zum Reiche Gottes macht uns vor allem zu wahren Anbetern Gottes, dankbar aufmerksam auf seine Liebe, und zwar so, daß auch unser ganzes moralisches Leben in den Lobpreis Gottes einmündet.

Glaube und Glaubensverkündigung umschließen mit innerer Notwendigkeit auch den Ruf der Bekehrung zu Gerechtigkeit, Friede, Versöhnung, Treue und anderen moralischen Werthaltungen. Aber die Bekehrung erfolgt im dankbaren Empfangen der rettenden Gerechtigkeit Gottes, seines Friedens, seiner Versöhnung und seines Bundes. Das alles kann nur empfangen werden, wenn es als unverdientes Geschenk anerkannt wird. Der moralische Imperativ hat seine Gültigkeit, christliche Identität und Macht nur durch den Indikativ des Heiles, der von Gottes Initiative, von seiner unverdienten Huld und Liebe, von seiner Herrschaft spricht. Auf daß der Glaube neues Leben hervorbringe, ist es von vordringlicher Wichtigkeit, den Vorrang der dankbaren Annahme und Erfahrung der Frohbotschaft, des Gebets, des Hinhörens auf Gott und des Lobpreises seines Namens zu voller Anerkennung zu bringen. Wir sollten Formulierungen wie „Glaube und Werke" vermeiden und statt dessen vom Glauben sprechen, der in Liebe und Gerechtigkeit Frucht bringt. Und je mehr der Glaube anbetender Lobpreis Gottes ist, um so mehr wird er in Liebe und Gerechtigkeit tätig sein. Nur so wird er die stärkste vermenschlichende Kraft.

Das spezifisch Christliche der christlichen Moral ist, wenn wir uns genau ausdrücken wollen, nicht das Menschliche als solches, sondern jene erlöste Menschlichkeit, die aus dem anbetenden Glauben Christi, des menschgewordenen Wortes, und der dankbaren Annahme der Herrschaft Gottes erfließt. Es ist nicht Mitmenschlichkeit oder Nächstenliebe als solche, sondern gläubige,

[4] Vgl. *B. Häring*, Das Heilige und das Gute (Krailling 1950) 111–135 219–270.

[5] Vgl. *H. R. Niebuhr*, Pious and Secular America (New York 1958); *ders.*, Radical Monotheism and Western Culture (New York 1960).

liebende Hinwendung zu Gott in Christus, Teilnahme an seinem Leben, die uns fähig macht zum Mitvollzug seiner rettenden Liebe zu allen Menschen. In jeder Formulierung der Moral und in unserem ganzen Leben muß der Vorrang des Glaubens und der anbetenden Liebe sichtbar werden.

4. Evangelische Armut und Heilsverkündigung

Die Bergpredigt zeigt uns in ihren Aussagen und in ihrer ganzen Struktur die Grundlage eines lebendigen Glaubens, echter Glaubensverkündigung und Glaubenserziehung: Die Seligkeit jener, die ganz vom Bewußtsein durchdrungen sind, daß alles Gnade ist, daß sie selbst vor Gott nur als Bettler dankbar empfangend stehen können und daß es sich in allem um Gaben des einen Vaters handelt, die allen zugute kommen sollen. Christus selbst ist der „Arme", der sich selbst und alles dankend empfängt und dankbar den anderen mitteilt. „Selig sind die im Geiste Armen, denn ihrer ist das Himmelreich" (Mt 5,3). Es ist von Christus, dem lebendigen Evangelium, nicht wegzudenken, daß er sich selbst als Geschenk des Vaters erfährt und sich im Heiligen Geiste dem Vater zurückschenkt im Dienste der Brüder und Schwestern (vgl. Joh 6,64). In allem sucht er zuerst die Ehre des Vaters und verherrlicht ihn, die Quelle aller guten Dinge und des Evangeliums. „Die Worte, die du mir gegeben hast, habe ich ihnen gegeben; und sie haben sie angenommen und haben in Wahrheit erkannt, daß ich von dir ausgegangen bin" (Joh 17,8). Im Hohenpriesterlichen Gebet jubelt Jesus auch im Blick auf die ihm vom Vater anvertrauten Jünger; er erfährt sie als Geschenk des Vaters.

Das Zweite Vatikanische Konzil spricht von diesem Geist der Armut, indem es sich als Programm der Kirche vornimmt, auf alle Privilegien, auch auf die rechtmäßig erworbenen, zu verzichten, wenn immer solche Vorrechte ihre Glaubwürdigkeit beeinträchtigen und der Verkündigung des Evangeliums im Wege stünden[6]. In diesem gleichen Geiste müssen alle, die aktiv an der Heilsverkündigung und Glaubenserziehung teilnehmen, sorgsam das Gewissen derer, denen sie dienen, achten und zu voller Lebendigkeit wecken. Dabei steht nicht der äußere Erfolg oder gar der eigene Ruhm im Blick, sondern allein die Treue zum Evangelium. „Wenn die Apostel und ihre Nachfolger mit ihren Mitarbeitern gesandt sind, den Menschen Christus als Erlöser der Welt zu verkünden, so stützen sie sich in ihrem Apostolat auf die Macht Gottes, der oft genug die Kraft des Evangeliums offenbar macht in der Schwäche der Zeugen. Wer sich dem Dienst am Wort Gottes weiht, muß sich der dem Evangelium eigenen Wege und Hilfsmittel bedienen, die weitgehend verschieden sind von den Hilfsmitteln der irdischen Gesellschaft."[7] Dieses anspruchsvolle Programm betrifft nicht nur die Strukturen der Kirche, nicht nur die Amtsträger und jene, die amtlich zum

[6] GS (s. 1. Kap., Anm. 1) 76.
[7] Ebd.

Dienst am Evangelium bestellt sind, sondern jeden Christen, der zum Zeugnis des Evangeliums und zum Dienst am Wachstum des Glaubens seiner Brüder und Schwestern bereit ist.

Die Glieder des Gottesvolkes anerkennen und ehren die rettende Herrschaft Gottes und den geschenkhaften Charakter der Versöhnung auch dadurch, daß sie ihre Sünden zum Lobpreis der Barmherzigkeit Gottes bekennen und einander abbitten, ob es sich nun um rein persönliche Sünden oder um entfremdende Strukturen in der Kirche handelt, deren Unvollkommenheit die Folge der Sünden vieler ist. Nur ein solches wahrheitsgemäßes und vertrauensvolles Bekenntnis der Sünde überbrückt die Kluft zwischen dem normativen Ideal des Evangeliums und dem Zurückbleiben der Verkündiger des Evangeliums.

Die wesentliche Unfehlbarkeit der Kirche kann nur überzeugend gelehrt werden, wenn man demütig die Fehler eingesteht, die die Kirche oft genug begangen hat durch Stellungnahmen in Gebieten, in denen die Amtsträger entweder keine Amtszuständigkeit hatten oder nicht die notwendige Sachkenntnis besaßen, vor allem aber jene Sünden, die begangen wurden, da Männer der Kirche mehr auf ihre Macht als auf die Anerkennung der rettenden Herrschaft Christi bedacht waren.

Die Kirche kann den Glauben stärken und verbreiten, wenn jeder Christ dankbar sein eigenes Charisma empfängt und gern bereit ist, mit allen zusammenzuwirken, so daß die verschiedenen Zuständigkeiten und Charismen den Geber aller guten Gaben gemeinsam loben. Durch den Geist der Armut wird der Glaube aktiv in Liebe und fähig, die Gemeinschaft der Glaubensverkünder aufzubauen. „Wo Gott herrscht, da herrscht niemand mehr, da entsteht ein herrschaftsfreier Raum, in dem man einander annimmt, einander vergibt, in dem einer des anderen Last trägt, in dem man miteinander Feste feiert und sich freut, ein Raum also, in dem all das möglich wird, was sich im Umkreis Jesu selbst bereits zeichenhaft ereignet."[8]

5. *Die Neuheit des Evangeliums und des moralischen Lebens in Christus*

Voraussetzung der Heilsverkündigung und Glaubenserziehung ist ein tiefes Erleben der absoluten Neuheit des Evangeliums in Christus. Das schließt keineswegs dankbare Bewunderung der Heilswege Gottes aus, die sich vor dem Kommen Christi und heute noch außerhalb des Raumes der Kirche abzeichnen. Der treue Künder der Frohbotschaft ist voller Dankbarkeit für das Geschenk des Glaubens und verkündet, daß alle Wege Gottes in der Geschichte im Evangelium Jesu Christi ihre Vollendung finden, daß *er* die Erfüllung aller berechtigten offenen und verborgenen Hoffnungen der Weltgeschichte ist. „Ich sage

---

[8] *R. Zerfaß*, Herrschaftsfreie Kommunikation: Eine Forderung an die kirchliche Verkündigung?, in: Diakonia 4 (1973) 346; vgl. *H.D. Bastian*, Theologie der Frage: Ideen zur Grundlegung einer theologischen Dialektik und zur Kommunikation. Kirche in der Welt (München 1969).

euch, viele Propheten und Könige verlangten zu sehen, was ihr seht" (Lk 10,24). Wer sich dankbar Christus, dem lebendigen Evangelium, öffnet, wird erneuert vom Heiligen Geist immer mehr staunen über die Neuheit der Heilsbotschaft. Dieses Neuheitserlebnis der Glaubensbotschaft führt auch zu einer dankbaren Kenntnis der Neuheit und des auszeichnenden Charakters der sittlichen Botschaft in Christus.

Zusammen mit dem Glauben an die Herrschaft Gottes wird uns die Gabe des Heiligen Geistes zuteil, der die Herzen und das Angesicht der Erde erneuert. Die gläubige Hingabe an das Evangelium führt zur Erfahrung der Bekehrung auf allen Ebenen und in allen Beziehungen, in denen zu Gott, zum Mitmenschen, zu sich selbst, zur Welt und zum Ganzen des Lebens (vgl. Mk 1,14). So sehr der Vorrang der Frohbotschaft vor der Moral zu betonen ist, so ist doch auch deutlich zu sagen, daß die Verkündigung der Osterbotschaft nicht vollständig ist ohne das Wort und Zeugnis von der Neuheit des Lebens in Christus. „Ich lebe, aber nicht mehr ich, sondern Christus lebt in mir. Was ich aber jetzt im sterblichen Leibe lebe, das lebe ich im Glauben an den Sohn Gottes, der mich geliebt und sich für mich hingegeben hat" (Gal 2,20). „Wandelt in der Liebe, wie auch Christus euch geliebt hat und sich für uns dahingegeben hat als Gabe und Opfer für Gott" (Eph 5,2).

Das Neuheitserlebnis des christlichen Glaubens und Lebens wird schwer verdunkelt nicht nur durch einen Moralismus, der die Werke vor dem Glauben betont und fordert, sondern auch durch die verschiedenen Weisen, in der unsere geschichtlich bedingten Ethosformen und Normen mit den grundlegenden und bleibenden Erfordernissen des Glaubens verwechselt und dann den Völkern auferlegt werden[9]. Wenn die Neuheit sowohl des Glaubens wie des sittlichen Lebens in Christus treu dargeboten wird, ist es leichter, alle echten Werte der verschiedenen Kulturen in das Licht des Glaubens einzubringen und an einer Integration von Glauben und Leben zu arbeiten.

Selbstverständlich werden Heilsverkündigung und Glaubenserziehung die moralischen Werte eines echten Humanismus hoch veranschlagen. So sind sie dann auch fähig, die Gefahren menschlicher Selbstgenügsamkeit durch den Geist der wahren Anbetung Gottes zu entlarven und aufzuzeigen, wie reife Sittlichkeit mit neuen Dimensionen und in einem neuen Verstehenshorizont aus dem Glauben und aus der Dankbarkeit für die unverdiente Gnade Gottes erwächst.

Aus dem Neuheitserlebnis des Glaubens ergibt sich der wirksamste und umgreifendste Ruf zur Bekehrung. Dabei vergessen wir nicht, daß die Heilsverkündigung vielfach Menschen trifft, die schon vorher eine echte Grundentscheidung für das Gute getroffen haben, die einschlußweise schon eine Option für den Glauben und eine dem Glauben entsprechende Sittlichkeit ist – eine Grundent-

---

[9] Vgl. *B. Häring*, Die Neuheit des sittlichen Lebens, in: *ders.*, Die gegenwärtige Heilsstunde (Freiburg i.Br. 1964) 25–33.

scheidung, die jedoch der Entfaltung, eines volleren Bewußtseins und dementsprechend einer radikaleren fortwährenden Bekehrung bedarf[10].

6. *Heilsverkündigung und Präevangelisation*

Jene, die sich der Verkündigung der Heilsbotschaft geweiht haben, werden sorgfältig auf den rechten Augenblick (kairos) achten. Als Jünger Christi werden sie mit mutiger Zuversicht (parrhesia) sprechen, zur Zeit und zur Unzeit, insoweit es um ihre eigenen Interessen geht, aber zur rechten Zeit in bezug auf eine zu erhoffende Fruchtbarkeit ihres Wortes.

Alles, was die eigentliche Heilsverkündigung und Glaubenserziehung vorbereitet, kann man Präevangelisation nennen. Dazu rechnen soziale und caritative Werke, die Pflege und Anhebung der Bildung und Kultur und dergleichen, aber nur insofern als alles dankbarem Glauben entspricht und vom Verlangen begleitet ist, zur rechten Zeit die Herrschaft Christi und sein rettendes Evangelium zu verkünden. Nicht nur Missionare in nichtchristlichen Ländern können nicht zu jeder Zeit direkt das Evangelium verkünden; auch Eltern und andere, denen viel an der Glaubenserziehung liegt, müssen bisweilen auch denen gegenüber, die ihnen anvertraut sind, auf den rechten Augenblick warten, um zu einem fruchtbaren Glaubensgespräch zu kommen. Dabei muß das Zeugnis des in Liebe und Gerechtigkeit, in Friede und Güte aktiven Glaubens dem ausdrücklichen Wort des Glaubens vorangehen[11]. Soziale Tätigkeit und gutes menschliches Verhalten als solche haben nicht den Rang der Präevangelisation, wenn sie nicht aus dem Glauben entspringen und vom Verlangen begleitet sind, die volle befreiende Wahrheit mitzuteilen.

Unter dem Namen Präevangelisation können sich Idole und Ideologien tarnen. Denken wir an jene, die meinen, daß unsere westliche Schulbildung, die Umerziehung von Nomaden in seßhafte Bauern oder Handwerker, die Förderung des technischen Fortschritts und die Verbreitung unserer westlichen politischen Systeme dringender sind als die Heilsverkündigung selbst oder wenigstens eine unabdingbare Bedingung für die Heilsverkündigung. Menschen, die so denken, sind Gefangene ihres Überlegenheitsdünkels, ihrer zu einem Idol gewordenen Kultur. Nicht viel besser steht es um jene Ansicht, die meint, daß man zuerst eine bestimmte Philosophie, bestimmte Ethosformen und Moralsysteme, eine bestimmte Theorie des natürlichen Sittengesetzes lehren müsse, um dann das Evangelium „beizufügen". Ein Evangelium, das nur als Zutat empfunden wird, kann nicht der Sauerteig in der Masse werden.

---

[10] Vgl. *K. Rahner*, Glaubenszugang, in: Mysterium Salutis II, 414–420.

[11] Vgl. *M. Cornelis*, Sortis du ghetto: spiritualité de la préevangelisation à la lumière de Foucauld, Teilhard, Perguère (Paris 1964); *A.-M. Nebreda*, Preevangelisación, in: Misiones extranjeras 15 (1968) 1–15.

Etwas ganz anderes ist es jedoch, wenn wir auf den rechten Augenblick zur ausdrücklichen Verkündigung der vollen Heilsbotschaft warten und unterdessen unseren Mitmenschen helfen, eine Grundentscheidung für das Gute zu treffen und ständig nach besserem Kennen des Wahren und Guten zu streben. Das ist Präevangelisation.

II. Evangelisation und die Zeichen der Zeit

Wer den Glauben lebendig mitteilt, ist Mitarbeiter des Herrn der Geschichte. Darum muß er aufmerksam darauf achten, was Gott uns durch die Ereignisse sagen will. Die ganze Geschichte, insofern sie von Gott in Gang gesetzt und in Gang gehalten ist, trägt den Charakter von Wort-Ereignis und von Ereignis-Offenbarung. Der gleiche Herr, der sich in der Menschwerdung, dem Leiden, dem Tod und der Auferstehung in ganz besonderer Weise als gegenwärtig geoffenbart hat, ist der ganzen Geschichte nahe. Der Heilige Geist erneuert das Antlitz der Erde und die Herzen der Menschen, insbesondere indem er ihnen den Geist der Unterscheidung schenkt, so daß sie die gegenwärtigen Heilsmöglichkeiten, die Hoffnungen und die Wagnisse erkennen können[12].

1. Wie entziffern wir die Zeichen der Zeit?

Die Unterscheidungsgabe ist eine der großen endzeitlichen Kräfte und Tugenden. Sie kommt zur Entfaltung zusammen mit den eschatologischen Tugenden wie Dankbarkeit für all das, was Gott in der Vergangenheit getan hat und was er heute wirkt, Hoffnung, die Gottes Verheißungen durch ein lebendiges Vertrauen und durch Treue preist, Wachsamkeit für die gegenwärtigen Heilsmöglichkeiten und Bereitschaft, dem Herrn entgegenzugehen, wenn er kommt, uns zu rufen und in Dienst zu nehmen. Ein Leben mit dem Herrn der Geschichte ist gekennzeichnet von der Heilssolidarität mit allen Menschen und dem gemeinsamen Bemühen, seinen Ruf in den Ereignissen zu deuten.

Die Unterscheidungsgabe ist ein Geschenk des Heiligen Geistes, das er denen verleiht, die ihn mit ihrem ganzen Leben ehren und nach dem Willen Gottes suchen im Blick auf seine Gnadengaben und die Nöte der Mitmenschen. Der Heilige Geist lehrt uns, alles im Lichte Christi zu sehen, seiner Heilsgeheimnisse, seiner Worte und seiner Gegenwart, gemäß dem Wort Jesu: „Denn aus dem Meinigen wird er es nehmen und euch verkündigen" (Joh 16,14). Im Lichte

---

[12] Vgl. *M.D. Chenu*, L'Évangile dans le temps (Paris 1964); *ders.*, Les signes des temps: réflexions théologiques, in: *Y. Congar* (Hrsg.), L'Église dans le monde de ce temps II (Paris 1969) 191–194; *Paul VI.*, Evangelii nuntiandi n. 3, 20.

Christi nehmen Schöpfung und Geschichte für die vom Geist Gottes geleiteten Menschen die Perspektive der Sakramentalität an, sie sind Zeichen der gnädigen Gegenwart Gottes.

Um wachsam zu sein und die Zeichen der Gegenwart Gottes zu deuten, bedarf es der Verwurzelung in der Glaubensgemeinschaft zusammen mit dem Geist des Gebetes, das Offenheit für den Heiligen Geist bedeutet, so daß er in unseren Herzen rufen kann: „Abba, Vater!" Die Frucht solchen Betens ist Spontaneität, ein schöpferischer Geist, Offenheit, Freiheit und Mut. Eine Glaubensgemeinschaft, deren Gebet der großen prophetischen Tradition folgt und im Gebete immer mehr der Gegenwart Gottes inne wird, der uns nicht nur als Einzelne ruft, sondern zum gemeinschaftlichen Handeln zusammenruft, wird auf die Stimme der Zeit hören und fähig sein, jene Propheten zu erkennen, die die Zeichen der Zeit deuten.

Vertrauen auf den Heiligen Geist erlaubt jedoch in keiner Weise geistige Trägheit. Die Gemeinschaft von Gläubigen, die sich vom Heiligen Geist leiten lassen, wird alle von der göttlichen Vorsehung hier und heute zur Verfügung gestellten Mittel benützen, um zu einer besseren Erkenntnis der Menschen, des Ganges der Geschichte, der sozialen Prozesse und Wechselbeziehungen, z.B. zwischen Religion, Familie, Wirtschaft, Kultur, Politik, zu kommen. Ich denke hier vor allem an die Humanwissenschaften.

Der Heilige Geist verleiht Vertrauen und Mut, die jedoch ebensowenig mit einem oberflächlichen Optimismus wie mit Pessimismus zu tun haben. Die geistlichen Menschen werden immer zuerst auf die positiven Zeichen der Gegenwart Gottes achten, dann freilich werden sie auch ebenso mutig auf jene Zeichen der Zeit achten, die uns herausfordern, dem Übel und den großen Gefahren durch das Tun des Guten zu widerstehen. Die Glaubensverkündigung steht in diesem lebendigen Rahmen der Antwort auf die Zeichen der Zeit. Durch die eschatologischen Tugenden wird der Glaube wahrhaft lebendig und aktiv für die Heilsverkündigung. Glaubenserziehung im Verstehenshorizont der Zeichen der Zeit wird nie ein abstraktes zeitfremdes Reden sein, sondern lebensnahe Bekundung der Heilssolidarität, der Integration zwischen Leben und Kultur, zwischen Glaube und Leben.

Der einzelne Christ und die örtliche Glaubensgemeinschaft müssen, um fähig zu sein, die Zeichen der Zeit zu deuten, der universalen, prophetischen Kirche eingegliedert sein. Aber alle müssen sich bemühen, zu einer immer klareren Schau der Heilsgeschichte und der hauptsächlichen Zeichen der Zeit zu kommen. Die Gesamtkirche wird um so prophetischer sein, je mehr sich die Einzelnen und die örtlichen Gemeinschaften Tag für Tag bemühen, den konkreten Möglichkeiten und Gefahren zu begegnen.

2. *Die ermutigenden und die alarmierenden Zeichen der Zeit*

a) Die ermutigenden Zeichen der Zeit

Bewußt und immer zuerst das Gute in den Menschen zu sehen und sich den ermutigenden Zeichen der Zeit zuzuwenden, gehört ganz wesentlich zur Anbetung Gottes, des Herrn der Geschichte. Wer stets zuerst die entmutigenden, negativen Zeichen sieht und sie vergrößert, gibt praktisch dem Bösen und seinen Anhängern mehr Ehre als dem Schöpfer und Erlöser der Menschheit. Und selbstverständlich ist er dann ganz und gar unfähig, der Welt das Heil zu verkünden und anderen zu helfen, in frohem Glauben zu wachsen.

Im Verlauf unserer Untersuchungen sind wir immer wieder auf eines der dringendsten Zeichen unserer Zeit gestoßen, die Erfahrung von Einheit und Solidarität der Menschheit in einem Maße, wie es früher kaum denkbar war. Auf neue Weise erfahren wir, daß wir alle zusammen im gleichen Schiff sind, um uns entweder von den gefährlichen Tendenzen zu Gewalttätigkeit und Machtmißbrauch zu befreien durch den gewaltfreien Einsatz für Gerechtigkeit oder aber den Schiffbruch vorzubereiten.

Zum ersten Mal im Verlauf der Geschichte können die verschiedenen Kulturen, Rassen, Völker, Religionsgemeinschaften in eine fruchtbare Kommunikation miteinander eintreten. Alle Völker können sich durch die verschiedenen Weisen ihrer Entfaltung gegenseitig bereichern. Diese neuen Erfahrungen und Möglichkeiten gehören zum gesamten Verstehenshorizont heutiger Glaubenserziehung und Glaubensverkündigung. Nur die großen Glaubenswahrheiten und das Zeugnis echter Glaubensgemeinschaft können die Dimensionen menschlicher Solidarität voll beleuchten.

Die ökumenische Bewegung ist eine der wichtigsten Antworten und ein Teil dieser Zeichen der Zeit[13]. Ohne ein leidenschaftliches Sich-Bemühen um die christliche Einheit kann die Kirche der Welt nicht die ihr eigene große Vision von der Einheit des Menschengeschlechtes bringen. Und doch gehört das zu ihrer bleibenden Aufgabe. „Hier finden wir den spezifischen Beitrag der Kirche für die Kulturen: Indem sie an dem vornehmsten Verlangen der Menschen teilnimmt und leidet, wenn es nicht erfüllt wird, möchte sie ihnen helfen, ihre volle Blüte zu erreichen. Darum verlangt sie, den Menschen das anzubieten, was sie zuinnerst auszeichnet: Eine allumfassende Sicht der Menschen und des Menschengeschlechtes.“[14]

Die modernen Massenmedien und andere soziale Prozesse ermöglichten die Ära eines weltweiten Dialogs. Dies verlangt, wie Papst Johannes Paul II. in seiner Antrittsenzyklika wiederholt betont, von der Kirche eine „weltweite Offenheit“. Mehr als je im Verlauf der Geschichte können wir uns heute von

---

[13] Vgl. *E. Lange,* Menscheneinheit – Kircheneinheit (Stuttgart 1973); *J. R. Nelson – W. Pannenberg* (Hrsg.), Um die Einheit und das Heil der Menschheit (Frankfurt a. M. 1973).
[14] *Paul VI.*, Octogesima adveniens, n. 40.

engherzigem Stammesdenken befreien, indem wir uns den Werten und Erfahrungen anderer öffnen und in Dankbarkeit an dem Reichtum ihrer Geschichte und ihrer Kulturen teilnehmen. In dieser geschichtlichen Stunde muß die Kirche darum den Verstehenshorizont des natürlichen Sittengesetzes weiten und die Erfahrungen und gemeinsamen Reflexionen aller Kulturen und Religionen einbringen.

Für die westliche Kirche ist die Zeit eines großen Exodus angebrochen. Bislang hat sie allgemeine Wahrheiten fast ausschließlich in den Begriffen und Erfahrungsbildern der westlichen Kultur ausgedrückt. Heute muß ihr ganzes Leben und besonders ihr Bemühen um Glaubenserziehung und Heilsverkündigung an alle Menschen und alle Schichten von dem Bewußtsein ausgezeichnet sein, daß sich die Einflußzentren von der westlichen Welt auf die Dritte Welt verlagern, nach Asien, Afrika und Lateinamerika hin. Hand in Hand damit geht auch eine tiefgreifende Umwandlung der Welt. Die Jugend von heute spricht eine andere Sprache und ist, wenigstens teilweise, mehr als die ältere Generation zum Dialog vor allem mit den östlichen Kulturen bereit.

Glaubenserziehung und Evangelisation müssen sich der Tatsache bewußt sein, daß wir in einem äußerst *kritischen* Zeitalter leben. Dies gilt zumindest von jenem Teil der Menschheit, der die Zukunft entscheidend beeinflussen wird. In diesem Zusammenhang erleben wir eine neue Betonung von Ehrlichkeit im Suchen nach der Wahrheit, von Ehrfurcht vor der Würde und dem Gewissen jedes Menschen und eine entmythologisierende Einstellung zur Autorität, auch zur kirchlichen. Je mehr sich die Kirche diesen Anliegen öffnet, um so authentischer wird ihr Dienst am Glauben aller sein.

Die kulturelle Umwandlung bringt ein neues Bewußtsein und ein geschärftes Gewissen bezüglich der persönlichen und sozialen Dimension von Freiheit und Befreiung, nicht zuletzt von Gewissens- und Religionsfreiheit. Gerade auch angesichts der Bedrohung durch neue Formen der Manipulation und Unterdrükkung sucht der bessere Teil der Menschheit nach neuen Wegen, den Raum der Freiheit zu erweitern und eine Pädagogik der Freiheit zu pflegen. Nur wenn die Kirche als ganze und alle Gläubigen die Berufung ergreifen, Sakrament der Freiheit und Befreiung zu sein, haben sie Aussicht, den Glauben an Christus, den Erlöser und Befreier, zu verbreiten und zu vertiefen.

Die heutige Kultur ist durch einen immer mehr *dynamischen* Charakter gekennzeichnet. Nicht nur wächst der Umfang der Kenntnis in vorher ungeahnter Weise, sondern das ganze Leben wird mehr und mehr unter dem Blickwinkel der Entfaltung und des Fortschritts gesehen. Die menschliche Psychologie wird als Lebensgeschichte studiert, mit ihrer Chance für Wachstum und der Gefahr für Zerfall und Rückschritt für jene, die nicht bereit sind, an sich zu arbeiten und sich zu ändern. Die Glaubenserziehung kann von der Aufmerksamkeit auf diese Dimension nur gewinnen. Wir haben nur Aussicht, das heute gefährliche Idol einer ständigen wirtschaftlichen Wachstumsrate zu entzaubern, wenn Glaube und Sittlichkeit in der dem Evangelium eigenen Dynamik fortschreitender Bekehrung und des Wachstums im Kennen und Lieben Gottes und der Menschen dargeboten werden.

Wir werden im folgenden dem kritischen Geist unseres Zeitalters besondere Aufmerksamkeit zuwenden; denn er ist eine wertvolle Herausforderung zu einer Erziehung zu reifem Glauben und einer reifen Sittlichkeit.

b) Die Herausforderung der alarmierenden Zeichen der Zeit

Christus ist nicht nur das lebendige Evangelium, sondern auch der Prophet, der den Sinn der Geschichte deutet und dabei die Idole entlarvt, die vielen Masken herunterreißt, hinter denen der Böse seine Pläne verbirgt. Unser fester Entschluß, den ermunternden Zeichen der Zeit und einer frohen, begeisternden Verkündigung der Heilsbotschaft den ersten Platz zu sichern, erlaubt keine Naivität. Aber nur im Lichte des Evangeliums und der positiven Zeichen der Zeit können wir den negativen, alarmierenden Zeichen recht begegnen.

Die größte Herausforderung für Glaube und Glaubenserziehung kommt in unserer Zeit vom Atheismus in seinen verschiedenen Formen (darüber handeln wir im 7. Kapitel in besonderer Weise). Alles, was wir hier über Evangelisation und Glaubenserziehung im Blick auf den kritischen Geist sagen, muß ergänzt werden durch gründliche Überlegungen über die Begegnung des Glaubens mit einer weithin vom Unglauben geprägten Kultur.

Die Gläubigen von heute müssen sich radikal die Frage stellen lassen, wie gerade in der westlichen Kultur, die traditionell unter dem Einfluß der Christenheit stand, außer den verschiedenen Formen des Atheismus mächtige Idole, wie das Idol der Erfolgsgesellschaft und einer rein materiellen Entwicklung, das Idol der Macht, das Idol der Konsumgesellschaft, die auch die Sexualität vereinnahmt, hochkommen konnten. Alle Gläubigen und die Kirche als ganze müssen sich demütig fragen, warum sie nicht wirksamer „Licht der Welt" waren und sind. Sind nicht auch wir Christen gegenüber diesen Idolen anfällig?

Während auf der einen Seite ein neues Bewußtsein der Zusammengehörigkeit wächst, entfalten sich immer schärfer werdende Polarisationen und Konflikte, nicht nur in der weltlichen Welt, sondern teilweise auch in der Kirche. Wir müssen uns selbst hinterfragen, ob wir das Evangelium der Versöhnung durch Wort und Tat treu genug verkündet haben. Kennen alle Christen Jesus Christus als den Versöhner, den Propheten und den Diener? Warum sind die Christen angesichts der Tatsache, daß ihr Lebensstil weithin dem Glauben widerspricht, nicht tiefer erschüttert?

Sprechen wir von Glaubenserziehung und Evangelisation, so ist sicher eines der erschütterndsten Zeichen unserer Zeit die Tatsache, daß einem Großteil der in der Kirche Getauften die Frohbotschaft nie wirksam verkündet wurde und daß sehr viele den Kontakt mit der Kirche verloren haben oder ihr nur in einer distanzierten oder äußerst kritischen Haltung begegnen. All das müssen wir im Auge behalten, wenn wir uns jetzt neuen und alten Fragen und Schwierigkeiten der Glaubenserziehung zuwenden.

III. Gnade und Herausforderung eines kritischen Zeitalters

Auf den folgenden Seiten sprechen wir von Krise und kritischer Haltung in der ursprünglichen Bedeutung des griechischen Wortes „krisis" und in der Art und Weise wie Erik Erikson die Krisen versteht, die den verschiedenen Lebensphasen eigentümlich sind. Wir haben es freilich nicht nur mit den Krisen im Leben des Einzelnen zu tun, sondern mit einer schmerzvollen Wachstumskrise, die die gegenwärtige geschichtliche Epoche der Menschheit kennzeichnet.

„Krise" hat hier grundsätzlich nicht eine negative Bedeutung; aber ihr Ergebnis kann durchaus negativ sein, dann nämlich, wenn die positive Herausforderung nicht bewältigt wurde. Die Krise, von der wir hier sprechen, bedeutet ein geschichtliches Angebot, die Tugend der Kritik (Unterscheidungsgabe) in höherem Maße einzuüben. Geschieht das nicht, so besteht die Gefahr entweder einer gefährlichen Kritiksucht oder aber die Neigung, sich unkritisch der Manipulation oder den Anordnungen anderer zu fügen.

1. *Die neue Situation*

Die Glaubenserziehung kann in einem Zeitalter, in dem jeder sich ganz persönlich für den Glauben entscheiden muß, nicht den gleichen Stil haben wie in dem nunmehr abgelaufenen Zeitalter der Christenheit, in dem, trotz aller Unvollkommenheiten, das Gesamt der Kultur, in die man hineingeboren war, die gläubige Einstellung zu Christus förderte. In den abgelaufenen Jahrhunderten wurden nicht nur alle getauft, sondern nahmen gewöhnlich auch die Lehre und Disziplin der Kirche ohne persönliche Kritik oder Krise an. Selbstverständlich gibt es auch heute noch Menschen, die unter den zweifelhaft gewordenen Bedingungen der alten „Christenheit" oder – was sehr viel besser ist – in einer wahrhaft christlichen, von reifen Gemeinschaften getragenen Umwelt aufwachsen. Im großen und ganzen gilt jedoch, daß nicht nur die sozialen Eliten, sondern auch Großteile des einfachen Volkes, vor allem jene, die für die Zukunft des christlichen Glaubens entscheidend sind, sich durchaus bewußt sind, daß sie selbst verantwortlich sind für ihr Ja oder Nein zum Glauben, nicht selten nach einer langen und schmerzlich empfundenen Krise[15].

In fast allen Teilen der Welt gibt es eine zahlreiche Gruppe, teilweise die Mehrheit der in unseren Taufregistern eingetragenen Menschen, die höchstens als „Randchristen" angesprochen werden können[16]. Dies sind Personen und

---

[15] Vgl. *M. Bellet,* La crisi della fede (Rom 1971); *H. Fries,* Glaube und Kirche auf dem Prüfstand: Versuch einer Orientierung (München-Freiburg 1970).

[16] *P. Lippert,* Die Fernstehenden. Theologische Deutung eines praktischen Problems, in: Theologie der Gegenwart 16 (1973) 154–164; *R. Zerfaß,* Die ‚distanzierte Kirchlichkeit' als Herausforderung an die Seelsorge, in: Lebendige Seelsorge 22 (1971) 149–266.

Personenkreise, die sich nicht ganz von der Kirche oder von der religiösen Tradition loslösen. Zum Teil handelt es sich wohl um laue Christen, die allmählich ihr Interesse nicht nur an der Kirche, sondern auch an Christus verlieren. Es gibt aber auch viele, die durchaus Christen bleiben wollen und Christus ehrlich nachfolgen wollen, der Kirche gegenüber jedoch sehr reserviert oder kritisch eingestellt sind. Sie nehmen die Lehren und Normen der Kirche nicht mehr unbesehen als Ganzes an. Sie sind entschlossen, ganz persönlich in einer existentiellen Weise die Mitte ihres Lebens zu gewinnen. Sie schenken ihre Beachtung nur dem, was in ihren durchaus gewissenhaften Lebensplan paßt, und lassen all das, was sich ihrem Leitmotiv und ihrer Sicht des Lebens nicht einpaßt, links liegen, was nicht heißt, daß sie Dogmen oder andere Lehren der Kirche ausdrücklich leugnen.

Um dieses bisweilen erschreckende Phänomen besser zu verstehen, müssen wir uns erinnern, daß wir alle die auf uns zukommenden Informationen und Wahrheitsaussagen nur wie durch einen Filter auswählend aufnehmen. Viele Dinge berühren unser Lebensinteresse nicht und kommen deshalb nicht an die Oberfläche des Bewußtseins. Wie könnten wir sonst angesichts der Unmenge von Informationen und Tatsachen den Geist des Ganzen bewahren? Aber es handelt sich nicht nur um diese vielfach unbewußte Grundgestalt unseres bewußten Verhaltens. Eine religiös und sittlich bedeutsame Haltung, nicht selten Fehlhaltung, kann dahinterstehen. Die Geschichte der Dogmatik und noch mehr der Moraltheologie zeigt uns zahllose Fälle, wie Konservative, Fortschrittliche, Rigoristen, Laxisten und Männer, die auf eine Schule eingeschworen waren, aus Schrift und Tradition eine ziemlich einseitige Auswahl getroffen haben. Vielfach waren sie geradezu blind angesichts grundlegender und klarer Aussagen der Heiligen Schrift, wie zum Beispiel über evangelische Armut, Einfachheit, absolute Redlichkeit im Denken, Reden und Tun und Treue gegenüber dem unendlich barmherzigen Gott, während sie überempfindlich und überaus streng waren in der Auswahl weniger Schriftworte (Beweistexte der Bibel), zum Beispiel zugunsten rigoristischer und vereinfachender Normen der Sexualmoral oder einer einseitigen Betonung des Privateigentums zuungunsten der sozialen Verantwortlichkeiten.

Heute offenbart sich eine selektive Einstellung auf verschiedene Weise. Sie beschränkt sich nicht mehr auf theologische Schulen und Richtungen, sondern betrifft zahllose Personen aller gesellschaftlichen Schichten, ganze soziale Klassen und Gruppen. Und während die Theologen, ob lax oder rigoristisch, sich oft ihrer wählerischen Einstellung nicht bewußt waren, werden sich heute immer mehr Menschen durchaus bewußt, daß sie eine Wahl verantwortlich treffen müssen. Das ist die heutige kritische Einstellung.

In früheren Zeiten berührten die theologischen Dispute die große Masse nicht. Heute machen dagegen die Massenmedien den theologischen Pluralismus deutlich und fordern so die Einzelnen und Gruppen heraus, selbst Stellung zu beziehen. Der Durchschnittsbürger liest Bücher und Artikel und ist sich infolgedessen durchaus bewußt, daß nicht nur der örtliche Seelsorger, sondern kirchliche Autoritäten auf allen Ebenen Fehler begangen und sich auch in wichtigen Dingen geirrt haben. Wenn deshalb heute kirchliche Dokumente ohne jede Unterscheidung behaupten wollten, daß die Kirche in Fragen der Moral (zum Beispiel der Sexualmoral) und der Glaubenswahrheit nie geirrt habe, dann meldet sich ein ganzes Orchester in den Massenmedien, um alles mögliche in Erinnerung zu rufen. Und dabei wird selbstverständlich übertrieben.

In der Vergangenheit forderten politische Entscheidungen durch kirchliche Autoritäten – durch den Papst als Haupt des Kirchenstaates und als Mitglied politischer Allianzen und durch andere Kirchenfürsten – häufig einen scharfen Antiklerikalismus heraus, der immer noch am Leben ist. Heute entwickelt sich jedoch eine neue Bewußtseinshaltung, die nicht nur an „heiligen Allianzen" Anstoß nimmt, sondern auch kritisch nachdenkt, wie einseitige kirchliche Interessen und Einstellungen von Kirchenführern ihre persönliche Moral und auch ihr Denken und Lehren in wichtigen Fragen des Glaubens und der Sittenlehre beeinflußten. Infolge eines größeren historischen Überblicks und unter dem Einfluß der Humanwissenschaften gibt es immer weniger Leute, die an eine „politische Unschuld" der Kirche glauben[17]. Nur ein neues Denken, eine neue Praxis und eine Bekehrung, die sich auch in neuen Strukturen ausdrückt, kann die Zweifel zerstreuen, die nicht selten weit über eine sachliche Wertung hinausgehen.

Für den eigenen Gebrauch hatte die Theologie die theologischen Qualifikationen, die scharf unterschieden zwischen von Gott gelehrten Wahrheiten, die als Dogmen definiert sind oder das Glaubensbewußtsein der ganzen Tradition bestimmen, Wahrheiten, die höchstwahrscheinlich als Dogmen definiert werden könnten, anderen Lehren, die theologisch sicher erscheinen, und solchen, die mehr oder weniger angenommen oder bezweifelt werden können usw. In der Predigt und Katechese führen jedoch diese Unterscheidungen weithin von der Sache weg. Ein ganzes Paket von Doktrinen mit Spekulationen, wie die über den Limbus, wurde praktisch ohne jede Unterscheidung als Sache des Glaubens präsentiert. Sogar politische Fragen wie die Unverletzlichkeit des Kirchenstaates und der politischen Privilegien des Klerus wurden nicht selten im gleichen Ton vorgetragen. Während früher Christen nur gegen politische Grenzüberschreitungen durch Antiklerikalismus und durch Protest gegen politische Herrschsucht reagierten, ist die Stellungnahme heute vielfach viel radikaler und teilweise auch verworrener. Die allgemeine Autoritätskrise im bürgerlichen und politischen Bereich richtet sich allzuleicht auch gegen die kirchliche Autorität, ganz besonders wenn Strukturen, Hoheitstitel und Herrschaftsstil selbst im Vergleich zu der weltlichen Welt veraltet erscheinen.

Eine andere Ursache heftiger Kritik war die kämpferische Haltung der römisch-katholischen Kirche gegen andere Teile der Christenheit, noch mehr

---

[17] *J.B. Metz*, a.a.O. (s. 4. Kap., Anm. 3) 78 82.

gegen moderne Wissenschaften, moderne Kultur und vor allem gegen das Verlangen der Welt nach Freiheit und der Betonung des Fortschrittes[18]. Eine Haltung des Mißtrauens und der Abwehr gegen die moderne Wissenschaft, vor allem die Humanwissenschaften, die sich oft in verallgemeinernden negativen Urteilen ausdrückt, hat zur Folge, daß in den Augen vieler die Kirche als rückständig dasteht.

Obwohl die Kirche als Gemeinschaft der Heiligen, von Christus selbst eingesetzt und durch den Heiligen Geist in der Wahrheit bewahrt, ein sehr wichtiger Grund der Glaubwürdigkeit ist, so kann doch eine Überbetonung der kirchlichen Autorität und der Heiligkeit ihrer Strukturen nicht dazu beitragen, die Glaubenskrise zu überwinden, wenn die kirchlichen Institutionen und die Art und Weise des Lehrens selbst nicht überzeugend wirken[19]. Vor allem ein autoritärer Herrschaftsstil von Priestern auf verschiedenen Ebenen erinnert an autoritäre Tendenzen und Abweichungen in der weltlichen Gesellschaft und widerspricht dem Grundsymbol der Kirche, nämlich Christus, dem Gottesknechte, und der Seligpreisung der Armen und Demütigen[20].

Apologetik ohne demütiges Eingeständnis des teilweisen Versagens, der Fehler und Sünden in Vergangenheit und Gegenwart löst oft eine paradoxe Wirkung aus[21]. Eine von Mißtrauen geleitete strenge Kontrolle vor allem gegenüber schöpferischen Theologen, Bischöfen und Seelsorgern hat nicht nur die Abwehrhaltung im Volk vermehrt, sondern hat auch zu einer Verarmung in der Glaubenserziehung geführt.

Dietrich Bonhoeffer hat durch sein Kennwort der „mündig gewordenen Welt" die Reaktion der Laien gegenüber einem traditionellen paternalistischen Herrschaftsstil der Kirche beschrieben. Er hat sicher nicht geglaubt, daß der Mensch von heute immer mündig ist, sondern wollte betonen, daß die Laienschaft von heute mit gutem Recht ein mündiges Verhältnis mit dem Klerus sucht. Der Erwachsene will als solcher betrachtet und behandelt werden. Reagiert der Klerus durch Unmündigerklärung der Laienschaft und verweigert deshalb einen Stil der Partnerschaft, so hat der Laie um so mehr Grund, einem paternalistischen Klerus mit dem gleichen Ton und mit den gleichen Waffen zu begegnen.

Es wäre jedoch falsch, zu vermeinen, daß sich die Schärfe der gegenwärtigen Krise allein durch Fehler von seiten des Klerus und höherer kirchlicher Autori-

---

[18] Vgl. den Syllabus Pius' IX. (vom 8. 12. 1864), der mit der summarischen Verurteilung folgender Auffassungen schließt: „Der Römische Papst kann und sollte sich versöhnen mit Fortschritt, mit Liberalismus und mit der modernen Kultur" (DS 2980). Was hier auffällt, ist das Fehlen differenzierender Unterscheidungen.

[19] *K. Rahner,* Die Kirche in säkularisierter Umwelt. Ein Gespräch mit K. Rahner, in: Herder-Korr. 31 (1977) 606–614.

[20] Vgl. *G. Baum,* Religion and Alienation (New York 1975) 234 249. Das Zweite Vatikanische Konzil war sich dieses Problems bewußt.

[21] *A. J. Niij,* Secolarizzazione (Brescia 1973) 332–341.

täten erkläre. Wir müssen uns der allgemein kritischen Haltung bewußt werden, die einer pluralistischen Gesellschaft eigen ist und die heute unvermeidlich ist, um Freiheit und Integrität gegen alle Gefahren der Manipulation zu behaupten. Wir denken auch an den Einfluß, den eine bessere und weit verbreitete Kenntnis der Geschichte, vor allem der Geschichte der Religionen, ausübt, und an die von den Naturwissenschaften und noch mehr von den Humanwissenschaften geformte Mentalität, die der Theologie gegenüber abweisend ist, solange diese ihrerseits die anderen Wissenschaften nicht zu schätzen weiß und sich der Verschiedenheit der Methoden nicht genügend bewußt ist.

In letzter Zeit wurden eine Reihe empirischer Studien durchgeführt über den Grad der nur teilweisen Identifikation bzw. der teilweisen Distanzierung von der Kirche: von ihren Strukturen, ihren Lehren und ihren sittlichen Normen. Ich verweise auf eine vom Zentralkomitee der Deutschen Katholiken durchgeführte Untersuchung über die Lage in Westdeutschland[22] und eine andere von Andrew Greeley durchgeführte Untersuchung über die Situation in den Vereinigten Staaten von Nordamerika[23]. Beide Studien kommen zu ähnlichen Schlußfolgerungen. Die wachsende kritische Distanzierung von der kirchlichen Autorität drückt sich auch durch eine geringere Teilnahme am sakramentalen Leben der Kirche aus. Es ist jedoch deutlich geworden, daß die nur teilweise Identifizierung mit gewissen Lehren und Normen der Kirche eine leidenschaftliche Liebe zur Kirche und ein lebendiges Interesse an ihrer Zukunft nicht ausschließt. Eine kritische Haltung kann ein Leiden an der Kirche und ein Zeugnis für die erlebte Zugehörigkeit zu ihr sein.

Greeley schreibt: „Es zeigt sich ein signifikanter jährlicher Rückgang bei der Annahme der Legitimität kirchlicher Autorität. 1963 dachten 70% der Katholiken, daß es ‚sicher wahr ist', daß Jesus die Führung der Kirche dem Petrus und den Päpsten übertragen hat; 10 Jahre später fiel der Prozentsatz auf 42. Nur 32% der Befragten denken, es sei ‚sicher wahr', daß der Papst unfehlbar ist, wenn er in Sachen des Glaubens und der Moral feierlich spricht." Greeley kommt zur Schlußfolgerung, daß „die Loyalität der Kirche gegenüber fortbesteht, aber in einer sich wandelnden Form"[24]. Er ist aufgrund des vorliegenden Materials überzeugt, daß das Zweite Vatikanische Konzil das Zutrauen zur Kirche und den Einsatz für sie gestärkt hat, daß jedoch die nachkonziliäre Ära, besonders seit 1968, zu einer deutlichen Abnahme führte. Eine Hauptursache scheint ihm die Nichtidentifikation mit bestimmten von der kirchlichen Autorität vorgelegten Normen der Sexualethik zu sein[25]. Die Studie über den deutschen Katholizismus weist auf den Konflikt bezüglich sittlicher Normen als

[22] Vgl. *D. A. Seeber*, Kirchendistanzierte Religiosität. Zu einer Studie der Pastoralkommission des Zentralkomitees der deutschen Katholiken, in: Herder-Korr. 31 (1977) 444–449.
[23] *A. Greeley*, The American Catholic. A Social Portrait (New York 1977).
[24] Ebd. 128.
[25] Ebd. 138ff.

Ursache der Distanzierung hin, umgeht jedoch die Frage, wieweit der Eindruck der Rückschrittlichkeit oder der Einseitigkeit diesbezüglich an der Entfremdung von Christen gegenüber der Kirche schuld ist[26].

Zweifellos spielt eine große Rolle die Abwehrhaltung gegenüber dem alten Kirchenrecht und gegenüber kirchlichen Amtsträgern, die, als ob nichts geschehen wäre, die früheren Normen auferlegen wollen, die nach dem Empfinden des Volkes im Widerspruch zum Geist des Zweiten Vatikanischen Konzils stehen. Im Kreuzfeuer der Kritik steht vor allem auch das System und die Praxis der Ehegerichtsbarkeit, obwohl anerkannt werden muß, daß sich in weiten Teilen der Kirche hier vieles zum Besseren gewandelt hat[27]. Aber während in einigen Nationen die Kirchenrechtler zur Vorhut der Erneuerung wurden, pflegen andere geradezu noch einen Kult des geschriebenen Wortes, der weder dem Evangelium noch den gegenwärtigen seelsorglichen Nöten entspricht.

Eine andere unbestreitbare Tatsache ist, daß besonders vor dem Konzil die liturgische Erneuerung sich nur durch Verletzung oder Ignorierung bestehender unzeitgemäßer Normen eine Bahn brechen konnte und daß amtliche Billigung erst dann stattfand, wenn der Wandel eine vollendete Tatsache war. Das Vertrauen zur Kirche litt dort schwer, wo nach dem Konzil ein Teil der Amtsträger die liturgische Erneuerung nur mit lauwarmem Interesse durchführte und dabei den tieferen Sinn den Gläubigen nicht erklärte.

Viel Kritik fand der unter einem Großteil des Klerus vorherrschende Sündenbegriff vor allem dann, wenn Amtsträger über den Verlust des Sündengefühls unter dem Volke klagten und dabei völlig übersahen, daß sich in wichtigen Fragen, wie solchen der sozialen und internationalen Gerechtigkeit, der Verantwortung für den Frieden und einer absoluten Redlichkeit, die prophetische Sicht der Sünde durchsetzte[28].

Die regelmäßige Ohrenbeichte ist in Krisis geraten, unter anderem weil manche Beichtväter sich immer noch als eine Art von Kontrollbeamten betragen, denen es allzu wichtig erscheint, genaue Zahlen, Art und Einzelheiten der Sünden zu wissen, um urteilen zu können, ob es sich um eine Todsünde oder läßliche Sünde handelt, auch in Fällen, wo dieses Interesse nichts zu tun hat mit dem Heil und der Bekehrung. Besonders scharf ist die Reaktion gegen ein übertriebenes Ausfragen über Sünden des sechsten Gebotes, das besonders seit der Enzyklika „Casti Connubii" (1930) weithin überhandnahm. Ich begegnete Hunderten von Katholiken, die auf lange Zeit den Sakramenten fernblieben, weil sie den Rigorismus bezüglich Masturbation und ähnlicher Fragen für unberechtigt hielten.

---

[26] *D. A. Seeber*, a.a.O. 449.

[27] Vgl. *M. West – R. Francis*, Scandal in the Assembly (London 1970).

[28] Vgl. *B. Häring*, Sünde im Zeitalter der Säkularisation (Graz 1974).

2. *Glaubenserziehung im Blick auf die neue Situation*

a) Bedeutung der Unterscheidungsgabe

Im Dekret über die Missionstätigkeit der Kirche (Nr. 39) gibt das Zweite Vatikanische Konzil den Theologen den Auftrag, die missionarische Dimension ihrer Fächer herauszuarbeiten. Meines Erachtens muß der Moraltheologe, um dieser wichtigen Aufgabe gerecht zu werden, ganz besonders die allmähliche Glaubenserziehung durch Weckung und Schärfung der Unterscheidungsgabe beachten.

Autoritätsträger, denen es mehr um Ordnung und Disziplin und Wiederholung früherer Lehrformeln und Normen als um das mutige Suchen nach der Wahrheit geht, sind bisweilen allzusehr geneigt, jede kritische Auseinandersetzung als destruktiv und als Mangel an Ergebenheit zu verurteilen. Moraltheologen, die nach reiflicher Überlegung eine bessere Formulierung und genauere Unterscheidungen bezüglich gewisser traditioneller Moralnormen vorschlagen, werden allzuleicht verdächtigt, daß sie den Ernst des christlichen Lebens verkennen. Johann Baptist Metz drückt wohl die Meinung zahlreicher Theologen aus, wenn er sagt: „Nicht ein Zuviel an Kritik, sondern ein katastrophaler Mangel an fundamentaler und eingeübter kritischer Freiheit ist eine der Ursachen der kirchlichen Krise heute. Wer die rein autoritäre Erkenntniserwartung der Gläubigen gegenüber der Institution Kirche korrigiert, arbeitet nicht an der Destruktion der Kirche; er handelt auch keineswegs lieblos gegenüber dem einfachen Kirchenvolk, sondern er ringt um die Chance einer dezidierten Kirchlichkeit von morgen."[29]

Glaubenserziehung ist nicht denkbar ohne Anleitung zur Unterscheidungsgabe; denn das Ziel ist ein reifer Glaube und, soweit möglich, sinnvolle und gelassene Bewältigung der unvermeidlichen Wachstumskrisen. Seelsorger und Erzieher müssen sich darauf gefaßt machen, daß der Übergang zum erwachsenen Glauben über schöpferische Krisen führt, während der junge Mensch nach voller Identität und Selbstverwirklichung strebt[30]. Die Erzieher müssen sich selbst vor jeder bitteren Kritik hüten und durch Beispiel und Wort eine liebende Kritik, d.h. ein liebendes Unterscheiden, lehren. Dabei gilt es, ein sympathisches Verständnis für die Kirche auf ihrem Weg durch die wechselreiche Geschichte und den bisweilen tiefen Kontrast zwischen ihrer Sendung und dem Wertsystem eines großen Teils der Gesellschaft mitzuteilen.

Der Erzieher muß nicht nur selbst mit sorgfältiger Unterscheidung lehren, sondern auch ausdrücklich zu einem Glauben anleiten, der das Bleibende vom Wandelbaren zu unterscheiden weiß. Was das Zweite Vatikanische Konzil den Theologen sagt, gilt für alle: sie müssen „nach einer geeigneteren Weise suchen,

---

[29] *J.B. Metz*, Reform und Gegenreform heute (Mainz 1969) 20.

[30] Vgl. *H. Bars*, Die göttlichen Tugenden (Aschaffenburg 1963) 42.

die Lehre des Glaubens den Menschen ihrer Zeit zu vermitteln. Denn die Glaubenshinterlage selbst, d.h. die Glaubenswahrheiten, darf nicht verwechselt werden mit ihrer Aussageweise, auch wenn diese immer denselben Sinn und Inhalt meint."[31] Das Verständnis für den kulturbedingten Charakter dogmatischer Formulierungen und ihre Eingestaltung in das kulturell sich verändernde Weltverständnis muß zum allgemeinen Gut werden. Selbst wo es sich um ausdrückliche Dogmen handelt, kann die Kirche nicht Formeln besitzen, die für alle Kulturen und Zeiten die gleiche Bedeutung haben und das Herz der Menschen in gleicher Weise bewegen. Im Vergleich mit früheren Äußerungen römischer Behörden ist die Erklärung „Mysterium Ecclesiae" der Glaubenskongregation als bedeutsamer Fortschritt in dieser Sache anzusehen. Die Bedingtheit der Aussageweise des Glaubens durch Kultur, Sprache und Philosophie ist ausdrücklich anerkannt[32].

Schon in der neutestamentlichen Glaubensverkündigung zeichnet sich eine Verschiedenheit der Aussageweise entsprechend dem Zuhörerkreis der inspirierten Verfasser ab. Und im Verlauf der Zeit zeigt der Glaubensausdruck eine reiche Vielfalt, sei es in Poesie, in bildender Kunst, in Musik, in Volksfrömmigkeit, in Liturgie und Theologie[33].

Anleitung zur Unterscheidungsfähigkeit in Sachen des Glaubens besagt nicht nur das Darbieten von Kriterien, um im Wechsel der Formulierungen die bleibende Wahrheit zu erkennen, sondern ein Hinführen zur Glaubenserfahrung und zur Wachsamkeit über unsere Motive. Dabei richten wir unsere Aufmerksamkeit auf die Glaubenserfahrung der Heiligen, mit denen zu leben wir das Glück haben, und derer, die wir aus der Geschichte kennen. So kommen wir auch erfahrungsmäßig Christus näher, auf den sich der Glaube der Apostel (vgl. 1 Joh 1,1–3) und unser Glaube richtet.

Immer wieder müssen wir daran erinnert werden, daß wir in Unterscheidungsfähigkeit und Mündigkeit des Glaubens nur fortschreiten können, wenn wir bereit sind, die Wahrheit in die Tat umzusetzen. „Wer die Wahrheit tut, kommt zum Licht, damit seine Werke offenbar werden, daß sie in Gott getan sind" (Joh 3,21). Nur wenn wir wie Paulus voller Vertrauen sind, können wir anderen auf dem Weg des Glaubens Gehilfen werden. „Ich weiß, auf wen ich meine Zuversicht gesetzt habe" (2 Tim 1,12). Das dispensiert uns freilich keineswegs von dem Bemühen, auf intellektuelle Schwierigkeiten durch intelligente Fragen und vernünftige Gründe zu antworten. Wir dürfen nicht alle Glaubensschwierigkeiten oder eine Glaubenskrise auf moralisches Versagen zurückführen.

---

[31] GS 62; vgl. Eröffnungsansprache Johannes' XXIII. zu Beginn des Konzils AAS 54 (1962) 792.

[32] Vgl. *A. Dulles*, Infallibility Revisited, in: America vom 4. 8. 1973, 55–58; *K. Rahner*, Mysterium Ecclesiae: Zur Erklärung der Glaubenskongregation über die Lehre von der Kirche, in: St. d. Zeit 191 (1973) 579–594, bes. 588f.

[33] *K. Rahner – K. Lehmann*, Kerygma und Dogma, in: Mysterium Salutis I, 622–707, bes. 702ff.

Glaubenserziehung muß um die Geschichte des Glaubens im Leben jedes Einzelnen wissen. In seiner Abhandlung über die Geschichte des Glaubens und Glaubenszweifels betont Romano Guardini, daß wir um die spezifischen Formen des Glaubens des Kindes mit seinem Grundvertrauen, um die kritische Haltung der heranwachsenden Jugend im Ringen um persönliche Überzeugungen und um den weisen und schlichten Glauben älterer Menschen wissen müssen[34].

b) Betonung absoluter Redlichkeit im Suchen nach der Wahrheit

Ein wichtiges Kriterium, das Heranwachsenden und Erwachsenen in Zeiten der Glaubenskrise helfen kann, ist die Frage: Ist dir das Suchen nach der Wahrheit und die Bereitschaft, dein Leben der Wahrheit entsprechend einzurichten, das vordringlichste Anliegen deines Lebens? Ist dies der Fall, so ist praktisch die Grundhaltung des Glaubens gegeben.

Die Worte des ersten Johannesbriefes: „Die Lieblosen kennen Gott nicht; denn Gott ist die Liebe" (1 Joh 4,8), sind Hilfe und Trost für jene, die mit ganzem Herzen danach fragen, was echte Liebe ist, und sich um ein gesundes Verhältnis zum Nächsten und zu ihrer ganzen Umwelt bemühen und trotz Glaubensschwierigkeiten in der wahren Liebe zunehmen. Die Grundfrage ist immer die Ehrlichkeit unseres Gewissens. Denn was immer unsere Schwierigkeit sein möge, ein redliches Gewissen ist der beste Weg zu größerer Fülle des Lichtes.

Wir können anderen in ihren Schwierigkeiten nur helfen, wenn diese wissen, daß sie zu uns mit Vertrauen und darum mit absoluter Offenheit reden können. Vertrauen ist ein Grundelement des christlichen Glaubens. Darum müssen wir eine Atmosphäre gegenseitigen Vertrauens schaffen, wenn wir dem Wachstum im Glauben dienen wollen. Dies wird allen Beteiligten zugute kommen.

In dem Dokument vom 5. Juli 1977 ermuntert die Kongregation für katholische Erziehung die Lehrer zu einer Methode, in der nicht so sehr fertige Antworten dargeboten, sondern die Schüler angeleitet werden, selbst nach der Wahrheit zu suchen, um sie sich persönlich anzueignen[35]. Die religiöse Erziehung hat heute eine Chance nur, wenn sie schöpferisch ist und eine Atmosphäre schafft, in der Aufrichtigkeit, gegenseitiges Vertrauen und schöpferische Spontaneität gedeihen[36].

---

[34] *R. Guardini*, Glaubensgeschichte und Glaubenszweifel, in: *ders.*, Glaubenserkenntnis (Würzburg 1949) 107ff.; *ders.*, Die Lebensalter (Würzburg [4]1957); *O.F. Bollnow*, Krise und neuer Anfang (Heidelberg 1963); *P. Schmidt*, Glaubenserfahrung und Glaubenskritik. Der Beitrag R. Guardinis zu einer kritischen Theologie des Glaubens, in: Theol. u. Glaube 64 (1974) 323 bis 337.

[35] Dokument über die katholische Schule, veröffentlicht durch die Kongregation für katholische Erziehung, vom 5.7.1977, in: Herder-Korr. 31 (1977) 407–417.

[36] *H. G. Koch*, Religionsunterricht – Last oder Chance, in: Herder-Korr. 31 (1977) 436.

c) Hierarchie der Wahrheiten in einer echten Synthese

Glaubenserziehung bedeutet nicht das Aneinanderreihen von Dogmen und Normen, sondern vielmehr das Bemühen, die Menschen in Kontakt mit Christus zu bringen, dem lebendigen Evangelium. Und dazu dient vor allem eine Gesamtschau, die dem Leben Richtung gibt im Blick auf die Verherrlichung Gottes. Wir können das Ganze der Glaubenserziehung in drei sich überschneidenden Kreisen darstellen: 1) Gott kennen, wie er sich in Jesus Christus geoffenbart hat; 2) den Menschen kennen, dessen Gesamtberufung Gott im Gottmenschen Jesus Christus geoffenbart hat, im Blick auf die gesamte menschliche Erfahrung und gemeinsame Überlegung; 3) beten lernen, wobei Gebet verstanden ist als Integration von Glauben und Leben. Echte Glaubenserziehung ist unmöglich, wenn wir Dogma und Moral in zwei getrennte Stücke zerteilen. Heilswahrheit ist Licht und Kraft für unser Leben. Wir verstehen die Sittlichkeit des Christen als Lebensausdruck seines Glaubens.

Theologie verdient den Rang als heilige Wissenschaft nur durch die Ganzheitsschau. Diese verlangt eine Hierarchie der Wahrheiten. Systematische Theologie will ein anziehendes Bild des Ganzen geben mit Christus als der Mitte. Für die Glaubenserziehung kommt noch ein neuer Gesichtspunkt dazu. Es ist nicht nur eine Frage nach der absoluten Hierarchie der Wahrheiten in einer systematischen Ganzheitsschau, sondern das existentielle Suchen nach dem Geist des Ganzen mit einem zündenden Leitmotiv und sodann das stufenweise Einbringen und Verlebendigen einzelner Wahrheiten in diese existentielle Synthese.

Lebendiger Glaube kann sich nicht auf die Dogmen beschränken, er umfaßt alles, was im Lichte Christi und des gesamten Heilsgeheimnisses dem Leben Sinn und Richtung gibt. Es ist der von der Gnade geleitete Versuch, das ganze eigene Leben und das Gesamt von Geschichte und Gesellschaft, die uns mittragen und die wir mittragen sollen, in einer lebendigen Synthese zu sehen. Wer der Glaubenserziehung dienen will, muß sehen, daß es sich um einen Werdeprozeß handelt, in dem der einzelne seine ihm zukommende vitale Ganzheitsschau allmählich findet und so die Glaubensgemeinschaft bereichern kann, in der Einheit in Verschiedenheit und Verschiedenheit in Einheit der wahre Reichtum sind.

Oberflächliches Gerede über den Glauben von Leuten, die nicht den Geist des Ganzen suchen, kann zu einem gefährlichen Pluralismus führen, der sowohl der Einheit wie der Heilssolidarität widerspricht. Ganz anders steht es um das Glaubensgespräch von Menschen, denen es um den Gewinn der bestmöglichen Integration zwischen Glauben und Kultur, Glauben und Leben geht. Ihr Füreinander und Miteinander kann, soweit es als gelungen gelten darf, zu einem echten Pluralismus führen, der nicht Gefahr, sondern Bereicherung bedeutet[37].

[37] Vgl. *M. Légaut*, a. a. O. (s. Anm. 2) 151–289.; *E. Gautier*, La foi due selon Marcel Légaut face à la foi de l'Église (Dinan 1974).

d) Wachstum im Glauben

Durch den Glauben ergreift uns Gottes Liebesherrschaft und wird in uns und durch uns zu einer schöpferischen Kraft. Die Gleichnisse vom Reich Gottes, die von der Dynamik des Wachsens handeln, gelten für den Glauben jedes Einzelnen und der ganzen Gemeinschaft. Glaube ist „einem Senfkörnlein zu vergleichen, dem kleinsten der Samen, der zu einem Baum wächst, in dem die Vögel des Himmels nisten können" (Mt 13,31f.). Wie das Reich Gottes, so ist auch der Glaube „gleich einem Sauerteig, den eine Frau nahm und unter drei Scheffel Mehl mengte, bis es ganz durchsäuert war" (Mt 13,33). Durch den Glauben wird das ganze christliche Leben zum Ausdruck der drängenden Kraft Gottes. Glaube ist Gnade und Ruf zu fortwährender Bekehrung, in der das Evangelium allmählich das ganze Sinnen und Trachten durchgestaltet. Glaube ruft nach ständigem Wachstum in die Tiefe und Breite.

Der Gläubige kann sich mit teilweiser Blindheit und mangelnder Tiefe seines Glaubens nicht einfach abfinden. Er muß das gleiche Verlangen in sich tragen wie der Völkerapostel: „Nicht daß ich es schon ergriffen hätte oder schon zur Vollendung gekommen wäre; ich jage ihm aber nach, um es zu ergreifen, wie ich von Christus Jesus ergriffen worden bin" (Phil 3,12). Im Füreinander und Miteinander gewinnen wir Geduld und Ausdauer. „Die Liebe erträgt alles, sie glaubt alles, sie hofft alles, sie erduldet alles" (1 Kor 13,7).

e) Schöpferischer Zweifel

Im eigenen Wachstum und für die Hilfe in der Glaubenserziehung ist es richtig, die unterschiedliche Bedeutung von „Glaubenszweifel" zu untersuchen[38]. Das eine Extrem ist anmaßendes Zweifeln, hartnäckige Verweigerung einer klaren Glaubensentscheidung. Am anderen Ende steht der schöpferische Zweifel als Ausdruck des ganz ernsten und aufrichtigen Suchens nach mehr Licht – entweder auf dem Weg zu letzter Glaubensentscheidung oder im Verlauf der fortschreitenden Bekehrung zu einem tieferen und erleuchteteren Glauben. Dazwischen stehen alle möglichen Schattierungen und Mischungen von Gut und Übel. Der Zweifel kann die Glaubwürdigkeit der Offenbarung in Jesus Christus betreffen oder einzelne Dogmen, die ganz zentral sind, wie die Gottheit Christi und die Auferstehung. Es kann sich aber auch um einen bloßen Zweifel handeln, ob gewisse Lehren wirklich zum Glaubensschatz gehören. Auch gegenüber amtlich vorgelegten Lehren der Kirche kann man bisweilen zu Recht im Zweifel sein, ob es sich dabei um endgültige und irreformable Lehren handele. Der Zweifel kann sich schließlich auf ein Tabu oder eine abergläubische Auffassung richten, die man bisher als zu der christlichen Religion gehörig betrachtete, so daß also der Zweifel ein unerläßlicher Weg zu einem reiferen Glauben ist.

---

[38] Vgl. W. *Wunderle*, Glaube und Glaubenszweifel moderner Jugend (Düsseldorf 1932); *J. Pieper*, Über die Schwierigkeit heute zu glauben. Aufsätze und Reden (München 1974); *W. J. Bausch*, Do You Believe? Contemporary Insight on the Question of Faith (Grand Rapids 1975).

Hier sprechen wir nicht vom „häretischen" Zweifel, dem ein willkürliches, selbstherrliches Auswählen zugrunde liegt. Wir sprechen auch nicht vom „objektiv häretischen Zweifel", bei dem es nicht um willkürliches Auswählen geht, sondern um eine Auffassung oder ein Zweifeln, das objektiv der Glaubensfülle und Glaubenssicherheit widerspricht. Ohne eine solche „objektive" Sprechweise als sinnlos anzusehen, behandeln wir hier in der Moraltheologie das Problem von der subjektiven Haltung der einzelnen Person her[39]. Es geht uns um die Wahrheit, gerade insofern wir auf den nach Wahrheit suchenden Menschen schauen.

Zweifel als gewissenhaftes und demütiges Suchen und Fragen bezüglich bestimmter Punkte der christlichen Lehre können dem Glauben helfen, ehrlich und echt zu bleiben und reifer zu werden[40]. Offenes und aufrichtiges Fragen schadet der Glaubensentscheidung nicht, solange sich der Glaubende fest an die zentralen Wahrheiten der christlichen Botschaft klammert und in einem ständigen, ehrlichen Streben nach besserer Kenntnis und Integrierung für alle Wahrheiten offenbleibt. Solange unser Zweifeln Ausdruck der demütigen Bereitschaft ist, seine eigenen Meinungen zu revidieren und seine Kenntnis zu vertiefen, gehört dies zum Weg des Glaubens.

So steht es ja mit der Kirche als ganzer, die eine Pilgerkirche ist. Im Laufe der Zeiten kam sie zu einem tieferen Verständnis vieler Aspekte des Glaubens und hat bezüglich mancher Lehren, die eine Zeitlang von vielen als theologisch sicher angesehen wurden, notwendige Unterscheidungen oder gar Korrekturen angebracht. Fanatisches Streiten und starres Festhalten an alten Formeln durch manche Theologen und Theologenschulen hat die Kirche bisweilen verwundet. Die Glaubensentwicklung der Einzelnen spiegelt Aspekte der Geschichte der Kirche wider. Es gibt einen heilsamen Zweifel, der die ungesunde Haltung jener entlarvt, die entweder mit Fanatismus gewisse Auffassungen auferlegen wollen oder aber sie mit einem ähnlichen Fanatismus leugnen. Der schöpferische Zweifel vertieft in uns die Offenheit für das Ganze der Offenbarung in Jesus Christus[41].

Romano Guardini folgt der Auffassung Kardinal Newmans und ist überzeugt, daß ein starker Glaube gewissen Formen des Zweifelns und Suchens einen positiven Stellenwert geben kann. Die Zweifel des echten Gläubigen entstehen nicht nur von bloß intellektuellem Mangel an Einsicht noch auch aus sittlichem Versagen; sie sind vielmehr eine innere Möglichkeit des Glaubens selbst, eines Glaubens, der sich der Pilgersituation und der inneren Notwendigkeit ständiger Reinigung und stetigen Voranschreitens bewußt ist[42].

---

[39] *K. Rahner – K. Lehmann,* a.a.O. 646.

[40] *A. Schmied,* Wahrhaftigkeit und Glaube, in: Studia Moralia 15 (1977) 441.

[41] *P. W. Schefe,* Kirchliches Dogma und persönliches Gewissen im Widerstreit, in: Alles in Christus (Paderborn 1977) 32–49.

[42] Vgl. *R. Guardini,* Unterscheidung des Christlichen (Mainz ²1963) 290; *P. Schmidt,* a.a.O. (s. Anm. 34) 335.

f) Die Sünde des Nicht-zweifeln-Wollens

Stimmt die obige Analyse des Zweifels im Fortschreiten der Tiefe und Reinheit des Glaubens, so ist es leicht, einzusehen, daß ein totales Sich-Sperren gegen jeden Zweifel von seiten eines Gläubigen ein Zeichen mangelnder Bereitschaft zum Lernen und Umlernen sein kann. Wie kann der Gläubige seine Glaubensentscheidung vertiefen und sein Glaubenswissen vervollkommnen und reinigen, wenn er vermeint, im festen Besitz aller Glaubenswahrheiten zu sein? Der äußere Anschein der Festigkeit eines solchen Glaubens, der keinem Zweifel Raum gibt, kann die äußere Fassade eines Sicherheitskomplexes oder aber einer gefährlichen Selbstsicherheit sein, die sich dem Lichte mehr und mehr verschließt.

g) Der sündige Glaubenszweifel

Solange sich der Gläubige nicht mit ganzer Demut in der Reinheit der Motive zum lebendigen Gott bekehrt hat, besteht immer noch die Gefahr eines sündigen Zweifelns, das seinen Grund in geistiger Trägheit oder aber in Anmaßung hat. Es gibt jene Formen des Zweifelns, die in ihrer Gefährlichkeit uns daran erinnern sollten, den Glauben demütig als unverdientes Geschenk Gottes zu ehren und unablässig zu beten: „Herr, ich glaube; hilf meinem schwachen Glauben!"

Begegnen wir Mitchristen, die hartnäckig sichere Lehren der Kirche leugnen, so können wir vielfach nichts Besseres tun, als sie einfach zu bitten, ihr Urteil zu suspendieren und in Erneuerung ihrer Glaubenszustimmung vor Gott ihre Bereitschaft zu erklären, weiterhin suchen zu wollen.

IV. Glaubensverkündigung in einer dynamischen Ära

Viele Spannungen und Konflikte innerhalb der Glaubensgemeinschaft haben ihren Grund in entgegengesetzten Denkweisen. Oft stehen sich eine statische und eine dynamische Weltsicht gegenüber, die mit einer entsprechenden Charakteranlage zusammenstimmen. Was den Dialog mit der Welt von heute betrifft, so hat das Zweite Vatikanische Konzil dem schnellen Übergang von einer mehr statischen zu einer mehr dynamischen Weltsicht große Bedeutung beigelegt[43]. Jeder sollte sich, bevor er sich in Dispute einläßt, über diese Frage Rechenschaft ablegen und sich seiner psychischen Tendenzen bewußt werden. Sonst redet man allzuleicht aneinander vorbei.

Wollen wir Licht der Welt sein, dann müssen wir zu allen Zeiten, ganz besonders aber heutzutage, unseren Glauben radikal im Blick auf die bewegte Geschichte Gottes mit den Menschen ausdrücken. Als Heutige sind wir uns

43 GS 5.

dabei vor allem der Evolution als Vorbereitung der Geschichte und der Einzigkeit der menschlichen Geschichte bewußt.

Das Tempo der geschichtlichen Ereignisse und Umformungen hat sich zweifellos enorm gesteigert.

Das Wachstum der Weltbevölkerung, die weltweite Kommunikation, die neue Erfahrung der Schicksalsgemeinschaft sind nicht denkbar ohne den fast unglaublichen Fortschritt von Wissenschaft und Technik. Die Menschheit von heute macht nicht nur gelegentliche Entdeckungen, sondern sie hat die Kunst der systematischen Entdeckung entwickelt. Und dies wird sich für die weitere Geschichte nachhaltig auswirken.

Es leben zur Zeit wahrscheinlich mehr geschulte Wissenschaftler und Forscher als in allen Generationen der Menschheitsgeschichte vor uns zusammen. Die berufliche Spezialisierung schreitet unablässig fort. Westliche Denkweise und wissenschaftliche Schulung breiten sich auch in der sogenannten Dritten Welt schnell aus. Und dieser größere Teil der Welt spürt die Notwendigkeit, die wirtschaftliche Entwicklung energisch voranzutreiben, um die wachsende Bevölkerung zu ernähren. Daneben gibt es in der westlichen Welt eine bedenkliche Ausweitung der wirtschaftlichen Produktion und des Konsums mit unvorhersehbaren Folgen für die Ökologie. Die unverantwortliche Ausbeutung unersetzlicher Bodenschätze ist kein gutes Zeichen für die Zukunft der Menschheit. Die Zuwachsrate des Bruttosozialproduktes ist in vielen Ländern zu einem Idol geworden.

Der negativste Aspekt unseres dynamischen Zeitalters ist der unerhörte „Fortschritt“ der Rüstungsindustrie. Die übermächtigen Nationen sind heute in der Lage, die ganze Erdbevölkerung auszurotten. Es ist höchste Zeit, daß alle verantwortungsbewußten Menschen einer solchen Dynamik entgegenarbeiten.

All das ist eine Herausforderung für die Theologie. Die Glaubenserziehung kann an diesen Tatsachen nicht vorübergehen. Nur wenn es uns gelingt, unseren Glauben in der Dimension der eschatologischen Tugenden, der dauernden Dankbarkeit, einer klaren Wegrichtung, des Vertrauens und der Hoffnung, der Wachsamkeit, der Bereitschaft und der Unterscheidungsfähigkeit, des Geistes der Einfachheit und Gelassenheit zu leben, können wir die Ideologien einer falschen Dynamik entlarven und die rettende Macht des Evangeliums verkünden.

Das geistige Wachstum der Menschheit hat nicht Schritt gehalten mit der wirtschaftlichen, technischen und wissenschaftlichen Entwicklung. Die der menschlichen Natur wesentliche Dynamik ist zum großen Teil fehlgeleitet und einseitig verschlungen von den Gebieten der Technologie, der Produktion und des Handels. Allzu viele haben den Geist des Ganzen verraten und haben ihre vornehmsten Fähigkeiten, die des Bewunderns, der Anbetung, der geistigen Aufgeschlossenheit und Verantwortlichkeit, der schöpferischen Freiheit und Treue eingebüßt.

Glaubensverkündigung oder verschiedene Formen der Präevangelisation müssen die Menschen von heute überzeugen, daß sie einer schweren Unterentwicklung erliegen, wenn sie nicht lernen, Maß zu halten und sich von unweisen Praktiken technologischer, materieller Entwicklung zu befreien. Dem Menschen, der schon infolge eines existentiellen Vakuums in vielfältiger Weise krank wird, sollten wir durch Wort und Beispiel den Wert wahrer Muße, den Sinn für das Schweigen offenbaren, so daß er in das innerste Heiligtum seines eigenen Gewissens eingehen und in seiner Tiefe der Gegenwart Gottes innewerden kann.

Die Kirche, die in einem Zeitalter des Exodus lebt, bedarf einer gründlichen Anpassung in absoluter Treue zum Herrn der Geschichte und seinem Evangelium. Psychologische und geistliche Gesundheit verlangen dabei Gelassenheit und einen ausgeprägten Sinn für Kontinuität des Lebens.

Die mächtigsten Energien des Glaubens und Glaubenszeugnisses für die Welt kommen aus der Erfahrung des geschenkhaften Charakters des Glaubens. Ein waches Bewußtsein, daß wir das Heil durch Gnade und Glaube erlangen, wird uns nicht nur zum Ansporn, Gottes rettende Gerechtigkeit und Liebe immerdar zu preisen, sondern auch zu einer Quelle der Kraft, den Glauben durch Liebe, Gerechtigkeit, Barmherzigkeit, schöpferische Treue in die Tat umzusetzen. Das meint der heilige Paulus, wenn er vom „Gesetz des Glaubens“ (Röm 3,31) spricht.

Würden alle Menschen ein überzeugendes Beispiel der Liebe und Gerechtigkeit und lebendige Glaubensgemeinschaften erfahren, die inmitten all der Unstetigkeit die Früchte des Geistes (Liebe, Freude, Friede, Gelassenheit, schöpferische Freiheit und Treue) hervorbringen, dann könnte unser so oft in falscher Weise dynamisches Zeitalter lernen, sich Maß aufzuerlegen und zu verstehen, wo der wahre Fortschritt der Geschichte liegt. Es geht darum, ein lebendiges Zeugnis von der inneren Dynamik der Gnade und des Glaubens in schöpferischer Freiheit und Treue abzulegen. Nur so können wir heute lebensnah bekennen: „Christus ist der Herr der Geschichte.“

V. Evangelisation in einer Zeit des Exodus

Das Thema des Auszugs (Exodus) ist zentral in der Bibel. Noach, Abraham, Mose, das Volk Israel und schließlich Jesus selbst haben alles hinter sich gelassen, um der Verheißung von Befreiung und Erlösung zu dienen. Ohne Exodus wird der Glaube nicht zu einem befreienden Ereignis. Glaubensverkündigung und Glaubenserziehung verlangen jedoch in unserer Zeit in besonderer Weise einen radikalen Exodus, den Mut, eine Kultur und ein Zeitalter hinter sich zu lassen, die so nie wiederkehren, und vertrauensvoll in die neue Ära einzutreten, in der nicht nur die Völker der sogenannten Dritten Welt eine entscheidende Rolle spielen werden, sondern in der auch innerhalb der westlichen Welt eine neue Generation nach einer neuen Sprache und einer neuen Weise des Zeugnisses verlangt.

Das ist nur möglich, wenn jeder einzelne Gläubige, die Gemeinschaften und die Kirche als ganze mit neuer Entschlossenheit den großen Exodus leben, der über den Kalvarienberg zu neuem Leben der Auferstehung führt. Wir müssen selbstverfertigte Sicherheiten hinter uns lassen, um Raum zu schaffen für die Festigkeit, den Mut und die Treue, die uns im Glauben an Jesus geschenkt werden, der der Anführer zum Exodus auf wahre Freiheit und Treue hin ist.

Die Kirche hat an vielen Orten und auf viele Weise in der Sklaverei der Reichen, der Mächtigen, der „Wohltäter" gelebt, die sich ihr zuwandten, nicht so sehr um dem Evangelium zu dienen, als um die Kirche für ihre Interessen auszunützen. Und obwohl heute allüberall die Kirche angeklagt wird, daß sie die Macht suche, wollen die Mächtigen und Habsüchtigen nicht aufhören, die Kirche für ihre Absichten einzuspannen. Der fortdauernde Exodus verlangt darum eine lebenswahre Zuwendung zu den Armen, den Entrechteten, den Machtlosen, den armen Völkern und den bescheidenen Kulturen. Nur so können wir in Freiheit das Evangelium der Erlösung verkünden und der Freiheit aller dienen. Diese Entscheidung geht alle an.

Viel hängt davon ab, wie wir in unseren Festen das Gedächtnis des Exodus im Verlaufe der Heilsgeschichte begehen, im Blick auf Jesus und seine Jünger. Diese Gedächtnisfeier, die ein dankbares Gedächtnis voraussetzt und schaffen will, muß ein erschütterndes und befreiendes Ereignis sein, ähnlich wie die Verkündigung des Gottesreiches durch Christus es war.

Das Exodusthema konkretisiert sich heute zum Beispiel in der klaren Entscheidung für gewaltfreie Aktion. Wir müssen alles Vertrauen in Rüstungen und Kriege und jedes Spielen mit dem Gedanken an „heilige Kriege" hinter uns lassen. Gerade hierin sollte die Kirche die Vorhut der Menschheit sein, auf daß sie sich von den Idolen der Gewalt, des Terrorismus und dem Machtdenken befreien kann. Die Kirche kann nur dann das kritische Gewissen der heutigen Welt sein, wenn sie ständig den Exodus lebt, der heute von den Zeichen der Zeit verlangt wird. Um eine prophetische Stimme zu sein und ein befreiendes Zeugnis abzulegen, müssen das ganze Volk Gottes und ganz besonders die Amtsträger stets wachsam sein, um sich von keiner Machtgruppe manipulieren oder gebrauchen zu lassen. Die Kirche wird darum mit keinem System in eine „heilige Allianz" eintreten, sondern die Gläubigen zur Unterscheidungsfähigkeit erziehen und sie ermutigen, in Fragen der Weltgestaltung mit ehrlichem Gewissen und reinen Motiven die eigene Wahl zu treffen. Die Exodushaltung wird die kirchlichen Amtsträger davor bewahren, sich zu Fragen der Politik, der Wirtschaft, der Sozialordnung und Kultur über ihre Kompetenz hinaus zu äußern. Dabei geht es nicht nur um die Grenzen der Amtskompetenz, sondern auch um die des Sachverstandes. Eine wohlgezielte Frage an das Gewissen der Menschen ist oft wirksamer als der Versuch, Lösungen vorzulegen, die entweder in sich nicht ausgereift sind oder aber dem Gewissen der Menschen nicht zugänglich sind. Während wir grundsätzlich an den prophetischen Charakter des neutestamentlichen Priestertums glauben, so erwarten wir doch in keiner Weise, daß alle Autoritätsträger in der Kirche sowohl Propheten wie auch Sachverständige in verwickelten Situationen sind. Sinnvolles Sprechen der Kirche über Fragen der öffentlichen Moral verlangt ein sorgfältiges Einbringen all der verschiedenen Kompetenzen. Erfüllt die Priesterschaft ihre prophetische Rolle in der Gesamterziehung zu Glaube und Sittlichkeit, dann wird es nicht an Laien fehlen, die mit großer Überzeugung und Überzeugungskraft sprechen können, wenn auch nicht im Namen der Amtskirche[44].

Die apostolische Kirche hätte nie die damalige Welt für den Glauben an Christus gewinnen können ohne einen Exodus aus jüdischer Kultur und Gesetzesverhaftung. Es bedurfte eines prophetischen Mannes wie des Völkerapostels Paulus, um einen Durchbruch in der Kirche herbeizuführen. Und dies ging nicht ohne Spannungen und Leiden ab[45]. Das Ergebnis des prophetischen Dienstes des Paulus in der Kirche und für die Kirche war die feierliche Selbstverpflichtung des Apostelkonzils, den Konvertiten „keine Lasten über das Wesentliche hinaus aufzulegen" (Apg 15,28).

Die Glaubensverkündigung an die zahllosen Menschen, die zwar getauft sind, aber der Kirche fernstehen, an die junge Generation überall, besonders aber in den Kulturen der Dritten Welt verlangt von der Amtskirche einen Entschluß, der hinter dem Mut der apostolischen Kirche nicht zurückbleiben darf. Und wie eine harmonische Glaubensgemeinschaft von Christen, die aus dem Judentum stammten, und jenen aus den anderen Völkern nicht leicht war, so ist es auch heutzutage eine gewaltige Aufgabe, jenes Maß an Verschiedenheit dankbar anzuerkennen, ohne das weder Einheit noch die Eingestaltung des christlichen Glaubens in den verschiedenen Kulturen und Generationen denkbar ist[46].

VI. Die Rolle der Theologen

Wiederholt wiesen wir auf die Aufgabe der Theologen, ihre Rolle als Bewahrer des Glaubensgutes, als Propheten in der prophetischen Gemeinschaft der Kirche, als Mittler zwischen dem amtlichen Magisterium und dem Gottesvolk hin. Hier geht es um ihre Aufgabe im Blick auf Glaubenserziehung und Glaubensverkündigung. Ein Zeitalter des Exodus bedarf einer Theologie, die gekennzeichnet ist von schöpferischer Treue und Freiheit. Gerade heute gilt es,

---

[44] *P. Ramsey*, Who Speaks for the Church? (Nashville 1967).
[45] Vgl. *J. Bligh* S. J., Galatians (Slough 1969).
[46] Vgl. *B. Häring*, Evangelization Today (Notre Dame/Ind. –Slough 1974) 141–163; *W. Bühlmann*, Wo der Glaube lebt (Freiburg i. Br. ⁷1978); Das Ende der Exportreligion (Katholische Akademie in Bayern) (München 1976).

auf die große Tradition mutiger Theologen zu schauen, die trotz zeitweiser Spannungen die treuesten Helfer der Amtskirche waren, aber auch von der prophetischen Schau anderer Gläubigen bereichert waren. Der Theologe muß als Teilnehmer in Kontakt bleiben mit den Pionieren der Evangelisation und der Glaubenserziehung. Er muß an den Schwierigkeiten mitleiden und an den Erfolgen sich mitfreuen. Ein Zeitalter des Exodus verlangt Theologen, die hörbereit und hörfähig sind. Theologen müssen Männer oder Frauen sein, die sich dem Erbe verpflichtet wissen, aber nicht einer besonderen Tradition versklavt sind, stets bereit zur Zusammenarbeit, vor allem in der direkten Glaubensverkündigung.

Heutige Theologie sucht immer noch nach ihrer Identität; sie kann sie nur finden im Dienste an der Heilswahrheit. Theologie selbst muß sich als Dienst am Glauben, sowohl an der Glaubensfreude als auch am Glaubenswissen, verstehen. Theologen sind Heilsmittler[47]. Obwohl sich auf dem Zweiten Vatikanischen Konzil die geduldige Arbeit der Theologen spürbar machte, sagte das Konzil doch nicht viel über ihre Funktion in der Kirche. Doch fehlen nicht einige wertvolle Hinweise. Die Kirche erwartet von den Theologen, daß sie „immer unter Wahrung der der Theologie eigenen Methoden und Erfordernisse nach einer geeigneteren Weise suchen, die Lehre des Glaubens den Menschen ihrer Zeit zu vermitteln“[48]. Bischöfe werden ermuntert, sich die ständige theologische Weiterbildung der Priester angelegen sein zu lassen. „Endlich sollen die Bischöfe dafür Sorge tragen, daß einige sich einem vertieften Studium der heiligen Wissenschaften widmen, damit... ein für die Kirche durchaus notwendiger gesunder Fortschritt in den heiligen Disziplinen gefördert wird.“[49] Ich halte es für besonders wichtig, daß die jungen Kirchen der sogenannten Dritten Welt genügend einheimische Theologen haben, die tief in ihrer eigenen Kultur verwurzelt sind und mit anderen Teilen der Kirche in Kontakt stehen. Von den westlichen Theologen erwartet das Konzil, daß sie auch aus dem reichen Erbe der orientalischen Theologie schöpfen[50]. Setzen sie ihr Vertrauen auf den Heiligen Geist, stets bedacht auf die Einheit der Kirche, die Verwurzelung des Glaubens in jeder Kultur und die Heilsverkündigung an alle Menschen, so leisten sie auf diese Weise der Kirche und der ganzen Menschheit einen unersetzlichen Dienst.

---

[47] Vgl. *B. Studer*, Träger der Vermittlung: 5. Theologen, in: Mysterium Salutis I, 600–605; *K. Rahner – K. Lehmann*, Kerygma und Dogma, in: ebd. I, 622–707.

[48] GS 62.

[49] Dekret des Zweiten Vatikanischen Konzils über Dienst und Leben der Priester „Presbyterorum Ordinis“ (PO), Nr. 19.

[50] UR (s. 1. Kap., Anm. 77) 17.

VII. Die Rolle des Lehramtes für die Verkündigung

Obwohl der Auftrag, das Evangelium allen Menschen zu verkündigen und auf die Mündigkeit im Glauben bedacht zu sein, an die ganze Kirche ergeht, so haben doch die Nachfolger der Apostel kollegial eine ganz besonders dringende Verantwortlichkeit für die Verkündigung des Evangeliums an alle Völker, Kulturen und Generationen. Sie haben auf die unversehrte Bewahrung des Glaubensgutes zu achten, müssen sich aber bewußt sein, daß volle Rechtgläubigkeit nicht möglich ist losgelöst von der Heilsverkündigung. Man kann der Heilswahrheit selbst nicht treu sein, ohne ständig bemüht zu sein, sie mitzuteilen. Nur besorgt zu sein, die Glaubenswahrheit sozusagen in einer Schatztruhe sicherer Formeln zu bewahren, ohne zugleich ganz und gar auf die lebendige Weitergabe zu schauen, widerspricht dem Sinn der Heilswahrheit und damit auch der wahren Rechtgläubigkeit[51].

Wir können die Aufgabe des Lehrens und die der Heilssorge der Nachfolger der Apostel unterscheiden, aber die tiefere Einheit beider ist in der Heilssorge verwurzelt, da die geoffenbarte Wahrheit ganz und gar Heilswahrheit ist und so mitgeteilt wird, daß sie allen zum Heile dient. Die Tätigkeit des Lehramtes muß besonders deutlich machen, daß und wie der Heilige Geist die Lehrer und alle Gläubigen zugleich belehrt und daß alle sich zugleich lernend und hörend verhalten müssen (vgl. Mt 23,8–12); nur so ehren sie den Heiligen Geist, der uns den Glauben und das Leben gemäß dem Glauben lehrt[52].

Bezüglich des Lehramtes besteht ein beachtlicher Unterschied zwischen der katholischen und protestantischen Auffassung. Paul Althaus gibt eine wohl charakteristische Darstellung der protestantischen Sicht: „Die Verheißung des Geistes an die Kirche besagt aber dieses: Nie wird Gott die Kirche ganz an sich selbst, an ihrer eigenen Sünde und Ohnmacht sterben lassen, sondern irgendwo in der Kirche läßt der Geist Gottes die Wahrheit und das Leben neu durchbrechen für die ganze Kirche, irgendwo erweckt er Propheten und Reformatoren. Das ist der evangelische Begriff der Geistesleitung und der ‚Unfehlbarkeit' der Kirche."[53] Magnus Löhrer drückt die katholische Auffassung so aus: „Dort, wo die Kirche des Neuen Testamentes in ihrem autoritativen Lehramt wirklich letztverbindlich spricht, kann sie nicht in die Irre gehen, ohne sich als Kirche Christi preiszugeben, und dies nicht aus irgendeiner Selbstherrlichkeit heraus, sondern einzig und allein kraft des Beistandes des Heiligen Geistes und um des Glaubens der Gesamtkirche willen."[54] Löhrer beeilt sich jedoch hervorzuheben,

---

[51] *M. Löhrer*, Das besondere Lehramt der Kirche, in: Mysterium Salutis I, 555–587; *A. Dulles*, The Resilient Church: The Necessity and the Limits of Adaptation (New York 1977).
[52] Vgl. *A. Jonsen*, Responsibility in Modern Ethics (Washington/Cleveland 1968) 227.
[53] *P. Althaus*, Christliche Wahrheit (Gütersloh ⁴1958) 526.
[54] *M. Löhrer*, a.a.O. 559; vgl. Erstes Vatikanisches Konzil: DS 3074.

daß es sehr einseitig wäre, die Sendung zu lehren ausschließlich den Amtsträgern zuzuweisen. „Es darf nicht der Eindruck erweckt werden, als ob der Lehrauftrag der Kirche *nur* dem Amte anvertraut wäre und als ob das Moment des Prophetischen in der Kirche für die stets neue Aktualisierung des Wortes Gottes und seiner Herrschaft über die Kirche keine tiefere Bedeutung hätte."[55]

Schon das Erste Vatikanische Konzil hat deutlich gemacht, daß der Papst, wenn er als höchster Lehrer der Kirche handelt, es in keiner Weise in Isoliertheit oder ohne hinreichende Information über den Glauben der Kirche tut. „Die römischen Päpste riefen ökumenische Konzile zusammen oder erforschten den Glaubenssinn der über die Erde ausgebreiteten Kirche, bisweilen durch besondere Synoden, bisweilen durch andere Mittel, wie sie die göttliche Vorsehung anbot, entsprechend den Zeitverhältnissen und Situationen. Dann erklärten sie die Lehre im Wissen, daß sie mit der Heiligen Schrift und den apostolischen Traditionen übereinstimmt."[56] Das Zweite Vatikanische Konzil bekräftigte die diesbezügliche Lehre des Ersten Vatikanischen Konzils und erklärte Bedingungen und Grenzen in der gleichen Weise: „Diese Unfehlbarkeit, mit welcher der göttliche Erlöser seine Kirche bei der Glaubens- und Sittenlehre ausgestattet sehen wollte, reicht so weit wie die Hinterlage der göttlichen Offenbarung, welche rein bewahrt und getreulich ausgelegt werden muß, es erfordert."[57]

Von der unfehlbaren Lehre der Kirche und besonders der Nachfolger Petri zu sprechen, ohne die sorgfältig definierten Grenzen anzugeben und ohne zu erwähnen, daß es ein weites Feld nicht-unfehlbaren Lehrens gibt, verursacht unnötige Versuchungen gegen den Glauben an die Kirche und widerspricht der Wahrheit. Sinn und Formulierungen der ausdrücklichen Dogmen können durch keine künftigen Lehren ins Gegenteil umgewandelt werden, sie können jedoch einen Fortschritt erfahren durch verständlichere Formulierungen und eine vollere Integration in die gesamte Sicht des Glaubens. Nicht-unfehlbare Lehren können teilweise verbessert werden. Bisweilen ist es Pflicht, dies zu tun. Die Bereitschaft, frühere nicht-unfehlbare Lehraussagen zu verbessern, sobald sich eine tiefere Einsicht und Gesamtschau gebildet hat, gibt Zeugnis von der Gelehrsamkeit der Jünger Christi.

Der Katholik zeigt seine Treue zum Lehramt nicht nur durch die Glaubenszustimmung zu definierten unfehlbaren Lehren, sondern auch durch sorgfältigstes Hinhören und demütiges Offensein für alles, was die Amtskirche lehrt. Aber ein „solches Hören ist gestuft entsprechend dem Gewicht einer lehramtlichen Aussage. In der Schulsprache ausgedrückt: Einem nicht unfehlbaren Satz kann nicht eine Zustimmung mit göttlichem und katholischem Glauben entsprechen."[58]

---

[55] *M. Löhrer*, a.a.O. 560.

[56] DS 3069.

[57] LG (s. 3. Kap., Anm. 24) 25; vgl. DV (s. 4. Kap., Anm. 7) 10 (über die Bedeutung von „depositum fidei").

[58] *M. Löhrer*, a.a.O. 561.

Versuche, den Bereich der unfehlbaren Lehre willkürlich auszudehnen und eine Glaubenszustimmung für jede Einzelheit päpstlicher Enzykliken zu erlangen, hat schwere Gewissenskonflikte ausgelöst und die Wirksamkeit des Lehramtes in der Kirche überschattet[59]. Darüber dürfen wir die Dankbarkeit an den Herrn nicht vergessen, der der Kirche ein Lehramt geschenkt hat, das der Einheit und der Glaubenssicherheit dient. Und wir sollten ganz besonders dafür danken, daß uns Gott durch die Gabe der kirchlichen Unfehlbarkeit absolute Gewißheit bezüglich der zentralen Wahrheiten unseres Glaubens garantiert.

Diese Dankbarkeit wird wachsen, wenn wir uns der doxologischen Dimension jedes Dogmas der Kirche ausdrücklich bewußt werden. Das Lehren der Kirche ist Verkündigung der Frohen Botschaft zum Lobpreis Gottes. Die Lehrformulierungen werden um so besser der Heilsverkündigung dienen, je deutlicher die doxologische Dimension in den Vordergrund tritt[60]. Und gleicherweise gilt, daß das Lehren der Kirche Gott für seine Offenbarung um so mehr ehrt und preist, je mehr es bedacht ist auf frohes Mitteilen der Glaubenswahrheit und auf das Zeugnis des Lebens für eben diesen Glauben.

---

[59] Vgl. *J. Beumer*, Sind päpstliche Enzykliken unfehlbar?, in: Theol. u. Glaube 42 (1957); *R. A. McCormick*, Notes on Moral Theology: The Church in Dispute, in: Theol. Studies 39 (1978) 76–138.

[60] Vgl. *K. Rahner – K. Lehmann*, a.a.O. (s. Anm. 33) 691.

Sechstes Kapitel

Glaube und Ökumenismus

Im christlichen Glauben beten wir Gott, den Vater aller, an; wir huldigen Jesus Christus, der die rettende Wahrheit für alle ist; und wir übergeben uns dem Geist der Wahrheit, der alle zugleich in die Wahrheit einführen und der Einheit zuführen will. Darum ist der Eifer für die Einheit der Christen ein wesentlicher Teil unserer Glaubenshaltung und ein inneres Erfordernis der Glaubenswahrheit als solcher. Und der Dienst an der Einheit aller Christen zielt notwendig auf die Vereinigung aller Menschen im Glauben an Gott, den Vater unseres Herrn Jesus Christus.

Die Selbstoffenbarung Gottes ist wesenhaft ein unverdientes Geschenk, das für alle bestimmt ist und alle zur Einheit ruft. Echter Ökumenismus mag eine Bedrohung der Sicherheitskomplexe sein, aber er kann in keiner Weise die Wahrheit und den Glauben an die Wahrheit gefährden. Im Gegenteil, er bedeutet das Sich-Vereinigen aller in größerer Offenheit für die Wahrheit. Paul VI. drückt dies in einer Ansprache an die Beobachter des Konzils sehr deutlich aus: „Es bedarf eines unablässigen Sich-Bemühens, die Glaubenskenntnis zu vertiefen und sich anzueignen und sie treuer zu leben. ‚Suche, um zu finden, und finde, um wiederum zu suchen'; dieser Ausdruck des heiligen Augustinus, den Sie zu unserer Freude zitierten, betrifft uns alle."[1]

Das Füreinander und Miteinander der christlichen Gemeinschaften gibt ihnen eine größere Chance, zu tieferer Erkenntnis und Erfahrung der Wahrheit zu kommen. „Wir wollen uns in Treue für die Einheit der Kirche Christi einsetzen, alles, was in den verschiedenen christlichen Denominationen echt und zulässig ist, auch wenn es sich von unserem Erbe unterscheidet, besser zu erkennen und zu begrüßen. Denn die Fülle der Wahrheit und Liebe wird deutlicher, wenn sich alle, die den Namen Christi bekennen, vereinigt haben werden."[2] Ökumenismus ist also nicht nur ein unerläßlicher Ausdruck unseres Glaubens an den einen Herrn, sondern auch ein notwendiger Weg, um zu einem tieferen Verständnis der Heilsgeschichte und Heilswahrheit zu gelangen.

---

[1] *Paul VI.*, Ansprache an die Beobachter vom 17. 10. 1963, zitiert nach *D. Horton*, Toward Undivided Unity (New York – Notre Dame 1967) 74.

[2] *Paul VI.*, Ansprache an die Beobachter vom 14. 9. 1964: a. a. O. 7; *Paul VI.*, Ansprache an die Beobachter vom 29. 9. 1965 über das gemeinsame Suchen nach der vollen Wahrheit, zitiert nach ebd. 77ff.

I. Unser Glaube und unser Einsatz für die Wiedervereinigung der Christen

1. *Wir glauben an den Heiligen Geist*

Ökumenismus wird allen Segen Gottes haben, wenn er radikaler Ausdruck des Glaubens an den Heiligen Geist ist. Wir können sagen, daß die Grundlage und der Ausgangspunkt des gemeinsamen Suchens nach der Einheit im Glauben und nach fruchtbarer Erkenntnis der Wahrheit die Heilige Schrift ist. Aber wir müssen unmittelbar beifügen, daß dies so ist, weil wir an den Heiligen Geist glauben, der nicht nur die Verfasser der Schrift inspiriert hat, sondern auch allein uns in alle Wahrheit einführen kann. „Das Zeugnis der Schrift offenbart uns, daß die einzigartige, uns zugedachte Gemeinschaft ganz und gar Geschenk Gottes ist... So ist wohl der geeignetste Weg gemeinsame Danksagung und gemeinsamer Lobpreis. Die Gemeinschaft, die wir empfangen haben, ist in erster Linie Gemeinschaft mit dem Vater durch den Sohn im Heiligen Geist."[3]

Obwohl wir als Katholiken besonderen Grund haben, den Heiligen Geist zu preisen, weil er die Kirche nie verlassen hat, so können wir doch mit ganzem Herzen dem anglikanischen Kanonikus A. M. Alchin zustimmen, wenn er sagt: „Die Gnadengaben des Heiligen Geistes haben sich nie ängstlich an kanonische Grenzen gehalten."[4] Man kann nicht wirklich an den Heiligen Geist, die Urquelle der Freiheit, glauben und ein Monopol auf seine Gnade anmelden. Durch Bereitschaft, voneinander und miteinander zu lernen, beten wir den Heiligen Geist in seiner Freiheit an, in allen, durch alle und für alle zu wirken. Nur im Glauben an den Heiligen Geist und im Offensein für sein Wirken finden wir eine Synthese zwischen unserem persönlichen Glauben an den Dreieinigen Gott, unserer Hingabe an ihn und dem Inhalt des Glaubens, der für alle gilt[5].

Die Zukunft des Ökumenismus liegt nicht in unseren Händen. „Worin auch immer diese Zukunft bestehen mag – sie wird das Werk des Heiligen Geistes sein."[6] Wir ehren den Heiligen Geist und öffnen uns seinem Wirken im Lobpreis für alles, was auf dem Weg zu christlicher Einheit schon erreicht ist, und durch großes Vertrauen in ihn in bezug auf die Zukunft. Wir beten den Heiligen Geist lebenswahr an, wenn wir unsere Charismen, unsere Fähigkeiten, unsere schöpferischen Kräfte in den Dienst der christlichen Einheit stellen. Im Wissen, daß sie berufen ist, immer mehr ein sichtbares Zeichen der Einheit zu sein, fühlt sich die Kirche verpflichtet, all die vielfältigen Charismen, die sich in den ver-

---

[3] *G. Békés – V. Vajta* (Hrsg.), Unitatis Redintegratio 1964–1974. The Impact of the Decree on Ecumenism (Rom 1977) 163.

[4] *A. H. Alchin,* The Nature of the Catholicity: An Anglican Approach, in: *G. Békés – V. Vajta,* a.a.O. 115.

[5] Vgl. *B. Lambert,* Ecumenism: Theology and History (New York 1966) 388.

[6] Bericht eines Kolloquiums, in: *G. Gassmann – P. Lonning – G. Casalis – B. Häring,* Die Zukunft des Ökumenismus (Frankfurt a.M. 1972) 97.

schiedenen Teilen der Christenheit finden, in ihrem ganzen Leben und auch in ihren Strukturen zur Geltung zu bringen, so daß der der ganzen Menschheit zugedachte Reichtum der Erlösung in Jesus Christus in seiner Vielfalt immer mehr sichtbar wird[7].

Der Beitrag des Zweiten Vatikanischen Konzils für die Sache der Einheit liegt nicht nur in dem ausgezeichneten Dekret über den Ökumenismus, das selbst eine Gabe des Heiligen Geistes ist, sondern wohl noch mehr in einer Vertiefung der Lehre vom Heiligen Geist[8]. Nur kraft des Heiligen Geistes können wir durch den Einsatz für christliche Einheit die allumfassende Herrschaft Jesu Christi voll und ganz und gemeinsam anerkennen. Es ist eine Gnade des Heiligen Geistes, wenn nicht nur einzelne Christen, sondern die christlichen Gemeinschaften und Kirchen als ganze den Ruf zur Bekehrung und zum Füreinander und Miteinander verspüren. „Es ist billig und heilsam, die Reichtümer Christi und das Wirken der Geisteskräfte im Leben der anderen anzuerkennen, die für Christus Zeugnis geben, manchmal bis zur Hingabe des Lebens. Denn Gott ist immer wunderbar und bewunderungswürdig in seinen Werken. Man darf auch nicht übergehen, daß alles, was von der Gnade des Heiligen Geistes in den Herzen der getrennten Brüder gewirkt wird, auch zu unserer eigenen Auferbauung beitragen kann."[9]

Die dynamische Einheit der Kirche, deren Herzmitte die Eucharistie ist, ist wesentlich eine Frucht des Heiligen Geistes. Wir sehen sie wesenhaft im Lichte der paulinischen Theologie, wie sie im 4. Kapitel des Epheserbriefes und im 5. Kapitel des Briefes an die Galater ausgedrückt ist.[10] Den Vorhuten des Ökumenismus ist es immer klarer geworden, daß ein starker Glaube an den Heiligen Geist keinen individualistischen Rückzug auf den bloß persönlichen Glauben gestattet. Die Gnade des Heiligen Geistes schenkt uns nicht nur Glaubensfreude und einen tief innerlichen persönlichen Glauben, sie gibt uns auch ein tieferes Verständnis des die Einheit fordernden Glaubensinhaltes und der Sakramente der Einheit, besonders der Eucharistie. Mit vielen anderen Gruppen und Bewegungen bezeugt die Charismatische Erneuerung die Hoffnung, daß „Einheit im Heiligen Geist zur Einheit in der Feier der Eucharistie wird"[11].

Nur die Gnade des Heiligen Geistes kann dem Volke Gottes zugleich eine unermüdliche Geduld und eine drängende Ungeduld auf dem Weg zur Einheit geben. Der Glaube an den Heiligen Geist verbietet sowohl Unordnung wie

---

[7] Pastorale Zusammenarbeit der Kirchen im Dienste an der christlichen Einheit. Ein Beschluß der gemeinsamen Synode der Bistümer in der Bundesrepublik Deutschland, N. 6: 4.31.

[8] LG (s. 3. Kap. Anm. 24) UR (s. 1. Kap. Anm. 77) 1 3 4; vgl. *H. Mühlen*, Una persona mystica. Eine Person in vielen Personen (Paderborn 1964); *P. Evdokimov*, L'Esprit Saint dans la tradition Orthodoxe (Paris 1969); *A. Laminski*, Der Heilige Geist als der Geist Christi und der Gläubigen (Leipzig 1969); *Ph. Ramillac*, L'Eglise, manifestation de l'Esprit chez Jean Chrysostome (Beyrouthe 1970); *H. Cazelles – P. Evdokimov – A. Greiner*, Le mystère de l'Esprit (Tours 1969).

[9] UR 4.

[10] *N. A. Nisiotis*, in: *G. Békés*, – *V. Vajta*, a.a.O. 38.

[11] Kard. *J. Suenens*, zitiert nach Nat. Cath. Reporter vom 30. 6. 1979.

geistlose Routine. Er ruft nach prophetischer Verwirklichung[12]. Es ist die Macht des Heiligen Geistes, der den Christen und christlichen Kirchen die innere Freiheit gibt, sich mit gegenseitiger Ehrfurcht zu begegnen, aufeinander zu hören und zugleich nach der Wahrheit und der Einheit zu suchen.

2. *Wir glauben an die eine, heilige, katholische und apostolische Kirche*

Bekennen wir im Heiligen Geist unseren Glauben an die eine, heilige, katholische und apostolische Kirche, so danken wir für unsere Zugehörigkeit zur katholischen Kirche und blicken zugleich über unsere Zäune hinweg, um das Wirken des Heiligen Geistes auch in den von uns getrennten Kirchen zu ehren. Man kann nicht wahrhaft katholisch sein, ohne alles zu tun, um die Einheit der Christenheit zu fördern. Und wir fühlen uns schon jetzt solidarisch mit allen, die in Wort und Leben sich zu dem einen Herrn Jesus Christus bekennen, der uns den einen Vater aller offenbart und uns durch seinen Heiligen Geist zur Einheit ruft und leitet.

„Es besteht heute in der Christenheit auf das Ganze gesehen die Überzeugung, die man durchaus als ein Moment des christlichen Bekenntnisses erfährt, daß es *eine* Kirche geben müsse, und auch darüber hinaus, daß doch die konkrete Zuständlichkeit der Gesamtchristenheit heute diese von Christus gewollte und notwendig aus dem Wesen der Kirche erfolgende Einheit noch nicht genügend realisiert. Es sind hier Spaltungen, Trennungen, Bekenntnisdifferenzen, Verweigerung der Abendmahlsgemeinschaft gegeben, die nicht sein dürften, weil sie mit dem Wesen der Kirche unvereinbar sind. Es muß *eine* Kirche geben, und nur so ist dem Wesen des Christentums wirklich Genüge getan.“[13]

Es ist für uns katholische Christen wie für Angehörige anderer christlicher Gemeinschaften unmöglich, uns auf die Identität der Kirche zu besinnen, ohne tiefen Schmerz über die Trennungen zu empfinden. Wir sind uns darüber klar, daß die Eigenschaften der Heiligkeit, der Katholizität und Apostolizität der Kirche ihrerseits von dem wirklichen Sichtbarwerden der Einheit abhängen. Alle Kirchen müssen um ihrer eigenen Identität und Treue gegenüber dem Herrn willen demütig und mutig die Wege nach voller Einheit erforschen. Wir können sagen, daß die Hingabe an die Sache der christlichen Einheit zur Identität der Kirche und der Treue zu ihr gehört[14]. Die Glaubenshingabe gilt in erster Linie nicht einer geschichtlich gewordenen Form einer Kirche, sondern Christus selbst, der die eine, heilige, katholische und apostolische Kirche im vollen Sinn des Wortes will. Aber es ist zugleich gerade auch unser Glaube an den einen

[12] Vgl. *B. Häring,* Routine oder prophetische Konkretion, in: *G. Gassmann* u.a., a.a.O. 67–96.
[13] *K. Rahner,* Grundkurs des Glaubens. Einführung in den Begriff des Christentums (Freiburg i.Br. [11]1979) 339; vgl. *W. Dietzfelbinger,* Die Grenzen der Kirche nach römisch-katholischer Lehre (Göttingen 1962).
[14] Vgl. *G. Békés,* in: *ders.* – *V. Vajta,* a.a.O. 164.

Herrn Jesus Christus und unser Vertrauen auf den Heiligen Geist, die uns zur Hingabe an die sichtbare Kirche verpflichten, wie wir sie in der katholischen Kirche erleben. „Jene werden der Gemeinschaft der Kirche voll eingegliedert, die, im Besitze des Geistes Christi, ihre ganze Ordnung und alle in ihr eingerichteten Heilsmittel annehmen und in ihrem sichtbaren Verband mit Christus, der sie durch den Papst und die Bischöfe leitet, verbunden sind, und dies durch die Bande des Glaubensbekenntnisses, der Sakramente und der kirchlichen Leitung und Gemeinschaft."[15] Diesen Text darf man jedoch nicht isoliert lesen. Das Zweite Vatikanische Konzil hat deutlich gemacht, daß das volle Ja zur Ordnung der Kirche, wie sie Christus will, die Bereitschaft zur Bekehrung und Erneuerung und zur Hingabe an die Wiederherstellung der christlichen Einheit einschließt.

Das Zweite Vatikanische Konzil identifiziert die konkrete Gestalt der heutigen römischen katholischen Kirche nicht schlechthin mit der Kirche, wie Jesus Christus sie gewollt hat: in Einheit, Heiligkeit, Katholizität und Apostolizität[16]. Die Aussage ist nuanciert: „Diese Kirche, in dieser Welt als Gesellschaft verfaßt und geordnet, ist verwirklicht (*subsistit*) in der katholischen Kirche, die vom Nachfolger Petri und von den Bischöfen in Gemeinschaft mit ihm geleitet wird. Das schließt nicht aus, daß außerhalb ihres Gefüges vielfältige Elemente der Heiligung und der Wahrheit zu finden sind, die als der Kirche Christi eigene Gaben auf die katholische Einheit hindrängen."[17] Das Dekret über den Ökumenismus drückt zugleich mit der Selbstverpflichtung, alles zu tun, damit „allmählich die Hindernisse, die sich der völligen kirchlichen Gemeinschaft entgegenstellen, überwunden und alle Christen zur selben Eucharistiefeier, zur Einheit der einen und einzigen Kirche versammelt werden", die Zuversicht aus, daß diese „Einheit, die nach unserem Glauben unverlierbar in der katholischen Kirche besteht..., immer mehr wachsen wird bis zur Vollendung der Zeiten"[18]. Diese Aussage wird eins mit der Hoffnung, daß diese Einheit wachsen und sich vollenden wird.

Nach der Trennung der zehn Stämme des Nordens (Israel) von Juda galt die Verheißung und bestand das davidische Königtum weiter in Juda. Und doch war es fast ebenso schwer betroffen vom Schisma wie die Nordstämme. Wir können darin eine Analogie für die Situation der Kirche nach den verschiedenen Schismen sehen. Katholische Ökumeniker denken darum nicht, daß die von Rom getrennten Teile der Christenheit einfach eingeladen werden können, zur katholischen Kirche zurückzukehren, um sich ihren Gesetzen, so wie sie heute bestehen, zu unterwerfen. Es ist vielmehr eine Sache gegenseitiger Reintegration. Wie die ersten Worte des Dekretes über den Ökumenismus nahelegen,

---

[15] LG 14.
[16] Vgl. *Y. Congar*, in: *G. Békés – V. Vajta*, a.a.O. 72 96.
[17] LG 8.
[18] UR 4; vgl. DH (s. 4. Kap., Anm. 22) 1.

handelt es sich um gründliche Bekehrung aller Teile der Christenheit zu dem einen Herrn und so um eine Hinkehr zueinander. Die Tatsache, daß der katholischen Kirche in besonderer Weise die Kennzeichen der Einheit, Heiligkeit, Katholizität und Apostolizität zukommen, legt auf ihre Schultern eine besondere Verantwortung, sich im Eifer für diese Reintegration auszuzeichnen. Kein Teil der getrennten Christenheit kann sich selbst heilen, sondern kann den Heilungsprozeß nur durch Dialog, gegenseitiges Vergeben, Zusammenarbeit und Integration suchen[19]. Das Auseinanderbrechen der Christenheit des Ostens und Westens und ähnlich der Auszug der reformierten Kirchen aus der katholischen Kirche war eine Verstümmelung für alle. Und alle haben seitdem an diesem Schisma gelitten[20].

3. *Zur Geschichte des Ökumenismus*

Das auszeichnende Ereignis in der Christenheit unseres Jahrhunderts ist die ökumenische Bewegung, die jetzt schon einen grundlegenden Wandel der gegenseitigen Beziehungen der getrennten Kirchen mit sich gebracht hat[21].

In der ersten Phase war die ökumenische Bewegung hauptsächlich eine herzliche Zusammenarbeit der Erweckungsbewegungen, meistens evangelisch, mit einer streng wörtlichen Auslegung der Bibel. Ihnen war ein großes Mißtrauen gegenüber den Großkirchen, ganz besonders gegenüber Rom, eigentümlich. Geraume Zeit antworteten die Kirchen und ganz besonders die römisch-katholische Kirche mit gleichem Mißtrauen. Die entscheidende Rolle spielten jedoch in der ersten Phase die Missionskirchen, die mehr als die Kirchen in Europa und Amerika unter dem Getrenntsein der Kirchen litten.

Die Träger der ökumenischen Bewegung in der zweiten Phase sind hauptsächlich die Kirchen, die aus der Reformation des 16. Jahrhunderts hervorgingen. Entscheidende Daten waren die Konferenz von Edingburgh 1910, die Konferenzen von Stockholm und Lausanne in den zwanziger Jahren und schließlich die Konferenz von Amsterdam 1948, die zur formellen Gründung des Weltrates der Kirchen führte. Die tragenden Kräfte desselben waren vor allem der internationale Missionsrat und die Kommission für Glaube und Kirchenverfassung (Faith and Order).

---

[19] *B. Lambert,* a.a.O. 31ff.

[20] Ebd. 34.

[21] Zur Geschichte des Ökumenismus vergleiche vor allem: *J. Brosseder – J. Brandenburg* u.a. (Hrsg.), Internationale ökumenische Bibliographie 1962–1977, 10 Bde. (Mainz 1963–1978); *G. H. Tavard,* Geschichte des Ökumenismus (Mainz 1964); *B. Lambert,* Ecumenism: Theology and History (New York 1966); *N. Goodall,* Ecumenical Progress: A Decade of Change in the Ecumenical Movement 1961–1971 (London 1972); die ausführlichste Bibliographie zu diesen Fragen findet sich in den folgenden ökumenischen Zeitschriften: Irenikon; Ökumenische Rundschau; The Journal of Ecumenical Studies; The Ecumenical Review (vom Weltrat der Kirchen herausgegeben); The Ecumenist; One in Christ; Una Sancta; Centro pro unione.

Eines der erstaunlichsten Ereignisse war der Eintritt der orthodoxen Kirchen in den Weltrat der Kirchen, der nunmehr alle Großkirchen, mit Ausnahme der römisch-katholischen, als die führenden Kräfte der ökumenischen Bewegung sah. Dort haben die verschiedenen Kirchen ein Forum geschaffen für den Dialog, für gemeinsames Suchen nach dem Willen des göttlichen Stifters, für gegenseitige Heilung und Ermutigung auf dem Weg zu größerer Einheit. Immer mehr trat dann das Verlangen nach Eucharistiegemeinschaft unter den Gliedkirchen in den Vordergrund[22]. Einzelpersönlichkeiten und hervorragende Gruppen brachten immer wieder neuen Eifer in das gemeinsame Bemühen der Kirchen und kirchlichen Gemeinschaften.

Das überraschendste und entscheidende Ereignis war das mächtige Erwachen der ökumenischen Bewegung in der katholischen Kirche unter Papst Johannes XXIII. und seinen Nachfolgern, ganz besonders aber das Zweite Vatikanische Konzil. Dessen ökumenischer Geist drückt sich nicht nur in dem mutigen Dekret über den Ökumenismus, Unitatis Redintegratio (1964), aus, sondern durch den ökumenischen Geist, der in all seinen Dekreten und Konstitutionen einen deutlichen Niederschlag fand. Zwischen dem Römischen Stuhl und dem Ökumenischen Patriarchen von Konstantinopel hat sich seitdem ein herzliches Verhältnis angebahnt, und ähnlich bestehen freundliche Beziehungen zwischen Rom und Genf (Weltrat der Kirchen). Die katholische Kirche nimmt aktiv teil an der wichtigen Kommission für Glaube und Kirchenverfassung. Es hat sich eine gemischte Kommission für die Sache des Friedens und der Gerechtigkeit (SODEPAX) gebildet, und auch sonst zeichnen sich viele gemeinsame Tätigkeiten ab.

Den größten Einfluß übte wohl die charismatische Persönlichkeit Papst Johannes' XXIII. aus. Unser Dank gilt jedoch auch einer ganzen Generation von Theologen und anderen Männern der Kirche, die geduldig gearbeitet und gelitten und so die großen Ereignisse unserer Zeit vorbereitet haben[23]. Charismatische Führergestalten wie die Päpste Johannes XXIII., Paul VI., seine zwei unmittelbaren Nachfolger, Johannes Paul I. und Johannes Paul II., sowie die Patriarchen Athenagoras und Dimitrios von Konstantinopel, Erzbischof Ramsey von Canterbury, Generalsekretär Visser 't Hooft und andere Männer des Weltkirchenrates sind ein besonderes Geschenk Gottes an unsere Zeit. Theologen aller Kirchen haben begonnen, die Theologie im Lichte des Testamentes Christi, „daß alle eins seien", zu entfalten. Der interkonfessionelle Dialog in Kommissionen, die von den amtlichen Kirchen beauftragt wurden, hat Fort-

---

[22] Vgl. *P. Lonning*, Von der Bewegung zur Institution? Eine kritische Bilanz der Ökumenischen Bewegung, in: *G. Gassmann* u.a., a.a.O. (s. Anm. 6) 11–26.

[23] Vgl. *Y. Congar*, Chrétiens désunis (1937); *ders.*, Zerrissene Christenheit. Wo trennten sich Ost und West? (Wien – München 1959); *ders.*, Chrétiens en dialogue. Contributions catholiques à l'œcuménisme (Paris 1964); *O. Cullmann – O. Karrer*, Einheit in Christus (Zürich–Köln 1964); *P. M. Minus, Jr.*, The Catholic Rediscovery of Protestantism. History of Roman Catholic Ecumenical Pioneering (New York – Toronto 1976) (Minus ist ein wohlinformierter Methodist).

schritte gebracht, vor allem hinsichtlich eines besseren Verständnisses des Geheimnisses der Kirche, der kirchlichen Autorität, des kirchlichen Amtes und der Eucharistie.

Das Dekret des Zweiten Vatikanischen Konzils über den Ökumenismus hat als Ausgangspunkt für das weitere Vorgehen gedient. Die Kirchen kennen sich gegenseitig besser und sind sich bewußt, daß das Bleiben und Wachsen in der Wahrheit vom gemeinsamen Streben nach der Einheit mit abhängt[24]. Schauen wir heute auf die letzten 900 Jahre zurück, so erscheint die neu gefestigte Freundschaft zwischen der römisch-katholischen und der orthodoxen Kirche geradezu als ein Wunder[25]. Man darf nicht erstaunt sein, wenn dieser Umbruch zeitweise Spannungen und Schwierigkeiten auf allen Ebenen hervorruft, wenn bisweilen die Urteile über den weiteren Fortschritt auseinandergehen[26].

4. Die Sünden der Häresie und des Schismas neu gesehen

Die Juden schauten auf die Samariter als hoffnungslose Schismatiker und Häretiker herab. Christus, der Prophet, schockiert diese Auffassungen durch seine Parabel vom guten Samariter. Im Gegensatz zum höheren und niederen Klerus, die den schwer verwundeten Volksgenossen hilflos liegen lassen, erscheint der barmherzige Samariter als der heilige Mann, als der, der das Wesen des Gesetzes erfüllt. In dieser Stunde des Ökumenismus müssen wir uns neu fragen lassen, worin heute die Sünde des Schismas besteht. Jene, die aus Sicherheitskomplexen heraus dem ökumenischen Neuerwachen widerstehen, sollten sich ein Beispiel am Eifer von Mitgliedern anderer Kirchen nehmen.

Schon 1937 schlug Yves Congar in seinem bahnbrechenden Buch über die „Chrétiens désunis" (Getrennte Christen) vor, die Protstanten eher als „Dissidenten" denn als „Häretiker" zu betrachten. Obwohl er damals im katholischen Lager viel Widerspruch erfuhr, hat sich seine Auffassung heute durchgesetzt.

---

[24] Vgl. *B. Häring*, Das Konzil im Zeichen der Einheit (Freiburg i. Br. 1963); *G. Baum*, The Catholic Quest for Unity (Glenn Rock/N. J. 1965); *G. Thils*, L'œcuménisme du deuxième Concile de Vatican (Paris 1966).

[25] Vgl. *N. A. Nisiotis*, Die Promulgation des Ökumenismusdekrets: Erwartungen und Ergebnisse, in: *G. Békés – V. Vajta*, a. a. O. 36–62; *M. A. Fahey*, Orthodox Ecumenism and Theology, in: Theol. Studies 39 (1978) 446–485.

[26] Vgl. Kard. *A. Bea*, Der Weg zur Einheit nach dem Konzil (Freiburg i. Br. 1966); *K. von Bismarck – W. Dirks* (Hrsg.), Neue Grenzen. Ökumenisches Christentum morgen (Stuttgart – Berlin – Olten – Freiburg 1967); *H. Döring*, Kirchen unterwegs zur Einheit. Das Ringen um die sichtbare Einheit der Kirchen in den Dokumenten der Weltkirchenkonferenzen. Eine Phänomenologisch-theologische Betrachtung (München – Wien 1969); *P. G. Wacker*, Ökumene provokativ. Zur Versöhnung der Christenheit (Paderborn 1973); *H. Fries*, Ökumene statt Konfession? Das Ringen der Kirche um Einheit (Frankfurt a. M. 1977); *H. Mühlen*, Morgen wird Einheit sein. Das kommende Konzil aller Christen (Paderborn 1977); *D. Tracy* (Hrsg.), Toward Vatican III: The Work that Needs to be Done (New York 1978); *R. Boeckler* (Hrsg.), Welche Ökumene meinen wir? Eine Bilanz der Ökumene seit Nairobi (Frankfurt a. M. 1978); *S. Torres – V. Fabella* (Hrsg.), Ecumenical Dialogue of the Third World Theologians: Dar es Salaam 1976. The Emergent Gospel: Theologians from the Unterside of History (Maryknoll 1978).

In einer Untersuchung, in der Katholiken befragt wurden, wie sie Lutheraner und reformierte Protestanten betrachteten, benannten 47,6% sie als „christliche Brüder" und 47,2% als „getrennte Brüder". Nur 1,2% der Befragten wollte sie „Häretiker" nennen[27]. Viel trug zu diesem Wandel die Sprechweise Papst Johannes' XXIII. bei. Das Dekret über den Ökumenismus (Artikel 3) gibt die Begründung für diesen Sprachwandel an: „Es kam zur Trennung recht großer Gemeinschaften von der vollen Gemeinschaft der katholischen Kirche, oft nicht ohne Schuld der Menschen auf beiden Seiten. Den Menschen jedoch, die jetzt in solchen Gemeinschaften geboren sind und in ihnen den Glauben an Christus erlangen, darf die Schuld der Trennung nicht zur Last gelegt werden. Die katholische Kirche betrachtet sie als Brüder in Verehrung und Liebe."

Es kommt uns immer deutlicher zum Bewußtsein, daß eine leichtfertige Benennung aller Nichtkatholiken als Häretiker einer gefährlichen Selbstgerechtigkeit entspringen kann. Sobald wir unsere eigenen Sünden bekennen, lernen wir, ausgewogener über die Situation anderer zu denken. Papst Paul VI. hat dies treffend ausgedrückt: „Unser Versagen und Gefühle, die bisweilen ungut waren, sind uns deutlicher zum Bewußtsein gekommen. Wir bitten darum Gott und euch um Verzeihung. Wir haben die unchristlichen Wurzeln dieses Versagens und dieser Gefühle erkannt und uns vorgenommen, sie unsererseits in Gefühle, die sich für die Jünger Christi geziemen, zu verwandeln, uns vorgefaßter und beleidigender Kontroversen zu enthalten und keine Fragen eitlen Vorrangs ins Spiel zu bringen."[28]

Bedenken wir heute sorgfältig die Zwiespältigkeit der Situation und die teilweise Schuld katholischer Autoritäten, dann fragen wir uns, ob jene, die im schrecklichen Ereignis der Trennung eine aktive Rolle spielten, subjektiv die Sünde der Häresie begingen. Ein etwaiger Zweifel, ob es sich überhaupt direkt um Sünden der Häresie und des Schismas handelte, verweist auf das gesamte Fehlverhalten, das möglicherweise die Schuld an allen weiteren Ereignissen trug[29]. Der Sache der Wahrheit und der Einheit wäre jedoch nicht viel gedient, wenn wir uns bei dieser Frage bezüglich der Vergangenheit aufhielten. Wir Heutige haben uns vielmehr im Lichte der Bundesmoral, einer Moral des Glaubens und der Gnade demütig zu fragen, ob wir immer im gemeinsamen Suchen unser Bestes getan haben. Haben wir uns mit ganzer Kraft und in schöpferischer Treue dafür eingesetzt, die von Menschen errichteten Trennungswände niederzureißen? Haben nicht auch wir uns bisweilen in Streitigkeiten über Nebensachen eingelassen, uns an zeitbedingte menschliche Traditionen geklammert und ähnlich gehandelt wie der Klerus in der Parabel vom barmherzigen Samariter?

---

[27] *P. M. Minus, Jr.*, a.a.O. (s. Anm. 23) 97 219.

[28] *Paul VI.* Ansprache an die Beobachter vom 6.12.1965, zitiert nach *D. Horton*, a.a.O. (s. Anm. 1) 81.

[29] *B. Lambert*, a.a.O. (s. Anm. 21) 498.

5. Außertheologische Ursachen der Trennung

Während es uns nicht zusteht, über jene auf der anderen Seite ein Urteil zu fällen, müssen wir den Mut und die Demut aufbringen, unsere jeweiligen Verantwortlichkeiten realistisch einzuschätzen. Das Ereignis der Trennung und ihr Fortbestehen hat vielerlei außertheologische, soziologische, psychologische und andere Ursachen, und gerade hier spielt menschliches Versagen eine nicht geringe Rolle.

Wir stehen vor gefährlichen Tendenzen, daß Kulturen und Subkulturen ihre Sicht verabsolutieren. Vor allem ist die äußerst gefährliche Versuchung der Mächtigen und Reichen zu bedenken, die Religion einschließlich der kirchlichen Institutionen für ihre selbstischen Interessen zu gebrauchen. Dazu kommt die allzumenschliche Tendenz, die in der eigenen Sprache formulierten Begriffe und Definitionen allein gelten zu lassen. Es gilt zu erforschen, wie der Reichtum der Sprachen uns vereinen, bei Mangel an Offenheit für die anderen jedoch auch trennen kann. Wir bedürfen einer gründlichen Philosophie, Psychologie und Soziologie des Wissens und der Sprache. „Noch bevor der Gedanke ausgesprochen ist, trägt die Sprache zur Bildung und zum Strom der Gedanken und zu jenem inneren Spiegelbild bei, in dem sich unsere inneren Wahrnehmungen gestalten; die Sprache bildet das Klima unserer Denkart.“[30] Die Sprache ihrerseits ist ein Teil der Gesamtkultur, in der sich gesellschaftliche, wirtschaftliche, politische Strukturen, der Typ der Familie und das Ganze der Tradition widerspiegeln. Die Vielfalt der Sprachen und Kulturen können sich gegenseitig bereichern. Aber menschliche Sündhaftigkeit und Enge – und besonders Machtgier – führen immer wieder dazu, das eigene Denken, die eigene Sprache zu verabsolutieren.

Nicht die Verschiedenheit zwischen lateinischer und griechischer Kultur ist der Grund zur Trennung, sondern Machtdenken, kulturelle Überlegenheitskomplexe haben dazu geführt, sich nicht in die Denkart der anderen einzufühlen. Eine ähnliche Rolle hat im 16. Jahrhundert der Konflikt zwischen einer vorherrschend lateinischen und einer vorherrschend germanischen Welt gespielt. „Für die ökumenische Bewegung gibt es wenig Dinge, die wichtiger sind, als das Bestehen dieser sogenannten außertheologischen Faktoren anzuerkennen. Gerade weil sie in keiner Weise theologischer Natur sind, bleiben sie leicht dem bewußten theologischen Denken verborgen. Aber sie gehören zu dem Stoff, den die Theologie beherrschen muß.“[31]

Wir müssen weiter die psychologischen Tendenzen innerhalb der einzelnen Konfession und im Verhältnis der Konfessionen zueinander erforschen, nicht nur

---

[30] *Y. Congar*, Zerrissene Christenheit (s. Anm. 23), hier zitiert nach der engl. Ausgabe: After Nine Hundred Years (New York 1959) 30.

[31] *D. Horton*, a. a. O. 16; vgl. Dokument 6 der Gemeinsamen Synode der Bistümer in der Bundesrepublik Deutschland: 8.11.

insofern sie teilweise Ursache des Entstehens und Fortbestehens der Trennung waren, sondern auch um das Positive im Dienste christlicher Einheit in den Blick zu bekommen. Soziologie und Psychologie können kein letztgültiges Urteil über kirchliche Organisation geben, aber sie können viel dazu beitragen, die geschichtlichen und soziologischen Voraussetzungen für die Herausbildung der gegenwärtigen Strukturen der Hierarchie, des Amtsverständnisses, der Tendenz zur Zentralisierung oder Dezentralisierung zu erkennen. Die Aussonderung dieser außertheologischen Kräfte helfen uns, besser den bleibenden Auftrag und die zeitbedingten, oft allzumenschlichen Ausdrucksformen kirchlicher Institutionen zu unterscheiden. Die Soziologie macht uns auf die verschiedenen psychologischen Typen aufmerksam, die die Sache der Einheit in Verschiedenheit entweder hindern oder fördern. Und da Gott seinen Plan für die Menschheit nicht nur durch die Geschehnisse in der Kirche, sondern auch durch die Vorgänge in der ganzen Welt kundtut, haben wir die globalen soziologischen Prozesse mit in Anschlag zu bringen.

Das geschärfte Bewußtsein von der Einheit der Menschheitsgeschichte und der Zusammengehörigkeit des ganzen Menschengeschlechts und die Tatsache, daß wir die wissenschaftlichen Werkzeuge wie das Studium der Geschichte, des Vergleichs der Kulturen, Sozialpsychologie und Soziologie zur Verfügung haben, sind Zeichen der Zeit, die wir nicht außer acht lassen können, ohne gegen den Plan Gottes für die Einheit der Christen und der ganzen Menschheit zu sündigen[32].

II. Treue zur eigenen Kirche im Rahmen absoluter Treue zum Testament Christi, „daß alle eins seien“

1. *Theologische und psychologische Gründe der Treue zur eigenen Kirche*

Eine blinde absolute Treue zu der Kirche, in die wir „hineingeboren“ sind, widerspricht dem Glauben, daß Gott allein heilig ist und absolute Treue verdient. Eine starre absolute Treue zu zeitbedingten Formen widerspricht der absoluten Treue zu Christus und kann ein Hindernis auf dem Weg zu christlicher Einheit sein; nur der Auftrag Christi, daß seine Jünger eins sein sollen, verlangt absolute Befolgung. Wenn wir sagen, daß eine fälschlich allzu absolut verstandene Treuepflicht gegenüber der eigenen Kirche zum Hindernis für die Einheit werden kann, so dürfen wir andererseits aber auch die Gefahr der Entwurzelung nicht übersehen, wenn Christen ihren jeweiligen kirchlichen Gemeinschaften gegenüber das Verhältnis des Vertrauens und der Treue lockern.

---

32 Vgl. *B. Lambert*, a.a.O. 339ff. 366ff.

Für die traditionelle Apologetik war die objektive Wahrheit der Ausgangspunkt. Daraus schloß man nicht nur, daß Katholiken der katholischen Kirche absolute Treue schulden, sondern auch, daß alle anderen Christen, die von Rom getrennten Konfessionen angehören, sich zur römisch-katholischen Kirche bekehren müssen. Bezüglich der orthodoxen Christenheit bemühte man sich, mit Rom unierte orientalische Kirchengemeinschaften zu errichten. Diese wurden jedoch praktisch latinisiert. Zur Ehre der orthodoxen Kirchen muß es gesagt werden, daß sie aufs Ganze gesehen nie versuchten, im Bereich der lateinischen Kirche Einzelkonvertiten zu machen. Sie waren sich immer klar bewußt, daß der einzige Weg zur Einheit über die Wiedervereinigung der Kirchen führt.

Protestanten nahmen gewöhnlich den gleichen absolutistischen Standpunkt ein. Douglas Horton gibt uns dafür ein klassisches Beispiel in der Beschreibung der Kontroverse zwischen Kardinal Bellarmin und William Ames (dem Autor von Bellarminus Innervatus): „Hier stehen vor uns zwei Männer, Ames und Bellarmin, jeder ein vorbildlicher Christ, und doch machen sie den Eindruck, daß es ihnen mehr als um alles andere darum geht, recht zu haben."[33] Im Bewußtsein oder Unterbewußtsein der beiden Männer spielte die absolute Ergebenheit gegenüber ihrer eigenen Kirche die entscheidende Rolle.

In Kardinal Newman, dem großen Konvertiten von der anglikanischen zur katholischen Kirche, sehen wir eine ganz andere Einstellung. Er bleibt der anglikanischen Kirche gegenüber stets dankbar und erwartet von allen Anglikanern eine loyale Denkart gegenüber ihrer Kirche. „Die Kirche von England war für mich das Werkzeug der göttlichen Vorsehung, durch das mir große Wohltaten zuteil wurden. ... Und da ich von der anglikanischen Kirche selbst so viel Gutes empfangen habe, wie könnte es mir in den Sinn kommen oder, besser, wie könnte es die Liebe gestatten, im Blick auf all das Gute, das sie für so viele andere tut, wie sie es für mich getan hat, zu wünschen, daß sie verschwinden solle?"[34]

Die Stellungnahme Karl Rahners scheint mir typisch zu sein für das neue ökumenische Zeitalter. Nachdem er viele gute Gründe für das Treubleiben der Katholiken gegenüber ihrer Kirche und die Hingabe an die Sache der christlichen Einheit genannt hat, hat er den Mut, eine Reihe von psychologischen Begründungen (jedoch immer in einer theologischen Perspektive) anzuführen, wonach auch Protestanten in einem fast selbstverständlichen Vertrauen ihrer Kirche ergeben sein und dort für die Sache der christlichen Einheit wirken sollen. „Der einzelne Christ als solcher hat nun durchaus das Recht der Präsumption, daß seine eigene, geschichtlich-kirchliche Existenz zunächst einmal als die legitime anerkannt werden soll, von der aus er denkt, an der er bis zum Beweis des Gegenteils festhält. Der Mensch ist das geistig freie, geschichtliche Wesen, das so in der Verantwortung seines Daseins vorgehen muß. Zunächst aber ist

---

[33] *D. Horton,* a.a.O. 15.

[34] *J. H. Newman,* Apologia pro vita sua (1864) (New York; Image Books 1956) 371.

der Mensch derjenige, der sich auf die ihm vorgegebene Situation vertrauensvoll einläßt. ... Kein Christ hat als Christ die Aufgabe und die Verpflichtung, gleichsam aus der Geschichtlichkeit seiner Daseinssituation herauszutreten und in einer totalen Reflexion die Konkretheit seines Daseins erst gründen zu wollen."[35]

Selbstverständlich leugnen wir nicht die Pflicht der einzelnen Christen, über die Situation der Kirchentrennung nachzudenken und sich vor Gott zu fragen, ob ihre Kirche der Absicht ihres göttlichen Stifters entspricht. Aber wir müssen die geschichtliche Natur des Menschen und der Gemeinschaften, besonders unser Vertrauen in unsere Eltern in Betracht ziehen. Wir denken an die tiefe Dankbarkeit frommer Protestanten gegenüber ihrer Kirche, die sie gelehrt hat, vom Worte Gottes zu leben. Und diese Dankbarkeit wiegt gewöhnlich schwerer als Fragen kirchlicher Institutionen. Rahner weist auf die große Gefahr für die Sache der Einheit und die wahre Identität der katholischen Kirche hin, sollte man dem Irrtum verfallen, daß „militante Kirchlichkeit das Auszeichnende, das Eigentümliche des Römischen Katholizismus sei, dem gegenüber das Christliche der Bergpredigt, der Liebe, des freien Geistes eine höchst verdächtige Sache sei"[36].

2. *Eine entscheidende Frage an die eigene Kirche*

In einem ökumenischen Zeitalter, in einer geschichtlichen Stunde, in der sich die Menschheit auf einzigartige Weise als Schicksalsgemeinschaft erlebt und in der wir von der Hoffnung auf die Zukunft geleitet sind, müßte da nicht ein gläubiger Christ vor eine schwere Entscheidung gestellt werden angesichts einer kirchlichen Gemeinschaft, die glaubt, schon alle Wahrheit zu besitzen und darum nicht mehr nach besserer Erkenntnis des Glaubens und nach Einheit streben zu müssen? Eine christliche Gemeinschaft, die am gemeinsamen Suchen nach christlicher Einheit nicht interessiert ist, ist kein Ort, an dem ein aufgeschlossener Christ ruhigen Gewissens wohnen kann. Entweder wird er mutig versuchen, diese Sinnesart in seiner Gemeinschaft zu ändern, oder aber an die Konversion zu einer Kirche denken, die deutlich eine Pilgerkirche auf dem Weg zu vollerer christlicher Einheit ist.

Eine entscheidende Frage ist die nach der gerechten Synthese zwischen geschichtlicher Kontinuität und schöpferischer Freiheit. „Die Treue Gottes ist konkret und erweist sich in der Kontinuität der Geschichte. Wer zu rasch und zu viel von der Notwendigkeit ständig neuen Aufbruchs spricht, schwächt die Gewißheit der Treue Gottes und damit auch die Fähigkeit zur Erneuerung in der Kontinuität mit der Vergangenheit. Es geht wohl darum, daß alle Kirchen die Kontinuität von Gottes Treue neu verstehen. Jede Kirche ist ohnehin in

[35] *K. Rahner*, a.a.O. (s. Anm. 13) 339f.
[36] Ebd. 315.

ihrer Identität erschüttert. Jede Kirche muß sich auch unabhängig von der ökumenischen Bewegung fragen, inwieweit sie eigentlich dieselbe ist, die sie in der Vergangenheit war. Ein neues Bewußtsein der Kontinuität der Kirche wird die Bildung einer vorläufigen Gemeinschaft unter den Kirchen erleichtern."[37]

Treue zum Plan Gottes und zum Testament des Herrn, „daß alle eins seien", wird alles Gute aus der Vergangenheit bewahren, aber nicht ihre Freiheit an die Vergangenheit verkaufen, sondern sich radikal auf die Treue für die Zukunft besinnen. Ein Bedachtsein auf die Kontinuität darf nicht jene Diskontinuität vernachlässigen, die sich aus der Treue zum Ruf Gottes nach Bekehrung ergibt. Nur in der Bereitschaft, die gegenwärtigen Heilsmöglichkeiten auszuschöpfen und treu auf die Zukunft zuzugehen, lösen sich die Probleme der Vergangenheit[38].

3. *„Eine doppelte Kirchenmitgliedschaft"?*

Es gibt ökumenische Gemeinschaften wie die von Taizé in Frankreich und die „Kirche des Erlösers" in Washington und Umgebung und zahlreiche charismatische Gemeinschaften, wo Christen verschiedener Konfessionen einerseits ihre Mitgliedschaft in ihrer Ursprungskirche bewahren, anderseits sich aber ausdrücklich im Dienste der erhofften einen Kirche zusammentun. Frère Roger (Schutz) und andere Theologen von Taizé beschreiben dies als „doppelte Mitgliedschaft". Das Wort könnte mißverstanden werden. Es hat aber nichts zu tun mit einer oberflächlich gewährten Eucharistiegemeinschaft oder gar der Preisgabe der Sichtbarkeit der einen Kirche Jesu Christi. Es meint vielmehr eine radikale Forderung, zugleich alles Mögliche zu tun, um seine Kirche und von dort her auch die anderen Gemeinschaften auf die Einheit zu in Bewegung zu halten. Das verlangt ständige Wachsamkeit für die gegebenen Möglichkeiten und prophetischen Mut zur Hingabe[39].

Wo immer zwei oder drei im Namen des Herrn versammelt sind im festen Glauben an die Gegenwart des Herrn und mit ganzer Hingabe an die Sache der Einheit, da lebt Kirche und da zeichnen sich Umrisse der erhofften Einheit ab. Da wird man sich auf das Ziel besinnen und den jeweils nächsten Schritt tun bzw. fördern. Ich verstehe „doppelte Mitgliedschaft" in der Kirche als ständigen Lobpreis des Heiligen Geistes, der uns durch die Vielfalt seiner Gnadengaben zur Einheit in der Fülle und zur Verschiedenheit erfüllter Einheit vorbereitet und radikale Bekehrung und Hinkehr zur Einheit im Glauben verlangt. Es ist dabei nicht notwendig, daß alle diese Christen schon

---

[37] *L. Vischer,* Wie weiter?, in: *G. Békés – V. Vajta,* a.a.O. 156.
[38] *V. Vajta,* in: *G. Békés – V. Vajta,* a.a.O. 23.
[39] Vgl. *B. Häring,* Prospettive e problemi ecumenici della teologia morale (Rom 1973).
[40] Vgl. *K. Rahner,* a.a.O. 326ff. 338f.

genau die gleiche Idee bezüglich der erhofften einen Kirche haben müßten und hätten. Es läßt sich nicht leugnen, daß schon im Neuen Testament, wo die Einheit der Kirche so deutlich vorausgesetzt und verlangt wird, verschiedene, sich ergänzende Ekklesiologien bestanden[40]. Es wird die eine Kirche Jesu Christi sein in der Fülle ihrer Katholizität.

Die östliche Theologie, in der der Heilige Geist eine so zentrale Rolle spielt, legt nahe, daß er sich nicht in seiner eigenen Person direkt offenbart. Er kommt nicht in seinem eigenen Namen, sondern im Namen des Sohnes, um Zeugnis für den Sohn abzulegen, den er in seiner menschlichen Natur gesalbt und gesandt hat, um Zeugnis für den Vater abzulegen[41]. Analog können wir unsere Kirche ehren und ihr Dankbarkeit erzeigen, für das, was wir von ihr empfangen haben, indem wir treu und unablässig auf die von Gott verlangte Einheit hinweisen und diese Hoffnung so leben, daß wir zu ihrer Erfüllung beitragen.

4. Auf der Suche nach voller Apostolizität

a) Eine anspruchsvolle Sicht der Apostolizität

Die Christenheit kann der Gnade und der Aufgabe der Einheit nur treu bleiben, indem sie unablässig nach größerer Heiligkeit, größerer Universalität (Katholizität) und vor allem nach überzeugenderer Verwirklichung der Apostolizität strebt.

Alle kirchlichen Gemeinschaften haben einen, wenn freilich unvollkommenen Anteil an der Apostolizität. Sie alle haben den Glauben an Christus über die Apostel empfangen. Durch die Heilige Schrift empfangen wir alle die apostolische Tradition auf eine privilegierte Weise. Um der Apostolizität treu zu sein, muß die Kirche alles daransetzen, das Evangelium allen Nationen, allen Kulturen zu predigen, und dabei dem Pfingstereignis treu bleiben, in dem alle das Evangelium in ihren Sprachen hörten.

Die orthodoxen Kirchen des Ostens können sich in ganz besonderer Weise auf die Apostolizität berufen, da ihre großen Bischofssitze von den Aposteln und deren direkten Nachfolgern gegründet wurden. Sie haben seit den Zeiten der Apostel das Bischofsamt bewahrt und unter der Führung der Patriarchen Gemeinschaft zwischen den Kirchen gepflegt. Obwohl ihre Apostolizität durch die Trennung vom römischen Bischof erschüttert ist, so haben sie doch nie aufgehört, dem römischen Bischof einen gewissen Primat zuzuerkennen. Sie haben nie die Notwendigkeit des Petrusdienstes im Blick auf größere Einheit geleugnet.

Mit den orthodoxen Kirchen betont die römisch-katholische Kirche die ununterbrochene apostolische Nachfolge. Durch das Sakrament, das nur von Bischöfen gespendet wird, stehen die Bischöfe von heute in der Reihe der

---

[41] Vgl. *V. Lossky*, The Mystical Theology of the Eastern Church (London 1957) 159; vgl. *W. de Vries*, Orthodoxie und Katholizismus. Gegensatz oder Ergänzung? (Freiburg i.Br. 1965).

apostolischen Nachfolge. Die Apostolizität der Kirche besteht jedoch nicht einseitig in dieser ununterbrochenen Reihenfolge. Und sie darf auch nicht einseitig betont werden. Würde jeder Bischof all die Bischöfe der Vergangenheit kennen, denen er seine ununterbrochene Reihenfolge verdankt, so wäre die Liste wohl nicht viel besser als die der Könige von Juda und Israel. Unter den weihenden Bischöfen waren solche, die wenig Einsicht in das Charisma und die Aufgabe des Bischofs hatten und in ihrem Leben wenig Anzeichen dafür gaben, daß sie vom Heiligen Geist erfüllt waren. Diese Bemerkung will jedoch die ununterbrochene Reihenfolge nicht als wertlos hinstellen. Worum es uns hier geht, ist vielmehr die ganzheitliche Sicht der Apostolizität. Und in dieser Hinsicht wird es klar, daß jeder große Teil der Christenheit hierin etwas anzubieten hat, während die römisch-katholische Kirche einen besonderen Reichtum, vor allem das Petrusamt, im Dienste der Einheit einbringen kann.

Zur Apostolizität gehört auch die institutionelle Dimension. „Die Kirche lebt von der Begegnung in menschlicher sozialer Verbundenheit und von dem sie stiftenden Wort, durch die vereinigende Macht des Heiligen Geistes. Daraus folgt unabweislich, daß die Kirche wesenhaft Institution ist, während sie zugleich das Ereignis der Heilsgeschichte ist."[42] Aber im Gesamtverständnis der Apostolizität muß das institutionelle Instrument sakramentaler Art sein, d.h. die Kirche muß ein wirksames Zeichen sein, das alle Menschen auf Christus hinweist, der die Apostel gesandt und seiner Kirche den Auftrag gegeben hat, das Evangelium in ungebrochener Kontinuität allen Menschen zu verkünden. So ist jeder Bischof für sich und sind alle Bischöfe zusammen in Einheit mit dem Klerus und allen Gläubigen ständig aufgerufen, immer besser ein Zeichen zu werden, das auf Christus hinweist, der die Apostel um sich versammelt, für sie und mit ihnen betet, daß alle eins seien und daß sie, die Apostel, durch ihre Eintracht und ihr Zusammenwirken ein überzeugendes Zeugnis geben und so die Menschen zum Glauben führen können.

Der Weltrat der Kirchen hat es sich zum Ziel gesetzt, durch ständigen Dialog die verschiedenen Traditionen miteinander zu konfrontieren, so daß alle gemeinsam sich prüfen, ob ihre Traditionen sich im Rahmen der Apostolizität halten und auf dem Wege zu einer überzeugenderen und vollkommeneren Apostolizität sind[43].

b) Apostolizität und Bischofsamt

Es ist die gemeinsame Überzeugung der römisch-katholischen wie auch der orthodoxen Kirche, daß Apostolizität das Bischofsamt und bischöfliche Kollegialität einschließen. Mangel an Übereinstimmung besteht nur in der Frage der Modalität kollegialer Amtsführung, vor allem über die Grenzen der Vollmacht des Petrusamtes.

---

[42] *B. Lambert,* a.a.O. 384.
[43] Ebd. 333f.

Vor fünfzehn Jahren konnte der bedeutende Ökumeniker Bernard Lambert schreiben, daß außerhalb der römisch-katholischen Kirche und der orthodoxen Kirchen wenig Bereitschaft bestehe, bischöfliche Autorität voll anzuerkennen[44]. Heute kann man feststellen, daß die meisten von Rom getrennten Kirchen zur Überzeugung gekommen sind, daß sie ein ähnliches Amt haben wie das der Bischöfe oder dessen bedürfen und daß sie darum besorgt sein müssen, die Autorität ihrer Amtsträger nach der der Apostel und ihrer treuen Nachfolger auszurichten.

Der anglikanische Kirchenverband zweifelt nicht an der Notwendigkeit des Bischofsamtes, das auch sie in Kontinuität mit dem Amt der Apostel sehen. Fortschritt in der Theologie, ein besseres Verständnis der Sakramentenspendung, ein intensiver ökumenischer Dialog und die Erforschung unserer Geschichte des Bischofsamtes und der der Anglikaner lassen uns hoffen, daß der Augenblick, in der die römisch-katholische Kirche das anglikanische Bischofsamt anerkennt, nicht mehr ferne ist. Papst Paul VI. hat hierfür ein bedeutsames prophetisches Zeichen gesetzt, als er 1965, während eines gemeinsamen Gebetsgottesdienstes in St. Paul in Rom, seinen eigenen Fischerring nahm und an den Finger des Erzbischofs Ramsey, des Hauptes der anglikanischen Kirchen, steckte. Diese symbolische Geste konnte doch kaum weniger bedeuten als: „Auch du bist Bischof, und so mit mir, dem Träger des Fischerringes, vereinigt." Schon 1958 konnte Bischof S. C. Neill darauf hinweisen, daß ungefähr die Hälfte der anglikanischen Bischöfe durch die die Weihe mitfeiernden altkatholischen Bischöfe der apostolischen Sukzession versichert sind und daß es auf diese Weise binnen kurzem alle anglikanischen Bischöfe sein werden[45].

In voller Offenheit für das Wirken des Heiligen Geistes muß es sichere Wege geben, die Ungewißheiten zu beheben etwa nach der Art, in der Schismen in der alten Kirche überwunden wurden, indem sich die Bischöfe beider Teile gegenseitig die apostolische Sukzession zuerkannten und die Gaben des Heiligen Geistes aufeinander herabflehten.

c) Das petrinische Amt im Dienste der Einheit

Für den Ökumenismus ist das Verständnis für Amt und Dienst an der Einheit ein Grundstein oder aber Stein des Anstoßes. Alle Kirchen und Christen, die fest glauben, daß Christus eine sichtbare Einheit will, sind heute mehr als je überzeugt, daß es dafür auch gewisser Strukturen und Ämter bedarf. Die Diskussion geht also nicht so sehr über die Notwendigkeit eines Einheitsdienstes,

---

[44] Ebd. 336.

[45] Ebd. 243; vgl. *K. Rahner*, Vorfragen zu einem ökumenischen Amtsverständnis (Freiburg i. Br. 1974); *H. Stirnimann – L. Vischer* (Hrsg.), Papsttum und Petrusdienst (Frankfurt a. M. 1976); *R. E. Brown – K. P. Donfried – J. Reuman* (Hrsg.); Der Petrus der Bibel. Eine ökumenische Untersuchung (Stuttgart 1976); *A. Brandenburg – H. J. Urban* (Hrsg.), Petrus und Papst. Die Suche nach der Einheitsgestalt der Christenheit und die gegenwärtige Diskussion um das Petrusamt (Münster 1979).

sondern um seine Gestalt in Treue gegenüber Christus und im Blick auf die Wirksamkeit in einer noch nicht voll geeinten Christenheit.

Wir haben keine großen Chancen, bei unseren getrennten Brüdern und in den Schwesterkirchen volles Gehör zu finden, wenn wir einfachhin das geschichtlich Gewachsene als den notwendigen Einheitsdienst anbieten. Denn die Verfassung des Petrusamtes, wie es sich in kritischen Zeiten der Kirchentrennung darbot, ist zu sehr in ihrem Gedächtnis. Wir dürfen den petrinischen Dienst nicht einfach mit dem Papsttum gleichsetzen, wie es sich in der konstantinischen Ära und besonders im Exil von Avignon entwickelte und allmählich einen kräftigen Zentralismus ausgestaltete und teilweise auch lehrhaft unterbauen wollte. Darum sprechen wir vom petrinischen Dienst, wobei wir Katholiken unsere Überzeugung aussprechen, daß dieser Dienst dem Nachfolger Petri, dem Haupt des Apostelkollegiums, übertragen ist. Dieser Dienst muß und kann befreit werden von allen vergangenen Fragen des Prestiges, der Rivalität, des Triumphalismus, der Verbindung mit irdischer Herrschaft und der Verwicklung in die Streitigkeiten der irdischen Mächte. Der petrinische Dienst als solcher hat auch nichts zu tun mit einem geschichtlich gewordenen System von Promotionen und hochtrabenden Titeln.

Die charismatischen Gestalten der letzten Päpste und der ernste Wille zur Kollegialität und zu anderen von der Bibel und den heutigen Nöten geforderten Reformen erlauben uns zu hoffen, daß die von Rom getrennten Kirchen in einer nicht zu entfernten Zukunft das petrinische Amt anerkennen werden. Es hat nichts mit Zentralismus, der historisch bedingt ist, zu tun, muß jedoch soviel Vollmacht haben, als zur Erfüllung des Einheitsdienstes jeweils erforderlich ist. Wir müssen unsererseits auch neue Sprachregelungen suchen, die einen erneuerten Geist ausdrücken.

Ohne Zweifel hat das Zweite Vatikanische Konzil einen ökumenischen Aufbruch gebracht. Ein gewisser Schatten fällt jedoch darauf, wenn die sogenannte Nota explicativa praevia (Erläuternde Vorbemerkung) der Kirchenkonstitution mehr als ein dutzendmal wiederholt, das Gesamt der Bischöfe könne nur mit dem römischen Bischof und nie ohne ihn handeln, aber gar keine Erklärung versucht, wie beispielsweise die Absetzung von Päpsten und die neue Papstwahl durch das Konzil von Konstanz zu beurteilen ist und ob eine solche kollegiale Initiative als gültig angesehen werden muß. Aber es handelt sich nicht nur darum, daß Antworten auf geschichtlich schwere Probleme ausstehen, sondern um die psychologische Wirkung einer Überbetonung der Zentralgewalt, die auch in äußersten Notfällen keine Initiative von seiten des Bischofskollegiums zuzulassen scheint, wo es doch zweifellos geschehen kann, daß ein Papst aus verschiedenen Gründen an der Ausübung seines Amtes gehindert ist. Papst Paul VI. hat bei vielen Anlässen die rechte Sprache gefunden, vor allem die Symbolsprache, z. B. daß er zweimal den orthodoxen Patriarchen von Konstantinopel im Osten besuchte, bevor er ihn nach Rom einlud.

Martin Luther ging im Fluch über Entartungen zum Äußersten, aber noch

1528 konnte er schreiben: „Wir bekennen aber, das unter dem Bapstum viel Christliches gutes, ia alles Christlich gut sey, Und auch daselbs herkomen sey an uns, Nemlich wir bekennen, das ym Bapstum die rechte heilige schrifft sey, rechte tauffe, recht Sacrament des altars, rechte schlussel zur vergebung der sunde, recht predig ampt, rechter Cathechismus, als das Vater unser, Zehen gebot, die artickel des glawbens."[46]

Ein führender orthodoxer Theologe von heute schreibt: „Die eine, heilige, katholische und apostolische Kirche muß ihrem Wesen nach in der Welt als eine geordnete und sichtbar geeinte Kirche, als eine allumfassende Kirche existieren, und es ist die Rolle und das Charisma der Primatial-Sitze als Zentren der Gemeinschaft, der Einheit, der Koordination zu dienen. Es gibt die örtlichen Primatialsitze (Metropoliten und Patriarchen) und einen allumfassenden Primat. Orthodoxe Ekklesiologie hat nie geleugnet, daß traditionell letzterer der Kirche von Rom zusteht. Die Ausdeutung dieses Primates in Begriffen von persönlicher Unfehlbarkeit des römischen Bischofs und seiner universellen Jurisdiktionsgewalt hat jedoch zur Zurückweisung durch den orthodoxen Osten geführt."[47] Es ist zu bedenken, daß die orthodoxen Kirchen des Ostens durch Jahrhunderte mit Rom vereinigt waren, ohne daß sie jemals alle Ansprüche des Papstes bezüglich Primat und universeller Jurisdiktion anerkannten; aber sie erkannten die Tatsache seines Primates an.

Das Leiden am Getrenntsein zwingt uns radikaler als bisher, nach den eigentlichen fundamentalen Wahrheiten und Wirklichkeiten des christlichen Daseins zu suchen. „Und dort, wo die Theologen der verschiedenen Kirchen sich mühen, die Fragen der nichtchristlichen Zeit an das Christentum wirklich zu beantworten, wird die größte Chance sein, daß diese neue Theologie auf der Basis der verschiedenen Kirchenzugehörigkeit doch aus dem allen gemeinsam gestellten Thema langsam eine Einheit theologischer Art entwickelt, die dann auch manches kontroverstheologische und im Augenblick unlösbare Problem überholt und bis zu einem gewissen Grade gegenstandslos macht."[48]

Wir sind uns jedoch darüber klar, daß die Frage nach einem wirksamen Dienst an der Einheit in der Kirche nie gegenstandslos werden wird. Die bestmögliche Ausübung der gottgegebenen Autorität im Dienste der Einheit ist eine dringende Aufgabe. Douglas Horton, ein protestantischer Beobachter auf dem Zweiten Vatikanischen Konzil, kommt dieser Überzeugung nahe: „Ich kann mir vorstellen, daß der Papst auf eine begrenzte Zeit gewählt wird oder mit der Möglichkeit, in den Ruhestand zu treten... Der Papst mag für die Kirche mehr oder weniger das werden, was der Präsident für die Vereinigten Staaten

---

[46] *M. Luther*, Von der Widdertauffe an zween Pfarherrn (1528): Martin Luthers Werke. Weimarer Ausgabe 1909, Bd. 26, 147; vgl. *E. O'Brien* (Hrsg.), Convergence of Traditions. Orthodox, Catholic, Protestant (New York 1967) 110.

[47] *A. Schmemann*, The Orthodox Tradition, in: *E. O'Brien*, a.a.O. 11–38; Zitat S. 16.

[48] *K. Rahner*, a.a.O (s. Anm. 13) 357.

ist. Daß jedoch der päpstliche Primat in Frage gestellt werden sollte, ist eine Fehlspekulation ... Protestantische Gruppen müssen sich einfach fragen, ob die Annahme des Primates des Papstes, ihnen irgendeine wesentliche Freiheit wegnimmt, und jene innerhalb des päpstlichen Systems werden sich zu fragen haben, ob die Bekräftigung solcher Freiheit für Gruppen, die von ihnen verschieden sind, irgend etwas an der wesentlichen Ordnung und der Einheit der Kirche zerstören würde."[49]

Yves Congar ist überzeugt, daß Papst Paul VI., indem er die orthodoxen Kirchen „Schwesterkirchen" genannt hat, wesentliche Schritte getan hat für die Annehmbarkeit des petrinischen Dienstes durch die orthodoxen Kirchen und schließlich auch durch die Kirchen, die aus der Reformation des 16. Jahrhunderts hervorgegangen sind, wenn sie auf entsprechende Weise als „Schwesterkirchen" geehrt werden[50]. Eine echte Wiedervereinigung der orthodoxen und der reformierten Kirchen mit der römisch-katholischen Kirche würde nicht nur sie, sondern die ganze katholische Kirche bereichern und im Gefolge davon auch den petrinischen Dienst in der Kirche schöpferischer und anziehender machen. „Wir dürfen nicht den Eindruck erwecken, als ob die östlichen Kirchen in ihrer Verschiedenheit nur als ein notwendiges Übel geduldet würden; in keiner Weise, die katholische Kirche liebt sie als solche, aufgrund dessen, was sie sind, und sie möchte sie nicht anders haben."[51]

Es ist für einen einzigen unmöglich, die Aufgaben, die das Papsttum im Laufe der Geschichte angesammelt hat, allein zu bewältigen. Der Papst bedarf für die wirksame Ausübung seiner Autorität einer großen Vielfalt von Zusammenarbeit und Hilfe. Als Ortsbischof von Rom und Metropolit des Gebietes um Rom könnte er römische Kardinäle und ein Pastoralkonzil zu Hilfe nehmen. Für die Ausübung seiner besonderen Jurisdiktion über die italienische Kirche – die ihrerseits ein Recht hat, eine erwachsene Kirche zu sein – könnte ihm eine Synode zur Seite stehen, die die italienischen Bistümer verträte. Als Patriarch des Westens werden sich die Nachfolger Petri in Zukunft sicher nicht mehr als „Monarchen" betrachten. Zur Ausübung einer so gewaltigen Verantwortung bedarf es geeigneter, geschichtlich sich wandelnder Strukturen, in denen die Erfahrung und die gemeinsamen Überlegungen schöpferischer und mutiger Männer und Frauen der Kirche zusammenfließen. Im Fall einer vorläufigen und noch mehr im Fall einer endgültigen Wiedervereinigung der christlichen Kirchen kann man sich vorstellen, daß der Nachfolger Petri und das Kollegium der römisch-katholischen Bischöfe in einen aufrichtigen Dialog mit den Schwesterkirchen eintreten, um gemeinsam die bestmögliche Weise der Zusammenarbeit für die Sache der Einheit zu finden. Dabei geht es sicher darum, sich an der Heiligen Schrift[52] und an den Zeichen der Zeit zu orientieren.

---

[49] *D. Horton*, a.a.O. 54f.

[50] *Y. Congar*, in: *G. Békés – V. Vajta*, a.a.O. 93ff. [51] Ebd. 87.

[52] Vgl. *J.-J. von Almen*, La primauté de Pierre et de Paul (Fribourg 1977).

Um den so wichtigen petrinischen Dienst ökumenisch anziehender zu gestalten, müssen alle Strukturveränderungen und die täglichen Entscheidungen des Römischen Stuhles dahin überprüft werden, ob sie das volle Bild eines weltweiten Denkens und der Leidenschaft für die Einheit in Verschiedenheit zum Ausdruck bringen. Deshalb hat auch eine Moraltheologie heute diesen Fragen ihre Aufmerksamkeit zuzuwenden, auf daß die eventuellen Veränderungen in der katholischen Gemeinschaft ein lebendiges Echo finden und durch eine öffentliche Meinung gestützt werden.

d) Die päpstliche Unfehlbarkeit

Der ökumenische Dialog der letzten zwanzig Jahre hat im Verständnis des päpstlichen Primates größere Fortschritte erzielt als in bezug auf die päpstliche Unfehlbarkeit. Sogar unter Katholiken stößt dieses Dogma auf ernste Verständnisschwierigkeiten; denn oft kennt man die genauen Abgrenzungen, das wahre Sinnziel und die rechte Einordnung dieser Glaubenswahrheit nicht. Und doch hoffen wir, daß diese Wahrheit von einer vereinten Christenheit angenommen wird, wenn sie in der Sicht der ganzen Kirche und ihres Glaubens voll integriert erscheint und dabei das Beste der orthodoxen Überlieferung und der Besorgtheit der reformierten Kirchen entsprechend berücksichtigt ist. Das Dogma, das wir als Katholiken anerkennen, kann klarer ausgedrückt und in einer mehr pastoralen Weise dargestellt werden, so daß Vertrauen in die rechte Ausübung der kirchlichen Autorität dadurch geweckt wird. Mit anderen Worten: Künftige Formulierungen der gleichen Glaubenswahrheit können Fehldeutungen vermeiden und besser klarmachen, daß Unfehlbarkeit nichts mit Machtdenken zu tun hat.

Es ist klar, daß dem Papst als Privatperson keine Unfehlbarkeit zugeschrieben wird. Unfehlbar ist er nur, „wo er in Berufung auf seine höchste Autorität in einer Frage der Interpretation der in der Schrift und damit auch in der Tradition gegebenen Offenbarung eine letzte Entscheidung trifft kraft seiner Stellung in der Kirche". Das katholische Kirchenverständnis besagt, „daß dort, wo die Kirche in ihrer Lehrautorität – also im Gesamtepiskopat mit dem Papst zusammen oder in ihrer personalen Spitze dieses Gesamtepiskopats – wirklich mit einer *letzten* Forderung im Namen Christi dem Menschen lehrend gegenübertritt, Gottes Gnade und Macht verhindern, daß diese Lehrautorität aus der Wahrheit Christi herausfällt"[53].

Auch Protestanten sind von der Notwendigkeit einer Lehrautorität überzeugt, aber viele unter ihnen sträuben sich gegen die Annahme eines absoluten und letztlich verbindlichen Charakters einer spezifischen Lehraussage. Doch große Teile der protestantischen Kirchen und die gesamte Tradition der orthodoxen Kirchen anerkennen absolut und letztlich bindende Erklärungen ökumenischer Konzilien im gleichen oder fast im gleichen Sinn wie wir Katholiken.

[53] *K. Rahner*, a.a.O. 372 u. 368.

Ein Zeichen, daß der ökumenische Dialog über die päpstliche Unfehlbarkeit nicht an einem toten Punkt angekommen ist, ist unter anderem ein Vorschlag von Professor Lindbeck, in welchem Sinn päpstliche Unfehlbarkeit in etwa verstanden und von einer vereinigten Christenheit angenommen werden könnte. Der bekannte lutherische Theologe, der ein Beobachter auf dem Zweiten Vatikanischen Konzil war, erwartet sich einen wesentlichen Fortschritt für das bessere Verständnis und die Würdigung dieser Lehre, wenn die geschichtliche Dimension der Lehrformulierungen besser verstanden wird[54]. Wir können ihm nur zustimmen, wenn er vor der Versuchung warnt, Diskussionen über die Unfehlbarkeit zu politisieren: „Der Katholik, der es wagt, über die Wiederholung alter Formeln hinaus ein neues Verständnis vorzuschlagen, wird allzuleicht als ein Feind des Magisteriums klassifiziert; und der Protestant, der in dieser Lehre positive Werte sieht, setzt sich dem Risiko aus, verdächtigt zu werden, als ob er sowohl die Sache des Ökumenismus wie der Reformation verrate.“[55] Lindbeck ist jedoch überzeugt, daß eine sachliche Diskussion heute möglich ist. Er glaubt, ein annehmbares Verständnis päpstlicher Unfehlbarkeit vorlegen zu können, das sich in seinen Augen mit der amtlichen katholischen Lehre, wie sie im Ersten und Zweiten Vatikanischen Konzil sich ergab, vereinbaren läßt.

Lindbeck gibt folgende Definition: „Ein unfehlbares Lehramt ist jenes, das nie unheilbar irrtümliche (d.h. unchristliche) Weisungen vorlegt oder Dinge verbietet, die wesentliche und unverzichtbare Teile christlichen Sprechens und Handelns sind.“[56] Er findet sich in Gesellschaft vieler katholischer Theologen, wenn er betont, daß „das Lehramt, um unfehlbar zu handeln, so handeln soll, daß es nicht nur formell und kanonisch, sondern auch wirklich und der Sache nach universell oder ökumenisch handelt“[57]. Er berührt jedoch einen kritischen Punkt, wenn er die Frage aufwirft, ob „Pastor Aeternus“ und die marianischen Dogmen „ihrem Sinnziel entsprechend wirklich, substantiell oder theologisch ökumenisch sind“[58]; er meint, es sei nicht klar, ob sie in seinem oben beschriebenen Sinn unfehlbar seien.

Seit dem großen Schisma hat die orthodoxe Kirche nie daran gedacht, allein ein ökumenisches Konzil einzuberufen. Für sie und für die reformierten Kirchen besteht weiterhin die Schwierigkeit, ob Dogmen, die vom römisch-katholischen Lehramt in Zeiten des Schismas erklärt wurden, der Zustimmung der Schwesterkirchen, solange sie von Rom getrennt und darum am Zustandekommen der dogmatischen Formulierungen in der römisch-katholischen Kirche nicht beteiligt waren, sicher sein können. Lindbeck stellt eine der brennendsten Fragen,

---

[54] Vgl. Mysterium Ecclesiae: AAS 65 (1973) 396–408.

[55] *G. Lindbeck*, Problems on the Road to Unity: Infallibility, in: *G. Békés – V. Vajta*, a.a.O. 98–109, Zitat S. 103; vgl. *J. Feiner – L. Vischer* (Hrsg.), Neues Glaubensbuch. Der gemeinsame christliche Glaube (Freiburg i.Br. – Zürich [15]1979) 620–642.

[56] *G. Lindbeck*, a.a.O. 105.

[57] Ebd. 106.

[58] Ebd.

nämlich ob das Fortbestehen von Differenzen über diesen Punkt „es den Kirchen verbietet, in eine volle Gemeinschaft in einer ökumenischen und konziliären Vereinigung einzutreten"[59]. Dürfen wir die Frage vielleicht so formulieren: Würde eine wesentliche Offenheit für diese Frage nicht hinreichen, zusammen mit der Hoffnung, daß wir in einer vereinten Christenheit zu gegebener Zeit alle zu einem besseren Verständnis kommen würden?

III. Ökumenische Grundhaltungen

Für die christlichen Gemeinschaften, für jeden Christen, ganz besonders aber für Kirchenführer und Theologen sollte die Hingabe an die Sache der christlichen Einheit ein Wesensbestandteil ihrer fundamentalen Option bilden. Zumindest muß es sich um eine Selbstverpflichtung von der Tiefe der fundamentalen Option handeln, und selbstverständlich muß dann ein solcher Entschluß alle unsere Grundhaltungen formen. Der Ökumenismus bedeutet vor allem den Ruf zu einer fortwährenden Bekehrung zu dem einen Herrn Jesus Christus. Wir können nicht im Heiligen Geist sagen, „Jesus ist der Herr", ohne uns ernst zu bemühen, unsere kirchlichen Gemeinschaften jener Einheit entgegenzuführen, die unserem Glaubensbekenntnis entspricht. Petrus und die ganze Kirche hat die Versicherung des Herrn für den besonderen Beistand des Heiligen Geistes im Blick auf ein Leben und eine Amtsführung, die darauf zielen, zu bekennen: „Du bist der Christus, der Sohn des lebendigen Gottes" (Mt 16,16). Papst Johannes Paul II. hat diese zentrale Sinnrichtung des petrinischen Dienstes bei seiner Antrittshomilie kraftvoll hervorgehoben.

Wie können wir anderen sagen, daß Jesus der Herr, der Messias ist, wenn wir uns nicht mit ganzem Herzen für die Einheit unter seinen Jüngern einsetzen (vgl. Mt 16,20)? Jesus verspricht seiner Kirche, daß die Pforten der Hölle sie nicht überwältigen können (vgl. Mt 16,18). Dieses Versprechen schließt in sich die machtvolle Gnade, aber auch den machtvollen Ruf zur Bekehrung zu einer stets wachsenden Einheit. Sind wir Christen voll zum Testament des Herrn bekehrt, „daß alle eins seien", dann können wir hoffen, daß auch die Welt, d.h. alle Menschen guten Willens sich zu Christus bekehren werden[60].

Die Bekehrung, von der wir sprechen, hat sowohl eine persönliche wie gemeinschaftliche Dimension. Die Teilnehmer an einer ökumenischen Studienwoche zehn Jahre nach dem Dekret über den Ökumenismus betonten die gemeinschaftliche Dimension dieser Bekehrung nachdrücklich. Die Begegnung der Kirchen im ökumenischen Dialog müsse zu „strukturellen Bekehrungen" führen, die das ganze Leben der Kirche charakterisieren[61]. Sprechen wir von

[59] Ebd. 109.
[60] UR 1. [61] *G. Békés – V. Vajta*, a.a.O. 9.

Bekehrung, so vergessen wir nicht die entscheidende Wahrheit, daß es eine solche Bekehrung zu Christus sein muß, daß das ganze Leben der einzelnen Christen und der christlichen Kirche die Wahrheit verkündet: „Dich, Christus, allein kennen wir, dich allein suchen wir." Christus ist der Weg zum Vater und zugleich der Weg zur Einheit aller Menschen.

1. Bekehrung zu Christus, unserem Heiland und unserem Frieden

Die dem christlichen Glauben zentrale Wahrheit, daß Christus der Versöhner ist, bildet ein Herzstück ökumenischer Bemühungen. Ökumenismus hat als Grundlage ein tiefes Verständnis der Gnade und des Auftrags der Versöhnung und eine entsprechende Hingabe[62].

Die versöhnende und heilende Liebe Christi berührt die Kirche vor allem durch das gegenseitige Schuldbekenntnis und gegenseitiges Vergeben. Paul VI. hat das so ausgedrückt: „Laßt uns vergeben und uns gegenseitig um Vergebung bitten."[63] Ökumeniker haben immer wieder betont, daß die Hingabe an die Sache der christlichen Einheit sowohl Gebet wie Bußgesinnung einschließt, die sich im demütigen Bekenntnis unserer Sünden bezeugt[64]. So können z.B. die orthodoxen Christen von ihrer Furcht und ihrem Mißtrauen nicht frei werden, bis die römisch-katholische Kirche demütig und ausdrücklich ihre vergangenen Versuche, die östlichen Kirchen zu latinisieren, bedauert und dafür um Verzeihung bittet[65]. Es genügt nicht zuzugeben, daß einige Glieder der römischen Kirche Sünder waren, noch ist es realistisch zu sagen, daß die Kirche selbst einfachhin „ohne Flecken und Makel ist, auch wenn sie nicht ohne Sünder ist"[66]. Es gilt zu sehen, daß alle unsere Sünden zusammen sich in Strukturen, in Geistesarten und sogar in Formulierungen von Lehren niedergeschlagen haben. Protestanten und Orthodoxe werden z.B. folgende Sprechweise kaum annehmbar finden: „Der Bund, durch den Christus all seine Schätze seiner Braut, der Kirche, anvertraut hat, so daß sie nach ihrem Belieben darüber verfügen kann, war ein Bund für immer."[67] Eine solche Sprechweise umgeht die notwendige demütige Frage, ob die Kirche als ganze und ihre Amtsträger über die Schätze, die der Herr ihr anvertraut hat, in voller Treue und ohne jede Willkür verfügt. Alle Teile der Christenheit müssen sich gegenseitig bekennen, daß sie gegenüber dem Gebot der Liebe und dem Verbot lieblosen Richtens z.B. in ihrem Urteilen über die Traditionen anderer Teile der Christenheit vielfach gesündigt haben.

---

[62] *G. Gassmann* u.a., a.a.O. (s. Anm. 6) 105.
[63] *Paul VI.*, Ansprache an die Beobachter vom 29.9. 1963, Zitat nach *D. Horton*, a.a.O. 73.
[64] *B. Lambert*, a.a.O. 511f.
[65] Vgl. *Y. Congar*, a.a.O. (s. Anm. 30) 37f.
[66] *B. Lambert*, l.c. 213. Praktisch zieht jedoch Lambert, trotz seiner offenbar verschiedenen Redeweise, die gleichen Konsequenzen wie ich.
[67] *J. Daniélou*, in: *E. O'Brien*, a.a.O. (s. Anm. 46) 63.

Congar sagt über das Schisma zwischen Ost und West: „Die Trennung wurde durch die Tatsache besiegelt, daß sich die zwei Stellungnahmen der Christenheit je hinter der eigenen Tradition verschanzten und den anderen Teil vom Standpunkt der eigenen Tradition beurteilten."[68] So schlugen sich beide gegenseitig tiefe Wunden. Darum bedarf es auch des gegenseitigen Heilens. Ja, die Wunden können nicht geheilt werden ohne gegenseitige Vergebung und Wiederherstellung der Einheit. Die christlichen Kirchen können Christus, den Friedensfürst, nur feiern und ihre Friedenssendung in der Welt nur erfüllen, wenn sie dankbar die Gnade der Wiederversöhnung und des Friedens unter sich annehmen und bereit sind, für diesen Frieden, wenn notwendig, auch einen hohen Preis zu zahlen.

2. *Bekehrung zu Christus, dem Propheten und der rettenden Wahrheit*

Christus ist die rettende Wahrheit. Er teilt sich selbst mit, während er die Frohbotschaft verkündet und sie mit dem Blut des neuen und ewigen Bundes besiegelt. Er ist aber auch der rettende Konflikt, der Prophet, der alle Falschheit entlarvt, die seiner rettenden Wahrheit und der Einheit im Wege steht. Er kam, um die von Menschen errichteten Scheidewände zwischen Juden und den anderen Völkern niederzureißen.

Christus erfüllt seine prophetische Sendung überall, wo in der Kraft des Heiligen Geistes einzelne Gläubige und gläubige Gemeinschaften der getrennten Christenheit gegen alles ankämpfen, was der Sendung der Kirche widerspricht, die eine, heilige, katholische und apostolische Kirche zu sein und immer mehr zu werden. Ein solcher Protest richtet sich nicht gegen die Kirche, sondern ist Zeugnis des Glaubens an ihre Sendung und ein demütiger Dienst für sie[69].

Jene, die Christus, den Propheten, kennen und auf ihn hören, werden unter anderem auf die prophetischen Stimmen hören, die gegen alle Tendenzen westlicher Kirchen protestieren, wenn diese ihre eigenen Traditionen und zeitbedingten Formulierungen, Gesetze und Strukturen verabsolutieren wollen. Prophetische Männer haben im Osten ihre Stimme erhoben, wenn immer Slawophile „sich im Fleische brüsteten", indem sie praktisch Religion und nationale Kultur identifizierten[70].

Ein bedeutsamer Protest gegen verknöcherte Strukturen im Leben der Kirchen und in kirchlichen Formulierungen kommt von der sogenannten Dritten Welt, die unter den Ursachen und Folgen der Trennung der Christenheit leidet. In dieser Situation „bedürften wir eines neuen Völkerapostels"[71].

Die in der Heiligen Schrift beschriebene prophetische Geschichte und der

---

[68] *Y. Congar,* a.a.O. 76.
[69] Vgl. *G. Weigel,* Catholic Theology in Dialogue (New York 1961) 27.
[70] *Y. Congar,* a.a.O. 45f.
[71] *G. Békés – V. Vajta,* a.a.O. 9.

prophetische Konflikt im Laufe der Kirchengeschichte sollten uns alle zu Christus, dem Propheten, hinführen. Dann wird es aber auch klar, daß ein wirksamer prophetischer Protest nur ermöglicht wird durch ein Leben im Heiligen Geist und durch Wachsamkeit für die Zeichen der Zeit. Die ökumenischen Anstrengungen haben ihren Sitz im Leben in den Hoffnungen und Freuden, in der Angst und dem Leiden der Menschen unserer Zeit.

3. Bekehrung zu Christus, dem Führer des Dialogs

Die Enzyklika Papst Pauls VI. „Ecclesiam suam", an die die Programmenzyklika Papst Johannes Pauls II. betont anknüpft, beschreibt das Leben der Kirche und die Aufgabe der Christen in einer Perspektive des Dialogs. Der Weltrat der Kirchen hat ebenfalls den Dialog als Methode gewählt, ein geduldiges Aufeinanderhören und ein geduldiges Aufwerfen von entscheidenden Fragen. Dies setzt voraus, daß alle im Namen Jesu versammelt sind und ihn hören, den Gottesknecht, der demütig auf den Vater hört, indem er sich mutig und geduldig den Nöten des Volkes stellt. Schon der 12jährige Jesus im Tempel ist charakterisiert als der, der die rechten Fragen stellt und hinhorcht.

Die Kirche versteht sich als Pilger. So verstanden ist der ökumenische Dialog ein Zwiegespräch zwischen Partnern der Pilgerschaft über ihr gegenseitiges Verhältnis. Aber noch mehr ist es eine gemeinsame Konfrontation mit ihrem Herrn, der die Wahrheit und der Weg ist. So wird der Dialog der Christen untereinander zu einer Begegnung der Charismen[72]. In diesem Dialog spricht sich das Füreinander aus, in dem wir den anderen als für unseren Glauben notwendig anerkennen. Nur durch solche gegenseitige Anerkennung im Lobpreis für die Verschiedenheit der Gnadengaben in den verschiedenen Teilen der Christenheit kommen wir zu Christus, dem Gottesknecht, der der Horchende und Antwortende ist und so den Vater in allem preist.

Verlieren die Partner des Dialogs Christus und sein wirkendes Wort aus den Augen, so besteht die Gefahr, daß die getrennten Teile der Christenheit sich im Dialog einrichten, ohne den Mut zu haben, die praktischen Folgerungen zu verwirklichen, die sich aus diesem Dialog ergeben. So wird auch der Dialog fruchtlos. Eine Schwierigkeit ergibt sich vielfach daraus, daß jene, die die letzten Entscheidungen treffen, nicht hinreichend am mühsamen ökumenischen Gedankenaustausch beteiligt sind und das Klima des aufeinander Hörens, des ehrfürchtigen Fragens nicht erlebt haben und deshalb auch die konkreten Resultate nicht genügend zu würdigen verstehen.

Es wäre ein großer Irrtum, zu meinen, der ökumenische Dialog über Lehrfragen habe einen Kompromiß zum Ziel, bei dem die Wahrheit eine Frage des Aushandelns sein könnte. Dazu sagt Papst Johannes Paul II. treffend: „Die echte ökumenische Arbeit besagt Öffnung, Annäherung, Bereitschaft zum Dialog, ge-

[72] Ebd. 23.

meinsame Suche nach der Wahrheit im vollen biblischen und christlichen Sinn. Keinesfalls bedeutet sie oder kann sie bedeuten, auf die Schätze der göttlichen Wahrheit, die von der Kirche beständig bekannt und gelehrt worden ist, zu verzichten oder ihr in irgendeiner Weise Abbruch zu tun."[73] Um sich vom geistlichen Reichtum des Ertrags dieser Dokumente zu überzeugen, genügt es zum Beispiel, die Dokumente des katholisch-anglikanischen Dialogs über die Eucharistie oder das Amtsverständnis zu lesen. Die Partner haben den Reichtum ihrer Glaubenserfahrung und die Schätze ihrer Traditionen in einer bewundernswerten Synthese zusammengebracht. Es ist gute ökumenische Praxis, im Austausch der Traditionen, der Sichtweisen und der Glaubenserfahrungen den gemeinsamen Herrn für alles zu preisen, was das für das Leben im Glauben bedeutet. Oft entdecken dann alle mit Erstaunen, wie sich ihre Glaubenserfahrungen und ihre Traditionen einer gemeinsamen Gesamtschau einfügen. Ein solcher Dialog hilft uns allen, „christliche Schätze großen Wertes" zu entdecken, eine Entdeckung, die unsern Eifer für die Sache der christlichen Einheit weiter anspornt, wie Papst Paul VI. sich ausdrückte: „Weit entfernt, Eifersucht zu erregen, vertieft dies unsere brüderliche Freundschaft und das Verlangen, die vollkommene, von Christus gewollte Gemeinschaft wiederherzustellen. Und dies führt uns dazu, noch mehr positive Ergebnisse auf dem Weg des Friedens zu entdecken."[74]

4. Bekehrung zu Christus, dem Bundesmittler: Einheit in Verschiedenheit

Die Hoffnung auf Wiederherstellung der christlichen Einheit in *einer* Kirche ist nicht denkbar ohne ein grundsätzliches Ja zu einem gewissen Pluralismus oder einer gewissen Vielfalt im Ausdruck des Glaubens, des Kultes und der institutionellen Strukturen. Hier geht es uns vor allem um eine diesbezügliche Grundhaltung. Es kann sich nicht darum handeln, Verschiedenheit nur unwillig zu tolerieren. Bekehrung zu Christus, dem Bundesmittler, schafft eine Grundhaltung, kraft deren wir uns freuen über die Wege des Heiligen Geistes, die Einheit des mystischen Leibes Christi durch die Vielfalt der Gnadengaben und Dienstleistungen inmitten der verschiedenen Kulturen aufzuerbauen. Im dankbaren Gedächtnis an das erste Pfingstereignis befreien wir uns von dem unchristlichen Verlangen nach Uniformität und erkennen im Lobpreis des Heiligen Geistes den Sinn der Verschiedenheit.

Wir bekennen uns zu Christus, dem Bundesmittler, der menschgewordenen Solidarität mit allen Menschen, der allen Kulturen und Traditionen gleicherweise nahe ist, um sie alle in dem einen Bund zu vereinen. Er, der die allumfassende Liebe Gottes voll sichtbar gemacht hat und alle zur Einheit ruft, ist das universale Sakrament, wie Augustinus sagt: „Es gibt kein anderes Sakrament

[73] *Johannes Paul II.*, Redemptor hominis, n. 6.
[74] *Paul VI.*, Ansprache an die Beobachter vom 6. 12. 1965, Zitat nach *D. Horton*, a. a. O. 81.

als Christus."[75] In ihm weisen alle Sakramente, vor allem aber die Kirche selbst, auf Einheit in Verschiedenheit hin. Die Sakramentalität, wie die Urkirche sie versteht, ist nicht in erster Linie rituell. Sakramental ist alles, was den einen Bund zwischen Christus und der Kirche sichtbar macht, die der Herr aus allen Nationen, Traditionen und Kulturen zusammenruft. Diese Sicht hat bedeutsame Folgen für den Pluralismus in den verschiedenen Riten, in der Feier der Sakramente in den verschiedenen Kirchen und für das ganze Leben[76].

Eine positive Einstellung zum Pluralismus ist ebenso notwendig für das gemeinsame Suchen wie für das Bleiben in der Wahrheit. Als Ausgangspunkt unserer Überlegungen können wir zur Sicht des Thomas von Aquin zurückkehren, der alle wahren Lehren als Wahrheiten betrachtet, die auf *die eine Wahrheit* hinweisen[77]. Theologen und Kirchenmänner, die darauf bestehen, daß die Heilswahrheit nur *eine* Formulierung zuläßt, die von allen so angenommen und wiederholt werden muß, verfehlen sich nicht nur gegen das Geheimnis Gottes, das immer unendlich größer ist als unsere menschlichen Kategorien, und gegen die notwendige Toleranz, sondern auch gegen die Wahrheit in Person.

Der Anspruch der Wahrheit ist absolut, die Wahrheit selbst ist jedoch immer größer als unsere Denk- und Ausdrucksmittel. Wir können und sollen auf die Wahrheit von verschiedenen Richtungen her hindeuten. Und gerade das lernen wir im ehrfurchtsvollen Dialog und kommen so im Respekt vor der absoluten Wahrheit ihr stufenweise näher[78]. Dialog ist nicht nur ein Mittel zur Förderung des Ökumenismus, er ist vielmehr auch ein konstitutives Element der Kirche selbst in ihrem Streben nach der Fülle der Wahrheit und der Einheit. Wir müssen also den Pluralismus in unserer eigenen Kirche hochschätzen, um der Wahrheit näher zu kommen und uns für einen fruchtbaren Pluralismus in einer vereinigten Christenheit vorzubereiten.

Die Heilswahrheit kann die Gläubigen nur dann zum Salz für die Erde und zum Licht für die Welt machen, wenn sie sich im Leben der Einzelnen und in den verschiedenen Kulturen und Traditionen eingestaltet. Wo immer eine Ortskirche, und sei es die römische, versucht, ihre eigenen Riten, Denkweisen und ihre institutionellen Strukturen allen andern Kirchen aufzuerlegen, ohne Rücksicht auf die von Gott gewollte Verschiedenheit der Menschen und ihrer Kulturen, macht sie sich schuldig an der Sterilität solcher Kolonien der Kirche und sündigt zugleich gegen das Geheimnis der Menschwerdung, die sich in der Eingestaltung des Glaubens in Geschichte und Gesellschaft auswirken will. Die gemeinsame Synode der westdeutschen Diözesen betont den Pluralismus im Dienste echter Katholizität und erinnert uns, daß wir schon innerhalb der Teile

[75] *Augustinus*, Epist. 187, 34: PL 38, 845.

[76] Vgl. *Y. Congar*, in: *G. Békés – V. Vajta*, a. a. O. 88 ff.; *E. Theodoron*, Glaubensgemeinschaft und Ausdrucksvielfalt. Ein Weg zur Einheit (Innsbruck 1976).

[77] S. th. II II q 1 a 6: „Perceptio veritatis tendens in ipsam".

[78] Vgl. *O. Cullmann – O. Karrer*, Toleranz, ein ökumenisches Problem (Zürich 1964).

der Heiligen Schrift, auch des Neuen Testamentes, einen gewissen Pluralismus der Ausdrucksformen vorfinden. Eine solche Verschiedenheit ist nicht nur zulässig, sondern notwendig[79]. Dies alles ist zu bedenken und in die Praxis umzusetzen, um den ganzen Reichtum der Verschiedenheit in andern Kirchen und kirchlichen Gemeinschaften zu schätzen und in die reiche Einheit der vereinigten Christenheit einzubringen[80]. Wer Christus, den Bundesmittler, und die Dimensionen der Bundesmoral und des Glaubensreichtums mit tiefer Liebe kennt, muß erschüttert sein zu sehen, wie Christen untereinander im Blick auf geringfügige Verschiedenheiten streiten und die Sicht der vielen Dinge, die sie vereinigen, verlieren. Der äußere Anschein trügt manchmal und läßt Sichtweisen, die sich ergänzen könnten, einseitig als Gegensätze erleben.

Eine positive Grundhaltung gegenüber dem Pluralismus erlaubt auch die kühne Hoffnung, „daß es in dem ganzen Wortschatz des Ökumenismus keine solchen Wörter gibt wie ‚Kapitulation' oder ‚Kompromiß'. Nicht nur die Werte, die gegenwärtig in den sich vereinigenden Kirchen gemeinsam gegeben sind, sondern auch jene, die von einer der sich vereinigenden Kirchen besonders hochgeschätzt sind, müssen eingebracht werden. Die Ökonomie des Ökumenismus erlaubt keinen Handel, wonach der eine Teil auf eine liebgewordene Überzeugung oder Verfahrensweise verzichten würde, wenn der Handelspartner auf der andern Seite ähnliches tun würde. Wir suchen Einheit und nicht Uniformität."[81]

Pluralismus verlangt von allen Seiten ein ernstes Bemühen und eine große Kunst, sich in die Denkart der andern einzuleben, um so in seiner eigenen Sichtweise bereichert zu werden und das Konvergieren der verschiedenen Sichtweisen zu verstehen. „Wie es unmöglich ist, den Westen in den Osten zu verwandeln, ebensowenig ist es möglich, den Osten dem Westen anzugleichen oder die östliche Denkart durch die des Westens auszulegen. Wo immer man das versucht hat, führte es zu einer Katastrophe."[82] „Die verschiedene Denkart in Ost und West kann besser verstanden werden im Blick auf die Entwicklung westlicher Theologie im 11. Jahrhundert, nämlich den Übergang von der Sicht urbildlicher Kausalität zu der der Wirkursachen, vom Symbol zur Dialektik, von der Ganzheitsschau zu einer Vorliebe für Analyse."[83]

Der bedeutende orthodoxe Theologe Alexander Schmemann lenkt unsere Aufmerksamkeit auf einen wichtigen Punkt ökumenischer Begegnung des Ostens mit den andern Kirchen. „Da die Form losgelöst vom Inhalt bedeutungslos ist (vgl. das Widerstreben orthodoxer Theologen, gewisse Probleme der ‚Gültig-

---

[79] Dokument 6 der Gemeinsamen Synode der Bistümer in der Bundesrepublik Deutschland: 3.22 u. 4.13.

[80] Ebd. 4.31.

[81] *D. Horton,* a.a.O. 49.

[82] *B. Lambert,* a.a.O. 422.

[83] *Y. Congar,* a.a.O. (s. Anm. 30) 39f.; *ders.,* Pluralisme et œcuménisme en recherche théologique, in: Mélange offert au R.P. Dockx, O.P. (Paris 1976).

keit' zu diskutieren), schaut orthodoxe Ekklesiologie nicht zu sehr auf genaue Definitionen oder Formulierungen, Bedingtheiten und Modalitäten, sondern sucht vielmehr ein Bild *(eikon)* der Kirche als Leben in Christus darzustellen – ein Bild, das, um echt und treu zu sein, alle Aspekte der Kirche und nicht nur die institutionellen enthalten muß. Die Kirche ist eine Institution, aber sie ist auch ein Geheimnis."[84]

Es legt sich also die Schlußfolgerung nahe, daß ökumenischer Eifer und die Sorge für das Leben jeder Kirche in der Wahrheit das oberste Lehramt verpflichtet, wenn es zur allgemeinen Kirche spricht, all die verschiedenen Erfahrungen, Denkweisen und gemeinsamen Überlegungen einzubringen. Die Theologie sollte sorgfältig untersuchen, in welchen Dokumenten das päpstliche Lehramt nur die Denkweise *einer* Kirche berücksichtigt, und dementsprechend nur zu ihr spricht, oder aber in Berücksichtigung der verschiedenen Denkweisen zur *allgemeinen* Kirche spricht. Je mehr die Zusammengehörigkeit von Einheit und Verschiedenheit das Leben und Denken der Kirche prägt, um so besser kann sie der Sache der Wiedervereinigung der getrennten Christenheit dienen.

Die Kirche wächst auch im Kennen der Welt und in der Kunst, zu ihr überzeugend zu sprechen, wenn sie nicht nur im Gesamt der Menschheit, sondern auch in ihrem eigenen Dasein eine positive Haltung zum Pluralismus einnimmt. Wir denken hier selbstverständlich nicht an eine bloße Koexistenz von Verschiedenheiten, sondern vielmehr an einen Pluralismus des Füreinander und Miteinander. Wie sollte die Welt die hohe Kunst lernen, nach Einheit zu streben, ohne Uniformität zu suchen, wenn die Kirche nicht ein hervorragendes Beispiel gibt?[85] Der Bericht über ein ökumenisches Symposium gibt ein gutes Beispiel, wie Pluralismus, der durch verschiedene Ausgangspunkte von Sichtweisen gekennzeichnet ist, fruchtbar werden kann in der gegenseitigen Ergänzung der Konfessionen. „Einige von uns würden der Verkündigung des Evangeliums als des Mittels zur Weckung des Glaubens eine Vorrangstellung geben. Das Handeln wäre dann eine notwendige Frucht eines solchen Glaubens. Andere meinen, daß Verkündigung und Handeln ineinander verwoben und sogar identisch sind. Beide Ansätze sind durch unterschiedliche theologische Überzeugungen wie auch durch unterschiedliche Situationen, in denen sich Christen befinden, bedingt. Solange sich beide als gehorsam gegenüber dem Erlösungswerk Gottes verstehen, sollten sie nicht als sich gegenseitig ausschließend, sondern als in einer schöpferischen und komplementären Spannung stehend verstanden werden."[86]

---

[84] *A. Schmemann,* a.a.O. (s. Anm. 47) 12.
[85] *P. Lonning,* a.a.O. (s. Anm. 22) 22.
[86] *G. Gassmann* u.a., a.a.O. (s. Anm. 6) 100.

IV. Ökumenismus in Aktion

Gerechte Grundhaltungen und eine klare Sicht müssen die Aktion leiten, und entsprechendes Handeln in Treue gegenüber der Gnade jeder Stunde wird die Grundhaltungen und die Sicht stärken. Der Ökumenismus des Weltrates der Kirchen und des Zweiten Vatikanischen Konzils haben zu vielerlei ökumenischen Aktionen geführt. Das Zweite Vatikanische Konzil weist auf verschiedene Gebiete gemeinsamen ökumenischen Handelns: Zusammenarbeit in der Übersetzung und Erklärung der Heiligen Schrift[87], gemeinsames Zeugnis[88], Ausbildung des Klerus[89], theologischer Dialog und religiöse Erziehung[90]. Seit dem Konzil hat sich gemeinsames ökumenisches Handeln vertieft und auf neue Gebiete ausgedehnt[91]. Die Enzyklika „Redemptor hominis" Papst Johannes Pauls II. weist diesbezüglich mutig in die Zukunft.

1. *Geistlicher Ökumenismus*

Wir dürfen wohl das Wort des hl. Gregor von Nazianz auf die ökumenische Bewegung anwenden: „Das leibliche Werk Christi ist vollendet... Das Werk des Heiligen Geistes aber steht erst am Anfang."[92] Die Einheit der Christen bei voller Verschiedenheit all des Guten kann allein das Werk des Heiligen Geistes sein. Darum ist unsererseits gläubiges Vertrauen auf den Heiligen Geist und ein Handeln, das dieses Vertrauen zum Ausdruck bringt, von höchster Bedeutung.

Sowohl die unerwartet großen Erfolge wie auch die erlittenen Schwierigkeiten haben in vielen Ökumenikern der verschiedenen Kirchen die Überzeugung gestärkt, daß der geistliche Ökumenismus die erste Stelle einnehmen muß. „Die ökumenische Spiritualität muß zu einer treibenden Kraft aller unserer ökumenischen Bestrebungen werden, so daß der Heilige Geist uns bewegen kann und wir unter seiner Leitung als das eine Volk Gottes befähigt werden, weiter unserer Zukunft entgegenzugehen."[93] Immer wieder betont der Report über ein ökumenisches Treffen, daß die Teilnehmer „sich leidenschaftlich dem geistlichen Ökumenismus als dem Lebensraum für ein brüderliches Verstehen zuge-

[87] DV (s. 4. Kap., Anm. 7) 22.

[88] AG (s. 5. Kap., Anm. 1) 15 29 36; GS (s. 1. Kap., Anm. 1) 88 92.

[89] Dekret des Zweiten Vatikanischen Konzils über die Ausbildung der Priester „Optatam Totius" (OT), Nr. 16.

[90] Erklärung des Zweiten Vatikanischen Konzils über die christliche Erziehung „Gravissimum Educationis" (GE), Nr. 11.

[91] Vgl. *L. Vischer*, Ökumenische Skizzen (Frankfurt a. M. 1972); *E. Lange*, Ökumenische Utopie. Oder was bewegt die ökumenische Bewegung? (Stuttgart 1972); *R. Groscuth* (Hrsg.), Wandernde Horizonte auf dem Weg zur Einheit (Frankfurt a. M. 1974); *J. J. Degenhardt – H. Tenhumberg – H. Thimmer* (Hrsg.), Kirchen auf gemeinsamem Weg (Bielefeld – Kevelaer 1977).

[92] PG 36, 436–437.

[93] *V. Vajta*, in: *G. Békés – V. Vajta*, a. a. O. 35.

wandt haben"[94]. Diese ökumenische Spiritualität bringt auch eine neue Zuwendung zur Heiligen Schrift und so Vertrauen, daß sie uns den Weg weisen wird, wenn wir ganz offen sind für das Wirken des Heiligen Geistes. Nur er kann uns befähigen, orthodoxes Denken und orthodoxes Handeln zu vereinen. Der Geist, der uns für das geschriebene Wort Gottes und für die Zeichen der Zeit öffnet, gibt uns auch ein neues Verstehen des Initiativgeistes, schöpferischer Treue und schöpferischer Freiheit, gemeinsamer Betrachtung und gemeinsamen Gebets in Fürbitte und Lobpreis. All das sind Ausdrucksformen des geistlichen Ökumenismus. Dementsprechend werden wir im ökumenischen Dialog auch besonders achtsam sein, den Heiligen Geist nicht zu beleidigen. Nur so können wir die ökumenische Methode befolgen, die Paul VI. treffend beschreibt: „Hoffnung ist unser Leitstern, Gebet unsere Stärke, Liebe unsere Methode im Dienste der göttlichen Wahrheit, die unsere Hoffnung und unser Heil ist."[95]

2. *Gnade und Dynamik vorläufiger Lösungen*

Nichts könnte eine tödlichere Gefahr für die ökumenische Bewegung sein als der Versuch, zuerst alle Dinge theoretisch zu lösen, um dann auf einmal die praktische Verwirklichung der Einheit zu beschließen. Das ganze christliche Leben steht unter dem Gesetz des Wachstums. Darum besteht eine besondere Gnade und Kraft im Mut, nach vorläufigen Lösungen, nach einer schrittweisen Verwirklichung zu suchen. Viele Mitglieder der verschiedenen Kirchen, besonders die ökumenisch eingestellte jüngere Generation, sind überzeugt, daß die Zeit für konkretere und mutigere Schritte gekommen ist. „Kraft der endzeitlichen Gnadengabe lebt jede Communio in der Spannung zwischen dem ‚Schon' und dem ‚Noch-nicht'. Darum ist unsere Verwirklichung von Gemeinschaft immer etwas Vorläufiges... Dies sollte uns ermutigen, vorläufige Lösungen zu suchen, aber auch uns nie damit zufriedenzugeben."[96]

Viele betrachten die Gemeinschaft von Taizé und besonders das dort ins Leben gerufene Jugendkonzil als ein prophetisches Modell vorläufiger Lösungen. „Die Dynamik des Vorläufigen ermöglicht die Neuentdeckung des Evangeliums in seiner ursprünglichen Frische."[97] Das Programm von Taizé bekennt sich zu schöpferischer Treue gegenüber den kirchlichen Institutionen. Es will die Menschen nicht durch Protest, sondern durch das Leben des Evangeliums in schöpferischer Freiheit und Treue zum gemeinsamen Erbe bewegen[98]. Angesichts des antiinstitutionellen Lebensgefühls vieler werden wir gebeten:

[94] Ebd. 8.
[95] Zitat nach *D. Horton*, a.a.O. 74.
[96] Report, in: *G. Békés – V. Vajta*, a.a.O. 164.
[97] *Frère Roger (Schutz)*, Dynamik des Vorläufigen (Freiburg i. Br. 1978), zitiert nach der französischen Ausgabe: Dynamique du provisoire (Taizé 1965) 43.
[98] *G. Békés – V. Vajta*, a.a.O. 20.

„Die Kirche leidet; darum dürfen wir sie nicht verlassen."[99] Taizé steht nicht allein. Zahllose ökumenische „Häuser des Gebetes" mit dem Ziel, zu voller Integration zwischen Glauben und Leben zu kommen, bewegen sich in der gleichen Richtung. Unzufrieden mit jenen ökumenischen Diskussionen, die zu keinem praktischen Resultat führten, haben diese Menschen die Überzeugung, „daß gemeinsames Leben selbst die Zusammengehörigkeit im Glauben vertiefen wird"[100].

Auf breiterer Ebene zeichnen sich vorläufige Lösungsversuche ab, zum Beispiel im Weltbund der lutherischen Kirchen und den Zusammenschlüssen anderer reformatorischer Kirchen, in der Vereinigten Kirche Kanadas und der Vereinigten Kirche in Südindien, die alle eine Anzahl von Kirchen zu vollerer Gemeinschaft zusammenführen, und zwar im Blick auf die erhoffte Einheit aller Christen. Geduldige Bemühungen um die Vereinigung zwischen den anglikanischen und den Methodistenkirchen sind im Gang. Es besteht teilweise Interkommunion zwischen der anglikanischen und der schwedischen Kirche unter gegenseitiger Anerkennung der Priester- und Bischofsweihe. Die Schritte und das Ziel der vorläufigen Lösungen sind: 1) eine geistliche Einheit, 2) Vereinigung zur Mitarbeit auf verschiedenen Gebieten, 3) Zusammenschluß in einem Bündnis, 4) Vereinigung durch gegenseitige Anerkennung und offene Interkommunion und gemeinsame Feier der Eucharistie und der anderen Sakramente, 5) schließlich organische Einheit[101].

Am Ende des Zweiten Vatikanischen Konzils sagte Paul VI. zu den Beobachtern: „Wir möchten Sie für immer bei uns sehen."[102] Dieses Wort könnte eine Inspiration zum Nachdenken für verschiedene vorläufige Lösungen sein. Neben den schon bestehenden und noch zu fördernden gegenseitigen Besuchen ist ein System des Austauschs apostolischer Delegaten denkbar[103]. Das bisher bestehende System der Nuntien und apostolischen Delegaten könnte eine radikale Umformung erfahren.

3. Ökumenismus und Mission

Wie schon vermerkt, erfuhr die ökumenische Bewegung ihre ersten und stärksten Antriebe von den Missionskirchen, die schmerzlich erfuhren, wie sehr das Getrenntsein der Kirchen die Glaubwürdigkeit ihres Zeugnisses vermindert. „Sicher steht dem Worte Gottes deshalb in unserer Welt vieles entgegen, weil wir unter Christen noch keine gemeinsame Meditation über das Evangelium und keine ökumenische Sendungskraft verwirklicht haben. Die Stimme des

---

[99] *Frère Roger (Schutz),* La fête sans fin (Taizé 1971) 95.
[100] *P. de Letter,* Our Unity in Faith, in: Theol. Studies 38 (1977) 537.
[101] *B. Lambert,* a.a.O. (Anm. 21) 132.
[102] Zitat nach *D. Horton,* a.a.O. 80.
[103] *G. Békés – V. Vajta,* a.a.O. 166.

Evangeliums in der Völkerwelt ist deshalb schwach, weil der Heilige Geist seine Kraft nur in einmütigem Bekenntnis erweist."[104]

Vieles ist schon gewonnen durch den Geist der Freundschaft und der gegenseitigen Achtung der noch getrennten Kirchen. In dem Maß, als sie sich näherkommen, kann schon vieles gemeinsam getan werden. Das Dekret des Zweiten Vatikanischen Konzils über die Mission betont dieses Miteinander in der Missionstätigkeit nachdrücklich. „Unter den Neuchristen soll der ökumenische Geist gepflegt werden. Sie sollen alle, die an Christus glauben, auch wirklich als Christi Jünger anerkennen, die in der Taufe wiedergeboren sind und an sehr vielen Gütern des Gottesvolkes teilhaben. Den religiösen Verhältnissen entsprechend soll man die ökumenische Bewegung so fördern, daß die Katholiken mit den von ihnen getrennten Brüdern, gemäß den Richtlinien des Dekretes über den Ökumenismus, brüderlich zusammenarbeiten im gemeinsamen Bekenntnis des Glaubens an Gott und an Jesus Christus vor den Heiden, soweit dieses vorhanden ist, ebenso im Zusammenwirken in sozialen und technischen sowie kulturellen und religiösen Dingen, wobei man jeden Anschein von Indifferentismus und Verwischung sowie ungesunder Rivalität vermeiden muß. Der Grund für diese Zusammenarbeit sei vor allem Christus, ihr gemeinsamer Herr. Sein Name möge sie zueinanderbringen! Diese Zusammenarbeit soll nicht nur zwischen Privatpersonen stattfinden, sondern nach dem Urteil des Ortsordinarius auch zwischen den Kirchen oder Kirchengemeinschaften."[105]

Predigen wir das Evangelium in seiner ursprünglichen Frische und versuchen wir, es den neuen Kulturen einzugestalten, so werden wir den jungen kirchlichen Gemeinschaften nicht die Bürde unserer alten westlichen Streitigkeiten auferlegen. Große Hoffnung besteht, daß die Kirchen in der sogenannten Dritten Welt sehr viel bedeuten können für die Wiedervereinigung der Christenheit. Darum sollte Sorge dafür getragen werden, daß diese Kirchen in ökumenischen Studienwochen und sonstigen Begegnungen wohl vertreten sind.

4. *Ökumenismus und Diakonie*

Wir werden uns immer mehr bewußt, daß die verschiedenen Kirchen nicht zur vollen Einheit im Glauben kommen werden, wenn sie sich nicht ständig mehr zum Dienste an der Welt vereinen. Gott hat der Kirche das Evangelium der Liebe für alle Menschen anvertraut, eine Liebe nicht nur zu ihren Seelen, sondern zu ihrem vollen Menschsein, ihrer Würde, ihrer Gesundheit und ihrem täglichen Brot. Vereinen sich die getrennten Teile der Christenheit im Erweis der Liebe Christi zur Welt in all ihren Dimensionen, dann kann diese sehen, daß sie eins sind in der Liebe, die aus dem Glauben kommt, in einer Liebe,

---

[104] *V. Vajta,* in: *G. Békés – V. Vajta,* a. a. O. 27; vgl. *J. K. Pollard,* Evangelization in an Ecumenical Age, in: Communio 3 (1976) 200–214.
[105] AG 15.

die allen Menschen gilt. So kommt das Gebet Christi seiner Erfüllung näher: „Daß sie alle eins seien, wie du, Vater, in mir und ich in dir, daß sie in uns eins seien, auf daß die Welt glaube, daß du mich gesandt hast" (Joh 17,21).

Die ökumenische Zusammenarbeit der verschiedenen Kirchen, die im Weltrat der Kirchen vereint sind, und der katholischen Kirche hat großen Fortschritt gemacht. SODEPAX, eine Kommission aus Vertretern des Weltrates der Kirchen und der katholischen Kirche zur Förderung von Frieden und Gerechtigkeit in der Welt, ist eines der lebendigsten Zeichen des Ökumenismus in Aktion. Die Christenheit wird stets Zeugnis von der Liebe Christi ablegen durch die leiblichen Werke der Barmherzigkeit, die Hungrigen nähren, die Kranken heilen, die Gefangenen besuchen und wenn möglich befreien, die Armen lehren. Aber die Situation von heute verlangt auch ein gemeinsames Bemühen, Lebensbedingungen, echte Entwicklung, eine gesunde und starke öffentliche Meinung bezüglich Frieden und Gerechtigkeit zu schaffen.

Die Christenheit will nicht eine politische Macht sein, aber sie kann durch ihr Zeugnis eine machtvolle prophetische Stimme sein und so den politischen Kräften im Dienste des Gemeinwohls einen wichtigen Dienst leisten gerade dann, wenn die Kirchen radikal auf das Suchen von Privilegien und irdischer Macht verzichtet haben[106].

Um ein sichtbares Zeichen der Gegenwart Christi, des Erlösers, zu sein, der sich auf der Seite der Armen und Entrechteten befindet, muß sich die ganze Christenheit von all den Machtstrukturen befreien, die aus der konstantinischen Ära stammen.

Würden die getrennten Teile der Christenheit nur diskutieren, unter welchen Bedingungen und wann sie schließlich die Sakramente zusammen feiern können, ohne zugleich immer mehr ein Sakrament des Dienstes an den größten Nöten der Menschheit zu werden, so können sie die Völker nicht für Christus gewinnen. „Die Menschen von heute schauen nicht zuerst auf die Sakramente der Kirche, sondern auf ihr Handeln für menschliche Freiheit und die Gemeinschaft der Völker und Nationen."[107]

Während der vergangenen Jahre sind manche Befürworter der christlichen Einheit müde geworden, über Lehrformeln zu diskutieren, zumal wenn die kirchlichen Institutionen den Ertrag der amtlichen Kommissionen und anderer Dialoge nicht in die Tat umsetzten. Infolgedessen wird vielfach etwas einseitig der „Säkularökumenismus" betont, d.h. solidarische Zusammenarbeit der christlichen Kirchen für Gerechtigkeit und Friede im Dienste der Armen und Unterdrückten. Eine gewisse Spannung zwischen missionarischer Ausrichtung

---

[106] Vgl. *D. Hudson* u.a., Ökumene und Politik (Stuttgart 1970); Die Gegenwart Christi in Kirche und Welt: Gespräche zwischen den Reformierten und dem Römischen Einheitssekretariat, in: Una Sancta 33 (1978) 1–29; A Continuing Bibliography for the Study of the Interchurch Dialogues, in: Centro pro unione (Rom), N. 15 (1979) 3–24.

[107] Vgl. Mgr. *R. Coffy*, Eglise, signe de salut au milieu des hommes (Paris 1972).

oder aber einseitiger Betonung der sozialpolitischen Dimension ist ein Phänomen, das die ökumenische Bewegung während der letzten fünfzehn Jahre charakterisiert hat[108].

In dieser Hinsicht dürfen wir westliche Christen nicht die Denkart der orthodoxen Kirchen übersehen. Diese sind keineswegs gleichgültig gegenüber Kultur, Gerechtigkeit und Frieden, aber ihr Hauptaugenmerk liegt auf der Umwandlung des Einzelnen. Die Umwandlung der Gesellschaft wird als wichtige Folge des Suchens des Gottesreiches angesehen. Sie ist sozusagen ein überfließender Ertrag des Glaubens und muß nicht notwendig in sich selbst im Eifer für das Kommen des allumfassenden Gottesreiches ins Auge gefaßt werden. Die Akzentsetzung in der westlichen Kirche ist davon verschieden. Protestanten und Katholiken sehen das Wort und die Sakramente auch als Mächte zur Umgestaltung der Welt an. Sie sind uns nicht nur als Zeichen für die Anbetung Christi geschenkt, sondern auch für die ausdrückliche Verkündigung Christi als Erlöser und Befreier der Welt. Der christliche Westen hat ein direkteres anthropologisches Interesse, während es in den östlichen Kirchen mehr implizit enthalten ist. Wollte die westliche Christenheit den „Säkularökumenismus" einseitig hervorkehren, so könnte das ein großes Hindernis für die Wiedervereinigung von Ost und West bedeuten. Und schließlich ist zu betonen, daß das Zeugnis des „Säkularökumenismus" nur echt ist, wenn es in geistlicher Einheit verwurzelt ist. Gemeinsames Handeln ist kein Ersatz für die Gemeinschaft in Glauben und Gottesdienst, aber es kann viel zu dieser Gemeinschaft beitragen, wenn es seine hautpsächlichen Antriebe aus dem Glauben und der Anbetung erhält. Der Geist des Ganzen, ein prophetischer Geist, muß die Zusammenarbeit auf dem Gebiet der Diakonie beseelen, so daß alles zum Lobpreis des dreieinigen Gottes geschieht.

5. Routine oder prophetische Konkretion

Die großen Pioniere der ökumenischen Bewegung in allen Kirchen waren Männer und Frauen, erfüllt von prophetischem Geist und Mut. Sie sind nicht nur die Vorhut ihrer Institutionen in ihrem Denken, sondern auch in ihrem Handeln. Es ist besonders bedeutsam, daß höchste kirchliche Autoritäten prophetische Zeichen setzen, die oft mehr bedeuten als wohlformulierte Worte. Denken wir an Papst Johannes XXIII., der, als er zum ersten Mal die Beobachter anderer Kirchen beim Konzil empfing, einfach einen Stuhl nahm und sich in ihre Mitte setzte, anstatt von einem päpstlichen Thron zu ihnen zu reden. Wir haben schon auf die mutige Geste Pauls VI. hingewiesen, der seinen eigenen Fischerring an den Finger des Primas der anglikanischen Kirche steckte.

Auch die Gemeinschaft von Taizé ist meines Erachtens ein prophetisches Zeichen, eine prophetische Vorwegnahme der erhofften Dinge. Wir finden dort,

---

[108] *V. Vajta,* in: *G. Békés – V. Vajta,* a.a.O. 16; vgl. *G. Gassmann* u.a., a.a.O. 27–66 98–100.

ganz entsprechend der großen Geschichte der Propheten, eine Synthese zwischen großer Frömmigkeit und einer nicht geringeren Offenheit für die Nöte der Welt. Kein Wunder, daß diese Gemeinschaft die Jugend aller Kirchen anzieht! Das „Jugendkonzil" unter Führung der Brüder von Taizé ist eine prophetische Konkretion und eine Verheißung.

Der ökumenische Patriarch Athenagoras gehört zu den Propheten unserer Zeit. Er rief immer wieder zu mutiger prophetischer Konkretion auf. „Ich bin nicht ein Mann der Sakristei und ich schließe mich nicht im kirchlichen Milieu ab. Ich liebe das Volk und beobachte seine Geschichte. Kirchenmännern fehlt oft der Geist Christi, die Demut, die Selbstverleugnung, die Fähigkeit, in den andern das Beste zu erkennen. Sie machen die Kirche zu einer Organisation gleich den andern. Und nachdem wir all unsere Energien dafür verwendet haben, geben wir uns ganz hin, sie in Gang zu halten. Die Einheit muß Fortschritte machen. Überall sehnen sich die Laien danach. Die Träger der Autorität müssen das brennende Verlangen der Jugend nach Einheit mitfühlen. Das ist äußerst wichtig. Wie sehr wünsche ich, die Theologen von der Ungeduld der Jugend angesteckt zu sehen, die in bezug auf die Sache der Einheit keinen Kompromiß zuläßt. Wehe den Theologen, wehe den Kirchenmännern, wenn schließlich junge Menschen in ihrem brennenden Eifer insgeheim außer der Kirche zusammenkommen, um Brot und Wein miteinander zu teilen! ... Der Heilige Geist ist nicht nur Licht; er ist Feuer."[109]

Der Ökumenismus in all seinen Dimensionen und Aktionen muß durch schöpferischen Mut das Vertrauen in den Heiligen Geist bezeugen. Aber dabei darf der Kontakt mit den Autoritätsträgern nicht verlorengehen. Die prophetische Konkretion muß überzeugend sein. Hier liegt auch eine Aufgabe der Theologen. „Theologie hat eine prophetische Dimension. Im Lichte echter Tradition prüft sie alle Traditionen und macht uns immer wieder zu freien Kindern Gottes."[110]

Prophetische Konkretion hat nichts zu tun mit negativer und bitterer Kritik, die nur die Energien vergeudet und das Vertrauen untergräbt. Ein eifriger lutherischer Ökumeniker bemerkt, „daß Kritik, obwohl erlaubt und bisweilen Pflicht, loyal bleiben muß". Die eifrigsten Söhne und Töchter der Kirche können bisweilen die Rolle von „ihrer Majestät ergebener Opposition" einnehmen[111]. Die Zukunft des Ökumenismus hängt weitgehend davon ab, wie Christen der verschiedenen Kirchen und Traditionen Treue verstehen. Glauben wir an den Heiligen Geist, der die Einbildungskraft leiten und schöpferische Treue ermöglichen kann?

---

[109] Interview mit Patriarch *Athenagoras*, Paris-Match vom 27. 12. 1969, 1259, zitiert nach *G. Gassmann* u. a., a. a. O. 65f.; vgl. *K. Rahner*, Die eine Kirche und die vielen Kirchen, in: *ders.*, Schriften zur Theologie, Bd. XII (Zürich 1975) 531–546; *ders.*, Ist Kircheneinigung dogmatisch möglich?, ebd. 547–567; *P. Brunner*, Reform und Reformation, in: Kerygma und Dogma 13 (1967) 161.

[110] *A. Schmemann*, a. a. O. (s. Anm. 47) 27; vgl. *B. Häring*, Routine oder prophetische Konkretion, in: *G. Gassmann* u. a., a. a. O. 67–93.

[111] *G. Lindbeck*, in: *G. Békés – V. Vajta*, a. a. O. 108.

6. *Eine zentrale Frage: eucharistische Tischgemeinschaft*

Ökumenischer Eifer weckt das Verlangen nach eucharistischer Tischgemeinschaft mit allen Jüngern Christi. Und dieses Verlangen seinersetis vermehrt den ökumenischen Eifer. „Die Kirche lebt in der Eucharistie, und jedes Sakrament findet sein Ziel und seine Vollendung in der Eucharistie.“[112]

Gerade in dieser Frage zeigt sich der oft mehr oder weniger unbewußte Konflikt zwischen einer statischen und einer dynamischen Sicht und Haltung. Wir alle stimmen darin überein, daß die Eucharistie ein zentrales Zeichen der Einheit ist und daß darum unser Glaube an die Eucharistie uns zu ganzem Einsatz für die christliche Einheit verpflichtet. Für jene, die vorzüglich statisch denken, ist die eucharistische Gemeinschaft die letzte Krönung einer vollständigen Einheit, während sie für andere ein Zeichen der Einheit im Fortschreiten und ein gnadengebendes Zeichen ist, das zu größerer Hingabe an die Sache der Einheit ruft. Das Dekret über den Ökumenismus, wenn es über gemeinsamen Gottesdienst spricht, dessen Mitte die Eucharistie ist, drückt sich klar aus: „Hier sind hauptsächlich zwei Prinzipien maßgebend: die Bezeugung der Einheit der Kirche und die Teilnahme an den Mitteln der Gnade. Die Bezeugung der Einheit verbietet in den meisten Fällen die Gottesdienstgemeinschaft, die Sorge um die Gnade empfiehlt sie indessen in manchen Fällen.“[113]

Das Konzil fährt fort: „Wie man sich hier konkret zu verhalten hat, soll unter Berücksichtigung aller Umstände der Zeit, des Ortes und der Personen die örtliche bischöfliche Autorität in klugem Ermessen entscheiden, soweit nicht etwas anderes von der Bischofskonferenz nach Maßgabe ihrer eigenen Statuten oder vom Heiligen Stuhl bestimmt ist.“ Solche Entscheidungen können nicht für jetzt und immer getroffen werden, da mit der Gnade Gottes das ökumenische Zueinander fortschreitet und eine ständige Offenheit für die neue Situation verlangt. Für Katholiken kann kein Zweifel darüber bestehen, daß solche Entscheidungen grundsätzlich in der Kompetenz der höchsten kirchlichen Autoritäten liegen. „Das Herzstück der kirchlichen Organisation ist die Eucharistie, darum der Ausdruck ‚Ordo Sacramentalis‘. Der Papst und die Bischöfe sind jene, die der Eucharistie als Zeichen der Einheit vorstehen. Die Eucharistie ist wirklich eine Quelle des Gesetzes in der Kirche, genauso wie der Liebe.“[114]

Das eucharistische Miteinander hat verschiedene Grade: 1) einseitige eucharistische Gastfreundschaft; 2) begrenzte gegenseitige eucharistische Gastfreundschaft; 3) offene oder unbegrenzte Interkommunion, deren Krönung die gemeinsame Feier durch Bischöfe und Priester der betreffenden Kirchen ist.

Der Mangel der eucharistischen Gemeinschaft in Schwesterkirchen muß als Schock empfunden werden. Ein lutherischer Bischof schreibt: „Was wir zwei-

---

[112] *A. Schmemann,* a.a.O. 31; vgl. *ders.,* For the Life of the World: Sacraments and Orthodoxy (New York 1973).
[113] UR 8.
[114] Vgl. *B. Lambert,* a.a.O. 435.

fellos in Frage stellen müssen, ist alles, was im tiefsten Sinne kirchentrennend wirkt, d. h., was Brüder von der Teilnahme am gemeinsamen Tisch des Herrn ausschließt. Solange dieser offensichtliche Anstoß noch vor der Welt besteht, gibt es trennende Faktoren, die beseitigt werden müssen." Dabei stellt sich die Frage, was genau theologisch als unbedingtes Hindernis eucharistischer Tischgemeinschaft anzusehen ist. Zu allen Zeiten haben sich Christen von ganz verschiedenen theologischen Systemen und Organisationsprinzipien eucharistische Gemeinschaft zugestanden. Der lutherische Bischof fährt fort: „Unzerbrechliche eucharistische Gemeinschaft inmitten äußerer Verschiedenheiten ist als solche ein Zeugnis der versöhnenden Kraft Christi und dient deshalb der Verkündigung der Frohen Botschaft in der Welt."[115]

Nicht nur bedürfen einzelne Christen bisweilen dringlich der Gnade des Sakramentes, auch christliche Gemeinschaften, die sich auf dem Weg zur Einheit abmühen und leiden, scheinen der Gnade gemeinschaftlichen Gottesdienstes und besonders eucharistischer Gemeinschaft zu bedürfen. Viele Ökumeniker teilen die Überzeugung, die der Report eines ökumenischen Kolloquiums abschließend ausdrückt: „Wir haben die Hoffnung, daß eine gemeinsame Teilnahme an der Eucharistie für alle die Quelle einer tieferen Einheit sein wird."[116]

Die auf dem Weg zur Einheit sich begegnenden Kirchen müssen sich ständig neu gemeinsam befragen, ob jenes Maß an Einheit im Glauben und in der Liebe erreicht ist, ohne das die gemeinsame Feier nicht wahrhaftiges Zeichen der Einheit und Gnade für das Streben nach größerer Einheit sein kann. Die amtlichen ökumenischen Kommissionen von Katholiken und Anglikanern sowie zwischen Lutheranern und Katholiken haben einen erstaunlichen Grad an Übereinstimmung über das kirchliche Amt und über die Bedeutung der Eucharistie erreicht. Sogar die Möglichkeit einer Einigung über das Papsttum als Einheitsdienst in einer Gemeinschaft von Schwesterkirchen ist ernst in Betracht gezogen worden[117].

Ein Überblick über die neueren protestantischen Veröffentlichungen zur Eucharistie zeigt, daß die meisten traditionellen Schwierigkeiten überwunden sind und daß Protestanten einen festen Glauben an die wirkliche Gegenwart Christi im Sakrament bekennen[118]. Aber wir können den protestantischen Amtsträgern als Dienern des Altars nicht ein höheres Maß an Gültigkeit zuerkennen, als sie selbst es tun. Zwischen der katholischen und der orthodoxen

---

[115] *P. Lonning*, Von der Bewegung zur Institution (s. Anm. 22), in: *G. Gassmann* u. a., a. a. O. 23.
[116] Ebd. 106.
[117] *P. M. Minus, Jr.*, a. a. O. (s. Anm. 23) 246; vgl. *H. Fries*, Ein Glaube, eine Taufe – getrennt beim Abendmahl (Graz – Wien – Köln 1971); *W. Pannenberg*, Einheit der Kirche als Glaubenswirklichkeit und als ökumenisches Ziel, in: Una Sancta 30 (1975) 216–222; *L. Swidler* (Hrsg.), The Eucharist in the Ecumenical Dialogue (New York 1976); *R. Boeckler*, Interkommunion und Einheit, in: Lutherische Monatshefte 15 (1976) 421–423.
[118] *J. Obronczka*, Die Eucharistie in neueren protestantischen Publikationen, in: Theol. d. Gegenw. 19 (1976) 199–205.

Kirche bestehen diesbezüglich keine Schwierigkeiten. Und protestantische Kirchen haben begonnen, ihr Amtsverständnis dem der katholischen und der orthodoxen Kirche anzugleichen[119]. Yves Congar legt nahe, daß ein Text des hl. Thomas von Aquin einen Weg zur Lösung der gegenwärtigen Schwierigkeiten bezüglich eucharistischer Gemeinschaft weisen könnte. Über jene, die in einer von Rom getrennten Kirche leben, schreibt er: „Sie gehören zur Kirche, insofern sie die Form der Kirche beobachten.“[120]

Meines Erachtens ist die Zeit für offene Kommunion zwischen der katholischen Kirche und den verschiedenen protestantischen Kirchen noch nicht gekommen. Es bedarf zunächst der gegenseitigen Anerkennung der Gültigkeit ihres Amtes. Ebenso meine ich, daß die katholische Kirche Mitgliedern protestantischer Kirchen, so wie die Dinge heute stehen, keine unbegrenzte eucharistische Gastfreundschaft gewähren kann. Dafür fehlt noch die notwendige Vorbereitung, und im Denken vieler Protestanten sind die notwendigen Bedingungen noch nicht erfüllt.

Ganz anders ist jedoch die Situation zu beurteilen im Blick auf jene protestantischen Brüder und Schwestern, die höchst aktiv für die Wiedervereinigung arbeiten und fest an die wirkliche Gegenwart Christi im Sakrament glauben und nach der Eucharistie verlangen in der Hoffnung auf weiteren Fortschritt, wofür wir alle besonderer Gnade bedürfen. Ich habe Theologen und Pastoren calvinischer Tradition gehört, die ihren festen Glauben an die eucharistische Gegenwart folgenderweise ausgedrückt haben: „Wir glauben, daß der Herr in der Eucharistie in der gleichen Macht des Heiligen Geistes gegenwärtig ist, in der er sich am Kreuz ganz für uns hingeschenkt hat. Er ist gegenwärtig, um sich ganz uns zu schenken, und verleiht uns den Heiligen Geist, daß wir ihm in der Kommunion durch ganze Hingabe gegenwärtig sein können, wobei wir uns für das Werk christlicher Einheit verpflichten.“ Hier stellt sich offenbar die Frage: Haben alle Katholiken, die ja unbeschränkt zur Eucharistie zugelassen sind, einen so tiefen Glauben und ein so großartiges Verständnis der Gegenwart Christi und eine solche Hingabe an die Sache der christlichen Einheit?

V. Ökumenismus im weiteren Sinn

Der Ökumenismus im strikten Sinn umgreift all jene, die an Christus, den Menschensohn, als den wahren Sohn Gottes glauben und sich seine Jünger nennen. Aber der neue Eifer für die Sache christlicher Einheit hat auch zu einer Neubesinnung bezüglich unserer Einstellung zu den nichtchristlichen Religionen geführt.

---

[119] Vgl. *Y. Congar,* in: *G. Békés – V. Vajta,* a.a.O. 89.

[120] IV Sent. d 25 q 1 a 3 ad 4: „Sunt in ea (Ecclesia) quantum ad formam Ecclesiae quam servant“; vgl. *Y. Congar,* a.a.O. 64.

Der Glaube an die allumfassende Herrschaft Jesu, des Erlösers der Welt, und ein tieferes Verständnis der Dimensionen der Heilsgeschichte führen dazu, die positiven Elemente in nichtchristlichen Religionen höher zu veranschlagen. Die Erklärung des Zweiten Vatikanischen Konzils über die nichtchristlichen Religionen ist ein Meilenstein in der Religionsgeschichte. Das Vatikanische Sekretariat für den Dialog mit nichtchristlichen Religionen hat schon viel beigetragen zu Versöhnung und gegenseitiger Bereicherung. Papst Johannes Paul II. drückt sich, nach vorwärtsblickenden Ausführungen über den eigentlichen Ökumenismus, so aus: „Was hier gesagt worden ist, muß man auf ähnliche Weise und mit den notwendigen Unterscheidungen auch auf jene Bemühungen anwenden, die auf eine Annäherung mit den Vertretern der nichtchristlichen Religionen abzielen und im Dialog, in Kontakten, im gemeinschaftlichen Gebet und in der Suche nach den Schätzen der menschlichen Spiritualität, die – wie wir wissen – auch bei den Mitgliedern dieser Religionen anzutreffen sind, ihren konkreten Ausdruck finden. Geschieht es nicht manchmal, daß die starken religiösen Überzeugungen der Anhänger der nichtchristlichen Religionen – Überzeugungen, die auch schon vom Geist der Wahrheit berührt worden sind, der über die sichtbaren Grenzen des mystischen Leibes hinaus wirksam ist – die Christen beschämen...?“[121]

Ganz im Geiste der Erklärung über Religionsfreiheit und der Pastoralkonstitution über die Kirche in der modernen Welt sagt das Konzil: „Wir können Gott, den Vater aller, nicht anrufen, wenn wir irgendwelchen Menschen, die ja nach dem Ebenbild Gottes geschaffen sind, die brüderliche Haltung verweigern... deshalb verwirft die Kirche jede Diskriminierung eines Menschen oder jeden Gewaltakt gegen ihn um seiner Rasse oder Farbe, seines Standes oder seiner Religion willen, weil dies dem Geist Christi widerspricht.“[122] Gerade hierin muß sich die Sendung der Kirche, ein Sakrament der Versöhnung zu sein, bewähren. Wir können mit Menschen anderer Religionen nur in Gemeinschaft treten, wenn wir die Liebe Christi zu ihnen mitvollziehen. In diesem Klima werden wir sie besser kennenlernen und die Voraussetzungen dafür schaffen, daß jene in der erhofften Kenntnis der Heilswahrheiten voranschreiten.

In einem Vorwort zur lateinischen Übersetzung des Koran drückt 1524 Martin Luther einen Strom von Verachtung gegen dieses Buch und den Islam aus und endet mit der Warnung: „Wenn nun nach alldem der Leser den Mut hat weiterzulesen und dann meint, etwas Wertvolles gefunden zu haben, so soll er nicht vergessen, daß es sich um Perlen handelt, die die Mohammedaner nur dazu gestohlen haben, um sie in ihrem Misthaufen zu beschmutzen.“ Die mei-

---

[121] *Johannes Paul II.*, Redemptor hominis, n. 6; vgl. *D. L. Berry*, Buber's View on Jesus as Brother, in: Journal for Ecumenical Studies 14 (1977) 233–248 (das ganze Heft handelt vom Dialog zwischen Christen, Juden und Muslimen).

[122] Erklärung des Zweiten Vatikanischen Konzils über das Verhältnis der Kirche zu den nichtchristlichen Religionen „Nostra Aetate“ (NA), Nr. 5.

sten Katholiken jener Zeit, der Zeit nach den Kreuzzügen, dachten nicht viel anders. Auf diesem traurigen geschichtlichen Hintergrund müssen wir die Worte des Konzils auf uns wirken lassen: „Mit Hochachtung betrachtet die Kirche auch die Muslim, die den alleinigen Gott anbeten, den lebendigen und in sich seienden, barmherzigen und allmächtigen, den Schöpfer Himmels und der Erde, der zu den Menschen gesprochen hat. Sie mühen sich, auch seinen verborgenen Ratschlüssen sich mit ganzer Seele zu unterwerfen, so wie Abraham sich Gott unterworfen hat, auf den der islamische Glaube sich gerne beruft. Jesus, den sie allerdings nicht als Gott anerkennen, verehren sie doch als Propheten, und sie ehren seine jungfräuliche Mutter Maria."[123] Es folgt dann in der Erklärung eine ganze Litanei von Lobpreis auf Werte des Islams. Die Kirche wünscht sehnlich, „sich aufrichtig um gegenseitiges Verstehen zu bemühen und gemeinsam einzutreten für Schutz und Förderung der sozialen Gerechtigkeit, der sittlichen Güter und nicht zuletzt des Friedens und der Freiheit für alle Menschen".

Die Kirche hat in ihren Beziehungen zum jüdischen Volk und Judentum eine tiefgreifende Bekehrung durchgemacht. In vollem Wissen um die traurige Vergangenheit des Antisemitismus, dessen sich auch viele Christen und Amtsträger der Kirche schuldig gemacht haben, erklärt die Kirche diesen als unvereinbar mit dem Ursprung und dem Geist der Christenheit. Die Deklaration folgt dem Beispiel von Papst Johannes XXIII. und von Papst Paul VI., indem sie die vielen positiven Werte des Judaismus und die Bande hervorhebt, die uns mit der Geschichte Israels vereinen. „Deshalb kann die Kirche auch nie vergessen, daß sie durch jenes Volk, mit dem Gott aus unsagbarem Erbarmen den Bund geschlossen hat, die Offenbarung des Alten Testamentes empfing und genährt wird von der Wurzel des guten Ölbaums, in den die Heiden als wilde Schößlinge eingepfropft sind ... Da also das Christen und Juden gemeinsame geistliche Erbe so reich ist, will die heilige Synode die gegenseitige Kenntnis und Achtung fördern ..."[124] Mit dem Völkerapostel hoffen wir, daß Israel in seiner Gnadenstunde Gegenstand einer besonderen Huld Gottes sein wird (vgl. Röm 11,30–32).

Das Konzil ehrt das Wirken Gottes in allen Religionen; es hebt vor allem die geistlichen Werte von Hinduismus und Buddhismus hervor[125]. Die Aussagen der Kirche über die Zeichen der Gegenwart Gottes in der Religionsgeschichte sind ein Lobpreis auf die allumfassende Liebe Gottes und ein Motiv für die Kirche, ihre Sendung als Sakrament des Heiles und der Einheit neu zu erfüllen. „Gemäß ihrer Aufgabe, Einheit und Liebe unter den Menschen und damit auch unter den Völkern zu fördern, faßt sie vor allem das ins Auge, was den Menschen gemeinsam ist und sie zur Gemeinschaft untereinander führt."[126]

---

[123] NA 3. [124] NA 4. [125] NA 2.
[126] NA 1 u. 2.

VI. Dimensionen einer ökumenischen Moraltheologie

Die Moraltheologie von heute hat es nicht nur mit einigen konkreten Fragen wie Interkommunion und Mischehen zu tun. Viel entscheidender ist, daß ökumenisches Denken zur Grundstruktur der Moral gehört.

Nicht nur muß sich der ökumenische Dialog auf Fragen der Moraltheologie ausdehnen bzw. die Heilswahrheiten in ihrer Dynamik auf das Leben hin betrachten, sondern auch die ganze theologische Ausbildung muß der neuen Situation Rechnung tragen und ihrer Zukunft dienen. Bedeutsame Initiativen der Zusammenarbeit von Theologen der verschiedenen Kirchen zeichnen sich ab[127]. Es handelt sich vor allem um die Reintegration der verschiedenen Dimensionen und Traditionen.

1. Reintegration von Dogmatik und Moraltheologie

Vor den großen Schismen des 11. und 16. Jahrhunderts kannte die Christenheit nichts, das den römisch-katholischen Moralhandbüchern der letzten drei Jahrhunderte ähnlich gewesen wäre. Die kasuistische, allzu sehr dem Kirchenrecht verhaftete Moraltheologie im Dienste der Beichtväter, als Richter verstanden, entwickelte sich erst nach der Trennung. Die Theologie fiel auseinander in Dogmatik, Moraltheologie und aszetisch-mystische Theologie, zum Schaden jedes dieser Teile. Es ist meine Überzeugung, daß die Schismen der verschiedenen Teile der Christenheit nicht überwunden werden können, wenn nicht innerhalb der römisch-katholischen Theologie das Schisma der verschiedenen Teile der Theologie beseitigt wird. Die ökumenischen Diskussionen über dogmatische Formulierungen werden nicht fruchtbar sein, wenn ihnen die ethische Dimension fehlt; denn Gott hat nicht abstrakte Theorien, sondern Heilswahrheiten im Blick auf das Leben geoffenbart. Die Moral muß im Heilsgeheimnis verwurzelt sein und die Heilswahrheiten müssen den Menschen in seinem Leben und im Blick auf die Lebensgestaltung ansprechen.

In unserem Dialog über abweichende Lehren müssen wir uns gemeinsam befragen: Was bedeutet diese Lehre für mein Leben und das Leben meiner Gemeinschaft, insbesondere im Blick auf das Testament des Herrn, daß wir durch unsere Einheit Zeugnis vor der Welt für ihn ablegen sollen? In der Zeit der gemeinsamen Tradition vor den Schismen, die auch heute noch gültig ist, war ein Dogma nicht eine rein intellektuelle Aussage, die nichts anderes erforderte als eine formelle Zustimmung und Gehorsam. Die Heilswahrheit ist eine

[127] Zwei bedeutende Initiativen kennzeichnen den großen theologischen Aufbruch im deutschen Sprachraum: *J. Feiner – L. Vischer* (Hrsg.), Neues Glaubensbuch. Der gemeinsame christliche Glaube (Freiburg i. Br. – Zürich 1973; [15]1979); *A. Hertz, W. Korff, T. Rendtorff, H. Ringeling* (Hrsg.), Handbuch der christlichen Ethik, 2 Bde. (Freiburg–Gütersloh [2]1979).

lebendige, heilende und vereinigende Wahrheit, die der Integration von Glauben und Leben dient. Jede echte Glaubensaussage will uns in dem schöpferischen Prozeß des Eintretens in die Wahrheit Leitstern sein[128].

Die Fruchtbarkeit der Heilswahrheit in Herz und Geist der Christen und im Leben der Kirchen ist am besten garantiert, wenn das Bemühen um das Erfassen und die Formulierung aus der Feier der heiligen Geheimnisse entspringt und nicht zuletzt der Anbetung Gottes im Geiste und in der Wahrheit dient. Hierin können wir von unserer eigenen alten Tradition und von der ununterbrochenen Tradition der orthodoxen Kirchen viel lernen[129]. Echte Rechtgläubigkeit (Orthodoxie im vollen Sinn) läßt sich nicht trennen von Doxologie, vom Lobpreis Gottes mit unserem ganzen Dasein.

Die Einheit der Theologie, eine Gesamtschau, die dem Geist des Ganzen dient, ist in sich und im Blick auf die christliche Einheit eine Notwendigkeit. Auch wenn in Anbetracht des Umfangs der Aufgaben mehrere theologische Disziplinen bestehen, so muß doch große Sorge getragen werden, daß der Blick auf das Ganze, eine Theologie des Lebens in Christus Jesus, eine geschichtliche Heilstheologie zum Lobpreis Gottes nicht verlorengeht.

2. *Reintegration der östlichen und westlichen Tradition*

Bis zum 5. Jahrhundert übte die östliche Tradition und Denkweise einen entscheidenden Einfluß auf die Kirchen des Westens aus. Das christliche Leben und sein Fruchttragen in echter Sittlichkeit wurden hauptsächlich in einer sakramentalen Sicht dargeboten. Das Leben der Jünger Christi, ihre Glaubenshaltung und ihre Glaubenskenntnis wurden vor allem durch die Feier der Liturgie und die liturgische Verkündigung des Wortes Gottes geprägt. Erst allmählich entwickelte sich im Westen eine ganz den praktischen Weisungen zugewandte Morallehre, die nicht sichtbar genug im Heilsgeheimnis begründet wurde, so daß sich viele Christen nicht bewußt waren, daß ein wahrhaft christliches Leben aus der Vereinigung mit Christus entspringt. Es ist jedoch zu sagen, daß die reiche Theologie des 12. und 13. Jahrhunderts die großen moralischen Dimensionen und entscheidenden Probleme nicht nur im Lichte der Schöpfung, sondern auch im Lichte des Geheimnisses Christi und der Sakramente behandelte. Seit dem großen Schisma im 11. Jahrhundert ging jedoch der Westen immer mehr seine eigenen Wege, und dem Osten blieben die Hauptströme, die den modernen Katholizismus beeinflußten (Scholastizismus, Reformation und Rationalismus des 16.–18. Jahrhunderts), fremd.

Yves Congar betont die Tatsache, daß bis zum 13. Jahrhundert die theologische Bildung tief verwurzelt war im Leben der Kontemplation. Ihre Hauptträger waren die religiösen Orden. Dann aber entstand ein neuer Typ des Studiums

---

128 *A. Schmemann*, a.a.O. (s. Anm. 47) 23.
129 Ebd. 24f.

„einer akademischen und rationalen Natur". Der Osten nahm diese Denkweise und Methode der Theologie nie an. Erst Sergej Nikolajewitsch Bulgakow versuchte, die verschiedenen Arten der Theologie in eine unteilbare Theologie einzubringen. „Weisheitswissen war weder eine in sich stehende Philosophie noch ein reiner Mystizismus, noch eine rein ‚wissenschaftliche' Theologie, sondern all das zusammen."[130] Während römische Theologie sich gedrängt fühlte, den Glauben in klar geschliffenen Begriffen zu bestimmen, waren orthodoxe Theologen stets darauf bedacht, vom Glauben so zu sprechen, daß das alle menschliche Begriffe übersteigende Geheimnis nicht verdunkelt wird. Sie bestehen darauf, daß sich der Glaube vor allem in der Liturgie und durch sie mitteilt. Sie bejahen vollauf die Definitionen der ökumenischen Konzilien, in denen Ost und West vereint waren; aber sie haben große Schwierigkeiten, die Art der Glaubensdefinitionen anzunehmen, die später von römisch-katholischen Synoden ohne Teilnahme des Ostens ausgearbeitet wurden.

Um die Wiedervereinigung der orthodoxen Kirchen mit dem Römischen Stuhl zu erleichtern, bedürfen wir einer Theologie, die in der Eucharistie ihre Mitte hat und eine überzeugende Synthese von Kontemplation und Leben darstellt. Nur in einer solchen Theologie können die Dogmen unserer Kirche den Orthodoxen zugänglich gemacht werden. Das Zweite Vatikanische Konzil hat uns klare Richtlinien gegeben, wie die Moraltheologie erneuert werden soll: „Besondere Sorge verwende man auf die Vervollkommnung der Moraltheologie, die, reicher genährt aus der Lehre der Schrift, in wissenschaftlicher Darlegung die Erhabenheit der Berufung der Gläubigen in Christus und ihre Sendung, in der Liebe Frucht zu tragen für das Leben der Welt, erhellen soll."[131] Sind wir diesem Auftrag treu, dann dienen wir sicher der Sache der Wiedervereinigung zwischen der römisch-katholischen und der orthodoxen Kirche und bereichern alle Teile der Christenheit.

3. *Reintegration von evangelischer und römisch-katholischer Moraltheologie*

Römisch-katholische und protestantische Theologen waren immer im Dialog miteinander, leider jedoch meistens in negativer Form, wobei der Widerspruch zum andern vorherrschte. Betonte katholische Moraltheologie genau bestimmte Normen, Sanktionen und Kontrollen, dann betonten Protestanten nur noch mehr Freiheit und Spontaneität unter dem Einwirken des Heiligen Geistes. Gegenüber der in katholischer Theologie betonten Institution und der objektiven, von der Kirche vorgelegten Lehre, wandte protestantische Ethik sich dem Subjekt der Wahrheit zu: den in Gemeinschaft vereinten Gläubigen im freien Suchen nach der Wahrheit.

---

[130] *Y. Congar,* a.a.O. (s. Anm. 30) 41.
[131] OT 16.

Dank der ökumenischen Bewegung haben sich die Dinge geändert. Katholische Moraltheologie widmet dem Besten protestantischer Theologie dankbare Aufmerksamkeit, und Theologen beider Kirchen tun sich in einer neuen Offenheit zusammen für die Sendung der Gläubigen in der heutigen Welt[132]. Im Blick auf die eigene breitere Tradition und im Dialog mit protestantischer christlicher Ethik bemüht sich katholische Moraltheologie, das Zueinander von Gewissen und Gesetz, von Freiheit im Heiligen Geiste und ethischen Leitbildern und Normen besser zu verstehen[133].

Auf der anderen Seite anerkennt evangelische ökumenische Theologie die Notwendigkeit des Gesetzes nicht nur in der weltlichen Gesellschaft, sondern auch in der Kirche, die zugleich als Gemeinschaft und als Institution besteht. Dabei ist jedoch ihre Warnung zu beachten: „Gesetz ist wesentlich für die Ordnung und die Aufgaben einer Gesellschaft, aber sobald sich das Gesetz vom Zielsinn loslöst, ist es nicht nur unwesentlich, sondern positiv schädlich."[134] Wir dienen der Verständigung, wenn wir sorgfältig die Normen des Kirchenrechtes und ihre Anwendung untersuchen und mutig fragen, ob sie der wesentlichen Sendung der Kirche dienen.

James M. Gustafson ist als theologischer Schriftsteller und als Lehrer vieler protestantischer und katholischer Studenten, die sich aufs Lehramt vorbereitet haben, zum Vorbild eines wahrhaft ökumenischen theologischen Ethikers geworden. Sein Denken ist in der protestantischen Tradition verwurzelt, aber stets offen für das Positive in der katholischen Theologie in Vergangenheit und Gegenwart. Während viele nordamerikanische protestantische Ethiker (im Unterschied zu ihren europäischen Kollegen, vor allem den deutschen lutherischen Theologen) sich einseitig der Lösung praktischer Fragen zuwenden, besteht Gustafson zu Recht darauf, daß der ökumenische Dialog in christlicher Ethik sich mit der Gesamtschau und den grundlegenden Prinzipien zu befassen hat. „Annäherung zwischen Traditionen ist leichter zu erreichen im Blick auf mehr begrenzte und besondere Gebiete, die leichter in ihrer adäquaten Darstellung überprüft werden können, als wenn es um die systembildenden Grundsätze oder die Gesamtschau geht, die in den entscheidenden Punkten Zusammenhalt verleiht."[135]

Protestantische Ethiker stimmen mit uns überein in der Zurückweisung extremer Grundeinstellungen, die in der Vergangenheit anscheinend eine logische Systematik darboten: nämlich einer statischen Moralordnung, die katholischen

---

[132] Vgl. *H. Köhler,* Ethik nach den Prinzipien evangelischer Theologie. Um die christliche Ethik in der Welt von heute und morgen (Salzburg/ München 1975; *H. H. Schrey* (Hrsg.), Christliche Daseinsgestaltung. Ökumenische Stellungnahmen zu Fragen der Gegenwart (Bremen 1971).

[133] Vgl. *F. Böckle,* Gesetz und Gewissen. Grundfragen theologischer Ethik in ökumenischer Sicht (Luzern – Stuttgart ²1962).

[134] *D. Horton,* a.a.O. 59.

[135] *J. M. Gustafson,* Protestant and Roman Catholic Ethics. Proposals for Rapprochement (Chicago 1978) 150.

Handbüchern des römischen Typs zugrunde liegt, und auf der anderen Seite einer aktualistischen Sicht der Gegenwart Gottes in der Welt, die sozusagen in jedem Moment neu den konkreten Befehl gibt. Zwischen den zwei Extremen zeichnen sich ausgewogene Lösungen ab, und zwar so, daß die Trennungslinien nicht mehr von der Konfession bestimmt sind[136].

Kein systematischer Versuch ist vollkommen. Die Versuche aller müssen sich gegenseitig ergänzen und immer wieder verbessern. Für manche ist christliche Ethik „hauptsächlich von eschatologischen Prinzipien oder aber von dem Logos der Lehre über Christus bestimmt". Uniformität ist nicht wünschenswert. Sie würde das Leben der Kirche nur verarmen. „Glauben hat nie zur Uniformität theologischer Ethik geführt."[137] Und doch müssen wir in bezug auf alle wichtigen Fragen ständig einen Konsens suchen, wenngleich von verschiedenen Blickrichtungen her. In dieser Hinsicht sind große Fortschritte zu verzeichnen. „Ob diese vielversprechenden Anfänge sich entscheidend entfalten, hängt von verschiedenen Faktoren ab, nicht zuletzt vom ernsten Bemühen. Entwickeln sie sich in überzeugender Weise, dann nicht aufgrund eines ökumenischen Gefühls, das beteiligt ist, sondern weil Kriterien der Zuständigkeit und der konsequenten Zusammenschau erfüllt sind."[138]

Meines Erachtens ist es äußerst notwendig, daß der Dialog zwischen Katholiken und Protestanten die große Tradition der orthodoxen Kirchen nie aus dem Auge verliert. Sie können viel dazu beitragen, die traditionellen Spannungen zwischen protestantischer und katholischer Theologie aufzulockern. In dieser Hinsicht ist wohl hinzuweisen auf die Diskussionen über Natur und Gnade mit der protestantischen Betonung „der Gnade allein". Für die Orthodoxen „ist Schöpfung, da sie Gottes Schöpfung ist, in sich selbst ein Akt der Huld und Gnade"[139].

Der Christ ehrt alles Gute als Geschenk Gottes. Die ganze Schöpfung ist auf Christus, den prophetischen Hohenpriester hingeordnet und ist so ein Anruf an den Menschen, „seine sakramentale Sendung als König und Priester der Schöpfung zu erfüllen, so daß sein ganzes Leben eine allumfassende Eucharistie wird"[140]. Die orthodoxe Theologie kann uns eine unserer besten Tradition entsprechende Synthese anbieten, die die Gnade Gottes nicht weniger betont als die protestantische Theologie und das Werk des Schöpfers nicht weniger preist als katholische Tradition. Die Orthodoxen bieten uns auch eine überzeugende Sicht von der vieldiskutierten Beziehung zwischen Gnade und Freiheit an. Sie sehen die Gnade nicht als nachträgliche Beifügung zur Freiheit, sondern sind überzeugt, daß der wahrhaft erlöste und freie Christ seine Freiheit ganz und gar als Geschenk Gottes ansieht und so gebraucht. In der hilfreichen, tiefsin-

---

[136] Ebd. 152.
[137] Ebd. 154.
[138] Ebd. 156.
[139] *A. Schmemann,* a.a.O. 34.
[140] Ebd. 32.

nigen Theologie der „Synergie zwischen Gnade und Freiheit hat die Idee des Pochens auf Verdienst keinen Platz in der Schau des Gottesdienstes und im Verständnis der Heiligen“[141].

In diesem Zeitalter der Säkularisation tun Katholiken und Protestanten des Westens gut, sich von den Orthodoxen daran erinnern zu lassen, daß weder das Wort noch das Werk allein den Zugang zur Heilsbotschaft gibt. Wir bedürfen der tiefen Schau der „Eikon“. Christus ist nicht nur das fleischgewordene Wort des Vaters, er ist ebenso sein Bild (Eikon), der in unserer menschlichen Natur ihn uns sichtbar macht. Und in ihm ist alle Wirklichkeit der Schöpfung und Geschichte, ganz besonders aber die nach dem Bild Gottes geschaffene menschliche Person in einer sakramentalen Sicht zu verstehen. „Die Eikon läßt uns Christus, den Menschen und den ganzen Kosmos in der Perspektive der Verklärung sehen, erstrahlend in der göttlichen Gegenwart und ganz eingehüllt in die göttliche *Energeia* des Heiligen Geistes, die am Pfingstfest so einzigartig geoffenbart worden ist.“[142]

4. Reintegration in der Sicht schöpferischer Treue und Freiheit

Wenn Protestanten vor allem die Freiheit betonen, ist der katholischen und der orthodoxen Tradition die Idee der Treue ein Grundanliegen. Eine Synthese der Moraltheologie, die in all ihren Teilen und in der Gesamtschau deutlich machen kann, wie schöpferische Freiheit – als Ausdruck des Lebens in Christus und unter dem Einfluß des Heiligen Geistes – ihrem innersten Wesen nach mit schöpferischer Treue verschwistert ist, eine solche Synthese kann wohl der Sache der christlichen Reintegration dienen. Freiheit ist nur dann wirklich schöpferisch, wenn sie zum Ausdruck der Bundestreue in Dankbarkeit für das Wirken Gottes in Vergangenheit und Gegenwart und für seine Verheißungen für die Zukunft ist.

Wie schon früher betont, kann ein einseitiger „Säkularökumenismus“ der Sache der christlichen Einheit im Glauben kaum dienen. Aber die Leidenschaft für die Würde und Freiheit jedes Menschen, für ein Leben in Gerechtigkeit und Frieden, alles Anliegen des Säkularökumenismus, müssen in eine ökumenische christliche Ethik voll eingebracht werden. Die Kirche ist berufen, ein wirksames Sakrament echter Freiheit und Treue gegenüber dem Herrn der Geschichte und damit auch der Verantwortung für jeden Menschen zu sein. Wir bedürfen einer ökumenischen Moraltheologie, die im Gesamt und in allen Teilen auf den lebendigen Gott hinweist, der uns im Hier und Heute zu schöpferischen Antworten ermächtigt.

---

[141] Ebd. 37.

[142] *Y. E. Krekshovetsky,* The Holy Spirit and the Icons, in: Diakonia (Quarterly Devoted to Advancing Orthodox-Catholic Dialogue) 13 (1978) 3–16, Zitat S. 13; vgl. *B. Häring,* The Sacraments in a Secular Age (Slough 1976); *N. A. Nisiotis,* Die Theologie der Ostkirche im ökumenischen Dialog. Kirche und Welt in orthodoxer Sicht (Stuttgart 1968).

Was den Christen heute besonders not tut, ist, daß sie sich gegenseitig und der Welt eine schöpferische Treue zum Auftrag Christi bezeugen, „daß alle eins seien". Diesem Anliegen hat das Gesamt der Moraltheologie heute ganz besonders zu dienen.

VII. Einige aktuelle ökumenische Probleme

1. *Gemeinsamer Gottesdienst als Ausdruck des geistlichen Ökumenismus*

Wir haben schon gesehen, wie zentral für engagierte Ökumeniker heute das Anliegen der gemeinsamen Feier der Eucharistie und der eucharistischen Tischgemeinschaft ist, um so den Herrn für das Geschenk der Einheit zu preisen und treuer an der Aufgabe der Einheit mitzuarbeiten. In der Ungeduld darüber, daß wir hier offenbar noch einen weiten Weg zu gehen haben, dürfen wir jedoch nicht die vielen Gelegenheiten zu gemeinsamem Gottesdienst übersehen, die von unseren Kirchen gestattet und empfohlen sind. Wir können zu gemeinsamen Wortgottesdiensten zusammenkommen und gemeinsam ein prophetisches Beten lernen in der Hoffnung, im betenden Füreinander und Miteinander die Zeichen der Zeit zu deuten und ihnen mutig zu entsprechen. Wir können in gemeinsamen Anstengungen lebensnahe Reformen des Betens suchen und anziehende paraliturgische Feiern gestalten. Ökumenisch eifrige Christen verschiedener Kirchen treffen sich in „Häusern des Gebetes", die Schulen des Betens gemäß der prophetischen Tradition sind. Die charismatischen Gebetsgruppen sind vielfach ein lebendiges Zeugnis, wie gemeinsames Beten, vor allem gemeinsamer Lobpreis und Danksagung, den ökumenischen Eifer fördern können. Gemeinsames betendes Bibelstudium und Austausch der religiösen Erfahrung im Blick auf ein gemeinsames Zeugnis vor der Welt sind entscheidende Schritte auf dem Weg zur erhofften christlichen Einheit[143].

2. *Konversionen in einem ökumenischen Zeitalter*

Es ist eine unleugbare Tatsache, daß seit dem starken Aufbruch des Ökumenismus in der römisch-katholischen Kirche die Zahl der Konvertiten, die von einer aktiven Teilnahme am Leben anderer Kirchen kommen, sehr zurückgegangen ist. Traditionalisten gebrauchen dies zur Begründung ihrer Abneigung gegen die Erneuerung des Zweiten Vatikanischen Konzils. Wir können uns ihrer Auffassung nicht anschließen. Es ist unrealistisch, die christliche Einheit einfach auf dem Weg von Einzelkonversionen zur römisch-katholischen Kirche zu erhoffen. Wir alle bedürfen als Einzelne und in Gemeinschaft einer Bekehrung

---

[143] *A. M. Alchin* (s. Anm. 4), in: *G. Békés – V. Vajta*, a.a.O. 114.

(Konversion) zur Gnade und zum Auftrag der christlichen Einheit. Hätten Männer wie Patriarch Athenagoras, Erzbischof Ramsey und die Brüder von Taizé mehr für die Sache der christlichen Einheit durch individuellen Übertritt zur römisch-katholischen Kirche tun können? Das ganze Problem des Übertritts muß im Lichte der Erfahrungen des ökumenischen Aufbruchs neu durchdacht werden [144].

1) Jene, die zur Gewissensüberzeugung gekommen sind, daß eine unmittelbare und äußerlich sichtbare Konversion zur römisch-katholischen Kirche für sie jetzt und hier der Weg ist, dem Willen Christi zu entsprechen, seinem Gebot der Einheit zu folgen und so für die Wahrheit Zeugnis abzulegen, müssen sie selbstverständlich gemäß diesem Gewissensspruch handeln. Dies ist auch im Hinblick auf die Aussage des Zweiten Vatikanischen Konzils zu sagen: „Darum können jene Menschen nicht gerettet werden, die um die katholische Kirche und ihre von Gott durch Christus gestiftete Heilsnotwendigkeit wissen, in sie aber nicht eintreten oder in ihr nicht ausharren wollen.“ [145]

Eine solche objektiv richtige Überzeugung liegt vor allem einem ökumenisch eifrigen Christen nahe, der alles getan hat, um in seiner Kirche eine ökumenische Haltung zu fördern, dann aber mit tiefem Schmerz feststellen muß, daß seine kirchliche Gemeinschaft nicht willens ist, ehrlich an dem Bemühen um Wiederherstellung der christlichen Einheit teilzunehmen. Auch die Zugehörigkeit zu einer ökumenisch wachen Kirche steht dem Gewissensspruch, der einen Übertritt zur katholischen Kirche verlangt, nicht im Wege. Hierin sind freilich neue Formen der „Konversion“ nicht auszuschließen, etwa nach dem klassischen Beispiel von Wladimir Solowjew, der auch nach seiner vollen Eingliederung in die katholische Kirche fortfuhr, am Leben der orthodoxen Kirche teilzunehmen. Er war überzeugt, daß eine Hinkehr zum Zentrum der Christenheit, zu Rom, nicht der ursprünglichen Kirche entfremden darf. Die Situation in den verschiedenen protestantischen Denominationen ist jedoch nicht die gleiche wie die in der orthodoxen Kirche.

2) Angesichts der Dynamik der Heilsgeschichte, die der ökumenische Aufbruch anzeigt, ergeben sich zusätzliche Aspekte in der Frage der Konversionen. Die Aussage des Konzils bleibt bestehen, die Gewissensfrage aber stellt sich u. U. in einem Umfeld von Gesichtspunkten dar, die in die konkrete Gewissensbildung einfließen und sie bestimmen können. Wir können es wohl auf folgende Weise beschreiben: Von Katholiken, die trotz allen Unbehagens angesichts örtlicher Mißstände und weltweiter Unvollkommenheiten der katholischen Kirche treu zu ihr stehen, beten, leiden und alles tun, was in ihren Kräften steht, um das Kommen der Katholizität in ih-

---

[144] Zu einer vorsichtigen vorkonziliären Sicht vgl. *J. Pfab,* Reversion und Konversion (Freiburg i. Br. 1961); zur nachkonziliären Sicht vgl. *B. Häring,* Konversion und Konvertitenseelsorge, in: *F. X. Arnold – F. Klostermann – K. Rahner – V. Schurr – L. M. Weber* (Hrsg.), Handbuch der Pastoraltheologie (Freiburg i. Br. 1968) III, 510–517.

[145] LG 14.

rer Fülle zu beschleunigen, gilt in hervorragender Weise, daß sie in voller Wahrheit in der von Christus gewollten Kirche bleiben. Was von ökumenisch uninteressierten oder lässig abseits stehenden Namenskatholiken nicht in gleicher Weise gilt. Ähnlich mag es der ökumenisch eifrige Christ in einer von Rom getrennten Kirche gewissensmäßig erleben. Sein Bleiben in der Kirche, in die er hineingetauft ist, wird nicht ein träges Hängen am Alten sein, sondern ist ein Ja nur im einsatzbereiten Drängen hin zur vollkatholischen Kirche, wie er es in seiner wachsenden Glaubenserfahrung erlebt. Dabei wird wohl meistens die Überzeugung mitsprechen, daß die Kirchentrennung nicht durch Einzelkonversionen zu lösen ist.

3) In der Vergangenheit vollzogen sich viele Übertritte von einer Kirche zur anderen anläßlich einer Mischehe. Oft hatten diese Übertritte nichts zu tun mit einer echten Gewissensentscheidung, sondern erfolgten unter Druck. Jenen, die nach einem solchen opportunistischen Übertritt in der neuen Kirche nicht wirklich beheimatet waren und sich im Gewissen nicht wohl fühlten, hätte die Pastoral den Weg ebnen sollen, zu ihrer Ursprungskirche zurückzukehren. Im heutigen ökumenischen Klima könnte es jedoch sein, daß ein solcher Christ, wenn er zu neuem Eifer im Glauben gekommen ist, sich jenen zurechnen möchte, die, während sie in der Kirche, zu der sie jetzt gehören, bleiben, zugleich durch tiefe Sehnsucht, eifriges Gebet und Tätigkeit der erhofften „vollkatholischen" Kirche entgegengehen.

4) In der Frage des Kirchenübertritts müssen wir sorgfältig unterscheiden zwischen Kirchen oder kirchlichen Gemeinschaften, die zur ökumenischen Bewegung gehören, und auf der anderen Seite Sekten, die sich in keiner Weise auf dem Weg zur Einheit der Christenheit befinden. Wir haben als Katholiken einen sehr weiten Raum und unerhörte Aufgaben, den Nichtchristen und den in unserer Kirche getauften, aber nie evangelisierten Menschen das Heil zu verkünden und sie zum Eintritt in die Kirche einzuladen. Der ökumenischen Sache würde heute schlecht gedient sein, wollten wir eifrige Christen ökumenisch tätiger Kirchen zum Übertritt zu unserer Kirche gewinnen. Handelt es sich jedoch um Personen, die in irgendeiner Kirche getauft, aber nicht zum Glauben gekommen sind oder sich von ihrer Kirche entfernt haben, dann sollte sich keine Kirche beleidigt fühlen, wenn diese Menschen sich jener Kirche anschließen, die ihnen wirksam die frohe Botschaft verkündet hat. Hier handelt es sich um wirkliche Konversionen.

3. Mischehe

Im Verlaufe der Geschichte hat die Kirche ihre Normen und ihre Praxis bezüglich der Mischehe vielfach geändert, ohne jedoch dabei ihre Grundprinzipien

---

[146] *B. Häring*, Mischehe, in: LThK (Freiburg i. Br. 1962) VII, 440–444; vgl. *J. Halduk*, Mischehe. Eine pastoral-historische Untersuchung von der Apostolischen Zeit bis zum Konzil von Agde (506) (Düren 1965).

und ihre Heilssorge zu ändern. Das Verhalten zur Mischehe hängt von der Gesamtsituation ab[146] und muß selbstverständlich jeweils die besondere Situation berücksichtigen.

Wir dürfen uns nicht verwundern, daß die Gesetzgebung der Kirche und die moraltheologischen Ausführungen bezüglich der Mischehe sich sehr unterscheiden gegenüber der Situation vor dem Konzil. Die Kirche muß der neuen Situation voll Rechnung tragen. Die Gesetzgebung und die Handbücher der Moraltheologie vor dem Konzil entstanden in der Situation geschlossener katholischer und nichtkatholischer Gebiete mit geringer Mobilität. Heute befinden wir uns jedoch infolge der hohen Mobilität der Gesellschaft in der Situation, daß die Heirat zwischen Mitgliedern verschiedener Kirchen nur ein Teil der Heiraten zwischen Menschen verschiedener Gruppen aller Sprachen und Kulturen sind[147]. In den vergangenen Jahrhunderten bis auf unsere Zeit litten die Mischehen schwer unter dem scharfen Konflikt zwischen den Kirchen der Gatten. Mischehen wurden in vielen Fällen als ungültig und darum als trennbar angesehen, und die Seelsorge brachte in diese Ehen nicht den Frieden Christi, sondern den konfessionellen Streit[148]. Kein Wunder, wenn da die Statistik bewies, daß die Mischehen zu den brüchigsten gehörten! Die ökumenische Öffnung führte zu ernsten theologischen, gesetzgeberischen und pastoralen Bemühungen um neue Lösungen[149].

Das Motuproprio Pauls VI. vom 31. März 1970 über die Mischehen ist ein gewaltiger Schritt nach vorne, was selbstverständlich nicht ausschließt, daß mit dem Fortschritt der ökumenischen Annäherung noch weitere Schritte zu tun sein werden[150]. Der Text dieses Dokumentes ist ökumenisch nicht nur seiner Absicht nach, indem er die Verschiedenheit der Situationen der Kirchen und Länder berücksichtigt, sondern auch indem er den Bischofskonferenzen innerhalb gewisser Grenzen das Recht einer eigenen Gesetzgebung zugesteht. Mehrere Bischofskonferenzen, vor allem die des deutschen Sprachraums, haben die angebotenen Möglichkeiten schöpferisch ausgenützt.

Die neue Gesetzgebung bringt gerade durch den Geist der Unterscheidung die unwandelbaren Prinzipien deutlich zum Ausdruck, daß zum Beispiel ein Gläubiger durch das Eingehen einer Mischehe sich nicht der nächsten Gefahr, seinen Glauben zu verlieren, aussetzen darf. Während früher viele Kanonisten

---

147 Vgl. *M. L. Barron* (Hrsg.), The Blanding American. Patterns of Intermarriages (Chicago 1972).

148 *U. Ranke-Heinemann,* Die sogenannte Mischehe (Recklinghausen 1968); *M. u. W. Wiel,* Wir leben in Mischehe. Katholische und evangelische Ehepartner sprechen aus ihrer Erfahrung (München 1969).

149 Vgl. *K. Müller – M. Zimmermann* (Hrsg.), Mixed Marriage – mariage mixte: International Bibliography 1964–1974 (Strasbourg 1974).

150 *Paul VI.*, Motuproprio „Matrimonia mixta", Text in: Herder-Korr. 24 (1970) 469–471, vgl. 501; vgl. *J. G. Gerhartz* S.J., Das Mischehenrecht Papst Pauls VI., in: Theol. u. Phil. 45 (1970) 481–521; *B. Häring,* Noch nicht gelöste Probleme in der Mischehe, in: Orientierung 34 (1970) 132–135; Sonderregelung für die Mischehen zwischen Katholiken und Orthodoxen: AAS 59 (1967) 165–166.

und Moraltheologen überzeugt waren, daß die Verpflichtung, die katholische Taufe und Erziehung aller Kinder zu garantieren, absoluter Natur sei, hat dieses Prinzip nunmehr eine Modifikation erfahren. Der katholische Partner hat nur *das Mögliche* zu tun, um dies zu erreichen, und der Partner, der zu einer anderen Kirche gehört, sollte um diese von der katholischen Kirche ausgesprochene Verpflichtung wissen. Aber es herrscht heute die Überzeugung vor, daß ein Katholik im allgemeinen nicht verpflichtet ist, auf das Grundrecht zur Ehe zu verzichten, wenn es ihm nicht gelingt, einen passenden Partner zu finden, der Taufe und Erziehung in der katholischen Kirche versprechen will.

Folgende Überlegungen sollen das erklären: Eine Mischehe kann eher ein Weg des Heiles sein als eine unwillig ertragene Ehelosigkeit, deren Grund in einer vielfach nicht verstandenen kirchlichen Gesetzgebung gesucht würde. Eine Ehe mit einem vorzüglichen und tiefgläubigen Partner aus einer anderen Kirche ist sehr viel weniger eine Mischehe als eine solche mit einem abgestandenen oder liebeleeren Katholiken. Ferner ist es besser, wenn ein Kind geboren und als eifriger Christ in einer von Rom getrennten Kirche erzogen wird, als nicht geboren zu werden.

Die neue Gesetzgebung rät auch weiterhin von Mischehen ab, aber es besteht ein lebendigeres Bewußtsein, daß bisweilen die Mischehe die bestmögliche Ehe ist. Während das Dokument sagt, daß Mischehen im allgemeinen der Sache der christlichen Einheit nicht dienen, erkennt es doch an, daß dies in Ausnahmefällen durchaus der Fall sein kann. Die Kirchen weisen heute ihre Seelsorger an, mit denen der anderen Kirche einträchtig zum Wohl der Mischehe zusammenzuarbeiten. Geschieht dies im Geist der Offenheit und gegenseitiger Ehrfurcht und mit ökumenischem Eifer, so können sehr viel mehr Mischehen in Zukunft einen positiven Einfluß auf die Sache der christlichen Einheit ausüben.

Die Dispens vom Hindernis der gemischten Konfession ist notwendig zu erlaubter Feier der Ehe in der katholischen Kirche, aber nicht für deren Gültigkeit. Dagegen ist eine Mischehe zwischen einem Katholiken und einem Ungetauften im Fall der mangelnden Dispens als ungültig erklärt.

Die kanonische Form der Eheschließung vor einem zuständigen Priester und zwei Zeugen ist weiterhin bindend für die Gültigkeit der Ehe für alle jene, die in der katholischen Kirche getauft sind. Dies ist ein klar beschriebenes Unterscheidungszeichen für Ehegerichte. Überall stellt man sich jedoch die Frage, ob diese Gesetzgebung, die an die „Reichskirche" erinnert und nur nach kirchlicher Statistik geht, der Grundforderung der Glaubenserziehung und der Sendung der Kirche, der Festigkeit aller Ehen zu dienen, gerecht wird.

Zwar wird in den meisten Ländern die Dispens von der kanonischen Form relativ leicht gegeben, und neue liturgische Formen der Eheschließung unter Assistenz des Amtsträgers einer anderen Kirche mit oder unter Umständen auch ohne Teilnahme des katholischen Priesters sind autorisiert worden. Aber gerade jene, die nicht in der katholischen Kirche erzogen worden sind oder nicht an sie glauben, werden um eine Dispens nicht einreichen. Ihre Ehen sollten aufgrund des bloßen Formmangels nicht für ungültig erklärt werden. Die katholische Kirche wird zur Mutter der Getauften nur, indem sie den Getauften die Heilswahrheit verkündet. Schon aus diesem Grund sollte die Kirche eine verungültigende Gesetzgebung nicht auf Menschen ausdehnen, die nicht durch den Glauben zu ihr gehören. Dieser Standpunkt wurde auch mehrheitlich auf der Würzburger Gemeinsamen Synode der Bistümer in der Bundesrepublik Deutschland ausgesprochen.

Es soll jedoch vermerkt werden, daß kanonisch ungültige Ehen, was den Formmangel betrifft, heute leicht konvalidiert werden können durch die Sanatio in radice, das heißt Heilung in der Wurzel, wodurch die Ehe in den kirchlichen Büchern als juridisch gültig angesehen wird vom Zeitpunkt ihrer Trauung an. Selbstverständlich ist für die Dispensation von der Form nötig, daß der Ehekonsens fortdauert.

In dem Dokument „Pastorale Zusammenarbeit der Kirchen im Dienste an der christlichen Einheit" der Würzburger Synode drückt sich der Fortschritt ökumenischen Denkens und Handelns deutlich aus. In Fragen der Taufe in der einen oder anderen Kirche wird die Ehrfurcht vor der Gewissensentscheidung der Gatten besonders hervorgehoben. „Die Gewissensverpflichtung beider Ehepartner ist dabei verständnisvoll anzusprechen und zu respektieren." Falls sich in der Ehe für einen oder beide Partner Gründe für eine neue Gewissensentscheidung ergeben, sollten beide Partner gemeinsam eine Regelung suchen. Gerade in der Kindererziehung kann die Mischehe der Sache christlicher Einheit dienen. Darum sagt die Synode: „Die Zugehörigkeit der Kinder zu einer Kirche muß die Offenheit zur anderen Kirche einschließen. Das kann sich darin zeigen, daß die Kinder gelegentlich zu Gottesdiensten und Gemeindeveranstaltungen der anderen Konfession mitgenommen werden." [151]

---

[151] Pastorale Zusammenarbeit der Kirchen im Dienst an der christlichen Einheit. Ein Beschluß der Gemeinsamen Synode der Bistümer in der Bundesrepublik Deutschland: 7.4.

Siebtes Kapitel

Glaube in einem Zeitalter weitverbreiteten Unglaubens

Den Vätern des Zweiten Vatikanischen Konzils wurde es zunehmend klar, daß sie den Zeichen der Zeit schlecht entsprechen würden, wollten sie sich der schockierendsten Herausforderung unseres Zeitalters, dem nachchristlichen Atheismus, nicht klar stellen. Theologie, und ganz besonders Moraltheologie, muß sich dieser erschreckenden Wirklichkeit stets bewußt sein. Wir können kein bedeutsames Problem sinnvoll behandeln, ohne die tiefgehende Glaubenskrisis, das Bestehen und die verführerische Macht des modernen Atheismus zu beachten. Im Kontext der Behandlung des Glaubens und der Glaubenserziehung muß dieses Problem jedoch ausdrücklich angesprochen werden. Ein Überblick über die Veröffentlichungen der letzten zwanzig Jahre zeigt, daß dies ein vorrangiges Thema heutiger Theologie ist[1].

Die Moraltheologie muß sich besonders des atheistischen Lebensstils bewußt werden, dem sich auch viele, die sich noch zum christlichen Glauben bekennen, weithin anpassen, eines Lebensstils also, dem bewußt und vielfach auch unbewußt eine atheistische Weltanschauung zugrunde liegt. Und zwar handelt es sich nicht nur um den Lebensstil einzelner Personen, sondern um dessen Eingestaltung in einen Großteil moderner Kultur[2]. Es ist aus diesem und aus vielen anderen Gründen unmöglich, den Atheismus von einem bloß individualistischen Gesichtspunkt aus zu behandeln. Er betrifft die persönliche und die soziale Dimension des sittlichen Lebens.

Das umfassende Thema dieses Bandes ist: „Die Wahrheit wird euch frei machen" (Joh 8,32). Darum fragen wir uns insbesondere, was das Phänomen des heutigen Atheismus bedeuten kann im Blick auf die befreiende Wahrheit und die Bande von Täuschung und Selbsttäuschung. Wir unterscheiden deshalb: 1) den unechten Gläubigen, der sich zwar äußerlich zum Glauben bekennt, aber

[1] Die umfassendste neuere Darstellung des Problems des Atheismus in philosophischer und theologischer Sicht ist das vierbändige, von der Universität der Salesianer in Rom herausgegebene Werk: Ateismo contemporaneo (Torino 1967–1970). – *E. Coreth – J. B. Lotz* (Hrsg.), Atheismus kritisch betrachtet (München – Freiburg 1971) mit umfangreicher deutscher Bibliographie; *J. Figl*, Atheismus als theologisches Problem. Modelle der Auseinandersetzung in der Theologie der Gegenwart (Mainz 1977); *H. Küng*, Existiert Gott? (München 1978).

[2] Vgl. *R. Caporale – A. Grumelli* (Hrsg.), Religione e ateismo nella società secolarizzata. Aspetti e problemi della cultura della non-credenza (Bologna 1972).

die Glaubenswahrheit in sich selbst nicht sucht, sondern die Glaubensfrage und den Ausdruck des Glaubens nur für fremde Zwecke benützt; 2) den unechten Atheisten, der existentiell nach der Wahrheit sucht und zuinnerst bereit ist, sie in die Tat umzusetzen; 3) den „echten" Atheisten, der bewußt und in der Wirklichkeit seines Lebens sich gegen Gott entschieden hat.

Obwohl die Frage nach dem Dasein Gottes von grundlegender Bedeutung ist, geht es uns hier um den Glauben an den wahren Gott, eine Frage, die ganz verschieden ist von der des bloßen Daseins Gottes. Jemand kann „glauben" an einen Gott, der für ihn nicht mehr als eine „Erstursächlichkeit" ist, wobei die Frage nach der Gemeinschaft mit Gott überhaupt nicht interessiert. Das brennende Anliegen, dem wir uns hier zuwenden, ist vom Zweiten Vatikanischen Konzil klassisch ausgedrückt worden: „Ein besonderer Wesenszug der Würde des Menschen liegt in seiner Berufung zur Gemeinschaft mit Gott. Zum Dialog mit Gott ist der Mensch schon von seinem Ursprung her aufgerufen: er existiert nämlich nur, weil er, von Gott aus Liebe geschaffen, immer aus Liebe erhalten wird; und er lebt nicht voll gemäß der Wahrheit, wenn er diese Liebe nicht frei anerkennt und sich seinem Schöpfer anheimgibt. Viele unserer Zeitgenossen erfassen aber diese innigste und lebensvolle Verbindung mit Gott gar nicht oder verwerfen sie ausdrücklich. So muß man den Atheismus zu den ernstesten Gegebenheiten dieser Zeit rechnen und aufs sorgfältigste prüfen."[3]

Die Wahrheit, die das Leben des echten Gläubigen bestimmt, ist, daß Gott die Liebe ist und in seiner unendlichen Freiheit und Liebe uns zur Gemeinschaft mit sich ruft. Das Ja zu dieser Gnade und diesem Ruf macht den Menschen zu einem Gläubigen im christlichen Sinn, wenn wir beifügen, daß Gott diese unsere Berufung in Jesus Christus uns sichtbar gemacht hat. Solange jemand die Wahrheit, zur Gemeinschaft mit Gott berufen zu sein, verwirft, ist er unreligiös, auch wenn er die Existenz eines Gottes anerkennt. Schon das Wort *religio* spricht dieses Zu-Gott-Gehören, das Daheimsein im Bereich des Heiligen aus.

Der Atheismus ist ein erschütterndes und herausforderndes „Zeichen unserer Zeit". In sich selbst betrachtet, ist er etwas durchaus Negatives, eine Bedrohung und eine Gefahr auch für den Gläubigen. Aber vermittels der Ausdeutung dieses Phänomens durch prophetische Stimmen kann er den Ruf zu radikaler Bekehrung zum Evangelium, zu echtem Glauben verstärken.

Eine realistische Beurteilung zwingt uns, dem militanten und oft diktatorischen Marxismus besondere Aufmerksamkeit zu schenken (I). Er ist jedoch im Zusammenhang mit anderen Formen des Atheismus zu betrachten, und selbst innerhalb des Marxismus gibt es beachtliche Unterschiede. Wir bedürfen einer sorgfältigen Phänomenologie des Atheismus, insbesondere in Beziehung zum christlichen Glauben (II). Am meisten betrifft uns aber die Erforschung des „verborgenen Atheismus" in uns selbst, in verschiedenen Formen organisierter Religion, in Morallehren und im Lebensstil sogenannter Christen. Im Blick

---

[3] GS (s. 1. Kap., Anm. 1) 19.

darauf ergibt sich eine neue Beschreibung der „Sünde des Unglaubens“ (III). Unser Interesse ist hier nicht apologetisch. Es geht uns immer zuerst um unsere eigene volle Glaubensbekehrung, dann aber auch um den Dialog mit den verschiedenen Formen des Atheismus (IV). Und schließlich wenden wir uns der Frage zu, ob es im Leben von Atheisten und vor allem in einem atheistischen System eine echte Sittlichkeit und eine sich ausweisende Ethik geben kann (V).

I. Militanter und machtausübender Atheismus

1. Die neue Situation

In allen Kulturen und zu allen Zeiten gab es vielfältige Formen, sich von Gott abzuwenden, praktisch seine Gegenwart im Leben unbeachtet zu lassen oder zu leugnen, oder sich falschen Göttern zuzuwenden. Die Wahl bestand jedoch gewöhnlich nicht zwischen Religion und Atheismus, sondern vielmehr zwischen dem Glauben an den lebendigen Gott und den verschiedenen Formen von Aberglaube und Götzendienst. In seiner Anmaßung wendet sich der Mensch von Gott ab, macht sich seine eigenen Götter, er vergöttert Macht, Könige, Dynastien und vieles andere. Machtlüsterne Nationen verbrämten ihre kriegerischen Interessen mit Religion und sahen in ihren Königen eine Verkörperung der Gottheit. Man verherrlichte die Übermacht des Mannes über die Frau durch Anbetung einer männlichen Macht in Gott. Frauenherrschaft fand ihre Priesterinnen und Gottheiten der Fruchtbarkeit. Die Welt war voller Gottheiten. Sogar der Abfall vom wahren Gott nahm religiöse Gestalt an. Er hatte seine Priester oder Priesterinnen und seine Kultformen. In einer sakralisierten Welt, in der der Mensch die Gesetze der Natur noch nicht entziffert hatte, fühlten sich Gläubige und Sünder gleicherweise von „übernatürlichen“ Mächten umgeben.

Die Leugnung der Existenz eines Gottes oder von Göttern, die das menschliche Leben leiten, war eine Ausnahme. Wer auch nur wagte, öffentlich in einer solchen Gesellschaft Zweifel an göttlicher Existenz auszudrücken, machte sich das Leben fast unmöglich. Sokrates wurde des Atheismus angeklagt, weil er unwürdige Formen der Verehrung von Göttern in Frage stellte. Und Christen wurden in den ersten Jahrhunderten nicht selten als Atheisten verfolgt, weil sie sich weigerten, die herrschenden Mächte, die sich religiös verkleideten, zu verehren. Es scheint jedoch, daß schon in vorchristlicher Zeit einige Philosophen Griechenlands eine Art von Atheismus gelehrt haben[4].

In den christlichen und islamischen Staaten des Mittelalters konnte man nur unter Gefahr für das eigene Leben es wagen, das Dasein Gottes zu leugnen. Noch unter den freigeistigsten Vertretern der Renaissance war die Leugnung

[4] Vgl. *J. Thower,* A Short History of Western Atheism (London 1971).

eines persönlichen Gottes eine Ausnahme. Aber der Humanismus, der mit der Renaissance aufkam, rückte Gott immer weiter vom Leben des Volkes weg. Die Aufklärung wirkte in der gleichen Richtung; einige ihrer Philosophen lehrten einen Deismus, einen Schöpfergott, der nach Vollendung seines Werkes die Welt ihrem eigenen Lauf überlasse. So konnte jeder Lebensbezirk seine eigene Autonomie behaupten. Man konnte über Gott sprechen, ohne sich existentiell berühren zu lassen. Es bedeutete da keinen großen Unterschied mehr für das Leben, ob man Gottes Dasein annehme oder leugne.

Im Verlauf des 19. Jahrhunderts hat sich die Situation grundlegend verändert. Die Philosophie hatte den Boden für die Verkünder des Atheismus, Ludwig Feuerbach und Karl Marx, vorbereitet. Immer mehr Atheisten besetzten Schlüsselstellen in Universitäten Europas. Und große Massen der Mittelklasse und sogar des Proletariates fühlten sich von der neuen Lehre angezogen.

Seit 1917, der Russischen Revolution, ist organisierter Atheismus nicht mehr bloß Parteidoktrin des Sowjetkommunismus, sondern auch der Regierung Rußlands und stufenweise zahlreicher anderer Länder. Die Massenmedien vieler marxistisch regierter Länder sind in den Händen von militanten Atheisten, und in den Staatsschulen muß sich die Jugend atheistischer Indoktrination unterziehen. Oppressive atheistische Staaten unseres Jahrhunderts haben an Intoleranz die Religionen und religiösen Staatsmächte der vergangenen tausend Jahre weit übertroffen. Und es ist nicht nur eine Sache atheistischer Lehre und Indienstnahme staatlicher Autorität zugunsten des Atheismus. Was noch schlimmer ist; die ganze Gesellschaft wird so gestaltet, daß sich der Atheismus überall, in jeder Familie bis zu den großen gesellschaftlich-wirtschaftlich-politischen Strukturen ganzer Länder, als Formprinzip auswirken kann. Lenin und nach ihm Stalin in Rußland und Mao Tse-tung in China schienen das „Charisma" der Propheten ererbt zu haben und machten sich zu „unfehlbaren" Auslegern der atheistisch-marxistischen Doktrin.

2. *Das Zweite Vatikanische Konzil über organisierten Atheismus*

Das Zweite Vatikanische Konzil vermied sorgfältig jede Stellungnahme für oder gegen wirtschaftliche und politische Systeme als solche. Trotz eines gewissen Druckes von seiten von etwa dreihundert Bischöfen vermied das Konzil eine globale Verurteilung des Kommunismus als solchen. Es wäre unmöglich gewesen, genaue Beschreibungen der verschiedenen Abschattungen des Kommunismus zu geben und der gegenwärtigen Phase der Entwicklung gerecht zu werden. Eine Verurteilung des ganzen komplexen Phänomens des historischen Marxismus als gesamtes hätte die Situation eingefroren und das Urteil vieler noch mehr verwirrt. Die Stellungnahme des Konzils ist offen für weitere Entwicklungen, in deren Verlauf sozialistische und kommunistische Theorien, die sich ursprünglich vom Marxismus herleiten, vielleicht und hoffentlich ihre Intoleranz gegenüber den Gläubigen aufgeben und zu einer klaren Unterscheidung zwischen einem wirtschaftlich-politischen System einerseits und dem Atheismus andererseits kommen.

Der Konzilstext über den wissenschaftlichen Sozialismus und marxistischen Atheismus wählt als Ausgangspunkt die dort zu findenden humanistischen Tendenzen. „Der moderne Atheismus stellt sich oft auch in systematischer Form dar, die, außer anderen Ursachen, das Streben nach menschlicher Autonomie so weit treibt, daß er Widerstände gegen jedwede Abhängigkeit von Gott schafft. Die Bekenner dieses Atheismus behaupten, die Freiheit bestehe darin, daß der Mensch sich selbst Ziel und einziger Gestalter und Schöpfer seiner eigenen Geschichte sei. Das aber, so behaupten sie, sei unvereinbar mit der Anerkennung des Urhebers und Ziels aller Wirklichkeit, oder mache wenigstens eine solche Bejahung völlig überflüssig. Diese Lehre kann begünstigt werden durch das Erlebnis der Macht, das der heutige technische Fortschritt dem Menschen gibt."[5] Das Konzil übersieht nicht, daß die Befreiung des Menschen ein großes Anliegen dieses Gedankensystems ist, zeigt aber deutlich dessen Einseitigkeit. „Unter den Formen des heutigen Atheismus darf jene nicht übergangen werden, die die Befreiung des Menschen vor allem von seiner wirtschaftlichen und gesellschaftlichen Befreiung erwartet. Er behauptet, daß dieser Befreiung die Religion ihrer Natur nach im Wege stehe, insofern sie die Hoffnung des Menschen auf ein künftiges und trügerisches Leben richte und ihn dadurch vom Aufbau der irdischen Gesellschaft abschrecke. Daher bekämpfen die Anhänger dieser Lehre, wo sie zur staatlichen Macht kommen, die Religion heftig und breiten den Atheismus aus auch unter Verwendung, vor allem in der Erziehung der Jugend, jener Mittel der Pression, die der öffentlichen Gewalt zur Verfügung stehen."[5]

Der erste Absatz dieses Textes weist auf das hin, was Marxismus mit mehreren anderen Formen des Atheismus gemeinsam hat, nämlich die Betonung menschlicher Autonomie, des Menschen als des Gestalters der Geschichte, der schöpferischen Freiheit in Geschichte und Gesellschaft. Im zweiten Absatz gibt das Konzil dann die unterscheidenden Merkmale der marxistischen Lehre an, aber nur insofern es um den Atheismus geht. Ganz besonders wird auf den Widerspruch der Befreiungsideologie und der intoleranten Haltung hingewiesen. So einseitig erwartet man die Befreiung durch Neugestaltung der wirtschaftlichen Prozesse und Beziehungen, daß man die Freiheit des Gewissens in vielfältiger Weise meint verletzen zu dürfen. Die wirtschaftliche Emanzipation scheint nichts zu tun zu haben mit der Freiheit der öffentlichen Meinungsbildung.

---

[5] GS 20. – Über die Entwicklung des Marxismus vgl. *G. A. Wetter*, Der dialektische Materialismus. Seine Geschichte und sein System in der Sowjetunion (Freiburg i.Br. [5]1960); *ders.*, Umkehrung Hegels. Grundzüge und Ursprünge der Sowjetphilosophie (Hamburg 1963); *ders.*, Dialektischer und historischer Materialismus (Frankfurt a.M. [15]1975); *G. Girardi*, Marxismus und Christentum (Wien 1968); *J. M. Bocheński*, Marxismus und Leninismus. Wissenschaft oder Glaube? (München [4]1975).

3. Anti-Theismus als Gegenbild organisierter Religion

Karl Marx dachte nicht daran, eine Art neuer Religion zu schaffen oder Religion nachzuahmen. Demnach ist der Marxismus seinem Ursprung nach verschieden von der „Religion des Blutes und der Rasse" von Hitler und seinen Ideologen. Marxismus erhebt Anspruch auf reine Wissenschaftlichkeit; der wissenschaftliche Sozialismus will sein System auf der Analyse der wirtschaftlichen, gesellschaftlichen und kulturellen Prozesse, Beziehungen und Wechselwirkungen aufbauen. Und doch ist zu sagen, daß der dialektische Materialismus eine Geschichtsphilosophie ist, die einen starken Glauben an Teleologie, d.h. an eine sinnvolle Entwicklung der Geschichte, voraussetzt. Seine Anziehungskraft auf die Massen kommt nicht von der Analyse, sondern von der Verheißung einer vollkommenen Gesellschaft und fast vollkommenen ökonomischen Strukturen, Beziehungen und Prozessen, die den vollkommenen Menschen angeblich mit Sicherheit hervorbringen: eine Hoffnung, die in keiner Weise Ergebnis wissenschaftlicher Analysen sein kann.

Im System und in der Geschichte des Marxismus offenbart sich die starke Spannung zwischen einerseits dem ursprünglichen Humanismus des jungen Karl Marx, seiner messianisch anmutenden Hoffnung auf eine vollkommene Gesellschaft mit einem vollkommenen Menschen, die an den irdisch ausgerichteten Messianismus eines Teiles der Judenheit und Christenheit erinnert, und andererseits seiner Betonung des wissenschaftlichen Aspektes des ökonomischen Determinismus, der mit Notwendigkeit zur klassenlosen Gesellschaft führen muß. Die wissenschaftliche Analyse von Karl Marx hätte nie einen so unerhörten Einfluß auf die Arbeiterschaft und die Massen der Entrechteten ausüben können ohne das messianisch-prophetische Element seiner Geschichtsphilosophie und seiner Verheißungen, die in ihren Ausmaßen an die Propheten des Alten Testamentes erinnern. Marx und ein Teil des Marxismus glauben an die Einheit der Menschengeschichte und leiten davon die Verpflichtung des Kampfes für die sozialistische Revolution bis zur Vereinigung der ganzen Menschheit ab. Es liegt in dieser Richtung des „Glaubens", daß ein Teil des Marxismus an die Rechtmäßigkeit einer höchsten marxistischen Lehrautorität glaubt, die der Vereinigung der ganzen Menschheit im Sozialismus dienen soll.

Die quasi-religiöse Ader des Marxismus zeigt sich auch in der Rolle, die die Unterdrückten bei der endgültigen Befreiung spielen sollen. Es ist eine rein irdische Abwandlung des alttestamentlichen Themas vom Messias als Gottesknecht, hier jedoch kollektiv gedeutet. Im großen Unterschied zum echt christlich-jüdischen Verständnis des Gottesknechtes, der die Menschheit durch seine gewaltlose Güte und Freundlichkeit gewinnen will, glaubt der Marxismus an die Unvermeidlichkeit von Klassenhaß und Klassenkampf. Eine Ähnlichkeit zum biblischen Gottesknecht besteht darin, daß der Marxismus dem Leiden der Unterdrückten eine entscheidende Rolle für die endgültige „Erlösung", für die Befreiung in einer klassenlosen Gesellschaft zuschreibt, vorausgesetzt jedoch, daß sie zum Kampf bereit sind. Am meisten erinnert Karl Marx an die Geschichte der Propheten durch seine mutige Entlarvung von Ungerechtigkeit und Unterdrückung und ganz besonders in seiner scharfen Verurteilung des Mißbrauchs der Religion durch die Ausbeuter und Unterdrücker.

In seinen geschichtlichen Formen, besonders unter Lenin und Stalin und deren Nachfolgern, zeigt sich der Marxismus als Erbe der schlimmsten Formen weltanschaulicher Intoleranz. Er erinnert allzusehr an die Verletzung der Gewissens- und Religionsfreiheit durch Staatsreligionen, an fanatische Kämpfe für „Rechtgläubigkeit" und die grausame Verfolgung Andersdenkender, und zwar auch andersdenkender Sozialisten und Marxisten. Zum Schlimmsten bei der Nachahmung entarteter Religionssysteme gehört die Identifizierung von Macht und Wahrheit, die zu den bedrückendsten Ausschreitungen politischer Macht führt. Zu einer Zeit, in der sich die Religionen mit der Wissenschaft und der Freiheit der Forschung versöhnten, unterwarf der Sowjetmarxismus die ganze wissenschaftliche Arbeit den Kriterien „orthodoxer" Ausdeutung des Marxismus.

4. Ist das Bündnis des Marxismus mit dem Atheismus unauflöslich?

Das Verhältnis zwischen marxistischem Kommunismus und Christentum, und praktisch allen Weltreligionen, hängt entscheidend davon ab, wie man die Verflochtenheit der wirtschaftlich-gesellschaftlich-politischen Sinnziele des Kommunismus mit dem Atheismus beurteilt[6]. Das Zweite Vatikanische Konzil hat sich bewußt jeder Erklärung enthalten, die eine Entwicklung ausschließen müßte, in der der marxistische Kommunismus sich eventuell vom Atheismus als Teil seiner Lehre distanzieren könnte.

Kein Zweifel besteht darüber, daß dem Marxismus von Anfang an ein irdischer Messianismus, die Erwartung einer Art von Paradies auf Erden eigentümlich war. Solche Tendenzen haben sich unter Juden und auch unter Christen immer wieder bemerkbar gemacht, aber niemand könnte behaupten, daß dies zum Wesen des Judentums oder gar des Christentums gehöre. Christentum und Judaismus sind als Religion der Heilsgeschichte zweifellos an einer besseren Zukunft auf Erden interessiert, die Leidenschaft für Gerechtigkeit und Friede gehört zu ihrem Wesen. Orthodoxes Judentum und die ganze Christenheit betonen heute nachdrücklich, daß die Hoffnung auf ein Fortleben nach dem Tode den Einsatz für Gerechtigkeit und Frieden, für Freiheit unter den Menschen

[6] *P. Ehlen,* Atheismus im dialektischen Materialismus (München 1961); *R. Garaudy,* Die Aktualität des Marxschen Denkens (Frankfurt a. M. 1969); *ders.,* Die Alternative. Ein neues Modell der Gesellschaft jenseits von Kapitalismus und Kommunismus (Hamburg 1974); *ders.,* Das Projekt Hoffnung (Wien 1977); *W. Kern,* Atheismus – Marxismus – Christentum (Innsbruck 1976); *P. Hebblethwaite,* Dialog zwischen Christen und Marxisten (Frankfurt a. M. 1977); Können Christen Marxisten sein? Eine Antwort des französischen Episkopats, in: Herder-Korr. 31 (1977) 384–388.

und freiheitsfördernde Strukturen in keiner Weise hindert, sondern vertieft und verstärkt. Dürfen wir nicht hoffen, daß die Christenheit, wenn sie diese Sicht treu lebt, dem Marxismus helfen kann, seine Vorurteile zu überwinden?

Viele marxistische Denker sind sich der neuen leidenschaftlichen Betonung irdischer Verantwortlichkeit, Freiheit und Gerechtigkeit innerhalb der Christenheit wohl bewußt. Andererseits meinen sie jedoch, die Christen sollten sich keinen Täuschungen hingeben und den Dialog mit den Marxisten nur unter der Erwartung pflegen, daß Marxisten Atheisten sind und bleiben wollen. Ernest Moss, ein kommunistischer Journalist, schreibt: „Kommunistische Ablehnung der Religion beschränkt sich nicht auf den Kampf gegen politischen Klerikalismus. Es bleibt Überzeugung, daß der materialistische und atheistische Charakter des Marxismus-Leninismus ganz wesentlich ist, da es sich um eine wissenschaftliche und absolut konsequente Philosophie handelt."[7] Dies scheint auch die harte Parteilinie des russischen Kommunismus zu sein. Als der französische Philosoph Garaudy die Möglichkeit behauptete, den Marxismus vom Atheismus zu dissoziieren, wurde er aus der Partei ausgeschlossen.

Marxismus glaubt an Klassenhaß und Klassenkampf als entscheidende Kräfte zur Herbeiführung menschlichen Fortschrittes, während wir an den Gott des Friedens, der Versöhnung und Vergebung glauben[8]. Aber wir dürfen das Paradox nicht vergessen, daß Jesus, der kam, um Frieden zu bringen, auch der Prophet ist, der Ungerechtigkeit unbarmherzig entlarvt und falschen Frieden gestört hat. Er ist der Versöhner, aber auch der rettende Konflikt. Verstehen Christen die Rolle des Konfliktes innerhalb der Frohbotschaft von der Versöhnung besser, so werden vielleicht auch Marxisten ihre einseitige Betonung von Konflikt neu überdenken.

Meines Erachtens sind alle Bemühungen, den Atheismus bei Karl Marx selbst als zweitrangig hinzustellen, umsonst. Er hatte sich schon fest zugunsten des Atheismus entschieden, bevor er seine ökonomischen und gesellschaftlichen Analysen erstellte. Er war Atheist mit ganzem Herzen. Dies läßt selbstverständlich die Frage offen, ob Marx nur ein falsches Gottesbild oder aber den wirklichen Gott der Offenbarung bekämpfte. Wir können durchaus hoffen, daß Marxisten dieser und der nächsten Generation kritisch unterscheiden werden, was für ihre Bemühungen, eine sozialistische Gesellschaft unter voller Respektierung menschlicher Würde und Freiheit aufzubauen, wesentlich ist. Der Kommunismus kann der Notwendigkeit einer kritischen Überprüfung seiner Vergangenheit und der Anerkennung von Irrtümern der Gründergeneration nicht ausweichen. Eine kritische Generation von Kommunisten kann unmöglich das ganze geschichtliche Paket annehmen. Es gibt heute schon viele Christen und Marxisten, die glauben, hierin eine neue Entwicklung feststellen zu können.

---

[7] *E. Moss*, Gemeinsame Ziele, in: *H. Girock* (Hrsg.), Partner von morgen? Zum Gespräch zwischen Christentum und marxistischem Atheismus (Stuttgart 1968) 25.

[8] *G. Jakob*, Möglichkeiten der Koexistenz, in: *H. Girock*, a.a.O. 52f.

Der amerikanische Jesuit F. J. Adelmann spricht wohl im Namen vieler Christen, wenn er schreibt: „Ich bin überzeugt, daß der Marxismus von innen her eine Revision erfahren kann, so daß er den Gottesglauben tolerieren könnte, ohne aufzuhören, eine Philosophie oder Weltanschauung zu sein oder wesentliche Einsichten bezüglich menschlichen Lebens auf Erden aufgeben zu müssen. Diese Revision ist schon in Gang und bereitet vielen Anhängern des Weltkommunismus Kopfschmerzen.“[9]

Ernst Bloch repräsentiert eine ganze Gruppe unorthodoxer Marxisten, die überzeugt sind, daß der Glaube an einen jenseitigen Gott nicht zum Wesen des Christentums gehört und daß infolgedessen das Christentum selbst sich irgendwie dem Atheismus öffnet. Zumindest hofft er, daß im Christentum das Grundsymbol des Auszugs (Exodus) und der Befreiung so stark betont und im Leben lebendig werden könnte, daß dadurch eine Brücke zwischen Christentum und Marxismus geschlagen wäre. Nach seiner Auffassung könnte sich der Marxismus mit einem Christentum vereinen, in dem der Glaube, und zwar auch ein fester Glaube an einen überweltlichen Gott und das Fortleben nach dem Tode, den Einsatz für die irdische Gesellschaft in keiner Weise vermindern würde. Andererseits, so meint er, könnten Christen sich mit Marxisten versöhnen, die zwar atheistisch sind, jedoch ein Christentum, das nicht minder als der Marxismus menschlicher Freiheit und sozialer Gerechtigkeit dient, nicht bekämpfen[10].

Selbstverständlich können wir als Christen nie den Glauben an den lebendigen Gott, den Herrn der Geschichte, den Schöpfer und Befreier, aufgeben. Aber es würde für den Frieden und den Fortschritt der Menschheit und für die Koexistenz von Christen und Marxisten viel bedeuten, wenn diese die entscheidenden Dimensionen christlicher Ethik würdigen und zugleich auf einen militanten Atheismus verzichten würden.

II. Phänomenologie des Atheismus

Die Gläubigen begegnen einer Vielfalt von atheistischen Philosophien, und auch im Marxismus fließen die verschiedenen Wechselbeziehungen zwischen der Vielfalt der Religion einerseits und den verschiedenen Formen des Atheismus

---

[9] *F. J. Adelmann*, S. J., From Dialogue to Epilogue. Marxism and Catholicism Tomorrow (The Hague 1968). Im gleichen Sinn sprechen sich aus *J. Malachowski*, Möglichkeiten der Koexistenz, in: *H. Girock*, a.a.O. 44–49; *H. Gollwitzer*, Die marxistische Religionskritik und der christliche Glaube (München 1967) 79 ff.; *J. Hromadka*, Unüberwindlicher Gegensatz oder Mißverständnisse, in: *H. Girock*, a.a.O. 9–17.

[10] Vgl. *E. Bloch*, Atheismus im Christentum. Zur Religion des Exodus und des Reichs (Frankfurt a.M. 1968); *C. H. Ratschow*, Atheismus im Christentum. Eine Auseinandersetzung mit Ernst Bloch (Gütersloh 1970).

andererseits zusammen. Wir vergessen nicht, daß sich auch unter den Antikommunisten und Antimarxisten Denkrichtungen finden, die nicht weniger als der Marxismus eine Herausforderung an den christlichen Glauben sind. Eine sinnvolle Auseinandersetzung mit dem Atheismus setzt darum eine sorgfältige Phänomenologie des Atheismus voraus[11]. Das Zweite Vatikanische Konzil war sich dessen bewußt.

1. *Atheismus in einem Zeitalter der Wissenschaftlichkeit*

Das Konzil sieht eine der Hauptursachen des modernen Atheismus in einer gewissen methodologischen und praktischen Form des Reduktionismus in der Wissenschaft. Unter dem Einfluß der Methoden der empirischen Wissenschaften stellen viele „die Frage nach Gott unter solchen methodischen Voraussetzungen, daß sie von vornherein sinnlos zu sein scheint. Viele überschreiten den Zuständigkeitsbereich der Erfahrungswissenschaften und erklären, alles sei nur Gegenstand solcher naturwissenschaftlicher Forschung, oder sie verwerfen umgekehrt jede Möglichkeit einer absoluten Wahrheit."[12] Die Konzilsväter waren sich dessen bewußt, daß der von einer einseitigen Entwicklung der empirischen Wissenschaften verursachte Reduktionismus die ganze geistige Atmosphäre durchdringt. „Anders als in früheren Zeiten sind die Leugnung Gottes und der Religion oder die völlige Gleichgültigkeit ihnen gegenüber keine Ausnahme und keine Sache nur von Einzelnen mehr. Heute wird eine solche Haltung gar nicht selten als Forderung des wissenschaftlichen Fortschritts und eines sogenannten neuen Humanismus ausgegeben. Das alles findet sich in vielen Ländern nicht nur in Theorien von Philosophen, sondern bestimmt im größten Ausmaß die Literatur, die Kunst, die Deutung der Wissenschaft und Geschichte und sogar das bürgerliche Recht. Die Verwirrung vieler ist die Folge."[13]

Die Idee, daß der Gottesgedanke bedeutungslos und menschlicher Erfahrung unzugänglich ist, hat ihre eigene Geschichte. Lange bevor der Atheismus als neue Lehre vorgetragen wurde, bestand in der Philosophie und zum Teil sogar in einer gewissen Theologie die Hinneigung zu einem Rationalismus, der praktisch für das Geheimnis Gottes keinen Platz hatte. Man ließ nur das gelten, was man in genaue Begriffe einfangen konnte. Ein solcher Rationalismus hat keinen Platz für die reichsten menschlichen Erfahrungen, für das Geheimnis des Menschen und eine große Sicht der Geschichte.

Ein theologischer Objektivismus, der sowohl dem Rationalismus wie einem einseitigen Herrschaftswissen verpflichtet war, zeigte großes Mißtrauen gegenüber religiöser Erfahrung und überhaupt Blindheit gegenüber ganzheitlicher menschlicher Erfahrung und Denkweise. Zugleich nahm der Legalismus die

---

[11] Vgl. *W. A. M. Luijpen*, Phenomenology of Atheism (Pittsburgh 1964); *ders.*, Phenomenology of Humanism (Pittsburgh 1966).
[12] GS 19. [13] GS 7.

Aufmerksamkeit so sehr für eine Unzahl von grenzziehenden Geboten in Anspruch, daß für den Geist des Ganzen kaum mehr Raum blieb. Mit dem Verlust der Mitte ist auch die Möglichkeit, in der rechten Weise nach Gott zu fragen, praktisch verloren[14]. Wo diese Art von Rationalismus eines entfremdeten und entfremdenden Objektivismus und Legalismus vorherrschte, verloren auch Menschen, die den christlichen Glauben noch betonten, den Sinn für die Urwahrheit, daß Gott immer größer ist als wir, unsere Werke und unsere Begriffe[15].

Im Grunde hat das Christentum den westlichen Menschen befähigt, wissenschaftlich zu denken, zu forschen und die ursächliche Kette innerhalb der Welt zu entdecken. Das rechte Verständnis der Transzendenz Gottes und der relativen Autonomie der irdischen Sphäre erlaubte den richtigen Schluß der Wissenschaftler, daß es bei der Erforschung der innerweltlichen Ursachenketten völlig unnötig ist, „dabei einen wie auch immer begriffenen Gott ins Spiel zu bringen". Man kann das einen „methodologischen Atheismus" heißen; dieser muß jedoch keine wirkliche Leugnung Gottes bedeuten. Der Widerspruch besteht nur gegen die in sich unwürdige Idee eines Gottes als Lückenbüßer in der wissenschaftlichen Erklärung. Eine Gefahr für den Glauben entsteht aus dieser Wissenschaftlichkeit des westlichen Menschen nur, wenn ihm die kontemplative Dimension des Lebens entgleitet. Gehen in einer falschen Wissenschaftlichkeit das Ganzheitsdenken und die tiefere Sinnfrage verloren, dann ist der Weg von einem methodologischen zu einem praktischen Atheismus nicht allzu weit. „Das Phänomen einer ‚sinnfreien', bloß mehr funktionierenden, aber nach ihrem Sinn nicht fragenden technokratischen Gesellschaft ist die praktische Konsequenz aus dieser Entwicklung."[16] Die einseitige Entwicklung des Herrschaftswissens wird zur Tragödie des Westens und durch den Westen für die ganze moderne Welt.

Die Idee, daß wissenschaftliches Denken mit dem Glauben an Gott unvereinbar ist, beruht auf einer ganzen Anzahl irriger Voraussetzungen: 1) Die Begrenzung des „Wissenschaftlichen" auf das empirisch, quantitativ Nachprüfbare, unter völliger Vernachlässigung der philosophischen Wahrheit, dem Suchen nach Weisheit; 2) Philosophie selbst reduziert sich bisweilen auf Sprachanalyse und ähnliche begrenzte Ziele, ohne das Suchen nach dem Gesamtsinn des Lebens; 3) das allzu eng definierte „Wissenschaftliche" erlaubt sich Grenzüberschreitungen, indem man daraus Schlüsse zieht, die nur in einer Art Philosophie, in der Tat einer falschen Philosophie, vollziehbar sind; 4) die oft unbewußte Haltung einer Art von „Unfehlbarkeit", die Wissenschaftler daran hindert, ihre eigenen Grenzen und ihre Vorurteile, von denen sie ausgehen, zu sehen; 5) in der gleichen Art von Reduktionismus verwechselt man

---

[14] Vgl. *G. Girardi,* Credenti e non credenti per un mondo nuovo (Firenze 1969) 98 106.
[15] *J. Reid,* Man without God. An Introduction to Unbelief (New York 1971) 2.
[16] Vgl. *J. Feiner – L. Vischer* (Hrsg.), Neues Glaubensbuch (s. 6. Kap., Anm. 127) 68f.

religiösen Glauben mit einer vagen Meinung. All das hat dazu geführt, daß der zulässige „methodologische Atheismus" praktisch zur Leugnung des Daseins Gottes führte und auch blind machte gegenüber dem Geheimnis des Menschen[17].

In dieser westlichen Entwicklung wurden Naturwissenschaften und Mathematik zum Urbild der „objektiven Wahrheit" in dem Sinn, daß nur das als objektiv galt, was man ohne existentielle Beteiligung, ohne ein ernstes Suchen nach dem Gesamtsinn des Lebens bestimmen kann. Man mißverstand die subjektive Wahrheit derer, die sich in ihrem ganzen Dasein dem Suchen und dem Tun der Wahrheit geweiht haben, was nichts zu tun hat mit subjektivistischer Auflösung der Wahrheit[18].

2. *Mißverständnis der Autonomie*

Das Zweite Vatikanische Konzil war mutig genug, der Tatsache ins Auge zu schauen, daß eine der Ursachen des Atheismus bei der Religion, insbesondere auch der christlichen Religion, zu suchen ist. „Der Atheismus, allseitig betrachtet, ist nicht eine ursprüngliche und eigenständige Erscheinung; er entsteht vielmehr aus verschiedenen Ursachen, zu denen auch die kritische Reaktion gegen die Religionen, und zwar in einigen Ländern vor allem die christliche Religion, zählt. Deshalb können an dieser Entstehung des Atheismus die Gläubigen einen erheblichen Anteil haben, insofern man sagen muß, daß sie durch Vernachlässigung der Glaubenserziehung, durch mißverständliche Darstellung der Lehre oder auch durch die Mängel ihres religiösen, sittlichen und gesellschaftlichen Lebens das wahre Antlitz Gottes und der Religion eher verhüllen als offenbaren."[19]

Ein Versagen der religiösen Gemeinschaften bestand auch darin, daß sie allzu wenig und erst allzu spät das, was für viele moderne Menschen selbstverständlich ist, nämlich die Würde des Gewissens und die Pflicht zum Suchen nach Wahrheit und wahrheitsgemäßen Lösungen persönlicher und sozialer Probleme bejaht haben. Eine andere Wurzel des Atheismus liegt in einem Antiklerikalismus, der erzürnt auf das Bündnis der Kirchen mit dem Absolutismus reagierte. Besonders schädlich war die Rolle jener Päpste, die für sich eine oberste politische Autorität in Anspruch nehmen wollten und weithin durch Vermischung der zeitlichen und geistlichen Sphäre den Führungsstil in der Kirche dem der absoluten Fürsten anglichen. Das Bündnis zwischen Thron und Altar führte zum Mißbrauch der Religion zugunsten der bestehenden sozialen und politischen Ordnung beziehungsweise Unordnung, der Privilegien und der Vormacht

---

[17] *J. B. Lotz,* Von der vorwissenschaftlichen Gewißheit im Hinblick auf die Atheismusfrage, in: *E. Coreth – J. B. Lotz,* a.a.O. (s. Anm. 1) 222f.
[18] Ebd. 238.
[19] GS 19.

einer Minderheit. Angriffe gegen die falschen Götter von Nation, Staat und Machtgruppen wurden allzuleicht als Umsturz und Sünde gegen Gott erklärt[20].

Die Art und Weise, in der Autoritäten Gott ins Spiel und in der Tat in ein böses Machtspiel brachten, verführte Antiklerikale bisweilen, die Autorität Gottes zugleich mit diesem autoritären politischen Spiel zu verwerfen. Sie sahen die Religion und den Glauben an Gott, wie ihn autoritäre Kirchenführer darstellten, als Verurteilung zur Fremdbestimmung (Heteronomie) und Verzicht auf Autonomie zugunsten von Mächten, die das eigene ehrliche und wohlinformierte Gewissen nicht respektieren.

3. Die Freiheit des Menschen, Selbstzweck zu sein

Die Würde des Menschen besteht vor allem darin, sich nie als Mittel zu einem Zweck mißbrauchen zu lassen, und in der Freiheit für jene menschlichen Beziehungen, in der jeder als Selbstzweck geehrt ist. Die moderne Betonung der eigenen Freiheit, Würde, Autonomie und Unabhängigkeit geht weit über einen negativen Antiklerikalismus hinaus. Es liegt darin etwas durchaus Positives, freilich in der Form der Rebellion gegen eine die Menschenwürde und Freiheit nicht genügend berücksichtigende Autorität, besonders gegen ein bestimmtes Vaterbild, das dann leicht auf Gott übertragen wird. Ein um die eigene Autonomie besorgter, postulatorischer Atheismus „treibt das Streben nach menschlicher Autonomie so weit, daß er Widerstände gegen jedwede Abhängigkeit von Gott schafft. Die Bekenner dieses Atheismus behaupten, die Freiheit bestehe darin, daß der Mensch sich selbst Ziel und einziger Gestalter und Schöpfer seiner eigenen Geschichte sei.“[21]

Einer der markantesten Vertreter dieser Art von Atheismus war Nicolai Hartmann, Philosoph der Universität Berlin in der Zeit vor und während Hitler[22]. Er war sehr hellsichtig gegenüber dem möglichen Konflikt zwischen verschiedenen Werten und Wertsphären. Gäbe es einen Gott, so lautete seine Behauptung, dann könnte der Mensch nicht frei zwischen den verschiedenen Werten, Wertsystemen und Pflichten wählen und könnte nicht der unabhängige Schöpfer seines eigenen Lebens in freier Wahl des Wertsystems sein. Nach ihm könnte ein allheiliger Gott unmöglich den Menschen in Wertkonflikte stürzen, in denen er, wie immer er auch wählen mag, an einigen Werten und Pflichten schuldig wird.

Einer der radikalsten Vertreter eines postulatorischen Atheismus im Namen menschlicher Freiheit war Jean-Paul Sartre. „Gibt es einen Gott, dann muß ich mich damit zufrieden geben, selbst ein Objekt und nicht ein autonomes freies Wesen zu sein. Dann existiere ich, meinem eigenen Selbst entfremdet und durch

[20] *G. Girardi,* a.a.O. 158; vgl. *J. Feiner – L. Vischer,* a.a.O. 70ff.
[21] GS 20.
[22] Über Nikolai Hartmann vgl. *B. Häring,* Das Heilige und das Gute (Krailling 1950) 95–111.

eine Art von Computer geleitet."[23] Seine Philosophie hat viel von der Mentalität der Naturwissenschaften und ist zu gleicher Zeit eine Auflehnung gegen jede Art von Herrschaftswissen und Kontrollen, die den Menschen in ein System von Ursächlichkeiten einreihen würde. Obwohl Merleau-Ponty in der Einschätzung der Grenzen menschlicher Freiheit realistischer ist als Sartre, betrachtet auch er den Glauben an Gott als mit menschlicher Freiheit unvereinbar. Es ist für ihn unvorstellbar, daß der Mensch selbst Träger seiner Geschichte, freier Schöpfer in seinem Leben, in Gesellschaft und Geschichte sein könnte, gäbe es eine absolute Wahrheit und einen allmächtigen Gott[24]. Diese ganze Denkart ist von der Furcht des Menschen gekennzeichnet, durch die Religion wie ein Objekt und nicht als Subjekt in voller Mitverantwortlichkeit behandelt zu werden.

4. Die Geburt eines neuen Humanismus

Unter den Zeichen der Zeit hebt das Zweite Vatikanische Konzil besonders heraus „die Geburt eines neuen Humanismus, in dem der Mensch sich vor allem von der Verantwortung für seine Brüder und die Geschichte her versteht"[25]. Eine immer größere Zahl von Frauen und Männern sind sich dessen bewußt, selbst Schöpfer von Geschichte und Kultur zu sein.

Dieser Humanismus hätte eine große Chance sein können für das Christentum, das nach Gottes Plan die Religion der Menschwerdung und des göttlichen Rufes nach der Verantwortung des Menschen ist. In scharfer Reaktion gegen einen der Mitmenschlichkeit entfremdeten Supranaturalismus kamen jedoch viele Humanisten zur falschen Überzeugung, daß Glaube an den Menschen und seine Geschichte im Widerspruch zur Religion steht. Folglich vermeinten sie, die Religion und den Gottesglauben um des Menschen willen bekämpfen zu müssen.

Schon 1949 ergab sich für Teilhard de Chardin „überall um uns herum dieser quälende, nicht zu verscheuchende Eindruck eines unwiderstehlich aufsteigenden Atheismus – oder, noch spezifischer, einer aufsteigenden und unwiderstehlichen Entchristlichung". Er beklagte die Tatsache, daß nicht nur die jenseitig orientierten Religionen Asiens, sondern sogar die christliche Kirche die einzigartige Chance sich hat entgehen lassen, die Aufwärtsbewegung, das „Empor", durch eine Bewegung nach vorwärts, das „Voran", zu verstärken und dadurch den Menschen zu helfen, zu einem dem Leben mehr eingestalteten Glauben an Gott zu kommen. „Ihrer Definition nach, im Prinzip ist es die unterscheidende Funktion der Kirche, daß sie das Wissen und die Macht hat, alles Menschliche im Menschen zu verchristlichen. Doch, was dürfte geschehen (und

[23] *J.-P. Sartre,* Das Sein und das Nichts (Hamburg 1962) 383.
[24] *G. Girardi,* a.a.O. 114.
[25] GS 55.

geschieht es nicht bereits ...), wenn gerade in dem Augenblick, da in der *anima naturaliter christiana* eine so lebendige neue Komponente wie das Bewußtsein eines irdischen ‚Ultra-Humanen' aufzutauchen beginnt, die kirchliche Obrigkeit dieses neue Streben übersieht, mißachtet oder sogar verurteilt, ohne daß es ihr gelingt, es zu begreifen?"[26] Teilhard spricht vom „Ultra-Humanen" und versteht darunter die Vitalität eines neuen Humanismus, der von einem neuen Bewußtsein der Evolution und einer neuen Freiheit ergriffen ist und bewußt und schöpferisch an der Gestaltung einer künftigen Menschheit mitwirken will.

Seit der Mitte des letzten Jahrhunderts entwickelte sich allmählich eine neue Form eines atheistischen Humanismus. „Von nun an wird die christliche Offenbarung nicht mehr zurückgewiesen, bevor man überhaupt auf sie gehört hat. Ihr Inhalt wird nicht mehr als eine Verirrung der Vernunft betrachtet. Man anerkennt vielmehr, daß in ihr ein Sinn, ein echt menschlicher Sinn liegt, der absolut festzuhalten und zu realisieren ist. Das Christentum ist insoweit wahr, als es Projekt zu einer Begegnung und einer Liebe zwischen allen Menschen ist. Aber die atheistische Kritik will nun gerade das aufzeigen, daß dieser Sinn nur dadurch verwirklicht werden kann, daß man das Christentum aufgibt. Solange die Religion sich des Anliegens der Liebe aller zu allen annimmt, bleibt dieses ein bloßer schöner Gedanke, ein frommer Wahn, der nicht über die Mittel zu seiner Verwirklichung verfügt."[27] Immer mehr Menschen sind zur Überzeugung gekommen, daß das Christentum aufgrund seines Wesens dazu verurteilt ist, eine unerfüllte Hoffnung zu sein. Diese Überzeugung wuchs vor allem im Blick auf die Verurteilung aller Theorien der Evolution durch höchste Autoritätsträger der Kirchen und ihre unversöhnliche Gegnerschaft gegen alle neuen Ideen und neuen Modelle der Gesellschaft. Dieser neue Humanismus warf die Bibel nicht weg, begann aber, sie in scharfer Opposition gegen vertikalistische Erklärungsversuche zu lesen.

Ernst Bloch hat weite Beachtung gefunden, da er diesen Tendenzen einen zusammenfassenden Ausdruck gab, vor allem in seinem Buch „Atheismus im Christentum"[28]. Er findet in der jüdisch-christlichen Bibel und in entsprechenden Traditionen die Grundelemente eines neuen Humanismus, der ganz und gar von Hoffnung erfüllt ist, dem Glauben an das Kommen einer neuen Menschheit mit radikaler Entschlossenheit zum Exodus und für die Befreiung. Er urteilt jedoch, daß das amtliche Christentum diese Hoffnung auf die Zukunft der Menschheit, die Geschichte der andauernden Befreiung und den Glauben an die solidarischen Verantwortlichkeiten der Menschheit verraten hat. Er sieht

[26] *P. Teilhard de Chardin,* Die Zukunft des Menschen (L'avenir de l'homme) (Olten – Freiburg 1963) 343 350.

[27] *J. Y. Jolif* O. P., Der Atheismus und die Suche nach einer wirklichen Verbindung unter den Menschen, in: Concilium 3 (1967) 690. Vgl. *H. de Lubac,* Le drame de l'Humanisme athée (Paris 1945).

[28] *E. Bloch,* a.a.O. (s. Anm. 10); vgl. Herder-Korr. 31 (1977) 447f.: Marxistischer Denker der Hoffnung, zum Tod Ernst Blochs.

im Gott der Christenheit die Superstruktur aller oppressiven Autoritäten, die sich dem „Reich der Freiheit“ widersetzen[29]. Bloch legt eine esoterische Form des Marxismus vor. Für ihn ist, wie Moltmann es auslegt, Atheismus sinnvoll, insofern er dem Menschen helfen kann, seine Selbstverwirklichung zu finden. So kann man es verstehen, daß es einen Atheismus sozusagen um der Sache Gottes und seines Reiches willen geben soll[30].

Bloch glaubt an schöpferische Freiheit und auch an schöpferische Treue. Er glaubt an eine sinnvolle Geschichte, die durch schöpferische Träume in Gang gehalten wird. „Denn der Traum von einer Sache ist ja, rebus fluentibus, zum objektiv-konkreten Teil *in der Sache selber*, ist die sowohl in ihrem Prozeß wie zuletzt doch in dessen *erhoffbarer Latenz ja immer noch anhängige* Sache. Bis hin zu dem sogenannten Fluchtpunkt, in Wahrheit Anziehungspunkt eines ausstehenden Überhaupt in der prozeßhaften *Sinnperspektive* – früher auf einen Gott bezogen. A-theistisch aber bezogen auf das utopische Omega: erfüllter Augenblick, eschaton unserer Immanenz, Lichtung unseres Inkognito. So hat der Blick nach vornhin den nach oben abgelöst.“[31]

Blochs Humanismus ist eine Religion der Hoffnung und ein Glaube an das kommende Reich der Freiheit, einer Freiheit, die der ganzen Geschichte und Gesellschaft einzugestalten ist. Ein bürgerlicher, individualistischer Freiheitsbegriff ist ihm total zuwider. Seine Hoffnung richtet sich auf die ganze Schöpfung, vor allem aber auf die Menschheit. Das gibt ihr die Qualität von „Religion“: „Gewiß, wo Hoffnung ist, ist auch Religion, aber wo Religion ist, ist nicht immer auch Hoffnung, nämlich ideologisch unversetzte, von unten nach oben gebaute.“[32]

Bloch ist überzeugt, „daß ohne vorangegangene Beschäftigung mit der Religion und der sich anschließenden Religionskritik die Entfremdungslehre und Warenkritik Marxens kaum entstanden wäre... So die bisherige Geschichte und ihre Ideologien detektivisch zu durchschauen, das gehört zweifellos zum Kältestrom im marxistischen Denken, doch das gesuchte Wozu, das menschhaltige Fernziel dieses Durchschauens gehört ebenso sicher zum Wärmestrom im ursprünglichen Marxismus, ja unleugbar zum christförmig zuerst gebildeten Grundtext vom ‚Reich der Freiheit‘ selber.“[33] Der Grundplan der Hoffnung von Bloch und nach ihm von Marx verlangt einen ständigen Exodus, ein ständiges Hinter-sich-Lassen und Vorwärtsschauen. Bloch spricht vom „Sprung eines Eingedenkens“. Es geht ihm um den „Vor-Schein der irdisch näheren Freisetzung... des Wohin, Wozu, Überhaupt...“[34] Der Mensch macht sich frei von

[29] Vgl. *I. Lepp*, Psychoanalyse de l'athéisme moderne (Paris 1961).
[30] *J. Moltmann*, Ernst Bloch und die Hoffnung ohne Glauben, in: *ders.*, Das Experiment Hoffnung. Einführung (München 1974) 50.
[31] *E. Bloch*, a.a.O. 346.
[32] Ebd. 346f.
[33] Ebd. 349f.
[34] Ebd. 352.

der Vergangenheit für die Zukunft und so frei für den Menschen. Wiederholt zitiert Bloch ein Wort von Karl Marx: „Es wird sich dann zeigen, daß die Welt längst den Traum von einer Sache besitzt, von der sie nur das Bewußtsein besitzen muß, um sie wirklich zu besitzen."[35] Der Zukunftsphilosoph Bloch verzichtet nicht auf das sinnvolle Eingedenken der Vergangenheit, aber es ist vor allem die Erinnerung an den ständigen Auszug, das ständige Sich-Freimachen für die Zukunft. Für Bloch ruft die Bibel uns eine Vergangenheit ins Gedächtnis, die nicht vergessen werden darf, weil sie uns auf die Zukunft hinweist. Bloch sieht „im biblischen Zielklang, jenen subversiv-radikalen Traum, der eo ipso nicht aus Opium stammt, sondern aus Wachheit für Zukunft, Lichtdimension, mit der die Welt schwanger ist, schwanger sein kann"[36]. Was nach Bloch der Marxismus und im Bund mit ihm das Christentum tun müßte, ist, die große Erinnerung an den Exodus und die Befreiung von dem Blick nach oben freizusetzen, frei von einem Gott, der den Menschen seiner Freiheit und schöpferischen Kraft beraubte. Die Religion der Hoffnung und das vorweggenommene Reich der Freiheit ist „nur aufrechtgehend erreichbar, aber aufrechthalten in der Hoffnung derer, die sowohl mit den Mühseligen und Beladenen wie mit den Erniedrigten und Beleidigten gehen"[37].

Bloch klagt das Christentum an, das große Thema der Auflehnung, das im Alten Testament so evident sei, mißinterpretiert und gezähmt zu haben. Er sieht in Jesus den Gegenspieler des Kaisers. Eine Christenheit, die vom Konflikt mit den Gewalten nichts wissen will, ist für ihn die schlimmste der Ideologien und der Fälschungen der Bibel[38].

Bloch geht es wirklich um den Atheismus. Das Nichtexistieren Gottes ist für ihn so wichtig, weil er Gott nur als die Macht von oben denken kann und weil nach seinem Denken dieses göttliche „Oben" den Menschen knechtisch macht und ihm die Kraft raubt, seine Geschichte selbst in die Hand zu nehmen[39]. Er sieht die vertikale Sicht des Christen nicht nur als eine Entfremdung, sondern als den unaufheblichen Widerspruch zum Vorwärts, zur horizontalen Dynamik der Geschichte.

Dieser von Bloch verfochtene atheistische Humanismus konnte eine so verführerische Anziehungskraft ausüben, weil es ihm so radikal um den Freiheitsraum des Menschen, aller Menschen geht, um ihre Freiheit, sich selbst, der Geschichte und der Gesellschaft eine die Hoffnung nährende Vision zu geben[40]. Der Prophet dieser Hoffnung ohne Glauben oder dieses Glaubens, der radikale Hoffnung auf die Zukunft der Menschheit ist, hämmert unablässig die Idee

---

[35] Ebd. 345f.; *K. Marx*, Brief an Ruge (1843).

[36] *E. Bloch*, a.a.O. 345.

[37] Ebd. 346.

[38] Vgl. *C. H. Ratschow*, a.a.O. (s. Anm. 10) 75ff.

[39] Ebd. 105.

[40] Evgl. *W. Kern*, Über den humanistischen Atheismus, in: *K. Rahner* (Hrsg.), Ist Gott noch gefragt? Zur Funktionslosigkeit des Gottesglaubens (Düsseldorf 1973) 9–55, bes. 40f.

ein, daß die christliche Religion trotz ihres schönen Evangeliums sich selbst im Wege steht; und weil sie der Freiheit im Wege steht, muß sie sich entweder in ein atheistisches Christentum umwandeln oder aber untergehen.

Das große Unglück ist, daß jene Traditionalisten, die nicht nur jede Idee der Evolution zurückwiesen, sondern sich auch jedem tiefgreifenden gesellschaftlichen und geschichtlichen Wandel widersetzten, diesen Feinden des christlichen Glaubens Waffen lieferten. Die Situation hat sich verschärft durch die allgemeine Autoritätskrisis und die scharfe Reaktion gegen die Generation der autoritären Väter. Da für uns der Vatername so bedeutsam für den Glauben an unsern Gott ist, mußte eine vaterlose Gesellschaft, die dem Vater den Schwarzen Peter zuschiebt, unsere ganze Tradition mißverstehen. Die Glaubenskrise hat auch viel zu tun mit jenen Eltern, die ihren Kindern viele Dinge geben, aber unfähig sind, ihnen Liebe und Vertrauen auf wahre Freiheit zu schenken[41]. So behandeln sie ihre Kinder hauptsächlich als Konsumenten. Und wenn sie dann zu ihnen über Gott sprechen, so bleibt das auf diesem Niveau, auf dem in der Tat kein Platz für Gott ist.

Der atheistische Humanismus ist eine Fortsetzung des Dramas innerhalb der theistischen Theologie, die nicht zu einer echten Synthese zwischen dem Theozentrismus und der anthroprozentrischen Dimension unseres Glaubens gefunden hat[42].

5. *Interesselosigkeit gegenüber Gott*

Das Zweite Vatikanische Konzil beschreibt wohl die Situation einer sehr zahlreichen Gruppe, wenn es sagt: „Andere nehmen die Fragen nach Gott nicht einmal in Angriff, da sie keine Erfahrung der religiösen Unruhe zu machen scheinen und keinen Anlaß sehen, warum sie sich um Religion kümmern sollten."[43] Die Gründe für diese Interesselosigkeit sind vielfach. Das Konzil weist auf einen hin: „Auch die heutige Zivilisation kann oft, zwar nicht von ihrem Wesen her, aber durch ihre einseitige Zuwendung zu den irdischen Wirklichkeiten, den Zugang zu Gott erschweren."[44]

Auf den ersten Blick möchte es scheinen, daß diese Gruppe weniger atheistisch ist, da sie keine Aussage über das Nichtexistieren Gottes macht. Doch von einem existentiellen Gesichtspunkt aus sind sie gott-loser als jene, die immer noch ein leidenschaftliches Interesse an der Frage nach Gott haben, auch wenn sie dieses in der Form der Leugnung seines Daseins ausdrücken. Ein weitgehender Materialismus und eine einseitige Ausrichtung auf Erfolg reduzieren viele Menschen auf das Niveau bloßer Konsumenten und Produzenten. Andere

---

[41] Vgl. *J. Feiner – L. Vischer,* a.a.O. 77ff.
[42] *G. Girardi,* a.a.O. 160.
[43] GS 19.
[44] Ebd.

erreichen infolge ungünstiger Bedingungen nicht jenes Maß an menschlicher Entfaltung des Sinnes für Bewunderung, die ein Zugang zum Geheimnis sein könnte. Diese Art der Unterentwicklung führt sich teilweise auf einen Prozeß der Entmythologisierung durch einen maßlosen Rationalismus zurück, der praktisch eine Religion ohne Geheimnisse lehrt.

Interesselosigkeit an der Frage nach Gott fällt vielfach zusammen mit der totalen oder weitgehenden Vernachlässigung des Suchens nach dem letzten Sinn des Lebens. Es ist, wie Viktor Frankl sich ausdrückt, ein „Leben in einem existentiellen Vakuum". Die Tatsache, daß diese Situation zu vielfältigen noogenen Neurosen führt, ist ein Zeichen, daß die Menschlichkeit noch nicht ganz ausgelöscht ist und sich noch, wenn auch gestört, zu Worte melden will. Aus der Tiefe erschallt immer wieder der Schrei nach dem Sinn des Lebens.

Das Zweite Vatikanische Konzil hütet sich, alle Ursachen und alle Schuld für den Unglauben im Versagen der Einzelnen zu suchen. Im Gegenteil, es schließt ein individualistisches Denken ausdrücklich aus. Es sieht das Leben positiv in der Perspektive der Bundesmoral und negativ im Blick auf die erschreckende Unheilssolidarität, die einen vielfältigen Ausdruck in den Strukturen und in der öffentlichen Meinung findet. Doch darf die persönliche Verantwortung nicht vernachlässigt werden: „Gewiß sind die, die in Ungehorsam gegen den Spruch ihres Gewissens absichtlich Gott von ihrem Herzen fernzuhalten und religiöse Fragen zu vermeiden suchen, nicht ohne Schuld."[45] Auch hier sei betont, daß es bei der persönlichen Sünde nicht notwendig um eine bewußte Sünde direkt in Fragen des Glaubens geht; es kann wohl sein, daß der Mensch sein Gewissen durch Sünden anderer Art allmählich abgestumpft hat und so unfähig wird, die Glaubensfrage echt zu entscheiden.

6. *Protest gegen ein unwürdiges Gottesbild*

Das Konzil ist sich bewußt, daß es einen Pseudoatheismus geben kann und gibt, wobei die Leugnung nicht so sehr Gott selbst, als vielmehr einem unwürdigen Gottesbild gilt. Dies ist wohl im folgenden Text mit ausgedrückt: „Der Atheismus, allseitig betrachtet, ist nicht eine ursprüngliche und eigenständige Erscheinung; er entsteht vielmehr aus verschiedenen Ursachen, zu denen auch die kritische Reaktion gegen die Religionen, und zwar in einigen Ländern vor allem gegen die christliche Religion, zählt. Deshalb können an dieser Entstehung des Atheismus die Gläubigen einen erheblichen Anteil haben, insofern man sagen muß, daß sie durch Vernachlässigung der Glaubenserziehung, durch mißverständliche Darstellung der Lehre oder auch durch die Mängel ihres religiösen, sittlichen und gesellschaftlichen Lebens das wahre Antlitz Gottes und der Religion eher verhüllen als offenbaren."[46]

---

[45] Ebd.
[46] Ebd.

Es kann wohl sein, daß uneigentliche Atheisten der großen Sicht der Bibel und der Grundhaltung des Glaubens näher kommen als einige christliche Lehrer. Denken wir an jene, die das menschliche Leben in der Dimension der Geschichte und der Mitverantwortung sehen. Sie sind bereit, ständig nach der Wahrheit zu suchen und sie in die Tat umzusetzen. Sie sind überzeugt von einer unergründlichen Solidarität der Menschheit. Wenn ihnen im Namen der christlichen oder einer anderen Religion nachdrücklich eine Naturrechtslehre vorgesetzt wird, die mit dem Wandel der Geschichte und der Verschiedenheit der Kulturen nichts zu tun hat und so den Eindruck erweckt, als ob Gott, der Urheber eines solchen Gesetzes, der wirklichen Geschichte und den einzelnen Kulturen nicht nahe sei, so kann es zu einer heftigen Verwerfung eines solchen Gottesbildes kommen. Und solange nicht von anderen Quellen eine positivere Sicht zugänglich gemacht wird, kann die Gottesfrage blockiert sein[47]. Der Verfasser dieses Buches kennt Menschen, vor allem Mütter, die am Gottesglauben irre wurden, weil Kirchenmänner sie lehrten, daß ihre schuldlos ungetauften Kinder für immer von der Gemeinschaft Gottes ausgeschlossen seien. Manche haben zwar nicht den Glauben an einen mächtigen Gott, wohl aber den Glauben an den Gott der Liebe verloren oder den Glauben an die Kirche. Liest man gewisse Textbücher der Moraltheologie, die mit Todsünden auch anläßlich relativ unwichtiger Dinge rasch zur Hand sind, so ist doch wohl zu fragen, ob den Verfassern überhaupt ins Bewußtsein gekommen ist, welches Gottesbild sie den Menschen damit vorstellen.

7. *Atheismus als Protest gegen die Übel in der Welt*

Das Konzil stellt fest: „Der Atheismus entsteht außerdem nicht selten aus dem heftigen Protest gegen das Übel in der Welt ...“[48] Die Art und Weise dieses Protestes kann eine große Verschiedenheit aufweisen. Der Protest kann aus einem falschen Verständnis der Beziehung zwischen Gott und der Schöpfung entstehen, so daß Gott direkt für alle Übel in der Welt verantwortlich gemacht werden könnte, auch für solche sittlichen Charakters. Es kann die intellektuelle Unfähigkeit sein, sich einen allmächtigen und zugleich allheiligen und gütigen Gott vorzustellen angesichts einer unvollkommenen Schöpfung mit großen Katastrophen wie Erdbeben und Überschwemmungen. Sehr oft sind die Schwierigkeiten so groß, weil man nicht gelernt hat, zwischen physischem und moralischem Übel zu unterscheiden. Der Mensch muß vor allem dann irre werden, wenn die moralischen Übel Gott angelastet werden, zum Beispiel durch eine irrige Prädestinationslehre.

---

[47] Vgl. *B. Welte,* Zeit und Geheimnis. Philosophische Abhandlungen zur Sache Gottes in der Zeit der Welt (Freiburg i. Br. 1976); *B. Häring,* Unglaube und Naturrecht, in: *J. Ratzinger – J. Neumann* (Hrsg.), Theologie im Wandel (München – Freiburg 1967) 211–227.

[48] GS 19.

Die Propheten haben leidenschaftlich gegen die großen sittlichen Übel wie Ungerechtigkeit, Krieg, Haß, Unbarmherzigkeit protestiert. Moralische Übel können vor allem dann zum Zusammenbruch des Glaubens an einen Gott, wie ihn die Religion lehrt, führen, wenn Vertreter dieser Religion viele Nebensachen als schwere Sünde bezeichnen, während sie gegen die schlimmsten Sünden wie Krieg und Ausbeutung nicht nur nicht protestieren, sondern sie im Namen Gottes zu rechtfertigen versuchen. Daß auch Christen so oft Sklaverei, Nationalkriege, sinnlose Rüstung, Haß unter den Völkern so oder so gerechtfertigt oder toleriert haben, ist eines der größten Ärgernisse und mag für viele Menschen die Hauptursache des Glaubensverlustes gewesen sein. Gläubige und religiöse Institutionen geben großes Ärgernis, wenn sie nur versuchen, das Übel in der Welt und die Möglichkeit der Sünde theoretisch zu erklären, während sie keine bedeutungsvollen Versuche machen, so große Übel wie Ungerechtigkeit, Hunger und Krieg nach Möglichkeit zu beseitigen. Eine rein theoretische Befassung mit all dem zeigt, daß ein Glaube solcher Art keine lebendige Verbindung mit Gott, dem Herrn der Geschichte, aufweist.

Der uns in Christus geoffenbarte Gott läßt die Geschichte nicht ohne das Bemühen der Menschen und ihr Suchen nach dem Sinn der Geschichte und des Lebens. Darum können wir so schwere Probleme wie unschuldiges Leiden und Ungerechtigkeit in der Welt nicht sinnvoll diskutieren, ohne uns mit allen Menschen guten Willens zu vereinigen, um unsere Erde zu einer menschlicheren, gerechteren und friedvolleren Heimat zu gestalten.

Für manche bedeutet das Hereinbrechen eines großen Leidens den Zusammenbruch ihres Glaubens, weil dieser nie ein anbetender Glaube war, weil Gott für sie nur in einer Welt nützlicher Dinge funktionierte. Sobald sie darum erfahren müssen, daß ihre Religion nicht in der Weise nützt, wie sie es gern wollten, erweist sich ihr Glaube als nutzlos. Es ist denkbar, daß dann auf den Ruinen eines falschen Glaubens der Weg zu einem echten Glauben gebahnt werden kann.

8. *Agnostizismus und Nihilismus*

Eines der traurigsten Phänomene der heutigen Welt ist der weitverbreitete Agnostizismus. Das Konzil sagt dazu: „Manche leugnen Gott ausdrücklich; andere meinen, der Mensch könne überhaupt nichts über ihn aussagen; wieder andere stellen die Frage nach Gott unter solchen methodischen Voraussetzungen, daß sie von vornherein sinnlos zu sein scheint."[49]

Die Ursache des beschriebenen Agnostizismus ist nicht der Fortschritt der Wissenschaft als solcher, nicht das Herrschaftswissen, kraft dessen der Mensch sich die Erde unterwirft, sondern vielmehr gewöhnlich eine einseitige Erziehung und eine einseitige Weltanschauung. Auch darauf weist uns das Konzil hin:

---

[49] GS 19.

„Zweifellos kann der heutige Fortschritt der Naturwissenschaft und der Technik, die kraft ihrer Methode nicht zu den innersten Seinsgründen vordringen können, einen gewissen Phänomenalismus und Agnostizismus begünstigen, wenn die Forschungsmethode dieser Disziplinen unberechtigt als oberste Norm der Findung der Wahrheit schlechthin angesehen wird. Ja es besteht die Gefahr, daß der Mensch in allzu großem Vertrauen auf die heutigen Errungenschaften sich selbst zu genügen glaubt und darüber hinaus nicht mehr sucht.“[50]

Eine weitverbreitete Form des Agnostizismus verbindet die Gottesfrage mit der Sprachanalyse, zum Beispiel nach der von Wittgenstein entwickelten Methode, die nicht geeignet ist, von der Sprache her das Suchen des Menschen nach dem letzten Sinn zu verstehen.

Der Agnostizismus, von dem wir hier sprechen, darf nicht mit dem sokratischen „Ich weiß, daß ich nichts weiß“ verwechselt werden. Denn bei Sokrates handelt es sich um das leidenschaftliche Suchen nach besserem und tieferem Kennen und um ein ehrfürchtiges Schweigen vor den großen Geheimnissen, im Wissen, daß dieses Geheimnis immer größer ist, als die Möglichkeiten menschlicher Sprache es ausdrücken. Schweigen kann eine positive Antwort sein, und zu gewissen Zeiten die bestmögliche.

Die radikalste Form des Agnostizismus behauptet nicht nur anmaßend, daß man nichts über Gott sagen könne, sondern leugnet praktisch jeden tieferen Sinn des Lebens. Eine solche Auffassung bedeutet Nihilismus, der praktisch ein geordnetes Gemeinschaftsleben unmöglich macht, da er eine Kommunikation über den Sinn und das Ziel des Lebens ausschließt.

Vielleicht dürfen wir annehmen, daß der ausgesprochene Atheist seltener ist als der Agnostiker, dessen Haltung jedoch fließend sein kann mit gewissen Übergängen zur Haltung eines sinnvollen Zweifels, der zu ernstem Forschen führen kann[51].

III. Herausforderung an den „verborgenen Atheisten“

Die Kirche kann sich mit keiner Form des Atheismus abfinden. Als Glaubensgemeinschaft fordert sie den Atheisten jeder Art heraus. Sie ist bestimmt, wirksames Zeichen der Vereinigung mit Gott und der Einheit der Menschheit zu sein, wobei diese beiden Aspekte nicht getrennt werden dürfen. In Treue zu ihrer Sendung und um der Würde des Menschen und um menschlicher Gemeinschaft willen muß sie alles daransetzen, die Ursachen des Atheismus zu beseitigen und die Menschen zur Besinnung zu rufen. „Die Kirche sucht die tiefer

[50] GS 57.
[51] *J. Reid*, a.a.O. (s. Anm. 15) 23.

in der atheistischen Mentalität liegenden Gründe für die Leugnung Gottes zu erfassen und ist im Bewußtsein vom Gewicht der Fragen, die der Atheismus aufgibt, wie auch um der Liebe zu allen Menschen willen der Meinung, daß diese Gründe ernst und gründlicher geprüft werden müssen."[52]

Angesichts der schockierenden Tatsache des weitverbreiteten Atheismus dürfen wir nicht nur auf die Not der andern schauen, sondern müssen uns bewußtmachen, „wie armselig wir, die wir glauben, das Glaubensleben darstellen und Zeugnis für seine Wahrheit geben"[53]. Auf all das hat die Kirche im Konzil eine demütige Antwort gegeben. Dies erlaubt ihr, sich mutig zu fragen, was wohl Gott ihr durch dieses erschreckende Zeichen unserer Zeit sagen will.

1. Herausforderung an die Religion als Institution

Daß die Kirche im Zweiten Vatikanischen Konzil den Mut hatte, sich rückhaltlos selbst zu befragen, wie weit die massive Verbreitung des Atheismus mit ihrer eigenen Geschichte zu tun hat, hat sich dramatisch in den Artikeln 19–21 der Pastoralkonstitution niedergeschlagen. Dieser Text ist ein Meilenstein in der Geschichte der Kirche, wohl von nicht geringerer Bedeutung als die Erklärung über die Religionsfreiheit[54]. Diese Texte können einen tiefgreifenden Einfluß auf das gesamte Leben der Kirche und auf die Theologie insbesondere ausüben.

Angesichts des modernen Atheismus müssen sich alle Religionen der Welt befragen lassen. Wie es in der westlichen Welt einen nachchristlichen Atheismus gibt, so in andern Teilen der Welt einen nachislamischen, nachbuddhistischen, nachhinduistischen usw. Nicht nur muß sich der einzelne befragen, sondern die kritische Herausforderung betrifft die besonderen Formen der Religiosität und die Strukturen der Religionsgemeinschaften[55]. Hromadka, ein bekannter Förderer des Dialogs zwischen Christen und Marxisten, gibt uns ein Echo der oft gehörten Vorwürfe an die Kirchenmänner: „Allzuoft haben sie das lebendige Handeln Gottes in der Geschichte in dogmatische Systeme und in kirchliche Institutionen eingesperrt. Das schöpferische Wirken des Heiligen Geistes, des Geistes des Gekreuzigten und Auferstandenen, wurde durch Routine und konventionelle Frömmigkeit erstickt."[56]

Das Bemühen einer erneuerten Kirche, das wahre Antlitz Gottes sichtbar zu machen, ist die wichtigste Antwort auf das Problem des Atheismus. Wir dürfen uns fragen, ob die Kirche ohne den ungewollten Verlust der weltlichen Macht und ohne die Herausforderung des modernen Atheismus zu dieser heilenden Selbstkritik und Erneuerung gekommen wäre. Vor allem diese Ereignisse

[52] GS 21.
[53] *J. Reid,* a.a.O. 236.
[54] *J. Ratzinger,* in: LThK, Ergänzungsband III, 343.
[55] *G. Girardi,* a.a.O. 17.
[56] *J. Hromadka,* a.a.O. (s. Anm. 9) 11f.

haben der Kirche geholfen, eine Akzentverschiebung vom Herrschaftswissen zum Heilswissen, von der Ausübung von Macht zu demütigem Dialog, von der Verhängung von Sanktionen zum lebendigen Zeugnis im Füreinander der Gewissen zu vollziehen. „Die Kirche vollzieht einen Übergang von einer Position der Macht zugunsten eines geistlichen Einflusses und des Dienstes."[57]

Die Kirche lernt nicht nur, der von außen kommenden Kritik sachlich zu antworten, sondern auch ihre Gläubigen zu einer selbstkritischen Haltung und zur Unterscheidungsfähigkeit zu erziehen. Sie kann nicht darauf verzichten, das Evangelium allen Menschen zu verkünden, aber sie versteht vor allem besser, daß sie das Licht der Welt nur sein kann, wenn sie ihr ganzes Vertrauen in die Macht des Evangeliums, in das Wirken des Heiligen Geistes und in ein evangelisches Zeugnis setzt. Sie verkündet die Transzendenz Gottes, indem sie die entsprechende Autonomie der weltlichen Sphäre anerkennt; und sie verkündet Gottes Gegenwart in der Welt durch ihren demütigen Dienst am Menschen.

Sehr viel besser als in vergangenen Jahren erkennt die Kirche nun, daß sie nicht ein Teil des politischen Spieles ist. „Die ihr eigene Sendung, die Christus der Kirche übertragen hat, bezieht sich nicht auf den politischen, wirtschaftlichen oder sozialen Bereich: das Ziel, das Christus ihr gesetzt hat, gehört ja der religiösen Ordnung an."[58] Aus dieser Erkenntnis zieht das Konzil weitreichende Folgen: „Wenn die Apostel und ihre Nachfolger mit ihren Mitarbeitern gesandt sind, den Menschen Christus als Erlöser der Welt zu verkünden, so stützen sie sich in ihrem Apostolat auf die Macht Gottes, der oft genug die Kraft des Evangeliums offenbar macht in der Schwäche der Zeugen. Wer sich dem Dienst am Wort Gottes weiht, muß sich der dem Evangelium eigenen Wege und Hilfsmittel bedienen, die weitgehend verschieden sind von den Hilfsmitteln der irdischen Gesellschaft... (Die Kirche) setzt ihre Hoffnung nicht auf Privilegien, die ihr von der staatlichen Autorität angeboten werden. Sie wird sogar auf die Ausübung von legitim erworbenen Rechten verzichten, wenn feststeht, daß durch deren Inanspruchnahme die Lauterkeit ihres Zeugnisses in Frage gestellt ist, oder wenn veränderte Lebensverhältnisse eine andere Regelung fordern."[59] Diese neue Sprache zeigt die Kirche als eine heilige Büßerin.

Die Tatsache, daß der Atheismus der Kirche schwer zusetzt, darf für den Gläubigen kein Grund sein, seine Kirche bitter zu kritisieren oder gar sie zu verlassen. Es bedeutet vielmehr eine Herausforderung des Gläubigen, einen echten Beitrag zur Verlebendigung des kirchlichen Lebens zu leisten. Nur eine lebendige Glaubensgemeinschaft kann ein gewinnendes Zeugnis geben. „Wir alle sind mitverantwortlich. Das Subjekt des Glaubens ist nicht ‚ich', sondern sind ‚wir'. Die Weitergabe des Glaubens oder die Tradition ereignet sich durch ‚uns' im wörtlichen Sinn des Wortes. Das Wort erweckt und bewegt den Men-

---

57 *G. Girardi,* a.a.O. 60.
58 GS 42.
59 GS 76.

schen nur, wenn es weiter übermittelt wird, und der Zweck der Verkündigung ist, von möglichst vielen gehört zu werden. Die Dialektik zwischen Überzeugung und Verantwortlichkeit muß in der tieferen Dialektik zwischen Kirchlichkeit und der sozialen Dimension des Menschen gründen.“[60]

2. *Herausforderung an die Moraltheologie*

Die gesamte Theologie, ganz besonders aber die Moraltheologie als Theologie des Lebens, muß sich der Bedrohung und der Herausforderung durch den Atheismus klar bewußt sein. Die Gesamtdarbietung und jede einzelne wichtige Frage muß dahin überprüft werden, ob wir den Menschen von heute die Botschaft vom lebendigen Gott übermitteln. Unsere Theologie muß ein Ja zum Humanismus aus ganzem Herzen sein und dem Träger der Wahrheit und der moralischen Verantwortung erstrangige Bedeutung zumessen. Wir bedürfen einer neuen Betonung des Füreinanders der Gewissen in Mitverantwortung, einer einsichtigen Synthese zwischen Gottes- und Nächstenliebe. Und in allem müssen wir versuchen, der Geschichtlichkeit des Menschen und den Zeichen der Zeit gerecht zu werden.

a) Ein radikales Ja zum Humanismus

Sprechen wir von Gott und seinem Gesetz oder von Sanktionen religiöser Natur, so müssen wir uns versichern, daß unsere Redeweise nicht einer Selbstsucht der Einzelnen oder der Gemeinschaft dient. Jede moralische Forderung und das Ganze unserer Darbietung müssen darauf bedacht sein, nicht den Anschein eines Konfliktes zwischen Sittlichkeit und Religion zu erwecken. Und sprechen wir von Sünde oder Auflehnung gegen Gott, so muß deutlich gemacht werden, daß es uns um die Würde des Menschen geht. Und schließlich müssen wir stets im Auge behalten, daß es nicht nur um begriffliche Probleme geht; der Atheismus hat sich in die Lebensbedingungen eingewurzelt, und nur eine Moral, der es um volle Eingestaltung der Wahrheit im Gesamt des Lebens geht, kann zu seiner Überwindung beitragen.

Papst Johannes Paul II. folgt einem Grundanliegen des Konzils, wenn er in all seinen Äußerungen die Sorge um den Menschen voranstellt. Das Konzil sagt: „Es ist fast einmütige Auffassung der Gläubigen und der Nichtgläubigen, daß alles auf Erden auf den Menschen als seinen Mittel- und Höhepunkt hinzuordnen ist.“[61] Für den Menschen von heute ist die Rede von Gott nur sinnvoll, wenn in ihr alle echten Werte der menschlichen Person, der Geschichte und Gesellschaft in all ihren Dimensionen zur Sprache kommen[62]. Dies ist keine

---

[60] *P. Ricœur,* Science humaine et conditionnement de la foi, in: *ders.*, Dieu aujourd'hui (Paris 1965) 142.
[61] GS 12.
[62] GS 24; vgl. 25.

neue Lehre. Sie entspricht der Grundwahrheit der Menschwerdung und allem, was die Offenbarung uns von der Heilsgeschichte sagt. Thomas von Aquin faßt philosophische Reflexion und christliche Tradition hierin so zusammen: „Im ganzen Kosmos ist nur das vernünftige Wesen ein Selbstzweck, und alles andere ist auf ihn hingeordnet.“[63]

Der Mensch ist seinem innersten Wesen nach ein Anbeter Gottes und berufen, in allem Gottes Ehre zu suchen. Für Thomas von Aquin enthält diese eindeutig theozentrische Aussage die stärkste Hinwendung zum Menschen: „Gott sucht seine Ehre nicht für sich selbst, sondern für uns.“[64] Darin drückt sich in mutiger Sprache die Freiheit Gottes aus, sich uns in Liebe zu schenken und uns zur Teilhabe an seinem Werk zu berufen. Je mehr wir in schöpferischer Freiheit und Treue dieser Berufung entsprechen, um so mehr verherrlichen wir Gott. Das Dogma von der Menschwerdung des Wortes Gottes verpflichtet uns, die Heilswahrheit unserem Leben, unseren persönlichen Beziehungen und allen Gebieten des gesellschaftlichen, kulturellen, wirtschaftlichen und politischen Lebens einzugestalten. Wir müssen uns radikal dafür einsetzen, daß alle Institutionen der menschlichen Person, ihrer Fähigkeit für gesunde Mitmenschlichkeit zu dienen haben.

Moraltheologie muß alles tun, auf daß das christliche Leben Ernst Bloch unrecht gibt, für den es keinen Gott geben darf, „weil Gott eben nichts als das Oben ist und weil dieses göttliche Oben den Menschen an Hörigkeiten gewöhnt, die ihn für seine Lebensaufgabe schwach machen“[65].

b) Die Wende zum Subjekt

Durch die Art und Weise, in der das Konzil das Problem des Atheismus behandelt, gibt es uns ein Vorbild, wie wir bei aller Besorgtheit um die objektive Wahrheit uns dem Empfänger und Träger dieser Wahrheit zuwenden müssen.

Das Konzil gibt uns eine gute Lehre, daß wir ganz verschiedene Haltungen nicht unter einen Hut bringen dürfen. Wir müssen vom Atheisten in einer sehr differenzierten Weise reden. Das Konzil wendet sich den Menschen zu, die mehr oder weniger offen sind für das Gute und Wahre. Es bedenkt vor allem die Grundentscheidung des Menschen und die Ehrlichkeit seines Gewissens. So folgt die Kirche dem Beispiel Christi, des Propheten, der vor Priestern und Theologen den Samariter preist, der die Liebe zur Wahrheit und die Wahrheit der Liebe ganz anders sichtbar macht als die offiziellen Vertreter der Religion. Das Konzil verschließt sich nicht der Möglichkeit, daß einer, der sich begrifflich als Atheist definiert, auf dem Weg zum Heil sein kann, weil er guten Willens ist, und daß andere, die sich als höchst gläubig geben, verlorengehen können, weil sie lieblos sind[66].

---

[63] S. contra Gentiles III, c. 112 in fine. [64] S. th. II II q 132 a 1 ad 1.
[65] *C. H. Ratschow,* a.a.O. (s. Anm. 10) 105. [66] Vgl. LG (s. 3. Kap., Anm. 24) 16.

Im Suchen nach dem Wahren und Guten müssen wir uns vor allem Gott zuwenden, der die Fülle des Wahren und Guten ist, Gott, wie er sich in Jesus Christus geoffenbart hat. Er allein *ist* die Wahrheit. Sprechen wir von menschlicher Wahrheit, so müssen wir uns genau Rechenschaft ablegen über den Träger dieser Wahrheit und dieses Suchens nach dem Wahren und Guten. Ich bin Träger der Wahrheit nur, wenn ich von andern und mit andern lerne. Der volle Träger des Wahren auf Erden ist die Menschheit insgesamt. „Durch die Treue zum Gewissen sind die Christen mit den übrigen Menschen verbunden im Suchen nach der Wahrheit und zur wahrheitsgemäßen Lösung all der vielen moralischen Probleme, die im Leben der Einzelnen wie im gesellschaftlichen Zusammenleben entstehen."[67] Sprechen wir von objektiver Wahrheit, so müssen wir uns deutlich fragen, wessen Wahrheit es ist, d. h., wer sie formuliert hat und für wen sie formuliert ist. Wessen Interessen dient die Art und Weise der Formulierung? Warum schreibt sich eine Gruppe von Menschen ein Monopol in der Formulierung der objektiven Wahrheit und in der Entscheidung über das Gute zu? Welche Motive stehen dahinter?

c) Eine neue Synthese zwischen Gottes- und Nächstenliebe

Eine lebensnahe Synthese zwischen Gottes- und Nächstenliebe zeigt die organische Einheit zwischen Religion und Moral. Gemäß dem Evangelium ist es immer Gott, der die Initiative ergreift. Durch seine Liebe und die Macht des Heiligen Geistes befähigt er uns, seine Liebe zu beantworten und uns mit ihm in der Liebe zu seinem Volk zu vereinen. Die vom Evangelium uns geschenkte Synthese muß jedoch in Berücksichtigung der jeweiligen Kultur und Gesellschaft geboten werden, stets unter Betonung der Du-Ich-Wir-Beziehungen, der Liebe, die von Herzen kommt, aber auch der Liebe, die das Leben gestaltet.

In einem Zeitalter, in dem immer mehr Menschen überzeugt sind, daß ein Wandel der wirtschaftlichen, sozialen, kulturellen, politischen und internationalen Verhältnisse möglich ist und dadurch viel Leiden, Entwürdigung und Entfremdung von Menschen beseitigt oder vermieden werden kann, muß eine Synthese in der Nächstenliebe diese Sicht unbedingt integrieren. Das Konzil sagt dazu: „Die Liebe zu Gott und zu dem Nächsten ist das erste und größte Gebot ... Demnach ist die Liebe die Fülle des Gesetzes. Das ist offenkundig von höchster Bedeutung für die immer mehr voneinander abhängig werdenden Menschen und für eine immer stärker eins werdende Welt."[68] Sowohl die ganz persönlichen Beziehungen wie auch die Beziehungen aufgrund der gesellschaftlichen Verhältnisse und die Strukturen selbst weisen neue Dimensionen auf, die heute in das Gesamt der Synthese eingebracht werden müssen. Es ist uns Heutigen klar, daß es keine Ich-Du-Insel gibt. Ein individualistischer Begriff der Nächstenliebe, der die soziale und internationale Gerechtigkeit und die Friedenssen-

[67] GS 16.
[68] GS 24.

dung nicht einschließt, bedeutet heute reine Entfremdung. Und noch mehr müßte eine Religion, die sich bloß mit der Rettung der einzelnen Seele beschäftigt, als entfremdend empfunden werden. Eine solche Einseitigkeit widerspräche nicht nur der modernen Welt, sondern ganz besonders der biblischen Sicht der Bundeswirklichkeit.

Gleichwohl können wir Hans Küng nicht zustimmen, wenn er im Blick auf diese Dimension die heroischen Taten eines Blaise Pascal, der Arme in sein Haus aufnahm, jungen Menschen zur Erziehung verhalf und nicht nur aus einem Überfluß spendete, als „sozial irrelevante Nächstenliebe" bezeichnet, da Pascal sich nicht direkt an politischen Aktionen beteiligte[69]. Wir dürfen nie vergessen, daß der Ausdruck der Nächstenliebe von Person zu Person von unersetzlicher Bedeutsamkeit für den Wandel der Strukturen ist. Vor allem marxistischer Humanismus fällt immer wieder in den Irrtum zurück, alles vom Wandel wirtschaftlicher Prozesse, Verhältnisse und Entwicklungen zu erwarten, während er den direkten Ausdruck der Nächstenliebe aus absoluter Achtung gegenüber jedem Einzelnen gering anschlägt. Es ist eine erschreckende Entfremdung, wenn wir Christen uns an die Gesellschaft und die ganze Welt wenden, um einen Wandel herbeizuführen, während wir unserem Nächsten gegenüber nicht alle uns möglichen Erweise der Liebe zeigen. Natürlich bin ich mit Küng einig, daß die Nächstenliebe heute unbedingt den Einsatz im öffentlichen Leben und ein Bemühen um den Wandel der Gesellschaft einschließt. In einer absolutistischen Welt wie jener, in der Pascal lebte, war der Handlungsraum für die öffentliche Verantwortlichkeit zu sehr beschnitten. Neue Möglichkeiten und neue Einsichten müssen unseren Horizont der Nächstenliebe erweitern.

Eine Synthese zwischen Gottes- und Nächstenliebe wird den Blick nach oben nicht vergessen, immer mit dem Ziel, zum Mitvollzug der Liebe Gottes zu gelangen. Wenn wir nach oben schauen, schauen wir in wirksamer Weise nach vorne. Teilhard de Chardin sieht einen „Glaubenskonflikt zwischen dem Empor und dem Voran", zwischen den „traditionellen emportragenden Kräften der Anbetung" und der „ganz modernen ... vorantreibenden Einwirkung" und erkennt darin die „Quelle der modernen religiösen Krise"[70]. Zugleich betont er jedoch, daß unser Mühen um die Zukunft versagen muß, wenn es von der Quelle aller Liebe getrennt ist. „Weder ein Entrinnen nach vorn, das erlaubte, einem totalen Tod auszuweichen, noch ein höchstes Zentrum der Personalisation, um die Liebe unter die menschlichen Zellen auszustrahlen. Eine Welt, die restlos zerfallen kann, und eine eisige Welt. Ein Universum ohne Herz und ohne Ausweg."[71] In dieser Sicht können wir dann auch überzeugend betonen, daß die Treue zur Erde und unserer Zukunft ein Teil unserer Treue zum Schöpfer ist.

---

69 *H. Küng,* Existiert Gott? (München 1978) 106–108.
70 *P. Teilhard de Chardin,* a.a.O. (s. Anm. 26) 348.
71 Ebd. 349.

d) Konflikt zwischen dem Heiligen und dem Guten?

Die Entscheidung zugunsten eines atheistischen Humanismus ist vielfach eine Entscheidung zugunsten der Moral und gegen die Religion, insofern nämlich eine Religion als den Grundwerten des Menschen feindlich erscheint oder wenigstens für unfähig gehalten wird, das Lebensträchtige in die religiöse Schau einzubeziehen. Eine Moraltheologie, die im Namen der Religion allzu viele absolute Forderungen aufstellen will, die die Ganzheitsschau außer acht lassen und zu zahllosen Pflichtenkollisionen führen, wobei dem Menschen zugemutet wird, Werte zu opfern, die er als die höheren einschätzt, eine solche Moral kann eine schwere Versuchung werden, den Atheismus zu wählen, um diese hochgeschätzten Werte zu retten.

Das recht verstandene Gewissen, in seinem innersten Verlangen nach dem Gewinn der Mitte und dem Füreinander der Gewissen, ist eine Brücke zum Glauben hin. Eine legalistische Moral, die diese Ganzheitssicht des Gewissens verfehlt, zerstört diese unersetzliche Brücke. Jene, die in einem tiefen, ganzheitlichen Gewissenserlebnis den Geist des Ganzen erahnen und ihn unablässig suchen, bereiten sich für die echte religiöse Erfahrung. Das heile Gewissen ist ähnlich wie der christliche Glaube nicht etwas für einen Sektor des Lebens, sondern die Erfahrung des Umgreifenden und die Hingabe an es.

In einer gesunden Umwelt kommt auch der schlichte Mensch und gerade er leicht zu einer Ganzheitsschau, obwohl er in bezug auf Einzelheiten vielleicht unwissend ist. In der heutigen Welt sind jedoch viele Menschen von Einzelinformationen überschüttet, sie wissen viele Einzelheiten, aber verfehlen den Geist des Ganzen. Johannes B. Lotz betont, „daß das vorwissenschaftliche Hellwerden dem wissenschaftlichen Nachdenken vorausgeht und dieses nie den Reichtum, der in jenem aufleuchtet, ganz auszuschöpfen vermag". Seine Analyse von vorwissenschaftlichem Erkennen und wissenschaftlicher Reflexion kommt zu dem Schluß, daß „sowohl in der Wissenschaft wie in vorwissenschaftlichem Bewußtsein Ansatzpunkte für den Atheismus gegeben sind. Insofern nämlich der Mensch das einzelne vom Ganzen trennt, bleibt er im Vorletzten gefangen oder verliert das Letzte und damit Gott aus dem Blick und gleitet folglich in den Atheismus ab"[72]. Unsere Schlußfolgerung ist, daß sowohl die Moraltheologie wie die gesamte Glaubenserziehung sehr auf den Geist des Ganzen bedacht sein müssen. Da moderne Wissenschaft und Kultur sich leicht ausschließlich einzelnen Sektoren des Lebens zum Schaden des Gesamtsinnes zuwenden, bedarf der heutige Mensch einer ganz besonderen Anstrengung und Hilfe, das Ganze in den Blick zu bekommen.

Um aus der Verbannung in die Einzelheiten zu Gott heimzukommen, nach dem sich der moderne Mensch im Innersten seines Daseins sehnt, bedarf es einer Restauration des Bewußtseins. Die Ganzheitserfassung der vorwissenschaftli-

---

[72] *J. B. Lotz,* a.a.O. (s. Anm. 17) 226.

chen Schau muß wiederentdeckt werden, und neue Wege zum Gewinn der Mitte müssen erforscht werden. In dieser Sicht müssen wir die Erziehung zu schöpferischer Freiheit und Treue sehen[73]. Freiheit und Treue müssen in all ihren Dimensionen erforscht werden und sich in der Gesamtschau der Freiheit für echte Liebe, Hingabe und Mitverantwortung zusammenfinden. Gelingt es uns, diese Ganzheitsschau zu vermitteln, dann erfaßt der Mensch, daß die Auflehnung gegen Gott Widerspruch zum Gesamtsinn seines Lebens ist und daß die Vernachlässigung des Geistes des Ganzen ihn der Freiheit berauben kann, den Weg zu Gott zu finden[74].

Der Geist des Ganzen und eine integrierende Gewissenserfahrung sind nicht möglich, wenn wir uns auf der Ebene von Abstraktionen verlieren. „Es geht im wesentlichen darum, ob das Christentum verurteilt ist, etwas Abstraktes zu bleiben und bloß in einer ungeschichtlichen Innerlichkeit lebendig zu sein, oder ob es im Gegenteil darauf ankommt, die Geschichte zu verändern (selbst wenn es *etwas anderes* als die geschichtlich wirksame und nachweisbare praktische Aktivität ist)."[75] Angesichts einer oberflächlichen Verbrauchergesellschaft müssen Moraltheologie und Glaubenserziehung dem Menschen klarmachen, daß Gott kein Lückenbüßer und kein Mittel für seine selbstgesetzten Zwecke ist und daß es nicht möglich ist, wirklich an Gott zu glauben, wenn man seine Herrschaft auf den bloß privaten Sektor oder auf irgendeinen andern Sektor des Lebens beschränken will. Er ist der Herr aller Dinge, der Herr, der allem Sinn verleiht. Ferner ist zu betonen, daß Religion und Moral insgesamt sich ständig des Kontaktes mit den grundlegenden menschlichen Erfahrungen versichern müssen[76].

3. Der heimliche Atheist und der offen Ungläubige

Die Bibel spricht oft von Gottlosigkeit und Unglaube. Es geht dabei jedoch nicht um die bloß theoretische Frage, sondern darum, ob der Mensch Gott in seinem Leben anerkennt oder nicht. „Die Toren sprechen in ihrem Herzen: ‚Es ist kein Gott.' Verderbt, abscheulich handeln sie; keiner ist, der Gutes tut" (Ps 14,1). Es geht dem Psalmisten hier offensichtlich darum, daß Zuwendung zum Bösen praktisch, existentiell Abwendung von Gott ist. Der Gottlose ist einer, der sein Vertrauen nicht auf Gott setzt, sondern auf seine eigenen Werke. Im gleichen Sinn spricht Paulus vom „Zorn Gottes über alle Gottlosigkeit und Ungerechtigkeit der Menschen, die die Wahrheit in Ungerechtigkeit niederhalten ... Deshalb, weil sie Gott zwar kannten, ihm aber doch nicht als Gott Ehre und Dank erwiesen, sondern in ihren Gedanken in eitlen Wahn verfielen und sich ihr unver-

---

[73] Ebd. 238–241.
[74] Vgl. *C. H. Ratschow,* a.a.O. 62.
[75] *J. Y. Jolif,* a.a.O. (s. Anm. 27) 694.
[76] W. *Kern,* a.a.O. (s. Anm. 6) 53.

ständiges Herz verfinsterte" (Röm 1,18.21). Der Apostel spricht nicht von theoretischen Irrtümern, sondern von der Wechselbeziehung zwischen der Bosheit des Herzens und der Weigerung, Gott anzubeten. Wer Gott nicht als Gott ehren und ihm dankbar sein will, geht immer mehr in die Irre (vgl. Röm 1,28).

Das Herzstück des christlichen Glaubens ist, daß Gott die Liebe ist und alle Menschen zum Mitvollzug seiner Liebe zu allen beruft. Darum ist die Weigerung, den Mitmenschen zu lieben, identisch mit existentiellem Unglauben. „Wenn jemand für die Seinigen und besonders für die Hausgenossen nicht sorgt, so hat er den Glauben verleugnet und ist schlimmer als ein Ungläubiger" (1 Tim 5,8). Diese Wahrheit wird besonders hervorgehoben in der Schilderung des Letzten Gerichtes durch Jesus. Jene, die sich geweigert haben, dem Nächsten in seiner Not Liebe und Hilfe zu erweisen, haben sich für eine Ewigkeit der Gott-losigkeit entschieden (vgl. Mt 25,31–46).

Wer im Verlauf seines ganzen Lebens praktisch nichts getan hat, um gegenseitige Liebe, Hochschätzung, Gerechtigkeit zu fördern, sondern im Gegenteil das Unheil der Gleichgültigkeit, der Ausbeutung und des Hasses unter den Menschen vermehrt hat, wandert von Gott weg in die Verbannung. Er entscheidet sich existentiell gegen Gott; er beraubt sich selbst der heilenden Gegenwart Gottes und befindet sich in der Gottlosigkeit, solange er in seinem privaten oder auch im kollektiven Egoismus gefangen ist. „Diesen Atheisten und Egoisten gibt es in allen Weltanschauungen, unter Nichtchristen und Christen. Sogar mehr als nur das. Jeder einzelne Mensch bewegt sich als praktizierender Egoist in diesen Zonen der Gottlosigkeit."[77] Der Mensch löst sich von Gott durch eine Grundentscheidung entweder direkt gegen Gott oder, was gewöhnlich der Fall ist, gegen das Gute.

Im Heilsglauben ist eine Synthese zwischen Vernünftigkeit und Freiheit, eine Ganzheit von Herz, Geist und Wille gegeben. Der seiner Gesinnung nach Gottlose kann seine Gottferne auch unter dem Mantel religiöser Praktiken verbergen, aber er hat seine Freiheit, seine Integrität und Ganzheit eingebüßt. Er verschließt sich dem Licht, und sein Denken bewegt sich nicht auf die allumfassende Mitte hin. Gottes Dasein begrifflich anerkennen, während man dieser Wahrheit durch das Leben als Ganzes widerspricht, ist nicht nur ein Mangel an Folgerichtigkeit, sondern ein erschütternder Verlust der Mitte und des Heilseins. Sowohl die Bejahung wie die Leugnung der Existenz Gottes, sowohl der Anschluß an eine Glaubensgemeinschaft wie auch die Weigerung hängen letztlich von den Grundmotiven ab.

Wer sich der Religion nur aus Selbstsucht zuwendet, ist nicht besser daran als einer, der sich aus den gleichen niedrigen Motiven weigert zu glauben. Beide bedürfen gleicherweise der Bekehrung, um zu echter Gotteserkenntnis zu gelangen. Nur denen, die auf dem Weg zur Reinheit des Herzens sind, eröffnet

[77] *P. Bolkovac,* Atheist im Vollzug – Atheist durch Interpretation, in: *E. Coreth – J. B. Lotz,* a. a. O. (s. Anm. 1) 23.

sich die Heilswahrheit. Jemand mag sich selbst als Atheist bezeichnen, ist jedoch sein Leben von unbegrenzter Treue, von Wahrheitsliebe, Hingabe an das Gute und ähnlichen Grundwerten bestimmt, so ist ihm auf eine geheimnisvolle Weise ein Heilswissen geschenkt, das viel mit Gott zu tun hat, auch wenn er sich dessen nicht ausdrücklich bewußt wird[78].

Weder jene, die sich als Atheisten bekennen, noch jene, die meinen, gläubig zu sein, können die Gottesfrage mit abstrakten Begriffen und Gedankensystemen lösen; beide Gruppen können auf der Flucht vor dem lebendigen Gott und seinem Anspruch an den Menschen sein. Sogar der Kampf um rechtgläubige Formulierungen und die Kontrolle über andere können, wenn sie das Neuheitserlebnis des Glaubens ersticken, auf der existentiellen Ebene „gott-los" sein.

Für jene, für die es Gott nur auf der Ebene der Brauchbarkeit gibt, ist es, existentiell gesehen, kein großer Schritt, sich als Atheisten zu erklären, sobald sie herausfinden, daß Gott in ihrem Sinne nicht „brauchbar" ist.

In einem Raum, in dem der Atheismus in den Massenmedien offen vertreten und von den politischen Machthabern begünstigt wird, ist es wahrscheinlich, daß der versteckte Atheist schnell die Maske fallen läßt und sich öffentlich zum Atheismus bekennt. Für andere aber kann diese Situation eine radikale Herausforderung sein. Das Konzil sagt zu dieser Situation: „Die neuen Verhältnisse üben auch auf das religiöse Leben ihren Einfluß aus. Einerseits läutert der geschärfte kritische Sinn das religiöse Leben von einem magischen Weltverständnis und von noch vorhandenen abergläubischen Elementen und fordert mehr und mehr eine ausdrückliche, personal vollzogene Glaubensentscheidung, so daß nicht wenige zu einer lebendigeren Gotteserfahrung kommen. Andererseits geben breite Volksmassen das religiöse Leben praktisch auf."[79]

IV. Vom Dialog zur Zusammenarbeit

Die Kirche ist in ein Zeitalter des Dialogs eingetreten. Dies kommt in der ersten Enzyklika Pauls VI. und im Zweiten Vatikanischen Konzil deutlich zum Ausdruck. Nach der Pastoralkonstitution des Konzils ist die Kirche auch zum Dialog mit dem Atheisten bereit[80]. Die entsprechenden Ausführungen über den

---

[78] *K. Rahner*, Atheismus und implizites Christentum, in: *ders.*, Schriften zur Theologie VIII (Einsiedeln 1967) 187–212, bes. 311f.

[79] GS 7.

[80] Vgl. *D. Sölle*, Atheistisch an Gott glauben. Beiträge zur Theologie (Freiburg 1968); *H. J. Türk* (Hrsg.), Glaube – Unglaube (Mainz 1971); *E. Biser*, Theologie und Atheismus. Anstöße zu einer theologischen Aporetik (München 1972); *L. Scheffczyk*, Gott-loser Gottesglaube? Grenzen und Überwindung der nicht-theistischen Theologie (Regensburg 1974); *H. Petri*, Der neuzeitliche Atheismus als Herausforderung des christlichen Glaubens, in: Theol. u. Glaube 65 (1975) 336–350; *B. Balder*, Der glaubenslose Christ (Darmstadt 1975); *G. Geffré*, Die Situation des Unglaubens, in: Theol. d. Gegenw. 19 (1976) 159–165; *A. Paus* (Hrsg.), Suche nach Sinn – Suche nach Gott (Graz 1978).

Atheismus sind selbst Ausdruck des Dialogs. Das Konzil hat sorgfältig auf die Stimmen der heutigen Welt gehört und will das, was die Atheisten der Kirche sagen wollen, aufmerksam prüfen. Die Antwort ist weder ein Ausweichen noch ein Verurteilen. Es geht der Kirche um eine ernstgemeinte Begegnung. Sie weist alle Kirchenmitglieder auf die Wirklichkeit eines versteckten Atheismus in ihnen selber hin, einer Haltung, die auch die Strukturen der Kirche irgendwie beeinflussen kann[81].

1. Die Tugend des Dialogs

Die Tatsache, daß die Supermächte ein Waffenarsenal besitzen, das hinreichen würde, die ganze Menschheit zu zerstören, zwingt alle Menschen zur Bereitschaft, miteinander aufrichtig zu sprechen und gefährliche Verteidigungsmechanismen psychischer und massenpsychologischer Art abzubauen. In dieser Lage ist es das Interesse aller Menschen, daß Christen und atheistische Humanisten nicht nur um der Christen willen, sondern um der Hoffnung aller Menschen willen sich begegnen, um miteinander zu reden, auch im Blick auf eine mögliche Zusammenarbeit.

Wir dürfen den Dialog eine Tugend nennen in dem Sinn, daß dafür alle Grundhaltungen notwendig sind und sich entfalten können. Dialog bedeutet für uns, aufeinander zu hören, in voller Freiheit einander zu antworten und dabei des Füreinanders der Gewissen tiefer innezuwerden. Der Dialog erfordert vor allem die Unterscheidungsfähigkeit, die Wandlungsbereitschaft und jene grundsätzliche Haltung, die es dem Menschen leicht macht, im andern immer zuerst das Gute zu entdecken und so das Gemeinsame zu finden.

a) Unterscheidungsfähigkeit

Gerade anläßlich der Überlegungen über den Atheismus gab das Konzil ein Beispiel der Unterscheidungsfähigkeit. Es widerstand dem Druck jener, die eine globale Verurteilung von Atheismus und Marxismus wünschten, ohne Beachtung notwendiger Unterscheidungen. Die Ausführungen des Konzils machen deutlich, daß der gemeinsame Nenner „Atheisten" nicht unbesehen gebraucht werden darf. Neben dem anmaßenden und gleichgültigen Atheismus gibt es jene Atheisten, die uns sagen: „Gibt es einen Gott – und vielleicht gibt es ihn –, dann ist er unendlich größer, als ihr uns durch eure Worte und euer Leben gezeigt habt."

Klare Unterscheidungen und objektive Kriterien allein begründen die Tugend der Unterscheidungsfähigkeit nicht. Eine wichtige Voraussetzung ist Liebe und Hochschätzung für die andern. Erst wenn wir uns angesichts der unbedingten Liebe Gottes gegenseitig angenommen haben und unser Füreinandersein be-

---

[81] *V. Miano,* Ateismo e dialogo nell'insegnamento di Paolo VI (Torino – Leumann 1970); *A. Grumelli,* Ateismo, secolarizzazione e dialogo (Rom 1974).

jahen, können wir hoffen, einander zu verstehen, und zwar so, daß alle Beteiligten zu unterscheiden lernen. Wir haben einander nicht als isolierte Individuen zu betrachten, sondern als Personen in einer Gemeinschaft und vielgestaltigen Umwelt. Wir versuchen, Temperamente und Geisteshaltungen im Wechselspiel mit allen Umweltfaktoren und im Blick auf die Geschichte eines jeden zu verstehen.

Im Dialog mit den Atheisten ist sich die Kirche bewußt und müssen wir uns alle bewußt sein, wie schwerwiegend die von der Existenz der verschiedenen Formen des heutigen Atheismus aufgeworfenen Probleme sind, und müssen den Mut haben, uns zu fragen, wie sie uns als Einzelne und als Gemeinschaft betreffen[82]. Wie schon gesehen, weist das Konzil vor allem auf die Notwendigkeit eines reifen Glaubens und eines gewinnenden Zeugnisses des Lebens hin[83].

Genau wie im ökumenischen Dialog müssen wir im Dialog mit den Atheisten zwischen der Wahrheitsfrage an sich und den nichttheologischen Hintergründen unterscheiden. Es gilt, das Phänomen im Gesamt der modernen Geschichte und Gesellschaft zu sehen. Gerade wenn wir die nichttheologischen und nichtphilosophischen Faktoren ernst genommen haben, können wir hoffen, die Wahrheitsfrage sinnvoll zu diskutieren. Wir müssen uns über die verschiedenen Geisteshaltungen und Temperamente klarwerden. Wir fragen uns und unseren Gesprächspartner zum Beispiel: Ist unsere ganze Sicht und unser Denken mehr statisch als das unseres Partners? Sind wir sicher, daß unser Denken nicht von Sicherheitskomplexen behindert wird, so daß wir vielleicht eine dynamischere Weltsicht nur deshalb ablehnen, weil sie manche unserer Haltungen in Frage stellen könnte und von uns Mut zum Wagnis verlangen würde? Haben wir es bisweilen mit Atheisten zu tun, die uns anmaßend erscheinen, als ob sie nichts zu lernen hätten, so werden wir uns selbst befragen, ob wir immer und überall bereit sind, zu lernen und umzulernen. Wie steht es mit der Neigung zur Rechthaberei? Jeder der Partner muß sich über seine verborgensten Motive befragen und befragen lassen, ohne daß wir dabei als Richter und Ankläger der andern auftreten.

b) Das uns Gemeinsame sehen

Ein Grund für die Beliebtheit Papst Johannes' XXIII. war seine unüberwindliche Kunst, immer und überall zuerst das zu sehen, was uns einen kann, und erst auf diesem Hintergrund die uns noch trennenden Probleme zu behandeln. Es ist zuwenig, obgleich nicht unbedeutend, uns Rechenschaft abzulegen, daß wir möglicherweise auch negative Haltungen mit Atheisten gemeinsam haben; wir müssen das positive Anliegen sehen, das uns möglicherweise gemeinsam ist. Die Pastoralkonstitution über die Kirche in der heutigen Welt befolgt diese Methode durchwegs, mit besonderer Sorgfalt aber im Dialog mit den Atheisten.

---

82 GS 21.
83 GS 21.

Wir können uns begegnen im Blick auf Grundwerte, wie die Würde jedes Menschen, die Schicksalsgemeinschaft und Solidarität der ganzen Menschheit, die Leidenschaft für die Freiheit, die solidarische Hoffnung auf die Zukunft und das Bewußtsein, daß wir selbst unsere Zukunft mitzugestalten haben.

Mit Atheisten verschiedener Art können wir uns treffen in der gemeinsamen Leidenschaft für schöpferische Freiheit und vielleicht auch für schöpferische Treue. Mit einem guten Teil des Humanismus können wir uns einig darüber sein, daß Sein im tiefsten Grund mit Liebe zusammenfällt. Begegnen wir uns auf dieser Ebene und gehen einen Teil des Weges gemeinsam, so können wir hoffen, daß atheistische Humanisten zu verstehen beginnen, wie innig für uns die Einheit von Sein und Liebe ist. Denn wir glauben, daß Gott die Liebe ist und uns zum Mitvollzug seiner Liebe geschaffen und erlöst hat. Entdecken wir eine uns einende Leidenschaft für das „Vorwärts", so können wir auch eher erklären, was für uns die Ausrichtung nach oben bedeutet. Auch im Dialog werden wir auf unsere Identität bedacht sein. Die Menschwerdung des Sohnes Gottes ist für uns zentral. Wenn unser Leben mit unserem Glauben übereinstimmt, so dürfen wir hoffen, es dem Gesprächspartner deutlich machen zu können, was es für uns heißt, daß Gott in Jesus „einer von uns" geworden ist, und wir können leichter Humanisten zugestehen, daß gewisse Formen der Religion eine Entfremdung sind. Es ist für uns selbstverständlich, daß es eine Lüge ist, wenn ein Christ sagt, er liebe Gott, während er gegenüber seinesgleichen herzlos ist und nirgends mithilft, um die Lebensbedingungen der Menschen zu verbessern. Begegnen wir Atheisten, denen, wie Ernst Bloch, die Unterdrückten und Entrechteten besonders am Herzen liegen, so können wir in ihrem Einsatz leicht ein Grundanliegen des christlichen Glaubens anerkennen[84]. Je lebendiger in uns die große prophetische Tradition des Alten und Neuen Testamentes ist, um so eher können wir uns mit jenen Humanisten verständigen, die die Bedeutung von Geschichte und Gesellschaft und das Ziel allgemeiner Befreiung betonen.

c) Wandlungsbereitschaft

Das Konzil vermerkt, daß der Heilige Geist sogar durch die Feindseligkeit von Ungläubigen die Kirche zu entschiedenerer Reinigung rufen kann. Der Dialog schließt selbst jene nicht aus, „die Gegner der Kirche sind und sie auf verschiedene Weise verfolgen"[85]. Auch sie können ein Werkzeug in der Hand Gottes sein. Doch die Kirche ist sich bewußt, daß es viele humanistische Atheisten gibt, mit denen eine positivere Begegnung möglich ist. Das Konzil denkt an jene, „die hohe Güter der Humanität pflegen, deren Urheber aber noch nicht anerkennen"[86]. Das Konzil läßt keinen Zweifel darüber, wie grundlegend die Wandlungsbereitschaft der Einzelnen und der Gemeinschaften, einschließlich

[84] Vgl. *E. Bloch*, a.a.O. (s. Anm. 10) 353.
[85] GS 92.
[86] GS 92.

der Institutionen, ist. „Das Heilmittel gegen den Atheismus kann nur von einer situationsgerechten Darlegung der Lehre und vom integren Leben der Kirche und ihrer Glieder erwartet werden. Denn es ist Aufgabe der Kirche, Gott den Vater und seinen menschgewordenen Sohn präsent und sozusagen sichtbar zu machen, indem sie sich selbst unter der Führung des Heiligen Geistes unaufhörlich erneuert und läutert.“ [87]

Hat die Kirche es mit fanatischen und intoleranten Atheisten zu tun, so wird sie, im demütigen Rückblick auf die Geschichte, sich um so sorgfältiger vor vergleichbar intoleranten Tendenzen hüten. Auf diesem Weg hat die Erklärung des Konzils über die Religionsfreiheit eine besondere Bedeutsamkeit.

Unsere und der ganzen Kirche Bereitschaft, zu lernen und umzulernen, kann und muß so weit gehen, daß wir die Atheisten einladen, uns freimütig zu sagen, woran sie sich stoßen und was ihr Mißtrauen hervorruft. In einem interessanten Interview sagte Paul VI.: „Das Problem von heute besteht in der Tatsache, daß Millionen von Menschen ohne religiösen Glauben leben ... Die Kirche muß sich der Welt öffnen. Sie muß auf die Welt zugehen, um jene zu treffen, die nicht mehr glauben und voller Mißtrauen uns gegenüber sind. Wir müssen ihnen sagen: ‚So sind wir! Sagt uns, ob ihr nicht glaubt und warum ihr Mißtrauen habt.‘“ [88]

Von Christus heißt es im Lukasevangelium (Kap. 6), daß er vom Berg herabstieg und das Volk auf der Ebene traf, um seine Seligpreisungen zu verkünden. In noch ganz anderer Weise müssen wir Christen uns mit den Gesprächspartnern demütig treffen. Wir wollen sie nicht von oben her belehren, sondern als Glaubende darum wissen, daß auch wir im Suchen und Tun der Wahrheit zunehmen müssen. Wir werden aber auch unseren Gesprächspartnern die entscheidende Frage nicht ersparen und ihnen gerade so Vorschuß an Vertrauen geben in der Annahme, daß sie wie wir nach besserer Erkenntnis der Wahrheit streben. Erkennen wir unser teilweises Versagen an, so können wir auch hoffen, daß dies unsere Partner im Dialog entwaffnet. Ein Christ, der in hohem Maße die Tugend des Dialogs übt, wird nicht nur bereit sein, unser eigenes Versagen in Vergangenheit und Gegenwart, Irrtümer und Mißbrauch der Autorität einzugestehen, er wird im allgemeinen darauf bedacht sein, den Fremdling milder zu beurteilen als jene, die im Haus des Vaters sind und von denen reichlichere Früchte erwartet werden dürften [89].

d) Eigene Identität und teilweise Identifikation mit den andern

Ein Christ kann den Dialog als Christ nur dann authentisch pflegen, wenn er seine christliche Identität deutlich kundmacht. Sonst kommt es ja nicht eigentlich zu einem Dialog zwischen Christen und Atheisten. Die klare Kundgabe

---

[87] GS 21.

[88] *Paul VI.*, Interview mit dem Hauptschriftleiter des Corriere della sera, 1. 10. 1965.

[89] *H. W. Richardson*, in: Forword to F. J. Adelmann (s. Anm. 9) XII.

unserer Identität schließt aber auch den Ausdruck der Identifikation in Solidarität mit allen Menschen ein. Der Ausdruck unseres Glaubens soll so sein, daß unser ungläubiger Partner sieht, daß wir Menschen sind wie er, Menschen von heute, denen das Wort „Gott" nicht allzu leicht über die Lippen geht, Menschen, die wissen, daß sie weit davon entfernt sind, das Geheimnis ergriffen zu haben, kritische und besonnene Menschen von heute, die trotzdem oder, besser, gerade deshalb glauben. Unser Glaube soll sich in brüderlicher Liebe und in Respekt vor den Überzeugungen anderer erweisen[90].

Unser Gesprächspartner soll spüren, daß wir auch im Suchen nach Gott gelitten haben infolge unserer teilweisen Entfremdung von ihm und von unseren Mitmenschen. Der Gläubige muß, so ernst auch sein Glaube sein mag, um die Winkel des eigenen Herzens wissen, in denen doch noch ein versteckter Atheismus aufzustöbern ist. Er soll wissen, daß es auch in uns eine Tendenz gibt, nein zum Anruf Gottes zu sagen. Der Gläubige muß wissen, wie sehr sein Glaube bedroht ist, wenn er sich nicht mit allen Menschen guten Willens vereint, um an einer brüderlicheren Welt mitzubauen[91]. Nur Christen, die in der biblischen Botschaft und in der heutigen Welt beheimatet sind, können in einen schöpferischen und aussichtsreichen Dialog mit Atheisten eintreten. Nur der Glaube, der sich der Tiefe menschlicher Erfahrung und der Breite menschlicher Geschichte eröffnet, hat Aussicht, das Herz des andern anzusprechen[92].

2. *Dialog im Blick auf gemeinsames Handeln*

Das Konzil spricht über den Dialog ausdrücklich im Blick auf ein erhofftes gemeinsames Handeln. „Wenngleich die Kirche den Atheismus eindeutig verwirft, so bekennt sie doch aufrichtig, daß alle Menschen, Glaubende und Nichtglaubende, zum richtigen Aufbau dieser Welt, in der sie gemeinsam leben, zusammenarbeiten müssen. Das kann gewiß nicht geschehen ohne einen aufrichtigen und klugen Dialog."[93]

Der Marxismus und mehrere andere Formen des atheistischen Humanismus sind auf das Tun ausgerichtet. Sie können sich einen sinnvollen Dialog, der auf der rein theoretischen Ebene bleiben will, kaum vorstellen. Sind wir echte Christen, so sollte es uns leichtfallen, unserem Partner zu beweisen, daß unsere Auffassung von Wahrheit noch mehr zum Handeln ruft. Es geht uns ja immer um das Heilswissen, um die Wege, die zum Heilsein aller führen. Glaubenswissen konfrontiert uns mit Gott, der die Liebe ist und in der Freiheit dieser seiner Liebe uns berufen hat, im Mitvollzug seiner Liebe schöpferisch zu sein

[90] *K. Rahner*, Im Heute glauben (Einsiedeln ²1966) 21.
[91] Vgl. *K. Lehmann*, Die Heilssorge der Kirche und der moderne Unglaube, in: Handbuch der Pastoraltheologie (Freiburg i.Br. 1968) III, 636–670.
[92] *J. Hromadka*, a.a.O. (s. Anm. 9) 10.
[93] GS 21.

und uns für die Verwirklichung von Gerechtigkeit und Liebe auf Erden einzusetzen. „Der jüngere Marxismus, der ja keine eindeutige Größe mehr ist, betont jedoch sehr deutlich, daß die marxistische Alternative zur Religion nicht eigentlich ein materialistischer Atheismus sei, wie ihn die christliche Scholastik zu widerlegen suche, sondern ein zur Totalität und zur radikalen Konsequenz entschlossener Humanismus zur Ehrenrettung des Menschen."[94] Ziehen wir im Denken und Tun die Konsequenz aus dem Glauben an die Menschwerdung Gottes und an die Befreiung des Menschen in Christus, die Befreiung aller Menschen zu aktiver Teilnahme an seinem Werk, dann werden wir eine gemeinsame Plattform für jenen Dialog finden, der hoffentlich allmählich zu gemeinsamem Handeln führen wird.

V. Moral ohne Glauben

Immer wieder begegneten wir Atheisten, die im Namen der Moral die Gottesidee verwerfen. Es ist ein Zeichen der Zeit, das die Gläubigen zu tieferer Besinnung zwingt. Legalismus und Formalismus in der Moraltheologie sind teilweise am Phänomen des Unglaubens mit schuld und bedürfen darum einer ernsten Gewissenserforschung gerade angesichts gewisser Formen atheistischer Ethik[95]. Hier stellen wir uns zwei Fragen: 1. Ist atheistische Moral praktisch möglich? 2. Kann sich eine atheistische Ethik letztlich selbst begründen[96].

1. *Ethische Prinzipien und sittliches Verhalten im Atheismus*

Es kann nicht geleugnet werden, daß Menschen, die sich als Atheisten bekennen, an ethischen Prinzipien festhalten und danach leben. In seiner ersten Enzyklika sprach Paul VI. ausdrücklich über Ungläubige, die vornehme Gesinnungen und Motive und hohe Ideale der Solidarität pflegen[97]. Es gibt Atheisten, die die Ehrlichkeit und Kohärenz des Gewissens betonen. Und ethische Theorien, die nicht in die Tat umgesetzt werden, empfinden Atheisten als Entfremdung. Sie sind sich bewußt, daß ein Handeln gegen Grundwerte wie Menschenwürde, Freiheit, Solidarität Selbstentwürdigung wäre. Es gibt Atheisten, die in Wort und Tat

---

[94] *J. B. Metz,* Gemeinsame Ziele, in: *H. Girock,* a.a.O. (s. Anm. 7) 35.
[95] *E. B. Ballard,* A Use to Atheism in Ethics, in: Journal of Religious Health 2 (1962) 151.
[96] Vgl. *M. D. Chenu,* Morale laïque et foi chrétienne, in: *ders.,* Evangile dans le temps (Paris 1964) 311–330; *A. C. McIntere,* The Religious Significance of Atheism (New York 1969); *B. Häring,* Morale e religione in una prospettiva cristiana, in: Ateismo contemporaneo (s. Anm. 1) (Torino 1970) IV, 201–220; *J. Magno,* The Christian, the Atheist and the Freedom (New York 1973); *E. Krocker,* Der Sinn der menschlichen Existenz in der maoistischen Lehre, in: St. d. Zeit 195 (1977) 683–693.
[97] *Paul VI.,* Ecclesiam suam, n. 108; vgl. GS 92.

betonen, daß es für sie sinnlos wäre, ihre eigene Würde und Freiheit zu bekräftigen, wollten sie sich nicht für die Würde und Freiheit aller einsetzen. In dieser Hinsicht sind ihre Prinzipien und ihr sittliches Verhalten vornehmer als die Prinzipien und das Verhalten mancher Christen, die etwa eine Politik der Rassentrennung zusammen mit aller Art von Ungerechtigkeit gegen die schwarze Bevölkerung religiös verbrämen wollen.

Gegenüber vergangenen Jahrhunderten hat die Menschheit von heute ein schärferes moralisches Empfinden in der Verwerfung der Sklaverei, der Ausbeutung durch den Kolonialismus, der Verachtung anderer aufgrund ihrer Rasse. Freiheit, insbesondere des Gewissens und des religiösen Bekenntnisses, wird immer mehr anerkannt. Dieses Wachstum zeigt sich unter anderem in der feierlichen Erklärung der Vereinten Nationen über die menschlichen Grundrechte. Es ist freilich zu beklagen, daß sich unter jenen regierenden Kreisen, die in der Beobachtung dieser Rechte weit zurückbleiben, nicht nur Atheisten, sondern auch Bekenner eines religiösen Glaubens befinden.

Es ist eine erstaunliche Tatsache, daß gläubige Menschen, die sich leidenschaftlich für internationale Gerechtigkeit und Frieden und gegen Rassendiskriminierung einsetzen, eher Zustimmung und Zusammenarbeit bei Atheisten finden als bei einzelnen Gruppen ihrer eigenen Religion. All das weist darauf hin, daß es eine relative Autonomie der Ethik gibt, die auf gemeinsamer menschlicher Erfahrung und Reflexion gründet[98].

Wollen wir jedoch sorgfältig von Moralprinzipien und sittlichem Verhalten von Atheisten reden, so müssen wir immer wieder Bezug nehmen auf eine Phänomenologie des Atheismus. Sprechen wir vom anmaßenden Atheisten, der aus einem letzten Hochmut eine Entscheidung gegen Gott getroffen hat, dann ist es klar, daß er auch die existentielle Verwandtschaft mit dem Guten verloren hat. Aber sofort erinnern wir uns dann an den sogenannten Gläubigen, der eine Grundentscheidung gegen das Gute getroffen und infolgedessen nur einen sehr begrenzten Zugang zum Heilswissen hat. Nicht viel ist zu sagen über die ethischen Prinzipien und das sittliche Verhalten jener, die der Gottfrage mit absoluter Indifferenz gegenüberstehen, weil sie ebenso gleichgültig sind gegenüber dem letzten Sinn und letzten Werten des Lebens. Dann denken wir an die große Zahl von Menschen, die nicht oder noch nicht zum Glauben gefunden haben, weil sie noch nicht das dafür notwendige Niveau ihrer eigenen Identität und Reife erreicht haben. Infolgedessen wird sich in ihren ethischen Prinzipien und in ihrem sittlichen Verhalten ein Mangel an Folgerichtigkeit zeigen, vielleicht noch stärker als bei Gläubigen, die wegen einer ähnlichen Unreife ihre Grundoption für das Gute noch nicht konsolidiert haben. In beiden Gruppen können wir teilweise Kenntnis und Verwirklichung von sittlichen Werten finden, während es mit der Wertskala offenbar nicht in Ordnung ist.

Wir erinnern uns jedoch, daß unter Atheisten Menschen sind, die eine klare

[98] *G. Girardi,* a.a.O. (s. Anm. 14) 168.

Grundentscheidung für das Gute getroffen haben, so wie sie es erkennen, zum Beispiel in großer sittlicher Offenheit für die Würde aller Menschen, im Einsatz für die Freiheit aller und in einer den Egoismus überwindenden Solidarität. Können wir sagen, daß dies Menschen ohne Glauben sind?

2. Die Frage nach einer letztgültigen Begründung atheistischer Ethik

Es wäre unfair und könnte der Klärung unseres Problemes nicht dienen, wollten wir einseitig jene Atheisten, die Gott leugnen, weil sie an keine Ideale irgendwelcher Art glauben, ins Auge fassen, um sie mit Christen zu vergleichen, die jenen Glauben an Gott und an das Gute im Menschen haben, der einer fest begründeten guten Grundentscheidung entspricht. Teilhard de Chardin vergleicht einen „neo-humanen Glauben an die Welt" und an die Zukunft der Menschheit, einen Glauben, der Opfer und entschiedene Überwindung der Selbstsucht verlangt, mit der Grundentscheidung jener Christen, die an die Erde glauben, weil sie an das menschgewordene Wort Gottes glauben, die sich der Sache der Menschheit weihen, weil sie an Gott glauben, der den Menschen nach seinem Bild und Gleichnis geschaffen hat. Nach Teilhard „schließt der neo-humane Glaube an die Welt in eben dem Maße, wie er *Glaube* ist (das heißt Hingabe und Überantwortung für immer an ein Größeres als man selbst), notwendig ein Element der Anbetung ein, das heißt die Anerkennung irgendeines ‚Göttlichen'"[99].

Humanisten wie Erich Fromm würden sich scheuen, die Nichtexistenz Gottes zu behaupten, möchten jedoch zeitweise den Thron Gottes unbesetzt lassen aus einer verborgenen Furcht, sie könnten diesen Thron selbst falsch besetzen durch die Erinnerung an einen legalistischen Kirchenmann oder Religionsdiener. Fromm spricht nicht von „Anbetung", aber er gebraucht ausdrücklich das Wort „Glaube". Nach ihm entwickelt das Kind echte Sittlichkeit aufgrund eines tiefen Glaubens an das Gutsein der Eltern, eines Glaubens an Liebe und Gerechtigkeit. Die Folgen für die Sittlichkeit scheinen nicht sehr verschieden zu sein, ob man den Glauben an den Menschen oder den Glauben an Gott verliert. Nach Fromm besteht die Katastrophe immer darin, daß man den Glauben an das Leben und die Möglichkeit des Vertrauens verliert[100]. Fromm kann das Freiheitsideal von Sartre nicht als einen solchen Ausdruck des „Glaubens" anerkennen, da nach seiner Auffassung diese Freiheit mit einem willkürlichen Egoismus zusammenfällt, der die bedeutendsten sittlichen Errungenschaften der theistischen Religion und der besten humanistischen Tradition verwirft[101]. Aber Fromm entdeckt in Männern wie Karl Marx, Sigmund Freud und Baruch Spinoza trotz

[99] *P. Teilhard de Chardin*, a.a.O. (s. Anm. 26) 351.
[100] *E. Fromm*, The Heart of Man. Its Genius for Good and Evil (New York 1962) 28f.
[101] Ebd. 15.

ihres teilweisen Skeptizismus doch einen „tiefen Glauben“, der einen echten sittlichen Ausblick ermöglicht[102].

In Karl Rahners transzendentaler Theologie ist verwirklichte Freiheit des Menschen immer entweder Freiheit für Gott oder gegen Gott. Nur in einer tiefen Verwirklichung der eigenen Freiheit gibt es eine existentielle Erfahrung dessen, was wir mit Gott und dem Guten meinen, und diese Erfahrung enthält letztlich eine Stellungnahme, die ausdrücklich oder aber einschließlich das Ja oder Nein zu Gott ist. Die volle Verwirklichung menschlicher Freiheit für das Gute als solches ist irgendwie identisch mit dem Glauben als solchem. Es handelt sich um die eine unteilbare Ganzheit dieses Glaubens[103]. In seiner geistlichen Existenz wird der Mensch immer auf das heilige Geheimnis zurückkommen, das sein Dasein begründet, ob er das ausdrücklich zugibt oder nicht. Spricht sich das menschliche Dasein in voller Verantwortungsbereitschaft aus im vertrauensvollen Suchen nach letzter Sinnerfüllung, da ist Gott schon gefunden, ganz gleich mit welchem Namen man ihn nennt; denn sein eigentlicher Name kann gefunden werden in einer Liebe, die vor der Unbegreiflichkeit des Geheimnisses sprachlos ist[104].

Eine eingehende Unterscheidung der verschiedenen Formen des heutigen Atheismus erlaubt und verpflichtet uns, nicht nur zuzugeben, daß gewisse Formen atheistischer Ethik eine Anzahl gültiger ethischer Prinzipien anerkennen, sondern auch, daß eine Art von verborgenem Glauben zu finden ist, der dahinterliegt. Die Anerkennung gewisser Werte atheistischer Ethik ist dem Gläubigen nur möglich im Zusammenhang mit einem klar ausgesprochenen Nein zum Unglauben als solchem, ähnlich wie die Kritik einzelner Positionen der eigenen Kirche nur sinnvoll ist im Zusammenhang mit einer klar bezeugten Treue zu ihr. Und die Wahrheit, die uns frei macht, verlangt eine offene Kritik der Schwächen atheistischer Ethikformen, ganz besonders in einem Dialog, der auf Zusammenwirken für das Wohl der Menschheit abzielt.

An jenen atheistischen Humanismus, der ohne Gott und ohne göttliche Verheißungen das große Ziel, das Reich der Freiheit zu verwirklichen, erreichen will, haben wir ernste Anfragen zu richten. Wird bei diesem Bemühen die Freiheit jeder einzelnen Person, vor allem die Gewissensfreiheit respektiert? Es ist eine traurige Tatsache, daß geschichtlich bedingte Ausprägungen des Marxismus der utopischen Hoffnung auf eine endgültige Freiheit die konkrete Freiheit und Würde, das Glück und sogar das Leben zahlloser Menschen geopfert haben. Wir müssen die Anhänger dieser Art von Atheismus deutlich vor die Frage stellen, ob nicht die einseitige Betonung eines radikalen Strukturwandels, eine durch unbarmherzige Sanktionen erzwungene Sozialisation, das Vertrauen in

102 Ebd. 147.

103 *K. Rahner,* Ist Gott noch gefragt? (Düsseldorf 1973) 131ff.

104 *K. Rahner,* Die Forderung nach einer „Kurzformel“ des christlichen Glaubens, in: *ders.,* Schriften zur Theologie VIII, 153–164.

Technokratie und Bürokratie nicht doch sehr viel zu tun hat mit der Verwerfung Gottes, der die Liebe ist und sich um jeden Einzelmenschen kümmert. Infolge einer radikalen Hinneigung zum ökonomischen Determinismus zusammen mit utopischen Hoffnungen zeigte sich im atheistischen Marxismus schon in den ersten Versuchen der Verwirklichung eine chaotische Theorie und Praxis. Vor den Vertretern fast aller kommunistischen Parteien der Welt erklärte der Parteivorsitzende Breschnjew 1976: „Wir halten alles, was dem Fortschritt und Triumph des Kommunismus dient, für gut und alles, was ihm im Wege steht, für böse." Selbstverständlich würden nicht alle atheistischen Marxisten so weit gehen. Aber die erschütternden geschichtlichen Erfahrungen sollten sie zu einer gründlichen Kritik ihrer Ideologie veranlassen.

Unsere Bereitschaft zum Dialog und schließlich zur Zusammenarbeit im Dienste des Weltfriedens und der Gerechtigkeit verpflichtet uns, auf diese dem System anhaftenden Schwierigkeiten zu verweisen. Wie kann man die Freiheit und Würde aller Menschen von einem Prozeß erhoffen, in dessen Verlauf eben diese Freiheit und Würde so vielen Menschen verweigert wird, wo immer dies für den Endzweck nützlich erscheint?

Selbst ein so unorthodoxer Marxist wie Ernst Bloch nimmt die Frage nach menschlicher Schuld und Sündhaftigkeit allzu leicht. Gibt es den Gott der Liebe nicht, der uns zum Mitvollzug seiner Liebe und seines Eifers für Gerechtigkeit und Frieden beruft, wie kann man sich dann so leichthin einer Hoffnung verschreiben, daß diese geschichtliche Menschheit mit Notwendigkeit das Reich der Freiheit erobern wird? Blochs Hoffnung auf das endgültige Reich der Freiheit ist eine Art Glaube. Genügt jedoch ein solcher Hoffnungsglaube, der sich auf Träume und Utopien baut, um das Dunkel und das Böse in der Menschheit zu überwinden? Wie können wir die Wunden heilen und als Versöhner auf dem Weg zum Reich der Freiheit und des Friedens handeln, wenn wir uns der Wahrheit verschließen, daß wir der Heilung und Versöhnung durch Gott bedürfen und daß Gott sie uns tatsächlich anbietet?[105]

Keine Form des Atheismus kann dem Gläubigen eine überzeugende Alternative als solide Basis eines hoffnungsvollen Humanismus anbieten. Aber indem wir uns von den verschiedenen Formen des Atheismus hinterfragen lassen, können wir Christen gewisse Werte, deren Vernachlässigung am atheistischen Protest mitschuld ist, folgerichtiger integrieren.

---

[105] *J. B. Metz,* a.a.O. (s. Anm. 94) 41.

Achtes Kapitel

Gläubige Hoffnung

Die drei göttlichen Tugenden dürfen nicht nebeneinander gestellt werden. Sind sie gar voneinander getrennt, so zeigen sie eine erschreckende Unvollkommenheit. Sind sie dagegen die lebendige Antwort auf die Selbstoffenbarung Gottes, auf seine Verheißungen und seine Liebe, dann bilden sie eine einzige Wirklichkeit mit verschiedenen Aspekten. Wie wir früher sahen, besteht eine Art Perichoresis dieser drei Grundhaltungen, die wir nur im Lichte des Geheimnisses des dreieinigen Gottes verstehen: ein Zueinander in einem wunderbaren Miteinander.

Im Gefolge des heiligen Augustinus herrschte im Mittelalter der Versuch vor, die Synthese im Blick auf die Liebe (ordo amoris) zu gestalten. Die in der Liebe beantwortete Grundwahrheit, daß Gott die Liebe ist, wird so als die integrierende Mitte verstanden, zu der Glaube und Hoffnung als untrennbare Kräfte gehören. Martin Luther bietet eine Synthese des christlichen Lebens im Blick auf den Glauben, mit ganz besonderer Betonung der Hoffnungsstruktur des Glaubens selbst. Unsere Zeit, mit ihrem Vorwärtsdrängen und ihrer neuen Bewußtseinshaltung der Verantwortung für die Zukunft, versucht hier die Hoffnung als die integrierende Mitte zu sehen. Darum hat Ernst Blochs Sicht der Hoffnung in einer weltlichen Welt auch unter bekannten Theologen wie Moltmann, Metz und Rahner Beachtung gefunden.

Mein früheres Moralwerk „Das Gesetz Christi“ folgte hauptsächlich der augustinischen Tradition. Ohne diesen früheren Versuch zu verleugnen, habe ich in diesem Band den Glauben, die totale Hingabe an die rettende Wahrheit als den integrierenden Blickpunkt gewählt. Ich hoffe aber, daß der Leser überall entdeckt, daß es sich um jenen Glauben handelt, der „eine Zuversicht auf das, was man hofft, ist, eine Überzeugung von Dingen, die man nicht sieht“ (Hebr 11,1), einen Glauben mit einer starken Hoffnungsstruktur und selbstverständlich einen Glauben, der in der Liebe tätig ist; ist es doch der Glaube an Gott, der die Liebe ist und uns seine Verheißungen geschenkt hat.

Das Ziel dieses Kapitels ist es, zu zeigen, wie unmöglich es ist, den Glauben als Hingabe an die befreiende Wahrheit darzustellen, ohne sich klar bewußt zu sein, daß man den christlichen Glauben ohne die Dynamik der Hoffnung[1]

[1] Die Bibliographie über Hoffnung ist enorm reich. Hier sei nur auf einige Werke hingewiesen, die für eine Theologie des christlichen Lebens belangvoll sind: *E. Bloch,* Das Prinzip Hoffnung

nicht einmal denken kann. Kapitel 11 des Hebräerbriefs weist uns den Weg. Teilhard de Chardin deutet diese Botschaft so: „Der Glaube ist das Element, das unsere Zukunft fest und göttlich macht.“[2]

I. Das Thema Hoffnung in der Bibel

1. Die Hoffnung des Gottesvolkes

Um die Botschaft der Bibel von der Hoffnung zu verstehen, genügt es nicht, jene Texte nachzulesen, die ausdrücklich das Wort „Hoffnung“ gebrauchen. Die ganze Heilige Schrift ist eine einzigartige Botschaft von der Hoffnung. Dazu gehören auch die Warnungen vor all dem, was unsere Hoffnung untergraben könnte[3]. Die meisten Gebete der Bibel sprechen die Hoffnung und das Vertrauen als Antwort auf Gottes Bundestreue aus, oder sie sind Lobpreis Gottes, der in seiner unergründlichen Treue sogar Sünder und sündige Nationen rettet, wenn sie ihr Vertrauen auf ihn setzen.

Im Glauben Israels ist geschichtliche Erfahrung lebendig. Seine Hoffnung richtet sich auf die Zukunft, deren Horizonte sich ständig weiten. Bei aller Unsicherheit ist es feste Hoffnung, denn es ist Vertrauen auf den Herrn. Was die

---

(Frankfurt a. M. 1959); *Ch. A. Berard,* Théologie de l'espérance (Paris 1961); *J. G. Ranquet,* Meine Hoffnung ist Christus. Die Wiederentdeckung einer Tugend (Würzburg 1965); *J. Moussé,* Die Hoffnung, die in euch ist (Graz 1966); *J. Moltmann,* Theologie der Hoffnung. Untersuchungen zur Begründung und zu den Konsequenzen einer christlichen Eschatologie (München [6]1966); *ders.,* Perspektiven der Theologie. Gesammelte Aufsätze (München 1968); *ders.,* Umkehr zur Zukunft (München–Hamburg 1970); *ders.,* Der gekreuzigte Gott. Das Kreuz Christi als Grund und Kritik christlicher Theologie (München 1972); *ders.,* Das Experiment Hoffnung. Einführungen (München 1974); *J. Pieper,* Hoffnung und Geschichte (München 1967); *ders.,* Über die Hoffnung (München 1975); *A. Edmaier,* Horizonte der Hoffnung (Regensburg 1968); *F. Kerstiens,* Die Hoffnungsstruktur des Glaubens (Mainz 1969); *ders.,* Hoffnung, in: Sacramentum Mundi II, 725–735; *J. Ratzinger,* Glaube und Zukunft (München 1971); *B. Häring,* Einübung der Hoffnung (München 1972); *ders.,* Zeichen der Hoffnung (München 1973); *M. Seckler,* Hoffnungsversuche (Freiburg 1972); *L. Boros,* Geborgene Existenz. Christliches Leben als Hoffnung (Freiburg i. Br. 1975); *H. Sonnemans,* Hoffnung ohne Gott? Konfrontation mit Ernst Bloch (Freiburg i. Br. 1973); *M. Müller–H. Pfeil,* Hoffnung und Freude. Das Diesseitserleben und die Jenseitserwartung des Christen (Aschaffenburg 1973); *R. Lay,* Vor uns die Hoffnung (Olten – Freiburg 1974); *H. Rotter,* Freiheit durch Hoffnung in der Sicht einer theologischen Anthropologie, in: Zs. f. kath. Theol. 95 (1973) 174–185; *K. Lehmann,* Jesus Christus unsere Hoffnung. Meditationen (Freiburg i. Br. 1976); Gemeinsame Synode der Bistümer in der Bundesrepublik Deutschland: Unsere Hoffnung, in: Offizielle Gesamtausgabe der Beschlüsse (Freiburg i. Br. 1976) 84–111; vgl. Evangelische Stellungnahme zum katholischen Synodenbeschluß „Unsere Hoffnung“, in: Una Sancta 32 (1977) 228–233; *F. J. Couto,* Hoffnung im Unglauben. Zur Diskussion über den allgemeinen Heilswillen Gottes (München – Paderborn 1975); *P. Gürtler,* Leidenschaft für das Mögliche. Hoffnung, die den Glauben nährt. Plädoyer eines unkonventionellen Christen (München 1977); *W. Kasper,* Zukunft aus dem Glauben (Mainz 1978).

[2] Vgl. *P. Teilhard de Chardin,* Entwurf und Entfaltung (Briefe aus den Jahren 1914–1919) (Freiburg – München 1963) 280.

[3] Vgl. *N. Zimmerle,* Man and His Hope in the Old Testament (London 1973); *G. Voss,* Neutestamentliche Worte und Zeichen der Hoffnung, in: Una Sancta 29 (1974) 305–311.

Vergangenheit und die Zukunft vereint und der Gegenwart Gewicht gibt, ist Jahwes Treue. Hoffnung bleibt lebendig in der Danksagung und im Lobpreis. Dieser mit Hoffnung gefüllte Glaube befähigt das Volk als ganzes, das Wagnis der Geschichte mit Gott einzugehen im vollen Bewußtsein, daß seine Zukunft von der freien und treuen Antwort auf die wunderbare Treue Gottes abhängt.

Der Träger der Hoffnung ist das Gottesvolk. Erst in der Zeit der Verbannung tritt der Einzelne mehr in den Vordergrund, während früher die Patriarchen und die begnadeten Führer des Volkes die hauptsächlichen Träger der Hoffnung waren, und zwar als Vertreter des Volkes in ihrer Antwort auf die Treue Gottes. Das Volk muß sich immer neu entscheiden zur Treue im Glauben an Gott, um nicht gegen die Hoffnung zu sündigen durch Vertrauen auf irdische Mächte oder auf sich selbst. Die Dinge, die Israel erhofft, treten zurück im Vergleich zu seinem Vertrauen, seiner Hoffnung auf Gott. Hoffnung heißt: sich Gott anvertrauen und so seine Treue ehren. Wenn Israel Unterdrückung und die Gefahr des Untergangs bedrohte, so wußte es, daß die Hoffnung auf Befreiung und Heil allein in Gott ist. So hofften sie vor allem auf die rettende Gegenwart, das befreiende Kommen des Bundesgottes.

Im Neuen Testament tritt Hoffnung als Vertrauen in Gottes Gegenwart unmittelbar in den Vordergrund, da der Glaube der Jünger Jesu die Erfahrung des Immanuel, des „Gott-mit-uns" ist. Christus, der sich inmitten der schrecklichen Angst des Kreuzes und der Erfahrung der Verlassenheit vertrauensvoll in die Hände des Vaters übergibt, zeigt uns den Weg der Befreiung aus der Angst zum Vertrauen und zur Hoffnung. Die Auferstehung Christi ist für den Gläubigen Verheißung der ewigen Gegenwart Gottes, leibhafte Erfahrung seiner Herrlichkeit. Der Ausblick auf die Auferstehung und das ewige Leben vermindert nicht, sondern vertieft und verstärkt die Erfahrung der rettenden Gegenwart, die allein uns ermöglicht, vertrauensvoll auf die Zukunft auszuschreiten. Die Höhe und Tiefe dieser Hoffnung ist ausgedrückt in den Worten: „Christus in euch, die Hoffnung auf künftige Herrlichkeit" (Kol 1,27). Diese Hoffnung schließt einen engherzigen Individualismus radikal aus; denn die Herrlichkeit Gottes macht sich der ganzen Schöpfung offenbar, jedoch nicht ohne die Mitwirkung seiner Söhne und Töchter, die im Dank für das Offenbarwerden der Herrlichkeit das Sehnen der ganzen Schöpfung erfahren und damit solidarisch sind (vgl. Röm 8,22f.). „Wir sind gerettet, jedoch nur in Hoffnung" (Röm 8,24). Gerade in dieser Heilssolidarität mit der Hoffnung aller Menschen und dem Sehnen der Schöpfung schreiten wir der Zukunft zu im Vertrauen auf die Verheißungen des allgetreuen Gottes.

Die Hoffnung erreicht geschichtlich ihre Erfüllung in der endgültigen Herrlichkeit, im ewigen Sein bei Gott. Der Ton der Heiligen Schrift liegt nicht so sehr auf dem, was wir von Gott erhoffen, als vielmehr in der vertrauensvollen Übergabe an ihn und darin, daß wir alles von ihm erhoffen (vgl. 1 Tim 4,10). Die Jünger Christi frohlocken jetzt schon „in der Hoffnung auf die Herrlichkeit Gottes" (Röm 5,2; vgl. Röm 8,18; Eph 1,18ff.). Christliche Hoffnung ist ausgezeichnet durch Geduld, Standfestigkeit, Treue und die ständige Bereitschaft für das Kommen des Herrn. „Wir wollen uns auch der Trübsale rühmen, denn wir wissen, daß die Trübsal Geduld wirkt, die Geduld aber Bewährung, die Bewährung aber Hoffnung; die Hoffnung aber läßt nicht zuschanden werden, weil die Liebe Gottes ausgegossen ist in unsere Herzen durch den Heiligen Geist, der uns gegeben worden ist (Röm 5,3–5). Die Festigkeit der Hoffnung ist das Werk des Heiligen Geistes.

Der Ausblick der Zukunftshoffnung ist viel deutlicher im Neuen Testament als im Alten. Da Christus selbst unsere Hoffnung ist, empfängt unsere Hoffnung in ihm die klare Gestalt durch die Verheißung seiner bleibenden Gegenwart und der Sendung des Heiligen Geistes. Wir sind seiner ewigen Gegenwart in der Herrlichkeit sicher, wenn wir treu im Bunde verharren. Es steht jedoch außer Zweifel, daß schon in den verschiedenen Schriften des Neuen Testamentes Begriff und Bedeutung der Hoffnung den eschatologischen Vorstellungen entsprechend eine gewisse Verschiedenheit aufweisen[4].

2. *Hoffender Glaube und gläubige Hoffnung als Geschichte*

Die neutestamentliche Gestalt der Hoffnung macht es unmöglich, die christliche Religion als Hängen an einem System unveränderlicher Formeln oder an einer Ideologie vorzustellen. Unsere Hoffnung lebt in der Geschichte Gottes mit dem Menschen; sie ist die fortwährende Erfahrung der Gegenwart und des Kommens Gottes, des Schöpfers und Herrn der Geschichte, der uns einlädt, schöpferisch auf sein Wirken und seinen Ruf einzugehen. Die Glaubenswahrheit kann allein in der Perspektive der Hoffnung ergriffen werden. Denn Hoffnung zeigt nicht nur das im Glauben erhoffte Ziel an, sondern ist auch die innere Mächtigkeit des Glaubens, kraft derer die Gläubigen mit dem Gott der Geschichte auf dem Weg sind, seine Gegenwart und seine Herrlichkeit suchen und sich dem Kommen seines Reiches weihen. Glaube und Hoffnung können ebensowenig voneinander getrennt werden wie Offenbarung und Verheißung. Die Dogmen sind nicht das ganze, sondern nur unerläßliche Hinweise auf die Wahrheit, die Christus selbst ist, er, der war, der kommt und kommen wird[5].

Die meisten theologischen Traktate über die Hoffnung stehen unter dem Einfluß der Summa theologica II–II, quaestiones 17–22 des heiligen Thomas von Aquin. Diese Quaestiones enthalten jedoch in keiner Weise alles, was Thomas zum Thema Hoffnung zu sagen hatte. Sie sind hauptsächlich spekulativ und bringen deshalb das, was die christliche Hoffnung in besonderer Weise auszeichnet, nämlich das Ostergeheimnis, die allumfassende Herrschaft Christi, die Bundesdimension und die geschichtliche Dynamik, nicht zum Aufleuchten.

---

[4] Vgl. F. *Kerstiens*, Hoffnung, in: Sacramentum Mundi II, 727f.
[5] Vgl. ebd. 331f.

Wer nur diese Ausführungen des Aquinaten liest, könnte die Hoffnung immer noch als eine ziemlich private Angelegenheit des eigenen Seelenheils betrachten.

Moltmann ist überzeugt, daß eine Theologie der Hoffnung die ganze Theologie enthellenisieren kann und muß[6]. Das griechische Weltverständnis betonte die Unwandelbarkeit und Leidensunfähigkeit Gottes. Geschichte war für sie eine bloße Wiederholung ohne Überraschungen; sie war darum auch nicht ein Aufruf zu schöpferischer Freiheit. Moltmann spricht dagegen von „fortschreitender Offenbarung". Durch die Ereignisse der Geschichte und die prophetische Auslegung werden die Erfahrung und der Inhalt der christlichen Hoffnung bereichert.

Einerseits distanziert sich Moltmann von jeder Art eines irdischen Messianismus, der die Verheißung Gottes in Kontinuität mit der innerweltlichen Dialektik deutet. Sein Ausgangspunkt, der Tod und die Auferstehung Christi, und seine Betonung der prophetischen Geschichte machen eine solche Interpretation absolut unmöglich. Christus der Prophet und seine Propheten widersprechen der in sich verschlossenen Welt radikal. Andererseits kritisiert Moltmann Karl Barth und andere, für die die Zukunft, einschließlich der Parusie, nur die Enthüllung dessen ist, was schon besteht. Die Geschichte der Hoffnung ist mehr: sie ist stets Offenbarung von Gottes schöpferischer Treue durch die Synthese von Altem und Neuem (nova et vetera). Die historischen Ereignisse des Kreuzes und der Auferstehung Christi bringen stets neue Wirklichkeiten hervor, ähnlich einer Schöpfung aus dem Nichts. Das Gesamt der Geschichte kann Christus nicht widersprechen. Jesus Christus, der Sohn Gottes, der von den Aposteln verkündet worden ist, „war nicht Ja und Nein, sondern Ja ist in ihm gewesen; denn so viele Verheißungen Gottes es gibt, in ihm ist das Ja, daher durch ihn auch das Amen, Gott zur Ehre durch uns" (2 Kor 1,19f.). Christus allein, und kein anderer, ist unsere Hoffnung: er ist der Getreue. Er ist aber auch zugleich der Herr der Geschichte, der fortwirkt. „Darum erwartet die christliche Hoffnung von der Zukunft Christi nicht nur Enthüllung, sondern endlich Erfüllung."[7] Im Mitvollzug der Liebe Christi und im schöpferischen Mitwirken am Heil erwarten wir von Christus nicht ewige Wiederholung. Der Schöpfer und Herr der Geschichte wird noch große Überraschungen bringen. Diese aber werden stets Zeichen seiner Treue sein. „Wird diese Zukunft als Zukunft Jesu Christi erwartet, so wird sie nicht von einem neuen oder anderen erwartet. Was die Zukunft bringt, ist durch das Christusgeschehen der Auferweckung des Gekreuzigten ‚ein für allemal' zuversichtlich erhoffbar geworden."[8]

Christus verheißt den Seinen das Kommen des Heiligen Geistes, des Fürsprechers, der sie zu treuen Zeugen und Mitgestaltern der Geschichte befähigt.

[6] *J. Moltmann,* Theologie der Hoffnung (s. Anm. 1) 120–134.
[7] Ebd. 208.
[8] Ebd. 209.

Durch sie will der Herr neue Dinge vollbringen. „Wahrlich, wahrlich, ich sage euch, wer an mich glaubt, der wird die Werke, die ich tue, auch tun und wird größere als diese tun; denn ich gehe zum Vater" (Joh 4,12). Die Aufgabe der Jünger erschöpft sich also nicht im Zurückziehen des Vorhangs der Geschichte, sondern im treuen Mitvollzug der Liebe Christi zur Welt entfaltet sich ihre schöpferische Freiheit zum Zeugnis für den Gottesgeist, der das Antlitz der Erde und die Herzen der Menschen erneuert. Die dynamische Enthüllung der Zukunft ist Offenbarung, die sich ereignet, und zugleich Handeln und Geschehen, die Offenbarung bringen.

Man kann nicht in hoffendem Glauben und in glaubendem Hoffen leben, ohne seine aktive Rolle in dieser Geschichte, im fortwährenden Christusereignis, zu ergreifen, bis Christus alles dem Vater übergeben wird. „Wenn ihm aber alles unterworfen sein wird, dann wird auch der Sohn selbst sich dem Vater unterwerfen, der ihm alles unterworfen hat, damit Gott alles in allem sei" (1 Kor 15,28).

Der Fortschritt im Verständnis der Heilsgeschichte ist Entfaltung nicht nur durch theologische Reflexion, sondern es ist Entfaltung in einem Ineinander von Geschehen und Ausdeutung. Die Heilsgeschichte selbst ist Erfüllung der Verheißungen Gottes, dynamische Entfaltung des geheimnisvollen Zueinanders von Gott, dem Getreuen, und von Menschen, die Gott zu Partnern beruft. Die Verheißungen Gottes aber sind unwiderruflich; daraus folgt die Einheit und Einzigkeit der Heilsgeschichte. „Jetzt sind wir Kinder Gottes, und noch ist nicht offenbar geworden, was wir sein werden. Wir wissen, daß wir, wenn es offenbar geworden ist, ihm gleich sein werden; denn wir werden ihn sehen, wie er ist. Und jeder, der diese Hoffnung auf ihn hat, reinigt sich, wie er rein ist" (1 Joh 3,2f.). Der Vorgang unserer Reinigung und Reifung hängt zusammen mit unserem Mitwirken im Gesamt solidarischer Geschichte. Wir können auf den neuen Himmel und die neue Erde nur hoffen als Mitwirkende in Christus. Und als vom Geist erfüllte Menschen können wir uns nicht vorstellen, daß unser Tätigsein nur Routine ist. Wir sind immer dazu berufen, Gott durch schöpferische Treue und Freiheit zu ehren. Geschaffene und erlöste Freiheit ist schöpferische Freiheit im echten Vollzug der Geschichte.

Das alles ist ein Erfordernis des Glaubens; denn er ist wesentlich ein hoffender Glaube. Hoffnung bewahrt ihn vor Ängstlichkeit und Flucht, stärkt und entfaltet ihn. Dieser hoffende Glaube ist nicht vollziehbar ohne ein volles Ja zu unserer Berufung als Partner in der Heilsgeschichte. Die befreiende Wahrheit des Glaubens kann nur in dieser Perspektive und Dynamik der Hoffnung ergriffen werden. So können wir sagen, all jene, die sich dem Glauben öffnen und sich von der Hoffnung ergreifen lassen, offenbaren dies in schöpferischer Treue und Freiheit. Nur eine solche Sicht des Glaubens und der Hoffnung, die in Liebe und Mitverantwortung tätig sind, entspricht der großen Sicht der Bibel und kann den modernen Menschen ansprechen, der von der grandiosen Evolution und der Dynamik der Geschichte weiß. Teilhard de Chardin betont, daß die

Dinge nur verständlich werden durch ihre Geschichte[9]. Der menschliche Geist ist immer noch im Prozeß der Evolution. Und einer der wichtigsten Aspekte dieser fortdauernden Entfaltung ist das Wachstum menschlichen Bewußtseins als eines Wissens um Berufung zu größerer Freiheit und Verantwortlichkeit in Hoffnung. Die Genesis der Menschheit in der Welt und die Genesis Christi in der Menschheit sind nach Teilhard zwei untrennbare Dimensionen. Die große Botschaft und das große Ereignis, in denen sich die Hoffnung ausspricht, ist dies: „Das Leben für den Menschen. Der Mensch für Christus. Christus für Gott."[10] Heidegger versteht menschliches Dasein als das Geworfensein, als das Offene, radikales Offensein für die Zukunft, kraft dessen der Mensch im Horizont der Transzendenz lebt[11]. Verstehen und leben Christen ihre Hoffnung im mutigen und treuen Ausschreiten auf die Zukunft, dann können sie Licht der Welt sein in einem Zeitalter, das von einem neuen Bewußtsein von Evolution und Geschichte geprägt ist.

3. Vertrauensvolle und treue Antwort auf Gottes Verheißung

Als Christen haben wir zwingende und befreiende Gründe, auf die Verheißungen Gottes mit einer festen und tätigen Hoffnung zu antworten. Wir haben die einzigartige Verheißung; denn Christus selbst ist Erfüllung der alten Verheißungen, die endgültige Offenbarung des Heilsplans Gottes und der Verheißungen für die Zukunft (Kol 1,25–27; Eph 1,3–14). Uns ist die göttliche Gegenwart und der alles neu schaffende Gottesgeist geschenkt, dessen Liebe in unseren Herzen ausgegossen ist und der immer da und am Werk ist, Hoffnung zu ermöglichen (vgl. Röm 5,5; 8,17ff.). Christus, der Weg, die Wahrheit und das Leben, ist zugleich beides: Verheißung und unsere Hoffnung[12]. In ihm offenbart sich Gott als der, der immer treu zu seinem Bunde steht (Ps 88,14). Christus ist der Getreue, der auch in unserem Namen in Bundestreue dem Vater antwortet und uns die Antwort ermöglicht. Das Ja zur Offenbarung in Christus ist Selbstverpflichtung in gläubiger Hoffnung auf die Zukunft und Bereitschaft, an dieser Zukunft mitzuarbeiten. Durch verantwortungsbereite Hoffnung sind wir mit Christus auf dem Weg. Und diese Hoffnung ist ein Ja zur schöpferischen Befreiung von jeder Form des Egoismus, ein Ja der Bereitschaft, mit Christus all das zu leiden, was seine erlösende Liebe uns ermöglicht und von uns verlangt im Eifer für das Reich der Liebe, der Gerechtigkeit und des Friedens.

Hoffnung ergreift Gottes Verheißung (pro-missio) in der Bereitschaft zur Sendung (missio). „Nur in Sendung und Verheißung, in Auftrag und Aussicht, in der Arbeit der Hoffnung wird der Sinn der Geschichte auf eine geschichtliche

---

[9] *P. Teilhard de Chardin,* Die Zukunft des Menschen (s. 7. Kap., Anm. 26) 25: „Kein Ding ist ohne seine Geschichte verständlich."
[10] Ebd. 53.
[11] *M. Heidegger,* Über den Humanismus (Frankfurt a. M. 1947) 35.
[12] Vgl. *K. Lehmann,* Jesus Christus unsere Hoffnung (s. Anm. 1).

und Geschichte bewegende Weise ergriffen."[13] In der Hoffnung schauen wir nicht nur auf das endgültige Kommen Christi am Ende der Zeiten aus, sondern sind wir stets bereit für sein Kommen in den Ereignissen, für seinen Ruf, der uns in Kirche und Welt erreicht. So ist christliche Hoffnung ihrerseits eine Verheißung für die Welt und so auch ein Ruf zur Bereitschaft für die Sendung zugunsten aller Menschen. Hier sehen wir die Mittlerrolle der Gläubigen in ihrer tätigen Hoffnung.

Christliche Hoffnung hat eine trinitarische Dimension[14]. Sie ist verantwortungsbereiter Lobpreis des Vaters, der sein in der Schöpfung begonnenes Werk zur Vollendung bringen wird, Lobpreis des Vaters für die Auferstehung Christi als Zeichen seiner Macht und Treue und Lobpreis des gekreuzigten Gottes in Christus Jesus, in dem Gott „einer von uns" (Menschensohn) geworden ist, die Last der Menschheit mitträgt, bis alle Feinde, einschließlich der Tod, überwunden sind. Diese Hoffnung ist Lobpreis des Heiligen Geistes, der uns befähigt, treue und schöpferische Partner in der Erfüllung des Planes Gottes zu werden.

Die christliche Hoffnung empfängt ihre Dimensionen vom Geheimnis der Schöpfung im Worte Gottes, der Menschwerdung, des Kreuzes, der Auferstehung und des Pfingstereignisses. Sie preist Christus, den Propheten, und den Heiligen Geist, der durch die Propheten gesprochen hat, vor allem durch *den* Propheten, Christus. Die Hoffnung der Gläubigen empfängt klarere Umrisse durch die Worte und Taten der Propheten im Lichte des Pfingstereignisses und in der Offenheit für den Heiligen Geist. Die prophetischen Worte, die die Zukunft beleuchten, beeinflussen die Gegenwart, und die Worte der Propheten, die den Ruf der Zeit und die Heilsmöglichkeiten und Gefahren der Gegenwart ausdeuten, beeinflussen die Zukunft[15].

Nach Teilhard de Chardin sollte vor allem das Geheimnis der Menschwerdung unsere verantwortliche Hoffnung auf die Umgestaltung der Welt zur Tat aufrufen, selbstverständlich immer auch im Lichte der anderen Heilsgeheimnisse. „Das Christentum ist seiner Definition und seinem Wesen nach die Religion der Inkarnation. Gott vereint Sich mit der Welt, die Er erschafft, um sie eins zu machen und um sie in gewissem Sinne Sich einzuverleiben. In dieser Tat hat für den Anbeter Christi die Weltgeschichte ihren Ausdruck."[16]

4. Der Exodus und das Reich Gottes

Ernst Bloch hat recht, wenn er den Exodus und das Reich als zentrale Themen der Bibel ansieht, obwohl wir seiner Auslegung dieser Themen nicht folgen

---

[13] *J. Moltmann,* a.a.O. 259ff.
[14] *M. D. Meeks,* Einleitung zu: *J. Moltmann,* Experiment Hope (Philadelphia 1975) XI.
[15] *J. Feiner – L. Vischer,* a.a.O. (s. Anm. 127, 6. Kap.) 526–534.
[16] *P. Teilhard de Chardin,* a.a.O. 51.

können. Die Heilsgeschichte, wie sie die Bibel uns entschlüsselt, macht eine Befreiungstheologie ohne die Bereitschaft zum Exodus unmöglich. Das Ja zum Reich Gottes, das in Christus hereingebrochen ist, verlangt ein radikales Nein zum Reich kollektiver Sündhaftigkeit (vgl. Röm 5,17).

Der Auszug Abrahams aus seiner Familie und seinem Land erhält seine biblische Erklärung durch die Hoffnung, die Gottes Verheißung und Sendung in ihm entfacht hatte. Er zieht in ein unbekanntes Land, in eine unbekannte Zukunft mit vielen Wagnissen aus. Sendung und Hoffnung gründen in der Verheißung und in Abrahams Vertrauen auf den verheißenden Gott. Der Auszug ist ein schöpferisches Ereignis, das zum Bundesschluß führt, zu einem Wandeln vor Gott. Die von Mose gläubig empfangenen Verheißungen geben dem Exodus des Volkes Israel seine Sinnbedeutung. Der Exodus selbst ist Ausdruck des Mutes, eine unwürdige Vergangenheit hinter sich zu lassen und das Ungewisse zu wagen, das ohne die göttliche Verheißung und die große Leidenschaft der Freiheit und Befreiung sinnlos wäre. Der Exodus der Verbannten aus Babylon ist Heimkehr, die trotz äußerster Armut und Bedrängnis Freude des verheißenen Erbes bedeutet.

Das Exodus-Thema ist schon in der Kindheitsgeschichte Jesu zentral. In Christus kommt die Geschichte des Exodus zu ihrer Erfüllung. Davon sprechen die Geburt in einem Stall, die Flucht nach Ägypten, Unsicherheit und Bedrängnis. Die 40 Tage Jesu in der Wüste rufen die 40 langen Jahre des in der Wüste gelebten Exodus in Erinnerung. Aber der Höhepunkt des Exodus ist folgender: die einzigartig schöpferische Loslösung, der absolute Verzicht auf Gewalt und Macht, das radikale Nein zu einem diesseitigen Messianismus. Die Herrschaft Christi läßt sich nicht von der Erfüllung der Verheißungen über den Gottesknecht trennen. Gott hat seine eigenen Wege, um seine Herrschaft zu festigen. Christliche Hoffnung sagt uns deutlich, daß unser Ja zum Reich Gottes und zu allen seinen Verheißungen eine hohe Bereitschaft zum Exodus verlangt, den die einzelnen Jünger, aber auch die ganze kirchliche Gemeinschaft zu vollziehen haben. Die Kirche kann das Reich und die Herrschaft Gottes nicht verkünden, ohne dem Gottesknecht im Exodus zu folgen. Besonders in dieser geschichtlichen Stunde, in der die Wege sich teilen, hat die Kirche allen irdischen Glanz, den ihr die „konstantinische Ära" auferlegt hatte, hinter sich zu lassen. Und die Kirche, die sich für so lange Zeit in der westlichen Welt eingebaut hatte, muß sich frei machen zur Begegnung mit der südlichen Hemisphäre, ihrer Kultur und ihren geistlichen Werten. Nur in dieser Freiheit, die sich im Exodus bezeugt, kann die Kirche demütig und mutig die allumfassende Herrschaft Jesu verkünden.

Der Exodus bedeutet unendlich mehr als bloße Modernisierung. Er offenbart die Freiheit für jene Sendung, die in der Verheißung enthalten ist, eine Sendung, die in absoluter Bundestreue zu erfüllen ist. Mangelnde Bereitschaft zum Exodus würde zur Versteinerung der Kirche und der Theologie führen. Aber eine moderne Theologie, der der Sinn für Treue und Identität fehlt, „gleicht oft einem Chamäleon, das immer die Farben seiner Umgebung annimmt. Diese Chamäleon-Theologie ist nicht besser als jene versteinerte Theologie.“[17]

Die Hoffnung auf die Teilnahme an der Herrlichkeit des Auferstandenen schließt ein unwiderrufliches Ja zur Nachfolge Christi auf dem Kreuzweg, zur Bereitschaft zum Exodus in sich, um so ganz frei zu sein für sein Reich und seine Herrschaft[18]. Eine Kirche, die die Zusammengehörigkeit von Exodus und Verkündigung der Herrschaft Gottes in Christus klar versteht und annimmt, wird den Mut haben, der Unsicherheit der Geschichte ins Auge zu schauen[19]. Frei von Sicherheitskomplexen wird sie sich bemühen, die Zeichen der Zeit zu deuten und ihnen zu entsprechen. Die Haltung des Exodus ist in keiner Weise traditionsfeindlich, sie bewahrt jedoch davor, Teil- und Sonder-Traditionen für das Ganze zu halten. Im Vollzug des Exodus und im Blick auf die allumfassende Herrschaft Gottes und das Heil aller Menschen wird es möglich sein, dem wahren Strom der Tradition zu folgen und sich von überholten oder weniger geglückten Anpassungen frei zu machen. Eine Pilgerkirche, die die Vorläufigkeit ihrer Verwirklichungen erkennt, wird sich freihalten von der Sünde des Triumphalismus und der Unbeweglichkeit.

Die Verheißung des Reiches, in dem alle Menschen sich unter der Herrschaft der Liebe Gottes vereint sehen werden, ist die Grundlage für die Sendung der Liebe zur Welt und ihre schöpferische und geduldige Ausführung. Jene, die den Exodus immer neu vollziehen, erfahren die Freiheit, die aus der Ganzhingabe an die Liebe und Macht Gottes erfließt; und eben diese Freiheit gibt den Blick für den weiteren Weg frei. Wird die Geschichte als Geschichte der Freiheit und Befreiung im Lichte dieser zwei großen Symbole, Exodus und Reich, gesehen, dann kann das ganze Leben verkünden: „Jesus Christus ist der Herr zur Herrlichkeit Gottes des Vaters“ (Phil 2,11).

5. Hoffnung und ständige Bekehrung

Die christliche Hoffnung befähigt die Menschen, die gesunde Spannung zwischen dem „Schon“ und dem „Noch-nicht“ durchzuhalten und so die bisweilen schmerzlichen Spannungen zwischen Geist und Buchstabe des Gesetzes, zwischen Freiheitsberufung und Gesetz sinnvoll zu lösen. Eine Theologie der Hoffnung sollte uns lehren, die Wege des Exodus zur verheißenen Zukunft von den die Zukunft gefährdenden falschen Erwartungen zu unterscheiden[20]. Im Vertrauen auf die Führung des Heiligen Geistes wird christliche Hoffnung die Synthese finden zwischen den zwei Dimensionen der einen Sendung: „Bekehret euch! Wandelt euer Sinnen, Trachten und Tun!“ und: „Ihr seid das Salz der

---

[17] *J. Moltmann,* Das Experiment Hoffnung (s. Anm. 1) 16.
[18] Vgl. *J. Coburn,* The Hope of Glory (New York 1976).
[19] *K. Rahner,* Kirche im Wandel, in: *ders.,* Schriften zur Theologie VI (Einsiedeln ^{2}1968) 455–478.
[20] *J. Moltmann,* a.a.O. 21f.

Erde". Individuelle Bekehrung und Einsatz für eine heilere Welt und eine glaubwürdigere Kirche lassen sich nicht trennen.

Das Reich der Hoffnung ist nicht eine Sache automatischen Wachstums; es will als Gnade dankbar empfangen und in Freiheit durch ständige Bekehrung herbeigeführt werden. Man hat Teilhard de Chardin oft vorgeworfen, er unterscheide nicht zwischen Entwicklung und Geschichte und sehe infolgedessen nicht die ganze Bedeutung der Freiheit. Ich halte diese Kritik für ungerecht. Er sieht die ganze große Wirklichkeit der Evolution als Hinführung zur menschlichen Geschichte, und zwar im Lichte der göttlichen Freiheit für Schöpfung und Liebe. Er sieht das Sinnziel der Evolution in der Vorbereitung der Wirklichkeit der Freiheit des Menschen nach dem Bild und Gleichnis Gottes. „Die Evolution lädt sich, und zwar gerade durch die Mechanik ihrer Synthesen, immer mehr mit Freiheit."[21] Aus der großen Schau, nach der das Gesamt von Evolution und Geschichte seine Sinnmitte und sein Kraftzentrum in Christus hat, der ganz frei ist für Gott und die Menschen, erwächst stets neue Hoffnung. „Eine große Hoffnung. Sie muß angesichts des erwarteten Werks spontan in jeder hochgemuten Seele aufbrechen; und sie ist auch der wesentliche *Schwung*, ohne den nichts geschieht. Eine leidenschaftliche Lust zu wachsen, zu sein, das brauchen wir... Das Leben ist dauernde Entdeckung. Das Leben ist Bewegung."[22]

Diese großartige Sicht macht es unmöglich, Wachstum und Hoffnung auf die bloße individuelle Dimension zu begrenzen. Schöpfung und Geschichte sagen uns: Hoffnung bedeutet Zusammengehörigkeit. Und da sie eine uns allen gemeinsame Hoffnung ist, darum ist Erfahrung von Freiheit wie von Hoffnung eine Gnade und ein Anruf, sich zu bekehren und in ständigem Bemühen um Erneuerung gemeinsam für das Wachstum echter Freiheit zu wirken. Hoffnung verlangt sowohl auf der Ebene des Personalen wie des Sozialen ein Sich-Loslösen und Sich-Freimachen für den Elan nach Vorwärts in einem lebendigen Wissen, daß es eine Zeit des Niederreißens gibt, um aufzubauen[23].

Sowohl christliche Hoffnung wie das Sehnen nach dem Wachstum des Reiches der Freiheit müssen mit der Möglichkeit rechnen, daß Freiheit im Dienste des Bösen und zur Selbstvernichtung mißbraucht werden kann. Nur jene, die Hoffnung haben und der Welt die größte Hoffnung anzubieten haben, können wirksam gegen das Böse kämpfen. Nur jene Hoffnung, die in der göttlichen Verheißung und Sendung gründet, gibt uns Kraft im nie endenden Kampf gegen das Böse in uns selbst und in unserer Umwelt. Diese Hoffnung ermöglicht uns auch einen konstruktiven Dialog mit den Ungläubigen; denn der Mut zu Wachstum und Bekehrung befreit uns von Illusionen und erlaubt uns, den versteckten Atheisten in uns selbst zu entdecken und zu entlarven.

---

[21] *Teilhard de Chardin,* a.a.O. 100.
[22] Ebd.
[23] Vgl. *J. Sarano,* Le défi de l'espérance: Arracher et planter (Paris 1973).

Ernst Bloch setzt seine Leser immer wieder in Erstaunen, wie leichtherzig sein kämpferischer Optimismus das Kommen einer vollkommenen Menschheit versprechen kann angesichts all des Bösen, das wir erfahren. Er erwähnt zwar einmal Auschwitz, aber auch dabei sieht er nicht die Dimension des Bösen, das vom Mißbrauch der Freiheit kommt. Sind selbstausgedachte Utopien wirklich hinreichend, um das Dunkel der Sündhaftigkeit im Menschen auszutreiben?[24] All die optimistischen Anstrengungen, die eine heilere Welt hauptsächlich von wirtschaftlichen und sozialen Strukturveränderungen und der Auferlegung einer Ideologie erwarteten, sind gescheitert, gerade insofern sie die Verheißungen Gottes und die Bereitschaft zu Herzensbekehrung als Grundmotiv ablehnten.

6. *Gedächtnis und Hoffnung*

Heutige Psychologie und die Theologie der Hoffnung haben mit neuer Schärfe die Bedeutung eines gesunden, dankbaren Gedächtnisses für das Wachstum des individuellen und sozialen Bewußtseins entdeckt. Für Teilhard de Chardin ist der hauptsächliche Ertrag heutiger Evolution die Ausweitung des Bewußtseins, die notwendig ein dankbares Wissen um die Vergangenheit, aus der wir kommen, einschließt. Daraus ergibt sich auch ein erweiterter Bewußtseinshorizont für das Hier und Heute und ein Wachstum verantwortlicher Hoffnung für die Zukunft. Dank des Ergreifens dieser Möglichkeit des sich ausweitenden individuellen und sozialen Bewußtseins und seines Einflusses auf Freiheit und Verantwortungsfähigkeit wird der Mensch immer mehr geschichtsmächtig. Er ergreift die Vergangenheit und die Zukunft und kann so eine Wahl treffen „zwischen stolzer Autonomie und liebender Exzentration“, eine Wahl, die „die Individuen nicht ohne Sünde und ohne Verdammung zurückweisen können“[25].

Führende Theologen der Hoffnung schenken der Gedächtnisfeier der Ereignisse der Schöpfung, der Menschwerdung, des Todes und der Auferstehung Christi wachsende Beachtung und halten sie für eine absolute Voraussetzung einer wohlbegründeten Hoffnung. Moltmann schreibt diesbezüglich: „‚Warum ist denn Moltmann von allzu laut tönender Bloch-Musik schrittweise zurückgegangen zu gedämpfterer eschatologia crucis?‘ fragte Wolf-Dieter Marsch zustimmend ... Ging es damals um die Erinnerung Christi im modus der *Hoffnung* auf seine Zukunft, so geht es jetzt um Hoffnung im modus der *Erinnerung* seines Todes. Standen dort die *Antizipationen* der Zukunft Gottes in Verheißungen und Hoffnungen im Vordergrund, so geht es hier um das Verständnis der *Inkarnation* jener Zukunft durch die Leidensgeschichte Christi in die Leidensgeschichte der Welt.“[26] Sowohl die Erinnerung der Vergangenheit wie die Erinne-

[24] Vgl. *C.H. Ratschow,* a.a.O. (s. 7.Kap., Anm. 10) 119.
[25] *Teilhard de Chardin,* a.a.O. 32.
[26] *J. Moltmann,* Der gekreuzigte Gott (s. Anm. 1) 10.

rungen der Verheißungen in der Form der Hoffnung werden im Hier und Heute gefeiert. Sie sind nur echt in der Wachsamkeit und Bereitschaft für die gegenwärtigen Heilsmöglichkeiten. Unser Dank für die Geschenke der Vergangenheit und unsere verantwortliche Hoffnung auf die Zukunft sind nur lebenswahr im Nützen der Gaben Gottes und im Eingehen auf den Ruf Gottes im Heute[27]. Ein dankbares gesundes Gedächtnis, das uns eucharistiefähig macht, verbietet jede Art der Flucht in die Vergangenheit oder in bloße Träume auf die Zukunft. „Die Geschichte der vergangenen Ereignisse wird zu einer Parabel und einem Zeichen des fortdauernden Planes Gottes."[28]

Jedermann kann von Zukunft träumen, aber nur solche, deren Hoffnung in den göttlichen Verheißungen und im dankbaren Gedächtnis der immer schon erfahrenen Treue Gottes gegründet ist, können der Zukunft mit jener schöpferischen Freiheit entgegengehen, die im Blick auf die Treue Gottes seinen gegenwärtigen Willen entziffert. Zur Dimension des Gedächtnisses gehört Zukunft. „Wie das Gedenken rückblickende Prophetie ist, so ist Hoffnung das auf die Zukunft blickende Gedächtnis."[29] Gedächtnis, Bereitschaft für das Hier und Jetzt und verantwortungsbereite Hoffnung gehören wie die drei Dimensionen der Geschichte zusammen. Fallen sie auseinander, so verliert der Mensch seine Geschichtsmächtigkeit. In diesem Licht sehen wir die grundlegende Bedeutung der eucharistischen Gedächtnisfeier in Erwartung seines Kommens. „Entspricht unser Leben rechtem Gottesdienst, dann und nur dann beten wir Gott gläubig und vertrauensvoll an und können wir ein Zeichen der Hoffnung für die Welt werden."[30] Diese Synthese setzt bewundernswürdige Energien schöpferischer Treue und Freiheit frei.

II. Kennzeichen christlicher Hoffnung

1. *Begnadete Hoffnung und gnadenlose Hoffnung*

Sprechen wir Christen von Hoffnung, dann denken wir an Gnade, an Gottes Huld, der uns alles schenkt und sich selbst in seiner schöpferischen und erlösenden Treue für sein Volk verpflichtet. Wir feiern die Hoffnung als nie endendes Fest, bis wir in das ewige Fest eintreten; denn sie ist ganz und gar Geschenk Gottes. „Sich rückhaltlos der Gnade Gottes anheimstellen und glauben, all das ist radikale Offenheit für die Zukunft; diese radikale Offenheit für die Zukunft ist die Freiheit des Christen."[31] Hierin unterscheidet sich die

---

[27] Vgl. *A. Bord,* Mémoire et espérance chez Jean de la Croix (Paris 1971).
[28] *P. Minear,* Eyes of Faith (Philadelphia 1946) 216.
[29] *R. A. Alves,* A Theology of Human Hope (New York 1971) 162.
[30] Vgl. *J. M. Gustafson,* Can Ethics be Christian? (Chicago 1975) 140.
[31] *R. Bultmann,* Primitive Christianity (Median Books 1956) 320ff.

Hoffnung des Christen total von der Hoffnung bei Ernst Bloch[32]. Die von ihm propagierte Hoffnung ist nicht nur Hoffnung ohne Glauben, sondern, noch viel betonter, eine Hoffnung ohne Gnade. Ist seine Hoffnung noch irgendwie eine Art „Glaube" an die Zukunft der Menschheit, an die der Materie und dem Menschen eingeborene Dynamik, so ist sie doch in keiner Weise Erfahrung der Gnade, denn für ihn darf es kein Oben und kein Jenseits geben, keinen Gott, von dem der Mensch sich beschenken ließe. Der Mensch ergreift seine Hoffnung eigenmächtig durch seine utopischen Träume. Darf es keinen Gott geben, nur um sich nicht beschenken zu lassen, kann man dann vielleicht gegenüber einer abstrakten Menschheit und dem Vertrauen auf die eigenen Träume über eine vollkommene Zukunft dankbar sein?

Der Christ kennt die Quelle und den Grund seiner Hoffnung: den gnädigen Gott. Gerade durch demütige Anerkennung, freudigen Lobpreis und vertrauensvolles Gebet hält er sich auf dem Weg der Hoffnung. Im Blick auf die Gnade hat er auch den Mut, seine eigene Gebrechlichkeit und sein teilweises Versagen anzuerkennen, eben weil er von dem Urquell aller Hoffnung ständig neue Energie empfängt und heilende Liebe erfährt. Tätiger Einsatz als Ausdruck schöpferischer Freiheit, vor allem im Dienste des Menschen, vermittelt ein gesundes Selbstvertrauen, ein unersetzliches Element der Hoffnung. Schafft man jedoch nur für die Selbstverwirklichung oder gibt man all seine Energien in seiner Tätigkeit aus und setzt sein Vertrauen allein darauf, so muß das Vertrauen mit jedem Mißerfolg zusammenbrechen.

Forschung und Reflexion und der Austausch der Ergebnisse des gemeinsamen Suchens sind eine Quelle der Freude und der Bereicherung des Lebens der Einzelnen und der Gemeinschaft. Aber Methoden und Ergebnisse moderner Wissenschaft sind allzuoft bloßes Stückwerk; fehlt der Geist des Ganzen und dienen die Ergebnisse der Würde der Menschen nur unvollkommen, so ist all das eine Quelle der Enttäuschung.

Besinnlichkeit, die Pflege der kontemplativen Dimension des Lebens und geistiger Austausch über die großen Lebensfragen sind Ausdruck und Kraftquelle der Lebensmeisterung und der Hoffnung; sie führen den Menschen in die Tiefe und stellen von dorther Brücken zu *dem Andern* und zu den andern her. Bleiben sie jedoch auf einer bloß theoretischen Ebene, so können sie den Weg gläubiger Hoffnung auf den lebendigen Gott blockieren. Theologische Theorie kann in nichtssagende Dispute entarten, wie im Streit zwischen theologischen Schulen und getrennten Kirchen. Sogar das Bemühen um Kontemplation, wenn man nur den eigenen Seelenfrieden sucht und ihn sich selbst geben will, können das Herz nicht dem Gott unseres Glaubens und unserer Hoffnung öffnen. In der christlichen Hoffnung kehrt der Mensch in seine Tiefe ein durch das Sein bei Gott. Er vertraut sich ganz Gott an. Dies ist das Herz des Gebetes. Hoffnung reift heran in dem Gebet der Danksagung und Fürbitte, worin der

---

32 Vgl. *E. Bloch*, Das Prinzip Hoffnung (Frankfurt a.M. 1959).

Gläubige ständig anerkennt, daß alles Geschenk Gottes ist. Der Ertrag ist die Synthese zwischen anbetender Liebe zu Gott und tätiger Liebe zum Mitmenschen in einer stets wachsenden Erfahrung der huldvollen Gegenwart Gottes.

Die eigenen Fähigkeiten, Energien und Leistungen können zu gegenseitiger Anerkennung führen und einen natürlichen Optimismus fördern. Wird jedoch all das nicht als unverdientes Geschenk des huldvollen Gottes erfahren, so ist es Mißverständnissen und Mißerfolgen ausgesetzt, die die selbstgeschaffene Hoffnung untergraben.

Je lebenswahrer im Angesichte Gottes der Mut zum Dasein und zum Einsatz ist, um so leichter fällt es dem Menschen, seine Grenzen anzunehmen. Darin vereinigt sich eine gesunde Unsicherheit mit jener letzten heiligen Sicherheit, in der der Mensch sein Vertrauen auf Gott allein setzt. Sogar die schmerzliche Erfahrung einer gnadenlosen, undankbaren und eitel selbstbewußten Welt und der gesunde Zweifel an sich selbst können dem Menschen zum Antrieb werden, sein Leben ganz Gott anheimzustellen.

Im *Gebet,* sei es Lob- und Dankgebet, Treuegebet oder Bitte und Fürbitte, finden sich Leben und Hoffnung an ihrer Quelle.

Im *Dankgebet* wächst das befreiende Bewußtsein, daß die irdischen Dinge mehr als eine materielle Wirklichkeit sind; sie werden erfahren als Geschenk des huldvollen Gottes, Zeichen seiner liebenden und sorgenden Gegenwart. So sind sie stets neu eine Einladung, uns Gott anzuvertrauen und Hoffnung auszustrahlen, indem wir die Geschenke Gottes zu Zeichen und Mitteln des Verbundenseins aller Menschen vor Gott machen.

Gebet als Ausdruck der Reue kann sogar dem größten Sünder den Mut zum Dasein und zum Hoffen geben, da er darin das Morgenrot einer schöpferischen Umgestaltung erfährt. Das Reuegebet ist echt durch den vertrauensvollen Lobpreis Gottes, der die Quelle der Versöhnung und des Friedens ist.

Das *Bittgebet* ist Zeichen der gegenwärtigen Gnade Gottes, wenn es zum Ausdruck bedingungslosen Vertrauens auf Gott wird. Im Glauben sind wir versichert, daß Gott uns alles gibt, um was wir im Namen Jesu bitten. Der Glaube sagt uns, welche Gaben Gott seinen Kindern geben will: Wachstum in Weisheit und Liebe, Gemeinschaft im Heiligen Geist und alles, was der Apostel Frucht des Heiligen Geistes nennt. Im Bittgebet erfährt der Gläubige, daß Gott ihm mehr geben will, als er selbst bittend aussprechen kann. Darum ist er bereit, dankbar alles anzunehmen, was Gott ihm sendet, und sei es auch eine nicht ersehnte Überraschung. „Wem aber Weisheit fehlt, der erbitte sie sich von Gott: Er, der allen einfach in Güte gibt, ohne Vorhaltungen zu machen, wird sie ihm gewiß geben. Doch er soll gläubig bitten, ohne zu zweifeln" (Jak 1,5).

Der Herr selbst sagt uns, wofür wir in unserem Gebet bitten und worauf wir hoffen sollen. Im Vaterunser lehrt er uns das Gebet seiner neuen Familie. Zuerst gibt er uns den Mut, den allheiligen Gott, den Herrn des Himmels und der Erde, unseren Vater zu nennen. Dann führt uns Jesus selbst hinüber zu den großen Anliegen Gottes, der Verherrlichung seines Namens, dem Kommen seines Reiches der Liebe und des Friedens, der Erfüllung seines Willens, so wie er, Jesus, der vom Himmel kommt, es uns auf Erden gezeigt hat. In dieser Art des Betens dürfen wir hoffen, in schöpferischer Treue der Ehre und den Absichten Gottes zu dienen. Wir werden nicht untätig zu den Wolken des Himmels schauen, sondern unablässig der Sache Gottes und der Menschen dienen.

Wer mit Jesus zu dem einen Vater betet, der wird nicht selbstisch nur an sein Brot denken, sondern an das Brot, die Würde, die Gerechtigkeit und die Freiheit für alle. Er wird seine Talente mit denen aller andern vereinen, um an einer heileren Welt zu bauen, einer Welt, die nicht dem Menschen zur Versuchung wird. Er wird mit den Waffen der Liebe, gewaltloser Gerechtigkeit, die Mächte des Bösen überwinden.

Beten wir vertrauensvoll für unsere Nöte, die Nöte aller, dann erfahren wir, wie kostbar das Brot ist, das wir am Tisch des gemeinsamen Lebens aller teilen. Wir sehen dann den Zusammenhang des täglichen Brotes für die Welt und für uns mit dem Brot des Wortes Gottes und dem eucharistischen Brot, das uns in der einen Liebe und Hoffnung vereint.

Erfahren wir im Gebet des Herrn, wie vertrauensvoll wir um Vergebung unserer Sünden und um Versöhnung bitten dürfen, dann werden wir uns dankbar dem Friedensdienst weihen und durch die Heilssolidarität die Sündenverkettung überwinden. Wir würden dann verstehen, daß jeder einzelne und jede Gruppe einer wahren Bekehrung und Reinigung bedürfen, um sinnvoll an gesünderen Strukturen mitarbeiten zu können.

Gebet ist ein Ereignis der Hoffnung, einer tatbereiten Hoffnung, die sich an der Quelle jedes schöpferischen Ereignisses und der Erlösungsgeschichte befindet. Jene, die vertrauensvoll in den Heilsplan Gottes eintreten, werden zu einem Teil der Verheißung für die Welt. Sie werden zu Pfeilern der Hoffnungsbrücke, die den Abstand zwischen Glaube und Leben überspannt. Ist unser Gebet wahrhaft christlich, dann wird es zu einer Quelle der Hoffnung für die ganze Welt, denn wir beten im Namen Jesu und mit ihm für das Heil und Heilsein der ganzen Welt. Das die Hoffnung nährende Gebet folgt der prophetischen Tradition, die jedes Auseinanderfallen zwischen Religion und Leben, zwischen Glaube und Hoffnung, zwischen Gottes- und Nächstenliebe überwindet.

Dem Gebet und der Hoffnung ist der Formalismus feind. Selbstverständlich bedarf der gemeinsame Gottesdienst gewisser Grundstrukturen, aber diese sollen Platz lassen für Spontaneität und schöpferischen Ausdruck. Gebet ist Zeichen der Hoffnung, wenn es den Menschen für die Freiheit des Geistes öffnet, der die Herzen erneuert und der durch erneuerte Menschen das Angesicht der Erde erneuern will. Das Gebet tätiger Hoffnung läßt die Menschen teilhaben an der Sabbatruhe Gottes, einer Ruhe, aus der die Kraft und der Friede schöpferischer Gegenwart in der Welt erfließt.

Der Erweis, daß unser Beten der prophetischen Tradition folgt, ist die Erfahrung tätiger Solidarität mit den Ausgestoßenen, den Armen und Unterdrückten und mit all jenen, die unserer Hilfe bedürfen. Das Gebet bringt die erfahrene Zusammengehörigkeit aller vor Gott in Jesus Christus, der die Hoffnung der Welt ist. Das prophetische Gebet, das nach dem endgültigen Kommen des Herrn ausschaut, macht bereit und hellsichtig für sein Kommen, seinen Ruf in den täglichen Ereignissen. So wird die Hoffnung auf den neuen Himmel und die neue Erde zu tätiger Liebe und zum Ausdruck jener Mitverantwortung, die die Menschen stets neu einlädt, ihr Vertrauen auf Gott zu setzen.

2. *Solidarische Hoffnung*

Unter den vielen Motiven, die der Völkerapostel für Eintracht, Einheit und Frieden aufzählt, steht auch die Natur christlicher Hoffnung. „Setzt euch dafür ein, eine geistliche Einheit durch das Band des Friedens zu bewahren: ein Leib und ein Geist, wie es ja auch *eine* Hoffnung ist, die euch durch eure Berufung zuteil geworden ist; ein Herr, ein Glaube, eine Taufe; ein Gott als der Vater aller, der über alle, durch alle hindurch und in allen seine Herrschaft zur Wirkung bringt" (Eph 4,3–6). Ohne eine radikale Bekehrung zu Solidarität in Hoffnung und Hoffnung in Solidarität können die Voraussetzungen für schöpferische Freiheit und Treue nicht geschaffen werden.

Christliche Hoffnung ist Ausdruck des Bundes. Gott steht zum Geschenk seines Bundes und ruft so alle zur Bundestreue. Die Hoffnung der Kirche ist darum absolut. Der Herr ist immerdar ihr Retter und Beschützer, und es wird ihr immerdar ein Rest bleiben, der die Treue wahrt. Der einzelne ist der Hoffnung nur versichert, soweit er auf Gottes Treue zum Bundesvolk durch seine Treue antwortet. Die christliche Hoffnung gründet auf der alle Menschen sammelnden Treue und Verheißung und gilt darum jedem, dessen Hoffnung die Dimension der Zusammengehörigkeit und Mitverantwortlichkeit besitzt.

Eine individualistische Hoffnung, der der Horizont der Bundesmoral fehlt, wird Angst und Skrupulosität nie los. Wir müssen unser Heil in Vertrauen wirken, aber auch mit der heilsamen Furcht[33], doch ja nicht des Bundes mit Gott verlustig zu gehen durch Untreue zu seinem Volk. Unser Hoffen und Beten lebt in der Gemeinschaft der Heiligen, die sich in Christus, der menschgewordenen Solidarität, zusammenfinden. Der Dank dafür verpflichtet uns, die Hoffnung aller sowohl durch Fürbittgebet wie auch durch solidarisches Handeln zu stärken.

Es ist eines der vorzüglichen Zeichen unserer Zeit, daß die Menschheit an einem Wendepunkt sozialer Organisation und des Bewußtseins angekommen ist, daß ihre Zukunft eine unteilbare Einheit ist, sowohl im Guten wie im Bösen. Und dieser Prozeß einer neuen sozialen Gegebenheit und eines neuen Bewußtseins schreitet unaufhaltsam voran. Gerade angesichts dieser Tatsache stehen

---

[33] Vgl. *C. Kramer*, Fear and Hope According to Saint Alphonsus Liguori (Washington D. C. 1951); Weltrat der Kirchen: Uniting in Hope (Genf 1975).

wir vor großen Entscheidungen. Zuallererst sagen wir zu dieser geschichtlichen Entwicklung ja; dann aber gilt es, sich zu entscheiden, auf welche Art von Vereinheitlichung wir hoffen wollen.

Teilhard de Chardin ist besonders hellsichtig für diese Situation. Er sieht in der Solidarität der Hoffnung die Voraussetzung einer Vorwärts- und Aufwärtsentwicklung, „die durch mehr Organisation zu mehr Synthese und Einheit führt. Zurück also auch hier mit den reinen Individualisten, den Egoisten, die [individuell, national oder rassisch] durch Ausschluß oder Herabsetzung ihrer Brüder wachsen wollen. Das Leben bewegt sich in Richtung auf die Einswerdung. Unsere Hoffnung wird nur wirksam sein, wenn sie sich in größerem Zusammenhalt und in größerer menschlicher Solidarität äußert.“ [34] Nach Teilhard fällt hier die Entscheidung für die Freiheit. An diesem Wendepunkt der Geschichte dürfen wir uns nicht durch Zwangsvereinheitlichung treiben lassen, und wir können das nur vermeiden durch den gemeinsamen Entschluß, diese Einheit zum Ausdruck echter Freiheit und Überzeugung zu machen. Zwangsvereinigung läßt bloß eine Pseudo-Einheit entstehen. „Tatsächlich vermaterialisiert sie, anstatt zu vergeistigen.“ [35] Auf dem Weg zur Einheit darf das Verhalten der Menschheit nicht sein „wie die totale und blinde Hingabe einer Ameise an ihren Staat“ [36].

Teilhard geht in seiner Gesamtschau von Evolution und Geschichte, von Lebensstrom und geistiger Entfaltung so weit, zu behaupten, daß nur jene Einheit, die das Werk der Freiheit ist und der Einzigartigkeit jeder Person gerecht wird, „biologisch“ sei [37]. Es ist seine Überzeugung, daß die gesamte Evolution und insbesondere die Entfaltung des Lebens auf diese, und nur auf diese Art der Einheit der Menschen hinzielt. Er sieht in den biologischen Prozessen schon die Gegenwart des Geistes, der das Antlitz der Erde erneuert, im Blick auf das Auftauchen einer in Freiheit geeinten Menschheit. Es geht um Einswerdung kraft der Freiheit. „Nur sie verwirklicht dieses Wunder, aus den Kräften der Kollektivität mehr Personalität hervorzubringen. Sie allein stellt die authentische Weiterführung der Psychogenese dar, aus der wir hervorgegangen sind. Von innen her also, in voller Freiheit, müssen wir zueinander kommen.“ [38]

Solidarität ist Ausdruck des gemeinsamen Sehnens und jener Einheit, kraft deren wir „Herz zu Herzen“ sprechen. „Gott und den Nächsten lieben ist deshalb nicht nur ein unsere übrigen individuellen Beschäftigungen überlagernder Akt der Verehrung oder der Barmherzigkeit.“ Im Gegenteil! „Das Leben selbst, das Leben in der Unversehrtheit seiner Bestrebungen, seiner Kämpfe und seiner Eroberungen muß der Christ, wenn er Christ sein will, in einem Geist der Annäherung und der personalisierenden Einswerdung mit allem übrigen umfassen.“ [39] Der große Verrat, den ein Christ begehen kann, ist ein individualisti-

---

[34] *P. Teilhard de Chardin*, a.a.O. 101.
[35] Ebd. 103.
[36] Ebd. 60. [37] Ebd. 103. [38] Ebd. [39] Ebd. 109.

sches Nein zum Prozeß der Vereinigung oder aber das Sich-treiben-Lassen zu jener Vereinigung hin, die dem Kollektivegoismus entspringt. Der Christ muß seinen Beitrag zum Heil aller und zum Heilsein der Welt in verantwortlicher Hoffnung leisten, wissend, daß darin sich auch sein Heil und seine Freiheit verwirklichen. „Die Vereinigung, die wahre Vereinigung, die Geistes- und Herzensvereinigung, versklavt nicht und neutralisiert nicht die verbundenen Glieder. Sie *super-personalisiert* sie.“[40]

Schon früh in seinem Leben begriff Teilhard klar, was dieser Wachstumsprozeß mit dem Ziel der reifen Persönlichkeit in der Gemeinschaft, für die Gemeinschaft und durch die Gemeinschaft bedeutet. Es ist ganz Hingabe an die Einheit, die die höchste Form der Herzensreinheit voraussetzt und fördert. „Hat man einmal begonnen, die Menschen und die Ereignisse unter diesem besonderen Licht zu sehen – so ist man entsetzt über das Bedürfnis nach Reinheit, an dem das Universum leidet, und beinahe ‚außer sich‘ vor Sehnsucht, ihm ein wenig davon mitzuteilen. Welch ein Brennpunkt inneren Bemühens liegt doch hier.“[41] Nur die Reinheit des Herzens ermöglicht es, Brücken zu bauen, die wahre Einheit zu schaffen.

3. Mutige Hoffnung: Hoffnung und Leiden

Christliche Hoffnung ist der Mut zum Dasein, der Mut, zu wachsen und inmitten der Unsicherheiten und des Leidens das Wagnis der Mitverantwortung zu tragen. Das ist nur möglich in der vollen gläubigen Hinwendung zum Ostergeheimnis des Todes und der Auferstehung Christi. Der Mut zu hoffen, zu leiden und in schöpferischer Freiheit und Treue die Wagnisse des Lebens auf sich zu nehmen, ruht auf dem festen Fundament der Verheißungen Gottes und seiner Bundestreue.

Diese Hoffnung garantiert uns nicht, daß wir keine unliebsamen Erfahrungen machen. Auf dem Weg der Geschichte begegnet die Hoffnung dem Wagnis, angenehmen und unangenehmen Überraschungen und zeitweisem Mißerfolg. Darum spricht Moltmann vom „Experiment Hoffnung“. Dabei sieht er das Gesamt der Geschichte als Gottes eigenes Experiment mit der Schöpfung, in diesem Rahmen das Experiment der Christenheit mit der Geschichte. Das größte Experiment, das aus der absoluten Freiheit der Liebe Gottes erfließt, besteht darin, daß er dem Geschöpf erlaubt, in Freiheit zu antworten und zu handeln. Das schließt freilich ein, daß der Mensch durch die Verweigerung der treuen Mitarbeit mit Gott unendliches Leiden in die Geschichte der Menschheit bringen kann.

Christliche Hoffnung schaut dem Abgrund des Bösen ins Auge und vertraut dennoch auf den endgültigen Sieg der Liebe Gottes. Diese Hoffnung will ein-

---

[40] Ebd. 160.
[41] *P. Teilhard de Chardin,* Entwurf und Entfaltung (s. Anm. 2) 304.

geübt werden. „Christliche Hoffnung ist darin kundige Hoffnung, daß sie die Übermacht des Negativen und des Gerichtes über alles Seiende und seine Möglichkeit kennt und dennoch Hoffnung ist. Sie kann als ‚gekreuzigte Hoffnung' Auferstehungshoffnung sein."[42] Es bedarf einer mutigen Hoffnung, an den Gott der Geschichte zu glauben und daraus die Konsequenzen für das Leben zu ziehen. Der Gott der christlichen Hoffnung ist ein ganz anderer als der unbewegliche Gott des Hellenismus. „Ohne Revolution im Gottesbegriff keine revolutionäre Theologie. Ohne Befreiung des gekreuzigten Gottes von den Idolen der Macht keine befreiende Theologie! Gott ist nicht tot. Er hängt am Kreuz seiner Liebe und verherrlicht seine Hingabe durch Auferstehung. Das Unglück, das wir anrichten, und das Unglück, das wir erfahren, ist sein Unglück. Unsere Leidensgeschichte ist hineingenommen in seine Leidensgeschichte. Darum ist seine Zukunft unsere Zukunft. Und das Glück seiner Liebe ist die Auferstehung unseres Lebens."[43]

Eine evolutionär-revolutionäre Hoffnung wie die eines Julian Huxley[44] braucht sich in keiner Weise dem Atheismus zu verschreiben. Christen können davon viel lernen, vorausgesetzt, daß sie von einem hellenistischen Gottesbegriff zum Gott der Geschichte der Bibel, zum Gott des „Experimentes Hoffnung" zurückkehren. Diese mutige Hoffnung und eine dementsprechende Erziehung kann uns vom falschen Verlangen nach Sicherheiten befreien. Nur Menschen, die tief im Glauben und in der Hoffnungsgemeinschaft verwurzelt sind, können diese mutige Hoffnung leben, von der her auch die erschütterndsten Erfahrungen der Geschichte einen Sinn erhalten.

Teilhard de Chardin kann sich wie der göttliche Meister angesichts von Sünde, Tod und Leiden erzürnen. Aber für ihn „hört das Übel in all seinen Formen – Ungerechtigkeit, Ungleichheit, Leiden, selbst der Tod – theoretisch von dem Augenblick an auf, ein Ärgernis zu sein, da die gewaltige Mühsal der Welt, *indem die Evolution eine Genese wird,* als die unvermeidliche Kehrseite oder, besser, als die Bedingung oder, noch genauer, als der Preis eines ungeheuren Erfolges erscheint"[45], nämlich des endgültigen Triumphes Gottes, des Sieges seiner Treue zur Freiheit seiner Liebe, des Sieges Gottes, der durch Jesus Christus inmitten der Geschichte gegenwärtig ist. Aber auf der praktischen Ebene ändert sich nichts, solange Christen nicht den Mut haben, dem Übel in einer kundigen, verantwortlichen und solidarischen Hoffnung zu widerstehen. Das ist es, was wir im Glauben an den gekreuzigten Gott lernen.

Die Jünger Christi, die an das Kreuz als den Weg zur Auferstehung und zum vollen Leben glauben und daraus Sinn und Kraft zum Leiden gewinnen, sind

---

[42] *J. Moltmann,* Das Experiment Hoffnung (s. Anm. 1) 56.
[43] Ebd. 93.
[44] Vgl. *J. Huxley,* Touchstones for Ethics 1843–1943. Ethics and Dialectics of Evolution (New York 1947).
[45] *P. Teilhard de Chardin,* Die Zukunft des Menschen (s. Anm. 9) 123.

eine Herausforderung an die gottlose und gottverlassene Welt. Der Glaube an das Kreuz läßt sie nicht nur den Sinn ihres Leidens finden, sondern vertieft auch ihre Einfühlung und ihr Mitgefühl mit den Leidenden, den Unterdrückten, den Kranken und gibt ihnen die Kraft, jene Leiden auf sich zu nehmen, die im Einsatz für Gerechtigkeit, Friede und Liebe unvermeidlich sind[46]. Niemand kann eine echte Theologie der Hoffnung lehren, ohne an den Leiden teilzunehmen, die notwendig sind, um dem Übel zu wehren und vor allem jene Leiden aus der Welt zu schaffen, die von der Sünde immer neu verursacht werden. In der Schule des Leidens (Hebr 5,8) müssen die Jünger Christi stets aufs neue jenen Gehorsam gegenüber Gott lernen, der der aktive Ausdruck des Glaubens und verantwortlicher Hoffnung für das Reich der Freiheit und Liebe ist[47].

Indem sie die Moral des Ostergeheimnisses leben, lernen die Christen eine Hoffnung, die nichts zu tun hat mit oberflächlichem Optimismus. Opferscheuer Optimismus schlägt immer wieder um in Pessimismus. Die Erfolgsethik der Leistungsgesellschaft und die Erwartungen einer maßlosen Konsumgesellschaft führen immer wieder zu schweren Depressionen individueller und sozialer Art. Pessimismus führt zu allen Arten von Verwirrungen und verzehrt die wertvollsten Energien. Der Pessimist flieht den Kampf des Lebens, da ihm mit einem letzten Zutrauen auch der wahre Sinn des Lebens entgeht. Er hat nicht den Mut zum Dasein und verschmäht es, in der Schule des Leidens selbstlose Liebe zu lernen.

Die schwerste Last ist nicht Leiden selbst, sondern dessen scheinbare Sinnlosigkeit. Aber wie uns Viktor Frankl und viele andere Männer und Frauen gezeigt haben, gibt die Hoffnung unerschöpfliche Kraft inmitten der schrecklichsten Leiden, wenn man den letzten Sinn des Lebens gefunden hat. Dabei ist schon viel gewonnen, wenn der Mensch mit ganzem Herzen nach dem wahren Sinn des Lebens sucht, auch wenn ihm Fortschritt in diesem Kennen nur unter Schmerz zufließt. Als Christen verstehen wir den tiefsten Sinn des Leidens in Vereinigung mit dem Gekreuzigten als Liebe, die Hoffnung weckt, und als Hoffnung, die stets neue Dimensionen wahrer Liebe eröffnet. Und diese Liebe gibt die Kraft, den Preis von Opfer und Leiden darzubringen.

Der Mut zum Dasein und zur Hoffnung, das wahre Selbst inmitten des Leidens zu finden – nicht nur trotz des Leidens, sondern sogar durch seine Annahme –, offenbart die Höhe und Tiefe menschlicher Freiheit. Unsere Freiheit kommt erst ganz zu sich selbst in den großen Prüfungen des Lebens und im Erweis der Liebe, die Opfer verlangt. Das Suchen nach einem Leben auf Erden ohne Leiden und zeitweise Enttäuschungen ist der Weg des Feiglings, der den letzten Möglichkeiten seiner Freiheit entflieht. Schöpferische Treue und Freiheit wachsen mit jedem mutigen Ja zu den wirklichen Bedingungen des

---

[46] Vgl. W. *H. Capps,* Hope Against Hope. Moltmann to Merton in One Decade (Philadelphia 1976) 159.

[47] Vgl. *J. Ellul,* Hope in Time of Abandonment (New York 1973).

Lebens im vollen Wissen um die dunklen und hellen Seiten des Lebens, um unsere Möglichkeiten und unsere Grenzen.

Wer die Notwendigkeit der eigenen fortschreitenden Reinigung annimmt und den Schrei des Universums nach größerer Reinheit hört, weiß, daß Leiden einzigartige Möglichkeiten für die Ausweitung der Freiheit bieten kann. Ich denke vor allem an jene Leiden, die die selbstlose Liebe und die Treue in der Schule des göttlichen Meisters auf die Probe stellen. Auf diesem Wege wird dem Menschen immer mehr die Erfahrung der Seligpreisung zuteil: „Selig sind die Trauernden; denn sie werden getröstet werden", in innigem Zusammenhang mit der andern Seligpreisung: „Selig, die reinen Herzens sind; denn sie werden Gott schauen" (Mt 5,4.8).

4. *Frohe Hoffnung*

Hoffnung, die dankbar als Geschenk empfangen wird, Hoffnung, die wir gemeinsam haben und die uns vereint, Hoffnung, die uns ein lebenswahres Ja zum Geheimnis und zur täglichen Wirklichkeit des Kreuzes ermöglicht, diese Hoffnung entdeckt immer mehr die Macht des Auferstandenen. Sie ist im Grunde immer eine frohe Hoffnung[48].

Christliche Hoffnung ist unzertrennlich verbunden mit der Moral der Seligpreisungen, und so läßt sie den Glaubenden verspüren und verkosten, wie gut der Herr ist. In Hoffnung gerettet sein besagt wahres Leben, Leben in Christus, das hier schon begonnen hat, aber immer wieder auf die Probe gestellt werden muß. Der Geist ist jetzt schon in unseren Herzen ausgegossen. Im Vertrauen auf ihn können wir mit dem Apostel sagen: „Ich jage auf das Ziel zu, den Siegespreis, der auf die wartet, die Gott zu sich berufen hat in Christus Jesus" (Phil 3,14). Dabei kann er alles andere als Verlust buchen: „Denn Jesus Christus, meinen Herrn, erkannt zu haben, das ist mir unendlich viel wichtiger" (vgl. Phil 3,8). Und in allen Prüfungen haben wir das Vertrauen, daß Gottes Friede, der weiterreicht als alle Vernunft, Wache hält über unsere Herzen und Gedanken in Christus Jesus (vgl. Phil 4,7).

Der Gedanke an die alle vereinende Hoffnung macht Paulus froh sogar im Leiden: „Ich freue mich, wenn ich gegenwärtig für euch leide: so fülle ich das Maß der Christusleiden auf, indem ich mit meinem eigenen Leibe leide für seinen Leib, das ist die Kirche" (Kol 1,24). Jene, die einzeln und gemeinsam den Egoismus überwinden, erfahren die Früchte des Geistes: Liebe, Freude, Friede (Gal 5,22). Für den Glaubenden hat die herrliche Zukunft schon begonnen: Christus ist hier und heute und für immer unser Leben. Die Antwort darauf kann nur eine frohe Hoffnung sein.

---

[48] Vgl. *N. Beaupère,* Saint Paul et la joie (Paris 1973).

III. Christliche Hoffnung und Verantwortung für die Welt

Ein Leitmotiv Teilhards de Chardin ist die Zuversicht: „Die Welt gehört jenen, die ihr die größere Hoffnung anbieten können." Als Jünger Christi können wir der Welt die uns von Gott geschenkte Hoffnung anbieten und alle einladen, in dieser Hoffnung zusammenzuarbeiten. Um von dieser Hoffnung wirksam zu sprechen, müssen wir freilich immer auch auf die Hoffnungen der Welt hinhören. Das Zweite Vatikanische Konzil erklärt dazu programmatisch: „Freude und Hoffnung, Trauer und Angst der Menschen von heute, besonders der Armen und Bedrängten aller Art, sind auch Freude und Hoffnung, Trauer und Angst der Jünger Christi."[49] Es ist unmöglich, gläubig auf Christus zu vertrauen und alle Hoffnung in ihn zu setzen, wenn man sich nicht um die Zukunft der Welt verantwortlich kümmern will. Das wäre Verrat an der Hoffnung, die Christus, der Erlöser der Welt, gebracht hat.

„Außerdem lehrt die Kirche, daß durch die eschatologische Hoffnung die Bedeutung der irdischen Aufgaben nicht gemindert wird, daß vielmehr ihre Erfüllung durch neue Motive unterbaut wird. Wenn dagegen das göttliche Fundament und die Hoffnung auf das ewige Leben schwinden, wird die Würde des Menschen aufs schwerste verletzt, wie sich heute oft bestätigt, und die Rätsel von Leben und Tod, Schuld und Schmerz bleiben ohne Lösung, so daß die Menschen nicht selten in Verzweiflung stürzen."[50] Dies ist die heilende Antwort auf den modernen Atheismus. Verweisen dagegen Religionen allein auf jenseitige Hoffnung, während sie die Anliegen und Hoffnungen der Menschen unbeachtet lassen oder nur negativ beurteilen, dann brauchen wir uns nicht wundern, wenn der Mensch eine Kluft sieht zwischen Religion und Evolution, zwischen Kirche und Aufklärung, zwischen Rettung der einzelnen Seelen auf der einen und Verantwortung für die Welt auf der anderen Seite[51].

Aber vergessen wir nicht, es ist vor allem Christus selbst, der uns zu größerer Treue gegenüber den berechtigten Hoffnungen der Welt ruft. Er, der die Auferstehung ist, ist ebenso das menschgewordene Wort und der Herr der Geschichte, der das Werk der Schöpfung zur Vollendung bringt. Während er die ewige Herrschaft des Vaters verkündet, heilt er Kranke, befreit er die Angstbeladenen und Unterdrückten, nährt er die Hungrigen und drängt alle, sich zu brüderlicher Liebe in Gerechtigkeit und Frieden zu bekehren; und das ist ein wesentlicher Teil der Verkündigung der Gottesherrschaft. Ebenso lehrt der Völkerapostel, daß jene, die durch die Gnade des Heiligen Geistes die Freiheit der Söhne und

---

[49] GS (s. Anm. 1, 1. Kap.) 1.

[50] GS 21.

[51] Vgl. *E. Fromm*, Revolution of Hope. Toward a Humanized Technology (New York 1968); *H. Decroche*, Sociologie de l'espérance (Paris 1973); *G. Bauer*, Christliche Hoffnung und menschlicher Fortschritt (Mainz 1976).

Töchter Gottes erfahren, feinfühlig und hellhörig sind gegenüber der Sehnsucht der ganzen Schöpfung, an dieser Freiheit teilzuhaben. Durch die Erfüllung unserer innerweltlichen Berufung bezeugen wir unsere Hoffnung: „Denn auch sie, die Schöpfung, soll von der Knechtschaft der Vergänglichkeit befreit werden zur herrlichen Freiheit der Kinder Gottes. Denn wir wissen, daß die ganze Schöpfung mit uns seufzt und in den Wehen liegt, bis zur Stunde... denn auf Hoffnung sind wir errettet" (Röm 8,21–24).

Die berechtigten Hoffnungen der Menschheit stehen nicht unverbunden neben der christlichen Hoffnung; denn es ist die Hoffnung, die Christus bringt und darum das Sehnen der ganzen Schöpfung einschließt. Wir können jedoch zu der weithin verworrenen Welt nur sinnvoll sprechen und den Menschen helfen, die wahre Hoffnung von falschen Erwartungen zu unterscheiden, wenn wir unsere eigene Identität nicht verleugnen. Als Christen müssen wir wissen, was der Herr verheißen hat und was wir erwarten dürfen. Darum müssen wir falsche Erwartungen als solche entlarven. Die Verheißungen von Marxisten, die aus dem sich verschärfenden Klassenhaß und durch Klassenkampf „wissenschaftlich" eine fast vollkommene Ordnung ableiten wollen, führen in die Irre. Teilhard sagt richtig: „Diese Hoffnung ist leider unwahrscheinlich. Kein äußerer Umsturz, keine innere Erneuerung vermöchten, so scheint es, eine Metamorphose des Wirklichen im Universum zu bewirken, ohne gleichbedeutend mit einem Tod zu sein. Tod des Individuums, Tod der Rasse, Tod des Kosmos. Eine realistischere und christlichere Sicht zeigt uns die Erde auf dem Wege zu einem Zustand, wo der Mensch, da er zum Vollbesitz seines Wirkungsbereichs, seiner Kraft, seiner Reife, seiner Einheit gelangt ist, ein endlich erwachsenes Geschöpf darstellen wird."[52]

Unsere Hoffnung liegt nicht außerhalb der gegenwärtigen Geschichte. Denn wir setzen unsere Hoffnung auf die ewige Liebe, auf Gott, den Herrn der Geschichte, der uns in der Geschichte und durch sie zur Gemeinschaft mit sich ruft. Unser Glaube sagt uns, daß die göttlichen Verheißungen unserer menschlichen Geschichte, und in der Tat dem ganzen Universum, eingestaltet sind. Und wir wissen, daß wir das Angeld des Geistes als Sendung und Zeichen der Hoffnung nicht nur für die Kirche, sondern für die ganze Welt empfangen haben.

Wir haben das Zutrauen, daß wir durch ein Leben gemäß dem Evangelium und mit vereinten Kräften an der Veränderung der Welt mitarbeiten und ihr die wahre Hoffnung eingestalten können. Nur das Zeugnis christlicher Hoffnung kann die gefährlichen Ideologien über die Hoffnung entlarven. Sind wir wirklich Salz der Erde, dann werden die Menschen verstehen, daß unsere Hoffnung „nicht eine Frage des *Wohlseins,* sondern ein Durst nach *Mehrsein* ist"[53],

[52] *P. Teilhard de Chardin,* a.a.O. 32; vgl. *P. Masset,* Espérance Marxiste, espoir chrétienne, in: Nouv. Rev. Théol. 99 (1977) 321–339.

[53] *P. Teilhard de Chardin,* a.a.O. 398.

nach Heilsein. Das verlangt freilich, daß wir die Synthese von Aufwärts und Vorwärts, zwischen Transzendenz und Zukunft leben.

Teilhard de Chardin glaubt, daß eine bessere Zusammenschau zwischen Materie und Geist, „die irdische Synthese des Geistes“[54], eine lebenswahrere Synthese zwischen Gottes- und Nächstenliebe und einen volleren Einsatz für den Fortschritt in seiner Ganzheit erlauben würde. Sind wir wirklich treu zur Erde, wie wir sie im Lichte der Evolution und noch mehr im Lichte der Offenbarung sehen, dann können wir alles, was gut und hoffnungsvoll ist, in die christliche Hoffnung einbringen. Wir müssen „gelebt und begriffen haben, um es leben und begreifen zu lassen, daß jede menschliche Bereicherung, wie immer sie auch sei, nur Staub ist, es sei denn, sie wird zum Kostbarsten, zum Unzerstörbarsten der Dinge, indem sie sich einem Zentrum unsterblicher Liebe angliedert: das ist das höchste Wissen und die letzte Unterweisung des christlichen Erziehers“[55], nämlich diese alles umfassende Hoffnung mitzuteilen.

Obwohl wir als Christen wissen, daß der neue Himmel und die neue Erde schlechthin das Werk Gottes sind, so können wir den letzten Akt der Vollendung doch nur in Kontinuität mit all der in der Geschichte investierten Hoffnung sehen. Darum hat niemand ein Recht, hoffnungsvoll auf den verheißenen neuen Himmel und die neue Erde auszuschauen, ohne sein Bestes zu tun, um diese unsere Erde zu einem Garten der Menschlichkeit zu machen. „Als Christen bringen wir nicht viel Sympathie auf für die Geschichtsauffassung jener, die vermeinen, feststellen zu können, daß die menschliche Gesellschaft unaufhaltsam dem Zerfall zueilt. In einem solch pessimistischen Klima müssen Christen, gestützt auf die göttlichen Verheißungen, dafür einstehen, daß die Geschichte offenbleibt für menschliche Freiheit und schöpferische Kraft, offen für das Unerwartete.“[56] Die christliche Hoffnung ist uns Ansporn, uns unablässig zu bemühen, eine gesündere öffentliche Meinung zu schaffen, uns für den Fortschritt wahrer Kultur einzusetzen, die Wirtschaft zu vermenschlichen und auf allen Ebenen gesunde Beziehungen zu schaffen. Doch Christen haben keine besondere Verheißung – außer der von Gott gegebenen und entsprechend dem Gebrauch ihrer menschlichen Freiheit.

Diese Sicht ist auch das Herzstück einer christlich begründeten Umweltethik. Gott ruft uns zu verantwortlicher Pflege der uns anvertrauten Umwelt auf durch die in ihr investierte Schöpferliebe und die in ihr menschgewordene Erlöserliebe. (Darüber mehr im dritten Band, fünftes Kapitel.)

---

[54] Ebd. 129.
[55] Ebd. 54.
[56] *G. Baum*, Religion and Alienation (New York 1975) 286.

IV. Sakramentalität der Hoffnung und die Sakramente der Hoffnung

1. *Eine umfassendere Sicht der Sakramente*

Gottes Verheißungen ergehen an uns nicht in bloßen Worten, sondern in Worten, die Werke sind, und in Werken, die zu uns sprechen. Das prophetische Wort enthüllt die Botschaft und die Verheißungen der Werke Gottes an uns. Alles, was Gott tut, ist seiner Natur nach eine Verheißung; denn es trägt in sich die schöpferische Gegenwart Gottes. Evolution und Geschichte der Menschheit gehören in Gottes Plan zusammen. Die Anwesenheit des treuen Gottes gibt der ganzen Schöpfung und Geschichte den Antrieb der Hoffnung. Er, der sein Werk begonnen hat, wird es auch vollenden. Im Lichte der Heiligen Schrift sieht die Kirche des Altertums, wie noch heute die orthodoxen Kirchen, keine Aufspaltung in Natur und Übernatur. Die ganze Schöpfung ist das sprechende Werk Gottes, ins Dasein gerufen und im Dasein gehalten durch das allmächtige Wort des Vaters und im Blick auf das Kommen Christi. Und so ist sie, kraft der Gegenwart des Schöpfers und Erlösers in ihr, ein großes Zeichen der Huld, ein Sakrament[57].

Teilhard de Chardin hat diese große Sicht für uns Heutige erneuert durch seine Schau der Evolution im Blick auf den „Punkt Omega", so daß für ihn alles zu einer kosmischen Liturgie wird. Daraus erklärt sich auch seine Leidenschaft für eine Ganzheitsschau von Materie und Geist. Von Anfang an schwebte der Geist Gottes über der Erde(Gen 1,2). So kann es keinen Gegensatz zwischen Materie als solcher und dem Geist geben. Erst durch die Sünde wird die Materie für die Geist- und Gottesfeindschaft mißbraucht. Obwohl es also keine Trennung zwischen dem Natürlichen und Übernatürlichen gibt, können wir den Abfall einer durch die Sünde gestörten Welt vom ursprünglichen Plan Gottes für die Schöpfung nicht übersehen. Doch dieser Abfall bringt nicht eine radikale Zerstörung der grundsätzlichen Gutheit von Schöpfung und Geschichte; sie behält ihre Eigenschaft als Verheißung und Anruf zur Hoffnung. Gottes Herrlichkeit, der Glanz seiner Macht und Liebe, leuchtet weiterhin in allen seinen Werken auf, wenngleich dem Ungläubigen diese verheißende Gegenwart verborgen bleibt.

Wie Christus allein uns den Sinn der Geschichte erschließen kann, so sehen wir die Sakramentalität von Schöpfung und Geschichte nur im Lichte Jesu, des verheißenen Messias, der menschgewordenen Verheißung, der endgültigen Erfüllung. „Er ist das Bild des unsichtbaren Gottes, der Erstgeborene vor aller Schöpfung. Denn durch ihn ist alles geschaffen im Himmel und auf Erden... Alles ist durch ihn und auf ihn hin geschaffen" (Kol 1,15f.).

---

[57] *A. Schmemann,* Sacraments and the Orthodoxy (New York 1965); *B. Häring,* Zeichen der Hoffnung (München 1973).

2. Christus, das Sakrament der Hoffnung

Alle Sakramentalität gründet in Christus. Von Anfang an ist er der „Punkt Omega", die Verheißung für die Schöpfung und für den Menschen. In seiner Menschwerdung, seinem erlösenden Tun und Leiden und in seiner Auferstehung ist er die Erfüllung aller vorangegangenen Verheißungen und zugleich die Verheißung der Enderfüllung. Christus ist unendlich mehr, als was Schöpfung und Mensch aus sich erträumen konnten. Und doch ist dieser Traum, diese Hoffnung und Verheißung, in der Schöpfung von Anfang an angelegt. Denn sie ist in ihm, dem Wort des Vaters, geschaffen und im Blick auf sein Kommen.

Christus ist der Höhepunkt der prophetischen Geschichte, absolutes Zeichen und Verheißung der Treue Gottes und so der Ansporn zu vertrauender und schöpferischer Treue. Er ist nicht nur das große Sakrament der Liebe des Vaters „bis zur Vollendung" (vgl. Joh 13,1), er ist auch die Verheißung, daß seine Jünger in der Kraft des Heiligen Geistes fähig sein werden, diese gleiche Liebe in der Welt sichtbar machen zu können. Er hat die Liebe des Vaters seinen Jüngern spürbar, erfahrbar gemacht, auch im Blick auf deren Sendung, durch ihre gegenseitige Liebe die Welt unermüdlich zu überzeugen, daß der Vater ihn, Jesus Christus, gesandt hat. In ihm und nur in ihm sind alle jene, die Frucht bringen in Liebe und Gerechtigkeit, ein Zeichen der Hoffnung, eine Verheißung der kommenden Dinge.

Aus seinem innersten Wesen heraus und in all seinem Tun ist Jesus das sichtbare Zeichen, das Wort-Zeichen der Verheißung und der Ruf zur Hoffnung. Er erfüllt die kühnsten Prophezeiungen des Alten Testamentes als der Gottesknecht, der vom Vater als der vielgeliebte Sohn anerkannt ist. „Du bist mein vielgeliebter Sohn; auf dir ruht all mein Wohlgefallen" (Lk 3,22). Jesus begegnet Sündern in einer Weise, daß er Hoffnung weckt und daß sich eine Neuschöpfung abzeichnet. Der Sünderin, die seine Füße mit ihren Tränen wäscht, gibt er die Verheißung, ihre große Liebe mache sichtbar, daß ihr viele Sünden vergeben sind (vgl. Lk 7,47). Die letzten Worte am Kreuz, die Jesus spricht, während er den neuen und ewigen Bund mit seinem Blut besiegelt, sind menschliche und göttliche Verheißung, daß für jeden, auch für den größten Sünder, Hoffnung möglich ist.

3. Die Kirche, ein Sakrament der Hoffnung

Das Zweite Vatikanische Konzil gibt dem sakramentalen Modell den Vorzug im Selbstverständnis der Kirche. Durch ihr Dasein in Christus und für Christus ist die Kirche eine Art Sakrament, ein Grundsakrament der Vereinigung mit Gott und der Einheit der Menschheit[58]. Ihr ganzes Dasein soll Verheißung und Einladung zu jener innigsten Lebensgemeinschaft mit Gott sein, aus der die Einheit der Menschheit erwachsen soll.

---

[58] LG (s. Anm. 24, 3. Kap.) 1.

Ein bekanntes Wort Leos des Großen über die bleibende sakramentale Gegenwart Christi nach seiner Himmelfahrt muß auch auf die Pilgerkirche angewandt werden, die berufen ist, in Liebe und Gelehrsamkeit gegenüber dem Heiligen Geist immer mehr ein wirksames Zeichen der Hoffnung zu werden. „Was in unserem Erlöser sichtbar wurde, dauert fort in den Sakramenten."[59] Gemäß ihrer schöpferischen Treue zum Wort und zur Gnade Christi hat die Kirche die göttliche Verheißung, immer mehr ein großes Zeichen der Hoffnung für die Menschheit werden zu können. Darum muß sie ständig alle Aspekte ihres Lebens – Gottesdienst, Verkündigung, Kirchenrecht, Verwaltung auch ihrer materiellen Güter – in dieser großen Sicht überprüfen. Weist alles auf Christus, das Ursakrament der Hoffnung, und weist es allen Hoffnungen der Menschheit die wahre Richtung? Ist die Kirche ein großes Zeichen der Hoffnung auch für jene, die von einer gottlosen Welt und einer pharisäischen Haltung bereits als „hoffnungslose Fälle" abgeschrieben worden sind? Wird es sichtbar, daß sie all ihr Vertrauen auf den Herrn setzt und so die Menschen lehrt, desgleichen zu tun? Erneuert sie sich und wirkt sie so mutig für die Einheit aller Christen, daß dies Hoffnung auf Frieden und Einheit in der Welt weckt? Die Kirche als ganze und jede einzelne kirchliche Gemeinschaft bestehen „als Symbol des göttlichen Vorsehungsplanes, wenn in ihrem wahrhaft menschlichen Dasein die göttliche Herrschaft aufleuchtet und so auf ihn hinweist, daß die eschatologische Dimension seines Reiches sichtbar wird"[60].

Die einzelnen Sakramente und das Gesamt des Gottesdienstes haben ihren Sitz im Leben, ihre Lebenswahrheit und ihren Vollsinn innerhalb des ganzen Lebens der Kirche. Als von Christus gestiftete Institution, als Pilgervolk, als Dienerin, als Heilsverkünderin muß die Kirche die gleiche Botschaft aussprechen wie ihre Sakramente. Ihre sakramentale Feier hat ihre Lebenswahrheit vom gesamten Leben der Kirche her.

Mit absoluter Demut und großem Vertrauen auf Christus hinweisen, das ist nach dem Zweiten Vatikanischen Konzil das Selbstverständnis der Kirche in bezug auf ihre Sendung. Ihr Vorbild ist Maria, die Mutter des Herrn, deren ganzes Leben den Gesang des Gottesknechtes singt und die Herrlichkeit Gottes lobpreist. Biblisch begründete Marienverehrung hilft der Kirche, ihre Aufgabe, immer mehr ein Zeichen der Hoffnung für die Welt zu werden, besser zu verstehen. Wie Maria, das Urbild der Kirche, als demütige Magd erhöht ist, während der Drache (Symbol der Anmaßung) von seinem Thron geschleudert wird, so wird die Kirche immer mehr zu einem weithin sichtbaren Zeichen der Hoffnung, wenn sie mit Maria Jesus, dem Gottesknecht, folgt (vgl. Offb 12,1–9).

Das Zweite Vatikanische Konzil weist ausdrücklich auf Maria als Zeichen der Hoffnung hin, das der Kirche viel zu sagen hat: „Wie die Mutter Jesu, im Himmel schon mit Leib und Seele verherrlicht, Bild und Anfang der in der kom-

[59] Leo d. Gr., Serm. 74,2: PL 54, 398.
[60] *L. Gilkey,* Symbols, Meaning and the Divine Presence, in: Theol. Studies 35 (1974) 256.

menden Weltzeit zu vollendenden Kirche ist, so leuchtet sie auch hier auf Erden in der Zwischenzeit bis zur Ankunft des Tages des Herrn (vgl. 2 Petr 3,10) als Zeichen der sicheren Hoffnung und des Trostes dem wandernden Gottesvolk voran."[61] Es ist die Aufgabe der Kirche als ganzer wie auch ihrer Sakramente, Christen und christliche Gemeinschaften zu bilden, die füreinander und für die Welt wirksame Zeichen der Hoffnung sind. So bieten wir der Welt Christus an, die größte Hoffnung.

4. *Die sieben bevorzugten Zeichen der Hoffnung*

Nach Christus und der Kirche und im Blick auf sie ist der nach dem Bild und Gleichnis Gottes geschaffene Mensch berufen, in Christus zum Zeichen der Hoffnung zu werden. Ist der Jünger Christi seiner Berufung treu, so nimmt er an der prophetischen Sendung Christi teil und weist in ihm und mit ihm auf die verheißene Zukunft hin. Dementsprechend sehen wir die Bestimmung der sieben Sakramente darin, allen Christen zu helfen, das zu werden, wozu sie berufen sind, nämlich Zeichen der Hoffnung für die Welt. Dies drückt Augustinus treffend aus. Von Gläubigen befragt, wie die Heiden, denen der Arkandisziplin zufolge die Sakramente, die Heilszeichen der Kirche, wie Taufe und Eucharistie, verborgen bleiben, gerettet werden könnten, antwortet er: „Die Sakramente der Taufe und Eucharistie sind in der Kirche verborgen. Aber während sie den Heiden verborgen bleiben, können eure guten Taten sichtbar werden. Was sichtbar wird, ersteht aus jener Tiefe, die sie nicht wahrnehmen können, so wie der sichtbare Teil des Kreuzes von jenem Teil getragen ist, der in der Erde verborgen ist."[62] Die Erwartung, daß das sakramentale Leben den Charakter der Christen so formt, daß sie Licht der Welt, sichtbare und wirksame Zeichen der Hoffnung für die Welt werden, gehört zur Eigenart christlicher Moral.

Diese Sicht ist ein Programm für Gottesdienst, Verkündigung und Heilssorge der Kirche, das sie immer besser in die Tat umsetzen muß. Langdon Gilkey gibt diesbezüglich einige bedeutsame Anregungen. Soll die Liturgie Christen formen, für die Welt Zeichen der Hoffnung zu sein, „so muß sie die heilige Qualität alles dessen, was in der Welt sinnvoll ist, zum Ausdruck bringen"[63]. Der Gottesdienst bedarf genauso passender Symbole wie er der rechten Worte bedarf. Es ist jedoch zu beachten, daß religiöse Symbole ihre Wirklichkeit und Wirksamkeit verlieren, wenn sie bezuglos neben dem Leben in der Welt stehen, aber ebenso ist zu bedenken, daß sie ihre Echtheit verlieren, wenn sie sich einfachhin und unkritisch mit den sozial vorgefundenen Symbolen identifizieren. Symbole, die einstens eine besonere Verheißung und ein Ruf zur Hoffnung waren, können in einem neuen, veränderten kulturellen Kontext ihren Sinn einbüßen

---

[61] LG 68.
[62] *Augustinus*, En. in Ps. CIII: PL 37, 1348.
[63] *L. Gilkey*, a.a.O. 249.

und so weniger Verheißung in sich tragen als die gegenwärtigen kulturellen Wirklichkeiten.

Das Gesamt des Gottesdienstes und insbesondere der Gebrauch von Symbolen müssen die Treue der Kirche zu ihrer prophetischen Sendung ausdrücken. „Eine Kirche, die die Überbleibsel früherer Sakralformen dazu benützt, oppressive Elemente in unserer Kultur abzusegnen, anstatt sie umzuformen, kann kein Zeichen der Hoffnung sein und kann nicht Christen zu Zeichen der Hoffnung heranbilden.“[64]

Christlicher Gottesdienst muß sorgsam darauf bedacht sein, keine Kluft zwischen Gebet und Kultur, zwischen Religion und Leben, keine falsche Scheidung in eine natürliche und übernatürliche Sphäre zuzulassen. Jedes Geschöpf ist potentiell ein Symbol. „Menschen erreichen Menschlichkeit, wenn sie Abbild und Widerspiegelung Gottes sind und sich ihre autonome Freiheit mit der Gnade verbindet.“[65] Nicht nur die Kirche, sondern jede menschliche Gemeinschaft existiert als Symbol des göttlichen Heilsplans, wenn die vornehmsten menschlichen Eigenschaften wie Liebe, Gerechtigkeit, Unterscheidungsfähigkeit auf die Gegenwart Gottes hinweisen. „Dies gehört zum eschatologischen Verständnis des Reiches.“[66] Falls die Symbole unserer Tradition und unseres Gottesdienstes uns nicht dazu aufmuntern, Symbole des göttlichen Wirkens zu sein, besteht keine lebensnahe Erfahrung des Heiligen[67]. Aber in unserem Bestreben, in den Gottesdienst und die Verkündung Symbole einzubringen, die für den modernen Menschen verständlich und lebensnah sind, dürfen wir nicht vergessen, daß viele unserer kulturellen und gesellschaftlichen Symbole auch an der Entfremdung und der kollektiven Sündhaftigkeit teilhaben. Sie sind nicht einfachhin „natürlich“, sondern widersprechen teilweise der wahren Natur und Berufung des Menschen. Darum bedarf es einer sorgfältigen Auswahl und Reinigung der Symbole.

In all dem bedarf die Kirche des prophetischen Geistes im Blick auf Christus den Propheten, auf daß das ganze Leben der Kirche zur Antwort auf das Sehnen der Schöpfung wird, etwas von jener Hoffnung zu verspüren, in der wir erlöst sind. Wir könnten mit Gilkey schließen, daß „Gottesdienst grundlegend auf die Gegenwart des Göttlichen im gesamten geschöpflichen Dasein des Menschen hinweist. Ein Hauptziel ist, dieser allumgreifenden Gegenwart innezuwerden und sie zu feiern, diesem Bewußtsein eine christliche Gestalt zu geben, so daß die Umwandlung unserer natürlichen Existenz durch Sakrament und Wort Dankbarkeit, Reue, erneuerte Treuebindung und Umgestaltung eben dieses Daseins hervorruft.“[68]

In dieser Sicht stellen sich einige dringende Fragen. Warum feiert der *Tauf-*

[64] Ebd. 252.
[65] Ebd. 256.
[66] Ebd. 156.
[67] Ebd. 260.
[68] Ebd. 257.

ritus nicht auch das Geschenk des Lebens als solches, das Geschenktsein eines Kindes an die menschliche Familie und an die Kirche? Könnte das nicht wirksam die menschliche und christliche Verantwortung der Eltern beeinflussen? Innerhalb des heutigen Ritus ist es durchaus möglich, daß die Eltern und die gesamte Gemeinschaft ganz ausdrücklich versprechen, dem Kind durch Wort und Tat jene Hoffnung mitzuteilen, auf die hin es getauft ist. Die ganze Erziehung und Mitmenschlichkeit sollte davon geprägt sein.

Warum bringen wir in die Feier der *Firmung* nicht die Symbole des Heranwachsens zur Reife, der Bereitschaft zur Übernahme der verschiedenen Verantwortlichkeiten in der Familie, im wirtschaftlichen, gesellschaftlichen, kulturellen und politischen Raum ein? Warum feiert die Kirche nicht Gottesdienste, die in Analogie zur Priesterweihe den tiefen menschlichen und religiösen Sinn wichtiger menschlicher Berufe zum Ausdruck bringt und die einer besonderen Gnadengabe des Heiligen Geistes bedürfen? Das könnte zweifellos dazu beitragen, der Glaubensgemeinschaft und der weltlichen Gesellschaft die Gaben Gottes und unsere Mitverantwortung bewußtzumachen. Es könnte auch dazu beitragen, den Stellenwert des Weihesakramentes zu verdeutlichen.

Die sakramentale Dimension der *Ehe* spricht sich in ihrer gottesdienstlichen Feier aus. Bis zur neuesten liturgischen Reform kam aufgrund des Kirchenrechts, das in der Ehe nur einen Vertrag zur Leistung von zeugungsfähigen ehelichen Akten sah, die Dimension der Bundestreue und der gegenseitigen Hingabe und Heilssorge nicht genügend zum Ausdruck. Die prophetische Rolle der Ehegatten und der Familie könnte sehr viel deutlicher hervortreten. Das Zweite Vatikanische Konzil weist die Richtung. „In dieser Aufgabe erscheint als besonders wertvoll jener Lebensstand, der durch ein besonderes Sakrament geheiligt wird, das Ehe- und Familienleben. Dort gibt es eine hervorragende Übung und Schule des Laienapostolates, wo die christliche Religion die ganze Gestaltung des Lebens durchdringt und von Tag zu Tag mehr umbildet. Dort haben die Eheleute ihre eigene Berufung, sich gegenseitig und den Kindern den Glauben und die Liebe Christi zu bezeugen. Die christliche Familie verkündet mit lauter Stimme die gegenwärtige Wirkkraft des Gottesreiches, besonders aber auch die Hoffnung auf das ewige Leben. So überführt sie durch Beispiel und Zeugnis die Welt der Sünde und erleuchtet jene, die die Wahrheit suchen.“[69]

All das ist gesagt im Blick auf die Teilnahme aller Gläubigen an der prophetischen Sendung Christi. „Christus, der große Prophet, der durch das Zeugnis seines Lebens und in Kraft seines Wortes die Herrschaft des Vaters ausgerufen hat, erfüllt bis zur Volloffenbarung der Herrlichkeit sein prophetisches Amt nicht nur durch die Hierarchie, die in seinem Namen und in seiner Vollmacht lehrt, sondern auch durch die Laien. Sie bestellt er deshalb zu Zeugen und rüstet sie mit dem Glaubenssinn und der Gnade des Wortes aus (vgl. Apg 2,17–18;

---

[69] LG 35.

19,10), damit die Kraft des Evangeliums im alltäglichen Familien- und Gesellschaftsleben aufleuchtet."[70]

Die neueste Theologie der Hoffnung ist sich dessen bewußt geworden, daß sozialer Einsatz kein Grund ist, nicht Feste zu feiern; im Gegenteil, ohne Feste und Gottesdienst gibt es keine hoffnungsweckende Theologie[71]. Die Mitverantwortung im gesellschaftlichen Raum muß in den Gottesdienst eingebracht werden, damit von dort die Teilnahme am prophetischen Amt Christi ins Leben zurückfließt[72].

V. Der menschliche Leib als Zeichen der Hoffnung

Der durchgeistigte menschliche Leib ist eine erfüllte Hoffnung und eine Verheißung noch größerer Dinge. Als Organ und Offenbarung des Geistes erfüllt der Leib eine der Evolution mitgegebene Hoffnung, die ihren Höhepunkt erreicht in der Menschwerdung des ewigen Wortes des Vaters. „Opfer und Gaben hast du nicht gewollt: aber du hast mir einen Leib bereitet... Da sagte ich: Siehe, ich komme" (Hebr 10,5–7). Christi Leib ist in einzigartiger Weise Sprache der Wahrheit und Liebe. Selbst als die sündige Menschheit ihn ans Kreuz geschlagen hatte, breitete er seine Arme aus und öffnete sein Herz, um mit letzter Beredsamkeit von der allumfassenden und rettenden Liebe zu sprechen.

Der Leib Christi, aus dessen geöffneter Seite das Blut des Bundes fließt, sagt uns die letzte Wahrheit über Schöpfung und Geschichte. Im Leibe des Auferstandenen aber erstrahlt die Herrlichkeit des Vaters. Sein Leib ist die Erfüllung jener Verheißung, die der Schöpfungsbericht andeutet, wenn er sagt, daß dem ersten menschlichen Leib der Lebensodem Gottes selbst eingehaucht sei (Gen 2,7). Die Auferstehung Christi ist in besonderer Weise Verheißung für jene, deren leibliches Leben ganz und gar zur Aussprache der Wahrheit von der Liebe geworden ist.

Eine weitverbreitete, dem Hellenismus und Parsismus verpflichtete Mystik betrachtet den Leib als Gefängnis einer gefallenen Seele, die in absoluter immaterieller Reinheit präexistierte. Die Hoffnung auf Unsterblichkeit gilt so nur einer vom Leib befreiten Seele. Diese Auffassung von unsterblichen Seelen, die schließlich dem Zusammenbruch der stofflichen Welt und des biologischen Lebens entkommen, läßt diese unsere konkrete Welt ohne Hoffnung. Darum nennt der erste Johannesbrief solche gnostische Tendenzen „gottlose Welt". Das zentrale Symbol christlicher Hoffnung ist der für uns gekreuzigte und für

---

[70] LG 35.

[71] Vgl. *W. H. Capps*, a.a.O. (s. Anm. 46) 151ff.

[72] Bezüglich der einzelnen Sakramente als Zeichen der Hoffnung vgl. *B. Häring*, The Sacraments in a Secular Age (Slough 1976) 139–152.

uns verklärte Leib Christi. Er ist das Realsymbol unserer Hoffnung, daß wir hier auf Erden Gott verherrlichen können und dereinst mit Leib und Seele in die Herrlichkeit des Herrn eingehen dürfen. So erhält die ganze Schöpfung Anteil an unserer Hoffnung.

Diese Hoffnung ist für den christlichen Glauben zentral. „Wenn nun von Christus gepredigt wird, daß er von den Toten auferweckt worden ist, wie können da einige unter euch behaupten, es gebe keine Auferstehung der Toten? Wenn es aber keine Auferstehung der Toten gibt, ist auch Christus nicht auferweckt worden" (1 Kor 15,12f.) So schmerzvoll der Tod sein mag, so ist er doch, wenn wir wie Christus leben und sterben, Tor der Hoffnung nicht nur für unsere Seele, sondern auch für den vom Geist durchformten Leib. „Aber – schon wird jemand fragen –: Wie werden die Toten auferstehen? Mit was für einem Leib werden sie kommen? Du Tor! Aus dem Samen, den du ausstreust, wächst kein Leben, wenn das Samenkorn nicht zuvor stirbt ... Wenn aber dieser verwesliche Leib Unverweslichkeit anlegt und dieser sterbliche Leib Unsterblichkeit, dann wird das Wort der Schrift in Erfüllung gehen: Der Tod ist in den Sieg hineinverschlungen worden" (1 Kor 15,35f.54).

Gläubige Hoffnung auf die Auferstehung erlaubt keine feige Weltflucht. Die Verheißung, Christus „wird unsern Leib, unser armes, elendes Menschsein, verwandeln und zu einem Leib in der strahlenden Herrlichkeit Gottes machen" (Phil 3, 21), ist eine befreiende und zugleich in Dienst nehmende Hoffnung, ein starker Antrieb, Gott in unserem Leibe zu verherrlichen (vgl. 1 Kor 6,20). Geist und Leben müssen der Selbstsucht sterben, um den vollen Dienst an den Mitmenschen und Verantwortung für die Welt zu ermöglichen. „Immer tragen wir den Tod Jesu an unserem Leib umher, damit auch das Leben Jesu an unserem Leibe offenbar werde" (2 Kor 4,10). Dieses Offenbarwerden, das sich in der Auferstehung von den Toten vollendet, beginnt schon hier auf Erden in einem Leben, in dem der Leib Zeichen der Hoffnung für viele wird.

Das Sehnen der ganzen Schöpfung hat in der Auferstehung Christi einen Höhepunkt erlebt und kann nicht gestillt werden, wenn nicht wir im Blick auf den Tod und die Auferstehung Christi in unserer ganzen leiblichen Existenz und in allen unseren Beziehungen Zeichen der Hoffnung auf Enderfüllung werden. Das Aufleuchten der Herrlichkeit Gottes an unserem Leib hängt davon ab, wie wir unserer Verantwortung für die Welt nachgekommen sind. Dies gehört mit zum Sehnen der Schöpfung. „Denn auch sie, die Schöpfung, soll von der Knechtschaft der Vergänglichkeit befreit werden zur herrlichen Freiheit der Kinder Gottes. Denn wir wissen, daß die ganze Schöpfung mit uns seufzt und in Wehen liegt bis zur Stunde. Aber nicht sie allein, sondern auch wir selbst, die wir den Geist als Vorschuß empfangen haben, seufzen in unserem Innern und warten darauf, als Söhne eingesetzt zu werden und die Erlösung unseres Leibes zu erfahren" (Röm 8,21–23).

Der Aufblick zum strahlenden Leib des Auferstandenen erinnert uns, wie er hier auf Erden in seinem menschlichen Leibe die Liebe des Vaters zu uns offenbar gemacht hat. Als der göttliche Arzt machte er seine leibliche Nähe den Blinden, den Krüppeln und Gelähmten fühlbar. Durch Wort und Beispiel lehrte er uns, wie wir die Erde zu einer, wenngleich nicht endgültigen Heimat für die Mitmenschen machen sollen. Wie er, der göttliche Meister, Friede, Freude, herzliches Erbarmen, Hunger und Durst für die Gerechtigkeit ausstrahlte, so können und müssen dies seine Jünger in ihrem leiblichen Leben tun.

Ein Christ, der sich bewußt ist, daß sein Leib für ihn und für seine Mitmenschen ein Zeichen der Hoffnung ist, wird nicht versucht sein, sein leibliches Leben als wertlos wegzuwerfen, sondern er wird vielmehr seinem göttlichen Meister folgen und Gesundheit und Leben für seine Mitmenschen einsetzen. „Größere Liebe hat niemand, als wer sein Leben hingibt für seine Freunde" (Joh 15,13).

In christlicher Sicht ist der Mensch in Seele und Leib nicht gleichsam wie in zwei Hälften aufgeteilt. Der Mensch ist geistdurchformter Leib und verleiblichter Geist, nach dem Bild und Gleichnis Gottes geschaffen. Wenn wir mit dem göttlichen Künstler zusammenarbeiten, so kann dieser geistdurchformte Leib eine verleiblichte Verheißung von Güte, Mitleid und Leidenschaft für Gerechtigkeit und Brüderlichkeit werden. Die eschatologischen Grundhaltungen wie Dankbarkeit, Hoffnung, Wachsamkeit und Bereitschaft für das Hier und Heute, Vertrauen, Gelassenheit, Friede und Freude schreiben sich der menschlichen Physiognomie ein. Das Geistige ist verleiblicht, wie der Leib vergeistigt ist. Ein menschliches Antlitz, das Güte und Herzlichkeit ausstrahlt, ist ein Widerschein der Huld Gottes und hilft uns besser zu verstehen, was Gottes Gnade bedeutet. (Das griechische Wort für Gnade, Charis, weist auf das anziehende Antlitz Gottes hin.) Durch Christus und seine wahren Jünger offenbart Gott sein Antlitz, seine liebende Zuwendung zu seinem Volk.

Die menschliche Hand ist sehr viel mehr als ein Werkzeug, um Dinge in den Griff zu bekommen. Jesu Hände heilten, trösteten, ermutigten, ließen seine liebende Nähe spüren. Die Wundmale in seinen Händen sprechen für immer zu unseren Herzen. So ähnlich kann auch unsere Hand helfen, besänftigen, Treue bekräftigen und, in Bereitschaft ausgestreckt, zum Zeichen der Versöhnung werden. Hände, die ineinander ruhen, sprechen Vertrauen aus.

In den vier heiligen Büchern des Konfuzius können wir lesen: „Die köstlichsten Gaben, die der Himmel dem Weisen schenkt, sind die Grundhaltungen des Wohlwollens, der Höflichkeit, der Gerechtigkeit und Klugheit. Sie alle schlagen ihre Wurzeln im Herzen, zeigen aber ihre Wirkung auf dem Antlitz, offenbaren sich in der Haltung der Schultern und allen Gliedern des Leibes." Mit der besten Tradition Chinas schätzt Konfuzius ganz besonders herzliche Höflichkeit als wahrhaftigen Ausdruck des innersten Denkens und Fühlens. Der ganze menschliche Leib ist Kommunikation und kann hoffnungweckendes Zeichen der gegenseitigen Zuwendung, der Mitmenschlichkeit, des Füreinanders und Miteinanders werden. All das hilft uns besser, die Hoffnung auf die endgültige Gemeinschaft mit Gott zu verstehen.

Menschliche Sexualität, die eine wesentliche Dimension leiblichen Daseins ist, sollte in dieser Sicht gesehen werden. Es ist wohl die am meisten verheißende Sicht der Sexualität, die jedoch zugleich hohe Anforderungen stellt. Von schöpferischer Freiheit und Treue umfangen, kann menschliche Sexualität Hoffnung wecken und Versprechen halten.

VI. Hoffnung für die „Hoffnungslosen"

Ohne Christus, das Grundsakrament der Hoffnung, wäre die sündige Menschheit ein „hoffnungsloser Fall". Die Kirche und alle, die sich Christus öffnen, werden in ihm und durch ihn zu einem Zeichen der Hoffnung für die Welt, so wie er. Durch ihre Hoffnung und ihre mutige Liebe zu allen weiten sie die Horizonte des Daseins. In Treue zu der befreienden Liebe und den Verheißungen des Meisters brechen sie aus dem engen Kreis jener Freundschaft aus, die sich beschränkt auf jene, die mit gleicher Münze bezahlen, die fähig sind, Liebe zu beantworten; sie bringen neues Leben und neue Freiheit für die Hoffnungslosen, die Behinderten, die psychisch Angeschlagenen, die Kranken, die Unterdrückten und jene, die unter Schulddruck leiden[73]. Hoffnung will die Gefängnisse öffnen, die kollektive Selbstsucht und Verzweiflung gefüllt haben.

Die Treue der Kirche zu ihrer Sendung als Sakrament der Hoffnung muß sich ständig bewähren an ihrem Verhalten gegenüber jenen, die in irgendeiner Weise als Ausgestoßene behandelt werden. Hingewiesen sei beispielsweise auf die Homosexuellen, die so sehr der Hilfe bedürfen, um zwischen Sünde und Leiden zu unterscheiden. Oft können wir ihre seelische Verwundung nicht heil machen und ihnen den vollen inneren Frieden schenken. Aber vielleicht können wir ihnen helfen, ihre Veranlagung anzunehmen, wo immer sie herkommt. Ich spreche hier von jener schmerzlichen Erfahrung des Unvermögens und dem Leiden an sich selbst, das um vieles vermehrt wird durch harte Verurteilung anderer und die Unfähigkeit, zwischen dem Ausmaß an persönlicher Schuld und unfreiwilligem Versagen zu unterscheiden. Homosexuelle sollten für jedes Zeichen guten Willens anerkannt und auf ihrem schwierigen Weg geduldig begleitet werden. Ihre Bereitschaft zu unablässigem Bemühen zusammen mit der Annahme ihres Soseins ist ein Ausgangspunkt für Hoffnung, ein Zeichen der heilenden Gegenwart Gottes.

Ein sachgemäßes, gütig verstehendes Verhalten gegenüber psychisch leidenden Menschen wird christliche Moral glaubwürdiger machen als strenge Urteile und sogenannte objektive, verallgemeinerte Normen, die auf mangelnder Kenntnis des Menschen und seiner Welt beruhen.

---

[73] *J. Moltmann,* Das Experiment Hoffnung (s. Anm. 1) 174.

Das weitverbreitete Übel der Süchtigkeit und andere Psychopathologien erfordern konstruktive Hilfen, die gründlicher Erforschung der Ursachen, aber ebenso der ermutigenden Hilfe durch Männer und Frauen bedürfen, die es verstehen, Hoffnung zu wecken. Dabei richten sich unsere Augen ständig auf Christus, wie er die Menschen von den Mächten des Bösen befreite, die Bedrückten ermunterte und heilte und öffentlich Geächteten, wie Zöllnern und Prostituierten, Hoffnung und neue Würde mitteilte.

Millionen von Menschen von heute sind in ihrer ersten Ehe gescheitert, vielfach ohne Fehler und Versagen, die größer wären als unser eigenes Versagen in unserem Lebensstand. Und da sie sich für unfähig hielten, erzwungene Ehelosigkeit und Einsamkeit zu meistern, leben sie in einer zweiten Ehe, die kanonisch ungültig ist, aber vielfach mit einem reicheren Ertrag an Liebe und Treue, als sie bisweilen in kirchlich gültigen Ehen gelebt werden. Das alles stellt an die Kirche auf ganz neue Weise die Frage, wie sie auch diesen Menschen ein Sakrament der Hoffnung und der Treue gegenüber dem Gebot Christi sein kann: „Seid barmherzig wie euer himmlischer Vater“ (Lk 6,36)[74].

VII. Sünden gegen die Hoffnung

Traditionelle Moral unterschied zwei wohldefinierte Gruppen von Sünden gegen die Hoffnung: a) Verzweiflung, die die endgültige Katastrophe vorausnimmt, und b) Vermessenheit, die sich den endgültigen Sieg zuschreibt, ohne das Vertrauen auf Gott zu setzen und demütig und unablässig um die Gnade der Beharrlichkeit zu beten und darum zu ringen. Die Sünden gegen die Hoffnung weisen jedoch eine große Verschiedenheit auf. Man kann gegen das gottgegebene Geschenk der Hoffnung nicht nur durch Verzweiflung und Vermessenheit sündigen, sondern auch dadurch, daß man sich nicht bemüht, andern ein Zeichen der Hoffnung zu sein und ein dementsprechendes Milieu zu gestalten.

Jene, die nur an ihr eigenes Seelenheil denken und dabei sowohl das Seelenheil als auch alle berechtigten Hoffnungen der anderen vernachlässigen, widersprechen den göttlichen Verheißungen und Drohungen.

Es gibt auch in christlichen Kreisen Haltungen und Ideologien, die Feinde der Hoffnungsstruktur des Glaubens sind. „Der Fundamentalismus versteinert die Bibel, der Konservatismus macht die Liturgie unbeweglich, und die christliche Moral wird durch harte Gesetzlichkeit eingefroren.“[75]

Feinde der Hoffnung sind jene Reichen und Mächtigen, die Gefangene der Eigensucht und des gegenwärtigen Momentes sind, nur, auf ihre Privilegien und

---

[74] Vgl. *B. Häring*, Zeichen der Hoffnung (s. Anm. 57).
[75] *J. Moltmann*, a.a.O. 14.

ihre Macht bedacht, dem ungerechten Mammon dienen und so die Unterprivilegierten und Ausgebeuteten der diesseitigen Hoffnung berauben. Ihre Sünde ist noch größer, wenn sie die Unterdrückten auf eine jenseitige Hoffnung vertrösten wollen, während sie selber eben auf jene Hoffnung verzichten, die nur denen gegeben ist, die Hunger und Durst nach wahrer Gerechtigkeit und Liebe zeigen.

Einzelne und Gemeinschaften, die sich weigern, tätiges Mitgefühl andern gegenüber zu zeigen, wo dies möglich und nach dem Evangelium pflichtgemäß ist, sind Feinde ihrer Hoffnung und der Hoffnung anderer. Jene, die durch ihre Gleichgültigkeit, Trägheit und feige Flucht vor Verantwortlichkeit sich undankbar zeigen gegenüber der barmherzigen Liebe und rettenden Gerechtigkeit Gottes, machen sich unfähig, anderen zu Zeichen der Hoffnung zu werden, und betrügen sich in ihrer eigenen Hoffnung[76].

Wer mehr nach Sicherheit als nach der Heilswahrheit sucht, ängstlich an der Vergangenheit klebt, anstatt sich für die Zukunft mitverantwortlich zu wissen, wer sich weigert, das dem Leben eigene Wagnis auf sich zu nehmen, sündigt gegen das Geschenk und die Aufgabe der Hoffnung.

Wohl am allermeisten wird gegen die Hoffnung durch unverantwortliche Hoffnung gesündigt, indem man seine Hoffnung auf falsche Grundlagen stellt und falsche Hoffnungen nährt, zum Beispiel wirtschaftlichen, sozialen und politischen Erfolg zum Schaden der Liebesfähigkeit, unter Verrat der Pflicht, andere gerecht zu behandeln. Seine Hoffnung auf Dinge setzen, die Gott nie verheißen hat, und dabei all die Verheißungen vernachlässigen, die denen gegeben sind, die nach Heiligkeit streben, wiegt schwer. So hat Gott dem Sünder nicht versprochen, ihm bei der Bekehrung beizustehen, wenn er nur nach Mittelmäßigkeit streben will.

Auch jene sündigen gegen die Hoffnung, die, obwohl sie auf die rechten Dinge hoffen, sich weigern, verantwortlich zu handeln und in Mitverantwortlichkeit die Hoffnung anderer zu stärken.

Ist sich die Welt von heute ihrer gefährlichen Sünden gegen die Hoffnung bewußt? Wir denken an einseitigen Aktivismus, Erfolgsstreben, fanatischen Einsatz für materielle Entwicklung, während die Quellen der Hoffnung verschüttet werden: die kontemplative Dimension des Lebens, das Gebet, das Ruhen vor Gott[77]. Jene, die sich nicht mühen, die Quellen schöpferischer Freiheit und Treue rein und stark zu halten, sündigen gegen ihre eigene Hoffnung und gegen die der ganzen Welt.

---

[76] *J. Moltmann,* Der gekreuzigte Gott (s. Anm. 1) 10f.

[77] Vgl. *W. H. Capps,* a.a.O. 134; *J. Moltmann,* Das Experiment Hoffnung 93–111 (Der gekreuzigte Gott und der apathische Mensch).

Neuntes Kapitel

Das Tun der Wahrheit in Liebe

„Gott ist die Liebe“ (1 Joh 4,8). Dies ist die Wahrheit, aus der alle menschliche Freiheit entstand und auf die sie hingeordnet ist. Gott ist absolute Freiheit für die Liebe. Der Vater spricht sich selbst in seinem Wort der Liebe aus, und in der gleichen Liebe antwortend übergibt sich ihm sein Wort im Hauch der Liebe, im Geist der Wahrheit. Das ist die Wahrheit von der Liebe.

Im Überfluß seines dreieinigen Liebens und Lebens schafft Gott Personen zur Teilhabe am Feste seiner Liebe. Seine schöpferische und erlösende Gegenwart ist absolute Freiheit des Fürseins und Mit-uns-Seins und gibt uns Anteil an seiner Freiheit und Liebe, wenn wir in anbetender Liebe seine Einladung zum Mitvollzug seiner Liebe für alle Menschen annehmen. Im Ja zu dieser Berufung kommen wir zum befreienden Kennen der Wahrheit, daß Gott die Liebe ist. „Die Lieblosen kennen Gott nicht“ (1 Joh 4,8).

Außerhalb des Raumes der Gottes- und Nächstenliebe gibt es keine befreiende Wahrheit. Der Mensch kann sich ein reiches Maß an Seinswissen aneignen (abstrakte Ideen und Definitionen) und sich stark machen im „Herrschaftswissen“. Aber all das hilft seinem Wachstum in Freiheit und echter Verantwortlichkeit nicht, wenn es nicht getragen ist vom existentiellen Kennen der Wahrheit, daß Gott die Liebe ist, und sich diesem Kennen nicht ein- und unterordnet. Jegliches Wissen, das den Menschen freisetzt für größere und echtere Liebe, tritt in den Raum des Heilswissens.

In diesem Kapitel geht es um die Liebe, mit der Gott selbst uns liebt und uns befähigt, im Lieben zu antworten und so, im Mitvollzug seiner Liebe, liebend für den anderen frei zu sein. Wir unterscheiden die Gottes- von der Nächstenliebe, jedoch ohne sie zu trennen. In diesem Kapitel wird der Leser auf Wiederholungen stoßen, die unvermeidlich sind in einer Moraltheologie, der es vor allem um den Geist des Ganzen, um Zusammenschau geht. Die befreiende Wahrheit von der göttlichen Liebe und unserer Berufung, daran teilzuhaben, muß in allen Teilen einer christlichen Moral gegenwärtig sein. Hier kommt unsere Besinnung zur Herzmitte, zur Grundlegung des ganzen christlichen Lebens.

Wir können nicht sinnvoll von Glaube, Hoffnung oder Anbetung sprechen, ohne an den zu denken, der die Liebe ist. Glauben und Hoffen haben ihre innere Wahrheit und Echtheit in der Liebe, die Gott uns schenkt und die wir dankend empfangen. Nur in der Liebe sind wir auf der „Wellenlänge“ des Glaubens an den Gott, der die Liebe ist. Augustinus sagt treffend: „Wer nicht liebt, glaubt umsonst an das, was wahr ist; er hofft umsonst, selbst wenn die erhofften Dinge als zur wahren Glückseligkeit gehörig erkannt werden, falls er nicht glaubend hofft, daß ihm die Gabe der Liebe gegeben werden kann, wenn er darum bittet.“[1]

Sprechen wir von „Liebe“, so müssen wir uns des Reichtums der Wortbedeutung, aber auch der Zweideutigkeit im Gebrauch dieses Wortes bewußt sein. Da es ein Kennwort in der menschlichen Geschichte ist, verleibt es sich vieles vom geschichtlichen Kontext, seinen verschiedenen Schattierungen und Kräftespielen ein. Darum bedarf es einer sorgfältigen Hermeneutik. Dabei geht es uns um das die christliche Liebe Auszeichnende. Was Liebe ist, wissen wir im vollen Sinne nur durch die Offenbarung in Christus.

I. Die Wahrheit der in Christus geoffenbarten Liebe

1. *Göttliche und menschliche Liebe*

Das Gesamt der Geschichte ist Offenbarung der Liebe; denn Gott, der Handelnde und Offenbarer, ist Liebe. Er schafft den Menschen für kein geringeres Sinnziel, als, wie Duns Scotus sagt, um „Teilnehmer seiner Liebe“ zu haben. In ihrem Besten sind Menschen und Gemeinschaften von Menschen Offenbarungen der Liebe Gottes; denn Gott hat sie dazu geschaffen, seine Liebe widerzuspiegeln.

Die Wortoffenbarung, die wir in der Heiligen Schrift finden, ist Auslegung der menschlichen Geschichte in der Hauptperspektive der Liebe. Die Liebe selbst jedoch ist uns in Christus geoffenbart, der wahrer Gott und wahrer Mensch ist. In seiner Menschheit und Mitmenschlichkeit offenbart er die höchsten Möglichkeiten menschlicher Liebe, und noch mehr der Liebe Gottes selbst und der menschlichen Liebe als Teilnahme an der göttlichen. Er ist dazu gekommen, um die Liebe des Vaters voll sichtbar zu machen. Und da er eins ist mit dem Vater, liebt er uns, wie der Vater ihn geliebt hat (Joh 15,9). Das Wertvollste menschlicher Geschichte ist eine Art prophetischen Gestaltwerdens, eine von Gott gewollte Verheißung der vollen Inkarnation seiner Liebe. Christus ist nicht nur das menschgewordene Wort; er ist ebenso menschgewordene Liebe. In seiner warmen, reinen und leidenschaftlichen Liebe, in seiner Mitmenschlichkeit ist die göttliche Liebe anwesend. Und darum können wir nur durch das Kennen Christi erfahren, was es heißt, daß Gott die Liebe ist.

Jesus sagt uns auch, daß die Geschichte der göttlichen Liebe, die in ihm ihren Höhepunkt erreicht hat, in seinen Jüngern fortdauern wird. Auf dem Höhe-

---

[1] *Augustinus,* Enchiridion, sive de fide, spe et caritate CXVII, 31: PL 40, 286.

punkt seines Lebens betet er für sie zum Vater, „daß die Liebe, mit der du mich geliebt hast, in ihnen sei und ich in ihnen" (Joh 17,26). Jüngerschaft ist nur möglich als Leben in Christus, wodurch wir an der göttlichen Liebe durch die Kraft des Heiligen Geistes teilnehmen.

Jesus offenbart die Liebe des Vaters nicht durch abstrakte Worte, sondern vor allem durch das Gesamt seines Lebens, in der Art, wie er Menschen in ihrer Einmaligkeit begegnet, ihnen ihre Würde erschließt, indem er sie zur Freundschaft einlädt und sie zu wahren Anbetern des Vaters beruft. Seine Worte sind eins mit dem Zeugnis seines ganzen Lebens und seines Sterbens. Sie deuten den Sinn seines Lebens und Sterbens aus, werden aber zugleich durch sein Leben und seinen Tod gedeutet.

Durch die Menschwerdung des Wortes Gottes in Jesus von Nazareth nimmt die göttliche Liebe die menschlichen Dimensionen der Geschichte an und gibt ihr den letzten Sinn. Jesus lebt als Israelit, als der Sohn eines Zimmermannes, als Mensch seiner Zeit. Er tritt voll in die Geschichte ein, gebraucht den Stoff der Geschichte und gibt ihr durch die Offenbarung seiner zugleich göttlichen und menschlichen Liebe ihre wahre Gestalt. Nach seinem Kommen ist die menschliche Geschichte nicht mehr die gleiche, noch wird sie eine bloße Wiederholung seiner Taten und seiner Worte sein. Er ist der Urheber einer Geschichte der Liebe, die in stets neuen Formen gelebt wird, aber eine Geschichte, die in ihrem Fortgang stets im Lichte seines Lebens, seines Todes und seiner Auferstehung gedeutet werden muß.

Christus macht die menschliche Liebe von Müttern und Vätern, Schwestern und Brüdern, Freunden, Propheten und Priestern, Ärzten und weisen Regierungsinhabern nicht überflüssig, sondern er bringt all die Erfahrungen und Qualitäten menschlicher Liebe ein in die große Schau Gottes. Was Propheten über die zarte Liebe Gottes gesagt haben, über eine Liebe, die die aller Mütter übertrifft (vgl. Jes 49,15), was weise Männer und Frauen, inspirierte Dichter und Künstler über die Liebe von Gatten und Verlobten gesagt haben (vgl. das Hohelied), all das empfängt das letzte Sinnziel und hat das entscheidende Kriterium in der Liebe Jesu Christi und in seiner Ausdeutung der Liebe. So wird z.B. seine Parabel vom verlorenen Sohn und dem barmherzigen Vater (Lk 15,11–32) sich in stets neuer Weise ereignen und stets auf seine Offenbarung der getreuen und barmherzigen Liebe des himmlischen Vaters hinweisen (vgl. Mk 1,11). Alle wahre Liebe in unserer Lebensgeschichte und in der aller andern ist nun eingebracht in die große Geschichte der Liebe, die ihre Mitte und ihren Höhepunkt in der Menschwerdung, im Leben, im Tod und in der Auferstehung Christi erreicht hat[2].

---

[2] Vgl. *Th. Ohm*, Die Liebe zu Gott bei den nicht-christlichen Völkern (Krailling 1950); *V. Warnach*, Agape. Die Liebe zu Gott als Grundmotiv der neutestamentlichen Theologie (Düsseldorf 1951); *H. U. v. Balthasar*, Glaubhaft ist nur die Liebe (Einsiedeln 1963); *K. Rahner*, Liebe, in: Sacramentum Mundi III, 234–252 (mit Bibliographie); *W. Molinski*, Nächstenliebe, in: Sacramentum Mundi III, 669–675 (mit Bibliographie).

2. *Der Bund der Liebe*

a) In Vereinigung mit Christus, dem Bundesmittler

Gott hat die Wirklichkeit und die Art seiner Liebe im Bunde mit seinem Volk geoffenbart. Immer wieder, von Adam bis Noach, von Noach bis Abraham, von Mose über David und Salomo, bietet Gott dem Menschen seinen Bund an. Seine Liebe ist treu, barmherzig und heilig. Es ist eine verzehrende Liebe, die nichts weniger ermöglicht und verlangt als die Antwort in Ganzhingabe, in Liebe aus ganzem Herzen und mit allen Kräften.

Der Bund Jahwes mit Israel bedeutet Partnerschaft als unverdientes Geschenk an sein Volk. Zum Dank dafür soll Israel die Heiligkeit und Huld Gottes allen Nationen sichtbar machen. Trotz vieler Sünden verwirft Gott sein Volk nicht. Nicht nur bewahrt er einen heiligen Rest, sondern er wählt Jesus, den neuen Israel, seinen Knecht, als Bundesmittler für das Volk und offenbart sich in ihm als „den Gott der Liebe und des Friedens" (2 Kor 13,11). Jesus ist in seiner Heilsverbundenheit mit uns Sündern die höchste Offenbarung der versöhnenden Liebe Gottes. „Den, der von Sünde nichts wußte, hatte er für uns zur Sünde gemacht, damit wir durch ihn Gottes Gerechtigkeit würden" (2 Kor 5,21; vgl. Röm 8,32; Hebr 2,11–18).

Die Berufung zum Apostelamt und zur Jüngerschaft bedeutet Freundschaft mit Jesus und zugleich gegenseitige Freundschaft aller Jünger Jesu. Man kann nicht Christi Freund sein, ohne Freund aller seiner Freunde zu sein. Die Ich-Du-Beziehung zwischen Jesus und seinen Jüngern ist notwendig ein Wir-Bezug; denn Christus ist der Bund und Bundesmittler. Er ermöglicht und befiehlt seinen Jüngern eine so einzigartige Einheit, daß alle im Blick darauf ihn als den Retter der Welt, den Bundesmittler, erkennen können (Joh 17,20–23).

Die Bundesdimension der Liebe Jesu ist schon in den Synoptikern gegenwärtig. Ihre Schau wird jedoch in den Schriften von Paulus und Johannes vertieft, die das christliche Leben ganz und gar als ein Leben „in Christus" sehen. Dieses Leben ist gekennzeichnet von der Bundesliebe: „Gibt es denn also christliche Mahnung, liebevolles Zureden, Geistesgemeinschaft und herzliches Mitempfinden, so erfüllt mir die Freude und seid alle eines Sinnes! Laßt ein und dieselbe Liebe unter euch walten; seid einmütig und einträchtig, nicht streitsüchtig und ehrgeizig, sondern so, daß ihr von euch selbst gering denkt und die andern über euch stellt und keiner von euch nur auf sein eigenes Wohl, sondern jeder auf das des andern bedacht ist. Sucht im Umgang miteinander dem Leben in Christus Jesus zu entsprechen" (Phil 2,1–5).

Die entscheidende Erfahrung der Jünger nach dem Oster- und Pfingstereignis ist eine Gemeinschaft, die in der Liebe zum Meister gegründet ist. Johannes bezeichnet das ganze christliche Leben als Glaube an Jesus, der zur innigen Einheit mit ihm und zur Einheit seiner Jünger untereinander wird, eine Liebe, die sich für alle öffnet, für die Christus gestorben ist[3]. Die Jüngergemeinschaft ist eine Art Sakrament der Liebe Christi, aber so, daß diese Liebe nicht auf den

Kreis der Glaubensgemeinschaft beschränkt ist. Die Jüngergemeinschaft ist vielmehr die grundlegende Erfahrung des Treuebundes der Liebe im Blick auf alle, die Christus zusammenrufen will[4].

Die Liebe, die Gott in Jesus Christus und in der Jüngergemeinschaft offenbart, ist nicht nur väterlicher, sondern auch brüderlicher Art und ganz wesentlich ein Ruf zu allumfassender Heilsgemeinschaft. Wo immer die Jünger Christi einander um des Meisters willen lieben, da ist die Liebe Gottes in besonderer Weise gegenwärtig. Und wo immer echte Liebe eine Gemeinschaft aufbaut, ist Jesus der verborgene Partner der gegenseitigen Liebe[5].

Die Erfahrung der Jünger führt zu einem neuen Bewußtsein über den Ursprung und das Sinnziel der Liebe für die ganze Welt. Das Zweite Vatikanische Konzil betont diese Bundesdimension christlichen Lebens und der Liebe nachdrücklich. „Wenn der Herr Jesus zum Vater betet, ‚daß alle eins seien ... wie auch wir eins sind‘ (Joh 17,20–22), und damit Horizonte aufreißt, die der menschlichen Vernunft unerreichbar sind, legt er eine gewisse Ähnlichkeit nahe zwischen der Einheit der göttlichen Personen und der Einheit der Kinder Gottes in der Wahrheit und der Liebe."[6] Erlöste, allumfassende Liebe ist Teilnahme am dreieinigen Lieben Gottes und so Gnade und Ruf zu einer sich stets weitenden und vertiefenden Heilssolidarität.

In einem seiner besten Bücher hat Henri de Lubac deutlich gemacht, daß dies die authentische katholische Tradition, in der Tat das Wesen des Katholizismus ist und daß die Bundesdimension in allen Dogmen ausgesprochen ist[7]. Heilssolidarität, erlöste und erlösende Liebe und Streben nach voller Einheit sind unzertrennliche Dimensionen. „Wenn eine Liebe, die die Einheit billig hergibt, keineswegs echt ist, so ist auch die Einheit dort nur ein Schein, wo die Liebe nicht herrscht." De Lubac verweist auf Cyprian: „Liebe ist die Einheit der Kirche. Ob wir sie Liebe oder Einheit nennen, es ist das gleiche; denn Einheit ist Liebe, und Liebe ist Einheit."[8]

In vielen Teilen der Welt versuchen überschaubare Gemeinschaften diese Liebe und Einheit als Zeichen ihres Lebens in Christus und als Weihe für das Anliegen der Einheit der Menschheit zu erfahren[9]. Das Ziel dieser Gemein-

---

[3] Vgl. *R. Schnackenburg,* Das Johannesevangelium, 3. Tl. (Freiburg i. Br. [3]1979) 9 ff.; *R. Rinker,* Sharing God's Love (Grand Rapids 1976); *M. McGregory,* He Who Lets Us Be. A Theology of Love (New York 1976).

[4] *R. Schnackenburg,* a. a. O. 124.

[5] Vgl. *K. Rahner,* a. a. O. 250; *R. Schnackenburg,* Die sittliche Botschaft des Neuen Testamentes (München [2]1962) 75 ff.

[6] GS (s. 1. Kap., Anm. 1) 24.

[7] *H. de Lubac,* Glauben aus der Liebe (Einsiedeln [2]1970).

[8] Ebd. 70, mit Zitaten aus *Cyprian,* De Ecclesiae catholicae unitate, c. 7, c. 15; Bibliographie über Liebe und Gemeinschaft 1970–1974 (mit 507 Titeln), in: R. I. C. Supplement 6 (1974) (Strasbourg, Univ. des sciences humaines); Bibliographie für 1970–1975 über Liebe, in: Orientamenti pastorali n. 2/3 (1975).

[9] Vgl. *Ph. Warnier,* Le phénomène des communautés de base (Paris 1973).

schaften ist, in herzlichen Beziehungen das Leben Christi in jedem Einzelnen und in der Gemeinschaft als ganzer darzustellen, so daß jeder ganz er selbst wird und daß alle zusammen diese Erfahrung der menschlichen Gesellschaft mitteilen können. Leben in Christus, das eine wahre Jüngergemeinschaft aufbaut, hilft jedem seine volle Identität zu finden, die ihm erlaubt, verantwortlich am Werk der Einheit und des Friedens in der Welt teilzunehmen.

b) In der Kraft des Heiligen Geistes

Auf Jesus ruht der Heilige Geist in seiner ganzen Fülle; er weiht ihn zum Bundesmittler für das Volk, zum Diener und Freund aller. Seine menschliche Natur ist in einzigartiger Weise vom göttlichen Wort aufgenommen, das die Liebe, den Heiligen Geist haucht. In der Kraft des gleichen Geistes gibt Jesus den Seinen Anteil an seiner erlösenden und vereinenden Liebe. Die Frucht des Pfingstereignisses ist die Familie Gottes, die durch Einheit in der Vielfalt und Vielfalt in der Einheit eine Gemeinschaft der Heiligen ist und eine Ahnung vom neuen Himmel und der neuen Erde vermitteln kann.

Nicht nur hat Gott uns zuerst geliebt (1 Joh 4,10.19), er ist es auch, der uns in der Macht des Heiligen Geistes befähigt, am inneren Reichtum seiner Liebe teilzunehmen und folglich seine Liebe zur Welt mitzuvollziehen. Diese Liebe befähigt uns auch, am Erlöserleiden Christi teilzunehmen und unsere Herzen und Kräfte zum Aufbau der neuen Gottesfamilie einzusetzen. „So laßt uns frohlocken in der Hoffnung auf die Herrlichkeit Gottes. Doch nicht nur das – wir rühmen uns auch inmitten von Bedrängnissen. Denn wir wissen: Bedrängnis erbringt Geduld, Geduld Bewährung, Bewährung aber Hoffnung; und diese Hoffnung läßt nicht zuschanden werden. Denn die Liebe Gottes ist durch den Heiligen Geist, der uns gegeben ist, in unsere Herzen ausgegossen“ (Röm 5,3–5).

Das größte Geschenk des Heiligen Geistes und Zeichen der sich selbst schenkenden Liebe Gottes ist die *agapé,* die Liebe, die uns mit Christus vereint und uns befähigt, eine erlöste und erlösende Gemeinschaft aufzubauen. Durch diese Gabe des Heiligen Geistes werden wir Verbündete der Apostel im Zeugnis für Christus (vgl. Röm 15,30) und im Kampf gegen das Böse. Leben in Christus ist „Gemeinschaft im Heiligen Geist und herzliches Mitempfinden“ (Phil 2,1).

Der Geist steht uns nicht nur in unseren Nöten bei, sondern bereichert uns so mit seiner schenkenden Liebe, daß diese der innere Kraftquell und das neue Gesetz zum Werk für Friede und Einheit wird. „Setzt euch dafür ein, eure Einheit, die das Geschenk des Geistes ist, durch das Band des Friedens zu bewahren: ein Leib und ein Geist, wie es ja auch eine Hoffnung ist, die euch durch eure Berufung gemeinsam zuteil geworden ist“ (Eph 4,3–4; vgl. 1 Kor 12 und Röm 12).

Die den Bund stiftende und beseelende Liebe ist das höchste Gnadengeschenk des Heiligen Geistes, das uns befähigt und verpflichtet, all unsere Fähigkeiten und alle Charismen zum Dienste der Gemeinschaft zu gebrauchen. Ein Charisma ist nicht so sehr eine Auszeichnung für den Einzelnen als ein Geschenk, das allen zugute kommen soll. Personen und Gemeinschaften, die ihre Charismen in der den Bund auszeichnenden Liebe und Treue leben, bezeugen, daß der Heilige Geist über alles Fleisch ausgegossen ist[10]. Die Taufe im Heiligen Geist und das Gebet in der Kraft des Geistes offenbaren sich darin.

3. *Einheit von Gottes- und Nächsten- und Selbstliebe*

a) Einheit und Unterscheidung zwischen Gottes- und Nächstenliebe

Christus selbst hat seine sittliche Botschaft im Doppelgebot der Gottes- und Nächstenliebe zusammengefaßt. „Du sollst den Herrn, deinen Gott, lieben mit deinem ganzen Herzen, mit deiner ganzen Seele und mit allen deinen Kräften. Das ist das größte und höchste Gebot. Das zweite ist ihm gleich: Liebe deinen Nächsten wie dich selbst. An diesen beiden Geboten hängt das ganze Gesetz und die Propheten" (Mt 22,37–40; Mk 12,28–31). Damit bekräftigt Jesus zunächst das Doppelgebot als Kernstück der alttestamentlichen Ethik. In Lk 10,27–28 ist es der Schriftgelehrte, der auf die Frage Jesu: „Was ist im Gesetz geschrieben?" antwortet. Jesus bekräftigt es: „Deine Antwort ist richtig." Dann aber beleuchtet Jesus den entscheidenden Punkt in einzigartiger Originalität. Zunächst macht er die unzertrennliche Einheit der beiden Gebote deutlich; dann, über die Worte des Alten Testamentes hinausgehend, hebt er hervor, daß Gottes- und Nächstenliebe vor allem ein Geschenk Gottes ist und Teilnahme an seiner göttlichen Natur; ferner wird es klar, daß das Ganze von Religion und Moral in dem Geschenk Gottes der Gottes- und Nächstenliebe zusammengefaßt ist, und schließlich zeigt Jesus auf, wie universal und allumfassend die Nächstenliebe ist[11]. Das Neue in der sittlichen Botschaft Jesu, wie sie sich bei Johannes und Paulus findet, ist das Geheimnis, daß Gott seine eigene Liebe mit seinem Volke teilt; es ist die Gabe der Teilnahme. Im Neuen Testament bedeutet „Liebe Gottes" zunächst Gottes eigene Liebe, die Liebe, mit der er uns liebt, aber zugleich ist es die mächtige Gegenwart der Liebe Gottes, der uns in der Kraft des Heiligen Geistes Anteil am Leben und der Sendung Jesu gibt und uns befähigt, einander in seiner Liebe zu lieben. Es ist das Geheimnis des Mitvollzugs der Liebe Gottes[12].

Gemäß traditioneller katholischer Theologie befähigt die Rechtfertigung die

---

[10] *E. Käsemann*, Exegetische Besinnungen I (Göttingen 1963) 118; vgl. *J. Moltmann*, Kirche in der Kraft des Geistes (München 1976); *H. U. v. Balthasar*, Spiritus Creator (Einsiedeln 1967).

[11] Vgl. *R. Schnackenburg*, Die sittliche Botschaft (s. Anm. 5) 68.

[12] Vgl. *C. Spicq*, Agape dans le Nouveau Testament I (Paris 1958) 156ff.; *N. Lohfink*, Das Hauptgebot (Rom 1963); *J. Ratzinger*, Die christliche Brüderlichkeit (München 1960); *H. Rotter*, Strukturen sittlichen Handelns. Liebe als Grundprinzip der Moral (Mainz 1960); *S. Lyonnet*, L'amore del prossimo: pienezza della legge alla luce delle interpretazioni dei Padri, in: Rassegna di teologia 15 (1974) 174–186 241–256 450–460.

Kinder Gottes, einander zu lieben mit der theologischen Tugend der Liebe. Der hl. Augustinus drückt sich hier klar aus: „In ein und derselben Liebe lieben wir Gott und den Nächsten, Gott um seinetwillen, uns selbst und unseren Nächsten jedoch um Gottes willen."[13] Auch Thomas von Aquin betont, daß die Tugend der göttlichen Liebe die Nächstenliebe einschließt[14]. Man kann Gott den Vater, der sich in Jesus Christus geoffenbart hat, nicht in Vereinigung mit Jesus lieben, ohne seine Liebe zu seinem Volke mitzuvollziehen.

Da sich der allmächtige Schöpfer Himmels und der Erde als „Gott der Liebe" geoffenbart hat, bedeutet die Antwort auf diese Liebe zugleich: ihn lieben und mit ihm lieben, wie es der Heilige Geist uns lehrt. Die frohe Kunde, daß die Erwählten „an der göttlichen Natur teilhaben" (2 Petr 1,4) bedeutet ein Hineingenommensein in die Liebe zwischen den drei göttlichen Personen, in jene Liebe, mit der der Vater sein ewiges Wort ausspricht und in der der Sohn sich dem Vater zurückschenkt im Heiligen Geiste, der das gegenseitige Sich-Schenken ist.

b) Unterscheidung zwischen ontologischer und psychologischer Priorität

Da sowohl die Gottesliebe wie die Nächstenliebe ihren Ursprung und ihr Ziel in Gott haben, ist das erste Gebot der rettenden Gerechtigkeit Gottes, daß wir Gott mit ganzem Herzen lieben. Da aber diese Liebe ein ganz und gar unverdientes Geschenk ist und ihrer Natur nach darauf zielt, alle Menschen in seiner Liebe zu vereinen, ist das zweite Gebot im ersten eingeschlossen. Der Gott der Liebe, der sich uns in seiner unendlichen Freiheit zuwendet, verdient und will von denen, die er liebt, wiedergeliebt werden. Er will also nicht nur, daß wir ihn indirekt durch die Nächstenliebe ehren; er will in sich selbst durch unsere Antwort der Liebe geehrt sein. Nur wenn wir die ontologische Priorität der Gottesliebe stets beachten, können wir Anbeter Gottes im Geiste und in der Wahrheit werden.

Das schließt jedoch eine psychologische Priorität der Nächstenliebe nicht aus. Der Gott der Liebe ruft uns zu sich durch die Erfahrung der Liebe von seiten der Mitmenschen. „Wer seinen Bruder, den er sieht, nicht liebt, kann den unsichtbaren Gott nicht lieben" (1 Joh 4,20). Der hl. Augustinus, dieser große Psychologe, drückt sich darüber klar aus: „In der Ordnung des Gebotes kommt die Gottesliebe zuerst, aber in der Ordnung des Tuns entsteht zuerst die Nächstenliebe... Liebe deshalb deinen Nächsten, und dann schau in dein Innerstes, um zu sehen, woher diese Nächstenliebe stammt. Dort wirst du Gott finden, so gut du kannst. Beginne deshalb deinen Nächsten zu lieben, teile dein Brot mit den Hungrigen, öffne dein Haus den Obdachlosen, kleide die Nackten, und verachte niemand, der zum gleichen Menschengeschlecht gehört."[15] Thomas

[13] *Augustinus,* De trinitate VIII, 12: PL 42, 959.
[14] S. th. II II q 44 a 2; vgl. ebd. q 23 a 5.
[15] *Augustinus,* In Jo. Ev. XVII, 6: PL 35, 1531.

von Aquin spricht sich im gleichen Sinne aus: „In der Ordnung der Vollkommenheit und Würde nimmt die Gottesliebe den ersten Platz vor der Nächstenliebe ein. Aber in der Ordnung des Werdens und der Bereitschaft geht die Nächstenliebe dem Akt der Gottesliebe voraus."[16]

Jedoch selbst auf der psychologischen Ebene besteht ein gegenseitiger Bezug. Die Nächstenliebe kommt nicht zu ihrer Vollendung ohne ausdrückliche Gottesliebe. Aber wir dürfen Gott nicht nur deshalb lieben, um in der Nächstenliebe zu wachsen. Gott muß in sich selbst geliebt werden. In der christlichen Glaubenserfahrung hat die religiöse Dimension den Vorrang vor der moralischen. Gotteserfahrung und Gottesdienst dürfen nicht in erster Linie gesucht werden, „um unseren sittlichen Charakter aufzubessern". Dann aber gilt auch, daß Gotteserfahrung und anbetende Liebe Gottes in Jesus Christus „den moralischen Charakter, der die Nächstenliebe verkörpert, hervorbringen und verlangen"[17].

c) Nächstenliebe als Grundentscheidung für Gott

„Gott ist die Liebe; und wer in der Liebe bleibt, bleibt in Gott, und Gott bleibt in ihm" (1 Joh 4, 16). Aus der unauflöslichen Einheit zwischen Gottes- und Nächstenliebe und der psychologischen Priorität der Nächstenliebe schließt Karl Rahner, daß alle, die ihren Nächsten wahrhaft lieben, damit auch schon wenigstens einschlußweise eine Grundentscheidung für Gott getroffen haben[18]. Der hl. Augustinus kommt wenigstens von einem pädagogischen, wenn nicht systematischen Gesichtspunkt zur gleichen Schlußfolgerung. „Lieben wir den Bruder mit wahrer Liebe (dilectione diligimus), dann lieben wir den Bruder in Gott, und es ist unmöglich, den Herrn, indem wir den Bruder lieben, nicht über alles zu lieben. So folgt also, daß die zwei Gebote nicht voneinander getrennt werden können. Da Gott die Liebe ist, wählt jener, der wahrhaftig liebt, in seiner Liebe sicher Gott. Doch es ist Voraussetzung, daß jener, der den Bruder liebt, es in wahrer Liebe tut (dilectione diligat)."[19]

Das Johannesevangelium weist vor allem auf die große Erfahrung der Freundschaft mit Jesus hin, der durch seine unendliche Liebe die Liebe aller an sich ziehen will. Im 15. Kapitel erklärt Christus zuerst die Grundwirklichkeit: das Bleiben in ihm durch Glauben und Liebe. Wir können nicht an seiner Liebe für den Menschen teilhaben, ohne ihn selbst dankbar zu lieben. Dann aber folgt mit gleicher Klarheit die andere Seite der Wahrheit, nämlich, daß die Nächstenliebe der Ausweis unseres Bleibens in ihm ist. Wo diese Liebe fehlt, ist unser Leben fruchtlos, einem Baum gleich, der verdient, umgehauen zu werden. Es ist undenkbar, am Leben Christi teilzuhaben und sich seiner Freund-

---

[16] S. th. I II q 68 a 8 ad 2.
[17] *J. M. Gustafson,* Can Ethics be Christian? (Chicago 1975) 73.
[18] *K. Rahner,* a. a. O. (s. Anm. 2) 245.
[19] *Augustinus,* De trinitate VIII, 12: PL 42, 958.

schaft zu freuen, wenn man nicht Frucht bringen will in Nächstenliebe und Gerechtigkeit. Diese Wahrheit ist im ersten Johannesbrief nocht mehr betont[20].

d) Selbstliebe und Nächstenliebe

In biblischer Sicht ist es unmöglich, vom „wahren Selbst" zu reden, losgelöst vom Füreinander und Miteinander. Der Mensch existiert in Wort und Liebe. Er wird seiner selbst und seiner wahren Freiheit nur inne, indem er sich der Liebe und Anerkennung öffnet, die ihm von andern zuteil wird, und indem er darauf in Anerkennung und Liebe, in Wort und Tat antwortet[21].

Die Humanwissenschaften haben auf vielfältige Weise aufgewiesen, daß Selbstbejahung, Selbstliebe und ein Bei-sich-selbst-daheim-Sein Hand in Hand gehen mit Nächstenliebe, genauso wie die Bibel es uns lehrt[22]. Wir finden den Mut zum Dasein und den Mut, uns gelassen und schöpferisch anzunehmen, nur, weil wir von den andern angenommen und bekräftigt sind und weil wir selbst willens sind, andere zu achten und zu lieben. So bekräftigen wir bewußt, daß wir angenommen sind[23]. Die Bibel zeigt uns jedoch ganz besonders deutlich, daß die Probe auf die Echtheit unserer Nächsten- und Selbstliebe die Fähigkeit und Bereitschaft ist, sich jenen in Liebe zuzuwenden, die uns nicht belohnen können. Nur so entgehen wir der Versuchung, uns selbst durch Selbstsucht zu zerstören.

„Alle Gebote sind in dem einen zusammengefaßt: Liebe deinen Nächsten wie dich selbst" (Röm 13,9; vgl. Lev 19,18; Mt 19,19; Mk 12,31). Das Zweite Vatikanische Konzil drückt das so aus: „Alle müssen ihren Nächsten ohne Ausnahme als ein ‚anderes Ich' ansehen."[24] Wir können uns selbst nicht wahrhaft als Personen achten und lieben, wenn wir uns nur den Reichen zuwenden, die uns belohnen können. Verachten wir andere oder verweigern wir ihnen Ehre und Liebe aufgrund ihrer Hautfarbe, ihrer Kultur, ihres sozialen Ranges oder ihrer Religion, so verfehlen wir unsere eigene Personenwürde und machen uns unfähig, uns selbst wahrhaft zu lieben[25].

e) Gottesliebe und Selbstliebe

Genauso wie Nächstenliebe und Selbstliebe unzertrennlich sind, so gehören Gottes- und Selbstliebe wesentlich zusammen. Unsere Selbstsucht, unsere

---

[20] Vgl. *R. Schnackenburg,* Das Johannesevangelium, 3. Tl., 123f.

[21] Vgl. *F. Ebner,* Das Wort und die geistigen Realitäten (Innsbruck 1921); *ders.,* Wort und Liebe (Regensburg 1935); *ders.,* Schriften, 3 Bde. (München 1963–1965); *M. Buber,* Ich und Du (Heidelberg [9]1977).

[22] Vgl. *R. Völkl,* Selbstliebe in der Heiligen Schrift und bei Thomas von Aquin (München 1956); *ders.,* Frühchristliche Zeugnisse zu Wesen und Gestalt der christlichen Liebe (Freiburg i. Br. 1963); *ders.,* Botschaft und Gebot der Liebe nach der Bibel (Freiburg i. Br. 1964).

[23] *P. Tillich,* Der Mut zum Sein (Stuttgart 1954); vgl. *J. Pieper,* Über die Liebe (München 1972) 77f.

[24] GS 27.

[25] GS 27.

Sünden und unser sündiges Trachten verdienen Haß, aber in der Liebe Gottes können und müssen wir uns selbst lieben, wie Gott uns liebt. Die Liebe Gottes zu uns ist die Voraussetzung und der Beweggrund unseres legitimen Selbstinteresses und unserer Selbstachtung. Je mehr unsere Selbstliebe in der Liebe Gottes zu uns wurzelt, um so gesünder und stärker wird sie sein und um so fester wird ihr Band mit der Nächstenliebe sein. Dazu sagt Augustinus: „Nur jene, die sich echt lieben, lieben sich um Gottes willen. Und um sich selbst zu lieben, müssen sie Gott lieben."[26] Im Verlauf der Geschichte gab es viele Diskussionen über das Verhältnis zwischen selbstloser Gottesliebe (amor benevolentiae) und Liebe aus Bedürftigkeit (amor concupiscentiae). Es ist jedoch unrealistisch, die selbstlose Liebe zu Gott vom legitimen Selbstinteresse zu trennen. Gott nimmt sich unser an, und darum gehört zur Liebe zu Gott eine tiefe Dankbarkeit für dieses sein Interesse an uns. Die Liebe zu Gott, für die Christus uns erlöst hat, ist vor allem Dank und Lobpreis für die Liebe, die er uns erwiesen hat, und damit auch Anerkennung, daß wir seiner bedürfen. Demütige Liebe aus Bedürftigkeit steht der sich schenkenden Liebe als Antwort auf Gottes unverdiente Liebe nicht im Wege. Die neue englische ökumenische Bibel übersetzt die erste Seligpreisung in folgendem Sinn: „Selig sind jene, die sich bewußt sind, daß sie Gottes bedürfen; ihrer ist das Himmelreich" (Mt 5,3).

Im Blick auf unsere Teilnahme an der göttlichen Natur können wir sagen, daß eine Art Perichoresis zwischen Gottesliebe, Nächstenliebe und Selbstliebe besteht. Eine Spannung oder ein Konflikt zwischen ihnen ist ein Zeichen erschütternder Unvollkommenheit. Eine aszetische Einstellung, die nicht den Mut hat, der Selbstachtung als Selbstliebe innerhalb der Dreiheit von Gottes-, Nächsten- und Selbstliebe Raum zu geben, kann nicht zu geistlicher Gesundheit führen. Aber ebenso gilt, daß unser legitimes Selbstinteresse am besten erfüllt ist durch das Wachstum in der Liebe zu Gott und zum Nächsten.

f) Eine Aufgabe für Moraltheologie und -pädagogik

Eine Synthese der ganzen Moraltheologie im Lichte der gegenseitigen dynamischen Durchdringung (perichoresis) von Gottes-, Nächsten- und Selbstliebe ist von großer Bedeutung für die Glaubenserziehung und die Moralpädagogik. Sie macht die Flucht vor Verantwortung, aber ebenso auch einen Aktivismus zum Schaden der Anbetung unmöglich. Sie befreit uns von sterilem Ritualismus und Formalismus und fördert innere Einheit; sie ist eine Einladung an den Christen, sein ganzes Leben zu einem Hohenlied der Liebe zu machen (vgl. 1 Kor 13). Karl Rahner weist darauf hin, daß eine solche Synthese vor allem im Blick auf jenen modernen Atheismus, der kein absoluter oder echter Atheismus ist, sehr bedeutsam ist. Selbstlose und treue Nächstenliebe ist Offenheit für die Liebe zu Gott, selbst wenn die eigene Auslegung diese Wahrheit nicht in begrifflicher Erkenntnis einholt. Absoluter Atheismus, die Verweigerung der Liebe zu

---

[26] *Augustinus,* Retractationes I, 83: PL 32, 594.

Gott, ist zugleich ein Nein zur Nächstenliebe und führt häufig auch zur Unfähigkeit, sich selbst in wahrer Weise zu lieben[27].

Eine verrechtlichte Abgrenzung und Unterscheidung zwischen Gottes-, Nächsten- und Selbstliebe kann zur Flucht vor Verantwortung unter dem Vorwand der Gottesliebe führen oder aber zu einem Reduktionismus, durch den auch die Nächstenliebe am Verlust der Mitte leidet. Auf jeden Fall schwächt eine solche Sicht die Ganzheitsmotivierung und damit die Kraft des religiösen und sittlichen Lebens.

g) Ganzheitssicht und Gebet

Gottesdienst und Gebet müssen diese unauflösliche Triade von Gottes-, Nächsten- und Selbstliebe widerspiegeln und stärken. Es geht gerade im Gebet um die gegenseitige dynamische Durchdringung und Synthese von schenkender Liebe und bedürfender Liebe, zwischen Lobpreis Gottes und Wachsamkeit für die Nöte des Nächsten. „Betet unablässig und bleibt wachsam im Dank gegen Gott!" (Kol 4,2). Alles soll ins Gebet hineingenommen werden, und das Gebet soll so sein, daß alle Ereignisse dadurch gelichtet werden.

Gebet bedeutet bewußtes Eintreten in das Geheimnis Christi, der eins ist mit dem Vater und eins mit uns, so die Einheit von Gottes- und Nächstenliebe offenbart und uns befähigt, uns selbst wahrhaft zu lieben. Gebet ist der höchste Ausdruck des Geheimnisses des Menschen im Lichte der Liebe Gottes. Es ist ein Dialog mit Gott, ein Dialog, der den Dialog mit den Mitmenschen voraussetzt und zugleich diesen reinigen und adeln soll. Gebet ist in Ursprung, innerer Dynamik und Ausrichtung trinitarisch: es ist Gebet im Heiligen Geist (Eph 6,18). Die trinitarische Dimension spiegelt sich im Gebet wider, das Ausdruck der Triade Glaube, Hoffnung und Liebe ist, wobei die Liebe zu Gott Nächstenliebe und Selbstliebe einschließt und vermehrt. Es ist Ausdruck der Dankbarkeit für schenkende Liebe und demütiges Bewußtsein der bedürftigen Liebe und zugleich eine Quelle apostolischer Liebe[28].

4. Kennzeichen der Liebe

Die Offenbarung der Liebe Gottes in Christus Jesus und im Verlauf der ganzen Geschichte erlaubt uns nicht, eine Moraltheologie auf einen vagen Begriff oder ein bloßes Gefühl der Liebe zu bauen. Die ganze Offenbarung zeigt uns die Kennzeichen echter Liebe. Liebe hat ein klares und anziehendes Angesicht. In

---

[27] *K. Rahner*, a.a.O. 248.

[28] Vgl. *D. M. Stanley*, Boasting in the Lord (New York 1973); *H. Bremond*, Das wesentliche Gebet (Regensburg [4]1959); *J. Pieper*, Muße und Kult (München [7]1965); *ders.*, Glück und Meditation (München [3]1962); *H. Schürmann*, Der Geist macht lebendig. Hilfen für Betrachtung und Gebet (Freiburg i. Br. [4]1974); *J. B. Lotz*, Kurze Anleitung zum Meditieren (Frankfurt a. M. 1973); *B. Häring*, Gebet: Gewinn der Mitte (Graz 1975).

ihr spiegelt sich der ganze Reichtum des Glaubens; sie öffnet unsere Augen und beleuchtet unseren Weg zu einem stets besseren Kennen der rettenden Wahrheit.

Paulus, der sich vorgenommen hat, nichts zu kennen außer Jesus Christus, spricht mit Begeisterung von den Eigenschaften einer in Christus gegründeten Liebe. „Die Liebe ist langmütig, gütig. Sie ereifert sich nicht. Sie prahlt nicht, bläht sich nicht auf. Sie verletzt die Ehre nicht, sucht nicht das Ihre. Sie läßt sich nicht erzürnen, rechnet das Böse nicht zu. Sie freut sich nicht am Unrecht, freut sich aber mit an der Wahrheit. Sie trägt alles, glaubt alles, hofft alles, erduldet alles. Die Liebe kommt niemals zu Fall" (1 Kor 13,4–8).

Die Liebe, die Liebe in Christus bedeutet, ist erhaben in ihrem Schenken, aber auch im Fordern. Diener Christi werden sich nicht mit etwas Geringerem zufrieden geben, als Gott und den Nächsten mit ganzem Herzen und allen Kräften zu lieben. Obwohl sie nie diese Vollkommenheit erreichen, werden sie nie aufhören, nach dem vollen Umfang und der vollen Tiefe zu streben, wie der Herr es lehrt: „Eure Güte kenne keine Grenzen, wie auch die Güte eures himmlischen Vaters grenzenlos ist" (Mt 5,48). Und da Gottes Güte barmherzige Liebe ist, wird der Jünger Christi nach immer vollkommenerer Barmherzigkeit streben: „Seid barmherzig, wie euer Vater barmherzig ist" (Lk 6,36). Da die menschliche Person in ihrer Liebesfähigkeit und Güte der Liebe Gottes entspringt, ist es der letztentscheidende Sinn des Lebens, diese Liebe kundzutun und zu stärken. Diese Liebe will unser Sinnen und Trachten erfüllen und sich im Tun offenbaren.

Die Menschheitsgeschichte vor dem Kommen Christi ist Verheißung der Inkarnation, eine beginnende „Einfleischung" der menschlichen Liebe in Erwartung der vollen Inkarnation der göttlichen Liebe in einem menschlichen Herzen. Diese Liebe ist die größte Macht und die entscheidende Wirklichkeit der Geschichte. Das Geheimnis der Menschwerdung sagt uns, daß die Liebe nicht nur tief im Herzen verwurzelt, sondern auch dem Ganzen des Lebens eingestaltet werden will. Die Berufung in Christus ist Sendung zu dieser fortwährenden Eingestaltung. Augustinus erklärt die ganze Geschichte im Blick auf den Kampf zwischen wahrer und falscher Liebe: „Die zwei Arten von Liebe haben zwei verschiedene Reiche gegründet: das vergängliche, eine Frucht der Selbstverliebtheit, die schließlich bis zum Hasse Gottes geht; das himmlische Reich, Frucht der göttlichen Liebe, die die Aufgabe der Selbstsucht zugunsten Gottes bedeutet."[29] Die Jünger Christi sind Partner in der Auferbauung des Gottesstaates durch ihre Liebe. Und es gibt keinen anderen Weg, die falsche Liebe zu entlarven als das Zeugnis erlöster und erlösender Liebe und ihre Eingestaltung im Gesamt des Lebens. Jene, die an den Gott der Liebe glauben, werden sich stets vereinen, um individuelle und kollektive Selbstsucht und ihre Folgen zu überwinden, indem sie durch erlöste Liebe ihr eigenes Leben und ihre Umwelt verwandeln.

---

[29] *Augustinus,* De civ. Dei 14, 28: PL 41, 436.

Liebe in Christus ist ausgezeichnet durch schöpferische Freiheit und Treue. Alles, was über das befreiende Handeln Christi gesagt ist, gilt auch für die Liebe; denn durch seine in uns tätige Liebe will Christus das Werk der Erlösung und die Offenbarung seiner schöpferischen Treue fortsetzen. Glauben an den uns von Christus gesandten Heiligen Geist, der die Herzen der Menschen und das Antlitz der Erde erneuert, bedeutet schöpferische und befreiende Teilnahme am Gang der Geschichte[30].

Denen, die mit ganzem Herzen an das menschgewordene Wort Gottes und an den Geist der Wahrheit glauben, ist es einsichtig, „daß alles schöpferische Tun Liebe und daß alle Liebe schöpferisch ist"[31]. Wie wahre Liebe, so gibt es auch schöpferische Treue und Freiheit nicht getrennt von Christus. Der Freiheitsruf jener, die sich von Christus, dem Erlöser und Befreier, trennen, folgt der Geschichte des alten Adam. Diese Art der Freiheit ohne Liebe und einer Liebe, die sich vom Urquell aller Freiheit getrennt hat, führt zu Chaos und Sklaverei.

Wer sich vom Geist Gottes und seiner Liebe leiten läßt, hat ein scharfes Auge für die gegenwärtigen Möglichkeiten des Guten. Die Gesinnung und das Tun erlöster und schöpferischer Liebe ist stets neu eine Gabe Gottes, und darum können wir die Erfindungen der Liebe nicht von bloßen Normen und Regeln lernen. Wir bedürfen vor allem der Geschenke des Geistes, wie Treue und schöpferische Liebe, Einbildungskraft, Einsicht und Unterscheidungsgabe[32].

Die Kernfrage jeder wahren Befreiungstheologie ist, ob der Mensch in Freiheit liebt und so frei ist für jene Liebe, die von Gott kommt und zu Gott führt. Diese Liebe setzt alle Energien für das Reich der Freiheit frei. „Freiheit wird nur durch die Liebe bedeutungsvoll."[33] Erlöste und erlösende Liebe entläßt uns aus der Gefangenschaft der Angst, der Skrupulosität und sklavischen Furcht (vgl. 1 Joh 4,17). Sagen wir mit ganzem Herzen ja zum Geschenk und Gebot Christi, einander zu lieben, wie er uns geliebt hat, dann sind wir nicht mehr Sklaven, sondern Freunde in Freiheit (vgl. Joh 15,15). „Die Freiheit und Freundschaft, die der Sohn schenkt, lösen die alte Ordnung ab."[34] Sie bauen die neue Schöpfung befreiender Wahrheit auf (vgl. Joh 8,32–36). In der Geschichte, wie sie aus der Hand Gottes hervorgeht, gibt es weder Haß noch Selbstsucht, sondern nur das Reich der Liebe. Der Liebe gehört die wahre Geschichte, sie ist Geschichte, mächtiges Geschehen, und sie bringt die Wahrheit der Geschichte zum Vorschein, die Geschichte der Freiheit und Versöhnung. Die Berufung zum Mitvollzug der schöpferischen und befreienden Liebe Gottes gibt den Jüngern Christi Mut und Kraft, eine Gemeinschaft aufzuerbauen, in der alle in Christus an der Liebe des Vaters teilhaben und im Heiligen

---

30 *R. Coste*, Pour une charité libératrice (Paris 1974).
31 *N. Berdjajew*, The Destiny of Man (New York 1960) 141.
32 Vgl. *A. Royce Gibson*, The Challenge of Perfection (Melbourne 1968) 20.
33 *M. Nédoncelle*, God's Encounter with Man (New York – London 1964) 179.
34 *R. Schnackenburg*, Das Johannesevangelium, 3. Tl., 126.

Geist den Gott der Liebe anbeten. Wir wissen, daß dies die schöpferischen Kräfte freisetzt, die Gott schafft und erneuert durch den Heiligen Geist. Und wenn der Geist durch seine Liebe unsere Herzen erneuert hat, so verstehen wir unsere Aufgabe, unter seiner Leitung das Antlitz der Erde zu erneuern, an der Auferbauung einer menschlicheren Gesellschaft mitzuarbeiten[35].

Dankbare Liebe glaubt, daß auch das geschändete Antlitz wiederhergestellt wird, sie gibt dem Sünder Hoffnung und läßt ihn seine Würde erneut erfahren. Menschen, die sich in der schenkenden Liebe Gottes vereint wissen, entdecken nicht nur die dringenden Nöte der andern, sondern auch ihre schöpferischen Fähigkeiten, ihnen zu entsprechen. Liebe gibt den Mut, den andern anzunehmen und zu gegebener Zeit einen Treuebund einzugehen. Liebe ist die Kraft, die den Menschen in Mitmenschlichkeit zur Persönlichkeit heranreifen läßt[36]. Sie ist das Ja zu Gottes eigener Schöpfung in der Bereitschaft zum Mitwirken. „Liebe gibt den Mut zum Dasein und schenkt Fülle des Seins."[37] Indem Menschen sich in gegenseitiger Liebe annehmen und anerkennen, lassen sie einander wissen, daß es gut ist, daß es den andern und die andern gibt.

In den Höhepunkterfahrungen wissen wir auf neue Weise, daß alles ein Geschenk der Liebe ist. Gottes Initiative und der Edelmut der andern erfüllen uns mit Dankbarkeit. Das weckt die schöpferischen Kräfte und das Verlangen, sich dieser Liebe würdig zu machen. Das Füreinander der Liebe bekräftigt das Füreinander und Miteinander der Gewissen und fördert schöpferische Mitverantwortung.

II. Liebe ist mehr als Gebot

Liebe läßt sich nicht einbleuen. Eltern, die ihren Kindern Liebe, Dankbarkeit und Gehorsam befehlen, ohne ihnen die Erfahrung ihrer treuen Liebe zu geben, müssen sich auf schwere Enttäuschungen gefaßt machen. Liebe lernt man nur von der Liebe. Die Antwort der Liebe ist durch das Geschenk der Liebe ermöglicht. Das ist die göttliche Ordnung. Er, der die Liebe und die Quelle alles Guten ist, kann nicht Liebe zuerst befehlen. Das würde nicht weniger bedeuten, als daß seine Geschöpfe aus sich die höchste Schöpfung hervorbringen sollten. Gott überhäuft uns mit seiner Liebe, macht sie uns sichtbar und sendet uns den Geist der Wahrheit und der Liebe. So und nur so befiehlt die Liebe.

---

[35] Vgl. *F. X. Durrwell,* Vous avez été appelés, in: Studia Moralia 15 (1977) 355f.

[36] Vgl. *R. Johann,* Building the Human (New York 1968).

[37] *F. D. W. Wilhelmsen,* The Metaphysics of Love (New York 1962) 139; vgl. *J. Pieper,* a.a.O. (s. Anm. 23) 52f.

1. Die sakramentale Gestalt der Liebe

Schöpfung und Heilsgeschichte sind eine Art Sakrament, sichtbare wirksame Zeichen, Offenbarung der liebenden Gegenwart Gottes. Während alle Dinge aus der Liebe Gottes erschaffen sind, ist der liebesfähige Mensch auf Erden sein Bild und Gleichnis. Die Liebe hat also eine sakramentale Gestalt und Kraft. Wir sagen dies im Blick auf Christus, den der Vater mit dem Auftrag gesandt hat, die Höhe und Tiefe, die Länge und Breite seiner Liebe sichtbar, erfahrbar zu machen. Auf die Bitte des Philippus: „Herr, zeig uns den Vater, und das genügt uns", antwortet Jesus: „All diese Zeit war ich bei euch, Philippus, und du kennst mich noch nicht? Jeder, der mich gesehen hat, hat den Vater gesehen" (Joh 14,8 f.). Und der Evangelist frohlockt: „Wir sahen seine Herrlichkeit – eine Herrlichkeit, wie sie im eingeborenen Sohn vom Vater widerstrahlt – voll von Gnade und Wahrheit... Gott hat keiner je gesehen. Der eingeborene Sohn, der im Schoße des Vaters zu Hause ist, er hat sein Geheimnis erschlossen" (Joh 1,14.18; vgl. 1 Joh 1,1–3).

Es ist nicht genug, die Sichtbarkeit des Zeugnisses Christi zu betonen, um die sakramentale Gestalt seiner Liebe zu verstehen. Es geht um noch mehr: Christus strahlt Liebe aus; er gibt Anteil an seiner Liebe; seine Liebe ist ein wirksames Zeichen. Er ist die Quelle, von der seine Jünger lebendiges Wasser der Liebe schöpfen können; denn er sendet seinen Heiligen Geist (vgl. Joh 7,37–39). Er ist gekommen, um das Feuer der Liebe zu bringen; und jene, die sich ihm in Treue öffnen, erfahren, daß es möglich ist, Gott mit Jesus zu lieben und im Mitvollzug der Liebe Gottes die Mitmenschen so zu lieben, wie Jesus uns geliebt hat.

Christus verherrlicht den Vater gerade dadurch, daß er die Seinen heimbringt in die Liebe des Vaters. In der Sendung seines Sohnes zur Rettung der Welt hat Gott selbst seine Liebe sichtbar und greifbar gemacht. „Diese einmalige göttliche Liebestat ist für die Liebe der Christen Urform und Zielbild. Eine solche echte, selbstlose, tatbereite Liebe, die aus Gott stammt und göttlichen Charakter trägt, verbürgt dem Christen aber auch reichen Gewinn: Sie allein vereinigt vollkommen und bleibend mit Gott, gewährt Hoffnung auf die Endrettung im Gericht und vertreibt die Furcht."[38] Das meinen wir, wenn wir von Christus als dem Sakrament, dem wirksamen Zeichen der Liebe sprechen.

Das sakramentale Modell des Selbstverständnisses der Kirche, dem das Zweite Vatikanische Konzil den Vorzug gab, muß immer im Blick auf Christus gesehen werden, der die Quelle aller Sakramentalität ist[39]. Die wirksame Gegenwart der Kirche in der Welt als Heilssakrament hängt von der Intensität, Tiefe und Breite ihrer Liebe ab, die in all ihren Tätigkeiten und Bezügen er-

---

[38] Vgl. *R. Schnackenburg,* Die Johannesbriefe (Freiburg i.Br. [6]1979) 202; *ders.,* Christliche Existenz im Neuen Testament (München 1962) I, 81.
[39] LG (s. 3. Kap., Anm. 24) 1.

fahrbar, sichtbar werden soll. Sie muß auch die Strukturen der Institution prägen. Nur so wird sie wirksam zum Sakrament der Vereinigung mit Gott und der Einheit der Menschheit. Die Kirche aber ist das Volk Gottes. So geht es uns alle persönlich und gemeinsam an, Liebe, Einheit, Solidarität unserem ganzen Leben einzugestalten, zur Ehre des einen Gottes und Vaters.

2. *Die Sakramente der Einheit und Liebe*

In den Abschiedsreden und dem Hohenpriesterlichen Gebet (Joh 13–17) zeigt uns Jesus die Liebe als das große Geheimnis, das zu offenbaren und mitzuteilen ihm vom Vater aufgetragen ist. Das neue Gebot „Liebet einander, wie ich euch geliebt habe“ (Joh 15,12) gründet im Geheimnis der Vereinigung mit Jesus, im „Leben in Christus“. „Ich bin der Weinstock, und ihr seid die Reben; wer in mir bleibt und in wem ich bleibe, der bringt viele Frucht. Getrennt von mir, könnt ihr nichts tun ... Wie der Vater mich geliebt hat, so habe ich euch geliebt. Bleibt in meiner Liebe“ (Joh 15,5–9). Der Lieblingsjünger Johannes schreibt diese Botschaft nieder nach Jahren beglückender Erfahrung der wirksamen Liebe Jesu in der Jüngergemeinschaft und in den Sakramenten.

Durch den Glauben und die Sakramente des Glaubens sind die Jünger zu neuem Leben geboren. Für jene, die aus Gott gezeugt sind, ist es „natürlich“, Gott zu lieben und das allumfassende Gebot der Nächstenliebe zu beobachten (vgl. 1 Joh 5,1–4). Die Exegeten stimmen darin überein, daß die johanneischen Schriften nur in ihrer sakramentalen Dimension recht verstanden werden können. Die Freude der Jünger an der sichtbaren Nähe der Liebe Gottes in Jesus Christus dauert in der Glaubenserfahrung fort. Die Sakramente des Glaubens befähigen die Jünger, diese gleiche Liebe in ihrem eigenen Leben und Lieben sichtbar zu machen.

Alle Sakramente, ganz besonders aber die Sakramente der Taufe, Firmung, Eucharistie und Versöhnung, machen durch ihre Zeichensprache die Gnade der Vereinigung mit Gott und des Einsseins untereinander sichtbar. Henri de Lubac wird nicht müde zu betonen, daß es sich hier nicht um eine Randwahrheit, sondern um das Herzstück der christlichen Geheimnisse handelt. „Die Sakramente müssen, sofern sie Mittel des Heiles sind, als Werkzeuge der Einheit begriffen werden. Im selben Maße, als sie die Vereinigung des Menschen mit Christus verwirklichen, erneuern oder stärken, in demselben verwirklichen, erneuern und stärken sie auch seine Einigung mit der christlichen Gemeinschaft.“[40] Werden alle Sakramente, wie es sich gebührt, im Licht der Eucharistie gesehen, so wird das noch deutlicher. „Das Sakrament schlechthin, das Sakrament, welches das ganze Geheimnis unseres Heils enthält, die Eucharistie, ist auch schlechthin das Sakrament der Einheit.“[41]

---

[40] *H. de Lubac,* a.a.O. (s. Anm. 7) 74.
[41] Ebd. 79.

Der hl. Augustinus erklärt die tiefe Bedeutung des „Amen“, mit dem die Gläubigen antworten, wenn ihnen der Priester mit den Worten „Der Leib Christi“ die Kommunion reicht. „Seid ihr der Leib Christi und Glieder untereinander, dann finden wir euer Geheimnis auf dem Tisch des Herrn: Ihr empfangt das Geheimnis, und das ist die Bedeutung eurer Antwort ‚Amen‘; denn mit eurer Antwort verpflichtet ihr euch. Ihr hört ja ‚Der Leib Christi‘, und ihr antwortet ‚Amen‘. Sei ein Glied Christi, und dein ‚Amen‘ wird wahrhaftig sein. Wir, die vielen, sind ein Brot, ein Leib (1 Kor 10,17). Versteht und freuet euch: Einheit, Wahrheit, Frömmigkeit (Familiensinn), Liebe. Sei, was du siehst, und empfange, was du bist.“[42] Weiter erklärt Augustinus: „Empfängst du auf rechte Weise, dann bist du, was du empfängst; denn der Apostel sagt: ‚Wir, die vielen, sind ein Brot, ein Leib.‘ In diesem Brot wirst du belehrt, wie sehr du Einheit lieben sollst.“ Der große Kirchenlehrer fährt fort, indem er erklärt, daß das Brot, das ist der mystische Leib, mit Feuer gebacken ist, nämlich im Sakrament der Firmung. So sind die Christen durch die Taufe im Wasser und im Heiligen Geist vorbereitet, den Leib Christi zu empfangen und Leib Christi zu werden. „Zum Wasser kommt das Feuer hinzu, das ist der Heilige Geist, und du wirst das Brot, das ist der Leib Christi.“ In Erklärung der Aufforderungen und Antworten zu Beginn der Präfation kommt Augustinus auf das gleiche Thema zurück: Das Amen der Gläubigen ist die erneuerte Selbstverpflichtung, durch Einheit und Liebe das zu sein, was sie empfangen, was immer die Opfer sein mögen, die das verlangt. „Jene, die so gesinnt sind, haben ihre Herzen beim Herrn.“[43]

Der gesamten patristischen Tradition und den besonderen Anliegen der orthodoxen Theologie folgend, sieht de Lubac in der Epiklese der Eucharistie nicht nur die Herabrufung des Heiligen Geistes zur Verwandlung des Brotes und Weines in den Leib und das Blut Christi, sondern auch zur Verwandlung der Gläubigen. „Wie der Heilige Geist ein erstes Mal auf die Apostel herabstieg, nicht um sie zu einem geschlossenen ‚Kreis‘ zu verbinden, sondern um ihnen das Feuer der allumfassenden Liebe zu entzünden, so wiederholt er dies als der Geist Christi jedesmal, wenn Christus sich von neuem darbietet, ‚auf daß alle zerstreuten Kinder Gottes versammelt werden‘ im Abendmahlsaal, den alle unsere Kirchen bilden; so erneuert sich zugleich mit dem Abendmahl das Pfingstfest.“[44]

Das Zweite Vatikanische Konzil hat die Bedeutung der Sakramente als Grundmotiv für das gesamte Leben der Kirche und der Gläubigen deutlich herausgestellt[45]. Diese Sicht ist unerläßlich für die rechte Feier der Sakramente, besonders der Eucharistie, wie auch für das Verständnis des Doppelgebotes der

[42] *Augustinus*, Serm. 272: PL 38, 1247.
[43] *Augustinus*, Serm. 227: PL 38, 1099–1101.
[44] *H. de Lubac*, a.a.O. 99.
[45] Vgl. LG 3 9 10 26; UR (s. 1. Kap., Anm. 77) 15.

Gottes- und Nächstenliebe[46]. Vergißt die Moral die sakramentale Dimension, so kann sie, selbst wenn sie das Doppelgebot der Liebe betont, immer noch in Moralismus entarten, indem sie den geschenkhaften Charakter der Liebe ausklammert.

Weder das allgemeine Priestertum der Gläubigen noch das Amtspriestertum können ohne besondere Aufmerksamkeit auf das Geheimnis der Einheit verstanden werden[47]. Diese Sicht ist beglückend, stellt aber auch hohe Anforderungen, ganz besonders, wenn man den Opfercharakter der Eucharistie wohl bedenkt. „Feiere ich die Nächstenliebe in der Eucharistie und weigere mich, ihre Sinnbedeutung ins konkrete Leben zu übersetzen, dann halte ich entweder Gott zum Narren, oder Gott zieht sich von mir zurück, und so kommt es, daß ich mir erlaube, in bloßer Einbildung etwas zu leben, was der Wirklichkeit des Lebens nicht entspricht“[48].

Wird das Amt der Bischöfe, besonders die Kollegialität in Einheit mit dem Nachfolger Petri, vorzüglich im Lichte der Eucharistie betrachtet, dann steht der bischöfliche Dienst für die Einheit und Erneuerung der Kirche und für die Wiedervereinigung aller Christen auf einem soliden Fundament. „Erst wenn das eucharistische Wesen des Primats voll anerkannt und die Reste des uneucharistischen Jurisdiktionsbegriffs, der die Ekklesiologie des I. Vatikanums beherrschte, beseitigt sind, ist auf einen entscheidenden Fortschritt im ökumenischen Primatgespräch zu hoffen.“[49]

In der Anamnese des einen Opfers Christi zu unterschiedlicher Zeit und in verschiedenen Räumen vereinigen wir uns alle mit der einen Liebe, der einen Opfergabe, vorausgesetzt, daß wir bereit sind, alle Opfer zu bringen, die möglich und notwendig sind, um das in der Opferliebe Christi gegründete Geheimnis der Einheit wirksam zu leben[50]. Die Sakramente ermöglichen und lehren uns die Moral des Ostergeheimnisses, des Todes und der Auferstehung Christi, im Vertrauen auf das fortdauernde Pfingstgeheimnis. Dann ist es aber auch klar, daß die Zielgebote „Bleibet in mir“ und „Liebt einander, wie ich euch geliebt habe“ absolut normativ sind. Und damit ist auch die fortwährende Bekehrung und das fortwährende Streben nach größerer Liebe und stärkeren Banden der Einheit normativ. Es ist die Normativität durch Gnade.

Erfüllt die sakramentale Erfahrung unser Sinnen und Trachten und wird sie Tag für Tag ins Leben übersetzt, dann ist es sonnenklar, daß christliche Liebe

---

[46] Vgl. *B. Häring,* The Eucharist and Our Everyday Life (Slough 1978); *R. Schäffler,* Fähigkeit zum Kult. Ihre Bedrohung und Wiedergewinnung, in: Theol.-prakt. Qs. 126 (1978) 105–121; *V. Eid,* Die Sakramente und christliches Ethos, in: Studia Moralia 15 (1977) 139–153.

[47] PO (s. 5. Kap., Anm. 49) 5 u. 14; vgl. *K. Rahner,* Knechte Christi (Freiburg ^{2}1968).

[48] *Ch. Duquoc,* Opportunities and Behavior 2.

[49] Vgl. *H. Riedlinger,* Die Eucharistie in der Ekklesiologie des Zweiten Vatikanischen Konzils, in: *E. C. Suttner* (Hrsg.), Eucharistie – Zeichen der Einheit. Erstes Regensburger Ökumenisches Symposion (Regensburg 1970) 75–85, Zitat: 80f.

[50] *Johannes Chrysostomus,* In ep. ad Hebr. hom. XVII, 3: PG 63, 130f.; vgl. *G. Saphiris,* Eucharistie als Sacrificium und Commemoratio, in: *E. C. Suttner* (Hrsg.), a. a. O. 69.

nicht nur von dem Motto „Seid nett zueinander" und noch weniger von der Anpassung an den Stärkeren bestimmt sein kann. Die Liebe, die uns vom Opfer Christi zufließt und uns vereint, sprengt alle Schranken und macht uns bereit, die Opfer zu bringen, die der Eifer für heilende Gerechtigkeit und unser Einsatz für die Unterdrückten und Bedrückten verlangt. Nur so können wir hoffen, daß die Geisteserfahrung der Gegenwart Jesu vielen geschenkt werde[51].

Diese Sicht erlaubt es der Kirche und den Christen, die Moral des Evangeliums in ihren hohen Anforderungen zu leben und zugleich unnötigen Ballast abzuwerfen[52].

3. *Der Sinn des Liebesgebotes als Gebot*

Trotz der notwendigen Warnung vor der Versuchung, die Liebe einfachhin bloß als Gebot präsentieren oder auferlegen zu wollen, muß doch auch deutlich gesagt werden, daß sie ein Gebot, *das* Gebot ist. Die Tatsache, daß sie das höchste Geschenk und ganz und gar Geschenk ist, gibt dem Gebot die tiefste Begründung und den höchsten Nachdruck. Außerdem bedürfen wir als Sünder hier auf Erden immer auch der Mahnung, des Gesetzes und Gehorsams. Und so ergeben sich verschiedene Gesichtspunkte des Gebotenseins der Liebe.

In erster Linie haben die Freunde Christi ständig zu lernen, was ihnen die Liebe und Gnade Christi ermöglicht. Sie haben die Gnadengaben und Fähigkeiten angesichts der Nöte der Mitmenschen zu bedenken. Es gilt die klare Richtung zu sehen, die die Zielgebote uns geben. Das dispensiert uns jedoch nicht, uns zu erinnern, daß es Haltungen und Taten gibt, die dem Geschenk und Gebot der Liebe radikal widersprechen. Und schließlich verlangt das Liebesgebot von uns kategorisch, daß wir alle anderen Gebote in einer einzigen Synthese im Licht der Gaben und des Gebotes der Liebe betrachten.

Für den, der sich am Grundgebot „Bleibet in meiner Liebe" versündigt hat, bedeutet das Liebesgebot die dringendste Pflicht zu totaler Bekehrung: zu beten, sich der Gnade des allmächtigen und allbarmherzigen Gottes zu öffnen und alle Hindernisse zu überwinden, um in die göttliche Liebe zurückzukehren, ohne die das Liebesgebot in keiner Weise erfüllt werden kann. Für alle andern aber verlangt dieses Gebot, weil es ein Zielgebot ist, beharrliches Gebet und unablässiges Streben nach Wachstum in der Liebe.

Das Gebot verlangt von uns ferner, daß wir die Gesinnung der Liebe in uns pflegen, ohne die das Tun der Liebe nicht denkbar ist. Das Liebesgebot verlangt von uns die Pflege der kontemplativen Dimension unseres Lebens. Aber als Pilger dürfen wir nicht schon vor Gott ausruhen, als ob wir am Ziele wären. Wir müssen von der betenden Ruhe zum Tun, vom Tun aber immer wieder zur

---

[51] *H. G. Koch,* Theologie der Erfahrung – Sackgasse oder Weg zum Glauben? Ein Gespräch mit Prof. E. Schillebeeckx, in: Herder-Korr. 31 (1978) 292–297.

[52] Vgl. *H. de Lubac,* a.a.O. 266.

ruhigen Besinnung zurückkehren. Die Herzensgesinnung wird uns zum Tun antreiben, und umgekehrt wird das Tun der Wahrheit in der Liebe die innere Bereitschaft und Gesinnung vertiefen. Und je dankbarer wir Gott für das Geschenk der Liebe preisen, um so eher werden wir bereit sein, auch jene Aspekte der Liebe ernst zu nehmen, die für uns immer noch den Charakter von Gesetz und Gebot tragen[53].

III. Liebe in der Gemeinschaft der Heiligen und der Sünder

Da Liebe die allumfassende Sinnmitte im Wandel der Geschichte ist, umschließt sie viele Formen[54]. Wir denken an die Liebe im Familienkreis: väterliche, mütterliche Liebe, die Liebe der Kinder zu ihren Eltern und die Geschwisterliebe, die Liebe aller Glieder der Familie zu den Mitmenschen. Die Liebe hat verschiedene Ausprägungen annehmen können, je nach der Struktur der Familie, sei sie patriarchal, matriarchal oder partnerschaftlich. In all dieser Verschiedenheit kann sich der Familiengeist (im Lateinischen *pietas,* im Hebräischen *chesed* genannt) wahrhaft ausdrücken. Wir denken an die sexuelle Dimension der Liebe zwischen Mann und Frau, an das Werben der Liebe und die Beständigkeit der Liebe in der Ehe, an die männliche und weibliche Ausprägung der Liebe in allen Formen der Begegnung zwischen Mann und Frau und bis hinein in das religiöse Gebiet. Wir fragen nach dem Wesen des Eros, der in verschiedenen Kulturen verschiedenartige Gestalten annimmt[55]. Er kann Ausdruck der bedürftigen Liebe, aber auch der Freundschaft sein, und schließlich und letztlich gilt unsere Hauptaufmerksamkeit der *agape*, jener Liebe, die als Geschenk aus der reinsten Quelle der Liebe, von Gott, kommt, zu ihm zurückführen will und sich in aller echten menschlichen Liebe eingestalten kann.

1. *Freundschaftsliebe und allumfassende Liebe*

Einer der Namen Jesu ist „Freund", und er nennt seine Jünger seine Freunde (Joh 15,13). Jesus gibt der Freundschaft eine neue, tiefe Würde. Er gibt sein Leben hin für seine Freunde. Und da er in der Tat für alle Menschen stirbt, gilt seine Freundschaftsliebe allen, und alle dürfen sich zur Freundschaft mit ihm berufen wissen. Seine besondere Freundschaft gilt jenen, die bereit sind,

---

[53] Vgl. *M. Hopkins,* The Law of Love and Love as Law, or: Christian Ethics (New York 1974).

[54] *M. Balint,* Die Urformen der Liebe und die Technik der Psychoanalyse (Frankfurt a. M. 1969); *I. Eibl-Eibesfeldt,* Liebe und Haß. Die Naturgeschichte elementarer Verhaltensweisen (München 1970).

[55] Vgl. *H. Marcuse,* Eros und Kultur (Stuttgart 1957); *A. u. W. Leibbrand,* Formen des Eros. Kultur- und Geistesgeschichte der Liebe (Freiburg – München 1972).

ihm sich im Apostelamt ganz zu weihen. Seine Freundschaft für alle seine Jünger, Männer und Frauen, ist total. Auch für Jesus in seiner Menschlichkeit ist die Freundschaft bedeutsam für die Offenheit seines Herzens für alle. Er macht sich zum Freund von Zöllnern und anderen Sündern (Lk 7,34), zum Zeichen seiner Freundschaft sitzt er mit ihnen zu Tisch, und das bedeutet Vorausnahme des messianischen Festmahles mit ihnen[56]. Diese Freunschaft ist Zeichen der Gnade und Versöhnung.

Seine Freundschaft erstreckt sich sogar auf den Jünger, der daran ist, ihn zu verraten. Er nennt ihn „Freund" und versichert ihm so, daß er immer noch bereit ist, die Bande der Freundschaft neu zu knüpfen. Jesu Freundschaft mit den Verachteten gibt diesen ihre Würde zurück und versichert sie der Fähigkeit zu lieben. Noch am Kreuze gewinnt er im rechten Schächer einen Freund. Er öffnet uns die Tiefe seiner Freundschaftsliebe, wenn er den Jünger seiner Mutter anvertraut und uns wissen läßt, daß wir ihm so teuer sind wie seine Mutter, seine Brüder und Schwestern. Seine Liebe kennt keine Grenzen. Das ist die Offenbarung der absoluten Freiheit Jesu und der Macht seiner Liebe.

Freundschaft bedeutet ein totales Sich-Einlassen aufeinander in der Freiheit der Wahl: es ist *dilectio (von di-ligere,* lieben, in dem die Grundbedeutung „aus-lesen", „wählen" enthalten ist). Der Freund ist ein Erwählter. Und die Wahl der Freunde zeigt, daß es keine Grenzen von Fleisch und Blut gibt. Moltmann betont die pastorale Notwendigkeit, mehr von der Freundschaftsliebe zu sprechen. Ausdrücke wie „brüderliche" Liebe scheinen Frauen nur indirekt einzuschließen[57].

Freunde sind sich teuer (lateinisch *carus,* wovon sich *caritas* ableitet). Freundschaft schließt Hochschätzung und Ehrfurcht ein. Sie bedeutet aber vor allem auch Freude, zusammen zu sein. Augustinus sagt treffend, daß die Belohnung der Freundschaftsliebe nichts Geringeres ist als der Freund selbst[58].

Freunde wissen, wie sehr sie auf ihre gegenseitige Liebe und Anerkennung angewiesen sind. Diese Art der bedürftigen Liebe vermindert jedoch nicht den Charakter der sich schenkenden Liebe. Sogar Jesus in seiner wahren Menschlichkeit suchte die Liebe der Freunde. Er fragt Petrus eindringlich: „Liebst du mich?" Und das wird für alle Zeiten seine Hauptfrage an seine Apostel und

---

[56] Vgl. *J. Moltmann,* Kirche in der Kraft des Geistes (München 1975) 136.

[57] Aus der reichen Literatur über Freundschaft seien nur einige wenige Werke genannt: *E. Fromm,* The Art of Loving (New York 1952); *E. Walter,* Wesen und Macht der Liebe. Beiträge zur Theologie der Liebe (Freiburg i. Br. 1954); *C. S. Lewis,* The Four Loves (London 1960); *M. M. Laurent,* Réalisme et richesse de l'amour chrétien. Essai sur Eros et Agape (Paris 1962); *C. F. Kelley,* Der Geist der Liebe nach der Lehre des hl. Franz von Sales (Paderborn 1963); *J. Schneider,* Das Gute und die Liebe nach der Lehre des hl. Albert des Großen (München 1967); *P. Lain Entralgo,* Sobre la amistad (Madrid 1972); *B. Welte,* Dialektik der Liebe. Gedanken zur Phänomenologie der Liebe im technologischen Zeitalter (Frankfurt a. M. 1973); *A. Ilien,* Wesen und Funktion der Liebe bei Thomas von Aquin (Freiburg i. Br. 1975); *A. Riva,* Amicizia: integrazione dell'esperienza umana (Milano 1975).

[58] *Augustinus,* En. in Ps. 118, XXII, 2: PL 37, 1563: „Praemium dilectionis est ipse dilectus."

Jünger sein. Freundschaft ist doppelseitig, Liebe gebend und empfangend. Die Fähigkeit, Liebe zu empfangen und zu schenken, ist ein Grundproblem des inneren Reifens, ein Schlüssel des Heilseins. Freundschaftsliebe ist „Freude in der Gegenwart des (bzw. der) andern und Bejahung seines (bzw. ihres) Wertes und so Entfaltung auch des eigenen Wertes“[59].

Ohne die Fähigkeit, Freundschaftsliebe zu schenken und zu empfangen, führt kein Weg zu wirksamer universaler Liebe. Das Kennzeichen wahrer Freundschaft in erlöster und erlösender Liebe ist gerade das Freisein für allgemeine Liebe. Und Goethe spricht eine wichtige psychologische Erfahrung aus, wenn er sagt: „Ein Herz, das einen Menschen liebt, kann keinen Menschen hassen.“[60] Eine entfaltete Freundschaftsliebe entdeckt das Gutsein und neue Möglichkeiten des Gutseins im Freunde, und nachdem er es in einem Menschen entdeckt hat, wird er darauf bedacht sein, es in allen zu entdecken. Jesus hat seine Jünger für die allumfassende Liebe durch die Erfahrung engster Freundschaft vorbereitet. Und das scheint von einem psychologischen Gesichtspunkt aus eine bleibende Norm zu sein. Die Quäker nennen sich deshalb „Gesellschaft der Freunde“. Aus der Pflege der Freundschaft zwischen den Mitgliedern erwächst ihre erstaunliche Bereitschaft für die Diakonia, die Bereitschaft, allen Menschen Liebe und Hilfe zukommen zu lassen.

Das Zweite Vatikanische Konzil spricht deutlich von diesem Sich-Ausweiten der Horizonte der Liebe[61]. Auch die Konzilserklärung über Religionsfreiheit darf in dieser Sicht gelesen werden.

Teilhard de Chardin ist überzeugt, daß die allumfassende Liebe ein Zeichen unserer Zeit ist. „Mit der Liebe des Mannes zur Frau, zu seinen Kindern, zu seinen Freunden und bis zu einem gewissen Grad für sein Land glauben wir oft die verschiedenen natürlichen Liebesformen erschöpft zu haben. In dieser Liste fehlt aber gerade die fundamentalste Form der Leidenschaft: die die Elemente des Alls, eins dem anderen, in die Arme schleudert, unter dem Druck eines Universums, das sich zusammenschließt... Universale Liebe: sie ist nicht nur psychologisch möglich, sondern sie ist die einzige vollständige und endgültige Art unserer Liebesfähigkeit.“ Teilhard ist sich der möglichen Einwände und der möglichen Schwierigkeiten bewußt, weil das Denken vieler abstrakten und kollektiven Ideen verhaftet ist. Er räumt ein: „Der anonymen Zahl kann man sich nicht schenken. Doch sobald das Universum vor uns und für uns ein Antlitz und ein Herz gewinnt, sobald es sich sozusagen personifiziert (natürlich nicht, indem es eine Person wird, sondern indem es mit den innersten Kräften seiner Entwicklung den beherrschenden und einigenden Einfluß eines Brennpunktes von persönlichen Energien und Anziehungskräften in sich aufnimmt), werden

[59] *R. May,* Man's Search for Himself (New York [9]1976) 241.
[60] *J. W. von Goethe,* Die Laune des Verliebten, 5. Szene.
[61] LG 7 u. 8; AG (s. 5. Kap., Anm. 1) 9; GS 21 24 27 39 93; UR 24.

in der von diesem Brennpunkt geschaffenen Atmosphäre die Anziehungstendenzen der Elemente die Möglichkeit finden, sich zu entfalten."[62]

Teilhard sieht besonders die Entwicklung des Universums zur Einheit in Vielfalt, und zwar im Lichte Christi. Es ist eine gleichsam mystische Erfahrung. Er sieht alles von der göttlichen Liebe kommen und schließlich angezogen von dem, der die Liebe ist. Im Lichte des Dialogs zwischen Gott und Menschheit, der die große Geschichte der Liebe ist und auf den alle Evolution kraft des Planes Gottes hinzielt, sieht er auch das unpersönliche Sein, das Universum hineingenommen in diesen Dialog, „ein Universum, Sammler und Bewahrer von Personen und nicht von mechanischer Energie, wie wir glaubten. Wie ein beständiges Ausströmen lösen sich rings um uns, eine um die andere, ‚die Seelen' los und tragen ihre unmittelbare Bewußtseinslast nach oben."[63]

Karl Rahner sieht diese Botschaft und Dynamik der allumfassenden Liebe als Wesensaussage vom Gott der Liebe im Licht des Gottesknechtes, Christi, der die Last aller getragen hat. „Nur aus einer letzten Solidarität mit den ‚Verdammten dieser Erde' darf das Wort von der Liebe Gottes zu uns gesagt werden."[64] Wenn wir die Geringsten unter unseren Brüdern und Schwestern als Freunde in Christus ehren, nur dann haben wir den letzten Sinn der allumfassenden Liebe ergriffen.

2. *Eros und Freundschaft*

In seiner Besorgtheit um die Reinheit und absolute Ungeschuldetheit der schenkenden Liebe *(agape)* verfehlt Anders Nygren praktisch die Dynamik der erlösten und erlösenden Liebe, sich dem Leben als Ganzem einzugestalten[65]. Josef Pieper sieht in der Theologie Nygrens nicht nur einen dem Leben entfremdeten Supranaturalismus, sondern auch eine totale Verkennung des Eros. „Der Eros ist Punkt für Punkt (bei Nygren) der Widerpart der Agape. Er ist weder schöpferisch noch spontan."[66] Die Folge ist, daß eine so aufgefaßte Agape den Menschen und die Welt nicht verändern kann. C. S. Lewis trifft den wunden Punkt bei Nygren, wenn er den Menschen, der vor seinem Schöpfer auf eine sich nur selbstlos schenkende Liebe pocht, als ein eitles und dummes Geschöpf beschreibt, das sich groß macht, es komme nicht als Bettler, sondern nur um seine Liebe zu schenken[67].

Während es Nygren um die übernatürliche Reinheit und den ausschließlich

[62] *P. Teilhard de Chardin,* Der Mensch im Kosmos (Le phénomène humain) (München 1959) 260f. 266.

[63] Ebd. 266f.

[64] *K. Rahner,* a.a.O. (s. Anm. 2) III, 245; vgl. *R. Follereau,* Revolution der Nächstenliebe (Freiburg i. Br. 1968).

[65] *A. Nygren,* Eros und Agape, 2 Bde. (Gütersloh 1930 u. 1939, ²1957); *E. Brunner,* Eros und Liebe (Berlin 1937).

[66] *J. Pieper,* Über die Liebe (München 1972) 97f.

[67] *C. S. Lewis,* a.a.O. 12; vgl. *J. Pieper,* a.a.O. 109.

sich schenkenden Charakter der Liebe geht, ist Immanuel Kant auf die Reinheit der Beweggründe bedacht, die er als Pflichtgefühl versteht. Liebe aufgrund von Gemüt und Anziehung ist für ihn eine „pathologische Angelegenheit". Die Liebe des sittlichen Menschen muß eine „praktische Liebe" sein als eine „reine Liebe zum Gesetz"[68]. Demgegenüber ist zu sagen, daß Gott selbst, die große anziehende Kraft der Liebe, allem Guten Anteil am Schönen, Liebenswerten und Anziehenden gegeben hat. Und da Christus selbst gekommen ist, um uns an sich und so an den Vater zu ziehen, kann man sich nicht vorstellen, daß Neigung und Gemüt im Blick auf seine anziehende Liebe geringzuschätzen sind. „Ohne Zweifel ist die Liebe eine Grundkraft des Menschen schlechthin, der eigentlichste, ganzheitliche Vollzug seines Wesens oder vielmehr seines Seins, meistens mit starken Gefühls- und Gemütsbewegungen, mit Verlangen und Sehnsucht eng verbunden."[69]

Im Blick auf Aristoteles und der großen Tradition der Kirchenväter und Scholastiker folgend schreibt Johannes B. Lotz dem Eros innerhalb der Philia, der Freundschaftsliebe, eine wichtige Rolle zu. Obwohl der Eros aus sich selbst noch nicht Freundschaft ist, so ist er doch ein Verlangen danach, wenn er nicht entfremdet wird. Er kann auf dem Niveau bloßer Spontaneität bleiben, die noch nicht unter die Kontrolle der höheren Freiheit gekommen ist, er ist jedoch seiner Natur nach nicht aus diesem Raum der Freiheit ausgeschlossen. Der Eros unterwirft sich gern der weisen Entscheidung der Freiheit; sobald der Mensch seine feste Grundentscheidung für Philia und Agape getroffen hat, kommt der Eros zu seiner Erfüllung. „Dabei widerfährt ihm keineswegs eine Vergewaltigung, sondern genau die Vollendung, die für ihn durch das menschliche Ganze vorgezeichnet ist."[70]

Karl Rahner geht sogar noch einen Schritt weiter. Er sieht im Eros eine Potentia oboedientialis, d.h. eine tiefgreifende Offenheit der menschlichen Person und das innerste Verlangen, das den Menschen fähig macht, die unverdiente Liebe Gottes festlich zu empfangen[71]. Die bedürftige Liebe ruft nach der schenkenden Liebe, der Agape, obwohl dieses Verlangen erst dann erfaßt wird, wenn es erfüllt ist.

Alle menschliche Liebe, wenn es nur wahrhaft menschliche Liebe ist, kann und will erlöst und geheiligt werden. Man ehrt den einen Gott, den Schöpfer und Erlöser, sicher nicht, wenn man von den Energien der menschlichen Liebe gering denkt oder sie gar verteufelt. Denn gerade darin liegt das Bild und Gleichnis Gottes, das durch die Erbsünde nicht so geschädigt ist, daß es unfähig wäre, Gottes Gnade und die Grundentscheidung für das Gute zu finden und stufenweise zu voller Stärke und Reinheit zu entfalten.

---

[68] *I. Kant,* Kritik der praktischen Vernunft II/I, 3.
[69] Vgl. *V. Warnach,* Liebe, in: *H. Fries* (Hrsg.), Handbuch theologischer Grundbegriffe (München 1963) 69.
[70] *J. B. Lotz,* Drei Stufen der Liebe. Eros – Philia – Agape (Frankfurt a. M. 1971) 79.
[71] *K. Rahner,* a. a. O. 238f.

3. Eros und Agape

Da Jesus Christus die Fleischwerdung der Agape ist, ist er auch der Erlöser des Eros und bringt die Philia zu ihrer Fülle und Integration. Das Wachstum erlöster und erlösender Liebe ist schließlich und letztlich das zunehmende Gestaltwerden der geschenkten Liebe, der Agape, die alle Kräfte der Liebe in sich aufnimmt und sie heiligt[72].

Wir sehen die Agape, die höchste Form der Liebe, vor allem in der Perspektive von Gottes Initiative. Sie ist Geschenk seiner absoluten, freien und unverdienten Liebe. In dieser Sicht preisen wir ihn auch für unsere bedürftige Liebe, für den Eros, und für jene Stufen der Freundschaft, die uns empfänglicher machen für diese göttliche Liebe. Alle diese Kräfte der Liebe des menschlichen Herzens und der menschlichen Erfahrung kommen zu ihrer eigenen Wahrheit, wenn sie, heimgeholt in die Agape, selbst als Geschenk des Schöpfers angesehen und geehrt werden[73].

Hat der Gläubige in Antwort auf die schenkende Liebe Gottes seine Grundentscheidung für den Gott der Liebe getroffen, dann werden alle früheren guten Dispositionen, besonders Eros und Freundschaft, stufenweise gereinigt und verklärt und erreichen so eine höhere Stufe. Das bedeutet jedoch nicht, daß sie ihren eigenen Charakter verlieren; im Gegenteil, sie finden ihre eigene Echtheit in der Integration. In Agape-Freundschaft mit Jesus lernt der Jünger Freundschaft mit seinen Mitmenschen, vor allem mit den anderen Jüngern Christi, eine Freundschaft, in der Empfangen und Geben unzertrennlich sind. Beides ist von der Dankbarkeit umfangen und kann so in die Eucharistie eingebracht werden.

Agape öffnet die Horizonte des Heiligen inmitten menschlicher Erfahrung. In dieser allumfassenden, wahrhaft menschlichen und zu Gott führenden Liebe kommen wir zu einem neuen Kennen des Gottes der Liebe, des Allheiligen. Der Mensch kommt dem Heil und der Heiligkeit näher, indem ihn dankbare und wahrhaftige Liebe anleiten, sein ganzes Vertrauen auf Christus und seinen Geist zu setzen, in dem er unser ganzes Leben zur Anbetung machen will. Anbetende Liebe führt am sichersten zum Mitvollzug der Liebe Gottes, in der sich der Mensch zum freien Diener aller Kinder Gottes macht.

Dieser erlösten und erlösenden Liebe, und nur dieser, schreibt der hl. Augustinus die Freiheit und Fähigkeit zu, den wahren Ausdruck und das echte Tun der Liebe zu finden. „Habe wahre Liebe und tu, was du willst.“[74] Das ist der mutigste Ausdruck der Hoffnung, daß alle Kräfte der Liebe des Menschen von der göttlichen Liebe durchformt werden können.

---

[72] Vgl. *G. H. Outka,* Agapē: An Ethical Analysis (New Haven) 1972; *M. Lattke,* Einheit im Wort. Zur spezifischen Bedeutung von ‚agapē, agapān, filein' im Johannesevangelium (München 1975).

[73] Vgl. *J. B. Lotz,* a.a.O. 87 105.

[74] *Augustinus,* In ep. S. Joannis, tr. VII, 8: PL 35, 2033.

4. *Feindesliebe*

Der Arme und der Feind sind die zwei großen Prüfsteine für die Echtheit unserer Liebe[75]. Niemand kann die Liebe Gottes nachahmen und zum Mitvollzug der göttlichen Liebe kommen, wenn er nicht bereit ist, Friedensstifter zu sein, zu vergeben und zu heilen, und zwar sowohl in persönlichen Beziehungen wie in bezug auf die sozialen Spannungen. Gott errichtet das Reich seiner Liebe und Freiheit, indem er Sünder, die durch ihre Sünde seine Feinde waren, beruft, seine Freunde und Kinder zu werden. „Gott hat seine Liebe zu uns darin erwiesen, daß, noch als wir Sünder waren, Christus für uns gestorben ist. Um wieviel mehr werden wir jetzt, durch sein Blut gerecht geworden, durch ihn vor Gottes Zorn gerettet werden" (Röm 5,8–10). In dankbarer Ergriffenheit von dieser Wahrheit, ergreift der Völkerapostel den Dienst der Versöhnung.

Vom Beispiel Gottes lernen wir, den „Feind" zu lieben, da dieser doch genau wie wir zur Liebe Gottes und zur allumfassenden Freundschaft in der Familie Gottes berufen ist. Feindesliebe ist heilende Liebe in der Kraft der Agape. Das Gebot der Feindesliebe ist in der christlichen Heilsökonomie zentral und absolut bindend. Schon im Alten Testament ruft Gott zum Vergeben und zur Feindesliebe (Lev 19,17; Ijob 31,29ff.; Spr 25,21ff.; Sir 28,1ff.). Eines der ergreifendsten Vorbilder der Feindesliebe ist die rettende Sorge Josefs von Ägypten für die Brüder, die ihn in die Sklaverei verkauft hatten. Das Alte Testament sagt nirgends, du sollst oder du magst deinen Feind hassen (vgl. Mt 5,43), aber einige der Schriftgelehrten und Gesetzesmänner der Zeit Jesu legten die Texte des Alten Testamentes im Sinn eines bloßen Rates aus und sagten: „Liebe deinen Nächsten, aber deinen Feind magst du hassen." Jesus macht es jedoch feierlich deutlich, daß auch der Feind zu unseren Nächsten gehört und daß sich gerade an der Liebe zu ihm unsere Gottesliebe und unsere Dankbarkeit für die unverdiente Gnade der Versöhnung bewähren muß. „Ich aber sage euch: Liebt eure Feinde und betet für eure Verfolger. So werdet ihr zu Söhnen eures Vaters im Himmel. Denn er läßt seine Sonne über Böse wie Gute aufgehen und läßt regnen über Gerechte wie Ungerechte. Liebt ihr nur jene, die euch lieben, was für einen Lohn habt ihr dafür?" (Mt 5,43–46.)

Vergebung heilt nur, wenn sie von Herzen gegeben wird. Die liebende Bereitschaft, zu vergeben, zu heilen und zu versöhnen, muß gegeben sein, noch bevor der Beleidiger um Verzeihung bittet, da ja Gott uns mit seiner Gnade stets zuvorkommt und uns nur so wahre Reue und die Bitte um Vergebung möglich macht. Das Vergeben aus ganzem Herzen ist die Voraussetzung für die Herrschaft des Friedensgottes, für die Zuversicht, daß wir Kinder Gottes genannt werden (vgl. Mt 6,12), und für das vertrauensvolle Gebet um die Verzeihung unserer Sünden.

---

[75] *P. Helwig*, Liebe und Feindschaft (München 1964); *P. F. Sladek*, Liebet eure Feinde (Mt 5,44), in: Festschrift für Weihbischof Dr. Adolf Kindermann (Königstein – München 1969) 30–46.

Jene, die die Eucharistie im fortwährenden Lobpreis und in der Danksagung für Gottes heilendes Verzeihen leben, werden ihrer Bereitschaft, andern zu vergeben, keine Grenzen setzen (vgl. Mt 18,21ff.).

Die Feindesliebe ist gekennzeichnet von Gelassenheit, zugleich aber ist sie die wirksamste und aggressivste Macht der Liebe. Sie kann dem Bösen wirklich zu Leibe rücken. „Wenn deinen Feind hungert, so gib ihm zu essen; wenn ihn dürstet, gib ihm zu trinken. Wenn du so handelst, wirst du glühende Kohlen auf sein Haupt sammeln. Laß dich nicht vom Bösen besiegen, sondern besiege du das Böse durch das Gute!“ (Röm 12,20–21; vgl. Spr 25,21ff.)

Das heilende Vergeben ist Erfüllung der Seligpreisung der Friedensstifter (Mt 5,9). Im großherzigen und heilenden Vergeben erfahren wir, daß wir durch die Liebe Gottes wahrhaft versöhnt sind. Aber es geht ebenso um das Heil des andern wie um das unsere. Der Christ leidet, wenn er seinen Nächsten im Zorn gegen sich sieht. Und er fürchtet, unfähig zu werden, Gott im Geiste und in der Wahrheit anzubeten, wenn er sich von Zorn und Haß anstecken ließe. Er ist aber auch darauf bedacht, daß der andere vereint mit ihm Gott liebe und ehre. „Wenn du nun deine Opfergabe zum Altar bringst und dort fällt dir ein, daß dein Bruder etwas gegen dich hat, so laß deine Opfergabe dort vor dem Altar liegen, und geh zuerst hin, um dich mit deinem Bruder zu versöhnen; dann magst du kommen und deine Opfergabe darbringen“ (Mt 5,23f.). Erlöste und erlösende Liebe macht es uns möglich und verpflichtet uns, unserem Feind Gutes zu wünschen, ihn zu segnen und sich ja nicht an seinem Leiden zu freuen. „Die Liebe läßt sich nicht erzürnen, rechnet das Böse nicht zu. Sie freut sich nicht am Unrecht“ (1 Kor 13,5f.). Für den Dulder Ijob ist es ein besonderer Gewissenstrost, daß er sich nie über das Unglück eines Feindes gefreut hat (Ijob 31,19ff.).

Eine ehrliche und wirksame Feindesliebe fällt manchmal sehr schwer. Aber der Jünger Christi wird sich zumindest entschieden auf den Weg begeben. Er wird jetzt das tun, was ihm möglich ist, und wird beständig beten, bis er allen Ärger überwunden hat und von Herzen verzeihen kann. Feindesliebe ist geduldig mit dem andern. Im Streben danach bedarf es jedoch auch der Geduld mit sich selbst. Diese freilich hat nichts zu tun mit Trägheit; sie ist vielmehr die gesammelte Energie der Liebe, die die Hoffnung stärkt.

Allgemein gesprochen, muß jener Teil, der die größere Schuld trägt, in Gerechtigkeit den ersten Schritt zur Wiederversöhnung tun. Aber im Lichte der göttlichen, rettenden Gerechtigkeit und unter dem Gesetz der Gnade wird jener, der die Liebe Gottes am meisten erfahren hat und die größere Kraft zu heilen und Frieden zu stiften besitzt, sich im Blick auf die Gnade Gottes verpflichtet fühlen, den ersten Schritt zu tun. Es ist sinnlos, zu sagen, daß man nicht verzeihen könne, weil der andere im Unrecht ist und noch nicht um Verzeihung gebeten hat. Eine solche Ausrede verstößt gegen die rettende Gerechtigkeit und Barmherzigkeit Gottes. Oft steht ein unchristliches Gerechtigkeitsdenken dahinter. Der hl. Alphonsus warnt: „Liebe zur Gerechtigkeit ist allzu leicht ein Vorwand, hinter dem sich der Geist der Rache heuchlerisch verbirgt."[76] Aber auch ehrliche Feindesliebe muß sich bisweilen damit abfinden, auf einem Mindestmaß an Gerechtigkeit zu bestehen, vor allem wenn es um Rechte Dritter und um das Allgemeinwohl geht.

IV. Liebe als Heilsdienst

Ein zentrales Anliegen des Zweiten Vatikanischen Konzils ist das Selbstverständnis der Kirche als „Sakrament des Heiles"[77]. Ein Hauptziel aller Dokumente dieses wahrhaft pastoralen Konzils ist die klare Ausrichtung und Motivierung für das Apostolat der Kirche. Dabei ist es charakteristisch, daß die Kirche als Ganzes, als Volk Gottes, für den Heilsdienst gestiftet ist. Die Tatsache, daß es ein besonderes Amtspriestertum gibt, hebt die allgemeine Berufung aller Jünger Christi, am Erlösungswerk und Apostolat der Kirche mitzuwirken, nicht auf[78].

1. *Eine Berufung für alle, die den Herrn lieben*

Christus kam, um uns die Liebe des Vaters sichtbar zu machen, uns in seine eigene Liebe und die Liebe des Vaters heimzubringen und uns so das Heil zu schenken. Er hat die Kirche gegründet, um sein Heilswerk fortzusetzen. Alle, die frohlocken, ihn und den Vater zu kennen, und sich seine Jünger nennen, nehmen an dieser gemeinsamen Berufung teil. Das Konzil sagt dazu: „Die christliche Berufung ist ihrer Natur nach auch Berufung zum Apostolat. Wie sich im Gefüge eines lebendigen Leibes ein Glied nicht nur passiv verhält, sondern zugleich mit dem Leben des Leibes auch an seinem Tun teilnimmt, so bewirkt auch im Leib Christi, der die Kirche ist, der ganze Leib ‚gemäß der jedem einzelnen Glied zugemessenen Wirkkraft das Wachstum des Leibes' (Eph 4,16)... Die Laien, die auch am priesterlichen, prophetischen und königlichen Amt Christi teilhaben, verwirklichen in Kirche und Welt ihren eigenen Anteil an der Sendung des ganzen Volkes Gottes."[79]

Die Berufung der Jünger Christi zur Heiligkeit ist wesenhaft Berufung zu vollkommener Liebe, und diese ist nicht denkbar ohne den Eifer für die Verbreitung der Heilsbotschaft, den Eifer, die Liebe Gottes den andern kundzutun,

---

[76] *Alphonsus de Liguori,* Theol. moralis, lib. II, n. 28; *ders.,* Homo Apostolicus, tr. IV. cap. II, n. 17.
[77] AG 5.
[78] Vgl. *F. X. Durrwell,* Le mystère pascal, source de l'apostolat (Paris 1970); *F. Klostermann,* Das christliche Apostolat. Idee und Problematik (Innsbruck 1961); *V. Schurr,* Seelsorge in einer neuen Welt. Eine Pastoral der Umwelt und des Laientums (Salzburg ³1959).
[79] Dekret des Zweiten Vatikanischen Konzils über das Laienapostolat „Apostolicam Actuositatem" (AA), Nr. 2; LG 30–42.

so daß alle vereint mit Christus den Vater anbeten. „Alles apostolische Wirken leitet seinen Ursprung und seine Kraft von der Liebe her.“[80] Das Apostolat ist Ausdruck des Lebens in Christus, der sich im österlichen Geheimnis ganz für das Heil der Menschen dem Vater hingegeben hat und vom Vater verherrlicht ist durch den Heiligen Geist, der die Liebe ist. Sinnziel des Apostolates ist die Ausweitung der Herrschaft Gottes, so daß seine rettende Liebe alle ergreifen kann. Die Kraft des Apostolates kommt vom Heiligen Geist, der Christus für die ganze Hingabe zu unserem Heil gesalbt hat und der sein Werk in den Jüngern Christi fortsetzt[81].

Die Sendung Christi, alle Menschen zur Teilnahme an der rettenden Liebe Gottes zu führen, gehört zum Wesen seines Kommens vom Vater und seiner Rückkehr zum Vater. Er kehrt zum Vater zurück, indem er sich am Kreuz ganz für das Heil aller hingibt. So verherrlicht ihn der Vater, und der Vater antwortet, indem er den Sohn verherrlicht. Die Sendung der Kirche ist Teilnahme an diesem österlichen Geheimnis, und sie erfüllt sie in ihrer Heilssorge, die keine Grenzen kennt.

Die Kirche als Ganzes ist apostolisch: erstens muß sie ihrem Ursprung in den zwölf Aposteln treu bleiben, und zweitens muß sie sich ganz und gar dem Apostolat weihen. Diese zwei Aspekte gehören zusammen; denn der Herr hat seine Kirche auf die Apostel gebaut zur Fortsetzung der apostolischen Sendung. Die Apostel und ihre Nachfolger, weit davon entfernt, ein Monopol des Apostolates in Anspruch zu nehmen, formen ihrerseits Jünger Christi, die sich dem Apostolat anschließen und darin Gott im Geiste und in der Wahrheit anbeten[82]. Es gehört zur wesentlichen Aufgabe der Bischöfe, Priester und Diakone, jene Liebe auszustrahlen und auszubreiten, die alle Christen zur Teilnahme am Apostolat drängt.

Die Sendung zur Heilssorge ist nicht ein Gebot, das zusätzlich auferlegt wird, sondern erfließt aus der Gnade und der Heiligkeit, zu der alle berufen sind. Das Geschenk erlöster Liebe bedeutet wesentlich auch Geschenk erlösender Liebe. „In dem Einen und durch den Einen sind wir erlöst und erlösend.“[83]

Das Heil ist eine unteilbare Ganzheit. Ein Jünger Christi kann unmöglich Anteil am Leben Christi empfangen, ohne am Eifer Christi für die Ehre des Vaters und das Heil der Menschen teilzunehmen. Die Verherrlichung Gottes, das allgemeine Heil und das Heil des Einzelnen gehören wie drei konzentrische Kreise unlösbar zusammen. Der Einzelne kommt dem Heil näher durch die Kundgabe jener Liebe, die dem Heil aller dient und alle zu Anbetern Gottes im Geiste und in der Wahrheit macht. Apostolischer Eifer bekundet unsere Teilnahme an der Liebe Christi, die uns rettet (vgl. 1 Kor 9,19–23).

---

[80] AA 8.
[81] *F. X. Durrwell,* a.a.O. 180.
[82] Ebd. 76f.
[83] *Klemens von Alexandrien,* Strom. VII, 2: PL 9, 413.

Die soziale Dimension der Liebe und des Heiles verlangt Solidarität in der Ausübung des Apostolates. Von jedem Jünger darf erwartet werden, daß er die ihm geschenkten Charismen in Bereitschaft zur Zusammenarbeit einsetzt. „Zum Vollzug dieses Apostolates schenkt der Heilige Geist, der ja durch den Dienst des Amtes und durch die Sakramente die Heiligung des Volkes Gottes wirkt, den Gläubigen auch noch besondere Gaben (vgl. 1 Kor 12,7); ‚einem jeden teilt er sie zu, wie er will' (1 Kor 12,11), damit ‚alle, wie ein jeder die Gnadengabe empfangen hat, mit dieser einander helfen' und so auch selbst ‚wie gute Verwalter der mannigfachen Gnade Gottes' seien (1 Petr 4,10) zum Aufbau des ganzen Leibes in der Liebe (vgl. Eph 4,16)."[84] Zu einem geregelten und fruchtbaren Apostolat bedarf es einer besonderen Führerschaft, die Christus der Kirche in den Aposteln und ihren Nachfolgern geschenkt hat.

2. *Die Sakramente und das Apostolat*

In der *Eucharistie* feiert die Kirche ihre Vereinigung mit Christus, der Quelle aller Sakramente und des Heiles. Beim letzten Abendmahl hat Christus das messianische Opfermahl eingesetzt und es mit den zwölf Aposteln gefeiert. Bedeutet das nicht, daß die Kirche für immer aus Jüngern besteht, die am Apostolat teilnehmen?[85] Die zwölf Apostel bilden nicht nur den Ursprung der Hierarchie, sondern auch „die Keime des neuen Israel"[86]. Das letzte Abendmahl ist das bleibende und verpflichtende Bild der Kirche. Das Grundsakrament des Reiches Gottes ist Christus mit seinen Aposteln und Jüngern, das Ostergeheimnis feiernd. Sie lernen von Christus, sich selbst der Heilssorge hinzugeben, die ihre Mitte und ihren Gipfelpunkt im Tode und der Auferstehung Christi hat. „Durch die Sakramente, vor allem durch die heilige Eucharistie, wird jene Liebe zu Gott und den Menschen mitgeteilt und genährt, die die Seele des ganzen Apostolates ist."[87]

Die Eucharistiefeier sollte alle Jünger Christi zu einem wachsenden Bewußtsein führen, daß sie am *Priestertum* Christi und darum an seiner Heilssorge teilhaben. Die Eucharistie ist Gnade und Berufung für alle, „Gott Dank zu sagen und die unbefleckte Opfergabe darzubringen, nicht nur durch die Hände des Priesters, sondern auch gemeinsam mit ihm, um dadurch sich selber darzubringen"[88]. Mit der Opferliebe Christi vereint, werden sie den Apostolatsauftrag dankbar und mit Freude erfüllen, auch wenn er Opfer kostet. Die Betonung der aktiven Teilnahme an der Eucharistie durch das Konzil beleuchtet und stärkt auch die Bereitschaft zur Teilnahme am Erlösungswerk Christi durch aktive Heilssorge.

---

[84] AA 3.
[85] *F. X. Durrwell,* a.a.O. 77.
[86] AG 5.
[87] LG 33; AA 3.
[88] SC 48.

Die Tradition lehrt, daß *Taufe und Firmung* den Christen einen unzerstörbaren Charakter einprägen, der auch Teilnahme an der Heilssorge Christi zur Verherrlichung des Vaters bedeutet. Das Zweite Vatikanische Konzil betont die praktischen Konsequenzen dieser Lehre. „Pflicht und Recht zum Apostolat haben die Laien kraft ihrer Vereinigung mit Christus, dem Haupt. Denn durch die Taufe dem mystischen Leib Christi eingegliedert und durch die Firmung mit der Kraft des Heiligen Geistes gestärkt, werden sie vom Herrn selbst mit dem Apostolat betraut. Sie werden zu einer königlichen Priesterschaft und zu einem heiligen Volk (vgl. 1 Petr 2,4–10) geweiht, damit sie durch alle ihre Werke geistliche Opfergaben darbringen und überall auf Erden Zeugnis für Christus ablegen.“[89]

Schon in der Taufe wird der Heilige Geist mitgeteilt. Wo der Geist Gottes ist, da ist Heil, und zwar nicht nur passiv empfangen, sondern auch wirksam in der Liebe. Die Firmung bedeutet einen bezeichnenden Fortschritt in dem neuen Leben der rettenden Liebe. Der Christ wächst in Christus und seine Erlöserliebe hinein, indem er immer besser versteht, daß sein Heil nur in der Ausstrahlung der Heilsfülle Christi und der Kirche fest gegründet ist. „Durch das Sakrament der Firmung werden sie vollkommener der Kirche verbunden und mit einer besonderen Kraft des Heiligen Geistes ausgestattet. So sind sie in strenger Weise verpflichtet, den Glauben als wahre Zeugen Christi in Wort und Tat zugleich zu verbreiten und zu verteidigen.“[90]

„Das Neuartige (des Firmcharakters) gegenüber dem Taufcharakter wird darin zu sehen sein, daß der Firmling befähigt und verpflichtet wird, als reifes Glied der Kirche in selbständiger und verantwortlicher Entscheidung durch die Teilnahme am priesterlichen und königlichen Tun Christi in der Öffentlichkeit am Aufbau des Reiches Gottes zu schaffen, und zwar gegenüber den dem Werden des Gottesreiches entgegentretenden Widerständen und Schwierigkeiten.“[91] Besondere Gaben des Heiligen Geistes werden dem Christen geschenkt im Blick auf den geistlichen Kampf zwischen der heilenden Liebe und den zerstörerischen Mächten. Wie Christus durch seine Liebe, seine Hingabe bis zum Tod, die gottlose Welt überwunden hat, so werden jene, die im Heiligen Geist getauft sind und sich von ihm leiten lassen, festes Vertrauen auf den endgültigen Sieg der Liebe haben.

Die Heilssorge des Laien hat vor allem zwei Ausdrucksformen. Die erste ist der ganz persönliche Einsatz an seinem Platz in der Welt, in der Kirche und gemäß dem Angebot der jeweiligen Stunde. Die zweite Art ist die Teilnahme an der organisierten Aktion der katholischen Laienschaft, die der Leitung oder Aufsicht der Hierarchie untersteht. Wir können nicht behaupten, daß jeder an der zweiten Form teilnehmen muß, außer im Fall einer besonderen Notwendig-

---

[89] AA 3; LG 10.
[90] LG 11.
[91] *M. Schmaus*, Katholische Dogmatik (München [5]1957) IV/1, 196.

keit und entsprechender Gnadengabe. Aber kein eifriger Christ wird die soziale Dimension des Apostolates vernachlässigen.

Das Zweite Vatikanische Konzil spricht beredt von *Ehe und Familie* als einer Schule des Laienapostolates. „Der Schöpfer aller Dinge hat die eheliche Gemeinschaft zum Ursprung und Fundament der menschlichen Gesellschaft bestimmt und durch seine Gnade zu einem großen Geheimnis in Christus und seiner Kirche (vgl. Eph 5,32) gemacht. Darum hat das Apostolat der Eheleute und Familien eine einzigartige Bedeutung für die Kirche wie für die menschliche Gesellschaft. Die christlichen Eheleute sind füreinander, für ihre Kinder und die übrigen Familienangehörigen Mitarbeiter der Gnade und Zeugen des Glaubens. Ihren Kindern sind sie die ersten Künder und Erzieher des Glaubens. Durch Wort und Beispiel bilden sie diese zu einem christlichen und apostolischen Leben heran.“[92] Die Kirchenkonstitution spricht im gleichen Sinn und nennt die Familie „eine Art Hauskirche“, in der „die Eltern durch Wort und Beispiel für ihre Kinder die ersten Glaubensboten sein sollen“[93].

Das Apostolat der Familie wird sich nicht auf das eigene Haus beschränken, sondern mit innerer Notwendigkeit auf andere Bezirke ausstrahlen. Es ist diesem Apostolat eigen, die vielen Wechselbeziehungen zwischen Familie und Religion, Familie und Kultur, Familie und Gesellschaft usw. zu beachten. Die Familien werden sich zusammenschließen im Bemühen, günstige menschliche Bedingungen für ihren Lebensraum und eine gesunde öffentliche Meinung zu schaffen, die ja auch Ehe und Familie zugute kommen.

Die Weihe an Christus in den *Gelübden* der Armut, des Gehorsams und der Ehelosigkeit um des Reiches Gottes willen ist nicht ein Sakrament im strikten Sinn des Wortes, aber ein ausgezeichneter Heilsweg, der die Berufenen nicht weniger an das Geheimnis der Heilsliebe zwischen Christus und der Kirche bindet als das Sakrament der Ehe. Die Ordensleute haben eine besondere Berufung, die Wahrheit von der Berufung aller zur Heiligkeit spürbar zu machen, die die Berufung zur Heilssorge mit einschließt. Ein Leben nach dem Gelübde der Armut macht deutlich, was es heißt, zuerst das Reich Gottes zu suchen und alles andere nur im Blick auf dieses Reich. Das Gelübde des religiösen Gehorsams will zu einem leuchtenden Zeugnis der Gelehrsamkeit gegenüber dem Heiligen Geist werden und kann und soll dem einträchtigen Zusammenwirken im Apostolat dienen. Die Ehelosigkeit um des Himmelreiches willen bedeutet Freiheit für Christus und für jene Liebe, die sich gern für das Heil der anderen einsetzt. Die Liebe, die der Gott geweihten Ehelosigkeit entströmt, erweist sich vor allem jenen gegenüber, in die sich natürlicherweise niemand verliebt und die noch nicht fähig sind, die empfangene Liebe spontan zu beantworten.

---

[92] AA 11.
[93] LG 11.

3. Grundlegende Formen der Heilssorge

Die alle Christen angehende aktive Heilssorge umschließt Gebet, Opfer, gutes Beispiel, christliche Unterweisung, Ermutigung und Aufrichtung (Zurechtweisung). Selbstverständlich wird die das Heil aller suchende Liebe alles vermeiden, was dem Heil der andern schädlich ist, so z.B. Ärgernis und Mitwirkung an den Sünden anderer.

a) Apostolat des Gebetes und Leidens

Die Heilige Schrift macht deutlich, wie grundlegend das Gebet im Erlösungswerk Jesu ist. Sein Gebet gibt allem, was er für unser Heil tut, sagt und leidet, letzten Sinn und Kraft. Er betet als der Prophet, der Mittler und Hohepriester. „Er hat in den Tagen seines irdischen Lebens mit lautem Rufen und unter Tränen Bitten und Gebete vor Gott gebracht, der ihn allein vom Tode zu erretten vermochte: Und er ist erhört und von seiner Angst befreit worden. Obwohl er Gottes Sohn war, hat er in der Schule des Leidens zu gehorchen gelernt. So ist er nach seiner Vollendung für alle, die ihm folgen, zum Urheber ewigen Heiles geworden" (Hebr 5,7–9). Er lehrt seine Jünger, um das Kommen des Gottesreiches zu beten, das das Heil aller zur Ehre Gottes umschließt.

Das Leben des Apostels ist vor allem ein Leben apostolischen Betens und ein ständiges Bemühen, alle Gläubigen darin zu unterrichten. Das wird besonders in den Pastoralbriefen deutlich. „So ermahne ich zuallererst dazu, mit Bitten und Gebeten, Fürbitten und Dankgebeten für alle Menschen einzutreten; besonders für die Könige und alle Hochgestellten, damit wir ein Leben in Ruhe und Frieden führen können, fromm und anständig in jeder Hinsicht. Solches Beten geziemt sich; so will es Gott, unser Heiland, von uns haben; denn nach seinem Willen sollen alle Menschen Rettung finden und zur Erkenntnis der Wahrheit gelangen" (1 Tim 2,1–4).

Ist unser Beten wirklich apostolisch, dann bewirkt es eine wachsende Bereitschaft, für das Heil der Mitmenschen zu arbeiten und zu leiden. Unser Beten wird uns das Vertrauen geben, daß unsere Bemühungen und Leiden nicht fruchtlos sein werden.

Im Leben Jesu sind Gebet und Leiden eins. Er opfert sie dem Vater für unser Heil. Unser Gebet folgt seinem Beispiel, wenn auch wir bereit sind, unser Kreuz zu tragen und unsere Leiden für das Heil der Welt aufzuopfern. „Alle seien eingedenk, daß ihr öffentlicher Gottesdienst, ihr Gebet, ihre Buße und die freie Annahme der Mühen und Drangsale des Lebens, durch die sie dem leidenden Christus gleichförmig werden (vgl. 2 Kor 4,10; Kol 1,24), alle Menschen erreichen und zum Heil der ganzen Welt beitragen können."[94]

Der Apostel Paulus, der für seine Gemeinden betet, ist auch bereit, für das Heil der andern zu leiden. „Ich freue mich, wenn ich gegenwärtig für euch leide: So fülle ich das Maß der Christusleiden auf, indem ich mit meinem eigenen

[94] AA 16.

Leibe leide für seinen Leib, das ist die Kirche" (Kol 1,24). „Darum kann ich auch dies alles um der Auserwählten willen erdulden, damit auch sie zum Heil in Christus Jesus und zur ewigen Herrlichkeit gelangen" (2 Tim 2,10). Dieses Beten und Leiden ist für Paulus ein Ausdruck unseres „Lebens in Jesus". Wir dürfen uns das Heil nicht in juridischen Denkformen vorstellen, etwa als Verdienste, die von Christus bereitgestellt und dann nur verteilt werden. Die Erlösung ist ein therapeutischer Vorgang, den Christus durch die Geschichte fortsetzt. Das Leben, Leiden und Beten Christi setzt sich in den Jüngern fort und ist in ihnen fruchtbar. Wir dürfen uns nicht vorstellen, daß das Leiden, der Tod und die Auferstehung Christi nicht hinreichend seien, um uns das Heil zu bringen; im Gegenteil, es ist so überreich, daß wir nicht nur Empfänger, sondern auch Mitwirkende sein dürfen, aber immer nur in Christus, durch ihn und mit ihm. Er, der zur Rechten des Vaters Fürsprache einlegt, setzt in der Kirche und in all seinen Jüngern sein Werk bis zur Vollendung fort. In dieser Sicht schätzen wir die Rolle und die Privilegien Mariens auf besondere Weise. Ihre Teilnahme am Erlösungswerk läßt uns unsere eigene Berufung besser verstehen.

b) Apostolat des guten Beispiels

Unsere Gebete, zusammen mit unseren Leiden und Opfern, richten sich direkt an Gott, und sie erreichen unsere Mitmenschen nur durch die geheimnisvolle Heilssolidarität in Christus.

Gutes Beispiel und brüderliche Ermunterung und Aufrichtung wenden sich direkt an unseren Nächsten in einer psychologisch erfahrbaren Weise. Den tiefsten Einfluß hat der Mensch, dessen Vorbildhaftigkeit auf die andern ausstrahlt und dessen Worte durch sein Verhalten glaubwürdig werden. Darum schauen wir zuerst auf die Bedeutung des Vorbildes in der christlichen Moral, bevor wir an einzelne Akte des guten Beispiels denken.

Christus, das sichtbare Abbild des Vaters, ist das Urbild unseres Heiles (vgl. 2 Kor 4,4; Kol 1,15). In ihm zu neuem Leben wiedergeboren, können auch wir füreinander ein echtes Abbild Gottes werden. Dies bedeutet mehr als – vielleicht klug vorbedachte – gute Worte und gute Taten. Es geht um das Füreinandersein in Christus, um das Anziehen des neuen Menschen, „der sich erneuern läßt, um Erkenntnis zu gewinnen nach dem Bilde seines Schöpfers" (Kol 3,10). Denn Gott hat uns erwählt, „dem Bilde seines Sohnes gleichgestaltet zu werden: Der Erstgeborene unter vielen Brüdern sollte er sein" (Röm 8,29). Folgen wir dieser Berufung, so werden wir sozusagen füreinander eine Offenbarung der Güte Gottes und ein Zeichen seiner rettenden Gegenwart.

Sind die Jünger Christi Licht in seinem Licht, dann lenken sie die Aufmerksamkeit ihrer Mitmenschen auf ihn, der die absolute Vorbildperson ist. Das bedeutet sehr viel mehr als Gesetze und Gebote und als den Ausweis von einzelnen Akten guten Beispiels; denn die Persönlichkeit Christi als Urbild des neuen Menschen ist sehr viel zentraler als Gesetze und Normen, die von ihm ihren letzten Sinn beziehen. Die erhabene Berufung der Jünger ist demnach, in Christus und durch ihn ein Abbild der Güte und erbarmenden Liebe des Vaters zu werden (vgl. Mt 5,48; Lk 6,36). Nur Christus, der vom Herzen des Vaters kommt, kann uns zu ihm führen: „Wer mich sieht, sieht den Vater" (Joh 14,9). Nachfolge bedeutet Gleichgestaltung mit Christus. Deshalb lernen wir nicht nur von seinen Worten, sondern vor allem von seinem Sein als Abbild des Vaters und so von seinen beispielgebenden Handlungen: „Ich habe euch ein Beispiel gegeben, daß auch ihr tut, wie ich euch getan habe" (Joh 13,15). In Jesus haben wir das Urbild für alle Zeiten, dem sich die Söhne und Töchter Gottes gleichgestalten dürfen und müssen. Wir blicken zu den Heiligen auf, die in ihrer Zeit ein Spiegelbild Christi sind und so zu ihm hinführen. Obwohl sie im Vergleich mit Christus in ihrer Ausstrahlung zurücktreten, sind sie doch ein geschichtlich ansprechendes Bild, so daß Christus uns durch sie lebendig ansprechen kann. Dies ist einer der Gründe für die Heiligenverehrung in der Kirche. Die demütigen und schöpferischen Heiligen sind in ihrer eigenen Umwelt wie ein Leuchtturm, der auf Christus, das Urbild allen Lebens, hinführt. Wie das Sonnenlicht im Spiegel widerstrahlt, so Christus in seinen Heiligen. Wie Paulus und seine Mitarbeiter, so sind jene wahre Apostel, die durch ihr ganzes Leben in uns eine große Sehnsucht wecken, Christus nachzufolgen und unser Leben gemäß dem seinigen zu gestalten (vgl. 1 Kor 4,16; 11,1; Phil 3,17; 1 Tim 4,12; Tit 2,7ff.).

Die Vorbildpersönlichkeit und das apostolische Wort gehören zusammen wie Zeichen und Wort in den Sakramenten. Wie dem Wort des Heilsdienstes nie das Zeugnis des Lebens fehlen darf, so soll das Zeugnis durch das zur rechten Zeit gesprochene Wort in seiner Wirksprache verdeutlicht werden. „Das Zeugnis des christlichen Lebens selbst und die guten in übernatürlichem Geist vollbrachten Werke haben die Kraft, Menschen zum Glauben und zu Gott zu führen; sagt doch der Herr: ‚So leuchte euer Licht vor den Menschen, damit sie im Blick auf eure guten Werke euren Vater preisen, der im Himmel ist' (Mt 5,16)."[95]

Heutige Psychologen weisen uns ihrerseits auf die große Bedeutung der Vorbildpersönlichkeit hin. Sie weisen jedoch auch darauf hin, daß ein großer Unterschied besteht zwischen der bewußten und unbewußten Wahl des Vorbildes. Jeder sollte sich voll bewußt werden, wem er folgt. Wir müssen wissen, daß jene, die wir als Vorbilder wählen, dessen würdig sind. Der Wert eines echten Vorbildes liegt in der lebendigen und konkreten Weise, uns zu Vertrauen und gesunden Beziehungen einzuladen und uns den Blick für sittliche und religiöse Werte zu schärfen. Der Mensch, der reife Liebe, den Geist der Verantwortungsbereitschaft, der schöpferischen Treue und Freiheit verkörpert, vermittelt ein tiefes Kennen und die Anziehungskraft eben dieser Werte. Max Scheler sagt wohl nicht zu viel mit der Behauptung: „Das Vorbildprinzip ist überall das primäre Vehikel aller Veränderungen in der sittlichen Welt."[96]

---

[95] AA 6.

[96] *M. Scheler,* Der Formalismus in der Ethik und die materiale Wertethik (Halle 1927) 599.

Bedeutet die Vorbildpersönlichkeit für das Leben aller Menschen, die um uns leben, so viel, so müssen altruistische Motive unseren Willen zur Selbstverwirklichung stärken, aber zu einer Selbstverwirklichung, die von vornherein das Füreinander und Miteinander als Fähigkeit entfalten will. Das Bemühen, im konkreten Fall ein gutes Beispiel zu geben, ist nur lebenswahr und wirkt nur anziehend auf dem leuchtenden Hintergrund jener Vorbildlichkeit der Person, die sie zu einem Bild und Gleichnis Gottes macht.

Besonders Autoritätsträger in Kirche und Gesellschaft und Männer und Frauen, zu denen viele aufblicken, sollten in ihrem Sein und Verhalten ein gültiges Vorbild sein. Auf dem tragenden Grund ihres Strebens, das zu werden, müssen sie auch ihre einzelnen Worte und Handlungen im Blick auf den voraussichtlichen Einfluß auf andere abwägen. Das Gewicht der Autorität oder der Berühmtheit kann, wenn es sich mit der Anziehungskraft der Vorbildpersönlichkeit und weisem Verhalten vereint, in anderen hohe Energien schöpferischer Freiheit und Treue wachrufen. Der gewinnende Charakter der Eltern legt die Fundamente für die sittliche Formung ihrer Kinder. Bevor ein Kind fähig ist, die Anordnungen der Eltern in ihrem sittlichen Wert zu erfassen, kann es eine intuitive Erkenntnis der im Verhalten der Eltern aufleuchtenden Werte haben. Hat das Kind ein Urvertrauen in die Liebe und das Gutsein der Eltern und sieht es zudem ihre demütige Bereitschaft, Fehler einzugestehen und zu verbessern, dann wächst im Kind zusammen mit der gläubigen Liebe zum Guten stufenweise auch die Unterscheidungsfähigkeit.

Wer das Vertrauen und die Liebe von Mitmenschen gewonnen hat, hat ein zusätzliches Motiv, auf das gute Beispiel bedacht zu sein; denn das gegenseitige Band der Liebe macht es besonders wirksam; und ein schlechtes Beispiel wird dadurch besonders gefährlich. Eine gute Freundschaft und noch mehr eheliche Liebe sind ein zusätzliches Motiv, alles zu tun, um eine Vorbildpersönlichkeit zu werden, die durch ihr Sein, Wort und Tun auf Christus hinweist.

c) Brüderliche Ermunterung und Aufrichtung

In der traditionellen Liste der geistlichen Werke der Barmherzigkeit – die Unwissenden lehren, den Zweifelnden recht raten, die Traurigen trösten, die Irrenden zurechtweisen, das Unrecht vergeben, die Fehler anderer geduldig ertragen, für die Lebenden und Toten beten – nimmt die brüderliche Ermunterung und Aufrichtung einen vornehmen Platz ein. Für den hl. Paulus ist der liebende, taktvolle Versuch, andere aus gefährlichen Sünden zu befreien, so zentral, daß er gerade in diesem Zusammenhang vom „Gesetz Christi" redet (Gal 6,2). Das Zurechtweisen der Irrenden ist Ausdruck unserer Zugehörigkeit zu der einen Familie Gottes. Und dementsprechend muß auch die Art und Weise unseres Tuns Ausdruck des Familiensinnes sein (vgl. 2 Thess 3,15).

Das Ziel des Kommens Christi war nicht, uns zu verurteilen und zu tadeln, sondern die Verkündigung der Frohbotschaft durch sein ganzes Dasein, sein Leben, sein Wort und sein Sterben. In diesem Kontext gewinnen seine Mahnungen und Warnungen ihr Gewicht und ihre überzeugende Kraft. Brüderliche Zurechtweisung hat ihre Sinnbedeutung und ihre Aussicht auf Erfolg im Raum einer konstruktiven Freundschaft. Es ist eine privilegierte Weise, im Namen Christi zusammenzukommen (vgl. Mt 18,15–20). Und nur im Bewußtsein, daß man selbst einer weiteren Bekehrung bedarf, kann man das vom Apostel gegebene Gebot erfüllen: „Wir ermahnen euch, Brüder, weist die Haltlosen zurecht und redet den Mutlosen Mut zu. Kümmert euch um die Schwachen. Begegnet allen mit Geduld" (1 Thess 5,14).

Je stärker und reiner die in Christus gegründete Liebe ist, um so mehr werden sich die Gläubigen verpflichtet fühlen, einander auf dem Weg des Heiles und der Heiligkeit zu helfen. Unter gewissen Umständen besteht eine besonders dringliche Pflicht, dem Nächsten zu Hilfe zu kommen: 1) wenn das Heil des Nächsten ernstlich gefährdet ist; 2) wenn vernünftige Hoffnung besteht, daß das Zureden Frucht tragen wird; 3) wenn nach dem eigenen Urteil die Ermahnung nötig ist, um das Übel abzuwenden.

Zum ersten Punkt ist zu sagen: Nicht der Fehler des andern als solcher rechtfertigt oder verlangt die Zurechtweisung, sondern die Gefahr, in der er sich befindet. Denn wir sind nicht Richter, sondern sind zu heilender Liebe berufen. Man soll jedoch die Hilfe rechtzeitig anbieten, um ein tieferes Fallen zu verhindern. Die allgemeine Verpflichtung zur brüderlichen Aufrichtung rechtfertigt jedoch in keiner Weise ein Schnüffeln und Nachforschen. Nur Eltern und solche in verantwortlicher Stellung werden sich bisweilen verpflichtet fühlen, in taktvoller Weise nachzuforschen, ob die ihnen Anvertrauten einer geistlichen Gefahr ausgesetzt sind. Dabei darf jedoch jenes Vertrauensverhältnis nicht gefährdet werden, das Voraussetzung für die Wirksamkeit eines helfenden Gesprächs ist. Besteht ein großes gegenseitiges Vertrauen, so wird bisweilen eine offene Anfrage ihren Zweck erfüllen.

Zur zweiten Bedingung ist zu sagen: Grundsätzlich ist jeder zur brüderlichen Aufrichtung verpflichtet, wenn der Nächste ihrer sehr bedarf. Jene aber, denen die notwendigen Voraussetzungen wie Selbstbeherrschung und herzliche Güte (vgl. Gal 6,1) fehlen, müssen gerade im Blick auf diese Verpflichtung zuerst alles tun, um sich diese Charaktereigenschaften anzueignen. Ist mit hoher Wahrscheinlichkeit zu erwarten, daß die Ermahnung nicht gut ankommt, so besteht keine Verpflichtung, vorausgesetzt, daß das Schweigen selbst nicht ein Ärgernis für andere sein könnte. Die bloße Furcht, daß der andere anfänglich unfreundlich reagieren wird, ist kein Grund, ihm die Hilfe zu verweigern, solange Aussicht besteht, daß der Ausgang schließlich gut sein wird. Hat jemand Grund zu befürchten, daß der der Ermahnung Bedürftige aus besonderen Gründen auf ihn nicht hören werde, so kann er jemand, der geeignet ist, bitten, die Aufgabe zu übernehmen. Selbst Eltern und Vorgesetzte, die im allgemeinen eine besondere Verpflichtung haben, können sich notfalls an Dritte wenden, die ihrer Auffassung nach geeigneter sind oder mehr Aussicht haben, Gehör zu finden.

Es ist nicht unwichtig, den richtigen Zeitpunkt sorgfältig zu wählen. Es ist besser, einstweilen abzuwarten, als einen vollen Mißerfolg zu riskieren, auch wenn der andere inzwischen neue Fehler begeht, vorausgesetzt jedoch, daß ein solches Abwarten nicht dem Gemeinwohl widerspricht. Gewöhnlich ist es jedoch besser, das Übel in seinen Anfängen zu korrigieren; denn mit dem Fortschreiten wurzelt es sich tiefer ein.

Jene, die bei jedem kleinen Anlaß nörgeln oder bei wichtigen Anlässen aus persönlicher Mißstimmung heraus tadeln, sind dafür verantwortlich, daß sie dem Nächsten bei wichtigen Anlässen nicht die nötige Hilfe leisten können.

Die traditionelle Moraltheologie betont, daß die brüderliche Zurechtweisung ganz besonders verpflichtet, wenn es sich um Autoritätsträger handelt, die deren bedürfen, vorausgesetzt, daß vernünftige Hoffnung auf Erfolg besteht. Die Begründung lautet, daß jene, die die Last der Autorität tragen, besondere Liebe verdienen und weil es sich hier gewöhnlich um das allgemeine Wohl handelt. Mittelalterliche Theologen und Kanonisten bezeichneten das Unterlassen dieser schweren Pflicht als peccatum taciturnitatis, als sündhaftes Schweigen[97].

Zum dritten und letzten Punkt ist zu vermerken, daß fortgesetzter Tadel, wenn der Fehler gebessert ist, der Nächstenliebe und auch dem Sinn brüderlicher Aufrichtung ernstlich widerspricht. Etwas ganz anderes ist eine taktvolle Erinnerung an frühere Erfahrungen, wenn dies eine notwendige Ermahnung zur Wachsamkeit in neuen Schwierigkeiten ist. Eine Anzeige bei den Vorgesetzten ist nur zulässig, wenn diese am ehesten fähig sind, die nötige Hilfe anzubieten oder wenn es um das Allgemeinwohl geht. Ist der Fehler überwunden und bestehen keine Verpflichtungen zu einer Wiedergutmachung angesichts des Allgemeinwohls, so ist eine Anzeige nicht statthaft.

Überängstliche Personen, deren Skrupel gerade auf dem Gebiete der brüderlichen Ermahnung liegen, sind grundsätzlich von jeder Pflicht entbunden.

d) Umweltheilssorge

Brüderliche Zurechtweisung kann unter Umständen nicht sehr viel mehr bedeuten, als einzelnen Fischen in verschmutzten Gewässern Medikamente zu verabreichen. Sicher viel mehr kann durch die Reinigung des Wassers bewirkt werden. Der Fortschritt der Humanwissenschaften und die heutigen Bedingungen des Lebens zusammen mit einem tieferen Verständnis der Weltverantwortung der Kirche haben unser Verantwortungsgefühl geschärft. Wir können heute besser verstehen, daß es nicht nur um das Seelenheil einzelner geht, sondern um das Heilsein sowohl der Einzelnen wie der Gemeinschaften in heilen Beziehungen und nicht zuletzt um eine heilere Umwelt. Die erste und dringlichste Aufgabe der Christen ist es, die Kirche als ganze und jede kirchliche Gemeinschaft zu einem „göttlichen Milieu", zu einem lebendigen Evangelium zu gestalten. Es geht nicht bloß darum, kirchliche Führer, die sündhaft versagen,

---

[97] Summa fratris Alexandri II, B, N. 396–398.

zurechtzuweisen; es ist vielmehr eine gemeinsame Aufgabe aller Gläubigen der verschiedenen Teile der Christenheit, zusammenzuwirken, auf daß die Kirche immer mehr heilig, katholisch, apostolisch und eins sei.

Die kirchlichen Autoritätsträger sind einzeln und kollegial verpflichtet, für ihre apostolischen Bemühungen die verantwortliche Mitwirkung der Laien zu suchen, vor allem jener, die sich durch Heiligkeit, Weitsicht und Sachverstand auszeichnen, mit dem Ziel der ständigen Erneuerung der Kirche und der Eingestaltung des Evangeliums in den verschiedenen Kulturen. Die Sendung der Kirche verlangt Zusammenarbeit aller. Dies soll sich auch in der Zusammensetzung der Gremien auswirken, die wichtige Entscheidungen für Teilkirchen oder die Gesamtkirche zu treffen haben.

Christus, der Prophet, setzt sein Erlösungswerk in Kirche und Welt fort durch jene, denen er eine besondere prophetische Begabung schenkt. Die prophetische Sendung schließt grundsätzlich alle Gläubigen ein; alle sind berufen, sich vom Heiligen Geist leiten zu lassen, wobei die Laien am prophetischen Amt der Kirche teilnehmen. Sie müssen sich darum mit Mut und Unterscheidungsgabe für die Erneuerung der Kirche und der Welt einsetzen. Dabei haben einzelne ein besonderes Charisma. Sie selbst und alle anderen dürfen dieses Talent nicht vergraben. Das Konzil sagt dazu: „Entsprechend dem Wissen, der Zuständigkeit und der hervorragenden Stellung, die sie einnehmen, haben Laien die Möglichkeit, bisweilen auch die Pflicht, ihre Meinung in dem, was das Wohl der Kirche angeht, zu erklären.“[98]

Alle Männer und Frauen der Kirche müssen sich mitverantwortlich fühlen für die menschliche Umwelt, die Ordnung der Wirtschaft, der Gesellschaft, die Förderung der Kultur und gesunder politischer Verhältnisse, so daß alles das Heilsein der einzelnen und der Gemeinschaften fördert. In dieser Sphäre haben die Laien eine besondere Kompetenz. „Die Welt soll vom Geist Christi erfüllt werden und in Gerechtigkeit, Liebe und Frieden ihr Ziel wirksamer erreichen. In der Erfüllung dieser allgemeinen Pflicht haben die Laien einen besonderen Platz. Sie sollen also durch ihre Zuständigkeit in den profanen Bereichen und durch ihre innerlich von der Gnade Christi erfüllte Tätigkeit einen gültigen Beitrag leisten, daß die geschaffenen Güter gemäß der Ordnung des Schöpfers und dem Lichte seines Wortes durch menschliche Arbeit, Technik und Kultur zum Nutzen wirklich aller Menschen entwickelt und besser unter ihnen verteilt werden ... Auf diese Weise erfüllen sie die Kultur und die menschlichen Leistungen mit sittlichem Wert. Gleichzeitig wird dadurch das Ackerfeld der Welt besser für den Samen des Gottesreiches bereitet.“[99]

Das Zweite Vatikanische Konzil hat sich erfolgreich bemüht, die Sendung der Kirche als ganzer und jedes Christen, „Salz der Erde“ zu werden, besser zu verstehen. Sie will, ohne jeden Anspruch auf Herrschaft und Privilegien, im

---

[98] LG 37.
[99] LG 36.

Dienste des göttlichen Erlösers das Evangelium und wahre Mitmenschlichkeit der Umwelt eingestalten. Dazu bedarf es eines starken Zusammengehörigkeitsgefühls und des Geistes der Initiative und schöpferischer Freiheit, auf daß das Wirken des Schöpfers und Erlösers in Kirche und Welt besser spürbar wird. „Die Laien sind eigentlich, wenn auch nicht ausschließlich, zuständig für die weltlichen Aufgaben und Tätigkeiten. Wenn sie also, sei es als Einzelne, sei es in Gruppen, als Bürger dieser Welt handeln, so sollen sie nicht nur die jedem einzelnen Bereich eigenen Gesetze beobachten, sondern sich zugleich um gutes fachliches Wissen und Können in den einzelnen Sachgebieten bemühen. Sie sollen bereitwilligst mit denen, die die gleichen Aufgaben haben wie sie, zusammenarbeiten. In Anerkennung der Forderungen des Glaubens und seiner Kraft sollen sie, wo es geboten ist, mit Entschlossenheit Neues planen und ausführen. Aufgabe ihres dazu von vornherein richtig geschulten Gewissens ist es, das Gebot Gottes im Leben der profanen Gesellschaft zur Geltung zu bringen. Von den Priestern aber dürfen die Laien Licht und geistliche Kraft erwarten. Sie mögen jedoch nicht meinen, ihre Seelsorger seien immer in dem Grad kompetent, daß sie in jeder, zuweilen auch schweren Frage, die gerade auftaucht, eine konkrete Lösung schon fertig haben könnten oder die Sendung dazu hätten. Die Laien selbst sollen vielmehr im Lichte christlicher Weisheit und unter Berücksichtigung der Lehre des kirchlichen Lehramtes darin ihre eigene Aufgabe wahrnehmen."[100]

4. Das offizielle Apostolat der Kirche

a) Das Weihepriestertum

Die Aussage, daß die von Gott geschenkte Liebe alle Jünger Christi zu Aposteln macht, ist nicht die ganze Wahrheit, freilich ein sehr wichtiger Teil. Das Apostolat lebt von der Liebe, gründet aber auch in der Einsetzung durch Christus. Christus hat die Kirche auf dem Fundament der Apostel erbaut. Er hat sie nicht nur zu Freunden gemacht und sie unterwiesen, sondern hat mit ihnen auch in feierlicher Stunde das messianische Mahl gehalten und für sie gebetet, daß sie in Wahrheit für das Werk der Erlösung geweiht seien, wie er es ist (Joh 17,17–19). Der Auferstandene verleiht ihnen seinen Heiligen Geist und sendet sie ausdrücklich als seine Boten: „Wie mich der Vater gesandt hat, so sende ich euch. Dann hauchte er sie an und sprach: Empfanget den Heiligen Geist" (Joh 20,21f.). Jesus „bestellte zwölf zu seinen Begleitern, um sie auszusenden als Verkündiger der Botschaft" (Mk 3,14). Die zwölf Apostel sind der Keim der Kirche und versinnbilden ihre Zukunft. Es ist entscheidend, daß die Boten des Evangeliums Freunde und Tischgenossen Christi sind, ihm ganz und gar zuge-

---

[100] GS 43. Die Pastoralkonstitution über die Kirche in der Welt von heute ist der schöpferischste Text des Lehramtes bezüglich einer Umweltpastoral.

wandt sind und sich wie er ganz dem Werk der Erlösung weihen. Dietrich Bonhoeffer sagt dazu: „Sämtliche Amtsbezeichnungen im Neuen Testament sind ja ursprüngliche Bezeichnungen des Christusamtes, sie werden von Christus selbst gebraucht.“ Daraus folgt für den Amtsträger: „Auch das Amt setzt eine Gleichgestaltung mit Christus voraus.“[101]

Die in absoluter Freiheit von Christus erwählten Freunde sind berufen und durch die Kraft des Heiligen Geistes befähigt, sich ganz dem Dienste des Evangeliums und so dem Reiche Gottes und dem Heil der Menschheit zu weihen. Erste Voraussetzung ist, daß sie Freunde Christi und untereinander Freunde sind, in Liebe mit Christus vereint und im Mitvollzug seiner Liebe dem Heil der Menschen zugewandt. Sie können „Stellvertreter Christi“ genannt werden; denn es ist ihr einzigartiges Privileg und ihre Sendung, ganz und gar auf Christus hinzuweisen und die Menschen ihm zuzuführen. So sind sie ein Zeichen der Gegenwart Christi. Sogar Karl Barth schreibt: „Man müßte schon den *Christus praesens* leugnen, wenn man den vicarius Christi grundsätzlich leugnen wollte. Der Dissensus zwischen der römisch-katholischen Dogmatik und uns, den wir allerdings ins Auge fassen müssen, kann nicht das *Daß,* sondern nur das *Wie* dieses Vikariats bzw. dieser Sukzession betreffen.“[102] Wenn Karl Barth dann betont, daß es die Aufgabe des Vikarius ist, mit all seinem Sein und Tun auf Christus hinzuweisen und doch ja nicht zu meinen, seinen Platz einzunehmen, so können wir ihm nur zustimmen, weil das gut katholisch ist.

Die Apostel sind auf das Ostergeheimnis verpflichtet, und darum können sie ihrer Sendung nicht gerecht werden, ohne einen tödlichen Kampf gegen Selbstsucht individueller und kollektiver Art zu führen, um ganz Christus und für sein Evangelium zu leben. Sie müssen grundsätzlich bereit sein, auch als Blutzeugen für Christus einzutreten, und diese Bereitschaft muß sich in ihrem ganzen Lebensstil ausdrücken. Kein Wunder also, daß im 3. Jahrhundert die Canones des Hippolyt bestimmten, daß ein Bekenner, der seine Bereitschaft, für Christus zu sterben, unter Beweis gestellt hat, ohne formelle Weihe der Eucharistiefeier vorstehen dürfe[103].

Beim letzten Abendmahl sagte Jesus zu seinen Aposteln nicht: „Konsekriert das Brot und den Wein“, sondern vielmehr: „Tut dies zu meinem Gedächtnis.“ Das schließt eine totale Hingabe an Christus ein. Sie schenken sich dankbar Christus zurück, um mit Wort und Leben den Heilstod und das Evangelium von der Auferstehung Christi zu verkünden.

Was ist mit der „Weihe in der Wahrheit“ gemeint, von der Christus im Hohenpriesterlichen Gebet (Joh 17,17–19) spricht?[104] Das Apostolat kann nicht

[101] *D. Bonhoeffer,* Gesammelte Schriften II (München 1965) 413.
[102] *K. Barth,* Kirchliche Dogmatik I/1 (Zürich [8]1964) 99.
[103] Vgl. Canones Hippolyti 43; vgl. *H. Achelis,* Die Canones Hippolyti (Texte und Untersuchungen, Bd. VI) (Leipzig 1891) 68; *F. X. Durrwell,* a.a.O. 224.
[104] *F. X. Durrwell,* a.a.O. 201.

von der Lebensgemeinschaft mit Christus getrennt werden. Sonst wird aus dem Apostel ein unnützer Funktionär. Nicht ein Freund Christi sein, widerspricht der Sendung als Apostel radikal. „Der Apostel ist gesandt, insofern er in Christus ist."[105] Wie Christus vom Vater geweiht und in die Welt gesandt ist (Joh 10,36), so sind die Apostel als Freunde Christi in der totalen Weihe an ihn in die Welt gesandt.

Christus kam nicht, um das Priestertum der Juden oder der Heidenvölker zur Vollendung zu bringen. Es ist vielmehr so, „daß er es abgeschafft hat. Er hat Apostel ins Dasein gerufen. In Wahrheit hat er nichts anderes als Apostel geschaffen. Hier finden wir die Grundwahrheit einer Theologie des christlichen Priestertums, das des Amtspriesters und das des Laientums."[106] Das Kennwort für die Sendung des Priesters ist Apostolat. Seine vornehmste Aufgabe ist die Verkündigung des Evangeliums[107]. Dies ist auch, wie das Konzil betont sagt, die hauptsächliche Aufgabe der Bischöfe. „Unter den hauptsächlichsten Ämtern der Bischöfe hat die Verkündigung des Evangeliums einen hervorragenden Platz. Denn die Bischöfe sind Glaubensboten, die Christus neue Jünger zuführen."[108] Jeder Bischof und Priester muß darum die Worte des Apostels wohl bedenken: „Weh mir, wenn ich das Evangelium nicht predige." Er lebt die Wahrheit seiner Berufung, soweit er mit Christus vereint und von Liebe erfüllt ist und jederzeit und unter allen Umständen dem Apostolat den ersten Platz einräumt. Das ist seine erste Opfergabe, die er in die Feier der Eucharistie einbringen und von dort ständig neu empfangen soll. Er sollte fähig sein, mit dem Apostel zu sagen: „Gott, dem ich mit allem, was in mir ist, in der Verkündigung seines Sohnes diene, ist mein Zeuge dafür, wie unablässig ich an euch denke" (Röm 1,9). Es ist seine besondere Freude, mit Christus dem Vater jene darzubringen, die er durch sein Evangelium gezeugt hat (1 Kor 4,15). In diesem Sinn betet Paulus: „So möge das Opfer, das ich in Gestalt der Heidenvölker darzubringen habe, Gott wohlgefällig sein, geheiligt durch den Heiligen Geist" (Röm 15,16).

Der Priester ist ein Verkünder und Diener der Versöhnung (vgl. 2 Kor 5,18). Er kann diese Aufgabe nur recht erfüllen, wenn er selbst dankbar die Gabe der Versöhnung empfängt und als heiliger Büßer lebt. Er kann nur dann ein Bote des Friedens sein, wenn er dankbar im Frieden Christi frohlockt.

Eine der größten Gefahren für das Priestertum ist das Aufsteigenwollen und so das Herabsinken zu einer Priesterklasse, statt eine Gemeinschaft von treuen Freunden Christi zu sein. Es ist erschütternd, bei Max Weber zu lesen, daß der katholische Kaplan ein ebenso typischer Vertreter des Zeitalters der Bürokratie und des Herrschaftswissens ist wie der Bankangestellte, der Manager eines

---

[105] Ebd. 207.
[106] Ebd. 194.
[107] PO (s. 5. Kap., Anm. 49) 2 u. 4.
[108] LG 25 28; AG 20.

großen Unternehmens oder ein Staatsbeamter[109]. Die Leitungsgewalt (potestas dominii) des Nachfolgers des hl. Petrus und der andern Apostel muß in innigster Verbindung mit ihrem Geweihtsein zum Apostolat verstanden und ausgeübt werden[110].

Die Unterscheidung zwischen dem allgemeinen Priestertum, an dem alle Gläubigen teilhaben, und dem Amtspriestertum ist nicht bloß funktionell zu sehen; denn Priester und Bischöfe sind nicht Funktionäre. Es gibt nur ein einziges Priestertum Christi, aber seine Jünger haben daran auf je verschiedene Weise Anteil. Das Amtspriestertum nimmt dem allgemeinen Priestertum nicht seine Bedeutung, sondern dient ihm. „Durch die Wiedergeburt und die Salbung mit dem Heiligen Geist werden die Getauften zu einem geistigen Bau und einem heiligen Priestertum geweiht, damit sie in allen Werken eines christlichen Menschen geistige Opfer darbringen und die Machttaten dessen verkünden, der sie aus der Finsternis in sein wunderbares Licht berufen hat... Das gemeinsame Priestertum der Gläubigen aber, das Priestertum des Dienstes, das heißt das hierarchische Priestertum, unterscheiden sich zwar dem Wesen und nicht bloß dem Grade nach. Dennoch sind sie einander zugeordnet: das eine wie das andere nämlich nimmt auf je besondere Weise am Priestertum Christi teil."[111]

Es wäre ein Mißverständnis, das Apostolat der Bischöfe und Priester als etwas dem Laienapostolat nur äußerlich Zugefügtes anzusehen. „Das Apostolat der Bischöfe und Priester ist ursprünglich, grundlegend."[112] Wie beim letzten Abendmahl, so vertreten die Apostel im Gesamt des kirchlichen Lebens das neue Gottesvolk, das als ganzes apostolisch sein soll. Das Sakrament des Priestertums ist also nicht etwas, das Taufe und Firmung bloß beigefügt ist. Es ist neu nicht durch Addition, sondern durch innere Fülle.

Während von allen Christen kraft ihrer Vereinigung mit Christus und getränkt von der Liebe apostolischer Eifer erwartet werden darf, setzt der Priester sein ganzes Leben, sich selbst für das Apostolat ein. Tut er das nicht mit ganzem Herzen, so ist die Ausübung seines Amtes nicht echt. Nur kraft des Glaubens, der voller Hoffnung und in der Liebe tätig ist, ist der Priester auch als Priester in der Wahrheit. Der Priester ist auch als Priester ein Christ und lebt sein Christsein in voller Hingabe an das Apostolat als Ausdruck der Heilsliebe. Er findet seine Heiligkeit und sein Heil in der Treue zu seinem Apostolat[113].

Bischöfe und Priester haben kein Monopol des Apostolates. Priester und Laien erfüllen zusammen die Sendung der Kirche in und für die Welt. Beide sind verwurzelt in den irdischen Wirklichkeiten und sollen zugleich Zeichen der endzeitlichen Hoffnung sein. „Der Unterschied ist eine größere Konzentration auf die letzten Wirklichkeiten im Leben des Priesters."[114]

---

[109] *M. Weber,* Gesammelte Aufsätze zur Religionssoziologie (Tübingen 1922) I, 272.
[110] LG 10.
[111] LG 10.
[112] *F. X. Durrwell,* a.a.O. 211. [113] LG 41; PO 13.
[114] *F. X. Durrwell,* a.a.O. 227.

So wesenhaft die Unterscheidung zwischen Amtspriestertum und gemeinsamem Priestertum ist, so wenig ist eine Unterscheidung zwischen bloß lehrender und bloß gelehriger Kirche zulässig. „Jene, die in besonderer Weise an der apostolischen Sukzession teilhaben, haben mehr als andere die Rolle des Lehrens. Aber sie haben noch mehr als andere die Pflicht, sich von Gott in der Kirche belehren zu lassen.“[115]

Gezwungen von geschichtlichen Umständen, müssen Priester bisweilen auch eine andere Berufstätigkeit ausüben. Aber wenn sie der Wahrheit ihres Priestertums treu bleiben wollen, wird das Apostolat in ihren Herzen und in der Gestaltung ihres Lebens immer den ersten Platz einnehmen. Lebt ein Priester nicht mit ganzem Herzen ein Leben des Glaubens, der Hoffnung, der Liebe, der Anbetung und der Hingabe an das Apostolat, dann widerspricht sein Leben dem sakramentalen Charakter, den er in der Weihe empfangen hat.

Die Eucharistie ist die Quelle und der Höhepunkt der Evangelisation, und es ist die vornehme Aufgabe des Priesters, die Gläubigen so zu diesem Mittelpunkt des Lebens hinzuführen, daß sie von dort immer mehr in die erlösende Liebe Christi hineinwachsen. Für die Feier der Messe durch den Priester ist der Empfang der Kommunion wesentlich. Das bedeutet auch, daß er nicht in Wahrhaftigkeit die Eucharistie feiern kann, falls er nicht mit Christus durch Glaube und Gnade vereint ist und sich immer mehr mit seiner erlösenden Liebe für das Heil der Welt vereinen will.

b) Die Ordensleute und das apostolische Leben

Was wir heute gewöhnlich „Leben nach den evangelischen Räten“ nennen, hieß ursprünglich „apostolisches Leben“. Man dachte dabei an die Nachahmung der Freundschaft der Apostel mit Jesus und untereinander und an ihren Lebensstil. Daraus ergibt sich mit innerer Logik ein Freisein für das Apostolat als Haltung und als Ausübung in irgendeiner Form. Es ist eine Ganzhingabe an Christus und Mitvollzug seiner Erlöserliebe zu allen. Es ist ein Leben in Christus und mit Christus und für sein Apostolat, zur Verherrlichung des Vaters, der sich selbst im Heil für das Volk verherrlicht[116].

Das Zweite Vatikanische Konzil hebt im Ordensdekret schon durch die Einleitungsworte „Perfectae Caritatis“ (vollkommene Liebe) die Zentralität des ständigen Strebens nach vollkommener Vereinigung mit der Liebe Christi hervor. In der Struktur der Kirchenkonstitution (Kapitel 5 und 6) kommt das Leitmotiv zur Geltung, daß Ordensleute in ihrer besonderen Berufung Zeugnis von der allgemeinen Berufung zur Heiligkeit ablegen sollen, indem sie in allem zuerst das Reich Gottes suchen, im Wissen, daß das Wachstum in der Gottes- und Nächstenliebe der Inbegriff der Heiligkeit und die Quelle apostolischer Fruchtbarkeit ist.

---

[115] Ebd.

[116] Vgl. *B. Häring*, Orden im Umbruch (Köln ³1975).

Die Verfügbarkeit religiöser Gemeinschaften, Orden, Kongregationen und Säkularinstitute, für die Verkündigung der Frohbotschaft und für die verschiedenen caritativen Aufgaben entsprechend den jeweils dringenden Nöten ist von höchster Bedeutung für das gesamte Apostolat der Kirche. Durch die Gelübde oder andere heilige Bindungen in der Kirche will der dazu berufene Christ „von den Hindernissen, die ihn von der Glut der Liebe und der Vollkommenheit der Gottesverehrung zurückhalten könnten, frei werden und wird dem göttlichen Dienst inniger geweiht... Weil aber die evangelischen Räte ihre Befolger durch die Liebe, zu der sie hinführen, auch in besonderer Weise mit der Kirche und ihrem Geheimnis verbinden, muß ihr geistliches Leben auch dem Wohl der ganzen Kirche gewidmet sein.“[117]

Der Stand der evangelischen Räte gehört unzertrennbar zum Leben und zur Heiligkeit der Kirche. Und da die religiösen Gemeinschaften in besonderer Weise von den Nachfolgern der Apostel gebilligt, geleitet und überwacht werden, gehören sie in besonderer Weise zum amtlichen Apostolat der Kirche. Neben den traditionellen Orden und Kongregationen entstanden in unserem Jahrhundert „Säkukarinstitute“, die die evangelischen Räte befolgen wollen, ohne sich vom Lebensstil eifriger Weltchristen zu entfernen. Sie geben Zeugnis dafür, daß die evangelischen Räte auch inmitten der Welt und in weltlichen Berufen gelebt werden können. So geben sie zusammen mit den Ordenschristen auf besondere Weise Zeugnis für den Glauben an die Berufung aller Christen zur Heiligkeit. Der Geist der evangelischen Räte muß im Herzen aller jene innere Freiheit schaffen, die es jedem, auch dem Verheirateten, erlaubt, „sich um die Sache des Herrn zu sorgen, wie er dem Herrn zu Gefallen sein kann“ (vgl. 1 Kor 7,29–35).

Viele Männer und Frauen, die sich für ein Leben nach den evangelischen Räten verpflichtet haben, widmen sich den großen Aufgaben christlicher Nächstenliebe oder auch der Förderung der Kultur. In ihnen setzt die Kirche ein deutliches Zeichen, daß sie sich auch um das Heilsein der irdischen Ordnungen, die ja viel mit dem Heil der Menschen zu tun haben, kümmert. So nimmt das Zeugnis der Heiligkeit und der apostolischen Liebe Christi in der Kirche und der Welt Fleisch und Blut an.

c) Teilnahme von Laien am amtlichen Apostolat

Der Völkerapostel schließt den Brief an die Römer mit einer langen Liste von Männern und Frauen, die sich mit ihm im Dienste des Herrn mühen, und sagt von einigen, die offenbar Laien sind: „Sie nehmen einen hervorragenden Platz unter den Aposteln ein und sind schon vorher Christen gewesen“ (Röm 16,7). Dieses Beispiel wiederholt sich zu allen Zeiten. Männer und Frauen widmen sich, ohne die Weihe zum Amtspriestertum erhalten zu haben, einem von der Kirche amtlich anerkannten Apostolat und sind wertvolle Mitarbeiter der

[117] LG 44.

Bischöfe und Priester. Heute gehen diese Männer und Frauen, die voll- oder teilzeitlich im Apostolat der Kirche stehen, in die Hunderttausende. Wir denken nicht nur an die Sakristane, Organisten, Chordirektoren, Verwalter kirchlicher Güter, Künstler und Schriftsteller, sondern vor allem an Katechisten und Leiter der religiösen Erziehung in Pfarreien oder ganzen Diözesen und an Pastoralassistenten, die eine kanonische Sendung erhalten haben[118]. Ihre kirchliche Beglaubigung und ihr vorbildliches Apostolat zeigen die reichen Möglichkeiten, die im Tauf- und Firmcharakter angelegt sind, und die Fruchtbarkeit christlicher Liebe[119]. Es bildet sich infolge der Komplexität der modernen Welt eine stets wachsende Vielfalt von apostolischen Dienstleistungen in der Kirche aus, die einen Teil der Aufgaben der Apostel und ihrer Nachfolger in zeitgemäßer vom Geist Gottes inspirierter Weise wahrnehmen. Die harmonische und fruchtbare Zusammenarbeit der vielen, zum Teil hochqualifizierten Männer und Frauen, die zum Dienste in der Kirche bestellt sind, mit den Rängen des Weihepriestertums hängt von der allseitigen Treue gegenüber den klaren neutestamentlichen Weisungen und dementsprechend auch von der wachsamen Bereitschaft ab, soziologische Verholzungen vergangener Herrschaftsformen abzubauen. In diesem Sinne kann es nicht um Klerikalisierung von Laienchristen im Apostolat der Kirche gehen, sondern vielmehr um gemeinsames Bemühen, allen Klerikalismus zu überwinden, der in der Vergangenheit sowohl dem Priestertum als auch der Anziehungskraft der gesamten Kirche geschadet hat.

Eine besondere Form, Laien einzeln und in Gemeinschaft mit dem amtlichen Apostolat der Kirche in Zusammenarbeit zu bringen, ist die Katholische Aktion, d.h. Organisationen, die von der Hierarchie geschaffen oder wenigstens von ihr amtlich gebilligt sind. Die gemeinsame Ausübung des Apostolats steht hier direkt unter der Leitung der Hierarchie, und darum fällt die Verantwortlichkeit weithin auch ihr zu. Dies heißt jedoch nicht, daß diesen Laienorganisationen nicht Raum für schöpferische Initiativen gelassen würde. Aber alles geschieht unter den Augen der Hierarchie. Es wäre verfehlt, wenn Vertreter der Hierarchie in der Katholischen Aktion ein bloßes Instrument zur Erfüllung ihrer Aufträge sehen würden. Man erwartet vielmehr von den Laien, daß sie mündige Mitarbeiter im Weinberg des Herrn seien. Die Rolle der Hierarchie ist vor allem, die wirksame Zusammenarbeit, das harmonische Zusammenspiel der Vielfalt der Gnadengaben und Dienstleistungen in Antwort auf die Zeichen der Zeit zu garantieren.

In vielen Ländern überwiegen gegenüber der klassischen Form der Katholischen Aktion, wie sie Pius XI. sich gedacht hat, zahlreiche christliche Laienorganisationen, die in ihrer eigenen Verantwortlichkeit wichtige soziale und caritative Initiativen ausüben. Besonders wo es sich um politische Fragen handelt, ist es wünschenswert, daß die amtliche Kirche die Verantwortung ganz dem Laien überläßt.

---

[118] Vgl. LG 33 41; AA 16 17. [119] Vgl. *V. Schurr*, a.a.O. (s. Anm. 78) 65.

V. Liebe und Gerechtigkeit

Die Pastoralkonstitution über die Kirche in der modernen Welt schenkt der Frage des Verhältnisses zwischen Liebe und Gerechtigkeit in ihren verschiedenen Ausprägungen große Aufmerksamkeit. Es geht immer um das Gestaltwerden der Liebe. „Die gesellschaftliche Ordnung muß sich ständig weiterentwickeln, muß in Wahrheit gegründet, in Gerechtigkeit aufgebaut und von der Liebe beseelt werden und muß in Freiheit ein immer humaneres Gleichgewicht finden. Um dies zu verwirklichen, sind Gesinnungswandel und weitreichende Änderungen in der Gesellschaft selbst notwendig."[120] Die Liebe muß also nicht nur in der Ich-Du-Beziehung aufleuchten, sondern muß auch das wirtschaftliche, gesellschaftliche, kulturelle und politische Leben mitprägen.

1. *Die Wir-Beziehungen und die gesellschaftlichen Verhältnisse*

Die Liebe hat ihr vorzügliches Feld in den Du-Ich-Wir-Beziehungen, in denen jeder als einmalige Person anerkannt und geliebt wird, und zwar in direkten Beziehungen. Wir-Beziehungen sind wesentlich für Freundschaften und natürliche Gemeinschaften wie Ehe und Familie und ihre unmittelbaren Ausweitungen.

Davon unterscheiden sich die Sie-Beziehungen, die gesellschaftlichen Bezogenheiten der Menschen aufeinander, auf der Grundlage gegenseitiger Dienstleistungen, Funktionen und Ämter. Hier spricht sich die Liebe also nicht in einem direkten Personenverhältnis aus, sondern durch die Gerechtigkeit und sinnvolle Ordnung der Verhältnisse. Die Institutionen, Verträge und Gesetze geben Stabilität und Zuverlässigkeit. Aber auch dabei ist immer an die Person zu denken, wie das Konzil betont. „Wurzelgrund, Träger und Ziel aller gesellschaftlichen Institutionen ist und muß auch sein die menschliche Person, die ja von ihrem Wesen selbst her des gesellschaftlichen Lebens durchaus bedarf. Da also das gesellschaftliche Leben für den Menschen nicht etwas äußerlich Hinzukommendes ist, wächst der Mensch nach allen seinen Anlagen und kann seiner Berufung entsprechen durch Begegnung mit anderen, durch gegenseitige Dienstbarkeit und durch den Dialog mit den Brüdern. Unter den gesellschaftlichen Bedingungen, die für die Entwicklung des Menschen notwendig sind, hängen die einen, wie die Familie und die politische Gemeinschaft, unmittelbarer mit seinem innersten Wesen zusammen; andere hingegen gehen eher aus einer freien Entscheidung hervor."[121]

Liebe wird Geschichte zuerst im Wachstum der Personen kraft ihrer gesunden Beziehungen, dann aber auch durch ihre Eingestaltung in Sitten, Traditionen, Institutionen und Gesetze, die zwischenmenschliche Beziehungen regeln und

---

[120] GS 26.
[121] GS 25.

die Gerechtigkeit stärken und schützen. Dies alles aber muß stets von der Liebe neu verlebendigt werden. Liebende Menschen sind sozusagen die Seele der Welt, die sie mit ihrer Herzensgüte und der Kraft ihrer Liebe bereichern. Nur durch die Liebe wird alles andere Ausdruck schöpferischer und befreiender Tätigkeit. Die Beziehungen Gottes zu uns sind vor allem eine Beziehung von Du zu Du. Besteht dieses Band der Liebe, dann verstehen wir auch alles andere als Botschaft und Geschenk seiner Liebe.

Gottes Liebe, die uns direkt und in einzigartiger Weise in Jesus Christus zugesprochen ist, berührt unser Herz durch die Gnade des Heiligen Geistes. Treten wir dankbar in diesen Dialog der Liebe ein in Anbetung und in Mitvollzug der göttlichen Liebe zu allen Menschen, dann verstehen wir auf neue Weise, wie die Vaterliebe Gottes durch das Gesamt von Schöpfung und Geschichte zu uns spricht. So wird alles in die Du-Ich-Wir-Beziehung eingebracht.

Eine individualistische Moral, die sich nur auf die Ich-Du-Beziehung beschränken will, hat keine Ahnung von der Höhe und Tiefe, der Länge und Breite des Geheimnisses der schöpferischen und erlösenden Liebe Gottes[122].

2. *Gottesliebe und rettende Gerechtigkeit*

Im Bemühen, das Verhältnis zwischen Liebe und Gerechtigkeit auszuloten, kann sich die Theologie nicht auf die Kenntnisse der Psychologie und Soziologie allein stützen. Wir fragen uns vor allem, wie sich in der Offenbarung Gottes Liebe und Gerechtigkeit zueinander verhalten. Wir vergessen jedoch nicht, daß Gottes Botschaft in menschlichen Symbolen ausgedrückt ist. „Inhalt und Form dessen, was Menschen in einer gegebenen Kultur voneinander erwarten, steht in Beziehung mit Inhalt und Form dessen, was sie vom Himmel suchen, und umgekehrt.“[123]

Die Offenbarung der Gerechtigkeit Gottes ist immer zugleich Offenbarung seiner Liebe. Die Offenbarung der Gerechtigkeit Jahwes fällt vielfach in eins mit dem Heil, das er gewährt. Im Alten Testament ist Gottes Gerechtigkeit „die Ausführung der Bundestreue und der Bundesverheißungen. Gottes Gerechtigkeit nimmt als sein richterliches Walten die Gestalt an, daß sie in Bundes- und Vertragstreue seinem Volk Recht schafft und dadurch das Heil.“[124] Der sündige Mensch hat keine Rechtsansprüche vor Gott. Gott aber offenbart seinen Namen als der Retter, als die Liebe. Darum offenbart sich seine Gerechtigkeit in Treue

[122] GS 30.

[123] *M. Nédoncelle,* a.a.O. (s. Anm. 33) 180; vgl. *W. A. Luijpen,* Existentielle Phänomenologie (München 1971) 222–256 (Phänomenologie der Liebe und der Gerechtigkeit); *R. Laurentin,* Die neuen Forderungen der Liebe (Graz 1971); *J. M. Díez Alegría,* Gerechtigkeit, in: Sacramentum Mundi II, 261–275; *B. Häring,* Gottesgerechtigkeit und Lebensgerechtigkeit, in: Mysterium Salutis V (Einsiedeln 1976) 259–284 (mit Bibliographie).

[124] *G. Schenk,* dikaiosyne, in: ThWNT II, 197; vgl. *W. Eichrodt,* Theologie des Alten Testamentes (Stuttgart ^{6}1959) I, 155–162.

zu seinem eigenen Namen und zu seiner eigenen Heiligkeit als Bundestreue, als Barmherzigkeit, als rettende Gerechtigkeit. So ist das Tun der Gottesgerechtigkeit Offenbarung von Huld und reiner Barmherzigkeit.

Der Mensch kann vor Gott keine andere Gerechtigkeit finden als die dankbare Annahme eben dieser rettenden Gerechtigkeit und die Verpflichtung, zum Lobpreis der unverdienten Huld Gottes den Mitmenschen gegenüber in gleicher Weise zu handeln. Gott, der uns Sünder aus reiner Gnade rechtfertigt, befähigt uns eben damit, unsere Haltung und unser Verhalten stufenweise seiner eigenen Gerechtigkeit anzugleichen. Aber um dieses Geschenk zu erhalten, müssen wir mit Hunger und Durst nach der Gerechtigkeit Gottes beharrlich um diese Umformung bitten (vgl. Mt 5,6).

Das dankbare Ja zum Kommen des Reiches Gottes ist ein Ja zu seiner Grundregel, zur rettenden Gerechtigkeit Gottes, die mit Liebe und Barmherzigkeit zusammentrifft. Unbarmherziges Handeln und das Unbekümmertsein um das Heil der andern widersprechen der Grundregel des Reiches Gottes. Der herzlose Mensch schließt sich selbst von der rettenden Gerechtigkeit Gottes aus; er verdammt sich selbst.

Dieser Begriff der Gottesgerechtigkeit ist besonders deutlich bei Matthäus und in den Briefen des hl. Paulus. Wenn der Jakobusbrief in scharfer Stellungnahme gegen eine sterile Orthodoxie den lebenswahren Ausdruck des Glaubens in Barmherzigkeit und Gerechtigkeit betont (vgl. Jak 2,23), so widerspricht er der paulinischen Lehre von der Gerechtigkeit aus Glauben in keiner Weise. Gerade das Bewußtsein, daß Gott den Sünder nur um seines eigenen Namens willen und aus reiner Gnade rechtfertigt, ist für Paulus das stärkste Motiv, sein eigenes Leben an dieser Grundregel auszurichten. Der Herr selbst zeigt uns im Matthäusevangelium, daß am Ende jene als Gerechte ins Reich Gottes einkehren, die das große Gebot barmherziger und tätiger Liebe erfüllt haben (Mt 25,31–46). Im Begriff der rettenden Gerechtigkeit Gottes und der Wahrhaftigkeit eines dadurch ermöglichten gerechten Lebens begegnen sich Gottes Heiligkeit und Gericht. Der Mensch, der sich weigert, für diese Art der Gerechtigkeit dankbar zu sein und dementsprechend gemäß der rettenden Gerechtigkeit und Barmherzigkeit zu handeln, ruft selbst das Gericht über sich herab (vgl. Jak 1,20; Röm 14,4; 14,10; 1 Kor 4,4). Sich der eigenen Gerechtigkeit zu rühmen und eine unbarmherzige, strenge Gerechtigkeit an den Tag zu legen widerspricht der Rechtfertigung aus dem Glauben und aus reiner Gnade. So ist diese Sicht der Gottesgerechtigkeit das gleiche wie die Erfahrung von Gottes Heiligkeit.

Die zwei biblischen Kennwörter *agape,* Liebe, und *dikaiosyne,* rettende Gerechtigkeit, fallen insofern in eins, als beides Gottes Heilstun und Geschenk ist, das den Menschen befähigt und verpflichtet, so zu antworten, daß er immer treuer die Liebe und rettende Gerechtigkeit Gottes mitvollzieht. Der biblische Begriff „Gerechtigkeit" schließt jedoch betont in sich auch das, was objektiv des Menschen Pflicht ist. Liebe ist das, was Gott und Mensch und die Menschen in Christus miteinander verbindet in Du-Ich-Wir-Beziehungen. Der Begriff der Gottesgerechtigkeit und der Rechtfertigung als Form christlichen Lebens weist auf den Inhalt des Bundes, den Ordo amoris, das ist eine Ordnung, die aus der Liebe geboren ist und der Liebe dient. Diese Ordnung ist mehr mit der Gerechtigkeit als mit der Liebe selbst identisch. Es ist jedoch klar, daß nur kraft der erlösenden Liebe die Menschen die volle Ordnung der Gerechtigkeit jenseits des Buchstabens erkennen und erfüllen können.

Das Verhältnis von Liebe und Gerechtigkeit schaut ganz anders aus, wenn wir als Ausgangspunkt die unter Menschen erfahrene Gerechtigkeit nehmen, insofern sie noch nicht von der Dynamik der rettenden Gottesgerechtigkeit umgeformt ist. Gerechtigkeit unter Menschen, insbesondere Tauschgerechtigkeit, austeilende und gesetzliche Gerechtigkeit, kann klar umschrieben und erzwungen werden. Liebe als solche kann nicht erzwungen werden. Sie ist einfach das befreiende Ereignis, ein Geschenk und eine Haltung, die Freiheit zeugt und weit über die menschlichen Definitionen der Gerechtigkeit hinausgeht. Liebe kann nie quantitativ gemessen werden.

Der von Gottes Gerechtigkeit ergriffene Gläubige weiß, daß die neue Gerechtigkeit aus sich vor allem die Liebe zu den Mitmenschen einschließt, und zwar eine Liebe gemäß dem Maß der Gnadengabe Gottes an jeden. Dieses Maß der göttlichen Gabe ist jedoch vor dem öffentlichen Auge verborgen und kann nicht gesetzlich eingefordert oder durch starre Begriffe menschlicher Gerechtigkeit bestimmt werden. Und doch muß um des Friedens und der Menschen willen ein Mindestmaß von Gerechtigkeit bestimmt und, wenn nötig, erzwungen werden. Erlöste Liebe wird mit diesem Mindestmaß nicht in Konflikt kommen, sondern es ständig übersteigen und stets mehr der Angleichung an die Gottesgerechtigkeit zustreben. Psychologisch und theologisch können wir mit Justinus sagen: „Wahre Gerechtigkeit gründet in der Liebe.“[125]

Die in der Bibel beschriebene Gottesgerechtigkeit spiegelt sich vor allem in der sozialen Gerechtigkeit wider, die weit über Tauschgerechtigkeit hinausgeht und Gruppenegoismus ausschließt. Sie meint ein Leben in Gesellschaft, das mit der Wahrheit übereinstimmt, daß der eine Gott uns als seine Familie geschaffen hat. „Diese Solidarität muß stets wachsen bis zu jenem Tag, an dem sie vollendet sein wird und die aus Gnade geretteten Menschen als eine von Gott und Christus, ihrem Bruder, geliebte Familie Gott vollkommen verherrlichen werden.“[126]

Es ist kennzeichnend für das Leben der Kirche von heute, daß sie ihre Soziallehre nicht auf das Verhältnis zwischen den sozialen Klassen beschränkt, sondern mit gleichem Nachdruck betont, daß die reichen und armen Nationen aufeinander angewiesen sind und sich gegenseitig helfen müssen. Verantwortet und

---

[125] *Justinus*, Dialog mit Tryphon 93,3.
[126] GS 32.

ausreichend gegebene Entwicklungshilfe ist nach Paul VI. ein neuer Name für soziale Gerechtigkeit und Frieden[127].

Es ist dem heutigen wachen Christen klar, daß sich die Liebe auch in politische Mitverantwortung übersetzen muß, denn Politik kann eine wirksame Weise sein, die sozialen Verhältnisse und damit die Lebensbedingungen der Menschen zu verbessern. Aus diesem gleichen Grunde können Liebe und lebenswahre Gerechtigkeit nach dem Bilde Gottes nicht auf die Notwendigkeit sinnvoller politischer Macht verzichten. Wird jedoch Macht nicht in den Dienst der vornehmsten menschlichen Ziele gestellt, dann entartet sie. Politische Macht muß immer dem Ganzen dienen. Man darf sich nie von Gruppeninteressen in Beschlag nehmen lassen. „Macht ist vom Verlust der Mitte bedroht, wenn sie für Gruppeninteressen zum Schaden des Ganzen gebraucht wird. In dem Moment, in dem die Vertreter der zentralen Macht diese für ihre Sonderinteressen gebrauchen, hört sie auf, die ordnende Mitte zu sein. Und so desintegriert sich das Ganze, weil es ohne Mitte ist ... Dann ist der Machtverlust des Ganzen durch innere und äußere Ursachen unvermeidlich."[128] Was von der Gerechtigkeit gesagt ist, gilt auch von der Macht. Sie ist nur gesund, solange sie in der Liebe gegründet ist.

3. Werke der Liebe und Gerechtigkeit

Der Sinn der Liebe wird verfälscht, wenn jemand Werke der Liebe anbieten will, während er sich nicht um Gerechtigkeit und die Schaffung gesunder menschlicher Verhältnisse bemüht. Wir dürfen den Menschen nicht Almosen anbieten, wo wir ihnen auf dem Weg der Gerechtigkeit helfen können, ihre eigenen Nöte zu befriedigen und am sozialen Prozeß mitverantwortlich teilzunehmen. Bieten jene, die ungerecht handeln, den Geschädigten Almosen an, anstatt die Ungerechtigkeit wiedergutzumachen, so ist das wahrhaftig nicht Liebe, sondern eine Beleidigung der Würde des Nächsten.

So groß auch das gemeinsame Bemühen um gerechte Verhältnisse sein wird, so wird es immer Bedürftige, Erb- und Umweltgeschädigte, Kranke, vor allem auch Suchtkranke, Leidende und Behinderte geben und viele andere, die auf Werke barmherziger Liebe angewiesen sind. Wir denken jedoch nicht an Almosen von oben herab, sondern wirklich an Liebe, die im Blick auf die rettende Gerechtigkeit Gottes aus ganzem Herzen geschenkt wird. Es wird immer eine besondere Aufgabe der Kirche sein, als heilende Kraft in der menschlichen Gesellschaft gegenwärtig zu sein. Wahre Liebe wird viele Wege finden, zu heilen und zu helfen, wo die Not am größten ist.

---

[127] Vgl. *Paul VI.*, Enzyklika Populorum progressio; *L. J. Lebret*, Dynamique concrète du développement (Paris 1967).

[128] *P. Tillich,* Love, Power and Justice (London – Oxford 1954) 45.

VI. Sünden gegen die Liebe

Um alle Sünden gegen die Gottes- und die Nächstenliebe aufzuzählen, müßten wir von der negativen Sicht her alles Punkt für Punkt aufzählen, was bisher positiv gesagt ist. Versagen wir uns in Freiheit irgendeinem Punkt der Gnade und dem Anruf der Liebe, so sündigen wir gegen sie. Eine der Hauptquellen vieler Sünden gegen die Liebe ist die Vernachlässigung der kontemplativen Dimension des Lebens, Oberflächlichkeit und Zerstreutheit und die Nachlässigkeit im Suchen nach stets besserem Kennen aller Dimensionen der Liebe. Im folgenden werden einige der Sünden genannt, die direkt und offensichtlich dem Liebesgebot widersprechen.

1. Sünden gegen die Gottesliebe

Alle Sünden offenbaren einen Mangel an Liebe zu Gott. Mittelmäßigkeit und Lauheit widersprechen dem der Gottesliebe eigenen Eifer. Während läßliche Sünden „nur" einen momentanen Seitenweg, einen vorübergehenden Mangel an Eifer für die Liebe offenbaren, bedeutet die Todsünde den Bruch der Freundschaft mit Gott, den klaren Widerspruch zu unserer wesentlichen Berufung.

Der äußerste Widerspruch zur Gottesliebe ist der Gotteshaß. Dies ist selbstverständlich auch der drastischste Widerspruch gegen den Sinn unseres eigenen Daseins. Es ist ein erschütterndes Geheimnis, wie der Mensch, nach dem Bild und Gleichnis Gottes geschaffen und ganz von ihm abhängig, seinen Schöpfer und Erlöser hassen kann. Hier rühren wir an das Herz des „Geheimnisses der Bosheit" (2 Thess 2,7). Zwar ist jede Todsünde eine Grundentscheidung gegen die Gottesliebe, der Gotteshaß jedoch ist offene Auflehnung (odium personae) gegen Gott. Jesus spricht von diesem unerhörten Haß einer gottlosen Welt gegen den Vater und gegen ihn, den Gesandten des Vaters, einem Haß, der sich auch gegen seine Jünger wenden wird, gerade weil sie seine Jünger sind (Joh 15,18–27).

Wir dürfen aber nicht übersehen, daß es einen scheinbaren Haß Gottes gibt, der sich in Wirklichkeit nicht gegen den wahren Gott richtet, sondern gegen ein falsches Gottesbild. Es kann sich einfach um eine Zurückweisung einer falschen Religiosität und einer falsch verstandenen Religion handeln.

Jene, die ihre ganze Freiheit in der Entscheidung gegen Gott ausgespielt haben, sehen in Gott ihren größten Feind. Gelingt es ihnen nicht, diesen Haß durch Flucht in Atheismus, in die Leugnung des Daseins Gottes zu sublimieren, dann wird ihr ganzes Bewußtsein von dieser Feindseligkeit gegen Gott besetzt und geprägt. Die volle Offenbarung der Liebe Gottes in Jesus Christus hat Menschen vor eine radikale Entscheidung gestellt, entweder für ihn oder gegen ihn. Jenen, die um seine Liebe wissen und sich trotzdem gegen ihn entscheiden, ist er „zu einem Zeichen gesetzt, das auf Widerspruch stößt und die Gedanken vieler Herzen offenbart" (Lk 2,34f.).

Es ist irrig zu meinen, daß die Sünden in der Kirche allein an all der Feindseligkeit gegen sie schuldig sind. Es kann durchaus sein, daß die heiligsten Glieder und Gemeinschaften der Kirche von seiten gottloser Menschen die heftigste Anfeindung erfahren. Dann wird das Wort des Herrn wahr: „Haben sie mich verfolgt, so werden sie auch euch verfolgen" (Joh 15,20). Selbstverständlich werden viele zum Glauben an Christus kommen, wenn sie Christen und christliche Gemeinschaften treffen, die ganz vom Geiste Gottes geleitet sind und die Früchte des Geistes hervorbringen. Aber zugleich überführt der Heilige Geist durch diese Jünger die Feinde Gottes. In der Feindschaft gegen echte Jünger Christi offenbaren sie sich selbst als solche, zumindest vor ihrem eigenen Gewissen. „Mit seinem Kommen wird er (der Heilige Geist) der Welt aufdecken, was es mit Frevel, Gerechtigkeit und Gericht auf sich hat; mit dem Frevel, weil sie nicht an mich glauben ...; mit dem Gericht, weil der Herrscher dieser Welt verurteilt ist" (Joh 16,8–11). Das Gericht steht jedoch nicht uns zu. Die Jünger Christi werden sich immer geduldig bemühen, die Herzen aller Menschen für Gott zu gewinnen.

2. *Direkte Sünden gegen die Nächstenliebe*

Die meisten Sünden gegen die Nächstenliebe bestehen wohl in der Unterlassung dessen, was die Liebe verlangt. Aber der schärfste Konflikt mit dem „königlichen Gebot" zeigt sich in Gesinnung und Handlungen der Feindseligkeit, der Feindschaft gegen Mitmenschen und einem Verhalten, das direkt dem Wohl der anderen entgegengesetzt ist. Die hauptsächlichen Sünden dieser Art sind: Feindschaft gegen Einzelne, Familien, Gruppen oder Nationen; Haß gegen andere (im Unterschied zum Haß ihrer Sünden, der an sich gut ist); teuflischer Haß, der sich direkt gegen das geistliche Wohl, das Heil der anderen, gegen ihre Freundschaft mit Gott richtet; Neid, der dem anderen das Gute nicht gönnt und der zum teuflischen Neid wird, wenn man dem anderen nicht die Freundschaft Gottes gönnt. Haß und Neid sind die Ursachen von Streit, zerstörerischen Konflikten und Kriegen. In ungerechten Kriegen schwillt der Abfall von der Liebe weiter Bevölkerungskreise zu wildem Wahnsinn an. Das Säen von Verachtung und Haß gegen andere Nationen und ihre Bürger bereitet den Weg zu Kriegen und begleitet diese.

Wie die Liebe sich in den vielfältigen Tugenden entfaltet, so richtet sich die Verletzung eben dieser Tugenden indirekt auch gegen die Nächstenliebe. Es ist unmöglich, eine volle Liste all dieser Sünden, wie Ungerechtigkeit, Verachtung, Verweigerung des Ehrerweises usw., aufzuzählen. Im folgenden behandeln wir jene Gruppen von Sünden, die sich direkt gegen das Heil des Nächsten richten: Verführung, Ärgernis und Mitwirkung mit den Sünden anderer.

3. *Verführung*

Verführung (scandalum directum) ist der bewußte Versuch, andere zu sündigen Gedanken, Verlangen und Handlungen zu führen. Der Verführer legt sozusagen eine Falle (scandalum) mit der Absicht, den andern zu Fall zu bringen. Dies kann geschehen durch Zureden, Ratschläge oder Befehle oder aber durch wohlberechnete suggestive Handlungen. Die hinterlistigste Form der Verführung legt die Falle in einer solchen Weise, daß das Opfer der üblen Absicht des Verführers nicht gewahr wird. Dieser entzieht sich so möglichen Anschuldigungen und will nicht als Diener des Bösen erkannt werden. Selbstverständlich verlangt diese sich versteckende Verführung genauso Wiedergutmachung wie die sich deutlich kundgebende.

Verführung sündigt nicht nur gegen die Liebe und Mitverantwortung für das Heil des Nächsten, sondern auch gegen jene Werte und Tugenden, die dabei auf dem Spiele stehen. Erfolg oder Mißerfolg ändern nichts an der Sünde des Versuchers, sind jedoch von Bedeutung in der Frage der Wiedergutmachung aller durch den Versucher angerichteten Schäden.

Gewöhnlich ist das Motiv Selbstsucht oder aber das Verlangen, Gefährten auf dem Weg des Bösen zu haben. Richtet sich der Versuch bewußt gegen das Heil des andern, so handelt es sich um teuflische Verführung (vgl. Joh 8,44).

Jesus spricht mit Zorn gegen die Sünde der Verführung. „Wer einen einzigen von diesen Kleinen, die an mich glauben, zum Abfall verführt, für den wäre es am besten, man hängte ihm einen Mühlstein um den Hals und ließe ihn in der Tiefe des Meeres versinken. Wehe der Welt, wo immer Menschen zu Fall kommen. Zwar kommt es zwangsläufig dazu – doch wehe jedem Menschen, der einen anderen zum Abfall verführt!“ (Mt 18,6f.)

Wer in dieser Sache allein oder hauptsächlich an die Verführung zur Unkeuschheit denkt, ist auf dem Holzweg. Die verhängnisvollste Verführung ist die zu Haß, Feindschaft, zu kollektiver Ungerechtigkeit und vor allem zu Gewaltsamkeit und Krieg. Jene, die die öffentliche Meinung manipulieren und zum Beispiel das Recht auf Abtreibung verherrlichen, sind schuldiger als jene Opfer, die unter dem Druck der öffentlichen Meinung und in besonderer Notlage eine Abtreibung suchen. Verführung der öffentlichen Meinung verursacht den Ruin ganzer Gruppen, Gesellschaften und Kulturen. Verführung und Ärgernis untergraben die Grundwerte, ohne die eine Gesellschaft nicht leben kann.

Dem organisierten und aggressiven Atheismus geht es darum, den Glauben und die Hoffnung auf das ewige Leben zu zerstören. In verschiedenen Formen des Atheismus wird nicht nur der Glaube an Gott, sondern auch der Glaube an die Möglichkeit einer echten Liebe, die das Herz der Geschichte ist, zerstört. Aggressive Atheisten wissen wohl, wie Glaube und Sittlichkeit zusammengehören und sich gegenseitig stützen. Deshalb kommt es vor, daß sie planmäßig die sittliche Integrität des Volkes und besonders jene moralischen Werte zu zerstören suchen, die den Glauben stützen oder auf dem Glauben gründen.

4. *Ärgernis*

Der Gebrauch des Wortes *skandalon* in der Bibel ist beachtenswert verschieden vom Sprachgebrauch der Moraltheologie[129], wo das Wort durchweg einen negativen Sinn als schwerer Mangel an Verantwortlichkeit für das Heil des Nächsten hat. Die inspirierten Autoren gebrauchten das Wort *skandalon* für eine Handlung, die einen Schock hervorruft, der gefährlich, unter Umständen aber auch seinem Wesen nach heilsam sein kann. Es kann also eine Art und Weise des Handelns und Redens sein, die unverantwortlich und von sich aus für das Heil des Nächsten gefährlich sind; andererseits kann es ein äußerster Versuch sein, jemanden aufzurütteln und ihn zu einer klaren Entscheidung zu drängen.

a) Christus, der Stein des Anstoßes

Gemäß der Prophezeiung Simeons ist Christus vielen zum Ärgernis, ein Stein des Anstoßes für die sündige und selbstgerechte Welt. „Siehe, dieser hier ist zu Fall und Erhebung vieler in Israel bestimmt und zu einem Zeichen, das auf Widerspruch stoßen wird“ (Lk 2,34). Aus sich selbst ist Christus einfachhin das große Zeichen des Heiles. Daß eine beachtliche Gruppe seiner Zuhörer wild reagiert, offenbart die verborgenen Gedanken ihres Herzens; denn sie sind nicht willig, die in Christus offenbargewordene rettende Herrschaft Gottes anzunehmen. Und so kommt es, daß Christus für sie „ein Stein des Anstoßes und ein Felsblock des Ärgernisses“ geworden ist (Röm 9,33; vgl. Jes 8,14; 28,16; 1 Petr 2,6ff.; Mt 21,33). Christus wußte, daß sein prophetisches Sprechen und Handeln für viele ein Schock sein werde, für die einen zum Heil, für die anderen aber zu einem noch tieferen Fall, zu noch größerer Verhärtung des Herzens. Seine Jünger waren darüber bestürzt. „Da traten seine Jünger zu ihm und sagten: Weißt du, daß sich die Pharisäer über deine Worte entrüstet haben? Er antwortete: Jede Pflanze, die nicht mein himmlischer Vater gepflanzt hat, wird ausgerissen werden. Laßt sie: blinde Blindenführer sind sie!“ (Mt 15,12–14.) Jene, die an Christus Anstoß nehmen, sind blind, weil ihnen die Liebe fehlt. Christus tut alles, um ihnen die Augen zu öffnen und sie zu wahrer Liebe zu bekehren. Das ist das Sinnziel seines Sprechens und Tuns.

Jesus wußte, daß seine eucharistische Rede an die Zuhörer hohe Anforderungen stellte und daß Gefahr bestand, einige sich zu entfremden. „So fragte Jesus die Zwölf: Wollt auch ihr weggehen?“ (Joh 6,67.) Jesus setzt bewußt das „Ärgernis“ seiner Lehre, seines Handelns und vor allem seines Kreuzes, sicher nicht, um Anlaß zum Fall zu geben, sondern um die Heilsbotschaft voll und ganz zu verkünden und alle, die sich der Gnade öffnen würden, zum Heil zu führen. Der anfängliche Schock war als Durchgangsstadium für eine tiefere

---

[129] *G. Stählin,* Skandalon. Untersuchungen zur Geschichte eines biblischen Begriffes (Gütersloh 1930); *W. Schöllgen,* Soziologie und Ethik des Ärgernisses (Düsseldorf 1931); *A. Humbert,* Essai d'une théologie du scandale dans les synoptiques, in: Biblica 35 (1954) 1–28; *G. Stählin,* skandalon, in: ThWNT VII, 338–358; *W. Molinski,* Ärgernis, in: Sacramentum Mundi I, 318–327.

Besinnung und Bekehrung gedacht. Jesus selbst ist bedrückt über die Aussicht, daß sich ein Teil seiner Zuhörer, statt sich zu bekehren, ganz abwenden würde. Darum sein Wort: „Selig jene, die an mir kein Ärgernis nehmen" (Mt 11,6). Viele kommen gerade deshalb zu Fall, weil Christus sich als Gottesknecht, als Diener aller offenbart und klarmacht, daß kein anderer Messias kommen werde.

In erschütternder Weise setzt Christus vor dem Hohenpriester das große „Ärgernis" seines Anspruchs, der Sohn Gottes zu sein. Es ist nicht zu denken, daß Christus selbst einfachhin seine Verurteilung provozieren will. Es geht ihm darum, sich gemäß dem Auftrag des Vaters vor dem Hohen Rat klar zu offenbaren und so die Zeitgenossen und alle künftigen Geschlechter vor eine klare Entscheidung zu stellen. So ist schließlich der Glaube aller Zeiten durch dieses „Ärgernis" gefestigt.

Getreu dem Beispiel des Meisters und in scharfer Gegenstellung gegen die Gnosis weichen die Apostel das Ärgernis des Evangeliums vom Kreuze in keiner Weise auf. Denn darin liegt unser Heil. Paulus stellt das Geheimnis des Kreuzes in die Mitte seiner Verkündigung. „Während die Juden Bestätigungen fordern und die Griechen nach Weisheit verlangen, verkündigen wir den gekreuzigten Christus – ein Ärgernis für die Juden und Unsinn für die Griechen; doch den Berufenen, Juden wie Griechen, verkünden wir Christus als Gottes Kraft und Gottes Weisheit" (1 Kor 1,22–24). Dies bedeutet jedoch nicht unnützes Erschweren des Glaubens. Wie Christus selbst sich nur stufenweise offenbart und alles tut, um Herz und Geist seiner Zuhörer zu gewinnen, so tastet sich auch Paulus vor, um das Herz der Menschen zu öffnen. Er will sowohl den Konvertiten aus dem Judentum wie denen aus den Heidenvölkern Zeit lassen, heranzureifen, um zur rechten Zeit schwierige Dinge besser zu verstehen. So ließ er zum Beispiel Timotheus beschneiden, um den Juden die Heilsbotschaft annehmbarer zu machen. Er versucht, allen alles zu werden, schwach mit den Schwachen, um möglichst viele zu retten (1 Kor 9,20ff.).

Der Völkerapostel mußte erfahren, daß es auch unter den Bekehrten Handlungsweisen gab, die infolge des falschen Gebrauchs der neugewonnenen Freiheit andern heilsgefährlich werden konnten. So warnte er die „Starken" von Korinth, doch ja nicht durch das Essen von den Götzen geopfertem Fleisch andern Anlaß zum Straucheln zu werden. „Wenn eine Speise meinem Bruder zum Anstoß wird, dann will ich wahrhaftig für ewig auf das Fleischessen verzichten, um nur ja meinem Bruder keinen Anstoß zu geben" (1 Kor 8,13).

Schweren Herzens muß jedoch Paulus das „Ärgernis" einer öffentlichen Konfrontation mit Petrus auf sich nehmen, da er sah, daß dessen Verhalten ein heilsgefährliches Hindernis für die Verkündigung der Frohbotschaft an alle Menschen werden konnte (vgl. Gal 2,11–16)[130]. Doch mahnt der gleiche Apostel

[130] Vgl. *H. M. Féret,* Pierre et Paul à Antioche et à Jerusalem. Le conflit de deux apôtres (Paris 1954); *J. Bligh,* Galatians (Slough 1969).

die Christen von Rom, insbesondere die aus dem Heidentum stammenden Christen, ihre Freiheit von Traditionen und Nahrungsvorschriften nur so zu gebrauchen, wie dies die Eintracht zwischen Judenchristen und Heidenchristen verlangte (Röm 14,20–22).

b) Unterscheidung zwischen sündigem und heilsamem Ärgernis

Es ist selbstverständlich, daß Christen alles sündhafte Tun vermeiden müssen, nicht nur weil es sündhaft, sondern auch weil es aufgrund der Sündhaftigkeit der Heilsfülle im Wege steht und bisweilen schweren Anstoß erregen kann. Ohne auf die Frage einzugehen, was aus sich und immer sündhaft ist, wenden wir uns dem Problem zu, wie wir im Lichte der Bibel zwischen sündhaftem und heilsamem „Ärgernis“ unterscheiden können.

Einzelne Christen und ganze Gemeinschaften können schwer sündigen, indem sie sich so der Mittelmäßigkeit und gefährlichen Tendenzen der Umwelt angleichen, daß sie kein heilsames Ärgernis mehr sind. Gerade so können sie gefährliches Ärgernis geben. Denn es gehört zu ihrer Berufung, die Sendung Christi nachzuvollziehen, der die Welt zu einer klaren Entscheidung rufen will. Folgen wir zum Beispiel dem legalistischen Trend eines Zeitalters und lehren eine legalistische Moral, die sogar beim Gebot der Gottes- und Nächstenliebe vornehmlich daran interessiert ist, dessen unterste, gerade noch notwendige Grenze festzustellen, so verbergen wir das Licht des Glaubens unter dem Scheffel (Mt 5,14); und dann ist es an der Zeit, daß sich prophetische Stimmen machtvoll gegen solche Entfremdungen erheben, auch wenn sie dadurch Anstoß erregen[131].

Das Ärgernis verschlimmert sich, wenn man einerseits die Amtskirche wegen ihrer Fehler heftig kritisiert, während man andererseits sich persönlich mit Mittelmäßigkeit abfindet. Zu allen Zeiten waren die Propheten ein erschütternder Anstoß und eine Herausforderung für die „Priester des Königs“ und ein oberflächliches Christentum. Die Propheten gelten als „unklug“. Aber die Kirche leidet manchmal mehr infolge von Sicherheitskomplexen und einer übervorsichtigen Art von Amtsträgern und anderen Verantwortlichen. Emmanuel Mounier schließt sich Kierkegaard an, wenn er schreibt: „Der militante Gläubige bietet den Menschen unseres Jahrhunderts nicht so sehr die Herausforderung des Heroischen als vielmehr das Ärgernis des Ausweichens in bürgerliche Daseinsweise. Aber gerade diese Mangelerscheinungen müßten uns tief zu Herzen gehen.“[132] Gerade infolge des Ärgernisses der Mittelmäßigkeit verliert die Kirche die lebendigsten Persönlichkeiten und Gemeinschaften. Selbstverständlich muß immer liebende Rücksicht auf die Schwachen genommen werden. Man darf wohl hohe Forderungen nicht zur Unzeit stellen. Man muß sich selbst und anderen Zeit zum Wachstum lassen. Aber nie dürfen wir das Gesetz der Gnade

---

[131] Vgl. GS 19–21.
[132] *E. Mounier*, L'affrontement (Paris 1948) 38.

und die Zielgebote verraten, die uns stets an unsere Berufung zur Heiligkeit erinnern.

Ein nicht seltenes Ärgernis war in den vergangenen Zeiten ein hartes Einbleuen von Kleinigkeiten, zweitrangigen Fragen der Disziplin, während man den Geist des Ganzen und die ständige Bekehrung gemäß dem Evangelium vernachlässigte. Ein besonderes Ärgernis geben jene, die ständig über Verunsicherung in rechtlichen Fragen klagen, während sie das große Gesetz, „seid barmherzig wie euer Vater im Himmel" (Lk 6,36), sehr vernachlässigen.

c) Wiedergutmachung sündigen Ärgernisses

Wer schuldbar Ärgernis gegeben hat, muß sein Bestes tun, den Schaden wiedergutzumachen. Diese Pflicht ist besonders dringend für Amtsträger. Wer öffentlich Ärgernis gegeben hat, muß es auch soweit als möglich öffentlich wiedergutmachen. Der Umstand, daß man gedankenlos Ärgernis gegeben hat, weil man sein Gewissen ohnehin schon eingeschläfert hatte, entschuldigt keineswegs von der Pflicht der Wiedergutmachung, sondern sollte ein zusätzliches Motiv für eine vertiefte Bekehrung sein.

Wer andere zur Sünde verführt hat, sollte sich bemühen, auf diese einen konstruktiven Einfluß auszuüben. Bisweilen ist jedoch ein direkter Kontakt mit dem Verführten nicht ratsam. Die Schwäche der einen oder der andern Seite könnte eine neue Gefahr der Sünde mit sich bringen. Schriftsteller, Künstler, Schauspieler, Hersteller von Filmen und Kinobesitzer, Politiker und andere Personen in wichtigen Stellungen, sollten, wenn sie Ärgernis gegeben haben, die positiven Chancen ihres Berufes wahrnehmen. Nur wem es an Kompetenz und sittlicher Kraft mangelt, sollte sich überlegen, ob er nicht aus einem für ihn gefährlichen Beruf ausscheiden soll.

5. *Sündhafte Mitwirkung*

Gott hat uns zur Mitarbeit in seinem Reich berufen. Wie könnten wir uns dann mißbrauchen lassen von den „Mächten und Gewalten, den Herrschern dieser finsteren Welt" (Eph 6,12)! Doch wir alle entdecken bisweilen zu unserem Entsetzen, daß das, was wir mit besten Absichten getan haben, von andern mißbraucht wird, um ihre ruchlosen Absichten auszuführen. Welche Folgerung zieht katholische Moraltheologie aus dieser gelegentlichen Verbindung guter Handlungen mit den Mächten des Bösen?[133] Sicher dürfen wir unserer Berufung, Salz der Erde zu sein, nicht untreu werden. Flucht vor der Verantwortung, und

---

[133] Vgl. *P. Knauer,* The Hermeneutic Function of the Principle of Double Effect, in: Natural Law Forum 12 (1967) 132–162; *R. Roy* C. Ss. R., La coopération selon St. Alphonse de Liguori, in: Studia Moralia 6 (1968) 377–435; *R. A. McCormick,* Ambiguity in Moral Choice (Milwaukee 1973); *Ch. E. Curran,* Cooperation: Toward a Revision of the Concept and its Application, in: Linacre Quarterly 41 (1974) 152–167; *ders.,* Cooperation in a Pluralistic Society, in: *ders.,* Ongoing Revision. Studies in Moral Theology (Notre Dame/Ind. 1975) 210–228.

sei es auch aus der Furcht, ungewollt mitschuldig zu werden, gibt dem Bösen freie Bahn.

Im folgenden befassen wir uns nur mit der besonderen Art der Mitwirkung zu einem Tun, bei dem ein anderer der Haupthandelnde ist und unabhängig von uns zum Bösen entschlossen ist. Hierin liegt auch der Hauptunterschied zwischen Mitwirkung und sündhaftem Ärgernis. Während letzteres der Anlaß für die Sünde des andern ist, geht es bei Mitwirkung um die Frage, ob und wie der andere sich dieser bedient zur Ausführung seiner sündhaften Absichten. Selbstverständlich kann durch Mitwirkung auch Ärgernis gegeben werden.

a) Formale Mitwirkung

Die Unterscheidung zwischen formaler und materialer Mitwirkung ist entscheidend für die sittliche Wertung. Formale Mitwirkung zur Sünde eines andern ist gegeben, wenn der geleistete Beitrag entweder aufgrund seiner eigenen Bedeutung (finis operis) oder aber aufgrund der Absicht des Mithandelnden (finis operantis) als Komplizität (Mitwirkung) charakterisiert ist. Das bedeutet, daß der formal Mitwirkende sich selbst direkt in den Dienst des Bösen stellt. Er macht sich die sündhafte Handlung des anderen zu eigen, wenn nicht durch die ausdrückliche Absicht, so doch durch die Erkenntnis, daß sein eigener Beitrag so beschaffen ist, daß er nur dem Bösen dienen kann. Es braucht kaum vermerkt zu werden, daß formale Mitwirkung nie entschuldbar ist. Sie ist um so sündhafter, je größer die Bosheit der Handlung ist, an der er teilnimmt und je nach dem Grad der Teilnahme. Die Sünde wiegt besonders schwer, wenn der Mithandelnde aufgrund seiner Stellung eine besondere Pflicht hat, die böse Handlung zu verhindern.

Formale Mitwirkung verletzt stets die Nächstenliebe und zugleich andere Tugenden und Werte, die auf dem Spiele stehen. Wird die Gerechtigkeit gegenüber Dritten verletzt, so ist der Mitwirkende mit haftbar. Verweigert der Haupthandelnde die Wiedergutmachung, so fällt sie ganz auf ihn; andernfalls muß er je nach dem Grad seiner Beteiligung seinen Anteil auf sich nehmen.

b) Materiale Mitwirkung

In der materialen Mitwirkung ist der Akt des Mitwirkenden weder aufgrund seiner eigenen Sinnbedeutung und seines Sinnzieles noch auch durch die Intention des Handelnden Beitrag zur Sünde, sondern wird einfach mißbraucht und so vom andern in den Dienst seiner bösen Handlung gestellt. Die moralische Frage stellt sich aufgrund des Vorauswissens oder der Wahrscheinlichkeit eines solchen Mißbrauches. Die Annahme oder Furcht, daß die eigene gute oder indifferente Handlung vom andern mißbraucht wird, kann durch die Umstände nahegelegt werden, sich auf vorausgehende Erfahrungen stützen oder aber auf eine Äußerung des Haupthandelnden.

Ein schwieriges Problem ist es, festzustellen, ob und wieweit die Umstände das Sinngefüge der eigenen Handlung in der Mitwirkung bestimmen. Umstände können den Stellenwert der eigenen Mitwirkung eventuell als direkte Komplizität qualifizieren. Dies ist vor allem dann der Fall, wenn besondere Umstände aus sich selbst, abgesehen von der bösen Absicht des andern, das Tun unerlaubt machen. Aber oft ist die Situation alles andere als klar. Würde jedoch jeder Umstand, aus dem ersichtlich ist, daß die eigene Handlung mißbraucht wird, diese in sich unerlaubt machen, dann fiele die Unterscheidung zwischen materieller und formeller Mitwirkung überhaupt weg.

Die bloße Voraussicht sündhafter Nebeneffekte der eigenen Handlung bestimmt diese nicht so innerlich wie die Summe aller Umstände, die Anlaß zur Handlung geben oder sie begleiten. Ein umstrittenes Beispiel mag das Problem illustrieren. Ein Arbeitgeber befiehlt seinem Angestellten, eine Türe aufzubrechen oder ähnliche Leistungen zu vollbringen, die im Zusammenhang mit seinem Plan stehen, zu rauben oder eine Person zu entführen. Die Umstände lassen über die böse Absicht keinen Zweifel. Eine Anzahl Moralisten machten geltend, daß das Aufbrechen einer Türe oder die Mithilfe zum Einsteigen durch ein Fenster an sich nichts Böses bedeutet. Man braucht nur zu bedenken, daß dies notwendig sein könnte, um jemand aus den Flammen zu erretten. Im gegebenen Fall zeigen jedoch die Umstände deutlich an, daß die Handlung keinem guten Zweck dienen kann. Was der Angestellte unter Druck oder schweren Drohungen ausführt, ist nach der Meinung zahlreicher Autoren nur eine – freilich sehr schwerwiegende – materielle Mitwirkung. Ihre Begründungen überzeugen mich jedoch nicht. Denn unter den gegebenen Umständen ist der Sinn seiner Mitwirkung unzweideutig. Es geht nicht um die abstrakte Frage des Aufbrechens einer Türe und ähnliches, sondern um die aktuelle Ermöglichung von Raub oder anderen Verbrechen[134]. Kann in einem solchen Fall der Mitwirkende ehrlich sagen: „Was ich tue, ist aus sich gut. Ich handle aus anständigen Motiven. Nur die Bosheit des anderen ist schuld am Mißbrauch"? Meines Erachtens kann der so Mitwirkende sich nicht entschuldigen, daß sein an sich gutes Handeln gegen seinen Willen mißbraucht wird. Er muß vielmehr zugeben, daß er sich freiwillig für böse Ziele einspannen läßt. Das bedeutet formelle Mitwirkung.

c) Grundsätze für die Bewertung materialer Mitwirkung

Auch die materielle Mitwirkung stellt ernste Gewissensfragen, um so ernstere, je mehr sie vom Haupthandelnden mißbraucht wird. Eine entscheidende Frage ist, ob man durch Verweigerung jener Mitwirkung die bösen Pläne durchkreuzen kann.

Erster Grundsatz: Verantwortung für unser eigenes Tun und von Liebe bestimmte Sorge um den Haupthandelnden, der uns in den Dienst seiner bösen Absichten stellen will, gebieten uns, soweit als möglich alles zu tun, um nicht mißbraucht zu werden und den andern von seiner Absicht abzubringen.

---

[134] Der hl. Alphonsus hält es jedoch für eine nur materielle Mitwirkung und glaubt deshalb, daß Furcht, das Leben zu verlieren, ein Rechtfertigungsgrund sein kann. Vgl. *R. Roy*, a.a.O. 415–421.

Zweiter Grundsatz: Es kann jedoch bisweilen Gründe geben, die eine Mitwirkung erlauben oder nahelegen. Diese müssen im Verhältnis zu dem Übel, für das sie mißbraucht werden kann, gewichtiger sein, und zwar auch im Blick auf das Ausmaß des Mißbrauchtwerdens und auf die Wahrscheinlichkeit, durch grundsätzliche Weigerung ein Unheil verhüten zu können. Selbstverständlich muß auch die Gefahr des Ärgernisses für Dritte in Betracht gezogen werden. Im allgemeinen kann man sagen, daß materielle Mitwirkung zulässig ist, wenn dadurch, alles in allem, ein höheres sittlich bedeutsames Gut gewahrt und größeres Übel verhütet wird. Nach dem Grundsatz des doppelten Effektes[135] ist jedoch kein böses Tun als solches als Mittel für die Erreichung eines Gutes zu rechtfertigen.

Die moralische Überzeugung des Haupthandelnden muß in Betracht gezogen werden. Auch wenn man überzeugt ist, daß das Tun des andern objektiv nicht zu rechtfertigen ist, aber sieht, daß er guten Gewissens handelt, so handelt es sich subjektiv gesehen nicht um Mitwirkung zum Bösen. Es bleibt jedoch die Verantwortung für die vorauszusehenden Folgen. Die hier angedeutete Möglichkeit ist in einer pluralistischen Gesellschaft kein Ausnahmefall. Denn oft urteilen ganze Gruppen ehrlicher Menschen anders als wir.

In der Abschätzung des „höheren Gutes“ bzw. des „geringeren Übels“ muß betont werden, daß materieller persönlicher Gewinn oder Verlust nie eine nächste Mitwirkung zu Handlungen erlaubt, die der Gemeinschaft schweren Schaden zufügen. Denn das Wohl der ganzen Gemeinschaft verlangt von dem Einzelnen Opferbereitschaft. Entferntere Mitwirkung, von der die Ausführung des üblen Plans nicht abhängt, kann jedoch aus entsprechenden Gründen zulässig sein.

Materielle Mitwirkung zu einer Handlung, die einem Dritten ungerechten Schaden zufügt, ist unter Umständen zulässig, wenn dadurch ein noch größerer Schaden für andere oder auch für den Mitwirkenden verhindert wird. Dabei ist jedoch vorausgesetzt, daß das Tun des Mitwirkenden selbst nicht die Ursache des Schadens für andere ist.

Dritter Grundsatz: Materieller Gewinn ist nie ein zulässiges Motiv für irgendeine Mitwirkung zum Bösen, noch sollte Furcht vor materiellem Verlust oder Schaden der Hauptgesichtspunkt in der moralischen Bewertung sein. In erster Linie muß der geistliche Schaden für sich selbst und für andere und die Möglichkeit sinnvollen Wirkens für das Gute in der Welt in Betracht gezogen werden. Übermäßige Strenge in der Beurteilung materieller Mitwirkung würde das konstruktive Wirken und die Gegenwart der Christen auf vielen Gebieten, vor allem auch in der Politik, unmöglich machen. Christus betete für seine

[135] Vgl. *B. Bruch*, Die Bevorzugung des kleineren Übels. Moraltheologische Beurteilung. Ein problemgeschichtlicher Durchblick, in: Theol. u. Glaube 48 (1958) 241–256; *Ch. E. Curran*, Ongoing Revision 173–209.

Jünger nicht, daß sie sich aus der Welt zurückziehen, sondern daß sie in der Welt von Bösem bewahrt bleiben (Joh 15,17f.). Um diese Spannung auszuhalten, muß der Christ jene Charaktereigenschaften erwerben, die ihm erlauben, das Wort des Herrn zu erfüllen: „Seid darum klug wie die Schlangen und ohne Falsch wie die Tauben" (Mt 10,16).

d) Beispiele zulässiger und unzulässiger Mitwirkung

Jedes Lebensgebiet bietet besondere Probleme der Mitwirkung. Hier kann es nur um eine bescheidene Typologie gehen, um die allgemeinen Prinzipien zu beleuchten. Die Lösung im Einzelfall ist Sache des persönlichen Gewissens in der Berücksichtigung der allgemeinen Prinzipien und aller bedeutsamen menschlichen Beziehungen und Umstände. Die Schlußfolgerungen, die wir in unserer Typologie erreichen, erlauben keine mechanische Anwendung, da neue, unvorhergesehene Umstände andere Prinzipien und Werte ins Spiel bringen können.

1) Mitwirken und Mitschuldigwerden in der Politik – Die Politik, das Verhalten und die Einstellungen der Regierungen, der Parteien und ihrer Gefolgschaft sind im allgemeinen weder „weiß" noch „schwarz", sondern eher „grau". Die meisten Parteien haben, wenn nicht in ihrem Programm, so doch in ihrem Verhalten Punkte, die nicht gebilligt werden können. Die Wahl der bestmöglichen Partei bedeutet nicht, daß man mit allem einverstanden ist. Wer nur dann wählen wollte, wenn er hundertprozentig hinter einer Partei stehen kann, müßte wohl ganz auf seine politische Mitverantwortung verzichten und würde so nur an größerem Übel mitschuldig werden.

Wer sich als Kandidat für politische Wahlen aufstellen läßt in der Hoffnung, innerhalb einer Partei und auf dem erwünschten Platz dem Gemeinwohl zu dienen, muß auch sein Möglichstes tun, daß beim Prozeß der Auslese der Kandidaten und bei der Wahlpropaganda nicht unredliche Mittel angewendet werden. Ein ernstes Problem bedeutet die Parteidisziplin bei wichtigen Abstimmungen, die ernste Gewissensfragen stellen. Gelingt es nicht, die Parteidisziplin so zu modifizieren, daß keiner gegen sein Gewissen abstimmen muß, so muß wenigstens der Gewissensvorbehalt deutlich kundgegeben werden. Wer zugunsten einer ungerechten Gesetzgebung stimmt, macht sich formeller Mitwirkung schuldig. Hat er jedoch nur die Wahl zwischen dem größeren und dem geringeren Übel, so handelt es sich nur um eine materiale, unter Umständen sogar pflichtgemäße Mitwirkung. Um Ärgernis zu verhindern, muß dies bisweilen klar ausgesprochen werden.

Mitglieder der Ordnungskräfte, die ungerechte Gesetze ausführen, können sich leicht formeller Mitwirkung schuldig machen, es sei denn, daß sie nur deshalb mitwirken, um größeres Unrecht zu verhindern. Wer einen offensichtlich Unschuldigen verhaftet oder gar verurteilt, kann nicht entschuldigt werden. Der einfache Polizist mag bisweilen unfähig sein, zu beurteilen, ob es wirklich um die Ausführung einer ungerechten Anordnung geht. Wer jedoch an leitender

Stelle steht, sollte fähig sein und sich verpflichtet wissen, sich ein klares Urteil zu bilden, und darf in keiner Weise an der Verfolgung von Unschuldigen mitarbeiten. Gehorsam entschuldigt in keiner Weise; aber jene, die die Gesetze erlassen oder Befehle geben, sind schuldiger als Untergebene, die sie ausführen.

Die klare Aussage des Zweiten Vatikanischen Konzils: „Jede Kriegshandlung, die auf Vernichtung ganzer Städte oder weiter Gebiete und ihrer Bevölkerung unterschiedslos abstellt, ist ein Verbrechen gegen Gott und gegen den Menschen" (GS 80), wendet sich auch an das Gewissen jener Männer oder Frauen, denen solches von höherer Stelle befohlen wird.

2) Mitwirkung von Selbständigen und Angestellten – Ein Taxifahrer kann seine gewohnten Leistungen erfüllen, auch wenn er vermutet, daß ein Kunde zu einem Bordell gehen will. Bittet ihn dieser jedoch, ihn zum nächsten Bordell zu fahren, so kann er seine Dienste indirekt verweigern, indem er z. B. die genaue Straße und Hausnummer erfragt, wohin der Fahrgast befördert zu werden wünsche.

Merkt ein Angestellter, daß seine im übrigen korrekten Leistungen durch Schuld anderer der Steuerhinterziehung oder anderen Ungerechtigkeiten dienen, so muß er sein Mögliches tun, diese Situation zu ändern, oder wenigstens seine Mißbilligung zum Ausdruck bringen.

Besitzer oder Leiter von Apotheken machen sich formeller Mitwirkung schuldig, wenn sie Mittel verkaufen, die nur der Abtreibung dienen können. Sie können auch in keiner Weise entschuldigt werden, wenn sie gefährliche Rauschmittel zum Schaden von Suchtkranken verkaufen. Der Besitzer, der Inhaber und die qualifizierten Angestellten haben eine ganz andere Verantwortung als der Kassierer oder der Verpacker. Der Inhalt der Ware gehört nicht zur Aufmerksamkeit ihrer Handlung. Ihre Mitwirkung scheint höchstenfalls materieller Art zu sein.

Der Verkauf nichtabortiver Verhütungsmittel kann ein ernstes Gewissensproblem sein. Ist jedoch der Verkäufer überzeugt, daß die Mehrzahl der Kunden oder doch sehr viele guten Gewissens handeln, und bedenkt er zudem die Unterschiedlichkeit der Auffassungen innerhalb der Christenheit, handelt es sich m. E. sicher nicht um eine formelle Mitwirkung. Ist er überzeugt, daß der Kunde nicht sündigt, leistet er überhaupt keine Mitwirkung zur Sünde, aber eventuell materielle Mitwirkung zu etwas in sich nicht Richtigem. Hier ist auch die Toleranz als eine wichtige Voraussetzung guter menschlicher Beziehungen zu bedenken. Katholiken sollten in solchen Fragen nicht harte Reaktionen gegen ihre Kirche hervorrufen.

3) Mitwirkung bei Abtreibung – Im folgenden ist nicht die Rede von lebensrettenden ärztlichen Eingriffen, da ihnen die der Abtreibung eigene Bosheit nicht anhaftet. Es können auch nicht alle Grenzfälle behandelt werden, deren moralische Fragwürdigkeit nur im Gesamt der Situation beurteilt werden kann. Die Abtreibung als solche, als bewußte Leben zerstörende Handlung, ist sicher eine der größten Untaten unserer Zeit. Und

darum müssen Christen alles tun, um hier nicht mitschuldig zu werden. Die bloße Verweigerung von Mitwirkung genügt nicht.

Kein verantwortlicher Christ wird in einer die Abtreibung propagierenden Vereinigung oder in einer Abtreibungsklinik eine Anstellung annehmen. Hier käme zum Problem der Mitwirkung noch das gegebene Ärgernis hinzu.

Die Tatsache einer gesetzlichen Duldung oder Förderung der Abtreibung innerhalb gewisser Grenzen entlastet das Gewissen des Arztes nicht. Hier ist ein Platz klarer Gewissensweigerung. Wer Routinedienste in einem Krankenhaus, eventuell auch im Operationssaal, leistet, die normalerweise zum heilenden Dienst gehören, kann nicht formeller Mitwirkung beschuldigt werden, wenn er ausnahmsweise ohne vorherige Information irgendwie in bezug zur Abtreibung gebracht wird. Normalerweise sind diese Angestellten nicht in der Lage zu beurteilen, was der Arzt in der gegebenen Situation wirklich tut. Ist jedoch die Unmoralität seines Handelns, z.B. Durchführung nichttherapeutischer Abtreibungen, notorisch oder im Einzelfall deutlich, so bestehen oft zwingende Gründe, die Mitwirkung jeder Art zu verweigern, vor allem aber jede Mitwirkung, ohne die die Operation nicht vollzogen werden könnte. Selbstverständlich hat die Weigerung rechtzeitig vor Einleitung der Operation zu geschehen. Nach Beginn der Operation wird sie wohl stets wegen der damit verbundenen Gefährdung der Patientin nicht mehr möglich und sittlich nicht mehr verantwortbar sein.

Sterilisation darf nicht in einem Atemzug mit Abtreibung genannt werden. Es kann sich um therapeutische Unfruchtbarmachung im engeren oder weiteren Sinn handeln. Hilfspersonal sollte die Entscheidung eines sonst gewissenhaften und kompetenten Arztes diesbezüglich nicht in Frage stellen. Auch hier sollte vor allem in Zweifelsfällen eine sinnvolle Toleranz obwalten[136].

---

136 *Ch. E. Curran,* a.a.O. 223ff.

Zehntes Kapitel

Befreiende Wahrheit der sexuellen Sprache

Wir fanden die befreiende Wahrheit auf ihrem Gipfelpunkt im Glauben, der in der Liebe tätig ist. Die entscheidende Wahrheit, die der lebendige Glaube ergreift, ist: Gott ist die Liebe. *Er* hat uns nach seinem Bild und Gleichnis erschaffen und so zum Mitvollzug seiner Liebe eingeladen. Wir haben unseren Ursprung in der schöpferischen Liebe Gottes. Und er hat uns erlöst für seine Liebe. Wir finden die Wahrheit unseres Lebens nur in der Liebe zu ihm und im Mitvollzug seiner Liebe zu allen seinen Kindern.

Die Wahrheit sexueller Liebe hat viel zu tun mit unserem Freisein und Treusein in Christus. Wir wären nicht fähig, die Wahrheit von der schöpferischen und erlösenden Liebe Gottes, unseres Vaters, und Christi, unseres Bruders, zu begreifen ohne die Grunderfahrungen der Liebe, die durch Ehe und Familie uns erreichen. Nicht nur vergleicht Gott seine eigene Liebe mit der Liebe von Vätern und Müttern und von Gatten, die den Bund der Liebe treu leben; er hat Ehe und Familie eingesetzt als ein wirksames Zeichen seiner anziehenden Liebe, als einen Teil fortwährender Offenbarung und Mitteilung seiner eigenen Liebe.

Die Kirche anerkennt als Teil der Heiligen Schrift das Hohelied, das in seiner unmittelbaren Bedeutung einfach ein Gesang der Liebe zwischen Verlobten und Gatten ist, die sich freuen, sich in gegenseitiger Liebe zu kennen. Die Liebe von Verlobten, die zu einem Höhepunkt der Freiheit in der gegenseitigen Selbstverpflichtung zu unwiderruflicher Treue führt, ist in sich selbst ein Lobpreis der Liebe Gottes.

Im folgenden behandeln wir die menschliche Sexualität und ihre Kundgebungen im vollen Licht der Offenbarung, ihrer historischen Entfaltung und als menschliche Erfahrung im Suchen nach vollerer Wahrheit in der Beziehung der Geschlechter.

Wir sind uns der Komplexität auch dieser menschlichen Dimension wohl bewußt: der Gutheit der Sexualität als Geschenk des Schöpfers, ihres Verwickeltseins in die Unheilssolidarität, schließlich und letztlich ihrer Rolle im Licht der Erlösung, die Freiheit und Treue gerade auch in dieser Dimension des Lebens erlaubt, Freiheit und Treue in Christus.

Es geht uns dabei nicht so sehr um die einzelnen Ge- und Verbote als vielmehr um die Perspektive der Bundesmoral mit der ihr eigenen Dynamik des Wachstums, die ihr bester Schutz ist. Entsprechend der Gesamtanlage dieses Bandes interessiert uns vor allem die Dimension der Sprache der Liebe, Sexualität als Selbstmitteilung. Die sexuelle Mitteilung spricht das aus, was im Menschen ist: entweder offenbart sie – wenn bisweilen auch durch die Sünde gestört – das reine Herz, die Kraft selbstloser Liebe und starker Treue, oder aber sie entlarvt die innere Verlogenheit.

Wir haben in diesem Band nach einer existentiellen Phänomenologie von Wahrheit und Treue die verschiedenen Wege ihrer Erkenntnis, ihres Wachstums und ihrer Fülle betrachtet, Schönheit, Kunst, Fest und Spiel, Humor, die Kunst der Mitteilung und des Sich-Mitteilens, die sich selbst mitteilende Liebe Gottes in Glaube und Hoffnung, die in der Liebe tätig sind. Unsere Sicht wäre unvollständig, würden wir uns nicht auch grundsätzlich besinnen, daß menschliche Sexualität und ihre Ausdrucksformen ein Weg zu vollerer Wahrheit sind, zum Sich-Kennen in Liebe und zu einem Ergreifen der großen Wahrheiten des Lebens in einer Gemeinschaft, die auf eine bevorzugte Weise Spiegelbild der Liebe des dreieinigen Gottes ist[1].

I. Menschliche Sexualität als Sprache

Eine Sexualmoral mit Normen und Verboten zu beginnen ist deshalb nicht besonders sinnvoll, weil Normen nur helfen, wenn man den Sinn der Sache bereits verstanden hat. Hat man die Sinnbedeutung der Sexualität verstanden, so wird man auch Zugang zu Normen und Schutzmaßnahmen haben.

Das Verständnis menschlicher Sexualität hängt weithin von der Auffassung vom menschlichen Leib ab und wie man ihn sieht im Blick auf die Kommunika-

---

[1] Allgemeine Werke über Sexualität und Sexualethik: *J. Fuchs,* Die Sexualethik des hl. Thomas von Aquin (Köln 1949); *M. Müller,* Die Ehelehre des hl. Augustinus von der Paradiesehe und ihre Auswirkung in der Sexualethik des 12. u. 13. Jahrhunderts bis Thomas von Aquin (Regensburg 1954); *F. E. von Gagern,* Vom Wesen menschlicher Geschlechtlichkeit (München 1965); *ders.,* Eheliche Partnerschaft. Ehe als Lebens- und Geschlechtsgemeinschaft (München [10]1968); *L. Hodgson,* Sex and Christian Freedom (New York 1967); *A. Auer,* Der Mensch und seine Geschlechtlichkeit (Würzburg 1967); Hirtenbrief der deutschen Bischöfe zu Fragen der menschlichen Geschlechtlichkeit, in: Herder-Korr. 27 (1973) 280–296; *E. Borra,* Dizionario di sessuologia e dell'armonia coniugale (Roma 1974); *L. Vereecke,* L'éthique sexuelle des moralistes post-tridentins, in: Studia Moralia 13 (1975) 175–196; *B. Häring,* Sessualità, in: Dizionario enciclopedico di teologia morale (Roma [4]1976) 993–1006 1420–1431; *W. Rohrbach,* Humane Sexualität. Analyse und Problemzusammenhänge in der theologischen Sexualethik als Grundlage für sexualethische Entscheidungen (Neunkirchen-Vluyn 1976); *G. Friedrich,* Sexualität und Ehe. Rückfragen an das Neue Testament (Stuttgart 1977); *A. Chapelle* S. J., Sexualité et sainteté (Bruxelles 1977); *G. Durand,* Sexualité et foi. Synthèse de théologie morale (Montréal 1977); *A. Kosnick – W. Carroll – A. Cunningham – R. Modras,* Human Sexuality. New Directions in American Catholic Thought (New York 1977); *J. B. Nelson,* Embodiment: An Approach to Sexuality and Christian Theology (Minneapolis 1978); *E. Fuchs,* Le désir et la tendresse. Source et histoire d'une éthique chrétienne de la sexualité et du mariage (Genève 1979).

tion, vor allem im Blick auf die Aussprache der Liebe. Als ein Geschenk des Schöpfers und erneuert durch die Erlösung ist die menschliche Sexualität eine Botschaft, die Gott uns in Liebe und mit dem Ziel der Liebe zuspricht. Sexualität ist ein wesentlicher Teil zwischenmenschlicher Aussprache und ihrer Wahrheit[2].

1. *Verleiblichte Sprache: Geist und Leib*

Der Mensch ist ein verleiblichter Geist und ein vergeistigter Leib. Jeder von uns ist ein in Liebe gesprochenes Wort Gottes, ein Wort, das Fleisch und Blut angenommen hat. Und Gott ruft uns zu sich im Leibe, auf daß wir ihn im Leibe verherrlichen (1 Kor 6,20) und schließlich in einem verklärten Leibe ewig bei ihm seien.

Unser Leib hat seine Sprache, seine Weise der Mitteilung von Sinnbedeutung und Zielrichtung. Vor allem die sexuelle Dimension ruft nach dem Bezug zum andern, wendet sich dem andern zu und spricht zu ihm oder ihr. Unser Antlitz spricht, bezeugt Freude, Zuneigung, Annahme oder Zurückweisung, Offenheit oder Abwendung. Unsere Arme breiten sich aus als Zeichen des Schenkens, der Bitte oder der Umarmung. Unsere Hand kann in der Hand des andern ruhen; der Händedruck kann Zeichen der Freundschaft, ja sogar des Lebensbundes werden. Der Tonfall unserer Stimme spricht fast ebenso, wie unsere Worte von der Stimme geformt sind. Mit Recht sagt man: „Der Ton macht die Musik." In ihm spricht sich das Zueinander und Füreinander aus oder wird das Gegenteil spürbar.

Sosehr der menschlichen Sprache die gesellschaftliche, kulturelle und politische Dimension eigen ist: ihren Ursprung hat sie in der Familie, wo das Urwort der Liebe zwischen Mann und Frau, zwischen Eltern und Kindern gesprochen wird. „Das Kind versteht die Tiefe und den Sinn der Liebe durch das Tun der Mutter und anderer Leute mehr als in Worten."[3] Haben die Menschen als Kinder die Sprache der Liebe gelernt, haben sie den Ausdruck der Liebe zwischen Vater und Mutter in allen Dimensionen des Lebens erlebt und haben sie erfahren, daß ihr Dasein aus der überfließenden Fülle dieser Liebe kommt, dann können sie ihrerseits die Sprache der Liebe ihren Kindern weitergeben. Sie werden wissen, daß sie ihr Dasein nicht einem bloßen zweckhaften Akt, sondern

---

[2] Zu den Problemkreisen „Sexualität und Kultur", „Sexualität und Sprache": *A. Gardiner,* The Theory of Speech and Language (London 1951); *G. Siewerth,* Der Mensch und sein Leib (Einsiedeln [2]1963); *ders.,* Philosophie der Sprache (Einsiedeln 1957); *A. Valeriani,* Il nostro corpo come comunicazione(Brescia 1964); *L. Thoré,* Langage et sexualité, in: Sexualité humaine-histoire, ethnologie, sociologie, psychoanalyse, philosophie (Paris 1966) 65–95; *K. Rahner – A. Görres,* Der Leib und sein Heil (Mainz 1967); *O. Stevenson,* Ethics and Language (New Haven [13]1969); *J. Fast,* Body Language (New York 1973); *A. Guindon,* The Sexual Language. An Essay in Moral Theology (Ottawa 1976).

[3] Sex and Morality. A Report to the British Council of Churches (London 1966) 31.

dem höchsten leiblichen Ausdruck der Liebe verdanken. „Diese Auffassung vom Leib, in dem sich die Liebe ständig erneuert und in neuen Einsichten sich mitteilt, ist eine der großen Bereicherungen der menschlichen Beziehungen durch das Christentum.“[4]

Sprechen die Gatten in ihrer leiblichen Vereinigung sich selbst, ihre liebende Hingabe aus und vertiefen sie so das unwiderrufliche Ja des Ehebundes, dann sprechen sie ein Wort, das ein Echo des dreieinigen Gottes ist. Am Anfang war das Ja, und das Ja war bei der Liebe, und die Liebe war das Ja[5]. Im gegenseitigen Sich-Schenken der Gatten, wenn es Ereignis letzter Freiheit ist, weist erfüllte Geschlechtlichkeit auf das menschgewordene Wort, in dem sich der Bund Gottes mit der Menschheit verleiblicht hat. „Er hat sich nicht als Ja und Nein zugleich erwiesen, sondern in ihm ist das Ja leibhaftig geworden“ (2 Kor 1,19). Die Sprache des Leibes als Ausdruck letztinniger gegenseitiger Liebe hat Anteil am Geheimnis des Wortes, in dem der Vater sich ganz ausspricht und durch das er die Liebe haucht.

Sprechen das Schweigen und das aus dem Schweigen aufsteigende Wort das Miteinander und Füreinander aus, dann nehmen die Gatten an der Schöpfung einer Welt teil, die das Echo des Wortes Gottes ist, das uns zum Sein und Mitsein einlädt[6]. Ihre Liebe – neu in die Welt gesprochen – wird, wenn sie echt ist, immer schöpferisch sein.

Unsere Sexualität ist eine fundamentale Modalität unseres gegenseitigen Bezugs, unseres Verhaltens zu uns selbst und zu Gott. Und diese Modalität erreicht ihre volle Wahrheit nur durch ihre Integration in das Ganze unseres Lebens. Dies gilt ganz besonders für die sexuelle Sprache zwischen Mann und Frau[7]. Die befreiende Wahrheit hängt davon ab, wie echt und vertrauenswürdig die Ausdrucksformen sind, wie offen die Menschen füreinander sind, wie bereitwillig sie sich in ihrer Andersheit als Geschenk betrachten und wie aufmerksam sie auf die Botschaft sind, die sie geben und empfangen. „Das Wunder der Geschlechtlichkeit besteht darin, daß der Leib des Ergriffenen fähig ist, diese Liebe auszudrücken in einem Kuß oder in einer leichten Bewegung der Hand ..., daß der Leib von sich aus redet, daß er selbst Wort der Liebe ist.“[8]

Bei Freud und Marcuse nimmt der Eros den Platz des Logos ein; und so verliert der Eros weithin seine Sinnbedeutung. Er ist seiner vornehmsten Kraft, befreiende Wahrheit auszusprechen, beraubt. In Wirklichkeit wollen sich Eros und Logos nicht gegenseitig ausschließen. In wahrer Menschlichkeit gehören sie wesentlich zusammen. Der Eros ist Gestaltwerden des Logos, der durch die

---

[4] Ebd. 45.
[5] Vgl. *E. Fuchs,* Glaube und Erfahrung (Tübingen 1965) 308, unter Bezugnahme auf Joh 1,1.
[6] Vgl. *J. u. I. Splett,* Meditation der Gemeinsamkeit (München – Freiburg 1970) 87–97.
[7] Vgl. *Ph. S. Keane,* Sexual Morality. A Catholic Perspective (New York 1977) 4 14.
[8] *Th. Bovet,* Die Liebe ist in unserer Mitte (Tübingen 1959) 123. Bovet war einer der ersten, der das Sprach-Paradigma geschickt auf die Sexualethik anwandte.

Verleiblichung an Kraft gewinnt[9]. Wenn erlöst, nehmen Eros und Logos zusammen an der Würde der Agape teil.

„Gott schuf den Menschen nach seinem Bild, nach dem Bilde Gottes schuf er ihn: Mann und Frau schuf er sie“ (Gen 1,27). Das Sinnziel der Sexualität wird sichtbar in der ganzen Leiblichkeit. Und es ist dem Menschen aufgegeben, diese Botschaft zu erkunden, wonach er gerade auch in dieser Sphäre Gott abbilden soll. In der Entdeckung der Einheit der menschlichen Person in Leib und Seele wird der Leib in seiner Mitteilungsfähigkeit, in seiner Sprachbegabung erkannt. Höchste Begabung ist es, sich so mitzuteilen, daß der Leib vom Bilde Gottes spricht[10]. Einem rein zweckhaften Denken verschließt sich das Geheimnis menschlicher Sexualität. Fragen wir daher nicht zuerst nach den Zwecken, sondern nach der Sinnbedeutung der Sexualität. Der Ursinn ist Mitteilung der Liebe in Wahrheit. Darauf weist uns auch das Zweite Vatikanische Konzil hin: „Diese eigentümlich menschliche Liebe geht in frei bejahter Zuneigung von Person zu Person, umgreift das Wohl der ganzen Person, vermag so den leib-seelischen Ausdrucksmöglichkeiten eine eigene Würde zu verleihen und sie als Elemente und besondere Zeichen der ehelichen Freundschaft zu adeln.“[11]

Der menschliche Leib, einschließlich seiner sexuellen Dimension, ist nicht nur ein Bild des Universums in seinen verschiedenen Zusammensetzungen, sondern vielmehr der höchste Sammelpunkt der Umwandlung, der Sinngebung, bis zur Dimension der Anbetung[12].

Menschliche Sprache erreicht ihren Gipfel, wenn ein Mensch sich selbst ausspricht und sich ganz dem andern zuspricht in einem Bund der Liebe. Menschliche Sexualität, gerade in ihrer Menschlichkeit, sucht diese letzte Aussprache. Sie ist ganz in ihrer Wahrheit im Füreinander und Miteinander der Sich-Liebenden. Nur ein Mensch, der den Geist des Ganzen verkörpert, kann in seine Sexualität die volle Dimension der Mitteilung wahrhaftiger Liebe hereinnehmen. Das bedeutet zugleich das Heimholen dieser Dimension in die fortdauernde Erlösung.

Sowohl Spiritualismus wie Sensualismus haben die Sexualität verraten, indem sie die Dimension der Mitteilung von Wahrheit leugneten. Spiritualismus betrachtet Sexualität als herabwürdigend und ist darum nur bereit, den ehelichen Akt zu „entschuldigen“, wenn er direkt dem Schöpfungszweck dient. In seinem moral-theologischen Buch über die Sprache der Sexualität sagt der amerikanische Gelehrte A. Guindon, so sei der höchste sexuelle Ausdruck zu einer reinen Körperfunktion herabgewürdigt, „wobei der männliche Erzeuger das Weib so schnell wie möglich begattet. Das ist die letzte Rache, die man zahlt,

---

9 Vgl. *J. B. Lotz,* Drei Stufen der Liebe. Eros – Philia – Agape (Frankfurt a.M. 1971) 38.
10 Vgl. *F. E. v. Gagern,* Eheliche Partnerschaft 38.
11 GS 49.
12 Vgl. *J. Ratzinger,* in: LThK, Das Zweite Vatikanische Konzil III, 323–325; *Teilhard de Chardin,* Hymne de l'Univers (Paris 1961).

wenn man Natur mit Biologie und Sexualität mit Genitalfunktion identifiziert."[13] Ähnlich scharf drückt sich Goergen aus: „Die menschliche Sexualität nur im Blick auf Zeugungsfunktion zu erklären, reduziert sie zu vormenschlicher Sexualität."[14] Die Verhaltensforscher werden dagegen geltend machen, daß Sexualität sogar im Tierreich mehr ist als bloße Genitalität zur Zeugung[15].

Der nackte Sensualist verleugnet sowohl den Zielsinn liebender Hingabe wie den der Fortpflanzung und sieht nur die Möglichkeit, seine Genußsucht zu befriedigen. Im Reden über Sexualität kennt er keine Grenzen. „Das vorherrschende Problem sind da nicht mehr soziale Tabus bezüglich sexueller Betätigung oder diesbezügliche Schuldgefühle, sondern die Tatsache, daß für sehr viele Sexualität eine leere, mechanische, sinnlose Erfahrung ist."[16] Es ist eine traurige Wahrheit, daß sexueller Ausdruck lügenhaft und entwürdigend sein kann. Dies ist jedoch kein Grund, die Sexualität als solche schlechtzumachen, ebensowenig wie der sinnlose Gebrauch der Sprache die Sprachbegabung als solche wertlos macht.

„Und Adam erkannte Eva" (Gen 4,1). Das Alte Testament spricht sinnvoll vom ehelichen Akt als vom gegenseitigen Sich-Kennen *(jadaʿ)*. Vereinigen sich Mann und Frau in echter Liebe, dann sprechen sie sich selbst im sinnvollsten Ausdruck Liebe zu, eine Liebe, die kein Ende finden will und neue Horizonte für das Kennen Gottes in Liebe und Treue öffnet. Ob die Beschaffenheit des ehelichen Aktes Wahrhaftigkeit oder Unwahrhaftigkeit ist, auf jeden Fall können sich dabei die Partner erkennen, entweder in der Echtheit der Begegnung des Sich-Schenkens oder indem die Masken vieler Lügen fallen. „Sogar im gefühlsärmsten Geschlechtsakt ist noch ein Element an Ehrlichkeit, indem nämlich hier die Masken fallen und das wahre Gesicht der Partner sich offenbart."[17]

2. *Mann und Frau schuf er sie*

Der Begriff Sexualität spricht vom Bezug zum andern und weist vor allem auf die Polarität zwischen Mann und Frau[18]. Im Sprechen über den Menschen als

---

[13] *A. Guindon*, a.a.O. 95.

[14] *D. Goergen*, The Sexual Celibate (New York 1974) 15ff.

[15] Vgl. *W. Wickler*, Sind wir alle Sünder? Naturgesetze der Ehe (München 1970).

[16] *R. May*, Man's Search for Himself (New York 1970) 15ff.

[17] *U. T. Holmes*, The Sexual Person (New York 1970) 14.

[18] Bibliographie über das Verhältnis von Mann und Frau: *M. Mead*, Male and Female. A Study of the Sexes in a Changing World (New York 1949); *D. Wendland*, Der Mensch – Mann und Frau (Aschaffenburg ²1962); *K. Barth*, Mann und Frau (München 1964); *J. Folliet*, Adam et Ève: humanisme et sexualité (Lyon 1965); *G. N. Groeger*, Die Geschlechter. Begegnung und Partnerschaft (Wuppertal ⁶1966); *A. Zarri*, L'impazienza d'Adamo. Ontologia della sessualità (Torino 1967); *R. R. Ruether*, Religion and Sexism: Image of Woman in the Jewish and Christian Tradition (New York 1974); *P. K. Jewett*, Man as Male and Female. A Study in Sexual Relationship from a Theological Point of View (Grand Rapids 1975); *J. Money – A. A. Eberhardt*, Männlich – weiblich. Die Entstehung der Geschlechtsunterschiede (Reinbek bei Hamburg 1975); *E. Firkl*, Die selbstbewußte Frau. Zur Identitätskrise der Frau in der westlichen Welt (Frankfurt a. M. 1976);

Mann und Frau stoßen wir immer wieder auf Sprachschwierigkeiten, da dieses Sprechen vom Mann geprägt ist und den Menschen in Ausdrücken der Männlichkeit beschreibt. Es bedarf hier ganz besonderer Vorsicht in der Ausdrucksweise[19].

Gottes Wort ist feierlich: „So schuf Gott den Menschen zu seinem eigenen Bild und Gleichnis; er schuf ihn nach seinem Bild: Mann und Frau schuf er sie" (Gen 1,27). Es ist nicht meine Absicht, den Eindruck zu erwecken, dieser Text spreche nur von Sexualität. Er spricht von der ganzheitlichen Berufung, in der Mann und Frau sich ebenbürtig begegnen. Diese Berufung schließt im Text unmittelbar die gemeinsame Teilnahme am schöpferischen Ordnen der Umwelt ein. Aber wie „Familiaris consortio" zeigt, muß auch die Sexualität im Lichte der Gottebenbildlichkeit gesehen werden[20]. Karl Barth geht es sehr darum, die diesbezüglichen Dimensionen dieser Gottebenbildlichkeit auszuloten. Er betont das personale Füreinander und Miteinander im Blick auf das Geheimnis der Dreifaltigkeit. Aber er betont nachdrücklich die Geschlechtlichkeit, zunächst in dem, was der Mensch mit den Tieren gemeinsam hat, dann aber in Hervorhebung, daß sich gerade hierin das personale Gegenüber nach dem Bilde Gottes ereignet. „Die Menschen sind Mann und Frau und *nur* das: alles Andere nur in *dieser* Unterscheidung und Beziehung. Das ist die eigentümliche Würde, die dem Geschlechtsverhältnis hier zugeschrieben wird. Indem es rein geschöpflich, indem es den Menschen mit dem Tiere gemeinsam ist, ist es als einziges reales Prinzip der Unterscheidung und Beziehung, als die Urgestalt, in der Mensch Gott gegenübersteht und als die Urform allen Verkehrs von Mensch zu Mensch *das* humane und damit auch *das* geschöpfliche Ebenbild Gottes. Der Mensch kann und wird auf alle Fälle vor Gott und unter seinesgleichen nur darin Mensch sein, daß er Mann ist im Verhältnis zur Frau und Frau im Verhältnis zum Mann."[21]

Der jahwistische Schöpfungsbericht besteht, ganz im Gegensatz zum Zeitgeist jener Ära, auf der Ebenbürtigkeit von Mann und Frau. Gott gab Eva dem Manne (Adam) nicht nur als Gehilfin, sondern als Gefährtin. „Dann sprach Gott: Es ist nicht gut für den Menschen, daß er allein sei. Ich will ihm eine Gefährtin schenken" (Gen 2,18). Adam frohlockt über die Gleichheit der Frau: „Diese ist nun endlich Gebein von meinem Gebein und Fleisch von meinem Fleische. Sie soll Männin heißen; denn vom Mann ist sie genommen. Darum verläßt der Mann Vater und Mutter und hängt seinem Weibe an, und sie werden ein Leib" (Gen 2,23f.). Der Text erinnert vielleicht an eine matriarchale und

---

F. Buri, Mann und Frau schuf er sie. Differenzierung der Geschlechter aus moral- und praktischtheologischer Sicht (Zürich–Köln 1977); *K. Forster,* Neue Ausgangsbedingungen der Frauenpastoral. Wandlung im vollen Verständnis und den religiösen Einstellungen der Frau, in: Herder-Korr. 31 (1977) 516–523.

[19] *D. S. Baily,* The Man-Woman-Relationship in Christian Thought (New York 1959) 263; vgl. *U. T. Holmes,* a.a.O. 2.

[20] *Johannes Paul II.,* Familiaris consortio, Nr. 11, 22, 28 und öfter.

[21] *K. Barth,* Kirchliche Dogmatik (Zürich ³1957) III/1, 209.

matrilokale Kultur, in der das weibliche Prinzip vorherrschte. Auf jeden Fall betont der Text in seiner Gesamtheit die Ebenbürtigkeit von Mann und Frau.

„Mensch" bedeutet einfachhin Mann und Frau. „Als Mann und Weib schuf er sie. Und Gott segnete sie" (Gen 1,27f.). „Die Menschheit ist weder ein Männerklub noch ein Frauenklub."[22] Wir können über den Menschen nicht sinnvoll sprechen, ohne das Zueinander und Füreinander von Mann und Frau im Gesamt der Schöpfung und Erlösung zu bedenken. Dieses Zueinander ist nur dann der Absicht Gottes, des Schöpfers, und dem Werk der Erlösung treu, wenn in der Verschiedenheit der Beziehungen die Ebenbürtigkeit klar anerkannt wird[23]. Nur so können sie sich die Wahrheit zusprechen und gemeinsam auf dem Weg zu größerer Fülle der Wahrheit sein. Wird die Ebenbürtigkeit in dieser Beziehung geleugnet oder verletzt, dann steht die Wahrheit der Liebe und damit die Wahrheit schlechthin auf dem Spiel. „Die christliche Sicht, die sich aus dem Glauben an die Dreifaltigkeit herleitet, verkündet, daß das Personsein seinen Sinn im liebenden Bezug hat. Und das ist vielleicht die tiefste Schau des Mann-Frau-Bezuges der Menschheit."[24]

Verweigert der Mann der Frau die Anerkennung dieser Ebenbürtigkeit, dann verzichtet er darauf, ein wahrhaftiges Abbild Gottes zu sein. Die Geschichte von der Ursünde weist darauf hin, daß ihr unmittelbarstes Ergebnis die gestörte Beziehung zwischen Mann und Frau ist. Sie machen sich gegenseitig Vorwürfe, um sich selbst von der Schuld zu entlasten, und der Mann maßt sich das Herrschen über die Frau an (Gen 3,16). Die Unordnung, die damit im Herzen der Frau in der Grundbeziehung zwischen Mann und Frau entsteht, pflanzt sich dem Sinnen und Trachten der Kinder ein. Alles Reden von Erbsünde und Befreiung verfehlt das Ziel, wenn es diesen zentralen Punkt verfehlt. „Das sexuelle Verhältnis ist der Urquell mütterlicher Liebe. Ist die Mutter als Frau und Mutter glücklich und zufrieden, dann ist ihre Liebe zum Kind selbstlos und auf dessen wahre Bedürfnisse bedacht. Sind aber ihre Beziehungen, vor allem die zum Ehemann, unglücklich, dann sucht sie, bewußt oder unbewußt, ihre gefühlsmäßige Befriedigung in ihren Kindern entweder durch kalte Abweisung oder durch besitzgierige oder destruktive Liebe."[25]

Unsere Kulturen und Sprachen sind weithin androzentrisch und damit von der Erbsünde gebrandmarkt. Schon Max Scheler hat die Frage aufgeworfen, ob nicht hierin westliche Sprachen „den Sieg des männlichen Geistes über die weibliche Spiritualität"[26] verraten. Er glaubt, daß dies zum Schaden der Weisheit und zugunsten eines unausgeglichenen Wachstums der Technokratie

---

[22] *A. Guindon,* a.a.O. 48.

[23] Vgl. *K. Wojtyła* (Johannes Paul II.), Liebe und Verantwortung (München 1979), zitiert nach der franz. Ausg.: Amour et responsabilité (Paris 1965) 76–80.

[24] *A. Guindon,* a.a.O. 129.

[25] Sex and Morality (s. Anm. 3) 37.

[26] *M. Scheler,* Wissensformen und Gesellschaft (Leipzig 1926) 443; vgl. *F. K. Mayr,* Sprache, in: Sacramentum Mundi IV, 704.

geschah. Unabschätzbarer Schaden entsteht, wenn das Bild Gottes im Menschen durch solch eine Sprache und eine so gestörte Sexualität einseitige Züge erhält.

Die kulturelle Entwicklung hat auch die Theologie beeinflußt. Ein so großer Geist wie Thomas von Aquin kann schreiben: „In der Zeugung des göttlichen Wortes gibt es keinen mütterlichen, sondern ausschließlich einen väterlichen Bezug."[27] Selbstverständlich sind die göttlichen Personbezüge (relationes subsistentes) jenseits aller Geschlechtlichkeit, aber in menschlicher Sprache und Erfahrung sollten sie durch den rechten Bezug zwischen Vater und Mutter, zwischen Mann und Frau zur Geltung kommen. Papst Johannes Paul I. hat uns diese besondere Botschaft hinterlassen: Indem er von der Zartheit göttlicher Liebe und göttlichem Mitleid sprach, bestand er darauf, daß das viel mehr an die mütterliche Herzlichkeit als an ein gewisses Vaterbild erinnere.

Die Vorurteile der Kirche und der Theologen der Vergangenheit sollten jedoch nicht mit einem gewissen modernen Manneskult rein sexueller Ausprägung in Verbindung gebracht werden. Der Kinsey-Report präsentiert die männliche Sexualität in bezug auf die Frau als das Suchen eines „sexuellen Ventils". Es liegt in der Tendenz dieser Sicht, den Unterschied zwischen tierischer und menschlicher Sexualität zu verwischen. „Die Grundelemente im sexuellen Kontakt eines Menschen mit Tieren anderer Arten unterscheiden sich grundsätzlich in nichts vom Sexualverhalten unter Menschen."[28] Wird so menschliche Sexualität nur als biologischer Vorgang gesehen und die ganzmenschliche Dimension verkannt, so entsteht die Neigung, dem Mann das Recht zur Überwältigung der Frau zuzuerkennen. Androzentrik ist eine weltanschauliche Konsequenz, die aus den biologischen Daten fälschlicherweise abgeleitet wird.

Die Behauptung der Überlegenheit des Mannes in gewissen Philosophien und Theologien der Vergangenheit stützte sich auch auf eine weitere biologisch irrige Auffassung. Erst 1827 wurde die Existenz und biologische Funktion des Eies genau erkannt. Bis dahin war der Mann einfachhin als der Zeugende und die Frau nur als die passiv Empfangende angesehen worden. Heute wissen wir mehr.

Ein reifes Ei, das nach der Vereinigung mit einem von dreihundert Millionen Spermien zum Keim eines neuen Individuums wird, ist ebenso Träger der gesamten menschlichen und individuellen Erbinformation wie die Spermazelle. In den raschen Zellteilungsfolgen während der ersten Tage nach der Befruchtung, d. h. bis zum Entstehen eines differenzierungsfähigen Zellhaufens, der Morula, werden alle Lebensprozesse des jungen Keims noch allein von den mütterlichen Ribonucleinsäuren gesteuert, die im Laufe der Eizellreifung lange vor Ovulation und Befruchtung auf Vorrat gebildet wurden. (Ribonucleinsäure, RNS, ist ein „Dolmetschermolekül", das die in den Chromosomen als Desoxy-

---

[27] S.c.Gentiles IV c. 11; vgl. S. th. II II q 26 a 10.

[28] *A. C. Kinsey,* The Sexual Behavior in the Human Male (Philadelphia 1948) 677.

ribonucleinsäure – DNS – gespeicherte Erbinformation je nach Bedarf ins Zellplasma transportiert und dort den Eiweißsyntheseapparat der Zelle steuert.) Erst etwa drei Tage nach der Vereinigung von Ei und Spermium und damit der Entstehung einer individuellen neuen Erbkombination aus der Durchmischung eines Teils der ursprünglichen väterlichen und mütterlichen DNS wird dieses neue Erbmuster in den Zellen der Morula selbständig, entfaltet über jetzt neu gebildete RNS-Botenmoleküle seine Wirkungen und leitet die ersten Schritte der Gestaltbildung ein[29].

Aus der unterschiedlichen Geschlechtschromosomen-Konstellation bei Mann und Frau, hier XY, dort XX, und somit aus der geringfügig unterschiedlichen DNS-Menge in den Zellen des weiblichen und männlichen Körpers wertende oder gar die überkommene Androzentrik untermauernde Schlüsse ziehen zu wollen hieße dilettantisch biologisieren, nicht biologisch argumentieren. Die Vorstellung einer Sonderrolle des Mannes wäre so nicht zu begründen. Mann und Frau sind in ihrer Verschiedenheit und in ihrem Füreinander auch aus biologischer Sicht gleichwertig.

Wird die Ebenbürtigkeit voll anerkannt, dann wird gerade die Verschiedenheit von Mann und Frau zur Bereicherung für alle menschlichen Beziehungen, und nicht nur der geschlechtlichen Modalität. Der Höhepunkt der gegenseitigen Bereicherung, die auch den Kindern zugute kommen wird, ist das Ein-Fleisch-Werden, die *Henosis* zwischen Mann und Frau (Gen 2,18; vgl. Mt 19,5; Mk 10,7). Nur so können sie sich wahrhaft menschlich ergänzen. Das Ausmaß der Bejahung oder der Zurückweisung des Partners als ebenbürtig hat einen bestimmenden Einfluß auf alle Entfaltung menschlichen Lebens. Die Integration der beiden Partner unter voller Wahrung der Verschiedenheit und die Qualität dieser *Henosis* bedingen sich gegenseitig[30].

Einheit und Treue und der gemeinsame Weg zu voller Reife hängen weithin von der Beschaffenheit des „sexuellen Dialogs“ ab, der selbstverständlich das ganze Leben umschließt, und nicht nur den ehelichen Akt. Mann und Frau, gerade weil sie Mann oder Frau sind, treffen sich in diesem Dialog mit zwei verschiedenen Welterfahrungen. Sie können einander voll verstehen, gemeinsam auf dem Weg zu einer größeren Wahrheit sein, wenn sie beide die gleiche Sprache der Liebe in gegenseitiger Ehrfurcht und Offenheit sprechen. Das verlangt die große Kunst, sich in den andern einzuleben, voll selbst zu werden, indem man sich auch im Denken des andern beheimatet.

Diese bereichernde Gegenseitigkeit wird möglich durch zunehmende Integration von Animus und Anima im Mann und von Anima und Animus in der Frau. Jeder der beiden Partner findet die Wahrheit des Ich im gegenseitigen Schenken und Empfangen, im Füreinander gerade im Blick auf die Verschiedenheit. Die ehrliche und ehrfürchtige Kommunikation zwischen Mann und Frau

---

[29] C. *Villee*, Biology (Philadelphia 1972) 586.
[30] Vgl. *U. T. Holmes*, a.a.O. 7.

fördert die innere Integration, das In-der-Wahrheit-Sein, das „stufenweise gelernt und ausgesprochen wird – ein Lernen und Sich-Äußern, die sich gegenseitig beeinflussen. In dieser intimen gegenseitigen Selbstmitteilung sollen Zärtlichkeit und leidenschaftliche Liebe immer größere Harmonie erreichen. Das gehört mit zum Begriff der Keuschheit."[31]

In der echten Begegnung von Mann und Frau treffen sich zwei Denkweisen, zwei leibhaftige Geistesarten, so daß Selbsterkenntnis und gegenseitiges Sich-Kennen wachsen und zu einer integrierten Lebenserfahrung führen. Nochmals sei es betont, daß dieses lebenswahre Sich-Kennen, diese Integration vom vollen Ja zur Verschiedenheit und zur Ebenbürtigkeit der Partner abhängen[32].

Die biologische Grundlage dieser bereichernden Verschiedenheit im Füreinander soll nicht geringgeschätzt werden, aber wir dürfen nicht vergessen, daß es sich um menschliches Leben handelt. „Es spricht alles dafür, daß von Anfang an der Knabe und das Mädchen verschiedene Bauelemente enthalten. Die sozialen Faktoren wirken sich in einem wohldifferenzierten Organismus aus, der für Männlichkeit oder Weiblichkeit vordisponiert ist."[33] Es läßt sich jedoch nicht leugnen, daß das Gesamt der kulturellen Gegebenheiten einen enormen Einfluß auf die sexuelle Rollenverteilung ausübt.

3. *Kultur und Ausprägung der Sexualität*

Auch in seiner Geschlechtlichkeit ist der Mensch ein kulturbedingtes und kulturschaffendes Wesen[34]. Das Füreinander und Miteinander von Mann und Frau hat eine Geschichte, ist eine Geschichte und gestaltet Geschichte. Der Reichtum und die Schwächen der Vergangenheit erreichen uns in der Tradition. Durch bewußte Stellungnahme, die zugleich dankbar und kritisch sein soll, ist der Mensch kulturschöpferisch und gestaltet seine Geschichte in persönlicher und kollektiver Verantwortung.

Ehe- und Familiensoziologie und allgemein die Soziologie der Sexualität erforschen die Ausdrucksformen der Sexualität und die diesbezüglichen Ideen im Wechselspiel mit den wirtschaftlichen, kulturellen, gesellschaftlichen und politischen Strukturen und Vorgängen des Lebens im Gesamt der jeweils vorherrschenden Weltanschauung. Der Einzelne wird in den Strom der Tradition und dieser Wechselwirkungen hineingeboren, kann und muß jedoch selbst Stellung

---

[31] *A. Guindon,* a.a.O. 87; vgl. *F. E. v. Gagern,* Eheliche Partnerschaft (s. Anm. 1) 164ff.
[32] Vgl. *A. Adler,* Superiority and Social Interest (Evanston 1964) 223.
[33] *C. Hutt,* Males and Females (Harmondsworth 1972) 18; *A. Guindon,* a.a.O. 127.
[34] Vgl. *J. Müller,* Das sexuelle Leben der Völker (Paderborn ³1935); *B. Häring,* Ehe in dieser Zeit (Salzburg ³1964); *H. Schelsky,* Soziologie der Sexualität. Über die Beziehung zwischen Geschlecht, Moral und Gesellschaft (Hamburg 1965); *V. Packard,* Die sexuelle Verwirrung. Der Wandel in den Beziehungen der Geschlechter (Wien – Düsseldorf 1969); *M. Mead,* Jugend und Sexualität in primitiven Gesellschaften, 3 Bde. (München 1970); *J. L. Reiss,* Freizügigkeit, Doppelmoral, Enthaltsamkeit. Verhaltensmuster der Sexualität (Reinbek bei Hamburg 1970); *J. Knoll,* Sexualität und Gesellschaftsreform (München 1972); *W. B. Key,* Sexploitation (New York 1977).

nehmen. Mit der ihr üblichen Schärfe betont Simone de Beauvoir: „Niemand wird als Frau geboren.“[35] Um auf der Grundlage der biologisch bestimmten Weiblichkeit wahrhaft Frau zu werden, muß sie ihre Weiblichkeit als Aufgabe annehmen. Dabei kann sie selbstverständlich nicht darauf verzichten, die in ihrer Kultur vorherrschenden Modelle in Betracht zu ziehen. Die Frage bleibt dann, wieweit sie passiv ein Produkt dieser vorgegebenen Modelle ist oder aber sich im schöpferischen Dialog mit ihnen selbst gestaltet.

Es ist eine wichtige Aufgabe der Moraltheologie und Moralpädagogik, allen Menschen, vor allem den Erziehern, die soziale Dimension menschlicher Geschlechtlichkeit und folglich der Sexualethik bewußtzumachen.

Mit Hinweis auf Eph 5,16 und Kol 4,5 fordert das Zweite Vatikanische Konzil dazu auf, den rechten Augenblick zu nutzen und mit Hilfe der Gabe der Unterscheidung einen konstruktiven Beitrag zu leisten: „Die christlichen Laien, die die Gegenwart auszukaufen und das Ewige von den wandelbaren Formen zu unterscheiden haben, mögen die Werte der Ehe und Familie durch das Zeugnis ihres eigenen Lebens wie durch Zusammenarbeit mit den andern Menschen guten Willens eifrig fördern, und so werden sie trotz aller Schwierigkeiten für die Familie das erreichen, was sie braucht, und auch das, was die moderne Zeit an Vorteilen bietet.“[36] Das Konzil vermerkt auch ausdrücklich, daß die Theologie den Beitrag der Humanwissenschaften einbringen soll[37].

Es gilt nicht nur zu beachten, wie das Gesamtverhalten der Gesellschaft durch Sitten und Verhaltensregeln die Menschen von klein auf in ihrer Geschlechterrolle beeinflußt. Es muß auch die gesamte Tradition der Sexualethik ausdrücklich im Kontext der verschiedenen Kulturen erforscht werden. Nur so kommen wir zu einem lebenswahren Verständnis der Eingestaltung der menschlichen Geschlechtlichkeit im Gesamt des Lebens und können wir sinnvoll unsere öffentliche Verantwortung diesbezüglich übernehmen. Legalismus und der Rückgriff auf vergangene Lehrformulierungen ohne jede Hermeneutik würde die Moraltheologie jedes positiven Einflusses auf das Gestaltwerden der Geschlechtlichkeit in den verschiedenen Kulturen berauben. So ist z.B. nicht zu leugnen, daß in einem Großteil der christlichen Tradition infolge der kulturellen Gegebenheiten der Liebe im Verständnis der Geschlechtlichkeit nicht die ihr gebührende Rolle zugeschrieben wurde[38].

Die Bibeltheologen haben es den Moraltheologen deutlich gemacht, daß der Gebrauch der Heiligen Schrift in Fragen des Sinnverständnisses der Geschlechtlichkeit und der sozialethischen Normen einer sorgfältigen Hermeneutik bedarf[39]. Schon innerhalb der Bibel ist ein Pluralismus sichtbar, der mit der

---

[35] *S. de Beauvoir,* The Second Sex (New York 1953) 41.
[36] GS (s. 1. Kap., Anm. 1) 52.
[37] GS 52. [38] *A. Guindon,* a.a.O. 111.
[39] *W. Cole,* Sex and Love in the Bible (New York 1959); *J. E. Kerns* S. J., The Theology of Marriage. The Historical Development of Christian Attitudes Toward Sex and Marriage (New York 1964);

Verschiedenheit kultureller Ausblicke zusammenhängt. Wir können so z.B. vom hl. Paulus auch nicht erwarten, daß er das Geschlechterverhältnis in einer Weise beschreibt, wie sie der heute vorherrschenden Partnerschaftfamilie entspricht. Die Bibel selbst hat jedoch in dieser Richtung eine stufenweise Dynamik in Gang gesetzt. Sie verlangt im Blick auf die heutigen Gegebenheiten anspruchsvollere Modelle der Sexualethik.

Nicht nur das Evangelium, sondern auch die Sexualethik muß allen Nationen in der Verschiedenheit ihrer Sprache, und das heißt auch in der Verschiedenheit ihrer Kulturen, verkündet werden. Die Christen von heute müssen sorgfältig zu beachten lernen, was die „Sprachregeln" geschlechtlichen Lebens in ihrer jeweiligen Kultur sind, ohne zu meinen, sie müßten diese gleichen Sprachregeln Menschen ganz anderer Kulturen auferlegen oder sie könnten sich von ihnen dispensieren, nur weil sie von denen in anderen Kontinenten verschieden sind. Christen werden sich jedoch nicht einfach der vorherrschenden Kultur passiv anpassen, sondern haben eine schöpferische Aufgabe, sich über die sexuelle Sprache zu verständigen und sie zu veredeln[40]. „Sexualität ist nicht eine tote Sprache wie das klassische Griechisch oder Latein, um Dinge, die einmal waren, und allgemeine Ideen auszudrücken, die als solche nicht existieren. Die sexuelle Sprache ist neu mit jedem neuen menschlichen Wesen und ist mit Hoffnung erfüllt, die die Jugend kennzeichnet. In unserer leiblichen und geistlichen Tradition verwurzelt und im Licht der Ewigkeit soll sie das Hohelied der Liebe stets neu singen. Durch gute und schlechte, schöpferische und unschöpferische Erfahrungen hindurch erarbeitet sich jeder mehr oder weniger geschickt die Sprache, in der er das einmalige sexuelle Loblied seines eigenen Selbst im Suchen des Selbst der anderen schreibt."[41]

4. Moral des Lernprozesses

Um sexuelles Verhalten sittlich zu bewerten, müssen wir den Vorgang der Entfaltung beachten. Genausowenig wie ein Schneider ein abstraktes Gewand fertigen kann, ohne zu wissen, ob es für ein kleines Kind oder einen Erwachsenen, für einen Mann oder eine Frau bestimmt ist, ebensowenig geht es an, sexualethische Wertungen aufzustellen, als ob es keinen Entwicklungsprozeß gäbe. Wie wir später sehen werden, können wir nicht zuerst die abstrakte Norm aufstellen, daß Masturbation grundsätzlich immer eine Todsünde ist, und erst nachträglich uns befragen, was sie bei Kindern, bei Heranwachsenden, bei Mädchen und Buben und im Erwachsenenalter bedeutet. Die Berücksichtigung der Entwick-

---

U. F. Schmälzle, Ehe und Familie im Blickpunkt der Kirche. Ein inhaltsanalytisches Forschungsprogramm zu Zielwerten in deutschen Hirtenbriefen zwischen 1915 und 1975 (Freiburg i. Br. 1979).

[40] Vgl. *J.* u. *I. Splett,* a.a.O. (s. Anm. 6) 89ff.

[41] *A. Guindon,* a.a.O. (s. Anm. 2) 90.

lungsphasen und des sozialen Lernprozesses muß der Formulierung von Normen vorausgehen[42].

Jedermann weiß, daß man keine Sprache, nicht einmal seine Muttersprache lernen kann, ohne sich Fehler zu erlauben. Ein Kind wegen seiner Fehler beim Sprechen lächerlich machen hindert den Lernprozeß ganz entscheidend. Das gleiche gilt irgendwie auch von der Entfaltung der Sexualität. Die Ausdrucksformen, das Verhalten und die Ideen müssen stufenweise gelernt werden, und dabei dürfen Unvollkommenheiten und Fehler im Kindesalter und in der Pubertät nicht dramatisiert werden.

Jene Vertreter eines Spiritualismus und Legalismus, die abstrakte und statisch verstandene Sexualnormen auferlegen, bringen das Wort „Keuschheit" in Verruf, zumal wenn ihre Sicht der Wirklichkeit asexuell oder antisexuell ist. Der Prozeß des Verstehens und des Sich-Ausdrückens verlangt eine „stufenweise zu lernende leib-seelische Integration und sexuelle Identität als Frucht eines langen Dialogs der Geschlechter"[43]. Der Mensch kommt nie zu einer schlechthin vollkommenen Keuschheit. Erst im Verlauf des Wachstums und eines ständigen Kampfes öffnen sich neue Horizonte, und in jeder neuen Lebensphase bedarf es einer neuen Anstrengung[44].

Das Verhältnis zum eigenen Leib und zu dem der andern ist verschieden je nach der Entwicklungsphase, anders beim Kind, beim Heranwachsenden und beim Erwachsenen. Das Kind sieht zu Anfang alles als Teil seines eigenen Leibes und beginnt einen Lernprozeß durch Erfahrung mit seinem eigenen Leib und in einer egozentrischen Einstellung zu den andern. Erst allmählich gewinnt es Abstand und lernt die andern als andere voll anzuerkennen. Stufenweise führt die erste autoerotische Phase zu wachsender Zuwendung gegenüber Mitwelt und Umwelt. „Sexualität reift, wenn sie mehr zur Aufgabe für zwei als für einen wird, wenn sie sozial wird."[45] Der Lernprozeß in sexueller Integration geht Hand in Hand mit der allgemeinen Entwicklung und Integration. Es ist ein Werk der Vernunft, der Liebe, der Freiheit, der Kunst und der Kultur aller daran Beteiligten[46].

Im Hinweis auf Fortschritte der psychologischen, der pädagogischen und der didaktischen Wissenschaft betont die Erklärung des Zweiten Vatikanischen Konzils über die christliche Erziehung, daß die Kinder und Jugendlichen „nach den jeweiligen Altersstufen durch eine positive und kluge Geschlechtserziehung unterwiesen werden müssen"[47]. Und die Pastoralkonstitution über die Kirche

---

[42] *M. Oraison*, Psychologie des ehelosen Lebens (Mainz 1969); *J. Piaget*, Das moralische Urteil beim Kind (Frankfurt a. M. 1969); *W. Bockler – H. Fleckenstein*, Die sexualethischen Richtlinien. Probleme der katholischen Theologie (Mainz 1967); *B. Strätling*, Sexualethik und Sexualerziehung (Donauwörth 1970).

[43] *A. Guindon*, a.a.O. 87.

[44] *J.-M. Reuss*, a.a.O. (s. Anm. 20) 68.

[45] *G. N. Groeger*, a.a.O. (s. Anm. 18) 50–55.

[46] *A. Guindon*, a.a.O. 68. [47] GE (s. 6. Kap., Anm. 90) 1.

in der modernen Welt nannte die Familie als den bevorzugten Ort dieser Erziehung, die im Blick auf die Würde und die Aufgaben ehelicher Liebe vermittelt werden soll[48]. Sie soll der Gesamterziehung organisch eingeordnet werden. Meines Erachtens sollte die traditionelle Lehre, wonach es im sechsten Gebot keine „Geringfügigkeit der Sache" gebe, im Blick auf die individuelle Entwicklung und die soziale Dynamik neu formuliert werden[49].

II. Liebe ist die Antwort

Die Moraltheologie wäre der Gesamtsicht der Offenbarung nicht treu, wollte sie in der Sexualethik Zielsinn und Normen losgelöst von der Sicht der Liebe behandeln. Hier ist ein besonderer Prüfstein, ob wir mit ganzem Herzen an die große Wahrheit glauben, daß Gott die Liebe ist und daß der Mensch nach seinem Bild geschaffen ist. Die Gesamtschau der Gottes- und Nächstenliebe beleuchtet die Sexualität, und umgekehrt ist diese einer der Wege zu einem tieferen Verständnis dessen, was Liebe ist. So setzt sich Johannes Paul II. in „Familiaris consortio" das Ziel, alle Aspekte von Ehe und Familie „von der Liebe ausgehend und in ständiger Bezugnahme auf sie" darzustellen[50].

1. *Lebenswahre Liebe*

Die Sexualität ist integriert und nimmt teil an der schöpferischen Freiheit und Treue, wenn sie ihr Sinnziel in wahrhaft menschlicher und vergöttlichter Liebe findet. Die biologische Wirklichkeit ist sozusagen das Material, das in der Liebe Gestalt gewinnt[51]. Die biologische Wirklichkeit selbst ist infolge der leib-seelischen Ganzheit der Liebe gegenüber nicht indifferent. Sie findet in der Liebe ihre Vollendung und ihre Wahrheit. Die Liebe ist nicht nur der Kern der Sache für Verheiratete. Sie ist in jedem Lebensstand das, was der Geschlechtlichkeit die Lebenswahrheit gibt. Für die Ehe ist die volle leibliche Vereinigung wichtig, aber nicht im striktesten Sinn wesentlich. Liebe verlangt jeweils die der Situation der Personen angemessene mögliche und wahrhaftige Ausdrucksform. Eheliche Liebe unterdrückt die leib-seelischen Kräfte nicht, sondern reinigt sie und bringt sie zu voller Integration[52].

Nach dem Plane Gottes sollen die sexuellen Energien nicht nur durch den

---

[48] GS 49.

[49] Vgl. *F. M. Podimattam,* A New Look at Chastity (Bangalore 1974) 141ff.

[50] Familiaris consortio, Nr. 17. Vgl. *B. Häring,* Brennpunkt Ehe. Heutige Probleme und Perspektiven in Tradition und Lehramt (Bergen-Enkheim 1968); *ders.,* The Synod of Bishops on the Family: Pastoral Reflections, in: Studia moralia 19 (1981) 231–257; *ders.,* 25 Jahre katholische Sexualethik, in: Studia moralia 20 (1982) Nr. 1; *K. Wojtyła* (Johannes Paul II.), Liebe und Verantwortung (München 1979).

[51] Vgl. *Th. Bovet,* a.a.O. (s. Anm. 8) 103.

[52] Vgl. *F. Dantec,* a.a.O. 93ff.

Eros und die Philia (Freundschaft), sondern auch durch die von Gott kommende und direkt zu Gott führende Agape durchformt werden. Dann wird alles als Geschenk Gottes erfahren und kommt im gegenseitigen Sich-Schenken zu letzter Reinheit und Kraft[53]. Die Macht der Sünde der Welt bedroht diese Integration und wird sie verhindern, wenn der Mensch nicht eine klare Grundentscheidung für die Integrität und Integration göttlicher und menschlicher Liebe getroffen hat. Eine fest verwurzelte Grundentscheidung, die den Menschen und seine Beziehungen für die Macht der Gnade öffnet, macht jedoch die Integration sozusagen „natürlich". Desintegration dagegen steht immer im Widerspruch zur wahren Natur des Menschen. Alle Energien in die Wahrheit der Liebe einzubringen ist die größte menschliche Kunst[54].

Die Aussage, daß Sexualität und Eros der Erlösung bedürfen, bedeutet, daß sie von der sich schenkenden Liebe Gottes umfangen und in gegenseitiger Dankbarkeit und im Lobpreis Gottes erfüllt werden wollen. Diese integrierte Liebe ist die Quelle der Freude und Freiheit, auch wenn sie das Opfer von all dem verlangt, was ihr widerspricht. Die bedeutendsten Vertreter der humanistischen Psychologie betonen diese Integration als ein Erfordernis wahrhaft menschlicher Geschlechtlichkeit. Liebe ist das alles umfangende Phänomen, ohne das nichts zur vollen Wahrheit kommt. Der Ausdruck der Sexualität ist gerechtfertigt und geheiligt, solange er, aber nur solange er der Liebe dient. Liebe ist dabei nicht ein Nebeneffekt der Sexualität, sondern diese selbst kommt zu ihrer tiefsten Wahrheit in jenem Füreinander und Miteinander, das wir Liebe nennen[55].

In unserer heutigen westlichen Kultur ist es zumindest mißverständlich, wenn wir die Liebe unter „Zwecke" einordnen. Für das Zeitalter der Technokratie bedeutet Zweck nicht das gleiche, wie *„finis"* für die mittelalterliche Theologie, die darunter den innersten Zielsinn verstand. Ehe ist weder ein Vertragsgeschäft noch eine Zweckgemeinschaft; sie ist ein Liebesbund[56].

In allen Lebensständen hängt das gesunde Verhältnis zur Sexualität von der Kraft der Liebe ab. In der Ehe aber, die eine Gemeinschaft in sich gegenseitig schenkender Liebe ist, hängen alle Ehegüter von der Liebe ab. Sie ist auch der Wurzelgrund echter Fruchtbarkeit. Letztere wird von den Christen als Teilnahme an der schöpferischen Liebe Gottes gesehen. Echt menschliche Fruchtbarkeit ist das Ergebnis überfließender Liebe. Das Zweite Vatikanische Konzil vermied es sorgfältig, von der ehelichen Liebe in Ausdrücken wie erster oder zweiter Zweck zu sprechen; ebensowenig wies es der Zeugung und Erziehung der Kinder die Rolle eines Nebenzweckes zu. Die Liebe ist die alles umgreifende Form und der innerste Zielsinn geschenkter Gnade Gottes und Antwort der Gatten, die Voraussetzung der echten Erfüllung verantworteter Elternschaft.

---

[53] Vgl. 9. Kap., Ausführungen über Eros – Philia – Agape.

[54] *J. B. Lotz,* a.a.O. (s. Anm. 9) 17.

[55] *V. E. Frankl,* Man's Search for Meaning (New York 1965) 177.

[56] *F. E. v. Gagern,* Eheliche Partnerschaft (s. Anm. 1) 140.

Dabei dürfen wir diese als Krönung und eine vornehme Berufung ansehen, die nicht nur der Liebe entspringt, sondern auch zu größerer Liebe führt.

Da das christliche Leben seine Mitte und seinen Gipfelpunkt in der Eucharistie hat, ist es für Christen normal, all ihre Ideale und ihre Treueverhältnisse in dieses große Fest der Liebe einzubringen. Für Eheleute, die ihre Gemeinschaft als Teilnahme am Bund der Liebe zwischen Christus und der Kirche sehen, ist Ehe selbst ein Fest der Liebe auf dem Weg zu ewiger Festesfreude.

Das Zweite Vatikanische Konzil sagt über die eheliche Liebe: „Diese Liebe hat der Herr durch eine besondere Gabe seiner Gnade und Liebe geheilt, vollendet und erhöht. Eine solche Liebe, die Menschliches und Göttliches in sich eint, führt die Gatten zur freien gegenseitigen Übereignung ihrer selbst, die sich in zarter Zuneigung und in der Tat bewährt, und durchdringt ihr ganzes Leben. Ja, gerade durch ihre Selbstlosigkeit in Leben und Tun verwirklicht sie sich und wächst. Sie ist viel mehr als bloß eine erotische Anziehung, die, egoistisch gewollt, nur zu schnell wieder erbärmlich vergeht. Diese Liebe wird durch den eigentlichen Vollzug der Ehe in besonderer Weise ausgedrückt und verwirklicht."[57]

Diese Liebe ist die Quelle schöpferischer Freiheit, der Treue, der Freude und des Heilseins. Traditionelle Moraltheologie sprach viel über die Ehe als ein „Heilmittel der ungeordneten Begierlichkeit", das heißt Heilung unruhiger sexueller Begierden, die zur Desintegration führen könnten. All das hat nur Sinn, wenn wir klar sehen, daß allein echte und integrierte Liebe Träger dieser heilenden Gnade ist.

Unauflösliche Treue und alle vornehmen Qualitäten einer geordneten Geschlechtlichkeit sind Frucht wahrer Liebe. Wie wir schon gesehen haben, gehört es zur spezifisch ehelichen Liebe, daß sie alle Energien der Geschlechtlichkeit, des Eros und der Freundschaft in die erlöste und erlösende Liebe einbringt. Die Ehegatten dürfen die Kräfte des Eros nicht vergeuden oder verwelken lassen, noch dürfen sie die Energien der Geschlechtlichkeit gering anschlagen.

Kennten die Eheleute jede verborgene Wahrheit, aber nicht die Wahrheit der Liebe, so wären sie nichts. Besäßen sie alle Künste, aber nicht die eheliche Liebe, so wären sie nichts. Würden sie alle ihre Güter austeilen oder ihren Leib brennen lassen, hätten sie aber die Liebe nicht, so hülfe ihnen das nichts. Liebe ist treu, dankbar und freudig. Liebe ist geduldig und besitzt die Macht heilenden Vergebens. Liebe ist zart und gütig; sie kennt keinen Neid. Sie verletzt nicht durch ein herablassendes Wesen, sondern anerkennt gern das Gute im andern. Sie hat ein dankbares Gedächtnis und vergißt gern empfangene Beleidigungen. Sie spricht nicht unnötig über die Fehler des andern. Sie weiß, daß das Üble nur durch das Gute überwunden wird. Die Liebe hat den Mut, allen Schwierigkeiten ins Antlitz zu schauen. In der Erfahrung der Heilsgemeinschaft kennt die Liebe

---

[57] GS 49.

keine Grenzen ihres Glaubens; denn sie weiß, daß alle Schöpfung und Erlösung von der Liebe kommt und daß ihr der endgültige Sieg sicher ist. So hat auch ihre Hoffnung keine Grenzen. Und im Wissen, daß ihre erlösende Kraft vom Tod und der Auferstehung Christi kommt, kennt ihre Geduld keine Grenzen. Liebe hat kein Ende (vgl. 1 Kor 13,1–8).

Es genügt, dieses Hohelied der Liebe, dieses Fest erlöster ehelicher Liebe mit der Haltung des Sexkonsumenten zu vergleichen, dem der andere nur als Ventil für seine sexuellen Bedürfnisse gilt. Dann wissen wir, was Erlösung bedeutet, dann sehen wir aber auch schmerzlich das Elend unerlöster Geschlechtlichkeit. Der Konsument kennt das Antlitz des andern nicht. Er trifft nicht Personen, sondern nur Mittel. Und da er die Einzigartigkeit des andern verkennt, besitzt er selbst keine Identität. Solche Sexualität wird niemand aus dem Gefängnis der Ich-Sucht befreien. Hier ist die Grundwahrheit verfehlt, nämlich daß die Liebe das Herz aller Dinge ist.

2. *Liebe als letztes Kriterium sexualethischer Normenbildung*

Ist die Liebe das Umgreifende, so ist sie auch das letztentscheidende Kriterium der Normenbildung. Die sexualethische Normenbildung läßt sich vom Sinn der Liebe und von einem realistischen Verständnis dieses Lebensgebietes leiten[58]. Auch hier muß klar gesagt sein, daß Liebe die Normen begründet und umgreift und daß deshalb jene, die sich der Liebe verschlossen haben, den wahren Sinn der Normen, die diese Liebe schützen und aus dieser Liebe erfließen, nicht wirklich kennen können. Es bedarf der Bekehrung zur Frohbotschaft der Liebe, um zu verstehen, was das wahre Antlitz der Liebe erfordert. Je mehr der Mensch in der Liebe wächst, um so eher wird er verstehen, was der Liebe dient und was sie verlangt.

Der christliche Glaube hat den Mut, die Eigenschaften einer in der erlösten Liebe integrierten Sexualität als Norm des Denkens, Redens, Lernens und des Gebrauchs der sexuellen Sprache anzubieten. Denn wir vertrauen, daß Gottes Gnade uns zu dieser Liebe einlädt und eine Bekehrung zu ihr möglich macht. Als Christen wissen wir, daß wir nicht durch Gesetze und Normen erlöst sind. Aber unter der Gnade stehen heißt, sich vom Geist der Liebe leiten lassen. Und daraus ergibt sich eine Grundnorm für die Erzieher. Sie werden mit Feinfühligkeit und liebevoll im Lichte erlöster Liebe all die Werte und dann erst die Pflichten der verschiedenen Lebensgebiete erklären und zeigen, wie jeder Bereich seinen besonderen Beitrag leistet. Sie müssen dabei geduldig sein, denn das Lernen der Liebe bedarf der Zeit. Wenn von Normen die Rede ist, dann

---

[58] *S. Keil,* Sexualität. Erkenntnisse und Maßstäbe (Stuttgart 1966); Kard. *L. J. Suenens,* Amour et sexualité aujourd'hui. Hirtenbrief, in: Doc. Cath. 73 (1976) 679–690; *P. Lippert,* Liebe als tragfähiges Kriterium sexualethischer Normenbildung, in: Theol. d. Gegenw. 20 (1977) 94–102; *F. Böckle,* Menschliche Sexualität und kirchliche Sexualmoral. Ein Dauerkonflikt? (Düsseldorf 1977).

nur im Lichte des Sinnzieles, das den jeweilig nächsten Schritt in der klar erfaßten Richtung finden läßt.

Fehlformen sexueller Veranlagung sind nicht in sich sündig. Sünde ist der verschuldete Mangel an Liebe, die freie Weigerung, nach wahrer Liebe zu suchen und sie zu betätigen. Viele Unordnungen auf geschlechtlichem Gebiet haben ihren Grund in der Lieblosigkeit anderer und im Mangel an Verantwortungsbereitschaft jener, die an einer besseren Umwelt hätten mitbauen sollen[59]. Das Elend unserer Zeit ist nicht die Hervorhebung der Sexualität, sondern ihr Verfall, wo immer sie vom Umgreifenden der Liebe gelöst ist. Ein liebloser Geschlechtsakt, auch wenn er in der Ehe geschieht und die Zeugung eines Kindes zum Zweck hat, ist sündig. Die Menschen sollten wissen, daß ihre geschlechtliche Vereinigung nicht wahre Liebe ausdrücken kann, wenn sie sich nicht bemühen, im Gesamt ihres Lebens die Liebe zu pflegen. Dies ist eine Grundnorm echter Sexualerziehung.

Die Ehe hat viele ihrer früheren Funktionen eingebüßt. Die Begegnung mit echter Liebe in Ehe und Familie ist auch deshalb so wichtig, weil der heutige Mensch den Großteil seines Tages unter Arbeitsbedingungen verbringt, die ihn nicht erfüllen. „Die Befreiung von harten physischen und wirtschaftlichen Notwendigkeiten, die einst die Ehe beherrschten, hat unsere Generation befähigt, eine klare Entscheidung zu treffen zugunsten einer Ehe, der es vor allem um die menschlichen Beziehungen geht, das heißt einer Ehe im Dienste der Liebe.“[60] All das verlangt eine besondere Pflege des Dialogs zwischen den Gatten. Ihre sexuelle Begegnung kann nicht leicht in der Liebe wachsen, wenn sie nicht durch gemeinsame Ideale und von gemeinsamem Einsatz für hohe Ziele geeint sind.

Die sexuelle Vereinigung hat ihren legitimen Ort nur in der Ehe. Diese wird vom Zweiten Vatikanischen Konzil verstanden als „innige Lebens- und Liebesgemeinschaft“, „in der sich die Eheleute gegenseitig schenken und annehmen“[61]. Gesunder Ausdruck der Geschlechtlichkeit im Bund der Liebe ist Spiel und Fest, aber die Quelle der Festesfreude und des Spieles ist Treue und fruchtbare Liebe. Für den Playboy sind andere ein Spielzeug, ein Vergnügungsmittel. Da ist keine Abbildlichkeit des göttlichen Spieles in Schöpfung und Erlösung, des Spieles echter Liebe. Nach der Bibel wird der Mensch er selbst im Sein-für-die-andern[62], und das bedeutet Anerkennung ihrer Geschichte, ihrer Sinnziele, ihres Gefühls und ganz besonders ihres Gewissens. Die Liebe sagt dem andern, daß es gut ist, daß er so ist und auf seinem Weg zur Fülle ist. Das autoerotische Suchen dagegen, das Ausdruck der allgemeinen Selbstsucht ist, entpersönlicht die sexuellen Beziehungen, macht sie belanglos und zugleich schädlich für sich selbst und für den andern.

---

[59] Vgl. *Th. Bovet,* a.a.O. 127.
[60] Sex and Morality (s. Anm. 3) 48.
[61] GS 48.
[62] *H. Cox,* The Secular City (London 1965) 204.

Liebe verlangt Verantwortlichkeit, und diese setzt ihrerseits Lebenskenntnis voraus. Jeder muß nachdenken, wie sich seine Beziehungen auf den Nächsten auswirken. Junge Menschen sündigen gegen die Erfordernisse der Liebe, wenn sie nicht bereit sind, von der Tradition, von vergangenen Erfahrungen zu lernen und ein unbedingtes Recht zum Experimentieren anmelden. Ein Experimentieren mit anderen außerhalb des Kreises der gemeinsamen Weisheit ist ein Gipfelpunkt der Unverantwortlichkeit.

Verantwortlichkeit als Gefährtin der Liebe verlangt auch dankbare Kenntnis der jeweiligen Kultur, freilich auch eine kritische Auseinandersetzung mit ihr. Nicht nur das Verständnis der Liebe, sondern auch ihre Ausdrucksformen haben ihren Sitz im Leben im Gesamt der Kultur und unterstehen einem gewissen Wandel. Alles, was in der eigenen Kultur gut, ehrfürchtig ist und der Liebe dient, muß respektiert werden. Ein Bruch mit der Kultur oder unvermittelte Veränderung nimmt das Gesamt der Wechselbeziehungen, das gemeinsame Verwurzeltsein und die Regeln echter Entfaltung nicht ernst und kann großen Schaden anrichten, auch wenn die Absichten, die den Wandel veranlassen, gut sind. Das Zweite Vatikanische Konzil zeigt einen deutlichen Spürsinn für diese Gegebenheit. „In unserer Zeit hat die wahre Liebe zwischen Mann und Frau in der Ehe, wie sie sich in verschiedener Weise je nach Volk und Zeit geziemend äußert, als hoher Wert Geltung.“[63]

Wahre Liebe und Unterscheidungsgabe erlauben einen konstruktiven Gebrauch der kulturellen Gegebenheiten. Wie schon vermerkt, zeigen unsere westlichen Sprachen wie die entsprechenden Kulturen einen gefährlichen Hang, die Ebenbürtigkeit der Frau nicht genügend anzuerkennen. Nur wenn wir das Gute unserer Sprache und Kultur voll würdigen und die Sprachregeln kennen, können wir durch eine schöpferische Weise die falschen Tendenzen stufenweise ausmerzen. Und dazu sind wir verpflichtet. Ein klares Bewußtsein der Wechselwirkungen zwischen Sexualmoral, Ehe- und Familienstrukturen und der gesamten Kultur wird für den Christen zu einem dringenden Anruf, in Vereinigung mit allen Menschen guten Willens seine Verantwortung für die Mitwelt und Umwelt wahrzunehmen. Das Zweite Vatikanische Konzil beginnt das Kapitel über die Ehe mit der Erforschung der Zeichen der Zeit, der günstigen und ungünstigen Bedingungen und endet das Kapitel mit einem Aufruf an alle, sich um bessere Bedingungen für das Gedeihen von Ehe und Familie einzusetzen[64].

3. *Gibt es eine spezifisch christliche Sexualethik?*

Der Grundplan Gottes für den Menschen in seiner Geschlechtlichkeit erlaubt bei aller Einheit einen gewissen Pluralismus, eine schöpferische Eingestaltung in der jeweiligen Kultur. Die Gnade und Liebe Gottes sind allen Menschen aller

---

[63] GS 49.
[64] GS 52.

Zeiten gegenwärtig. Darüber dürfen wir aber nicht vergessen, daß es eine qualitativ neue Gnade ist, daß Christen ihr Leben im Lichte Christi sehen dürfen. Wer Christus kennt, das vollkommene Abbild der Liebe Gottes, kann auch besser verstehen, was es für das Verhältnis von Mann und Frau bedeutet, nach dem Bilde Gottes geschaffen und in Christus erneuert zu sein. Das Zeugnis der Heiligen Schrift und die großen Heiligen haben einen unschätzbaren Beitrag zum besseren Verständnis der Sexualität im Lichte der erlösten Liebe geleistet.

Die Menschwerdung des Wortes Gottes, seine Verherrlichung des Vaters im Leibe und die Auferstehungsherrlichkeit eben dieses Leibes, die Erhebung der Ehe zu sakramentaler Würde, all das gibt der Sexualethik eine spezifische Richtung. Christen wissen im Lichte des Grunddogmas, daß Gott die Liebe ist, daß ihr Ja zu ihrer Geschlechtlichkeit und deren Reinigung und Erfüllung in wahrer Liebe ein Teil ihres Heilsweges ist. Sie wissen, daß der echte Ausdruck ihrer Geschlechtlichkeit in ihre Berufung eingeht, einander ein wirksames Zeichen der liebenden Gegenwart Gottes zu sein. Sie glauben, daß sie sich im Mitvollzug der Liebe Gottes gegenseitig begegnen können. Nur in Gott kann ich den andern lieben, wie ich ihn um seinetwillen lieben möchte, und nur im Mitvollzug der Liebe Gottes kann ich mich so lieben, wie ich mich geliebt sehen möchte. Ist das so, dann sind wir berufen, gemeinsam Gott aus ganzem Herzen zu lieben. Und so werden wir fähig, uns gegenseitig zu lieben, wie die Dankbarkeit es verlangt[65].

Das spezifisch Christliche liegt in dieser Ausrichtung und dementsprechend mehr auf der Linie normativer Ideale als von Grenzziehungen. Aber gerade das Ausschreiten zu einem klaren Ziel gibt auch den allgemeinen Normen einen tieferen Sinn und eine größere Dynamik.

Die dankbare Hervorhebung des spezifisch Christlichen darf nicht vorbildlich gelebte Sexualmoral außerhalb des Raumes der Kirche verdunkeln. Und wir leugnen auch nicht, daß im Lauf der Geschichte neben dem Hauptstrom der biblischen Überlieferung Tendenzen sichtbar wurden, die alles andere als spezifisch christlich sind[66]. Eine bessere Kenntnis der Wechselbeziehungen zwischen der Sexualmoral und dem Gesamt der Kultur wird es uns auch erleichtern, ansonsten verletzende Ungereimtheiten zu verstehen.

Große Denker wie Augustinus haben aufgrund ihres Werdeganges und in bisweilen einseitigem Kampf gegen die Verherrlichung der Sinnenlust Dinge geschrieben, die uns selbst zur Warnung gereichen sollten und uns zu ständiger Überprüfung auffordern, ob wir wirklich alles im Lichte der Heiligen Schrift und unserer besten Überlieferung sehen. Selbst ein Denker wie Clemens von Alexandria, der gegenüber gnostischen und manichäischen Tendenzen die Gutheit

---

[65] *J.* u. *I. Splett,* a.a.O. 44f.

[66] Vgl. *H. Schwenger,* Antisexuelle Propaganda. Sexualpolitik in der Kirche (Reinbek bei Hamburg 1969); *E. Kellner* (Hrsg.), Sexualität ohne Tabu und christliche Moral (München – Mainz 1970); *St. H. Pfürtner,* Kirche und Sexualität (Reinbek bei Hamburg 1972); *Ph. Schmitz,* Der christliche Beitrag zu einer Sexualmoral (Mainz 1972).

von Ehe und Familie wirksam verteidigte und die geistige Einheit der Gatten verherrlichte, „konnte seinen Glauben an die Ehe als ein Geschenk des guten Schöpfers nie ganz mit seiner Überzeugung vereinen, daß der eheliche Akt ein Zeichen der Unvollkommenheit ist“[67]. Angesichts der Entgleisungen in einem Teil der heutigen Kultur sind diese geschichtlichen Erfahrungen ein um so dringenderer Aufruf, unsere Umwelt und Mitwelt durch verantwortliches Handeln aus christlichem Geist mitzugestalten.

4. *Liebe und Lust*

Im Verlaufe der Tradition und ganz besonders in den Handbüchern der Moral der letzten Jahrhunderte besetzte die Frage nach der sexuellen Lust einen breiten Platz. Die Lust selbst schien bisweilen die Quelle alles Bösen zu sein. Mit dieser Frage hat sich der gegenwärtige Papst Johannes Paul II. vor zwanzig Jahren gründlich auseinandergesetzt und gültige Kriterien angeboten[68]. In der Bibel gibt es nicht die geringste Verdächtigung der Lust als solcher, das heißt der leib-seelischen Beglückung, die der geordneten Geschlechtlichkeit beigegeben ist. Die Warnung bezieht sich ausschließlich auf das selbstische Suchen der Lust im entordneten geschlechtlichen Leben.

Die Kirchenväter hatten es zu tun mit einer heidnischen Welt, die vor allem in den großen Städten, in denen sie lebten, sexuelle Lust ohne jeden Gedanken an Liebe und Ordnung der Liebe verherrlichte. Dagegen erhoben sie ihre warnende Stimme. Auf diesem Hintergrund haben ihre Texte bleibende Bedeutung. Wir leben heute weithin unter ähnlichen Umweltsituationen. Christliche Theologie kann ihre prophetische Rolle und die Entlarvung der Übel nur erfüllen, wenn sie alle echten Werte anerkennt und sie in der Hierarchie der Werte darstellt. Manichäer und Gnostiker waren keine echten Propheten, obwohl auch sie weithin entschieden gegen das Haschen nach Lust um jeden Preis kämpften. Sie taten jedoch dem Schöpfer der menschlichen Sexualität Unrecht, indem sie diese grundsätzlich geringschätzten und auch in der Ehe der Leib und Seele ergreifenden Freude am Ausdruck ehelicher Liebe keinen Platz gaben.

Selbstbeherrschung hat ihren sittlichen Wert im Dienste der Liebe und liebender Verantwortung. Verzichte um echter Liebe willen können darum nicht zu hoch gepriesen werden. Aber aszetische Einstellung darf nicht Gottes Gaben selbst verdächtigen. Es ist unweiser pastoraler Eifer und negativer Aszetizismus, der der geschlechtlichen Lust als solcher den Prozeß macht. Je weniger die wahre Rolle der Liebe im Bereich der Sexualität gesehen wurde, um so mehr wurde

---

[67] *E. Osborn,* Ethical Patterns in Early Christian Thought (London – New York – Melbourne 1976) 74.

[68] *K. Wojtyła* (Johannes Paul II.), Liebe und Verantwortung (München 1979), zitiert nach der ital. Ausg.: Amore e responsabilità. Morale sessuale e vita interpersonale (Torino ^{4}1979) 11–59; vgl. *B. Häring,* Lebenswahre Askese, in: Ordens-Korr. 5 (1964) 208–218; *A. Grabner-Haider* (Hrsg.), Recht auf Lust? (Freiburg i. Br. 1971); *L. Rossi,* Il piacere proibito (Torino 1977).

die Lust verteufelt. Man sprach nicht von liebender ehelicher Vereinigung, sondern nur von „ehelicher Pflicht" und vermied nicht den Eindruck, als ob die Pflichterfüllung um so besser sei, je weniger sich die Eheleute an der ehelichen Umarmung freuten.

Unter dem ihm unbewußten Einfluß des Manichäismus entwickelte Gregor von Nyssa die Theorie, daß die geschlechtliche Differenzierung von Mann und Frau nur im zweiten Plan Gottes und als Strafe der Sünde auftauchte. So erschien jede Betätigung der Geschlechtlichkeit, auch in der Ehe, wesentlich als Straffolge der Sünde[69]. Auch Augustinus tat sich schwer, sich von einer solchen Sicht der Lust im ehelichen Leben zu befreien. Das Aufleben der Konkupiszenz und die als schrecklich empfundenen Konsequenzen der Lust ließen ihm den ehelichen Akt als beschämend erscheinen. Nach seiner Meinung war er nur dann von Sünde entschuldigt, wenn er bewußt und direkt in den Dienst der Zeugung gestellt wurde. Und selbst dann noch warnte er die Eheleute: „Verlangt nach der leiblichen Vereinigung, nur um Kinder zu zeugen; denn dies ist der einzige Weg, Kinder zu empfangen. Doch steigt dazu nur mit tiefem Bedauern herab; denn es handelt sich um nichts anderes als um eine Strafe Adams, von dem wir alle abstammen. Darum laßt uns nicht uns unserer Strafe rühmen."[70] Er meinte sogar, es wäre eine unsagbare Freude des Geistes, wenn die Gatten ohne Beischlaf und darum ohne Lust Kinder zeugen könnten[71].

Ein in den mittelalterlichen Rechtssammlungen Gregor d. Gr. zugeschriebener Text, wonach die Eheleute „nur" eine läßliche Sünde begehen, wenn es ihnen nicht gelingt, alle Lust vom ehelichen Akt fernzuhalten, brachte viel Verwirrung. Hugo von St. Viktor legt diesen Text so aus, daß er nur jene Lust einschließe, die in ungeordneter Weise gesucht werde[72]. Dies wurde zum Ausdruck der vorherrschenden Tradition, die sich heute allgemein durchgesetzt hat. Das Zweite Vatikanische Konzil anerkennt die leib-seelische Freude im ehelichen Akt[73]. Im Kontext bedeutet dies sicher nicht eine rein geistige Freude. Feiern die Gatten ihr Fest der Liebe vor Gott in der körperlichen Vereinigung, dann bekräftigen sie den Bund der Liebe, der für sie Freude in Leib und Geist bringt. Die eheliche Vereinigung wird abgeschmackt, wenn einer der beiden Gatten dabei die Lust verschmäht und sogar seine Aufmerksamkeit darauf richtet, doch ja lustlos die körperliche Vereinigung zu vollziehen. Echte Liebe freut sich am Einswerden, und diese Freude gilt dem ganzen Menschen, allem, was Ausdruck der Liebe ist. Thomas von Aquin weist die Theorie Gregors von Nyssa scharf zurück und lehrt, daß die eheliche Vereinigung Gottes Wille auch im irdischen Paradies gewesen ist und daß diese im Stand der Unschuld sogar mit größerer leib-seelischer Freude und Lust begabt gewesen wäre[74].

---

[69] *Gregor von Nyssa,* De hominis opificio 16: PG 46, 374D.
[70] *Augustinus,* Serm. 51, c. 15: PL 38, 347f.
[71] Ebd. 346.
[72] *Hugo von St. Viktor,* De sacramentis I: PL 176, 156ff.
[73] GS 49. [74] S. th. I q 98 a 2.

Wir preisen nicht alle geschlechtliche Lust, sondern die Lust, die ein Aspekt der Freude an der Liebe ist, eine Lust, die die Gutheit der Schöpfung preist und sich an der Erlösung des ganzen Menschen freut. Wir unterscheiden also sehr scharf zwischen der faden und langweiligen Lust des Sexkonsumenten und der leib-seelischen Freude liebender Gatten, die ein Realsymbol der ganzheitlichen Freude ist. Diese Lust findet ihre Fülle in der gegenseitigen Hingabe, in der der andere oder die andere als Person geehrt und geliebt ist[75].

Große humanistische Psychologen haben vermerkt, wie innig die Verbindung zwischen Sinnbedeutung und Freude ist und wie sie auch der Lust ihre Fülle und Würde geben. Abraham Maslow schreibt: „Man kann sicherlich sagen, daß reife Männer und Frauen aufs ganze gesehen nicht dazu neigen, sexuelle Lust um ihrer selbst willen zu suchen, oder an ihr allein befriedigt sind, wenn sie sich einstellt... Sie würden eher auf sexuelle Betätigung verzichten, wenn die Liebe fehlt. In voll verwirklichten Personen ist der Orgasmus zugleich bedeutsamer und weniger wichtig als beim Durchschnittsmenschen. Er bedeutet oft eine tiefe und fast mystische Erfahrung. Und doch können sich diese reifen Menschen mit dem Fehlen der sexuellen Befriedigung abfinden... Sie sind nicht Sklaven der Sinnlichkeit, aber sie freuen sich an ihr, wenn sie ihnen geschenkt ist."[76]

Viktor E. Frankl spricht sich im gleichen Sinne aus. Nach ihm wuchert ziellose Lust im existentiellen Vakuum, das zugleich eine sexuelle Inflation mit sich bringt. „In das existentielle Vakuum, in diese Sinnleere, wuchert die sexuelle Libido hinein. Diese läßt auch die sexuelle Inflation verstehen. Wie die Inflation auf dem Goldmarkt, so geht nun die sexuelle Inflation mit einer Entwertung einher. Und zwar beruht diese Entwertung auf der Entmenschlichung. Denn wirklich menschliche Sexualität ist immer schon mehr als bloße Sexualität, und zwar insofern sie Ausdruck eines Liebesstrebens ist. Ist sie es aber nicht, dann kommt es auch nicht zu einem vollen Sexualgenuß. Selbst wenn nicht andere Gründe dafür sprächen, so hätten wir also schon im Interesse eines höchstmöglichen Genusses dafür einzutreten, daß das menschliche Potential ausgeschöpft wird, das der Sexualität innewohnt, nämlich die Möglichkeit, Liebe, die die intimste und persönlichste Beziehung zwischen Menschen ist, zu inkarnieren."[77] Rollo May spricht sich im gleichen Sinne aus und vermerkt erzürnt: „Soviel Sex und so wenig Sinnbedeutung und keine Freude bei all dem!"[78]

Freude und Lust in Geist und Leib ist eine kostbare Beigabe der Liebe, eine Frucht erfüllten Sinnes und des Mutes zur Treue. In einer sündigen Welt muß der Mensch den ihm vom Glauben an die Erlösung geschenkten Mut haben, der Versuchung zu widerstehen, nackte Lust um ihrer selbst willen zu suchen.

---

[75] *K. Wojtyła,* a.a.O. (s. Anm. 68) 11–34.
[76] *A. Maslow,* Motivation and Personality (New York ²1970) 187f.
[77] *V. E. Frankl,* Der Wille zum Sinn (Berlin – Stuttgart 1972) 21.
[78] *R. May,* Love and Will (New York 1969) 40.

Billige Lust wird zum Ekel. Das ist der Sinn der Lehre von Zucht und Maß. Maßlose sexuelle Betätigung, der Ehrfurcht, Zärtlichkeit und Verantwortungssinn fehlen, fällt in Sinnlosigkeit ab und wird zur Quelle der Trauer, während Zucht und Maß, die aus der Kraft der Liebe stammen, auch wenn sie Opfer verlangen, Freude und Lust in einem integrierten Leben bringen.

III. Fruchtbarkeit als Ausdruck der sexuellen Sprache

1. *Eine bleibende Bereitschaft ehelicher Liebe zur Fruchtbarkeit*

Die der Liebe eigene Fruchtbarkeit ist etwas ganz anderes als rein biologische Fruchtbarkeit oder die bloße Produktivität der Technik. Gott hat Mann und Frau nach seinem Bild und Gleichnis geschaffen und segnete sie, so daß sie in ihrer gegenseitigen Selbsthingabe an seiner schöpferischen Liebe teilhaben können. Gottes Segen gilt nicht einfach dem Zeugen von Kindern, sondern dem gegenseitigen „Sich-Kennen", das die Welt reicher macht an Liebe und, wenn es Gottes Wille ist, an Menschenkindern, die sich jener Liebe verdanken und darum alle Chance haben, Liebe zu lernen und weiterzugeben[79].

Eheliche Liebe trägt ihren Wert in sich selbst, und sie ist als solche fruchtbar in Liebe und für die Liebe. Sie bereichert die Gatten und alle, die ihnen begegnen. Menschen, die lieben können, werden schön, einsichtig, aufmerksam, zartfühlend, herzlich und großmütig. Was der menschlichen Weitergabe des Lebens Schönheit und Würde gibt, ist die der Liebe eigene Fruchtbarkeit[80]. Nur eheliche Liebe als solche hat durch ihre eigene Wahrheit und Artbestimmung den Zugang zu elterlicher Berufung. Die Enzyklika „Humanae Vitae" sagt treffend: „Wer seinen Gatten wirklich liebt, liebt ihn um seiner selbst willen, nicht nur wegen dessen, was er von ihm empfängt. Und es ist seine Freude, daß er durch seine Ganzhingabe bereichern darf... Diese Liebe ist schließlich fruchtbar, da sie nicht ganz in der ehelichen Vereinigung aufgeht, sondern darüber hinaus fortzudauern strebt und neues Leben wecken will."[81] Die Pastoralkonstitution über die Kirche in der modernen Welt betont, daß es die eheliche Liebe ist, die die Ehe in einem vollmenschlichen Sinn fruchtbar macht. Diese Fruchtbarkeit ist nicht der bloßen Institution oder einem bloßen Zweck zuzuschreiben. „Ehe und eheliche Liebe sind ihrem Wesen nach auf Zeugung und Erziehung von Nachkommenschaft ausgerichtet... Ohne Hintansetzung der übrigen Eheziele sind deshalb die echte Gestaltung der ehelichen Liebe und die sich daraus ergebende

---

[79] Vgl. *H. Doms,* Gatteneinheit und Nachkommenschaft (Mainz 1965).
[80] Vgl. *A. Guindon,* a.a.O. (s. Anm. 2) 175ff.
[81] „Humanae Vitae" (s. Anm. 97) Nr. 9.

Natur des Familienlebens dahin ausgerichtet, daß die Gatten von sich aus entschlossen bereit sind zur Mitwirkung mit der Liebe des Schöpfers und Erlösers, der durch sie seine eigene Familie immer mehr vergrößert und bereichert."[82] Nur als liebende Gatten sind sie wirklich des Mitvollzugs der schöpferischen Liebe Gottes und ihrer Ausdeutung fähig[83].

Heutzutage fallen immer mehr alle Nützlichkeitsmotive für das Verlangen nach Nachkommenschaft weg. Die Wahrheit der ehelichen Liebe ist der bleibende Quell eines solchen Verlangens. Der Wert ihrer Liebe und ihrer ehelichen Gemeinschaft hängt allein von der Echtheit ihrer Liebe und der darin gegebenen verantwortlichen Bereitschaft zur elterlichen Berufung ab. „Wenn deshalb das – oft so erwünschte – Kind fehlt, bleibt die Ehe dennoch als volle Lebensgemeinschaft bestehen und behält ihren Wert sowie ihre Unauflöslichkeit."[84] Auch so wird ihre Liebe die Welt auf vielfältige Weise bereichern. Ganz anders verhält es sich jedoch, wenn Gatten aus Selbstsucht die eheliche Berufung ablehnen. Mit dem Zeugen ist es nie getan. Nur durch die Kraft und Weisheit ihrer Liebe schaffen die Gatten den geistigen Raum, in dem die Kinder als Bild und Gleichnis Gottes heranwachsen, der Gottes- und Nächstenliebe fähig werden und lernen, die wahre Liebe von all ihren Larven zu unterscheiden[85].

Sexualität, die nicht in der Liebe ihre Erfüllung findet, bleibt unerlöst. Theodor Bovet beschreibt eine Form dieser entfremdeten Geschlechtlichkeit, der es nur um Zwecke geht. „Einer ihrer ‚Zwecke' ist der der biologischen Fortpflanzung. Man betätigt seine Geschlechtlichkeit dann, wenn man ein Kind will; in der Zwischenzeit ist man neutral. Weil die Geschlechtlichkeit auf diese Weise ihrer tiefen persönlichen Bestimmung entfremdet ist, kann sie auch von außen her mißbraucht werden, um auf den einzelnen Menschen eine Macht auszuüben, die als Sexappeal bezeichnet wird."[86]

Hierzu betrachte man den Unterschied zwischen Denk- und Sprechweise des kanonischen Rechtes (CIC von 1918) und demgegenüber des Zweiten Vatikanischen Konzils. Kanon 1012 sagt: „Christus der Herr hat den Ehekontrakt zwischen zwei getauften Personen als solchen zur Würde des Sakramentes erhoben." Und Kanon 1081 beschreibt die Einwilligung in diesen Vertrag in folgender Weise: „Die eheliche Einwilligung ist ein Akt des Willens, durch den beide Partner sich gegenseitig das bleibende und ausschließliche Recht auf den Körper übergeben im Blick auf Akte, die ihrer Natur nach die Zeugung von Nachkommenschaft zum Zweck haben." Der Ausdruck „Vertrag" ist geeignet für den Aspekt des Rechtsgeschäftes hinsichtlich der sogenannten Ehezwecke. Die Sprache des Zweiten Vatikanischen Konzils ist davon ganz verschieden:

---

[82] GS 50.
[83] GS 50; Familiaris consortio, Nr. 28f.
[84] GS 50.
[85] Diese Wahrheit wird ganz besonders betont in Familiaris consortio, Nr. 36–41.
[86] Vgl. *Th. Bovet*, a.a.O. 48.

„Die innige Gemeinschaft des Lebens und der Liebe in der Ehe, vom Schöpfer begründet und mit eigenen Gesetzen geschützt, wird durch den Ehebund, das heißt durch ein unwiderrufliches personales Einverständnis, gestiftet. So entsteht durch den personal freien Akt, in dem sich die Eheleute gegenseitig schenken und annehmen, eine nach göttlicher Ordnung feste Institution ... So gewähren sich Mann und Frau, die im Ehebund nicht mehr zwei sind, sondern ein Fleisch (Mt 19,6), in inniger Verbundenheit der Personen und ihres Tuns gegenseitige Hilfe und gegenseitigen Dienst und erfahren und vollziehen dadurch immer mehr und voller das eigentliche Wesen ihrer Einheit. Diese innige Vereinigung als gegenseitiges Sich-Schenken zweier Personen wie auch das Wohl der Kinder verlangen die unbedingte Treue der Gatten und fordern ihre unauflösliche Einheit."[87] Es ist offensichtlich, daß diese Sicht auch der ehelichen Berufung ihre Fülle und Schönheit gibt. Und so kann durchaus gesagt werden, daß die in Liebe gezeugte und erzogene Nachkommenschaft gleichsam die Krönung der ehelichen Liebe ist[88].

2. *Ein Blick auf die Geschichte und kulturelle Verschiedenheiten*

Theologisch gesehen, hat das Verhältnis von Liebe und Fruchtbarkeit etwas zu tun mit Erlösung und Sünde. Solange die Sünde im Herrschen über den andern vorwiegt, wird biologische Fruchtbarkeit oder Unfruchtbarkeit vorwalten, je nachdem, was gerade gesellschaftlich vorteilhaft ist. Unter dem Einfluß von Erlösung und Gnade werden Liebe und gegenseitige Achtung bestimmend sein, und zwar so, daß die Weitergabe des Lebens selbst ganz vermenschlicht wird. Die Kinder sind Teilnehmer am Fest der Liebe.

Die Modalität der elterlichen Berufung hängt jedoch auch entscheidend von geschichtlichen und kulturellen Faktoren ab. Im Verlauf der bisherigen Jahrhunderttausende hatte die biologische Fruchtbarkeit eine hohe Dringlichkeit. Denn es ging um das Überleben der Menschheit und um Sein und Nichtsein der Familie und der Sippe. Im allgemeinen mußte die biologische Fruchtbarkeit der Frau voll ausgeschöpft werden; denn infolge der hohen Kindersterblichkeit und häufiger Epidemien war dies absolut notwendig für das Überleben. Der Familienverband brauchte viele Kinder; denn nur so konnte man den Tagen des Alters ohne Angst entgegensehen. In der Zeit einer primitiven Landwirtschaft waren die Kinder wertvolle Arbeitskräfte, so daß die Vorteile gegenüber den Lasten überwogen. In diesem geschichtlichen Kontext hat eine große Liebe zu den Kindern oft das Liebesband zwischen den Gatten gestärkt. Sie ehrten einander als Vater oder Mutter ihrer Kinder. Aber oft war das auch nicht der Fall.

In Städtekulturen wie Babylon und später Rom hatte man für die Arbeit

[87] GS 48.
[88] GS 48.

Sklaven, und der Reichtum floß den Vornehmen aus den mit Waffengewalt unterworfenen Stämmen zu. So wurden die Kinder wirtschaftlich unwichtig. Und wo im Luxus dieser Städte der Sinn des Lebens verlorenging, war die drastische Begrenzung der Kinderzahl ein Hauptanzeichen des Verfalls. Die Landbewohner fuhren jedoch fort, sich an zahlreicher Nachkommenschaft zu erfreuen.

Unser technisch-wirtschaftliches Zeitalter hat im Vergleich zur bäuerlichen und handwerklichen Gesellschaftsstruktur der Vergangenheit einen tiefen Wandel hervorgebracht. Die Kindersterblichkeit ist drastisch reduziert. Das Alter ist durch Sozialversicherung und Pensionen gesichert. Kinder können noch ein Spielzeug sein, was schlimm genug ist, aber sie sind nicht mehr wirtschaftlich rentabel. Ihre Ausbildung in einer hochspezialisierten Gesellschaft ist sehr teuer. Ist sie hochqualifiziert, so hat den Gewinn davon die Gesellschaft, aber nicht die Familie. Die alte patriarchale Familie mit drei Generationen unter einem Dach hat der Kernfamilie Platz gemacht, in der die Gattenbeziehung den ersten Platz einnimmt. Den Menschen ist zum Bewußtsein gekommen, daß sie auch den Lebensprozessen gegenüber Verantwortung zu übernehmen haben. Dieser Wandel kann segensreich sein, wenn er auf einen echt christlichen Glauben und große Liebesfähigkeit trifft. Die bewußte und überlegende Einstellung in der Weitergabe des Lebens ist ein Schritt nach vorwärts. Er kann allerdings in eine kalte Nützlichkeitsrechnung entarten. Und dies ist nicht selten der Fall.

In der städtischen Gesellschaft mit ihrer einsamen Masse und ihren unpersönlichen wirtschaftlichen und politischen Beziehungen ist es normal, daß die Menschen die Notwendigkeit intimer, sexueller Beziehungen stärker spüren. Dies führt allerdings nicht immer zur Stabilität der Ehe, weil oft der Glaube und ein letzter Sinn für das Leben fehlen – und nicht zuletzt, weil allzu hohe und unrealistische Erwartungen an das sexuelle Leben gestellt werden, ohne die integrierende Liebe und Verantwortung zu pflegen. Alle möglichen Mittel der Empfängnisverhütung sind leicht zugänglich, und nicht selten wird die Abtreibung mit Empfängnisverhütung fast auf eine Stufe gestellt. So kommt es, daß Intimität und Bereitschaft zum Kind weithin auseinanderfallen.

Kein Wunder, wenn in dieser neuen Atmosphäre Menschen, denen der tiefe Sinn des Lebens verlorengegangen ist, immer mehr kinderfeindlich werden. Sie haben keine überzeugenden Beweggründe für die Weitergabe des Lebens. Es scheint fast, als ob die Geschichte daran sei, die Menschheit in zwei Arten aufzuteilen. Auf der einen Seite stehen jene, deren Leben seine Mitte in der Liebe gefunden hat und die darum auch hochherzig die Berufung zur Elternschaft annehmen; auf der andern Seite die Utilitaristen oder Sexkonsumenten, die die Kinderzahl drastisch einschränken und die die Gesellschaft auch mit dem einen oder den zwei Kindern schwer belasten, da sie ihnen den Sinn des Lebens nicht erschlossen und sie nicht zu echter Verantwortungsfähigkeit erzogen haben.

In der sogenannten „Dritten Welt“ ist die Situation davon jedoch noch weithin verschieden. Der umfassende Familienverband besteht immer noch. Die Weitergabe des Lebens gehört noch zum zentralen Lebenssinn. Der Glaube an das Leben nach dem Tod und der Wunsch, durch Nachkommenschaft zu Ehren zu kommen, bilden noch eine Synthese. Und obwohl die Kindersterblichkeit schon bedeutsam reduziert ist, sind die Kinder noch die einzige Quelle der Sicherheit für das Alter. Dieser große Unterschied zwischen dem Ausblick der westlichen Welt und dem der südlichen Hemisphäre und auf der andern Seite das Sich-Überkreuzen der geschichtlich ungleichzeitigen Einstellungen in zeitweiser Gleichzeitigkeit werden wohl eine Hauptursache langdauernder Spannungen sein. Die Kirche muß dieser Verschiedenheit der kulturellen Phasen und der Wertsysteme zweifellos Rechnung tragen[89].

3. *Verantwortete Elternschaft*

Ein tiefgreifender kultureller und soziologischer Wandel, eine nicht unbedenkliche Bevölkerungsexplosion in einigen Teilen der Welt mit vielen sozialen Spannungen im Gefolge, eine bedenklich geringe Geburtenrate in einigen Ländern der westlichen Welt und viele andere Ursachen machen die Weitergabe des Lebens zu einem der Hauptgegenstände öffentlicher Diskussionen und zwingen die Einzelnen zum Nachdenken. Obwohl wir die brennenden Bevölkerungsprobleme und die entsprechenden Lösungsversuche in keiner Weise übergehen dürfen[90], beschränken wir hier unsere Überlegungen hauptsächlich auf die Frage der Familienplanung, insofern sie direkt die Eheleute angeht. Fast alle Nationen stellen sich positiv zur Familienplanung. Mit Ausnahme einiger Nationen, die den Druck der Bevölkerungsexplosion besonders verspüren, wird den Gatten das unbegrenzte Recht eingeräumt, selbst im Blick auf ihre Fähigkeiten und Grenzen über die Zahl der Kinder und die Abstände der Geburten zu bestimmen. Immer mehr Nationen machen jedoch die Regulierung des Bevölkerungswachstums zu einem zentralen Punkt ihrer Politik. Die Kirche erkennt das Recht zur Bevölkerungsplanung an, soweit dadurch die Grundrechte der Einzelnen und der Familien nicht angetastet werden[91]. Meines Erachtens ist die verantwortliche Lösung der Ehe- und Familienprobleme durch die Betroffenen auch der beste Beitrag zur Lösung der Bevölkerungsprobleme.

a) Bewußte Weitergabe des Lebens und die Würde des ehelichen Aktes

Obwohl eine weitverbreitete und lange dauernde Tradition seit Clemens von Alexandria, Gregor von Nyssa und Augustinus lehrte, daß der eheliche Akt nur gerechtfertigt („entschuldigt") ist, wenn die Weitergabe des Lebens der unmittel-

---

[89] Die Frage der Inkulturation war vielleicht das hervorstechendste Kennzeichen der Bischofssynode 1980 über Familie; vgl. Familiaris consortio, Nr. 10 u. 67.

[90] Vgl. *P. Ehrlich,* Die Bevölkerungsbombe (München 1971); UN, The Population Debates. Dimensions and Perspectives, 2 Bde. (New York 1974); *L. H. Janssen* (Hrsg.), Population Problems and Catholic Responsibility. Proceedings of the International Symposium on Population Problems in Developing Countries and Worldwide Catholic Responsibility (Groningen – Tilburg 1975).

[91] GS 87.

bar angestrebte und auch aktuell mögliche Zweck ist, so erlaubt die offizielle Lehre der Kirche, die seit Alphonsus von Liguori vorherrschend geworden ist, die eheliche Vereinigung auch sterilen Personen und während der Zeit der Schwangerschaft, das heißt unter Umständen, unter denen der eheliche Akt der Weitergabe des Lebens nicht dienlich ist. Dennoch hat die katholische Lehre immer die Notwendigkeit einer Synthese zwischen der Dimension der Liebesvereinigung und dem Zeugungssinn im ehelichen Leben betont. Die verschiedenen Richtungen der Theologie haben das jedoch nicht in ein und derselben Weise ausgelegt.

Im Unterschied zu Augustinus lehrt Alphonsus von Liguori nachdrücklich, daß der eheliche Akt keiner „Entschuldigungen" bedürfe. Er ist als Ausdruck der ehelichen Liebe und als Bekräftigung unauflöslicher Treue aus sich selbst (per se) gut und ehrbar (bonus et honestus). Alphonsus wagt sogar, im ausdrücklichen Widerspruch zu Augustinus und der entsprechenden Tradition zu behaupten: „Dies ist eine Sache des Glaubens."[92] Er bietet einen interessanten Versuch der Synthese zwischen den verschiedenen sogenannten Ehezwecken auch im Blick auf den ehelichen Akt an. „Wir können drei Arten von Ehezwecken ins Auge fassen: 1) Die innerwesentlichen Ehezwecke, 2) die von innen kommenden, aber nur akzidentellen Ehezwecke, 3) die zufälligen und von außen gesetzten Ehezwecke. Die innerwesentlichen Eheziele sind zwei: Die gegenseitige Selbstübergabe mit dem daraus folgenden Recht auf den ehelichen Akt und das unauflösliche Band. Die der Ehe innewohnenden, aber ihr nur jeweils zufallenden Zwecke sind ebenfalls zwei: Weitergabe des Lebens und Heilung der Triebunruhe. Die zufälligen und von außen kommenden Zwecke sind vielfältig. Daraus folgt: 1) Es ist sicher, daß der Ausschluß eines innerwesentlichen Ehezweckes nicht nur Sünde ist, sondern die Ehe ungültig macht...; 2) Es ist sicher, daß unter gewissen Umständen der Ausschluß eines zwar von innen kommenden, aber der Ehe nur zufallenden Zweckes den Ehebund nicht nur nicht ungültig, sondern auch nicht unerlaubt macht."[93]

Es sei betont, daß die an zweiter Stelle aufgeführten Ehezwecke, die zum inneren Wesen der Ehe gehören, wenn auch nur wie es den Einzelnen zufällt, in keiner Weise willkürlich ausgeschlossen werden dürfen. Der *willkürliche* Ausschluß der Weitergabe des Lebens von der Ehe insgesamt würde den Ehevertrag ungültig, und wenn es sich um den einzelnen Eheakt handelt, diesen unerlaubt machen. Ich denke nicht, daß dieser Versuch einer systematischen Zusammenschau des Verhältnisses der Ehezwecke zueinander die einzige zulässige Möglichkeit ist. Ich halte aber dies für einen durchaus bedenkenswerten und fruchtbaren Ansatz, auch im Blick auf die heutige Problematik.

Eine Ehe zwischen Personen, von denen eine oder beide unfruchtbar sind,

---

[92] *Alphonsus de Liguori,* Theol. mor. lib. VI tr. VI cap. II, n. 900.

[93] Ebd. cap. I, n. 882; vgl. cap. II, n. 927, wo Alphonsus deutlich nahelegt, daß die gleichen Eheziele, die den ehelichen Bund als solchen rechtfertigen, auch als Sinnziele für den ehelichen Akt vollauf genügen.

kann gültig und gut sein, obwohl die Gatten wissen, daß der Zeugungssinn aktuell nicht in Frage kommt. Und sie können sich am Ausdruck ihrer ehelichen Liebe durchaus freuen. Lieben sich die Gatten jedoch in Wahrheit, so wären sie für die elterliche Berufung durchaus offen, stünde dies zur Frage. So ist keine willkürliche Trennung der Ehezwecke gegeben. Eine echte Gattenliebe ist nicht denkbar, wenn der eine vom anderen denkt, daß er einen solchen Menschen unter keinen Umständen zum Vater bzw. zur Mutter seiner Kinder haben möchte.

In einer Ehe, in der Fruchtbarkeit nicht nur biologisch vorgegeben ist, sondern auch verantwortlich angestrebt werden kann, wird gerade die Erfüllung des inneren und wesentlichen Zielsinnes der ehelichen Liebe die Gatten zur Übernahme ihrer elterlichen Berufung bereit machen, und ihr harmonisches Eheleben wird auch einer harmonischen Erziehung der Kinder dienen.

Der Zielsinn der Weitergabe menschlichen Lebens gehört so innerlich zum Ehebund und zur ehelichen Liebe, daß jene Akte der ehelichen Vereinigung, in der aktuell die Absicht besteht, Leben zu wecken, auch psychologisch als Höhepunkte empfunden werden. In Zeiten, in denen eine neue Schwangerschaft unverantwortlich wäre, das Ja zur elterlichen Berufung jedoch unerschütterlich bleibt, nimmt jeder eheliche Akt in irgendeiner Weise an der Fülle und Würde jener Bereitschaft teil. Das eheliche Leben muß als Ganzes betrachtet werden[94].

Jedes willkürliche Auseinanderreißen der zwei innerwesentlichen Dimensionen des Ehelebens trifft auch den Zielsinn der liebenden Vereinigung in negativer Weise. Aber eine rein numerische Sicht des einzelnen Aktes ohne den Blick auf das Ganze schadet der ehelichen Gesundheit.

b) Eine Frage gemeinsamen Überlegens und Entscheidens

Daß die Weitergabe des Lebens nicht einfach den biologischen Abläufen oder dem Instinkt überlassen werden darf, sondern vielmehr dem gemeinsamen Überlegen und der gemeinsamen Entscheidung der Gatten anvertraut ist, ist in der katholischen Lehre seit Pius XII. klargestellt[95]. Was dies bedeutet, ist in der Pastoralkonstitution über die Kirche in der modernen Welt, Artikel 50, und durch die Enzyklika Pauls VI. „Humanae Vitae" näherhin erklärt worden.

Zwei verschiedene Fragen müssen hier deutlich auseinandergehalten werden: erstens die Grundentscheidung, Leben weiterzugeben und in welchen Abständen, also die Frage über die ersehnte Zahl der Kinder und der günstigen Zeiten für jede neue Schwangerschaft; zweitens die Frage nach der Methode der Empfängnisregulierung. Nach dem Beispiel des Artikels 50 der Pastoralkonstitution rede ich in diesem Abschnitt überhaupt nicht von Methoden, sondern nur von der ersten Grundentscheidung. Da dies im Konzil

---

[94] Vgl. *B. Häring*, The Inseparability of the Unitive-Procreative Functions of the Marital Act, in: *Ch. E. Curran* (Hrsg.), Contraception (New York 1969) 176–192.
[95] *Pius XII.*, Ansprache vom 29. 10. 1951: AAS 43 (1951) 835–854.

von vielen nicht verstanden wurde, die ganz von der Methodenfrage fasziniert waren, gab es unnötige Diskussionen und Spannungen.

Die Frage nach der verantworteten Weitergabe des Lebens als Gewissenfrage besteht nur für jene Gatten, für die die elterliche Berufung aus dem Wesen des Ehebundes und der ehelichen Liebe entsteht. Verantwortliche Elternschaft verstehe ich hier nicht im Sinne eines Zur-Rechenschaft-gezogen-Werdens, sondern als die grundlegende Fähigkeit und Bereitschaft, auf die Gaben und den Ruf Gottes sowie auf die Liebe und die Nöte des andern zu antworten. Verantwortete Weitergabe des Lebens geht die Ehegatten gemeinsam an. Und darum ist es wichtig, daß sie darüber miteinander sprechen, gemeinsam darüber beten und zu einer gemeinsamen Entscheidung kommen. Es ist nicht klug, wenn die Gatten zu Beginn ihrer Ehe eine unwiderrufliche Entscheidung über die Zahl der Kinder treffen wollen. Mit dem Wachstum ihrer Liebe und wertvoller Erfahrung kann auch ihre Bereitschaft wachsen. Es ist eine christliche Verantwortungsbereitschaft, wenn sie im Blick auf Christus, den Dritten im Bund, die Entscheidung so treffen wollen, daß sie sie Gott als dankbare Antwort auf all seine Gaben anbieten können. „Um in menschlicher und christlicher Verantwortlichkeit ihre Aufgabe zu erfüllen, werden sie in einer auf Gott hinhörenden Ehrfurcht durch gemeinsame Überlegung versuchen, sich ein sachgerechtes Urteil zu bilden. Hierbei müssen sie auf ihr eigenes Wohl wie auf das ihrer Kinder – der schon geborenen oder zu erwartenden – achten; sie müssen die materiellen Verhältnisse der Zeit und ihres Lebens zu erkennen suchen und schließlich auch das Wohl der Gesamtfamilie, der weltlichen Gesellschaft und der Kirche berücksichtigen. Dieses Urteil müssen im Angesicht Gottes die Eheleute letztlich selbst fällen. In ihrem ganzen Verhalten seien sich die christlichen Gatten bewußt, daß sie nicht willkürlich vorgehen dürfen.“[96]

Niemand kann und darf den Gatten diese Entscheidung abnehmen. Nur sie können, in der Liebe Gottes vereint, die Kraft ihrer gegenseitigen Liebe, ihre Erziehungskunst, ihre geistige und seelische Gesundheit abschätzen. Es wäre eine große Lieblosigkeit und Ungerechtigkeit, wollte zum Beispiel der Ehemann der Frau gegenüber auf der Bereitschaft zu einer neuen Schwangerschaft bestehen, falls diese über die Kräfte der Frau ginge oder ihre Gesundheit ernstem Schaden aussetzte. In einer gemeinsamen Entscheidung vor Gott können sie jedoch durchaus ein vernünftiges Wagnis auf sich nehmen. Die größten Entscheidungen des Lebens erlauben und verlangen vielfach ein Wagnis, das sich freilich in vernünftigen Grenzen halten soll. Ein unbesonnenes Handeln läßt sich nicht durch Berufung auf die göttliche Vorsehung entschuldigen.

c) Die Frage der Methode im Blick auf ein harmonisches Eheleben

Die Frage nach den Methoden der Empfängnisregelung kann von ganz verschiedenen Gesichtspunkten und in ganz verschiedenen Haltungen gestellt

[96] GS 50; vgl. *G. Campanini* (Hrsg.), Sessualità e responsabilità (Bologna 1976).

werden[97]. Sogar die Wortwahl ist wichtig. So sprechen verschiedene Organisationen, die für die Familienplanung werben, bewußt von „Geburtenregelung", wobei sie die Verhinderung einer normalen Geburt durch Schwangerschaftsunterbrechung in diesem Ausdruck mit einschließen. Darum ziehe ich den Ausdruck „Empfängnisregelung" oder gegebenenfalls „Empfängnisverhütung" vor, um so schon im Wortgebrauch deutlich zu machen, daß Abtreibung verantworteter Elternschaft absolut widerspricht.

Viele Moraltheologen bis auf unsere Zeit und auch die Eheenzyklika Pius' XI. „Casti Connubii" konzentrierten sich ausschließlich auf die Methodenfrage, ohne zuerst die Grundentscheidung über verantwortliche Weitergabe des Lebens zu beachten. Es schien, als ob die Methode durch sich allein die Moralität entscheide. Infolgedessen verurteilte man in gleicher Weise die Entscheidung jener, die z. B. schon fünfzehn Kinder hatten und schließlich durch unterbrochenen Verkehr einen nicht mehr tragbaren Zuwachs ausschlossen, ebenso wie jene, die sich von absolut selbstischen Motiven bestimmen ließen.

Es muß deutlich gesagt werden, daß im Falle selbstischer Beweggründe für die Entscheidung, eine Empfängnis zu verhüten, die Wahl der Methode, und sei es auch totale oder periodische Enthaltsamkeit, die Moralität nicht rettet. Der Streit um die Methodenfrage ist unfruchtbar, wenn ihr Kinderfeindlichkeit und eine ganz und gar kontrazeptive Haltung zugrunde liegt. Unter kontrazeptiver Haltung oder kontrazeptiver Kultur verstehe ich die Neigung des modernen technischen Menschen und Sexkonsumenten, der glaubt, so wichtige Lebensfragen einfach durch technische oder chemische Methoden lösen zu können. Dabei stellt man sich die Frage nach der erwünschten Kinderzahl auf einer rein utilitaristischen Basis, und dementsprechend wird die Methode der Regulierung gewählt[98].

Das Schicksal gegenseitiger geschlechtlicher Ausbeutung wird immer denen drohen, denen es nur um technische Methoden und Lustgewinn geht, ohne Sorge um die Echtheit der sexuellen Sprache der Liebe. Auch Führer anderer Kirchen, die in der Methodenfrage milder urteilen als die offizielle katholische

---

[97] *Paul VI.*, Enzyklika „Humanae Vitae" (HV) über die rechte Ordnung der Weitergabe menschlichen Lebens (1968); vgl. *G. Martelet*, L'existence humaine et l'amour; pour mieux comprendre l'encyclique Humanae Vitae (Paris 1969); *F. E. v. Gagern*, Geburtenregelung und Gewissensentscheid. Die bekannt gewordenen Dokumente der Päpstlichen Ehekommission (München 1967); *J.-M. Reuss*, Verantwortete Elternschaft (Mainz 1967); *ders.*, Familienplanung und Empfängnisverhütung. Überlegungen im Anschluß an die Synodenvorlage ‚Christlich gelebte Ehe und Familie' sowie an die Enzyklika Humanae Vitae (Mainz 1975); *Ph. Delhaye – J. Grootaers – G. Thils* (Hrsg.), Pour relire Humanae Vitae. Declarations épiscopales du monde entier (Gembloux 1970); Denkschrift zu Fragen der Sexualethik, erarbeitet von einer Kommission der Evangelischen Kirche in Deutschland (Gütersloh 1971); *J. Gründel* (Hrsg.), Sterbendes Volk? Fakten, Ursachen, Konsequenzen des Geburtenrückgangs der Bundesrepublik Deutschland (Düsseldorf 1973); *ders.*, Empfängnisregelung und Bevölkerungspolitik, in: *A. Hertz – W. Korff – T. Rendtorff – H. Ringeling* (Hrsg.), Handbuch der christlichen Ethik (Freiburg i. Br. – Gütersloh ²1979) II, 148–160; *J. A. Komanchak*, Humanae Vitae and Its Reception, in: Theol. Studies 39 (1978) 221–257.

[98] *K. Wojtyła*, a. a. O. (s. Anm. 68) 225–231.

Lehre, erheben warnend ihre Stimme vor einem solchen Trend. Der ehemalige Präses der evangelischen Kirche im Rheinland, Beckmann, äußerte sich dazu, Empfängnisverhütung aus Not sei seltener als aus anderen Gründen, wie z.B. aus Bequemlichkeit oder bloßer Genußbefriedigung[99].

Das Zweite Vatikanische Konzil stellte sich der Frage auf der Ebene höchster Prinzipien in einer personalistischen Sicht, ohne sich jedoch in Einzelfragen der Methoden einzulassen. Und die Methodenfrage, das ist wichtig, wird überhaupt erst gestellt, nachdem die Grundentscheidung verantwortlicher Elternschaft gründlich erklärt ist. Auch dann ist eine Überschrift wie „Methodenfrage" vermieden. Der Titel von Artikel 51 der Pastoralkonstitution gibt die Sicht an: Synthese zwischen ehelicher Liebe und Weitergabe menschlichen Lebens. Noch bevor „unsittliche Lösungen", wie Tötung des Lebens im Mutterschoß, entschieden zurückgewiesen werden, weist das Konzil darauf hin, wie unrealistisch es wäre, totale Enthaltung vom ehelichen Akt als *die* Lösung des Problems verantworteter Elternschaft anzubieten. „Wo nämlich das intime eheliche Leben unterlassen wird, kann nicht selten die Treue als Ehegut in Gefahr geraten und das Kind als Ehegut in Mitleidenschaft gezogen werden; denn dann werden die Erziehung der Kinder und auch die tapfere Bereitschaft zu weiteren Kindern gefährdet."[100] Das Konzil ist überzeugt, daß eine ehrbare und infolgedessen eine der ehelichen Liebe nicht abträgliche Lösung möglich ist, d.h., „daß es keinen wahren Widerspruch geben kann zwischen den göttlichen Gesetzen hinsichtlich der Weitergabe des Lebens und dem, was echter ehelicher Liebe dient." Während das Konzil nicht unmittelbar alles sagt, was wir in bezug auf die wahre Lösung gerne wissen möchten, tut es jedoch eines: Es schließt eine rein biologische Sicht aus. „Die geschlechtliche Anlage des Menschen und seine menschliche Zeugungsfähigkeit überragen in wunderbarer Weise all das, was es Entsprechendes auf niedrigeren Stufen des Lebens gibt."[101]

Letzte positive Kriterien, die das Konzil angibt, beruhen auf der Würde des Menschen und der ehelichen Akte als echt menschlichen Ausdrucksformen. „Deshalb sind die dem ehelichen Leben eigenen Akte, die entsprechend der wahren menschlichen Würde gestaltet sind, zu achten und zu ehren. Wo es sich um den Ausgleich zwischen ehelicher Liebe und verantwortlicher Weitergabe des Lebens handelt, hängt die sittliche Qualität der Handlungsweise nicht allein von der guten Absicht und Bewertung der Motive ab, sondern auch von objektiven Kriterien, die sich aus dem Wesen der menschlichen Person und ihrer Akte ergeben und die sowohl den vollen Sinn gegenseitiger Hingabe als auch den einer wirklich humanen Zeugung in wirklicher Liebe wahren."[102] Ein in letzter Stunde auf Verlangen von Papst Paul VI. eingefügter Text fügt bei: „Das ist nicht möglich ohne aufrichtigen Willen zur Übung der Tugend ehelicher

---

[99] Zitiert nach *F. E. v. Gagern,* a.a.O. 364.
[100] GS 51.
[101] GS 51. [102] GS 51.

Keuschheit." Was immer die persönliche Absicht Pauls VI. gewesen sein mag, im Gesamtzusammenhang kann Übung der Keuschheit nicht einfach mit Verzicht auf den Ausdruck ehelicher Liebe identifiziert werden. Aber daß Keuschheit und eheliche Liebe zusammen in ihrer inneren Identität bisweilen auch ernste Verzichte fordern können, darüber besteht kein Zweifel. Wird etwas als Forderung der Echtheit der Liebe verstanden, so wird ein Christ, der sich ganz am Gott der Liebe ausrichtet, die Bereitschaft haben und die Kraft finden, solche Opfer zu bringen. Aber Übung ehelicher Keuschheit ist vor allem treue Pflege der Liebe.

d) Welche Art der Offenheit muß jeden ehelichen Akt auszeichnen?

Die Enzyklika „Humanae Vitae" (Nr. 7–11), die zweifellos im Lichte des Zweiten Vatikanischen Konzils ausgelegt werden muß, nimmt die grundsätzliche Sicht des Konzils über eheliche Liebe auf. Dann aber zieht die Enzyklika in der ihr eigenen Sicht des natürlichen Sittengesetzes die Schlußfolgerung: „Indem die Kirche die Menschen zur Beobachtung des von ihr in beständiger Lehre ausgelegten natürlichen Sittengesetzes anhält, lehrt sie nun, daß jeder eheliche Akt von sich aus auf die Erzeugung menschlichen Lebens hingeordnet bleiben muß" (Nr. 11).

Die lateinische Textfassung sagt: „Per se destinatus permaneat", und könnte wörtlich übersetzt werden: „Jeder Gebrauch der Ehe muß von sich aus zur Zeugung menschlichen Lebens bestimmt bleiben." Dies würde wohl dem Text der Enzyklika „Casti Connubii" entsprechen, auf den hier hingewiesen wird. Dann aber müßte logischerweise auch der Gebrauch der berechneten unfruchtbaren Tage ausgeschlossen sein. Da der Papst diese Folgerung nicht ziehen will, dürfte man den Text vielleicht interpretierend so übersetzen: „von sich aus auf Zeugung hinweisen".

Paul VI. ist fest überzeugt, daß der sorgfältige und genau berechnete Gebrauch des Rhythmus zwischen fruchtbaren und unfruchtbaren Tagen, auch wenn er dazu dient, zeitweise oder für immer eine neue Empfängnis auszuschließen, doch von sich aus auf Zeugung menschlichen Lebens hinweist. Und das kann m. E. gesagt werden. Aber unmöglich kann behauptet werden, daß diese Akte, wenn alles getan ist, um sicher zu sein, daß keine Empfängnis eintritt, „von sich aus zur Zeugung bestimmt sind". Paul VI. sieht einen qualitativen Unterschied zwischen diesen ihrer äußeren unversehrten Gestalt nach auf Zeugung hinweisenden Akten, auch wenn Empfängnis aktuell ausgeschlossen ist, und dem Gebrauch von künstlichen Mitteln, die dem Akt als solchem den zeichenhaften Hinweis auf Zeugung nehmen. Ebenso sieht es Johannes Paul II. in „Familiaris consortio" (Nr. 28–35). Der Bischofssynode 1980 lag jedoch offenbar viel daran, den Ansatzpunkt nicht vom Einzelakt, sondern von der ehelichen Liebe als solche zu nehmen – eine Frage der Kommunikabilität und der Normenbegründung. Die Quintessenz von „Gaudium et spes" und von „Humanae vitae" wird darin gesehen, „daß nämlich die eheliche

Liebe voll menschlich, ausschließlich und offen für das neue Leben sein muß"[103].

Es ist zu beachten, daß „Humanae Vitae" mit keinem Wort von totaler Abstinenz vom Vollausdruck ehelicher Liebe als Mittel der Empfängnisregelung redet. Die Enzyklika empfiehlt ausschließlich die periodische Enthaltsamkeit, die ihrerseits nicht auf eine willkürliche Entscheidung gegründet sein darf. „Wenn also gerechte Gründe dafür sprechen, Abstände einzuhalten in der Reihenfolge der Geburten – Gründe, die sich aus der körperlichen oder seelischen Situation der Gatten oder aus äußeren Verhältnissen ergeben –, ist es nach kirchlicher Lehre den Gatten erlaubt, dem natürlichen Zyklus der Zeugungsfunktionen zu folgen, dabei den ehelichen Verkehr auf die empfängnisfreien Zeiten zu beschränken und die Kinderzahl so zu planen, daß die oben dargelegten sittlichen Grundsätze nicht verletzt werden."[104]

Der französische Jesuit Gustave Martelet, auf den der Papst wiederholt lobend hingewiesen hat, suchte den Unterschied zwischen dem berechneten Gebrauch empfängnisfreier Tage und dem Gebrauch künstlicher Mittel oder des abgebrochenen Verkehrs mit dem Hinweis auf das Paradigma der „sexuellen Sprache" zu erklären. Zunächst beschreibt er die Lehre des Zweiten Vatikanischen Konzils zutreffend: „Eheleute finden sich bisweilen in einem schmerzlichen Konflikt zwischen den die Einheit fördernden Werten der sexuellen Sprache der Liebe und der hier und jetzt unersehnten Fruchtbarkeit." Dann spricht er im Blick auf die Fruchtbarkeit von „den Strukturen, den Funktionen und Rhythmen, die die Vorbedingung für das Sein in der Wahrheit des Menschen auf diesem Bereich sind."[105] Der periodisch wiederkehrende Rhythmus zwischen fruchtbaren und empfängnisfreien Tagen ist für ihn die entscheidende Struktur und Sprache der Fruchtbarkeit, und wenn sich die eheliche Liebe an die Sprache der Fruchtbarkeit hält, dann ist sie lebenswahr. „Die Analogie des Wortes in seinem Bezug zur Wahrheit kann uns zum Verständnis der Sicht der Liebe führen, die in sich selbst Dialog und Sprache ist, und wir fragen: Kann jemand die Pflicht, die Wahrheit zu sprechen, erfüllen, indem er versucht, sie zu verhüllen?"[106]

---

[103] Familiaris consortio (Nr. 29) gibt die propositio 22 der Synode wörtlich wieder, zitiert jedoch in der Fußnote dazu den Text von Humanae vitae (Nr. 11), wonach „jeder Akt offen bleiben muß für die Weitergabe des Lebens". Diese Formulierung war in der Vorlage zur propositio den Vätern der Synode vorgeschlagen, diese aber stimmten dafür, daß die Aussage zunächst und zuerst von der *Liebe* der Gatten als solcher zu machen sei.

[104] HV 16; vgl. *G. Martelet,* Amour conjugal et renouveau conciliaire (Lyon 1967) 17; im Unterschied zu Martelet argumentiert K. Wojtyła wie schon in seinem früheren Werk „Liebe und Verantwortung", so auch in seinem vielbeachteten Vortrag, den er wenige Monate vor seiner Wahl in Turin gehalten hat, rein personalistisch von den Erfordernissen ehelicher Liebe her und betont demgemäß, daß nur die Überzeugung, daß es sich um Erfordernisse der Liebe handle, das Gewissen wirksam erreichen kann: *K. Wojtyła,* Fruitful and Responsible Love (Slough – New York – Sydney 1978) 14–32.

[105] *G. Martelet,* a.a.O. 27.

[106] Ebd. 34.

e) Sind biologische annähernde Gesetzlichkeiten Sprachregeln der Liebe?

Martelet scheint fest überzeugt zu sein, daß annähernde biologische Gesetzlichkeiten eine absolut bindende Sprachregel für den Ausdruck der Sexualität sein können. Seine Folgerung ist apodiktisch und verlangt absolute Enthaltung, wenn der natürliche Rhythmus nicht funktioniert. „Liebe nimmt hier am Drama der Sprache teil, die bisweilen die unabdingbare Notwendigkeit mit sich bringt, zu schweigen anstatt durch Reden zu lügen.“[107] Nach ihm sind jene, die sich auf die natürlichen Rhythmen verlassen, um eine unersehnte Schwangerschaft zu verhüten, in ihrer sexuellen Sprache wahrhaftig, während jene, die eine Methode wählen, die dieser biologischen Struktur nicht folgt, „Verrat am Leben begehen“[108]. Ist eine so scharfe Verurteilung wirklich zwingend erwiesen?

Fürs erste bedarf es einer eingehenderen Phänomenologie auf der Grundlage einer Psychologie und Philosophie der Sprache[109] und selbstverständlich einer sorgfältigen Analyse der Gesamtbedeutung der Sexualität und der Treue zum Leben als Geschenk und Ruf Gottes. Die physiologischen Prozesse sind aus der vormenschlichen Zeit ererbt und können mehr oder weniger regelmäßig funktionieren. Von sich aus können sie kein absolutes moralisches Gesetz diktieren, was nicht heißt, daß der Mensch biologische Gesetzmäßigkeiten einfach unbeachtet lassen dürfe, zumal wenn es ihm möglich ist, davon einen sinnvollen Gebrauch zu machen.

Kardinal Karol Wojtyła, der heutige Papst Johannes Paul II., hat sich in einem vielbeachteten Vortrag zum zehnten Jahrestag der Enzyklika „Humanae Vitae“ in Turin streng darauf beschränkt, von den inneren Erfordernissen der ehelichen Liebe her zu argumentieren, und beigefügt, daß wir das Gewissen der Menschen nur erreichen, wenn wir ihnen überzeugend darlegen können, daß etwas ein Erfordernis der Liebe ist[110]. Meines Erachtens ist dies der einzig gangbare Weg einer sinnvollen Auseinandersetzung mit kritischen, aber aufgeschlossenen Menschen von heute. Hier geht es wirklich dann darum, zu zeigen, ob es sich um ein unabdingbares natürliches Sittengesetz handelt, das den Augen der liebenden Vernunft zugänglich ist.

Was die von Papst Paul VI. wiederholt betonte Tradition angeht, so enthält sie sicher etwas Bleibendes. Der sonst kritische André Guindon drückt sich so aus: „Die Tradition fürchtet, wenn die Sexualität nicht innerhalb des Gesamtplanes der Fruchtbarkeit gelebt wird, das ist innerhalb jener geschichtlichen Liebe, für die die Ehe steht, daß dann die Sexualität in ihrer wahren Natur verraten wird, denn sie wird dann gegen die Liebe ausgespielt.“[111]

Das Grundanliegen der Tradition muß bewahrt bleiben, zunächst einmal gegen kontrazeptiven „Gebrauch“ der Sexualität außer der Ehe und auch gegen eine kontrazeptive Mentalität in der Ehe selbst, in der Eheleute sich willkürlich

---

[107] Ebd. 34f. [108] Ebd. 35f.

[109] Vgl. das 1. Kap. dieses Bandes über Wahrhaftigkeit in Konfliktsituationen.

[110] *K. Wojtyła,* Fruitful and Responsible Love 18ff. 27ff.

[111] *A. Guindon,* a.a.O. (s. Anm. 2) 174.

ihrer elterlichen Berufung versagen und infolgedessen auch die Dimension der einigenden und Treue schaffenden Liebe aufs Spiel setzen. Alle Methoden der Empfängnisverhütung sind schädlich, wenn sie im Dienst der selbstisch gesuchten sexuellen Befriedigung stehen und der ehelichen Liebe deshalb im Wege stehen. Viele Eheleute und Eheberater meinen jedoch, daß liebende Gatten, die ihrer elterlichen Berufung hochherzig und treu nachkommen und in Konfliktfällen eine andere Methode der Empfängnisverhütung als den Gebrauch der empfängnisfreien Tage suchen, einen hohen Grad gegenseitiger zärtlicher Liebe ausdrücken und bewahren können. Ich stelle dies hier nur zur Frage, aber so, daß die Eheleute vor Selbsttäuschungen gewarnt werden müssen.

Die Ausdeutung der Tradition verlangt eine sorgfältige Hermeneutik im Blick auf die Gesamtkultur und Weltsicht der Vergangenheit und Gegenwart. Die Verurteilung kontrazeptiver Methoden war in vergangenen Jahrhunderten in vieler Hinsicht überzeugend. Fürs erste mußte man nicht selten gebrauchte magische Praktiken verurteilen. Dann ist zu bedenken, daß der männliche Samen als ein Mensch im Werden (homunculus) angesehen wurde, so daß der absichtliche Verlust des Spermas der Abtreibung gleichgesetzt wurde. Der Begriff der verantworteten Weitergabe des Lebens war noch nicht erfaßt; denn die Gesamteinstellung zum Leben war im allgemeinen noch nicht reflexiv. Dazu kommt die augustinische Sicht, die sich hartnäckig hielt, wonach der eheliche Akt in sich beschämend und darum zu seiner Entschuldigung der Zeugungsabsicht bedürftig war. Oft stellte man die falsche Alternative: entweder der Weitergabe des Lebens absichtlich dienen oder aber der ungeordneten Lust frönen. Das Offensein des ehelichen Aktes wurde ganz anders verstanden als in der Enzyklika Pauls VI. „Humanae Vitae". Die Tradition ist hierin grundlegend modifiziert worden. Es ist die Frage, ob der Grad der Modifikation den Grad der Berufung auf die Tradition rechtfertigt.

Im Hinblick auf all das ist es nicht verwunderlich, daß Bischöfe und noch mehr Theologen, Seelsorger, Beichtväter und ganz besonders Eheleute und Eheberater beachtliche Schwierigkeiten haben, die Absolutheit der vom authentischen Lehramt vorgelegten Normen ohne Differenzierung anzunehmen. Beichtväter und Berater müssen sich bewußt sein, daß Eheleute im allgemeinen um diese Schwierigkeiten und die Verschiedenheiten der Auffassungen wissen, die nicht nur einen Großteil der Theologen betreffen, sondern sich auch in pastoralen Erklärungen einzelner Bischöfe und ganzer Bischofskonferenzen niederschlugen.

Was not tut, ist das ehrliche Suchen nach lebenswahrer und treuer Lösung dieser Fragen, die Bereitschaft, auf die Stimme des Magisteriums zu hören, und das ernste Bemühen, seine Äußerungen zu verstehen, sowie die Ehrfurcht vor dem ehrlichen Gewissen[112], was von vielen Bischofskonferenzen und Theologen betont wird.

---

[112] Vgl. *R. McCormick*, Conscience, Theologians and the Magisterium, in: New Cath. World 220 (1977) 268–271.

Die katholischen Eheleute werden in ihrer Gewissensentscheidung das Gesamt der Weisungen des kirchlichen Lehramtes ernstlich beachten. Ein Beschluß der gemeinsamen Synode der Bistümer in der Bundesrepublik Deutschland zum Thema christlich gelebte Ehe und Familie äußert sich vorsichtig in folgender Weise: „Das Urteil über die Methode der Empfängnisregelung, das in die Entscheidung der Ehegatten gehört, darf nicht willkürlich gefällt werden, sondern muß in die gewissenhafte Prüfung die objektiven Normen mit einbeziehen, die das Lehramt der Kirche vorlegt. Die angewandte Methode darf dabei keinen der beiden Partner seelisch verletzen oder in seiner Liebesfähigkeit beeinträchtigen."[113] In einer Fußnote verweist dieser Text auf die Pastoralkonstitution über die Kirche in der modernen Welt, Nr. 51, dann auf die Eheenzyklika „Humanae Vitae", Nr. 10–14, und schließlich auf das Wort der deutschen Bischöfe zur seelsorglichen Lage nach dem Erscheinen der Enzyklika „Humanae Vitae" vom 30. August 1968, Nr. 11–13. „Familiaris consortio" betont vor allem das Wachstumsgesetz und pastorales Verständnis, insbesondere für jene Gatten, denen es nicht leicht ist, sich in den Fragen der Norm von Humanae vitae zu einigen[114].

Niemand sollte an den Schwierigkeiten und Spannungen der Kirche bezüglich dieser Frage Ärgernis nehmen. Es handelt sich um das Suchen nach wahrheitsgemäßen Lösungen in einem geschichtlichen Wandel ohnegleichen und in Fragen mit weitreichenden Folgen für die ganze Menschheit. Es gilt vor allem hervorzuheben, was uns eint, wie ich es hier versucht habe; dann werden noch verbliebene Spannungen eher ertragen werden.

IV. Der Bund der Liebe: Ehe und Familie

Im Vorausgehenden wurde vielfach versucht, zu zeigen, daß es unmöglich ist, den letzten Sinn der Sexualität zu erfassen, ohne die Aufmerksamkeit auf die Ehe als Bund der Liebe, als Berufung und Institution zu richten. In allen Kulturen finden wir Ehen und Familien, in denen die Gatten ihre vornehme Berufung erfüllen und von der Umwelt dabei gestützt werden. Die konkreten Strukturen und Funktionen von Ehe und Familie verdanken sich jedoch nie der Sexualität oder der sexuellen Hygiene allein, und sie haben nicht nur mit den persönlichen Beziehungen zwischen den Gatten zu tun. Ein geschichtliches Denken sieht neben der Macht der Liebe auch die Wechselwirkungen von Ehe und Familie mit den wirtschaftlichen Strukturen und Prozessen, mit dem Eigentumsverständnis, sozialer Sicherheit und den Gesamtinteressen der Gesellschaft.

---

113 Synodenbeschluß: Die christlich gelebte Ehe 2.2.2.3.

114 Familiaris consortio, Nr. 33 u. 34. Mir scheint, daß aufgrund dieser Texte wenigstens auf der Ebene des ernsten und ehrlichen Gewissens Platz für Epikie in Anwendung der Norm ist, wie schon der hl. Alphonsus von Liguori gelehrt hat (Theologia moralis, liber I, Nr. 201; vgl. liber VI, Nr. 945; vgl. Nr. 947 u. 882) in bezug auf den abgebrochenen Verkehr.

1. *Ehe als Institution*

Die Ehe als Berufung und Heilsmysterium kann nicht losgelöst von ihrem institutionellen, kulturellen, geschichtlichen Kontext verstanden werden. Im Blick auf das Geheimnis der Inkarnation, das für das ganze christliche Leben maßgebend ist, müssen wir diesen verschiedenen Dimensionen unsere Aufmerksamkeit schenken[115].

Ehe und Familie gehören als Institution zusammen. Sie sind die ältesten und die grundlegendsten Institutionen, die die menschliche Kultur, die Entfaltung und Sicherheit des Menschen tragen. Sie sind die Lebenszelle der menschlichen Gesellschaft und auch der Kirche. Im Verlauf der Geschichte gedeiht oder leidet die Ehe in Wechselbeziehung mit dem Gesamt des gesellschaftlichen, wirtschaftlichen, kulturellen und politischen Lebens.

Sprechen wir als Gläubige von Ehe als Institution, so denken wir zuerst daran, daß sie von Gott gestiftet ist und daß ein göttlicher Plan für sie besteht, dem die Menschheit Treue schuldet. Ehe und Familie sind von Gott als Liebes- und Lebensgemeinschaft gewollt. Doch wir kennen Gottes Plan nicht im Abstrakten, sondern nur wie er sich in der Entfaltung der Heilsgeschichte konkret offenbart. Die heiligen Texte und die Lehräußerungen der Kirche über Ehe und Familie haben ihren Sitz im Leben; sie beleuchten das Ideal in der jeweiligen Kultur und im jeweiligen geschichtlichen Augenblick. So warnen die inspirierten Autoren zum Beispiel vor der Herrschsucht des Mannes gegenüber der Frau und den Kindern, aber sie schreiben nicht die Partnerschaftsehe vor, wenn in der bestehenden Kultur nur der patriarchale Familientyp bekannt ist. Doch die Lehre von der Ebenbürtigkeit der Frau gegenüber dem Mann ist ein Sauerteig, der auch die Struktur der Familie revolutionieren kann, ähnlich wie das Evangelium von der absoluten Gleichheit aller Menschen vor Gott schließlich die Sklaverei überwinden sollte.

Ehe und Familie sind auf die Gesellschaft angewiesen; diese soll ihre Sicherheit, Stabilität und ihre unverzichtbaren Funktionen garantieren. Die christliche Ehe bedarf der Kirche, um ihre Ideale aufrechtzuerhalten und den Gatten und Familien zu helfen, ihre Berufung immer besser zu verstehen. Der Kirche, die die Ehe als Heilsgeheimnis und Heilsweg verkündet, kann es nicht gleichgültig sein, wie sich die Gesellschaft gegenüber Ehe und Familie verhält, ob sie sie schützt und fördert oder aber ihr Hindernisse in den Weg legt. Der Staat muß in seinem eigenen Interesse seine Gesetzgebung und alle seine Tätigkeiten, die wirtschaft-

---

[115] Vgl. *J. Höffner,* Ehe und Familie. Wesen und Wandel in der industriellen Gesellschaft (Münster ²1965); *E. Schillebeeckx,* Marriage: Human Reality and Saving Mystery (London 1965); *G. Krems – R. Mumm* (Hrsg.), Theologie der Ehe (Regensburg – Göttingen 1969); *H. Rosenberg,* Familie als Gegenstruktur zur Gesellschaft. Kritik grundlegender Ansätze der westdeutschen Familiensoziologie (Stuttgart 1973); *Th. Rey-Mermet,* Ce que Dieu a uni. Le mariage chrétien hier et aujourd'hui (Paris 1974); *J. Renker,* Christliche Ehe im Wandel der Zeit. Zur Ehelehre der Moraltheologen im deutschsprachigen Raum in der ersten Hälfte des 19. Jahrhunderts (Regensburg 1977).

lichen Planungen und kulturellen Programme im Blick auf ihren Einfluß auf Ehe und Familie überprüfen. Ein Staat oder eine Gesellschaft, die sich nicht um die Stabilität von Ehe und Familie kümmern und den Eltern die Erziehung der Kinder erschweren, untergraben ihr eigenes Wohl.

Als die Kirche in den ersten Jahrhunderten das Evangelium predigte, nahm sie die überlieferten Eheformen und die staatlichen Regelungen für Ehe und Familie als gegeben an und half den Gatten und den Familien, innerhalb der bestehenden Formen ihren Glauben zu leben und das Zeugnis der Liebe zu geben. Doch von Anfang an entwickelte die Kirche Grundformen kirchlicher Gesetzgebung für das Ehe- und Familienleben. Erst im Verlauf des zweiten Jahrtausends hat die Kirche ein eingehendes Eherecht entwickelt. Vieles davon ist zeitbedingt und entsprach den kulturellen Bedingungen der abendländischen Christenheit. Es bedarf darum angesichts des tiefgreifenden kulturellen Wandels und der Begegnung mit andern Kulturen einer gründlichen Revision.

Martin Luther stellte die Ehegesetzgebung der Kirche in Frage und bestand darauf, daß die Ehe als eine irdische Wirklichkeit dem Staate untersteht und daß dieser, und nicht die Kirche, über die institutionellen Formen der Ehe zu wachen habe. Doch alle Teile der Christenheit setzen sich für die Ehe als Institution ein, zum Teil durch Gesetzgebung, zum Teil durch Weisung für die Christen, wie sie innerhalb des jeweiligen Staates und der jeweiligen Gesellschaft das Ideal leben und für gesunde institutionelle Formen sorgen sollen.

Das Zweite Vatikanische Konzil hebt vor allem hervor, daß die Ehe ein Liebesbund ist und die Familie eine Liebes- und Lebensgemeinschaft darstellt, ohne jedoch die institutionelle Dimension der Ehe zu übergehen. Die Strukturen sollen im Dienste der Lebens- und Liebesgemeinschaft stehen. Folgende Texte sind kennzeichnend: „Durch ihre natürliche Eigenart sind die Institution der Ehe und die eheliche Liebe auf die Zeugung und Erziehung von Nachkommenschaft hingeordnet und finden darin gleichsam ihre Krönung."[116] Das Konzil beklagt, daß „die Würde dieser Institution nicht überall in gleicher Klarheit erscheint"[117]. Die Kirche erwartet, „daß die Gatten ihre Pflicht erfüllen bei einer notwendigen kulturellen, psychologischen und sozialen Erneuerung zugunsten von Ehe und Familie"[118]. Das Konzil ist keineswegs blind gegenüber den Gefahren, die der Institution der Ehe in der heutigen Welt drohen, ist aber grundsätzlich optimistisch. „Andererseits zeigen sich Bedeutung und Stärke von Ehe und Familie als Institution gerade dadurch, daß sogar die tiefgreifenden Veränderungen der heutigen Gesellschaft trotz aller daraus entstehenden Schwierigkeiten sehr oft die wahre Eigenart dieser Institution in der verschiedensten Weise deutlich werden lassen."[119]

Der tiefgreifende kulturelle Wandel, von dem das Konzil spricht, hat viele Menschen, einschließlich Ethiker und Moraltheologen und schließlich auch

[116] GS 48. [117] GS 47.
[118] GS 49 52. [119] GS 47.

Kanonisten, veranlaßt, sorgfältiger zwischen der bleibenden Wahrheit der Ehe und einem legitimen Wandel zu unterscheiden, um auch besser zu verstehen, wie Ehe und Familie sich den verschiedenen Kulturen und Subkulturen sinnvoll eingestalten können. Es kann nicht übersehen werden, daß sich in den letzten Jahrzehnten eine wachsende Krise bezüglich der Eheinstitution abzeichnet. Der allgemeine antiinstitutionelle Komplex überträgt sich leider auch auf die Ehe. Viele junge Menschen weigern sich, ihr Zusammenleben durch kirchliche Eheschließung oder durch Zivilehe zu beglaubigen. Sie leben vielmehr ihre Geschlechtsgemeinschaft in vollem Protest gegen die Ehe als Institution. Sie sind gegenüber der sozialen Dimension der Sexualität und einer sexuellen Lebensgemeinschaft völlig blind. „Als Gatten zusammenleben ohne gesetzliche Bezeugung bedeutet auf lange Sicht eine ganze Reihe von Lügen, die sich auf das soziale Band zerstörerisch auswirken.“[120] Durch ein solches eheähnliches Zusammenleben weigern sich die Betroffenen, die Gesellschaft mitzutragen, und verlieren deshalb selbstverständlich auch den gesellschaftlichen Halt.

Die moderne Kernfamilie unterscheidet sich von der traditionellen patriarchalen Familie, die nicht nur drei Generationen unter einem Dach vereinte, sondern auch durch eine starke Solidarität mit der Sippe verbunden war. Die heutige Kernfamilie kann nur gesund bleiben, wenn sie ihre gesellschaftliche Rolle wahrnimmt und mit andern Familien in gemeinsamen Idealen und Treuebindungen vereint ist. Eine Reihe von Familiengruppen, insbesondere die christliche Familienbewegung, entspricht diesen Bedürfnissen. Margaret Mead und Harvey Cox empfehlen Familiengruppen, in denen sich mehrere Familien der gleichen Nachbarschaft vereinen, manches gemeinsam besitzen, sich gegenseitige Freundschaft und Hilfe gewähren[121].

Für Kirche und Familie hängt sehr viel davon ab, wie das neue Kirchenrecht die institutionelle Dimension der Ehe darstellt. Es kommt auf Inhalt und Form an, die klarmachen sollen, daß die Ehe als Institution im Dienste der Lebens- und Liebesgemeinschaft steht und wie sie sich zur Kirche und Gesellschaft verhält.

2. *Ehe als Berufung*

Das Zweite Vatikanische Konzil preist die Ehe als „erhabene Berufung“ und spricht von ihrer „ursprünglichen Würde und ihren hohen und heiligen Werten“[122]. Die Kirche hat sich endgültig von der augustinischen Tradition befreit, gemäß der der eheliche Akt nur ein notwendiges Übel zum Zweck der Fortpflanzung und zur Verhinderung der Unzucht war. Die Ehe ist mit allem, was wesentlich zu ihr gehört, eine Berufung und ein Heilsweg.

---

[120] *A. Guindon,* a.a.O. 142.
[121] *H. Cox,* The Seduction of the Spirit (New York 1973) 235.
[122] GS 47.

Darum werden sich Christen vor Gott fragen, ob sie zur Ehe berufen sind und die dazu nötigen Eigenschaften besitzen. Sie werden sich auf einen so hohen Beruf sorgsam vorbereiten und die Wahl des Gatten im Blick auf den Sinn dieser Berufung treffen. Die Hauptkriterien werden nicht Reichtum, sozialer Rang oder äußerliche Schönheit sein, sondern jene Qualitäten, die die Hoffnung auf treue Liebe, auf gegenseitige Ehrfurcht begründen und nicht Anlaß geben, Bedrängnis für die innere Freiheit und Manipulation des Gewissens befürchten zu müssen. Eine entscheidende Frage ist selbstverständlich, ob der Partner voraussichtlich ein guter Vater bzw. eine gute Mutter sein wird.

Es ist um so eher zu hoffen, daß die Ehe Sinn und Würde einer Berufung und eines Heilsweges hat, wenn die jungen Menschen sich vor Eintritt in die Ehe ernst gefragt haben, in welchem Lebensstand sie Gott am besten dienen können, und auch zur Ehelosigkeit um des Himmelreiches willen bereit wären, wenn dies durch die Gnadengaben Gottes und die innere Befähigung angezeigt wäre.

3. Die Sakramentalität der Ehe

Die allen Christen gemeinsame Berufung ist, füreinander immer mehr ein Abbild Gottes und so eine Hilfe auf dem Weg zu Gott zu werden. Das Sakrament der Ehe ist in diesem Licht zu sehen: Die Partner, die in einer unauflöslichen Lebens- und Liebesgemeinschaft ein Fleisch werden, sollen sich in ihrem treuen Füreinander und Miteinander Weggefährten auf dem Pfade des Heiles werden, sollen füreinander und miteinander ein Abbild der väterlichen-mütterlichen Liebe Gottes sein, ein Abbild des Liebes- und Treuebundes zwischen Christus und der Kirche.

Wo immer und wenn immer in Welt und Geschichte, in Ehe und Familie erlöste und erlösende Liebe herrscht, die ein Zeichen des Treuebundes Gottes mit der Menschheit ist, da ist in einem tiefen Sinn Sakramentalität, ein Heilsweg sichtbar. Ohne eine solche tiefe Erfahrung hätten die Propheten des Alten Testamentes den Bund Gottes mit seinem Volk nicht dem Ehebund vergleichen können. Die schmerzliche Erfahrung ehelicher Untreue war jedoch Anlaß für sie, die zeitweise Untreue Israels gegenüber dem Bundesgott mit einem ehebrecherischen Verhältnis zu vergleichen. Auch außerhalb Israels haben viele Ehegatten Liebe und Treue so gelebt, daß sie sich dadurch eine lebensnahe und heilsame Ahnung von der zärtlichen, treuen und verzeihenden Liebe Gottes gewährten.

Da wir also der christlichen Ehe kein Monopol auf Gnade und gnadenhafte Zeichenhaftigkeit einräumen, so haben wir uns zu fragen, was die Ehe als Sakrament zwischen Christen auszeichnet. Unser Vergleichspunkt ist die gute christliche Ehe im Vergleich mit guten Ehen anderer.

Das Auszeichnende christlicher Ehen liegt vor allem im lebendigen und dankbaren Bewußtsein der Gatten, daß ihr Liebes- und Lebensbund ein gnadentragendes Zeichen des Bundes Gottes ist, den er in Jesus Christus der Kirche im Blick auf die ganze Menschheit geschenkt hat. Die christliche Ehe lebt von der Gnade und Berufung, zu einem dankbaren Bewußtsein der Gegenwart Christi und zu einem ausdrücklichen Vertrauen auf die Gnade des Heiligen Geistes zu gelangen. Ferner leben die Gatten im Vertrauen, von der Kirche auf dem Heilsweg begleitet und gestützt zu werden, worauf sie mit der Bereitschaft antworten, die Kirche als Grundzelle ihres Lebens zu bereichern.

Das Zweite Vatikanische Konzil beschreibt den tiefen Sinn des Ehesakramentes unter anderem in folgender Weise: „Christus der Herr hat diese Liebe, die letztlich aus der göttlichen Liebe hervorgeht und nach dem Vorbild seiner Einheit mit der Kirche gebildet ist, unter ihren vielen Hinsichten in reichem Maße gesegnet. Wie nämlich Gott einst durch den Bund der Liebe und Treue seinem Volk entgegenkam, so begegnet nun der Erlöser der Menschen und der Bräutigam der Kirche durch das Sakrament der Ehe den christlichen Gatten. Er bleibt fernerhin bei ihnen, damit sie sich in gegenseitiger Hingabe und ständiger Treue lieben, so wie er selbst die Kirche geliebt und sich für sie hingegeben hat. Echte eheliche Liebe wird in die göttliche Liebe aufgenommen und durch die erlösende Kraft Christi und die Heilsvermittlung der Kirche gelenkt und bereichert, damit die Ehegatten wirksam zu Gott hingeführt werden und in ihrer hohen Aufgabe als Vater und Mutter unterstützt und gefestigt werden."[123]

Die Jünger Christi, die ihrer Ehe den Rang der Berufung geben, wissen, daß die ihnen zugedachte Gnade sie an ihre Quelle, das Kreuz Christi, erinnert. Sie wissen, daß sie durch ihre Ehe Gott verherrlichen und auf dem Weg zur Teilnahme an der Herrlichkeit des Auferstandenen nur sein können, wenn sie bereit sind, den Fußstapfen Christi zu folgen, der für uns gelitten hat. Die Ehegnade befähigt und verpflichtet die Gatten in besonderer Weise, der individuellen Selbstsucht und der Selbstsucht zu zweit den Kampf anzusagen und ihre Liebesgemeinschaft in Offenheit für die elterliche Berufung und den Dienst an den anderen zu leben. Sie wissen, daß erlöste eheliche Liebe Mitvollzug der alles umgreifenden Liebe Gottes ist. Die Gatten stehen sich gegenseitig in der Heilssorge am nächsten, sind gemeinsam die ersten Heilsträger für ihre Kinder. Und im Wissen, daß ein Leben in Christus ein Prozeß fortwährender Versöhnung und Vergebung ist, werden sie sich gegenseitig herzlich vergeben und gegenseitig ihre Lasten tragen und so das Gesetz Christi erfüllen.

4. *Einehe*

Sobald die volle Ebenbürtigkeit von Mann und Frau und die daraus folgende Partnerschaft in der Ehe anerkannt sind, wird es leicht sein, die Einehe als Norm für Ehen unter Christen anzuerkennen. Ist die Einehe in einer Kultur in echter

[123] GS 48; vgl. *P. Anciaux,* Le sacrament aux sources de la morale conjugale (Louvain – Paris 1963); *B. Häring,* The Sacraments in a Secular Age (Slough 1976) 185–212.

Weise erreicht, so wäre eine Rückkehr zur Polygamie ein bedauernswerter Rückfall. In diesem Sinn darf wohl die Lehrentscheidung des Konzils von Trient in dieser Sache verstanden werden. In Stellungnahme gegen Martin Luther, der seinem Wohltäter Graf Philipp die Vielehe erlaubt hatte, erklärt das Konzil eindeutig: „Wer immer sagen sollte, daß dies durch kein göttliches Gesetz verboten sei, der sei ausgeschlossen.“[124]

Die Glaubensboten der ersten Jahrhunderte stießen fast nur auf Kulturen, in denen Monogamie die Regel war – freilich oft eine armselige Monogamie, die Konkubinat und Prostitution nicht ausschloß. Jedenfalls stellten diese Kulturen nicht das Problem der Polygamie[125]. Im alten Israel war Polygamie geduldet, nur entwürdigende Formen der Herrschsucht des polygamen Mannes wurden scharf verurteilt (vgl. Gen 4,19–24). David wurde nicht wegen seiner Vielweiberei, sondern nur für den Ehebruch scharf zurechtgewiesen. Salomo verlor die Huld Gottes nicht wegen der Polygamie als solcher, sondern nur weil er aus politischen Gründen zahlreiche heidnische Frauen nahm, diesen Göttertempel baute und so das Volk in Versuchung führte. Zur Zeit Jesu und der Apostel hatte die Polygamie in Israel im allgemeinen der Monogamie den Platz überlassen, mit Ausnahme des Instituts der Leviratsehe, das einem Bruder oder einem andern Verwandten gebot, die Witwe des verstorbenen Mannes zu sich zu nehmen und mit ihr auf den Namen des Verstorbenen Kinder zu zeugen[126]. Es ist nicht überliefert, ob in der christlichen Gemeinde Jerusalems unter Jakobus daraus Probleme entstanden sind.

Infolge der Ausbreitung des Christentums in Afrika und Asien stellt sich dort die Frage der Polygamie, näherhin der Polygynie, auf neue Weise[127]. In vier von fünf Stämmen Schwarzafrikas wird der Polygamie gegenüber der Monogamie traditionell der Vorzug gegeben. Der bekannte Exeget J. L. McKenzie fordert die Theologen auf, diese Frage ohne Vorurteil und unter Beachtung der Kulturgeschichte neu zu erforschen[128]. Harvey Cox geht aber doch entschieden zu weit, wenn er behauptet, „die Afrikaner erinnern uns daran, daß uns weder die Bibel noch die christliche Geschichte dazu berechtigen, die Einehe als die einzige für immer gültige Form anzusehen“[129]. Zweifellos mögen einige afrikanische Theologen und Seelsorger, darunter auch erfahrene Missionare, die das Problem aus eigener Anschauung genau kennen, mit Cox übereinstimmen. Die Mehrzahl afrikanischer Theologen und Bischöfe denkt jedoch

---

[124] Konzil von Trient, Sessio XXIV, can. 32: DS (s. 1. Kap., Anm. 109) 1802, vgl. 1798.

[125] Vgl. *E. Hillman*, Polygamy Reconsidered. African Plural Marriage and the Christian Churches (Vorwort von B. Häring) (Maryknoll 1975); *B. Häring*, Evangelization Today (Notre Dame/Ind. 1974) 145–159; Herder-Korr. 32 (1978) 435–438: Bericht über das fünfte Symposium afrikanischer Bischöfe in Nairobi (Juli 1978), wo über diese Frage nach gründlicher Vorbereitung freimütig gesprochen wurde.

[126] *J. Jeremias*, Jerusalem zur Zeit Jesu (Göttingen ²1958) II A 8, II B 82f. 245f.

[127] *E. Schillebeeckx*, a.a.O. I, 284.

[128] *J. L. McKenzie*, in: The Critic, Nov./Dez. 1970, 95.

[129] *H. Cox*, a.a.O. 236.

höchstens an eine zeitweise respektvolle Tolerierung einer Institution, die zutiefst in der gesamten Weltauffassung und in allen wirtschaftlichen, gesellschaftlichen und kulturellen Strukturen der meisten afrikanischen Stämme verwurzelt ist. Sie können auf einen Text des hl. Augustinus verweisen. In einer Zeit, in der die lateinische Kirche das Problem der Polygamie nicht kannte, schrieb er: „Die Patriarchen des Alten Testaments begingen keinen Fehler, wenn sie mehrere Frauen nahmen. Weder sündigten sie gegen das natürliche Sittengesetz, denn sie gebrauchten die Ehe nicht zur Befriedigung der Lust, sondern um Kinder zu haben, noch gegen die Sitte, denn in jener Epoche war die Polygamie anerkannt, noch gegen irgendein Gebot, denn kein Gesetz verbot sie.“[130]

Die Missionare, die anfingen, in Afrika und Asien die Heilsbotschaft zu verkünden, ließen zunächst den in polygamen Ehen lebenden Männern, auch den Häuptlingen und sonstigen führenden Männern, nur die Wahl der Ehescheidung von allen ihren Frauen bis auf eine, d.h. der Ehescheidung von den Müttern ihrer Kinder, oder aber die Verweigerung der Taufe. Die so eingeführte Ehescheidung brachte Ehrverlust, unsägliches Leid für Mütter und Kinder und schwächte die Stabilität der afrikanischen Ehe. In den letzten Jahrzehnten wagten es Missionare kaum mehr, diese Art der Ehescheidungen anzuraten. Viele Seelsorger trösten nun den gläubigen Polygamisten, daß das Heil durch den Glauben kommt und durchaus nicht immer durch die Sakramente des Glaubens. Aber dies gereicht zum Schaden der sakramentalen Heilsordnung und widerspricht ganz besonders den Gefühlen und Gesinnungen der Afrikaner, denen der Symbolgehalt und die Wirklichkeit der Sakramente sehr viel gelten. Für sie bedeutet eine solche Lösung ein vorsichtiges Ja zusammen mit einem lauten Nein.

Nach zahllosen Diskussionen in zwanzig afrikanischen Ländern und sorgfältigem Studium der diesbezüglichen Literatur neige ich der folgenden Lösung zu: Die Kirche soll mit pastoraler Feinfühligkeit und Festigkeit die Einehe als normatives Ideal darstellen, aber zugleich die geduldige Pädagogik Gottes mit Israel nachahmen. Die Verwobenheit der Ehe mit dem Gesamt der Lebensstrukturen und des Lebensgefühles muß stets bedacht werden. Ist die Kirche intolerant, so macht sie nicht nur vielen den Zugang zum christlichen Glauben schwer, sondern wird sich mit neuen Formen sozial mißbilligter und unannehmbarer „Polygamie“ auseinanderzusetzen haben. So meine ich, daß die Kirche sozial gebilligten und vorbildlichen polygamen Familien den Weg zur Taufe öffnen sollte, ohne zugleich moralisch unmöglich zu erfüllende Forderungen zu stellen. Ich denke jedoch nicht, daß die Kirche jenen, die den Glauben kennen, bekennen und getauft sind, das Eingehen einer polygamen Ehe gestatten soll. Etwas anderes ist eine zeitweise Toleranz in ausnahmsweise harten Fällen, wie im Falle der Schwagerehe, wo diese als ebenso verpflichtend angesehen wird wie im alten Israel. Man dürfte wohl auch nicht zu streng urteilen,

---

[130] *Augustinus,* De bono coniugali 18: PL 40, 387; vgl. ebd. 25: PL 40, 395.

wenn ein afrikanischer Christ, dessen erste, geliebte Frau unfruchtbar ist, dem Beispiel Abrahams folgt, dem seine erste Frau Sara Hagar zuführte.

5. Treue und Unauflöslichkeit des Ehebundes

a) Unauflöslich durch Gesetz oder durch Gnade?

Das rechte Verständnis der Unauflöslichkeit der Ehe ist für eine Moraltheologie, deren Leitmotiv schöpferische Freiheit und Treue in Christus ist, von grundlegender Bedeutung[131].

Christliche Ehe ist Sakrament nicht nur durch äußere Abbildlichkeit in bezug auf den Bund zwischen Christus und der Kirche, sondern noch mehr durch Teilnahme an der Wirklichkeit dieses Bundes. Durch Glaube und Gnade sind die gegenseitige Selbstübergabe und Verpflichtung der Gatten eine gemeinsame Bindung an Christus und seinen Bund.

Im Alten Testament wird es zunehmend deutlich, daß nach Gottes Plan die Ehe unauflöslich sein soll. Doch in einer sündigen Welt mußten menschlicher Gebrechlichkeit Zugeständnisse gemacht werden. Durch ein Ehescheidungsgesetz schützte das mosaische Recht die Frau gegen willkürliche und unbegrenzte Scheidung. Der Gatte hatte sich vor den Ältesten zu rechtfertigen (vgl. Dtn 24,1–4). Dies bedeutete nicht eigentlich eine Erlaubnis zur Ehescheidung, sondern war in einer heillosen Welt der Männerherrschaft und Männerwillkür ein Schritt vorwärts. „Das Mißverständnis der Juden liegt darin, daß sie Deuteronomium 24,1 nicht als Gebot der Fürsorge für die Frau auffaßten, sondern als Erlaubnis, Erleichterung, die ihnen das Leben angenehmer machte."[132]

Die Propheten schärften unablässig Treue gegenüber der Frau als Teil der Bundesmoral ein. Die Treue in der Ehe sollte ja die Bundestreue versinnbildlichen und verherrlichen. Ganz besonders nachdrücklich spricht der Prophet Maleachi: „Warum handeln wir denn treulos aneinander und entweihen den Bund unserer Väter? ... Ihr bedeckt den Altar des Herrn mit Tränen, mit Weinen

---

[131] Zum Ganzen vgl. *K. Lehmann,* Unauflöslichkeit der Ehe und Pastoral für Wiederverheiratete Geschiedene in: Gegenwart des Glaubens (Mainz 1974) 274–294, bes. 284–286 (Der Sinn des Dogmas von Trient): „Gerade die ‚Konzessionen' bezeugen indirekt, daß man das Jesuswort als bindendes und in dieser Zeit realisierbares Gebot verstanden hat" (ebd. 281). Eine klare und knappe Auslegung der kirchlichen Lehre, vor allem des Konzils von Trient (DS 1805) bei *M. Schmaus,* Der Glaube der Kirche. Handbuch katholischer Dogmatik (München 1970) Bd. II, 521–529. Zur Diskussion über Auslegung der Lehre und zur kirchlichen Praxis vgl. *J. David – F. Schmalz* (Hrsg.), Wie unauflöslich ist die Ehe? Eine Dokumentation (Aschaffenburg 1969); *R. Pesch,* Freie Treue. Die Christen und die Ehescheidung (Freiburg i. Br. 1971); *F. Heinrich – V. Eid* (Hrsg.), Ehe und Ehescheidung. Diskussion unter Christen (München 1972); *K. Niederwimmer,* Askese und Mysterium. Über Ehe, Ehescheidung und Eheverzicht in den Anfängen des christlichen Glaubens (Göttingen 1975); *H. Dombois,* Unscheidbarkeit und Ehescheidung in den Traditionen der Kirche. Ist die Unauflöslichkeit der Ehe absolut? (München 1976); *L. Bressan,* Il divorzio nelle chiese orientali. Ricerca storica sull'atteggiamento cattolico (Bologna 1976).

[132] *A. Denecke,* Wahrhaftigkeit. Eine evangelische Kasuistik (Göttingen 1975) 67; vgl. *W. Grundmann,* Das Evangelium nach Markus (Berlin 1959) 203.

und Seufzen, so daß er sich nicht mehr zum Opfer wendet, auch nichts mit Wohlgefallen aus eurer Hand nimmt. Ihr fragt: ‚Warum das?' – Darum, weil der Herr Zeuge gewesen ist zwischen dir und dem Weib deiner Jugend, dem du die Treue gebrochen hast, da sie doch deine Gefährtin und das eine Weib deines Glaubens ist... Darum nehmt euch in acht in eurem Geist, und keiner breche dem Weibe seiner Jugend die Treue! Denn ich hasse die Scheidung, spricht der Herr, der Gott Israels" (Mal 2,10–16). Jesus kann sich demnach in seiner scharfen Stellungnahme gegen die Scheidung auf die prophetische Geschichte berufen[133].

Die Aussagen Jesu gegen Ehescheidung haben verschiedene Auslegungen gefunden[134]. Die drei Synoptiker berichten Jesu Worte mit interessanten Schattierungen (Mt 5,32; 19,3–9; Mk 10,2–12). Lukas kommt vermutlich dem ursprünglichen Herrenwort am nächsten: „Jeder, der seine Frau entläßt und eine andere heiratet, begeht Ehebruch, und wer eine von ihrem Mann Entlassene heiratet, begeht Ehebruch" (Lk 16,18). Gegenüber einer laxen Praxis der Trennung ohne Wiederverheiratung ist zu bedenken, daß das Wort Jesu: „Was Gott verbunden hat, soll der Mensch nicht trennen" (Mk 10,9), nicht nur Ehescheidung mit Wiederverheiratung verbietet, sondern einfachhin auch die Trennung als im Widerspruch zur unauflöslichen Einheit und gegenseitigen Liebe und Sorge.

Zur Zeit Jesu gestattete die Schule Schammais Ehescheidung nur im Fall von unkeuscher Untreue der Frau und ähnlich schwerwiegenden Gründen, während die Schule Hillels die Begründung des Ehebruchs praktisch einfach dem Gatten anheimstellte. Was Jesus besonders betont, ist, daß der Mann ebenso wie die Frau zur Treue verpflichtet ist. „Die *einseitige* Bindung der Frau an ihren Mann wird zur *gegenseitigen* Bindung der beiden Gatten. Ihre gleichberechtigte Partnerschaft in der Ehe ist insofern aufgewiesen."[135] Was Jesus sagt, ist zweifellos mehr als ein moralisches Ideal, es ist ein verpflichtendes Zielgebot. Doch es ist nicht in erster Linie ein Gesetz, sondern eine Verheißung, daß dem Gläubigen, der sein Vertrauen auf Gott setzt, diese Treue möglich ist. „Markus deutet... an, daß Jesu Offenbarung erst dem Glaubenden erschlossen wird."[136]

Eine der umstrittensten Fragen ist, ob Jesus ein absolutes, keine Unterscheidung zulassendes Gesetz geben wollte. Exegeten antworten, daß es Jesus darum ging, „die Wirklichkeit der zwischenmenschlichen Beziehungen aufzudecken, in der Gott den Menschen unmittelbar beansprucht. Er befreit diese Beziehung von der gesetzlichen Verengung und Verkürzung."[137] Kardinal Ratzinger schreibt treffend: „Anstatt in die Kasuistik der Gesetzesauslegung einzutreten und hier diesen oder jenen Standort zu beziehen, greift er hinter Gesetz und

---

[133] Vgl. *P. Grelot,* Die Entwicklung der Ehe als Institution im Alten Testament, in: Concilium 6 (1970) 320–325.
[134] Vgl. *P. Hoffmann,* Jesu Wort von der Ehescheidung und seine Auslegung in der neutestamentlichen Überlieferung, in: Concilium 6 (1970) 326–332.
[135] Ebd. 326. [136] Ebd. 327. [137] Ebd. 326.

Auslegung zurück auf den Ursprung, auf das, was es mit dem Menschen von Gott her eigentlich ist und sein soll... Da Jesus hinter die Ebene des Gesetzes zurückgreift auf den Ursprung, darf sein Wort selbst nicht wieder unmittelbar und ohne weiteres als Gesetz angesehen werden; es ist nicht von dem Bereich des Glaubens und der Nachfolge ablösbar und kann nur im Zusammenhang der durch Jesus eröffneten und im Glauben angenommenen neuen Situation Sinn haben."[138] Jesus weist auf den ursprünglichen Plan des Schöpfers: „Vom Anfang der Schöpfung an aber hat er sie als Mann und Weib geschaffen. Darum wird ein Mensch seinen Vater und seine Mutter verlassen und seinem Weibe anhangen, und die zwei werden ein Leib sein. Somit sind sie nicht mehr zwei, sondern ein Leib. Was nun Gott verbunden hat, soll der Mensch nicht trennen" (Mk 10,6–9). Wenn wir vom ursprünglichen Plan Gottes oder Gottes Schöpfungsordnung sprechen, so meinen wir nicht genau das gleiche wie mit „natürliches Sittengesetz." In einer sündigen Welt konnte Mose von herzensharten Männern die Unauflöslichkeit der Ehe nicht als ein absolutes Gesetz einfordern. Und die Verkündigung des ursprünglichen Planes Gottes durch Jesus ändert die Situation nur für jene, die Glauben haben und sich der Gnade anvertrauen. Darum sind die Verkündigung der Heilsbotschaft, das Zeugnis lebendigen Glaubens und die Glaubenserziehung der beste Dienst für die Unauflöslichkeit der Ehe.

b) Bedeutung von Gesetz und Kasuistik

Während Lukas und Markus das Wort Jesu als eine Sittennorm verstehen, die Macht hat, alle Gläubigen, die sich der Gnade überlassen, frei zu machen für unauflösliche Treue, so scheint Matthäus das Wort eher als Gesetz auszudeuten, und zwar im Hinblick auf die Sinnesart seiner Gemeinschaft. So beginnt er die Wirklichkeit der menschlichen Schwachheit ins Auge zu fassen und fügt eine Erklärung bei: „Außer wegen Unzucht" (Mt 19,9; 5,32). Die meisten Exegeten der verschiedenen Kirchen deuten diese Beifügung (die wir bei den andern Synoptikern nicht finden) als Freispruch, das heißt als Zuspruch der Freiheit an den Mann für den Fall, daß die Frau durch unkeusches Verhalten die Ehe gebrochen hat, wobei wohl nicht an einen einzelnen Akt des Ehebruchs, sondern an ein durchgängiges Verhalten der Untreue zu denken ist[139]. Wird demnach das Herrenwort als Gesetz angewandt, das Ausdruck der Macht der Gnade und des Glaubens ist, so wird einer besonders schwierigen Situation Rechnung getragen, um unmenschlichen Legalismus zu vermeiden.

Paulus versteht das Wort des Herrn zweifellos als eine Norm, eine ethische Wegweisung (vgl. 1 Kor 7,10–16), aber nicht als ein absolutes Gesetz, das in seiner menschlichen Formulierung keine Ausnahme zuließe. Das Pro-

[138] *J. Ratzinger,* in: *J. Ratzinger – R. Schnackenburg – H. D. Wendland,* Theologie der Ehe (Regensburg ²1972) 83f.
[139] *P. Hoffmann,* a.a.O. 328f.

blem, das Paulus zu lösen hatte, waren die Mischehen zwischen Gläubigen und Ungläubigen. Paulus schreibt grundsätzlich dem Gläubigen die Macht zu, den Ungläubigen zu heiligen; darum soll er ihn nicht verlassen, wenn dieser willens ist, mit ihm in Frieden zusammenzuleben. Denn die Botschaft und das Geschenk des Friedens gelten vor allem für die grundlegenden menschlichen Beziehungen wie die Ehe. Und so kommt der Apostel zum Schluß: Weigert sich der Ungläubige, den Glauben und das Gewissen des Christen zu respektieren, und macht er infolgedessen das Füreinander und Miteinander der Gewissen unmöglich, so gilt dem Gläubigen der Freispruch, das heißt, er ist an eine solche versklavende Ehe nicht gebunden. Paulus sagt nicht ausdrücklich, daß der Gläubige wieder heiraten dürfe. Wir erinnern uns an die Naherwartung der Wiederkunft Christi. Aber wir haben auch zu bedenken, daß Paulus sich dessen wohl bewußt ist, wie schwer Keuschheit in einem ehelosen Leben in Korinth zu leben ist. Von ihm ist „die Aufhebung der Bindung so grundsätzlich formuliert, daß es dem christlichen Teil tatsächlich freigestellt sein dürfte, eine zweite Ehe zu schließen, wenn er es will“[140]. Es ist jedoch bezeichnend, daß Paulus einerseits das Wort des Herrn anführt und betont, andererseits aber sich die Freiheit nimmt, außergewöhnliche Situationen so zu lösen, daß der Friede und die Freiheit des Gewissens der Gläubigen gewahrt sind. Sein Verhalten zeigt, wie er die Worte und die Absicht des Herrn verstand.

Zu allen Zeiten hat die Kirche zuerst die Frohbotschaft, die Gnade und die Verheißung Christi zu verkünden und in diesem Licht die Treue zu stärken. Sie muß dem aber in ihrer Gesetzgebung und Pastoral so Rechnung tragen, daß sowohl die Hinführung zum normativen Ideal fest bleibt als auch das Mitleid und Erbarmen des Herrn sichtbar werden.

In bezug auf die bürgerliche Gesetzgebung ist zu sagen, daß der Staat in seinem eigenen Interesse alles tun muß, um die Stabilität der Ehe zu fördern. Vielfach wird er jedoch nicht weniger als Mose die Herzenshärte vieler seiner Bürger und die verfahrene Situation jener beachten müssen, deren Partnerbeziehung durch Grausamkeit und Treulosigkeit schwer geschädigt ist. Kann die Kirche vom Gesetzgeber in einer modernen pluralistischen Gesellschaft mehr erwarten als von Mose: den jeweils bestmöglichen Schutz der Ehe und Sorge für den unschuldigen Partner?

c) Heilssorge für die Geschiedenen

Die Kirche hat in ihrer Pastoral und Gesetzgebung eine zum Teil ganz neue Situation zu bedenken. In vielen Ländern ist ein hoher Prozentsatz von Gläubigen geschieden oder von ihren Gatten treulos verlassen. In der städtischen Kultur kann das zu gefährlicher Vereinsamung mit verheerenden Folgen führen. Die Kirche muß sich deshalb fragen, wie sie sowohl dem besonderen Wort des Herrn über die Unauflöslichkeit der Ehe treu ist als auch seinem allumfassenden

[140] Ebd. 330.

Gesetz: „Seid barmherzig wie euer himmlischer Vater" (Lk 6,36). Die Exegeten, Dogmatiker, Moraltheologen, Seelsorger und Kanonisten haben sich von ihren verschiedenen Disziplinen her mit diesem brennenden Problem befaßt[141]. Bei diesen Auseinandersetzungen dürfen wir die Grundprinzipien nicht aus dem Auge verlieren.

Auf jede nur mögliche Weise muß die Kirche der Treue dienen und in bezug auf die unauflösliche Ehe die Verheißungen, die Gnade und die ethischen Direktiven Jesu verkünden. Vielleicht ist dabei nichts wichtiger als die Frohbotschaft und das Gebot der Versöhnung und des edelmütigen Verzeihens. Ehevorbereitung und Ehepastoral müssen den Christen helfen, sich durch Lebenskenntnis und Treue auf schwierige Zeiten vorzubereiten. Und es muß klargemacht werden, daß die Kirche kein Recht hat, eine wahre und noch bestehende Ehe aufzulösen, weder von Nichtchristen noch von Christen anderer Gemeinschaften. Gültige Ehen, die gerettet werden können, müssen gerettet werden.

Etwas ganz anderes ist jedoch die Frage, ob die Kirche eine Wiederverheiratung gestatten oder tolerieren kann, wenn die frühere Ehe hoffnungslos tot, also praktisch nicht mehr bestehend ist und der Betreffende schwerwiegende Gründe hat, nicht ehelos zu bleiben. Man denke an den Fall, daß der Geschiedene oder die Geschiedene Kleinkinder zu versorgen hat – was vor allem für den Vater ohne Frau oft fast unmöglich ist –, oder an Schwierigkeiten bezüglich eheloser Keuschheit. In der ganzen Frage ist es nicht gleichgültig, ob der Katholik, der wieder heiraten will, selbst an einer Scheidung schuldig ist oder gegen seinen bzw. ihren Willen verlassen wurde. Liebe und Gerechtigkeit und unsere christliche Pflicht vor der Welt, Unterscheidungsgabe zu bezeugen, verbieten uns, ohne Rücksicht auf die ganz verschiedene Situation alles unter den einen Begriff „Geschiedene" zu stecken und mit dem gleichen Maße zu messen. Am einen Ende des Spektrums haben wir es mit Menschen zu tun, die leichtfertig ihre Ehe zerstört haben, am andern Ende begegnen wir Menschen, die immer wieder hochherzig vergeben und alles Menschenmögliche getan haben, um die eheliche Einheit zu bewahren. Es ist nicht im Geiste des Evangeliums, alle diese verschiedenen Menschen und verschiedenen Fälle mit dem gleichen vereinfachten Maß des Kontrollwissens zu behandeln.

Diesbezüglich hat sich in der kirchlichen Gesetzgebung und im praktischen Verhalten vieler Ehegerichte manches geändert. Man beurteilt die Gültigkeit der früheren Ehe mit besseren Kriterien. Ist die Ehe hoffnungslos zerstört und hat man überzeugende Gründe für die Annahme, daß sie von vornherein keine

[141] *B. Häring*, Heilssorge an Geschiedenen und ungültig Verheirateten, in: Concilium 6 (1970) 359–362; *H. Heimerl* (Hrsg.), Verheiratet und doch nicht verheiratet? (Wien – Freiburg – Basel 1970); *J. T. Noonan* Jr., Power to Dissolve. Lawyers and Marriages in the Court of the Roman Curia (Cambridge/Mass. 1972); *L. G. Wrenn* (Hrsg.), Divorce and Remarriage in the Catholic Church (New York 1973); *E. Schillebeeckx*, Die christliche Ehe und ihre menschliche Realität völliger Zerrüttung, in: *P. J. M. Huizing* (Hrsg.), Für eine neue kirchliche Eheordnung. Ein Alternativentwurf (Düsseldorf 1975) 41–73; *A. Zirkel*, Schließt das Kirchenrecht alle Wiederverheirateten von den Sakramenten aus? (Mainz 1977).

Aussicht auf Erfolg hatte – z.B. wegen eines hohen Grades an Unreife oder infolge erschreckender Unehrlichkeit des einen Partners –, dann ist es recht und gebührend, eine Nichtigkeitserklärung zu geben. Es bedarf jedoch noch großer Anstrengungen, bis die richtigen Kriterien gefunden sind, um den neuen Einsichten der Exegese, der besseren Kenntnis der Gesamttradition, dem wichtigen Beitrag der Humanwissenschaften und der Verschiedenheit der Situationen in den verschiedenen Teilen der Welt Rechnung tragen zu können.

Moral- und Pastoraltheologie und vor allem die seelsorgliche Praxis sind mehr und mehr zum Schluß gekommen, daß Gatten, die nach dem Schiffbruch der ersten Ehe in einer soliden Zweitehe (Zivilehe) leben, unter gewissen Voraussetzungen zu den Sakramenten der Versöhnung und der Eucharistie zugelassen werden sollten. Zu diesen Bedingungen gehört, daß sie regelmäßig am sakramentalen Leben der Kirche teilnehmen, daß sie sich im Gewissen verpflichtet fühlen, diese Ehe nicht aufzugeben, daß sie das Unrecht, das sie erlitten haben, verzeihen und eigenes Unrecht nach Möglichkeit wiedergutmachen wollen und bemüht sind, ihren Kindern eine gute christliche Erziehung zu erteilen.

V. Sexualität und Ehelosigkeit

Die Kirche glaubt, daß das Geheimnis des Liebesbundes zwischen Christus und der Kirche, zwischen Gott und Menschheit in zwei Berufungen dargestellt ist, die sich gegenseitig beleuchten: Ehe und Ehelosigkeit um des Himmelreichs willen[142]. Das höchste Ziel beider ist das Heranwachsen zu einer Christus verähnlichenden Liebe, die Zeugnis gibt vom gegenwärtigen Reich Gottes und den kommenden Dingen.

Thomas von Aquin erklärt die gegenseitige Ergänzung von Ehe und Jungfräulichkeit auf folgende Weise: „In der Kirche sind geistige Gegebenheiten in leiblichen Wirklichkeiten dargestellt. Aber die geistlichen Gegebenheiten sind um vieles reicher als die sie darstellenden sichtbaren Zeichen. Und darum bedarf es bisweilen mehrerer, sichtbarer Wirklichkeiten, um die eine und dieselbe geistliche Wirklichkeit darzustellen. Das ist der Fall mit dem Einssein zwischen Christus und der Kirche: Sie ist fruchtbar, denn sie gebiert uns als Kinder Gottes. Aber sie ist auch jungfräulich, ohne Runzeln und Makeln (Eph 5,27), eine Jungfrau, die ihrem wahren und einzigen Gatten treu ist (2 Kor 11,12). Nun aber ist die Jungfräulichkeit in den leiblichen Wirklichkeiten unvereinbar mit Fruchtbarkeit. Darum die Notwendigkeit der zwei irdischen Bilder, um die

[142] *D. v. Hildebrand,* Reinheit und Jungfräulichkeit (München 1928); *ders.,* Heiligkeit und Tüchtigkeit (Regensburg 1969); *J. Pieper,* Zucht und Maß (München 1960); *L. Weber,* Mysterium Magnum. Zur innerkirchlichen Diskussion um Ehe, Geschlecht und Jungfräulichkeit (Freiburg i. Br. 1963); *A. del Monte,* Il senso della verginità (Torino 1973); *D. Goergen,* The Sexual Celibate (New York 1974).

ganze Sinnfüllung des Einsseins zwischen Christus und der Kirche auszudrücken: eines für ihre Fruchtbarkeit, und dies ist das Sakrament der Ehe; und eines für ihre Jungfräulichkeit, und das ist die gottgeweihte Jungfräulichkeit."[143] Selbstverständlich haben beide Symbole die ihnen jeweils arteigene Fruchtbarkeit und spezifische Weihe an die Bundesliebe zwischen Christus und der Kirche.

Es ist hier nicht möglich, alle Dimensionen der Ehelosigkeit um des Himmelreiches willen zu erforschen. Unsere Hauptfrage ist, wie der ehelose Mensch die sexuelle Dimension seines Daseins annimmt und sinnvoll gestaltet. Ist sie ein bloßes Hindernis, ein Anlaß zu Versuchung und Leerlauf, oder ist sie für ihn oder sie ein kostbares Geschenk des Schöpfers und Erlösers?

Die Art und Weise, wie die Ehelosen ihre Sexualität bewerten, hängt zum großen Teil von der jeweiligen Anthropologie und Theologie ab. Ist die Sexualität etwas Entwürdigendes, wie kann dann der Verzicht auf die Ehe ein Gott wohlgefälliges Opfer sein? Ehelosigkeit kann sicher nicht ein spezifisch christliches Symbol und Zeugnis sein, wenn sie hochgelobt wird zum Schaden der Ehe und des Sinnes der Sexualität. Andererseits gilt, daß in einer Kultur, in der Sexualität als solche in der Wertskala ganz oben steht, der (die) Ehelose nicht so leicht seine (ihre) Identität findet. Aber auch die Ehe wird durch unrealistische Erwartungen an die Sexualität als solche sehr leiden. Man darf wohl zu Recht annehmen, daß eine der Hauptursachen für das Versagen so vieler Ehen in der westlichen Kultur von heute die hochgeschraubten Erwartungen bezüglich sexueller Selbsterfüllung sind. Dies ist etwas ganz anderes als ein hohes und anziehendes Ideal von der Ehe als Liebesgemeinschaft und Heilsweg.

Meines Erachtens ist es sehr wichtig, daß der Ehelose bewußt seine Sexualität annimmt und sich um ihre Sinngebung in seinem Lebensstand bemüht.

a) Ehelosigkeit aus ganz verschiedenen Gründen

Sprechen wir von Ehelosigkeit, dann denken wir nicht nur an den römisch-katholischen Priester oder an Ordensleute, die um des Reiches Gottes willen freiwillig auf die Ehe verzichtet haben. Die Gründe für die Ehelosigkeit sind äußerst verschieden. Es gibt die Ehelosen, die ihre Sexualität nicht angenommen haben und so oder so deren Gutsein verleugnen. Es gibt den Homosexuellen, der seine homosexuelle Ausrichtung nachdrücklich betont und betätigt und darum die Ehe für sinnlos hält und die Vertreter des anderen Geschlechtes in ihrer Andersheit nicht verstehen und nicht annehmen kann. Es gibt Ehelose, die sich einer vornehmen Sache oder einem hohen Ideal widmen und deshalb auf die Ehe trotz Hinneigung und Hochschätzung dafür verzichten. Ganz anders sind jene Ehelose, die sozusagen mit ihrer Laufbahn verheiratet sind, fest entschlossen voranzukommen, koste es, was es will.

Unter den römisch-katholischen Priestern und Ordensleuten gibt es jene, die

[143] *Thomas von Aquin,* In IV Sent. dist. 38 q. 38 a. 5.

den ehelosen Lebensstand um des inneren Wertes willen als Ganzhingabe an den Herrn im Dienste des Evangeliums, der Kranken, der Ausgestoßenen und Behinderten gewählt haben. Andere aber haben sich mit der Ehelosigkeit bloß abgefunden, weil der Verzicht auf die Ehe von der Kirche als Vorbedingung ihres Dienstes verlangt wird; sie möchten gern heiraten, wenn das kirchliche Recht oder sonstige Umstände den Zugang zu den gleichen Berufen auch Verheirateten möglich machen würden. Und wir sollten ehrlich genug sein, die Möglichkeit ins Auge zu fassen, daß auch ein Priester sich mit der kirchlichen Laufbahn und deren Macht und Ehrenstellung vermählt hat und so seine sexuellen Energien auf eine gefährliche Weise in Richtung von Aggressivität und Überheblichkeit sublimiert.

Uns geht es hier jedoch vor allem um jene Ehelosen, die diesen Lebensstand freiwillig erwählt haben im Blick auf ein Ideal, das hoch genug ist, um den Verzicht auf die Ehe zu rechtfertigen. Wir denken nicht direkt an jene, die ehelos bleiben, weil es ihnen nicht gegeben ist, die unwiderrufliche Festlegung auf einen Partner zu verstehen (vgl. Mt 19,11), sondern an jene, denen die Weihe an den Herrn im ehelosen Leben geschenkt ist so wie den anderen der Glaube an die unauflösliche Treue in der Ehe, an jene, die nach dem Wort des hl. Paulus diese Gabe von Gott als Geschenk empfangen haben (1 Kor 7,7). Dieses Gegebensein des Verstehens ist auch möglich, wenn Menschen, die ursprünglich gern geheiratet hätten, aber aus irgendwelchen Gründen oder vornehmen Motiven schließlich ehelos geblieben sind. Wir denken an die vielen Witwen und Witwer, an Geschiedene und verlassene Gatten, an jene Männer und Frauen, die den passenden Ehepartner nicht gefunden haben, und an jene, die auf die Gelegenheit einer passenden Ehe verzichtet haben, weil auf ihren Schultern eine schwere Familienbürde oder eine andere hohe Verantwortung lastete. Als Christen, die nach dem Gesetz der Gnade leben, können auch diese Menschen, sei es auch durch den anfänglichen Schmerz und die Enttäuschung hindurch, ihre Ehelosigkeit um des Himmelreichs willen annehmen und sinnvoll gestalten. Unsere Heilssorge muß freilich auch jenen gelten, die die Ehelosigkeit aus ganz falschen Gründen gewählt haben.

b) Ehelosigkeit und Wachstum der Liebesfähigkeit

Für den Christen ist immer das Wachstum in der Fähigkeit, zu lieben, zu vertrauen und Glauben zu haben, ein Hauptanliegen. Wir sprechen vom fleischgewordenen Wort und der fleischgewordenen Liebe Gottes, und dies bedeutet für den Gläubigen eine Berufung, alle Energien in die Liebe zu Gott und zum Nächsten einzubringen. Sind wir als Ehelose fähig, zu lieben und liebende Gemeinschaften aufzubauen, so werden wir nie vergessen, daß diese unsere Liebesfähigkeit sich nicht zuletzt vielen Generationen von Eltern und Gatten verdankt, die durch ihre Gattenliebe und Elternliebe sich selbst und die Welt auf entscheidende Weise bereichert haben. Ohne diesen großen Strom der Schule in der Liebe ist Liebesfähigkeit in Ehelosigkeit nicht denkbar.

Im Streben, Gott aus ganzem Herzen und aus allen Kräften zu lieben und im Mitvollzug seiner Liebe dem Nächsten ein wahres Abbild der Liebe Gottes zu werden, können wir auf die bedeutsamen Kräfte des menschlichen Gemütes und warmer Zuneigung, die mit unserer sexuellen Dimension zu tun haben, nicht verzichten. Als Mann oder als Frau lieben wir Gott und unsere Nächsten. Die Schönheit gegenseitiger Anziehung von Mann und Frau in edler ehrfurchtsvoller Liebe ist eine Quelle des Wachstums in der Kunst, Christus zu lieben und sich mit seiner Liebe zu allen Menschen, Männern und Frauen zu vereinigen.

Selbstverständlich unterscheiden wir zwischen Liebe im Vollsinn und Verliebtsein. Der Ehelose um des Himmelreiches willen folgt dem Beispiel Jesu, wenn seine besondere Liebe jenen gilt, in die sich niemand verliebt. Dieses Ideal bedeutet jedoch nicht Verzicht auf jene geordnete Liebe, die durch die gegenseitige Ergänzung von Mann und Frau zunimmt. Der ehelose Mensch soll bewußt sein eigenes Mannsein oder Frausein annehmen und seinen Nächsten in seiner ganzen Wirklichkeit ehren, also auch als Mann oder Frau. Aber er wird zuerst die Personwürde schätzen, und nicht in erster Linie die geschlechtliche Eigenart. Der um des Himmelreiches willen Ehelose ehrt Mann und Frau im Angesichte Gottes.

Zuweilen trifft man ehelose Menschen, die sich mit einer Art Elektrozaun umgeben, um Vertreter des anderen Geschlechtes fernzuhalten. Sie versuchen krampfhaft, ihr natürliches Angezogensein von Vertretern des anderen Geschlechtes zu verleugnen. Das ist etwas ganz anderes als Wachsamkeit für seine eigene innere Freiheit und die des andern. Viel hängt davon ab, wie und von wem man sich angezogen fühlt. Der erlöste Eros, der die Schönheit, den inneren Reichtum, die Verschiedenheit und die Einmaligkeit der andern Person entdeckt, hat nichts zu tun mit besitzwütiger Attraktion. Der Ehelose, der innere Reife erlangt hat, wird eine Atmosphäre der Freiheit ausstrahlen, der Freiheit für Christus und der Freiheit für Freundschaft, ohne Furchtsamkeit und ohne das Verlangen, zu besitzen.

Ehelose Männer und Frauen begegnen sich oft im Dienste des Evangeliums, der Armen, der Kranken und in anderen bedeutsamen Aktivitäten. Atmet ihr ganzes Verhalten Wahrhaftigkeit und Ehrfurcht und Freisein von jedem Verlangen, den andern auszubeuten oder zu manipulieren, dann werden diese Männer und Frauen füreinander in ihrer Zusammenarbeit, in ihrer Freundschaft und Komplementarität immer mehr ein Abbild der Liebe Gottes füreinander und für die andern.

Menschen, die sich der Ehelosigkeit um des Himmelreiches willen geweiht haben, sollten nicht überrascht sein, wenn sie die Neigung verspüren, sich zu verlieben, und wenn Gedanken auftauchen, wie schön es wäre, wenn sich Herz und Hände in der ehelichen Berufung finden könnten. Doch der Geist der Treue wird garantieren, daß diese Erfahrung ihrer Lebensweihe untergeordnet bleibt, und er wird ihnen helfen, sich genauso in Zucht zu nehmen wie ein verehelichter Mensch, der die Versuchung verspürt, sich in einen andern zu verlieben zum

Schaden seiner ehelichen Treue. Die Werte einer anziehenden Person des andern Geschlechtes werden in innerer Freiheit bejaht; denn eine echte Berufung zur Ehelosigkeit hat nichts mit „sauren Trauben" zu tun, die außer Reichweite sind. Ist der Ehelose sorgfältig darauf bedacht, sich nicht zu verlieben, so wird er noch mehr besorgt sein, in der wahren Liebe zu wachsen. Und eben dieses Wachstum in der Liebesfähigkeit um des Herrn willen ist der beste Schutz eheloser Berufung.

c) Wahre Freundschaft

Der ehelose Mensch, der seinem Leben den vollen Sinn des Zeugnisses für das Himmelreich geben will, wird Beziehungen zu andern des gleichen oder des anderen Geschlechtes nie zum Zweck der eigenen Selbsterfüllung suchen. Der andere will um seiner selbst willen geliebt und geehrt werden. Auch die Ehe erreicht ihre sakramentale Fülle nur, wenn die Gatten wirklich füreinander da sind und nicht den andern bloß um der Selbstverwirklichung willen suchen. Der Mensch findet sein wahres Selbst in der Selbsttranszendenz. Liebender Dienst, das Füreinander in gegenseitiger Dankbarkeit, in Güte und Herzlichkeit bringen den Menschen, gerade auch den Ehelosen, zur Selbsterfüllung in seinem Beruf.

Für Christus leben heißt für die andern dasein. Ist Ehelosigkeit ein wirkliches Charisma und voll bejaht, dann wird sich das in der Freiheit der Kinder Gottes, im Freisein füreinander erweisen. Die der gottgeweihten Ehelosigkeit eigentümliche Liebe will nicht besitzen, sie ist nicht eifersüchtig, sondern gibt in Freundschaft den andern oder die andere frei für Gott und die Mitmenschen. In der Bewunderung der inneren und äußeren Schönheit der andern wissen wir, daß die Freude an einer schönen Blume nicht bedeutet, daß man sie abschneiden soll, damit sie verwelke. Reife Ehelosigkeit erlaubt Bewunderung und Anerkennung, ohne zu begehren. Pflegen wir Freundschaft mit Personen des andern Geschlechtes wie des eigenen, so lieben wir sie in voller Ehrfurcht für ihre Treuebindungen oder für den Lebensstand, auf den sie sich vorbereiten. Diese innere Freiheit bereichert die Freunde.

Ein eheloser Mensch, der sich noch nicht entschieden hat zwischen Ehe und Ehelosigkeit, mag sich in der Bewunderung einer Person des anderen Geschlechts von der Sehnsucht ergreifen lassen, hier den Lebenspartner zu finden. Sobald aber klar ist, daß der andere sich selbst für das Leben gebunden hat, sei es in Ehe oder Ehelosigkeit, würde das Verlangen dem Gebot widersprechen: „Du sollst nicht begehren!" Der um des Himmelreiches willen Ehelose mag Freundschaft ersehnen und dankbar annehmen, aber nur eine Freundschaft, die die Freiheit und Treue der Beteiligten in jeder Hinsicht wahrt.

d) Begeisterung und asketische Haltung

Erfüllte Ehelosigkeit ist nicht denkbar ohne begeisterte Hingabe an eine große Sache. Ehelosigkeit um des Himmelreiches willen ist in besonderer Weise Ausdruck der Begeisterung, der Freude am Herrn, der begeisterten Hingabe an den Dienst des Evangeliums und die frohe Bereitschaft, im Verlangen, andern Freude zu bereiten.

Ein normaler Mensch wird nicht an der Ehelosigkeit als solcher neurotisch, aber nicht wenige ehelose Menschen sind neurotisch geworden, weil sie das der Ehelosigkeit wesentliche Ideal nicht ergriffen haben oder ihm untreu geworden sind. Eine anfängliche Begeisterung genügt nicht. Um dem ehelosen Leben seinen vollen Sinn zu geben, muß der Berufene stets auf dem Weg zu größerer Fülle des Lebens in Christus Jesus sein in einem stets sich vertiefenden Mitvollzug der Liebe Gottes.

Doch auch Menschen, die sich ganz ergreifen ließen von der Hingabe an den Herrn und von der Freude an seinem Dienste müssen wissen, daß sie einen Schatz in irdenen Gefäßen besitzen. Die Gestaltung ihres Lebensstiles muß der Besonderheit ihrer Berufung entsprechen und treu sein gegenüber der Warnung des Apostels an alle: „Achtet genau darauf, wie ihr euer Leben gestaltet: nicht wie die Toren, sondern als Weise“ (Eph 5,15). Genau wie die Verheirateten dürfen die Ehelosen ihrer Phantasie nicht freies Spiel lassen mit Dingen, die ihrer Treueverpflichtung widersprechen. Wer die Ehelosigkeit in innerer Freiheit leben will, muß sich in der Wahl der Freundschaften, der Unterhaltung, des Lesestoffes und dergleichen klare Kriterien auferlegen. Der Ehelose, der mehr Stunden mit oberflächlichen und aufreizenden Liebesgeschichten vor dem Fernsehempfänger oder im Kino verbringt als in der Betrachtung des Wortes Gottes, in Gebet und Feier, braucht sich nicht zu verwundern, wenn ihn innere Ruhelosigkeit und Frustration befallen. Innere und äußere Freiheit einerseits und sinnerfüllte Ehelosigkeit andererseits bedingen sich gegenseitig. Vernachlässigen wir die kontemplative Dimension des Lebens, so verlieren wir stufenweise die innere Freiheit für den Herrn und den Dienst an seinem Evangelium.

e) Ehelose Keuschheit und sexuelle Spannungen

Vollkommene Keuschheit mit dem Stand der Ehelosigkeit zu identifizieren, tut andern Lebensständen Unrecht und ist zudem unrealistisch. Jeder Christ ist berufen und verpflichtet, in seinem Lebensstand stets auf dem Weg nach vollkommener Keuschheit zu sein, und alle müssen wissen, daß Fortschritt in der Keuschheit vom Fortschritt in wahrer Gottes- und Nächstenliebe abhängt. Kein Sterblicher soll sich einbilden, in den Tugenden vollkommen zu sein; er soll vielmehr mit dem Blick auf das Ziel die Notwendigkeit ständigen Wachstums und der Reinigung und Bekehrung annehmen.

Die aus den rechten Motiven sinnvoll gelebte Ehelosigkeit bringt nicht automatisch und nicht auf einmal vollkommene Keuschheit mit sich. Diese ist eine lebenslange Aufgabe. Zeitweise Krisen machen das treue Bemühen, der Ehelosigkeit den rechten Sinn und Ausdruck zu geben, nicht wertlos. Es gibt Männer und Frauen, die ihre Ehelosigkeit in treuer Hingabe an eine große Sache leben und doch bisweilen Schwierigkeiten haben, z.B. mit Selbsterregung

(Masturbation). Andere dagegen, die den Sinn der Ehelosigkeit nicht wirklich begriffen haben, mögen frei sein von solchen Schwierigkeiten und keine Anziehungskraft von Menschen des andern Geschlechtes verspüren; aber ihre Unfähigkeit, sich für ein Ideal zu begeistern, und ihre geringe Fähigkeit, andere zu lieben, zeigt, wie weit sie von der Sinnerfüllung der Ehelosigkeit entfernt sind.

Zeitweises Versagen kann mit der Gnade Gottes Ansporn zu größerem Eifer für den Herrn, zu größerem Vertrauen auf ihn und zu treuerer Wachsamkeit sein. Je treuer jemand nach dem vollen Ideal seines Standes strebt, um so eher wird er die Versuchungen und zeitweises Versagen überwinden und den Spannungen, die nicht Ausdruck der Selbstsucht sind, einen Sinn geben.

Der Ehelose kann an seinen Schwierigkeiten maßlos leiden, wenn er nicht zur Unterscheidungsfähigkeit erzogen worden ist. Wie alle andern soll der Ehelose unterscheiden lernen, was seine Spannungen und Schwierigkeiten eigentlich bedeuten. Sie können mit der noch nicht überwundenen oder gar mit einer zunehmenden Selbstsucht zu tun haben. Aber das muß durchaus nicht so sein. Oft erklären sie sich durch hormonale Spannungen oder Schwierigkeiten seelischer Art. Freiheit von Überängstlichkeit und sinnlosen Schuldkomplexen ist eine wichtige Voraussetzung für frohe Hingabe an den Herrn und freudigen Dienst in seinem Reich. Diese Freiheit erleichtert auch die notwendige Selbstbeherrschung.

VI. Sünden gegen die Keuschheit

Man klagt die Moralisten der vergangenen Jahrhunderte oft an, den Fragen bezüglich der Keuschheit eine unverhältnismäßig große Aufmerksamkeit zugewandt zu haben und auf diesem Gebiet sehr viel strenger gewesen zu sein als in andern lebenswichtigen Fragen. Ihr Hauptfehler war wohl, daß sie sich einseitig und überängstlich mit Verboten und Grenzziehungen befaßt haben, während sie dem inneren Sinn der Sexualität und dementsprechend einer sinnerfüllten Keuschheit nicht genügend gedient haben. Daß sie auf diesem Gebiet unverhältnismäßig streng waren, erklärt sich zum Teil geschichtlich. In der nachtridentinischen Kirche und einer von sexuellen Tabus gekennzeichneten Gesellschaft war es für den Moralisten nicht leicht, diese Fragen sachlich und ruhig zu behandeln. Ein Beispiel mag für viele andere sprechen: 1612 befahl der Jesuitengeneral Claudius Acquaviva allen Jesuiten im Namen des Gehorsams, unter Androhung der Entfernung aus dem Lehramt und unter Sanktion der Exkommunikation, ja nicht zu lehren oder in der Beratung nahezulegen, daß es bei Sünden gegen die Keuschheit grundsätzlich eine Geringfügigkeit der Sache (parvitas materiae) gebe[144].

---

[144] *J. T. Noonan* Jr., Contraception. A History of Its Treatment by Catholic Theologians and Canonists (Cambridge/Mass. 1965) 357ff.

Fürs erste ist zu sagen, daß über Sünden gegen die Keuschheit nur im positiven Zusammenhang und nach Darlegung der positiven Aspekte gesprochen werden darf. Und im Sprechen über Sünden gegen die Keuschheit sollte man die gleiche Ausgeglichenheit zeigen wie bei anderen Sünden und hier in ganz besonderer Weise die Ergebnisse der Humanwissenschaften berücksichtigen. In Fragen der Keuschheit soll man sich genauso wie auf anderen Gebieten hüten, eine Grenze angeben zu wollen, bis zu der Gottes Wille nicht ganz ernst zu nehmen wäre. Aber wenn es allgemein gilt, daß Sünden mehr oder weniger schwer, mehr oder weniger gefährlich sind, dann gilt das auch von Verstößen in Fragen der Sexualmoral[145]. Für die Frage nach dem Versagen, ob man wohl den Gnadenstand verloren hat oder nicht, gelten im Grunde die gleichen Kriterien wie in allen Gebieten. Ein gelegentliches Versagen im Falle eines Christen, der sich allgemein und auch in bezug auf die Keuschheit ehrlich um die rechte Einstellung und das rechte Verhalten bemüht, hat einen ganz anderen Stellenwert als das Versagen jener, die sich nicht um ständige Bekehrung bemühen und immer mehr absinken.

1. *Hygiene der Phantasie und des Begehrens*

Alles, was wir bisher über die Sexualität als Gabe und Aufgabe und über den notwendigen Lernprozeß gesagt haben, führt zur Schlußfolgerung, daß sexuelle Vorstellungen an sich gut und unvermeidlich sind. Unser Wissen um die Unordnung in der Welt mit einer Fülle von entwürdigenden Darstellungen der Sexualität und unsere eigene Verwundbarkeit machen jedoch die Hygiene der Phantasie zu einem wichtigen Teil der Sexualethik[146].

Sinnvolles Nachdenken über unsere leibliche Wirklichkeit und die sexuelle Dimension ist praktisch unmöglich ohne ein Minimum an Phantasie. Die sittliche Frage ist, ob und wie wir unsere Vorstellungskraft pflegen und gesund erhalten im Dienste ehrfurchtsvollen Sinnens und Trachtens, Denkens und Redens über diese Fragen. Die Erziehung der Phantasie ist keine leichte Aufgabe. Der Versuch, das Sexuelle aus der Phantasie ganz zu verdrängen, ist ein gefährlicher Irrweg, der allzu leicht zu Fixierungen und zu Schuldkomplexen führt, die die besten Energien verzehren können. Eine positive Sexualerziehung und eine ausgeglichene Belehrung über die Rolle der Vorstellungskraft geben wertvolle Hinweise zur Pflege der Phantasie im Dienste schöpferischer Freiheit und Treue.

Der Ausgangspunkt solcher Unterweisung ist die Klarstellung, daß sexuelle

---

[145] „Persona Humana“: Erklärung der Glaubenskongregation über einige Fragen der Sexualethik, in: AAS 68 (1976) 77–96, deutscher Text in: Herder-Korr. 30 (1976) 82–87; vgl. *B. Häring*, Reflexionen zur Erklärung der Glaubenskongregation über einige Fragen der Sexualethik, in: Theol.-prakt. Qs. 124 (1976) 115–126; über die verschiedenen Stellungnahmen zu „Persona Humana“ vgl. *R. McCormick* S. J., Notes on Moral Theology, in: Theol. Studies 38 (1977) 100–114; *J. White*, Eros Defiled. The Christian and Sexual Sin (Downess Grove/Ill. 1977).

[146] Vgl. *A. Guindon*, a.a.O. (s. Anm. 2) 223–244.

Phantasien gut sind, insofern sie entsprechend dem Geschlecht, dem Alter und Lebensstand den Wachstumsprozeß in Richtung einer gesunden Sexualität fördern. Diese Vorstellungen werden ungesund, wenn sie Zeit und Energie vergeuden, in Tagträume ausarten und zur Flucht vor den Lebensaufgaben führen. Die Hygiene der Phantasie wird vor allem darauf achten, die Ehrfurcht vor der menschlichen Sexualität hochzuhalten und in keinen götzendienerischen Kult der Sexualität zu verfallen.

Es ist normal, daß gesunde Sexualvorstellungen irgendwie lustbetont sind, was nicht das gleiche ist wie ungeordnetes Verlangen. Es kann freudige Bewunderung des Schöpferwerkes Gottes sein und jene Freude, die dem Eros eigen ist. Sobald jedoch sexuelle Vorstellungen zu ungesunden Spannungen und ungehörigem Verlangen führen, ist der freie Wille aufgerufen, die Vorstellungen in rechte Bahnen oder die Aufmerksamkeit auf anderes zu lenken. Ehrfurchtsvolles Denken mit den ihm entsprechenden Vorstellungen über sexuelle Dinge und auf der anderen Seite sinnloses und wirklichkeitsfremdes Träumen über Sexualität werden so oder so unser Sinnen und Trachten beeinflussen. Ungesundes Brüten und Phantasieren beeinflußt die Gesinnungen, die für Entscheidungen und Verhalten bestimmend sind. Der Herr warnt seine Jünger: „Aus dem Herzen kommen die bösen Gedanken, Mord, Ehebruch, Unzucht, Diebstahl, falsches Zeugnis, Verleumdung: das ist es, was den Menschen unrein macht“ (Mt 15,19f.).

Phantasien als solche dürfen nicht mit ungeordnetem Begehren verwechselt werden. Aber sie können Ausdruck eben dieser Unordnung sein oder in sie abgleiten. Sexuelle Phantasien können teilhaben an der Sündhaftigkeit des aktuellen Begehrens, und eine zügellose Phantasie kann den inneren Widerstand gegen das Böse schwächen. Darum ist die Hygiene der Phantasie geboten auch im Blick auf die ernste Warnung des Herrn: „Ich aber sage euch: Jeder, der eine Frau mit begehrlichen Augen ansieht, ist in seinem Herzen bereits in ihre Ehe eingebrochen“ (Mt 5,18). Diese Warnung gilt nicht nur dem inneren Planen des Ehebruchs, sondern auch dem sogenannten „unwirksamen Verlangen“, d.h. allen bösen Begierden, die nur deshalb nicht bis zum Planen fortschreiten, weil die Ausführung als unmöglich erkannt wird oder weil man die bösen Folgen fürchtet. Selbstverständlich sind unsaubere Vorstellungen, die einen Teil des Planens des sündhaften Verhaltens ausmachen, ernster zu beurteilen, da im allgemeinen der freie Wille hier mehr im Spiele ist.

Die Bedeutsamkeit der Hygiene sexueller Vorstellungen macht uns auch deutlich, wie wichtig es ist, sich um eine gesunde Umwelt zu bemühen, und alles, was unsere Phantasie besonders anregt, sorgfältig auszuwählen. Wer in sich eine Unmenge von ungeziemenden Bildern aufnimmt, braucht sich nicht zu wundern, wenn seine Phantasie vergiftet wird.

2. *Unsittliches Sexualverhalten*

Die ganze jüdisch-christliche Tradition und insbesondere das Neue Testament verurteilen Ehebruch als eine der schwersten Sünden. Sind beide Partner der Sünde verheiratet, so ist es ein schwer ungerechter und liebloser Einbruch in zwei Ehen. Aber auch der Unverheiratete begeht Ehebruch, wenn er in die Ehe eines Dritten einbricht. Der Ehebruch verrät die Wahrheit des Sinnes der Sexualität vollständig und offenbart die innere Untreue. Dem Ehebruch gleichzustellen ist Unzucht mit einer Gott geweihten Person. Die Tradition nennt das sakrilegische Unzucht.

Sexuelle Vergewaltigung ist totale Perversion der Sinnbedeutung des Sexualaktes, ein schweres Vergehen an der Freiheit und Ehre des andern und ist besonders Sichtbarmachung der Lieblosigkeit und inneren Unfreiheit. Das Opfer der Vergewaltigung muß soweit wie möglich widerstehen, ohne jedoch sein Leben aufs Spiel zu setzen (vgl. Dtn 22,23–27). Vergewaltigung ist besonders ruchlos, wenn sie geistig und körperlich Behinderten oder den der eigenen Autorität anvertrauten Personen angetan wird.

In allen Kulturen finden wir Inzestschranken, die den sexuellen Mißbrauch von Familienangehörigen verbieten. Es ist eine Sünde nicht nur gegen die Keuschheit, sondern auch gegen den Familiengeist (pietas).

Traditionelle Moraltheologie bezeichnet als Unzucht jeden Geschlechtsverkehr zwischen Unverheirateten. Bei der moralischen Bewertung gilt besondere Beachtung den Sünden der Verführung, des Ärgernisses oder der Mitwirkung mit der Sünde des anderen. In der Besorgtheit um Unterscheidungsfähigkeit warnen heute viele Moraltheologen, so ganz verschiedene Dinge wie Prostitution, Promiskuität, Konkubinat und die verschiedenen Formen des vorehelichen Verkehrs mit der einen Bezeichnung „Unzucht“ zu bewerten. In voller Bejahung der traditionellen Norm, daß der Geschlechtsverkehr seine Wahrheit und Würde nur innerhalb der Ehe findet, dürfen wir doch nicht übersehen, daß der Grad der Abweichung von dieser Norm nicht nur quantitativ, sondern auch qualitativ Unterschiede aufweist.

Bezahlte oder unbezahlte Prostitution ist totale Unwahrhaftigkeit der sexuellen Sprache und Ausbeutung. Die Heilige Schrift verurteilt die Prostitution im allgemeinen, ganz besonders aber die Tempelprostitution, wo der Geschlechtsverkehr oder geschlechtliche Orgien zur Feier des Fruchtbarkeitskultes vollzogen wurden. Hier liegt eine totale Verfälschung des Bereiches des Sakralen.

Promiskuität ist zweifellos schlechthin Unwahrhaftigkeit. Man spricht dabei in der Terminologie der Liebe, während die Betroffenen dem Sinn des Geschlechtsverkehrs als gegenseitigen Sich-Schenkens und des treuen Zusammengehörens widersprechen.

Im Konkubinat, das nach seiner Definition eine Geschlechtsgemeinschaft ohne die Absicht unwiderruflicher Treue oder Stabilität bedeutet, gibt es verschiedene Grade des Abweichens von der Norm, von der bloßen Unfähigkeit der Partner, sich eine endgültige Entscheidung abzuringen, bis zur Intention einer Geschlechtsgemeinschaft nur auf begrenzte Zeit oder jederzeit auf Abruf.

Die Frage des „vorehelichen Verkehrs" im strikten Sinn zwischen Verlobten möchte ich gesondert behandeln, da die hier gegen die verschiedenen Formen der Unzucht gebrauchten Argumente nicht am Platze wären. In Anbetracht der Aktualität möchte ich auch Masturbation und Homosexualität gesondert behandeln.

3. Der voreheliche Verkehr

Die voreheliche Keuschheit hängt in ihren Ausdrucksformen und auch in ihren Schwierigkeiten weithin vom kulturellen Kontext ab. In den vergangenen Jahrhunderten wurden in Europa, wie zum Teil heute noch in anderen Kontinenten, die Ehepartner durch die jeweilige patriarchale bzw. matriarchale Familie ausgesucht. Die künftigen Gatten sahen sich selten und nur unter strikter Kontrolle. Es bestand höchstes soziales Interesse daran, daß die zukünftige Frau unberührt in die Ehe eintrat, während gleichzeitig eine doppelte Moral die Befriedigung der sexuellen Begierden durch den jungen Mann bei Prostituierten kaum verpönte. In unserer städtischen industrialisierten Gesellschaft begegnen sich die Geschlechter ständig in Schule und öffentlichem Leben. Die jungen Menschen wählen sich ihren Ehepartner selbst, und sie wollen sich gegenseitig vor der Ehe gut kennen. Entscheidend in der Gattenwahl ist die persönliche Liebe. All das stellt das Problem des vorehelichen Verkehrs in neuer Weise[147].

Die jungen Leute, die sich im Blick auf eine zukünftige Ehe begegnen, tun dies selbstverständlich als sexuelle Personen. Je mehr sich die Ehe abzeichnet, vor allem durch formelle Verlobung, um so mehr verspüren sie das Bedürfnis, ihre Zuneigung durch Küsse, Umarmungen und ein nahes Beieinandersein auszudrücken. Es ist ein Lernprozeß und ein Wachstum des Miteinander- und Füreinanderseins, das eines hohen Maßes an Selbstbeherrschung und Motivation bedarf.

Die Vorbereitung und alles, was auf die Ehe hinweist, muß vor allem wahrhaftig sein. Es dürfen keine falschen Erwartungen geweckt und keine unwahrhaftigen Verheißungen gemacht werden. Das betrifft auch den Ausdruck der Zuneigung, insofern er den Charakter des Versprechens hat und Hoffnungen wachruft.

---

[147] Vgl. *F. Böckle – J. Kühne,* Geschlechtliche Beziehungen vor der Ehe. Die Lage der studentischen Jugend (Mainz 1967); *B. Schlegelberger,* Vor- und außerehelicher Geschlechtsverkehr. Die Stellung der katholischen Moraltheologie seit Alphons von Liguori (Remscheid 1970); *W. Barclay,* Ethics in a Permissive Society (New York 1971); *B. Häring,* Voreheliche geschlechtliche Vereinigung?, in: Theol. d. Gegenw. 15 (1972) 63–76; *P. Scabini – G. Campanini* (Hrsg.), Rapporti prematrimoniali e coscienza cristiana (Rom 1975).

Trotz des sensationellen Geredes und Schreibens über die Sexualrevolution gibt es immer noch einen beachtlichen Prozentsatz junger Menschen, die entschlossen sind, sich des geschlechtlichen Verkehrs bis nach dem Eheabschluß zu enthalten. Aber auch unter diesen gibt es viele, die (oft mit gutem Gewissen) voreheliches Petting pflegen, wobei die sexuelle Befriedigung bewußt gesucht wird. (Stellt sich der Orgasmus ungewollt beim Ausdruck gegenseitiger Zuneigung ein, so ist dies nicht als Petting zu bezeichnen.) Die Moraltheologie verurteilt die Praxis des Pettings. Während Zärtlichkeit als solche Ausdruck der Zuneigung für die Person des anderen ist, hat Petting die Tendenz, sich auf die eigene geschlechtliche Befriedigung zu konzentrieren. Diese Tendenz wird durch die Behauptung junger Menschen, daß es ihnen auch bei intensivem Petting hauptsächlich um die Freude des Zusammenseins gehe, so daß die sexuelle Befriedigung nur ein Teil dieser Freude sei, nicht aufgehoben.

Empirische Untersuchungen haben erwiesen, daß ein Großteil von Christen aller Kirchen die traditionelle Lehre abweist, wonach geschlechtlicher Verkehr absolut der Ehe reserviert sein muß. Wohlgemerkt, wir sprechen hier nicht von jenen, die jeden außerehelichen Verkehr billigen, vorausgesetzt, daß irgendwelche Zuneigung bestehe, sondern wir beschränken uns hier in unseren Überlegungen auf den vorehelichen Verkehr als solchen, d.h. den Verkehr zwischen zwei Personen, die ernst beabsichtigen, sich miteinander zu verehelichen.

Bibelzitate vorzutragen, die die Prostitution und vor allem die Tempelprostitution verurteilen, würde hier nicht viel weiterhelfen. Der voreheliche Verkehr, von dem wir hier reden, ist etwas ganz anderes. Mit den meisten katholischen Moraltheologen und vielen Moralisten anderer Kirchen vertrete ich überzeugt die traditionelle Norm, wonach der Geschlechtsverkehr seine volle Wahrheit nur als Ausdruck ehelicher Liebe hat. Die bräutliche Liebe wird zur ehelichen nur durch den Ehebund.

Der Einwand junger Leute lautet vielfach: Wir wissen, daß wir zueinander gehören, und das hängt nicht von einer Zeremonie ab. Ich antworte: Sexualität ist eine soziale Wirklichkeit und muß sie aus vielen Gründen sein. Das Ausweichen in das rein Private und die Geringschätzung des kirchlichen bzw. gesellschaftlichen Ausdruckes des Treuebundes ist gegen die volle Wahrheit der Sexualität.

Die jungen Leute müssen sich auch fragen lassen, wie sicher sie ihres unwiderruflichen Füreinanders sind. Gar manches Mädchen hat mir erzählt, daß ihr Verlobter oder ihr Quasiverlobter ihre Zustimmung zum Geschlechtsverkehr erreichte durch die beständige Versicherung: „Wir betrachten uns als Mann und Frau"; doch bald nachher mußte sie etwa hören: „Selbstverständlich liebe ich dich sehr, aber ich heirate dich nicht, denn du bist mir zu eigenwillig." Wir müssen uns realistisch überlegen, was die Folgen wären, wenn nicht nur einzelne Moralisten, sondern die Kirche als solche lehren würde, der voreheliche Verkehr sei statthaft, wenn die beiden sich gut genug kennen, reif genug und entschlossen sind, sich zu heiraten. Die Versuchung für viele junge Leute wäre es, sich bei der ersten Aufwallung der Zuneigung zu sagen, daß dies bei ihnen der Fall sei.

Während wir die Neuheit der Situation durchaus bedenken müssen, dürfen wir nicht dem Zeitgeist nachgeben, wenn dieser dem christlichen normativen Ideal und der Weisheit der Tradition widerspricht. Wir würden unseren Dienst am Menschen verraten, würden wir einfachhin der sogenannten „sexuellen Freiheit" nachgeben, die alle sozialen Kontrollen und Normen einer so wesenhaft sozialen Wirklichkeit verachtet. Vielen beginnt es schon zu dämmern, daß sie auf dem Holzweg waren. Rollo May spricht wohl nicht nur für sich allein: „Die sexuelle Freiheit, die wir auf unsere Fahnen schrieben, erwies sich als nicht wahrhaft menschlich."[148] Gegen das vor der Ehe intensiv praktizierte Petting werden auch von psychologischer Seite Bedenken erhoben. „Das Petting kann besonders für die Frau zu einer hohen Stufe orgastischer Erfüllung werden (klitoraler Orgasmus), so daß sich unbewußte Abwehr gegen den Vollzug des Koitus einschleichen kann. So sind Potenzstörungen beim Mann und mangelhafte Lustgefühle bei der Frau bei Beginn einer Ehe nicht selten."[149]

Oft hört man den Einwand: Aber wir müssen doch vor der Ehe ausprobieren, ob wir sexuell zusammenpassen. Darauf wäre zu sagen: Das sexuelle Ausprobieren einer andern Person ist seiner Sinnbedeutung und der psychologischen Erfahrung nach etwas ganz anderes als die fraglose gegenseitige Hingabe im Ausdruck der ehelichen Liebe. Solches Ausprobieren-Wollen ist nicht viel gescheiter als der Versuch, den Tod durch einen langen Schlaf auszuprobieren. Ohne die der Ehe wesenseigene gegenseitige Ganzhingabe ist das, was man ausprobiert, etwas ganz anderes als der eheliche Akt. „Wo der Geschlechtsverkehr zum Ausprobieren unternommen wird, damit der Partner entscheiden kann, ob er oder sie zu ihm paßt, fehlt eine Wesensvoraussetzung. Solch ein Verkehr kann sehr wohl unbefriedigend sein und sich nicht als Vorbereitung auf die Ehe, sondern als ein Grund herausstellen – gewöhnlich ein ganz ungenügender –, die Ehe abzusagen." Das folgende Zitat, wie das vorige aus dem Report für den Britischen Rat der Kirchen, bezieht sich zwar nicht direkt auf das Ausprobieren durch vorehelichen Verkehr, kann jedoch auch diesbezüglich zum Nachdenken anleiten: „Gelegentlicher Verkehr ist gefährlich, außer man ist schon indifferent für die Gefühle der andern Person und hartgesotten genug, um selbst verletzt zu werden. Hat man sich solche Eigenschaften einmal angeeignet, so wird man sie nicht leicht loswerden, wenn man in die Ehe einsteigt."[150] Probiert jemand den Partner aus mit Versprechen auf die Ehe, um ihm schließlich dann abzusagen, so müssen seine oder ihre Gefühle tief verletzt sein. Und wem das gleichgültig ist, der muß in der Tat schon hartgesotten sein.

---

[148] *R. May,* Love and Will (New York 1969) 42.

[149] *H.-J. Thilo,* Ehe ohne Norm? Eine evangelische Ehe-Ethik in Theorie und Praxis (Göttingen 1978) 214.

[150] Sex and Morality (s. Anm. 3) 60 56.

Ein anderes Argument zugunsten des vorehelichen Verkehrs lautet: Traditionelle Moral hat den Beweis für die Unerlaubtheit des vorehelichen Verkehrs damit begründet, daß Zeugung außerhalb der Ehe unverantwortlich sei; nun aber kann man heute dieses Risiko durch die Wahl der unfruchtbaren Tage oder andere empfängnisverhütenden Methoden vermeiden. Darauf ist zu antworten: Kontrazeptive Praxis Unverheirateter trennt nicht nur die Dimension der Vereinigung vom Zielsinn der Zeugung, sondern widerspricht auch dem Zielsinn voller Vereinigung in treuer Liebe, solange der Ehebund nicht besiegelt ist. Außerdem ist zu sagen, daß vor allem in den Händen junger Leute alle kontrazeptiven Methoden ihre Unsicherheiten und Risiken haben. Versagen sie, dann entsteht allzu leicht die Versuchung, den Ausweg im Schwangerschaftsabbruch zu suchen. Im Falle einer Schwangerschaft besteht große Gefahr, daß der Mann sich seiner Verantwortung entzieht.

Die Erklärung der Glaubenskongregation vom 29. Dezember 1975 über einige Fragen der Sexualethik bekräftigt (in Nr. 7) die traditionelle Lehre: „Heute gibt es viele, die das Recht auf vorehelichen Verkehr verteidigen, wenigstens in solchen Fällen, in denen eine feste Absicht auf die Ehe besteht und eine Zuneigung gegeben ist, die sozusagen ehelich ist und psychologisch nach ihrem vollen Ausdruck verlangt, den sie selbst als naturentsprechend beurteilen. Dies ist besonders der Fall, wenn Umstände der Feier der Ehe im Wege stehen oder wenn dieses intime Verhalten notwendig erscheint, um die Liebe wachzuhalten. Diese Meinung widerspricht der christlichen Lehre, die besagt, daß der einzige Ort des Geschlechtsverkehres die Ehe ist."

Die Verfasser des Sammelbandes „Menschliche Sexualität – neue Wege im amerikanischen katholischen Denken" erklären sich im allgemeinen gegen den vorehelichen Verkehr im strikten Sinne. Sie betonen die soziale Dimension der Sexualität und die Notwendigkeit der öffentlichen Beglaubigung der Treuebindung vollauf. Wenn jedoch die Gesellschaft selbst diese öffentliche Beglaubigung praktisch unmöglich macht, so kann nach Auffassung der Verfasser eben diese Gesellschaft keine Einwände erheben, falls zwei reife, zur Ehe voll entschlossene Menschen ihr eheliches Leben schon vor der Feier der Ehe aufnehmen und fest entschlossen sind, diese zu feiern, sobald die ungerechten Umstände aufhören. In diesem Fall handle es sich nicht eigentlich um einen vorehelichen Verkehr, sondern um Verkehr in ehelicher Gesinnung und Treuebindung[151]. Im Denken der Betreffenden darf es nicht Ja und Nein nebeneinander geben, sondern nur ein festes Ja. Diese Meinung wurde auch von Theologen vor dem Konzil von Trient vertreten. Ich weiß nicht, ob sich diese Meinung mit der Erklärung der Glaubenskongregation harmonisieren läßt. Aber es läßt sich nicht leugnen, daß hier klare Grenzlinien zur Differenzierung gegenüber dem vorehelichen Verkehr im eigentlichen Sinn verlaufen.

---

[151] *A. Kosnick* u. a., a. a. O. (s. Anm. 1) 149, vgl. 165ff.

Treue zur kirchlichen Lehre muß mit pastoraler Feinfühligkeit Hand in Hand gehen. Sind Verlobte unter dem Einfluß der öffentlichen Meinung und unbeeindruckt von der ihnen bekannten Argumentationsweise der Moralisten zur Überzeugung gelangt, daß für sie vorehelicher Verkehr statthaft ist, so müssen wir schließlich nach einer ernsten Aussprache ihr Gewissen respektieren. Der Beichtvater ist nicht in der Lage, ihre Meinung zu billigen, er sollte jedoch im Blick auf ihre ehrliche Überzeugung die Absolution nicht verweigern. Dabei wird es gewöhnlich angebracht sein, die Pönitenten aufzufordern, sich vor Gott immer wieder neu zu befragen.

4. *Selbstbefriedigung*

Das Phänomen, dem wir uns hier zuwenden, wird unter verschiedenen Namen behandelt. Am häufigsten ist wohl der Ausdruck „Masturbation", der entweder Manipulation mit der Hand oder aber Störung der männlichen Geschlechtlichkeit bedeuten kann. Psychologen haben angeregt, das Wort „Ipsation" zu wählen, wenn das Syndrom einer krankhaften Zuwendung zum eigenen Selbst vorliegt. Die rigoristische Tradition des 18. Jahrhunderts sprach vielfach von „Onanismus" mit Hinweis auf die Sünde des Onan (vgl. Gen 38,9), wobei der Hinweis auf die Schrift sicher irrig war. Auch das Wort „Autoerotismus" wird vielfach gebraucht zur Bezeichnung der erotischen Hinwendung zu sich selbst.

Die Frage kann methodisch in verschiedener Weise angegangen werden. Die Verfasser der Moralhandbücher der letzten Jahrhunderte begannen mit dem allgemeinen Prinzip, daß Selbstbefriedigung objektiv immer eine schwere Sünde ist und daß jede Geringfügigkeit der Sache ausgeschlossen werden muß. Dann fügten sie jedoch gewöhnlich bei, daß subjektiv manchmal wohl keine Todsünde vorliegt. Heutige Moralisten, die diesem methodischen Modell folgen, werden nach Einschärfung der objektiven Wertung im Blick auf die Humanwissenschaften eine Reihe von Fällen angeben, in denen wohl keine Todsünde vorliegt. Fast alle Ethiker und Moralisten außerhalb der katholischen Kirche und viele katholische Moraltheologen von heute sind jedoch überzeugt, daß es eines anderen Denkmodelles bedarf: Sie unterscheiden zunächst die Vielfalt der Phänomene, um sich dann zu fragen, wie das einzelne Phänomen moralisch zu werten ist. Ich halte dieses zweite Modell für das einzig richtige, denn es ist unmöglich, eine sinnvolle Norm aufzustellen oder gar mit ewigen Höllenstrafen zu drohen, bevor wir genau wissen, worüber wir sprechen[152].

---

[152] Vgl. *E. Ell*, Junge und Mädchen in der leiblichen Pubertät (Freiburg i. Br. 1962); *A. Plé – A. Riva – L. Rossi*, La masturbazione. Profilo teologico, psicologico, morale e pastorale (Torino 1968); *A. Alsteens*, Tabu im Reifungsprozeß: Masturbation – Symptom oder Vergehen (Münster 1969); *A. Jordi*, Anthropologischer Beitrag zum Verständnis der Masturbation (Basel – New York 1969); *Ch. E. Curran*, Masturbation and Objectively Grave Matter, in: *ders.*, A New Look at Christian Morality (Notre Dame/Ind. 1970) 200–221; *B. Häring*, Masturbazione: fenomeno e guarigione (Catania 1973).

Die sogenannte „objektive Moral“ nahm als Ausgangspunkt das immer gleiche objektive Faktum der Selbsterregung und des Samenverlustes. Die schwere Sündhaftigkeit wird dann begründet im Blick auf das Suchen der Geschlechtslust und die Vergeudung des Samens. Man suchte schließlich in der Heiligen Schrift Beweisstellen. Das Vergeuden des Samens durch Onan (Gen 38,9) ist sicher nicht stichhaltig, denn die Sünde Onans war die Verweigerung der Leviratspflicht. Das Alte Testament gibt keinen Hinweis zur Sache. Das gleiche gilt wohl auch vom Neuen Testament. Nach dem Befund heutiger Exegese war auch der Hinweis auf 1 Kor 6,9 ff. nicht eben stichhaltig. Was die Vulgata mit „molles“ wiedergibt („mollities“ war in den Moralbüchern nicht selten Bezeichnung für Selbstbefriedigung), nennt die Einheitsübersetzung übereinstimmend mit fast allen neueren Bibelübersetzungen in modernen Sprachen „Lustknaben“. Bezüglich der ältesten Tradition sagt Guindon: „Soweit wir ersehen können, schweigen sich die Kirchenväter über diese Frage ziemlich aus.“[153]

Die erste ausdrückliche Stellungnahme finden wir in den iro-schottischen Bußbüchern. Sie sehen jedoch für Knaben eine weit geringere Buße vor als für erwachsene Männer und erst recht für Kleriker. Die rigoristischste Verurteilung der Masturbation findet sich bei Petrus Damiani (1054) in seinem „Liber Gomorrianus“, dem ein Belobigungsschreiben durch Papst Leo IX. vorgespannt ist[154]. Nach diesem Autor wurde Sodom zur Strafe für Homosexualität, Gomorra aber zur Strafe für Masturbation zerstört. Es besteht jedoch keine Evidenz, daß Petrus Damiani die folgenden Jahrhunderte wesentlich beeinflußte. Der Rigorismus kam zu voller Blüte erst unter dem Einfluß des puritanischen Calvinismus.

1711 erschien das Buch „Onania, oder die gemeine Sünde der Selbstbeflekkung und alle verdienten Folgen bei beiden Geschlechtern, mit geistlichem und physischem Rat“. Der Verfasser war wahrscheinlich Dr. Bekker. Mit Berufung auf Gen 38 nennt er Masturbation „eine Sünde, die zum Himmel schreit“, und „Mord“[155]. 1760 veröffentlichte der Calvinist Tissot eine in lateinischer Sprache verfaßte Dissertation über die Krankheiten, die auf Masturbation zurückgehen[156]. Das Buch wurde in alle bedeutenderen Sprachen übersetzt und übte einen anhaltenden Einfluß aus. Der Rigorismus in protestantischer und katholischer Morallehre ließe sich ohne diese Einflüsse nicht erklären. Bis Sigmund Freud war es fast allgemeine Überzeugung, daß Masturbation und insbesondere maßlose Masturbation bei den meisten Krankheiten mit im Spiele sei,

---

[153] *A. Guindon*, a.a.O. 255.

[154] *Petrus Damiani*, Liber Gomorrianus: PL 145, 159–180; *Leo IX.*: DS 697f.

[155] Vgl. *K. F. Jacobs*, Die Entstehung der Onanieliteratur im 17. und 18. Jahrhundert, Diss. med. (München 1963) 33 39; *A. Jordi*, a.a.O. 18ff.; *K. Menninger*, Whatever Became of Sin (New York 1973) 31ff.

[156] *S. A. Tissot*, L'onanisme ou dissertation sur les maladies produites par la masturbation (Lausanne 1760); vgl. *A. Jordi*, a.a.O. 16.

obwohl Galenus, die große medizinische Autorität des Altertums, mit medizinischen Begründungen die zur Befreiung von Spannungen notwendige Masturbation rechtfertigte.

Seit Beginn unseres Jahrhunderts haben die Humanwissenschaften die Einstufung der Masturbation im weltlichen Bereich und fast ebenso innerhalb der protestantischen Theologie völlig verändert. Dagegen beachteten katholische Moraltheologen die Ergebnisse der Humanwissenschaften erst im Verlauf der letzten zehn oder zwanzig Jahre. Vieles ist noch aufzuarbeiten.

Die Selbststimulation in früher Kindheit ist nach psychologischen Untersuchungen in den meisten Kulturen sehr häufig. Es ist eine Art Spiel, Selbstentdekkung und kann nicht in ein gemeinsames Bild mit der Masturbation während der Pubertät gebracht werden. Während der Pubertät dürften, wie zahlreiche Umfragen ergeben haben, etwa 90% oder mehr der Knaben und annähernd 50% der Mädchen eine masturbatorische Phase durchlaufen. Es wird heute allgemein angenommen, daß Selbsterregung nicht nur bei Knaben und Männern häufiger vorkommt, sondern auch eine andere sittliche Färbung hat als bei Mädchen und Frauen. Frühere Moralisten beurteilten die Selbststimulation bei Frauen sehr viel milder, mit der Begründung, daß dabei kein Samen verlorengehe. Die Ethiker von heute verweisen auf psychologische Unterschiede[157].

Aus der Tatsache, daß ein so hoher Prozentsatz junger Menschen zeitweise die Selbstbefriedigung übt, ziehen Kinsey und andere die Schlußfolgerung, daß dies „normal" sei. Es ist jedoch ein Kunstfehler, von statistischer Normalität auf die moralische Norm zu schließen. Sonst könnte man aus der Tatsache, daß die Menschen in der Mehrheit zeitweise und oft lügen, schließen, daß das Lügen normal sei. Das häufige Vorkommen muß uns selbstverständlich vorsichtig machen in unserer moralischen Beurteilung der Betroffenen. Wir haben uns zu fragen, ob die Jugend von heute unter „normalen", gesunden Einflüssen lebt. Es scheint, daß die Häufigkeit der Masturbation in der modernen westlichen Welt keine Entsprechung hat in anderen Kulturen und in der westlichen Vergangenheit. Die lange Passivität in der Schule und die vielen sexuellen Anreize zusammen mit der allgemeinen Konsumhaltung üben sicher einen bestimmenden Einfluß aus. Aber die Schwierigkeiten der Pubertät spielen wohl eine bedeutsame Rolle. Die sexuelle Reife setzt um Jahre früher ein, während das psychische Gleichgewicht sehr viel schwerer errungen wird. Nicht gering zu veranschlagen ist der Einfluß der Bagatellisierung und Trivialisierung der Sexualität. Typisch ist eine Aussage von Pomeroy, einem Mitarbeiter Kinseys: „Es ist leicht zu vollziehen, ist nicht an Ort und Zeit gebunden. Jeder kann es tun, und von allen sexuellen Aktivitäten ist es am leichtesten zu lernen. Es befreit von Spannungen und ist also in vieler Hinsicht wertvoll."[158]

Auch katholische Therapeuten und Moraltheologen meinen, daß eine mastur-

---

157 Vgl. *Jordi*, a.a.O. 15ff.; *E. Ell*, a.a.O..

158 *W. B. Pomeroy*, Boys and Sex (New York 1968) 50.

batorische Phase während der Reifezeit als etwas Normales anzusehen sei, eine Phase, die nicht dramatisiert werden dürfe, sondern durch den allgemeinen Reifeprozeß gewöhnlich überwunden werde[159]. Ein Anthropologe und erfahrener Therapeut wie A. Jordi warnt dagegen: „Die Gesellschaft irrt sehr, wenn sie die Masturbation nur als belangloses, passageres Symptom auffaßt und nicht das damit verbundene weite Bedeutungsumfeld in ihr Urteil mit einbezieht... Gewiß ist also, daß mit der Masturbation eine Normverletzung gegeben ist, weniger aber im Sinne des fragmentarisch Perversen als vielmehr im Sinne einer in der Regel unreifen und meistens provisorischen Verfehlung des immanenten Zieles ausgefalteter Geschlechtlichkeit."[160]

Viktor von Gebsattel unterscheidet vier Typen von Masturbation: 1) die rein physische Bedürfnisbefriedigung (sogenannte Notonanie), 2) die Masturbation als „entsexualisierte" Vornahme (sogenannte Zweckonanie: z.B. Entspannung, Trost, Selbststeigerung), 3) die sexualisierte und mit geschlechtlichen Phantasien durchsetzte Praktik, 4) den ausdruckshaltigen persönlichkeitsspezifischen Masturbationsakt[161]. Viele Therapeuten sehen in den ersten zwei Formen kein moralisches Problem, und viele Ethiker stimmen ihnen zu.

Meines Erachtens sollte die Moral ihre Hauptaufmerksamkeit jener Art von Selbstbefriedigung zuwenden, die eine Verklemmung im Ich ausdrückt, begleitet oder verstärkt, einen Egozentrismus, der nicht nur die geschlechtliche Dimension, sondern das ganze Leben betrifft und der nur überwunden werden kann durch ein Gesamtwachstum moralischer und psychologischer Art. Das masturbatorische Syndrom ist besonders ernst zu nehmen, wenn es Narzißmus anzeigt, eine krankhafte Verliebtheit in den eigenen Leib, die oft Hand in Hand geht mit einer psychischen Struktur der Verschlossenheit. Dabei kann es sehr wohl der Fall sein, daß nicht der Heranwachsende die Hauptschuld an diesem seinem Elend trägt, sondern andere, die dem Kind und dem Heranwachsenden Annahme und Liebe verweigert haben und ihm nicht das Zeugnis befreiender Ideen, Ideale vermittelt haben.

Was immer das Symptom sei, die Heranwachsenden bedürfen vor allem des Verständnisses, der Ermutigung und der Anleitung zur Unterscheidungsfähigkeit. „Sie müssen die Notwendigkeit lernen, ihren Sexualtrieb zu beherrschen, und verstehen, daß diese Fähigkeit Maßstab ihres Heranreifens ist."[162] Erzieher müssen jedoch gewarnt werden, „daß unermeßlicher Schaden angerichtet wurde durch maßlose Überbetonung der negativen Folgen der Masturbation"[163]. Schuldkomplexe und Befangenheit, wenn nicht gar Fixierung auf

---

159 Vgl. *R. O'Neill – M. Donavan,* Sexuality and Moral Responsibility (Washington D.C. 1968) 107ff.; *U. T. Holmes,* a.a.O. (s. Anm. 17) 77; im gleichen Sinn spricht sich *A. Guindon,* a.a.O. 251–297, aus.

160 *A. Jordi,* a.a.O. 111 u. 113.

161 Vgl. *V. Freiherr von Gebsattel,* Prolegomena zu einer medizinischen Anthropologie (Berlin 1954) 175–185.

162 Sex and Morality (s. Anm. 3) 39.

163 Ebd. 61.

dieses eine Problem lähmen nicht nur die Energien, sondern tragen vielfach die Schuld daran, daß das Problem im Grunde nie gelöst wird. Nur eine Moralerziehung, die sich durch die dynamische Sichtweise auszeichnet und den Weg zum Wachstum und zur Reife weist, kann dem jungen Menschen helfen, seine Schwierigkeiten zu überwinden und sich durch zeitweises Versagen nicht entmutigen zu lassen.

Eine annähernde Bewertung der Situation des jungen Menschen, der nicht fähig ist, die Masturbation zu überwinden, ist nur möglich im Blick darauf, ob das Gesamtbild Wachstum oder Stagnation oder gar Zerfall anzeigt. Masturbation kann unter Umständen ein ernstes Symptom der allgemeinen Stagnation und des sittlichen Versagens sein. Nicht selten ist es jedoch ein Symptom gestörter Beziehungen und eines ungesunden Milieus[164].

Habituelle Selbstbefriedigung von Erwachsenen kann möglicherweise eine Mehrzahl verschiedener innerer und äußerer Schwierigkeiten oder aber sittliches Versagen anzeigen. Handelt es sich jedoch um Menschen, die sich ernst und ehrlich um ein wahrhaft christliches Leben bemühen, so steht die Vermutung dafür, daß es sich subjektiv nicht um schwere Sünde handelt, sondern eher um eine Mischung von Leiden und Schwierigkeiten, wobei freilich ein Rest noch nicht überwundenen Egoismus' mit im Spiele sein mag. Hierbei gilt es zu heilen, was geheilt werden kann, dem Unheilbaren einen Sinn abzugewinnen und dabei unentwegt auf allen Gebieten des Lebens nach dem vollen Ideal zu streben.

5. Homosexualität und andere Formen sexueller Abweichungen[165]

Sowohl das Neue wie das Alte Testament betrachten die Homosexualität als eine erschütternde Entfremdung. Ein Grund für dieses strenge Urteil ist wohl die häufige Verbindung der homosexuellen Subkultur mit einem idolatrischen Kult eines männlichen Gottes.

Der Völkerapostel spricht nachdrücklich über das Phänomen der Homosexualität und der lesbischen Liebe im Römerbrief. Es ist zu beachten, daß er nicht so sehr an einzelne Homosexuelle denkt, sondern an das Gesamtphänomen in der heidnischen Kultur. Paulus spricht von diesem Phänomen in der Gesamtsicht der Entfremdung des Menschen, die sich davon herleitet, daß er sich weigerte, Gott als Gott anzuerkennen und ihm zu danken (Röm 1,21).

---

164 Vgl. *A. Alsteens*, a.a.O.

165 Vgl. *H. Giese* (Hrsg.), Die sexuelle Perversion (Frankfurt a. M. 1967); *J. H. Canon – W. Simon*, Kollektive Formen sexueller Abweichungen (Reinbek bei Hamburg 1970); *E. Gius*, Una messa a punto dell'omosessualità (Torino 1972); *J. B. F. Gottschalk* (Hrsg.), Kirche und Homosexualität (München – Freiburg 1973); *M. Dannecker – R. Reiche*, Der gewöhnliche Homosexuelle. Eine soziologische Untersuchung über männliche Homosexuelle der Bundesrepublik (Frankfurt a. M. 1976); *J. McNeill*, The Church and the Homosexual (New York 1976); *B. Häring*, Omosessualità, in: Dizionario enciclopedico di teologia morale (Rom ^{4}1976) 682–689; *R. Woods* O.P., Another kind of Love. Homosexuality and Spirituality (Chicago 1977); *R. T. Barnhouse*, Homosexuality: A Symbolic Confusion (New York 1977).

Die Homosexualität ist demnach ein Epiphänomen, das im Gesamt der Entfremdung der Menschheit von Gott zu sehen ist. „Deswegen hat Gott sie schändlichen Leidenschaften preisgegeben. Da verkehren ihre Frauen den natürlichen Verkehr in widernatürlichen. Da verlassen zugleich auch die Männer den natürlichen Verkehr mit den Frauen und sind in ihrer Gier zueinander entbrannt. Männer mit Männern treiben sie Schande und haben den gebührenden Lohn für ihre Verirrung an sich selbst empfangen. Weil sie es verworfen haben, Gott vernünftig anzuerkennen, hat Gott sie preisgegeben an ihre haltlose Vernunft, Unziemliches zu tun" (Röm 1,26–28).

Dem Homosexuellen und der Lesbierin fehlt in der gegenseitigen Ergänzung zwischen Mann und Frau das sexuelle Element. Sie lernen die sexuelle Sprache des andern Geschlechts nicht. Es fehlt ihnen die existentielle Kenntnis und Anerkennung des andern Geschlechts als des andern. Sie fürchten sich vom tiefsten Unterbewußtsein her vor der geschlechtlichen Andersheit. Es fehlt das Urvertrauen, daß der andere bzw. die andere gerade in der jeweiligen Andersheit eine wesentliche Botschaft hat.

Die moraltheologische Wertung muß sorgfältig unterscheiden zwischen Personen, die in einer exklusiven und irreversiblen homosexuellen Orientierung fixiert sind – ganz gleich, wo diese Fixierung herkommt oder wie sie zu erklären ist –, und den wohl zahlreicheren Fällen, in denen bei entsprechendem Verhalten und eventueller Zuhilfenahme von Therapie eine heterosexuelle Ausrichtung gewonnen werden könnte. Sich selbst freiwillig auf den Weg der Homosexualität zu begeben ist eine äußerst ernste Sünde gegen sich selbst und gegen die andern. Man beraubt sich der Möglichkeit der ehelichen Berufung. Etwas anderes ist es jedoch, ehrlich vor sich selbst die Feststellung treffen zu müssen, homosexuell veranlagt zu sein.

Die ganze christliche Tradition bis auf die letzten Jahrzehnte hält daran fest, daß Menschen, die eine so ausgesprochen homosexuelle Anlage haben, daß sie eheunfähig sind, sich genauso jeder sexuellen (genitalen) Aktivität zu enthalten haben wie Ehelose mit heterosexueller Anlage. In der Beratung im Bußsakrament bedarf es jedoch der Geduld und der Unterscheidungsgabe.

Nicht selten haben Berater es mit Homosexuellen zu tun, die eine Zeitlang unruhig von einem Partner zum andern schweiften und sich oft anonym befriedigten, dann aber mit einer Person zu einer festen, durch gemeinsame Ideale und gemeinsamen Einsatz untermauerten Freundschaft kamen und mit diesem einen Partner sexuell aktiv wurden. Dabei kommt es vor, daß mit dem Wachstum der Freundschaft und der Festigkeit ihrer gemeinsamen Ideale die genitale Aktivität allmählich reduziert wird und in den Hintergrund tritt. Es wäre verkehrt, hier einen solchen Fall nach den traditionellen Regeln über das Meiden bzw. Aufgeben der nächsten Gelegenheit zur Sünde zu behandeln. Denn diese Freundschaft vermindert ja die Unordnung, aufs Ganze gesehen. In all diesen Fällen muß die Gesinnung der Mitverantwortlichkeit geschärft werden. Es kann die Gefahr bestehen, daß einer, der ausschließlich homosexuell orientiert ist, eine andere Person sozusagen beschlagnahmt, die durchaus einer heterosexuellen Orientierung fähig wäre. Dies darf in keinem Fall gebilligt werden.

Menschen unter dreißig, die stark motiviert sind und einen fähigen Therapeuten finden, können vielfach geheilt werden. Die Aussicht darauf verpflichtet sie, diese Möglichkeit zu ergreifen.

Andere sexuelle Abweichungen, wie Sadismus und Masochismus, Fetischismus und Bestialität, sind als pathologisch zu bewerten und haben ihren Ort in der ärztlichen Ethik[166]. Die christliche Haltung ihnen gegenüber muß der des göttlichen Arztes, des barmherzigen Samariters gleichen. Aber gerade aus dieser erlösenden Liebe müssen wir jene Theorien entlarven, die nicht nur Homosexualität, sondern auch andere Triebabweichungen verherrlichen und dadurch viele in schweren Irrtum führen. Vordringlich ist die Pflicht, für eine heilere Umwelt zu sorgen, die manche dieser Abweichungen verhüten und sich günstig auf die Heilung anderer auswirken könnte. Keineswegs können wir es dabei bewenden lassen, daß sich Menschen an Ratschlägen wie dem des Kinsey-Reports orientieren, der sagt: „Der Arzt kann diesen Individuen versichern, daß solche Aktivitäten biologisch und psychologisch ein Teil des normalen Geschlechtsverhaltens sind.“[167]

Unsere Lehre und unser eigenes Verhalten müssen den andern helfen, den tiefen Sinn der Botschaft zu verstehen, daß Gott Mann und Frau nach seinem Bild und Gleichnis geschaffen hat.

---

166 Dies ist im 3. Band zu behandeln.
167 *A. C. Kinsey,* The Sexual Behavior in the Human Male (Philadelphia 1948) 677.

Exkurs zur Sonderausgabe

Ökumenische Herausforderung der Moraltheologie heute

In einer kritischen Zeit, in der sich ein selbstgerechter Fundamentalismus in fast allen Religionen und auch in christlichen Kirchen an alte Formen und Formeln klammert und darin Sicherheiten sucht und anbietet, dürfen wir nicht übersehen, daß die Zukunft den kritischen Kräften gehört, die uns keine Religion und Religiosität am Leben vorbei gestatten. Sie zwingen die Kirche, wenn anders sie ihrer Sendung, Salz der Erde zu sein, gerecht werden will, zu einer unerbittlich selbstkritischen Haltung gegenüber ihren eigenen Strukturen, Traditionen, ihrem Umgang mit Gesetz und Ordnung. Es muß den Moraltheologen und Moralpädagogen klar sein, daß die Kunst und Gabe der Unterscheidung und kritischer Verantwortung auf allen Lebensgebieten nicht gedeihen können, wenn die Kirche und speziell ihre Moraltheologie sich nicht kritisch hinterfragen und hinterfragen lassen.

Diese Forderung und Herausforderung werden noch viel dringlicher angesichts der ökumenischen Chance, angesichts des Bewußtwerdens, daß das demütig-mutige Streben nach christlicher Einheit heute zum Hauptprüfstein unserer Treue zu Christus und unserer Freiheit in Christus geworden ist.

1. Wie steht es mit der Moraltheologie im ökumenischen Dialog?

Während meiner letzten Jahre in Rom habe ich keine Gelegenheit verstreichen lassen, darauf hinzuweisen, daß bisher in den verschiedenen Dialoggruppen von seiten der römisch-katholischen Kirche moraltheologische Fragen schlechthin ausgespart bleiben, obwohl man sich im Sekretariat für die Einheit der Christen durchaus Rechenschaft ablegte, daß dies auf die Dauer ein unhaltbarer Zustand ist. Hierin dürfte sich eine Wendung anbahnen. Ende Januar 1989 fand im Vatikan das erste Mal eine Plenarsitzung von Einheitssekretariat und Glaubenskongregation statt. Bei diesem Anlaß hob Papst Johannes Paul II. hervor, daß in Zukunft eine ständige Zusammenarbeit dieser Dikasterien unerläßlich sei, „jedesmal, wenn der ökumenische Dialog Lehrfragen betrifft und auch wenn im Innenbereich der Kirche Fragen behandelt werden, die eine ökumenische Bedeutung haben.“[1] Der Altmeister des katholischen Ökumenismus, Yves Congar, mahnt nachdrücklich, daß dazu auch Fragen der Anthropologie und Ethik gehören[2]. Die von Rom getrennten Kirchen sind keineswegs blind gegenüber gesetzlichen Zuspitzungen im Verlauf des neuerlichen restaurativen Winters in unserer Kirche. Die Orthodoxen sehen darin zum Teil nicht nur

---

[1] Ansprache vom 1. Februar 1989, Osservatore Romano vom 3. Februar 1989.
[2] *Y. Congar,* Herbstgespräche (München 1988) 52.

einen andern Akzent, sondern eine ihrer altbewährten *oikonomia*-Spiritualität und -Praxis diametral entgegengesetzte Fehlentwicklung. Bei den Kirchen der Reformation stellt sich gerade im Blick auf katholisches Kirchenrecht und noch mehr auf die Moraltheologie die Frage, wie in diesem Kontext für ihr Grundanliegen von der Rechtfertigung durch Glauben allein und das Verhältnis von Evangelium und Gesetz überhaupt noch Platz sei. Werden Fragen der Sexualethik mit Berufung auf Unfehlbarkeit des Lehramtes eingehämmert, so ist ein aussichtsreicher Dialog über den Petrusdienst in einer wiedervereinten Kirche fast aussichtslos.

2. *Die ökumenische Dimension der Moraltheologie*

Ich glaube mit Congar sagen zu dürfen: „Die Ökumene ist seit vielen, vielen Jahren mein Anliegen, und ich würde sagen, meine Berufung.“[3] Ein eigener Traktat über Fragen ökumenischen Denkens und Handelns in der Moraltheologie, so gut er auch sein mag, ist völlig ungenügend. Die ganze Moraltheologie muß im Blick auf die Ökumene konzipiert und durchgeführt werden[4]. Sie muß Impulse geben, die Grundperspektiven aufzeigen, die Gewissen aufrütteln: Sind wir wirklich mit allen Kräften auf dem Weg zu versöhnter Einheit in der Vielfalt, oder fühlen wir uns gar noch behaglich in unseren getrennten Wohnungen, getrennten Denkschemen?

Der evangelische Theologe Wolfgang Nethöfel hat dem wissenschaftlichen ökumenischen Dialog und zugleich der katholischen Moraltheologie einen unersetzlichen Dienst durch eine sorgfältige Strukturanalyse nachkonziliarer Moraltheologie des deutschen Sprachraums geleistet[5]. Dabei zeigt es sich, „daß die Moraltheologie zu einem lohnenden Bewährungsfeld ökumenischer Solidarität geworden ist“[6]. Nethöfel dankt „den katholischen Kollegen, deren moraltheologische Arbeit mir den ökumenischen Richtungssinn ihrer theologischen Existenz erschlossen hat“[7]. Das will sehr viel sagen. Ohne den ökumenischen Richtungssinn ist unsere Existenz als Moraltheologen gar nicht mehr denkbar. Es zeichnen sich nicht nur „die Aufgaben ab, die die Christenheit gemeinsam zu bewältigen hat“[8]. Es ergibt sich auch eine allen Partnern verständliche Sprache. Es eröffnen sich, weit hinaus über gemeinsame Programme

---

[3] Ebd. 119.

[4] Das Dekret des Zweiten Vatikanischen Konzils über den Ökumenismus „Unitatis redintegratio“ sagt dies in Nr. 10 von der gesamten Theologie aus, also einschlußweise auch von der Moraltheologie.

[5] *W. Nethöfel*, Moraltheologie nach dem Konzil, Personen, Programme, Positionen (Göttingen 1986). Im einzelnen werden die Werke von B. Häring, A. Auer, F. Böckle, D. Mieth analysiert, aber stets im Gespräch mit anderen Richtungen, so daß sich ein klares Gesamtbild der katholischen Moraltheologie nach dem Konzil ergibt. Der Autor gibt auch wohl den bisher besten Gesamtüberblick über die moraltheologische Literatur der letzten Jahrzehnte im deutschen Sprachraum.

[6] Ebd. letzte Umschlagseite.

[7] Ebd. 5.

[8] Ebd. 65.

und Positionen, auch neue biblisch begründete und dem modernen Menschen zugängliche Denkmodelle. Ich fühle mich in meinem Bemühen verstanden und ermutigt, wenn ich bei Nethöfel lese: „‚Frei in Christus' ist als nachkonziliäre Moraltheologie also von seinem Zentrum her Einladung zum ökumenischen Dialog, Aufforderung zu gemeinsamer Arbeit. Beides wäre um eine entscheidende Dimension verkürzt, wenn nicht von diesem Zentrum aus noch einmal der Praxisbezug der Theologie Härings ins Auge gefaßt würde. Er ist ihr Ursprung und ihr Ziel. Wir erleben eine Überraschung, es geht um eine neue ‚Spiritualität'".[9]

Nethöfel hat auch deutlich erkannt, daß echte ökumenische Ausrichtung in den nachkonziliären Bemühungen zugleich Ausdruck einer schöpferischen Treue zum eigenen Erbe mitbedeutet, wenn diese im Blick auf das Hier und Heute und unsere gemeinsame Verantwortung für die Zukunft erfolgt. So gewinnt der protestantische Theologe durch seine einfühlende Strukturanalyse auch eine neue Perspektive für seinen reformatorischen Ausgangspunkt, „die dessen katholisch-apostolische Wahrheit anders hervortreten läßt". „Aus der Konfrontation mit den moraltheologischen Neuentwürfen nach dem Konzil wurde eine fruchtbare Begegnung (wie hier dankbar festzuhalten ist), gerade weil sie eine Neuformulierung auch der eigenen konfessionellen Grundlagen notendig erscheinen ließ."[10] Eine wahrhaft ökumenische, gemeinsame Ethik zeichnet sich ab, freilich nie als ein abgeschlossener Entwurf, sondern als gemeinsames Auf-dem-Wege-Sein, in gegenseitiger Befruchtung auch aufgrund versöhnter Verschiedenheit. Nethöfel sagt diesbezüglich abschließend: „Die Neuentwürfe der Moraltheologie nach dem Konzil erschließen und konkretisieren auch schon in Ansätzen eine offene ökumenische Ethik. Dieses Ergebnis weist über einzelne Personen, Programme und Positionen hinaus. Und es bleibt auch dann gültig, wenn die jetzt eingeläutete zweite Rezeptionsphase des Konzils, in der im Zentrum der katholischen Kirche wieder in alter Manier die ‚Sprache der Natur' als ‚Sprache der Moral' verkündet wird, dereinst unter das Stichwort ‚Restauration' gestellt werden muß."[11]

3. Rechtfertigung aus dem Glauben

Eine Kernfrage des Ökumenismus, „Rechtfertigung aus dem Glauben", geht nicht nur die Dogmatik an, sie ist die wohl entscheidende Herausforderung an die Moraltheologie. Das Konzil von Trient hat gegen Schluß zum lutherischen Anliegen der Rechtfertigung aus dem Glauben, wenngleich in einer apologetischen Haltung der Selbstverteidigung, gesprochen. Doch im „Römischen Katechismus", der doch das Trienter Konzil durchsetzen helfen sollte, fehlt das Thema vollständig. Schlimmer ist jedoch, daß es in den nachtridentinischen

---

[9] Ebd.

[10] Ebd. 233.

[11] Ebd. 233; vgl. auch *W. Nethöfel*, Moraltheologie oder ökumenische Ethik, in: *G. Maron* (Hrsg.), Evangelisch und ökumenisch. Beiträge zum 100jährigen Bestehen des Evangelischen Bundes (Göttingen 1986) 80–90.

Moralhandbüchern nicht nur fehlte, sondern ihm kein pastoraler Raum gelassen wurde. Eine Moraltheologie, die Hunderte von rein kirchlichen Gesetzen und zahlreiche naturgesetzlich (schlecht) begründete Forderungen leichthin mit der angsterregenden Sanktion „Todsünde" versah, muß den in sich Lebens- und Glaubensfreude erweckenden Gedanken an die Rechtfertigung ersticken.

Im neuen „Katholischen Erwachsenenkatechismus" ist das anders. Die eindringliche Darstellung von „Geschichtliche Verwirklichung der Gnade: die Rechtfertigung des Sünders" ist ein Kernstück, und zwar nicht als eine Art Beifügung. Das Thema ist allgegenwärtig. Zudem ist es so ausgeführt, daß es auch Leser aus den Orthodoxen Kirchen ansprechen kann. Für sie hat diese Glaubenserfahrung ihre Mitte in der Eucharistie und strahlt auf alle Fragen christlicher Existenz aus. Sie kommt im Erwachsenenkatechismus ansprechend zum Ausdruck: „Christliche Existenz ist ganz und gar verdankte Existenz, Existenz im Danken."[12] Alle Kirchen können wohl gleichermaßen übereinstimmen mit der Aussage: „Offensichtlich sind sich katholische und evangelische Christen also trotz unterschiedlicher dogmatischer Formulierungen immer dann sehr nahe, wenn sie nicht *über* Gott und *über* Glauben sprechen, sondern im Glauben *vor* Gott stehen und aus ihrem Glauben heraus *zu* Gott sprechen."[13] Diese Überzeugung spricht auch Congar in seinen „Herbstgesprächen" aus: „Letztlich muß die Kirche immer mehr zu ihrer Mitte zurückkehren. Und eine der dringlichen Aufgaben von heute besteht darin, Orte des Gebetes, der inneren Sammlung zu schaffen."[14] Nethöfel betont dies noch nachdrücklicher und bestätigt dabei meine eigene Überzeugung: „Trotz Härings Bedeutung für die Moraltheologie, trotz seiner Wirkung auf das Zweite Vatikanische Konzil wird man vielleicht eines Tages als Krönung auch seiner ökumenischen Arbeit die weltweite Bewegung ‚Häuser des Gebets' ansehen, die er mit ins Leben rief und maßgeblich beeinflußte ... In diesen gastfreundlichen Häusern haben sich die Mauern der römischen Tradition den spirituellen Erfahrungen aller Religionen und Kulturen geöffnet."[15]

4. Sündige Kirche oder nur Kirche, in der es Sünder gibt?

Eine entscheidende Anfrage der reformatorischen Kirchen an uns ist folgende: Sieht sich die katholische Kirche als schlechthin heilig an, so daß sie als Kirche nicht radikal aus der Rechtfertigung aus dem Glauben lebt? Auf diese Frage hat

---

[12] Katholischer Erwachsenenkatechismus. Das Glaubensbekenntnis der Kirche, hrsg. von der Deutschen Bischofskonferenz 1985, 237. Vgl. dazu *B. Häring*, Ökumenische Ethik im Lichte der „sola-fides"-Lehre, in: Studia Moralia 6 (1968) 59–76; *ders.*, Deossification of Theological Obstacles in View of Ecumenism, in: *E. L. Long – R. T. Handy* (Hrsg.), Theology and Church in Times of Change (Philadelphia 1970) 35–69.

[13] Katholischer Erwachsenenkatechismus, 245.

[14] *Y. Congar*, Herbstgespräche, 73.

[15] *W. Nethöfel*, Moraltheologie nach dem Konzil, 68 (Verweis auf B. Häring [Hrsg.], Haus des Gebetes [Mainz 1973]).

nach Auffassung vieler eifriger protestantischer Ökumeniker auch das Zweite Vatikanische Konzil keine befriedigende Antwort gegeben.

Das Konzil spricht zwar aufrichtig und nachdrücklich über die Reform und die Notwendigkeit der Reform der Kirche, verweist aber dabei nur auf die Tatsache, daß sie auch Sünder unter ihren Gliedern hat: „Während aber Christus heilig, schuldlos, unbefleckt war (Hebr 7,26) und Sünde nicht kannte (2 Kor 5,21), sondern allein die Sünden des Volkes zu sühnen gekommen ist (vgl. Hebr 2,17), umfaßt die Kirche Sünder in ihrem Schoße. Sie ist zugleich heilig und der Reinigung bedürftig, sie geht immerfort den Weg der Buße und Erneuerung.“[16] Mehr war in der Kommission, in der ich mittätig war, nicht zu erreichen, obwohl sich Stimmen regten, die vom Eindringen der Sünden vieler aus allen Rängen in Strukturen der Kirche sprachen, und trotz vieler Stimmen in der Aula, die den Triumphalismus der Kirche in ihrer Rede von sich selbst beklagten. Er setzte sich, wenn auch vorsichtig, in den Texten jener Richtung durch, die der Abt Benno Gut (später Kardinal) in seiner Relation zu dem 5. und 6. Kapitel von „Lumen gentium“ klassisch so ausdrückte: „In der neuen Redaktion erscheint die Kirche sowohl in ihrer wesenhaften wie auch moralischen Heiligkeit, trotz Mängel in ihren Gliedern.“ Gottfried Maron zitiert dies als eines der vielen Beispiele für das Ärgernis der ständigen „Selbstempfehlung und des Selbstlobes“ der römischen Kirche[17]

Ein überzeugendes Ja zur Rechtfertigung aus dem Glauben und durch unverdiente Gnade von seiten der römisch-katholischen Kirche ist nur möglich, wenn sie sich auf den Boden der in dieser Hinsicht repräsentativen Theologie Karl Rahners zu stellen wagt, und zwar im Bekenntnis und in der Praxis. „Die Kirche ist sündig. Wenn wir sagen würden: freilich gibt es Sünder in der Kirche, aber diese Tatsache hat mit der Kirche nichts zu tun, dann setzen wir einen idealistischen Begriff der Kirche voraus, der theologisch sehr fragwürdig ist. Die Kirche ist dann eine Idee, ein Ideal, etwas Seinsollendes ... Die Kirche ist eine sündige Kirche, und das ist eine Glaubenswahrheit, nicht eine primitive Erfahrungstatsache.“[18]

Die Enzyklika „Sollicitudo rei socialis“ von Papst Johannes Paul II. gibt uns einen bedeutsamen Schlüsselbegriff sowohl zu einem tieferen Verständnis von Unheilssituationen in der Kirche wie auch zur Wahrnehmung unserer Mitverantwortung zu ihrer Überwindung. „Strukturen der Sünde“ haben, wie der Papst zu Recht betont, „ihre Wurzeln in persönlicher Sünde“. Die Sünden haben ständig eine Tendenz, diese Unheilssituationen zu verfestigen und zu verstärken. „Es handelt sich um ein moralisches Übel, die Frucht vieler Sünden, die zu ‚Strukturen der Sünde‘ führen.“[19] Die Folgerung daraus, auch für das Leben der Kirche, ist klar: Wer nicht das Seine zur Überwindung solcher Strukturen und zur Schaffung von gesünderen Strukturen und Gesetzen beiträgt, macht

---

[16] LG 8; auch LG 65 und GS 43 gehen nicht über diese Aussage hinaus.
[17] *G. Maron*, Kirche und Rechtfertigung (Göttingen 1969), 182f.
[18] *G. Rahner*, Schriften zur Theologie, Bd. VII, 308f.
[19] Enzyklika „Sollicitudo rei socialis“, Nr. 36 und 38.

sich mitschuldig am Weiterbestehen und an der Verschlimmerung der Unheilssituationen. Ganz besonders verhängnisvoll ist der mangelnde Wille, die Notwendigkeit von Strukturreformen zu sehen und berechtigte Kritik anzunehmen. Jesu Warnung vor blinden Blindenführern sollte uns allen eine Mahnung sein.

Neuerdings sind in der Kirche beunruhigende Tendenzen einer „creeping infallibility", einer zunehmenden Ausweitung des an sich klar umschriebenen Raumes unfehlbarer Wahrheiten gegenüber dem weiten Bereich nicht unfehlbarer römischer Entscheidungen zu beobachten. Dies betrifft vor allem das Gebiet der Moraltheologie. Die Schuld liegt zum Teil auch bei jenen, die unablässig nach Sicherheiten rufen, die ihnen die oberste kirchliche Autorität „zusichern" soll, zum Teil nicht so sehr für die eigene Lebenspraxis, sondern für die andern, denen sie damit Lasten auferlegen. Ich denke vor allem an das wiederholte Einschärfen von angeblich ausnahmslos verpflichtenden strengen Normen, obwohl die aus Schrift und Tradition sowie aus der gläubigen Vernunft beigebrachten Beweise nicht zwingend sind. Ich denke an die gegenwärtige Verfassung und Praxis der Glaubenskongregation, wo bei Lehrbeanstandungsverfahren die Transparenz fehlt. Ich denke auch an den unverhältnismäßigen Einfluß von Theologen und Schulen, die keineswegs repräsentativ für den gegenwärtigen wissenschaftlichen Stand sind. Ich denke ferner an eine ungebührliche Einschränkung des Pluralismus, vor allem auf dem Gebiet von Ethosformen und Sitten.

Würden sich Kirche und Kirchenleitung systematisch selbst hinterfragen im Blick auf die Aussagen über „Strukturen der Sünde", dann würde klarer werden, daß auch die Kirche als Ganze in Demut und Dankbarkeit an ihre Rechtfertigung nur aus dem Glauben und durch unverdiente Gnade denkt. Wir können Gott nicht genug dafür loben, daß er die Kirche trotz allem Versagen in Vergangenheit und Gegenwart nicht aus seiner gnädigen Huld entlassen hat. Dann würde eine Mahnung, wie sie der greise Prophet des Ökumenismus, Yves Congar, stellt, ernst beachtet werden. „Es besteht Gefahr, daß das Gewicht zu sehr auf dem Papst, auf der zentralen Macht liegt. Über den Begriff der Macht müßte man gründlich nachdenken. Man sollte sich den Unterschied zwischen Autorität und Macht vergegenwärtigen." [20] Dann könnten wir unseren getrennten Schwesterkirchen aufrichtig in Theologie und Praxis auf ihre zwei Hauptanklagen, „nämlich Gesetzesgerechtigkeit und Theokratie" [21], antworten. Dann würde man auch der weltweiten Befreiungstheologie dankbar sein, wenn sie der Kirche auf allen Ebenen die Augen öffnet für ein mögliches oder wirkliches Verstricktsein und sich Verstrickenlassen in Strukturen der Sünde auf vielen Gebieten des Lebens. Indem uns die Befreiungstheologie dafür die Augen öffnet und unser Gewissen schüttelt, leistet sie auch einen Beitrag zum Ökumenismus.

---

[20] *Y. Congar,* Herbstgespräche, 71.

[21] *L. Langemayer,* Gesetz und Evangelium. Eine Darstellung der Theologie Werner Elerts (Paderborn 1970).

Register

I. Personenregister

Achelis, H. 440
Adelmann, F. J. 328
Alchin, A. H. 267 314
Alchin, A. M. 267 314
Almen, J. J. von 285
Alphonsus de Liguori 106 427 459 493
Alsteens, A. 529 533
Altenähr, A. 127
Althaus, P. 263
Alves, R. A. 374
Anciaux, P. 507
Ansohn, E. 66
Athenagoras 302
Auer, A. 39 465 537
Augustinus 20 25 57 61 101 113 115 118 142 220 293 390 400 406 f. 409 411 416 420 424 486 509
Ayel, V. 73 76 81 85 87

Bahr, H. E. 117 126 f. 129 132 138 145 147
Baily, D. S. 470
Balder, B. 351
Balint, M. 419
Ballard, E. B. 357
Balley, G. 151
Balthasar, H. U. v. 28 116 ff. 130 132 135 f. 401 405
Barclay, W. 525
Barnhouse, R. T. 533
Barron, M. L. 317
Bars, H. 205 251
Barth, K. 126 223 440 469 f.
Basili, D. 161 163 165
Bastian, H. D. 237
Bauer, G. 384
Baum, G. 24 248 273 386
Bausch, W. J. 255
Bea, A. 273
Beaupère, N. 383
Beauvoir, S. de 475
Békés, G. 269
Békés, G. – Vajta, V. 267–270 273 279 285 287 f. 290 293 296–299 301 f. 305 314
Bellah, R. 24
Bellet, M. 245
Berard, Ch. A. 363
Berdjajew, N. 412
Berger, P. L. 144
Berger, R. 158 167 171 177 180
Bergler, E. 152
Berne, E. 149
Berry, D. L. 306
Bethge, H. 72
Betz, O. 148
Beumer, J. 264
Biser, E. 351
Bismarck, K. von – Dirks, W. 273
Bleistein, R. 144
Bligh, J. 261 455
Bloch, E. 328 334 ff. 354 362 375
Bocheński, J. M. 324
Böckle, F. 311 481 537
Böckle, F. – Kühne, J. 525
Boeckler, R. 273 304
Bockler, W. – Fleckenstein, H. 477
Bolkovac, P. 350
Bollnow, O. F. 76 f. 80 95 101 253
Bonhoeffer, D. 25 127 440
Bono, P. 130
Bord, A. 374
Boros, L. 363
Borra, E. 465
Bovet, Th. 467 478 482 489
Brandenburg, A. – Urban, H. J. 382
Braun, F. M. 223
Bremond, H. 410
Broseder, J. – Brandenburg, J. 271
Brown, R. E. – Donfried, K. P. – Reumann, J. 282
Bruch, B. 460
Brunner, E. 422
Brunner, P. 302
Buber, M. 408
Buchkremer, H. 102 ff.
Bühler, K. W. 165 184
Bühlmann, W. 261
Bultmann, R. 60 136 211 374
Buri, F. 470
Buytendijk, F. J. J. 151

Campanini, G. 495
Canon, J. H. – Simon, W. 533
Caporale, R. – Grumelli, A. 320
Capps, W. H. 382 393 398
Casillo, P. 186
Cassirer, E. 134
Cazelles, H. – Evdokimov, P. – Greiner, A. 268
Chapelle, A. 465
Charlier, H. 112
Chenu, M. D. 240 357
Chrysostomus 142
Ciotta, D. 489
Coburn, J. 371
Coffy, R. 300
Cole, W. 475
Coletti, L. 161
Congar, Y. 37 240 270 272 275 285 289 f. 293 f. 305 310 536 ff.
Coreth, E. – Lotz, J. B. 320 331
Cornelis, M. 239
Coste, R. 412
Courteau, M. de 34
Couto, F. J. 363
Cox, H. 36 151 195 482 505 508
Cullmann, O. – Karrer, O. 272 293

Curran, Ch. E. 457 460 463 494 529
Cyprian 403

Decroche, H. 384
Degenhardt, J. J. – Tenhumberg, H. – Thimmer, H. 296
Delhaye, Ph. – Grootaers, J. – Thils, G. 496
Demmer, K. 73 77 79 81 84 86
Denecke, A. 29 41 48 66 73 510
Denzinger, H. – Schönmetzer, A. 65 206
Dessauer, Ph. 30 41 46 129 152
Deussen, G. 159 165 167 169 182–185 194
Dias Alegria, J. M. 447
Diederich, H. 216
Dietzfelbinger, W. 269
Doherty, D. J. 510
Domay, E. 167
Doms, H. 488
Dondeyne, A. 17 38 40 45 48 52
Donelly, D. 34 40
Döring, H. 273
Dulles, A. 219 252 263
Dumas, A. 72 74
Duquoc, Ch. 417
Durand, G. 465
Durrwell, F. X. 38 413 427ff. 440 442f.

Ebner, F. 408
Edmaier, A. 363
Egenter, R. 36 67 95 97 101 132 212
Ehlen, P. 326
Ehrlich, P. 492
Eibl-Eibesfeldt, I. 419
Eichrodt, W. 447
Eid, V. 49 417
Eigen, M. – Winkler, R. 146
Eilers, F. J. 157
Eliade, M. 134
Ell, E. 529
Ellul, J. 382
Etienne, J. 36
Evdokimov, P. 118 205 268

Fahey, M. A. 273
Fast, J. 466
Feiner, J. – Vischer, L. 287 308 330 332 337 369
Féret, H. M. 455
Figl, J. 320
Fink, E. 135
Firkl, E. 469
Fischer, H. 56
Follerau, R. 422
Folliet, J. 469
Foerster, E. W. 103
Forster, K. 470
Frankl, V. E. 42 55 479 487
Frère Roger (Schutz) 137 297f.
Friedrich, G. 465
Fries, H. 245 273 304
Fromm, E. 359 384 420
Fuchs, J. 465 467

Gadamer, H.-G. 116 123 136
Gagern, F. E. Frh. von 465 468 474 496f.
Ganoczy, A. 56
Garaudy, R. 144f. 150 326
Gardiner, A. 466
Gassmann, G. 269
Gassmann, G. – Lonning, P. – Casalis, G. – Häring, B. 267 272 289 295 301f. 304
Gautier, E. 254
Gebsattel, V. von 532
Geffré, G. 351
Gerhartz, J. G. 317
Gierens, M. 98
Giese, H. 533
Gilkey, L. 134 389f.
Girardi, G. 324 330 332f. 337 342f. 358
Girock, H. 327f. 357
Gius, E. 533
Giusani, L. 163
Goffi, T. 135
Goffi, T. – Mongillo, D. 216
Gollwitzer, H. 328
Goodall, N. 271
Goergen, D. 469 515
Goethe, J. W. von 421
Gottschalk, J. B. F. 533
Grabner – Heider, A. 485
Greeley, A. 24 249
Greene, H. 162 165 168 186
Gregor von Nyssa 486
Grelot, P. 511
Grisar, H. 64
Groeger, G. N. 469 477
Groseuth, R. 296
Grootaers, J. 496
Grumelli, A. 352
Grundel, J. 496
Grundmann, W. 510
Guardia, G. 181
Guardini, R. 126 134 146 197 243 256
Guillet, J. 75
Guindon, A. 466 469 471 474–476 488 500 505 522 530 532
Gürtler, P. 363
Gurvitch, G. 49f. 54 134
Gustafson, J. M. 311 374 407
Gut, B. 540

Habermas, J. 166
Haecker, Th. 129 152
Haider, F. 95
Hainz, F. 65
Halduk, J. 316
Händler, O. 209
Häring, B. 43 52 66 78 90 93 140 157 163 179 186 216 219 231 235 238 250 261 269 273 279 302 313 315ff. 332 339 357 363 387 393 397 410 417 443 447 465 474 478 485 494 507f. 514 522 525 529 533
Harrel, P. E. 510
Hartmann, A. 35
Hartmann, N. 332
Haselden, K. 158 167 170f. 174 179ff. 185ff.
Hebblethwaite, P. 326
Heidegger, M. 42 207 368
Heidemann, J. 148 150
Heimerl, H. 514
Heinen, W. 134
Helwig, P. 425
Hemmerle, K. 135 144 146 151
Hengstenberg, H. E. 95
Henning, E. 168
Henriot, J. H. 144f.
Hermann, H. 112
Hertz, A., Korff, W., Rendtorff, T., Ringeling, H. 308 [496
Hieronymus 64 142
Hildebrand, D. von 515
Hillman, E. 508
Hirscher, J. B. 99
Hodgson, B. C. 143
Hodgson, L. 465
Hoffmann, P. 511f.
Höffner, J. 503
Holmes, U. T. 469f. 473 532
Holzer, 167
Hopkins, M. 419

Horton, D. 266 274f. 277 285 289 292 294 297f. 311
Hromadka, J. 328 342 356
Huber, H. 142
Hudson, D. 300
Hugo von St. Viktor 486
Huizing, P. J. M. 514
Huizinga, J. 144
Humbert, A. 454
Hutt, C. 474
Huxley, J. 381

Ilien, A. 420

Jackson, D..D. 159
Jacobs, K. F. 530
Jakob, G. 327
Jankelevitch, V. 82 84f.
Janssen, L. H. 492
Jaquemet, G. 125 127 131
Jaspers, K. 41 43 56
Jenkins, D. E. 139
Jeremias, J. 508
Jewett, P. K. 469
Johann, R. 413
Johannes XXIII. 252
Johannes Chrysostomus 417
Johannes Paul II. 291 306 470f. 478 485 487 489 492 496 498f. 499f. 502
Jolif, J. Y. 334 349 [540
Jonsen, A. 263
Jordi, A. 529–532
Joulin, M. 73 84
Jung, C. G. 134
Jüngel, E. 197
Jünger, F. G. 144 150
Jungmann, J. A. 134
Jürgens, H. 144
Justinus 449

Kant, I. 126 423
Käsemann, E. 405
Kasper, W. 363
Keane, Ph. S. 467
Keil, S. 481
Kelley, C. F. 420
Kellner, E. 484
Kemp, P. 73 77
Kern, A. 61 64
Kern, W. 197f. 326 336 349
Kerns, J. E. 475
Kerstiens, F. 363 365
Key, W. B. 474
Kinsey, A. C. 472 535
Klapfenstein, M. A. 59
Klemens von Alexandrien 428
Klinger, E. 218
Klostermann, F. 427
Knauer, P. 457
Knoll, J. 474
Koch, H. G. 253 418
Köhler, H. 311
Komanchak, J. A. 496
Korff, W. 95
Kosnick, A. 528
Kosnick, A. – Carroll, W. – Cunningham, A. – Modras, R. 465
Kramer, C. 378
Kramer, H. 72 77 84 89 378
Kraus, R. 144
Krekshovetsky, Y. E. 313
Krems, G. – Mumm, R. 503
Krocker, E. 357
Küng, H. 31 61 147 320 347
Kutzner, H. 144 146

Lain Entralgo, P. 420
Lambert, B. 267 271 274 276 281 289 294 298 303
Laminski, A. 268
Landgraf, A. 61
Landgrebe, L. 42
Landmann, M. 128 136
Lange, E. 242 296
Langemayer, L. 541
Laros, M. 65
Lattke, M. 424
Lauer, W. 152ff.
Laurent, M. M. 420
Laurentin, R. 447
Lay, R. 363
Ledrus, M. 65
Légaut, M. 233 254
Lehmann, K. 356 363 368 510
Leibbrand, A. u. W. 419
Leo d. Gr. 121 389
Lepp, I. 335
Lersch, Ph. 103 153
Letter, P. de 298
Lewis, C. S. 420 422
Lindbeck, G. 287 302
Lindworski, J. 65
Lipmann, O. 65
Lippert, P. 245 481
Locht, P. de 76 79
Lohfink, N. 405
Löhrer, M. 263f.
Lonning, P. 272 295 304
Lossky, V. 280
Lotz, J. B. 331 348 410 423f. 468 479 [418
Lubac, H. de 334 403 415f.
Luijpen, W. A. M. 39 42 44f. 48f. 54 143 329 447
Luther, M. 284
Lyonnet, S. 405

Magli, J. 161
Magno, J. 357
Malachowski, J. 328
Mannheim, K. 49
Marc, A. 112
Marcel, G. 46 72 80 82 84 87 89 143
Marcuse, H. 419
Maritain, J. 124f. 128f. 134
Maron, G. 538 540
Martelet, G. 496 499 [143
Martin, G. M. 122 137f. 140
Marx, K. 336
Maslow, A. 42 487
Massermann, J. 159
Masset, P. 385
Mateos, J. 137f. 144
Mausbach, J. 61 [527
May, R. 32 159 421 469 487
Mayr, F. K. 471
McCluhan, H. M. 134
McClelland, D. C. 95
McCormick, R. A. 35 264 457 501 512
McDonagh, E. 31
McGregory, M. 403
McIntere, A. C. 357
McKenzie, J. L. 508
McLuhan, M. 172
McNeill, J. 533
Mead, M. 469 474
Meeks, M. D. 211 369
Menninger, K. 530
Merleau-Ponty, M. 43 210
Messner, J. 40
Metz, J. B. 85 198 212 218 226 247 251 357 361
Miano, V. 352
Mieth, D. 537
Minear, P. 374
Minus Jr., P. M. 272 274 304
Mitscherlich, A. 102
Molinski, W. 401 454
Moltmann, J. 122 126 137 140 147 149 211 335 363 366 369 371 373 381 396ff. 405
Money, J. – Eberhardt, A. A. 469
Montcheuil, Y. de 126
Monte, A. del 515
Morley, J. V. 43
Moss, E. 327
Mounier, E. 79 456

Moussé, J. 363
Muhlen, H. 268 273
Müller, G. 63 65
Müller, J. 474
Müller, K. – Zimmermann, M. 317
Müller, M. 465
Müller, M. – Pfeil, H. 363

Nebe, O.H. 94
Nebel, G. 119 123
Nebreda, A.-M. 239
Nédoncelle, M. 72 77f. 81 84 86 412 447
Nelson, J.B. 465
Nelson, J.R. – Pannenberg, [W. 242
Nethöfel, W. 537f.
Neumann, J. 53
Neuter, P. de 478
Newbegin, L. 234
Newman, J.H. 216 277
Niebuhr, R. 202 235
Niederwimmer, K. 510
Niij, A.J. 248
Nisiotis, N.A. 268 273 313
Noonan Jr., J.T. 514 521
Nuttin, J. 40
Nygren, A. 422

O'Brien, E. 284 289
Obronczka, J. 304
Ohm, Th. 401
O'Neill, R. – Donavan, M. 532
Oraison, M. 477
Osborn, E. 485
Otto, E. 137
Outka, G.H. 424

Packard, V. 179 474
Pascal, B. 120
Pastor Hermae 30
Paul VI. 159 184 193f. 240 242 266 274 289 292 317 355 357 496
Paus, A. 351
Pannenberg, W. 211 304
Pekkanen, J. 179
Pesch, R. 72 510
Peschke, K.-H. 65
Petri, H. 351
Petrus Damiani 530
Pfab, J. 315
Pfürtner, St. H. 484
Piaget, J. 477
Picker, R. 34
Pieper, J. 137 139 144 188 255 363 408 410 413 422 515
Pinto de Oliveira, C.J. 183
Pius IX. 248
Pius XI. 133
Pius XII. 125 130 176 494
Plé, A. – Riva, A. – Rossi, L. 529
Podimattam, F.M. 478
Pollard, J.K. 299
Pomeroy, W.B. 331
Pross, H. 167 184

Rahner, K. 53 144f. 147 163 207 209 216 218 229 231 239 248 252 269 279 302 336 351 356 360 371 401 403 407 410 417 422f. 540
Rahner, K. – Görres, A. 466
Rahner, K. – Lehmann, K. 252 256 262 265 278 282 284 [286
Ramillac, Ph. 268
Ramsey, P. 261
Ranke-Heinemann, U. 317
Ranquet, J.G. 363
Ratschow, C.H. 328 336 345 349 373
Ratzinger, J. 31 140 152f. 229 342 363 405 468 512
Ratzinger, J. – Neumann, J. 339
Ratzinger, J. – Schnackenburg, R. – Wendland, H.D. 512
Rauch, W. 5
Régamey, R. 133
Reid, J. 330 341f.
Reiner, H. 95
Reiss, J.L. 474
Renker, J. 503
Reuss, J.-M. 470 477 496
Rey-Mermet, Th. 503
Richardson, H.W. 355
Ricœur, P. 134 344
Riedlinger, H. 417
Rilke, R.M. 119
Rinker, R. 403
Riva, A. 420
Robinson, W.P. 65
Rohrbach, W. 465
Rordorf, W. 142
Rosenberg, H. 503
Rossi, L. 485
Rotter, H. 363 405
Roy, R. 457 459
Royce Gibson, A. 412
Ruether, R.R. 469

Sagne, J.C. 73
Sailer, J.M. 37
Sarano, J. 372
Sartre, J.-P. 333 359
Scabini, P. – Campanini, G. 525
Schaaf, J. 49
Schäffer, R. 417
Schaller, F.P. 193
Schär, H. 33 40 49 209 229
Schefe, P.W. 256
Scheffczyk, L. 351
Scheler, M. 49 96 434 471
Schelsky, H. 474
Schenk, G. 447
Schillebeeckx, E. 73 95 503 508 514
Schlegelberger, B. 525
Schlink, E. 210 223
Schmälzle, U.F. 476
Schmaus, M. 430
Schmemann, A. 284 295 302f. 309 312 387
Schmid-Eglin, P. 231
Schmidt, P. 253 256
Schmied, A. 31 33 225 256
Schmitz, Ph. 484
Schnackenburg, R. 403 405 408 412 414
Schneider, J. 420
Schöllgen, W. 454
Schramm, A. u. T. 148
Schrey, H.H. 311
Schumacher, E.F. 47 123
Schürmann, H. 410
Schurr, V. 156 427 445
Schwenger, H. 484
Seckler, M. 363
Sedlmayr, H. 126
Seeber, A. 249f.
Sertillanges, A.D. 129
Siewerth, G. 466
Silbermann, A. 175
Skinner, B.F. 136
Sladek, P.F. 425
Sölle, D. 351
Solowjew, W. S. 315
Sonnemans, H. 363
Sorell, W. 144
Sorge, B. 163 165
Souriau, E. 121 129 135
Spicq, C. 200 405
Splett, J. u. I. 467 476 484
Stählin, G. 454
Stanley, D.M. 410
Steinbüchel, Th. 95
Stevenson, O. 466

Stinnette Jr., Ch. R. 204
Stirnimann, H. – Vischer, L. 282
Strätling, B. 477
Studer, B. 262
Suenens, L. J. 268 481
Suttner, E. C. 417
Swidler, L. 304

Tankerey, A. 65
Tavard, G. H. 271
Teilhard de Chardin, P. 334 347 359 363 368f. 372f. 379ff. 385 422 468
Theodoron, E. 293
Thilo, H.-J. 527
Thils, G. 273
Thomas von Aquin 61 112 516
Thoré, L. 466
Thower, J. 322
Thüsing, W. 141
Tillich, P. 205 408
Tissot, S. A. 530
Toinet, P. 36
Torres, S. – Fabella, V. 273
Tracy, D. 273
Troxler, G. 141
Tucci, R. 36
Türk, H. J. 351

Utz-Groner 125 130

Vajta, V. 279 296 299 301
Valeriani, A. 466
van der Leeuw, G. 146
van Waegenbergh, H. 17
Vereecke, L. 465
Vermeersch, A. 65
Vidal, M. 478
Villee, C. 473
Vinck, J. de 478
Vischer, L. 279 296
Völkl, R. 408
Voss, G. 363
Vries, W. de 280

Wacker, P. G. 273
Walter, E. 420
Warnach, V. 401 423
Warnier, Ph. 403
Watzlawick, P., Beavin, J. H., Jackson, D. D. 158f.
Weber, M. 442 515
Weidauer, F. 94
Weigel, G. 290
Weishaupt, K. 36
Weismann, W. 144 149
Welte, B. 339 420
Wendland, D. 469
Wetter, G. A. 324
West, M. – Francis, R. 250
White, J. 522
Wickler, W. 469
Wiel, M. u. W. 317
Wilhelmsen, F. D. W. 413
Willmann, O. 104
Winklhofer, A. 223
Wojtyła, K. 471 478 485 487 496 499f.
Woods, R. 533
Wrenn, L. G. 93 514
Wright, J. H. 24
Wunderle, W. 255
Wundt, M. 94
Wunenberger, J. J. 137 141

Zarri, A. 469
Zerfaß, R. 237 245
Zimmerle, N. 363
Zirkel, A. 514
Zoll, R. 167 180
Zöller, H. 182
Zorn, K. 180

II. Sachregister

Abbild Gottes 25 59 433 506
Abbild und Gleichnis Gottes 135 s. auch Gottebenbildlichkeit
Abbitte 107
Aberglaube 322
Absolutismus 331
Abtreibung 453 462 491
Abtreibungsklinik 462
Achtung 95 99
Agape 227 404 419 422 424 448 468 479
Aggression 145
Aggressivität 517
Agnostiker 341
Agnostizismus 340
Akt, ehelicher 492 498
– des Glaubens 203
Aktivismus 398
Allgemeines Priestertum 417 441
Alltag 140
Almosen 450
Amor benevolentiae 409
Amor concupiscentiae 409
Amt, kirchliches 273 304
–, petrinisches 282
Amtsgeheimnis 68ff.
Amtskirche 261
Amtskompetenz 260
Amtspriestertum 91 417
Amtsträger 213 250
Amtsverständnis 276 292 305
Anamnese 417
Anbeter 345
Anbetung 29 96 118 120 123 209 242 309 347 359 424
Androzentrik 472
Androzentrisch 471
Angst 364

Anima 473
Animus 473
Anmaßung 100 227
Anthropologie 30 516
Anti-Kartell-Gesetze 167
Antiklerikalismus 247 331
Antisemitismus 307
Anti-Theismus 325
Antlitz 395
Antwort 198
Anzeige 437
Apate 60
Apologetik 229 248 277
Apostasie 229
Apostel 439 441
Apostolat 427 429 441
–, amtliches 444 s. auch Laienapostolat
Apostolisch 427
Apostolische Nachfolge 280
Apostolisches Leben 443
Apostolizität 164 269 280f.
Ära, dynamische 257
Ärgernis 165 436 454 460 502 524
–, heilsgemäßes 133
– der Schwachen 133
Ärgernisse 340
Arbeit 124 139
Arbeitssklave 138
Arbeitswelt 143
Arme 425
Armut 27
–, evangelische 236
Asketische Haltung 519
Ästhetik 117 121 136
Ästhetizismus 136
Atheismus 18 243 329 384 409 451 453
–, militanter 322
–, Phänomenologie des 328
Atheist, verborgener 341
–, heimlicher 349
Atheisten, verborgene 19
Audiovisuell 177
Auferstehung 114 202 394 s. auch Ostergeheimnis
Auflehnung 336 451
Aufrichtigkeit 59
Ausbeutung 340 350
Auschwitz 373
Ausgestoßene 396
Auswahl 188
Autoerotismus 529
Autonomie 45 47 323f. 330 332 343
–, Mißverständnis der 331
Autorität, kirchliche 165 273
Autoritätskrise 247 337
Autoritätsträger 251 438
Babylon 490
Barmherzig 397
Barmherzigkeit 411 426 448
–, Werke der 300
Basileia 205
Befreiung 139 334 471 s. auch Freiheit
Befreiungstheologie 370
Begegnung 42
Begehren 522
–, Hygiene des 522
Beglückung, leib-seelische 485
Begriffe 310
Beharrlichkeit 397
Behinderte 396
Beichtgeheimnis 68
Beichtväter 501
Beispiel 433
Bekehrung 76 78 81 160 206 226 228 235 238 255 270f. 321 350 418 436
–, fortwährende 288
–, ständige 371
Bekenntnis der Sünden 203
Bereitschaft 374
Berit 73
Beruf 168 506
Berufung 427 503
Beschauung 125
Beschimpfen 106
Besinnlichkeit 171 375
Besinnung 419
Bestialität 535
Beten, echtes 151
Bevölkerungsprobleme 492
Bewunderung 116 118f. 121 338
Bewußtsein, Ausweitung des 373
Bewußtseinshorizont 373
Bezaubern 132 s. auch Versuchung
Bibelstudium 314
Bild 156 173 177
– Gottes 468 484
Bild und Gleichnis 124 139 159 423 s. auch Gottebenbildlichkeit
Bischöfe 215 417 s. auch Bischofsamt
Bischofsamt 280f.
–, anglikanisches 282
Bischofskollegium 215
Bischofskonferenzen 317
Bittgebet 376
Block-booking 174
Blutzeugen 440
Böse, das 176
Boxen 150
Briefgeheimnis 69
Briefzensur 69f.
Brüderliche Ermunterung 435
Buchdruckerkunst 160 172
Buch und Presse 173

Buddhismus 307
Bund 59 73 86 89 200 204 212 219 223 368 378 388 402 449 507
–, Zeichen des 219
– der Liebe 402 502
Bundesdimension 365
Bundesglauben 218
Bundesgott 86 364
Bundesmittler 60 212 401
Bundesmoral 213 274 338 378 464 510
Bundesschluß 370
Bundestreue 72 82 90 93 140 211f. 313 363 368 378 380 447 510 s. auch Treue
Bundesvolk 205
Bürokratie 441
Bußbrüder 530
Büßer 441

Caritas 420
Carus 420
Charisma 92 237 404 438 519
Charismen 164 267 291 428
Charakterlosigkeit 78
Chesed 73 419
Christenheit, orthodoxe 277
Christologie 226
Christus 24 289f. s. auch Realsymbol
–, das Wort 25
–, der Bundesmittler 31 212 292
–, der Herr 234
–, unsere Hoffnung 366
–, der Getreue 368
–, das Sakrament 292 388
–, Stein des Anstoßes 454
– als Mitteiler 155 s. auch Offenbarung

Dankbarkeit 46 73 83 85 87 116 118f. 138 153 204 222 232 240 313 409 424
Dankgebet 376
Danksagung 375
Darstellung Gottes, Verbot der 132
Deismus 323
Demokratie 163 191
Demokratisch 161
Demut 100
Denken, selektives 43
Denkweisen 257 295
Determinismus 50 361
Diakonia 420
Dialektik 294
Dialog 34f. 54 156f. 178 183 189 193ff 197 219 242 257 272 315 327 343 356 410 422 482
–, Tugend des 352
–, sexueller 473
– zur Zusammenarbeit 357
Dienst, petrinischer 283 285
Dikaiosyne 227 448
Dilectio 420
Dimension, trinitarische 369
–, sexuelle 517
Diskontinuität 279
Diskretion 56 58
Diskriminierung 306
Dispensation 318
Dissidenten 273
Distanzierung 249
Disziplin 92
–, kanonische 93
Dogma 265
Dogmatik 308
Dogmen 252 264 365
Doppelsinnigkeit 71
„Doppelte Kirchenmitgliedschaft" 279 315f
Doppelter Effekt 460
Doxologische Dimension 265
Dreifaltigkeit 157
Dritte Welt 262 290 299
Dualismus 148
Du-Ich-Wir-Beziehungen 446
Dynamik 243
–, geistliche 365
– des Vorläufigen 297

Ebenbild 133 156 306
Ebenbürtigkeit 470f. 507
– der Frau 503
Echtheit 44 56
Effekt, doppelter 460
Egozentrismus 532
Ehe 83 392 446 479f.
–, Sakramentalität der 91 506
–, zweite 397
– als Institution 503
– als Berufung 505
Ehe und Familie 431 502
–, Stabilität von 504
Ehebruch 524
Ehebund 490
–, Unauflöslichkeit des 510
Ehegelöbnis 88 91
Ehegerichte 93 513
Ehegerichtsbarkeit 250
Ehelose 516–519
Ehelosigkeit 20 318 517 519f. s. auch Ehe und Sexualethik
Ehepastoral 513
Eherecht 504
Ehescheidung(en) 94 509
Ehescheidungsgesetz 510
Eheschließung, kirchliche 505
Ehevorbereitung 513
Ehezwecke 493
Ehrabschneidung 61 107 110

Ehre 94
–, soziale 191
–, Sünden gegen die 106
– Gottes 95
Ehrenwertsein 95–98 102
Ehrerweis 95 97
Ehrfurcht 18 40 67 95f. 99 488 523
Ehrgefühl 105
Ehrgeiz 102
Ehrlichkeit 34 41 43 61 67 165 210 345 357
Ehrmotiv 102
Ehrsucht 98
Ehrtrieb 104
Ehrverletzungen 105
Eide 88
Eikon 295 313
Einbildungskraft 135 150
Einfachheit 56
Einheit 19 29 170 212 242 269 292 402 415
Einsamkeit 397
Einswerdung 379
Einzelkonvertiten 277
Eitelkeit 100
Ekklesiologien 279
Elternschaft, verantwortete 479 492 495
Emet 73
Empfängnisregelung 496
–, Methoden der 495
Empfängnisverhütung 491
Energeia 313
Engherzigkeit 131
Entbergung 113
Entfremdung(en) 127 336 347 354 356f. 391 456 533
Entwicklungshilfe 450
Entwicklungsländer 180
Entwicklungsphasen 476
Entwurzelung 276
Epiklesis 416
Epistemologie 50f. 54
Erbsünde 423 471
Erfahrung(en) 25 34ff. 45 51 295 358
Erfahrungsaustausch 36
Erfolgsethik 382
Erfolgsgesellschaft 244
Erfolgsstreben 398
Erkenntnis 33
Erlöser der Welt 384
Erlösung 67 119 121 146 149 412 433 464 468 479 481
Erneuerung 270
–, liturgische 250
–, charismatische 268
Ernst 145 147
Eros 136 422ff. 467 479f. 518 523
Erwachsenenbildung 187 210
Erziehung 118 135 172 187 195 253 494 497 504
Ethik, Autonomie der 358
Ethosformen 238f.
Eucharistie 90 120 140 203 220 233 268 292 303 310 312 314 390 415 417 424 427 441 480
Eucharistisches Brot 371
Evangelisation 232
Evangelische Räte 443
Evangelium, Neuheit des 237
Evolution 199 257 334 337 367 372 379 381 387 422 s. auch Einswerdung
Existentialethik 17
Exodus 27 243 261 328 334f. 369
–, Zeit des 259
Experiment 380
Experimentieren 483
Extremisten 181

Falschrede 65
Familie 446
–, patriarchale 491 505
Familiengruppen 505
Familienplanung 492
Familiensoziologie 474
Fanatismus 256
Fatalismus 170
Fehlformen sexueller Veranlagung 482
Feier 137
Feigheit 169
Feind 425
Feindesliebe 425f.
Feindschaft 203 452f. s. auch Feindesliebe
Feinfühlig 152
Feinfühligkeit 62 169
Fernsehen 145 170 174 176
Fest(e) 122 137 260 393 482
Fetischismus 535
Fides simplicita 209
Fides qua 208
Fides quae 208
Film 145 173
Filmindustrie 174
Filmschauspieler 175
Firmcharakter 430 445
Firmgelöbnis 90
Firmung 90 224 392 415 430
Flucht 398
Formalismus 357
Formmangel 318
Forscher 258
Fortschritt 386
Freiheit 17 119 132 137 143 150 154 164 180 191 211 260 312f. 332 335 367 371f. 374 370f. 382 399 412 423 435 464 478 510
–, schöpferische 37 122

–, Bereich der 166
–, Raum der 183
–, sexuelle 527
– des Forschens 39
– des Gewissens 324
Freiheitsraum 336
Freimut 56
Freispruch 513
Freizeit 137
Freizeitindustrie 143
Freude 117f. 122 126 139 148 154
–, staunende 116
Freund Christi 441
Freund(e) 419f.
Freundschaft(en) 156 407 412 419–422 443 446 519 534
Freundschaftsliebe 419ff.
Frevles Urteil 101
Friede 140 289 300 327
Friedensstifter 153 425
Frömmigkeit 121
Fruchtbarkeit 479 488
Fundamentale Option 288 s. auch Grundentscheidung
Fundamentalismus 397
Fürbitte 375
Fürbittgebet 378
Füreinander 34f. 81 138
–, liebendes 40
– der Gewissen 352
Führer, charismatische 214

Gabe der Unterscheidung 58
Ganze, das 127
Ganzheit 112 127 360
Ganzheitsdenken 330
Ganzheitserfahrung 348
Ganzheitsschau 47 123 209 254 348 387
Ganzheitssicht 118 410
Gartenkunst 126 146
Gastfreundschaft 279
–, eucharistische 303 305
Gattenwahl 525
Gebet 241 254 314 375f. 410 432
Gebetsgruppen, charismatische 314
Gedächtnis 41 48 76 83 90 139 172 373f.
–, getreues 83
–, dankbares 373
Gedächtnisfeier 260 373
Gedankenlosigkeit 42 139
Geduld 365
Gegenwart 84 369 364f.
Geheimdienst 69
Geheimhaltung 193
Geheimnis(se) 67 121 128 132 135 147 156 227 293 295 310 329 338 341 360
Gehirnwäsche 71
Gehorsam 418
Geist, kritischer 168
–, prophetischer 301
–, verleiblichter 466
– und Leib 466
Geist des Ganzen 41f. 46 87 117 127 129 153 254 258 301 309 330 348 399 457 468
Geist der Herrlichkeit 113ff.
Geist der Unterscheidung 317
Geist der Wahrheit 157 203
Gelächter 138
Gelassenheit 145 147 258 426
Gelöstheit 150
Gelübde 88 431 444
–, Dispens vom 94
Gemeinschaft der Heiligen 213
Gemüt 117 121
Generationen 261
Genie 117f. 129ff. 133 157
Geradheit 56
Gerechtigkeit 72 140 300 395 426 446
–, rettende 447
–, gesetzliche 449
–, soziale 449
Gericht 448
Gesamtschau 254 292 311
Geschichte 25 48 73 76 84 93 96 146 240f. 254 257 340 349 365–368 372 374 379ff. 384f. 387 393 400f. 411f. 446 474 490
–, prophetische 366 388
– Gottes 48
Geschichtlichkeit 278
Geschichtsdeutung 211
Geschichtsmächtigkeit 374
Geschichtsphilosophie 325
Geschiedene 94 513
Geschlechtlichkeit 475
–, geordnete 485
Geschlechtsverkehr 524 527
Geschwätzigkeit 59
Gesellschaft 254 446
–, demokratische 191
–, pluralistische 249
Gesellschaftliche Bezogenheiten 446
Gesetz 118 418 511f.
– der Gnade 116
Gesetze 446
Gesetzesverhaftung 261
Gesetzgebung 513
–, kirchliche 504
Gesetzlichkeit 397
Gesinnung 130 416 419
Getrennte Christen 273
Getreue 366
Getreuer 24
Getto 166
Gettomentalität 173

Gewalt 260
–, Symbole der 180
Gewaltfreie Aktion 260
Gewaltsamkeit 453
Gewalttätigkeit 181
Gewinn der Mitte 203 348
Gewissen 41 54 86 163 190 204 206 216 253 338 348 501 513
–, Füreinander der 18 216
–, Zueinander der 83
–, Reziprozität der 95
–, Miteinander der 190
Gewissensentscheidung 316
Gewissenserlebnis 208
Gewissenskonflikte 215 264
Glaube 35 80 83 133 196 320 359 362 399 402
–, impliziter 207
–, einschlußweiser 217
–, Sakrament des 218
–, Zeichen des 219
–, Echtheit des 229
–, Wachstum im 255
–, hoffender 365
Glaubensabfall 230
Glaubensakt 204
Glaubensausdruck 252
Glaubensbekehrung 322
Glaubensbotin 214
Glaubensdefinition(en) 209 310
Glaubensentscheidung 225 230 255 351
Glaubensentwicklung 256
Glaubenserfahrung(en) 135 202 209 252 292 407 415
Glaubenserziehung 208 225 230 232 348 409
Glaubensfreude 151 209 233
Glaubensgehorsam 206 211
Glaubensgeist 129
Glaubensgemeinschaft 209 211 213 218f. 221 224 259 343
Glaubensgespräch 239 254
Glaubensgnade 204
Glaubenshaltung 204 212 231
Glaubenshingabe 269
Glaubenshinterlage 252
Glaubensinhalt 204 206ff. 226
Glaubenskenntnis 209
Glaubenskonflikt 347
Glaubenskrise 80 248 252f. 320
Glaubenslehre 214
Glaubenspraxis 209
Glaubenssakrament 218
Glaubensschatz 255
Glaubensschwierigkeiten 253
Glaubenssinn 215 264
– des Volkes 192
Glaubensverkündigung 233
Glaubensverständnis 192
Glaubensvertrauen 216
Glaubenswissen 193
Glaubenszeugnis 214
Glaubenszustimmung 205 257
Glaubenszweifel 253 255
–, sündige 257
Gleichgültigkeit 350 398
Glückseligkeit 157
Gnade 87 125 205 207 223 236 268 304 312 374 417 425f. 448 507
–, Gesetz der 86 116 517
–, Moral der 129
– und Wahrheit 24
Gnadengaben 291 418 449
–, Vielfalt der 280
Gnosis 455
Gnostiker 485
Gnostische Tendenzen 393
Gott, Selbstoffenbarung 23 25
–, Abbild 25 59
–, Anbetung 29
–, Geschichte 48
–, Verheißungen 74
–, Ebenbild 87
–, dreieiniger 113
–, Herrlichkeit 118
–, Bild und Gleichnis 159
–, Gemeinschaft in 321
– kennen 254
Gottebenbildlichkeit 57 124 470
Gottesbegriff 381
Gottesbeweise 229
Gottesbild 338
Gottesdienst 140 390 393
–, gemeinsamer 314
Gotteserfahrung 351 407
Gottesfrage 339
Gotteshaß 451
Gottesknechte 156 248 325
Gottesliebe 346 406ff.
–, Sünden gegen die 451
Gottesvolk 364
Gottferne 350
Göttliche Tugenden 362
Gott-losigkeit 349
Götzendienst 322
Grausamkeit 181
–, Symbole der 180
Großmut 121
Großzügigkeit 121
Grundentscheidung 35 41 61 76 86f. 90 204 208 211 217 221 228 230 238 345 350 359 407 423 451 479 494
Grundhaltung(en) 227f. 253
–, eschatologische 395
Grundintention 130
Grundmotiv(e) 350 416

Grundoption 358
Grundrechte 358
Grundsakrament 388
Grundsymbol 123 135 248 328
Grundwahrheit 362
Grundwerte 357
Gruppeninteresse 450
Guter Name 101

Hand 395
Handwerk 124
Häresie 227 230 273
Häretiker 227
Harmonie 129
Haß 340 350 451ff.
– Gottes 451
Hast 145
Hausvorstand 51
Heil 207 364 427
Heiland 289
Heilige 214 434
–, Verehrung der 97
–, Gemeinschaft der 419
Heilige Schrift 267 280 285 294 297 475
Heiligenverehrung 433
Heiliger Geist 27ff. 44 90 94 113f. 156 202 209 211 213 238 240 263 267ff. 280 288 291 296 302 305 342 365f. 369 404 406 412ff. 416 427 430 439 452
–, Taufe im 405
Heiliger Krieg 260
Heiligkeit 200 269 427 443 448
Heilsbotschaft 226
Heilsdienst 427 s. auch Apostolat
Heilsgeheimnisse 163
Heilsgeschichte 121 141 172 211 213 367 370
Heilsglaube 205 217 226
Heilsordnung, sakramentale 509
Heilssolidarität 29 86 203 213 217 241 364 403
Heilssorge 390 392 432
Heilstaten 197
Heilswahrheit 32 308
Heilsweg 505
Heilswille 200
Heilswissen 26 35 51 53 150 343 351 358
Heiterkeit 145
Hellenismus 381 393
Henosis 473
Heranwachsende 532
Hermeneutik 36 400 475 501
Herrentag 142
Herrlichkeit 111 120f. 200 394
– Gottes 118
Herrschaftsstil 247
Herrschaftswissen 43 53 150 330 333 343 399 441
Herzensbekehrung 373
Herzensgüte 447
Herzensreinheit 380
Herzlich 152
Herzlichkeit 121 147
Heterodoxie 227
Heteronomie 332
Heuchelei 41 60 65 78 105 169 229
Hierarchie 276 445
Hinduismus 307
Hingabe 70 359
Hirnwäsche 143 s. auch Manipulation
Hochgemut 147
Hochachtung 100
Hoffnung 114 122 137 154 196 240 335f. 362 373
–, gläubige 365
–, begnadete 374
–, gnadenlose 374
–, solidarische 378
–, frohe 383
–, Sakramentalität der 387
–, Sakramente der 387
– des Gottesvolkes 363
Hoffnungslose 396
Hoffnungsstruktur 19 362
Höflichkeit 395
Hoheitstitel 247
Homosexualität 533
–, moraltheologische Wertung 534
Homosexuelle 396 516 534
Homunculus 501
Honestas 95
Hörbereit 262
Hörfähig 262
Hörfunk 176
Humanismus 238 325 333 344
–, marxistischer 347f.
Humanisten 352 354 360
Humanwissenschaften 241 247 249 475 522
Humor 62 138 151–154

Ideal 134
–, normatives 484 509 512
Idealbild 122
Idealismus 49
Identifikation 355
Identität 76 78 355 404 516
Identitätskrise 175 211
Ideologien 19 26 160 166 168 181 239 258 335
Idolatrie 32
Idole 239 244
Index 188
Indifferentismus 299
Indiskretion 68
Individualethik 172
Individualismus 364

Information(en) 41 171
Inkarnation 411 503
Inquisition 228
Institution(en) 278 280 342 389 446
Integration 264 309 424 474 477f.
Integrität 87
Interesselosigkeit 337 s. auch Gott-losigkeit
Interkommunion 303
Interpretationsspiel 146
Intersubjektivität 54
Intimbereich 67ff.
Intimsphäre 191
Intoleranz 323 326
Intuition 127
Inzestschranken 524
Ipsation 529
Ironie 62 153
Islam 306
Israel 307

Jesus Christus 81
Journalisten 168 173 181 183f.
Judaismus 307 326
Juden 307
Jugendkonzil 297 302
Jüngergemeinschaft 402 415
Jungfräulichkeit 575f.

Kabelfernsehen 178
Kairos 239
Kanonische Sendung 445
Kapitalismus 123
Kardinaltugend 151
Kasuistik 512
Kastensystem 51
Katechumenat 88 224
Katholische Aktion 445
Katholizität 163f. 269 293
Kennen 38 117 208
– Christi 38
Kenntnis 208
Kenosis 113
Kernfamilie 491 505
Kerygma 132
Keuschheit 520
–, Sünden gegen die 521
–, voreheliche 525
Kinderfeindlichkeit 496
Kinderlügen 62
Kindertaufe 90 223
Kirche 157 164 182 185 192 213 246 260 269 503
–, prophetische Stimme der 157
–, Monopol der 172
–, anglikanische 277
–, orthodoxe 273 280 284 301 310 312 315
–, reformierte 285
Kirchenmitgliedschaft 279
Kirchenrecht 250 311 505
Kirchenrechtler 250
Kirchenstaat 182
Kirchenübertritt 316
Kitsch 132f. 139
Klassenhaß 325 327
Klassenkampf 325 327
Klerus 248
Klugheit 56
Koexistenz 161 295
Kohärenz 357
Kollektivegoismus 380
Kollektivität 379
Kollegialität 281 283
Kolonialismus 358
Kommunikation 20 52 66 135 155 198 242 465 s. auch Mitteilung
–, Verzweigung der 72
–, Pathologien der 159
Kommunikationsmittel 28 173
Kommunikatoren 190 193 s. auch Journalisten
Kommunion, offene 305
Kommunismus 323 326
Komödie 146 154
Komplementarität 164
Komplizität 458
Kompromiß 191 291
Konflikt 128 130 138 161f. 176 181 217 244 290 327 336
– zwischen dem Heiligen und dem Guten
Konfrontation 26
Konkubinat 508 524
Konkupiszenz 486
Konservatismus 397
Konsumaskese 189
Konsumgesellschaft 166 179 244 382
Konsumhaltung 179
Kontemplation 138 145 187 309 376
Kontinuität 278
Kontrastharmonie 113
Kontrazeptive Haltung 496
Kontrolle(n) 46 93 185
Kontrolleure 185
Kontrollwissen 513
Konversionen 314 s. auch Kirchenübertritt
Koran 306
Körper 148
Krankensalbung 91
Kreuz 455
Krieg(e) 181 340 452f.
Krisen 245
Krisis 245
Kriterien 120 252 479 573
Kriterium 401
Kritik 187 245 251 360
Kritiksucht 245

Kultur(en) 36 49 134 138 145 149 162f. 165 170 175 177 184 238 243 245 261f. 292f. 320 346 370 386 391 438 444 447 483 503
–, westliche 516
– und Sexualität
Kulturchristentum 235
Kulturelle Verschiedenheiten 490
Kulturgeschichte 508
Kunst 124 149 184
–, religiöse 131
–, sakrale 132
Kunsthandwerk 124
Künstler 122 124 127 184
Kunstsinn 127
Kunstwerk 129

Laien 439
Laienschaft 248
Laufbahn, kirchliche 517
Lauheit 451
Laxismus 65
Leben, christliches 116
–, apostolisches 443
Lebensgemeinschaft 504
Lebensgeschichte 211 243
Lebensphasen 245
Lebensplan 246
Lebensstil, atheistischer 320
Lebenswahrheit 478
Legalismus 129 357 512
Lehramt 215 263 295 s. auch Magisterium
Lehrautorität 286
Lehrfragen 291
Leib 114 148
–, menschlicher 393
–, vergeistigter 466
Leiden 139 203 340 380 432
Leidenschaft 420
Leidensgeschichte 226 381
Leistungsgesellschaft 166
Leitmotiv 135 246 254 384
Leitungsgewalt 441
Lernprozeß und Sexualität 476
Lesbierin 534
Leviratsehe 508
Libido 487
Libertinismus 191
Liebe 20 27 35 37 58 72 117 150 153 157 191 196 200 203 226 253 299 321 350 352 362 394 413f. 420 446 478
–, Freiheit der 26
–, Wahrheit in der 399
–, göttliche und menschliche 400
–, Kennzeichen der 410
–, Sakramentalität der 414
–, bedürftige 423
–, schenkende 423
–, Sünden gegen die 451
–, Sprache der 465
–, lebenswahre 478
–, Kriterium sexualethischer Normenbildung 481
–, Sprachregeln der 500
–, lesbische 533
– und Lust 485
Liebe Gottes, Mitvollzug der 405
Liebesbund 20 479 s. auch Ehe und Sexualethik
Liebesfähigkeit 420 517
Liebesformen, natürliche 420
Liebesgebot 413 418
Liebesspiel 146 150
Limbus 224
Liturgie 120f. 123 132 134 146 219 309
Lobpreis 73ff. 82 96 118 120 224 235 265 267 363 369 448
Logos 42 467
Lohn 122
Lohn- und Strafmotiv 43
Lösungen, vorläufige 297
Loyalität 82 249
Lüge 62
Lügenhaftigkeit 60
Lügner 59
Lust 485
–, sexuelle 485
Lustknaben 530

Macht 244
–, wirtschaftliche 178
–, politische 450
Machtdenken 260 275
Magisterium 216
Makro-television 178
Mammon 398
Manichäer 485
Manichäismus 486
Manipulation 136 161 169 174 243 245 249 499
Manipulatoren 179 s. auch Manipulation
Manipulieren 166 168 s. auch Manipulation
Mann, Herrschsucht des 503
Mann und Frau 469
Männerherrschaft 510
Maria 213 389 433
Marienverehrung 389
Marxismus 161 321 323 327 335
Masochismus 535
Maß 488
Massenmedien 51 158 162 166 169 194 242
Massenpsychologie 179
Masturbation 250 476 529 532
Medien, Soziologie der 175
Meinung, öffentliche 165 173 183 185 189f. 453

Meinungsäußerung, Monopol der 165
Meinungsforschungsinstitute 181
Meinungsfreiheit 183
Mensch 471
Menschen kennen 254
Menschenwürde 100 103 163 332 479
Menschwerdung 211 293 345 354 369 393 401 411
Mentale Restriktion 65
Meso-television 178
Messianismus 325f.
–, irdischer 366
Mikro-television 178
Mineralien 158
Mischehe(n) 316 512
Missio 368
Missionarische Dimension 251
Missionskirchen 270
Mißtrauen 68 100
Miteinander der Gewissen 190 193
Mitgefühl 122 382 398
Mitgliedschaft, doppelte 315f.
Mitkünstler 122 124 135
Mitmenschlichkeit 18 84 104 138 153 158 395 400 413
Mitschöpfer 124 188 199
Mitte, Gewinn der 187 348
–, Verlust der 350
Mitteilen 33 139
Mitteilung 26 40 56 58
–, sexuelle 465
Mitteilungsfähigkeit 39 468
Mittelmäßigkeit 133 398 451 456
Mitverantwortlichkeit 185 398
Mitverantwortung 37 165 183f. 193 367
Mitvollzug 424
Mitwirkung, sündhafte 457 524
–, formale 458
–, materiale 458f.
Mobilität 316
Mollities 530
Monogamie 508
Monopol(e) 178 195 267 346
Monotheismus 199 212
Moral, legalistische 123
– der Seligpreisungen 129
– der Gnade 129
– ohne Glauben 357
Moralismus 129 136 153 238 417
Moralpädagogik 409
Moraltheologie, ökumenische 308
–, kasuistische 308
– und Atheismus 344
Motivierung 130
Muslim 307
Mut 165 380

Nachfolge Christi 226
Nachkommenschaft 489
Nächstenliebe 208 346 406ff.
Namen 199
Narzißmus 532
Naturwissenschaften 249
Neid 452
Neugier 130
Neuheitserlebnis 351
Neurosen, noogene 338
Neurotisch 520 s. auch Neurosen
Nichtchristen 217
Nichtidentifikation 249
Nichtigkeitserklärung 513
Nihilismus 340
Normative Ideale 484
Notlüge(n) 60 63f.
Notonanie 532
Nova et vetera 366
Nützlichkeit 44 122
Nutzlüge 64

Oberflächlichkeit 85 139
Objektivismus 329
Objektivität 54
Odium personae 451
Offenbaren 132 s. auch Offenbarung
Offenbarer 30 208
Offenbarung 20 24 32 35 57 113 120 197 365 367 401 412 433 447
– in Christus 201
Offenheit 29 33 47 54 56 59 68 210 241f. 253 256 266 282 288 302f. 374
Offensein 264
Öffentliche Meinung 173 183 185 190f. 463
Ohrenbeichte 250
Ohrenbläserei 109
Ökologie 258
Ökumenisch 163 s. auch Ökumenismus
Ökumenische Bewegung 242
Ökumenische Grundhaltungen 288
Ökumenismus 18f. 164 266 296 536–541
–, geistlicher 296 314
– und Mission 298
– und Diakonie 299
Ökumenismusdekret 53
Onanismus 529
Opfer 85 427
Opferblut 205
Opfercharakter 417
Opfergabe 441
Opferliebe Christi 417
Optimismus 241 373 382
Ordensgelübde 88 92
Ordensleute 443
Ordo amoris 362 449
Organismen 158

Orthodoxie 225 309 448
–, heterodoxe 228
Orthopraxis 225
Osterfest 139
Ostergeheimnis 97 203 205 417 440
Ostern 147

Pädagogik Gottes 509
Papst 215 263 284
Papsttum 282 285 304
Parabeln 156
Parrhesia 239
Parsismus 393
Parteidisziplin 461
Parteidoktrin 323
Parteimacht 167
Partnerschaft 147 157 507 511
Partnerschaftsehe 503
Partnerschaftsfamilie 476
Parvitas materiae 521
Passivität 181 193
Pastoral 513
Paternalismus 165
Perichoresis 362 409
Personalität 379
Personwürde 218
Perversion 150
Pessimismus 241 387
Petrusamt 281
Petting 526f.
Pflicht 122
Pflichten 140
Pflichtenkollision 348
Pflichtethik 126
Pflichtgefühl 423
Pfingstgeheimnis 203 417
Pfingstereignis 280 292 369 404
Phänomenologie 39 54 137 500
Phantasie(n) 135 522f.
–, Hygiene der 522f.
Philia 423 479
Philosophie 330
Pietas 419
Pilger 291
Pilgerkirche 256 371 389
Playboy 482
Pluralismus 161 172 254 292 294f. 475 483
–, theologischer 246
Polarisation 244
Polarität 469
Politik 150 165 168 450 461
Politiker 167
Polizist 461
Polygamie 508f.
Polygynie 508
Pornographie 127
Prädestinationslehre 339
Präevangelisation 239
Presse 172
Pressefreiheit 183
Priester 168 215 441
Priesterklasse(n) 168 441
Priestertum, allgemeines 417 441
Priestertum Christi 427
Priesterweihe 392
Primat 284f. 417
Privilegien 236 343
Probeehe 88
Promiskuität 524
Pro-Missio 358
Prophet(en) 125 128 134 141 214 234 241 244 261 263 290 302 336 369 391f. 438 456 510
Prophetisch 133 142
Prophetische Verwirklichung 269
Prophetie 374
Prophetismus 168
Prostitution 508 524
Protest 240 338f.
Protestanten 278
Pseudoatheismus 338
Pseudos 60
Psychiatrie 45
Psychogenese 379
Psychologie 45 52 276
Psychopathologien 397
Psychopharmaka 179
Pubertät 531
Publikum 169 174

Quäker 420

Rassendiskriminierung 358
Rassentrennung 358
Rassenwahn 162
Rationalismus 136 329 338
Rauschmittel 462
Realismus 49
Realsymbol 24 134 394 487
Recht, mosaisches 570
Rechtfertigung 405 448
Rechtgläubigkeit 263
Rede, verhüllende 71
Redlichkeit 41 246 253
Reduktionismus 45 47 329f.
Reformation 271
Reformatoren 263
Regisseur 174
Reich Gottes 206 234 255 369
Reife 121
Reintegration 270 309f. 313
Religionen, nichtchristliche 305
Reservatio late mentalis 71
Respekt 95
Reue 376

Revolution, kulturelle 170
Rigorismus 149 250 530
Ritualismus 220
Rom 490
Romanität 163
Routine 342 367
Rückschrittlichkeit 250
Rückständig 248
Ruhetag 142
Ruhm 95
Rüstungen 260

Sabbat 139 141
Sabbatruhe 377
Sachverstand 260
Sadismus 535
Sakramentale Sicht 116 309
Sakramentaler Charakter 443
Sakramentales Modell 388
Sakramentalismus 220
Sakramentalität 241
Sakrament(e) 39 82 89 121 141 208 292 300 309 415f. 429
– der heilenden Vergebung 90
– der Versöhnung 306
– der Einheit und Liebe 415
Säkularinstitute 444
Säkularisation 313
Säkularökumenismus 300 313
Sanatio in radice 319
Sanktionen 93
Sarkasmus 62 152f.
Sative 152
Scandalon 454
Scandalum directum 453
Schalom 227
Schau, sakramentale 20
– des Ganzen 135
Schauspiele 149
Scheidung 510
Scherz 145 151
Scherzlüge 60 62f.
Schisma 279 290 308f.
Schlagwörter 43
Schmähungen 97 105f.
Schmeichelei 98 106
Schönheit 18 111
Schöpfer 199
Schöpfung 119f. 197 241 312 372 384 387 391 393f.
Schöpfungsoffenbarung 197
Schöpfungsordnung 512
Schuldbekenntnis 289
Schuldkomplexe 122 532
Schwachheitssünde 60
Schwagerehe 509
Schwangerschaftsunterbrechung s. Abtreibung
Schweigen 59
Schwesterkirchen 283 285 303
Seele 393
Seinswissen 53 399
Seins- und Heilswissen 45
Sekten 316
Selbstachtung 95 99 409
Selbstbefleckung 530
Selbstbefriedigung 529 532
–, habituelle 533
Selbsterfahrung 151
Selbstgerechtigkeit 104
Selbsthingabe 488
Selbstinteresse 409
Selbstkritik 40 342
Selbstliebe 408
Selbstmitteilung 59 157 159f.
Selbstoffenbarung 198 362
– Gottes 23 25 199
Selbstprüfung 88
Selbstsicherheit 153 257
Selbstsicherung 163
Selbststimulation 531
Selbsttäuschung 54 60
Selbsttranszendenz 42 519
Selbsttreue 77
Selbstverachtung 100
Selbstverpflichtung 77 79 88 204 206 224
Selbstverständnis 160
Selbstvertrauen 375
Selbstvervollkommnung 77
Selbstverwirklichung 128 435
Selbstwiderspruch 198
Selbstzufriedenheit 210
Selbstzwecke 345
Selektive Einstellung 246
Seligpreisungen 151 382
–, Moral der 129
Sendung 370f.
–, prophetische 391
–, kanonische 445
Sensualismus 468
Sexkonsumenten 481 491 496
Sexualerziehung 482
Sexualethik 249 476
–, spezifisch christliche 483
Sexualität 396 469
–, Sinnziel der 468
–, Sinnbedeutung der 468
–, Soziologie der 474
–, Entfaltung der 477
– als Sprache 465
– und Kultur 474
– und Ehelosigkeit 515
Sexualmoral 247
Sexualnormen 477
Sexualverhalten, unsittliches 524

Sexuelle Abweichungen 533
Sexuelle Inflation 487
Sexuelle Mitteilung 465
Sexuelle Reife 531
Sexuelle Spannungen 520
Sexuelle Sprache 464 s. auch Sexualethik
Sexuelle Veranlagung, Fehlformen 482
Sicherheitskomplexe 165 257 266 273 371 456
Sich-Kennen 488
Sinnerfüllung 360
Sinnfrage 330
Sinnlosigkeit 382
Sitten 446
–, Soziologie der 164
Skeptizismus 360
Sklaven der Arbeit 143 s. auch Arbeitssklaven
Sklaverei 340
Skotia 60
Slawophile 290
Sodepax 272 300
Solidarität 31 82 83 163 212 242 339 356 378f. 449 505
Sonntag 141
Sonntagsruhe 143
Sowjetkommunismus 323
Sozialismus 324
Soziologie 52 276 449
– des Wissens 275
Spiel 104 122 144 149 482
Spielalter 150
Spielpartner 148
Spielregeln 146f.
Spielsymbol 146
Spieltherapie 149
Spiritualismus 468
Spontanität 371
Sportveranstaltungen 145
Sprachanalyse 330 341
Sprachbegabung 468
Sprache 40 66 140 158 166 275
–, sexuelle 488 499 534
–, Philosophie der 500
–, Psychologie der 500
Sprechen 58
Staatskapitalismus 171 s. auch Kapitalismus
Staatsreligion 326
Staatsmonopol 186
Stabilität 75 77
Standfestigkeit 365
Standhaftigkeit 77
Starkult 150 175
Staunen 42 46 120
Stellvertreter Christi 440
Sterbesakramente 91
Sterilisation 463
Steuerhinterziehung 462
Stolz 100
Strafe 62
Streit 452
Subjekt, Wende zum 345
Subjektivität 54
Subkultur, homosexuelle 533
Süchtigkeit 179 379
Sukzession, apostolische 282
Sünde(n) 60 67 79 131 230 237 289 338 340
Sünde Onans 530
Sünder 76 198 200
–, Gemeinschaft der 449
Sündenbegriff 252
Sündengefühl 250
Sündhafte Mitwirkung 457
Sündhaftigkeit 361 373
Supranaturalismus 333 422
Symbol(e) 24 121 134 145ff. 156 158 177 294 371 389 390 393 447 516
Symbolhandlungen 156
Syndrom, masturbatorisches 532
Synergie 313
Synthese 209f. 254 292 337 418
Szientismus 45f.

Tabu 255
Tageszeitung 172f.
Taizé 279 297 301 315
Tanz 144
Taufcharakter 430 445
Taufe 27 202 213 299 319 390 415 430
Taufgelöbnis 88 90
Taufritus 391
Tauschgerechtigkeit 449
Täuschung 60
Taxifahrer 462
Team 34
Technokratie 143
Technokratisch 166 s. auch Technokratie
Technologie 46
Teilwahrheiten 40
Teleologie 325
Tempelprostitution 524
Tendenzen, gnostische 393
Terrorismus 192 260
Theater 149 175
Thema 176 s. auch Themenwahl
Themenwahl 131
Theologen 215 261
Theologie, narrative 48
–, protestantische 311
–, transzendentale 360
Theozentrismus 337
Tiefengewissen 228
Tischgemeinschaft, eucharistische 303
Tod 83 202 394
Todsünde(n) 207 339
Toleranz 93 463 509

Tradition(en) 293 371 446 474
–, prophetische 314 354
Traditionalisten 337
Trägheit 77 166 398
–, geistige 228
Tragödie 146 154
Transfiguration 114
Transzendentalien 128
Transzendenz 34 80 82 141 200 330 367 386
– Gottes 343
Traum 335
Treue 17 33 38 55 60 68 122 137 140 143 166 200 205 211 236 259f. 264 266 269 302 313 335 347 364ff. 374 380 388f. 412 435 442 478 497 507 510f. 513 518
–, Wagnis der 81
–, menschgewordene 81
–, Strukturen der 87
–, Zeichen der 87
–, absolute 276
–, unauflösliche 512
– zur eigenen Kirche 276
– zum Testament Christi 276
– Gottes 278 374
Treuebindung 76 89 204
Treuebund 413 526
– Gottes 506
Treuegelöbnis 76
Treulosigkeit 56 59
Trinitarische Dimension 410
Triumphalismus 283 371
Tugenden, eschatologische 240 258
Typologie 461

Übel in der Welt 339
Übergabe 364
Über-Ich 78 95
Überlegenheitskomplex 275
Überzeugungskraft 261
Umfassende, das 122
Umgreifende, das 43 56 348
Umstände 459
Umwelt 49 117 120 123 146 158 160 437 470 535
Umweltheilssorge 437
Unbeständigkeit 75
Undankbarkeit 85
Unehrlichkeit 56 60
Unfehlbar 217 249 s. auch Unfehlbarkeit
Unfehlbarkeit 53 237 263 265 286f. 330
Ungerechtigkeit, kollektive 453
Unglaube 19 320 349 s. auch Atheismus
Unheilssolidarität 338
Uniformität 312
Unparteilichkeit 162
Unsicherheiten 76
Unterbewußtsein 179
Unterdrückte 325
Unterhaltung 180
Unterhaltungskünstler 149
Unterscheidung 165 240
– der Geister 152
Unterscheidungsfähigkeit 187 260 343 352 435 521 532
Unterscheidungsgabe 58 94 169 172 240 245 251 412 438 483 513
Unterwürfigkeit 78
Untreue 74 76 230 512 524
Unwahrhaftigkeit 59 61 469
Unzucht 524
–, sakrilegische 524
Ursakrament 82 90 93 218 220 389 s. auch Christus, das Sakrament der Hoffnung
Ursünde 471
Ursymbol 137
Urteil, frevles 100
Urvertrauen 138 140 534
Utilitaristen 491
Utopien 137 373

Vaterunser 376
Verantwortete Elternschaft 479 492 495
Verantwortlichkeit 90 483
Verantwortungsbereitschaft 85
Verborgenheit 113 117
Verbrauchergesellschaft 349
Verdacht 70 100
Verdächtigung 100
Verehrung der Heiligen 97
Verführung 453 524
Vergangenheit 364
Vergeben 83 289
Vergebung 425
–, heilende 90
Vergewaltigung 524
Verheißung(en) 87 143 211 259 362 364f. 367f. 370 374 380 387 388 395 511 s. auch Zeichen der Treue
Verheißungen Gottes 74
Verhöhnen 106
Verhüllende Rede 71
Verhütungsmittel 462
Verkehr, vorehelicher 524f. 528
Verkündigung 232 390
Verleumdung(en) 97 107
Verlobung 88
Verlogenheit 60
Verlust der Mitte 126
Vermessenheit 397
Verschiedenheiten, kulturelle 4
Verschlossenheit 68
Verschwiegenheit 67 70
Versöhner 289

Versöhnung 105 153 203 237 244 289 327 361 415 425 441 507 513
Versprechen 68 70 88
Verstehenshorizont 34f. 45 51 129 135 151 162 169 198 223 238 241ff.
Versuchung 130 136 145
Vertrag 89 489
Verträge 446
Vertragsabschluß 89
Vertrauen 68f. 86 196 252f. 267 363 376 378
Vertrauenswürdigkeit 60
Verzeihen 513
Verzicht 85
Verzweckung 122
Verzweiflung 139 397
Vielehe 508
Vielfalt 268 292
Vielweiberei 508
Volk, heiliges 29
Volksfrömmigkeit 215
Vorbehalt 65
Vorbildhaftigkeit 433
Vorbildpersönlichkeit 433
Vornehm 147
Vornehmheit 151
Vorverständnis 39

Wachsamkeit 240 291 374 685
Wachstum 78
Wachstumskrise(n) 245 251
Wagnis 495
Wahr denken 39
Wahr sein 37
Wahrhaftig 41
Wahrhaftigkeit 18 29 40f. 56 469
Wahrheit 17 196 293 346 466
–, Geist der 17 27 399
–, befreiende 17 19 21 23 154
–, Jesus, die fleischgewordene 23
–, sich mitteilende 28
–, Tun der 29
–, Fruchtbarkeit der 44
–, Nützlichkeit der 44
–, Annäherung an die 47
–, statische 47
–, dynamische 47
–, Entbergen der 48 55
–, Monopol auf die 163 183
–, rettende 299
– und Freiheit 17
– tun 39
– in der Liebe 399
Wahrheiten, Hierarchie der 53 254
Wahrheitsethos 42f.
Wahrheitsgewissen 41 43 56
Wahrheitskriterium 44
Wandel, geschichtlicher 502
–, kultureller 504
Wandlungsbereitschaft 354
Wechselspiel 158
Weihe 440 516
Weihepriestertum 439 s. auch Amtspriestertum
Weisheit 124
Weiterbildung 210
Welt, Verantwortung für die 384
–, Erlöser der 384
Weltanschauung 180
Weltflucht 394
Weltgestaltung 260
Weltrat der Kirchen 271
Werbeauftrager 168
Werbeberieselung 179
Werbeindustrie 181 186
Werbung 178
Werke der Barmherzigkeit 300
Wertantwort 116f.
Wertdringlichkeit 128
Werte, Hierarchie der 128
Wertkonflikte 332
Wertrang 51
Wertranghöhe 128
Wertskala 50 180 358
Wertsphären 126
Wiedergutmachung 110 453 457f.
Wiedervereinigung 267
Wiederverheiratung 513
Wir-Beziehungen 446
Wirtschaft 123 165
Wirtschaftssymbole 179
Wirtschaftsunternehmen, multinationale 167
Wissen, Rangordnung des 51f.
Wissensformen 50
Wissengebiete 44
Wissenschaften 45
Wissenschaftler 258
Wissenschaftlichkeit 329
Wissenssoziologie 49 164
Witz 138
Wort 156 197
Wortoffenbarung 400
Wortspiele 148f.
Wundsünde 61
Würde 99 172 497 s. auch Menschenwürde

Zärtlichkeit 488
Zeichen der Zeit 127 134 157 166 168 193 214 240 276 285 291 314 320 357 371 483
Zeitalter, kritisches 232 243 245
Zeitgeist 53 132
Zeitschrift, illustrierte 173
Zentralisierung 276
Zentralismus 283

Zeugnis 343 401 404 411 430 433 443 515
Zeugung 486 504
Zeugungsfunktion 469
Zielgebote 417 457
Zivilehe 505
Zölibat 92
Zucht 488
Zukunft 85 144 363 366 368f. 386
Zukunftshoffnung 365
Zurechtweisung 436
–, brüderliche 437
Zusammenschau 399
Zusammenspiel 147 151
Zuträgerei 109
Zuverlässigkeit 88
Zuversicht 82
Zweckonanie 532
Zweideutigkeit 56
Zweifel 33 40 206
–, schöpferischer 206